경영경제통계학 7th Edition

Applied Statistics in BUSINESS & ECONOMICS

DAVID P. DOANE
LORI E. SEWARD

7th Edition

경영경제통계학

Applied Statistics in BUSINESS & ECONOMICS

박찬규 • 강희찬 • 김준성 • 노택선 | 공역

Mc Graw Hill

McGraw Hill

APPLIED STATISTICS IN BUSINESS AND ECONOMICS, Seventh Edition

2 3 4 5 6 7 8 9 10 MHE-KOREA 20 25

Original: APPLIED STATISTICS IN BUSINESS AND ECONOMICS, Seventh Edition
By David P. Doane, Lori E. Seward
ISBN 978-1-26-071628-3

Korean ISBN 979-11-321-1087-3 93310

Printed in Korea

경영경제통계학 7th Edition

Applied Statistics in **BUSINESS & ECONOMICS**

발 행 일 | 2022년 1월 28일 1쇄
2025년 2월 6일 2쇄
저 자 | David P. Doane, Lori E. Seward
역 자 | 박찬규, 강희찬, 김준성, 노택선
발 행 인 | SHARALYN YAP LUYING(샤랄린얍루잉)
발 행 처 | 맥그로힐에듀케이션코리아 유한회사
등록번호 | 제2013−000122호(2012.12.28.)
주 소 | 서울시 마포구 양화로 45, 8층 801호(서교동, 메세나폴리스)
전 화 | (02)325−2351
편집, 교정 | (주)우일미디어디지텍
인 쇄 | (주)성신미디어

I S B N | 979−11−321−1087−3

판 매 처 | (주)생능 문 의 | (031)955−0761
정 가 | 38,000원

저자 소개_About the Authors

Courtesy of David Doane

David P. Doane

David P. Doane은 미국통계학회(American Statistical Association)가 인정하는 공인전문 통계학자(PStat®)이다. 미국 오클랜드 대학(Oakland University) 비즈니스 스쿨(정보 · 의사결정 학과) 명예교수이다. 캔자스 대학에서 수학 및 경제학을 전공했으며 퍼듀 대학 비즈니스 스쿨(Krannert School)에서 박사학위를 받았다. 그의 연구 및 강의 분야는 응용통계학, 예측, 통계에 기반을 둔 교육학 등이다. 그는 통계학 강의용 소프트웨어 및 컴퓨터 강의 개발을 위한 미국과학재단(NSF)의 연구기금을 세 차례나 공동으로 지원받은 바 있다. 오랫동안 미국통계학회(ASA) 회원으로 활동해 왔으며, 2002년에는 ASA 디트로이트 분회장을 맡았다. 정부, 보건기구, 기업 등에 컨설팅을 수행한 경험을 지니고 있으며, 많은 학술저널에 논문을 실었다. 현재 샌디에고와 오렌지 카운티/롱비치에 있는 ASA 분회에 속해 있다.

Courtesy of Lori Seward

Lori E. Seward

Lori E. Seward는 미국 콜로라도 대학(University of Colorado-Boulder)의 Leeds 비즈니스 스쿨(시스템 학과) 강의전담교수이다. 버지니아텍(Virginia Tech)에서 산업공학 학사와 석사를 받았고, 그 후 수년간 제지 및 자동차산업 분야에서 안정성 및 품질 관리 엔지니어로 일하다가 1998년 버지니아텍에서 박사학위를 받고 현재의 Leeds 교수진으로 합류했다. Seward 교수는 2017년부터 Leeds MBA 프로그램의 교수부장을 맡아오고 있다. 그녀는 Leeds 비즈니스 스쿨의 석사와 MBA 프로그램에서 통계학 필수 과목을 강의하고 있을 뿐 아니라 책임자로 일하고 있다. 그녀는 INFORMS Teachers' Workshop의 2004년 연례회의에서 의장을 맡기도 했다. 지금은 학부와 MBA 대형강의에서 강의의 효율성을 높이기 위해 첨단기술과 협동학습환경을 이용하는 학습법 개발에 집중하고 있다. 가장 최근에 David Doane과 공저자로 발표한 논문은 *Journal of Statistics Education*(2011)에 실렸다.

저자 서문_*From the Authors*

> "사람들이나 학생들이 어떤 과목에 대해 이렇게 말하곤 한다. '내가 이걸 실생활에서 사용할 일은 없을 것이다.' 나에게 통계학은 약간 '수학 덩어리' 같은 인상을 주었다. 그러나 내가 현재 금융회사에서 인턴을 하면서 여러 금융관련 보고서에서 α, R^2, 상관계수 같은 단어들을 접했을 때의 당황스러움을 상상해보라. 그때 이런 것들을 좀 더 잘 알아놓았으면 좋았을 텐데 생각하게 됐다."
>
> —*Jill Odette*(기초통계학 수강 학생)

불과 10년 전만 해도 학생들이 이렇게 묻곤 했다. "통계학을 어떻게 사용하나요?" 요즘 우리가 듣는 질문은 이렇다. "통계학을 왜 사용해야 하나요?" 『경영경제통계학(*Applied Statistics in Business and Economics*)』은 실제 비즈니스 상황을 설정하고 실제 데이터를 이용함으로써 실제 세상에서 통계학이 어떤 의미를 지니는지 알려주고자 한다. 이를 통해 이 책의 독자들이 '어떻게' 뿐만 아니라 '왜'에 대한 해답을 찾는 데 도움을 주고자 한다.

통계학을 50년 이상 가르친 경험에서 저자들은 무언가 줄 것이 있음을 느낀다. 새로운 세기에 크게 변한 학생들을 보면서 강의 방식도 그에 따라 개선되어야 한다는 필요성을 절감해 왔다. 우리가 『경영경제통계학』을 저술하게 된 것은 기존의 교과서로는 충족되지 못한 네 가지 목적 때문이다.

목적 1: 비즈니스 상황에서 변동의 의미를 서로 소통한다. 변동(variation)은 우리가 살고 있는 세상 어디에나 존재한다. 성공적인 비즈니스를 위해서는 변동을 어떻게 측정하는지 알아야 한다. 또한 어느 때 변동에 대응해야 하는지, 어느 때에는 그대로 놔두어야 하는지 알아야 한다. 이 책을 통해 성공적인 비즈니스가 이것을 어떻게 행하는지 보여준다.

목적 2: 실제 데이터와 실제 비즈니스 적용사례를 이용한다. 예제, 사례연구, 연습문제 등을 가능한 한 실제 연구결과나 현실적 사례에서 가져왔다. 개념을 설명하는 데 불가피하다고 생각될 때만 가상적인 데이터를 이용했다.

목적 3: 실제 통계작업의 관행을 소개하고 실질적 조언을 제공한다. 컴퓨터에 대한 의존도가 높아감에 따라 통계 실무자들이 통계적 도구를 사용하는 방식이 바뀌었다. 실제 관행을 소개하고 그것들이 왜 그런 식으로 사용되는지 설명한다. 또한 사용되어서는 안 되는 기법도 지적할 것이다.

목적 4: '왜'에 대해서는 보다 깊이 있는 설명을 제공하되, '어떻게'에 대해서는 소프트웨어를 이용하도록 한다. 데이터와의 의사소통이 중요하다는 것을 제대로 이해하는 것이 매우 중요하다. 요즘은 컴퓨터의 도움으로 데이터를 요약하고 시각적으로 표현하는 것이 예전보다 훨씬 쉬워졌다. 쉽게 구할 수 있는 소프트웨어를 이용하여 필요한 테크닉을 어렵지 않게 익힐 수 있다는 것을 보여줄 것이다. 또한 비즈니스 의사결정에는 위험이 도사리고 있으며 이러한 위험을 계량화하여 분석할 수 있다는 것을 설명하는 데 많은 부분을 할애할 것이다.

우리 경험으로 보면 대학에서 강의를 들을 때까지 학생들은 이미 많은 경험을 쌓아 왔다. 다양한 예제와 연습문제는 그것을 반영한 것이다. 그동안 쌓아 온 세상에 대한 많은 지식과 혹은 다른 수업에서 얻은 지식들을 활용하면 이들 예제의 상황을 쉽게 이해할 수 있을 것이다. 데이터를 연구하고, 적절한 분석도구를 선택하고, 컴퓨터를 효과적으로 활용하고, 그리고 통계학의 한계를 인식해야 한다는 점 등을 강조하고자 하였다.

7판에서 새로워진 내용

이번 판에서 우리는 여러분들의 의견에 귀를 기울였고 여러분들이 요구하는 많은 변화를 수용하였다. 우리는 이 책을 교재로 사용하고 있는 학생들과 강사, 여러 대학의 다양한 평론가들에게 많은 조언을 구했다. 서문의 마지막 부분에서 각 장의 개선된 부분에 대한 자세한 설명을 하고 있지만 여기서는 그중 몇 가지를 제시한다.

- 전체적인 디자인을 새롭게, 더 밝게 하였다(형식과 색상)
- 엑셀과 비즈니스 적용사례를 여전히 강조하였다.
- '애널리틱스 적용 사례(analytics in action)'란을 신설하여 데이터 분석과 관련한 직업, 흥미로운 빅데이터의 적용, 인공지능과 윤리적 이슈를 포함한 머신러닝(machine learning) 등을 간략히 소개하였다.
- 부록 I를 새로 추가하여 엑셀과 R의 통계처리 기능을 비교 · 설명하였다.
- 부록 J를 새로 추가하여 R과 RStuido를 쉽게 시작할 수 있도록 예제를 제공하였다.
- 각 장 끝의 '소프트웨어 부록'(software supplements)에서는 해당 장의 내용을 R에 어떻게 적용하는지를 설명하였다.
- Connect를 이용할 수 있는 연습문제를 업데이트하였다.
- 각 장의 주제와 학습목표에 맞게 연습문제를 업데이트하였다.
- 경제학과 경영학 전공자를 위한 Mini Case를 추가하거나 업데이트하였다.
- 연습문제 데이터세트, 웹사이트 링크, 빅데이터 세트(Big Data Sets)와 참고문헌(Related Reading)을 추가하거나 업데이트하였다.

소프트웨어

이 책에서는 어디서나 쉽게 이용할 수 있는 엑셀을 기본으로 한다. 그러나 MegaStat나 Minitab을 이용한 계산도 설명되는데, 이들 소프트웨어가 엑셀의 데이터 분석(Data Analysis Tools)보다 더 다양한 분석기능을 제공하기 때문이다. Excel 이상의 분석도구에 대한 관심이 증가하는 추세에 맞춰 각 장에 R의 기초를 이용한 용례를 옵션으로 제공하였다. R의 사용을 지원하기 위해 R함수 테이블, R에도 활용 가능한 Excel 데이터세트 등도 제공하였다. 추가적인 도움이 필요한 학생들을 위해 Excel, R을 사용하는 데 필요한 Connect 학습서와 실제 예를 제공하였다.

수학 수준

이 책은 미적분 수학을 요구하지 않는다. 드물게 미적분에 관한 참고문헌이 제시되어 있는데 이는 좀 더 앞서 있는 독자들을 위한 것이다. 아주 간단한 것을 빼고는 증명이나 도출과정은 생략되어 있다. 그러나 핵심 전제들은 명확히 언급되어 있다. 이러한 전제가 충족되지 않은 경우에 학습자가 무엇을 어떻게 해야하는지도 제시해 두었다. 문제 풀이 과정이 제시되어 있는 예제들이 있지만 이 책은 기본적으로 계산은 컴퓨터로 하는 것을 전제로 하고 있다. 따라서 해석이 가장 중요하다. 각 장의 마지막에는 참고문헌과 웹사이트가 나와 있기 때문에 관심 있는 독자는 참고하기 바란다.

연습문제

각 섹션마다 간단한 연습문제가 삽입되어 있다. 각 장의 말미에 있는 연습문제는 보다 종합적인 문제이며 현실적인 상황이 가미되어 있는 경우가 많다. 특정 학습목표에 매치되는 명확한 답을 갖도록 문제를 수정하는 데 중점을 두었다. 일부 문제들은 공식만 적는 것이 아니라 최소한 한 두 문장을 쓰는 형식이다. 홀수 번호 문제들은 책의 맨 뒤에 답이 있다(강사용 해답집에서는 모든 문제의 해답을 제공하였다).

Daivd P. Doane
Lori E. Seward

학습능력을 향상시키기 위한 각 장의 구성

목차

각 장은 다루어질 섹션별 주제에 대한 간략한 목차로 시작한다.

목차 *Chapter Contents*

학습목표

학생들이 각 장을 공부할 때 반드시 습득해야 할 학습목표를 제시한다. 학습목표는 학생들에게 기대하는 내용이 무엇인지 설명한다. 또한 학습을 통해 달성할 목표를 명확하게 한다.

학습목표 *Chapter Learning Objectives*

이 장을 마친 후 스스로 다음을 할 수 있어야 한다.

- LO 1-1 통계학을 정의하고 사용 예들을 설명한다.
- LO 1-2 경영경제 학생들이 통계학을 공부해야 하는 이유를 열거한다.
- LO 1-3 통계학이 경영경제에서 어떻게 활용되는지 설명한다.
- LO 1-4 통계학을 사용하는 비즈니스 전문가들이 직면하는 일반적인 도전을 이해한다.
- LO 1-5 일반적인 통계의 함정을 열거하고 설명한다.

단원 연습문제

각 장에 섹션별 단원 연습문제를 제공함으로써 학생들이 방금 배운 내용에 대해 집중할 수 있도록 한다.

단원 연습문제

connect

3.1 다음은 점심시간에 도심의 한 시티뱅크 ATM(현금자동입출금기)을 이용한 고객의 수를 공휴일을 제외한 연속 24일 동안 기록한 것이다. (a) 24개 관측치에 대한 줄기-잎 그림을 작성하라. (b) 관측치에 대한 점그림을 작성하라. (c) 두 그림을 설명하라(*힌트*: 중심, 변동성, 형태를 설명하라). CitiBank

39	32	21	26	19	27	32	25
18	26	34	18	31	35	21	33
33	9	16	32	35	42	15	24

3.3 (a) 다음은 지난주 사라와 밥이 이용한 휴대전화 이용시간(분)이다. *다층 점그림*을 이용하여 이를 비교하라. (b) 점그림 결과를 설명하라. PhoneCalls

Mini Case

모든 장에는 응용 예제인 Mini Case가 2~3개 포함된다. Mini case는 예제에 비해 깊이 있는 수준에서 특정 통계개념을 분석 · 적용하는 예를 보여준다.

Mini Case 4.8

다우존스공업평균지수(*DJIA*) DJIA

다우존스공업평균(Dow Jones Industrial Average: DJIA)은 미국 주식시장 가격 지수 중 가장 오래된 것으로 미국 기업 중 규모가 크고 주식 보유층이 광범위하고 거래가 활발한 '블루칩' 30개 기업을 대상으로 한다(예: 코카콜라, 마이크로소프트, 월마트, 월트디즈니). 사실 30개 구성원 중 일부만이 '공업적(industrial)'이다. DJIA는 구성 주식의 가격을 단순 평균한 것이 아니라 가격을 기초로 *가중평균*한 것이다. 초창기에는 주식가격의 단순평균이었지만, 오늘날 DJIA는 30개 주식 가격의 합계를 '제수(divisor)'로 나누어 계산한다. 제수는 주식 분할이나 시간 경과에 따른 기타 변화를 상쇄시키기 위한 것이다. 제수는 필요할 때마다 빈번히 수정된다(가장 최근의 제수값은 「월스트리트 저널」 참조). 고가의 주식이 가격의 총합에서 더 많은 비중을 차

애널리틱스 적용 사례

신설된 항목으로, 현실에서 실제로 행해진 데이터 분석을 보여준다.

애널리틱스 적용 사례

월마트, 빅데이터 그리고 소매분석

월마트는 매 시간 고객과의 거래를 수만 건 진행한다. 이는 아마도 2~3 petabyte(100만 기가바이트)의 데이터양이 될 것이다. 이만큼 큰 데이터로 무엇을 해야 할까? 월마트는 이를 가지고 *자료민주화*(data democratization)라는 것을 진행하고 있다. 즉, 월마트가 어느 직원이든 이러한 큰 데이터에 접근하는 것을 허용해서 직원들은 고객의 행동변화에 신속하게 대응할 수 있게 되었다는 의미이다.

월마트는 자료카페(Data Café)를 운영하고 있는데, 직원이면 누구나 여기에서 자료를 확인해 볼 수 있다. 매장 관리자가 특정 상품에 대한 매출 변화를 확인하고 싶으면 자료카페에 들어가서 전국 매장의 데이터를 검색하고, 왜 자신의 매장에서 매출이 변했는지 그 이유를 찾아볼 수 있다. 예를 들어 어떤 상품의 매출이 큰 폭으로 감소한 까닭이 제품에 가격을 잘못 붙였기

그림과 표

이 책에는 통계학적 개념을 설명하기 위한 수많은 그래프와 표, 스프레드시트가 있다. 이러한 시각 자료는 학생들의 학습의욕을 일깨우고, 본문의 설명을 보다 분명하게 이해하는 데 도움이 될 것이다.

그림 3.1

경기변동 지속기간 점그림(n = 33)

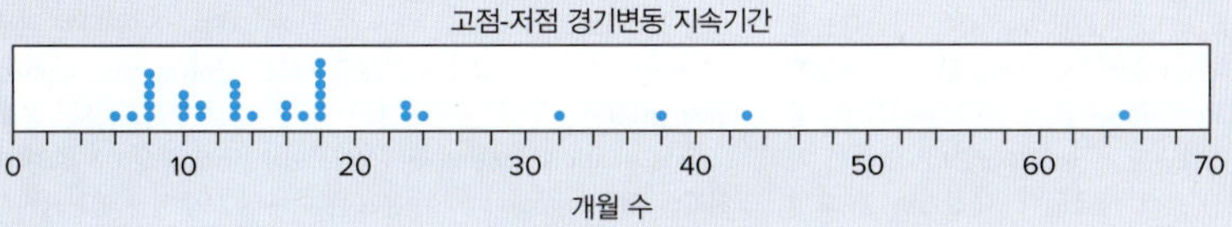

표 4.9

워크시트에서 표준편차 구하기 Stephanie

i	X_i	$X_i - \bar{X}$	$(X_i - \bar{X})^2$	X_i^2
1	40	40 − 72 = −32	$(-32)^2$ = 1,024	40^2 = 1,600
2	55	55 − 72 = −17	$(-17)^2$ = 289	55^2 = 3,025
3	75	75 − 72 = +3	$(3)^2$ = 9	75^2 = 5,625
4	95	95 − 72 = +23	$(23)^2$ = 529	95^2 = 9,025
5	95	95 − 72 = +23	$(23)^2$ = 529	95^2 = 9,025
합계	360	0	2,380	28,300
평균	72			

예제 3.3

출생률 및 기대수명

출처: *The World Factbook 2003*, CIA, 2003. www.cia.gov.

그림 3.16은 X축을 기대수명, Y축을 출생률로 하여 산포도를 그린 것이다. 이 그림으로 볼 때 X와 Y 사이에 어떤 연관성이 있어 보인다. 즉, 출생률이 높은 나라일수록 기대수명이 낮은(혹은 그 반대인) 경향이 있는 것이다. 그러나 이것이 두 변수 간의 원인-결과를 의미하는 것은 아니다. 왜냐하면 두 변수 모두 제3의 변수(예: 1인당 GDP)의 영향을 받을 수 있기 때문이다.

그림 3.16

출생률과 기대수명의 산포도(n = 153개국) BirthLife

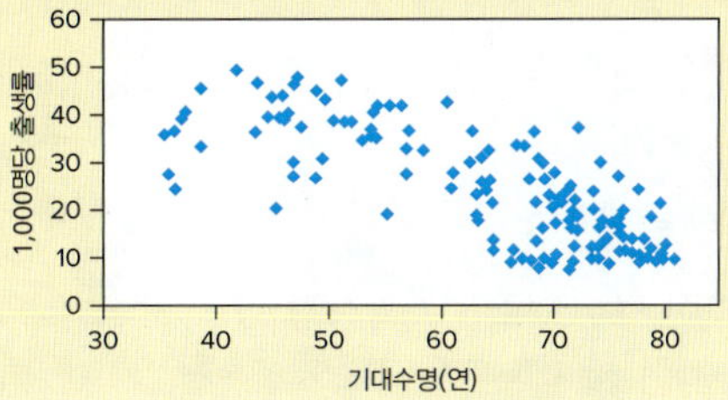

예제

예제는 학생들의 관심을 유지하기 위해 통계학적 개념을 예시하는 연구논문과 실제 응용에서 많은 예시를 가져와 구성하였다. 예제의 대부분은 비즈니스 분야에 초점을 맞추고 있지만, 이해하는 데 별도의 선험적 지식이 필요없는 일반적인 학문분야에 관한 예제도 있다. 학생들이 실행한 프로젝트에 기초한 예제도 포함한다.

데이터세트 아이콘

USTrade

본문을 위한 Connect에 포함된 그림, 예제 그리고 연습문제에서 사용된 데이터세트는 따로 구별하기 위해 데이터세트 아이콘을 사용하였다.

학습능력을 강화시켜 주는 항목

요약

각 장에서 설명한 개념의 개요를 제공하였다.

요약(Chapter Summary)

연속확률변수(continuous random variable)의 **확률분포함수**(probability density function: PDF)는 매끈한 곡선이고 확률은 그 곡선 아래의 면적이다. PDF 아래의 전체 면적은 반드시 1이다. **누적확률분포함수**(cumulative distribution function: CDF)는 PDF 아래 면적 중 X 왼쪽의 모든 면적으로서 X값이 증가할수록 1에 가까워진다. 평균 $E(X)$와 분산 Var(X)는 이산확률분포에서는 합이었지만, 연속확률분포에서는 적분값이다. **균등분포**(uniform continuous distribution)는 $U(a, b)$로 표기하며 a와 b 두 모수는 X의 범위를 나타낸다. 균등분포는 가장 단순한 확률모형으로 시뮬레이션에서 주로 사용된다. 대칭이며 종 모양의 분포함수를 가진 **정규분포**(normal distribution)는 $N(\mu, \sigma)$으로 표기되며, 평균 μ와 표준편차 σ의 두 모수를 가지고 있다. 정규분포는 벤치마크 모형으로 주로 사용된다. 다양한 μ와 σ값에 따라 서로 다른 정규분포가 존재하지만 $z = (x - \mu)/\sigma$의 변환을 통해서 **표준정규분포**(standard normal distribution) 확률변수 z를 만들 수 있다. 표준정규분포는 $N(0, 1)$로 표기되며 평균이 0이고 표준편차는 1이다. 정규분포의 면적을 계산하는 것은 간단하지 않다. 그러나 분포표나 엑셀 함수를 이용하여 주어진 z에 대한 면적을 계산하거나 주어진 면적을 갖는 z값, 즉 역 정규분포(inverse normal)를 찾을 수 있다. 그림 7.29에 나와 있듯이, 이항분포나 포아송분포를 **정규분포로 근사**(normal approximation)시키는 것은 평균이 10보다 클 때 가능하다. **지수분포**(exponential distribution)는 다음 포아송 사건 발생까지의 **대기시간**(waiting time)이다. 이 분포는 하나의 모수인 λ(평균)를 가지고 있고 오른쪽 꼬리의 면적은 $e^{-\lambda x}$(다음 사건발생까지 적어도 x시간을 기다릴 확률)이다. 이 분포는 심한 오른쪽 꼬리분포이고 보증수리 발생을 예측하는 모형에 사용될 수 있다. 표 7.14는 4개의 확률모형을 서로 비교한다.

주요 용어

주요 용어는 본문 중에 정의되고 강조되었다. 또한 각 장의 마지막에 주요 용어의 목록을 실어 복습하는 데 도움이 되도록 하였다.

주요 용어(Key Terms)

가로막대도표(bar chart)
누적도수곡선(ogive)
누적 막대도표(stacked column chart)
대칭적인(symmetric)
도수다각형(frequency polygon)
도수분포(frequency distribution)
로그척도(logarithmic scale)
변동성(variability)
산술척도(arithmetic scale)
산포도(scatter plot)
선도표(line chart)
세로막대도표(column chart)
스터지스의 법칙(Sturges' Rule)
오른쪽으로 기운(right-skewed)
왼쪽으로 기운(left-skewed)
점그림(dot plot)
줄기-잎 그림(stem-leaf plot)
중심(center)
최빈계급(modal class)
추세선(trend line)
특이값(outlier)
파레토 도표(Pareto chart)
파이도표(pie chart)
피벗 테이블(pivot table)
형태(shape)
히스토그램(histogram)

자주 사용되는 공식

어떤 장에서는 특정 개념을 설명하는 데 주로 사용된 공식을 정리하여 제시하였다.

기술통계량에서 자주 사용되는 공식

표본평균: $\bar{x} = \frac{1}{n}\sum_{i=1}^{n} x_i$

기하평균: $G = \sqrt[n]{x_1 x_2 \ldots x_n}$

성장률: $GR = \sqrt[n-1]{\frac{x_n}{x_1}} - 1$

범위: $\text{범위} = x_{\max} - x_{\min}$

범위의 중앙: $\text{범위의 중앙} = \frac{x_{\max} + x_{\min}}{2}$

표본표준편차: $s = \sqrt{\frac{\sum_{i=1}^{n}(x_i - \bar{x})^2}{n-1}}$

변동계수: 모집단 $CV = 100 \times \frac{\sigma}{\mu}$ 표본 $CV = 100 \times \frac{s}{\bar{x}}$

표준화 변수: 모집단 $z_i = \frac{x_i - \mu}{\sigma}$ 표본 $z_i = \frac{x_i - \bar{x}}{s}$

리뷰

각 장에는 학생들이 스스로 복습하거나 토론할 수 있도록 일련의 질문을 제공하였다.

리뷰(*Chanpter Review*) connect

1. 기술통계량이란 무엇인가? 데이터의 시각적 표현과 어떻게 다른가?
2. 각 개념을 설명하라. (a) 중심, (b) 변동성, (c) 형태
3. (a) 데이터 분석의 첫 단계가 대개 정렬(sorting)로 시작하는 이유는? (b) 데이터 분석을 시작할 때 데이터가 어떻게 수집되었는가를 생각하는 것이 유용한 이유는?
4. 다음의 각 중심 측정수단의 장점과 단점을 열거하고 엑셀 함수를 제시하라. (a) 평균, (b) 중앙값, (c) 최빈값
5. (a) 왜 평균으로부터 편차의 합이 0이 되는가? (b) 정렬된 데이터에서 n이 짝수일 때 중앙값의 위치는? n이 홀수일 때는? (c) 연속형 데이터에 최빈값이 거의 사용되지 않는 이유는? (d) 어떤 형태의 데이터에 최빈값이 가장 유용한가?

있는 관측치는 대략 몇 개로 예상되는가?

12. (a) 표준화 변수의 수학적 공식을 적어라. (b) 엑셀에서 셀 F17에 있는 데이터 값을 표준화하는 함수를 적어라(데이터의 평균을 Mu라 하고 표준편차를 Sigma라 하자).
13. (a) 특이값을 없애는 것은 왜 위험한가? (b) 특이값을 없애도 되는 상황은?
14. (a) 사분위수로 중심과 퍼짐을 모두 측정할 수 있음을 설명하라. (b) 표본의 크기가 작을 경우 백분위수를 계산하지 않는 이유는?
15. (a) 사분위수 계산 방법인 중앙값 방법을 설명하라. (b) 엑셀에서 데이터의 셀 범위를 XData라 할 때 1사분위수를 구하는 함수를 적어라.

단원 연습문제

연습문제를 통해 학생들이 해당 장의 내용을 이해하였는지 테스트할 기회를 갖도록 하였다. 연습문제는 각 절과 장의 마지막에 실었다. 어떤 연습문제는 데이터 세트 아이콘으로 표시된 데이터 세트를 이용해야 한다. 데이터세트는 Connect에서 다운로드받을 수 있으며 해당 문제를 푸는 데 사용한다.

단원 연습문제(*Chapter Exercises*) connect

4.55 소매기업들의 총자산회전율이 평균 2.02이고 표준편차가 0.22라고 하자. 정규분포를 가정하지 않은 상태에서 최소 75%의 소매기업 총자산회전율이 속할 것으로 예상되는 범위는?

4.57 어떤 록 콘서트에서 앞 좌석의 소음 수준이 평균 95데시벨(dB)이고 표준편차는 8 dB이다. 정규분포를 가정하지 말고 최소한 몇 퍼센트의 소음 수준이 평균의 3표준편차 이내에 들어 있을지 구하라.

4.59 경험에 따르면 위스콘신 포트 앳킨슨에 있는 Ball Corporation의 알루미늄 캔 제조설비에 입고되는 금속재료의 두께는 평균 0.2731 mm이고 표준편차는 0.000959 mm이다. (a) 입고된 어떤 금속재료의 두께가 0.2761 mm이다. 표준화된 z점수를 구하라. (b) 이는 특이값인가?

4.61 다음의 z점수에 해당하는 데이터 값을 구하라.

우송 대형균일요금박스 서비스(Priority Mail® Large Flat Rate Box)를 시행하고 있다. 이를 이용한 소포 중 무작위로 고른 20개 박스의 무게(온스)가 아래 나와 있다. (a) 평균, 중앙값, 최빈값을 구하라. (b) 평균과 중앙값이 거의 동일한가? 그렇지 않다면 그 이유는? (c) 최빈값은 '전형적인' 데이터 값인가? 설명하라. (d) 분포는 비대칭인가? 설명하라. Weights

72	86	28	67	64	65	45	86	31	32
39	92	90	91	84	62	80	74	63	86

4.69 '비용비율(expense ratio)'은 포트폴리오를 운영하는 데 드는 비용의 척도이다. 다른 조건이 동일하다면 비용비율이 낮을수록 투자자로서는 더 유리하다. 아래에 무작위로 고른 23개 주식펀드와 21개 채권펀드의 비용비율이 나와 있다. (a) 각 표본에 대해 평균과 중앙값을 계산하라. (b) 각 표본의 표준편차와 변동계수를 계산하라. (c) 어느 편

시험대비 문제

유사한 내용의 몇 개의 장을 묶어 마지막 부분에 학생들이 공부한 개념을 복습할 수 있도록 하였다. 이를 통해 내용을 잘 이해했는지 테스트할 기회를 제공하였다.

시험 대비 문제: 1~4장(*Exam Review Questions for Chapters 1–4*)

1. 다음 각 통계량의 유형(기술, 추론)은 무엇인가?

a. 임의의 모기지 대출 표본 500건을 통해 미국 전체 모기지 대출의 부도율을 추정함.

b. 자신의 통계학 수업 학생 중 버라이존 통신사를 이용하는 학생의 비율을 계산함.

c. 아이폰 표본 50개를 이용하여 일상 사용에서 배터리 평균 수명을 예측함.

2. 통계학자의 윤리적 의무가 아닌 것은? 설명하라.

a. 허용된 절차를 알고 따르는 것

b. 데이터 진실성과 정확한 계산을 확실히 하는 것

c. 데이터에서 결론을 도출할 때 고객이 원하는 것을 지원하는 것

선택함.

c. 임의의 위치에서 시작하여 매 3번째 학생을 선택함.

8. 다음 중 표본추출의 이유가 아닌 것은? 설명하라.

a. 일부 검사의 파괴적 성질

b. 전체 모집단 조사에 많은 비용이 듦.

c. 난수를 얻는 데 비용이 들어감.

9. 다음 중 어떤 주장이 옳은가? 다른 것들은 왜 틀린가?

a. 척도의 거리가 의미를 지니면 리커트 척도는 구간형이다.

b. 횡단면 데이터는 시간에 따라 측정된다.

c. 센서스는 항상 표본보다 선호된다.

10. 다음 중 어떤 주장이 틀린가? 설명하라.

강사와 학생들에게 제공되는 자료

강사에게 제공되는 자료

강사에게 제공되는 자료는 connect.mheducation.com의 Connect 강좌를 통해 접근할 수 있으며, Word 형태로 제공되는 강사 매뉴얼, Word와 TestGen 형태로 제공되는 문제 은행, 강사용 PowerPoint 슬라이드, 교재 그림 파일 등이 있다.

Tegrity: 24/7

Connect에 탑재된 Tegrity는 모든 강의를 자동으로 캡처하여 수업 시간을 주7일 24시간 연중무휴로 제공하는 도구입니다. 간단한 원 클릭 시작 및 중지 기능을 통해 모든 컴퓨터 화면과 덧씌어진 음성을 함께 프레임별로 검색할 수 있는 형식으로 캡처합니다. 학생들은 사용하기 쉬운 브라우저 기반 보기를 통해 PC, Mac, iPod 또는 기타 모바일 장치에서 모든 수업의 모든 부분을 재생할 수 있습니다.

교수자는 학생들이 수업 자료를 더 많이 보고, 듣고, 경험할수록 학습효과가 높다는 것을 알고 계십니다. 실제로 많은 연구가 그것을 증명합니다. Tegrity의 고유한 검색 기능은 학생들이 원하는 때 필요한 수업내용을 전체 학기에 걸친 수업녹화영상에서 효율적으로 찾을 수 있도록 도와줍니다. 학생들이 교수자의 강의로 학습 시간을 배움의 순간으로 전환할 수 있도록 도와줍니다. Tegrity를 사용하면 필기에 대한 학생들의 고민을 해결하여, 강의에 더욱 집중하고 강의 참여도를 높여줍니다. Connect에서 Tegrity를 사용하면 학생들의 머리 숙인 모습이 아닌 얼굴을 더 잘 볼 수 있게 됩니다.

Test Builder

Connect 내에서 사용할 수 있는 테스트 빌더는 교수자가 테스트 형식을 프린트하여 추출하거나, LMS 내에서 관리될 수 있도록 지정할 수 있는 클라우드 기반 도구입니다. 테스트 빌더는 다운로드할 필요없이 Syllabus와 일치하는 간편한 콘텐츠 구성을 위해 최신식의 간소화된 인터페이스를 제공합니다.

테스트 빌더를 사용하면 다음을 수행할 수 있습니다.

- 특정 타이틀의 모든 테스트 뱅크 콘텐츠에 액세스합니다.
- 강력한 필터링 옵션을 통해 가장 관련성이 높은 콘텐츠를 쉽게 찾아냅니다.
- 질문의 순서를 조작하거나 질문 및/또는 답변을 뒤섞습니다.
- 테스트 내의 특정 위치에 질문을 고정합니다.
- 알고리즘 질문에 대해 선호하는 처리 방법을 결정할 수 있습니다.
- 레이아웃과 간격을 선택합니다.
- 교수자의 지시사항을 추가하고 기본 설정을 구성합니다.

테스트 빌더는 콘텐츠를 보다 잘 보호하기 위한 보안 인터페이스를 제공하고, 실시간 업데이트가 평가에 직접 반영되도록 합니다.

원격 감독 및 브라우저 잠금 기능

Connect 내에서 Proctorio가 호스팅하는 새로운 원격 감독 및 브라우저 잠금 기능은 보안 옵션을 활성화하고 학생의 신원을 확인하여 시험 환경을 효과적으로 제어합니다.

Connect 내에서 원활하게 통합되는 Proctorio를 통해 교수자는 시험 시간 동안 학생들의 인터넷 활동을 제한하고, 학생의 활동을 기록하고, 학생들이 스스로 작업을 하고 있는지 확인할 수 있습니다.

실시간 리포팅 기능을 통해 교수자는 잠재적인 학습윤리 문제를 한눈에 볼 수 있게 됨에 따라 개인적인 편견을 피하고 평가에 객관적인 증거를 뒷받침할 수 있습니다.

McGraw-Hill 고객 담당 부서

고객 지원이 필요할 시 800-331-5094로 전화하거나 www.mhhe.com/support를 방문하시기 바랍니다. 고객 지원 팀원이 적시에 도움을 드릴 것입니다.

학생들에게 제공되는 자료

학생들이 개념을 이해하고 문제를 푸는 것을 지원하기 위해 다음과 같은 소프트웨어 도구를 제공한다.

R과 RStudio

R과 RStudio는 통계적 계산과 그래프, 그리고 통합개발환경에 필요한 정교한 프로그래밍 언어이다. 이 책은 무료 버전의 R(http://www.r-project.org/)과 RStudio(http://rstudio.com/)을 다운로드하고 설치하고 사용하는 데 필요한 자세한 설명을 제공한다.

7판에서 개선된 부분

독자들의 조언에 따라 많은 부분이 바뀌었다. 소소한 편집의 변화 및 내용 구성의 개선 이외에도 대부분의 장에서 아래와 같은 수정이 이루어졌다.

- 더 밝고 효율적인 형태로 전반적인 디자인과 색, 도표 및 연습문제의 배치 등을 개선
- 각 장의 끝에 R에 관한 '소프트웨어 부록(software supplements)'을 두었고, R과 엑셀을 비교하는 등의 내용을 부록에 추가
- 테스트 뱅크와 빅데이터 세트를 업데이트
- '심도 있는 연구'를 원하는 독자들을 위해 참고문헌과 Web Source를 업데이트
- 일러스트, 그림, 표를 개선

1장 – 통계학 둘러보기
애널리틱스 적용 사례 추가(AI의 윤리적 이슈, 알고리즘: 적인가, 동지인가?)
소프트웨어 부록 추가(R과 RStudio 소개)
참고문헌 업데이트

2장 – 데이터 모으기
사례와 슈퍼볼 Mini Case 업데이트
애널리틱스 적용 사례 추가(임의성의 과잉?)
척도, 설문조사, 표본추출에 관한 논의 수정

3장 – 데이터 시각적으로 묘사하기
도표 작성에 관한 내용 간소화
예제 업데이트(예: 미국 무역)
연습문제 업데이트와 신규 사례(은행 수입) 추가
소프트웨어 부록 추가(R을 이용한 막대그래프와 산포도)

4장 – 기술통계량
주요 개념들의 연결형 논의
애널리틱스 적용 사례 추가(미래의 직업, 변동성의 측정)
중심 및 변동성에 대한 설명 개선
신규 연습문제(은행 자산)와 연습문제 데이터세트의 업데이트
참고문헌 업데이트
소프트웨어 부록 추가(R을 이용한 기술통계량)

5장 – 확률
벤다이어그램 표시 수정
애널리틱스 적용 사례 추가(기후 변화)
보다 간결한 사용을 위한 분할표의 대폭 수정
연습문제 추가(401K 미국 은퇴연금 납입)
새로운 통계프로그램 추가(R을 이용한 분할표 작성)

6장 – 이산확률분포
애널리틱스 적용 사례 추가(자동차 보험, 위험 및 자율주행 차량)
연습문제 수정
새로운 통계프로그램 추가(R을 이용한 이산확률분포)

7장 – 연속확률분포
본문, 연습문제, 그림 수정
새로운 통계프로그램 추가(R을 이용한 연속확률분포)

8장 – 표본분포와 추정
새로운 도입부
중심극한정리 수정 및 기존의 8.3장 삭제
애널리틱스 적용 사례 추가(빅데이터 시대에 오차한계)
새로운 통계프로그램 추가(R을 이용한 신뢰구간 구하기)

9장 – 단일표본 가설검정
애널리틱스 적용 사례 추가(월마트, 빅데이터, 소매 분석)
신뢰구간 및 p값에 대해서 보강
새로운 통계프로그램 추가(R을 이용한 단일표본 가설검정)

10장 – 두 표본 가설검정
양측검정과 신뢰구간에 관한 논의
애널리틱스 적용 사례 추가(A/B 검정: 기존 분석법, 새로운 응용)
연습문제 업데이트 및 관련 문헌 수정
새로운 통계프로그램 추가(R을 이용한 두 표본 가설검정)

11장 – 분산분석
애널리틱스 적용 사례 추가(실험분석 혹은 빅데이터?)
이원분산분석에 관한 논의
관련 문헌 수정
새로운 통계프로그램 추가(R을 이용한 분산분석)

12장 – 단순회귀모형
애널리틱스 적용 사례 추가(예측 유지보수와 기계학습)
신뢰구간과 예측구간에 대한 설명 보완
Mini Case 12.4(수출과 수입) 추가
데이터세트(US 가격 인상) 및 참고문헌 보완
소프트웨어 부록(R을 이용한 단순회귀분석) 추가

13장 – 다중회귀모형
신뢰구간과 예측구간에 대한 설명 보완
기존의 Mini Case 13.4(조종실 소음) 삭제
애널리틱스 적용 사례 추가(인적자원 애널리틱스)
상관계수 행렬 예시(차량 연비) 추가
데이터세트(소비자물가지수 변화) 현행화 및 데이터세트(면역항암요법 치료약 가격) 추가
참고문헌 현행화
소프트웨어 부록(R을 이용한 다중회귀분석) 추가

14장 – 카이제곱 검정
원시자료 변환에 관한 간단한 예시
애널리틱스 적용 사례(기계학습의 오차행렬) 추가
적합도 검정(균등분포, 정규분포)에 관한 설명 단순화
연습문제(연령과 소셜 미디어 플랫폼 선호도) 추가
소프트웨어 부록(R을 이용한 카이제곱 검정) 추가

역자 소개_*Translator Introduction*

▶ **박찬규** 교수
- 서울대학교 공과대학 산업공학과 졸업
- 서울대학교 대학원 산업공학과 졸업(석사, 박사)
- 한국정보화진흥원 책임연구원
- 막스플랑크연구소 박사후 연구원
- (현) 동국대학교 경영대학 경영학과 교수

▶ **강희찬** 교수
- 고려대학교 농업경제학과 졸업
- 고려대학교 경제학과 대학원 졸업
- The Ohio State 대학교 자원환경경제학과 졸업(경제학 박사)
- 삼성경제연구원 수석연구원
- 한국환경정책평가연구원 연구위원
- (현) 인천대학교 글로벌정경 대학 경제학과 교수

▶ **김준성** 교수
- 고려대학교 경영학과 졸업
- University of California, San Diego 대학원 수학과 졸업(통계학 석사)
- Cornell대학교 대학원 경제학과 졸업(경제학 석사, 박사)
- 호주 Monash대학교 경제경영통계학과 조교수
- 경희대학교 정경대학 경제학과 부교수
- (현) 성균관대학교 경제대학 경제학과 부교수

▶ **노택선** 교수
- 서울대학교 경제학과 졸업
- University of Illinois 경제학박사
- (현) 한국외국어대학교 경제학부 교수

역자 서문_*Preface*

4차 산업혁명 시대에 살고 있음을 실감하게 빅데이터, 인공지능, 데이터 애널리틱스 등이 주목을 받고 있다. 이러한 추세는 팬데믹을 겪으면서 더욱 가속화되고 있다. 하지만 빅데이터, 데이터 애널리틱스 등과 같은 새로운 학문 분야의 교육과정을 들여다보면, 통계학, 수학이 필수로 포함되어 있다. 결국 4차 산업혁명 시대의 주역은 통계학, 수학에서 다루는 개념을 제대로 이해하고 이를 실제 데이터 분석에 잘 활용할 수 있는 사람이라 할 수 있다.

이 책은 대학에서 처음으로 통계학을 접하는 경제 · 경영 계열 학생들을 위한 입문서이다. 책의 제목(경영경제통계학)이 압축적으로 표현하고 있듯이 경영 · 경제 분야에 필요한 기본적인 통계학 지식을 소개하고 있다. 이 책은 2012년 초판이 나온 이후 2016년 4판, 2018년 6판, 2021년 7판이 출간되어 미국의 많은 대학에서 학부 수준 통계학 교재로 쓰이고 있다.

순수 통계학적인 입문서들이 이미 많이 나와 있지만 경제학이나 경영학적 응용에 제한이 있는 경우가 많다. 반대로 경제분야 통계학 책 중에는 회귀분석 등에 치중한 나머지 통계학을 처음 배우는 학생들에게는 지나치게 어려운 경우가 많다. 그런 점에서 이 책은 균형을 잘 유지하고 있으며, 따라서 경영 · 경제 관련 통계학 공부를 처음 시작하는 학생들에게 적합한 책이라 할 수 있다. 그렇다고 해서 이 책이 기초적인 내용만 담고 있는 것은 아니다. 이론보다는 활용에 초점을 맞춘 것일 뿐, 이 책이 다루고 있는 범위는 상당히 넓은 편이다. 이미 통계학을 단편적으로 접했다 하더라도 이 책을 통해 자신의 통계학 지식을 다시 한 번 정리하고 체계화할 수 있다.

이 책의 또 다른 장점 중의 하나는 각종 개념을 이론적으로 설명하는 데 그치지 않고, 소프트웨어를 활용하여 실제로 결과를 산출해 볼 수 있도록 하고 있다는 점이다. 이 책에서 사용하는 통계 소프트웨어는 기본적으로 엑셀이지만 여기에 그치지 않고 여러 가지 소프트웨어 사용법도 함께 다루고 있다. 특히 7판에서는 무료 소프트웨어이면서 데이터 분석에 널리 사용되는 R의 사용법도 포함하고 있다.

7판은 교수와 학생들의 의견을 반영하여 이전 판보다 더욱 개선되었다. '애널리틱스 적용 사례'란을 새롭게 추가하여 통계학이 현장의 실제 데이터 분석과 문제 해결에 어떻게 활용되고 있는지를 소개하고 있다. 또한 최신 버전 엑셀 지원을 통해 학생들의 실습을 돕고, 각 장의 Mini Case에 경제학과 경영학 분야의 최신 예제를 업데이트하였다.

이 번역본의 기획 단계에서부터 책이 완성되어 출판될 때까지 지원을 아끼지 않은 한국맥그로힐 에듀케이션의 관계자 분들에게 감사드린다. 또한 이 번역본의 교정과 편집 과정에서 한 줄 한 줄 세심히 비교 검토하고 역자들의 실수를 예리하게 바로잡아 준 한국맥그로힐의 편집진에게 진심으로 감사드린다. 그럼에도 불구하고 남아 있을 번역상의 실수들은 전적으로 역자들의 책임이며, 앞으로 바로잡아 나갈 것을 약속 드린다.

2022년 1월

박찬규, 강희찬, 김준성, 노택선

McGraw Hill connect®

Required=Results

McGraw-Hill Connect®
Learn Without Limits

Connect은 강의와 학습 플랫폼으로 학생과 강사에게 더 나은 결과를 전달하는 것으로 입증되었다.

Connect은 학생들이 요구하는 것을 필요한 시점에 필요한 방식으로 정확히 전달하기 위해 끊임없이 적응함으로써 학생들에게 힘을 실어 준다.

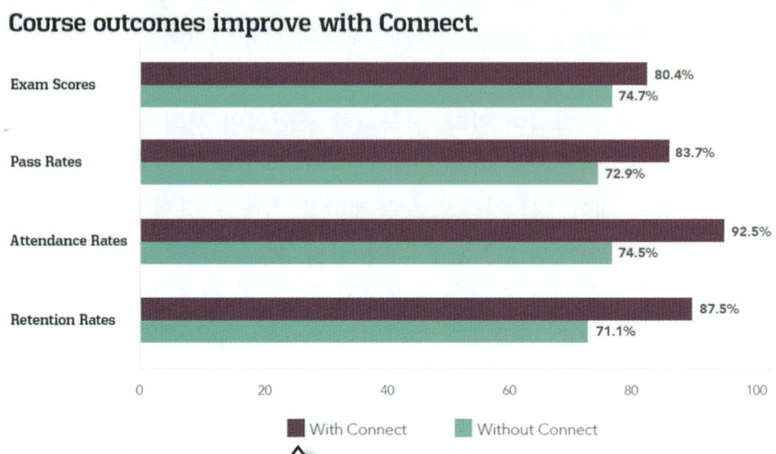

Connect을 사용하는 강사의 73%가 Connect을 필수로 하며, Connect을 필수로 할 때 강사 만족도가 28% **증가**한다.

Connect을 이용하면 P/F의 합격률을 **10.8%**, 숙지율을 **16.4%** 개선한다.

분석

Connect Insight®

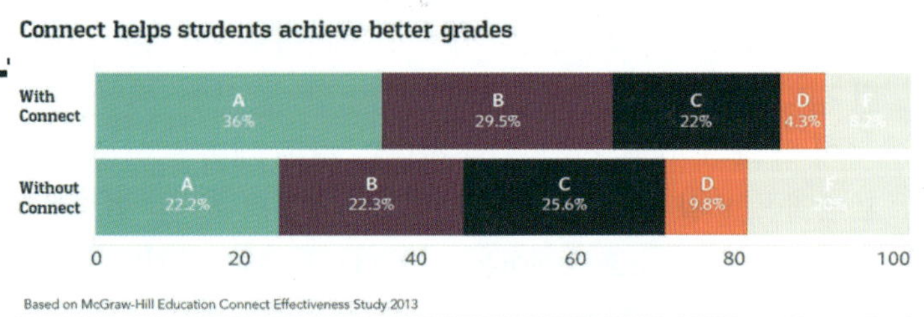

Connect Insight는 Connect의 새롭고 독특한 시각적 분석 대시보드로 현재 강사와 학생 모두 사용 가능한데 학생의 성과에 대한 정보를 한눈에 볼 수 있고 즉시 실행 가능하다. Connect Insight는 전체 결과 및 개별 결과를 쉽게 볼 수 있는 시간 측정과 함께 과제, 평가 그리고 시사와 관련된 수행 결과를 제공함으로써 사용자에게 강의와 학습에 적시 접근방법을 택할 수 있는 능력을 준다. 이는 이전에는 이용할 수 없었다. Connect Insight는 데이터를 제시해 학생들에게 능력을 주고 강사가 효율적이며 효과적인 방법으로 학급 성과를 개선하도록 돕는다.

학생들은 모든 **Connect** 수업에서 결과를 볼 수 있다.

모바일

Connect의 새로운 직관적인 모바일 인터페이스는 학생과 강사에게 유연하고 편리하게 언제 어디서든지 Connect 플랫폼의 모든 구성요소에 접근하도록 한다.

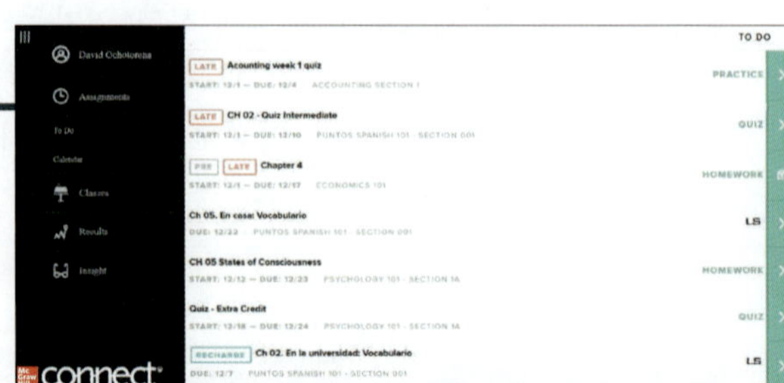

적응형(Adaptive)

학생들의
독서 방법을 바꾸도록
설계된 최초의 유일한
적응형(ADAPTIVE)
독서 경험

McGraw-Hill Education의
Adaptive 제품을 사용할 때 더 많은
학생들이 **A**학점과 **B**학점을 받는다.

SmartBook®

학생들의 학점을 개선하고 더 효율적으로 학습하도록 돕는 것이 입증된 SmartBook은 인쇄된 책과 같은 내용을 담고 있으나 개인의 요구에 맞게 그 내용을 능동적으로 맞춘다. SmartBook의 적응형 기술은 학생이 주요 개념을 숙달하고 기억하도록 안내하고, 부족한 지식을 채우기 위하여 맞춤형 피드백을 제공하며, 학생을 주제에 대해 이해하고 숙지하도록 이끌기 위해 정확한 개인별 지침을 준다. 스마트폰과 태블릿에서도 사용할 수 있어 SmartBook은 학생들이 언제 어디서든지 학습할 수 있게 해준다.

70억 개 이상의 질문에 답해
McGraw-Hill Education 제품은 더욱
지능적이고 신뢰할 수 있으며 정확하다.

STUDENTS WANT
SMARTBOOK®

95% SmartBook이 리딩자료로써 더욱 효과적인 방법이 되길 원합니다.

100% SmartBook의 실용퀴즈가 학습에 실제 도움이 되기를 원합니다.

100% 캠퍼스 wifi를 벗어난 환경에서도 이용가능하기를 원합니다.

90% Print 기능만을 제공하는 SmartBook 버전을 구입하기를 원합니다.

95% SmartBook이 학습을 긍정적인 방향으로 변화하기를 원합니다.

*Findings based on a 2015 focus group survey at Pellissippi State Community College administered by McGraw-Hill Education

https://www.mheducation.com/highered/connect.html

차례_Contents

Chapter 11

분산분석 410

Chapter 12

단순회귀모형 450

Chapter 13

다중회귀모형 504

Chapter 14

카이제곱 검정 562

부록

경영경제통계학 7th Edition

Applied Statistics in BUSINESS & ECONOMICS

CHAPTER

1 통계학 둘러보기

Overview of Statistics

목차 *Chapter Contents*

학습목표 *Chapter Learning Objectives*

이 장을 마친 후 스스로 다음을 할 수 있어야 한다.

- **LO 1-1** 통계학을 정의하고 사용 예들을 설명한다.
- **LO 1-2** 경영경제 학생들이 통계학을 공부해야 하는 이유를 열거한다.
- **LO 1-3** 통계학이 경영경제에서 어떻게 활용되는지 설명한다.
- **LO 1-4** 통계학을 사용하는 비즈니스 전문가들이 직면하는 일반적인 도전을 이해한다.
- **LO 1-5** 일반적인 통계의 함정을 열거하고 설명한다.

Juice Images/Getty Images

회사의 관리자는 내부 운영(예: 판매, 생산, 재고 수준, 출시 시점, 보증청구)이나 경쟁 상황(예: 시장 점유율, 고객 만족도, 재판매)에 대해 잘 알아야만 업무의 개선을 위한 필요한 조치를 적절히 취할 수 있다. 관리자들은 시장 추세를 분석하고 변화하는 시장 상황에 적응하기 위해서 신뢰할 수 있고 시의적절한 정보를 필요로 한다. 공급체인을 개선하기 위해 신뢰할 수 있는 비즈니스 파트너와 어떤 타입의 전략적 정보를 공유해야 하는지를 결정하는 데 있어서도 보다 나은 데이터가 도움이 될 수 있다. *통계학* 및 *통계 분석*은 *데이터 기반 의사결정*을 가능케 하고, 관리자의 개인적인 추측에 의존할 필요성을 줄여준다.

통계학은 *비즈니스 인텔리전스* 분야의 핵심 구성 요소로서, 더 나은 의사결정을 내리기 위해 회사 운영에 관한 데이터를 수집, 저장, 액세스 및 분석하는 모든 기술을 포괄한다. 통계학은 구조화되지 않은 "원시(raw)" 데이터(예: POS 데이터, 고객 지출 패턴)를 온라인분석처리(OLAP)나 데이터마이닝을 통해 *유용한 정보*로 변환하는 데 도움을 준다. 통계적 분석을 하면 개인적 성향이나 지엽적 논란을 벗어나 핵심 문제에 집중하고 의제에 맞는 토론을 할 수 있게 된다. 강력한 데이터베이스 소프트웨어 및 쿼리 시스템이 회사의 데이터 웨어하우스를 관리하는 핵심 요소이지만, "최종적인" 결정 단계에서는 비교적 단순한 엑셀 스프레드시트에 관리자들의 논의가 집중되곤 한다. 이것이 이 책에서 엑셀을 집중적으로 소개하는 이유이다.

요컨대, 기업들이 의사결정을 지원하고, 전술적 조치가 필요한 문제를 진단하고, 또는 기업의 목표에 맞게 과정을 조정할 전략적 통찰력을 갖추기 위해 **비즈니스 애널리틱스**(business analytics)를 사용하는 경우가 점점 늘어나고 있는 것이다. "이 사건이 발생할 가능성은 어느 정도인가?" 또는 "이 추세가 계속되면 어떻게 될 것인가?"와 같은 질문에 답하게 되면 적절한 조치를 취할 수 있게 된다. 기업이 경영 판단을 통계 분석과 결합시키면 더욱 성공적인 결과를 얻게 된다.

1.1 통계학이란 무엇인가?

통계학(statistics)이란 데이터를 모으고, 정리하고, 분석하고, 해석하고, 보여주는 학문이다. 학자에 따라서는 통계학을 데이터 모델링, 분석, 의사결정의 삼위일체인 **데이터 사이언스**(data science)라 부른다. **통계량**(statistic)은 어떤 표본 데이터세트를 요약하는 데 사용되는 단일 측정치로서 숫자로 표현된다. 통계학은 경험적 측정을 통해 요약하고, 유효한 결론을 도출하며, 예측을 하는 방법론의 집합으로 생각할 수 있다. 통계학은 우리가 정보를 정리하고 제시하며, 원데이터에서 의미를 추출하는 데 도움을 준다. 그것은 종종 과학 및 의학과 관련이 있지만 통계학은 이제 모든 학문 분야와 모든 비즈니스 분야에서 사용된다.

복수 혹은 단수?

통계학(statistics) 데이터를 모으고, 정리하고, 분석하고, 해석하고, 보여주는 학문
통계량(statistic) 표본 데이터세트를 요약하는 데 사용되는 단일 측정치이며 숫자로 표현

데이터를 요약하는 데는 다양한 측정치들이 이용될 수 있다. 이 책을 통해 우리는 데이터에 따라 사용되는 측정치가 달라지기도 하고, 또한 같은 데이터라 하더라도 질문에 따라 측정치가 달라질 수 있다는 것을 배우게 될 것이다. 예를 들어 어떤 대학교에 재학 중인 학생들의 키를 잰 표본 데이터를 생각해 보자. 이러한 데이터는 다양한 목적으로 활용될 수 있다. 졸업 가운 제조업체의 경우에는 아마도 가운의 길이가 주 관심사이고, 따라서 학생들의 *평균* 키가 가장 좋은 *통계량*이 될 것이다. 반면 강의실을 짓는 건축가의 경우에는 출입문의 높이가 주 관심사로서 키 데이터의 *최댓값*을 출입문 높이에 반영하게 될 것이다. 평균값과 최댓값 둘 다 *통계량*이다.

조직 내에 숙련된 통계학자가 없을 수도 있지만, 대학을 졸업한 사람이라면 통계학에 대해 어느 정도 알고 있을 것이며, 그래프를 작성하거나 데이터를 해석하는 사람은 특별한 자격명칭은 없어도 사실상 '통계학을 하고 있는(doing statistics)' 셈이다.

통계학은 일차적으로 두 종류로 나눌 수 있다.

- **기술통계학**(descriptive statistics)은 데이터를 수집, 정리, 제시, 요약하는 것을 말한다(도표나 그래프 혹은 숫자 요약을 통해).
- **추론통계학**(inferential statistics)은 표본으로부터 모집단으로 일반화하는 것, 알려지지 않은 모수를 추정하는 것, 결론을 도출하는 것, 그리고 의사결정을 내리는 것을 말한다.

그림 1.1은 위의 내용을 그림으로 정리한 것이다.

그림 1.1
통계학 개관

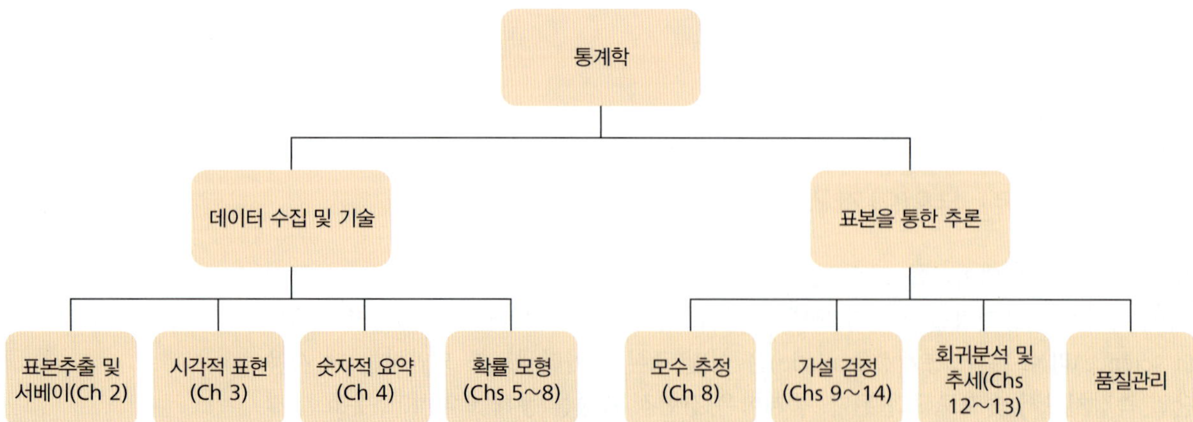

비즈니스 애널리틱스란?

애널리틱스(analytics)는 통계, 수학, 전산 도구를 사용하여 데이터에서 정보를 추출하는 광범위한 분야를 가리킨다. 애널리틱스의 도구는 크게 기술, 예측, 규범의 세 가지 범주로 분류된다. 이 용어는 우리가 답하려고 하는 다음의 질문에서 파생되었다.

어떤 일이 있었는가? 기업은 *기술 애널리틱스*(descriptive analytics) 도구를 사용함으로써 역사적 데이터를 분석하고 경향 및 패턴을 찾아내는 데 도움을 얻는다.

다음에 어떤 일이 일어날까? 기업은 *예측 애널리틱스*(predictive analytics) 도구를 사용함으로써 미래 사건의 가능성을 예측하고 소비자 행동 예측에 도움을 얻는다.

목표달성을 위해 어떤 조치를 취해야 할까? 기업은 *규범 애널리틱스*(prescriptive analytics) 도구를 사용함으로써 현실의 제약 조건하에서 목표를 달성하는 방법을 정하는 데 도움을 얻는다.

애널리틱스 적용 사례

애널리틱스를 활용한 비즈니스 개선

기술 애널리틱스: 자신의 웹사이트가 어떻게 작동하는지 더 잘 이해하고자 하는 기업을 위해 Google Analytics는 광범위한 측정값들을 제공한다. 여기에서 제공되는 *기술 애널리틱스*를 사용하면 예컨대 서로 다른 브라우저나 장치에 따라 자사의 웹페이지가 로딩되는 시간이 어떻게 달라지는지 알 수 있다. 또한 방문자가 해당 페이지에서 소비하는 시간, 그리고 시간별, 요일별 또는 주별 방문 횟수 등을 알 수 있다. 게다가 이탈률(bounce rate) 또는 클릭률(click-through rate)과 같은 실적 측정값을 볼 수 있다. 이탈률은 홈페이지만 보고 사이트를 떠나는 방문자의 비율을 나타낸다. 클릭률은 웹페이지를 보면서 광고를 클릭하는 비율이다. 이러한 측정값들은 모두 웹디자인의 효율성을 평가하는 데 중요하다.

예측 애널리틱스: 2015년에 오라클(Oracle)은 소비자 구매행동을 분석하는 회사인 데이터로직스(Datalogix)를 인수했다. 이를 통해 오라클은 자사 고객 기업들로 하여금 가장 효과적인 디지털 마케팅 캠페인을 설계할 수 있도록 지원하고자 했다. 오라클은 데이터로직스를 인수함으로써 자사의 데이터 클라우드 오퍼링의 일부로 제공되는 도구들을 강화할 수 있었다. *예측 애널리틱스*는 데이터로직스 성공의 열쇠였다. 닥터페퍼(Dr Pepper)가 그 수혜 고객 중의 하나이다. 닥터페퍼는 페이스북 광고 캠페인을 어떻게 디자인해야 판매량을 늘릴 수 있는지 도움을 청했다. 데이터로직스는 애널리틱스를 통해 탄산음료를 구입한 페이스북 사용자, 특히 닥터페퍼 제품을 구매한 사용자를 타깃으로 설정함으로써 매출을 1.5% 증가시킬 수 있다는 것을 보여주었다. 닥터페퍼는 광고에 1달러 쓸 때마다 매출이 3달러 증가하는 것을 경험했다(www.datalogix.com).

규범 애널리틱스: 호텔 객실과 비행기 좌석은 사과나 양상추처럼 썩어 없어지기 쉽다. 룸이나 좌석이 예약되지 않으면 회사는 그날 밤 혹은 그 항공편으로 수익을 얻을 수 없다. 고객에 따라 시간에 따라 적절한 가격을 설정하는 것은 매우 복잡한 일이다. 호텔이나 항공사는 룸이나 좌석의 수익을 극대화하기 위해 방대한 데이터세트를 수학 알고리즘에 집어넣어 최적의 가격 체계를 찾아낸다. 이를 수익관리(revenue management)라고 하며 *규범 애널리틱스*의 한 예이다. 대규모 데이터세트를 시스템 제약조건하에서 분석함으로써 기업은 다양한 의사결정과 관련된 여러 결과를 신속하게 시뮬레이션 할 수 있다. 이를 통해 의사결정자는 회사 및 고객에게 최상의 결과를 가져올 일련의 작업을 선택할 수 있게 되는 것이다.

1.2 왜 통계학을 공부하는가?

『비즈니스위크(BusinessWeek)』는 한 기사에서 통계학 및 확률을, 재무 모델을 구축하거나 마케팅 계획을 수립하는 데 있어서 '기업인들을 위한 핵심 기술'이라 일컬었다. 전국대학고용주협회(NACE)에서 실시한 2019년 직업전망 조사에 따르면 고용주의 72%가 신입직원의 채용에 있어서 가장 중요한 자질의 하나로 '분석적 및 정량적 기술'을 꼽았다. 고용주들이 선정한 상위 7개 자질을 보면, (1) 의사소통능력(글쓰기), (2) 문제해결능력, (3) 팀 구조에서 일할 수 있는 능력, (4) 주도능력, (5) 분석적/정량적 능력, (6) 강한 직업윤리 의식, 그리고 (7) 의사소통능력(구두) 등이다. 이런 기술을 갖추면 더 높은 연봉을 받을까? 미국 노동통계국에 따르면 2019년 통계관련 종사자의 중앙값 연봉은 88,000달러를 상회했으며, 향후 10년간 이 분야의 고용 증가율은 30%가 될 것으로 예상했다(www.bls.gov/ooh/math/mathematicians-and-statisticians.htm 참조).

데이터를 다루는 기술은 중요하다

"우리가 채용하고 조직 내 지도자로 키우려는 인재는 열정에 더해서 강력한 정량적 기술을 보유하고 있는 사람이다. 그렇게 해야 훌륭한 우리 리조트에서 매일 이루어지는 특별한 경험이 밖으로 잘 전달될 수 있다. 중요한 비즈니스 결정을 내릴 때 데이터를 사용하고 해석하는 방법을 아는 것이 우리 회사 성공의 핵심 요소 중 하나이다."

– Rob Katz, 베일 리조트(Vail Resorts)의 회장 겸 최고경영자

우리는 통계학을 배움으로써 다른 사람들이 제시하는 데이터 분석을 더 잘 활용할 수 있다. 비록 전문 통계학자가 아니더라도 우리는 일상생활에서 데이터와 관련된 문제를 잘 해결할 수 있을 만큼 충분한 통계지식을 갖고 있어야 한다. 그래야만 다른 사람들이 과장된 주장으로 우리를 기만하는 것을 막을 수 있으며, 또한 우리 스스로 자신의 전문지식의 한계가 어디까지인지 알 수 있다. 회사 차원에서 보면 통계학 지식을 보유한 회사는 내부 및 외부 데이터를 활용하지 못하는 조직에 비해 비교우위를 가질 수 있다. 개인적으로도 우리는 기초 통계학을 마스터함으로써 관리자로서 비교우위를 갖고 더 빠른 승진의 기회를 잡을 수 있으며, 혹은 더 나은 일자리를 찾을 수 있다. 전문가 양성을 위해 많은 대학들이 비즈니스 애널리틱스 분야의 석사학위 과정을 개설하고 있다. 그러나 전문가가 아니더라도 우리가 통계학을 공부해야 하는 몇 가지 이유는 다음과 같다.

의사소통 통계학의 언어들은 자연과학, 사회과학, 교육학, 의학, 공학, 심지어는 인문학에서도 사용된다. 모든 경영 분야(회계, 재무, 인사관리, 마케팅, 정보시스템, 생산관리 등)에서 사람들은 의사소통을 원활히 하기 위해 통계학적 용어를 사용한다. 통계 용어가 이제는 기업의 최고 경영전략에도 등장하기에 이르렀다[GE와 모토로라의 '식스 시그마(Six Sigma)'가 그 예이다]. 특히 오늘날과 같은 다국적 기업 환경에서 통계학 전문 용어들은 언어 장벽을 극복하고 국경을 초월한 문제해결에 도움을 주고 있다.

컴퓨터 능력 통계학은 우리가 컴퓨터를 다루는 능력을 향상시켜준다. 데이터를 분석하기 위해 스프레드시트를 다루고, 보고서를 작성하고, 프레젠테이션을 함으로써 우리는 자신이 갖고 있는 기술들을 종합하는 능력을 키우고 또한 새로운 기술을 익히게 된다. 고도로 훈련된 전문가들은 데이터베이스를 활용한 의사결정 지원시스템을 디자인한다. 이 정도는 아니더라도 누구나 전문가의 *도움 없이* 데이터와 관련된 일상적인 문제를 다룰 수 있어야 한다. '전문가'를 쉽게 찾을 수 없을 때도 있을 뿐만 아니라, 설령 찾는다 해도 '전문가'가 당신이 처한 상황에서의 문제를 제대로 이해하지 못할 수도 있다. 스스로 데이터를 분석하고, 소프트웨어를 자신 있게 다루고, 차트와 보고서를 작성하고, 전문 주제에 대해 전산기술을 활용하여 프레젠테이션을 할 수 있어야 한다.

정보관리 통계학은 정보가 많건 적건 이를 잘 다룰 수 있게 도와준다. 데이터가 충분하지 않을 때는 통계 서베이나 표본을 이용하여 필요한 시장 정보를 얻을 수 있다. 그러나 대부분의 대형 기관들은 데이터에 굶주리기보다는 데이터에 익사하는 쪽에 가깝다. 통계학은 엄청난 양의 데이터를 요약하고 거기에 숨겨져 있는 관련성을 밝히는 데 유용하다. 데이터마이닝(data mining)이라고 들어본 적 있는가? 통계학은 데이터광산에 가져가는 곡괭이와 삽인 셈이다.

전문기술 문해 최고의 직업 기회는 첨단기술의 날개를 단 성장산업에서 나오는 경우가 많다. 이런 곳에서는 마케팅 직원이 엔지니어, 과학자, 전문기술인력 등과 함께 신상품과 서비스를 개발한다. 영업직원들도 의약품, 의료장비, 산업장비와 같은 전문적인 제품에 대해 잘 이해하고 잠재 고객들에게 설명해줄 수 있어야 한다. 구매 관리자의 경우에는 납품업체들이 원자재나 부품, 소프트웨어 등에 대해 주장하는 것을 제대로 평가할 수 있어야 한다.

처리개선 거대 제조기업인 보잉이나 토요타와 같은 경우 지속적 품질개선을 위해 공식적인 시스템을 가동하고 있다. 이는 뱅가드, 피델리티와 같은 보험회사나 금융회사, 그리고 연방정부도 마찬가지이다. 기업들은 통계학을 이용하여 납품업체를 관리하고, 내부운영을 모니터링하고, 문제점을 찾아내는 데 도움을 얻을 수 있다. 품질개선이 통계학만으로 되는 것은 아니지만, 대학졸업생이라면 품질개선에서 통계학이 어떤 역할을 하고 있는지 이해할 수 있을 정도의 통계학은 알아두어야 할 것이다.

애널리틱스 적용 사례

빅데이터로 항공요금 예측?

항공권을 온라인으로 구입했는데, 다음날 똑같은 항공편이 저렴한 요금으로 나와 있으면 화가 나는가? 반대로 '좋은' 요금으로 항공권을 산 다음날 해당 노선의 가격이 오르면 자신의 훌륭한 선택에 기분이 좋아지는가? 최종적으로 어떤 값에 티켓을 끊게 될지는 다소 불확실하지만, 항공권의 가격 변동을 예측하는 것은 가능하다. Priceline.com의 자회사인 KAYAK은 여행 계획 웹사이트이자 모바일 앱이다. 매일 수백만 명의 사람들이 항공요금, 호텔 및 렌터카 가격을 예측하는 데 도움을 얻기 위해 이를 이용한다. KAYAK은 항공요금 변동을 어떻게 예측할까? 그들은 빅데이터를 이용한다. KAYAK 애널리스트들은 매일 10억 개가 넘는 온라인 쿼리(문의 혹은 조회)를 처리하여 항공료가 올라갈지 아니면 떨어질지 예측한다. 그들이 사용하는 수학적 모형은 예측과 함께 통계적 신뢰도를 같이 제공해 줌으로써 우리들은 이를 이용하여 언제 항공권을 구매할지 결정을 내릴 수 있다. 여행을 많이 하는 사람이라면 KAYAK과 같은 서비스를 이용하여 돈을 절약할 수 있다(www.kayak.com/price-trend-explanation 참조).

1.3 비즈니스와 통계학

앞에서 통계학이 왜 중요한지 살펴봤다. 이제 비즈니스에서 통계학이 어떤 식으로 사용되는지 살펴보자.

회계감사 어떤 대기업이 매달 12,000개의 청구서에 대해 납품대금을 지불한다고 하자. 이 기업은 일부 청구서에 대해서는 대금지불에 오류가 발생하고 있다는 것을 알고 있지만, 이 문제가 어느 정도 심각한지에 대해서는 알지 못한다. 회계담당자는 모든 청구서를 검토할 자원이 부족하기 때문에 표본을 추출하여 오류가 발생하는 비율을 추정하기로 했다. 과연 추정치가 참값에 충분히 가깝다고 자신하려면 어느 정도의 표본이 필요할까?

마케팅 많은 회사에서 고객관계관리(CRM)를 사용하여 다양한 소스의 고객 데이터를 분석한다. 상관관계나 데이터마이닝과 같은 통계 및 분석 도구를 사용하여 다양한 고객 그룹의 특정 니즈를 파악함으로써 제품 및 서비스를 보다 효과적으로 마케팅 할 수 있다.

의료 의료 분야는 거대한 산업이다(미국 GDP의 6분의 1). 병원이나 클리닉, 그리고 이들에 대한 납품기업들은 환자의 예약을 관리하고, 일정을 조정하고, 직원을 교대시키는 더 나은 방법을 찾아냄으로써 비용을 절감할 수 있다. 예를 들어, 뇌손상 혹은 뇌졸중 외래환자를 위한 인지능력재활클리닉에서 56명의 방문 환자에 대해 육체적 · 정신적 상태에 관한 42개 문항의 설문조사를 한다고 하자. 각 환자들을 2명의 전문 치료사가 서로 독립적으로 평가한다고 할 때, 앞으로 입원할 환자의 신체상태에 대한 두 치료사의 평가에 통계적으로 유의한 차이가 있다고 할 수 있는가? 질문 항목 중 중복되는 것이 있는가? 최초의 평가점수가 환자들의 재활 프로그램 지속 기간을 정확히 예측하는가?

품질개선 라디에이터에 이용되는 압연동관 제조업체가 제품의 품질을 개선시키고자 한다고 하자. 이를 위해 3중 검사프로그램을 도입하고, 품질이 낮은 제품을 생산한 근로자에게는 벌칙을 부과하기로 하고, '결점 제로'의 슬로건을 내걸었다. 이러한 시도는 실패한다. 왜 그럴까?

구매 어느 전자제품 판매점에 납품된 200대의 DVD 플레이어 중 4대에서 결함이 발견되었다. 제조업체가 밝힌 경험적 결함률은 0.005이다. 이번 결과로 볼 때 결함률이 상승했는가, 아니면 단순히 해당 묶음만 '나쁜' 것인가?

의약품 천식 치료약의 임상실험에서 75명의 환자 중 24명이 개선되었다. 플라시보(placebo) 효과를 점검하기 위해 75명의 자원자로 구성된 대조그룹에게 위약을 제공한 결과 12명의 증상이 개선되었다. 과연 신약은 위약보다 더 나은가, 아니면 그 차이를 우연으로 간주할 만한 정도인가?

운영관리 홈디포(Home Depot)는 50,000여 개의 제품을 취급한다. 이 많은 제품들의 재고를 관리하기 위해서는 소비자 수요패턴의 변화에 대응하는 주별(weekly) 주문예측시스템이 요구된다. 직원들의 근무시간을 무리하게 늘리지 않고도 모든 제품에 대해 주별 수요를 예상하고 제조업체에 주문을 내는 시스템을 만드는 것이 과연 가능할까?

제품 워런티 어느 자동차 대기업이 새로운 하이브리드 엔진에 대한 워런티 클레임에 평균적으로 어느 정도의 비용이 소요되는지 알고자 한다. 새로운 엔진을 도입한 후 6개월 동안 행해진 4,300건의 워런티 클레임에 대해 비용 데이터를 수집했다. 이 데이터를 이용하여 미래 비용을 추정할 경우 이 추정치의 오차한계(margin of error)는 무엇인가?

Mini Case 1.1

어떻게 통계학으로 국수를 팔까?

"최선의 해결책은 철저하고 신중한 데이터 분석으로부터 시작된다."

– Aaron Kennedy, Noodles & Company 설립자

Noodles & Company는 *퀵 캐주얼*(quick casual) 레스토랑 개념을 도입했는데, 21세기 미국의 현대식 캐주얼 레스토랑의 표준을 바꾸었다. Noodles & Company는 1995년 콜로라도에서 처음 문을 연 이후로 성장을 멈추지 않고 있다. 포틀랜드, 샌디에이고, 알렉산드리아, 실버스프링, 그리고 오마하 및 네이퍼빌까지 미국 전역에 400개가 넘는 레스토랑이 있다.

Noodles & Company는 고객 중심의 비즈니스 모델 및 사실기반 의사결정을 통해 이러한 성공을 이루었다. 폭넓은 인기와 높은 성장률은 데이터에 대한 신중한 고려와 철저한 통계 분석에 의해 뒷받침되었다. Noodles는 애널리틱스를 사용하여 다음과 같은 문제에 대한 의사결정에서 도움을 얻는다.

- 고객에게 포인트 적립 카드를 제공해야 하는가?
- 저녁 시간 동안 어떻게 여분 공간의 활용도를 높일 수 있는가?
- 어떤 새로운 도시에 레스토랑을 열어야 하는가?
- 어느 장소에 새로운 레스토랑을 열어야 하는가?
- 마케팅 캠페인의 효율성을 어떻게 결정하는 것이 좋은가?
- 어떤 메뉴가 새로운 고객이 다시 찾아올 확률을 가장 높게 만드는가?
- 라이스 크리스피는 매출 증가와 관련이 있는가?
- 서비스 시간을 단축시키면 매출이 증가하는가?

Noodles & Company의 설립자인 Aaron Kennedy는 다음과 같은 말을 했다. "데이터를 사용하는 것은 올바른 결정을 내리는 가장 강력한 방법이다. 지속적으로 우리의 내외부 환경을 평가함으로써 Noodles 관리팀은 우리의 비전을 계획하고 실행할 수 있었다."

"경영대학 학생이었을 때는 내가 지금 하는 것처럼 통계 분석을 광범위하게 사용하게 될 줄 몰랐다"라고 Noodles & Company의 최고경영자(CEO)인 Dave Boennighausen은 말한다. 앞으로 이 책에서 오늘날 기업들이 사용하는 통계 도구에 대해 배울 때 예제나 연습문제 옆에 Noodles 로고 NOODLES & COMPANY가 있는 것을 발견할 것이다. 이들 예제는 Noodles가 실제 비즈니스에서 데이터나 통계 방법을 어떻게 사용하는지 보여줄 것이다.

새로운 전선

통계학은 오늘날 데이터 분석학의 핵심 도구 중 하나에 불과하다. 여러분은 실시간으로 대량 데이터세트를 탐구하고, 예측하고, 인간의 개입이 최소화된 가운데 결정된 사항을 실천하는 것에 이르기까지 빠르게 진화하며 여러 영역을 아우르는 접근방식의 용어들과 친숙해져야만 한다.

- **머신러닝**(machine learning: ML)은 관측된 데이터와 알고리즘을 이용하여 컴퓨터로 하여금 사건을 분류하고, 과제특정형 규칙 없이 쓸모 있는 방식으로 결과를 예측하도록 훈련하는 것을 말한다. 통계학은 대규모 입력 데이터세트를 코드화하여 정리하고, 데이터 변환작업을 수행하고, 알고리즘을 만들어 테스트하고, 예측을 평가하는 ML의 핵심 구성요소이다. 프로그래밍 기술 또한 데이터 창고에 접근하고, 실시간 정보를 수집하고, ML 기술을 실행하는 데 필수적이다. 경영학의 관련 지식(예를 들어 회계학, 재무학, 마케팅 등)은 적용 가능한 결과를 만들어내는 데 필수적이다.
- **인공지능**(artificial intelligence: AI)은 인간처럼 생각하고 행동함으로써 문제를 해결하고 독자적으로 움직일 수 있게 만들어진 지능형 기계의 창출을 추구하는 컴퓨터 과학의 영역을 말한다. 머신러닝에 의존하긴 하지만, AI는 인간능력의 고차원적인 형상화를 포함한 보다 넓은 연구 영역을 의미한다. AI는 또한 화상인식과 자연언어처리(음성인식, 문서 번역, 콘텐츠 추출)를 위한 하드웨어와 소프트웨어를 필요로 한다. AI는 인간이 수행한 업무성과와 같은 수준의 결과를 내고 이를 개선하는 것을 추구한다. AI가 일부 인간의 직업을 대체할 수는 있지만(특히 문서와 이미지를 스캔하는 작업처럼 지루한 작업), AI 알고리즘을 디자인하고 시험하고 실행하는 새로운 직업도 생겨나고 있다. 따라서 경영경제 전공자들도 프로그래밍과 통계학의 능력을 키워야 할 필요가 있는 것이다.
- **인공신경망**(artificial neural networks: ANN) 혹은 그냥 신경망(neural nets)은 ML과 AI의 핵심 구성요소이다. ANN은 내부 연결이 인간의 뇌를 모방한 '블랙박스'로, 학습을 통해 입력된 원자료를 처리하여 결과를 만들거나 제공된 사례들에 기초해 결과를 만들도록 되어 있다. 이들의 접속점(node) 구조는 초기에는 랜덤하게 가중치를 부여하도록 되어 있지만, 점차 훈련데이터에 기초한 학습을 통해 이들 가중치를 수정하도록 되어 있다. 그러나 ANN에 의해 이용된 가중치는 쉽사리 해석할 수 없고, 심지어 알 수 없는 경우도 있다. 그러한 시스템은 새로운 데이터가 제공되는 한 계속 학습을 할 수 있도록 되어 있지만, 미래에는 시스템 자체의 예측 정확성에 대한 검토를 통해 자체학습이 가능할 수도 있다. 통계학은 그러한 시스템을 감독하고 관리하는 중요한 역할을 하게 될 것이다.

단원 연습문제

1.1 다음 상황에 처한 사람에게 통계학이 유용할 수 있는 사례를 제시하라.

a. 금융감독관이 증권사가 부과하는 주식거래 수수료가 지나치게 많은지 조사하고 있다.
b. 마케팅 담당자가 자사의 최신 소형 절전형 OLED 스크린을 국방부에 설명하고 있다.
c. 공장 매니저가 3개 주의 조립공장에 대해 결근 상황을 조사하고 있다.
d. 자동차 제조업체 구매 담당자가 3개 회사가 납품한 강판의 불량률을 비교하고 있다.

1.3 (a) 일반적인 경영대학 졸업자들이 데이터를 다루기 위해 스스로 컴퓨터를 사용해야 하는가, 아니면 그러한 일은 전문가에게 맡기는 것이 나은가? (b) 정량분석 능력이 약할 경우 회사생활에서 어떤 문제가 발생하는가? 자신의 경험상 그것은 일반적인가?

1.5 (a) 자신이 선택한 학문분야에서 통계학이 얼마만큼 필요한가? 더 많이 필요한 것은 아닌가? 더 적어도 되는 것 아닌가? (b) 전문 통계학자가 필요한 상황에 이르면 어떻게 할 것인가? 그 결정을 내리는 데 고려해야 하는 비용과 편익을 열거하라.

1.4 통계학적 도전

비즈니스 분야에서 통계학을 다루는 전문가들은 단순히 '수학을 잘하는' 숫자 전문가는 아니다. Jon Kettenring은 "업계에서는 문제를 민첩하게 해결하는 종합적인 통계학자를 필요로 한다"라고 간결하게 표현했다(www.amstat.org). 이상적인 통계학자는

- 기술적(예를 들어 소프트웨어 등)으로 앞서 있다.
- 의사소통이 훌륭하다.
- 미래를 내다보고 행동한다.
- 전체를 조망한다.
- 유연하다.
- 중심과제에 초점을 맞춘다.
- 마감시한을 지킨다.
- 자신의 한계를 잘 알고 기꺼이 도움을 청한다.
- 불완전한 정보를 다룰 수 있다.
- 전문가적 성실성을 지니고 있다.

의사소통능력의 중요성

"일을 *어떻게* 처리하느냐에 따라 리더가 될 수 있고 없고가 결정된다. 여기서 '어떻게'는 주로 의사소통에 관한 것이다. 의사소통이란 쓰고 말하고 듣고 발표하는 능력을 모두 의미한다. 리더는 자신의 생각과 지식을 추측의 여지를 남기지 않는 완전한 사고체계 속에서 제시할 수 있어야 한다. 그들은 프로젝트 펀딩이 필요할 때, 데이터를 사용하여 문서화된 강력한 사례분석과 투자로부터 얻을 수 있는 수익을 명확하게 제시할 수 있어야 한다. 그들은 효과적으로 다른 사람들과 협조하고 경청함으로써 마침내 구매 계약을 따내고 포괄적인 솔루션을 얻는다. 이러한 일들은 훌륭한 의사소통 기술에 달렸으며, 모든 수준의 리더에게 필요한 핵심 역량이다."

– Vail Resorts Management Company의 전 수석 부사장 겸 최고인사책임자인 Mark Gasta의 리더십 능력에 대한 의견

불완전 데이터와 현실적 제약

수학에서는 정확한 답이 요구된다. 반면 통계학은 이론과 실제 사이의 어수선한 접점에 놓여 있다. 예를 들어 새로운 에어백 디자인을 테스트한다고 하자. 새로운 에어백 디자인이 어린 아이들에게 안전한가? 충돌 테스트 결과 어떤 경우에는 새로운 디자인이 더 안전한 반면 또 다른 경우에는 기존 디자인이 더 안전한 것으로 나타났다. 충돌 테스트는 비용과 시간이 많이 소요되기 때문에 표본의 크기에 제한이 있을 수밖에 없다. 일부 실험은 마네킹에 설치한 센서가 작동하지 않아 결과를 이용할 수 없는 경우도 있다. 또 순수한 측정오류도 있을 수 있다. 자신이 데이터 분석 책임자라면 어떻게 하겠는가? 이런 경우 일반적으로 받아들여지는 통계적 방법을 사용하고, 설정해야 하는 가정들을 명확히 서술하고, 분석의 한계를 솔직히 밝힌다. 통상적이지 않은 데이터 포인트를 찾아내고, 결손 데이터(missing data)를 다루기 위해서는 통계적 검정을 이용할 수 있다. 또한 가정을 바꿔가면서 답을 어떤 범위로 제시할 수도 있다. 때로는 "이 데이터로는 유용한 답을 얻을 수 없다"고 말하는 용기가 필요할 때도 있다.

수집할 수 있는 데이터의 형태나 수량에 제약이 있을 수 있다. 자동차 충돌실험은 인간을 대상으로 할 수 없다(*너무 위험*). 전화 설문조사를 통해 여성 응답자에게 낙태 경험에 대해 질문할 수는 없다(*민감한 질문*). 모든 사람으로 하여금 HIV 검사를 받게 할 수는 없다(*온 세상이 실험실은 아니다*). 설문 응답자들이 진실을 말하지 않거나 혹은 일부 질문에 대해서는 응답 자체를 하지 않을 수도 있다(*인간의 행동은 예측 불가*). 모든 분석가는 시간과 돈의 제약을 안고 있다(*연구는 공짜가 아니다*).

비즈니스 윤리

여러분은 비즈니스 윤리 수업에서 비즈니스와 관련된 광범위한 윤리적 책임에 대해 배웠다(또는 배우게 될 것이다). 즉, 고객을 공정하고 정직하게 대우하고, 차별을 금지하는 법률을 준수하며, 제품 및 서비스가 안전 규정을 준수하게끔 보장하고, 품질보증을 지원하며, 사실적이고 유익한 방식으로 광고를 제공하는 것 등이다. 또한 회사는 직원들이 회사의 비즈니스 관행에 대해 질문을 하거나 우려를 표명하는 것을 장려해야 하며, 직원들이 보복을 두려워하는 경우 다른 통로를 통해 의견을 전달할 수 있도록 해야 한다는 것도 배웠을 것이다. 하지만 개별 근로자로서 *여러분은* 경영진에게 잠재적 오류의 원천, 자료의 부정확성, 불확실성의 정도를 포함한 정보를 정확하게 보고해야 할 책임이 있다. 데이터 분석가는 이보다 더 구체적인 윤리적 요구 사항을 충족해야 한다.

기업의 채용 담당자를 대상으로 한 조사에 따르면, 채용 기준에서 윤리 및 개인적 청렴도가 높은 순위를 차지한다. 존경받는 분석가가 되기 위해서는 데이터를 정직하게 해석해야 한다. 통계학은 진실을 발견하기 위해 사용되어야 하며 인기에 영합하기 위해 이용되어서는 안 된다. 자신의 동기가 올바른지 신중히 살펴봐야 한다. 숫자를 조작하거나 마음이 편치않은 데이터를 숨긴다면 자신의 경쟁자(또는 자신)를 잠시는 속일 수 있을지 모른다. 하지만 무슨 소용인가? 조만간 사실이 드러날 것이고, 당신(또는 당신의 회사)은 패자가 될 것이다. 비즈니스에서 정량적 분석은 대안적 조치들의 위험을 수치화할 수 있다. 예를 들어 통계학은 관리자들로 하여금 매출규모, 수익, 비용 등에 대해 현실적인 기대치를 정하도록 하는 데 도움이 될 수 있다. 당신이 예상 매출을 부풀리거나 추정 비용을 저평가하게 되면, 기획위원회에 상정돼 있는 동료의 가장 아끼는 생산프로그램이 실제 투자를 받도록 할 수 있다. 그러나 형편없는 분석으로 결국에는 둘 다 직업을 잃게 될 것이다.

투자자들에게 650억 달러의 손실을 초래한 Bernard L. Madoff의 금융 피라미드, 혹은 위조된 데이터를 사용한 진통제 테스트(*NewScientist*, March 21, 2009, p. 4 참조) 등 우리는 주위에서 의도적인 거짓 또는 범죄행위를 쉽게 찾아볼 수 있다. '나는 절대 그런 일을 하지 않을 것'이라고 말할지 모른다. 하지만 여러분이 일상적으로 데이터를 처리할 때 데이터의 정확성 여부를 *알지* 못할 수 있다. 데이터가 어디에 사용될지 *알지* 못할 수 있다. 잠재적 이해상충에 대해 *알지* 못할 수 있다. 여러분과 다른 직원(최고 경영진 포함)은 여러분의 조직, 그리고 당면한 의사결정과 관련하여 어디까지가 윤리적이고 어디까지가 그렇지 않은지 그 경계를 파악하는 훈련이 필요하다.

여러분의 조직에 윤리강령(code of ethics)이 있는지 확인하라. 그렇지 않은 경우 윤리강령을 새로 만들기 위한 노력을 시작하라. 다행히 아이디어와 도움을 얻을 수 있다(예: www.ethicsweb.ca/codes/). 모든 조직이 서로 다르므로 회사의 비즈니스 환경에 따라 이슈가 다르다. 윤리강령을 작성하거나 개선하는 일은 일반적으로 근로자들의 참여가 필요하다. 이해상충을 확인하고, 데이터 부정확성의 원천을 찾고, 공개 및 기밀성에 대한 회사 정책을 업데이트하는 작업들이 필요하다. 윤리 위반이 의심될 때는 모든 사람들이 해당 강령을 이해해야 하고 후속 조치에 대한 규칙을 알아야 한다.

애널리틱스 적용 사례

AI의 윤리적 이슈

머신러닝(ML)과 AI의 미래에 대한 여러 예측들은 재생성(reproducibility), 잠재적 편의(potential bias), 투명성, 인과성과 관련한 중대한 우려에 직면해 있다. 예를 들어 인공신경망(ANN)이 채무불이행의 가능성을 높게 평가했다는 이유로 모기지론이 거부당한다면, 은행은 이를 고객에게 어떻게 설명할 것인가? 만일 어떤 약이 질병치료에 효과적일 것으로 예측되었지만 그 작용기전은 명확하지 않다면, 그 약은 처방되어야 하는가? 체력훈련 데이터는 (인종 혹은 성별에 따라) 어느 정도 편의를 갖는가? 사람들에게 영향을 주는 어떤 의사결정을 하는 데 AI가 이용된다면 심각한 윤리적 문제가 제기될 수 있다. AI의 문제해결 방식에 대해 보다 분명하게 설명할 필요가 있다.

- 구글의 AI 검색엔진(예: BERT)은 자신이 스캔한 웹데이터 소스의 편의를 인간의 지시 없이도 알아낼 것인가? 수치화된 온라인상의 정보는 일반적인 성별 고정관념, 인종의 프로필, 증오집단의 기준 등을 반영하기 십상이다.
- 다른 검색엔진들(예: Siri, Alexa)도 같은 문제에 봉착해 있다. 이는 도전과제이지만, 통계전문가들에게는 이들 검색엔진과 데이터 소스의 신뢰성을 개선하는 수요를 창출하기 위한 사업기회의 소스이기도 하다.
- AI에 의한 의사결정은 윤리적 판단을 필요로 할 수 있다. 예를 들어 자율주행차의 경우 충돌이 불가피할 때 어떤 것이 최선의 선택인가? 한 사람을 희생해서 여러 사람의 생명을 살리는 선택에 직면했을 때 AI는 어떤 선택을 해야 하는가?

윤리규범 지키기

데이터를 분석하고 보고서를 작성하는 사람들에게 윤리적 요구 사항이 어떻게 적용되는지 살펴보자. 여러분은 직업적 진실성을 보호하고, 부주의한 윤리적 위반이 발생할 가능성을 최소화하기 위해 특정한 규칙을 알아야 한다. 질문을 던지고, 숨겨진 의제에 대해 생각해보고, 데이터가 어떻게 수집되었는지 파헤쳐야 한다. 만약 용납되지 않는 고객의 압력이 계속되면 서비스를 보류하거나 어떤 의견도 표명하지 않을 수 있다. 다음은 데이터 분석가를 위한 몇 가지 기본 규칙이다.

- 허용된 절차를 숙지하고 따른다.
- 데이터상의 정직성을 유지한다.
- 정확한 계산을 수행한다.
- 과정을 성실하게 보고한다.
- 비밀정보를 보호한다.
- 출처를 밝힌다.
- 재정지원기관에 감사를 표한다.

법률적 · 윤리적 문제들이 서로 얽혀 있기 때문에 인간과 동물을 대상으로 한 연구, 사생활 보호, 고지에 입각한 동의(informed consent) 획득, 데이터의 용도 외 사용 방지 등과 관련하여 통계학자가 준수해야 하는 특정 윤리규범들이 있다. 윤리와 관련된 더 많은 정보들은 그동안 통계학 전문가의 포괄적 심의를 거쳐서 정립된 미국통계학회의 윤리규범을 참조하기 바란다(www.amstat.org).

통계학을 공부하지 않은 사람들은 이해충돌이나 혹은 어떤 연구나 그 연구가 의미하는 바의 적합성을 둘러싼 해석의 차이와 같은 윤리적 딜레마에 빠지기 쉽다. 예를 들어 어떤 기업의 새로운 로고를 검토하는 일을 맡게 된 시장조사기업이 있다고 하자. 당신은 이 일이 잘 성사되면 승진할 수 있는 상황인데, 일을 맡긴 기업의 CEO가 새로운 로고를 아주 좋아한다는 것을 알게 되었다. 그런데 시장조사 결과 오차의 한계가 매우 커서 새로운 로고에 대해 어떤 확실한 결론을 내리기가 어려운 상황이다. 누구나 관리자로서 이런 상황에 처할 수 있다. 이런 상황에서 통계학적 훈련과 통계적 데이터는 당신의 선택을 분명하게 해줄 수 있다.

어떤 윤리적 문제가 *인지된* 경우 때에 따라서는 *그저 인지된* 것일 수도 있다. 예를 들어 어떤 회사가 여성보다 남성을 관리자로 더 많이 승진시키는 것처럼 보일 수 있지만, 실제로는 남성과 여성의 승진율이 동일한 경우이다. 이 경우 인지된 문제는 애초에 여성 직원이 적기 때문에 생긴 것이다. 이 상황에서 조직은 더 많은 여성을 고용하기 위해 노력함으로써 승진할 여성의 수를 늘리는 정책을 펼 수 있다. 통계학은 데이터를 사용하여, *실제*와 *인식된 것*의 차이를 밝히고, 문제의 근본 원인을 규명하고, 조직의 행위에 대한 대중의 태도를 파악함으로써 비즈니스상의 윤리적 딜레마를 해결하는 데 중요한 역할을 한다.

팀으로 작업하기

비즈니스 활동은 종종 팀 단위로 이루어진다. 이제는 데이터 분석가에 대한 고정관념을 버려야 한다. 컴퓨터 자판을 두드리면서 숫자표만 들여다보고 있는 외로운 존재가 아니다. 오늘날 기술 전문가들은 많은 시간 회의를 하고, 프로젝트 일정을 토론하며, 팀 보고서를 준비하고, 방법론에 대해 논하면서 보낸다. 모든 팀은 비슷한 문제에 직면한다. 즉, 팀을 구성하는 가장 좋은 방법은 무엇일까? 어떤 커뮤니케이션 채널을 사용하는 것이 좋을까? 어떻게 팀의 자원을 최대로 활용할 수 있을까? 팀 리더의 역할은 무엇인가? 소위원회가 필요한가? 여러분의 조직행동론 수업이 그러한 문제에 대해 조언을 제공할 수 있다. 또한 통계학 수업에서는 팀 프로젝트를 통해 실제로 팀으로 작업하는 것을 연습할 수도 있을 것이다.

컨설턴트 활용하기

학생들은 통계학 수업 첫날에 이런 질문을 자주 한다. 즉, 요즘 기업들은 데이터 분석을 컨설턴트에게 맡기기 때문에 통계학을 배울 필요가 없지 않냐는 것이다. 이것은 잘못된 생각이다. 오늘날 성공한 기업은 직원들이 간단한 기술적 분석에서부터 보다 복잡한 추론 분석에 이르기까지 모든 유형의 통계 분석을 수행할 수 있기를 기대한다. 또한 통계 분석이 외부 컨설턴트에 의해 완료되었더라도 그 분석 결과를 해석할 수 있어야 한다. 기업들은 학생들에게 제공되는 정량적 수업의 수준을 더 높여줄 것을 전국의 비즈니스 스쿨에 요구하고 있으며, 실제 채용 시에도 정량적 기술이 뛰어난 후보자에게 더 높은 우선순위를 주고 있다.

데이터 사이언티스트의 진출

많은 기업들이 데이터 사이언티스트(data scientist)를 고용한다. 소셜 네트워크 기업(Facebook, Twitter, LinkedIn), 웹서비스 제공 업체(Google, Microsoft, Apple, Yahoo!), 금융기관(Bank of America, Citi, JPMorganChase), 신용카드 회사(Visa, American Express), 온라인 소매업체(Amazon, eBay), 컴퓨터 소프트웨어 및 데이터베이스 개발업체(IBM, SAP, Oracle, Tableau, SAS, Hewlett-Packard, Cisco Systems), 회계법인(KPMG, DeLoitte, Ernst & Young), 소매업체(Target, Sears) 등이다. 정부, 방위산업체, 엔지니어링 회사들도 데이터 사이언티스트를 고용하며, 때로는 운영연구분석가(operations research analysts)라고 부른다.

다음은 최근의 몇몇 채용 공고의 예이다. 위험분석 관리자, 데이터 관리 전문가, 분석 전문가, 디지털 전략 컨설턴트, 정량연구 분석가, 빅데이터 엔터프라이즈 설계자, 소프트웨어 엔지니어, 예측 모델링 컨설턴트, 보안 데이터 분석가, 모바일 앱 개발자, 클라우드 전문가 등이다. 분석 업종 및 필요한 기술에 대한 자세한 내용은 www.datasciencecentral.com을 참조하라.

그렇다고 전문적인 통계 컨설턴트의 필요성이 줄어들고 있다는 것은 아니다. 조직의 어떤 의사결정이 정책적으로나 비용 면에서 심각한 영향이 예상될 때는 컨설턴트를 고용하는 것이 현명한 조치가 될 수 있다. 어떤 프로젝트의 *시작단계*에서 1시간 정도 전문가의 자문을 구하는 것은 관리자로서 아주 현명한 행동이다. 자신의 팀에 어떤 중요한 전문기술이 부족하거나 혹은 내부에서는 전문적인 견해를 가진 사람을 찾기 힘든 경우에는 컨설턴트를 고용할 필요가 있다. 전문적 컨설턴트는 자기 고집만 내세우거나 혹은 반대로 우유부단한 팀 구성원을 잘 다룰 수 있으며, 성격 충돌, 불리한 사실 발견에 대한 두려움, 부서 내의 정치행위들을 조정할 수 있다. 중간이나 대규모 기업의 경우 상근 통계학자를 둘 수 있지만, 소규모 기업에서는 필요할 때에만 고용할 수 있다. 컨설턴트의 업무 범위와 보수는 시작할 때 합의를 해야 한다. 보수는 시간 혹은 프로젝트 단위로 정해야 한다(결과에 따라 보수를 결정해서는 안 된다). 통계 전문가를 고용할 경우 그들이 어떻게 일하는지 배움으로써 그들의 시간을 더욱 효율적으로 활용할 수 있다. 통계 컨설팅에 관한 책을 읽어라. 만약 당신의 회사가 통계학자를 고용하면 그에게 점심을 대접하라!

가급적 간단히

"통계 자료를 전달할 때, 반드시 피하는 두 가지가 있다. 하나는 과시적이거나 혹은 고객들에게 너무 많은 통계 전문 용어를 사용하는 것이다. 두 번째는 너무 많은 세부 정보를 넣는 것이다. . . 나는 클라이언트에게 명확한 언어로 된 두 문장의 설명이나 개요를 선호한다."

출처: 정량적 경제통계 그룹인 Ernst and Young의 전무이사 Mary Batcher와의 인터뷰에서, 미국통계협회.

숫자로 소통하기

숫자는 어떤 상황의 콘텍스트 안에서 이야기해야만 의미를 갖는다. 바쁜 관리자는 세세한 숫자를 읽고 소화할 시간이 없다. 좋은 그래프가 전문 보고서를 훨씬 돋보이게 해주고, 다른 관리자들로 하여금 필요한 정보들을 금방 이해하고 올바른 의사결정을 하도록 하는 데 도움을 줄 수 있다. 우리는 3장에서 엑셀을 사용하여 표와 그래프를 효과적으로 만드는 구체적인 방법을 배우게 된다.

그렇다면 서면 보고서에 표나 그래프를 어떻게 표시해야 할까? 표는 인용된 문단 근처(별도의 페이지가 *아님*)에 삽입해야 한다. 각 표에는 번호와 제목이 있어야 한다. 그래프 역시 인용된 문단 근처(별도의 페이지가 *아님*)에 삽입되어야 한다. 각 그래프에도 번호와 제목이 있어야 한다. 때로는 그래프가 더 효과적일 때가 있다. 예를 들어 표 1.1과 그림 1.2를 비교해보자. 어느 쪽이 최근 미국의 상표등록 활동을 이해하는 데 더 유용할까?

표 1.1

미국 상표등록, 2004~2010(단위: 천 건)

	2004	2005	2006	2007	2008	2009	2010
신청건수	304.5	334.7	362.3	401.0	390.8	351.9	370.2
등록건수	146.0	154.8	193.7	218.8	233.9	222.1	210.6

출처: U.S. Census Bureau, *Statistical Abstract of the United States*, 2012, p. 778.

그림 1.2

미국 상표등록

2004–2010

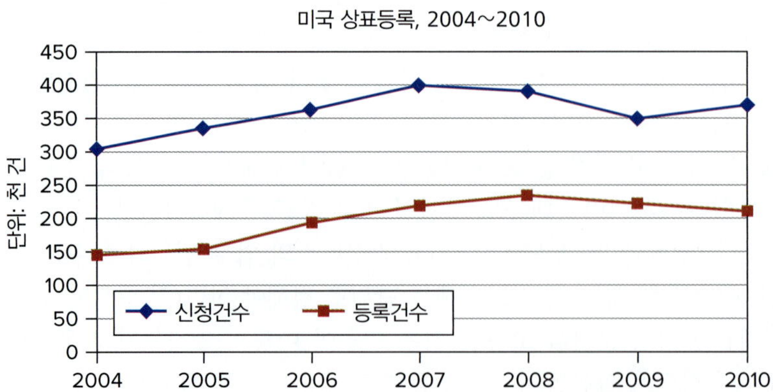

단원 연습문제

1.7 인테넷에서 '비즈니스 윤리강령(business code of ethics)'을 검색하라. 비즈니스 윤리강령이 가져야 하는 특성의 예를 5개 제시하라.

Mini Case 1.2

GM의 시동스위치 논란에서 얻은 교훈

미국 대통령이었던 린든 존슨은 '대통령의 가장 어려운 책무는 옳은 것을 *하는 것*이 아니라 무엇이 옳은지 *아는 것*'이라고 했다. 필요한 것은 용기가 아니라 현명함이다. 불완전하고 모순적인 데이터가 주어졌을 때 사람들은 결정을 내리는 데 어려움을 겪는다(*햄릿*을 상기하라!). 올바른 선택이 무엇인지 지나고 나서 돌이켜 보면 자명해지는 경우가 있다. 예를 들어, 2005년부터 11년 동안 충돌사고와 이에 따른 다수의 부상 및 사망을 초래했던 제너럴 모터스(General Motors: GM)사의 시동스위치 결함이 그 경우이다. 2014년 2월에서 6월 사이 GM은 Chevy Cobalt, Saturn Ion, Pontiac G5 등 260만 대 차량에 대해 시동스위치의 불량을 이유로 리콜을 단행했다. 문제가 된 시동스위치는 흔들림이 생기면 잘못하여 'off' 위치로 바뀔 수 있었다. 그렇게 되면 파워 스티어링을 포함하여 자동차의 전기 시스템이 차단되고 에어백이 비활성화된다. 차를 조종할 수 없는 데다 에어백도 펼쳐지지 않으면, 충돌 시 부상을 당하거나 사망에 이를 수도 있다. 실제로 이런 사건이 여러 건 발생했으며, 그로 인한 사망자는 13명이었다.

GM은 어느 시점에서 시동스위치 결함을 인지했을까? 결함이 확인되었을 때, 그것이 충돌 및 사망으로 이어질 가능성을 알고 있었을까? 제품 제조업체가 제품의 하위 구성요소의 품질에 대해 어디까지 책임이 있을까? 제조업체는 고객의 안전에 어떤 책임이 있을까? 2014년 4월 상원 청문회에서 GM이 이런 문제들을 어떻게 처리했는지 추궁이 있었다. 조사 결과, 시동스위치 생산자가 기준을 충족시키지 못했다는 것이 2001년에 처음 확인되었다. GM 엔지니어는 이 결함으로 인해 차량이 운행 중 정지할 수 있음을 인지했다. 사실 GM은 차량을 판매하는 딜러들에게 통지를 보내 잠재적인 문제를 경고하기도 했다. 즉, 운전자의 키가 작아 시동스위치와 더 가까워짐으로써 밀침이 발생하거나 혹은 키 체인이 무거운 경우 등이다. 그러나 엔지니어는 문제의 치명적인 결과를 제대로 평가하지 못했다. 이에 따라 국토교통안전국(NHTSA) 역시 이와 관련된 안전 문제에 대해 통보받지 못했다.

시동스위치가 2,000대의 차량 중 단 한 대에서만 결함이 발생하는 것으로 밝혀졌기 때문에 이것은 *통계적인* 문제이다. 모든 결함 있는 스위치가 차량 충돌을 야기하지는 않는다는 것을 고려하면, 결함 스위치로 인한 충돌의 가능성은 극히 낮았다. 그러나 이것은 *윤리적인* 문제이기도 하다. 조직의 관성, 신차 출시 압력, 비용 절감에 대한 압박 등이 GM으로 하여금 결함을 제대로 보고하고 시동스위치를 재설계하는 것을 방해한 것은 아니었을까?

2014년 5월 GM은 결함 스위치를 NHTSA에 제대로 보고하지 않은 것에 대해 3,400만 달러의 벌금을 부과받았다. 이러한 실패를 통해 우리는 데이터나 통계와 관련된 의사결정이 조직 문화와 연계되어 있음을 알 수 있다. 사용자에게 해를 입힐 가능성이 있는 제품을 정부가 감독하지만 관련 정보가 제대로 공개되지 않으면 규제 기관이 자신의 업무를 수행할 수 없다. 매일 발생하는 교통사고 사망자(2014년에 차량 사고로 하루 평균 90명이 사망)에 비해 11년 동안 13건의 사망자가 적게 느껴질지도 모른다. 하지만 GM 엔지니어가 시동스위치 기준을 사전에 엄격히 관리했거나, 혹은 사후적으로라도 해당 차량들에 대해 운행을 정지시키는 조치를 취했더라면 이들의 사망 사고는 막을 수 있었을 것이다.

출처: www.popularmechanics.com/cars/a10125/everything-you-need-to-know-about-the-gm-ignition-switch-recall-16536509/, February 26, 2014; www.npr.org/2014/03/31/297158876/timeline-a-history-of-gms-ignition-switch-defect, March 31, 2014; *The New York Times,* April 2, 2014.

1.5 비판적 사고

통계학은 어떤 아이디어를 경험적 증거에 비추어 검증을 할 수 있기 때문에 **비판적 사고**(critical thinking)의 핵심 부분이다. 무작위적인 발생과 우연한 변동은 필연적으로 이런 저런 관점을 뒷받침할 수 있게 만들어 준다. 그러나 통계 과학은 표본 증거가 믿을 만한지 여부를 알려준다. 이 책에서는 통계학을 올바르게 사용하여 최상의 결정을 내리는 방법을 배우게 된다.

> "비판적 사고란 증거를 평가할 수 있고, 의견과 사실을 구별하며, 어떤 주장에서 허점을 발견하고, 원인과 결과가 확립되었는지 여부를 밝히며, 비논리적인 것을 찾아낼 수 있는 것을 의미한다."
>
> 출처: Sharon Begley, "Science Journal: Critical Thinking / Part Skill, Part Mindset," *The Wall Street Journal,* October 22, 2006.

우리들은 통계학적 도구들을 이용하여 **경험적 데이터**(empirical data, 관찰 및 실험을 통해 수집된 데이터)와 이론을 비교한다. 데이터가 이론을 뒷받침하지 않는 경우 우리는 이론을 기각하거나 수정할 수 있다.「월스트리트 저널」,「머니」, CNN 등에서 여러분은 주식시장 전문가들이 어떤 이론에 입각해 현재의 시장 상황(강세, 약세, 보합)을 '설명하는' 것을 본다. 그러나 해마다 새로운 전문가와 새로운 이론이 등장하고 과거의 것들은 사라진다. 데이터 수집 과정과 추론 과정에서 빠지기 쉬운 논리적 함정이 많다. 그중 일부를 살펴보자.

함정 1: 작은 표본에 기초하여 결론 내리기 "나의 고모는 평생 담배를 피웠지만 90세까지 사셨다. 담배는 당신에게 해롭지 않다." 어떤 하나의 케이스가 이를 증명할 수 있을까? 5명의 고객에게 신상품의 디자인이 개선되었는지 물었다. 이 중 3명이 그렇다고 할 때 이 회사는 새로운 디자인을 출시해야 할까? 10명의 천식 환자에게 신약을 시험한 결과 1명에게서 발진이 발생한 경우 그 신약이 발진을 낳는다고 결론지을 수 있을까? 신뢰할 만한 결론을 내리기 위해서는 표본의 크기가 얼마나 커야 하는가? 통계학자들은 표본의 크기에 대해 확실한 규칙을 개발해왔다. 8장에서 그것을 배우기 전까지는 자신이 좋아하는 프로야구 팀이 다섯 경기 연속 이겼을 때 우승 희망을 높여 잡는 것도 무방하다.

함정 2: 비임의(non-random) 표본에 의해 결론 내리기 "록 스타들은 요절한다. Buddy Holly, Jimi Hendrix, Janis Joplin, Jim Morrison, John Lennon, Kurt Cobain 등을 보라." 그러나 여기에서 우리들은 '실제로' 요절한 사람들만 보고 있다. 잘 살고 있거나 혹은 오래 산 사람들은 어떻게 되는가? 실제로 Wikipedia의 '록앤롤 사망자 명단'을 보면 유명한 록 음악가의 약 25%는 70세 너머까지 살았다. 비슷한 예로, 심장마비가 발생하지 않은 사람들은 조사하지 않고 심장마비가 발생한 사람들만을 대상으로 연구하여 그것을 일반화하는 것은 조심해야 한다. 2장에서는 신뢰할 수 있는 추론을 위한 올바른 표본추출 방법을 배운다.

함정 3: 드문 사례로 결론 내리기 만약 표본이 충분히 크다면 특이한 사건도 발생한다. 5장에서는 아래와 같은 드문 사례를 설명하는 대수의 법칙(law of large numbers)을 배운다.

- "우리 사무실의 메리가 로또에 당첨되었다. 그녀의 번호 고르는 방식이 효과가 있음에 틀림없다." 하지만 수백만 명이 로또를 하고 거기에서 누군가는 당첨된다.

- "빌은 스포츠 광팬이다. 지난 시즌 Notre Dame 대학 미식축구 팀이 승리한 경기를 정확히 예측했다." 하지만 스포츠팬 수백만 명이 예측을 하고 그중 몇몇은 모든 게임을 정확히 맞힌다.
- "톰의 SUV가 전복되었다. SUV는 위험하다." 하지만 수백만이 SUV를 몰고 다니고 그중 몇 대는 전복된다.

함정 4: 잘못된 서베이 방법 교수가 이런 종류의 질문을 한 적이 있는가? "여러분 중 수학 시간에 배운 심플렉스 방법을 기억하고 있는 사람이 몇 명이나 되는가?" 다 배웠던 내용임에도 불구하고 대개 한두 사람만이 소극적으로 손을 든다. 사실은 교수의 표본추출 방법이 잘못되었거나 질문의 표현이 잘못된 것이라 할 수 있다. 학생들이 그런 공개된 자리에서 손을 들기는 어렵다. 왜냐하면 손을 들었다가는 교수가 그 학생에게 그것에 대해 설명해보라고 할지도 모르며(종종 실제로 그러하다), 혹은 다른 학생들이 그를 잘난 체 하는 사람으로 여길지도 모른다고 생각하기 때문이다. 심플렉스법에 대해 무기명 서베이나 혹은 퀴즈시험을 치르는 것이 더 좋은 방법이 될 것이다. 2장에서는 서베이 설계 및 응답 척도에 대해 배운다.

함정 5: 일부 현상으로 인과관계 추론 경제학 수업에서 **인과설정의 오류**(post hoc fallacy, A가 B보다 앞서 발생한 것 때문에 A가 B의 *원인*이라고 잘못된 결론을 내림)에 대해 배웠을지 모른다. 예를 들어, 허리케인 카트리나 이후 2005년 미시시피의 이혼율이 낮아졌다. 허리케인이 부부가 헤어지는 것을 막는 원인이 되었을까? 약간만 조사해봐도 미시시피의 이혼율은 이미 그 2년 전부터 낮아졌기 때문에 이를 허리케인 카트리나의 영향으로 보기는 힘들다.

*인과설정의 오류*는 사건들 간에 *통계적 관련성*(statistical association)이 있을 때마다 거기에 *인과성을 설정*(assuming causation)하는 일반적인 오류의 특별한 경우이다. 예를 들어 '야구장의 저주'라는 것이 있다. 즉, 이름을 가지고 있는 야구장을 홈으로 하는 팀들(예를 들어 Citi Field의 뉴욕 메츠)은 승보다는 패가 더 많다는 것이다. 통계적으로 이것이 맞는 말일 수 있다. 그러나 어느 팀이 이기고 지는 것은 선수와 감독에 달렸다. 관련성이 인과성을 의미하는 것은 아니다. 이런 식의 경고를 들어본 적은 있겠지만 많은 사람들은 인과관계가 존재하지 않는데도 잘못된 결론을 끄집어낸다. 다음과 같은 예를 생각해보라.

- "지난해 마이애미에서는 보름달이 떴을 때 살인사건이 많았다. 보름달이 사람을 이상하게 만드는 것 같다." 하지만 보름달일 때 살인이 '줄어든' 많은 도시들은 어떻게 되는 것인가? 더 많은 데이터를 보면 결론이 틀렸음을 알 수 있다.
- "상어의 공격은 대부분 정오에서 오후 2시 사이에 발생한다. 상어가 그 시간에 더 배고픈 것 같다." 아마도 그 이유는 사람들이 대부분 한낮에 수영하기 때문일 것이다. 만약 그러한 인과관계가 있다면 신중하게 통제된 실험을 통해 그것을 보여야 한다.

반면 상식적으로 볼 때 잠재적 인과관계가 있는 것 같을 때에는 추가적인 분석을 할 필요가 있다. 예를 들어 전자담배가 암이나 폐기종 등을 야기하는가? 12장에서 상관관계가 우연히 그렇게 된 것인지 아닌지를 결정하는 검정에 대해 배운다.

함정 6: 그룹에 대한 관찰에 기초하여 개인으로 일반화 "남자가 여자보다 키가 더 크다." 통계적으로만 그렇다. 남자가 *평균적으로* 더 크지만 남자보다 더 큰 여자도 많다. 따라서 사실들을 너무 **통계적 일반화**(statistical generalizations)로 몰아가는 것을 피해야 한다. 그보다는 모집단에 얼마나 많은 공통성이 있는지 생각해야 한다. 종종 유사성이 차이를 능가한다. 10장에서 두 그룹을 비교하는 검정에 대해 정확히 배운다.

함정 7: 의도하지 않은 편향 분명한 사기(데이터 조작)는 아니더라도 부지불식간에 혹은 약간은 의도적으로 데이터를 어느 한쪽으로 몰아갈 수 있다. 예를 들어 수십 년 전부터 심장마비는 여성보다 남성에게 더 쉽게 발생한다고 믿어 왔다. 그러나 여성보다 남성의 심장병 증상이 더 뚜렷하며, 이 때문에 의사들이 여성보다 남성의 심장병을 더 빨리 발견하는 경향이 있다. 최근의 연구에 따르면 심장병은 오히려 25세 이상 여성의 사망 원인 중 첫 번째로 밝혀졌다(www.americanheart.org). 서베이에서 발생할 수 있는 편향과 오류의 원인에 대해 2장에서 살펴본다.

함정 8: 유의성 대 중요성 통계적으로는 의미 있는 효과라 하더라도 현실적으로는 별 의미가 없을 수도 있다. 비용에 민감한 비즈니스에서는 제품을 일정 부분 개선해도 가격 인상을 정당화할 수 없는 것으로 알려져 있다. 소비자들은 제품이 이미 '충분히 좋으면' 내구성, 속도, 맛, 편안함이 약간 개선되는 것을 알아채지 못한다. 예를 들어 Seagate의 600GB 치타 하드드라이브는 평균고장간격(MTBF)이 140만 시간(연속 사용 시 약 160년)이다. 이러한 상황에서 MTBF의 10% 향상이 중요한 의미를 가질까?

애널리틱스 적용 사례

알고리즘: 적인가, 동지인가?

영화에서 인공지능(AI)은 때때로 못된 캐릭터(예를 들어 인간을 파괴하려는 자기인식 능력을 갖춘 터미네이터)로 그려지곤 한다. 그러나 AI는 새로운 맛의 아이스크림을 만들어낸다든지, 로봇에게 노래를 가르치는 유쾌한 결과를 만들어낼 수도 있다. 보다 실용적인 차원에서 비즈니스 앱은 통계학과 AI를 이용해서 이윤을 증대시키고 고객의 만족도를 향상시킨다.

- 스팸차단장치는 AI를 이용해 보낸 이의 주소와 키워드를 검토함으로써 원치 않는 이메일을 걸러낸다. AI는 지칠 줄 모르는 사이버 밴덜리즘에 대항하기 위해 끊임없이 진화해야 한다.
- 판도라(Pandora)는 음악을 특성(예를 들어 보컬스타일, 리듬)에 따라 수백 가지로 분류하는 작업은 사람을 시켜서 하고, 유사한 음악을 그룹으로 묶어 고객에 제공하는 데는 AI를 이용한다.
- 우버(Uber)는 경로를 선택하고, 요금을 설정하고, 도착시간을 추정하는 데는 AI 알고리즘을 사용한다. 리프트(Lyft)는 최근 처음으로 머신러닝과 인공지능 관리자를 채용했는데, 이 영역에서 더 많은 일자리가 생겨나고 있다.
- 구글의 자율주행차 앱은 차량이 자동적으로 안전하게 운행하는 데 있어서 AI에 의존한다.
- Cogito(www.cogitocorp.com)는 판매 중에 이루어지는 대화를 분석하여, 이를 판매담당자들에게 알려주어 더 나은 서비스를 제공하게 함으로써 고객과의 관계를 개선토록 하는 데 AI를 이용한다.
- Boxever(www.boxever.com)는 여행 에이전트가 하는 고객 맞춤형 여행설계를 AI가 맡도록 하고 있다.
- 컴퓨터가 관리하는 펀드는 변동성과 같은 통계지표에 근거해서 의사결정을 하는데, 그 규모가 전체 주식 거래 물량의 절반을 넘는 것으로 나타났다.

단원 연습문제

connect

1.9 미국 질병통제예방센터에서 행한 전국건강설문조사에 따르면, 집 전화 대신 휴대전화를 사용하는 경우 폭음할 확률이 두 배로 늘어나는 경향이 있는 것으로 나타났다. 이를 보고 밥이 "휴대전화를 쓰지 않는 게 낫겠다"라고 말했다. 밥의 추론에 어떤 오류가 있는가?

1.11 어떤 로또 1등 당첨자가 여섯 자리 숫자(5-6-8-10-22-75)를 뽑은 방법을 설명했다. 이는 가족과 관련된 것으로서 부인의 생일, 13살 된 딸의 학년, 본인과 부인 생일의 합, 결혼 햇수, 그가 태어난 연도 등이다. 그는 "나에게 뭔가 의미 있는 숫자를 뽑으려고 했다"고 한다. 이에 대해 주로또위원장은 "내가 들어본 것 중 가장 별난… 하지만 잘 작동한 듯 보인다"고 언급했다. (a) 통계학적 관점에서 그의 방법이 '작동한' 것으로 보는가? (b) 누군가 '기억하기 쉽기 때문에' 1-2-3-4-5-6을 선택하는 경우에 당첨 확률이 더 낮아지는가?

1.13 한 휴대전화 통신사는 광고에서 '통화이탈율'이 주요 경쟁회사보다 현저히 낮다고 주장한다. 자세히 읽어보면, 퍼센트는 1.4% 대 1.2%로 나와 있다. 이 정도 차이는 고객에게 *중요한가*(*유의성* 여부와는 다른 의미로)?

1.15 최근 231,164명의 뉴저지 심장마비 환자에 대한 연구에 따르면, 평일에 입원한 환자들의 향후 3년 이내 사망률은 12.0%인 데 반해, 주말에 입원한 환자들의 사망률은 12.9%였다. 이 차이는 통계적으로 유의했다. 이에 대해 사라(Sarah)는 "이 차이는 실질적인 중요성을 지니기에는 너무 작다"고 말했다. 사라의 주장에 동의하는가? 설명하라.

요약(*Chapter Summary*)

통계학(statistics)은 데이터를 모으고, 정리하고, 분석하고, 해석하고, 제시하는 학문이다. **통계학자**(statistician)는 수학이나 통계학 분야에서 최소한 석사학위 이상을 소지한 전문가이며, **데이터 분석가**(data analyst)는 데이터로 작업을 하는 사람 모두를 일컫는 말이다. **기술통계학**(descriptive statistics)은 데이터의 수집, 정리, 제시, 그리고 차트나 숫자에 의한 요약을 말한다. **추론통계학**(inferential statistics)은 표본으로부터 모집단으로의 일반화, 알려지지 않은 모수에 대한 추정, 결론 도출 및 의사결정을 말한다. 통계학은 비즈니스의 모든 분야에서 사용된다. **통계학의 도전**에는 불완전한 데이터, 현실적 제약, 윤리적 딜레마 등이 있다. 통계 도구들은 경험적 데이터로 이론을 테스트하는 것이다. 함정에는 비임의표본, 표본 크기의 잘못, 인과성의 부족 등이 있다. 통계학은 비교적 신생의 학문영역으로, 새로운 앱이 등장하고 기술이 발전함에 따라 계속 성장하고 있다.

주요 용어(*Key Terms*)

경험적 데이터(empirical data)
기술통계학(descriptive statistics)
데이터 사이언스(data science)
머신러닝(machine learning)
비즈니스 애널리틱스(business analytics)
비판적 사고(critical thinking)
인공신경망(artificial neural networks)
인공지능(artificial intelligence)
인과설정의 오류(post hoc fallacy)
추론통계학(inferential statistics)
통계량(statistic)

리뷰(*Chapter Review*)

1. (a) 통계량, (b) 통계학을 각각 정의하라.
2. 통계학을 공부하는 이유 세 가지를 열거하라.
3. 통계학의 적용분야 세 가지를 열거하라.
4. 통계학자에게 필요한 기술 네 가지를 열거하라. 이 기술들은 왜 중요한가?
5. 통계학자가 직면한 세 가지 *실질적* 도전을 열거하라.
6. 통계학자가 직면한 세 가지 *윤리적* 도전을 열거하라.
7. 경솔한 통계학자가 빠지기 쉬운 함정 혹은 논리적 오류 다섯 가지를 열거하라.

단원 연습문제(*Chapter Exercises*)

1.17 신입생들에게 설문조사한 결과 "통계학이 두렵다"에 대다수가 강한 동의를 표한 것으로 나타났다. (a) 왜 아직 통계학 수업을 수강하지도 않은 학생들에게 이런 인식이 있을까? (b) 윤리학 수업에도 비슷한 태도를 보일까? 설명해보라.

1.19 병상 시트를 공급하는 업체에서 병원 구매담당 매니저들을 대상으로 설문조사를 실시하고, 그 분석을 통계 컨설턴트에게 의뢰했다. 컨설턴트가 데이터를 들여다본 결과 상당한 문제가 발견되었다. 서베이가 몇몇 주요 지역을 빠뜨렸는가 하면 필요 없는 지역이 포함되기도 했다. 어떤 질문들은 애매한 경우도 있었다. 일부 응답자는 답을 빠뜨리기도 했으며, 엉뚱한 답변을 한 경우도 있었다(어떤 매니저는 하루에 40시간을 일한다고 답했다). 메일을 보낸 대상자 1,000명 중 회신한 사람은 단지 80명이었다. (a) 이 상황에서 통계학자가 선택할 수 있는 방안들은 무엇인가? (b) 불완전한 분석이나마 하는 것이 더 나은가?

1.21 유명한 대중 음악가 1,064명의 죽음을 분석한 결과, 31%가 알코올이나 마약 남용과 관련이 있는 것으로 나타났다. 이에 대해 한나는 "이것은 단지 하나의 표본이기 때문에 이것이 무엇을 증명하는 것은 아니다"고 말했다. 한나의 결론에 동의하는가? 설명하라.

1.23 "라크로스 경기에서 헬멧을 쓸 필요가 없다"고 톰이 말했다. "왜냐하면 우리 팀 선수 중 여태껏 머리를 다친 사람은 없었다." 톰의 추론에 오류가 있는가? 그렇다면 어떤 부분이 그런지 설명하라.

1.25 어떤 조사 결과 'A'를 받은 학생 중 7%가 흡연자인 반면, 'D'를 받은 학생 중에는 50%가 흡연자로 나타났다. (a) 자신이 생각하기에 학점에 영향을 미치는 요인들을 중요한 순서대로 6개를 열거하라. 거기에 흡연이 있는가? (b) 만약 흡연이 성적에 영향을 미치지 않는 것 같다면 왜 이런 조사 결과가 나온 것으로 생각되는가? (c) 위의 조사 결과가 맞다면 'D'를 맞은 학생이 담배를 끊으면 성적이 올라갈까? 그 이유는?

1.27 GMAT은 많은 비즈니스 스쿨이 입학사정에 이용하는 시험이다. 나름대로의 추론과 이 장에서 배운 개념들을 이용하여 다음의 주장들을 각각 비판하라.

a. "지난해 7,573명의 컴퓨터 사이언스 전공자가 GMAT 시험을 본 데 반해, 철학 전공자는 단 588명이었다. 철학 전공자들은 GMAT 시험에 소수만 응시한 것으로 봐서 비즈니스에 관심이 없다."

b. "지난해 29,688명의 엔지니어링 전공자가 GMAT 시험을 본 데 반해 영어 전공자는 단 3,589명이었다. 따라서 영문학보다 엔지니어링을 전공하는 학생이 더 많다."

c. "지난해 GMAT에서 물리학 전공은 마케팅 전공보다 점수가 평균 100점 더 높았다. 만약 마케팅 전공자가 물리학을 전공한다면 GMAT 점수가 더 좋아질 것이다."

d. "평균적으로 물리학 전공은 회계학 전공보다 GMAT 점수가 높다. 따라서 물리학 전공자가 최고의 관리자가 될 것이다."

1.29 (a) Noodles & Company의 샐러드 판매를 묘사하는 데 있어서 다음 두 가지 표현(표 또는 그래프) 중 어느 것이 더 유용한가? 그 이유는? (b) 데이터를 한 문장으로 요약하라(출처: Noodles & Company).

NoodlesSalad

월별 일평균 샐러드 판매량, Noodles & Company

월	샐러드	월	샐러드
Jan	2,847	Jul	2,554
Feb	2,735	Aug	2,370
Mar	2,914	Sep	2,131
Apr	3,092	Oct	1,990
May	3,195	Nov	1,979
Jun	3,123	Dec	1,914

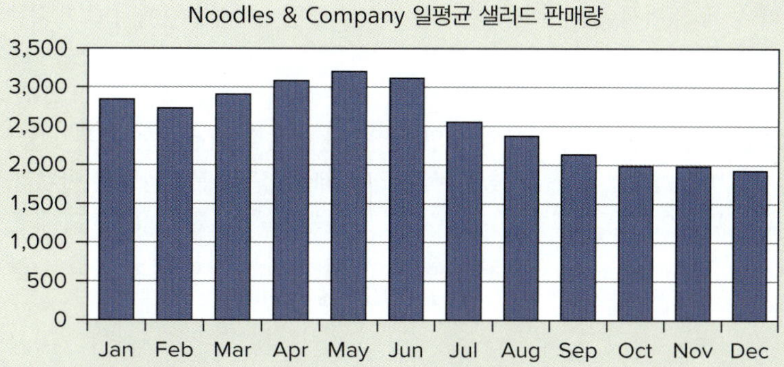

출처: Noodles & Company

참고문헌(*Related Reading*)

실질적 가이드

Baker, Stephen. *The Numerati.* Houghton-Mifflin, 2008.

Best, Joel. *Stat-Spotting: A Field Guide to Dubious Data.* University of California Press, 2013.

Davenport, Thomas H., and Jeanne G. Harris. *Competing on Analytics: The New Science of Winning.* Harvard Business School Press, 2007.

Dodge, Yadolah. *The Concise Encyclopedia of Statistics.* Springer, 2010.

Everitt, B. S. *The Cambridge Dictionary of Statistics.* 4th ed. Cambridge University Press, 2013.

Fung, Kaiser. *Numbers Rule Your World: The Hidden Influence of Probabilities and Statistics on Everything You Do.* McGraw-Hill, 2010.

John, J. A., D. Whitaker, and J. A. Johnson. *Statistical Thinking in Business.* 2nd ed. Chapman and Hall, 2005.

Levitin, Daniel J. *A Field Guide to Lies: Critical Thinking in the Information Age.* Penguin, 2016.

Newton, Rae R. *Your Statistical Consultant.* 2nd ed. Sage Publications, 2013.

Seife, Charles. *Proofiness: The Dark Arts of Mathematical Deception.* Viking, 2010.

Utts, Jessica. "What Educated Citizens Should Know about Statistics and Probability." *The American Statistician* 57, no. 2 (May 2003), pp. 74–79.

윤리

Hartman, Laura P. *Perspectives in Business Ethics.* 3rd ed. McGraw-Hill, 2013.

O'Sullivan, Patrick, Mark Smith, and Mark Esposito. *Business Ethics.* Routledge, 2013.

Shaw, William H. *Business Ethics.* 9th ed. Cengage, 2017.

Vardeman, Stephen B., and Max D. Morris. "Statistics and Ethics: Some Advice for Young Statisticians." *The American Statistician* 57 (February 2003), pp. 21–26.

소프트웨어 부록(*Software Supplement*)

R과 RStudio

R은 통계 계산과 그래프를 수행하는 무료 소프트웨어 환경이다. R은 R재단(비영리기관)이 개발한 프로그램으로 UNIX플랫폼, Windows, MacOS에서 작동한다. RStudio는 R을 위한 통합개발환경(IDE)이다. 여기에는 직접 코드실행을 위한 편집기와 데이터분석, 그래프, 분석이력, 오류수정, 데이터관리 등을 위한 도구들이 포함된다. RStudio는 오픈소스와 상업용 두 가지로 제공된다. R과 RStudio는 다양한 프로그래밍 언어는 물론이고 데이터 조작, 계산 및 그래픽 표시를 위한 충분히 입증된 기능 및 절차를 하나의 통합된 묶음으로 제공한다.

R과 RStudio 설치하고 사용하기

강사가 R을 사용한다면, **부록 J**를 반드시 보아야 한다. 여기서 R과 RStudio의 다운로드, 설치, 시작하는 방법을 설명한다. 이 책의 각 장에서도 핵심 R기능과 도구의 용례를 보여준다. 통계학 학습이 진전되면 **부록 I**가 R의 기능과 절차를 배우고 이에 상응하는 엑셀기능이 무엇인지 확인하는 데 유용할 것이다. **부록 I**의 모든 표기와 기호는 이 책의 본문 내용과 같도록 했다.

Excel 혹은 R?

엑셀은 기업경영, 정부, 보건의료, 그리고 연구 등에 광범위하게 사용되고 있다. 그 이유는 이미 널리 활용되고 있을 뿐 아니라 데이터의 구성, 분석, 시각화 등에 있어서 강력한 기능을 제공하기 때문이다. 배우기 쉽고 사용하기에 직관적이면서도 특정한 필요에 맞게 설정할 수도 있다. 거의 모든 비즈니스 과정에서 엑셀을 잘 다룰 것을 요구하고, 많은 필수 및 선택 과목의 수업(예를 들어 회계학, 경제학, 재무학, 마케팅, 인적자원론 등)에서 엑셀이 이용된다. 통계분석을 위해 만들어진 프로그램은 아니지만, 엑셀은 데이터 분석학에서 요구하는 가장 기본적인 절차 중 많은 것을 제공한다. R과 RStudio는 최근에 만들어진 것은 아니지만, 경영 · 경제수업에서 소개되는 경우가 점차 늘어나고 있다. 이들이 무료로 제공되는 것도 그 이유 중 하나이지만, 복잡하고 다양한 데이터 분석을 위한 입문 수준의 도구들을 제공하기 때문에 이들을 활용하는 경우가 늘어나고 있다. 엑셀과 달리 R과 RStudio는 고급 분석과정뿐 아니라 프로그래밍의 핵심 기능을 연습하는 내용도 담고 있다. 대학 졸업생이라면 정량적 추론과 데이터 분석 능력을 갖춰야 한다는 일반적인 기대에 딱 맞는다고 할 수 있다.

CHAPTER

2 데이터 모으기

Data Collection

목차 *Chapter Contents*

학습목표 *Chapter Learning Objectives*

이 장을 마친 후 스스로 다음을 할 수 있어야 한다.

- **LO 2-1** 데이터와 표본을 기술하는 기본 용어들을 사용한다.
- **LO 2-2** 숫자형 데이터와 범주형 데이터의 차이점을 설명한다.
- **LO 2-3** 시계열과 횡단면 데이터의 차이를 설명한다.
- **LO 2-4** 데이터의 측정 수준 및 코딩하는 방법을 이해한다.
- **LO 2-5** 리커트 척도를 이해하고 사용할 줄 안다.
- **LO 2-6** 표본과 모집단에 대해 올바른 용어를 구사한다.
- **LO 2-7** 일반적인 표본추출 방법을 이해하고 수행 방법을 설명한다.
- **LO 2-8** 보고서나 웹을 통해 일상적으로 발표되는 데이터의 출처를 안다.
- **LO 2-9** 서베이 유형, 서베이 설계, 응답의 척도에 대해 기본 요소들을 설명한다.

DreamPictures/Blend Images/
Getty Images

과학 연구에서는 실험의 결과를 체계적으로 기록함으로써 데이터를 모은다. 비즈니스에서는 일반적으로 회계적 거래나 관리 프로세스(예를 들어 재고, 판매, 임금 지불)에서 데이터가 발생한다. 통계학자가 분석하는 많은 데이터들은 통계적 이용을 명시적으로 염두에 두지 않고 기록되었으며, 그럼에도 불구하고 중요한 의사결정들이 그 데이터에 달려 있다. 다음 주 목요일 Mt. Sinai 병원에서 A형 혈액이 얼마나 필요할까? 보험회사 State Farm은 오는 11월 자동차 사고 보상처리를 위해 현금을 얼마나 보유해야 할까? Lands' End는 이번 달에 여성용 칠부 길이 소매 노란색 스웨터를 얼마나 팔까? 이런 질문에 답하기 위해서는 과거의 혹은 경험적 데이터를 살펴봐야 한다.[1]

2.1 변수와 데이터

데이터 용어

관측치(observation)는 우리가 분석하려는 개체(사람, 기업, 지역 등)의 집합에서 어떤 하나의 개체를 말한다. 관측치는 예를 들어 당신 회사의 어떤 근로자나 지난달 발행된 청구서를 말한다. **변수**(variable)는 개체 혹은 개인의 어떤 특징을 말한다. 근로자의 임금이나 청구서 규모 등이 변수의 예이다. **데이터세트**(data set)는 모든 변수의 모든 값으로 이루어져 있으며, 우리가 선택한 모든 관측치를 말한다. 이 책에서 **데이터**(data)는 복수로 사용하고, *데이터세트*는 어떤 관측치의 집합체를 총체적으로 일컫는 말로 사용한다. 데이터는 대개 데이터베이스의 스프레드시트에 $n \times m$ 행렬로 입력된다. 각 열은 어떤 변수(m열)이고, 각 행은 어떤 관측치(n행)이다. 표 2.1은 8개의 관측치(8행)와 5개의 변수(5열)로 이루어진 소규모 데이터세트를 보여주고 있다.

하나의 데이터세트에 여러 변수가 있을 수 있다. 데이터의 형태와 변수의 개수에 따라 분석의 주제와 방법이 달라질 수 있다. 이 책에서 우리는 우선 **단일변량**(univariate; 변수 1개) 데이터세트를 다루고, 그 다음에 **이변량**(bivariate; 변수 2개) 데이터세트 및 **다변량**(multivariate; 변수 3개 이상) 데이터세트를 다룬다. 그 내용이 표 2.2에 나와 있다.

[1] *Data*는 단수인가 복수인가? 영어 *data*는 라틴어 *datum*(어떤 '주어진' 사실)의 복수이다. 그러나 일반 신문이나 잡지 등에서는 data를 information과 동의어로 쓰며, 따라서 단수로 취급한다(예: "Employee data is stored in the cloud.").

표 2.1

소규모 다변량 데이터세트 (5개의 변수, 8개의 관측치)

SmallData

번호	이름	나이	소득	지위	중견?	학력
1	Frieda	45	87,100	인사 담당자	아니오	석사
2	Stefan	32	76,500	관리 분석가	아니오	박사
3	Barbara	55	108,200	마케팅 부사장	예	석사
4	Donna	27	79,000	통계학자	아니오	학사
5	Larry	46	46,000	경비원	아니오	고졸
6	Alicia	52	98,500	경리부장	예	석사
7	Alec	65	125,200	CEO	아니오	석사
8	Jaime	50	71,200	광고업	아니오	학사

표 2.2

변수 개수와 주요 작업

데이터세트	변수	예	주요 작업
단일변량	1개	소득	히스토그램, 기본 통계량
이변량	2개	소득, 나이	산포도, 상관성
다변량	3개 이상	소득, 나이, 성별	회귀분석

범주형 및 숫자형 데이터

데이터세트에는 다양한 형태의 데이터가 포함될 수 있다. 그림 2.1에서 보는 것처럼 크게 *범주형 데이터*와 *숫자형 데이터*로 나눌 수 있다.

범주형 데이터(categorical data) 혹은 *정성적*(qualitative) 데이터는 숫자 대신 단어로 설명된다. 예를 들어, 골격용 목재는 목재의 종류(전나무, 솔송나무, 소나무)에 따라 구분될 수 있고, 자동차 스타일은 크기(대형, 중형, 소형, 경차)에 따라 구분될 수 있으며, 영화는

그림 2.1

데이터 유형과 예

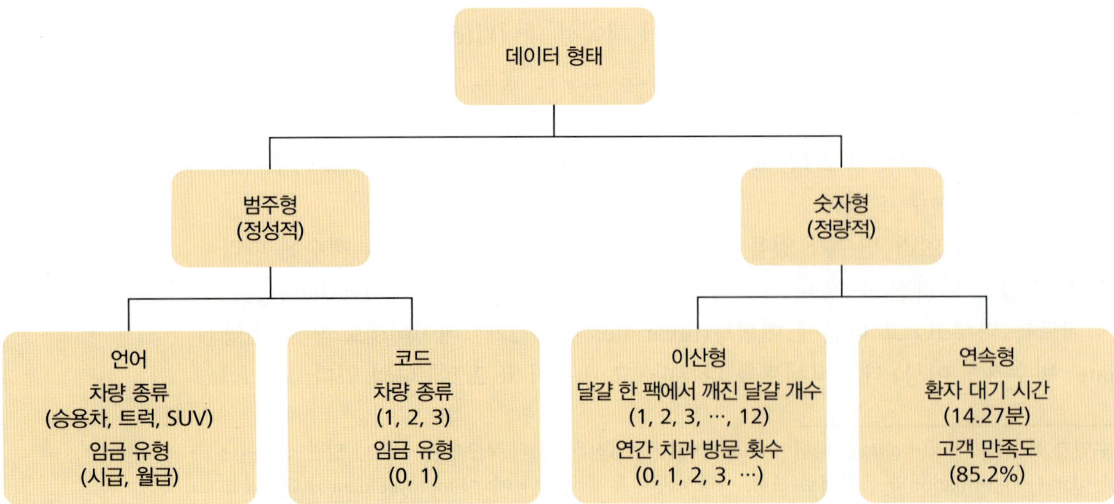

일반적인 영화 분류(액션 및 어드벤처, 어린이 및 가족, 클래식, 코미디, 다큐멘터리)에 따라 구분될 수 있다.

범주형 데이터는 숫자로 표시되지 않기 때문에 통계 분석에 한계가 있을 것으로 생각할 수도 있다. 실제로는 범주형 데이터를 다루는 통계적 방법이 많이 있으며, 이 책에서도 나중에 그런 것들을 다룰 것이다. 통계분석을 위해 각 범주에 숫자를 부여하는 경우도 있는데, 이것을 **코딩**(coding)이라 한다. 예를 들어 지불수단을 다음과 같이 숫자로 코딩할 수 있다.

1 = 현금, 2 = 개인수표, 3 = 신용/체크카드, 4 = 기프트카드

범주를 코딩하여 숫자화했다고 해서 그 데이터가 숫자형 데이터가 되는 것은 아니다. 위의 지불수단에 대해 코드로 표시한 숫자가 어떤 랭킹을 의미하는 것은 아니다. 그러나 때에 따라서는 범주 코드가 랭킹을 의미하기도 한다. 예를 들어 학위를 숫자로 코딩한 데이터세트의 경우가 그렇다.

1 = 학사, 2 = 석사, 3 = 박사

어떤 범주형 변수는 오직 2개의 값만을 갖는다. 이것을 **이항변수**(binary variables)라 한다. 예를 들어 고용 상태(고용 혹은 실업), 뮤추얼펀드 종류(수수료 있음 혹은 없음), 결혼 상태(결혼 혹은 비결혼) 등이다. 이항변수는 대개 1 또는 0으로 코딩된다. 어떤 이항변수의 두 가지 범주 중 어느 쪽에 1을 배정하는지는 자의적이며, 상관이 없다. 예를 들어 임금 유형 변수의 경우 다음과 같이 코딩될 수 있다.

1 = 시급, 0 = 월급   혹은   1 = 월급, 0 = 시급

숫자형 데이터(numerical data) 혹은 *정량적*(quantitative) 데이터는 어떤 것을 세거나 측정하거나 혹은 수학적 계산에 의해 얻어진다. 예를 들어 3월 중 자동차보험 청구 건수(예: 114건) 혹은 지난 분기 판매액(예: $4,920) 혹은 지난 24시간 강설량(예: 3.4인치) 등이다. 대부분의 회계 데이터, 경제지표, 재무비율 등은 물리적 측정치와 마찬가지로 정량적이다.

숫자형 데이터를 다시 두 가지 형태로 나눌 수 있다. 셀 수 있는 값을 가지는 경우를 **이산형**(discrete)이라 한다. 대개 정수의 값을 갖는다. '몇 명'이나 '몇 개'를 나타내는 변수가 그것이다. 예를 들어 병원 대기실 환자 중 의료보조(메디케이드) 대상자의 수(예: 2) 혹은 시카고 오헤어 공항에서 한 시간 동안 이륙한 비행기 수(예: 37) 등이다. 환자나 이륙 비행기의 수가 소수점으로 표현될 수는 없기 때문에 우리는 위와 같은 데이터를 정수 변수에 의해 표현한다.

어떤 구간 사이의 모든 값을 취할 수 있는 숫자형 변수를 **연속형**(continuous)이라 한다. 물리적 측정치(길이, 무게, 시간, 속도)나 재무변수(예: 매출, 자산, 주가수익비율, 재고회전) 등이 여기에 포함된다. 예를 들어 우사인 볼트의 100미터 기록(예: 9.58초) 혹은 Sun-Maid 건포도 한 봉지의 무게(예: 427.31그램) 등이다. 가령 [425, 429]의 구간에 무한히 많은 값들이 포함될 수 있다는 점에서 이들은 연속형 변수이다. 때로는 연속형 측정치를 정수로 반올림하는 경우(예: 427그램)도 있는데 그렇다고 해서 그 데이터가 이산형으로 되는 것은 아니다.

연속형 데이터를 정수로 반올림하는 경우 연속형인지, 이산형인지 약간 혼동스러울 수 있다(예: 당신의 오늘 아침 몸무게). 예를 들어 Sun-Maid 건포도 한 봉지의 무게는 425그

램으로 찍혀 있다. 그러나 기본적인 측정 단위는 연속형이다(즉, 정확히 재면 가령 425.31 그램과 같이 정수가 아닐 것이다). 정확도는 연속형 변수를 재는 데 사용하는 기구에 달려 있다. 신발의 크기는 5 cm 간격으로 되어 있지만 실제 우리 발의 크기는 연속형 변수이다. 이와는 반대로 범위가 매우 넓어(예: SAT 점수) 약간의 차이(예: 604 혹은 605)가 별 의미가 없는 경우에는 이산형 데이터를 연속형으로 간주할 때도 있다. 우리는 일반적으로 소매가격(달러, 유로, 페소) 데이터는 0.01의 비연속적 간격(예: $1.25에서 $1.26)으로 변함에도 불구하고 이를 연속적인 것으로 간주한다. 이에 대해서는 후반부에서 다시 다루기로 한다. 구별하기 애매할 때에는 *X*가 어떻게 측정되었는지, 그리고 그 값을 셀 수 있는지 여부를 생각하면 된다.

시계열 데이터와 횡단면 데이터

표본의 모든 관측치들이 동일 간격(년, 월, 일)으로 서로 다른 시점에서 측정된 것일 때 이를 **시계열 데이터**(time series data)라 한다. 관측치 간의 시간을 *주기*(periodicity)라고 한다. 여기에는 연간, 분기, 월, 주, 일, 시간 등이 있다. *거시경제* 시계열 데이터에는 국민소득(GDP, 소비, 투자), 경제지표(소비자물가지수, 실업률, S&P 500지수), 통화 데이터(M1, M2, M3, 프라임 레이트, 국채 수익률, 소비자 신용, 연방 부채) 등이 있다. *미시경제* 시계열 데이터에는 기업의 매출액, 시장점유율, 부채비율, 근로자 결근율, 재고회전율, 제품 품질등급 등이 있다. 시계열의 경우 우리는 대개 *시간에 따른 추세와 패턴*에 관심이 있다(예: 그림 2.2에 나와 있는 1995년부터 2018년까지 개인 파산).

각 관측치들이 어떤 동일 시점에 서로 다른 개별 단위(예: 사람, 회사, 지역)를 나타낼 때 이를 **횡단면 데이터**(cross-sectional data)라 한다. 따라서 어떤 해 미국 50개 주의 교통사고 사망자 수, 어떤 해 마지막 분기 「포춘」 선정 500대 기업의 부채비율, 어떤 은행 신규 모기지 신청자의 지난달 비자카드 사용액, 통계학 수강생들의 성적 등이 횡단면 데이터이다. 횡단면 데이터의 경우 우리의 관심은 *관측치들 간의 차이*(예: Subway 20개 프랜차이즈의 미수금)나 *상호관계*(예: Subway 20개 프랜차이즈의 미수금과 매출액의 상관성 여부)이다.

그림 2.2

시계열과 횡단면 데이터 사례

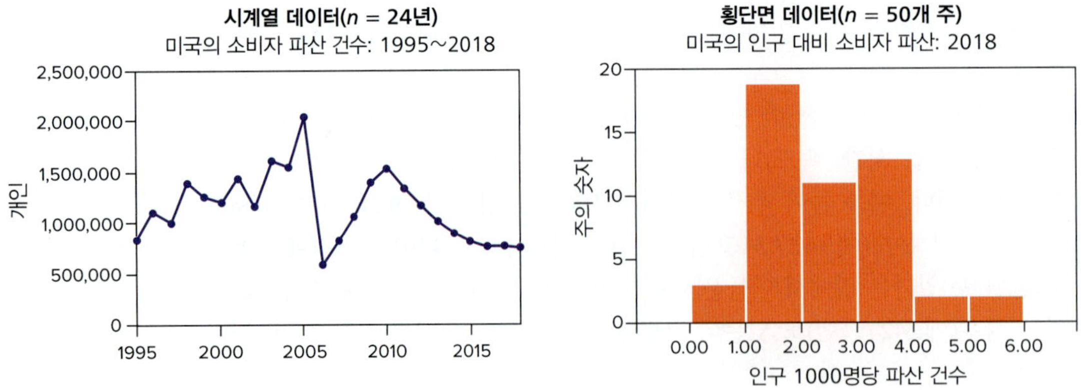

출처: American Bankruptcy Institute (www.abiworld.org).

어떤 변수(예컨대 실업률)는 시계열도 될 수 있고(60개월 동안의 월별 실업률) 혹은 횡단면도 될 수 있다(50대 도시의 1월 실업률). 이 둘을 결합하여(예: 캐나다 13개 주의 최근 60개월 동안의 월별 실업률) *횡단면 및 시계열 합동*(pooled) 데이터를 만들 수 있다.

단원 연습문제

connect

2.1 다음 각 변수의 데이터 형태(범주형, 이산 숫자형, 연속 숫자형)는 무엇인가? 데이터 형태가 확실하지 않다면 그 이유를 설명하라.

a. 자신의 자동차 메이커
b. 자신의 대학 전공
c. 자신의 이번 학기 수강학점 수

2.3 다음 각 변수의 데이터 형태(범주형, 이산 숫자형, 연속 숫자형)는 무엇인가? 데이터 형태가 확실하지 않다면 그 이유를 설명하라.

a. 자신의 자동차 주행거리
b. 어제 점심 때 섭취한 지방의 양
c. 뉴욕에서 런던까지 항공편 중 가장 저렴한 항공편의 이름
d. 자신의 휴대전화 브랜드

2.5 다음 각 변수의 데이터 형태(횡단면 혹은 시계열)는 무엇인가?

a. 50명 학생의 지난 학기 회계학 중간고사 성적
b. 밥이 지난 학기 매주 치른 열 번의 회계학 퀴즈시험 성적
c. 어떤 주에서 최근 10년 동안 CPA 시험에 응시한 모든 응시생의 연도별 평균 성적
d. 어떤 회계법인에서 일하는 파트너 회계사 15인의 회계업무 경력 햇수

2.7 다음 각 변수의 데이터 형태(횡단면 혹은 시계열)는 무엇인가?

a. 멕시코의 최근 10개 분기별 GDP
b. 멕시코 31개 주의 지난해 말 실업률
c. 멕시코의 최근 10년간 연말기준 실업률
d. 멕시코 10대 도시의 현재 평균 주택가격

2.2 측정 수준

데이터의 유형은 측정의 수준에 따라 또 다시 구분될 수 있다. 통계학자들은 일반적으로 데이터의 측정 수준을 명목형(nominal), 순서형(ordinal), 구간형(interval), 비율형(ratio) 등의 네 가지로 구분한다. 이러한 분류는 60여 년 전에 심리학자인 스티븐스(S. S. Stevens)에 의해 제기되었다. 허용되는 수리적 처리, 요약통계법, 통계적 검정 등은 이러한 측정 수준에 따라 달라진다. 이 내용이 그림 2.3에 요약되어 있다.

명목 측정

명목 측정은 가장 약한 수준의 측정으로 쉽게 알아볼 수 있다. **명목형 데이터**(영어 nominal의 어원인 라틴어 *nomen*은 '이름'이라는 뜻)는 단지 *범주*만을 구별한다. '명목형' 데이터는 '정성적', '범주형', '분류형' 데이터와 동일한 의미이다. 범주들이 집단 전체를 포괄하도록 만들기 위해 보통 범주들의 마지막 항목으로 **기타**(other)를 두게 된다. 예를 들어 다음

그림 2.3
측정 수준의 결정

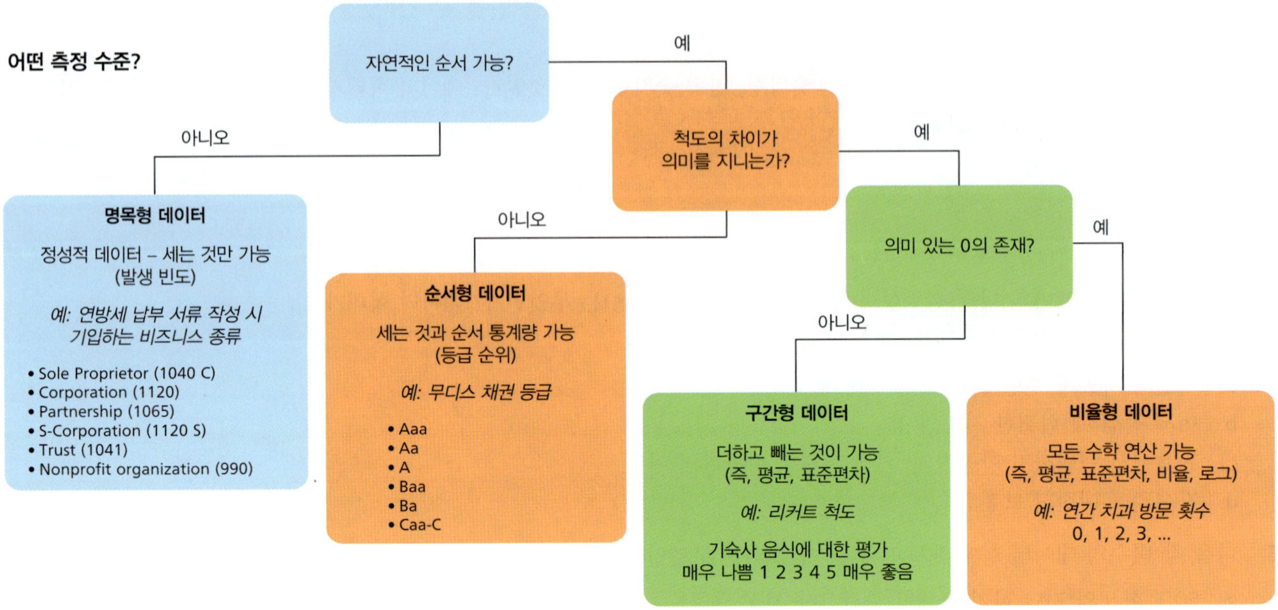

과 같은 설문을 수행할 때 명목형 데이터를 얻게 된다.

지난달 보험을 청구했는가?

1. 예　　　2. 아니오

휴대전화 이용 통신사는?

1. AT&T　　2. Sprint　　3. T-Mobile　　4. Verizon　　5. 기타

우리는 일반적으로 명목형 데이터를 숫자로 코딩한다. 그러나 임의로 부여된 코드가 의미를 갖는 것은 아니며, 따라서 그것을 가지고 수학적 분석을 행하는 것은 적절하지 않다. 예를 들어 위에 나와 있는 휴대전화 통신사 데이터(1에서 5까지)의 평균을 계산하는 것은 의미가 없다. 이것은 너무나 분명해 보이는데도 사람들은 가끔 실수하는 경우가 있다. 예를 들어 *Current Biology*에 실린 최근의 논문에서 국가코드(예를 들어 캐나다 = 1, 미국 = 2 ... 등)가 실수로 숫자형 자료로 인식되면서 논문의 주요 결론이 잘못되었음이 밝혀져 논문이 취소되는 일이 있었다. 일단 데이터가 컴퓨터에 들어가면 그 '숫자들'이 단지 어떤 범주를 가리킬 뿐이라는 것을 잊기 쉽다. 명목형 데이터에 대해 적용 가능한 수학적 계산은 세는 것(예: 빈도수), 그리고 최빈값(mode)과 같은 간단한 통계량 정도이다.

순서 측정

순서형 데이터는 그 값이 *순위*(ranking)를 의미한다. 예를 들어

어떤 크기의 자동차를 주로 운전하는가?

1. 대형　　　2. 소형　　　3. 경차

마이크로소프트 액세스를 얼마나 자주 사용하는가?

1. 자주 2. 때때로 3. 드물게 4. 사용 안 함

따라서 자동차 2(소형)가 3(경차)보다 더 큰 것을 의미한다. 명목형 데이터처럼 순서형 숫자 코드도 그 성격상 평균과 같은 통계량을 계산할 수는 없다. 특히 1과 2, 혹은 2와 3, 혹은 3과 4 사이의 '*간격*'이 특별한 의미를 갖지 않는다('드물게'와 '사용 안 함'의 간격이 무슨 의미가 있겠는가?). 순서 측정의 다른 예로는 입사 면접결과 등급(탁월, 우수, 보통, 약함, 불만)이나 S&P 신용등급(AAA, AA+, AA, AA−, A+, A, A−, B+, B, B− 등), 혹은 회사 직급(사장, 부사장, 공장 관리자, 부서장, 사원) 등이다. 순서형 데이터는 명목형 데이터로 간주될 수 있지만 그 반대는 성립하지 않는다. 순서형 데이터는 특히 사회과학, 마케팅, 인사관리 연구 등에서 일반적이다. 순서형 데이터에 대해서는 유용한 통계적 검정이 많다.

구간 측정

한 단계 높은 측정이 **구간형 데이터**(interval data)이다. 이는 자주 사용되며 비즈니스에서도 중요하다. 구간형 데이터는 어떤 서비스나 제품에 대한 고객들의 만족도를 숫자로 평가하는 조사에서 자주 발생한다. 이 경우 사용되는 척도 포인트는 주로 숫자(예: 1~10)로 표현되지만, 사용되는 척도는 임의적이며, 숫자는 셈이나 물리적 측정치가 아니며, '0'의 값은 의미를 갖지 않는다. 그러나 각 척도 포인트 사이의 거리는 의미를 지닌다. 4등급과 6등급 간의 차이는 7등급과 9등급 간의 차이와 동일하다. 또 다른 예는 화씨 및 섭씨 온도이다. 숫자 간의 간격은 거리를 의미하기 때문에 이에 대해서는 평균 계산과 같은 수학적 계산을 할 수 있다. 그러나 이 척도에서 0이 갖는 의미는 임의적이다. 따라서 어떤 서비스를 8로 평가한 고객이 4로 평가한 고객에 비해 만족도가 2배 더 높다고 말할 수는 없다. 마찬가지로 60°F가 30°F보다 두 배 따뜻하다고 말할 수는 없다. 즉, 구간형 데이터에서는 비율이 의미가 없다. 의미 있는 0이 존재하지 않는다는 점이 구간형 데이터의 핵심 특징이다.

구간형 데이터의 특별한 경우가 서베이 연구에서 자주 사용하는 **리커트 척도**(Likert scale)이다. 누구나 이 척도를 접해본 적이 있을 것이다. 보통 어떤 주장에 대해 응답자가 자신의 찬성/반대의 견해를 5단계 혹은 7단계의 언어로 표현된 응답문항에서 고르는 식이다. 리커트 척도의 *세밀함*은 응답문항을 몇 단계(대개 5 혹은 7)로 하느냐에 달려 있다. 예를 들면 다음과 같다.

"대학에 진학할 고등학교 학생들은 외국어 공부를 필수로 해야 한다." (하나를 고르시오)

❑	❑	❑	❑	❑
매우 그렇다	대체로 그렇다	그저 그렇다	대체로 아니다	매우 아니다

응답문항을 홀수(대개 5 혹은 7)로 하면 자연스럽게 중앙점('그저 그렇다')이 생긴다. 때로는 응답자로 하여금 어느 한쪽 편에 서게 만들기 위해 중앙점을 없애기도 한다. 리커트 데이터는 숫자로 코드화할 수 있는데(예: 1에서 5까지), 표 2.3에서 보는 것처럼 간격이 동일하다면 어떤 숫자를 이용해도 된다.

표 2.3

리커트 척도 코딩 예: "디플레이션이 투자환경에 어떤 영향을 줄 것인가?"

리커트 코딩: 1에서 5까지 척도	리커트 코딩: −2에서 +2까지 척도
5 = 많은 도움을 줄 것이다	+2 = 많은 도움을 줄 것이다
4 = 조금 도움을 줄 것이다	+1 = 조금 도움을 줄 것이다
3 = 영향을 미치지 않는다	0 = 영향을 미치지 않는다
2 = 조금 해를 끼칠 것이다	−1 = 조금 해를 끼칠 것이다
1 = 많은 해를 끼칠 것이다	−2 = 많은 해를 끼칠 것이다

그러나 리커트 데이터는 구간 측정의 자격이 있는가? 응답문항의 언어적 표현을 적절하게 선택함으로써 각 간격의 사이를 동일하게 만들어야 한다(예: 응답항 1과 2 사이의 거리는 예컨대 3과 4의 간격과 동일하게 만든다). 하지만 여기에서 비율은 의미가 없다(즉, 4는 2의 두 배가 아니다). 리커트 척도가 구간형 데이터로 제공되는 한, 평균이나 상관계수 등 다양한 통계적 계산이 가능하다. 리커트 척도의 다양한 변형들이 있다.

"인터넷 서비스 제공업체를 어떻게 평가하는가?" (하나를 고르시오)

❑ 최악 ❑ 부족 ❑ 보통 ❑ 양호 ❑ 탁월

모든 응답 범주를 표시하는 것 대신 양쪽 끝에만 설명을 놔둘 수도 있다. 이렇게 하면 중간에 들어있는 척도들에 대해서는 설명을 하지 않아도 되며 척도의 개수를 자유롭게 변화시킬 수 있다. 리커트 척도는 대개 이산형이지만 일부 인터넷 서베이에서는 연속형 응답 척도를 사용하기도 한다. 즉, 응답자가 슬라이더(선택 막대)를 끌어서 원하는 위치에 두는 방식이다(실제로 선택 위치의 개수는 제한이 있긴 하지만 매우 크다). 이들의 예는 다음과 같다.

리커트(이산 척도 포인트 사용)	리커트(슬라이더 사용)
매우 나쁨 1 2 3 4 5 6 7 매우 좋음	매우 나쁨 ____▼____ 매우 좋음

서베이를 하는 측에서 전문적인 슬라이더의 모형이나 다른 서베이 척도를 제공하기도 한다. 그 예는 아래와 같다.

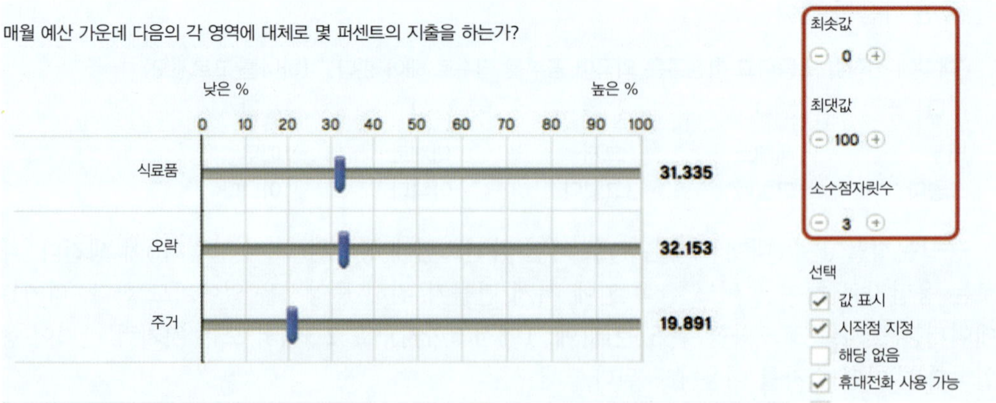

출처: www.qualtrics.com. Reprinted by permission.

비율 측정

비율 측정은 가장 강한 수준의 측정이다. **비율형 데이터**(ratio data)는 다른 세 가지 타입의 데이터가 갖고 있는 성질을 모두 보유하고 있을 뿐만 아니라, 측정값이 존재하지 않는 *의미 있는 0*(meaningful zero)을 추가적으로 보유하고 있다. 0의 존재로 인해 데이터 값의 비율이 의미를 갖는다(예: 순익 2,000만 달러는 1,000만 달러의 두 배이다). 대차대조표 데이터, 손익계산서 데이터, 재무비율, 물리적 계산, 과학적 측정, 대부분의 공학적 측정 등은 0이 의미를 갖기 때문에 비율형 데이터가 된다(예: 매출이 0인 회사는 물건을 하나도 팔지 못했다는 말이다). 모든 데이터가 플러스 데이터일 필요는 없다. 예를 들어 순익은 비율형 변수이지만(예: 400만 달러는 200만 달러의 두 배이다), 마이너스 값(즉, 손실)을 가질 수 있다.

비율형 데이터라고 해서 0이 반드시 관찰될 필요는 *없다*. 예를 들어 신생아 몸무게는 0이 될 수 없지만 비율형 데이터가 분명하다(즉, 8파운드 신생아는 6파운드 신생아에 비해 33% 더 무겁다). 중요한 것은 0이 절대적 기준 척도라는 점이다. 켈빈(Kelvin) 온도는 섭씨 및 화씨와 달리 비율 측정인데, 그 이유는 0이 분자 진동이 멈추는 점을 나타내기 때문이다. 반면 섭씨 온도에서 0은 단지 편의적인 것이다(30°C가 15°C에 비해 '두 배 높은 온도'는 아니다).

진정한 의미의 0이 존재하느냐가 비율형 데이터를 결정짓는 기준이다. 예를 들어 리커트 척도(+2, +1, 0, −1, −2)는 0이 존재한다고 해도 그 0(중립점)이 아무것도 존재하지 않는 것을 의미하는 것이 아니기 때문에 비율형 데이터가 *아니다*. 과연 2(매우 동의한다)가 1(동의하는 편이다)보다 두 배 더 '동의하는' 것인지 생각해보라. 어떤 경우에는 논란이 있을 수 있다. 예를 들어 대학 성적에는 0이 있지만 과연 이것이 전혀 배우지 않은 것을 의미하는가? 4.0이 2.0보다 '두 배 더 많이 배운' 것을 나타내는가? 학점의 척도인 0부터 4까지의 범위가 그 안에 담긴 어떤 실체를 의미하는가? 많은 사람들이 그렇게 생각하는 듯하지만, 보수적인 관점에서 보면 이는 통계적 검증을 위한 단지 순서 데이터에 불과할 수도 있다.

보통 기초 통계학 교과서에서는 구간형 혹은 비율형 데이터를 강조하지만 그렇지 않은 교과서도 있으며, 특히 행동연구(심리학, 사회학, 마케팅, 인적자원관리) 분야에서 그러하다.

비율 측정을 재코딩(recoding)함으로써 순위 혹은 명목 측정으로 *낮출* 수 있다(거꾸로는 안 된다). 예를 들어 의사들은 수축기 혈압을 '정상(130 미만), 고혈압 전단계(130~140), 고혈압(140 이상)'으로 분류한다. 이와 같이 재코딩된 데이터에는 랭킹이 있기 때문에 순서형 데이터이다. 간격이 일정하지 않은 것은 상관없다. 예를 들어 미국 항공교통관제국에서는 비행기를 '소형(41,000파운드 미만), 중형(41,001~254,999파운드), 대형(255,000파운드 이상)'으로 분류한다. 정확한 데이터의 값이 별로 중요하지 않을 때는 이러한 재코딩에 의해 데이터를 간소화시킬 수 있다. 하지만 보다 강한 측정에서 약한 것으로 전환시키는 경우 그만큼 정보가 사라지게 된다.

단원 연습문제

connect

2.9 다음 각 변수의 데이터 형태(명목형, 순서형, 구간형, 비율형)는 무엇인가? 설명하라.

a. 다음 월드시리즈 첫 번째 게임에서 안타 개수

b. 아메리칸 리그 동부지구에서 볼티모어의 순위(5개 팀 중)

c. 무작위로 선정된 야구선수의 포지션(포수, 투수 등)
d. 개막일 온도(섭씨)
e. 무작위로 뽑은 아메리칸 리그 투수의 연봉
f. 개막일 고속도로 교통량(저, 중, 고)

2.11 다음 각 변수의 데이터 형태(명목형, 순서형, 구간형, 비율형)는 무엇인가? 설명하라.

a. 델타 항공 833편의 탑승객 수
b. 델타 항공 833편 출발 지연 대기 시간(분)
c. 델타 항공 833편 승무원의 휴대전화 브랜드
d. 델타 항공 833편의 무작위로 고른 승객의 티켓 등급(퍼스트, 비즈니스, 이코노미)
e. 델타 항공 833편의 고도 35,000피트 도착 시점의 외부 온도(섭씨)
f. 델타 항공 기내식에 대한 승객들의 평점(리커트 5점 척도)

2.13 아래는 어떤 스키 리조트 고객들을 대상으로 만족도를 5점 척도로 조사한 것이다. (a) 이 설문으로 조사한 데이터의 측정 수준이 명목형, 순서형, 구간형, 비율형 중 어디에 속하는가? (b) 다양한 항목들에 대해 평균 등급을 계산하는 것이 적절한가? 설명하라. (c) 10점 척도가 더 낫다고 생각하는가? 설명하라.

"오늘 경험한 여러 부분에 대해 만족도를 평가해주세요. 1 = 매우 불만족~5 = 매우 만족."

1. 지불 가격의 적정성:	1	2	3	4	5
2. 티켓 구입 대기 시간:	1	2	3	4	5
3. 리프트 운영 직원들의 친절도/유용성:	1	2	3	4	5
4. 리프트 대기 시간:	1	2	3	4	5
5. 스키 구조대의 가시성:	1	2	3	4	5

2.3 표본추출의 개념

미국에는 대략 200만 개의 소매 비즈니스가 있다. 분석가 입장에서는 이들을 모두 시의적절하게 조사하는 것은 비현실적이다. 이에 반해 신생 회사인 ShopperTrak RCT (www.shoppertrak.com)는 2001년부터 45,000개의 쇼핑몰 상점을 표본으로 뽑아 판매액을 측정하여 이 정보를 기반으로 고객들에게 쇼핑 트렌드의 변화를 신속하게 제공하고 있다. 이러한 표본추출의 활용은 비교적 새로운 분야로서 *소매지능*(retail intelligence)이라 불린다. 이 절에서는 **표본**(sample)과 **모집단**(population)의 차이에 대해 배우며, 왜 표본이 필요하고 때로는 더 바람직한지 살펴본다.

모집단인가, 표본인가?

모집단 우리가 관심을 두는 모든 항목. 유한일 수도 있고(예: 어떤 비행편의 모든 탑승객), 사실상 무한일 수도 있음(예: 생산 설비에서 출하되는 모든 콜라)

표본 모집단 중 우리가 실제로 분석하는 부분집합

표본 혹은 센서스?

표본은 모집단에서 일부 항목들만 뽑아 들여다보는 것인데 반해, **센서스**(census; 총조사)는 어떤 모집단에 속해 있는 모든 항목들을 조사하는 것이다. 그렇다고 센서스가 아주 정확히 모든 항목들을 집계하는 것은 아니다. 예를 들어 10년마다 실시되는 센서스 중 2000년에는 130만 명이 초과 계산된 것으로 알려진 반면, 2010년 센서스에서는 미국 인구를 단지 36,000명 초과한 데 그친 것으로 여겨진다. 그 이유는 미국의 인구이동이 매우 높으며, 또한 일부 사람들은 노출되는 것을 원하지 않거나(예: 불법 이주민), 우편조사에 대해서는 응답하지 않는 사람들도 있기 때문이다. 더욱이 예산 제약 때문에 현장조사요원들을 충분히 교육시키기 어렵고, 데이터 보호장치를 설치하고, 불완전 응답이나 미응답을 추적하여 사실을 확인하는 데에도 한계가 있다. 이런 이유 때문에 미국 센서스에서는 오랫동안 일부 상황에 대해서는 표본추출(sampling)의 방식을 이용하여 왔다. 2000년 센서스 당시 많은 통계 전문가들은 표본추출을 보다 광범위하게 이용할 것을 주장했지만 미국 의회가 인구 총조사를 최종 결정했다.

측정되는 양의 변화가 심할 때에는 센서스 자체가 불가능하다. 예를 들어 Arbitron Company는 미국인들의 라디오 청취 습관을 조사하기 위해 260만 명 이상을 대상으로 '라디오 기록 패키지'를 가동한다. 참가자들이 라디오를 청취할 때마다 시작 시간과 끝나는 시간이 기록된다. 뿐만 아니라 참가자들은 그들의 나이, 성별, 기타 정보를 보고한다. 표 2.4에 표본이 센서스보다 더 나은(혹은 그 반대) 상황에 대해 개략적으로 제시하고 있다.

모수와 통계량

모집단에서 뽑은 n개 항목의 어떤 표본으로 **통계량**(statistic)을 계산하여 이것으로 모집단의 **모수**(parameter)를 추정할 수 있다. 혼란을 피하기 위해 각 모수와 그에 대응하는 통계량에 서로 다른 기호를 사용한다. 예를 들어 모집단의 평균은 μ(그리스 문자 뮤), 표본의 평균은 $\bar{x}$로 표기한다. 또한 모집단의 어떤 비율은 π(그리스 문자 파이), 표본의 비율은 p로 표기한다. 그림 2.4가 이를 요약해서 보여준다.

예를 들어 우리가 알고 싶어 하는 것이 자동차 에어컨 워런티 서비스의 평균 수리비용, 혹은 콘서트에 자주 가는 25세 인구 중 영구 청각손실인 사람의 비율(퍼센트)이라 하자. 이런 경우 센서스는 불가능하기 때문에 이들 모수는 표본을 사용하여 추정해야 한다. 표본 통계량이 모집단 모수를 잘 추정하기 위해서는 모집단을 신중하게 규정해야 하고 표본을 과학적으로 추출함으로써 표본이 모집단을 대표해야 한다.

모수인가, 통계량인가?

모수 모집단에 대한 측정 혹은 특징(예: 평균 혹은 비율). 우리가 모집단 전체를 관찰할 수 있는 경우가 드물기 때문에 대개 모수의 값은 알려져 있지 않음. 모수는 일반적으로(항상 그런 것은 아니지만) 그리스 문자로 표시(예: μ 혹은 π)

통계량 표본으로부터 계산한 측정치(예: 평균 혹은 비율). 일반적으로(항상 그런 것은 아니지만) 로마 문자로 표시(예: $\bar{x}$ 혹은 p)

표 2.4

표본인가, 센서스인가?

표본이 선호되는 상황	센서스가 선호되는 상황
무한대의 모집단 모집단이 무한대이거나 크기가 확정되어 있지 않은 경우 센서스는 불가능함(어떤 볼트 조립라인이 생산을 계속하고 있거나 어떤 의사가 환자를 계속 진찰하는 경우).	**소규모 모집단** 모집단의 규모가 작은 경우 데이터 수집에 많은 비용이 들지 않기 때문에 표본추출을 할 이유가 거의 없음.
파괴적 테스트 어떤 것에 대한 측정이 그것을 파괴하거나 가치를 떨어뜨릴 수 있음(배터리 수명 측정, 자동차 충돌 실험).	**대규모 표본** 필요한 표본의 크기가 모집단의 크기에 육박할 경우 차라리 센서스를 수행하는 편이 나음.
시의적절한 결과 표본추출이 센서스에 비해 결과를 보다 신속히 얻을 수 있음(채소의 살모넬라균 오염 체크).	**데이터베이스의 존재** 데이터가 입력되어 있는 경우라면 모든 사례들을 조사할 수 있음.
정확성 한정된 자원을 센서스에 제한적으로 투입하기보다는 경험 있는 인력을 고용하고 조사요원 교육과 데이터 안전장치의 개선에 예산을 사용하는 것이 더 바람직할 수 있음.	**법률적 제한** 은행은 영업이 끝날 때마다 '모든' 은행원의 서랍 속에 있는 현금을 세야 함. 미국 의회는 2000년 인구 총조사에서 표본추출 방식을 금지함.
비용 센서스를 시행하는 것이 가능하더라도 시간 또는 경제적 비용이 예산을 초과할 수 있음.	
민감한 정보 어떤 큰 조직의 성희롱에 대해 조사할 때 전체 사원보다는 소수 표본 사원에 대해 심층면접을 하는 것이 더 많은 정보를 얻을 수 있고 비밀유지도 개선될 수 있음.	

그림 2.4

모집단과 표본

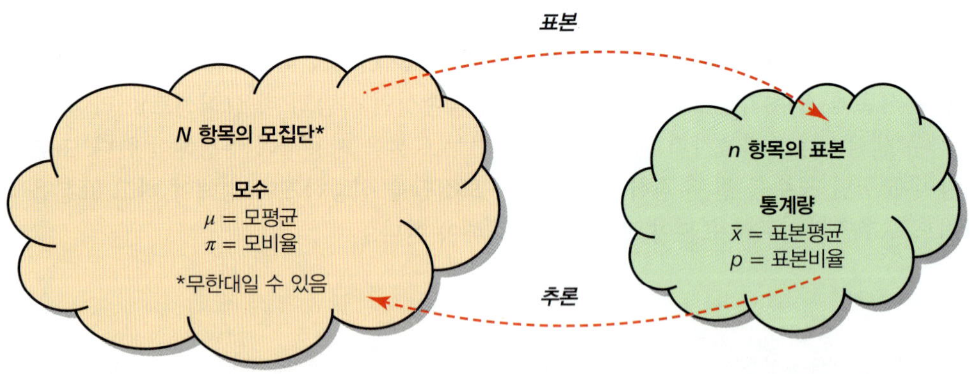

목표 모집단

모집단은 명단(예를 들어 234 항공편의 탑승객 이름)이나 혹은 규칙(예를 들어 Noodles & Company에서 식사하는 고객)으로 정의될 수 있다. **목표 모집단**(target population)은 우리가 관심을 갖고 있는 모집단을 말한다. 예를 들어 20달러짜리 할리 데이비슨 탁상용 캘린더를 구매하려는 잠재 소비자의 비율을 추정하려 한다고 하자. 이 경우 목표 모집단은 모든 운전자인가? 아니면 16세 이상의 남성 운전자인가? 소득 25,000달러 이상의 운전자인가? 모터사이클 소유자인가? 이러한 질문에 답함으로써 우리는 목표 모집단을 규명할 수 있을 뿐만 아니라 우리의 비즈니스 목표를 보다 명확히 정의할 수 있다.

표본추출틀(sampling frame)은 표본을 추출하는 대상 그룹을 말한다. 만약 그 틀이 목표 모집단과 다르다면 표본 추정치가 의미를 갖기 어렵다. 표본추출틀의 예로는 전화번호부, 선거인명부, 졸업생명부, 마케팅 데이터베이스 등이다. 다른 예는 다음과 같다.

- 콜로라도주 콜로라도 스프링스의 모든 등록 선거인의 이름과 주소
- 캘리포니아주 벤츄라 카운티의 모든 차량 소유자의 이름과 주소
- L. L. Bean에 온라인 주문을 낸 적이 있는 모든 고객의 이메일 주소

예제 2.1

휘발유 가격 서베이

미국 에너지정보협회(EIA)의 휘발유 가격 조사에 이용되는 표본은 약 115,000개의 주유소로 구성된 표본추출틀에서 뽑은 것으로서, 이 틀의 정보는 일부 상업용 정보에다 EIA 자체 정보를 합하고, 이를 다시 우편번호와 결합하여 만든 것이다. 각 틀은 우편번호를 이용하여 카운티 차원으로 분류되고, 다시 각 주유소는 미국 인구조사국의 표준에 따른 도시통계지역으로 분류된다(자세한 내용은 www.eia.doe.gov 참조).

Mini Case 2.1

매년 얼마나 많은 사람이 슈퍼볼 경기를 시청할까?

슈퍼볼은 매년 미국 프로미식축구 NFC 우승팀과 AFC 우승팀이 겨루는 챔피언 결정전으로 TV 시청자가 가장 많은 프로그램이다. 경기는 전국에 중계되며 슈퍼볼이 처음 시작된 1967년 1월 15일 이후 시청자들이 꾸준히 증가해왔다. 닐슨(Nielsen)에 따르면 2018년의 경우(필라델피아 이글스와 뉴잉글랜드 패트리어츠 경기) 슈퍼볼 시청률이 43.1%였으며, 평균 시청자는 1억 340만 명이었다. 닐슨은 미국 전체에서 TV를 보유한 1억 1,600만 가구 가운데 1분 이상 시청한 가구의 비율은 68% 정도였으며, 페이스북과 인스타그램, 트위터에서 슈퍼볼과 관련한 전송 건수는 1억 7,070만 건이었을 것으로 추정했다.

시청률과 시청자 수는 표본을 기초로 추정한 것이다. 어떻게 표본을 모을까? 닐슨은 두 가지 방법으로 가구 표본을 모은다. 하나는 시청일지(viewing diary)로서 시청자들이 자신들이 시청한 프로그램을 손으로 추적하는 것이고, 다른 하나는 TV 세트와 연결된 미터기를 이용하는 것이다. 표본의 크기는 25,000가구이고 시청자 수는 50,000명이다. 표본은 다양한 나이, 소득 수준, 거주 지역을 포괄하고 있다. 집계된 데이터는 광고 의사결정에 사용되기 때문에 제대로 된 표본추출 과정이 매우 중요하다. 한 추정에 따르면 슈퍼볼 광고는 700억 달러 산업이다! 닐슨의 표본추출 과정은 미디어시청률위원회(Media Ratings Council)의 감시를 받으며, 매년 언스트앤영(Ernst & Young)의 회계감사를 받는다. 닐슨의 표본추출 기법에 대한 보다 자세한 정보는 www.nielsen.com에서 얻을 수 있다.

단원 연습문제

connect

2.15 다음 각 사례를 측정하는 데 있어서 표본이나 센서스 중 어느 것을 사용할 것인가? 그 이유는?

a. 자신의 가장 친한 친구 5명이 운전하는 자동차의 제조연도

b. 자신의 통계학 수업 학생들이 운전하는 자동차의 제조연도
c. 자신이 속한 대학의 학생들이 운전하는 자동차의 제조연도
d. 자신이 듣고 있는 수업의 교수들이 운전하는 자동차의 제조연도

2.17 목표 모집단은 S&P 500 지수를 구성하는 모든 주식이다. 다음은 모수인가, 통계량인가?

a. S&P 지수를 구성하는 500개 주식의 평균 주가수익비율(price/earnings ratio)
b. 지난해 마이너스 수익을 기록한 S&P 500 지수 주식의 비율
c. 50개 임의표본 중 에너지 관련 주식의 비율
d. 브로커가 추천한 20개 주식의 평균 수익률

2.4 표본추출의 방법

표본추출(혹은 표집)의 방법에는 크게 두 가지가 있다. **임의추출**(random sampling)에서는 항목들이 임의적 혹은 우연적 방식으로 선택된다. 임의추출은 모집단을 대표하는 표본을 뽑기 위한 방법이다. **비임의추출**(non-random sampling)은 과학적이지는 않지만 때때로 편의상 사용된다.

임의추출 방법

여기에서는 표 2.5에 나와 있는 네 가지 임의추출 방법들을 살펴보고, 이어서 표 2.7에 나와 있는 세 가지 자주 사용되는 비임의추출 방법들을 설명한다.

표 2.5
임의추출방법

단순임의표본	항목의 선택 시 난수를 사용(예: 비자 카드 소지자)
계통표본	매 k번째 항목을 선택(예: 레스토랑 고객)
층화표본	규정된 계층 내에서 임의로 선택(예: 나이, 직업, 성별)
군집표본	계층이 지역(예: 우편번호)이라는 점을 제외하고는 층화표본과 유사

우리는 모집단의 크기를 N으로, 표본의 크기를 n으로 표시한다. **단순임의표본**(simple random sample)에서는 모집단에 있는 N개의 모든 항목들이 n개 항목의 표본으로 선택될 가능성이 서로 동일하다. 이를 위한 한 가지 방법은 포커칩에 N개의 데이터 값을 적은 다음, 이를 바구니에 넣고 완전히 섞은 다음 n개의 칩을 뽑는 것이다. 굳이 이렇게 하지 않더라도 N개의 모집단 항목에 일련번호를 부여한 다음 1에서 N 사이의 정수에서 임의로 n개를 고르는 방법이 있다.

예를 들어 15명의 학생 중 임의로 한 학생을 고른다고 하자(그림 2.5 참조). 만약 여러분에게 '자신의 판단으로' 고르라고 하면 여러분은 아마도 양쪽 끝이 아닌 중간에서 한 학생을 고를 것이다. 이 경우 양쪽 끝에 있는 학생들에 대해 편향이 발생한다. 이를 막기 위해 **난수**(random numbers)를 이용할 수 있다. 그렇다면 난수는 어떻게 정하는가? 컴퓨터 이전 시대에 통계학자들은 표로 만들어진 난수를 이용했다. 오늘날에는 더 간단해졌다. 대부분의 휴대용 계산기에는 [0, 1] 사이에서 임의의 소수점을 선택하는 키가 있고, 이를 임의의 정수로 변환시킬 수 있다. 다음의 예에서는 엑셀 명령어 =RANDBETWEEN(1,15)을 이용하여

그림 2.5
스테파니 선택

임의 선택 학생 **12**

1	Adam	6	Haitham	11	Moira
2	Addie	7	Jackie	**12**	**Stephanie**
3	Don	8	Judy	13	Stephen
4	Floyd	9	Lindsay	14	Tara
5	Gadis	10	Majda	15	Xander

1에서 15까지의 정수 중 임의의 숫자 하나를 선택한 것이다. 이렇게 하면 1에서 15까지의 어떤 숫자도 선택될 *가능성이 동일하기* 때문에 편향이 존재하지 않는다. 선택된 번호는 12로서 스테파니가 선택되었다. 1에서 15까지의 모든 값들이 나올 가능성이 동일하기 때문에 편향이 발생하지 않는다. R에서 임의 정수 하나를 선택하는 함수는 sample(1:15,1,1)이다.

비복원추출(sampling without replacement)은 어떤 항목이 일단 표본으로 선택되면 다시는 표본으로 고려될 수 없는 경우를 의미한다. 엑셀 함수 =RANDBETWEEN(a,b)는 **복원추출**(sampling with replacement)을 사용한다. 이는 같은 임의의 숫자가 한 번 이상 나올 수 있는 것을 의미한다. 바구니에 칩을 넣고 뽑는 경우를 생각한다면 뽑힌 칩을 바구니에 다시 넣고 섞은 다음 또 하나를 고르는 것으로서 동일 항목이 다시 나올 수도 있다. 대부분의 사람들은 본능적으로 비복원추출이 복원추출보다 낫다고 생각한다. 동일 항목이 여러 번 뽑히는 것은 이상하다고 여기기 때문이다. 그러나 실제로는 표본 크기 n이 모집단의 크기 N에 가까울 경우 비복원추출은 문제를 야기한다. 즉, 표본추출이 진행됨에 따라 모집단에 남아있는 항목들이 줄어들 경우 항목들이 뽑힐 확률이 표본추출 과정의 초기에 뽑힌 항목들과 더 이상 동일하지 않게 된다. 결국 이는 우리의 표본에 편의(우리가 측정하고자 하는 모수를 과대평가하거나 혹은 과소평가하는 경향)를 야기하게 된다. 이에 반해 복원추출은 편의를 야기하지 않는다. 표본으로 뽑힐 항목들의 리스트(벡터 x)에서 R함수 sample(x, n, 1)은 복원추출에 의해, sample(x, n, 0)은 비복원추출에 의해 n 항목의 표본을 추출한다.

비복원추출은 어떤 상황에서 문제를 일으키는가? 모집단이 유한한 상황에서 표본의 크기가 모집단에 가까운 경우이다. 3,000개 주식으로 구성된 Russell 3000® 지수를 생각해보라. 만약 복원을 하지 않고 100개의 주식으로 구성된 표본을 만든다면 모집단의 약 3%만을 '사용한' 셈이다. 표본 크기 $n = 100$은 모집단 크기 $N = 3{,}000$에 비해 작은 것으로 간주된다. 일반적인 기준은 어떤 유한한 모집단에 대해 만약 표본이 모집단의 5% 이하이면(즉, $n/N \leq 0.05$) 해당 모집단은 *사실상 무한한*(effectively infinite) 것으로 간주된다. 8장에서 표본 추정을 할 때 모집단 크기의 효과를 어떻게 조정하는지 배운다. 당분간 우리는 모집단이 크면 그런 조정이 별 차이를 낳지 않는다고 생각하면 된다.

무한한 모집단?

표본이 모집단의 5% 이하이면(즉, $n/N \leq 0.05$) 해당 모집단은 사실상 무한하다. 반대로 말하면 어떤 모집단이 표본의 20배보다 크면(즉, $N/n \geq 20$) 해당 모집단은 사실상 무한하다.

요즘은 컴퓨터를 쉽게 이용할 수 있기 때문에 난수표(random number table)를 거의 사용하지 않는다. 표 2.6에는 1과 875 사이에서 10개의 정수를 임의로 얻는 몇 가지 방법들이 나와 있다. 이들 방법들은 기본적으로 0과 1 사이에서 균등한 가능성으로 소수점 숫자를 발생시키는 알고리즘에 기초하고 있다. 엑셀 함수 =RAND()가 그 기능을 수행한다. 요즘에는 휴대용 계산기도 이런 기능을 갖추고 있는 경우가 많다. R함수 runif(*n*)은 0과 1 사이에 일정한 간격으로 *n*개의 소수점 한 자리 숫자를 생성한다. 이런 것들을 *유사*(pseudo) *난수* 발생기라 하는데, 그 이유는 가장 우수한 알고리즘도 (수백만 번 숫자를 발생시킨 후) 결국은 같은 것을 반복하기 때문이다. 따라서 소프트웨어에 기초한 데이터 암호화 시스템은 붕괴될 수 있다. 데이터 안전을 강화하기 위해 인텔 등의 회사에서는 하드웨어에 기초한 방식(예: 열잡음이나 방사성 붕괴에 기초한 방식)을 이용하여 패턴이나 반복을 막는 것을 검토하고 있다. 다행히 대부분의 경우에는 이처럼 엄밀한 무작위성을 요구하지는 않는다. 예를 들어, iPod의 음악 셔플기능은 완전히 임의적이지 않다. 왜냐하면 거기서 사용하는 난수가, 궁극적으로 반복되게 되어 있는 'seed number'로부터 알고리즘에 의해 생성되기 때문이다. 그렇지만 반복의 주기가 워낙 길어서 iPod 사용자는 이를 알아차리지 못한다. Excel과 Minitab의 난수 역시 대부분의 사용목적에 문제가 없다.

표 2.6
1과 875 사이에서 10개의 무작위 정수를 얻는 방법

엑셀 – 방식 A	엑셀 함수 =RANDBETWEEN(1,875)을 10개 셀에 입력한다. 새로운 표본을 얻으려면 F9를 누른다.
엑셀 – 방식 B	함수 =INT(1+875*RAND())을 10개 셀에 입력한다. 새로운 표본을 얻으려면 F9를 누른다.
R	sample(875,10,1)을 입력한다.
인터넷	웹사이트 www.random.org에 가면 많은 종류(정수, 소수 등)의 훌륭한 난수들을 얻을 수 있다.
미니탭	미니탭의 Random Data 메뉴에 정수 옵션을 넣어 사용한다.
휴대용 계산기	RAND 키를 눌러 [0, 1] 사이의 난수를 발생시켜 875를 곱한 다음 반올림으로 정수를 만든다.

리스트 무작위화

어떤 리스트(스프레드시트 형태라고 가정)를 무작위화하기 위해서는 엑셀 함수 =RAND()을 각 열의 맨 앞에 집어넣는다. 이렇게 하면 0에서 1 사이에서 무작위로 선택된 숫자들로 이루어진 하나의 열이 생기게 된다. 이 열을 복사한 다음 해당 숫자들을 '고정'시키기 위해(그렇지 않으면 계속 변한다) 엑셀 기능 중 '선택하여 붙여넣기 > 값'을 이용하여 동일한 열에 다시 붙여넣기를 한다. 그런 다음 모든 열을 무작위 숫자로 이루어진 난수 열을 기준으로 정렬시키면, 리스트 순서가 무작위로 섞이게 된다! 이 무작위화된 리스트에서 처음 *n*명을 잘라내 임의표본으로 사용할 수 있다. 이 방법은 리스트가 매우 길 때(가령 수백만 줄) 특히 유용하다. 처음 *n*항은 다른 *n*항들과 확률이 같다는 점에서 전체 리스트의 임의표본이다.

무작위 추출의 또 다른 방법으로는 주어진 연속데이터 혹은 리스트 중 처음 *k*개의 항목에서 임의로 하나를 고르고 그 다음부터는 매 *k*번째 항목을 계속 추출해 나가는 방식이다. 이를 **계통추출**(systematic sampling)이라 한다. 그림 2.6에는 두 번째 항목에서 시작하여

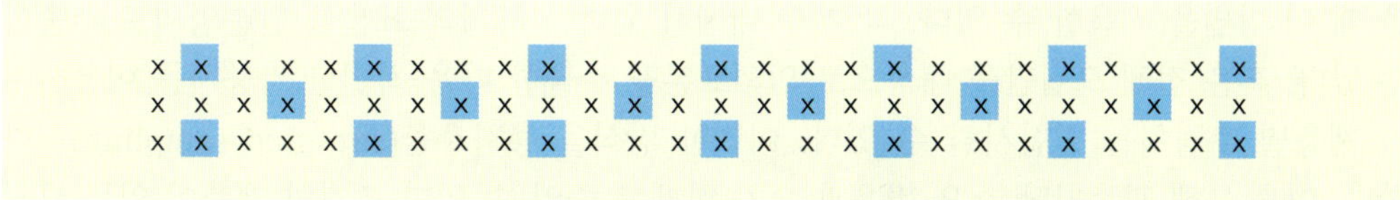

그림 2.6
계통추출

매 네 번째 항목을 추출함으로써 $n = 20$개 항목의 표본을 만드는 것이 나와 있다.

계통추출이 유용한 분야는 생산과정(예: 매 5,000번째 전구를 테스트)이나 정치적 여론 조사(예: 투표소에서 나오는 매 10번째 투표자를 조사)와 같이 모집단이 무한이거나 리스트를 만들기 어려울 때이다. 또한 모집단이 실제로 일렬로 정렬되어 있을 때에도 계통추출이 적절한 방법이다(예: 알파벳 순으로 정렬되어 있는 동물병원의 환자 파일함에서 매 10번째 파일을 뽑는 방식).

N항목의 모집단에서 n항목의 표본을 추출하기 위해서는 주기 k가 대략 N/n이 되어야 한다. 예를 들어 미국의 500대 기업 CEO 연봉의 중앙값을 추정하려고 한다. 이 경우 500개 기업 모두를 찾아 보는 것은 지루한 작업이다. 대신에 증권시장의 약칭을 기준으로 알파벳 순서로 늘어놓고 (임의로) 13번째 기업을 먼저 선정하고 그 다음 매 20번째 회사를 뽑는 방식으로 *계통추출*을 통해 기업을 선정할 수 있다. 이렇게 하면 25개의 기업을 표본으로 뽑을 수 있다($k = 500/25 = 20$). 이렇게 한 후 뽑힌 기업의 CEO 연봉을 찾아보면 된다. 이 방법을 쓰면 시간을 절약하면서도 모든 기업들이 표본에 뽑힐 확률이 같기 때문에 전체 CEO들을 대표하는 횡단면 자료를 얻을 수 있다.

애널리틱스 적용 사례

임의성의 과잉?

Spotify는 최근 이용자 중 일부가 '셔플' 서비스가 '지나치게 임의적'이라는 불만을 제기함에 따라 기능을 수정했다. 연구 결과 고객들은 자신이 좋아하는 아티스트가 음악 목록에 일정한 간격으로 등장하는 것을 선호하는 것으로 나타났다고 한다. 동의하는가?

그저 순수하게 임의로 표본을 추출하지 말아야 할 이유는 또 있다. 예를 들어, 같은 음악이 연달아 두 번 재생되는 것을 기대하지는 않을 것이다. 그렇다면 한 곡 걸러서, 혹은 두세 곡 걸러서 재생되는 것은 괜찮은가? 목적을 훼손하지 않고 랜덤 알고리즘을 어느 정도까지 '뒤틀기' 할 수 있을까? 일부 연구에 따르면 사람은 임의의 진행 속에서도 일정한 패턴을 인지하려 한다고 한다. '뒤틀기'가 다른 형태의 소비자 불만을 야기하지는 않을까?

만약 모집단에서 어떤 패턴이 k 주기로 발생하지만 않는다면 계통추출의 결과는 충분히 받아들일 만한 결과일 것이다. 예를 들어 금전 수입이 주 단위로($k = 7$) 발생하는 경우 매주 금요일의 현금보유액을 표본으로 추출하는 것은 비논리적이다. 또 다른 예로서 어떤 부품을 찍어내는 기계가 12번째 기어의 고장으로 12번째마다 불량품이 나오는 상황에서 매 12번째 부품을($k = 12$) 표본으로 추출하게 되면 잘못된 정보를 야기할 것이다. 하지만 대부분의 경우에는 이처럼 주기가 k와 일치하지는 않을 것이다.

모집단에 대한 사전 정보를 활용할 경우 표본의 효율성을 높일 수 있다. 특히 모집단이 비교적 성질이 동일하고 크기가 알려진 소그룹, 즉 계층 혹은 *층*(strata)들로 분리될 수 있을 때 이 방법을 적용할 수 있다. 각 *계층* 내에서 원하는 크기의 표본을 단순임의로 추출할 수 있다. 혹은 전체 모집단을 대상으로 임의표본을 추출한 다음 적절한 가중치를 이용하여 각 계층별 추정치를 결합시킬 수 있다. 이러한 방식을 **층화추출**(stratified sampling)이라 한다. 이를 통해 관측치당 소요 비용과 오차 한계를 줄일 수 있다. L개의 계층이 있는 모집단의 경우 모집단의 크기 N은 각 계층 크기들의 합과 같다. 즉, $N = N_1 + N_2 + \cdots + N_L$이다. 계층 j의 가중치는 $w_j = N_j/N$(즉, 각 계층이 모집단에서 차지하는 비율)이다.

예를 들어 우리가 원하는 것이 주 정부에서 일하고 있는 피고용자들의 MMR 백신접종률을 추정하는 것이라 하자. 목표 모집단(즉, 조사대상자)의 55%가 남성이고 45%가 여성이라는 사실을 알고 있다고 하자. 그런데 예산이 허용하는 표본의 크기가 200명이라 하자. 성별 비율을 정확히 맞추기 위해서는 남성을 110명, 여성을 90명 추출해야 한다. 혹은 그냥 200명의 임의표본을 취할 수도 있다. 이 경우 우리의 임의표본이 정확히 남성 110명, 여성 90명이 되지 않더라도 남성 및 여성 표본의 백신접종률을 각 계층의 크기를 나타내는 $w_M = 0.55$, $w_F = 0.45$를 이용하여 '*가중평균*'함으로써 전체 백신접종률을 추정할 수 있다.

Mini Case 2.2

안전을 위한 표본추출

교통사고에서 부상 및 사망의 원인을 연구하는 자동차메이커와 여타 연구자들을 돕기 위해 미국 교통부(U.S. Department of Transportation)는 전국교통사고표본추출시스템(NASS) 충돌내구성데이터시스템(CDS)을 개발했다. 모든 사고를 조사하는 것은 비현실적이기 때문에(2005년 기준으로 경찰에 신고된 사고는 6,159,000건이었다) 24개 기본 표본추출 단위를 통해 공통 포맷으로 세부 데이터를 집계한다. 표본추출 단위는 미국에서 연중 발생하는 모든 주요 차량사고를 대표할 수 있게끔 선정된다. 교통사고 표본의 선택은 3단계를 거친다. (1) 전국을 기본표집단위(PSU)라 불리는 1,195개 지역으로 나누는데 이는 지리적으로 12개 층(strata)으로 묶을 수 있다. 대략 각 층의 사고 숫자에 비례하는 가중치를 사용하여 각 층에서 2개의 PSU를 선정한다. (2) 각 표본 PSU에서 경찰관할구역(PJ)의 교통사고 숫자, 심각성, 유형에 기초한 PJ 표본을 사용하여 두 번째 단계의 표본추출이 이루어진다. (3) 마지막 단계의 표본추출은 표본 PJ 내에서 교통사고를 선택하는 것이다. 신고된 각 사건들은 차량 유형, 가장 심각한 부상, 부상자 처리, 차량 견인 상황, 차량 모델 연식 등을 기초로 각 층으로 배정된다. 각 팀은 소속 조사관 숫자에 따라 매주 정해진 숫자의 교통사고에 배정되어 조사를 펼친다. 각 층의 가중치는 사고의 정도가 심할수록 비율이 더 높아지는 방식으로 배정된다. 그러면서도 PSU에 상관없이 동일 층에서의 사고는 선정될 확률이 동일하게끔 가중치를 배정한다. NASS CDS 데이터베이스는 전국고속도로교통안전국(NHTSA)의 전국통계분석센터(NCSA)에 의해 관리되고 있다. 이 데이터는 현재 정부가 진행하는 차량의 '별 5개' 충돌내구성 등급 시스템을 개선하는 데 활용되고 있다.

www-nrd.nhtsa.dot.gov/Pubs/NASS94.pdf 참조.

군집표본(cluster sample)은 기본적으로 층들이 지리적 영역으로 이루어진 경우이다. 군집표본을 위해서는 우선 어떤 지역(예: 어떤 시)을 하위지역(예: 블록, 학군)으로 나눈다. 군집추출을 한 단계(one-stage)만으로 수행하는 경우에는 임의로 k개의 하위지역들(혹은 군집들)을 골라 거기에 속해 있는 모든 항목들로 표본을 만든다. 2단계(two-stage) 군집추

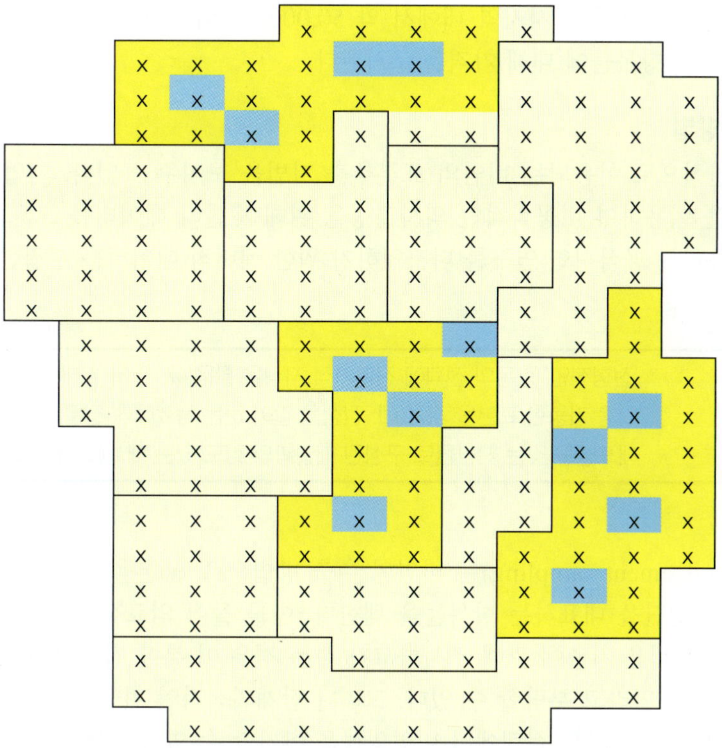

그림 2.7

2단계 군집추출: 임의로 3개의 군집을 선택하고, 다시 각 군집에서 4개의 항목을 임의추출한다.

출의 경우에는 일차적으로 k개의 하위지역들(혹은 군집들)을 임의로 고른 다음, 선택된 각 군집에서 다시 임의표본을 추출하는 방식이다. 그림 2.7은 2단계 군집추출을 이용하여 임의로 선택한 3개의 군집들에서 각각 4개의 항목들을 추출하는 것을 보여주고 있다.

어떤 군집 내의 항목들은 지리적으로 서로 가깝기 때문에 이동 시간과 면접 비용을 최소화할 수 있다. 군집추출이 유용한 상황은 다음과 같다.

- 모집단의 틀 및 층의 특성이 확실히 주어지지 않은 경우
- 단순 혹은 층화표본을 얻는 데 비용이 너무 많이 드는 경우
- 거리에 따라 데이터 획득 비용이 급격히 증가하는 경우
- 표본에 대한 신뢰성이 어느 정도 손상되는 것이 용인되는 경우

군집추출은 싸고 빠르며 그러면서도 상당히 정확하다. 왜냐하면 같은 지역에 있는 사람들은 소득, 인종, 교육배경 등이 유사하기 때문이다. 군집추출은 정치적 여론조사, 휘발유 가격조사, 범죄희생 연구, 백신접종 서베이, 토양의 납오염 조사 등에서 유용하다. 병원 건물에서 환자들은 서로 유사한 환자들끼리 군집(층)으로 나누어져 있다. 창고 역시 재고부품들이 군집으로 나뉘어 있다. 산림 병충해나 나무 성장률을 표본 조사하는 경우에는 산림 구역을 군집으로 간주할 수 있다.

군집추출은 마케팅 및 경제 조사에서도 널리 사용된다. 미국 노동통계국은 다단계 군집추출을 사용하여 소비자물가지수(CPI)나 고용률과 같은 경제지수를 추정한다. CPI는 도시 소비자들이 주로 사용하는 재화 및 서비스의 '시장 바스켓' 가격의 평균적인 변화를 측정한다. CPI의 경우 2단계 군집추출 과정을 통해 측정된다. 표본추출 과정은 미국의 87개 도시

지역에서 출발한다. 이들 도시지역 내에서 약 50,000가구와 소매점 23,000곳에 대해 200개가 넘는 범주의 항목들에 대해 가격을 조사한다.

비임의추출 방법

표 2.7은 일반적으로 이용되는 비임의 표본추출 기법을 보여주고 있다. 기업들은 종종 이러한 기법들을 이용하여 비공식적인 의사결정을 위해 재빨리 데이터를 모으거나, 혹은 임의표본을 이용하는 공식적인 연구를 디자인하기 위한 예비적 데이터를 수집한다.

표 2.7
비임의 표본

판단표본	'전형적인' 항목의 선택에 전문가적 지식을 활용(예: 인터뷰 대상 사원)
편의표본	이용 가능한 표본을 사용(예: 점심을 같이 하는 동료에게 질문)
포커스 그룹	대표성을 갖는 사람들로 구성된 패널과의 심도 있는 대화(예: iPod 사용자)

판단추출(judgement sampling)은 비임의 추출 방법으로, 표본을 추출하는 사람의 전문지식에 의해 모집단을 대표하는 항목들을 택한다. 예를 들어 의료장비 산업에서 기업들의 연구개발(R&D) 비용 지출에 관해 조사하고자 하는 경우 이 분야 전문가에게 몇몇 '전형적인' 기업들을 뽑아 달라고 부탁할 수 있다. 그러나 잠재의식적인 편향이 발생할 수 있다. 그 '편향'이 편견은 아니더라도 선택에서 비임의성을 야기할 수 있다. 때로는 판단표본이 최선의 방법일 수 있지만 표본이 무작위로 추출되었는지 확신할 수 없다. 한편 *쿼터(quota) 표본추출*은 판단추출의 특수한 형태로, 각 범주(예: 남/여)에서 몇 명을 고를지를 면접원이 선택하는 방식이다.

편의추출(convenience sampling)의 유일한 장점은 빠르다는 것이다. 어떤 표본이든 이용 가능하기만 하면 그것을 취한다는 아이디어이다. 어떤 회계학 교수가 MBA 학생 중 여름학기 선택과목인 국제회계학을 수강할 학생이 몇 명이나 될지 알고 싶어 한다고 하자. 이 교수는 간단한 방법으로 자신이 현재 가르치고 있는 수업에서 그것을 조사해볼 수 있다. 이 경우 조사대상이 MBA 학생을 대표하는 것은 아니지만, 그 대답을 즉시 얻을 수 있는 장점이 있다(비록 불완전 대답이라도). 공항의 보안검색 문제에 대해 기사를 작성하는 신문기자는 여행을 자주 다니는 옆자리 동료를 인터뷰할 수 있다. 회사에서 업무와 관계없는 웹서핑이 어느 정도 행해지고 있는지 알고 싶어 하는 회사 임원은 이것을 가까운 부서장에게 물어볼 수 있다.

사람들은 편의추출이 거의 사용되지 않거나 사용되더라도 그 결과를 신중히 받아들여야 할 것으로 생각할 수 있다. 그러나 이는 사실이 아니다. 편의표본은 종종 어떤 이슈에 대해 가장 먼저 경종을 울리는 데 사용된다. 그 결과가 다양한 방식으로 관심을 모으며 많은 비즈니스 결정에 영향을 미친다. 편의표본의 수학적 성질은 알 수 없는 것이지만 그럼에도 나름대로의 목적을 위해 활용되고 있어 그 영향력을 무시할 수 없다.

포커스 그룹(focus group)은 어떤 이슈(예: 신제품 아이디어나 새로운 마케팅 전략)에 대해 자유토론을 하거나 아이디어를 모으기 위한 목적으로 모집단을 대표할 수 있는 사람들로 구성된 패널을 말한다. 보통 5~10명의 사람들을 선정하며, 쌍방향 토론이 1~2시간 지속된다. 일반적으로 참석자들은 서로 알지 못하지만 의견이 통할 수 있으면서도 다양성을 지닌 사람들을 뽑는다. 훈련된 사회자가 포커스 그룹의 토론이 원활히 진행되도록 유도한다. 포커스 그룹 방식은 비록 임의추출은 아니지만 비즈니스나 사회과학 분야에서 '숫자만을 위한' 것이 아니라 어떤 통찰을 얻기 위한 연구에서 널리 사용된다.

기타 데이터 모으는 방법

비즈니스 분야에서는 기술의 발전으로 데이터를 모으는 여러 다른 방법들이 사용되고 있다. 소매점이나 편의점, 레스토랑, 주유소 등에서는 POS(판매시점정보관리) 시스템을 통해 판매 데이터를 실시간으로 집계할 수 있다. 기업들은 고객들이 사용하는 포인트 적립 카드를 통해 고객의 정보와 해당 고객의 구매 패턴을 연결시킨다. 기업들은 충성고객들에게 정기적으로 이메일 설문조사를 보내 자신의 제품과 서비스에 대해 피드백을 받는다. 페이스북이나 구글은 소프트웨어 알고리즘을 사용하여 여러분의 인터넷 검색을 추적한다.

Mini Case 2.3

가격 정확도

1970년대 스캐닝 기술의 급속한 발전으로 대부분의 소매 비즈니스에서 UPC 바코드를 사용하여 가격을 스캐닝 하는 것이 표준적 관행이 되었다. 그때부터 연방 및 주 기관들은 소매점들이 가격 계산을 정확히 하는지 감독하기 위해 모니터링을 해오고 있다. 가격 정확도를 전수조사를 통해 점검하는 것은 불가능하기 때문에 소비자보호법을 집행하는 데 있어서 표본추출이 매우 중요한 도구이다. 전국표준기술연구소(NIST)는 조사기관들을 위해 표본추출 조사 수행 방법을 안내하는 핸드북을 개발했다.

아리조나의 도량형관할국(DWM)은 주 내에서 표본추출을 통해 소매점들의 UPC 스캐너의 정확도를 조사하는 방법을 정해 놓았다. UPC 조사는 층화표본을 이용하거나(예: 화장품 코너) 혹은 매장 전체에 대한 단순임의표본을 이용한다. 조사관은 NIST가 권장하는 표본 크기에 기초하여 25개에서 50개 사이의 품목을 고른다. 조사관은 고른 품목들을 계산대로 가져가 스캐닝을 하게 되며 표시가격과 스캔가격에 차이가 나는 품목들이 몇 개인지 파악한다. 아리조나는 소매점들이 98% 이상의 정확도를 갖추도록 요구하고 있다.

2001년부터 2006년 사이 월마트는 아리조나 주에서 가격 정확도 조사를 526차례 통과하지 못했다. 2006년 아리조나 검찰은 월마트를 상대로 소송을 제기했다. 월마트는 100만 달러의 금전적 보상과 가격 매기기 관행을 개선할 것에 합의했다.

https://www.azag.gov/press-release/terry-goddard-announces-1-million-pricing-settlement-wal-mart 참조.

표본 크기

표본을 얼마나 크게 할지는 측정 대상이 기본적으로 어느 정도의 변동성을 갖고 있느냐, 그리고 추정을 얼마나 정확히 하기를 원하느냐에 달려 있다. 예를 들어 음료수 Mountain Dew의 카페인 함유량의 경우, 공장에서 만들어져 캔이나 병마다 함유량이 매우 일정하기 때문에 표본의 크기가 작아도 평균을 구하는 데 충분하다. 반대로 사람들이 티백을 담가 우려먹는 Bigelow의 Raspberry Royale 티 한 잔에 들어 있는 카페인의 양은 사람들마다 티백을 담그는 시간이 다르기 때문에 카페인의 양도 크게 다를 것이다. 이 경우에는 평균을 추정하기 위해서는 표본의 크기가 더 커야 할 것이다. 조사의 목적, 표본추출의 비용, 예산,

시간제약 등도 표본의 크기를 결정하는 데 고려해야 할 요인들이다. 표본 크기를 정하는 문제는 자세한 논의가 필요하며 나중에 다시 다루겠다.

오차 혹은 편의의 원천

표본추출에서 *편의*(bias)라는 용어는 편견(prejudice)을 의미하지 않는다. 그보다는 분석하고자 하는 모집단의 모수를 체계적으로 과대 혹은 과소 평가하는 경향을 말한다. 보통 *편의*와 *오차*(error)라는 용어를 뒤섞어 쓰는데, 오차라는 용어는 일반적으로 모집단 모수를 부정확하게 추정하게 만드는 표본 방법론상의 문제점들을 가리킨다. 서베이를 아무리 신중하게 수행해도 오차가 발생할 가능성이 존재한다. 그중 몇몇을 검토해보기로 하자. 표 2.8에 내용이 요약되어 있다.

표 2.8
서베이 오차의 잠재적 원천

오차 유형	특징
무응답 편의	응답자와 비응답자가 다름.
선택 편의	자발적 참여자가 전체를 대표하지 않음.
응답 오차	응답자가 틀린 정보를 줌.
포함 오차	모집단이나 틀을 잘못 규정
측정 오차	질문 내용이 편향적이거나 불명확
면접원 오차	면접원에 의해 응답이 영향을 받음.
표본추출 오차	임의적이고 피할 수 없음.

무응답 편의(nonresponse bias)는 설문에 응한 사람과 응하지 않은 사람이 서로 다른 특성을 갖고 있는 경우에 발생한다. 예를 들어 전화 서베이에서 발신자 확인장치, 자동응답기, 수신차단 혹은 전화번호부 미등재 번호, 휴대전화 등을 가진 사람은 제외될 가능성이 높다. 그런데 이들은 상대적으로 경제적 여유가 있는 사람들이기 때문에 전화 여론조사에서 이들 사회경제적 계층의 대표성이 과소평가될 수 있다. 특별한 경우로서 **선택 편의**(selection bias), 즉 자발적 참여(self-selected) 표본이 있다. 예를 들어 어떤 토크쇼에서 방청객을 초대하는데, 자신의 성생활에 관한 인터넷 서베이에 참가한 사람만을 대상으로 한다고 하자. 자신의 사생활을 기꺼이 밝히는 사람(그리고 서베이에 참가할 시간이 있는 사람)은 사생활을 건드리는 것을 싫어하거나 혹은 너무 바쁜 사람들과는 상당히 다를 가능성이 높다.

더욱이 어떤 서베이에는 장난 응답이 많을 것이다(예: 인터넷 서베이에 엉뚱한 답을 하는 대학 기숙사 학생들). **응답 오차**(response error)는 응답자가 자신의 의견보다는, 당황스러운 상황을 피하기 위해서 혹은 사적 정보를 보호하기 위해 사회적으로 용인되는 대답을 따라하는 등 고의로 잘못된 정보를 줄 때 발생한다.

포함 오차(coverage error)는 목표 모집단 중 어떤 중요 부분이 체계적으로 포함되지 않은 경우에 발생한다. 예를 들어 노터데임(Notre Dame) 대학 졸업생들을 대상으로 서베이할 경우 대학을 졸업하지 않은 사람이나 공립대학을 다닌 사람은 제외될 것이다. **측정 오차**(measurement error)는 서베이의 질문이 평가하고자 하는 대상을 정확히 밝히지 않은 경우이다. **면접원 오차**(interviewer error)는 면접원의 얼굴 표정, 목소리 톤, 혹은 외모가 응답에 영향을 주는 경우이다.

마지막으로 **표본추출 오차**(sampling error)는 어떤 서베이에서도 발생할 수 있는 것으로 제어할 수 없는 무작위 오차이다. 확률적 추출 방법을 썼다고 해도 표본에 특이한 응답이 포함될 수 있기 때문이다. 이것은 막을 수 없으며 대개 포착이 불가능하다.

단원 연습문제

connect

2.19 영화 「엑스맨」을 본 사람들의 나이를 알고자 한다. 다음의 각 경우는 어떤 종류의 표본에 속하는가? (a) 상영관에서 나오는 최초 20명을 조사, (b) 상영관에서 나오는 사람 중 매 10번째를 조사, (c) 12세 미만으로 보이는 모든 사람을 조사.

2.21 다음은 영화를 본 사람들의 나이를 6 × 8열로 배열한 것이다(파일 X-Men 참조). 이를 모집단으로 간주하고 이 중 무작위로 10명을 다음의 방식으로 추출하라. (a) 난수표를 이용한 단순임의추출, (b) 엑셀 함수 =RANDBETWEEN()을 이용한 단순임의추출, (c) 계통추출, (d) 판단추출, (e) 편의추출. 이용한 방식을 설명하라.

32	34	33	12	57	13	58	16
23	23	62	65	35	15	17	20
14	11	51	33	31	13	11	58
23	10	63	34	12	15	62	13
40	11	18	62	64	30	42	20
21	56	11	51	38	49	15	21

2.23 엑셀에서 B1:B10의 셀에 자신의 친구 10명의 이름을 입력하라. 이 리스트를 무작위화하여 임의로 3명을 선택하라. 이를 위해서는 우선 =RAND()을 A1:A10의 셀에 입력한 다음, 이 열을 복사하여 *선택하여 붙여넣기* > *값*을 이용하여 그 자리에 다시 붙여넣기를 하고, 무작위 열을 기준으로 정렬하기를 수행하라. 처음 3명이 임의표본이다.

2.5 데이터 출처

통계학 코스의 목적 중 하나는 필요한 데이터를 잘 찾도록 도와주는 것이다. 다행히 요즘은 많은 훌륭한 데이터들을 도서관이나 인터넷, 개인적인 구입 등을 통해 쉽게 이용할 수 있다. 표 2.9는 이 중 몇몇을 보여주고 있다.

표 2.9
유용한 데이터 출처

데이터 유형	예
미국 고용 관련 데이터	U.S. Bureau of Labor Statistics
미국 경제 데이터	*Economic Report of the President*
연감	*World Almanac, Time Almanac*
정기간행물	*Economist, Bloomberg Businessweek, Fortune, Forbes*
색인	*The New York Times, The Wall Street Journal*
데이터베이스	Compustat, Citibase, U.S. Census
세계 데이터	*CIA World Factbook*
웹	Google, Yahoo!, MSN

미국인구조사국(U.S. Census Bureau)과 노동통계국은 미국의 다양한 생활상에 관해 풍부한 데이터를 제공한다. 웹사이트 주소는 각각 www.census.gov과 www.bls.gov이다. 미국통계개요(Statistical Abstract of the United States)는 공공부문에서 매년 발행하는 통계 중 각종 사실과 기록들에 대해 가장 광범위하고 일반적인 내용을 담고 있으며, 인터넷으로는 무료로 열람할 수 있다. 하지만 2012년을 마지막으로 발행이 중단되었으며, 그때까지의 자료는 미국인구조사국 웹사이트를 통해 접근할 수 있다.

월별 및 연간 경제 데이터는 매년 2월에 발간되는 *대통령경제보고서*(Economic Report of the President: ERP)를 참고할 수 있다. ERP에 실린 표들은 무료로 엑셀 포맷으로 다운로드 받을 수 있다. 시와 카운티, 주에 관한 데이터는 인구조사국(Bureau of the Census)에서 몇 년마다 한 번씩 발간하는 *주요 지역 데이터북*(State and Metropolitan Area Data Book)에 잘 나와 있으며 도서관에서 CD-ROM 형태로 이용할 수 있다.

연감(almanac)은 다양한 출판사에서 발행한 것을 서점에서 구입할 수 있다. 내용은 일부 위에서 소개한 데이터, 그리고 최근의 사건, 스포츠, 주식시장, 선거, 의회, 세계 여러 나라 및 주, 고등교육 등에 관한 정보이다. 교육받은 사람이라면 연감 한 권쯤은 서가에 꽂혀 있어야 할 것이다.

주요 기업, 마켓, 그리고 기업 혹은 개인 금융에 관한 주제들을 매년 조사한 자료는 *Bloomberg Businessweek*, *Consumer Reports*, *Forbes*, *Fortune*, *Money* 등의 정기간행물에서 찾을 수 있다. 어떤 주제에 관한 자료를 찾는 색인(index)으로는 *Business Periodical Index*, *The New York Times Index*, *The Wall Street Journal Index* 등이 있다. 도서관에 이들 색인의 웹검색 엔진이 갖춰져 있을 경우 이것으로 많은 정기간행물의 요약이나 전문에 접근할 수 있다.

주식, 기업, 재무지표, 센서스 데이터 등의 연구를 위해서는 특화된 컴퓨터 데이터베이스(예: CRSP, Compustat, Citibase, U.S. Census)를 (비용을 지불하고) 이용할 수 있다. 관련된 자료의 출처를 잘 정리해 놓은 것이 패트릭 버틀러(F. Patrick Butler)의 *Business Research Sources: A Reference Navigator*이다. 인터넷 검색 엔진(Google, Yahoo!, MSN)을 이용하여 정보를 찾을 수도 있다. 운 좋게 신뢰할 만한 정보를 얻을 수도 있지만 웹 정보들은 종종 증거자료가 없고, 신뢰성이 부족하며, 증명하기 어려운 경우가 많다. 관련 민간 기관을 통해 더 좋은 정보를 얻을 수도 있지만 대개 비용이 매우 높다. 이 장의 말미에 관련 문헌이 있으며 아래에 인터넷 데이터 출처가 있다.

자신의 대학 도서관에 좋은 정보가 있는데도 모르는 경우가 많다. 대학 도서관 담당자들은 어떻게 하면 데이터를 빠르고 정확히 찾는지를 잘 알고 있다. 그들의 도움을 받아 인터넷 자료의 유용성을 구분할 수 있으며, 또한 보고서를 쓸 때 어떤 식으로 자료의 출처를 밝히는가에 관해서도 도움을 받을 수 있다.

인터넷 데이터 출처

출처	*웹사이트*
Bureau of Economic Analysis	www.bea.gov
Bureau of Justice Statistics	www.bjs.gov
Bureau of Labor Statistics	www.bls.gov

Central Intelligence Agency	www.cia.gov
Economic Report of the President	www.gpo.gov/erp
Environmental Protection Agency	www.epa.gov
Federal Reserve System	www.federalreserve.gov
Food and Drug Administration	www.fda.gov
National Agricultural Statistics Service	www.nass.usda.gov
National Center for Education Statistics	nces.ed.gov
National Center for Health Statistics	www.cdc.gov/nchs
Statistics Canada	www.statcan.gc.ca
U.N. Department of Economic and Social Affairs	www.un.org/depts/unsd
U.S. Census Bureau	www.census.gov
U.S. Federal Statistics	www.usa.gov/statistics
World Bank	www.worldbank.org
World Demographics	www.demographia.com
World Health Organization	www.who.int/en

2.6 서베이

대부분의 서베이 연구(survey research)는 다음과 같은 기본 단계를 거친다. 때에 따라 일부 단계들은 중복될 수 있다.

- 1단계: 연구의 목적을 세운다.
- 2단계: (시간, 돈, 인원 등) 예산을 짠다.
- 3단계: (목표 모집단, 틀, 표본 크기 등) 연구를 설계한다.
- 4단계: 서베이 유형과 관리방법을 정한다.
- 5단계: (설문지 등) 데이터 수집 도구를 설계한다.
- 6단계: 서베이 도구를 사전 테스트하고 필요시 수정을 가한다.
- 7단계: 서베이를 수행한다(필요시 후속 조치).
- 8단계: 데이터를 코드화하여 분석한다.

서베이 유형

서베이는 크게 5개의 범주로 나뉘며 이는 우편, 전화, 면접, 인터넷, 직접관찰 등이다. 유형에 따라 비용, 응답률, 데이터의 질, 소요시간, 조사요원 훈련의 필요 정도가 달라진다. 표 2.10에 서베이의 일반적 유형과 그것들의 특징적인 장단점이 나와 있다.

유효응답 하나를 얻는 데 드는 비용을 생각해보라. 전화 서베이의 경우 비용이 가장 적게 들지만 명심해야 할 것은 대도시 지역의 경우 가구의 절반 이상이 전화번호부에서 빠져 있으며, 많은 사람들이 자동응답기나 발신자 거르기 장치를 해놓고 있다. 애플의 iPhone은 모르는 발신번호를 자동으로 보이스메일로 넣어버리는 기능을 제공하고 있다. 따라서 추출된 표본이 목표 모집단에 접근하는 데 유용하지 않을 수 있다. 표 2.11은 성공적인 서베이를 위한 몇 가지 고려사항을 제시하고 있다.

표 2.10

서베이의 일반적 유형

서베이 유형	특징
우편	현재 주소가 있는 리스트가 필요하다(사람들이 자주 이동하기 때문). 보통 응답률이 낮으며, 무응답 편의(nonresponse bias)가 예상된다. 우편번호 리스트는 특정한 계층을 목표로 삼을 수 있게 도와준다. 참여를 유도하기 위해 표지에 서베이의 목적을 분명히 밝혀야 하며, (쿠폰과 같은) 인센티브를 제공하는 것도 좋다. 하지만 웹서베이가 비용의 측면에서 더 나을 수 있다.
E메일	기업들은 E메일을 통해 등록된 이용자들에 대해 쉽게 서베이를 할 수 있다. 무응답편의가 문제가 될 수 있으나, E메일을 등록한 사람들은 이미 표적모집단이라고 할 수 있으며 자사의 제품이나 서비스에 호의적인 사람들이다(물론 E메일을 등록하지 않는 사람들은 예외).
인터넷	많은 판매자들은 Web에 기반한 조사방법을 제공한다('web survey tools'를 검색해보라). 이 경우 자신의 이해와 관련한 문제(예를 들어 자동차 소유자의 만족도)에 대해 타깃 그룹을 잘 설정해야 할 것이다. (너무 바쁘다든지 하는 이유로) 무응답편의가 예상되며, (사기 혹은 스팸 등의) 불신의 문제도 있을 것이다. 상품을 탈 수 있는 기회 등을 제공하는 것도 응답을 증가시킬 수 있는 방법이다.
전화	전화기 저편에서 '간단한 서베이'에 응해주시겠냐는 질문을 받아본 적이 있을 것이다. 그러나 응했던 적이 있는가? 당신과 같은 기존 고객을 타깃으로 할 때조차도 무응답 편의가 문제가 된다. (정치 관련 서베이같이) 크게 문제될 게 없는 전화조사도 (자동녹음전화로 인한) 불신, 발신자 거르기, 보이스메일 등으로 인해 성공하는 경우가 많지 않다.
면접	면접은 비용과 시간이 많이 소요되지만 표본 크기가 작아도 결과의 질을 높일 수 있어 가치가 있다. 면접을 통하면 복잡하고 민감한 주제에 대해 정보를 얻을 수 있다. 면접원을 잘 훈련시켜서 면접을 신중하게 수행하도록 해야 한다(추가 비용).

표 2.11

서베이 가이드라인

계획	서베이의 목적이 무엇인가? 진정으로 알고 싶은 것이 무엇인가? 참여 인력들의 전문지식은? 외부에서 조달해야 하는 가장 중요한 기술은? 어느 정도의 정밀도가 필요한가? 예산을 어떻게 쓰는 것이 최선인가?
설계	높은 응답률과 유용한 데이터를 얻기 위해서는 서베이를 설계하는 데 시간과 돈을 투자해야 한다. 관련 책자와 자료들을 활용하여 불필요한 오류를 막아야 한다.
품질	준비에 신경을 써야 한다. 고급인쇄와 선전활동은 품질에 대한 사람들의 기대를 높인다. 지저분한 설문지는 무시된다. 어떤 서베이(예: 인터넷)는 특별한 소프트웨어가 필요할 수도 있다.
예비조사	자신에게는 질문내용이 명확하더라도 다른 사람에게는 그렇지 않을 수 있다. 설문지를 친구나 동료에게 사전에 조사해볼 수 있다. 그러나 최선의 방법은 자신과는 아무 이해관계가 없는 소수의 순진한 응답자들을 대상으로 조사하는 것이다.
거두기	서베이의 목적을 분명히 명시하고, 감사 기념품(예: 할인쿠폰, 무료 선물)을 제공하거나 또는 추천(예: 어떤 믿을 만한 전문가 그룹으로부터) 등으로 포장하면 응답률이 높아질 것이다.
전문지식	데이터 수집과 표 작성 등을 스스로 수행하는 경우에도 초기 단계에서 외부(또는 내부) 전문가의 도움을 받는 것을 고려하라. 문제가 발생할 때까지 아무 조치를 취하지 않는 것보다 초기에 자문을 받는 것이 비용면에서 더 효과적이다.

설문지 디자인

서베이가 성공적으로 진행되도록 최소한 초기단계에서 컨설턴트의 도움을 받는 것을 고려해야 한다. 혹은 서베이를 계획하는 데 도움이 되는 자료들을 인터넷에서 구할 수 있다. 미국통계학회(www.amstat.org)는 「서베이란 무엇인가?(What Is a Survey?)」 및 「서베이 계획하기(How to Plan a Survey)」 등의 책자를 제공한다. 리서치산업연대(www.researchindustry.org)와 인사이츠협회(Insights Association, www.insightsassociation.org) 등에서 추가적인 자료를 얻을 수 있다. 관련 책들은 서베이를 설계하고 관리하는 데 도움을 주기 위한 내용으로 채워져 있다(이 장 말미의 관련 문헌 참조). 또한 (구글 서베이와 같은) 무료 설문 양식도 구할 수 있다.

설문지의 배열이 빽빽해서는 안 된다(흰 여백을 많이 사용하라). 매우 간결하고 명확한 설명으로 시작하여 목적을 말하고 익명성을 주지시킨 다음, 완성된 서베이를 어떻게 제출하는지 설명하라. 질문은 일련번호가 있어야 한다. 주제들이 몇 개 분야로 자연스럽게 나뉜다면 서베이를 몇 개 섹션으로 구분하라. 응답자들이 어떤 섹션에 관련이 없다면, 다음 섹션으로 그냥 넘어가도록 하라(예: "7번 문항에서 '아니오'라고 답했으면 15번 문항으로 건너 뛸 것"). 필요시 '회피 옵션'을 삽입하라(예: "모르겠음" 혹은 "해당되지 않음"). 문장과 응답 척도를 응답자의 지적 수준과 능력에 맞춰 작성하라. 사전 테스트와 그에 따른 수정을 하라. 설문지를 가능한 한 짧게 하라. 표 2.12에 몇몇 일반적인 질문 유형과 응답 척도가 나와 있다.

표 2.12
질문 유형 및 응답 척도

질문 유형	예					
개방형	자신의 직업 목적을 간단히 서술하시오.					
빈칸 채우기	지난해 공식적인 종교의례에 몇 번 참가했는가? ________ 번					
체크하기	다음 중 가장 자주 사용하는 통신수단은?					
	❑ 휴대전화 통화	❑ 문자				
	❑ 이메일	❑ 페이스북	❑ 기타			
순위 선택	자신의 식사 경험을 평가하시오.					
		탁월	우수	보통	나쁨	
	음식	❑	❑	❑	❑	
	서비스	❑	❑	❑	❑	
	분위기	❑	❑	❑	❑	
그림	대통령의 경제정책에 대해 어떻게 생각하는가? (하나에 동그라미)					
	☺	☺	😐	☹	☹	
리커트 척도	통계학은 어려운 과목이다.					
	매우 그렇다	약간 그렇다	그저 그렇다	약간 아니다	매우 아니다	
	❑	❑	❑	❑	❑	

서베이의 타당성과 신뢰성

서베이는 종종 도구(instruments)라 불린다. 하나의 측정 수단이라는 의미이다. 연구자는 측정 도구인 서베이를 **타당**하면서도 **신뢰성** 있게 만들기를 원한다. 타당한 서베이는 연구자가 측정하기 원하는 것을 제대로 측정할 수 있어야 한다. 연구자가 알고 싶어 하는 것에 대해 응답자가 올바른 정보를 제공하게끔 설문지가 만들어졌는가? 한편 신뢰성 있는 서베이란 일관성이 있어야 한다는 의미이다. 즉, 비슷한 응답자는 시간이 지나도 동일한 응답을 할 것인가?

질문 문장

질문을 어떻게 하느냐에 따라 응답이 크게 영향을 받는다. 예를 들어 「월스트리트저널」의 사설에서 Fred Barnes는 「리더스 다이제스트」에서 2개의 비슷한 질문으로 여론조사를 한 사례를 소개했다.

유형 1 : 의회가 공영 TV에 대한 지원을 삭감하면 나로서는 실망스럽다.

유형 2 : 공영 TV에 대한 지원 삭감은 재정지출 감축을 위해 불가피하다.

똑같은 1,031명이 두 질문에 모두 답했다. 유형 1의 경우에는 40%가 삭감에 찬성한다고 답한 반면, 유형 2에서는 52%가 삭감에 찬성했다. 오차의 한계는 ±3.5%였다(출처: "How to Rig a Poll," June 14, 1995, p. A18). 여론을 '조작'하기 위해 감정적 표현이나 어떤 이미지를 '유도하는' 것들이 질문에 들어 있을 수 있다. 사실 완전히 중립적인 질문을 하는 것은 매우 어려운 일이다. 예를 들어

유형 1 : 세금인하에 찬성하는가?

유형 2 : 세금인하가 고속도로 유지보수를 소홀히 하는 것을 의미할 경우 찬성하는가?

유형 3 : 세금인하가 교사와 경찰의 해고를 의미할 경우 찬성하는가?

제약이 없는 선택(유형 1)은 세금인하를 마치 '공짜'로 얻을 수 있는 것으로 보이게 한 반면, 유형 2와 3은 응답자로 하여금 세금인하의 결과를 연상하도록 만들고 있다. 유형 1의 질문을 그대로 하는 대신 그 질문에 이어 응답자로 하여금 세금인하에 따라 축소되어야 할 공적 서비스를 열거하게끔 만들 수도 있다.

설문을 만들 때 조심해야 할 또 다른 문제는 모든 가능성을 망라해야 한다는 점이다. 예를 들어 배우자와 사별하고 선호정당이 없는 유권자는 다음 질문들에 어떻게 답해야 하는가?

결혼했는가?	선호하는 정당은?
❑ 예	❑ 민주당
❑ 아니오	❑ 공화당

주어진 범주가 겹치거나 명확하지 않은 경우도 피해야 한다. 아래에서 자신의 아버지가 고인이 되었거나 45세일 경우는 어디에 속하는가?

아버지 나이는?

❑ 35~45　❑ 45~55　❑ 55~65　❑ 65세 이상

데이터의 품질

어떤 소프트웨어 패키지는 문자 변수(명목형 데이터)를 도표화하여 특정의 통계 테스트에 이용하기도 하지만, 대개 서베이 응답은 숫자로 코드화된다(예: 1 = 남성, 2 = 여성). 대부분의 패키지는 결측치(missing value)를 특정한 문자로 표시하도록 요구하다(예: 빈칸, 마침점, 별표). 어떤 설문 응답지가 너무 많은 오류와 빈칸으로 되어 있다면 응답지 전체를 뺄 수도 있다.

또 다른 데이터 선별 이슈들은 복수응답(하나를 고르는 문항에서 2개를 선택), 단답형 질문에 대한 비정상적 답변(일주일 640시간 노동), '범위' 응답(하루에 10~20개비 흡연), 일관되지 못한 응답(예: 25세이면서 메디케어 대상자) 등이다. 때로는 추적이 가능하기도 하지만 익명 서베이인 경우 비정상적 데이터를 어떻게 처리할지 결정을 내려야 한다. 자신의 데이터 코딩 원칙을 잘 기록해 놓아야 한다. 다른 사람을 위해서뿐만 아니라 자신이 한 것을 나중에 설명하기 위해서도 필요하다(다른 프로젝트로 옮겨간 다음에는 잊어버리기 쉽다).

서베이 소프트웨어

과거에 비해 서베이를 설계하고 만드는 일이 훨씬 쉬워졌다. 소프트웨어를 이용하면 많은 과정을 자동으로 진행시킬 수 있다. 여러 가지 질문 포맷을 사용할 수 있으며, 질문들을 건너뛰어 다음 섹션으로 가게 만들 수 있고, 설문지 편집을 다양하게 만들어 볼 수 있다. 요즘은 대부분의 설문이 온라인상에서 이루어지기 때문에 소프트웨어 역시 이런 부분을 반영하여 응답자의 익명성을 보장한다거나 설문에 두 번 응답하는 것을 방지하는 것을 가능하게 한다. 무료 소프트웨어 중 가장 널리 사용되는 것이 SurveyMonkey(www.surveymonkey.com)이다. Qualtrics(www.qualtrics.com)은 14일 무료 사용 기회를 제공하지만, 대학과 같은 대규모 기관들이 주로 사용한다. 이 밖에도 여러 소프트웨어들이 SurveyMonkey나 Qualtrics와 유사한 기능을 갖추고 있다. 올바른 정보를 얻고 응답률을 높이기 위해서는 서베이의 설계, 작성, 수행을 신중하게 준비하고 계획해야 한다.

Mini Case 2.4

대학의 역할

대학의 역할에 대한 여론조사가 *The Chronicle of Higher Education*에서 행해졌다. 서베이 결과를 보면 응답자의 77%가 대학이 학부생의 사회진출을 준비시키는 데 매우 중요한 역할을 한다는 데 동의하였다. 또한 대학이 학생들을 책임 있는 시민으로 준비시키는 데 매우 중요한 역할을 한다는 데 대해서는 응답자의 67%가 동의하였다. 서베이는 2004년 2월 25일에 25세에서 65세까지의 임의로 선택된 남녀 1,000명에 대해 각각 20분 동안 전화면접을 통해 이루어졌다. 서베이는 펜실베니아주 Broomall에 있는 TMR Inc.에 의해 실시되었다. 데이터 수집과 분석은 코네티컷주 Old Saybrook에 있는 시장조사업체 GDA Integrated Services에 의해 수행되었다.

리커트 척도의 내용을 보면 긍정적인 쪽으로 약간 치우쳐 있다. 이는 일반적인 것으로서 서베이가 다루는 대상(이 경우에는 대학의 역할)이 잠재적으로 중요하고 강한 부정적 응답이 나올 가능성이 매우 낮기 때문이다. 응답자들의 인구통계적 분포를 보면 58%가 여성이고 나머지 42%가 남성이었으며, 알래스카와 하와이를 제외한 미국의 모든 주에서 표본이 추출되었다. 11%는 흑인계이고(미국 전체 평균과 비슷함), 6%만이 히스패닉이었다(미국 전체 평균보다 약 8%p 낮은 수준). 이처럼 히스패닉의 대표성이 낮게 나타난 이유는 언어장벽 때문으로 서베이가 직면한 어려움을 보여주고 있다. 그러나 응답자의 소득, 종교관계, 정치적 견해 등은 일반적 미국 모집단과 유사하게 나타났다. 표본추출 방법에 대해서는 밝히지 않고 있다. 서베이 표본추출 전문업체들은 일반적으로 상업적 리스트에 접근이 가능하기 때문에 자신의 독자적인 방법을 사용한다.

단원 연습문제

connect

2.25 다음의 각 목적을 위해서는 어떤 종류의 서베이(우편, 전화, 면접, 인터넷, 직접관찰)가 적절하다고 생각하는가? 그 이유는? 어떤 문제가 발생할 수 있는가?

a. 자신의 대학교 학생 중 통계학 수업을 일반 강의보다 인터넷 강의로 듣고 싶어 하는 학생의 비율을 추정

b. 자신의 대학교 학생 중 교실로 책가방을 가져오는 학생의 비율을 추정

c. 자신의 대학교 학생 중 유럽 산업체 투어가 포함된 2개월짜리 국제비즈니스 하계수업을 수강하려는 학생의 비율을 추정

d. 비즈니스 전공 졸업자 중 국제비즈니스 수업을 수강한 학생의 비율을 추정

2.27 다음의 두 질문에 대해 학생들의 반응이 어떻게 다를 것으로 생각되는가?

유형 1: 나는 수업료가 인하되기를 원한다.

유형 2: 일부 수업이 없어지더라도 수업료를 인하하는 것이 바람직하다.

요약(*Chapter Summary*)

데이터세트(data set)는 관찰하기로 한 모든 변수들의 모든 값으로 구성된다. 대체로 n행과 m열의 배열로 이루어진다. 데이터세트는 변수가 1개인 **단일변량**(univariate)이거나, 변수가 2개인 **이변량**(bivariate)이거나, 변수가 3개 이상인 **다변량**(multivariate)이다. 데이터의 기본 형태는 크게 두 가지인데, 레이블로 묘사되는 **범주형 데이터**(categorical data)와 의미를 지닌 숫자로 된 **숫자형 데이터**(numerical data)가 그것이다. 숫자형 데이터는 값들이 정수이거나 셀 수 있는 경우를 **이산형**(discrete)이라 하며, 아무리 구간이 작아도 거기에 데이터가 있을 수 있는 경우를 **연속형**(continuous)이라 한다. **명목형**(nominal) 데이터는 이름이며 **순서형**(ordinal) 데이터는 순위이다. **구간형**(interval) 데이터는 값들 사이의 간격이 의미를 지니며 **비율형**(ratio) 데이터는 0이 기준점 역할을 하여 그로 인해 비율이 의미를 지닌다. **시계열**(time series) 데이터는 n개의 서로 다른 시점 혹은 일련의 시간 간격에 따라 측정된 관측치를 말하며 **횡단면**(cross-sectional) 데이터는 사람, 회사, 지역 등 n개의 개체에 대한 관측치이다. **임의표본**(random samples) 중에서 **단순임의**(simple random) 표본은 난수를 이용하여 리스트에서 항목을 뽑는 것이고, **계통**(systematic) 표본은 매 k번째 항목을 뽑으며, **군집**(cluster) 표본은 지역을 뽑는 것이고, **계층화**(stratified) 표본은 알려진 모집단의 구성비를 이용한다. **비임의표본**(non-random samples)은 편의 혹은 판단표본으로서 시간상의 장점이 있는 반면, 표본의 무작위성을 희생해야 한다. **포커스 그룹**(focus group)은 깊이 있는 정보를 제공한다. **서베이 설계**(survey design)는 설문의 **문장**과 **척도의 정의**에 주의를 기울여야 한다. **서베이 방법**(우편, 전화, 면접, 인터넷, 직접관찰)은 시간, 예산, 질문의 성격에 달렸으며, 다양한 오차의 가능성이 있다.

주요 용어(*Key Terms*)

계통추출(systematic sampling)
관측치(observation)
구간형 데이터(interval data)
군집표본(cluster sample)
난수(random number)
다변량 데이터세트(multivariate data sets)

단순임의표본(simple random sample)
단일변량 데이터세트(univariate data sets)
데이터(data)
데이터세트(data set)
리커트 척도(Likert scale)
면접원 오차(interviewer error)
명목형 데이터(nominal data)
모수(parameter)
모집단(population)
목표모집단(target population)
무응답편의(nonresponse bias)
범주형 데이터(categorical data)
변수(variable)
복원추출(sampling with replacement)
비복원추출(sampling without replacement)
비율형 데이터(ratio data)
비임의추출(non-random sampling)
선택 편의(selection bias)
센서스(census)
순서형 데이터(ordinal data)
숫자형 데이터(numerical data)
시계열 데이터(time series data)
신뢰성(reliability)
연속형 데이터(continuous data)
응답 오차(response error)
이변량 데이터세트(bivariate data sets)
이산형 데이터(discrete data)
이진수 변수(binary variable)
임의추출(random sampling)
측정 오차(measurement error)
층화추출(stratified sampling)
코딩(coding)
타당성(validity)
통계량(statistics)
판단추출(judgment sampling)
편의추출(convenience sampling)
포커스 그룹(focus group)
포함 오차(coverage error)
표본(sample)
표본추출 오차(sampling error)
표본추출틀(sampling frame)
횡단면 데이터(cross-sectional data)

리뷰(*Chanpter Review*)

1. 다음을 각각 정의하라. (a) 데이터, (b) 데이터세트, (c) 관측치, (d) 변수
2. 비즈니스 데이터가 과학실험 데이터와 어떻게 다른가?
3. 다음을 각각 구별하라. (a) 단일변량, 이변량, 다변량 데이터, (b) 이산형 및 연속형 데이터, (c) 숫자형 및 범주형 데이터
4. 네 가지 측정의 수준을 정의하고 각각 예를 제시하라.
5. 횡단면 데이터와 시계열 데이터의 차이를 설명하라.
6. (a) 센서스가 표본보다 선호될 수 있는 이유를 세 가지 열거하라. (b) 표본이 센서스보다 선호될 수 있는 이유를 세 가지 열거하라.
7. (a) 모수와 통계량의 차이는 무엇인가? (b) 목표 모집단이란?
8. (a) 임의추출의 네 가지 방법을 열거하라. (b) 비임의추출의 두 가지 방법을 열거하라. (c) 비임의추출을 이용하는 이유는? (d) 왜 표본추출은 일반적으로 비복원추출로 이루어지는가?
9. 다음을 각각 열거하라. (a) 서베이 절차, (b) 서베이 설계시의 이슈, (c) 서베이 유형, (d) 질문의 유형, (e) 서베이 오차의 형태
10. 여러 서베이 유형의 장점 및 단점을 열거하라.

단원 연습문제(*Chapter Exercises*)

데이터 형태

2.29 다음 각 변수의 데이터 형태(범주형, 이산 숫자형, 연속 숫자형)는 무엇인가? 설명하라. 확실하지 않다면 그 이유를 설명하라.

a. 윔블던 테니스 대회에서 임의로 선택한 테니스 선수의 나이

b. 윔블던 테니스 대회에서 임의로 선택한 테니스 선수의 국적

c. 윔블던 테니스 대회에서 임의로 선택한 테니스 경기의 더블폴트 개수

2.31 다음 각 변수의 측정 수준(명목형, 순서형, 구간형, 비율형)은 무엇인가?

a. 5개 신형 하이브리드 자동차에 대한 어떤 고객의 순위

b. Dan Ryan 하이웨이에서 100미터 떨어진 곳들의 임의 시점 소음 수준

c. San Diego 프리웨이에서 임의로 선택한 차량의 탑승객 수

2.33 다음은 MBA 학생들을 대상으로 행해진 서베이의 설문 내용으로서, 각 질문 맨 앞의 빈칸에 응답을 적도록 되어 있다. 각 질문에 대해 데이터의 형태(범주형, 이산 숫자

형, 연속 숫자형)와 측정 수준(명목형, 순서형, 구간형, 비율형)을 파악하라. 그렇게 추론한 이유를 설명하라. 확실하지 않다면 가능한 답들을 모두 논하라.

_____ Q1 당신의 성별은? (남성 = 0, 여성 = 1)

_____ Q2 당신의 학부 성적 평점은 근사적으로 몇 점인가? (1.0에서 4.0)

_____ Q3 이번 학기에 학교 외부 아르바이트를 주당 몇 시간 정도 할 계획인가?

_____ Q4 결혼한 부부의 이상적인 자녀 수를 몇 명으로 생각하는가?

_____ Q5 1~5 척도로 당신의 부모를 묘사하면? 1 = 엄마가 확실히 지배 ↔ 5 = 아빠가 확실히 지배

2.35 다음은 MBA 학생들을 대상으로 행해진 서베이의 설문 내용으로서, 각 질문 맨 앞의 빈칸에 응답을 적도록 되어 있다. 각 질문에 대해 데이터의 형태(범주형, 이산 숫자형, 연속 숫자형)와 측정 수준(명목형, 순서형, 구간형, 비율형)을 파악하라. 그렇게 추론한 이유를 설명하라. 확실하지 않다면 가능한 답들을 모두 논하라.

_____ Q11 당신이 주로 몰고 다니는 자동차는 몇 년 된 차인가? (년)

_____ Q12 지난해 대략 몇 번이나 공식적인 종교의례에 참석했는가?

_____ Q13 신문을 얼마나 자주 보는가? (0 = 전혀 안 봄, 1 = 이따금, 2 = 규칙적으로)

_____ Q14 영어가 아닌 다른 언어로 간단한 거래를 할 수 있는가? (0 = 아니오, 1 = 예)

_____ Q15 얼마나 자주 운동(에어로빅, 달리기 등)을 하는가? (0 = 전혀 안 함, 1 = 이따금, 2 = 규칙적으로)

2.37 다음 데이터가 시계열인지 횡단면인지 구별하라.

a. 베일 리조트 호텔에서 2017년 1월 한 달 동안 매일 예약된 방의 개수

b. 자신의 통계학 수업에서 각 학생들이 이번 학기 시작할 때 교과서 구매에 지불한 금액

c. Noodles & Company의 각 체인점에서 2017년 4월 19일 한 주 동안 팔린 시저 샐러드 수

d. 최근 10년 동안의 5월 1일에 측정한 코카콜라 기업의 주식 가격

표본추출 방법

2.39 다음을 측정할 때 표본과 센서스 중 어느 것을 사용하겠는가?

a. 캠벨 스프가 현재 고용하고 있는 노동자 수

b. 캠벨의 크림 버섯 스프의 평균 가격

c. 캠벨 스프 고용 노동자의 지난해 평균 수입

2.41 다음은 모수인가, 아니면 통계량인가?

a. 지난주 어떤 소아과 의사의 환자 수

b. 존 그리샴의 가장 최근 소설의 지금까지 판매 부수

c. 존 그리샴의 가장 최근 소설의 판매를 통해 실현된 총 수입

2.45 미국 국세청(IRS)은 납세자들이 세금환급을 위해 세금보고 서류(Form 1040)를 작성하는 데 평균적으로 3.7시간이 걸리는 것으로 추정한다. 이 추정치를 업데이트하기 위해 센서스를 행하는 것이 가능한가? 그 이유는?

2.47 비소(자연적으로 발생하는 독성 물질)는 가정용 우물을 위협하는 요인이다. (a) 시골 지역 우물의 비소 함유량이 미국 환경보호청(EPA)의 규제 한도인 10ppb(parts per billion)를 초과하는지 추정하기 위해서는 어떤 표본추출 방법을 사용해야 할까? (b) 센서스가 가능한가?

2.49 다음 각각을 측정하기 위해 Noodles & Company가 표본과 센서스 중 어느 것을 사용할 것으로 예상하는가? 설명하라.

a. 누들스 레스토랑의 연평균 주간 수입

b. 점심 고객들의 주간 평균 방문 횟수

c. 새로 내놓은 디저트에 대한 고객의 만족도

d. 일년 중 매장 리필음료보다 병음료 판매가 더 많은 주의 수

2.51 다음 통계량을 검토하라. 어떤 표본추출 방법(단순임의, 계통, 층화, 군집)이 사용되었을 가능성이 가장 높은가?

a. 한 조사에 따르면 30%의 미국 기업들이 부적절한 웹서핑(도박, 포르노, 쇼핑 등)을 이유로 근로자를 해고한 경험이 있다.

b. 의사들을 대상으로 조사한 결과 환자의 59%가 의사들의 처방 조치를 따르지 않은 것으로 나타났다.

c. 미국 국세청(IRS)에 따르면 개인 납세자 표본을 조사한 결과 세금을 제대로 납부하지 않은 사람의 80%가 악의가 없는 오류나 세법을 잘못 해석한 데 따른 것이다.

d. 스페인의 1인당 담배 소비는 1,265로 미국의 1,083보

다 많다.

2.53 어떤 시에서 재활용 프로그램을 시작하기 전에 가정에서 배출하는 쓰레기의 양을 동네별로 측정해보기로 결정했다. 측정은 특정한 날에 쓰레기의 무게를 재는 방식이다. (a) 어떤 표본추출 방법을 제안하는가? 그 이유는? (b) 어떠한 표본오차가 발생할 가능성이 있는가?

2.55 미국 어류야생동물청(FWS)에서는 잡을 수 있는 스캘럽의 무게를 1/36파운드 이상으로 정해놓고 있다. 매사추세츠 항구의 조사관은 입항한 선박에 실린 스캘럽 11,000자루에서 18자루를 무작위로 골랐다. 18자루의 스캘럽 평균 무게는 1/39파운드인 것으로 나타났다. (a) 이 예에서 11,000자루의 모집단은 사실상 무한한가? (b) 1/36과 1/39 중 어느 것이 표본 통계량인가? (출처: *Interfaces* 25, no.2 [March–April 1995], p. 18.)

2.57 미국 가구들은 텔레마케팅에 대해 '전화거부 리스트(no-call list)'에 등록할 수 있다. 여기에 등록한 가구들은 그렇지 않은 가구들과 어떻게 다를까? 텔레마케터들이 다음의 판촉활동을 할 때 전화거부 리스트가 어떤 편의를 야기할 수 있을까? (a) 재무설계 서비스, (b) 카펫 클리닝 서비스, (c) 휴가여행 패키지

서베이 및 척도

2.59 다음을 측정하기 위한 리커트 척도 질문과 그에 따른 응답 척도를 제안하라.

a. 어떤 통계학 교수에 대한 학생들의 평가

b. 대통령의 경제정책에 대한 유권자의 만족도

c. 의사를 만나기 위해 기다리는 시간에 대한 HMO 의료보험 환자의 견해

2.61 보험회사들은 여러 신용평가 기관들로부터 등급이 매겨진다. Fitch사의 20포인트 척도는 AAA, AA+, AA, AA−, A+, A, A−, BBB+, BBB, BBB−, BB+, BB, BB−, B+, B, B−, CCC+, CCC, CCC−, DD이다. (a) 이 척도들은 어떤 수준의 측정을 사용했는가? (b) 이 척도가 구간 측정을 사용했다고 보기 위해서는 어떤 가정이 필요한가?

미니 프로젝트

2.63 (a) 자신이 생각해 낸 이산형 데이터의 예를 *두 가지* 제시하라. (b) 자신이 생각해 낸 연속형 데이터의 예를 두 가지 제시하라. 각 경우에 대해 약간이라도 애매함이 있다면 그것을 밝히고 설명하라. *힌트*: 공표된 데이터에 국한하지 말고 자신의 일상생활(예: 스포츠 활동, 재정 및 학교활동 등)에서 찾아보라. 데이터를 전부 열거할 필요는 *없고* 단지 그것을 설명하고 몇 개의 대표적인 값을 제시하면 된다.

2.65 다음 각 모수를 측정하기 위해 데이터를 모을 때 적절한 표본추출 방법을 생각해보라.

a. HMO 의료보험 환자 중 1년에 병원을 다섯 번 이상 방문한 사람의 비율

b. 어떤 고속도로에서 100미터 떨어진 지역의 소음수준(데시벨)

c. 지난해 은행 주택담보대출 중 생애 처음 차입자에 대한 대출의 비중

2.67 다음은 NilCo 근로자 64명의 이름이며, 4개 부서별로 색깔이 다르게 되어 있다(재무, 마케팅, 구매, 엔지니어링). 다음의 방법으로 8명의 이름을 표본추출하라. (a) 단순임의추출, (b) 계통추출, (c) 군집추출. 각 이름이 선택될 가능성이 동일하도록 노력하라. 어떤 표본추출 방법이 가장 적합한가? PickEight

재무			
Floyd	Anne	Erik	Peter
Nathan	Sid	Joel	Jackie
Lou	Ginnie	LaDonna	Moira
Loretta	Tim	Mario	
마케팅			
Don	Gadis	Balaji	Al
Graham	Scott	Lorin	Vince
Bernie	Karen	Ed	Liz
구매			
Tom	Dmitri	Erika	Dan
Claudia	Mike	Nicholas	Brian
Jean	Molly	Kevin	Margie
Juanita	Ted	Jeremy	
Marnie	Takisha	Carl	
Mabel	Jody	Greg	
엔지니어링			
Bonnie	Duane	Deepak	Amanda
Blythe	Ryan	Dave	Sam
Chad	Tania	Doug	Ralph
Buck	Gene	Janet	Pam

2.69 다음의 그림을 사진으로 찍어 친구나 수업 동료에게 보여준 다음 임의의 숫자를 하나 골라 종이에 쓰게 하라. 숫자가 적힌 종이를 회수하라. 이 실험을 *최소한* 20명 이

상에 대해 반복하라. 결과를 표로 작성하라. 모든 숫자들이 같은 횟수로 나왔는가? 그렇지 않고 어떤 숫자들이 자주 나왔거나 혹은 반대로 기피되는 숫자들이 있는가? 이유는? PickOne

0	11	17	22
8	36	14	18
19	28	6	41
12	3	5	0

2.71 무작위로 정수를 선택하는 엑셀의 알고리즘을 간단한 실험을 통해 테스트해 볼 수 있다. 우선 셀 A1에 =RANDBETWEEN(1,2)을 입력하고 이를 A1:E20에 복사하라. 이렇게 하면 1이나 2를 가진 100개의 셀이 생성된다. 이제 셀 G1에 =COUNTIF(A1:E20,"=1"), G2에 =COUNTIF(A1:E20, "=2")을 입력하라. 셀 G1과 G2를 블록으로 지정하여 엑셀의 그림 그리기 기능을 이용하여 막대 그림을 그린다. 그림의 세로축을 클릭하여 범위를 0에서 100으로 지정한다. 이제 F9를 눌러 가면서 그림이 어떻게 변하는지 관찰하라. 평균적으로 대략 1이 50개, 2가 50개인 것을 확인할 수 있는가? 이 실험을 정수 1에서 5까지의 실험으로 일반화해 보라. RandBetween

참고문헌(*Related Reading*)

데이터 출처 가이드

Clayton, Gary E., and Martin Giesbrecht. *A Guide to Everyday Economic Statistics.* 8th ed. McGraw-Hill, 2019.

표본추출 및 서베이

Best, Joel. *Damned Lies and Statistics: Untangling Numbers from the Media, Politicians, and Activists.* University of California Press, 2012

Cooper, Donald R., and Pamela S. Schindler. *Business Research Methods.* 12th ed. McGraw-Hill, 2014.

Fowler, Floyd J. *Survey Research Methods.* 5th ed. Sage, 2019.

Groves, Robert M., et al. *Survey Methodology.* 2nd ed. Wiley, 2009.

Johnson, John H., and Mike Gluck. *Everydata: The Misinformation Hidden in the Little Data You Consume Every Day.* Bibliomotion Inc., 2016.

Levy, Paul S., and Stanley Lemeshow. *Sampling of Populations.* 4th ed. Wiley, 2008.

Lohr, Sharon L. *Sampling: Design & Analysis.* 2nd ed. Cengage, 2010.

Mathieson, Kieran, and David P. Doane. "Using Fine-Grained Likert Scales in Web Surveys." *Alliance Journal of Business Research* 1, no. 1 (2006), pp. 27–34.

Scheaffer, Richard L., William Mendenhall, and R. Lyman Ott. *Elementary Survey Sampling.* 7th ed. Brooks/Cole, 2012.

Thompson, Steven K. *Sampling.* 3rd ed. Wiley, 2012.

CHAPTER

3 데이터 시각적으로 묘사하기

Describing Data Visually

목차 *Chapter Contents*

학습목표 *Chapter Learning Objectives*

이 장을 마친 후 스스로 다음을 할 수 있어야 한다.

- **LO 3-1** 줄기-잎 그림 혹은 점그림을 작성한다.
- **LO 3-2** 데이터가 주어졌을 때 도수분포표를 만든다.
- **LO 3-3** 적절한 계급을 사용하여 히스토그램을 작성한다.
- **LO 3-4** 히스토그램에서 비대칭, 최빈계급, 특이값을 파악한다.
- **LO 3-5** 선도표를 적절하게 작성한다.
- **LO 3-6** 막대도표와 파이도표를 적절히 만드는 법을 배운다.
- **LO 3-7** 파이도표를 적절하게 작성한다.
- **LO 3-8** 산포도를 만들고 해석한다.
- **LO 3-9** 간단한 표와 피벗 테이블을 만든다.
- **LO 3-10** 현혹적인 그래프 기교를 파악한다.

Steve Cole/Getty Images

3.1 줄기-잎 그림 및 점그림

관리자들은 시장 추세를 분석하고 변화하는 시장상황에 적응하기 위해서 정보를 필요로 한다. 그러나 산더미 같은 원자료들을 소화하기는 쉽지 않다. 기업분석가들은 어떻게 원자료를 유용한 정보로 바꿀 수 있는 것인가? 통계학에서는 데이터를 잘 정리하고 분석하여 간결하게 요약하는 방법을 제공한다. 그 방법은 *시각적*(도표 및 그래프)이거나 *숫자형*(통계량 혹은 표)이다. 이 장에서 우리는 수학을 사용하지 *않고도* 시각적 표현으로 어떤 데이터의 특성을 파악할 수 있다는 것을 알게 될 것이다. 데이터로 만들 수 있는 그래프 표현에는 여러 가지가 있다. 어떤 도표는 정량적 데이터에 적합하고 어떤 것은 범주형 데이터에 적합하다. 이 장에서는 몇몇 기본적인 도표 형태를 설명하며, 그것들을 언제 사용하는지에 대한 가이드라인을 제공한다. 또한 도표들을 효과적으로 만드는 방법과 현혹적 도표에 대한 경고를 제시한다.

우선 어떤 하나의 변수가 n개의 관측치 $x_1, x_2, \ldots, x_n$로 되어 있는 경우부터 시작하기로 하자(단일변량 데이터). 이런 데이터는 세 가지 특성, 즉 **중심**(center), **변동성**(variability), **형태**(shape)로 데이터를 평가할 수 있다. 표 3.1은 이들 특성을 질문형태로 요약하고 있다.

표 3.1 단일변량 데이터의 특성

특성	해석
측정	측정의 단위는(예: 달러)? 정수형인가 연속형인가? 결측치가 있는가? 정확도나 표본추출 방법에 문제는 없는가?
중심	데이터 값들의 중심은 어디인가? 어떤 데이터 값이 전형적인 혹은 중간의 값인가?
변동성	데이터의 퍼짐이 어느 정도인가? 데이터 값들이 얼마나 퍼져 있는가? 특이한 값들이 있는가?
형태	데이터 값들의 분포가 대칭인가, 비대칭인가? 중심이 아주 뾰족한가, 평평한가? 봉우리가 2개인가?

예제 3.1
주가수익비율

주가수익비율(price/earnings ratio; P/E 비율 혹은 PER)은 현재의 주가를 최근 12개월의 주당 순이익(earnings per stock)으로 나눈 것으로서 주식투자자들이 주식을 사는 데 해당 기업 주당순이익의 몇 배를 지불할 용의가 있는지를 보여준다. 주가수익비율은 시장에서 주식의 성장 가능성을 얼마나 낙관적으로 보고 있는지를 나타내는 데에도 사용된다. 잠재적 성장가능성이 높다면 현재 순이익이 상대적으로 낮아도 그 주식을 사는 데 많은 돈을 지불할 용의가 있는 것이다. 표 3.2는 S&P 500 지수에 편입되어 있는 기업 중 무작위로 고른 44개 기업의 P/E 비율을 보여주고 있다. 우리는 S&P 500 기업들의 P/E 비율을 서로 비교하고 전체적인 분포가 어떤 모양인가에 관심이 있다. 여기에 시각적 표현이 도움을 줄 수 있다.

표 3.2
44개 기업의 주가수익비율(PER) PERatios

회사	P/E 비율	회사	P/E 비율	회사	P/E 비율
American Tower Corp. A	59	FMC Corporation	20	NetApp	37
Analog Devices Inc.	16	Gap (The)	12	Occidental Petroleum	19
Applied Materials Inc.	20	Hartford Financial Svc. Gp.	11	O'Reilly Automotive	22
Best Buy Co. Inc.	10	Hess Corporation	7	PepsiCo Inc.	16
Big Lots Inc.	11	Hospira Inc.	24	PG&E Corp.	16
Carefusion Corporation	38	Intel Corp.	11	PPL Corp.	14
Coventry Health Care Inc.	10	Invesco Ltd.	27	Reynolds American Inc.	19
Cummins Inc.	23	Johnson Controls	17	Roper Industries	26
Dell Inc.	13	King Pharmaceuticals	42	Starbucks Corp.	26
Dentsply International	18	Kroger Co.	13	Sunoco Inc.	28
Donnelley (R.R.) & Sons	31	Macy's Inc.	17	Titanium Metals Corp.	50
Eastman Chemical	16	Mattel Inc.	14	United Health Group Inc.	9
Entergy Corp.	10	Medco Health Solutions Inc.	21	Ventas Inc.	37
Exelon Corp.	10	MetroPCS Communications Inc.	21	Wal-Mart Stores	13
Fiserv Inc.	18	Murphy Oil	15		

출처: www.finance.yahoo.com, accessed 12-30-2010. S&P 500 기업을 알파벳 순서로 늘어놓고 엑셀의 =RAND() 함수를 이용하여 보수를 부여하고 열의 순서를 정렬한 한 후 처음 44개 기업을 고른 것임.

예비적 평가

통계량을 계산하고 그래프를 그리기 전에 *데이터를 보고* 그것이 어떻게 수집되었는지를 머릿속에 그려보는 것이 좋다. S&P 500 지수에 편입되어 있는 기업의 주식은 시장에서 거래되기 때문에 감사를 받은 재무정보를 공표할 의무가 있으며, 따라서 데이터의 정확도는 문제되지 않는다. 우리의 의도가 어떤 *시점*의 S&P 500 기업들을 분석하는 것이기 때문에 이것은 *횡단면 데이터*이다(주가가 매일 변하기 때문에 P/E 비율도 매일 변하며, 따라서 시계열 데이터의 분석도 가능하다). 비록 정수로 반올림되기는 했지만 측정은 연속형이다. 예를 들어 주가 $43.22를 주당순이익 $2.17로 나누면 (43.22)/(2.17) = 19.92가 되는데 이를 편의상 20으로 반올림한 것이다. 의미를 지닌 0이 존재하기 때문에(2장의 그림 2.3 참조),

비율을 이야기할 수 있으며, 어떠한 표준적 수학 연산도 적용 가능하다. 또한 분석이 (센서스가 아니라) 표본에 기초하고 있기 때문에 *표본추출 오차*의 가능성을 인정해야 한다. 즉 임의추출의 성격상 표본이 500개의 S&P 500 기업들을 제대로 대표하지 못할 가능성이 있는 것이다.

맨 먼저 데이터를 크기 순으로 정렬시켜 보는 것이 도움이 된다. 아주 간단하지만 정렬(sorting)도 하나의 시각적 표현이다. 정렬된 데이터를 통해 우리는 범위(range)와 각 데이터 값의 발생 빈도수, 그리고 중앙과 끝에 있는 값들을 알 수 있다.

정렬된 44개 주가수익비율										
7	9	10	10	10	10	11	11	11	12	13
13	13	14	14	15	16	16	16	16	17	17
18	18	19	19	20	20	21	21	22	23	24
26	26	27	28	31	37	37	38	42	50	59

관측치 숫자가 커지면 데이터의 정렬로는 분석하기가 어려워진다. 게다가 숫자들만으로는 중심, 변동성, 형태를 파악하기 쉽지 않다. 이 때문에 데이터의 전체적인 패턴을 알기 위해 우리는 보통 *시각적 표현*으로 데이터를 요약하게 된다.

줄기-잎 그림

소규모 데이터세트를 간단히 시각화하는 방법이 **줄기-잎 그림**(stem-and-leaf plot)이다. 줄기-잎 그림은 *탐색적 데이터 분석*(exploratory data analysis: EDA)의 도구로서 데이터의 핵심 특징을 직관적인 방식으로 표현한다. 줄기-잎 그림은 기본적으로 도수를 세는 것인데, 다만 표식을 사용하지 않고 숫자를 사용한다. 두 자리 혹은 세 자리 정수 데이터인 경우 *줄기*(stem)는 십의 자리 수이고, *잎*(leaf)은 일의 자리 수이다. 엑셀은 줄기-잎 그림을 제공하지 않지만, Minitab이나 MegaStat에서는 제공한다. R에서 44개 P/E 비율을 줄기-잎 그림으로 보여주기 위해서는 PERatio와 같은 명칭을 부여한 벡터를 만들고 명령어 stem(PERatio)를 사용하면 다음과 같은 결과를 얻을 수 있다.

```
0 | 79
1 | 000011112333344566667778899
2 | 00112346678
3 | 1778
4 | 2
5 | 09
```

예를 들어 네번째 줄기의 숫자들은 31, 37, 37, 38이다. 항상 줄기의 간격은 일정해야 한다(어떤 줄기가 비어 있는 경우에도). 줄기-잎은 *중심경향*을 보여줄 수 있으며(44개 P/E 비율 중 24개가 10~19 줄기에 속해 있다), *퍼져 있는 정도*도 보여준다(범위가 7부터 59까지이다). 줄기-잎 그림은 *줄기 숫자*와 *잎 숫자*를 연결함으로써 원자료를 쉽게 복원해 낼 수 있다는 장점이 있다. 예를 들어 마지막 줄기에 있는 원자료는 50과 59이다.

줄기-잎 그림은 범위가 제한적인 소규모 정수 데이터에 적합하다. 그러나 소수점 데이터(예: $60.39)나 자릿수가 많은 데이터(예: $3,857)인 경우에는 적절하지 않다. 그런 경우에는 데이터를 반올림해서 줄기-잎 그림이 '작동'하도록 해야 한다. 줄기-잎 그림은 기업경영 데이터에는 잘 쓰이지 않지만, 작은 데이터세트를 재빨리 표로 만드는 데는 유용한 도구라고 할 수 있다.

점그림

점그림(dot plot)은 *n*개의 숫자형 데이터를 그래프로 나타내는 또 다른 간단한 방법이다. 점그림을 만드는 기본 절차는 (1) 데이터 범위를 커버하는 눈금을 만들고, (2) 축에 숫자를 표시한 다음, (3) 각 데이터 값을 해당 눈금 위에 점으로 표시한다. 만약 하나 이상의 값이 *X*축상에서 동일하거나 매우 비슷한 위치에 있게 되면 점을 세로로 쌓는 방식으로 그리게 된다. 아래는 44개 P/E 비율들의 점그림이다.

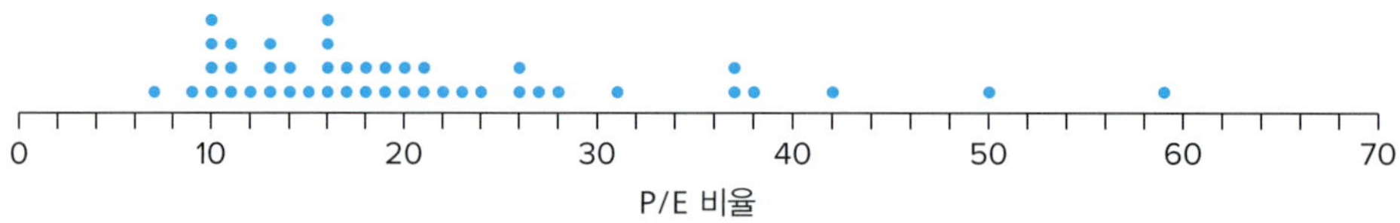

점그림은 이해하기 쉽기 때문에 데이터 분석의 매력적인 수단이다. 이것은 데이터의 범위를 표시함으로써 *변동성*을 보여주며, 어디에 값들이 몰려 있는지, 그리고 중앙점이 어디에 놓여있는지를 나타냄으로써 *중심*을 보여준다. 점그림은 또한 표본이 충분히 클 경우 분포의 *형태*도 보여줄 수 있다.

점그림은 이해하기 쉽기는 하지만 몇 가지 한계도 있다. 점그림은 표본의 크기가 작다면 데이터세트의 형태에 관한 정보를 보여주지 못하며, 표본이 아주 크거나(예를 들어 같은 점에 100개의 데이터가 있는 경우), 소수점의 데이터인 경우 모양이 매우 이상해질 수 있다. 이 장의 다음 절에서 엑셀을 이용해, 어떤 크기의 표본에 대해서도 잘 작동하는 히스토그램이나 다른 시각적 표현 방법을 만드는 법에 대해 설명한다. (표본이 작다면) 직선자와 연필만 가지고 점그림을 그려보자. 엑셀을 제외한 다른 대부분의 통계패키지는 점그림을 그리는 기능을 제공한다.

파일명에 📂와 같은 심볼이 붙어 있는 데이터 파일(예: 📂 **Housing**)을 McGraw-Hill의 Connect®에 있는 문제에서 다운받거나 강사에게 제공받을 수 있다. 각 장의 마지막에 학습한 내용을 확장할 수 있는 추가 학습자료가 있다(예: 엑셀 용례).

단원 연습문제

connect

3.1 다음은 점심시간에 도심의 한 시티뱅크 ATM(현금자동입출금기)을 이용한 고객의 수를 공휴일을 제외한 연속 24일 동안 기록한 것이다. (a) 24개 관측치에 대한 줄기-잎 그림을 작성하라. (b) 관측치에 대한 점그림을 작성하라. (c) 두 그림을 설명하라(*힌트*: 중심, 변동성, 형태를 설명하라). 📂 **CitiBank**

39	32	21	26	19	27	32	25
18	26	34	18	31	35	21	33
33	9	16	32	35	42	15	24

3.3 (a) 다음은 지난주 사라와 밥이 이용한 휴대전화 이용시간(분)이다. *다층 점그림*을 이용하여 이를 비교하라. (b) 점그림 결과를 설명하라. 📂 **PhoneCalls**

사라 전화: 1, 1, 1, 1, 2, 3, 3, 3, 5, 5, 6, 6, 7, 8, 8, 12, 14, 14, 22, 23, 29, 33, 38, 45, 66
밥 전화: 5, 8, 9, 14, 17, 21, 23, 23, 24, 26, 27, 27, 28, 29, 31, 33, 35, 39, 41

Mini Case 3.1

미국의 경기변동

많은 기업들이 2000년대 초반의 주택가격 버블에 이은 경기침체를 예상했지만, 문제는 그것이 얼마나 지속될 것인가였다. 그에 따라 부채관리와 미래 신상품 출시 전략이 달라지기 때문이다. 다행히 미국의 경기순환을 추적하는 전미경제연구소(National Bureau of Economic Research: NBER)가 제법 괜찮은 과거의 데이터를 제공한다. 여기에서 경기수축(contraction)은 국내총생산(GDP)을 기준으로 직전 팽창기의 정점에서 시작하여 다음 팽창이 시작되는 시점까지이다. 표 3.3은 미국의 33차례 경기침체 기간을 지속 개월 수로 보여주고 있다.

그림 3.1에 있는 점그림을 통해 우리는 30개월 이상의 경기침체가 네 차례 있기는 했지만 그럼에도 불구하고 65개월 침체(1873~1879)는 매우 이례적인 것임을 알 수 있다. 대부분의 침체는 20개월 미만이었다. 33차례 중 7번은 10개월 미만이었다. 2001년의 8개월은 가장 짧은 것이었다. 2007년 12월에 시작된 침체는 특이한 점들(주요 금융위기, 실업률 급등, 부진한 회복)을 보이기는 했지만 기간(18개월)이라는 면에서는 극단적이지는 않았다.

표 3.3

미국 경기수축, 1857-2019 (n = 33) Recessions

정점	저점	개월	정점	저점	개월
June 1857 (II)	December 1858 (IV)	18	May 1923 (II)	July 1924 (III)	14
October 1860 (III)	June 1861 (III)	8	October 1926 (III)	November 1927 (IV)	13
April 1865 (I)	December 1867 (I)	32	August 1929 (III)	March 1933 (I)	43
June 1869 (II)	December 1870 (IV)	18	May 1937 (II)	June 1938 (II)	13
October 1873 (III)	March 1879 (I)	65	February 1945 (I)	October 1945 (IV)	8
March 1882 (I)	May 1885 (II)	38	November 1948 (IV)	October 1949 (IV)	11
March 1887 (II)	April 1888 (I)	13	July 1953 (II)	May 1954 (II)	10
July 1890 (III)	May 1891 (II)	10	August 1957 (III)	April 1958 (II)	8
January 1893 (I)	June 1894 (II)	17	April 1960 (II)	February 1961 (I)	10
December 1895 (IV)	June 1897 (II)	18	December 1969 (IV)	November 1970 (IV)	11
June 1899 (III)	December 1900 (IV)	18	November 1973 (IV)	March 1975 (I)	16
September 1902 (IV)	August 1904 (III)	23	January 1980 (I)	July 1980 (III)	6
May 1907 (II)	June 1908 (II)	13	July 1981 (III)	November 1982 (IV)	16
January 1910 (I)	January 1912 (IV)	24	July 1990 (III)	March 1991 (I)	8
January 1913 (I)	December 1914 (IV)	23	March 2001 (I)	November 2001 (IV)	8
August 1918 (III)	March 1919 (I)	7	December 2007 (IV)	March 2009 (I)	18
January 1920 (I)	July 1921 (III)	18			

출처: www.nber.org.

점그림이 보여주지 못하는 정보를 표가 제시하고 있음을 간과해서는 안 된다. 예를 들어 1930년대에는 사실상 두 *차례*의 주요 침체(1929~1933년의 43개월과 1937~1938년의 13개월)가 있었으며, 이것이 그 시기를 거쳤던 사람들이 당시를 최악으로 여기는 이유 중의 하나이다. 1930년대의 대공황(The Great Depression)이라는 이름은 이처럼 다른 침체에 비해 오래 지속되고 심각했기 때문에 붙여진 것이다.

그림 3.1

경기변동 지속기간 점그림(n = 33)

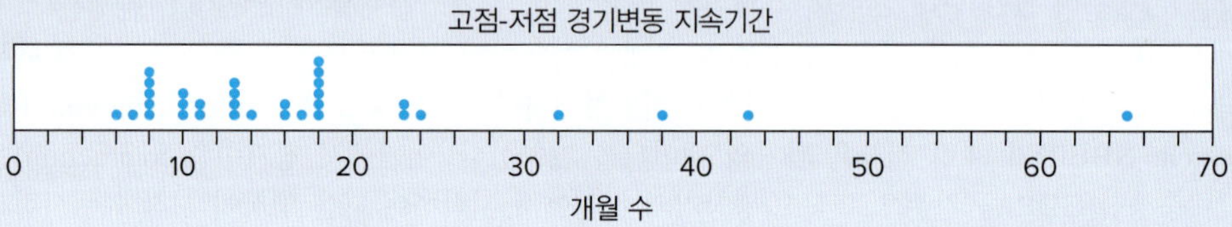

3.2 도수분포 및 히스토그램

도수분포

도수분포(혹은 **빈도분포**; frequency distribution)는 n개의 데이터 값을 k개의 *계급*(bin)으로 분류한 표이다. 이 표는 각 계급 내에 데이터 값의 빈도를 보여준다. 빈도는 빈도수를 총 관측치 개수로 나눈 *비율* 또는 *상대도수*(relative frequency)로 표시되기도 한다.

도수분포

n개의 데이터 값을 k개의 *계급*으로 분류한 표를 말한다. *계급경계*는 각 계급을 나누는 절사점이다. 계급의 폭은 모두 동일해야 하며 계급경계가 서로 겹쳐서는 안 된다.

도수분포를 만드는 기본 절차는 (1) 데이터를 오름차순으로 정렬시키고, (2) 계급의 개수를 선택한 다음, (3) 계급경계를 정하고, (4) 데이터들을 해당 계급으로 분류하여, (5) 표를 만든다. 이 절차를 적용해 보기로 한다.

1단계: 데이터의 최솟값과 최댓값 찾기

정렬된 주가수익비율										
7	9	10	10	10	10	11	11	11	12	13
13	13	14	14	15	16	16	16	16	17	17
18	18	19	19	20	20	21	21	22	23	24
26	26	27	28	31	37	37	38	42	50	59

주가수익비율 데이터에서 데이터를 정렬하지 않은 채로 최솟값 x_{min} = 7과 최댓값 x_{max} = 59를 찾는다(하이라이트 표시). 그러나 데이터가 이미 정렬되어 있다면 계급을 나누는 작

업이 훨씬 수월할 수 있다.

2단계: 계급 개수 선택 도수분포는 많은 데이터 점들을 하나의 표로 집약시키는 것이기 때문에 당연히 계급의 개수 k가 표본의 크기 n보다 훨씬 작아야 한다. 계급이 *너무 많으면* 어떤 계급은 빈도수가 매우 낮거나 아예 0인 경우도 있을 것이다. 반대로 계급이 *너무 적으면* 서로 닮지 않은 데이터 값들이 하나로 뭉쳐지게 된다. 사람들은 주어진 데이터에 대해 서로 비슷한 계급경계를 택하는 경향이 있다. 일단 표본이 크면 계급이 더 많아지는 것은 당연하다. 통계학자인 허버트 스터지스(Herbert Sturges)가 제안한 가이드라인인 **스터지스의 법칙**(Sturges' Rule)에 따르면 표 3.4에서 보는 것처럼 표본의 크기가 두 배가 될 때마다 계급을 하나씩 추가하는 것이 좋다.

표 3.4
스터지스의 법칙

표본크기(n)	바람직한 계급 개수(k)
16	5
32	6
64	7
128	8
256	9
512	10
1,024	11

표에서 보는 것처럼 우리가 일반적으로 접하는 표본크기의 경우 5~11개의 계급이면 충분하다. 스터지스 법칙은 다음과 같은 공식으로도 쓸 수 있다.

$$\text{스터지스 법칙: } k = 1 + 3.3\log(n) \tag{3.1}$$

예를 들어 P/E 비율($n = 44$)의 경우 스터지스 법칙에 따르면 바람직한 계급은 6개 혹은 7개이다.

$$k = 1 + 3.3\log(n) = 1 + 3.3\log(44) = 1 + 3.3(1.6435) = 6.42 \text{ bins}$$

그러나 '깔끔한' 계급경계를 위해서는 조금 더 많이 혹은 적게 계급의 개수를 정해도 된다. 계급경계를 적절히 정하는 것이 (스터지스 룰을 따르는 것보다) 훨씬 중요하다. 만약 데이터가 비정상적으로 크거나 작은 값에 의해 한쪽으로 치우쳐 있다면 스터지스 법칙보다 더 많은 계급이 필요할 수 있다.

3단계: 계급경계 설정 계급의 개수를 정하는 데 판단이 필요한 것처럼, 계급의 경계를 설정하는 데에도 판단이 요구된다. 가이드라인을 제시하면, 일단 데이터의 범위(최고치에서 최저치를 뺀 수치)를 계급의 개수로 나누어 각 계급의 근사적 폭을 구한다.

$$\text{계급 폭} \approx \frac{x_{\max} - x_{\min}}{k} \tag{3.2}$$

데이터 범주를 다 커버하는 심미안적 계급을 위해서는 여러 번 실험을 할 필요가 있다. 예를 들어 위의 데이터세트에서 최솟값은 7이고 최댓값은 59이므로 $k = 6$개의 계급을 사용하길 원하면 계급의 폭은 다음과 같이 계산할 수 있다.

$$\text{계급 폭} \approx \frac{59-7}{6} = \frac{52}{6} = 8.67$$

여기에서 '깔끔한' 경계값을 얻기 위해는 위 숫자를 반올림하여 10으로 한 다음, 계급의 경계를 0, 10, 20, 30, 40, 50, 60으로 하면 된다.

4단계: 각 계급에 속한 데이터 세어보기 어떤 계급에서 일반적으로 아래쪽 경계는 등호를 이용하여 계급에 *포함시키고* 위쪽 경계는 *제외시킨다*. MegaStat과 Minitab은 이 원칙을 따르고, R 또한 (바꿀 수는 있지만) 디폴트로 그렇게 돼 있지만, 엑셀의 히스토그램은 위쪽 경계가 *포함되고* 아래쪽 경계가 *제외된다*. 어느 쪽이든 장단점이 있다. 중요한 것은 모든 계급이 중복되지 않아야 하고 각 데이터 값이 어느 한 계급에만 속하도록 해야 한다는 것이다.

5단계: 표 작성 각 계급에 대해 절대적 도수만 제시할 수도 있고 상대도수나 누적(cumulative)도수를 포함시킬 수도 있다. 상대도수는 어떤 계급의 절대도수를 데이터의 총 개수로 나누어 산출한다. 누적상대도수는 계급이 올라감에 따라 상대도수 값을 계속 더해 간다. 표 3.5에 P/E 비율에 대한 도수분포가 나와 있다. 상대빈도의 합이 정확히 1이 되지 않을 수도 있는데, 이는 반올림 때문이다.

표 3.5
6개 계급을 이용한 P/E 비율 도수분포표 PERatios

계급경계				상대		누적	
하한		상한	빈도(f)	빈도(f/n)	퍼센트	빈도	퍼센트
0	<	10	2	2/44 = 0.0455	4.55	2	4.55
10	<	20	24	24/44 = 0.5455	54.55	26	59.09
20	<	30	11	11/44 = 0.2500	25.00	37	84.09
30	<	40	4	4/44 = 0.0909	9.09	41	93.18
40	<	50	1	1/44 = 0.0227	2.27	42	95.45
50	<	60	2	2/44 = 0.0455	4.55	44	100.00
			44		100.00		

히스토그램

히스토그램(histogram)은 도수분포를 그래프로 나타낸 것이다. 히스토그램은 막대도표(column chart)로서 Y축은 각 계급 내의 빈도수(혹은 퍼센트)를, 그리고 X축은 각 계급경계를 눈금으로 표시한다. 막대 사이에 공간은 없어야 한다(어떤 계급에 데이터가 하나도 없는 경우를 제외하고). 세로축이 *빈도수*, *상대도수*, *퍼센트* 어느 것이든 히스토그램의 모양은 동일하다. 퍼센트는 $100f/n$(해당 계급의 빈도수를 표본의 크기로 나누어 100을 곱함)이기 때문에 Y축의 척도만 달라질 뿐이다.

앞에서 본 것처럼 계급의 개수와 경계를 선택하는 일은 우리의 판단을 요구한다. 히스토그램을 그리는 과정은 종종 시행착오의 과정이다. 계급의 개수와 경계를 어떤 식으로 선택했다 해도 그것이 최종적인 것이 아닐 수도 있다. 그림 3.2는 계급의 개수를 세 가지로 달

그림 3.2

세 가지 종류의 P/E 비율 히스토그램 PERatios

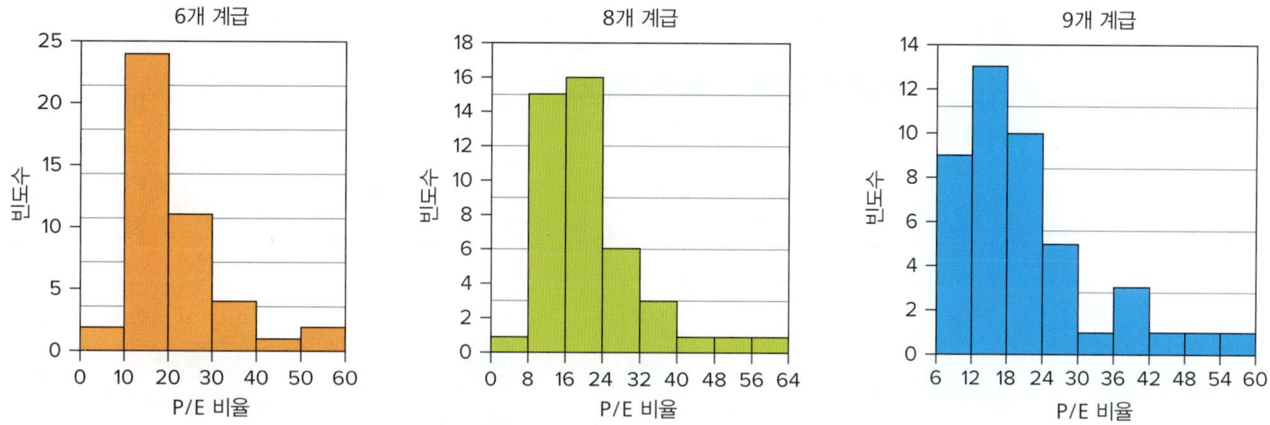

리하면서 P/E 비율 히스토그램을 그린 것이다.

계급의 개수를 어떻게 선택하느냐에 따라 분포 형태에 대한 우리의 인식이 달라질 수 있음을 알 수 있다. 6계급보다 더 많은 계급을 사용한 히스토그램이 분포의 기울어진 형태를 더 뚜렷하게 보여준다. 이 예에서 알 수 있는 것은, 더 세세한 형태를 보고 싶으면 스터지스 법칙을 벗어나야 한다는 것이다. 보고서에 어떤 히스토그램을 사용할지는 스스로 판단해서 결정해야 한다.

k	$(x_{max} - x_{min})/k$	적절한 계급폭	계급경계									
6	8.7	10	0	10	20	30	40	50	60			
8	6.5	8	0	8	16	24	32	40	48	56	64	
9	5.8	6	6	12	18	24	30	36	42	48	54	60

엑셀 히스토그램 만들기

엑셀로 히스토그램을 그릴 수 있다. 메뉴에서 데이터를 클릭한다. 거기에서 데이터 분석이란 항목을 발견할 수 없다면 첫번째 메뉴 탭인 파일을 클릭하여 거기에서 맨 아래쪽에 있는 옵션 버튼을 클릭하고, 추가 기능에서 분석도구를 선택하고 확인을 누른다. 일단 데이터에 데이터 분석이 나타나면 다음과 같은 절차를 거쳐 히스토그램을 작성한다.

1단계: 기존의 데이터 파일을 열거나 데이터를 직접 입력한다. 데이터 범위(최솟값에서 최댓값까지)를 커버하는 위쪽 계급 경계를 입력한다. 각 계급구간은 위쪽 경계를 포함한다. 위쪽 경계값을 포함하는 것은 엑셀에서만 그렇다(여기서는 분명하게 하기 위해 두 경우를 다 보여준다). 아래 예에서 예시를 보인 것처럼 서로 다른 계급 경계를 가지고 몇 차례 실험을 해 볼 수도 있다. 데이터를 클릭하고 데이터 분석을 선택한 다음, 히스토그램을 선택하고 확인을 누른다.

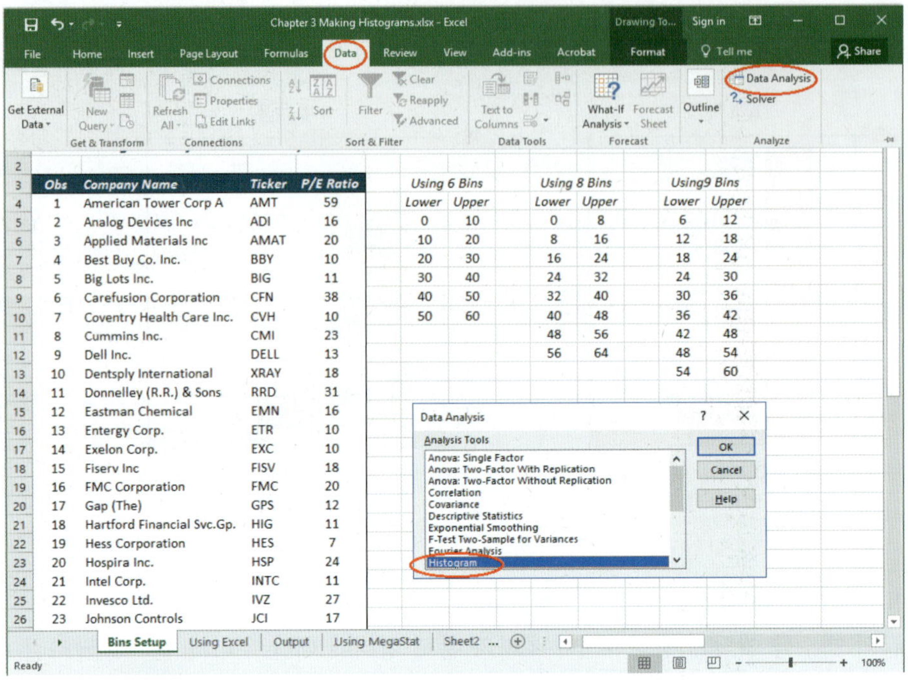

출처: Microsoft Excel.

2단계: 입력 범위를 입력한다. 계급 구간에 계급의 상한을 입력한다(엑셀에서는 계급의 상한만 사용된다). 출력 위치를 지정하거나 새로운 워크시트를 선택한다. 차트 출력을 체크한 다음 확인을 누른다.

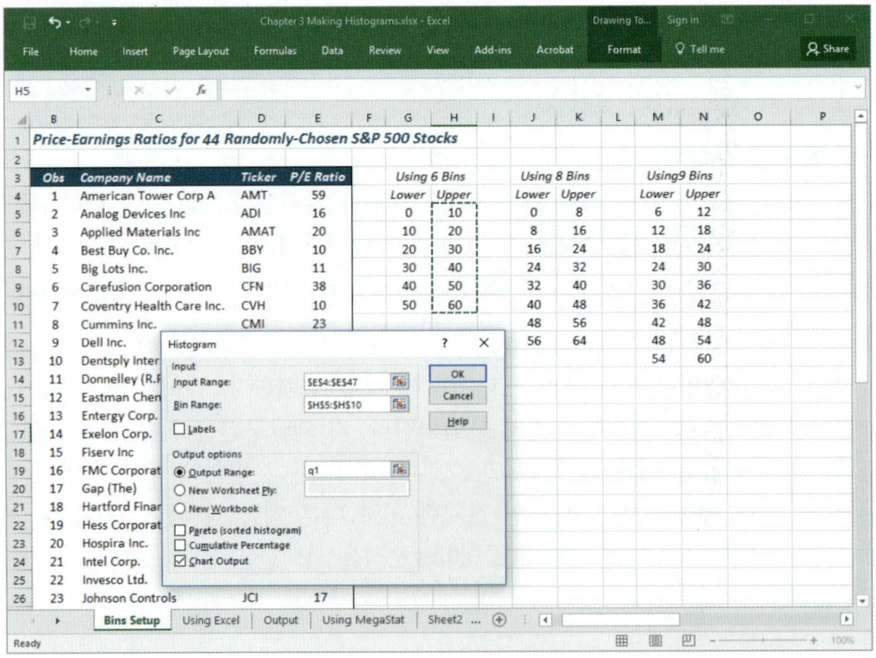

출처: Microsoft Excel.

3단계: 엑셀의 초기 설정된 히스토그램은 아주 기본적이기 때문에 아마도 자기 구미에 맞게 수정이 필요할 것이다. 히스토그램 그림을 클릭하면 *차트 구성요소*(Chart Elements) 혹은 *스타일*(Style)이 활성화된다. 거기에서 그림의 특성(예를 들어 그림제목, 축 이름, 눈금) 등을 수정한다. 또한 수정하고자 하는 부분(예를 들어 막대그림, 축, 차트영역, 그림영역)에서 마우스의 오른쪽 버튼을 클릭하여 원하는 편집 옵션을 선택할 수 있다. 예를 들어 엑셀의 히스토그램 중 가는 막대그림을 수정하려면, 막대그림에서 오른쪽 버튼을 클릭하고 Format Data Series를 선택하고 막대 사이 간격을 줄이면 된다. 아니면 새로운 컬럼차트를 만들 수도 있다(도수의 범위를 선택하고 **삽입**을 클릭하고 **컬럼**을 선택한 다음 필요에 맞게 나온 그래프를 수정하면 된다).

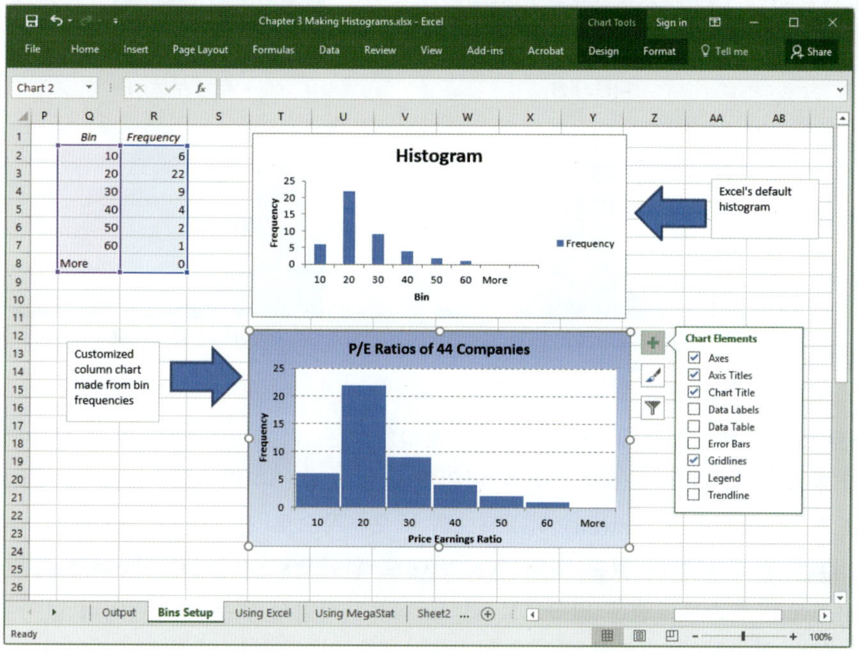

출처: Microsoft Excel.

형태

히스토그램을 통해 우리는 표본이 추출된 모집단의 *형태*를 짐작할 수 있지만, 표본이 크지 않은 이상 추론에 신중을 기해야 한다. 특히 계급의 개수나 계급경계 설정 방식에 따라 모양이 달라질 수 있다. 형태를 논함에 있어서 다음 용어들이 유용하다.

최빈계급(modal class)은 히스토그램 막대 중 주위의 다른 막대에 비해 가장 높은 것을 말한다. 최빈계급이 하나 있는 히스토그램을 *단봉*(unimodal), 2개 있는 것을 *양봉*(bimodal), 여러 개 있는 것을 *다봉*(multimodal)이라 한다. 그러나 최빈계급은 계급경계를 어떻게 선택하느냐에 따라 영향을 받는 다소 작위적인 것일 수 있다. 따라서 계급을 달리하면서 히스토그램의 형태 변화를 살펴보고 그에 따라 최빈성(modality)이 달라지지 않는지 주의 깊게 살펴볼 필요가 있다. 예를 들어 엑셀 히스토그램의 3단계 그림에서 P/E 비율 히스토그램을 보면 최빈계급이 10과 20 사이에 하나 있는 것을 볼 수 있다.

그림 3.3

전형적인 분포 형태

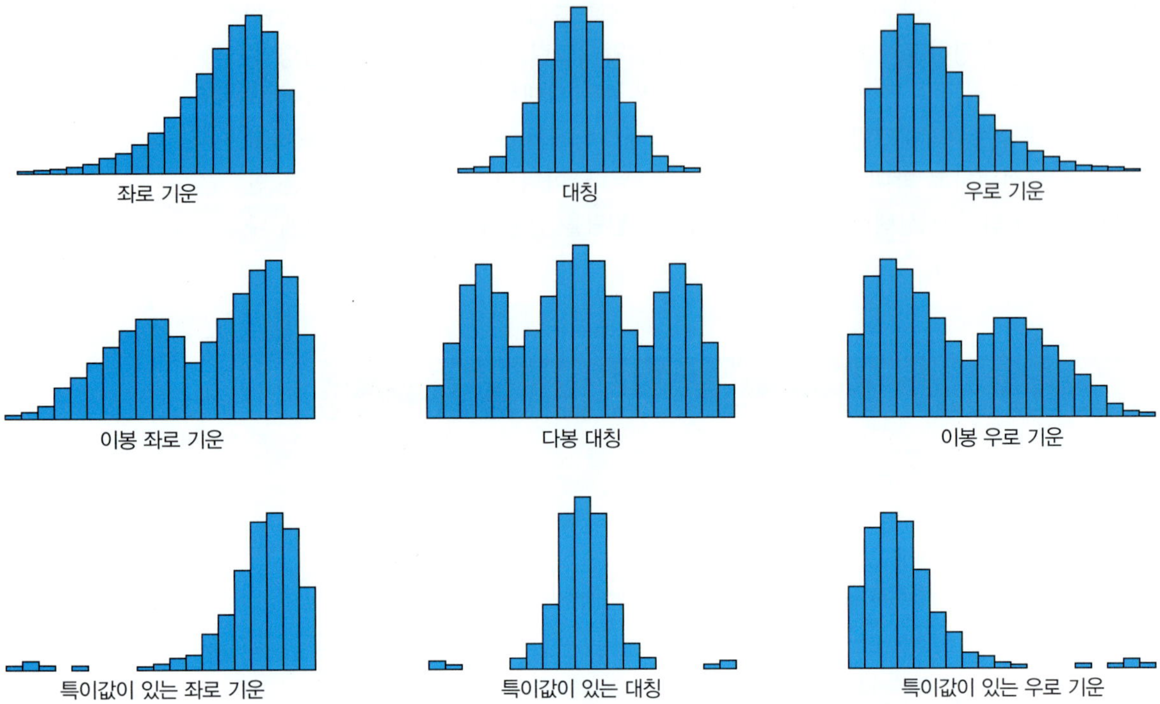

히스토그램의 *비대칭성*(skewness)은 긴 꼬리가 어느 쪽에 있느냐에 따라 분류된다. 양쪽 꼬리가 동일한 경우 히스토그램은 **대칭적**(symmetric)이다. **오른쪽으로 기운**(right-skewed 혹은 positively skewed) 히스토그램은 오른쪽으로 긴 꼬리를 가지면서 대부분의 데이터 값은 왼쪽에 몰려 있는 형태이다. 반대로 **왼쪽으로 기운**(left-skewed 혹은 negatively skewed) 히스토그램은 왼쪽으로 긴 꼬리를 가지면서 대부분의 데이터 값이 오른쪽에 몰려 있는 형태이다. 정확히 대칭인 히스토그램은 거의 없다. 비즈니스 데이터는 오른쪽으로 기운 형태가 많다. 왜냐하면 데이터가 왼쪽으로는 0 이하로 내려갈 수 없는 한계가 있는 반면, 오른쪽으로는 한계가 없는 경우가 많기 때문이다(예: 고용자 수). 그림 3.3이 이해에 도움을 줄 것이다.

특이값(outlier)은 대다수의 데이터 무리에서 크게 벗어난 특이한 값을 말하는 것으로, 특이한 원인에 의해 발생했거나 측정 오류 때문일 가능성이 높다. 특이값에 대해서는 다음 장에서 정식으로 논한다. 당분간은 특이값이란 히스토그램의 꼬리에 존재하는 비정상적인 점으로 이해하기로 하자.

효과적인 도수분포를 위한 고려사항

도수분포와 히스토그램을 만들 때 유의해야 할 몇 가지 일반적인 고려사항은 다음과 같다.

1. 먼저 스터지스 법칙을 검토하되 계급의 개수에 대한 하나의 제안 정도로만 받아들인다.
2. 적절한 계급 폭을 정한다.
3. 계급 폭의 배수로서 계급경계를 정한다.

그림 3.4

도수다각형 및 누적도수곡선 PERatios

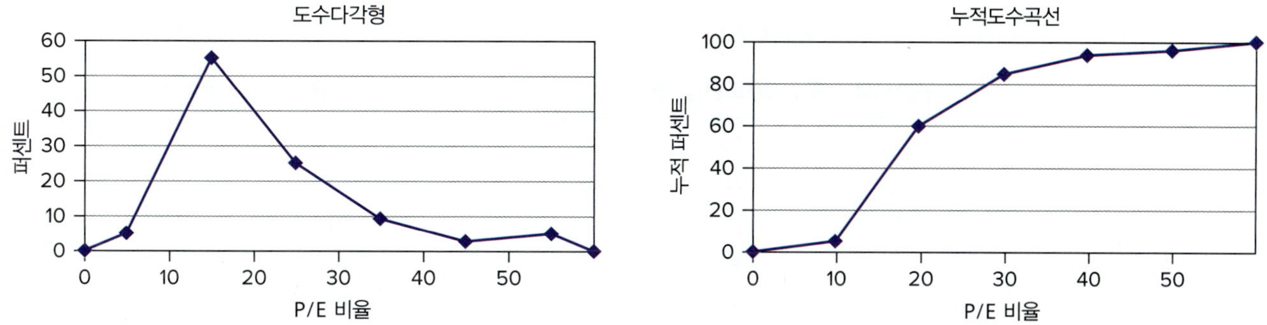

4. 데이터의 범위를 제대로 커버하는지 확인해보고 필요시 계급을 추가한다.
5. 기울어진 분포의 경우 자세한 모양을 충분히 표현하기 위해서는 더 많은 계급이 필요할 수 있다.

도수다각형 및 누적도수곡선

그림 3.4에는 계급별 도수를 표현하는 두 가지 그래프가 더 나와 있다. **도수다각형**(frequency polygon)은 히스토그램 각 구간의 중간점, 그리고 히스토그램 구간의 시작과 끝을 0으로 하는 점들을 이은 선이다. 사실상 히스토그램과 동일하지만 2개의 데이터세트를 비교하기에 유용하다(하나의 그림에 1개 이상의 도수다각형을 그릴 수 있기 때문). **누적도수곡선**(ogive)은 누적빈도를 선그림으로 나타낸 것이다. 백분위수를 파악하는 데 용이하고, 혹은 표본의 형태를 정규분포(다음 장에서 소개)와 같은 알려진 분포와 비교하는 데 효과적이다.

Mini Case 3.2

미국 경기침체 지속기간

다음 표 3.6은 미국의 33차례 경기침체 지속 기간 데이터를 두 종류의 계급으로 분류한 것을 보여준다(자세한 것은 **Mini Case 3.1** 참조). 스터지스 법칙은 $k = 1 + 3.3 \log(n) = 1 + 3.3 \log(33) = 6.01$로 6개의 계급을 사용하도록 권한다. 12개월의 기간을 갖는 6개의 계급을 사용하면 무난하다.

그러나 10개월의 기간을 갖는 7개의 계급을 이용해도 훌륭한 히스토그램을 만들 수 있다. 여러 가지 다른 가능성도 시도해볼 수 있을 것이다.

그림 3.5의 두 가지 히스토그램을 보면 모두 오른쪽으로 기운 형태임을 알 수 있다(긴 오른쪽 꼬리와 왼쪽에 몰려 있는 대부분의 값들). 또한 모든 히스토그램이 단일의 최빈계급을 갖고 있다(예: $k = 7$ 히스토그램에 따르면 경기침체가 10~20개월 지속된 경우가 가장 많았다). 두 히스토그램의 오른쪽 꼬리에 있는 1873~1879년의 장기(65개월) 경기침체는 하나의 특이값으로 간주할 수 있다. 주: 2020년에 시작된 경기침체는 포함되지 않았다.

표 3.6

33개 경기침체를 도수분포표로 만드는 방법 Recessions

k = 6 계급			*k* = 7 계급		
구간시작	구간 끝(포함 안 됨)	*f*	구간시작	구간 끝(포함 안 됨)	*f*
0	12	12	0	10	7
12	24	16	10	20	19
24	36	2	20	30	3
36	48	2	30	40	2
48	60	0	40	50	1
60	72	1	50	60	0
			60	70	1
	합계	33		합계	33

그림 3.5

6개 계급 및 7개 계급 히스토그램

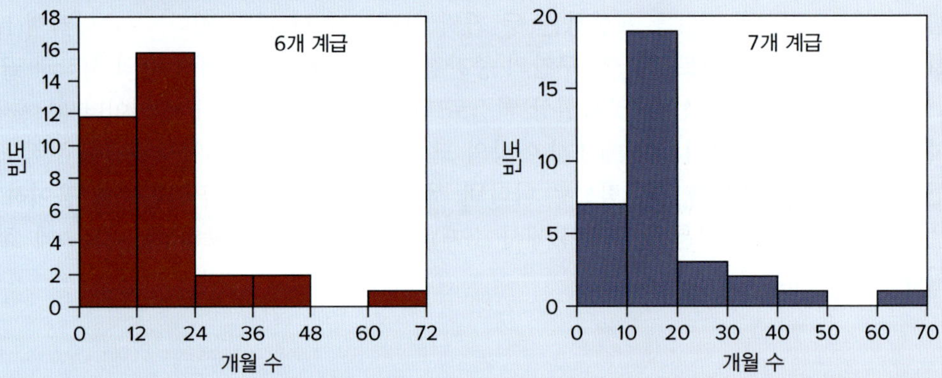

단원 연습문제

connect

3.5 (a) 다음 표는 주 경찰공무원에 응시한 24명의 시험 성적이다. 적절한 계급경계를 사용하여 도수분포 및 히스토그램을 작성하라. (b) 분포를 설명하고 특이점이 있는지 살펴보라.

Civil

83	93	74	98	85	82	79	78
82	68	67	82	78	83	70	99
18	96	93	62	64	93	27	58

3.7 (a) 다음은 학교 외부에 거주하는 학생 30명이 매달 지불하는 월세이다. 도수분포 및 히스토그램을 작성하라. (b) 계급의 개수를 달리하여 동일한 작업을 수행하라. 어느 쪽이 더 나은가? 그 이유는? Rents

730	730	730	930	700	570
690	1,030	740	620	720	670
560	740	650	660	850	930
600	620	760	690	710	500
730	800	820	840	720	700

3.9 다음의 각 도수분포에 대해 '적절한' 계급을 구하라. 자신의 선택이 스터지스 법칙과 일치하는가? 그렇지 않다면 이유를 설명하라.

a. 35명 학생이 보유한 자동차의 지난주 MPG(x_{min} = 9.4, x_{max} = 38.7)

b. 비행기 탑승객 50명의 나이(x_{min} = 12, x_{max} = 85)

c. 250명 대학생의 1학기 GPA(x_{min} = 2.25, x_{max} = 3.71)

d. 150개 뮤추얼펀드의 연간 수익률(x_{min} = 0.023, x_{max} = 0.097)

3.3 효과적인 엑셀 차트

엑셀은 강력한 그래프 기능을 갖추고 있다. 엑셀을 이용하여 시각적 표현을 효과적으로 할 수 있는 전문 기능을 갖추게 되면 훌륭한 팀원이 될 수 있고 유능한 사원이 될 수 있을 것이다. 엑셀로 좋은 차트를 만들기 위해서는 많은 경험이 필요하다. 엑셀을 늘 사용하는 전문가들도 날마다 새로운 기능을 깨닫는다고 말한다. 엑셀은 엄청나게 다양한 도표들을 제공한다. 이들 중에서 비즈니스에서 활용되는 것은 일부분에 불과하지만 전체 영역을 알아두는 것도 흥미로울 것이다.

엑셀 차트들은 아이콘으로 표시되어 있다(그림 3.6). 아이콘만으로 차트의 종류를 알 수 있을 것이다. 여기에서는 경영과 경제에서 가장 유용한 그림들을 설명한다. 선도표(추세를 보여주는 데 유용)와 산포도(두 변수의 관계를 보여주는 데 유용)가 대표적이다.

엑셀의 기본설정 그림은 매우 단순한 경향이 있다. 비즈니스에서 사용되는 그림이라고 밋밋해야 할 이유는 없다. 엑셀로 그래프를 만든 후 다음과 같은 편집 작업을 행할 수 있다.

- 제목 변경(차트, X축, Y축)
- 축의 척도 변경(최소, 최대, 단위)
- 데이터 값 표시(항상 그럴 필요는 없음)
- 그림 아래 데이터 표 삽입(여유 공간이 있다면)

그림 3.6
엑셀 차트 유형

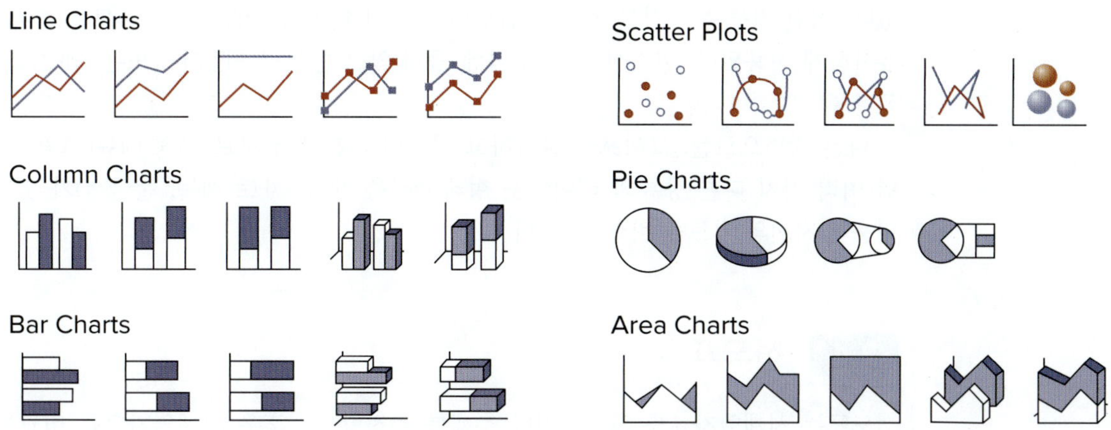

그림 3.7

차트 도구 리본

출처: Microsoft Excel.

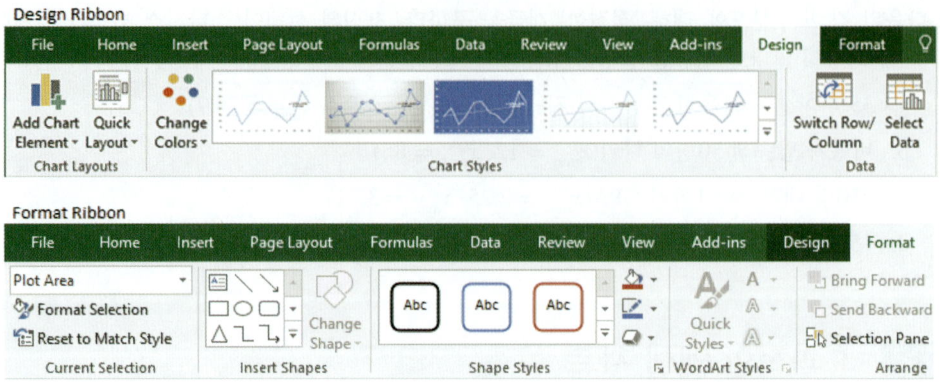

그림 3.8

차트 요소 추가 메뉴

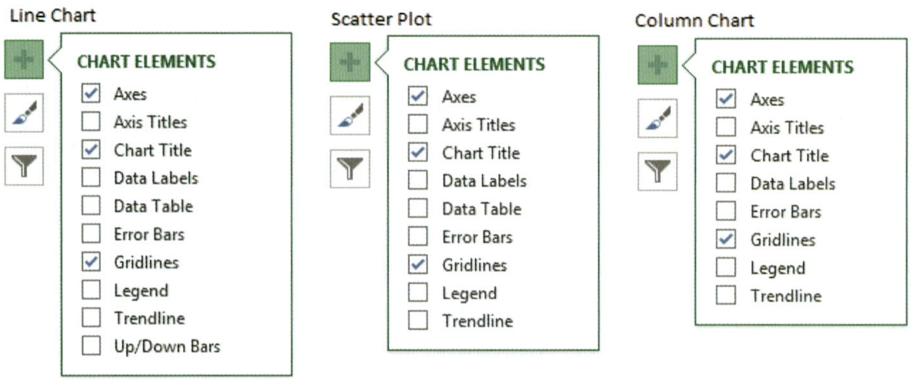

- 그림 혹은 차트 영역의 색 혹은 패턴 변화
- 축의 척도를 읽기 쉽도록 소수점 서식의 조정
- 눈금선 편집(점선 혹은 실선, 색)
- 막대 모양 변경(색, 패턴, 간격 너비)
- 산포도에서 표식과 선의 변경(크기, 색깔)

워크시트에 차트를 만들어 넣어두고, 그 차트를 클릭하여 선택하면 상단에 *서식과 디자인* 리본이 나타난다. 그림 3.7에서 보는 것처럼 만들어진 선그림을 필요에 맞게 수정할 수 있다. 어떤 기능은 특정한 차트에 한정되어 있긴 하지만, 이들 리본은 모든 종류의 차트에 유사하게 적용된다. 편집한 내용이 맘에 들지 않으면 그냥 되돌리기(또는 Crtl-Z)를 클릭하면 된다.

다른 방법으로는, 그래프를 클릭하고 디자인 리본에서 차트 구성 메뉴(그림 3.8)에 가보면 여러 가지 다른 종류의 레이아웃 형태(예: 축 제목, 차트 제목, 눈금선)가 있으며, 이를 이용해 자신의 차트를 바꿀 수 있다.

3.4 선도표

선도표는 시계열자료를 도시하거나 추세를 추적할 때, 혹은 시계열자료를 비교할 때 사용

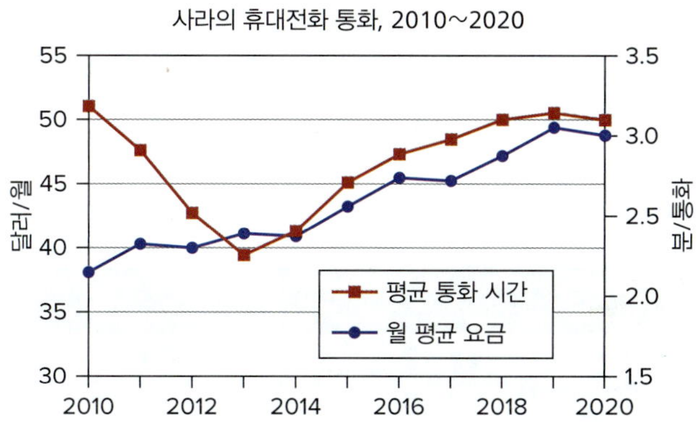

그림 3.9
두 척도
CellPhones

한다. 선도표는 여러 변수를 하나의 그림에 나타낼 수 있다. 2개의 변수를 그리는 경우 오른축과 왼축의 척도를 달리하여 각 변수에 배분할 수 있다. 엑셀로 그린 그림 3.9의 *두 척도 선도표*를 통해 *크기가 다른* 혹은 *단위가 다른* 변수들을 비교할 수 있다. 그러나 이런 그림은 두 변수가 비슷한 크기를 가진 것으로 착각하게 만들 위험도 있다는 것에 주의해야 한다.

하나의 선도표에 얼마나 많은 변수를 나타낼 수 있을까? 너무 복잡하면 시각적 표현이 망가진다. 예를 들어 6개 정도의 시계열 변수를 그림 하나에 담으면 아무리 심벌이나 기법을 교묘하게 사용해도 결과가 만족스럽지 않을 것이다. 따라서 판단을 잘 해야 한다.

보통 선도표에서는 세로 눈금선(grid line)을 사용하지 않는다. 가로 눈금선은 어떠한가? 눈금선이 배경을 복잡하게 만드는 측면이 있기는 하지만 주어진 연도의 *Y*값들을 보다 쉽게 알 수 있게 해준다. 한 가지 방법은 복잡함을 최소화하기 위해 연한 선을 사용하고 눈금선의 간격을 넓히는 것이다. 만약 데이터의 일반적 형태만을 제시하는 것이 목적이라면 눈금선을 빼도 상관없다.

엑셀 선도표 그리기

1단계: 선도표를 그리고자 하는 데이터를 블록으로 지정한 다음, 삽입을 클릭한다. 거기에서 꺾은선형을 클릭한 다음 원하는 선도표 형태를 선택한다. *힌트*: *X*축의 레이블이 있다 하더라도 블록지정에 포함시키지 않는다. *X*축의 레이블은 나중에 추가할 수 있다. 기본설정된 선도표는 매우 단순하므로 필요에 맞게 수정하는 게 좋다.

2단계: 그림을 원하는 대로 바꾸기 위해서는 차트를 클릭하라. 그러면 차트의 경계선이 선택되었음을 나타내는 것으로 바뀌면서 '*차트 구성요소*' 화면이(그래프의 오른쪽에) 뜨고 화면 상단에 *디자인과 서식* 리본이 활성화된다. 거기에서 차트를 편집할 수 있다. 또 다른 방법으로는 차트의 원하는 부분(예를 들어 차트영역, 그림영역, *X*축, *Y*축, 눈금선)에 커서를 갖다 대고 오른쪽 버튼을 클릭한 후 필요한 기능을 활용하여 그래프의 모양을 수정하면 된다. *X*축의 레이블을 추가하기 위해서는 차트에 대고 오른쪽 버튼을 클릭한 후, 데이터 선택-편집에서 *수평축* 레이블 버튼을 클릭하여 *X축 레이블*의 셀범위를 입력한다(이 예에서는 A3:B14).

3단계: 선도표에 추세선을 추가하고 싶으면 원하는 선에 커서를 갖다 댄 다음, 오른쪽 클릭을 하여 메뉴에서 **추세선 추가**를 선택하면 된다. 기본적으로 추세선은 직선으로 설정되어 있다. 추세선을 함수형태로 표시하고 (선의 적합도를 측정하는) 그 R^2 통계량을 보여주는 옵션도 있다.

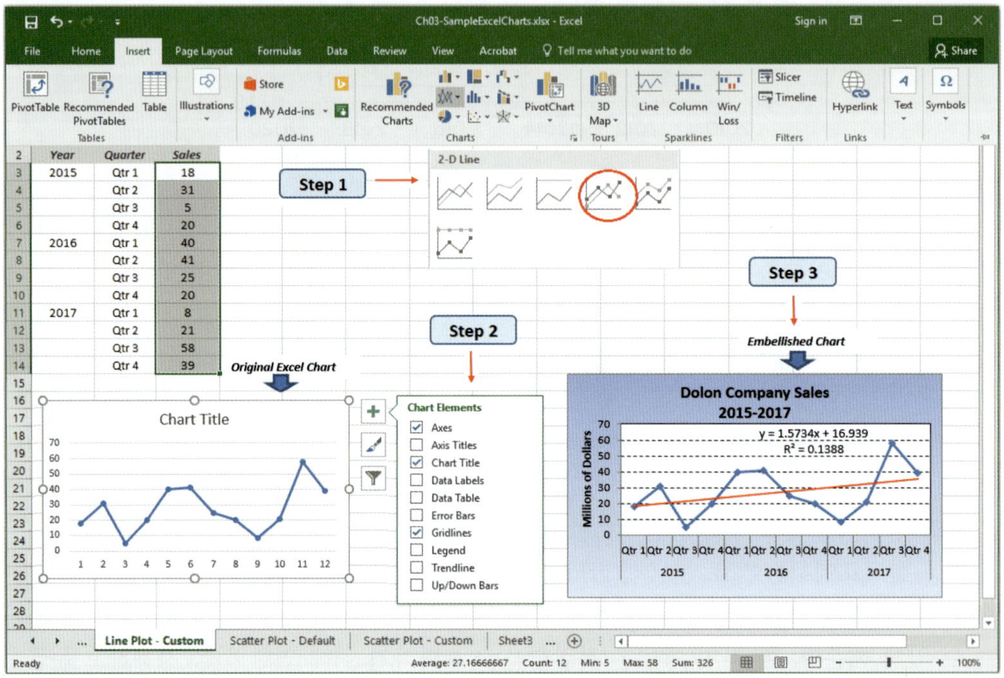

출처: Microsoft Excel.

로그척도

일반적으로 우리가 사용하는 척도인 **산술척도**(arithmetic scale)에서 *Y*축의 거리는 변수 값의 크기에 비례한다. 이와 달리 **로그척도**(logarithmic scale)에서는 동일한 거리가 동일한 *비율*을 나타낸다(이 때문에 로그척도를 *비율척도*라고도 부른다). 데이터의 값이 아주 크게 변할 때, 예컨대 10배 이상(예: 6에서 60까지) 변하는 상황에서 크기가 작은 값들을 보다 자세히 나타내기 위해서는 세로축에 *로그척도*를 쓰는 것이 좋다. 로그 그래프는 어떤 변수의 증가 속도가 점차 *빨라지는지*(볼록 함수), *일정한지*(직선), 점차 *둔화되는지*(오목 함수)를 보여준다. 로그척도에서는 *같은 거리는 같은 비율*을 나타낸다. 즉, 100에서 1000까지의 거리는 1000에서 10000까지의 거리와 같다(왜냐하면 둘 다 10:1의 비율이기 때문이다). 음수와 0에 대해서는 로그가 정의되지 않기 때문에(자신의 계산기로 이를 확인해보라), 로그척도는 데이터가 양의 값으로 이루어진 경우에만 적용할 수 있다.

로그척도는 증가가 누적적으로 지속되는 시계열 데이터에 유용하다(예: GDP, 국가부채, 자신의 미래소득). 로그척도는 오랜 시간을 커버하거나 혹은 그 양이 빠르게 증가하는(예: 창업기업의 수입) 금융 시계열 차트에 많이 쓰인다. 일부 전문가들은 기업의 연례보고서나 주식안내서 등에는 사전 지식이 없는 독자들의 오해를 막기 위해 로그척도의 이용을

그림 3.10

산술척도와 로그척도 비교 USTrade

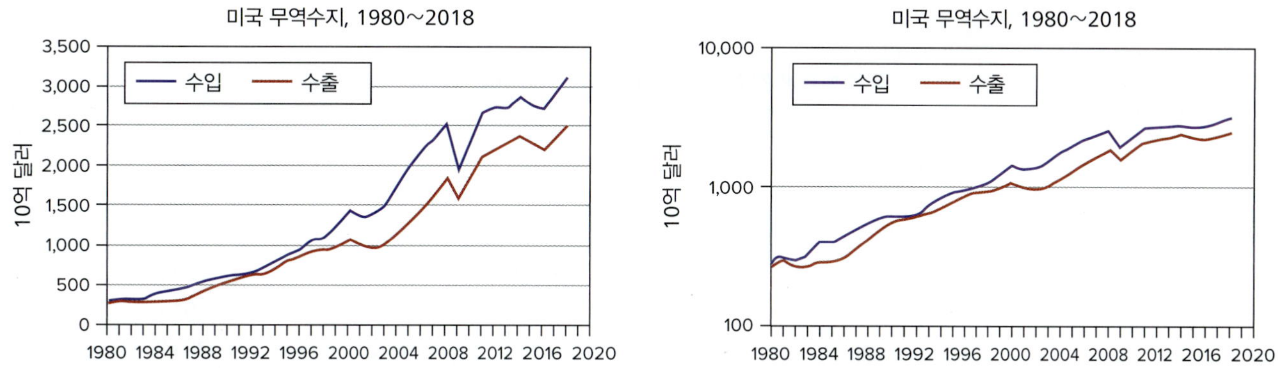

피해야 한다고 주장한다. 그러나 그럴 경우 크기가 10배, 100배로 변하는 데이터를 어떻게 제대로 나타낼 수 있다는 말인가? 투자자들이 좀 더 배워야 하는 것일까? 최소한 경상계열 학생들은 분명히 이런 상황과 맞닥뜨릴 것이기 때문에 로그척도를 이해할 수 있어야 한다.

예제 3.2

미국 무역 USTrade

그림 3.10은 미국의 무역수지를 보여주고 있다. 산술척도로 보면 교역규모의 증가가 기하급수적이다. 그러나 수출과 수입은 절대적으로는 증가하고 있지만, 로그 그래프를 보면 둘 다 아래쪽에서 볼 때 약간 오목이라는 점에서 *증가율*이 둔화되고 있음을 알 수 있다. 또한 로그 그래프상으로 보면 최근의 무역적자 증가가 *상대적으로* 큰 것도 아니다. 어떻게 표현되는지에 관계없이 무역적자는 여전히 정책당국자들의 주요 관심사이다.

효과적인 선도표를 위한 고려사항

다음은 선도표를 그릴 때 고려해야 할 사항들이다.

1. 선도표는 *시계열 데이터*를 그릴 때 사용된다(횡단면 데이터에는 이용되지 않는다).
2. 숫자를 *Y*축에 표시하고 *X*축에는 시간을 왼쪽에서 오른쪽 방향으로 표시한다. 경제경영 쪽에서는 이런 관행을 따른다.
3. 로그척도의 경우에는 그렇게 할 수 없지만, 일반적으로는 *Y*축에 0을 표시한다(엑셀에서 이것이 기본설정으로 되어 있다). 단, 값을 세부적으로 보여주고자 할 때는 예외이다. 0-원점 원칙은 기업 연례보고서나 투자자 주식안내서에는 의무사항이다.
4. 그래프가 복잡해지지 않도록 선도표에서 레이블은 대개 *생략하며*, 특히 데이터가 오랜 기간에 걸쳐 있을 때는 더욱 그러하다. 독자들이 데이터 값을 읽을 수 있도록 눈금선을 이용하라.
5. 데이터 표식(네모, 세모, 원)이 도움이 된다. 그러나 시리즈에 데이터 값이 많거나 변수가 많을 때에는 표식이 그래프를 복잡하게 만드는 단점이 있다.
6. 그래프에서 선이 너무 굵으면 독자들이 그래프 값을 정확히 읽기 힘들다.

단원 연습문제

connect

3.11 (a) 엑셀을 이용하여 아래의 주택착공 건수 데이터를 선도표로 작성하라. 기본으로 설정되어 있는 색, 글꼴 등을 수정하여 자신이 생각하기에 가장 효과적인 그림으로 표현하라. (b) 패턴이 있다면 설명하라.

미국 주택착공 건수(단위: 천), 2000~2020 Housing

연도	주택착공	연도	주택착공	연도	주택착공
2000	1,573	2007	1,342	2014	1,000
2001	1,601	2008	900	2015	1,107
2002	1,710	2009	554	2016	1,178
2003	1,854	2010	586	2017	1,209
2004	1,950	2011	612	2018	1,250
2005	2,073	2012	784	2019	1,267
2006	1,812	2013	928	2020	1,366

출처: https://fred.stlouisfed.org.

3.13 (a) 엑셀을 이용하여 아래의 낙뢰 사망 데이터를 선도표로 작성하라. 기본으로 설정되어 있는 색, 글꼴 등을 수정하여 자신이 생각하기에 가장 효과적인 그림으로 표현하라. (b) 패턴이 있다면 설명하라.

미국 낙뢰 사망, 1940~2015 Lightning

연도	사망	연도	사망	연도	사망
1940	340	1970	122	2005	38
1945	268	1975	91	2010	29
1950	219	1980	74	2015	27
1955	181	1985	74		
1960	129	1990	74		
1965	149	1995	85		

출처: www.lightningsafety.noaa.gov/fatalities.shtml.

3.5 막대도표

세로막대형 도표(column chart)는 데이터를 *세로로* 보여주는 것이고, **가로막대형 도표**(bar chart)는 자료를 *가로로* 보여주는 것이다. 그림 3.11은 인스타그램 사용빈도에 관한 추세의 비교를 보여주는 단순한 형태의 세로막대형 도표와 가로막대형 도표이다.

엑셀에서는 범주형 자료를 세로 혹은 가로의 형태로 보여줄 수 있다. 세로 혹은 가로 막대는 보다 쉽게 식별하기 위해 약간의 간격을 두고 그려진다. 엑셀에서 이 간격은 조정이 가능하다. 대부분의 사람들은 세로막대형 도표를 더 편하게 느끼지만, 가로막대형 도표는 축의 레이블이 길거나 범주의 개수가 많을 때 유용하다. 각 세로(혹은 가로) 막대에 각 범주에 해당하는 데이터의 값을 표시할 수도 있다. 범주의 수가 너무 많아 그래프가 복잡해지

그림 3.11

동일 데이터를 두 가지 막대도표로 표현 Instagram

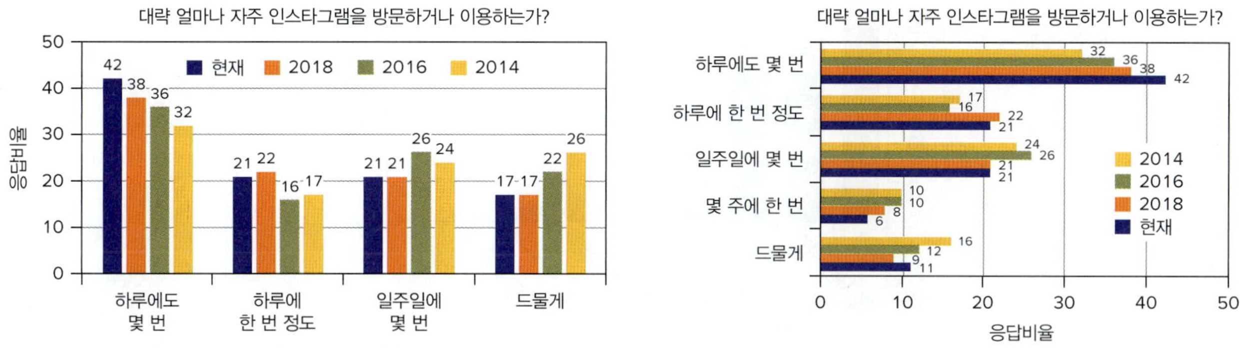

출처: Adapted from Pew Research Center. Used with permission.

지 않는 한 값을 표시해주는 것이 바람직하다. 엑셀의 COUNTIF() 기능을 이용하면 막대도표의 범주자료를 도수분포표로 만들 수 있다.

파레토 도표

비즈니스에서 자주 쓰이는 특별한 형태의 막대도표가 **파레토 도표**(Pareto chart)이다. 파레토 도표는 범주형 데이터를 빈도수 내림차순으로 표현한 것으로 가장 빈도수가 높은 범주가 맨 앞에 위치하게 된다. 일반적으로 관측치의 대부분은 몇몇의 주요 범주에 속하게 된다. 이런 현상을 *80/20 법칙*이라 부른다. 이 법칙은 비즈니스의 여러 현상에서 발견된다. 예를 들어 베일 리조트에 방문한 미국 고객들의 만족도 조사에서 응답자의 80%는 미국의 20% 주로부터 방문했다.

파레토 도표는 품질관리에서 서로 다른 결함 혹은 오류의 *빈도*를 나타내는 데 자주 이용된다. 품질과 관련한 문제점들은 몇 안 되는 요인에 집중되어 있다. 범주를 내림차순으로 정렬함으로써 관리자로 하여금 *사소한 여러* 원인보다는 *중요한 몇 개* 항목에만 집중하게 만들 수 있다.

그림 3.12는 어떤 구내 매점에서 $n = 398$명의 고객을 대상으로 조사한 불만사항을 파레토 도표로 나타낸 것이다. 처음 3개 범주가 전체 불만의 76%를 차지하는 것을 알 수 있다. 구내 매점의 주인은 음식이 너무 차지 않게 하거나, 손님들이 줄 서서 기다리는 시간을 줄이거나, 채식주의 메뉴를 제공하는 것 등에 집중할 수 있다.

누적 막대도표

그림 3.13과 같은 **누적 막대도표**(stacked column chart)에서 막대의 최종 높이는 각 그룹별 크기를 모두 합한 것이다. 막대는 전체 규모를 보여줌과 동시에 각 그룹에 색깔을 부여함으로써 그룹별 패턴을 보여준다. 누적 막대도표는 그룹의 숫자가 여러 개여도 표현될 수 있는 장점이 있으나, 최적 효과를 얻기 위해서는 그룹 숫자가 그다지 많지 않아야 한다. 각 데이터의 값이 중요할 때에는 숫자 레이블을 이용하라.

그림 3.12

파레토 도표

Concessions

주: 누적비율이 선으로 표시되어 있으며, 오른쪽 축이 누적비율의 척도이다.

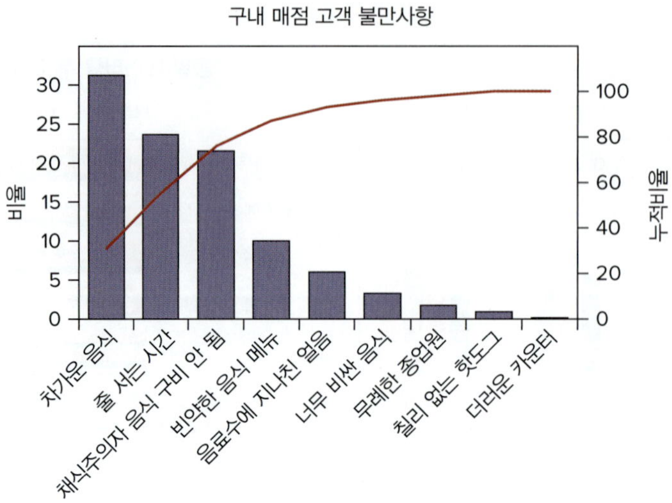

그림 3.13

누적 막대도표

MedSchool

출처: www.aamc.org.

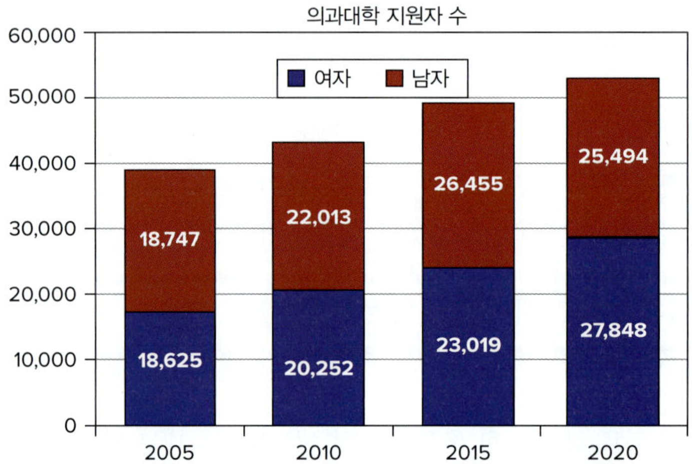

효과적인 막대도표를 위한 고려사항

다음은 막대도표를 그릴 때 고려해야 할 사항들이다.

1. 범주 레이블을 X축에 놓고 숫자 데이터를 세로막대로 표현한다.
2. 시계열일 경우 시간을 나타내는 범주 레이블(예: 연도)을 X축에 좌에서 우로 위치시킨다.
3. 각 막대의 높이나 길이는 표시할 양에 비례해야 한다. 대부분의 소프트웨어 패키지는 0-원점을 기본으로 하고 있어 이를 쉽게 확인할 수 있다. 0-원점 원칙은 기업의 연례보고서나 투자자 주식안내서에는 기본적인 요구사항이다(예: 수익의 과대선전을 막기 위해). 그러나 세밀한 비교를 위해 0을 원점으로 하지 않을 수도 있다.
4. 각 막대의 위쪽에 값을 표시할 수도 있다. 단, 레이블을 읽기가 어렵다거나(예: 너무 많은 막대), 시각적으로 단순함이 요구되는 경우에는(예: 일반 독자) 빼는 것이 좋다.

애널리틱스 적용 사례

베일 리조트 에픽패스

미국 콜로라도주 스키 명소인 베일 리조트는 새로운 스키 시즌패스인 에픽패스(Epic Pass)를 놓고 시장조사를 수행했다. 고객들을 대상으로 시즌패스의 어떤 부분을 가장 중요시하는지 조사했다. 시즌패스를 구별하는 범주는 스키를 탈 수 있는 일수(제한 대 무제한), 패스로 이용할 수 있는 리조트 숫자, 이용 제한 날짜 수(모든 공휴일, 일부 공휴일, 제한 없음), 패스의 가격 등이다.

시장조사는 베일 리조트 고객의 임의표본을 대상으로 했다. 응답자는 총 1,930명이었다. 연중 몇 차례 스키 휴가를 가는지에 따라 응답자를 몇 개 그룹으로 분류했다. 응답의 주요 내용이 아래에 묶음 막대도표로 표현되어 있다. 아래에서 보듯이 3개 응답 그룹 모두 시즌패스의 가장 중요한 요소로 가격을 꼽았다. 이는 시즌패스의 가격을 적절하게 정하는 것이 고객 유치의 핵심 요소라는 것을 의미한다. *결합분석*(conjoint analysis)이라는 애널리틱스 도구를 이용하여 이어진 설문조사들로부터 추가 데이터를 요약했다. 이러한 연구 끝에 에픽패스의 가격은 579 달러로 결정되었다. 도표는 분석가들로 하여금 여러 변수들에 대해 서로 다른 그룹으로부터 얻어진 정보를 비교하고 요약할 수 있도록 해줌으로써 효과적인 의사소통 수단이 되었다.

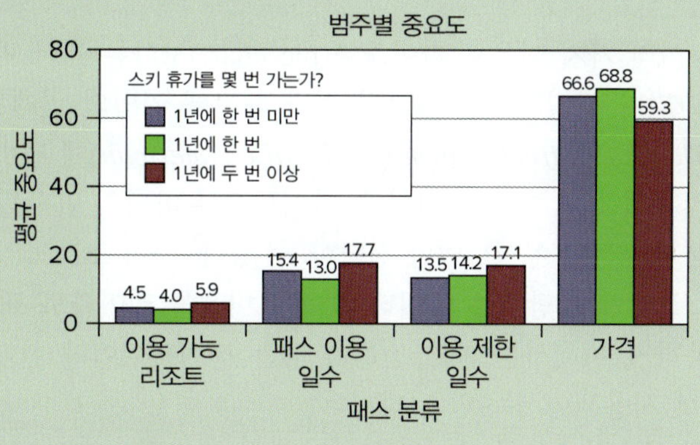

3.15 (a) 아래 휘발유 가격 데이터를 엑셀을 이용하여 선도표로 작성하라. 기본설정 되어 있는 색, 글꼴 등을 수정하여 효과적인 그림으로 표현하라. (b) 동일한 데이터를 이번에는 2차원 막대도표로 작성하라. 보다 효과적인 표현을 위해 필요하다면 수정을 가하라. (c) 선도표와 막대도표 중 어느 쪽이 더 나은가? 그 이유는? *힌트*: 도표를 만들 때 연도를 포함시키지 *말라*. 도표를 완성한 후에 도표에 대고 오른쪽 버튼을 클릭하여 데이터선택–수평축 레이블을 선택하고 편집을 통해 *X*축 레이블에 해당하는 연도의 범위를 넣으면 된다.

단원 연습문제

connect

미국 휘발유 평균 소매가격(갤론당 달러) GasPrice

연도	가격	연도	가격	연도	가격
1965	0.31	1985	1.20	2005	2.30
1970	0.36	1990	1.16	2010	3.02
1975	0.57	1995	1.15	2015	2.33
1980	1.25	2000	1.51	2020	1.77

출처: www.fueleconomy.gov 및 eia.doe.gov. 1980년 이전은 무연휘발유 가격임.

3.17 (a) 아래 데이터를 엑셀을 이용하여 파레토 도표로 작성하라. (b) 어느 3개 범주가 전체 불만사항의 80%가량을 차지하는가? (c) 전화회사는 어느 불만사항을 가장 먼저 신경 써야 하는가?

전화회사 서비스 불만사항, $n = 791$ Complaints

고객 불만	빈도	퍼센트
너무 긴 대기시간	350	44.2%
안내원의 무례함	187	23.6%
직접 담당자를 찾기 어려움	90	11.4%
도움 안 되는 안내원	85	10.7%
혼동되는 자동응답 안내	45	5.7%
찾기 어려운 고객서비스 전화번호	21	2.7%
거슬리는 자동응답 목소리	13	1.6%

3.6 파이도표

많은 통계학자들은 여러 가지 이유로 **파이도표**(pie chart)보다는 표나 막대도표를 더 나은 선택으로 여긴다. 그러나 파이도표는 시각적 효과 때문에 기업의 연례보고서나 신문지상(예: *USA Today*, *The Wall Street Journal*, *Scientific American*)에 날마다 등장하고 있기 때문에 제대로 된 사용법을 익혀야 할 것이다. 파이도표는 파이의 면적을 정확히 읽기 어렵기 때문에 *데이터의 대략적인 아이디어*만 전달할 수 있다. 파이 조각의 수는 작아야(대개 2에서 5개) 하며, 각 조각에 해당하는 데이터 값이나 비율을 레이블로 표시해야 한다. 파이도표를 올바로 사용하기 위해서는 *합이 전체가 되는 데이터*이어야 한다(예: 시장점유율). 파이도표가 시계열에 사용되어서는 안 된다.

그림 3.14와 같은 단순한 *2차원 파이도표*가 가장 좋다. *3차원 파이도표*(그림 3.15)는 시각적으로 더욱 구미를 당기지만 파이 조각의 크기가 애매해지는 단점이 있다. 그럼에도 불구하고 3차원 파이도표는 강한 시각적 효과 때문에 비즈니스 발간물에서 자주 발견할 수 있다. 동일한 데이터를 단순한 막대도표로 그릴 수도 있으며, 통계학자들은 이것을 더 좋아할 것이다. *주의*: 엑셀을 이용해 파이 조각에 데이터 레이블을 붙이는 방식으로 파이도표를 만드는 경우, 차트가 너무 작아져서 레이블을 읽기 어려울 수도 있다.

그림 3.14

레이블이 있는 2차원 파이도표
Textbook

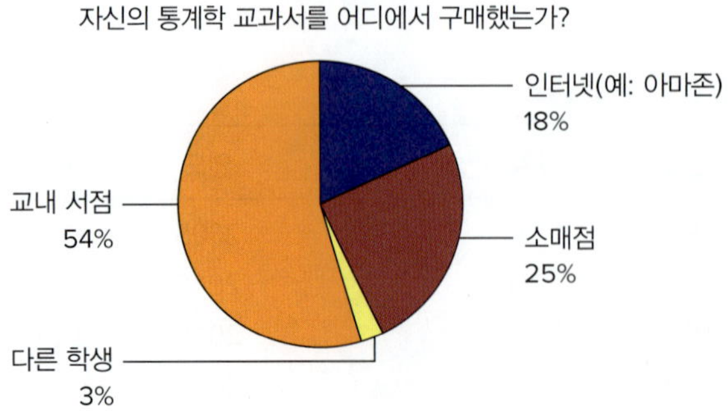

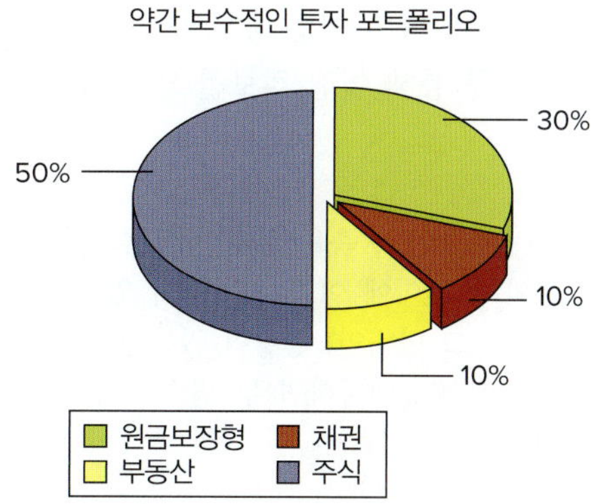

그림 3.15

3차원 쪼개진 파이도표

PieCharts

파이도표 작성 시 흔히 범하는 잘못

- 파이도표는 데이터 값의 대략적인 아이디어만 제공할 수 있다.
- 파이도표에 파이조각이 너무 많으면 효과적이지 않다.
- 파이도표 데이터는 *합이 전체*가 되어야 한다(예: 시장점유율).

단원 연습문제

connect

3.19 (a) 엑셀을 이용하여 다음 데이터를 2차원 파이도표로 작성하라. 기본으로 되어 있는 색, 글꼴 등을 수정하여 자신이 생각하기에 가장 효과적으로 표현하라. (b) 차트 부분에 커서를 놓고 오른쪽 클릭하여 **차트 종류** 변경에서 *3차원 원형(파이) 도표*를 선택하여 그림을 변화시켜라. (c) 차트 부분에 커서를 놓고 오른쪽 버튼을 클릭하여 **차트 종류** 변경에서 가로 막대형을 선택하여 그림을 변화시켜라. 어느 쪽을 더 선호하는가? 이유는? *힌트*: 퍼센트 *값들*을 레이블로 표시하라.

2017년 돌로나 기업의 의료비 청구 내역 Dolona

부문	퍼센트
병원 서비스	47.5
의사	27.0
제약	19.5
정신과	5.0
기타	1.0
합계	100.0

3.7 산포도

산포도(scatter plot)는 n쌍의 관측치 $(x_1, y_1), (x_2, y_2), \ldots, (x_n, y_n)$를 점(혹은 어떤 다른 심벌)으로 X-Y 평면에 그래프로 표시한 것이다. 산포도는 통계학에서 특별한 관심을 기울여야 할 만큼 매우 중요하다. 산포도는 이변량 데이터 분석의 시작점이다. 우리는 두 변수의 관계를 살펴보기 위해 산포도를 작성한다. 두 변수 간에 어떤 *연관성*(association)이 있는지, 만약 있다면 어떤 종류의 연관인지에 관심이 있다. 단일변량 데이터 분석과 마찬가지로 산포도를 통해 어떤 정보를 얻을 수 있는지 살펴보자.

예제 3.3

출생률 및 기대수명

출처: *The World Factbook 2003*, CIA, 2003. www.cia.gov.

그림 3.16은 X축을 기대수명, Y축을 출생률로 하여 산포도를 그린 것이다. 이 그림으로 볼 때 X와 Y 사이에 어떤 연관성이 있어 보인다. 즉, 출생률이 높은 나라일수록 기대수명이 낮은(혹은 그 반대인) 경향이 있는 것이다. 그러나 이것이 두 변수 간의 원인–결과를 의미하는 것은 아니다. 왜냐하면 두 변수 모두 제3의 변수(예: 1인당 GDP)의 영향을 받을 수 있기 때문이다.

그림 3.16

출생률과 기대수명의 산포도(n = 153개국) BirthLife

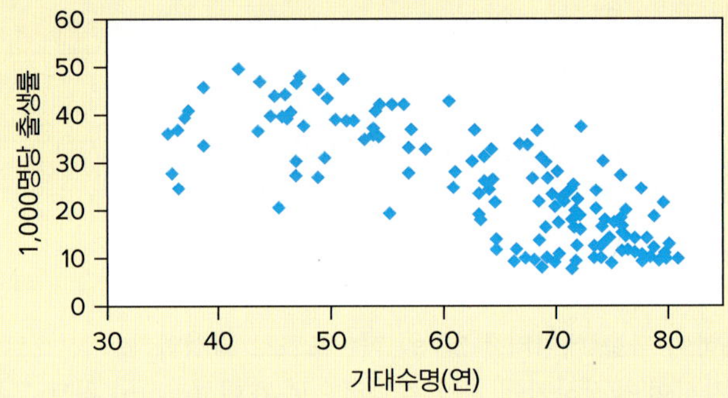

그림 3.17은 산포도의 몇 가지 전형적인 유형을 보여준다. 산포도는 표에서는 분명하지 않던, 쌍으로 이루어진 데이터의 패턴을 보여준다. 그림 3.18의 산포도를 전형적인 유형들과 비교해보고 어떤 패턴인지 설명해보라.

엑셀로 산포도 그리기

엑셀로 쉽게 산포도를 그릴 수 있다. 그러나 아마도 기본으로 설정된 그래프를 조금 바꾸기

그림 3.17

전형적인 산포도 유형

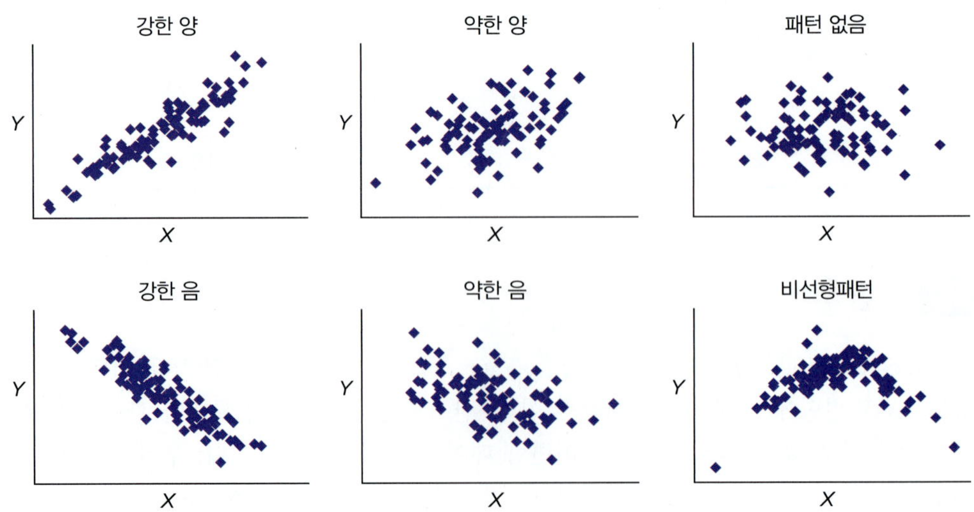

그림 3.18

네 가지 산포도

매우 강한 양의 연관성

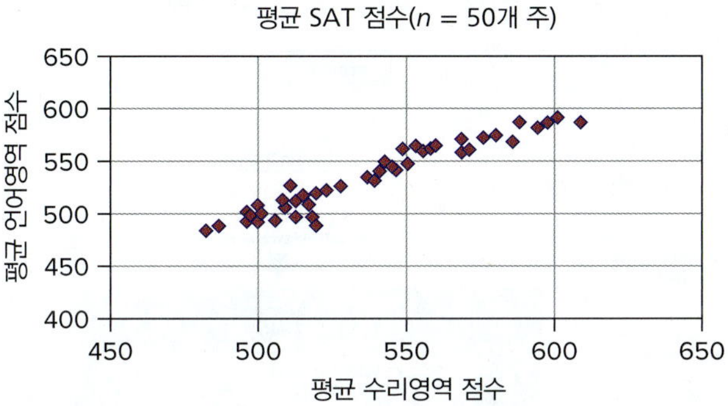

출처: *Statistical Abstract of the United States, 2001*, p. 151.

강한 양의 연관성

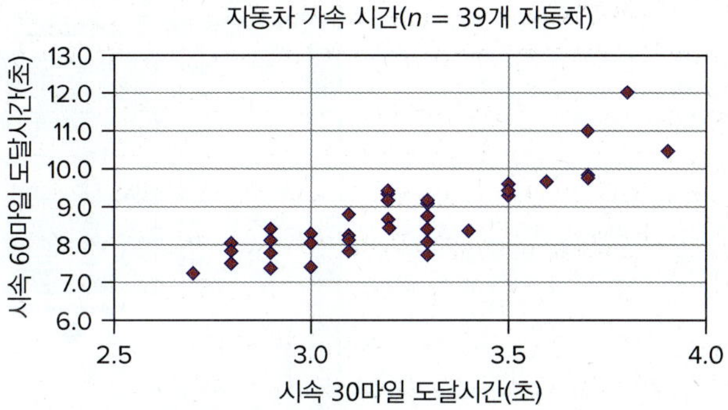

출처: Tests by a popular car magazine.

중간 정도 양의 연관성

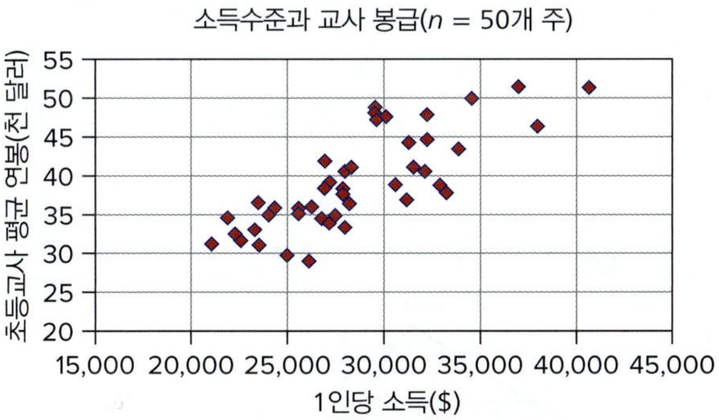

출처: *Statistical Abstract of the United States, 2001*, p. 151.

연관성이 거의 없음

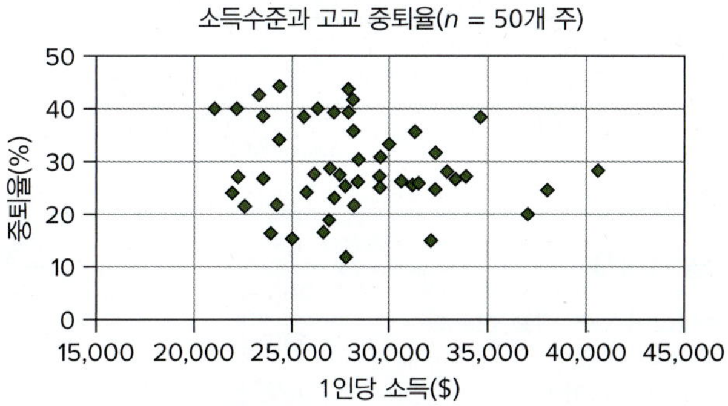

출처: *Statistical Abstract of the United States, 2001*, p. 151.

를 원할 것이다. 엑셀은 첫 번째 열을 *X*축 변수로, 두 번째 열을 *Y*축 변수로 인식한다.

1단계: 2개의 데이터 열을 블록으로 지정한 다음 **삽입** 리본을 클릭하고, 거기에서 **분산형** 아이콘을 클릭하여 원하는 산포도 형태를 선택하라. 기본으로 설정된 산포도는 아주 단순하므로 필요에 맞게 수정할 필요가 있다.

2단계: 그래프를 원하는 대로 바꾸기 위해서는 차트를 클릭하라. 그러면 도표의 경계선이 선택되었음을 보여주는 형태로 바뀌고, 화면 상단에 **차트 도구** 리본이 활성화된다. 거기에서 원하는 항목(예를 들어 *차트제목*, *축 이름*, *눈금선*)을 선택한다. 혹은 차트의 원하는 부분(예를 들어 차트영역, 그림영역, *X*축, *Y*축, 눈금선)에 커서를 갖다 대고 오른쪽 버튼을 클릭하여 원하는 모양이 나올 때까지 수정을 계속한다. 수정된 산포도의 예가 다음 장에 있는 그림이다.

3단계: 산포도에 추세선을 넣고 싶으면 커서를 산포도의 데이터에 갖다 대고 오른쪽 클릭을 하여 **추세선 추가**를 선택하라. 기본설정에서 추세선은 직선이다. 추세선의 함수와 R^2 통계량(추세선의 적합도에 대한 척도)을 보여주는 옵션도 있다.

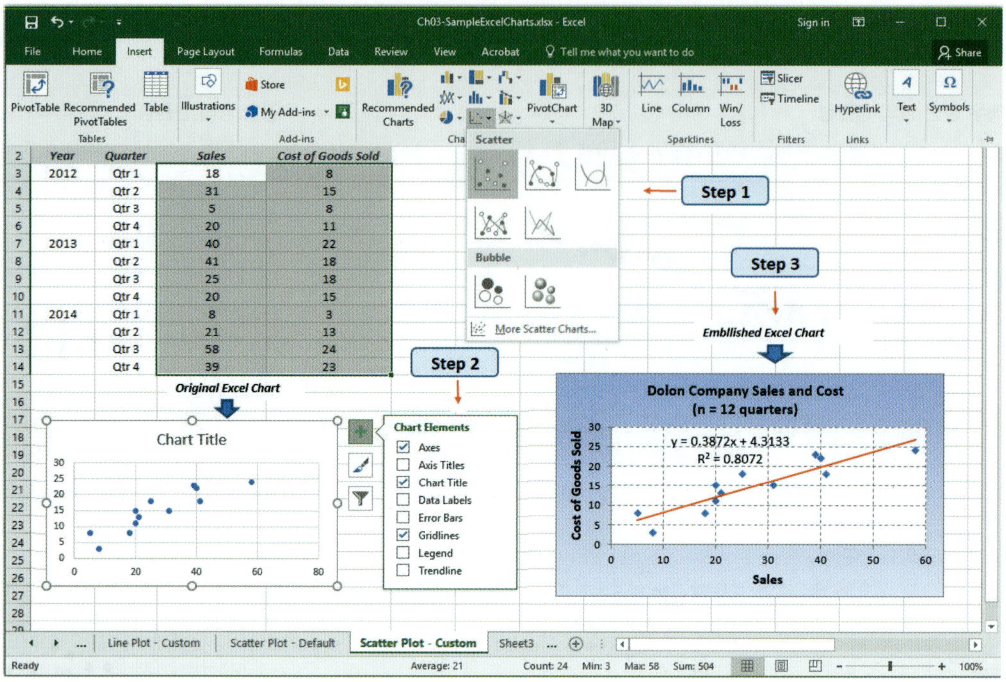

Source: Microsoft Excel.

그림 3.19

추세선이 있는 엑셀 산포도 (n = 28개주)

RetailSales

출처: *Statistical Abstract of the United States*, 2007, p. 660.

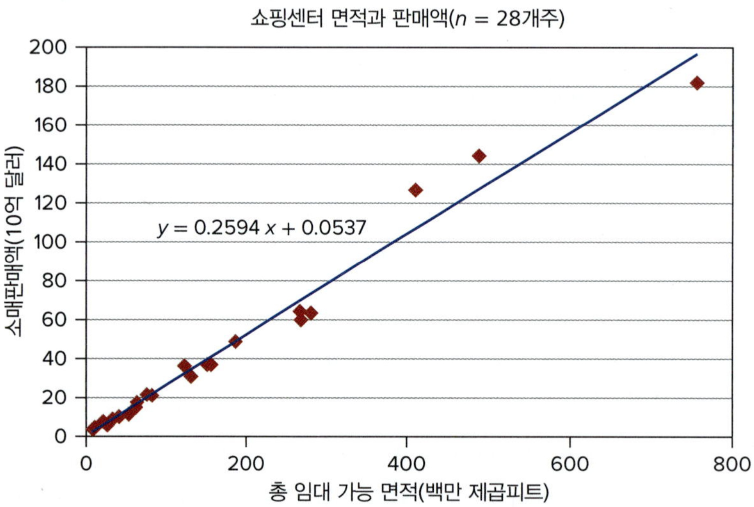

선형 추세선 예 그림 3.19에는 엑셀로 그린 추세선이 나와 있다. 여기에서 28개 주(州) 쇼핑센터에 대해 X = 총 임대 가능 면적이고, Y = 총 소매판매액이다. 직선의 기울기(0.2594)는 X가 한 단위(여기에서는 백만 제곱피트) 변했을 때 평균적으로 소매판매액이 0.2594 단위(10억 달러) 변한다는 것을 의미한다. 절편은 거의 0인데, 쇼핑센터의 임대가능 면적이 0인 경우에는 판매액도 0에 가깝다는 것을 의미한다. 나중에(12장에서) 엑셀을 이용하여 **추세선**(trend line)을 어떻게 구하고, 어떻게 해석하며, 어느 때 그것이 유용한지에 대해 배운다. 그러나 여기서는 처음 산포도를 만들어 보는 여러분들을 위해 엑셀의 추세선을 (X, Y)데이터의 패턴을 알아보기 위한 하나의 *기술통계적 도구*로 소개한 것이다.

단원 연습문제

connect

3.21 (a) 아래에 나와 있는 10주에 걸친 생수 판매 데이터를 엑셀을 이용하여 산포도로 작성하라(X축은 가격, Y축은 판매량). 그림의 제목을 넣고 기본으로 설정되어 있는 색, 글꼴 등을 수정하여 자신이 생각하기에 가장 효과적인 산포도로 표현하라. (b) X와 Y의 관계를 (관계가 있다면) 묘사하라. 약한가, 강한가? 음의 관계인가, 양의 관계인가? 선형인가, 비선형인가?
WaterSold

개당 가격	판매 개수
1.15	186
0.94	216
1.04	173
1.05	182
1.08	183
1.33	150
0.99	190
1.25	165
1.16	190
1.11	201

3.23 (a) 아래의 소매점 판매 데이터를 엑셀을 이용하여 산포도로 작성하라(X축은 쿠폰, Y축은 수입). 그림의 제목을 넣고 기본으로 되어 있는 색, 글꼴 등을 수정하여 자신이 생각하기에 가장 효과적인 산포도로 표현하라. (b) X와 Y의 관계를 (어떤 것이든) 묘사하라. 약한가, 강한가? 음의 관계인가, 양의 관계인가? 선형인가, 비선형인가?

소매점의 수입과 쿠폰 거래 비중(n = 20) Coupons

주	수입($000)	쿠폰 %	주	수입($000)	쿠폰 %
May 9	780	66.7	Jul 18	983	48.3
May 16	921	40.0	Jul 25	859	55.0
May 23	883	55.6	Aug 1	904	73.3
May 30	932	84.6	Aug 8	909	85.7
Jun 6	887	70.0	Aug 15	988	94.1
Jun 13	1,121	69.2	Aug 22	943	80.0
Jun 20	723	17.5	Aug 29	1,007	83.3
Jun 27	857	16.3	Sep 5	930	90.9
Jul 4	849	25.5	Sep 12	928	87.5
Jul 11	859	14.9	Sep 19	920	70.0

3.8 표

표(table)는 데이터를 표현하는 가장 간단한 형태이다. 그러나 표를 효과적으로 만들기 위해서는 훈련이 필요하다. 가로 세로로 숫자를 잘 배열하여 표를 만들면 의미가 확실해지고 한눈에 이해가 가능해진다.

내용이 복잡할 때는 그래프보다는 표가 더 선호된다. 표 3.7은 한 은행의 주주들에 대한 연례보고서의 요약이다. 옆으로 시계열의 자료를, 아래로 6개의 변수를 배치했다. 숫자는 반올림하여 정수로 표시했고 단위는 백만달러이다(그렇게 하지 않았다면 수치 자료들은 자릿수가 많아져서 보기가 쉽지 않았을 것이다). 정확한 수치들은 연례보고서(10K reports)에 다 나와 있다. 문서나 프레젠테이션 슬라이드에 있는 표들을 원래의 스프레드시트에 연결되도록 해두면 업데이트가 쉬워진다. 이 경우 스프레드시트의 데이터를 편집 수정하더라도 테이블의 형태가 흐트러지지 않도록 주의할 필요가 있다.

표 3.7

XY은행의 수익보고서 요약 (백만 달러) XYBank

	연도				
	2020	2019	2018	2017	2016
순이자 수익	2,306	2,025	1,805	1,772	1,652
대손충당금	2	77	237	138	28
비이자 수익	1,046	1,069	1,174	1,052	842
비이자 비용	1,821	1,748	1,915	1,815	1,586
소득세 충당금	307	518	178	244	292
순익	1,185	735	462	530	586

효과적인 표 작성을 위한 고려사항

다음은 표를 작성할 때 고려해야 할 사항들이다.

1. 표는 단순하게, 그리고 목적을 잘 표현할 수 있도록 작성하라. 표가 크거나 많을 경우에는 요약표를 *본문*에 넣고 세부적인 표는 *부록*으로 처리하라. 프레젠테이션의 경우 사람들이 *10초* 내에 표의 주요 내용을 명확히 알 수 있어야 한다. 그렇지 않을 경우 표를 나누든지 아니면 데이터를 결합시켜야 한다.
2. 데이터를 열끼리 비교할 수 있도록 배치하라. 사람들은 위아래로 비교하는 것보다는 좌우로 비교하는 것을 더 편해 한다는 연구결과들이 있다.
3. 프레젠테이션 목적이라면 숫자들을 서너 자릿수가 되도록 반올림하라(예: 142.213보다는 142). 어찌됐든 사람들은 마음속으로 숫자를 반올림한다고 한다. 단, 회계상의 이유, 혹은 나중 계산에 필요한 숫자인 경우에는 예외이다.
4. 자신이 강조하고 싶은 곳에 눈길이 가도록 표를 디자인하라. 행이나 열의 구분을 위해 여백을 두거나 배경색을 달리할 수 있다. 선을 많이 집어넣지 않는 것이 좋다.
5. 행이나 열의 제목은 간단하면서도 의미를 전달할 수 있어야 한다.
6. 동일한 열에서는 소수점 자릿수가 동일해야 한다. 오른쪽 정렬을 하거나, 열 내의 모든 숫자가 같은 자릿수가 아니라면 소수점을 기준으로 정렬한다.

피벗 테이블 PivotTable

엑셀에서 가장 인기 있으면서 강력한 기능이 데이터 행렬 분석 도구인 **피벗 테이블**(pivot table)이다. 피벗 테이블은 열과 행을 갖는데, 각 셀은 해당하는 열과 행 변수가 결합된 통계량을 보여준다. 단. 열과 행 변수는 모두 *범주형*이거나 *이산형* 변수로서 모두 숫자형이어야 한다(이 용어들이 생소하면 2장을 복습할 것). 피벗 테이블이 일단 만들어진 다음에도 표를 쉽게 바꿀 수 있는데, 데이터 행렬 목록에서 원하는 변수를 선택하여 끌어 옮기면 된다. 또한 셀에 표시된 통계량(합계, 개수, 평균, 최고값, 최저값, 곱)을 바꿀 수도 있는데, 피벗 테이블에 커서를 놓고 오른쪽 버튼을 클릭하여 **값 필드 설정**을 선택하면 된다. 여기에서 간단한 데이터 행렬(25개 주택, 3개 변수)을 이용하여 피벗 테이블을 만들어보기로 한다. 첫 번째 표는 각 범주에 속한 모든 주택에 대해 제곱피트(SqFt; 주택 면적)의 합을 보여준다. 두 번째 표는 첫 번째 표를 **복사하여 붙여넣기** 한 다음, 합이 아니라 평균을 구한 것이다.

1단계: 삽입 탭을 선택한 다음 원하는 데이터의 범위를 정한다.

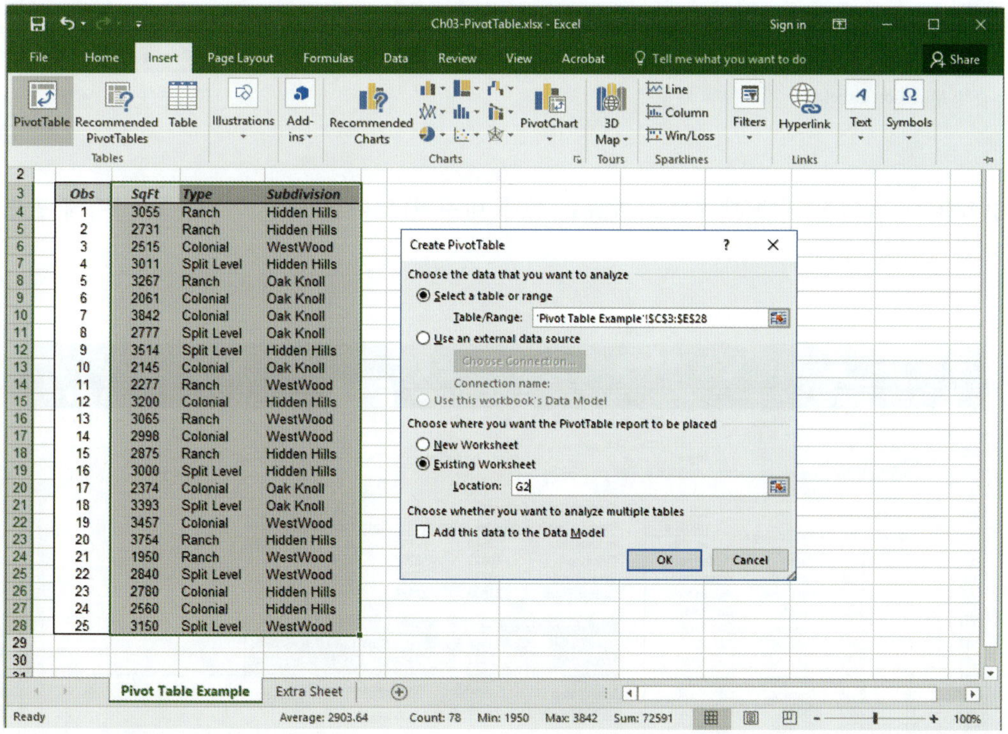

출처: Microsoft Excel.

2단계: 피벗 테이블 필드 목록에서 원하는 변수를 선택하여 보고서 필터, 열 레이블, 행 레이블로 드래그 이동시킨다.

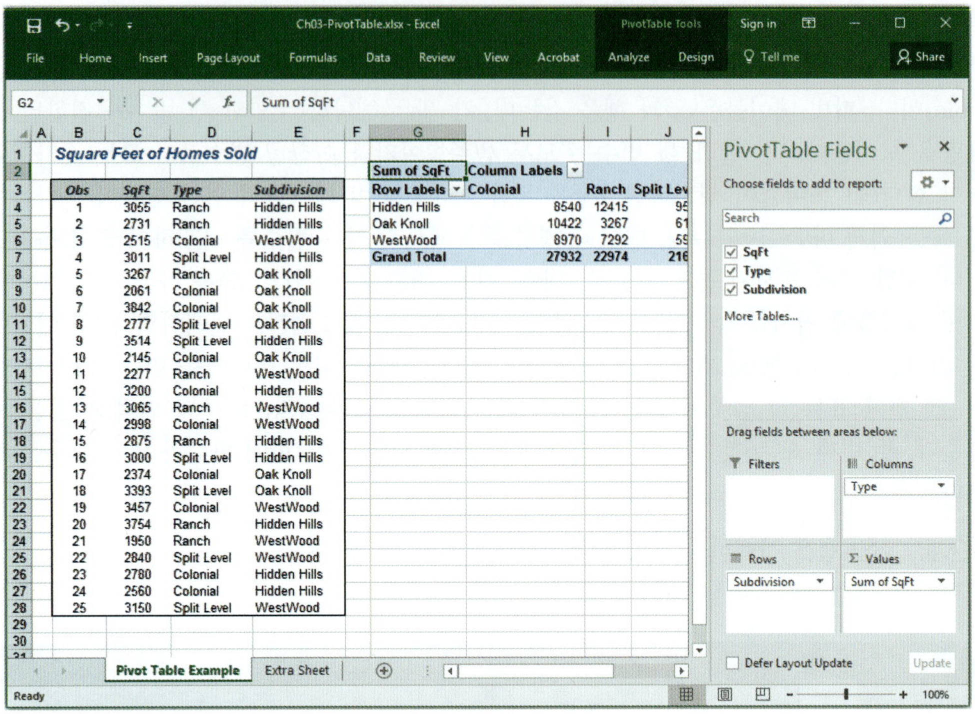

출처: Microsoft Excel.

3단계: 만들어진 피벗 테이블을 메뉴를 통해 바꾸거나, 혹은 오른쪽 버튼을 클릭해 필요한 수정을 한다.

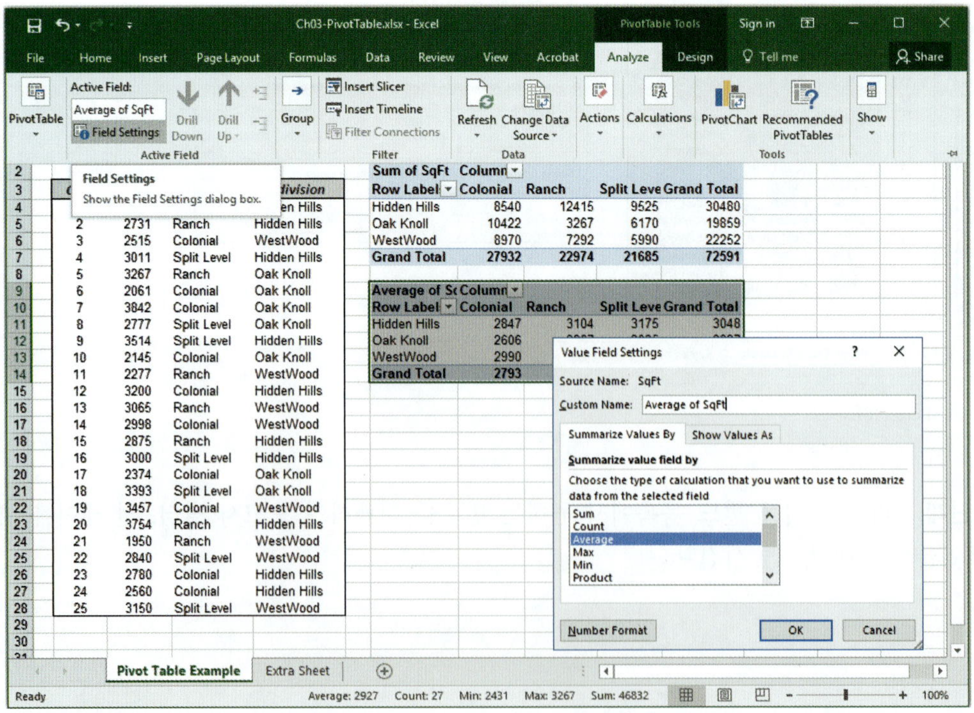

출처: Microsoft Excel.

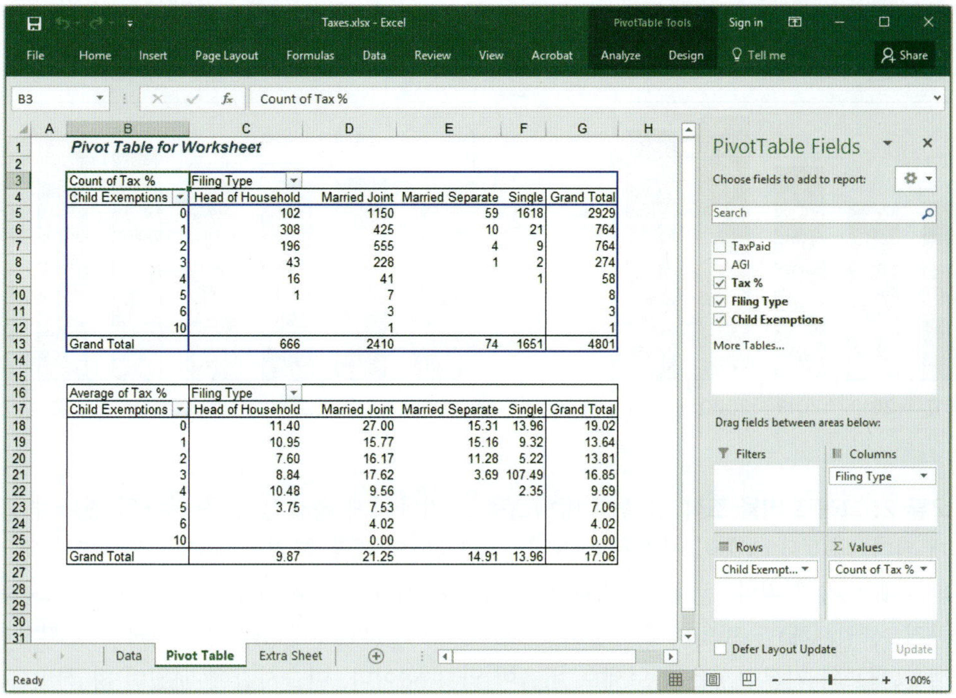

Pivot Table for Worksheet

Count of Tax %	Filing Type				
Child Exemptions	Head of Household	Married Joint	Married Separate	Single	Grand Total
0	102	1150	59	1618	2929
1	308	425	10	21	764
2	196	555	4	9	764
3	43	228	1	2	274
4	16	41		1	58
5	1	7			8
6		3			3
10		1			1
Grand Total	666	2410	74	1651	4801

Average of Tax %	Filing Type				
Child Exemptions	Head of Household	Married Joint	Married Separate	Single	Grand Total
0	11.40	27.00	15.31	13.96	19.02
1	10.95	15.77	15.16	9.32	13.64
2	7.60	16.17	11.28	5.22	13.81
3	8.84	17.62	3.69	107.49	16.85
4	10.48	9.56		2.35	9.69
5	3.75	7.53			7.06
6		4.02			4.02
10		0.00			0.00
Grand Total	9.87	21.25	14.91	13.96	17.06

그림 3.20

미국 소득세 환급 두 가지 피벗 테이블(n = 4,801)

Taxes

출처: Microsoft Excel.

McGraw-Hill Connect®의 웹사이트에서는 보다 자세한 단계별 피벗 테이블 작성법을 보여준다. 피벗 테이블은 변수가 많은 대규모 데이터 행렬에 아주 유용하다. 예를 들어 그림 3.20은 미국 납세자 n = 4,801명의 세금환급 데이터를 이용하여 만든 2개의 피벗 테이블을 보여준다. 첫 번째 피벗 테이블은 납세자 신고 유형(독신, 결혼 동거, 결혼 별거, 가구주)별로 공제 자녀수(0, 1, 2,⋯, 10)를 교차표로 만든 것이다. 또한 두 번째 피벗 테이블은 동일한 변수에 대해 평균 세율(%)을 보여준다.

3.9 현혹적 그래프

지금까지 좋은 그래프를 그리는 방법에 대해 설명했다. 이제 방향을 달리해보자. 정보를 공정하게 다루기 위해서는 오류 가능성을 항상 염두에 두어야 한다. 많은 경우 잘못은 부지불식간에 일어나지만 의도적으로 사실을 왜곡하기도 한다. 다음의 리스트를 참고로 하여 그래프와 관련된 의도적인 혹은 의도하지 않은 잘못을 경계해야 할 것이다.

오류 1: 원점이 0이 아닌 경우 원점이 0이 아닐 경우 추세를 과장하게 된다. 그림상의 거리가 실제 값이나 축의 표식을 제대로 반영하지 못한다. 회계 실무에서 특히 이 부분을 강하게 요구한다. 0-원점이 선호되지만 세부적인 것을 보여주기 위해 원점이 0이 아닌 경우도 때로는 필요할 수 있다. 같은 데이터에 대해 그린 2개의 그래프 가운데 첫 번째의 것(원점이 0이 아닌 것)이 추세를 과장되게 보여준다.

원점이 0이 아닌 경우

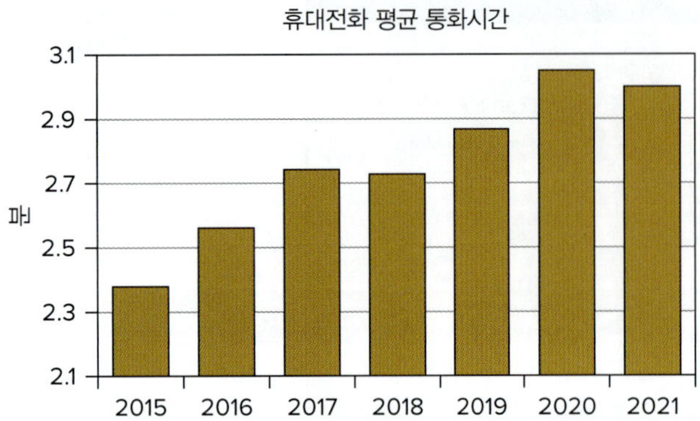

원점이 0인 경우

오류 2: 그래프 비율 조작 *Y*축에 비해 *X*축을 지나치게 축소할 경우 상하의 변화가 과장되게 된다. 따라서 (*X*축이 시간을 나타내는) 시계열의 경우 부진한 매출 혹은 순익 곡선이 가파르게 보이게 된다. 반대로 *Y*축에 비해 *X*축이 지나치게 확대될 경우 급격한 변화(해커의 공격, 산업재해)를 밋밋하게 해준다. *가로세로 비율*(가로/세로)을 2.0 이하로 유지하라. 엑셀 그래프의 기본설정은 가로세로 비율이 약 1.68이다. 미술시간에 배웠던 황금비(Golden Ratio)에 따르면 1.62가 이상적이다. 예전 TV 화면은 구형 PC 스크린(640 × 480픽셀)과 마찬가지로 1.33 비율을 이용했다. 영화는 와이드스크린(2.55까지)을 사용하지만 비디오테이프나 DVD에서는 TV 화면에 맞추기 위해 일부가 잘리기도 한다. HDTV나 멀티미디어 컴퓨터는 16:9의 가로세로 비율(약 1.78)을 사용한다. 신형 모니터는 21:9(약 2.33)의 비율을 제공하기도 한다. 가로보다 세로가 더 큰 도표는 페이지나 컴퓨터 화면에 잘 맞지 않는다. 아래 두 도표는 동일한 데이터를 표현한 것이다. 어느 쪽이 더 빨리 증가하는 것처럼 보이는가?

가로축 확대

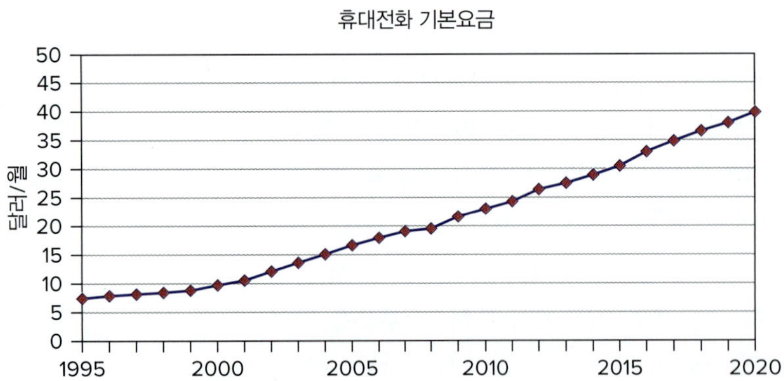

가로축 축소

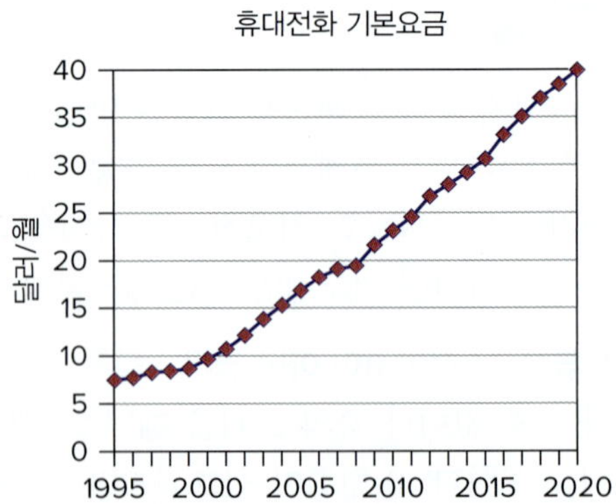

오류 3: 과장된 제목, 산만한 그림 및 복잡한 입체형 제목이 도표의 내용을 전달하기보다는 사람들의 관심을 집중시키는 데 초점을 맞춘 경우가 있다(예: 날뛰는 범죄자, 적자의 늪에 빠진 경제). 때로는 결론을 유도하는 제목도 있다(예: 인플레이션 때문에 사라져버린 저축,

수입에 억눌린 수출). 제목은 간결하면서도 목적에 적합해야 한다.

시각적 활기를 더하기 위해 도표를 관심을 분산시키는 사진 위에 겹쳐 보이게 하거나 만화그림, 배너, 손그림 등을 추가하는 경우가 있다. 대부분 해를 끼치는 것은 아니지만 산만하게 하거나 혹은 감정적 왜곡을 야기할 수 있다. 광고에 종종 등장하는 것이 나이가 지긋하고 매력적이면서 단정하게 차린 배우가 과학자나 의사, 경영자로 분장하여 아주 과학적으로 보이는 도표를 검토하고 있는 모습이다. 일반대중은 과학의 명성을 존중하기 때문에 상업적 목적을 가진 그와 같은 표현이 상당한 신뢰를 얻게 되는 위험이 있다. 의과대학 지원자 그래프를 보면 이런 현혹적 요소가 잘 나타나 있다.

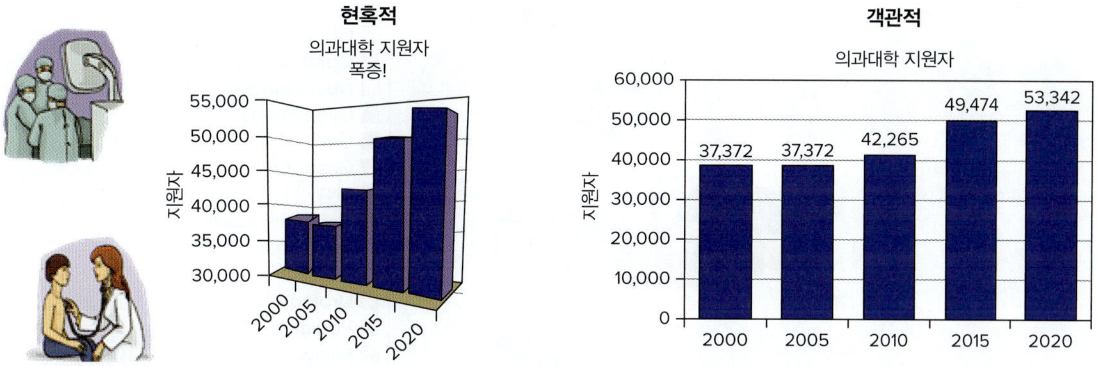

출처: www.aamc.org.

*3차원도표*는 데이터의 시각적 효과는 높일 수 있을지 모르나 오히려 모호함을 초래할 수도 있다. 왼쪽의 의과대학 지원자 그래프를 볼 때, 막대의 높이를 뒤쪽을 기준으로 보아야 하나 아니면 앞쪽을 기준으로 보아야 하나? 엑셀에서는 심지어 *회전 3차원 그래프*(*rotated 3-D graph*)도 제공하고 있다.

그래프를 3차원으로 그리고 공간에서 회전을 시킴으로써 길 잃은 예술가는 자료의 추세를 저멀리 공간 속으로 사라지게 하거나 앞으로 불쑥 나타나게 할 수 있다. 이 예(의과대학 지원자)는 몇 개의 오류를 다 포함하고 있다(0이 아닌 원점, 과장된 제목, 산만한 그림, 애매한 출처, 회전 3차원 형태). 그래프를 회전시키고 싶은 유혹을 떨쳐내라.

오류 4: 불명확한 정의 혹은 척도 척도의 단위가 생략되거나 불분명하면(달러? 퍼센트?) 그래프는 쓸모없어진다. 비록 세로축의 단위가 달러라 하더라도 그려진 자료가 매출액, 이윤, 자산 등 어떤 것인지를 반드시 표시해야 한다. 세로축의 단위가 퍼센트라 하더라도 *무엇의 퍼센트*인지를 명확하게 표시해야 한다. 축에 '눈금'의 표시가 없다면 표를 읽는 사람은 각 데이터의 값이 얼마인지를 가늠할 수가 없다. 눈금선은 데이터의 크기를 비교하는데 유용하지만 그래프가 혼란스러워지는 것을 방지하기 위해 종종 생략되곤 한다. 막대그래프의 명료함을 극대화하기 위해서 각 막대에 데이터 값을 표시해 주는 것도 좋다.

오류 5: 애매한 출처 규모가 큰 연방기구나 기업들은 수천 명의 사람들을 고용해 매년 수백 개의 보고서를 생산해낸다. 출처를 명확히 하지 않고 '상무부'와 같은 식으로 표기할 경우 명확한 출처를 분실했거나 혹은 모르거나 아니면 출처가 여러 개인 자료를 섞어 놓은 느낌을 준다. 과학적 저작물은 데이터의 출처를 완벽하게 표기할 것을 요구한다. 일반 독자를 위한 출판물은 이보다는 덜 엄격하다.

오류 6: 복잡한 그래프 그래프가 복잡하면 읽기가 어렵다. 주요 목적이 무엇인지 늘 염두에 두고 있어야 한다. '추가적인' 세부내용은 생략하거나 부록으로 돌리는 것이 좋다. 그래프에 *10초* 룰을 적용하라. 만약 내용이 정말 복잡하다면 이를 부분으로 나누는 것을 생각해보라. 여기에서 보여주는 예(분야별 수술량)에는 앞에서 언급했던 몇 가지 오류(이상한 소제목, 산만한 그림, 레이블 및 용어 정의가 없는 경우, 애매한 출처, 너무 많은 정보)가 모두 합쳐져 있다.

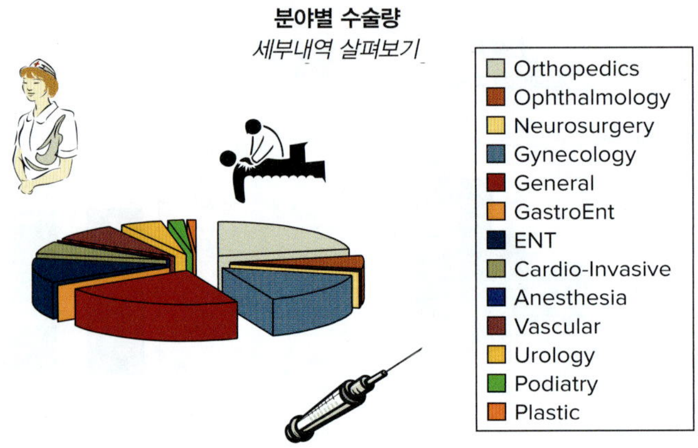

출처: Hospital reports.

오류 7: 불필요한 효과 넣기 슬라이드 쇼에서는 대개 주의를 모으기 위해 색채나 특수효과(소리, 화면전환, 텍스트 회전 등)를 이용한다. 그러나 일단 새로움이 사라지고 나면 사람들은 그와 같은 특수효과에 질리게 된다.

오류 8: 추정된 데이터 '가장 최근의' 숫자를 넣고 싶은 열정에서 시계열의 최근 데이터를 실적치가 아니라 추정하여 사용하는 경우가 있다. 혹은 몇 개 데이터가 없거나 모순된 데이터가 있는 경우 이를 '채워 넣는' 경우가 있다. 이러한 경우 추정치라는 것을 밝히는 것이 최소한의 의무이다.

오류 9: 넓이 조작 가장 해로운 시각적 조작 중의 하나가 막대의 높이가 높아질수록 막대의 폭도 늘리는 경우이다. 이렇게 하면 막대의 넓이가 실제 비중과는 달라진다(예: 막대 대신 사람, 동전, 주유펌프 등의 그림을 사용하는 경우). 그림의 높이가 높아짐에 따라 폭도 늘어나 면적을 왜곡시킨다. 이 예(의사의 월급)는 이러한 오류를 잘 보여준다.

현혹적

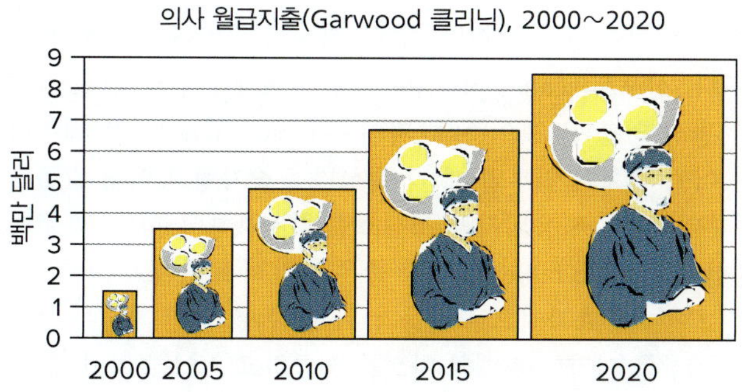

정상적

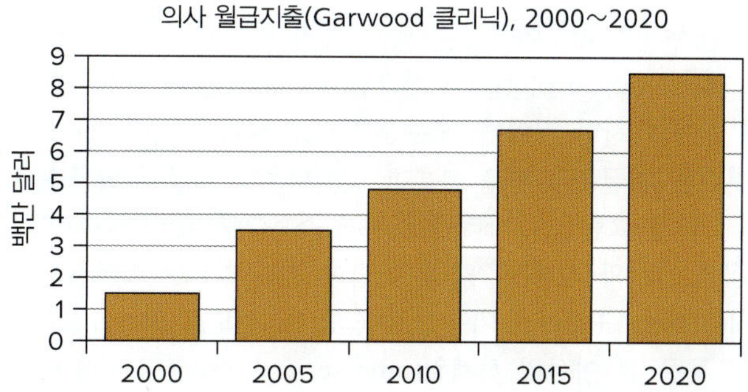

마지막 조언

(스스로 만든 것을 제외하고) 시각적 표현물들을 믿을 수 있는가? 항상 의심스러운 눈초리로 봐야 한다. 앞에서 제시한 모든 기준을 통과한 그래프가 있다면 그것은 놀라운 일이다. 신문이나 잡지와 같은 인쇄매체는 TV나 인터넷과 경쟁하고 있기 때문에 독자들의 관심을 끌기 위해 화려한 도표를 사용한다. 사람들이 시각적 표현물을 좋아하기 때문에 어느 정도 예술적 자유로움을 받아들일 수밖에 없다. *Time*, *USA Today*와 같은 대중적인 인쇄매체들, 그리고 이보다는 좀 더 비즈니스 분야에 특화된 *Forbes*, *Fortune*, *Bloomberg Businessweek*, *The Wall Street Journal*과 같은 매체에 대해 학술저널의 잣대를 적용할 수는 없다. 그러나 비즈니스에서는 현혹적인 도표는 심각한 결과를 초래하기 때문에 규칙을 준수한 도표를 원한다. 비즈니즈에서의 의사결정은 상품과 서비스에 대해 내려지는데, 이것들은 우리의 생활, 시장점유율과 (독자 여러분을 포함한) 고용 등에 영향을 미친다. 따라서 원칙을 알고 지키려고 노력해야 한다. 동시에 자신의 동료와 부하직원에게도 동일한 것을 요구하라. 매력적인 그래프가 자신의 아이디어를 파는 데 도움을 주지만, 그렇다고 데이터를 압도해서는 안 된다.

추가 도전 사항

컴퓨터 작업을 좋아하면 다음의 기술들을 스스로 할 수 있도록 배워보라.

- 엑셀에서 작업한 도표를 복사해서 워드나 파워포인트에 붙이기
- R을 이용해 그래프 작성하는 법 배우기
- 다른 소프트웨어(Minitab, MegaStat, R, JMP, SPSS)의 도표를 워드 등에 복사해서 붙이기
- 스크린 캡처를 해서 이것을 페인트(Paint)에서 편집하기
- 파워포인트 차트를 스프레드시트에 연결시키는 방법(및 언제 그렇게 해야 하는지) 알기
- 클립아트를 사용해서 자신만의 그래픽 만들기

요약(Chapter Summary)

일련의 관측치로 이루어진 하나의 숫자형 변수가 있을 때 **줄기-잎 그림**(stem-leaf plot)이나 **점그림**(dot plot)은 데이터의 개별적인 값을 표시한 것이며, **도수분포**(frequency distribution)는 데이터를 **계급**(bin)별로 분류한 것이다. 각 계급의 **빈도수**(frequency)를 그림으로 나타낸 것이 **히스토그램**(histogram)이다. 계급의 개수와 경계는 자신의 판단에 달려 있으나 **스터지스의 법칙**(Sturges' Rule)을 이용할 수도 있다. **선도표**(line chart)는 하나 혹은 그 이상의 **시계열**(time series) 변수를 시간별로 그린 것이다. **로그척도**(log scale)는 데이터가 수십 배의 크기로 변하는 시계열 자료에서 종종 이용된다. **막대도표**(bar/column chart)는 **속성**(attribute)의 각 범주별로 **숫자형**(numerical) 데이터의 값을 보여준다. 그러나 시계열자료에도 막대를 사용할 수도 있다. **산포도**(scatter plot)는 두 변수 X와 Y 간의 연관성(혹은 연관성 없음)을 보여준다. **파이도표**(pie chart)는 각 데이터 값이 어떤 전체의 일부일 때 각 **속성**별로 **숫자형** 데이터 값들을 보여주며, 널리 사용되지만 조심스럽게 사용해야 한다. 때로는 **단순한 표**(simple table)가 가장 좋은 시각적 표현일 수 있다. 시각적 표현물을 효과적으로 만들기 위해서는 일정한 기술이 요구된다. 엑셀은 다양한 형태의 차트를 제공하고 있어 골라서 쓸 수 있다. 프로그래밍에 관해 더 알고 싶다면 R(무료임)을 이용해 보라. 미디어나 비즈니스 프레젠테이션에서 현혹적인 그래프가 발견되는 경우가 있다. 흔히 저지르기 쉬운 오류를 조심해야 한다.

주요 용어(Key Terms)

가로막대도표(bar chart)
누적도수곡선(ogive)
누적 막대도표(stacked column chart)
대칭적인(symmetric)
도수다각형(frequency polygon)
도수분포(frequency distribution)
로그척도(logarithmic scale)
변동성(variability)
산술척도(arithmetic scale)
산포도(scatter plot)
선도표(line chart)
세로막대도표(column chart)
스터지스의 법칙(Sturges' Rule)
오른쪽으로 기운(right-skewed)
왼쪽으로 기운(left-skewed)
점그림(dot plot)
줄기-잎 그림(stem-leaf plot)
중심(center)
최빈계급(modal class)
추세선(trend line)
특이값(outlier)
파레토 도표(Pareto chart)
파이도표(pie chart)
피벗 테이블(pivot table)
형태(shape)
히스토그램(histogram)

리뷰(Chapter Review)

1. (a) 줄기-잎 그림과 (b) 점그림에 대해 장점과 단점을 두 가지씩 말하라.
2. (a) 도수분포란 무엇인가? (b) 이를 만드는 절차는?
3. (a) 히스토그램이란 무엇인가? (b) 이는 무엇을 보여주는가?
4. (b) 양봉 히스토그램이란 무엇인가? (b) 왼쪽으로 기운, 대칭적인, 오른쪽으로 기운 히스토그램의 차이를 설명하라. (c) 특이값이란 무엇인가?
5. (a) 산포도란 무엇인가? (b) 이는 무엇을 보여주는가? (c) 중간 정도의 양의 상관성을 가진 산포도를 스케치하라. (d) 강한 음의 상관성을 가진 산포도를 스케치하라.
6. 막대도표는 어떤 종류의 데이터에 주로 이용되는가? 막대도표를 효과적으로 그리기 위한 고려사항 중 세 가지를 열거하라.
7. 선도표는 어떤 종류의 데이터에 주로 이용되는가? 선도표를 효과적으로 그리기 위한 고려사항 중 세 가지를 열거하라.
8. (a) 비즈니스에서 가장 일반적인 형태의 도표를 세 가지 열거하고 각각을 스케치하라(실제 데이터 없이 스케치만 할 것). (b) 엑셀로 그릴 수 있는 특수형태의 도표 세 가지를 열거하고 각각을 스케치하라(실제 데이터 없이 스케치만 할 것).
9. (a) 파이도표는 어떤 종류의 데이터에 주로 이용되는가? (b) 파이도표에서 흔히 저지르는 잘못 두 가지를 들라. (c) 일부 통계학자들이 파이도표를 못마땅하게 보는 이유는?
10. 시계열 데이터를 그리는 데 있어서 어떤 종류의 도표가 사용될 수 있는가?
11. (a) 언제 로그척도가 필요한가? (b) 로그척도에서 동일한

거리가 의미하는 것은? (c) 로그척도 그래프의 단점을 한 가지 지적하라.

12. (a) 누적 세로막대도표는 주로 어느 때 사용하는가? 영역도표는? 파레토 도표는?

13. 현혹적인 그래프 기술을 다섯 가지 열거하라.

14. 피벗 테이블이란? 어느 때 유용한가?

15. 엑셀 대신 R을 이용하여 그래프를 그리는 것의 장단점은 무엇인가?

단원 연습문제(*Chapter Exercises*)

주: 이번 장의 연습문제는 강의자가 동의하면 엑셀이나 다른 소프트웨어 패키지(예: MegaStat, Minitab, R)를 이용할 수 있다.

3.25 다음은 Sonando Heights 지역의 과거 5년간 발생한 26차례 정전사태의 지속시간(분)이다. (a) 줄기-잎 그림을 작성하라. (b) 히스토그램을 작성하라. (c) 분포의 형태를 설명하라. Duration

32	44	25	66	27	12	62	9	51	4	17	50	35
99	30	21	12	53	25	2	18	24	84	30	17	17

3.27 다음은 미국의 40개 심장전문센터의 침상당 간호사의 비율을 보여주고 있다. (a) 점그림을 작성하라. (b) 도수분포와 히스토그램을 작성하라(스스로 계급을 설정할 수도 있고 기본설정된 계급을 그대로 이용할 수도 있다). (c) 결과를 바탕으로 분포를 설명하라. Nurses

1.48	1.16	1.24	1.52	1.30	1.28	1.68	1.40	1.12	0.98	0.93	2.76
1.34	1.58	1.72	1.38	1.44	1.41	1.34	1.96	1.29	1.21	2.00	1.50
1.68	1.39	1.62	1.17	1.07	2.11	2.40	1.35	1.48	1.59	1.81	1.15
1.35	1.42	1.33	1.41								

3.29 다음은 어떤 회사 중역의 7월 마지막 주 통화기록으로서 60개 통화의 소요시간(분)을 기록한 것이다. (a) 점그림을 작성하라. (b) 도수분포와 히스토그램을 작성하라(스스로 계급을 설정할 수도 있고 기본설정된 계급을 그대로 이용할 수도 있다). (c) 결과를 바탕으로 분포를 설명하라. CallLength

1	2	10	5	3	3	2	20	1	1
6	3	13	2	2	1	26	3	1	3
1	2	1	7	1	2	3	1	2	12
1	4	2	2	29	1	1	1	8	5
1	4	2	1	1	1	1	6	1	2
3	3	6	1	3	1	1	5	1	18

3.31 McGraw-Hill Connect® 웹사이트에서 낡은 민간 제트항공기 조종실 소음수준을 측정한 데이터세트를 다운로드 받도록 하자(아래에는 처음 2개와 맨 끝 2개의 관측치만 나와 있음). (a) 엑셀을 사용하여 산포도를 작성하라. *X*축을 운항속도로 하고 *Y*축을 소음수준으로 하라. 제목을 붙이고 기본설정되어 있는 색깔이나 폰트 등을 적절하게 수정하라. (b) *X*와 *Y*의 관계를 설명하라. 약한가? 강한가? 음의 관계? 양의 관계? 선형? 비선형? *힌트*: 관계를 자세히 확인하기 위해서는 *X*축과 *Y*축의 척도 조정이 필요할 수도 있다.

운항속도와 조종실 소음
(n = 61 측정치) CockpitNoise

관측치	운항속도(노트)	소음수준(데시벨)
1	250	83
2	340	89
…	…	…
60	405	93
61	250	82

Note: 데시벨(dB)은 로그단위로 어떤 기준치에 대한 소리 압력의 비율로 측정한다. 참고치: 1 m 거리의 부부젤라(120 dB), 1 m 거리의 굴착기(100 dB), 휴대용 믹서(65 dB).

3.33 McGraw-Hill Connect® 웹사이트에서 전체 데이터세트를 다운로드 받도록 하자(아래에는 처음 2개와 맨 끝 2개의 관측치만 나와 있음). (a) 엑셀을 사용하여 산포도를 작성하라. *X*축을 1인당 GDP로 하고 *Y*축을 출생률로 하라. 제목을 붙이고 기본설정되어 있는 색깔이나 폰트 등을 적절하게 수정하라. (b) *X*와 *Y*의 관계를 설명하라. 약한가, 강한가? 음의 관계인가, 양의 관계인가? 선형인가, 비선형인가?

1인당 GDP와 출생률
(n = 153개국) GDPBirthRate

나라	1인당 GDP	출생률
Afghanistan	800	41.03
Albania	3,800	18.59
…	…	…
Zambia	870	41.01
Zimbabwe	2,450	24.59

출처: *The World Factbook 2003*. Central Intelligence Agency, 2003. www.cia.gov.

3.35 (a) 다음은 어떤 종류의 표현인가? (b) 이런 종류의 표현과 관련하여 이 장에서 설명한 고려사항 및 체크리스트를 이용하여 이것의 장점과 단점을 지적하라. (c) 어떤 것이든 개선할 점이 있다면? 더 좋은 표현 형태가 있는가? MedError

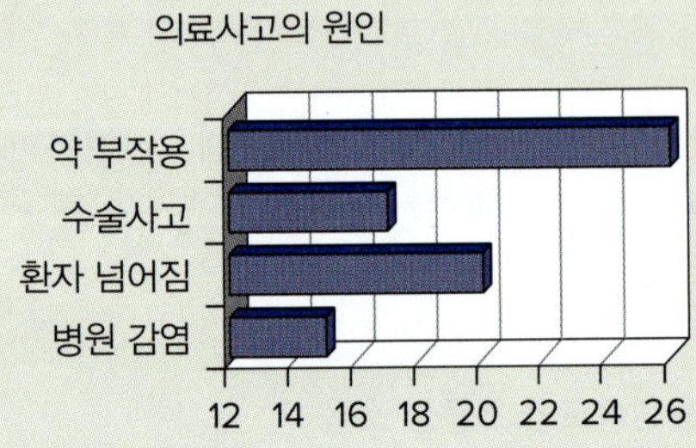

3.37 (a) 다음은 어떤 종류의 표현인가? (b) 이런 종류의 표현과 관련하여 이 장에서 설명한 고려사항 및 체크리스트를 이용하여 이것의 장점과 단점을 지적하라. (c) 어떤 것이든 개선할 점이 있다면? 더 좋은 표현 형태가 있는가?

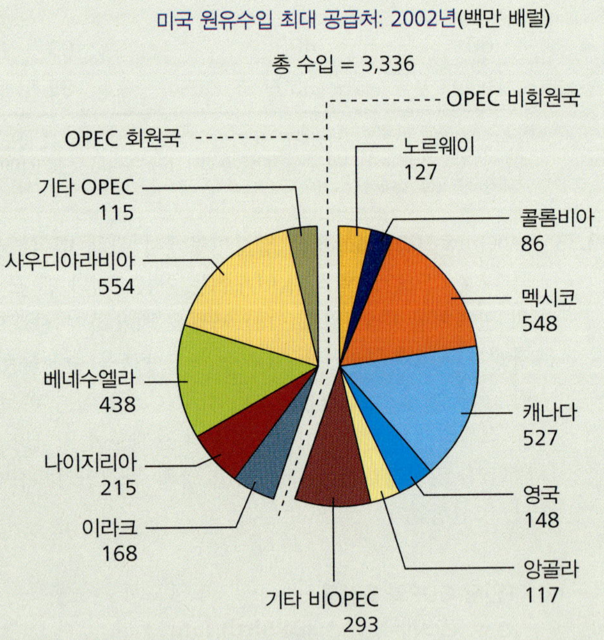

출처: *Statistical Abstract of the United States, 2003.*

3.39 (a) 다음은 어떤 종류의 표현인가? (b) 이런 종류의 표현과 관련하여 이 장에서 설명한 고려사항 및 체크리스트를 이용하여 이것의 장점과 단점을 지적하라. (c) 어떤 것이든 개선할 점이 있다면? 더 좋은 표현 형태가 있는가? Advertising

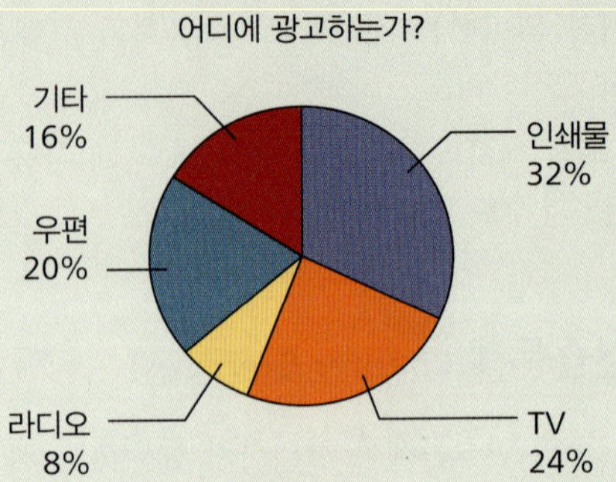

3.41 (a) 다음은 어떤 종류의 표현인가? (b) 이런 종류의 표현과 관련하여 이 장에서 설명한 고려사항 및 체크리스트를 이용하여 이것의 장점과 단점을 지적하라. (c) 어떤 것이든 개선할 점이 있다면? 더 좋은 표현 형태가 있는가? Bankruptcies

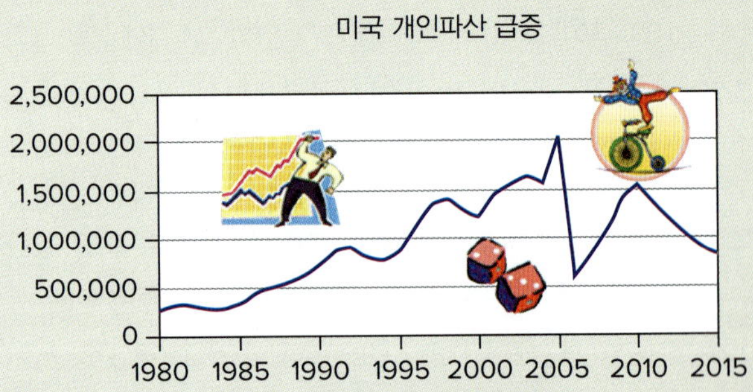

출처: *American Bankruptcy Institute*, www.abiworld.org.

3.43 (a) 엑셀을 이용하여 다음 데이터를 가장 적합한 형태(막대, 선, 파이, 산포도)의 도표로 작성하라. 기본설정된 색, 글꼴 등을 자신이 판단하기에 가장 효과적인 표현으로 수정하라. (b) 다른 형태의 도표도 가능한가? 어떻게 가능한지 혹은 왜 가능하지 않은지 설명하라.

통계학 교과서를 어디에서 구입하는가? Textbook

응답	숫자
교내 서점	147
소매점	66
인터넷(예: 아마존)	49
다른 학생	7
합계	269

출처: 두 대규모 공립대학 통계학과 학생을 대상으로 한 서베이.

3.45 (a) 엑셀을 이용하여 다음 데이터를 가장 적합한 형태(막대, 선, 파이, 산포도)의 도표로 작성하라. 기본설정된 색, 글꼴 등을 자신이 판단하기에 가장 효과적인 표현으로

수정하라. (b) 다른 형태의 도표도 가능한가? 어떻게 가능한지 혹은 왜 가능하지 않은지 설명하라.

미국 10대 항공사 국내시장 점유율 AirlineMkt

항공사	퍼센트
알래스카	4.5
아메리칸	18.4
델타	16.9
프런티어	2.0
하와이안	1.7
제트블루	5.4
스카이웨스트	2.4
사우스웨스트	18.3
스피리트	2.7
유나이티드	14.5
기타	13.2
합계	100.0

출처: www.transtats.bts.gov. 데이터는 2015년 유료승객운항마일(RPM) 기준임.

3.47 (a) 엑셀을 이용하여 다음 데이터를 가장 적합한 형태(막대, 선, 파이, 산포도)의 도표로 작성하라. 기본설정된 색, 글꼴 등을 자신이 판단하기에 가장 효과적인 표현으로 수정하라. (b) 다른 형태의 도표도 가능한가? 어떻게 가능한지 혹은 왜 가능하지 않은지 설명하라.

웹 브라우저 미국 시장 점유율 WebSearch

브라우저	퍼센트
Chrome	57.1
Safari	13.8
Firefox	10.9
Internet Explorer/Edge	10.4
Opera	3.1
기타	4.7
합계	100.0

출처: 데이터는 2016년 8월 기준임. 데스크톱/랩톱 브라우저만을 포함(즉, 휴대전화류는 포함하지 않음).

3.49 (a) 엑셀을 이용하여 다음 데이터를 파레토 도표로 작성하라. (b) 도표가 무엇을 의미하는지 말로 설명하라.

휴대전화 이용 통신사 $n = 158$ CellPhone

통신사	퍼센트	누계
Verizon	37.3	37.3
AT&T	29.7	67.1
T-Mobile	13.3	80.4
Sprint	8.9	89.2
기타	10.8	100.0

출처: 2007년 통계학 학생 158명 인터넷 서베이.

스스로 해보기

3.50 (a) 최근의 잡지나 신문에서 데이터의 시각적 표현을 현혹적으로 만든 사례를 하나 수집하라. 바람직한 그래프가 되기 위한 여러 원칙을 심각하게 위반한 사례일수록 좋다. (b) 발견한 정확한 출처는? (c) 어떤 목적을 위해 현혹적인 표현을 행했다고 생각하는가? (d) 그와 같은 표현의 장점과 약점을 비판적으로 간단히 서술하라. 자신의 분석에 수집한 사례물(혹은 복사물)를 반드시 첨부하라.

참고문헌(*Related Reading*)

시각적 표현

Cairo, Alberto. *The Truthful Art: Data, Charts, and Maps for Communication.* Pearson, 2016.

Swires-Hennessy, Ed. *Presenting Data: How to Communicate Your Message Effectively.* Wiley, 2014.

Tufte, Edward R. *The Visual Display of Quantitative Information.* 2nd ed. Graphics Press, 2004.

Wilkinson, Leland. *The Grammar of Graphics.* Springer, 2005.

Wong, Dona M. *The Wall Street Journal Guide to Information Graphics: The Dos and Don'ts of Presenting Data, Facts, and Figures.* W. W. Norton, 2010.

소프트웨어 부록(*Software Supplement*)

R을 이용한 히스토그램 만들기

1단계: 데이터를 입력한다. R에 데이터를 입력하는 방법은 몇가지가 있다. R의 연쇄명령어 $c(x_1, x_2, \ldots, x_n)$를 이용해 데이터 값을 쉼표로 분리하여 입력한 데이터 벡터를 만든다. 그러나 데이터 값이 매우 많다면 스프레드시트로부터 데이터를 불러들여오는 것이 나을 것이다. **부록 J**에서는 엑셀로부터 R의 데이터 프레임으로 데이터를 불러들이는 또 다른 방법을 설명한다(예를 들어 스프레드시트 전체를 읽어들이기). 한 가지 방법은 엑셀의 데이터 컬럼을 클립보드로 복사해서 이를 R데이터틀에 갖다 붙여넣기 하는 것이다. 우리 데이터는 『포춘』의 500대 기업의 44개 주가수익비율로 되어 있다. 엑셀의 데이터 컬럼을(컬럼 첫 칸을 포함해서) 선택하고 Ctrl-C(또는 MacOS에서는 command-C)를 이용해 클립보드에 복사한다. R의 데이터틀을 PERatio로 명명하고, 엑셀 컬럼의 첫칸이 R에서 변수의 이름이 되도록한다. 컬럼의 첫 칸에 별도의 명칭이 없으면, TRUE를 FALSE로 바꾸어 R이 변수의 이름을 붙이도록 한다.

```
> PERatios=read.table(file="clipboard", header=TRUE)
```

2단계: x가 데이터 벡터의 이름이라면 명령어 hist(x)를 이용해 히스토그램을 만든다. 여기서 데이터틀의 이름을 PERatios, 그리고 변수 컬럼의 이름을 PERatio라고 하였으므로 아래와 같이 입력한다.

```
> hist(PERatios$PERatio)
```

명령어 hist()의 모든 옵션을 빈칸으로 두면 기본설정에서 스터지스 법칙에 따른 계급구간(6개의 계급구간, 7개의 축눈금)을 부여한다. 계급구간의 수를 정하려면 옵션에서 breaks=k을 입력하여 k-1개의 계급구간을 지정한다. 기본설정에서 축의 이름은 입력한 변수의 이름이 되며, 이것이 다소 어색하면 옵션에서 xlab를 이용한다. 예를 들어 11개의 계급구간(12개의 축눈금)을 만들고 축 이름을 "Price Earnings Ratio"라고 하려면 아래와 같이 입력한다.

```
> hist(PERatios$PERatio, breaks=12, xlab="Price Earnings Ratio")
```

아래 그림 중 오른쪽 그래프가 이렇게 만들어진 히스토그램이다. 그러나 축의 척도가 생각한 대로 나오지 않은 것은 실제 데이터의 범위가 7에서 59였기 때문이다. R의 옵션 xlim=c(a,b)를 가지고 범위를 a부터 b까지로 정할 수도 있지만, 기본설정으로 되어 있는 것만으로도 충분하다.

3단계: 그래프를 파일(혹은 클립보드)로 보내기 위해서는 History(아래 오른쪽 사분면)에서 Plots 탭을 클릭하고, Export 버튼을 클릭한다(화살표 키를 이용하여 만들어진 도표까지 스크롤해 간다). 이렇게 한 다음 그래프를 문서에 붙여넣기 할 수 있다.

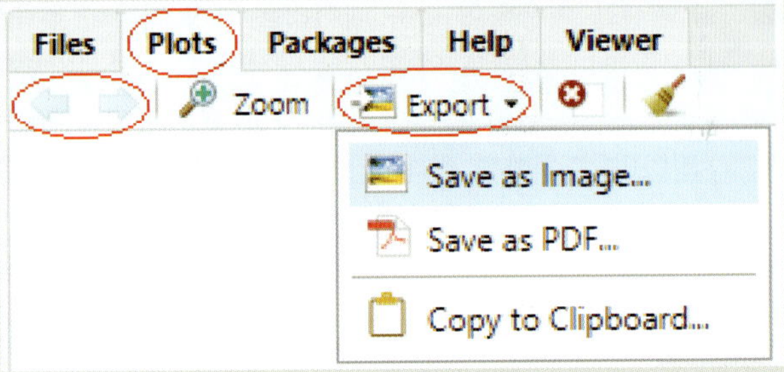

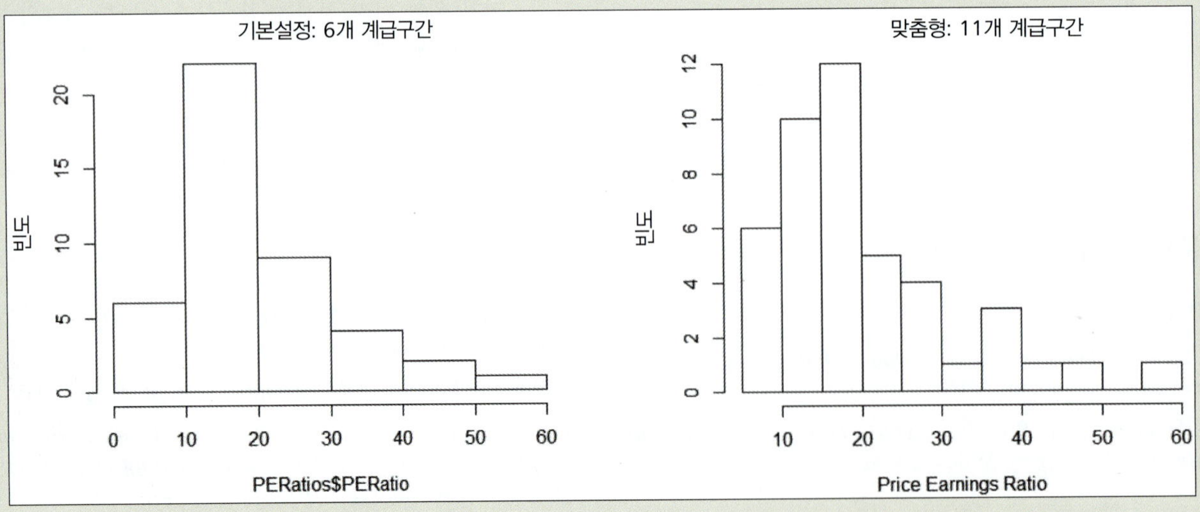

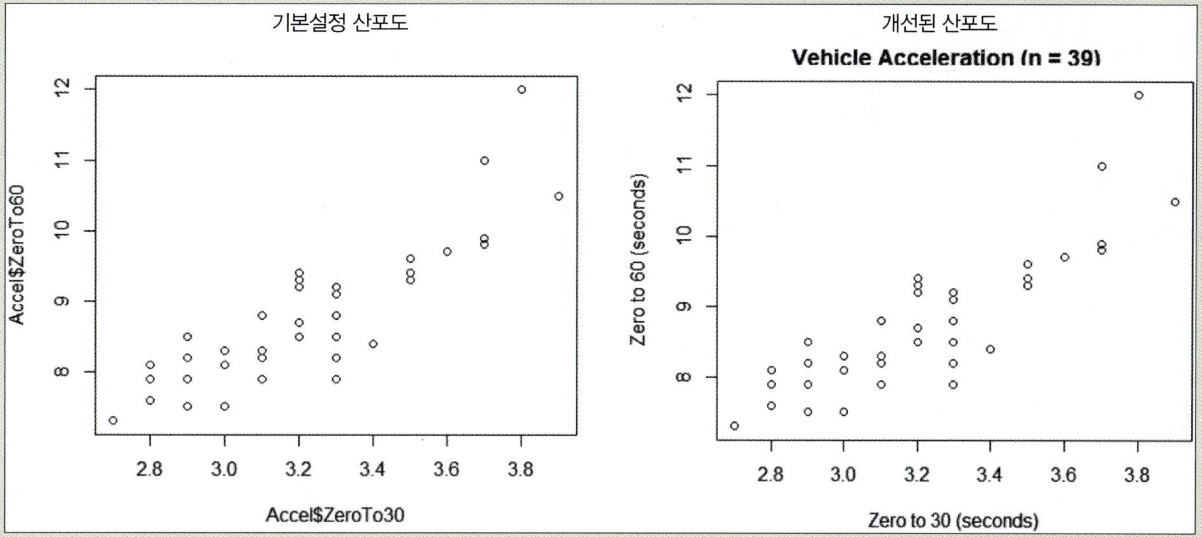

R에서 산포도 그리기

1단계: 데이터를 입력한다. 여기서 데이터는 39개 자동차의 가속시간(초)에 관한 각 2개로 이루어진 관측치로, x변수는 0에서 30mph까지, y변수는 0에서 60mph까지의 가속시간이다. (컬럼 제목을 포함해) 엑셀 데이터의 두 컬럼을 선택하고, Ctrl-C를 이용해 이들을 클립보드로 복사하여 Accel이라고 명명한 R의 데이터 틀에 붙여넣기를 한다.

```
>Accel=read.table(file="clipboard", sep="\t",header=TRUE)
```

2단계: 명령어 plot(x,y)를 이용하여 산포도를 그린다. x, y는 데이터벡터의 변수 이름이다. 여기서 변수의 이름은 ZeroTo30, ZeroTo60이므로 아래와 같이 입력한다.

```
>plot(Accel$ZeroTo30, Accel$ZeroTo60)
```

축 이름에 변수의 이름이 그대로 들어가면 다소 보기가 좋지 않으니, xlab, ylab 옵션으로 수정할 수 있다. 그리고 plot() 기능에서 main 옵션을 가지고 제목을 넣을 수도 있다. 아래 오른쪽이 완성된 산포도이다.

```
> plot(Accel$ZeroTo30, Accel$ZeroTo60, xlab="Zero to 30 (seconds)",
+ ylab="Zero to 60 (seconds)", main="Vehicle Acceleration (n = 39)")
```

스프레드시트 불러오기

엑셀 스프레드시트 *전체*를 불러오는 것이 낫다고 판단되면 메뉴 상단 왼쪽의 scripts에서 File>import Dataset>From Excel을 차례로 선택한다. 명령이 실행되면 Browse 버튼을 클릭하고 지시를 따라간다.

엑셀의 스프레드시트에 원하는 데이터*만* 입력되어 있다면 엑셀 파일을 불러오는 것은 문제가 없다. 그러나 엑셀의 데이터 파일이 주석, 그림, 혹은 간격을 띄우기 위한 공란 등이 포함되어 있다면 문제가 발생할 수 있다. 이 책의 엑셀 데이터 파일(단원 연습문제, 예제)은 처음 두 행을 제외하면(불러오기 메뉴의 아래쪽 옵션), R의 불러오기를 통해 모두 작업이 가능하다.

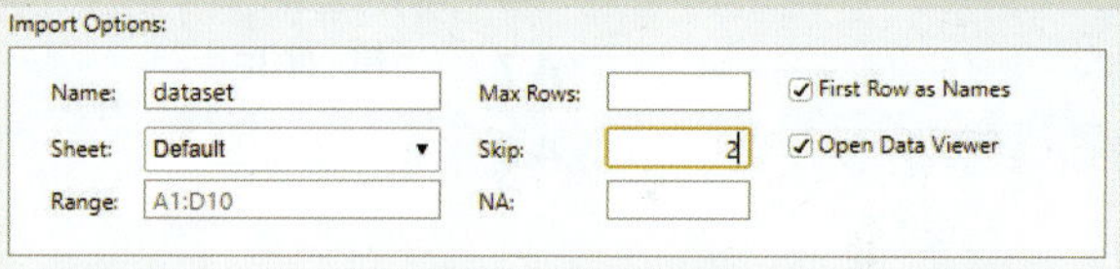

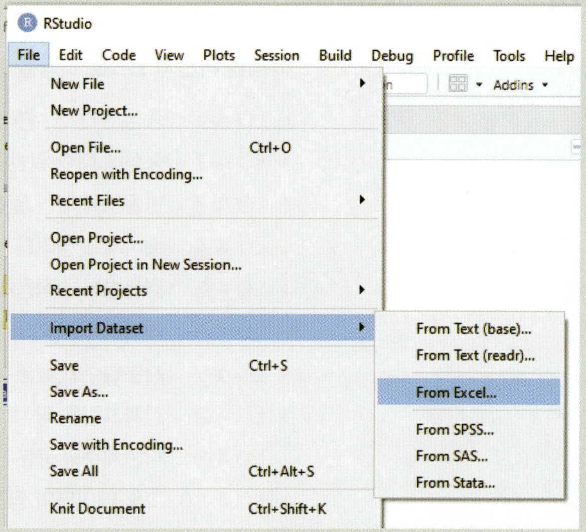

출처: RStudio, PBC.

CHAPTER

4 기술통계량

Descriptive Statistics

목차 *Chapter Contents*

학습목표 *Chapter Learning Objectives*

이 장을 마친 후 스스로 다음을 할 수 있어야 한다.

- **LO 4-1** 중심, 변동성, 형태 등의 개념을 설명한다.
- **LO 4-2** 중심에 대한 일반적 측정수단을 계산하고 해석한다.
- **LO 4-3** 변동성에 대한 일반적 측정수단을 계산하고 해석한다.
- **LO 4-4** 체비셰프 정리를 적용한다.
- **LO 4-5** 경험법칙을 적용하여 특이값을 파악한다.
- **LO 4-6** 데이터세트를 표준화 값으로 전환한다.
- **LO 4-7** 사분위수와 백분위수를 계산한다.
- **LO 4-8** 상자그림을 작성하고 해석한다.
- **LO 4-9** 상관계수와 공분산을 계산하고 해석한다.
- **LO 4-10** 그룹 데이터의 평균과 표준편차를 계산한다.
- **LO 4-11** 표본의 왜도와 첨도를 평가한다.

3alexd/iStockphoto/Getty Images

4.1 숫자적 기술

앞 장에서는 데이터를 *시각적으로* 묘사(description)하는 것을 배웠다(예: 히스토그램, 점 그림, 산포도). 이번 장에서는 데이터를 *숫자로* 묘사 혹은 기술(記述)하는 것을 설명한다. 데이터를 시각적으로 표현함으로써 많은 것들을 파악할 수 있지만, 좀 더 자세한 숫자적 묘사도 필요하다. (n 항목으로 이루어진) 표본을 이용하여 도출한 기술적(descriptive) 측정을 *통계량*(statistics)이라 한다, 반면 (N 항목 혹은 무한대의) 모집단에 대해서는 이를 *모수*(parameter)라 한다. 시각적 표현과 마찬가지로 숫자에 의한 기술도 세 가지 핵심 특성, 즉 중심, 변동성, 형태를 대상으로 하고 있다. 표 4.1은 이들 특성을 질문 형태로 요약하고 있다.

표 4.1
숫자로 기술하는 데이터의 특성

특성	해석
중심	데이터 값들의 중심은 어디인가? 어떤 데이터 값이 전형적인, 혹은 중간의 값인가? 중심경향이 있는가?
변동성	데이터의 퍼짐이 어느 정도인가? 데이터 값들이 얼마나 퍼져 있는가? 특이한 값들이 있는가?
형태	데이터 값들의 분포가 대칭인가, 비대칭인가? 중심이 아주 뾰족한가, 평평한가? 봉우리가 2개인가?

예제 4.1
자동차 품질

J.D. Power and Associates는 자동차 품질등급을 매년 발표한다. 이 평가는 소비자, 딜러, 메이커 모두에게 중요한 정보이다. 표 4.2는 33개 자동차 브랜드의 2010년형 기준 결함률을 나타낸 것이다. 나와 있는 결함률은 표본에 입각하였다. 우리는 이와 같은 데이터를 숫자형 통계량을 이용하여 어떻게 요약하는지 공부한다.

표 4.2

자동차 100대당 결함 JDPower

브랜드	결함	브랜드	결함	브랜드	결함
Acura	86	Hyundai	102	MINI	133
Audi	111	Infiniti	107	Mitsubishi	146
BMW	113	Jaguar	130	Nissan	111
Buick	114	Jeep	129	Porsche	83
Cadillac	111	Kia	126	Ram	110
Chevrolet	111	Land Rover	170	Scion	114
Chrysler	122	Lexus	88	Subaru	121
Dodge	130	Lincoln	106	Suzuki	122
Ford	93	Mazda	114	Toyota	117
GMC	126	Mercedes-Benz	87	Volkswagen	135
Honda	95	Mercury	113	Volvo	109

출처: J.D. Power and Associates 2010 Initial Quality Study™. 평가는 교육 목적으로만 제시된 것이며 소비자 의사결정의 지표로 사용되어서는 안 됨.

통계량을 계산하기 전에 먼저 데이터들이 어떻게 모아졌는지 생각해보자. J.D. Power and Associates는 기반을 갖춘 독립적인 회사로서 이들의 자동차 평가방법은 객관적이라는 인식이 일반적이다. 각 브랜드별로 차량을 무작위로 뽑아 결함을 조사하고 숫자를 센 다음 조사한 차량대수로 나누어 차량 1대당 평균 결함개수를 계산한다. 여기에 100을 곱하고 소수점 첫째 자리에서 반올림함으로써 차량 100대당 결함 개수를 구한다. 측정척도가 연속형(continuous)이라는 것에 주의해야 한다(예: 3대의 차량에서 4개의 결함이 발견될 경우 결함률은 1.333333 혹은 100대당 133이 된다). 결함률은 매년 바뀌기도 하고, 아마 같은 연도 내에서도 달라지기 때문에, 조사 시점이 언제냐에 따라 결과가 달라질 수도 있다. 조사방법이 표본추출이기 때문에 표본추출 오차(sampling error)의 가능성을 인정해야 한다. 이런 점들을 염두에 두고 데이터를 살펴보자. 데이터로 가장 먼저 해봐야 하는 것이 표 4.3에 나와 있는 것과 같은 정렬(sorting)이다.

표 4.3의 정렬된 데이터는 *중심*과 *변동성*에 대해 시사점을 제공한다. 데이터 값들의 범위가 83(Porsche)에서 170(Land Rover)까지이며, 중간의 값은 110에서 120 사이인 것으로 보인다. 그림 4.1의 점그림은 하나의 특이값이 존재한다는 것을 포함해 보다 자세한 내용을 보여준다.

표본이 아주 작지 않다면 정렬은 엑셀로 가능하다. 그림 4.2에서 보여주듯이, 데이터를 블록으로 지정하여(제목까지 포함) Data 탭을 클릭한 다음, **정렬** 아이콘을 선택하고 거기에서 정렬 기준을 열로 한 다음 **확인**을 누른다.

또 다른 시각적 표현은 히스토그램으로서 그림 4.3에 나와 있다. 110과 120 사이의 최빈계급(modal class)이 중심을 보여준다. 히스토그램의 형태는 오른쪽으로 기운 형태이다.

표 4.3

자동차 100대당 결함 (오름차순으로 정렬)

JDPower

브랜드	결함	브랜드	결함	브랜드	결함
Porsche	83	Audi	111	Chrysler	122
Acura	86	Cadillac	111	Suzuki	122
Mercedes-Benz	87	Chevrolet	111	GMC	126
Lexus	88	Nissan	111	Kia	126
Ford	93	BMW	113	Jeep	129
Honda	95	Mercury	113	Dodge	130
Hyundai	102	Buick	114	Jaguar	130
Lincoln	106	Mazda	114	MINI	133
Infiniti	107	Scion	114	Volkswagen	135
Volvo	109	Toyota	117	Mitsubishi	146
Ram	110	Subaru	121	Land Rover	170

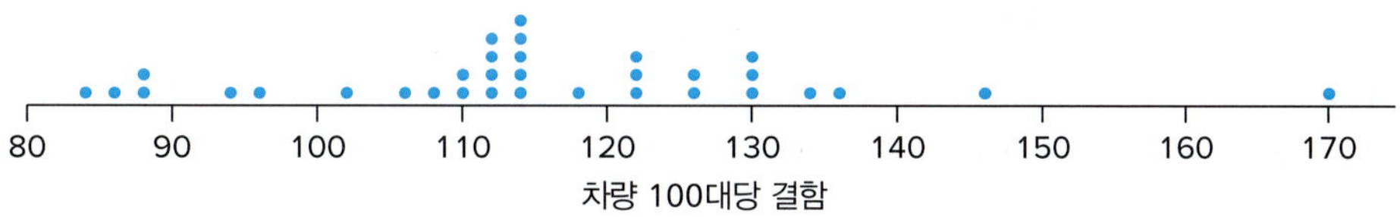

그림 4.1

J.D. Power 데이터 점그림(n = 33)

JDPower

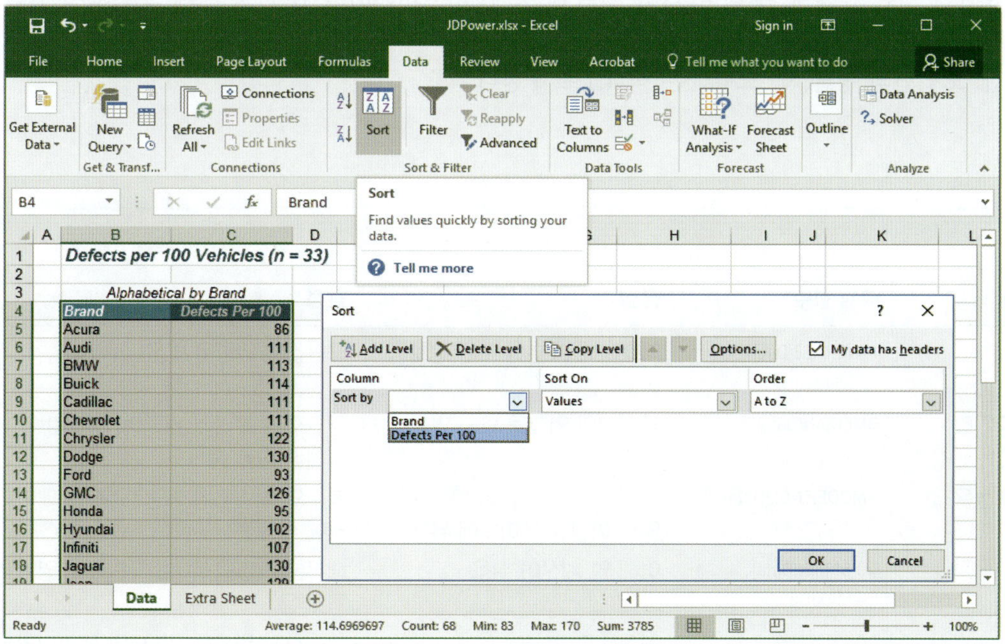

그림 4.2

엑셀에서 데이터 정렬하기

JDPower

출처: Microsoft Excel.

그림 4.3

J.D. Power 데이터 히스토그램(n = 33)

JDPower

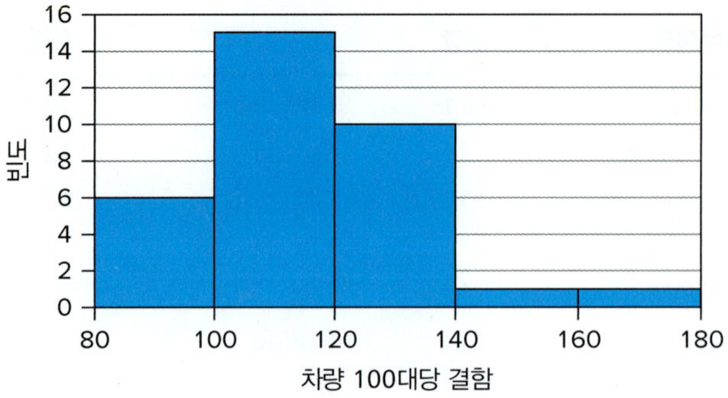

4.2 중심 측정

중심(center)이라 함은 어떤 분포에서 중간의(middle), 혹은 전형적인(typical) 값을 의미한다. 점그림이나 히스토그램으로 중심경향을 가늠해볼 수도 있으나, 숫자형 통계량을 이용하면 보다 정밀한 표현이 가능하다. 표 4.4는 중심을 측정하는 데 일반적으로 이용되는 6개 측정수단을 나열해 놓았다. 각각 장단점을 지니고 있다. 중심 경향치를 확실히 이해하기 위해 이들을 살펴보기로 한다.

평균

중심에 대한 통계적 측도 중 가장 익숙한 것이 **평균**(mean)이다. 이것은 데이터 값의 합을 데이터 개수로 나눈 것이다. 모집단에 대해서는 μ로 표기하고, 표본에 대해서는 $\bar{x}$로 표기한다. 모집단의 평균, 즉 모평균은 식 4.1로 구한다.

표 4.4

중심에 대한 6개 측도

통계량	공식	엑셀 함수*	장점	단점
평균	$\frac{1}{n}\sum_{i=1}^{n} x_i$	=AVERAGE(Data)	익숙하며 표본의 모든 정보를 이용	극단값의 영향을 받음
중앙값	정렬된 열에서 중간값	=MEDIAN(Data)	극단값의 영향을 받지 않음	극단값을 고려치 않으며, 값들간 간격이 영향을 줌
최빈값	가장 발생빈도가 높은 값	=MODE.SNGL(Data)	속성 데이터나 값이 다양하지 않은 이산형 데이터에 유용	복수의 최빈값이 가능, 연속형 데이터에 부적절
범위의 중앙	$\frac{x_{\min} + x_{\max}}{2}$	=0.5*(MIN(Data) +MAX(Data))	이해 및 계산이 쉬움	대부분의 값을 무시, 극단값의 영향을 받음
기하평균(G)	$\sqrt[n]{x_1 x_2 \ldots x_n}$	=GEOMEAN(Data)	성장률의 평균에 유용, 큰 극단값의 영향을 완화	익숙하지 않으며 양(+)의 데이터만 가능
절사평균	상하위 각 k%를 제거한 평균값	=TRIMMEAN(Data, Percent)	극단값의 영향을 완화	의미 있는 데이터가 배제될 수 있음

*R도 mean(x), median(x), 그리고 절사평균 mean(x,trim=p%) 등은 동일한 기능을 제공하지만 다른 척도에 대해서는 제공하는 기능이 없다. 기능에 대해서는 **부록 I** 참조.

$$\mu = \frac{\sum_{i=1}^{N} x_i}{N} \quad \text{(모집단 평균)} \tag{4.1}$$

우리가 모집단을 다루는 일은 드물기 때문에 식 4.2에 나와 있는 표본평균을 더 자주 보게 될 것이다.

$$\bar{x} = \frac{\sum_{i=1}^{n} x_i}{n} \quad \text{(표본평균)} \tag{4.2}$$

엑셀 함수 =AVERAGE(Data)를 이용하여 평균을 구할 수 있는데, 여기에서 Data는 엑셀상에서 데이터의 위치를 말한다. 따라서 $n = 33$개 자동차 브랜드의 표본에 대해 표본평균은 다음과 같다.

$$\bar{x} = \frac{\sum_{i=1}^{n} x_i}{n} = \frac{83 + 86 + 87 + \cdots + 135 + 146 + 170}{33} = \frac{3{,}785}{33} = 114.697$$

평균의 특성

산술평균(arithmetic mean)은 우리가 익히 알고 있는 '평균(average)'이다. 평균은 데이터의 모든 값의 영향을 받는다. *X*축을 지렛대라 하고 그 위에 각 데이터들이 어떤 실질적인 무게를 갖는 개체로 놓여 있다고 볼 때 평균은 그림 4.4에서 보는 것처럼 양쪽의 균형을 잡아주는 균형점 혹은 지레받침으로 볼 수 있다.

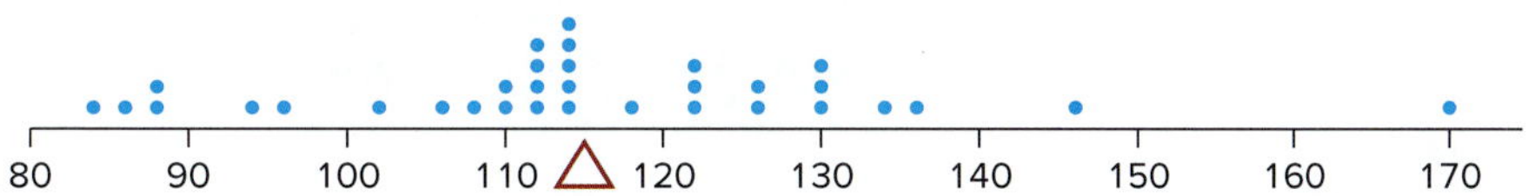

그림 4.4

균형점으로서의 평균 (*n* = 33) JDPower

평균이 균형점인 이유는 평균에서 모든 데이터점(data point)까지의 거리를 합하면 *항상* 0이 되기 때문이다.

$$\sum_{i=1}^{n} (x_i - \bar{x}) = 0 \tag{4.3}$$

이 관계는 분포의 형태(대칭, 비대칭, 양봉 등)에 상관없이 *모든* 표본 혹은 모집단에 대해 성립한다. 설사 극단값(extreme value)이 있다 해도 평균 아래쪽과의 거리는 *정확히* 평균 위쪽과의 거리들과 상쇄된다.

중앙값

중앙값(median; *M*으로 표기)은 표본 데이터 $x_1, x_2, \ldots, x_n$을 *정렬*한 다음 50번째 백분위수(50th percentile) 혹은 중앙점(midpoint)을 찾은 것이다. 따라서 정렬된 관측치가 중앙값을 경계로 2개로 갈라진다.

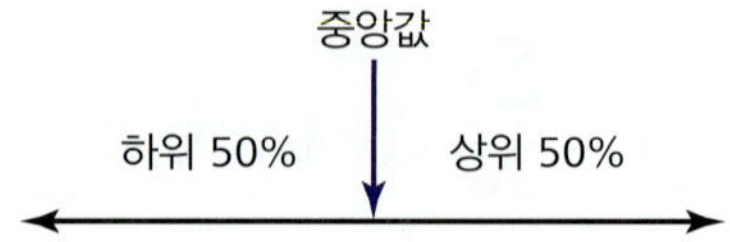

중앙값은 n이 홀수일 때는 정렬된 데이터의 중앙 관측치이나, n이 짝수일 때는 중앙에 있는 2개 관측치의 평균값이다(그림 4.5).

그림 4.5

중앙값 예시

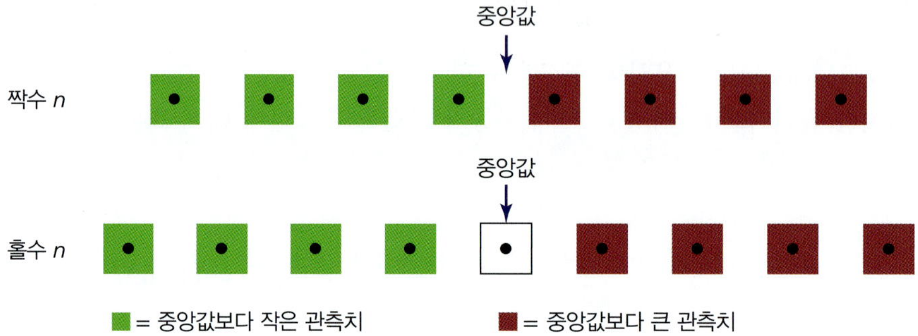

예를 들면 $n = 6$으로 짝수인 경우이다. 이 경우 중앙값은 정렬된 데이터에서 세 번째와 네 번째 관측치 *사이의* 중간점이다. 즉, $M = (x_3 + x_4)/2 = (15 + 17)/2 = 16$.

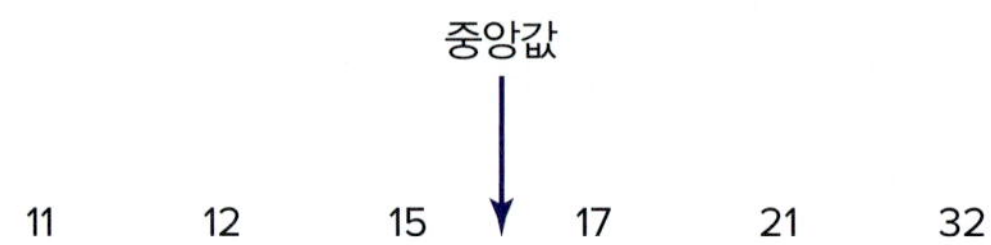

이제 $n = 7$로 홀수인 경우이다. 이 경우 중앙값은 정렬된 데이터의 네 번째 관측치가 된다. 즉 $M = x_4 = 25$.

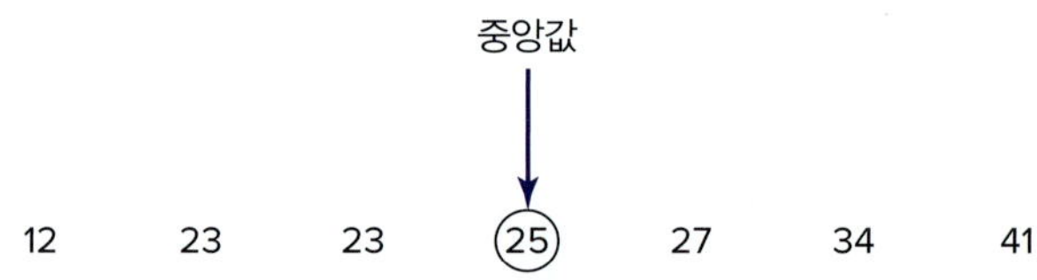

정확히 절반의 관측치가 중앙값보다 작을 것으로 생각하기 쉽지만 이는 사실이 아니다. 예를 들어 아래에 11개의 시험성적이 오름차순으로 정렬되어 있다.

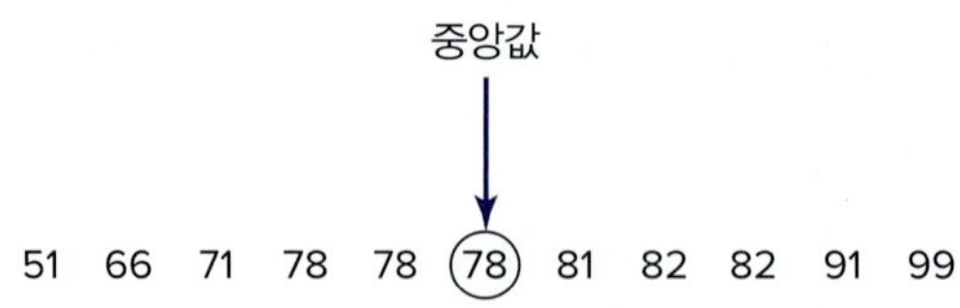

이들의 중앙값은 78이다. 그러나 단지 3개의 데이터 값만이 78 *아래*이고, 5개 값이 78 *위*이다. 동일한 몇몇 값들이 분포의 중간에서 무리지어 있기 때문에 중앙값이 데이터를 '50대 50'으로 정확히 나누지 않는다. 이런 상황이 이례적인 것은 아니다. 데이터가 강한 중심경향을 보이는 경우 이런 일이 발생할 수 있다.

중앙값의 엑셀 함수는 =MEDIAN(Data)로서 Data는 엑셀에서 데이터의 위치를 말한다. 우리 예에서 33개(홀수 n) 차량 품질등급의 중앙값 위치는 17번째(아래 16개, 위 16개)로 x_{17} = 113이다. 그러나 113의 값은 두 번 반복되므로 자료가 정확하게 50 대 50으로 갈라지지 않는다는 것을 알 수 있다.

중앙값은 극단값이 존재할 때 매우 유용하다. 예를 들어 소득에 관한 정부통계는 평균 대신 중앙값 소득을 사용한다. 왜냐하면 일부 매우 높은 소득이 평균을 비전형적(atypical)인 것으로 만들기 때문이다. 중앙값이 극단값의 영향을 받지 않는 것은 관점에 따라 장점일 수도 있고 그렇지 않을 수도 있다. 세 명의 학생이 다섯 차례 퀴즈에서 다음과 같은 성적을 기록했다고 하자.

톰의 성적: 20, 40, 70, 75, 80	평균 = 57, 중앙값 = 70
제이크의 성적: 60, 65, 70, 90, 95	평균 = 76, 중앙값 = 70
메리의 성적: 50, 65, 70, 75, 90	평균 = 70, 중앙값 = 70

모든 학생의 중앙값 성적이 (70점으로) 동일하다. 톰은 두 차례의 아주 낮은 성적으로 평균이 낮기 때문에 중앙값으로 평가하는 것을 좋아할 것이다. 반대로 제이크는 두 차례의 아주 높은 성적으로 평균이 높기 때문에 평균으로 평가하는 것을 좋아할 것이다. 마지막으로 메리는 어느 쪽이든 상관없다. 왜냐하면 (그녀의 시험성적은 대칭으로서) 중심의 두 측정수단이 동일한 결과를 낳기 때문이다.

중앙값은 평균이 갖고 있는 유용한 수학적 성질들을 갖고 있지 못하다. 예를 들어 평균에 표본의 크기를 곱하면 항상 데이터 값의 합계를 얻는다. 그러나 중앙값의 경우에는 그렇지 않다. 예를 들어 다섯 번 퀴즈에서 톰이 얻은 총점(285)은 표본크기에 평균을 곱한 값(5 × 57 = 285)이다. 그러나 중앙값은 이것이 성립하지 않는다(5 × 70 = 350). 강의에서 교수가 평균 성적을 근거로 학점을 매기는 이유가 거기에 있다. 그렇지 않으면 최저 및 최고 점수가 반영되지 않기 때문이다.

최빈값

최빈값(mode)은 가장 빈번하게 발생하는 데이터 값을 말한다. 만약 정렬된 데이터에서 중앙 부근에 있는 값들이 자주 발생하는 경향이 있다면 최빈값은 평균이나 중앙값과 유사할 것이다. 그러나 최빈값이 평균이나 중앙값과 아주 다를 수도 있다. 또한 어떤 데이터세트에 최빈값이 여러 개 있거나 전혀 없는 경우도 있을 수 있다.

최빈값은 쉽게 정의할 수는 있지만 (표본이 아주 작은 경우를 제외하면) 데이터 값을 빈도수에 따라 일일이 표로 만들어야 하기 때문에 계산하기는 쉽지 *않다*. 예를 들어 33개 브랜드의 자동차에 대한 결함을 조사한 표본에서 반복적으로 등장하는 데이터 값이 몇 개 더 있지만 최빈값은 111(4차례 발생)로 유일하다.

83	86	87	88	93	95	102	106	107	109	110
111	111	111	111	113	113	114	114	114	117	121
122	122	126	126	129	130	130	133	135	146	170

최빈값의 엑셀 함수는 =MODE.SNGL(Data)로서 최빈값이 하나도 없으면 #N/A라는 결과를 제시한다. 최빈값이 여러 개일 경우 =MODE.SNGL(Data)은 첫 번째로 발견한 최빈값을 제시한

다. 때때로 최빈값은 분포의 '중간'과는 멀리 떨어져 있을 수도 있으며, 따라서 전혀 '전형적인' 값이 아닐 수도 있다. *연속형* 데이터의 경우 값이 반복되는 경우가 거의 없기 때문에 최빈값이 유용하지 않은 경우가 일반적이다. 따라서 연속형 데이터의 경우에는 평균이나 중앙값을 이용하여 중심을 파악해야 할 것이다. 그러나 어떤 *범주형 데이터*, 예컨대 성별(남성, 여성) 혹은 대학전공(회계, 재무 등)의 중심경향을 기술하는 데 있어서는 최빈값이 적당하다. 사실 범주형 데이터의 경우 오직 최빈값이 *유일한* 중심경향의 유용한 측도이다. 또한 최빈값은 데이터 값이 다양하지 않은 *이산형* 변수(예: 리커트 5점 척도에 대한 응답)에도 유용하다.

참고사항

최빈값은 데이터 값이 다양하지 않은 이산형 혹은 범주형 데이터에 가장 적절하다. 연속형 데이터나 소수점이 있는 데이터, 범위가 아주 넓은 데이터에는 거의 유용하지 않다. 그러나 이 경우에도 히스토그램의 최빈 *계급*은 여전히 중심경향을 보여주는 데 도움이 된다.

그림 4.6은 P/E 비율(주가수익비율; 현재의 주가를 최근 12개월의 주당순이익으로 나눈 것) 점그림으로서 S&P 500 지수에 편입되어 있는 기업 중 무작위로 고른 44개 기업 표본의 P/E 비율을 보여주고 있다(3장 표 3.2 참조). P/E 비율은 연속형 데이터이지만 반올림하여 정수로 만들었다. 44개 관측치에 대해 최빈값은 10과 16(각각 4번 발생)으로서 이것이 어떤 '전형적인' 값이라는 느낌을 준다. 그러나 다른 한편으로 보면 11과 13도 세 번 발생하는 등 최빈값이 중심에 대한 강건한 측도가 아니라는 것을 보여준다. 즉, 44개의 다른 표본을 뽑는다면 동일한 최빈값을 얻게 될 가능성이 매우 낮다는 것을 의미하기도 한다.

그림 4.6
P/E 비율 점그림
(n = 44개 주식)
PERatios

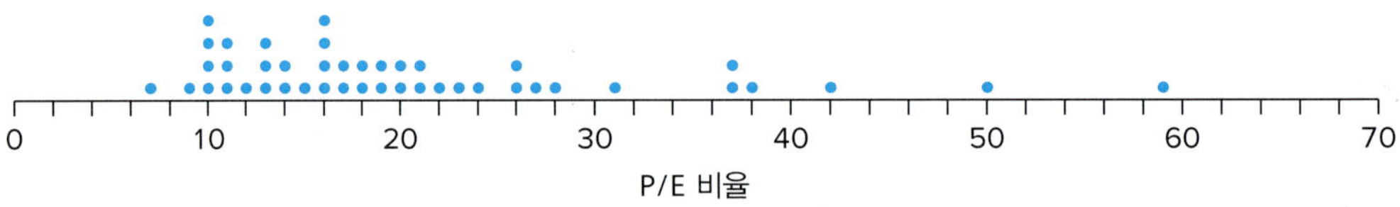

최빈값이 어떤 논리적 이유로 의미를 갖는 경우도 있을 수 있다. 예를 들어 미식축구는 터치다운을 할 경우 7점(추가점 포함)을 획득하기 때문에 점수가 7의 배수(예: 7, 14, 21 등)로 올라가는 경향이 있다. 미식축구 점수에 미니 최빈값들이 나타나는 것은 이를 반영한다. 그러나 달러 혹은 소수점의 비율로 표시되는 비즈니스 혹은 경제 데이터에서는 최빈값은 거의 쓸모가 없다.

양봉분포(bimodal distribution) 또는 **다봉분포**(multimodal distribution)는 모집단이 유사점이 없는 모집단으로부터 하나의 표본을 뽑았을 때 자주 발생한다. 예를 들어 남자 성인과 여자 성인 각 500명씩을 뽑아 1,000명의 키를 가지고 표본 하나를 만들었다면 그림 4.7의 오른쪽과 같은 다각형 형태의 그래프를 얻게 될 것이다.

이 경우 1,000명 모두의 평균은 어느 성별의 중심경향과도 비슷하지 않다. 모집단의 이

그림 4.7

1,000명의 남여 키에 대한 빈도다각형 Heights

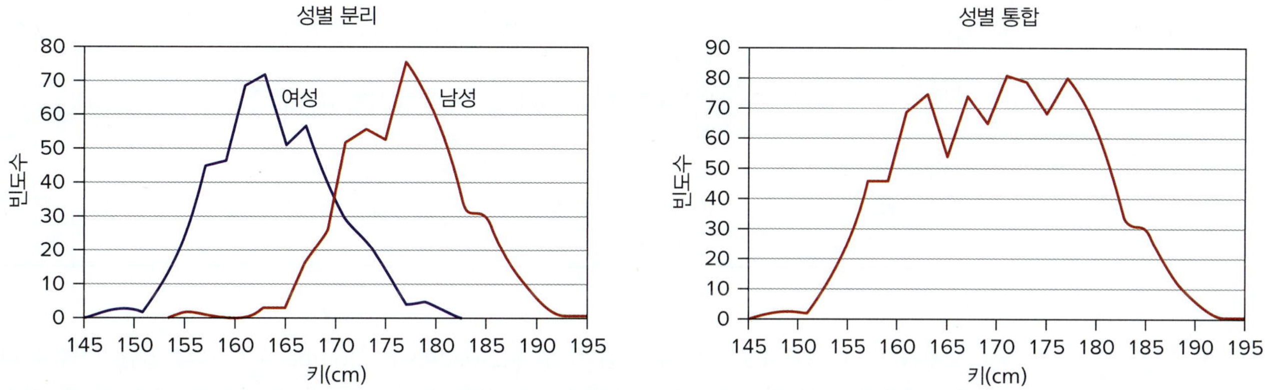

질성이 분명히 존재한다면 히스로그램이나 빈도다각형을 따로 그려서 각 그룹에 대해 별도의 분석을 행하는 것이 더 나을 수 있다. 그러나 불행히도 이질적인 모집단들을 섞어서 하나의 표본이 뽑힌 것을 항상 알 수 있는 것은 아니다.

형태

어떤 분포의 형태는 히스토그램을 그려보거나 혹은 평균과 중앙값을 비교함으로써 판단할 수 있다. **대칭적 데이터**(symmetric data)의 경우 평균과 중앙값이 거의 동일하다. 데이터가 **오른쪽으로**(혹은 **양으로**) **기운** 경우 평균이 중앙값보다 크다. 반대로 데이터가 **왼쪽으로**(혹은 **음으로**) **기운** 경우 평균이 중앙값보다 작다. 그림 4.8은 **비대칭성**(skewness)의 정도(이를 **왜도**라고도 함)가 다른 전형적인 분포 형태를 보여주고 있다.

표 4.5는 표본에서 나타나는 비대칭성의 유형을 요약하여 보여준다. 사실 정확히 대칭인 데이터는 거의 없으며 정도의 차이가 있을 뿐 어느 정도 비대칭성이 존재한다. 설사 모집단이 대칭이라 해도 무작위 표본추출의 성격상 표본의 평균과 중앙값은 다를 것이다. 만약 평균과 중앙값의 차이가 작다면 비대칭성이 확실히 존재한다고 말할 수 없으며, 따라서 별다른 의미도 없다.

그림 4.8

비대칭성의 전형적인 형태

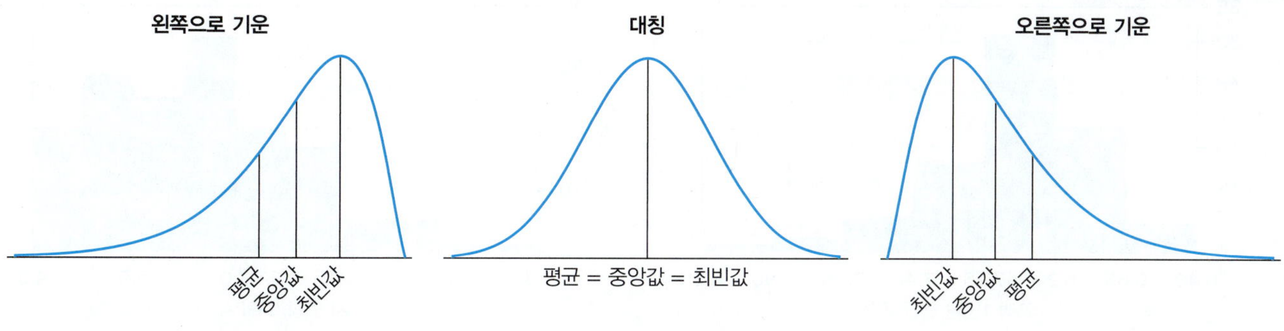

표 4.5

비대칭성의 유형

분포의 형태	히스토그램 모양	통계량
왼쪽으로 기운 (음의 왜도)	히스토그램의 긴 꼬리가 왼쪽에 있음(대부분의 데이터가 오른쪽에 몰려 있으나 일부 매우 작은 값이 왼쪽에 존재)	평균 < 중앙값
대칭	히스토그램의 꼬리가 균형을 이룸(작은 값과 큰 값이 상쇄됨)	평균 ≈ 중앙값
오른쪽으로 기운 (양의 왜도)	히스토그램의 긴 꼬리가 오른쪽에 있음(대부분의 데이터가 왼쪽에 몰려 있으나 일부 매우 큰 값이 오른쪽에 존재)	평균 > 중앙값

예를 들어 그림 4.9의 왼쪽 그림은 74개 Noodles & Company의 고객 평균 지출을 히스토그램으로 그린 것이다. 약간 오른쪽으로 기운 형태로서 평균이 중앙값보다 더 클 것으로 예상할 수 있다. 하지만 실제로는 차이가 미미하다(평균은 $7.04이고, 중앙값은 $7.00이다). 또한 그림에서 학생들 GPA 히스토그램을 보면 왼쪽으로 기운 형태로서 평균이 중앙값보다 작을 것으로 예상할 수 있다. 그러나 이 경우 역시 그 차이는 미미하다(평균은 3.17이고 중앙값은 3.20이다). 히스토그램의 모양은 계급을 어떻게 정하느냐에 따라 영향을 받기 때문에 그 형태는 비대칭성을 대략적으로만 알려줄 뿐이다.

J.D. Power의 품질등급 예를 보면 평균(114.17)이 중앙값(113)보다 더 크다는 점에서 분포가 오른쪽으로 기운 형태임을 암시하고 있다. 그러나 두 값의 차이가 이처럼 별로 크지 않을 경우 실질적 의미를 갖기 힘들다. 그림 4.3의 히스토그램을 보더라도 비대칭성이 매우 작은 것으로 보인다. 우리는 4.8절에서 비대칭성에 대해 보다 정확한 테스트를 배우게 된다.

비즈니스 데이터는 오른쪽으로 기운 경우가 많다. 왜냐하면 금융 관련 변수들이 종종 위쪽으로는 한계가 없으나 아래쪽으로는 0이 경계가 되기 때문이다(예: 월급, 고용, 재고). 이것은 엔지니어링(예: 실패까지 걸리는 시간, 결함률)이나 스포츠(축구에서의 득점)도 마찬

그림 4.9

비대칭성 히스토그램 예시

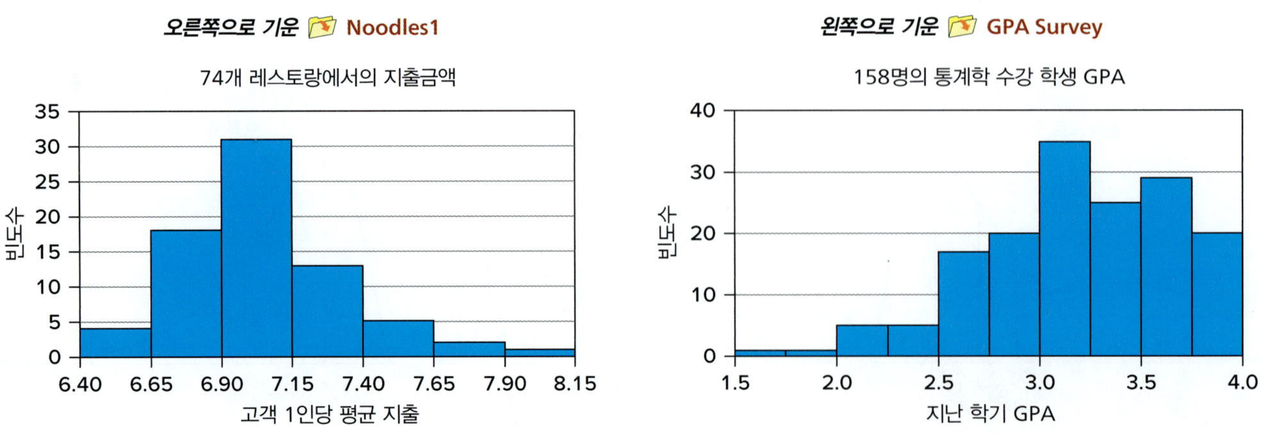

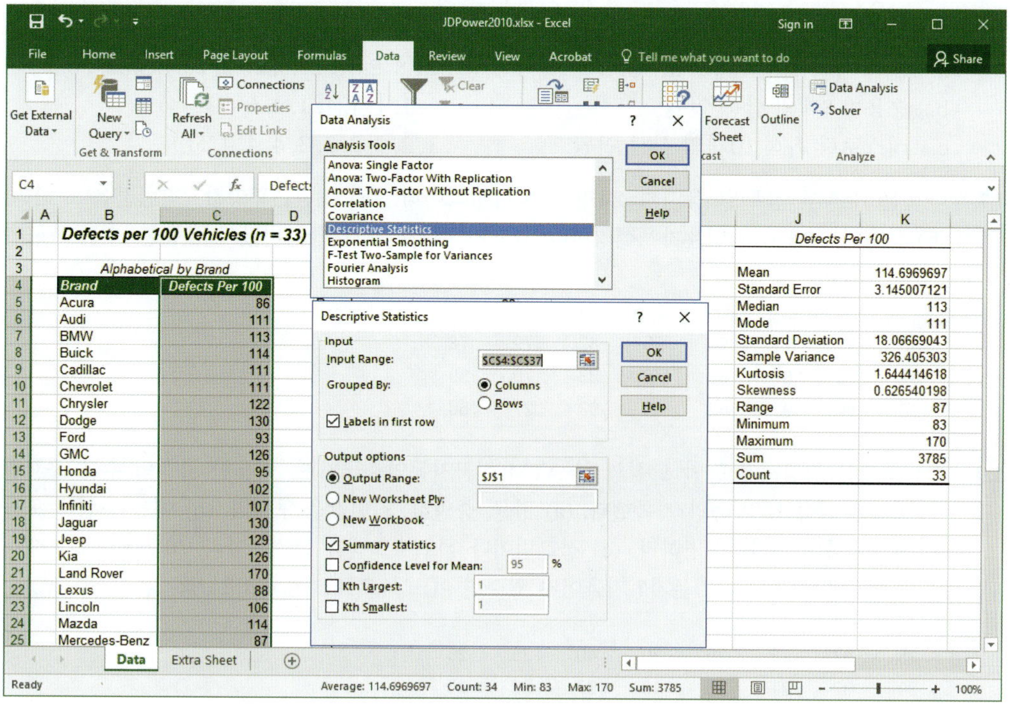

그림 4.10
엑셀의 데이터 분석 및 기술 통계법
JDPower

주: 만약 데이터 분석 아이콘이 나타나지 않으면 엑셀 화면 맨 위 왼쪽의 파일을 클릭한 다음, 옵션에서 추가기능을 선택하여 분석도구를 설치해야 한다.

출처: Microsoft Excel.

가지이다. 리커트 척도(1, 2, 3, 4, 5)에서도 대다수의 응답이 최상위나 최하위에 몰려 있고 일부 응답이 그 반대쪽 꼬리에 있다면 분포에 비대칭성이 발생한다.

엑셀의 기술통계량

그림 4.10에 나와 있는 것처럼 엑셀 메뉴에서 데이터 탭을 선택한 다음, 맨 오른쪽의 데이터 분석 아이콘을 클릭한다. 데이터 분석 메뉴에서 기술 통계법을 선택한 다음, 메뉴에서 입력 범위 안에 커서를 놓고 원하는 데이터 블록을 지정한다(여기에서는 C4:C37). 그런 다음 출력 범위에 커서를 놓고 출력을 원하는 셀을 지정한다(이 예에서는 J1). 첫 행 이름표로 사용의 박스에 체크를 함으로써 C4셀의 내용이 K1셀의 결과물 제목으로 이용되었음을 주의하라. 그 결과가 그림 4.10에 나와 있다. 그중 일부(평균, 중앙값, 최빈값, 표준편차)는 들어 본 개념이겠지만 나머지는 이 장의 뒷부분에서 다룰 것이다.

단원 연습문제

connect

4.1 (a) 각 데이터세트에 대해 평균, 중앙값, 최빈값을 구하라. (b) 데이터와 관련하여 중심의 측도로서 각 통계량의 유용성에 영향을 미치는 것이 무엇인지 논하라.

a. 교내 건강센터 방문 횟수(12명 학생): 0, 0, 0, 0, 0, 1, 2, 3, 3, 5, 5, 15
b. 레드 록 티켓 가격(9개 공연): 40, 40, 65, 71, 72, 75, 76, 78, 98
c. 통조림 수프 나트륨 함유량 그램(8개 종류): 225, 255, 295, 302, 304, 337, 351, 366

4.3 각 데이터세트에서 최빈값이 중심의 측도로 유용한가?

a. GMAT 점수(8명의 MBA 지원자): 490, 495, 542, 587, 599, 622, 630, 641
b. 시험 성적(12명 학생): F, D, C, C, C, C, C, C, B, B, A, A
c. 신체질량지수(BMI)(7명의 군대 신병): 18.6, 20.2, 22.4, 23.7, 24.2, 28.8, 28.8

4.5 각 데이터세트에서 '전형적인' 데이터 값을 더 잘 나타내는 것은(평균, 중앙값, 혹은 둘 모두)?

a. 혼다 시빅 차량 7대의 MPG: 21.8, 24.1, 24.6, 26.2, 28.4, 35.2, 36.3

b. 승용차 8대의 탑승 인원: 1, 1, 1, 1, 1, 1, 4, 6

c. 레스토랑 좌석 10개의 식사 인원: 1, 2, 2, 2, 3, 3, 4, 4, 4, 5

4.7 다음은 주정부 공무원 응시자 24명의 시험성적이다. (a) 평균, 중앙값, 최빈값을 구하라. (b) 분포가 기울어져 있는가? 설명하라. (c) 이 데이터세트에 최빈값이 유용한 중심 측도인가? Civil

83	93	74	98	85	82	79	78
82	68	67	82	78	83	70	99
18	96	93	62	64	93	27	58

4.9 시티뱅크는 점심시간 동안 도심의 한 ATM(현금자동입출금기)을 이용한 고객의 수를 공휴일을 제외한 연속 32일 동안 기록했다. (a) 평균, 중앙값, 최빈값을 구하라. (b) 이들 중심 측도들이 서로 부합하는가? 설명하라. (c) 점그림이나 히스토그램을 그려보아라. (d) 데이터가 대칭인가, 아니면 기울어져 있는가? 기울어져 있다면 어느 쪽으로? CitiBank

25	37	23	26	30	40	25	26
39	32	21	26	19	27	32	25
18	26	34	18	31	35	21	33
33	9	16	32	35	42	15	24

4.11 다음은 어떤 회사 중역의 7월 마지막 주 통화기록으로서 60개 통화의 소요시간을 기록한 것이다. (a) 데이터를 정렬하라. (b) 평균, 중앙값, 최빈값을 구하라. (c) 이들 중심 측도들이 서로 부합하는가? 설명하라. (d) 데이터가 대칭인가, 아니면 기울어져 있는가? 기울어져 있다면 어느 쪽으로? CallLength

1	2	10	5	3	3	2	20	1	1
6	3	13	2	2	1	26	3	1	3
1	2	1	7	1	2	3	1	2	12
1	4	2	2	29	1	1	1	8	5
1	4	2	1	1	1	1	6	1	2
3	3	6	1	3	1	1	5	1	18

Mini Case 4.1

ATM 예금

표 4.6은 어떤 대학 캠퍼스 학생회관에 설치되어 있는 ATM을 이용한 예금 중 100건을 무작위로 추출해 정렬한 것이다. 이는 한 달 동안 행해진 총 1,459건의 예금에서 무작위로 추출한 것이다. 예금의 범위는 $3에서 $1,341이다. 그림 4.11의 점그림은 오른쪽으로 기운 분포를 보여주고 있는데 일부 큰 값들이 오른쪽 꼬리에 있지만 많은 무리는 왼쪽에 뭉쳐 있다(즉, 대부분의 ATM 예금은 소액이다). 엑셀의 **기술 통계법**으로 분석하면 분포가 매우 비대칭적임을 알 수 있다. 즉, 평균(233.89)이 중앙값(135)을 대폭 상회한다. 최빈값(100)은 '전형적인' 편으로 다섯 번 발생했다. 40과 50도 각각 네 번씩 발생했음을 알 수 있다(미니 최빈값).

표 4.6

100건의 ATM 예금(달러) ATMDeposits

3	10	15	15	20	20	20	22	23	25	26	26
30	30	35	35	36	39	40	40	40	40	47	50
50	50	50	53	55	60	60	60	67	75	78	86
90	96	100	100	100	100	100	103	105	118	125	125
130	131	139	140	145	150	150	153	153	156	160	163
170	176	185	198	200	200	200	220	232	237	252	259
260	268	270	279	295	309	345	350	366	375	431	433
450	450	474	484	495	553	600	720	777	855	960	987
1,020	1,050	1,200	1,341								

출처: Michigan State University Federal Credit Union.

그림 4.11

ATM 예금 점그림(n = 100)

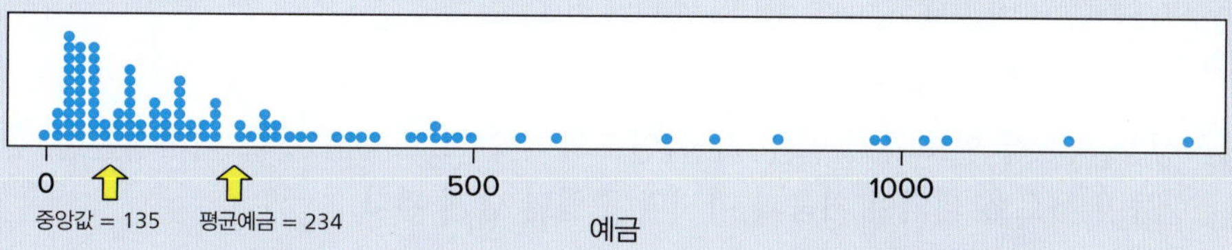

기하평균

기하평균(geometric mean; G로 표기)은 곱의 평균으로서 데이터 값들을 전부 곱하여 그것에 대해 n 제곱근을 취한 것이다. 이는 모든 데이터 값이 (0보다 큰) 양인 경우 중심경향에 대한 측도로 사용된다.

$$G = \sqrt[n]{x_1 x_2 \ldots x_n} \quad \text{기하평균} \tag{4.4}$$

예를 들어 X = 2, 3, 7, 9, 10, 12의 기하평균은

$$G = \sqrt[6]{(2)(3)(7)(9)(10)(12)} = \sqrt[6]{45,360} = 5.972$$

숫자들의 곱이 상당히 큰 값이 될 수도 있다. J.D. Power 데이터의 경우

$$G = \sqrt[33]{(83)(86)(87)\cdots(135)(146)(170)} = \sqrt[33]{6.25105 \times 10^{67}} = 113.35$$

계산은 엑셀 함수 =GEOMEAN(Data)를 이용하면 간단히 할 수 있다. 휴대용 계산기로도 y^x 기능을 이용하여 제곱근 계산을 할 수 있다. 하지만 데이터 값이 매우 큰 경우 곱셈 계산이 계산기의 용량을 초과할 수도 있다. 기하평균은 값이 매우 큰 특이값(outlier)의 존재를 완화시켜주는 경향이 있다.

성장률

기하평균을 약간 변형시켜 어떤 시계열(예: 성장하는 기업의 매출)의 *평균 성장률*(average growth rate)을 계산할 수 있다.

$$GR = \sqrt[n-1]{\frac{x_n}{x_1}} - 1 \quad \text{(어떤 시계열의 평균 성장률)} \tag{4.5}$$

예를 들어 미국 항공사인 JetBlue Airlines의 2011~2015년 수익은 표 4.7과 같다.

표 4.7
제트블루 항공 영업수익 (백만 달러) JetBlue

연도	수익
2011	4,504
2012	4,982
2013	5,441
2014	5,817
2015	6,416

출처: 제트블루가 공표한 연말보고서(Form 10K). 데이터는 매년 12월 31일 기준.

*평균 성장률*은 각 연도의 수입을 직전 연도의 수입으로 나눈 것을 기하평균한 것이다. 그러나 항들이 서로 상쇄되어 처음과 마지막 수입만 남게 된다.

$$GR = \sqrt[4]{\left(\frac{4982}{4504}\right)\left(\frac{5441}{4982}\right)\left(\frac{5817}{5441}\right)\left(\frac{6416}{5817}\right)} - 1 = \sqrt[4]{\frac{6416}{4504}} - 1 = 1.09248 - 1 = 0.092$$

즉, 평균성장률은 연 9.2퍼센트이다. 엑셀에서는 =(6416/4504)^(1/4) − 1 공식을 이용하여 계산할 수 있다.

범위의 중앙

범위의 중앙(midrange)은 변수 X의 최솟값과 최댓값의 중앙점이다. 계산하기는 아주 쉽지만 극단값에 민감하기 때문에 중심의 안정적인 측도는 아니다. 최솟값과 최댓값만 알고 있을 때 유용하다.

$$\text{범위의 중앙} = \frac{x_{\min} + x_{\max}}{2} \tag{4.6}$$

J.D. Power 데이터의 경우

$$\text{범위의 중앙} = \frac{x_1 + x_{33}}{2} = \frac{83 + 170}{2} = 126.5$$

이 예에서 범위의 중앙이 평균(114.70)이나 중앙값(113)보다 더 크다는 것을 알 수 있다. 왜냐하면 최댓값 $x_{\max} = 170$이 매우 커서 범위의 중앙값을 '끌어올렸기' 때문이다.

절사평균

절사평균(trimmed mean)은 일반적인 평균과 동일하게 계산하되, 관측치를 정렬하여 최상위 및 최하위 각각 k%를 제거한 다음 평균을 구한다는 것이 차이점이다. 절사평균은 양극

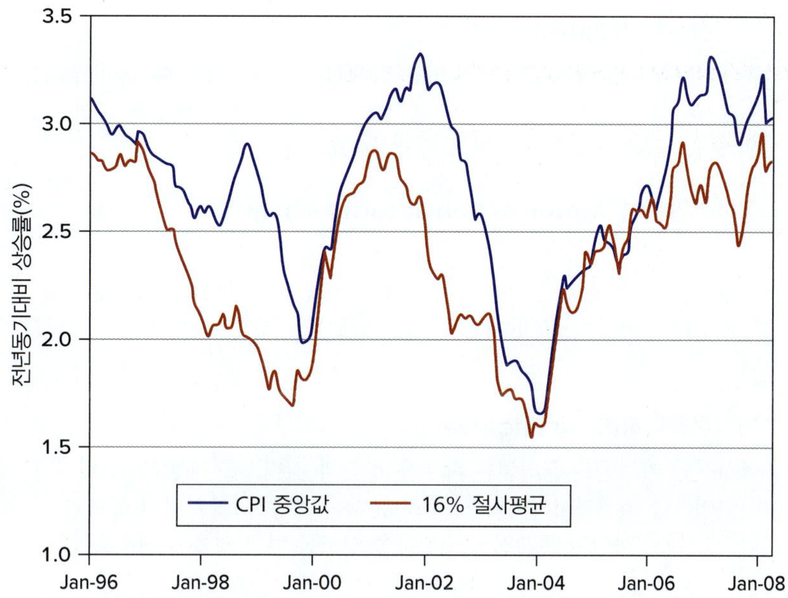

그림 4.12

16% 절사평균 CPI

출처: Federal Reserve Bank of Cleveland, www.clevelandfed.org.

단의 데이터 값이 미치는 영향을 완화시키는 효과가 있다. 5% 절사평균의 엑셀 함수는 상위 및 하위를 합치면 10%이기 때문에 =TRIMMEAN(Data, 0.10)이 된다. J.D. Power 데이터(n = 33)의 경우 $0.05 \times 33 = 1.65 = 1$(소수점을 없앤 작은 쪽 정수)이기 때문에 양끝에서 1개의 관측치만 없앤 다음, 31개의 관측치로 평균을 구한다.

J.D. Power 데이터에 대한 엑셀의 중심 측도

평균:	=AVERAGE(Data)	= 114.70
중앙값:	=MEDIAN(Data)	= 113
최빈값:	=MODE.SNGL(Data)	= 111
기하평균:	=GEOMEAN(Data)	= 113.35
범위의 중앙:	=(MIN(Data)+MAX(Data))/2	= 126.5
5% 절사평균:	=TRIMMEAN(Data,0.10)	= 113.94

미국 중앙은행인 연방준비(Federal Reserve)는 소비자물가지수(Consumer Price Index: CPI)에 극단값이 미치는 영향을 완화하기 위해 16% 절사평균 CPI를 계산하여 일반 CPI와 함께 발표한다(그림 4.12 참조).

애널리틱스 적용 사례

미래의 직업?

'데이터 사이언스'나 '애널리틱스'라는 용어는 많은 영역을 포괄하는 개념이지만, 기본적으로는 여러분이 이 장에서 배우는 내용에 기초하고 있다. 즉, 데이터를 조직하고 간결하게 기술함으로써 그 핵심적인 특성뿐 아니라 특정한 문제 혹은 의사결정과의 연관성을 잘 드러내도록 하는 것이다. 조만간 여러분은 다음과 같은 직업군을 만나게 될 것이다(더 많은 정보는 www.datasciencecentral.com 참조).

데이터분석가(Data Analyst)

데이터분석가는 데이터가 갖고 있는 잠재적 편향성과 품질에 대한 우려를 찾아내기 위해 '닦아내고' 분석한다. 그런 다음 데이터를 검사해서 그 구조와 핵심적 특성을 찾아낸다. 이 분야의 많은 신입생들은 이것을 커리어의 출발점으로 삼는다.

정보보안분석가(Information Security Analyst)

사이버 공격이 종종 발생하면서 사이버보안을 위한 애플리케이션은 데이터 분석학의 첨단이 되었다. 목표는 실시간 데이터를 이용해 위협을 찾아내고 그 폐해를 예상하는 것이다. 인공지능과 머신러닝이 이 분야에서 중요한 역할을 한다. 그렇더라도 데이터를 수집하는 것이 우선이다.

데이터공학자(Data Engineer)

혁신적인 기업들은 끊임없이 새로운 상품과 서비스를 개발한다. 데이터공학의 핵심은 데이터사이언스를 기업가치와 연결시키고, 문제를 예방하고, 기업의 상품과 서비스와 관련하여 데이터를 근거로 파악된 문제점의 해결책을 찾도록 팀 작업을 수행하도록 하는 것이다.

인공지능관리자(AI Product Manager)

인공지능 시스템을 교육하고 출시하기 위해서는 관리감독이 필요하다. 최근 들어서 특히 인공지능의 성과를 교육하고 감시하는 데 있어서 잠재적인 편향성에 초점이 맞춰지고 있다. 예를 들어, 독일의 Ethics Commission은 알고리즘 시스템의 규정에 대한 필요성을 제기했고(*Significance*, 2019년 12월호, p.4), 많은 제안이 나오는 가운데 일부 제정된 경우도 있다. 머신러닝과 인공지능에 특화된 개인들에게 많은 직업기회가 열릴 것이다.

인공지능설계사(AI Architect)

AI 시스템의 기본틀을 설계하는 전문가들이 더욱 필요해지고 있다. 이는 고차원의 작업이긴 하나 채용은 바닥에서 시작해 경험을 쌓은 사람들로부터 시작될 것이다. 기초 통계학을 마스터하는 것이 매우 중요하다.

단원 연습문제

connect

4.13 (a) 엑셀에서 셀 A1:A50의 데이터에 대해 10% 절사평균을 구하는 함수는 무엇인가? (b) 각 꼬리에서 몇 개씩의 관측치가 잘리게 되는가? (c) 전체적으로는 몇 개의 관측치가 잘리는가?

4.15 Sonando Hills시에는 8명의 경찰관이 있다. 지난 1월에 각 경관에 대해 업무관련 의료비 지출이 0, 0, 0, 0, 0, 0, 150, 650이었다. (a) 평균, 중앙값, 최빈값, 범위의 중앙, 기하평균을 구하라. (b) 모든 경관의 의료비에 대해 1년 예산을 짜려고 할 때 중심 측도 중 어느 것을 이용하겠는가?

4.17 시티뱅크는 점심시간 동안 도심의 한 ATM을 이용한 고객의 수를 공휴일을 제외한 연속 32일 동안 기록했다. (a) 평균, 범위의 중앙, 기하평균, 10% 절사평균을 구하라. (b) 이들 중심 측도가 서로 부합하는가? 설명하라. CitiBank

25	37	23	26	30	40	25	26
39	32	21	26	19	27	32	25
18	26	34	18	31	35	21	33
33	9	16	32	35	42	15	24

4.19 다음은 어떤 회사 중역의 7월 마지막 주 통화기록으로서 60개 통화의 소요시간(분)을 기록한

것이다. (a) 평균, 범위의 중앙, 기하평균, 10% 절사평균을 구하라. (b) 데이터가 대칭인가, 아니면 기울어져 있는가? 기울어져 있다면 어느 방향인가? **CallLength**

1	2	10	5	3	3	2	20	1	1
6	3	13	2	2	1	26	3	1	3
1	2	1	7	1	2	3	1	2	12
1	4	2	2	29	1	1	1	8	5
1	4	2	1	1	1	1	6	1	2
3	3	6	1	3	1	1	5	1	18

4.3 변동성 측정

분포의 *중심*을 묘사하는 수단으로 평균 같은 통계량을 이용할 수 있다. 그러나 중심으로부터의 *변동성*을 묘사하는 것도 그것 못지않게 중요하다. 경제학 수업을 듣는 대학생들을 대상으로 공부시간을 조사하여 그린 점그림을 보자.

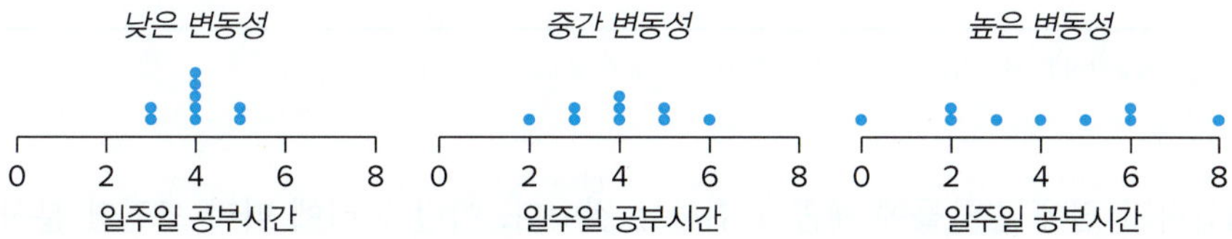

모든 그림은 동일한 평균을 갖고 있지만 평균을 중심으로 퍼져 있는 정도가 다른 것을 알 수 있다. 문제는 표본의 변동성을 어떻게 *기술*하느냐이다. 히스토그램이나 점그림을 통해 데이터세트의 변동성(데이터 값들이 중심에서 '퍼짐')을 어느 정도 가늠할 수 있지만 퍼진 정도에 대한 정확한 측도가 필요하다. 변수가 다르면 평균이나 측정 단위(달러, 파운드, 엔)가 다르기 때문에 이들 다양한 경우에 적용될 수 있는 측도가 필요하다. 표 4.8은 변동성을 측정하는 데 일반적으로 사용되는 5개 측도를 보여주고 있다. 모든 공식은 표본 데이터세트에 대한 것이다.

범위

범위(range)는 최솟값과 최댓값의 차이를 말한다.

$$\text{범위} = x_{\text{max}} - x_{\text{mim}} \tag{4.7}$$

J.D. Power 데이터의 경우

$$\text{범위} = 170 - 83 = 87$$

범위는 계산이 간단하지만 오직 2개의 극단적인 데이터 값만을 고려한다는 것이 단점이다. 모든 데이터 값 $x_1, x_2, ..., x_n$을 고려한 넓은 개념의 변동성이 더 바람직하다.

분산 및 표준편차

각 데이터 값 x_i와 평균과의 차이, 즉 편차(deviation)를 계산하면 플러스 값도 있고 마이너스 값도 있다. 평균은 분포의 균형점이기 때문에 편차들을 모두 합하여 평균을 취하면 항상 0이 되며, 따라서 변동성의 유용한 측도가 되지 못한다. 이를 해결하는 한 가지 방법은 평

표 4.8

표본의 변동성에 대한 5개 측도

통계량	공식	엑셀 함수*	장점	단점
범위(R)	$x_{max} - x_{min}$	=MAX(Data)-MIN(Data)	계산이 용이하고 해석이 쉬움	극단값에 민감
표본분산(s^2)	$\dfrac{\sum_{i=1}^{n}(x_i - \bar{x})^2}{n-1}$	=VAR.S(Data)	수리통계학에서 핵심적 역할	직관적 의미전달이 어려움
표본표준편차(s)	$\sqrt{\dfrac{\sum_{i=1}^{n}(x_i - \bar{x})^2}{n-1}}$	=STDEV.S(Data)	가장 보편적 측도, 원데이터와 단위가 동일($, £, ¥, grams 등).	직관적 의미전달이 어려움
변동계수(CV)	$100 \times \dfrac{s}{\bar{x}}$	없음	퍼센트로 측정한 상대적 변동 측도, 데이터간 비교 가능	데이터가 음수가 아니어야 함
평균절대편차(MAD)	$\dfrac{\sum_{i=1}^{n}\lvert x_i - \bar{x}\rvert}{n}$	=AVEDEV(Data)	이해하기 쉬움	이론적 성질이 '좋은' 편이 아님

*R은 range(x), var(x), 그리고 sd(x)에 대해서는 동일한 기능을 제공하지만, 나머지는 기능이 없다. 엑셀과 R 기능의 대조표는 **부록 I**를 참조하라.

균을 계산하기 전에 편차들에 *제곱*을 취하는 것이다. 이런 논리에 따라 모집단 분산, 즉 **모분산**(population variance; σ^2으로 표기하는데, σ는 그리스 문자로 소문자 '시그마'임)은 평균(μ)과의 편차의 제곱합을 모집단의 크기로 나눈 것이다.

$$\sigma^2 = \frac{\sum_{i=1}^{N}(x_i - \mu)^2}{N} \tag{4.8}$$

만약 (대부분의 경우에 해당하겠지만) 모집단 대신 표본이 주어졌다면 모분산 공식에서 μ를 $\bar{x}$로 대체하여 **표본분산**(sample variance; s^2으로 표기)을 계산한다.

$$s^2 = \frac{\sum_{i=1}^{n}(x_i - \bar{x})^2}{n-1} \tag{4.9}$$

표본분산 역시 기본적으로 편차 제곱을 평균한 것이다. 그런데 평균을 구함에 있어서 편차 제곱의 합을 n이 아니라 $n - 1$로 나누었을까? 많은 학생들은 이 물음 앞에서 당황하곤 한다. 표본은 n개의 정보를 담고 있으며, 이들은 다른 항목에 대해 독립적으로 어떤 값도 가질 수 있다. 그러나 일단 표본평균을 계산하고 나면(분산을 계산하려면 평균부터 계산해야 한다), 이제 $n - 1$개의 정보만이 남는다(왜냐하면 표본의 값들을 다 더하면 평균을 계산했던 그 고정된 어떤 숫자로 합해지기 때문이다). 편차 제곱의 합을 n이 아니라 $n - 1$로 나누는 것은 하나의 정보를 '잃었기' 때문이다. 그렇지 않으면 s^2은 미지의 모분산 σ^2을 과소평가(underestimate)하게 된다.

변동성을 기술함에 있어서 **표준편차**(standard deviation), 즉 분산의 양의 제곱근을 이용하는 경우가 많다. 표준편차는 데이터 값들이 평균에서 얼마나 떨어져 있는지를 하나의 숫자로 나타낸 것이다. 제곱근을 취함으로써 측정단위(예: 달러, 킬로그램, 마일)가 변수 X와 동일해진다. 모집단의 표준편차는 다음과 같다.

$$\sigma = \sqrt{\frac{\sum_{i=1}^{N}(x_i - \mu)^2}{N}} \tag{4.10}$$

또한 표본의 표준편차는 다음과 같다.

$$s = \sqrt{\frac{\sum_{i=1}^{n}(x_i - \bar{x})^2}{n-1}} \tag{4.11}$$

간단한 휴대용 계산기로도 표준편차를 구할 수 있다. 모집단과 표본을 구분하기 위해 어떤 계산기는 σ_x와 s_x로 양자를 구분하고, 어떤 계산기는 σ_n과 σ_{n-1}로 해놓기도 한다. 중요한 것은 분모를 데이터 항목의 개수로 할 것인지 아니면 거기에서 1을 뺄 것인지이다. 컴퓨터나 계산기는 우리가 갖고 있는 데이터가 표본인지 모집단인지 모른다. 우리가 지정하는 대로 계산할 뿐이다. 자신의 데이터에 어느 것이 적당한지는 본인이 결정할 문제이다. 이와 관련된 엑셀 함수는 다음과 같다.

	표본 공식	모집단 공식
분산	=VAR.S(Data)	=VAR.P(Data)
표준편차	=STDEV.S(Data)	=STDEV.P(Data)

표준편차 계산

표 4.9는 스테파니의 다섯 차례 퀴즈 점수(40, 55, 75, 95, 95)의 표준편차를 구하는 절차를 보여주고 있다. 먼저 평균 점수를 보면 72점이다.

표 4.9
워크시트에서 표준편차 구하기 Stephanie

i	X_i	$X_i - \bar{X}$	$(X_i - \bar{X})^2$	X_i^2
1	40	40 − 72 = −32	$(-32)^2$ = 1,024	40^2 = 1,600
2	55	55 − 72 = −17	$(-17)^2$ = 289	55^2 = 3,025
3	75	75 − 72 = +3	$(3)^2$ = 9	75^2 = 5,625
4	95	95 − 72 = +23	$(23)^2$ = 529	95^2 = 9,025
5	95	95 − 72 = +23	$(23)^2$ = 529	95^2 = 9,025
합계	360	0	2,380	28,300
평균	72			

주목할 것은 평균과의 편차(세 번째 열)를 모두 합하면 0이 되는데 이는 평균의 중요한 성질이다. 평균은 일반적으로 '딱 떨어지는' 숫자가 아니기 때문에 계산을 위해서는 대개 스프레드시트나 계산기가 필요하다. 스테파니의 표본표준편차는 다음과 같다.

$$s = \sqrt{\frac{\sum_{i=1}^{n}(x_i - \bar{x})^2}{n-1}} = \sqrt{\frac{2,380}{5-1}} = \sqrt{595} = 24.39$$

다음과 같은 **이합 공식**(two-sum formula)으로도 동일한 결과를 얻는다.

$$s = \sqrt{\frac{\sum_{i=1}^{n} x_i^2 - \frac{\left(\sum_{i=1}^{n} x_i\right)^2}{n}}{n-1}} \tag{4.12}$$

이 공식은 평균 및 평균과의 편차를 구할 필요가 없다. 계산기들이 이 공식을 사용하는 경우가 많으며 $\sum_{i=1}^{n} x_i$ 및 $\sum_{i=1}^{n} x_i^2$의 계산결과도 제공한다. 스테파니의 경우 표 4.9에 나와 있는 정보들을 이용하여 앞에서 얻은 결과와 동일한 표준편차를 얻을 수 있다.

$$s = \sqrt{\frac{\sum_{i=1}^{n} x_i^2 - \frac{\left(\sum_{i=1}^{n} x_i\right)^2}{n}}{n-1}} = \sqrt{\frac{28,300 - \frac{(360)^2}{5}}{5-1}} = \sqrt{\frac{28,300 - 25,920}{5-1}} = \sqrt{595} = 24.39$$

그러나 이합 공식의 경우 직관적이지 않기 때문에 (또한 계산을 우리가 직접 하는 것이 아니라 스프레드시트, 계산기, 또는 통계소프트웨어 등을 이용하기 때문에) 교과서들이 이를 소개하지 않는 경우도 있다. 하지만 어느 공식을 사용해도 된다.

표준편차의 특성

표준편차는 평균으로부터의 편차를 제곱해서 나온 것이기 때문에 음수가 나올 수가 없다. 만약 모든 관측치가 평균과 동일하다면 표준편차는 0이 된다(즉, 변동이 없다). 예를 들어 어떤 시험에서 모든 학생이 동일한 점수를 얻었다면 모든 학생이 평균에 있기 때문에 식 4.8에서 4.12까지의 분자가 모두 0이 된다. 반대로 표준편차가 가장 큰 경우도 있는데, 점수들이 x_{min}과 x_{max}에 모여 있는 경우이다(예: 수강생 절반이 0점이고 다른 절반이 100점인 경우).

표준편차는 데이터의 측정단위에 따라 어떤 양의 값도 가질 수 있다. 예를 들어 채권투자펀드 수익률(예: Westcore Plus 펀드의 2010년 수익률은 7.2%) n개를 무작위로 골라 계산한 표준편차는 포춘 500대 기업의 연간 수입(예: 월마트의 2010년 수입은 4,290억 달러) n개를 무작위로 골라 계산한 표준편차에 비해 훨씬 작을 것이다.

표준편차끼리의 비교는 데이터의 측정단위가 동일해야 가능하다. 예를 들어 도쿄 호텔방 가격(엔화 기준)과 파리 호텔방 가격(유로화 기준)은 서로 비교될 수 없다. 설사 측정단위가 동일하다고 해도 평균이 상당히 다를 때에는 표준편차를 서로 비교해서는 안 된다. 예를 들어 사과의 무게(온스)는 평균적으로 수박의 무게(온스)보다 가볍다.

위험을 비교하는 데 사용되는 표준편차

"일반적으로 표준편차는 투자 수익이 평균에서 역사적으로 얼마나 벗어났는지를 나타낸다. 통계적 측도는 보통 최근 3년간의 월별 수익을 사용하여 계산된다. […] 표준편차는 다양한 뮤추얼 펀드의 투자 위험을 비교할 때 유용하다. 두 펀드의 평균 수익률은 비슷하지만 표준편차가 다르면 두 펀드 중 표준편차가 높은 펀드가 변동성이 더 크다."

출처: *T. Rowe Price Investor*, September 2009, p. 8.

변동계수

측정단위가 서로 다를 때(예: 킬로그램과 온스), 혹은 평균이 서로 다를 때(예: 두 도시의 집값), 데이터의 퍼진 정도를 비교하기 위한 것이 **변동계수**(coefficient of variation: CV)이다. 이는 단위와 무관한 측도이다.

$$CV = 100 \times \frac{s}{\bar{x}} \tag{4.13}$$

공식에서 보는 것처럼 CV는 표준편차가 평균의 몇 퍼센트인지를 나타낸다. 어떤 데이터세트의 경우 표준편차가 평균보다 큰 경우도 있기 때문에 CV가 100%를 넘을 수도 있다. 서로 다른 단위로 측정된 변수들을 비교할 때 CV가 유용하다. 예를 들면

결함률: $s = 24.94$, $\bar{x} = 134.51$	$CV = 100 \times (24.94)/(134.51) = 19\%$
ATM 예금: $s = 280.80$, $\bar{x} = 233.89$	$CV = 100 \times (280.80)/(233.89) = 120\%$
P/E 비율: $s = 14.08$, $\bar{x} = 22.72$	$CV = 100 \times (14.08)/(22.72) = 62\%$

측정단위가 모두 다르지만 ATM 예금의 상대적 퍼진 정도(120%)가 결함률(19%)이나 P/E 비율(62%)에 비해 훨씬 크다고 말할 수 있다. 변동계수의 최대 약점은 만약 평균이 0이거나 음수이면 정의가 되지 않는다는 점이다. 즉 양(+)의 데이터에만 적용 가능하다.

애널리틱스 적용 사례

변동성의 측정

투자자들은 여러 가지 요소들을 고려하여 의사결정을 하는데, 그중 하나가 주가의 변동성이다. 변동성은 일정 기간 동안 주가의 평균과 분산(혹은 표준편차)을 계산함으로써 측정할 수 있다. 이때 '역사적 변동성'을 측정하는 데 단위가 영향을 주지 않는 변동계수를 이용하면 서로 가격이 다른 주가들의 변동성을 비교할 수 있다. 그러나 주가는 몇 가지 가정(예: 정상적인 움직임)을 위반하기도 하고 따라서 미래를 예측하기 어려울 수 있다. 투자자의 목표가 미래를 예측하는 것(예: 스톡옵션의 가격을 정하는 일)이기 때문에 보다 복합적인 방법이 필요하다.

Black Sholes의 옵션계약 가격설정에는 추가적인 변수, 예를 들어 행사가격(strike price), 현재의 주가, 만기, 그리고 변동성 등이 함께 고려된다. 물론 복잡한 수리적 계산과정을 거친다(아무튼 이러한 산식의 개발자들은 노벨상을 받았다). 게다가 미래의 변동성에 대한 시장의 예측을 측정하기 위해 VIX 지수라는 강력한 통계적 도구가 도입되기도 했다. 이는 S&P 500 주가지수에 근거해 실시간으로 계산된다. VIX를 계산하는데도 복잡한 대수학과 통계학이 이용된다. 이러한 용어들을 이해하기 위해 기꺼이 인터넷을 탐구할 수도 있지만, 적극적인 투자자가 되려면 재무학에서 가르치는 수업을 듣는 것이 더 나을 수 있다. 통계학의 기초를 잘 다지는 것이 좋은 출발점이다.

평균절대편차

퍼진 정도의 또 다른 측도로서 **평균절대편차**(mean absolute deviation: *MAD*)가 있다. 이 통계량은 중앙으로부터의 평균 거리를 나타낸다. 다음과 같이 편차에다 절대값을 취하여 그것들의 평균을 구한 것이다. 절대값을 취한 이유는 그렇게 하지 않으면 앞에서 본 것처럼 그 합이 항상 0이기 때문이다.

$$MAD = \frac{\sum_{i=1}^{n} |x_i - \bar{x}|}{n} \tag{4.14}$$

*MAD*는 간단하고 직관적이기 때문에 호소력이 있다. 지렛대의 예를 상기하면 *MAD*는 개별 데이터 점들이 지레받침(균형점)에서 평균적으로 얼마나 떨어져 있는지 말해준다. *MAD*의 엑셀 함수는 =AVEDEV(Data)이다.

Mini Case 4.2

약세장

주식시장은 지속적으로 하락하거나(약세장; bear market) 지속적으로 상승하는(강세장; bull market) 사이클을 보인다. 투자자의 최대 관심사는 사이클이 어느 정도 지속되는가이다. 표 4.10은 1929년부터 S&P 500 지수를 기준으로 15차례의 약세장에 대해 그 지속기간을 조사한 것이다.

표 4.10

15개 약세장 지속기간 BearMarkets

고점	저점	지속기간(개월)	S&P 하락률(%)
Sep 1929	Jun 1932	34	83.4
Jun 1946	Apr 1947	11	21.0
Aug 1956	Feb 1957	7	10.2
Aug 1957	Dec 1957	5	15.0
Jan 1962	Jun 1962	6	22.3
Feb 1966	Sep 1966	8	15.6
Dec 1968	Jun 1970	19	29.3
Jan 1973	Sep 1974	21	42.6
Jan 1977	Feb 1978	14	14.1
Dec 1980	Jul 1982	20	16.9
Sep 1987	Nov 1987	3	29.5
Jun 1990	Oct 1990	5	14.7
Jul 1998	Aug 1998	2	15.4
Sep 2000	Mar 2003	31	42.0
Oct 2007	Mar 2009	17	50.6

주: 약세장은 하락률이 10% 이상인 경우로 정의한다. Standard & Poor's 500 주가지수와 S&P 500은 등록상표이다. 2007년 시작된 약세장은 S&P 500 지수의 30일 이동평균으로 계산한 것이다.

그림 4.13을 보면 약세장이 대개 그리 오래가지는 않으나(1년 미만), 약 3년간 지속된 경우도 있었다는 것을 알 수 있다. S&P 하락률은 일반적으로 10~40%이나 눈에 띄는 예외도 존재한다(1929년 폭락).

그림 4.13

약세장 측정 점그림

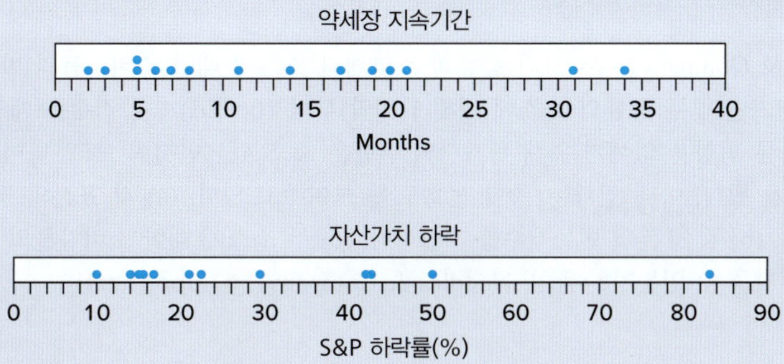

표 4.11를 보면 지속기간(개월)과 S&P 하락률(%)이 모두 오른쪽으로 기운(평균이 중앙값을 크게 초과) 형태이며 변동계수도 서로 비슷하다는 것을 알 수 있다. 하지만 측정단위가 다르기 때문에 중심 및 퍼짐의 측도들은 서로 비교할 수 없다.

표 4.11

15개 약세장 요약 통계량

통계량	지속기간(개월)	S&P 하락률(%)
관측수	15	15
평균	13.53	28.17
중앙값	11.00	21.000
표본표준편차	9.96	19.58
최솟값	2	10.2
최댓값	34	83.4
변동계수	73.6%	69.5%
평균절대편차(MAD)	8.17	14.45

단원 연습문제

connect

4.21 (a) 다음 표본의 평균과 표준편차를 구하라. (b) 계산 결과가 표준편차에 대해 무엇을 보여주는가?

표본 A: 6, 7, 8
표본 B: 61, 62, 63
표본 C: 1000, 1001, 1002

4.23 시내 주행 연비 테스트에서 한 하이브리드 차량의 연비는 평균 43.2 mpg(갤런당 마일), 표준편차 2.2 mpg였다. 비슷한 크기의 휘발유 차량은 평균 27.2 mpg, 표준편차 1.9 mpg였다. 어느 차량의 연비가 상대적으로 더 일관적인가?

4.25 엑셀 함수 ADEDEV를 이용하여 1부터 10까지의 정수에 대해 평균절대편차(*MAD*)를 구하라.

4.27 다음 3개의 주식에 대해 변동계수를 구하라. (a) 어느 주식이 상대적으로 가장 변동이 큰가? (b) 변동의 정도를 비교하고자 할 때 왜 단순히 표준편차를 비교하지 않는가?

주식 *A*: $\bar{X} = 24.50$달러, $s = 5.25$
주식 *B*: $\bar{X} = 147.25$달러, $s = 12.25$
주식 *C*: $\bar{X} = 5.75$달러, $s = 2.08$

4.29 Noodles & Company는 두 가지 종류의 스파게티 소스에 대한 소비자들의 반응을 조사했다. 70명의 평가단이 두 종류의 소스에 대해 1(최악)부터 10(최고)까지 점수를 매겼다. 맛을 보는 순서에 따른 편향을 없애기 위해 평가단의 절반은 소스 *A*를 먼저 맛보고, 나머지 절반은 소스 *B*부터 맛을 봤다. 아래 결과는 '종합 선호도'를 보여주고 있다. (a) 각 표본의 평균과 표준편차를 구하라. (b) 각 표본의 변동계수를 계산하라. (c) 두 소스에 대한 소비자들의 선호에 대해 어떻게 결론지을 수 있는가? (출처: Noodles & Company) Spaghetti

소스 A:
6, 7, 7, 8, 8, 6, 8, 6, 8, 7, 8, 8, 6, 8, 7, 7, 7, 8, 8, 8, 7, 7, 6, 7, 7,
8, 3, 8, 8, 7, 8, 6, 7, 8, 7, 7, 3, 6, 8, 7, 1, 8, 8, 7, 6, 7, 7, 4, 8, 8,
3, 8, 7, 7, 7, 5, 7, 7, 7, 9, 5, 7, 6, 8, 8, 8, 4, 5, 9, 8

소스 B:
7, 7, 7, 8, 8, 7, 8, 6, 8, 7, 7, 6, 7, 7, 8, 7, 8, 7, 8, 8, 7, 8, 5, 7, 7,
9, 4, 8, 8, 7, 8, 8, 8, 8, 7, 7, 3, 7, 9, 8, 9, 7, 8, 8, 6, 7, 7, 7, 8, 8,
7, 7, 8, 6, 6, 7, 7, 9, 7, 9, 8, 8, 6, 7, 7, 9, 4, 4, 9, 8

Mini Case 4.3

결함률: 숫자 통계량 JDPower

숫자 통계량은 비교(예: 시간에 따른 비교)를 할 때 유용하다. 표 4.12는 J.D. Power and Associates가 발표한 신차품질조사(Initial Quality Study: IQS)에 따른 것으로 2010년부터 차량 100대당 결함 숫자가 평균적으로(평균 및 중앙값) 줄어든 것을 알 수 있다. 또한 2016년이 약간 특이하지만, 상대적 변동(변동계수)과 극단값(최소, 최대)에는 특별한 경향이 나타나지 않는다.

표 4.12

연도별 결함률 통계량 JDPower

연도	*N*	평균	표준편차	변동계수	최솟값	중앙값	최댓값
2004	37	125.4	22.89	18.3	87	121.0	173
2006	37	134.5	24.94	18.5	91	132.0	204
2008	36	125.2	19.78	15.8	87	121.5	167
2010	33	114.7	18.07	15.8	83	113.0	170
2012	34	105.5	19.62	18.6	73	106.5	151
2014	32	119.7	22.89	19.1	74	116.0	206
2016	33	114.8	25.97	22.6	83	112.0	216

그림 4.14의 점그림을 보면 IQS 평가의 분포가 왼쪽으로 이동한 것처럼 보인다. 물론 이런 경향이 연도별로 뚜렷하지는 않다. 이 그림을 보면 또한 최빈값이 왜 항상 유용한 통계량은 아닌가를 알 수 있다. 예를 들어 어떤 해(2004, 2006, 2012)는 다수의 최빈값을 갖고 있다. 그러나 엑셀 함수 =MODE.SNGL()는 데이터 열의 첫 번째 최빈값만을 알려준다는 점에 유의해야 한다. 더욱이 최빈값이 하나만 존재해도 그것이 항상 중심 부근에 있는 것은 아니다(예: 2008, 2016). 최빈값이 분포의 대략 '가운데' 부근에 있더라도 데이터에서 그 위치는 크게 봐서 우연적일 수 있다.

그림 4.14

연도별 결함률 점그림 JDPower

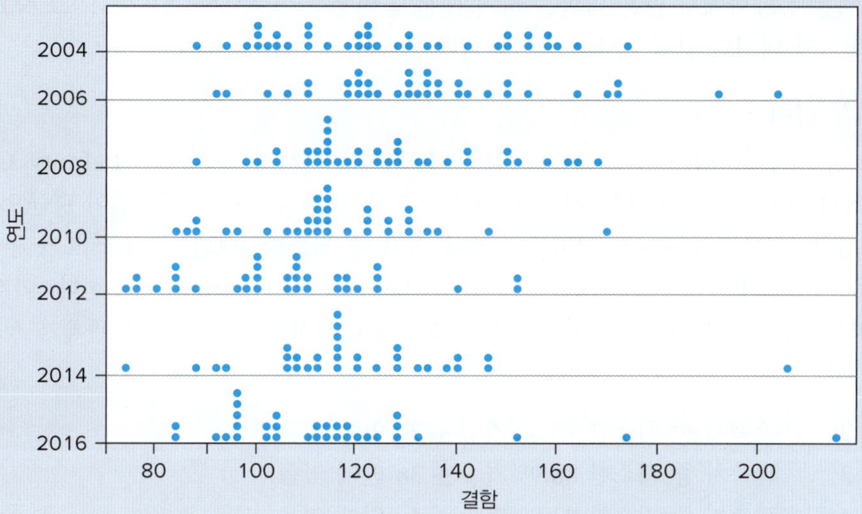

중심 대 변동성

그림 4.15는 강판에 구멍을 뚫는 제조공정에서 표본을 추출하여 측정한 구멍의 직경을 히스토그램으로 그린 것이다. 여기서 직경의 바람직한 분포는 붉은색으로 그려져 있다. 우선

그림 4.15

중심 대 변동성

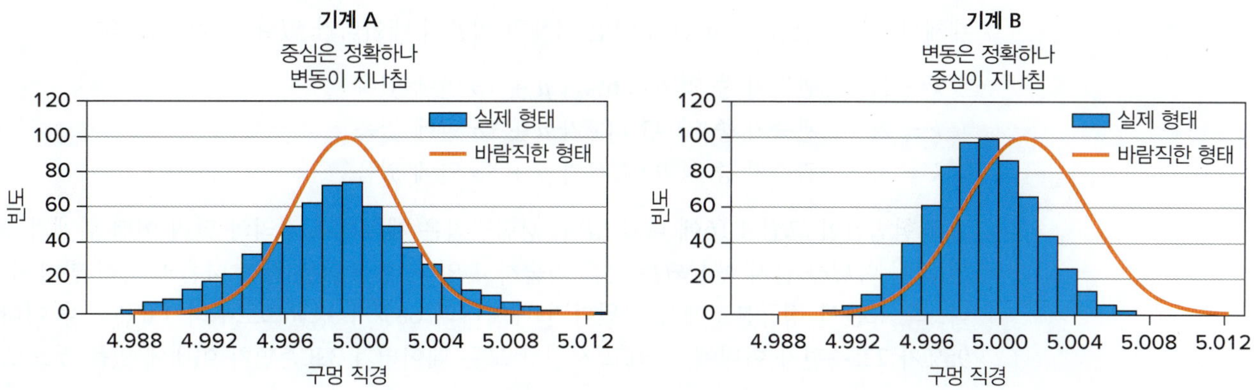

기계 A에서 추출한 표본은 직경의 *평균*(5 mm)은 바람직한 수준이나 *변동*(variation)이 너무 심한 편이다. 기계가 오래되어 일부 부품이 닳아 구멍의 변동이 커진 것일 수 있다. 기계 B에서 추출한 표본들은 구멍 직경의 *변동*은 괜찮으나 *평균*이 정확하지 않다(즉, 바람직한 수준인 5 mm보다 낮다). 품질을 관리하기 위해서는 자주 표본을 추출해 검사함으로써 표본 통계량에서 문제가 발견될 때 제조공정을 중단하고 조정을 할 수 있게 해야 한다.

4.4 표준화 데이터

표준편차는 통계학에서 많은 역할을 하기 때문에 변동성의 중요한 측도이다. 그 중요한 용도 중 하나가 데이터 범위 내에서 각각의 위치를 가늠해 보는 것이다.

체비셰프 정리

프랑스 수학자인 Jules Bienaymé(1796~1878)와 러시아 수학자인 Pafnuty Chebyshev(1821~1894)는 어떤 데이터이든, 그리고 그 분포가 무엇이든 상관없이 평균으로부터 k 표준편차 이내(즉, $\mu \pm k\sigma$ 이내)에 전체 관측치 중 최소한 100 $[1 - 1/k^2]$%가 존재한다는 것을 증명했다. 이를 보통 **체비셰프 정리**(Chebyshev's Theorem)라고 한다. 이것의 의미는 평균이 μ이고 표준편차가 σ인 어떤 모집단에 대해서도 다음과 같은 관계가 성립한다는 것이다.

$k = 2$; 관측치 중 최소한 75.0%가 $\mu \pm 2\sigma$ 안에 있음
$k = 3$; 관측치 중 최소한 88.9%가 $\mu \pm 3\sigma$ 안에 있음
$k = 4$; 관측치 중 최소한 93.8%가 $\mu \pm 4\sigma$ 안에 있음

예를 들어 어떤 시험 점수가 $\mu = 72$이고 $\sigma = 8$이면 점수의 분포에 상관없이 최소한 75%의 점수는 구간 $72 \pm 2(8)$ 혹은 [56, 88]에 있을 것이다. 이 정리는 어떤 데이터에도 적용된다는 장점이 있지만 구간이 지나치게 넓은 경향이 있다.

경험법칙

데이터가 정규분포(normal distribution) 혹은 이 분포를 발견한 Karl Gauss(1777~1855)의 이름을 딴 가우시안(Gaussian) 분포에서 나왔을 경우 체비셰프 정리에 비해 보다 정확한 예측이 가능하다. 가우시안 분포는 잘 알려져 있는 종 모양(bell-shaped)의 곡선이다. 일반적으로 **경험법칙**(Empirical Rule)이라 불리는데 데이터가 *정규분포*에서 나온 경우에는 대체적으로 구간 $\mu \pm k\sigma$ 안에 어떤 정해진 비율의 데이터가 있다는 것이다. 즉,

$k = 1$; 관측치 중 약 68.26%가 $\mu \pm 1\sigma$ 안에 있음
$k = 2$; 관측치 중 약 95.44%가 $\mu \pm 2\sigma$ 안에 있음
$k = 3$; 관측치 중 약 99.73%가 $\mu \pm 3\sigma$ 안에 있음

경험법칙이 그림 4.16에 나와 있다. 경험법칙은 체비셰프 정리와 달리 어떤 한계가 설정된 것이 *아니라* 단지 *예상되는* 것을 기술하고 있다. 반올림을 하면 다음과 같이 말할 수 있다. 즉 표본이 정규분포에서 나왔다면 데이터의 68%가 평균으로부터 1표준편차 이내에, 95%가 2표준편차 이내에, 그리고 사실상 모든 데이터가 3표준편차 이내에 있을 것으로 예

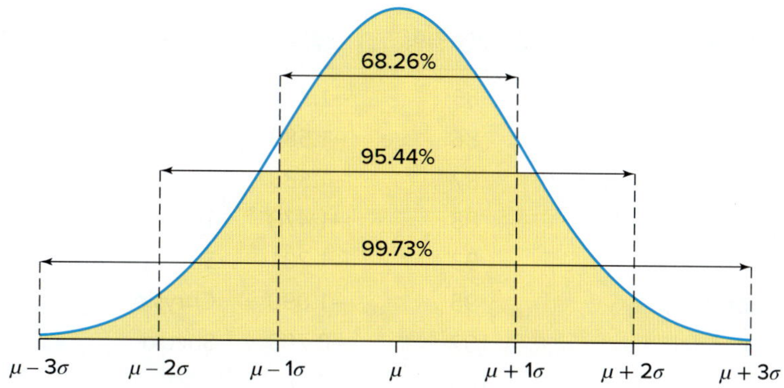

그림 4.16
정규모집단의 경험법칙

상된다는 것이다. 정규분포에서 $\mu \pm 3\sigma$ 너머에는 데이터가 거의 없으며(1% 미만), 이를 넘어선 관측치를 **특이값**(outlier)이라고 부른다.

예를 들어 학생 80명이 시험을 치렀다고 하자. 어느 정도의 학생이 평균으로부터 2표준편차 이내에 들어 있을까? 시험성적이 정규분포 혹은 종 모양의 분포를 따른다고 하면 경험법칙에 의거하여 예상이 가능하다. 즉, 대략 76명(95.44% × 80)의 학생이 평균에서 2표준편차 이내에 들어 있을 것이다. 정규분포는 평균을 중심으로 대칭적이기 때문에 약 2명의 학생은 평균보다 2표준편차 이상의 점수를, 또 다른 2명은 평균보다 2표준편차 이하의 점수를 받은 것으로 예상된다. 또한 평균에서 3표준편차 이상 떨어진 학생은 거의 없을 것(불가능은 아니지만)이라는 것도 예상할 수 있다(99.73% × 80 = 79.78 ≈ 80).

표준화 데이터

관측치의 위치를 파악하는 또 다른 방법으로 각 관측치와 평균과의 거리가 표준편차의 몇 배인지 계산하여 각 관측치를 새롭게 정의할 수 있다. 이를 **표준화 데이터**(standardized data)라 한다. 표준화 값(**z점수**라 부름)을 얻기 위해서는 각 관측 데이터 값을 다음과 같이 변환시켜야 한다.

$$z_i = \frac{x_i - \mu}{\sigma} \quad \text{(모집단의 경우)} \qquad \textbf{(4.15)}$$

$$z_i = \frac{x_i - \bar{x}}{s} \quad \text{(표본의 경우)} \qquad \textbf{(4.16)}$$

표준화된 z점수를 보면 이 관측치가 평균에서 얼마나 떨어져 있는지를 금방 짐작할 수 있다. 엑셀 함수 =STANDARDIZE(*X*Value, Mean, StDev)를 이용하면 데이터의 표준화 값을 쉽게 구할 수 있다. J.D. Power 데이터의 경우 엑셀에서 Mean = 114.697, StDev = 18.067로 놓고 표준화된 값들을 생성한 것이 표 4.13에 나와 있다.

결과를 보면, 하나의 *특이값*(평균에서 3표준편차 이상)이 있다. 그리고 *이상*(unusual) 관측치(평균에서 2표준편차 이상)는 없다. 랜드로버의 표준화 z점수는 다음과 같다.

$$z_i = \frac{x_i - \bar{x}}{s} = \frac{170 - 114.697}{18.067} = 3.061 \quad \text{특이값}(\bar{x}\text{에서 3표준편차 이상})$$

표준화된 z점수를 살펴봄으로써 우리의 표본을 경험법칙과 비교해 볼 수 있다. 표 4.13을 보면 J.D. Power 데이터의 경우 33개 관측치 중 23개(69.70%)는 $\bar{x} \pm 1s$ 이내(즉, 표준화

표 4.13

자동차 브랜드별 표준화된 z점수(n = 33)

JDPower

브랜드	100대당 결함	z점수	브랜드	100대당 결함	z점수
Porsche	83	−1.754	Buick	114	−0.039
Acura	86	−1.588	Mazda	114	−0.039
Mercedes-Benz	87	−1.533	Scion	114	−0.039
Lexus	88	−1.478	Toyota	117	0.127
Ford	93	−1.201	Subaru	121	0.349
Honda	95	−1.090	Chrysler	122	0.404
Hyundai	102	−0.703	Suzuki	122	0.404
Lincoln	106	−0.481	GMC	126	0.626
Infiniti	107	−0.426	Kia	126	0.626
Volvo	109	−0.315	Jeep	129	0.792
Ram	110	−0.260	Dodge	130	0.847
Audi	111	−0.205	Jaguar	130	0.847
Cadillac	111	−0.205	MINI	133	1.013
Chevrolet	111	−0.205	Volkswagen	135	1.124
Nissan	111	−0.205	Mitsubishi	146	1.733
BMW	113	−0.094	Land Rover	170	3.061
Mercury	113	−0.094			

된 z점수로는 −1에서 +1 이내)에 위치하고 있다. 이는 경험법칙(정규분포의 경우 68.26%)과 아주 유사한 결과이다. 더욱이 33개 관측치 중 32개(96.97%)는 $\bar{x} \pm 2s$ 이내(즉, 표준화된 z점수로는 −2에서 +2 이내)에 위치하고 있다. 이것 역시 경험법칙(정규분포의 경우 95.44%)과 아주 유사한 결과이다. 그러나 특이값(즉, z점수 3.061)의 존재는 정규분포라는 확신을 약화시킨다.

대규모 표본(예: n = 1,000)의 경우 3표준편차 밖의 데이터 값이 어느 정도 존재한다는 것은 놀라운 일은 아니다(예: 1,000의 99.73%는 997이고 따라서 3개의 특이값이 존재할 것으로 예상할 수 있다). 작은 표본의 경우(예를 들어 30 이하) 표본의 도수분포를 정규분포와 근사하는 것은 위험할 수 있다. 왜냐하면 분포의 *형태*에 관한 충분한 정보가 없기 때문이다.

특이값을 어떻게 할 것인가?

극단적인 값은 성가신 존재이다. 어떻게 할 것인가? 비정상적인 데이터 값들을 없애고 싶은 충동을 느낄 수 있다. 만약 데이터에 오류가 있다고 생각된다면 제거하는 것이 합리적일 수 있다. 예를 들어 혈압 데이터에 1200/80라는 값이 있다면 이는 120/80이 잘못 기록되었을 것이다. 아마도 혈압을 측정하는 담당자가 잡담에 정신이 팔려 잘못 적었을 것이다. 이처럼 얼토당토않은 관측치는 거의 확실히 유효하지 않다. 그러나 오류에 대한 판단에 실수를 하지 않으려면 어떻게 해야 할 것인가? 이상한 관측치가 사실은 어떤 중요한 것을 말하고 있었는데, 유형에서 벗어난 데이터로 확신하여 무시해버린 과학자도 있었을 것이다. 예를 들어 1980년대 남극의 오존층을 관찰하는 도구 중 일부는 측정치가 장기 평균에서 2표준편차 이상 벗어날 경우 이를 측정오차로 간주하여 제외하도록 프로그램된 경우도 있었다(*New Scientist*, December 6, 2008, p. 32). 다행히 원데이터가 폐기되지는 않아서 '오존 구멍'이 점차 커지면서 버려진 측정값의 숫자가 증가했다는 것을 발견할 수 있었다. 이에 따라 클로로플루오로탄소 배출에 대한 강력한 규제가 시작되었고 대기의 오존층 회복에 성공적으로 대응할 수 있었다. 이 책을 공부하고 있는 여러분의 단계에서는 이상값과 특이값, 그리고 이들의 영향을 *인식하는* 것으로 충분하다. 사실 책 한 권 전체가 특이값에 관한 것이 있을 정도이다(참고문헌 참조).

이상 관측치

표준화 z점수에 의거하여 데이터 값을 다음과 같이 분류할 수 있다.

$\lvert z_i \rvert > 2$이면	**이상값**(unusual)	($\mu \pm 2\sigma$ 이상)
$\lvert z_i \rvert > 3$이면	**특이값**(outlier)	($\mu \pm 3\sigma$ 이상)

시그마 추정

정규분포의 경우 거의 모든 관측치가 $\mu \pm 3\sigma$ 이내에 있기 때문에 관측치의 범위가 대략 6σ ($\mu - 3\sigma$에서 $\mu + 3\sigma$까지)이다. 따라서 범위 $x_{max} - x_{min}$을 안다면 표준편차를 $\sigma = (x_{max} - x_{min})/6$으로 추정할 수 있다. 이 룰은 범위만 알고 있을 때 표준편차를 근사적으로 손쉽게 구할 수 있는 방법이다. 예를 들어 차 한 잔에 들어있는 카페인의 양은 차의 종류와 티백을 담가 놓는 시간에 따라 다르지만 그 범위가 20~90 mg이라는 것을 안다고 하자. 우리가 아는 정보가 이것뿐이라면 표준편차를 $s = (90 - 20)/6$, 약 12 mg으로 추정할 수 있다. 물론 이 추정치는 차 한 잔에 들어 있는 카페인의 양이 정규분포를 따른다는 가정을 바탕으로 하고 있다.

Mini Case 4.4

대통령 나이

버락 오바마는 47세에 대통령이 되어 아주 젊은 나이에 대통령이 된 것으로 여겨졌다. 그렇다면 얼마나 특이한 경우인가? 표 4.14는 미국의 45대 트럼프 대통령까지 처음 취임시점의 나이를 오름차순으로 정렬한 것이다. 오바마 대통령은 네 번째로 젊은 대통령 그룹에 속해 있다. 44명의 대통령의 평균 나이는 55.02세이고 표준편차는 6.566세이다. 표준화된 z점수로 평가하면 오바마 대통령($x = 47$, $z = -1.22$)은 이상 관측치가 아니다. 가장 젊은 대통령이었던 테오도르 루즈벨트($x = 42$, $z = -1.98$)도 2표준편차 내에 있었다(비록 근소한 차이지만). 그러나 두 명의 가장 나이 많은 대통령은 확실히 이상 관측치이다. 로널드 레이건($x = 69$, $z = 2.13$)과 도널드 트럼프($x = 70$, $z = 2.28$)의 나이는 평균보다 2표준편차 이상 더 많다.

그림 4.17의 점그림을 통해 최빈값이 51과 54임을 알 수 있다(각 다섯 번, 표 4.14의 진한 글씨). 트럼프 대통령은 오른쪽 맨 끝에 있다(나이 70).

표 4.14

미국 대통령 45명의 취임시점 나이(오름차순 정렬) Presidents

대통령	나이	대통령	나이	대통령	나이
T. Roosevelt	42	Lincoln	52	Jefferson	57
Kennedy	43	Carter	52	Madison	57
Grant	46	Van Buren	***54***	J. Q. Adams	57
Cleveland	47	Hayes	***54***	Monroe	58
Clinton	47	McKinley	***54***	Truman	60
Obama	47	Hoover	***54***	J. Adams	61
Pierce	48	G. W. Bush	***54***	Jackson	61
Polk	49	B. Harrison	55	Ford	61
Garfield	49	Cleveland	55	Eisenhower	62
Fillmore	50	Harding	55	Taylor	64
Tyler	***51***	L. Johnson	55	G. H. W. Bush	64
Arthur	***51***	A. Johnson	56	Buchanan	65
Taft	***51***	Wilson	56	W. H. Harrison	68
Coolidge	***51***	Nixon	56	Reagan	69
F. Roosevelt	***51***	Washington	57	Trump	70

그림 4.17

미국 대통령 취임시점 나이 점그림

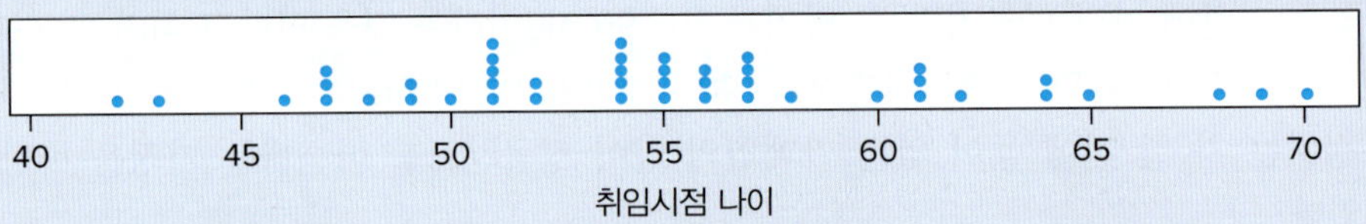

그림 4.18의 히스토그램은 최빈구간이 50세에서 55세(13명)임을 보여주고 있다. 그러나 다음 최빈구간도 거의 비슷해, 미국의 대통령은 취임시점에서 50에서 59세 사이에 있다고 말하는 것이 좋을 듯하다(25명이 이 구간에 있다). 이 기준에 따르면 트럼프 대통령은 특이하게 나이가 많은 편이다(70~75세 계급에 속하는 유일한 대통령이다).

그림 4.18

미국 대통령 취임시점 나이 히스토그램

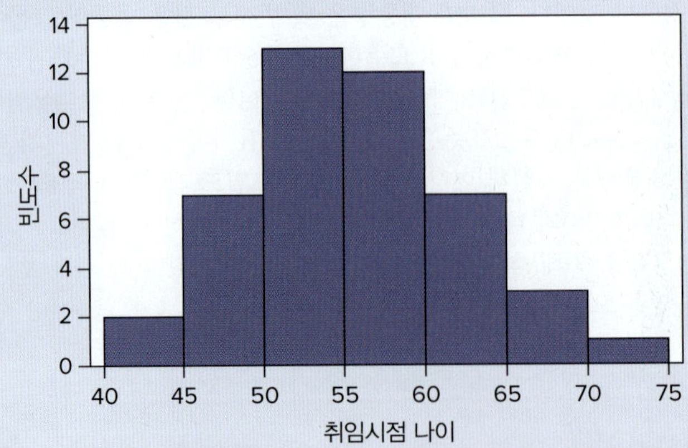

단원 연습문제

connect

4.31 어떤 시험의 평균이 70점이고 표준편차가 10점이다. 체비셰프 정리를 사용해서 400명의 학생 중 성적이 50점과 90점 사이에 속한 학생이 최소한 몇 명 이상인지 계산하라.

4.33 Ephemeral Products사의 외상대금 회수기간은 평균 18.5일이고 표준편차는 4.8일이다. (a) 30일 만에 회수된 외상대금의 표준화된 z점수는 얼마인가? (b) 이 외상대금은 특이값인가? (c) 며칠(정수로 반올림)까지를 특이값이라고 할 수 있을까?

4.35 다음 각 개인의 X데이터 값을 표준화된 z값으로 바꾸고 그것을 해석하라.

a. 학생 일주일 식료품 지출: 샘의 지출은 91, $\mu = 79$, $\sigma = 5$

b. 학생 GPA: 메리의 GPA는 3.18, $\mu = 2.87$, $\sigma = 0.31$

c. 일주일 공부 시간: 제이미의 공부시간은 18시간, $\mu = 15.0$, $\sigma = 5.0$

4.37 각 표준화된 z점수의 원래 데이터 값을 구하라.

a. 학생 GPA: 밥의 z점수: $z = +1.71$, $\mu = 2.98$, $\sigma = 0.36$

b. 일주일 근로 시간: 사라의 z점수: $z = +1.18$, $\mu = 21.6$, $\sigma = 7.1$

c. 볼링 점수: 데이브의 z점수: $z = -1.35$, $\mu = 150$, $\sigma = 40$

4.39 다음은 어떤 회사 중역의 7월 마지막 주 통화기록으로서 60개 통화의 소요시간(분)을 기록한 것이다. (a) 엑셀이나 MegaStat을 이용하여 데이터를 정렬하고 표준화하라. (b) 표준화된 z점수로 판단할 때 특이값이나 이상값이 있는가? (c) 평균에서 1표준편차 이내 및 2표준편차 이내에 있는 관측치의 비중을 계산하여 정규분포의 경우와 비교하라. 어떤 결론을 내릴 수 있는가? CallLength

1	2	10	5	3	3	2	20	1	1
6	3	13	2	2	1	26	3	1	3
1	2	1	7	1	2	3	1	2	12
1	4	2	2	29	1	1	1	8	5
1	4	2	1	1	1	1	6	1	2
3	3	6	1	3	1	1	5	1	18

4.5 백분위수, 사분위수, 상자그림

백분위수

ACT, SAT, GMAT와 같이 다른 사람과 비교하여 자신이 어느 정도 위치에 있는지를 말해주는 전국 단위의 시험에서 백분위 점수는 익숙하다. 예를 들어 자신의 성적이 83백분위수라면 시험을 치른 사람 중 83%가 자신보다 성적이 낮은, 따라서 자신은 상위 17%에 속해 있다는 것을 의미한다. 그러나 표본이 커야만 데이터를 100개 그룹(*백분위수*)으로 나눌 수 있다. 그렇지 않으면 데이터를 10개 그룹(*십분위수*; decile), 5개 그룹(*오분위수*; quintile), 4개 그룹(*사분위수*; quartile)으로 나눌 수 있다.

엑셀 백분위수

정렬된 데이터 $x_1, x_2, \ldots, x_n$에서 p백분위수란 아래쪽의 데이터 값이 p퍼센트가 되는 x의 값을 말한다. 엑셀에서 p백분위수를 구하는 함수는 =PERCENTILE.EXC(data, Proportion)으로서 여기에서

*Proportion*은 *p*백분위수 아래의 *비율*을 의미한다. 예를 들어 =PERCENTILE.EXC(data, 0.95)는 95백분위수를 제공한다. R에서 *p*백분위수를 찾기 위해서는 함수 quantile(x, p, type=6)를 사용한다. 자세한 것은 **부록 I**를 참조하라.

백분위수를 계산함에 있어서 많은 경우에 두 데이터 값의 중간을 채워야만 한다. 이를 보간(interpolation)이라 한다. 예를 들어 표본의 크기가 $n = 73$인 상황에서 95백분위수를 구한다고 해보자. $0.95 \times 73 = 69.35$이기 때문에 95백분위수를 얻기 위해서는 69번째와 70번째 관측치(즉, x_{69}와 x_{70}) 사이를 보간해야 한다. 엑셀 함수 =PERCENTILE.EXC(Data, 0.95)을 이용하면 이 보간 작업을 자동으로 해준다.

의료분야, 제조업, 은행업 등에서 이익률, 부채비율, 결함률, 혹은 기타 성과지표에 대해 일련의 백분위수(예: 5, 25, 50, 75, 95%)를 선택하여 조사함으로써 *벤치마크*로 이용하는 경우가 있다. 이렇게 하면 어떤 기업으로서 자신의 실적이 동종 업계에서 어느 정도인지 쉽게 파악할 수 있다. 재무 분야에서는 기업의 재무성과나 주식 포트폴리오 실적을 평가하는 데 있어서 일반적으로 사분위수(25, 50, 75%)가 이용된다. 인사관리에서는 직원에 대한 성과평가 혹은 보수의 벤치마킹 등에 백분위수가 이용된다. 미국 노동통계국(www.bls.gov)에서 발행하는 직업별 고용통계(OES)는 대도시 지역의 800개 이상 직업별로 25, 50, 75사분위수 통계를 제공한다. 각 개인은 이러한 벤치마크를 이용해 자신이 사는 지역에서 자신의 수입이 어느 정도 되는지 가늠해 볼 수 있고, 또한 고용주는 고용비용을 계산하는 데 이용할 수 있다. 나누는 그룹의 개수는 일의 성격이나 표본의 크기에 달렸지만, 사분위수의 경우 표본의 크기가 아주 작아도 계산할 수 있기 때문에 좀 더 자세히 논의할 가치가 있다.

사분위수

사분위수(quartile)는 정렬된 데이터를 대략 동일한 크기로 4개의 그룹으로 나누었을 때의 분기점들로서 Q_1, Q_2, Q_3로 표기하며 이는 곧 25, 50, 75백분위수를 가리킨다.

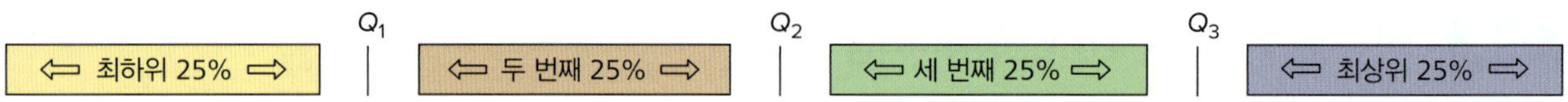

2사분위수(Q_2)는 *중앙값*이다. 중앙값은 그것을 경계로 동일한 개수의 데이터가 양쪽에 있기 때문에 *중심*을 가리키는 중요한 수단이다.

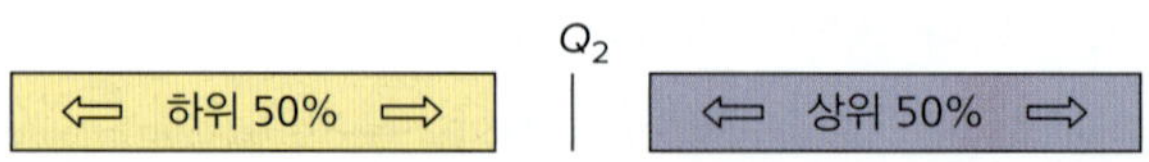

1사분위수(Q_1)와 3사분위수(Q_3)는 중간 50%의 데이터를 구분하는 경계이기 때문에 *중심*을 가리킨다. 동시에 Q_1과 Q_3은 *변동성*을 가리키기도 하는데, 그 이유는 **사분위범위**(interquartile range) 거리인 $Q_3 - Q_1$이 중간 50% 데이터의 퍼진 정도를 나타내기 때문이다.

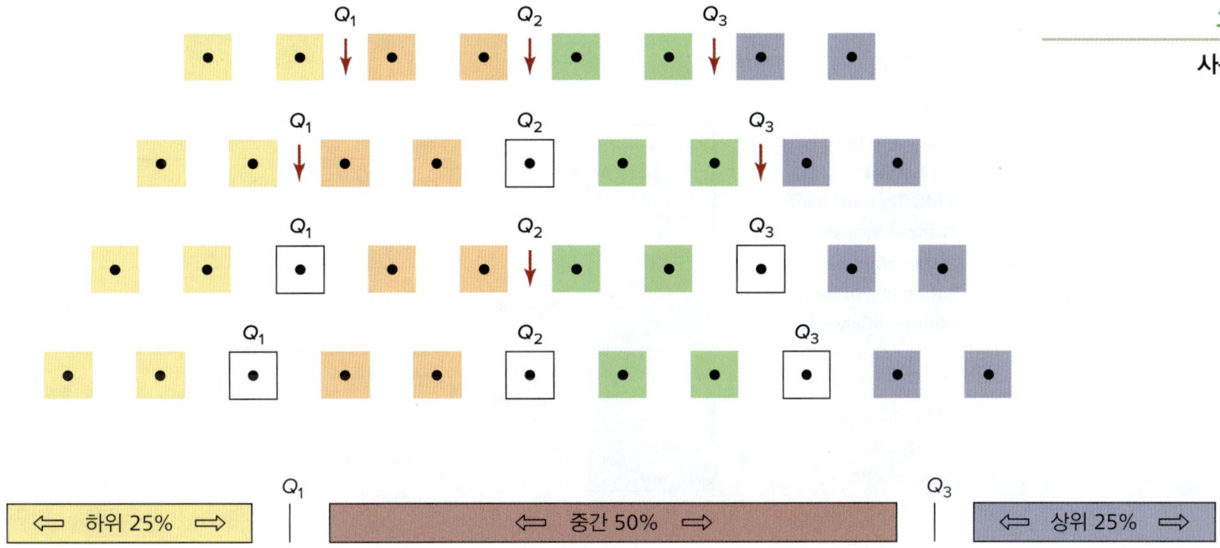

그림 4.19
사분위수 위치

개념적으로 보면 1사분위수 Q_1은 Q_2보다 작은 값들만을 모았을 때 그 그룹의 중앙값이고, 반대로 3사분위수 Q_3는 Q_2보다 값이 큰 그룹의 중앙값이다. 표본의 크기 n에 달려 있지만 사분위수 Q_1, Q_2, Q_3이 정확히 어떤 데이터 값이 될 수도 있고, 아니면 어떤 2개의 데이터 값 *사이*에 놓일 수도 있다. 그림 4.19에 네 가지 가능성이 나와 있다.

중앙값 방법

데이터세트의 크기가 작은 경우 **중앙값 방법**(method of medians)을 이용하여 사분위수를 구할 수 있다.

- 1단계: 관측치를 정렬한다.
- 2단계: 중앙값 Q_2를 구한다.
- 3단계: Q_2보다 작은 데이터만을 이용하여 중앙값을 구한다.
- 4단계: Q_2보다 큰 데이터만을 이용하여 중앙값을 구한다.

보간(interpolation)이 필요할 때는 그림 4.20에 나와 있는 것처럼 두 데이터 값의 중간을 취한다. 이 방법은 손쉽고 논리적인 것이 장점이다(참고문헌에 있는 Freund and Perles 1987 참조). 그러나 엑셀은 이와 다른 방식을 이용한다.

예제 4.2
중앙값 방법

어떤 재무분석가가 12종목의 에너지장비 관련 주식을 가지고 있다. 이들의 최근 주가수익(P/E) 비율 데이터를 이용하여 사분위수를 구해보자. 우선 데이터를 오름차순으로 정렬한 다음, 한 가운데 두 데이터 값의 중간으로 Q_2(중앙값)을 구한 다음에 Q_1과 Q_3(각각 위쪽 절반과 아래쪽 절반의 중앙값)을 구한다.

그림 4.20

중앙값 방법

회사	*정렬된 P/E*
Maverick Tube	7
BJ Services	22
FMC Technologies	25
Nabors Industries	29
Baker Hughes	31
Varco International	35
National-Oilwell	36
Smith International	36
Cooper Cameron	39
Schlumberger	42
Halliburton	46
Transocean	49

Q_1는 x_3과 x_4의 중간이기 때문에
$Q_1 = (x_3 + x_4)/2 = (25 + 29)/2 = 27.0$

Q_2는 x_6과 x_7의 중간이기 때문에
$Q_2 = (x_6 + x_7)/2 = (35 + 36)/2 = 35.5$

Q_3는 x_9과 x_{10}의 중간이기 때문에
$Q_3 = (x_9 + x_{10})/2 = (39 + 42)/2 = 40.5$

엑셀 사분위수

엑셀은 사분위수를 보간할 때 중앙값 방법을 사용하지 않고 자신의 공식[1]을 사용한다. 엑셀 함수 =QUARTILE.EXC(Data,k)를 입력하면 데이터 $x_1, x_2, ..., x_n$의 k사분위수가 나온다. 예를 들어 =QUARTILE.EXC(Data,1)은 Q_1을, 그리고 =QUARTILE.EXC(Data,3)은 Q_3를 계산한다. 또한 =PERCENTILE.EXC(Data,0.25)과 =PERCENTILE.EXC(Data,0.75)를 입력해도 동일한 결과를 얻는다. 표 4.15에 엑셀의 사분위수 방법이 요약되어 있다.

표 4.15

엑셀을 이용한 사분위수 계산

주: .EXC로 끝나는 함수는 Minitab, R, 기타 통계 패키지에서도 통한다.

사분위수	아래 퍼센트	엑셀 사분위수 함수	엑셀 백분위수 함수	데이터 보간 위치
Q_1	25%	=QUARTILE.EXC(Data,1)	=PERCENTILE.EXC(Data,0.25)	$0.25n + 0.25$
Q_2	50%	=QUARTILE.EXC(Data,2)	=PERCENTILE.EXC(Data,0.50)	$0.50n + 0.50$
Q_3	75%	=QUARTILE.EXC(Data,3)	=PERCENTILE.EXC(Data,0.75)	$0.75n + 0.75$

엑셀의 Q_2(중앙값)는 중앙값 방법과 동일하다. 엑셀의 Q_1과 Q_3는 중앙값 방법과 다를 수 있지만 일반적으로 그 차이는 미미하다.

예제 4.3

엑셀 공식 방법

그림 4.21은 동일한 P/E 비율 표본에 대해 엑셀 함수 =QUARTILE.EXC를 이용하여 사분위수를

[1]사분위수 위치를 지정하는 다양한 방법들이 있다. 엑셀의 QUARTILE.EXC와 PERCENTILE.EXC 함수는 P백분위수 위치를 $pn + p$(여기에서 $p = P/100$)로 정의한다. Eric Langford, "Quartiles in Elementary Statistics," *Journal of Statistics Education* 14, no. 3 (November 2006)을 참조하라.

계산하는 것을 보여준다. 계산된 사분위수가 앞에서 중앙값 방법으로 구한 결과와 유사하지만 동일하지는 않다.

그림 4.21

엑셀의 사분위수 보간 방법

회사	*정렬된 P/E*
Maverick Tube	7
BJ Services	22
FMC Technologies	25
Nabors Industries	29
Baker Hughes	31
Varco International	35
National-Oilwell	36
Smith International	36
Cooper Cameron	39
Schlumberger	42
Halliburton	46
Transocean	49

Q_1 위치가 $0.25n + 0.25 = (0.25)(12) + 0.25 = 3.25$이기 때문에, 3.25번째에 해당하는 값을 관측치 x_3과 x_4 사이에서 찾으면
$Q_1 = x_3 + (0.25)(x_4 - x_3) = 25 + (0.25)(29 - 25) = 26.00$

Q_2 위치가 $0.50n + 0.50 = (0.50)(12) + 0.50 = 6.50$이기 때문에, 6.50번째에 해당하는 값을 관측치 $x6$과 $x7$ 사이에서 찾으면
$Q_2 = x_6 + (0.50)(x_7 - x_6) = 35 + (0.50)(36 - 35) = 35.50$

Q_3 위치가 $0.75n + 0.75 = (0.75)(12) + 0.75 = 9.75$이기 때문에, 9.75번째에 해당하는 값을 관측치 x_9과 x_{10} 사이에서 찾으면
$Q_3 = x_9 + (0.75)(x_{10} - x_9) = 39 + (0.75)(42 - 39) = 41.25$

참고사항

중앙값 방법을 사용하든 엑셀 방식을 사용하든 사분위수 계산 결과는 거의 동일하다. 계산방식에 따른 약간의 차이가 실제 비즈니스 상황에서 다른 결론을 유도하지는 않을 것이다.

사분위수는 일반적으로 특이값의 영향을 받지 않는 강건한(robust) 통계량이다. 그러나 사분위수가 항상 깨끗한 절사점을 제공하는 것은 아니다. 특히 표본의 크기가 작거나 혹은 반복되는 값이 존재할 경우 그러하다. 예를 들면 다음과 같다.

$Q_1 = 3$ ↓ (2와 4 사이), $Q_2 = 6$ ↓ (4와 8 사이), $Q_3 = 8$ ↓ (8과 8 사이)

데이터세트 A: 1 2 4 4 8 8 8 8

$Q_1 = 3$ ↓ (1과 5 사이), $Q_2 = 6$ ↓ (6과 6 사이), $Q_3 = 8$ ↓ (6과 10 사이)

데이터세트 B: 0 1 5 6 6 6 10 15

이들 두 데이터세트의 경우 사분위수는 동일하지만 서로 그다지 유사하지 않다. 이처럼 표본의 크기가 작고 데이터에 '갭'이 있는 경우에는 사분위수가 데이터세트를 제대로 대표하지 못한다.

상자그림

상자그림(box plot) 혹은 *상자수염그림*(box-and-whisker plot)은 *탐색적 데이터 분석*(exploratory data analysis: EDA)에서 유용한 분석도구이다. 이는 다음의 **다섯숫자요약**(five-number summary)에 의해 만들어진다.

$x_{min}, Q_1, Q_2, Q_3, x_{max}$

상자그림은 다음과 같이 그려진다.

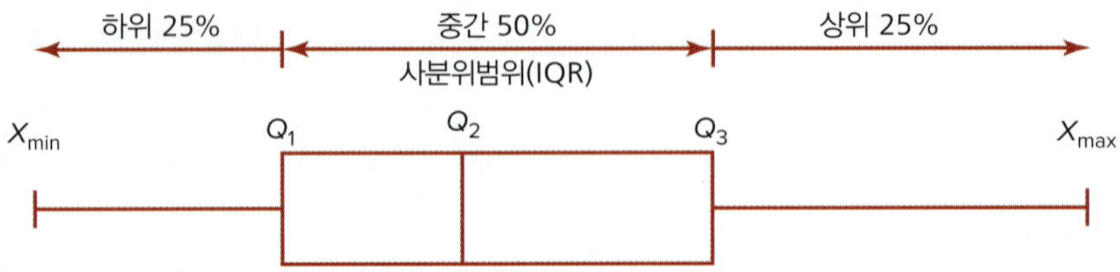

상자그림은 *중심*을 보여준다(중앙값 Q_2의 위치). 또한 상자그림은 *변동성*을 보여준다('상자'의 폭 Q_1과 Q_3, 그리고 범위에 해당하는 x_{min}과 x_{max}의 거리). 상자그림은 *형태*도 보여준다(상자 양쪽 끝에서 수평으로 길게 뻗어 있는 수염의 길이가 양쪽 동일하지 않거나 혹은 중앙값이 상자의 중앙에 위치하지 않는 경우). 그림 4.22는 서로 다른 유형의 모집단에서 추출한 표본에 대해 단순한 상자그림과 히스토그램을 보여주고 있다. 표본의 변동성에도 불구하고 각 상자그림이 모집단의 형태를 잘 보여주고 있다. 상자그림은 데이터를 기술하기 위해 우리가 이용해 왔던 히스토그램과 숫자 통계량에 대한 단순한 시각적 보완 역할을 한다. 예를 들어 J.D. Power 데이터(n = 33개 자동차 브랜드)에 대한 다섯숫자요약은 다음과 같다.

$$x_{min} = 83, Q_1 = 107, Q_2 = 113, Q_3 = 126, x_{max} = 170$$

이를 이용한 상자그림이 아래에 나와 있다. 이 그림을 보면 상자의 가운데에 있는 수직선이 중앙값(Q_2)을 가리킨다. 또한 상자의 왼쪽 끝과 오른쪽 끝의 수직선이 각각 Q_1과 Q_3을 가리킨다. 그리고 상자 양쪽 끝에서 수평으로 길게 뻗어 있는 '수염(whisker)'은 상자 왼쪽으로는 x_{min}, 그리고 오른쪽으로는 x_{max}까지 연결해 놓은 선이다. 이들 수평선의 길이는 데이터 분포의 양쪽 꼬리가 얼마나 긴지 보여준다. 이 그림처럼 오른쪽 수염이 긴 것은 데이터가 오른쪽으로 기울었음을 시사한다. 이는 상자 안에서 중앙값이 중심의 왼쪽으로 치우쳐 있는 것에서도 확인된다.

그림 4.22

4개의 모집단(n = 1,000)에서 추출한 표본에 대한 상자그림

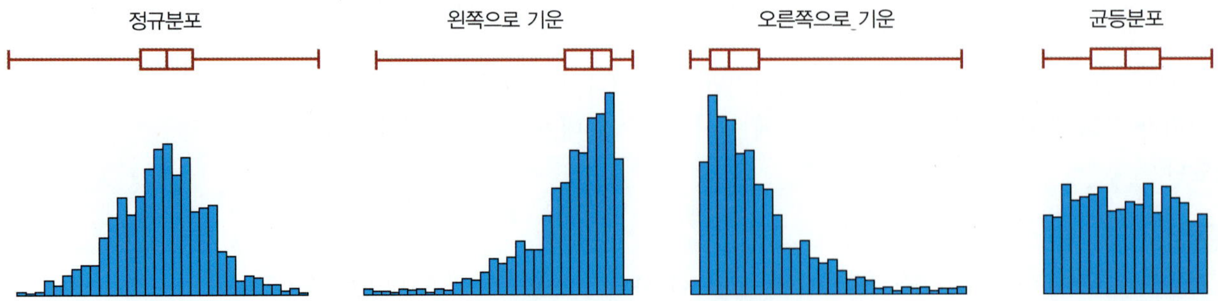

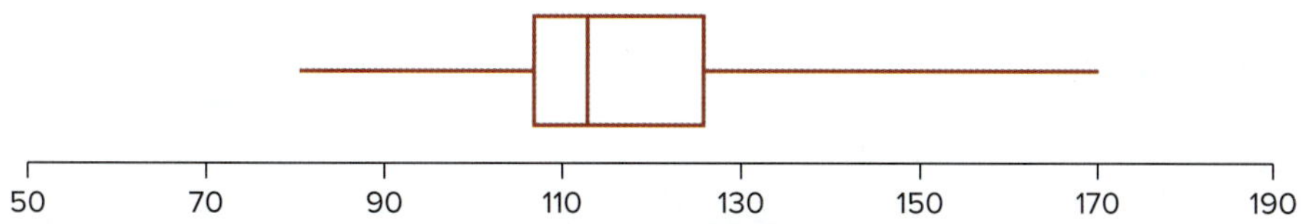

울타리와 이상값

사분위수를 이용하여 이상값을 판별할 수도 있다. 아이디어는 간단하다. 데이터 값이 Q_1보다 상당히 작은지, Q_3보다 상당히 큰지를 판별하는 것이다. 이를 판단하는 *울타리*(fence)는 다음과 같이 *사분위범위*(IQR)인 $Q_3 - Q_1$을 기초로 한다.

	안울타리	*바깥울타리*	
아래쪽 울타리	$Q_1 - 1.5(Q_3 - Q_1)$	$Q_1 - 3.0(Q_3 - Q_1)$	**(4.17)**
위쪽 울타리	$Q_3 + 1.5(Q_3 - Q_1)$	$Q_3 + 3.0(Q_3 - Q_1)$	**(4.18)**

MegaStat 등의 통계패키지에서는 상자그림에서 안울타리(inner fence) 밖에 있는 관측치를 *특이값*(outlier), 그리고 바깥울타리(outer fence) 밖에 있는 관측치를 *극단적 특이값*(extreme outlier)으로 정의한다. 예를 들어 J.D. Power 데이터($Q_1 = 107$, $Q_3 = 126$)의 경우 울타리는 다음과 같다.

	안울타리	*바깥울타리*
아래쪽 울타리	$107 - 1.5(126 - 107) = 78.5$	$107 - 3.0(126 - 107) = 50$
위쪽 울타리	$126 + 1.5(126 - 107) = 154.5$	$126 + 3.0(126 - 107) = 183$

이 예에서는 *안*울타리 밖에 하나의 특이값(170)만 있다. *바깥*울타리 밖의 극단적 특이값은 없다. 이와 같은 비정상적인 데이터 점들을 상자그림에 표시하기도 하는데 울타리 바깥쪽의 수염은 없애고 그 대신 점이나 별표로 비정상적인 값들을 표시한다. MegaStat의 경우 *특이값이 있을 때에만* 울타리가 나타난다. 여기 '울타리'에서 말하는 '특이값'의 판정 기준이 앞의 경험법칙(Empirical Rule)과는 *다르다*는 것에 주의하라.

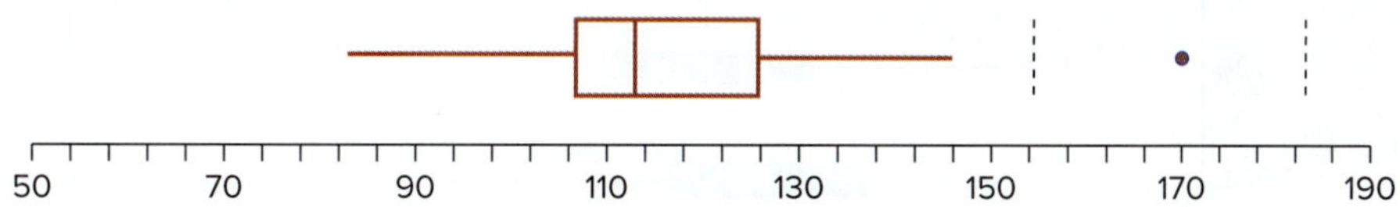

아래 그림은 울타리 계산을 시각화한 것이다. 울타리를 계산하기 위해서는 Q_1이나 Q_3에 *IQR*의 일정 배수를 더해주거나 빼주면 된다.

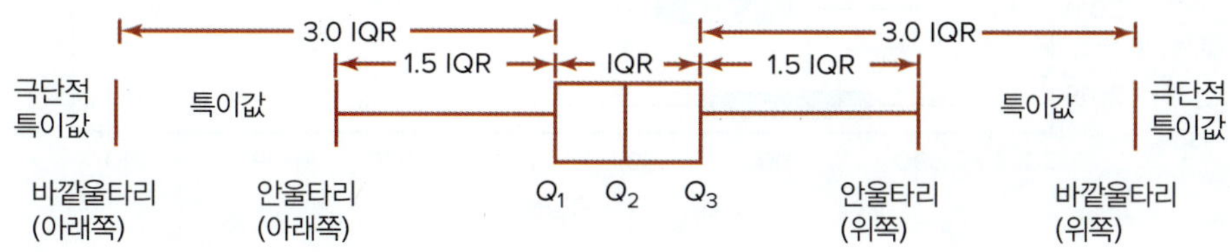

Mini Case 4.5

결함률: 사분위수와 상자그림

사분위수와 상자그림은 신차의 결함률을 분석하는 데 또 다른 정보를 제공한다. 표 4.16에 있는 J.D. Power and Associates의 신차품질조사(IQS) 데이터를 보면, 2004년부터 2016년 사이에 중앙값(Q_2)과 3사분위수(Q_3)는 (일관된 추세는 아니더라도) 하락한 반면, 1사분위수(Q_1)는 분명한 경향성을 보이지 않는다. 극단값(최소, 최대) 역시 일관된 경향을 보이지 않는다.

표 4.16

상자그림을 위한 연도별 다섯숫자요약

연도	최솟값	Q_1	Q_2	Q_3	최댓값
2004	87	105.0	121.0	148.5	173
2006	91	119.5	132.0	148.0	204
2008	87	112.3	121.5	140.3	167
2010	83	106.5	113.0	126.0	170
2012	73	94.0	106.5	117.3	151
2014	74	108.0	116.0	130.3	206
2016	83	96.0	112.0	122.5	216

그림 4.23에 있는 상자그림은 전체적으로 결함률이 시간의 흐름에 따라 점차 낮아졌다는 주장을 뒷받침한다. 상자의 폭(사분위범위)이 2004년 이후 줄어들었지만 2016년에는 다시 확대되었다. 2016년을 제외하고는 중앙값(각 상자 안의 수직선)이 중간영역중심(상자의 중심) 아래에 위치하는데 이는 오른쪽으로 기운 분포를 의미한다. 높은 특이값(위쪽 안울타리 오른쪽)은 드물지 않지만(2006, 2010, 2014, 2016), 낮은 특이값(아래쪽 안울타리 왼쪽)은 드물다(2014).

그림 4.23

울타리와 특이값이 있는 연도별 상자그림

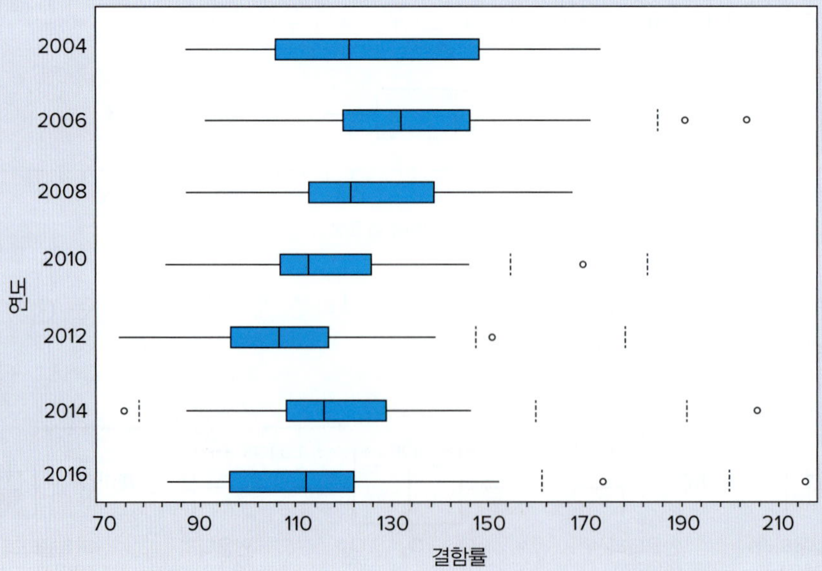

극단적 특이값(위쪽 *바깥*울타리 오른쪽)은 2014년과 2016년에 각각 하나씩 있다. 낮은 특이값 중에는 극단값이 없다.

중간영역중심

사분위수를 이용하면 특이값의 영향을 받지 않는 장점이 있는 또 다른 중심 측도를 만들 수 있다. **중간영역중심**(midhinge)은 1사분위수와 3사분위수의 평균이다.

$$\text{중간영역중심} = \frac{Q_1 + Q_3}{2} \tag{4.19}$$

중간영역중심은 항상 Q_1과 Q_3의 한 가운데 있는데 반해 중앙값 Q_2는 '상자' 내의 *어디든* 위치할 수 있다. 이를 이용해 왜도(기울어짐)를 판단할 수 있는 또 다른 방법이 있다.

중앙값 < 중간영역중심 ⇒ 오른쪽으로 기운(오른쪽 꼬리가 김)
중앙값 ≈ 중간영역중심 ⇒ 대칭(양쪽 꼬리가 거의 동일)
중앙값 > 중간영역중심 ⇒ 왼쪽으로 기운(왼쪽 꼬리가 김)

예제 4.4
병상 점유 실태

그림 4.24는 어떤 병원 응급실의 병상 점유 실태를 시간별로 24개의 상자그림으로 그린 것이다. 각 상자그림은 1년 52주 토요일의 병상 점유 개수를 보여준다. 매주 토요일 24시간에 대해 52개 관측치가 있기 때문에 표본은 총 24 × 52 = 1,248개 데이터 포인트를 지니고 있다. 중앙값(50백분위수)과 사분위수(25 및 75백분위수)가 시간대별로 완만하게, 그리고 예측 가능하게 변하는 것을 알 수 있다. 몇몇 상자그림에는 이상값(매우 높은 병상 점유)들이 별표로 표시되어 있다. 위쪽 수염들이 아래쪽보다 더 긴 것으로 보아 병상 점유율이 오른쪽으로 기운 것으로 판단된다. 몇몇 경우에는(예: 자정과 오전 8시 사이) 병상이 비어 있는 토요일도 있다. 각 요일에 대해서도 비슷한 차트가 그려질 수 있고, 그렇게 하면 병원은 응급실의 인력 및 병상을 계획하는 데 도움이 될 수 있다.

그림 4.24
병원 응급실 병상 점유 상자그림

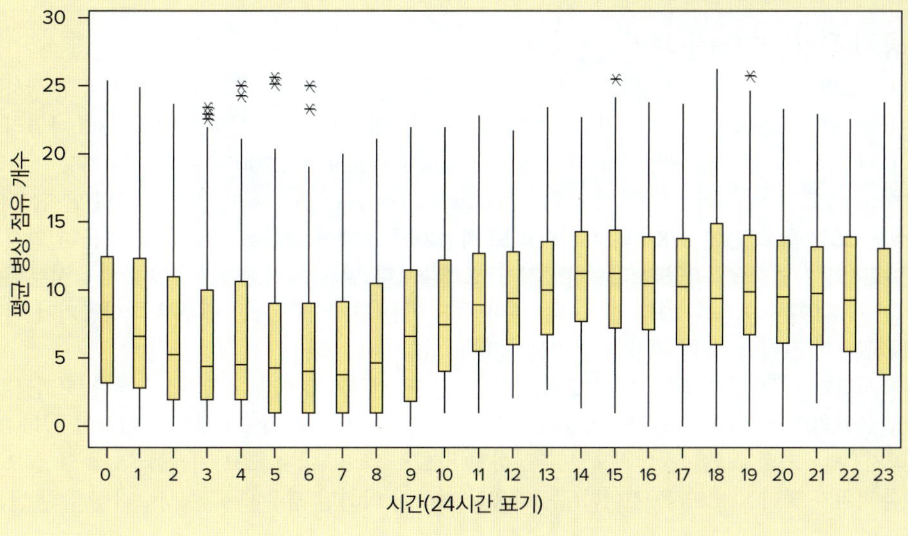

단원 연습문제

connect

4.41 2007년에 무작위로 뽑은 40명의 CEO에 대해 연봉(단위: 천달러)을 조사했더니 790부터 192,920이고, 사분위수는 $Q_1 = 3{,}825$, $Q_2 = 8{,}890$, $Q_3 = 17{,}948$이었다. (a) X축 구간을 잘 정해서 상자그림(펜스가 없는 다섯숫자요약)을 그려라. (b) 형태(왼쪽으로 기운, 대칭, 오른쪽으로 기운)를 설명하라.

4.43 한 레스토랑에서 커피 온도(화씨)를 측정한 결과, $Q_1 = 160$, $Q_2 = 165$, $Q_3 = 170$으로 나타났다. 이 경우 커피 온도가 149도이면 특이값이라 할 수 있는지 안울타리를 기준으로 평가해 보라.

4.45 어떤 도로의 자동차 통행량을 월요일부터 금요일까지 5일간에 걸쳐 시간대별로 기록했다. 월요일부터 금요일까지 5일간 조사한 것으로 아침 6시부터 저녁 8시까지의 통행량을 기록한 것이다(5일 × 14시간 = 70개 관측치). (a) 사분위수 Q_1, Q_2, Q_3를 그림상으로 구하라. (b) x_{min}과 x_{max}를 그림상으로 구하라. (c) 분포가 대칭인가? Traffic

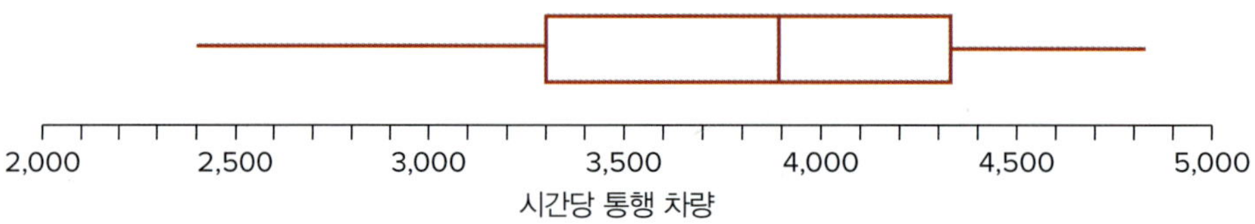

4.47 다음은 어떤 회사 중역의 7월 마지막 주 통화기록으로서 60개 통화의 소요시간(분)을 기록한 것이다. (a) 엑셀을 이용하여 사분위수를 구하라. 그것들이 무엇을 말해주는가? (b) 중간영역 중심(midhinge)을 구하라. 무엇을 말해주는가? (c) 상자그림을 그리고, 그것을 해석하라. CallLength

1	2	10	5	3	3	2	20	1	1
6	3	13	2	2	1	26	3	1	3
1	2	1	7	1	2	3	1	2	12
1	4	2	2	29	1	1	1	8	5
1	4	2	1	1	1	1	6	1	2
3	3	6	1	3	1	1	5	1	18

Mini Case 4.6

항공기 지연 UnitedAir

지난 2005년 유나이티드 항공은 시카고 오헤어 공항을 출발하여 7개 주요 공항으로 운행하는 자사 항공기에 대해 30분 이상 지연도착할 경우 해당 비행기에 탄 모든 승객에게 500마일리지를 보너스로 부여하기로 했다(*The Wall Street Journal*, June 14, 2005). 지연도착 가능성은 과연 어느 정도인가? 미국 수송통계국 웹사이트(www.bts.gov) 자료에 따르면 임의의 날짜(2005년 4월 26일 화요일)에 278대의 유나이티드 항공기가 오헤어 공항을 이륙했다. 평균 지연시간은 −7.45분이었다(즉 평균적으로 항공기가 스케줄보다 일찍 도착했음을 의미한다). 사분위수는 $Q_1 = -19$분, $Q_2 = -10$분, $Q_3 = -3$분이었다. 이들 통계량을 보면 대부분의 항공기가 일찍 도착하는 것 같지만 좀 더 자세히 살펴볼 필요가 있다.

울타리가 있는 상자그림(그림 4.25)을 보면 '상자' 전체가 0 아래에 있다. 오른쪽 꼬리를 보면 안울타리 바로 너머에 1개의 이상값이 있고 바깥울타리 너머에도 8개의 특이값이 있다. 마일리지 보너스의 확률을 경험적으로 추정하면 8/278, 약 3%이다. 조사기간을 더 늘려 잡으면 이 추정치가 달라질 수 있을 것이다(즉, 겨울철 기상이 악화된 경우나 혹은 성수기 혼잡한 날).

그림 4.25

비행기 지연도착 상자그림

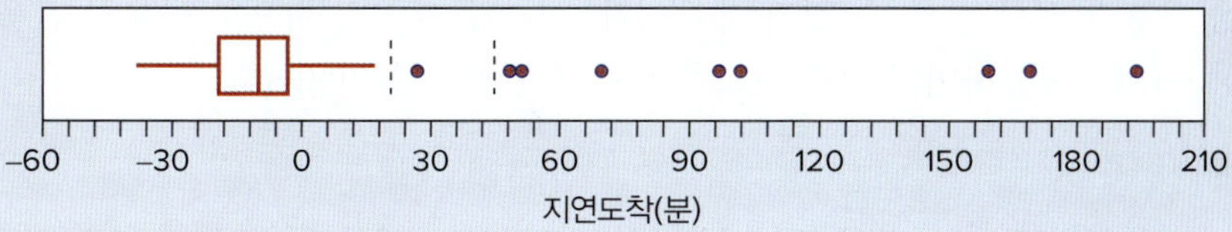

점그림(그림 4.26)을 보면 오른쪽 꼬리 부분의 비정상적인 값들을 제외하면 지연도착의 분포는 종 모양에 가깝다는 것을 알 수 있다. 즉, 평균 근처 어느 정도까지는 '정상적인' 항공기 운항이 가능하다는 것을 의미한다. 그러나 항공기가 스케줄보다 아주 빨리 도착하기는 불가능하지만 비정상적 요인으로 아주 늦게 도착하는 것은 가능하다.

그림 4.26

비행기 지연도착 점그림

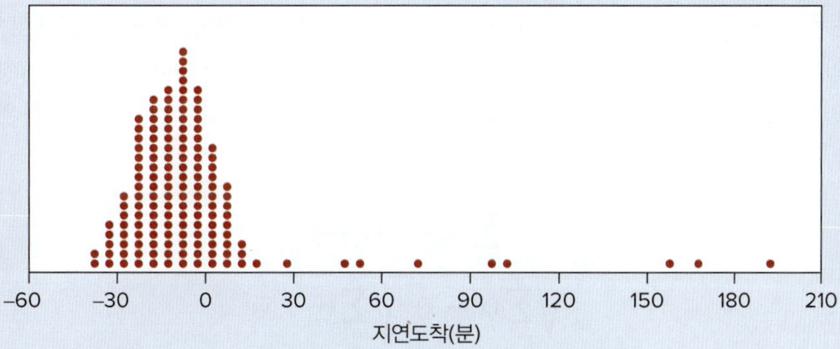

4.6 공분산 및 상관관계

공분산

두 확률변수 X와 Y의 **공분산**(covariance)은 Cov(X, Y) 혹은 간단히 σ_{XY}으로 표기한다. 공분산은 X와 Y의 값이 같이 변하는 정도를 측정한다. 이 개념은 특히 재무자산분석에서 중요하다. 예를 들면 주가 X와 Y가 같은 방향으로 움직이는 경향이 있으면, 그들의 공분산은 양($\sigma_{XY} > 0$)이고, 주가가 반대 방향으로 움직이는 경향이 있다면 공분산이 음($\sigma_{XY} < 0$)이다. 주가가 서로 관계가 없다면 공분산은 0($\sigma_{XY} = 0$)이다. 펀드 매니저는 이 개념을 적용하여 변동을 줄이는 방향으로 주식을 결합함으로써 자신이 보유하고 있는 포트폴리오의 전체적인 변동성을 줄일 수 있다.

모집단 공분산

$$\sigma_{XY} = \frac{\sum_{i=1}^{N}(x_i - \mu_X)(y_i - \mu_Y)}{N} \tag{4.20}$$

표본 공분산

$$s_{XY} = \frac{\sum_{i=1}^{n}(x_i - \bar{x})(y_i - \bar{y})}{n-1} \tag{4.21}$$

엑셀 함수는 모집단에 대해서는 =COVARIANCE.P(XData,YData)이고, 표본에 대해서는 =COVARIANCE.S(XData,YData)이다. 공분산은 측정 단위가 애매하다. 왜냐하면 X와 Y값의 크기뿐 아니라 측정 단위가 서로 다를 수 있기 때문이다. 이 때문에 일반적으로 공분산 값을 표준화시켜 항상 −1에서 +1 사이의 값을 갖도록 만든 상관계수를 이용한다.

상관관계

개념상으로 상관계수는 X와 Y의 공분산을 각 표준편차(모집단은 σ_X와 σ_Y으로, 표본은 s_X와 s_Y로 표기)의 곱으로 나눈 것이다. 모집단에 대해서는 상관계수를 그리스 문자 ρ(로)로 적고, 표본에 대해서는 r로 표기한다.

모집단 상관계수 $$\rho = \frac{\sigma_{XY}}{\sigma_X \sigma_Y} \quad \textbf{(4.22)}$$

표본 상관계수 $$r = \frac{s_{XY}}{s_X s_Y} \quad \textbf{(4.23)}$$

표본상관계수(sample correlation coefficient)는 X, Y 2개의 정량 변수가 *쌍*으로 있을 때 둘 사이의 선형 관련성을 측정하는 대표적인 통계량이다. 데이터는 n개의 (x_i, y_i)쌍으로 구성되어 있으며, 대체로 *산포도*(3장 참조)로 나타낼 수 있다. 표본상관계수 공식은 다음과 같다.

$$r = \frac{\sum_{i=1}^{n}(x_i - \bar{x})(y_i - \bar{y})}{\sqrt{\sum_{i=1}^{n}(x_i - \bar{x})^2}\sqrt{\sum_{i=1}^{n}(y_i - \bar{y})^2}} \quad \textbf{(4.24)}$$

상관계수의 범위는 $-1 \le r \le +1$이다. r이 0에 가까우면 X와 Y 사이에 선형 관계가 거의 없다. r이 +1에 가까우면 강한 양의 관계, 반대로 r이 −1에 가까우면 강한 음의 관계를 나타낸다. 상관성이 어느 정도일 때 통계적으로 '유의한(significant)' (즉, 0과 유의하게 다른) 경우인지를 12장에서 배우게 되겠지만, 여기에서는 당분간 상관계수를 하나의 *기술통계량*으로 간주하도록 하자.

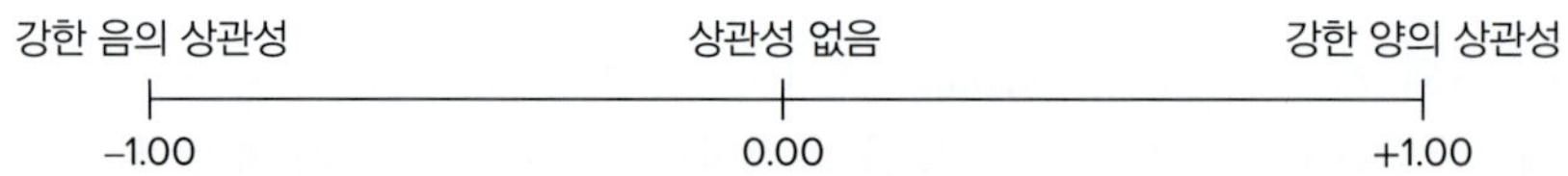

엑셀 함수 =CORREL(XData,YData)를 이용하면, 2개 열 혹은 행으로 이루어진 한 쌍의 데이터의 표본상관계수를 구할 수 있다. 사실 많은 공학용계산기로도 r을 계산할 수 있다. 그림 4.27을 통해 다양한 상관성의 의미를 짐작할 수 있다. 상관계수는 *선형의 관계*(linear relationship)를 측정하는 수단이다. 몇몇 산포도는 관계가 있지만 *선형*은 아닌 형태를 보여준다. 그리고 종종 미디어에서 무언가를 묘사하면서 '유의미한 상관관계'라는 용어를 잘못 사용하는 경우를 들을 텐데 유의해야 한다.

응용: 주가 **TwoStocks** 두 주식에 대해 8주에 걸쳐 매주 금요일 폐장가를 기록한 것이 그림 4.28에 나와 있다.

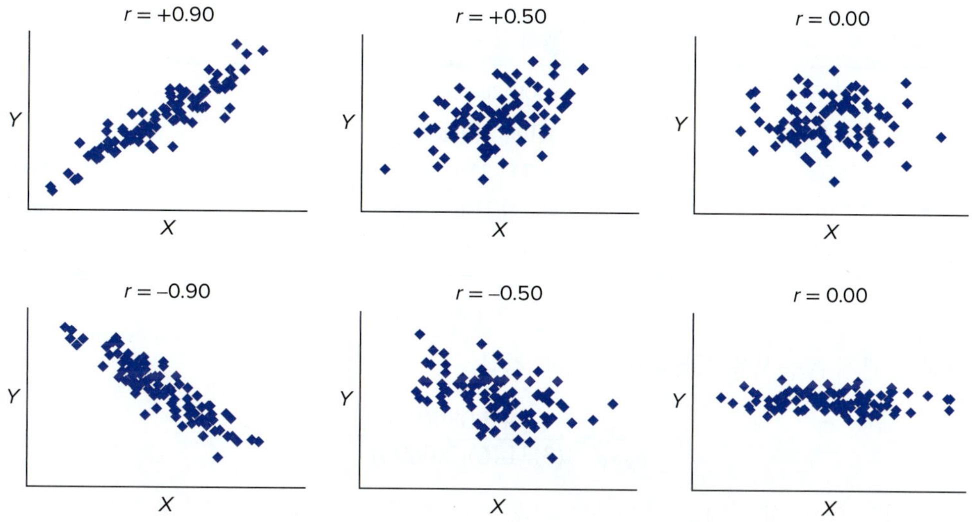

그림 4.27
상관계수 예시

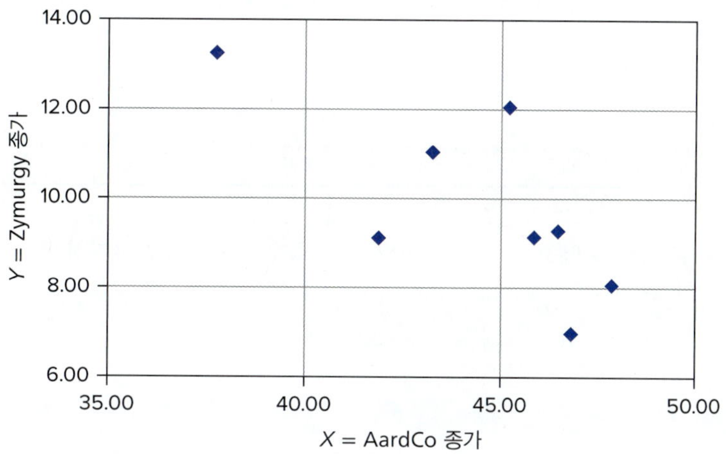

그림 4.28
두 주식 가격 산포도(n = 8)
TwoStocks

각 주의 폐장가(n = 8주)

회사	1	2	3	4	5	6	7	8
X (AardCo)	41.87	47.87	43.26	37.76	45.86	45.22	46.83	46.49
Y (Zymurgy)	9.11	8.07	11.02	13.24	9.14	12.04	6.96	9.27

여기에서 보듯이 두 주가는 반대 방향으로 움직이는 경향이 있기 때문에 음의 공분산(따라서 음의 상관계수)을 예상할 수 있다. 주가의 표본 데이터만을 갖고 있기 때문에 표본 공분산 엑셀 함수가 필요하다.

통계량	결과	엑셀 함수	R 함수
표본 공분산	$s_{XY} = -5.0890$	=COVARIANCE.S(XData,YData)	>cov(x, y)
X 표준편차	$s_X = 3.3146$	=STDEV.S(XData)	>sd(x, y)
Y 표준편차	$s_Y = 2.0896$	=STDEV.S(YData)	>sd(y)
표본 상관계수	$r = -0.7347$	=CORREL(XData,YData)	>cor(x, y)
표본 크기	$n = 8$ weeks	=COUNT(XData)	>length(x)

표본 상관계수 공식을 적용하면 다음과 같다.

$$r = \frac{s_{XY}}{s_X s_Y} = \frac{-5.0890}{(3.3146)(2.0896)} = -0.7347$$

이 결과는 앞의 식 4.24로 계산하거나 혹은 엑셀 함수 =CORREL()으로 계산한 상관계수 값과 동일하다. 이런 종류의 정보를 이용하여 금융분석가들은 이들 주가가 반대 방향으로 움직이는 경향이 있다는 것을 알고 이를 잘 조합하여 가격이 안정된 포트폴리오를 구성할 수 있다.

상관계수를 이용한 포트폴리오 디자인

"포트폴리오의 표준편차를 줄이는 좋은 방법은 다변화를 통한 것이다. 다양한 종류의 펀드에 투자함으로써 어느 하나의 하위 자산 클래스가 전체 보유자산에 미칠 수 있는 영향을 최소화할 수 있다."

출처: *T. Rowe Price Investor*, September 2009, p. 8.

Mini Case 4.7

베일 리조트 소비자 만족도

그림 4.29는 미국 콜로라도 베일 리조트의 만족도 서베이 응답 표본을 이용하여 만족도 변수들 간의 상관계수를 계산한 것이다. 모든 상관계수가 플러스로서 어떤 기준에 대해 만족도가 높으면 다른 기준에 대해서도 만족도가 높은 경향이 있다는 것을 의미한다(양의 공분산). *SkiSafe*(스키어 안전에 대한 관심)과 *SkiPatV*(스키 패트롤의 가시성) 사이의 상관계수가 가장 높다 ($r = 0.488$). 이는 직관적으로 봤을 때 이해가 간다. 스키어가 스키 패트롤러를 보게 되면 해당 스키장이 스키어의 안전에 관심을 갖는다고 생각할 수 있다. 많은 상관계수들이 크기가 작지만, 이들은 모두 *통계적으로 유의하다*(12장에서 배우게 될 것이다).

LiftOps = 리프트 운영요원의 도움/친절도
LiftWait = 리프트 대기시간
TrailVar = 스키 코스 다양성
SnoAmt = 적설량
GroomTr = 스키 코스 단장

SkiSafe = 스키어 안전에 대한 관심
SkiPatV = 스키 패트롤의 가시성

그림 4.29

스키어 만족도 변수의 상관계수 행렬(n = 502) VailGuestSat

	LiftOps	*LiftWait*	*TrailVar*	*SnoAmt*	*GroomT*	*SkiSafe*	*SkiPatV*
LiftOps	1.000						
LiftWait	0.180	1.000					
TrailVar	0.206	0.128	1.000				
SnoAmt	0.242	0.227	0.373	1.000			
GroomT	0.271	0.251	0.221	0.299	1.000		
SkiSafe	0.306	0.196	0.172	0.200	0.274	1.000	
SkiPatV	0.190	0.207	0.172	0.184	0.149	0.488	1.000

단원 연습문제

connect

4.49 두 주식의 종가를 50거래일 동안 기록했다. 주식 X의 표본표준편차는 4.638, 주식 Y의 표본표준편차는 9.084이다. 표본공분산은 −36.111이다. (a) 표본상관계수를 계산하라. (b) 이 두 주식 가격 사이의 관계를 기술하라.

4.51 (a) 어느 동부 지역 교외 도시의 신규 주택(n = 20)에 대해 X = 주택 크기와 Y = 매매 가격(천 달러)의 아래 자료를 가지고 산포도를 작성하라. (b) 표본상관계수를 계산하라. (c) X와 Y 사이에 선형 관계가 존재하는가? 있다면 설명하라. HomePrice

제곱 피트	매매 가격 (천 달러)	제곱 피트	매매 가격 (천 달러)	제곱 피트	매매 가격 (천 달러)
3,570	861	3,240	809	3,160	778
3,410	740	2,660	639	3,310	760
2,690	563	3,160	778	2,930	729
3,260	698	3,460	737	3,020	720
3,130	624	3,340	806	2,320	575
3,460	737	3,240	809	3,130	785
3,340	806	2,660	639		

4.7 그룹 데이터

가중평균

가중평균(weighted mean)은 각 데이터 값에 가중치 w_j를 부여한 다음 합한 것으로, 각 가중치는 전체에서 차지하는 비중을 나타낸다(따라서 모든 가중치의 합은 1이어야 함).

$$\bar{x} = \sum_{j=1}^{k} w_j x_j \quad \text{여기서} \quad \sum_{j=1}^{k} w_j = 1.00 \tag{4.25}$$

예를 들어 어떤 과목의 성적 산출 방식이 숙제 30%, 중간고사 20%, 기말고사 40%, 프로젝트 10%라고 하자(따라서 0.30 + 0.20 + 0.40 + 0.10 = 1.00). 만약 자신의 점수가 각각 85, 68, 78, 90이라면 가중평균 점수는 다음과 같다.

$$\bar{x} = \sum_{j=1}^{k} w_j x_j = 0.30 \times 85 + 0.20 \times 68 + 0.40 \times 78 + 0.10 \times 90 = 79.3$$

중간고사 점수가 낮기는 하지만 반올림을 하면 80점 경계선에 위치한다. 가중평균은 원가계산(원가 항목별 가중치)이나 재무관리(투자 포트폴리오의 자산별 가중치) 등 비즈니스의 각종 분야에서 광범위하게 사용된다.

Mini Case 4.8

다우존스공업평균지수(*DJIA*) DJIA

다우존스공업평균(Dow Jones Industrial Average: DJIA)은 미국 주식시장 가격 지수 중 가장 오래된 것으로 미국 기업 중 규모가 크고 주식 보유층이 광범위하고 거래가 활발한 '블루칩' 30개 기업을 대상으로 한다(예: 코카콜라, 마이크로소프트, 월마트, 월트디즈니). 사실 30개 구성원 중 일부만이 '공업적(industrial)'이다. DJIA는 구성 주식의 가격을 단순 평균한 것이 아니라 가격을 기초로 *가중평균*한 것이다. 초창기에는 주식가격의 단순평균이었지만, 오늘날 DJIA는 30개 주식 가격의 합계를 '제수(divisor)'로 나누어 계산한다. 제수는 주식 분할이나 시간 경과에 따른 기타 변화를 상쇄시키기 위한 것이다. 제수는 필요할 때마다 빈번히 수정된다(가장 최근의 제수값은 「월스트리트 저널」 참조). 고가의 주식이 가격의 총합에서 더 많은 비중을 차지하기 때문에, DJIA는 고가 주식의 변동에 의해 더 큰 영향을 받는다. 즉, 어떤 두 회사의 시가총액(총 주식수와 주당 가격의 곱으로 흔히 'market cap'라고 함)이 같더라도 10달러 주식의 10% 가격 인상은 50달러 주식의 10% 가격 인상보다 지수에 미치는 효과가 더 작다. 펀드매니저들은 더 많은 주식을 커버하는 시장가격지수(NSDQ, AMEX, NYSE, S&P 500, Russ 2K 등)를 널리 사용하지만, CNN이나 MSNBC에서는 전통이 깊은 '다우'가 여전히 가장 중요한 주가지수로 다뤄진다.

그룹 데이터

그룹별로 된 관측치로 작업을 해야 하는 경우 가중평균의 개념을 적용할 수 있다. 어떤 데이터세트가 계급(bin)별로 정리된 경우 계급내에서 x값의 위치 정보를 상실하게 되지만 그룹 데이터가 원데이터보다 더 간결하게 표현될 수 있다는 점에서 명확도가 높아지는 장점이 있다. 계급경계가 주어져 있으면 계급 빈도수에 기초한 가중치를 이용하여 평균과 표준편차를 추정할 수 있다. 그룹 추정치의 정확도는 계급의 숫자, 계급내 데이터의 분포, 계급 빈도수 등에 달려있다.

그룹 평균 및 표준편차

표 4.17은 3개 도시 47개 약국의 콜레스테롤 저하 처방약 90일분 가격의 도수분포를 보여

준다. 관측치들은 폭이 5로 동일한 계급별로 기록되어 있다. 이와 같은 그룹 데이터의 평균이나 표준편차를 계산할 때 우리는 각 계급 내의 관측치들이 해당 계급의 *중앙점에 있다고 간주*한다. 예를 들어 세 번째 계급(70~75)의 경우 여기에 속한 11개 가격을 모두 $72.50(구간의 중앙점)로 간주하는 것이다. 실제로는 관측치들이 각 구간 내에서 다양하게 흩어져 있겠지만, 우리는 그것들이 *평균적으로* 계급의 중앙점에 위치한다고 가정한다.

표 4.17

콜레스테롤약 그룹 데이터 워크시트(n = 47) RxPrice

부터	까지	f_j	m_j	$f_j m_j$	$m_j - \bar{x}$	$(m_j - \bar{x})^2$	$f(m_j - \bar{x})^2$
60	65	6	62.5	375.0	−10.42553	108.69172	652.15029
65	70	11	67.5	742.5	−5.42553	29.43640	323.80036
70	75	11	72.5	797.5	−0.42553	0.18108	1.99185
75	80	13	77.5	1,007.5	4.57447	20.92576	272.03486
80	85	5	82.5	412.5	9.57447	91.67044	458.35220
85	90	0	87.5	0.0	14.57447	212.41512	0.00000
90	95	1	92.5	92.5	19.57447	383.15980	383.15980
	합	47	합	3,427.5		합	2,091.48936
			평균($\bar{x}$)	72.9255		표준편차(s)	6.74293

각 간격 j마다 중앙점 m_j와 빈도수 f_j가 있다. 평균을 추정하기 위해서는 각 계급의 중앙점에다 빈도수를 곱하여 그것을 모든 k개 계급에 대해 합친 다음 표본의 크기 n으로 나눈다.

$$\bar{x} = \frac{\sum_{j=1}^{k} f_j m_j}{n} = \frac{3,427.5}{47} = 72.9255 \tag{4.26}$$

표준편차 추정에서는 평균으로부터의 편차 제곱의 합을 구하기 위해 각 계급의 중앙점에서 평균 추정치를 빼고 그것의 제곱을 취한 다음 빈도수를 곱하여 그것을 모든 계급에 대해 합친다. 그것을 $n - 1$로 나눈 다음 제곱근을 취한다. *각 중앙점에서 평균 추정치를 뺄 때 '반올림하는' 실수를 범해서는 안 된다.*

$$s = \sqrt{\sum_{j=1}^{k} \frac{f_j (m_j - \bar{x})^2}{n-1}} = \sqrt{\frac{2,091.48936}{47-1}} = 6.74293 \tag{4.27}$$

일단 평균과 표준편차를 구하게 되면 변동계수는 다음과 같이 일반적인 방법으로 추정할 수 있다.

$$CV = 100(s/\bar{x}) = 100(6.74293/72.9255) = 9.2\%$$

정확도 문제

그룹 추정치 $\bar{x}$와 s가 얼마나 정확할까? 관측치가 계급 내에서 균등한 간격으로 배치되어 있지 않을수록 정확도는 낮아질 것이다. 그러나 체계적인 비대칭성(예를 들어 관측치들이 모든 계급의 하단에 몰려 있는 경우)이 존재하지 않는다면, 계급 내 불균등 분포의 효과는 상쇄되는 경향이 있을 것이다.

정확도는 계급의 숫자가 많을수록 개선되는 경향이 있다. 만약 첫 번째나 마지막 계급이 개방형(open-ended)이라면 해당 계급의 중앙점이 존재하지 않아 평균을 추정할 수 없게 된다. 음의 값이 없는 데이터(예: GPA)라면 첫 번째 계급이 개방형이더라도 하한을 0으로 가정할 수 있다. 물론 경우에 따라서는 이 가정이 첫 번째 계급의 간격을 너무 넓게 만들 수도 있다. 때로는 동일한 가정을 마지막 계급의 개방형 구간에도 적용할 수 있지만(예: 사람 나이의 상한을 100으로 가정), 많은 변수들은 확실한 상한이 존재하지 않는다(예: 소득). 보통은 개방형 계급구간을 갖는 그룹 데이터라 하더라도 중앙값과 사분위수를 추정하는 것은 가능하다.

단원 연습문제

connect

4.53 아래의 그룹 데이터 및 빈도수에 관한 표에서 평균을 추정하라.

부터		*까지*	*f(빈도수)*
2	<	6	7
6	<	10	12
10	<	14	3
14	<	18	2
18	<	22	1
		합계	25

4.8 왜도 및 첨도

왜도

일반적으로 *왜도*(skewness; 그림 4.30)는 표본 히스토그램을 검토하거나 평균과 중앙값을 비교함으로써 판단할 수 있다. 그러나 이러한 방법은 부정확하고 표본의 크기를 고려하지 않는다는 문제점이 있다. 더 높은 정확도가 필요할 때는 표본의 **왜도계수**(skewness coefficient)를 살펴봐야 한다.

그림 4.30

왜도의 전형적인 형태

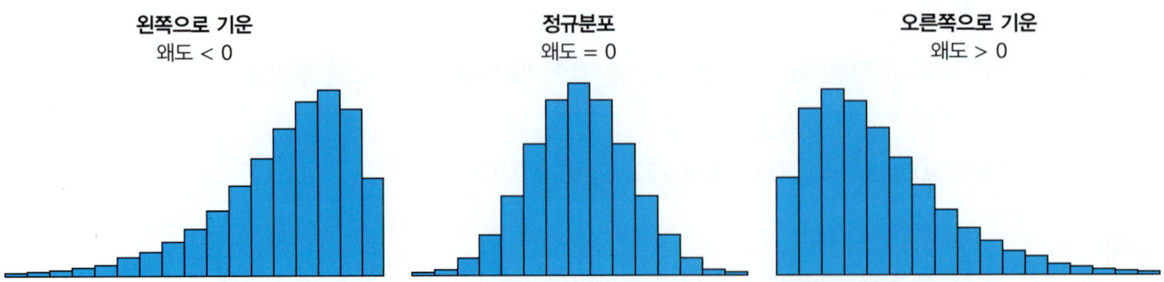

$$\text{왜도} = \frac{n}{(n-1)(n-2)} \sum_{i=1}^{n} \left(\frac{x_i - \bar{x}}{s} \right)^3 \tag{4.28}$$

이 통계량은 단위에 상관이 없기 때문에 단위가 다른(예를 들어 달러와 엔) 2개의 표본에 대해서도 비교가 가능하다. 또한 어떤 표본의 왜도를 정규분포(대칭의 종 모양)처럼 잘 알려진 분포의 왜도와 비교하는 데도 사용이 가능하다. 엑셀에서 왜도계수를 구하기 위해서는 데이터>데이터 분석>기술통계법을 이용하거나 혹은 함수 =SKEW(Data)를 사용하면 된다.

표 4.18을 보면 정규분포인 모집단에서 표본을 취할 경우 왜도계수가 90% 빈도로 속할 것으로 예상되는 범위가 나와 있다. 표본왜도 통계량이 90% 범위 안에 있다면 표본의 무작위성 때문에 왜도가 0에서 벗어난 것으로 간주할 수 있지만, 90% 범위 밖에 있다면 표본이 아예 비정규(nonnormal) 모집단에서 나왔을 가능성을 암시한다. n이 증가하면서 무작위성의 범위는 줄어든다.

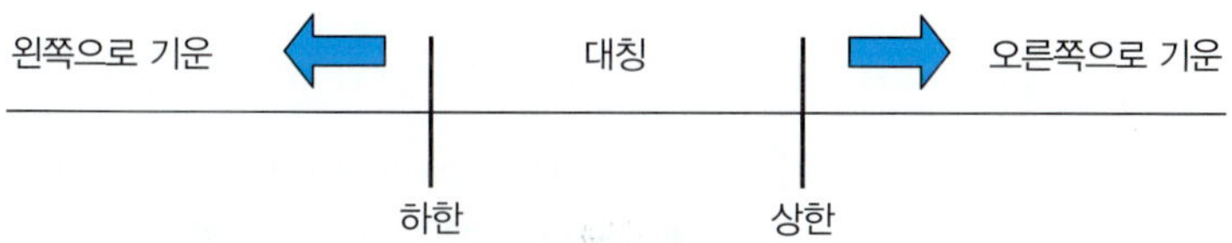

표 4.18

엑셀의 표본 왜도계수에 대한 90% 범위

출처: 통계패키지 R의 CRAN e1071 라이브러리를 이용한 100,000번의 시뮬레이션 결과임.

n	5% 하한	5% 상한	n	5% 하한	5% 상한
20	−0.84	+0.84	90	−0.41	+0.41
30	−0.69	+0.69	100	−0.40	+0.40
40	−0.61	+0.61	150	−0.33	+0.33
50	−0.55	+0.55	200	−0.28	+0.28
60	−0.51	+0.51	300	−0.23	+0.23
70	−0.47	+0.47	400	−0.20	+0.20
80	−0.44	+0.44	500	−0.18	+0.18

엑셀을 이용할 수 없을 때, 왜도를 측정하는 또 다른 방법은 **피어슨 2 왜도계수**(Pearson 2 skewness coefficient; Sk_2로 표기)이다.

$$Sk_2 = \frac{3(\bar{x} - m)}{s} \tag{4.29}$$

여기에서 m은 표본 중앙값이다. 직관적으로 매력적인 이 통계량은 단지 3개의 잘 알려진 기술통계량을 이용하기 때문에 쉽게 계산할 수 있다. 이것은 평균과 중앙값의 차이를 표준편차 기준으로 표현한 것이다. 평균과 중앙값이 거의 같다면 Sk_2는 0에 가까울 것이다. Sk_2가 0에서 멀어질수록 표본이 대칭의 정규분포 모집단에서 나왔다고 보기 힘들 것이다. 유용한 개략적 판정 기준은 이른바 **쉴드 법칙**(Schield's Rule)으로, 표본이 $n = 10$ 이상이고 정규분포에서 나왔다면 Sk_2값이 최소한 90%는 $\pm 4/\sqrt{n}$ 범위 내에 위치한다는 것이다. 따라서 Sk_2값이 해당 범위 밖에 위치한다면 표본이 대칭의 정규분포에서 나왔다고 보기 어려

그림 4.31

첨도의 전형적인 형태

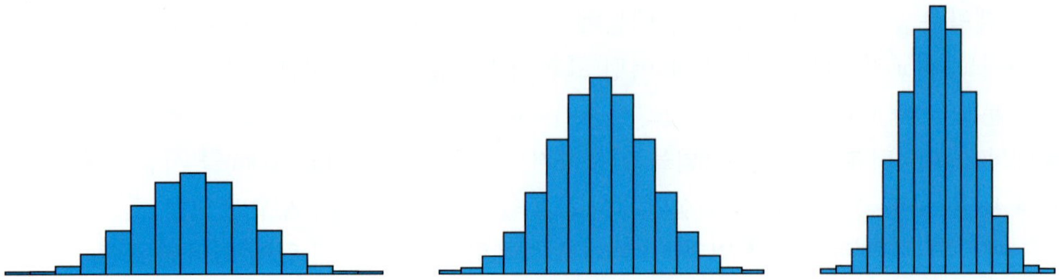

울 것이다. 좀 더 높은 정확도가 필요할 경우 Sk_2의 표본 변화를 평가할 수 있는 표(참고문헌 참조)를 이용할 수 있다.

첨도

첨도(kurtosis)는 분포에서 꼬리의 상대적 길이와 중심 부분의 뾰족함의 정도를 가리킨다. 종 모양의 정규분포 모양의 모집단을 **중간첨도**(mesokurtic)라 부르고 이를 기준으로 삼는다(그림 4.31 참조). 정규분포보다 더 편평한(즉, 꼬리가 더 두꺼운) 모집단을 **편평첨도**(platykurtic)라고 하고, 정규분포보다 더 뾰족한(즉, 꼬리가 더 얇은) 것을 **뾰족첨도**(leptokurtic)라 한다. 첨도와 변동성이 종종 혼동되기도 하지만 둘은 서로 같지 *않다*.

그런데 히스토그램으로 첨도를 파악하는 데는 한계가 있다. 척도나 축의 비율 등이 다르기 때문이다. 따라서 다음과 같이 숫자로 된 통계량이 필요하다.

$$\text{첨도} = \frac{n(n+1)}{(n-1)(n-2)(n-3)}\sum_{i=1}^{n}\left(\frac{x_i-\bar{x}}{s}\right)^4 - \frac{3(n-1)^2}{(n-2)(n-3)} \quad \textbf{(4.30)}$$

표본 **첨도계수**(kurtosis coefficient)를 구하는 엑셀 함수는 =KURT(Data)이다. 표 4.19를 보면 정규분포인 모집단에서 표본을 취할 경우 첨도계수가 90% 빈도로 속할 것으로 예상되는 범위가 나와 있다. 표본첨도 통계량이 90% 범위 안에 있다면 표본의 무작위성 때문에 첨도가 0에서 벗어난 것으로 간주할 수 있지만, 90% 범위 밖에 있다면 표본이 정규 모집단과 다를 가능성을 암시한다. 표본의 크기가 커질수록 무작위성의 범위가 좁아진다. 관측치가 50개 미만이면 첨도에 대한 추론 자체가 위험하다.

표 4.19

엑셀 표본의 왜도계수에 대한 90% 범위

n	5% 하한	5% 상한	*n*	5% 하한	5% 상한
40	−0.89	1.35	100	−0.62	0.88
50	−0.82	1.23	150	−0.53	0.71
60	−0.76	1.13	200	−0.47	0.62
70	−0.72	1.04	300	−0.40	0.50
80	−0.68	0.98	400	−0.35	0.44
90	−0.65	0.92	500	−0.32	0.39

출처: 통계패키지 R의 CRAN e1071 라이브러리를 이용한 100,000번의 시뮬레이션 결과임. 표에서 상한과 하한이 대칭이 *아닌* 것에 유의해야 함.

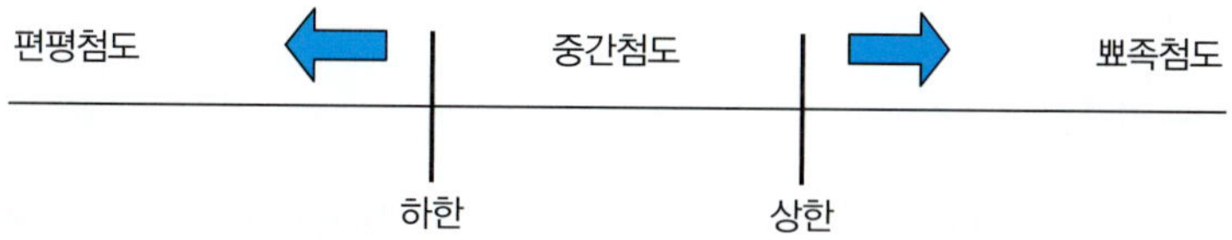

Mini Case 4.9

주식 가격 StockPrices

한 투자 분석가가 4개의 주식을 관찰하고 있다. 2개는 컴퓨터 데이터 서비스 부문(IBM과 EDS)이고, 다른 2개는 소비자가전 부문(Maytag과 Whirlpool)이다. 이 분석가는 각 주식의 종가를 2개월(42거래일) 동안 기록한 데이터를 분석했다. 그림 4.32에 주식 가격의 상자그림이 나와 있다(각각 가격 척도가 다르다는 것에 유의하라).

숫자 통계량(표 4.20)을 보면, EDS는 왜도계수(1.04)로 볼 때 오른쪽으로 기운 분포($n = 40$의 경우 정규분포 왜도계수 범위는 −0.594에서 +0.594까지)임을 시사한다. 이는 EDS 상자그림으로도 뒷받침된다. 오른쪽으로 긴 수염이 있고 오른쪽 꼬리에 특이값이 있다. Maytag은 첨도계수(−1.40)로 볼 때 정규분포보다 중앙부분이 더 편평한 분포($n = 50$의 경우 정규분포 첨도계수 범위는 −0.81에서 +1.23까지)이다. 물론 표본의 크기가 너무 작아 첨도를 확실하게 평가하기는 어렵다. Maytag은 변동계수(*CV*) 역시 높다. Maytag의 상자그림을 보면 상대적으로 높은 변동성을 보인다. 투자자들은 어떤 포트폴리오를 평가할 때 가격 변동의 패턴뿐만 아니라 여러 다른 요인들(예: 성장전망, 배당, 안정성 등)도 고려한다.

그림 4.32

4개 주식 가격의 상자그림

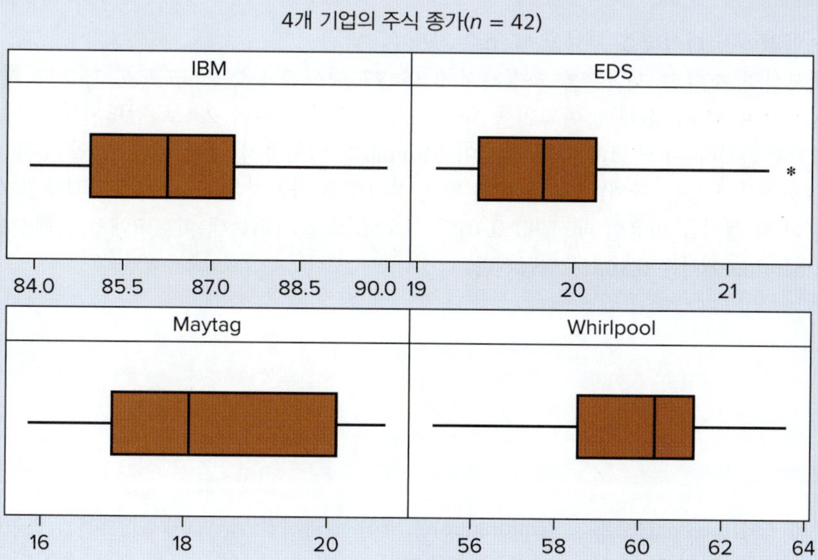

표 4.20

4개 기업의 주식 가격

통계량	IBM	EDS	Maytag	Whirlpool
평균	86.40	19.86	18.39	59.80
표준편차	1.70	0.59	1.59	1.94
왜도	0.51	1.04	0.23	−0.48
첨도	−0.62	0.72	−1.40	−0.16
CV(%)	2.0%	3.0%	8.6%	3.2%
1사분위수	84.97	19.40	17.07	58.53
2사분위수	86.25	19.80	18.10	60.20
3사분위수	87.37	20.13	20.11	61.28

출처: 데이터는 시카고 대학 경영대학원 주가연구센터(CRSP®) 데이터이다. 본 예는 통계교육 목적으로만 이용되며 투자결정을 위한 것은 아니다. Maytag은 2006년 Whirlpool에 의해 인수되었다.

엑셀 힌트

힌트 1: 엑셀에서 데이터를 복사할 때 포맷 형식

엑셀의 달러 포맷(예: $214.07)이나 콤마 포맷(예: 12,417)을 그대로 복사해서 다른 통계패키지(예: Minitab 또는 R)에 붙여넣기 할 경우 이들 패키지에서는 이를 숫자가 아니라 텍스트로 인식하거나('$'나 ','는 숫자가 아니기 때문) 다른 복사 오류를 초래할 수 있다. 텍스트는 숫자로 분석이 안 되기 때문에 평균, 중앙값 등을 계산할 수 없다. 따라서 복사와 붙여넣기 할 때 반드시 포맷을 확인해야 한다.

힌트 2: 엑셀에서 데이터를 복사할 때 소수 자릿수

엑셀 셀서식의 소수점 자릿수를 조정해서 2.35477 대신 2.4로 표시되도록 했다고 하자. 이 셀을 복사하여 Minitab에 붙여넣기를 하면 2.35477이 아니라 2.4로 입력된다. 이럴 경우 (2.35477로 인식하는) 엑셀의 통계 계산이 Minitab과 일치하지 않게 된다. 만일 숫자 하나가 아니라 (회귀분석 등을 위해) 데이터 여러 열을 복사해서 가져갈 경우 차이가 심각해질 수도 있다. 엑셀의 % 형식을 이용할 때, 셀값 0.165는 16.5%로 표시되는데 이는 R에서는 텍스트로 해석되고, Minitab에서는 0.165로 취급된다.

요약(*Chapter Summary*)

평균(mean)이나 **중앙값**(median)은 표본의 **중심**(center)을 기술하며 이들을 이용하면 **비대칭성**(skewness)도 어느 정도 파악할 수 있다. **최빈값**(mode)은 범위가 작은 이산형 데이터에 유용하다. **절사평균**(trimmed mean)은 극단값을 제거하고 계산한다. **기하평균**(geometric mean)은 값이 큰 극단값의 영향을 완화해주지만 0이나 음수가 존재하면 이용할 수 없다. **범위의 중앙**(midrange)은 계산이 쉽지만 극단값에 민감하다. 변동성은 일반적으로 **표준편차**(standard deviation)에 의해 측정된다. 상대적 퍼짐(relative dispersion)은 **변동계수**(coefficient of variation)에 의해 측정될 수 있는데 양의 데이터에 대해서만 가능하다. **표준화 데이터**(standardized data)를 이용하여 **특이값**(outlier)이나 이상값을 찾아낼 수 있으며 **경험법칙**(Empirical Rule)을 이용하여 데이터의 분포를 정규분포와 비교해볼 수 있다. 퍼진 정도의 측정에서 **평균절대편차**(mean absolute deviation: MAD)는 계산하기 쉽지만 수학적 성질이 좋은 편이 아니다. **사분위수**(quartile)는 데이터세트가 상당히 작아도 의미가 있는 반면 **백분위수**(percentile)는 데이터가 커야만 적용될 수 있다. **상자그림**(box plot)은 사분위수와 데이터 범위를 보여준다. **상관계수**(correlation coefficient)는 두 변수의 선형 관계의 정도를 측정한다. **공분산**(covariance)은 두 변수가 같이 움직이는 정도를 측정한다. **그룹 데이터**(grouped data)에 대해서도 여러 가지 기술통계량을 추정할 수 있다. 표본의 **왜도**(skewness) 및 **첨도**(kurtosis) 계수는 모집단의 **형태**(shape)에 대해 히스토그램에만 의존하지 않고 좀 더 정확한 추론을 하게 만들어준다.

주요 용어(Key Terms)

중심(Center)

가중평균(weighted mean)
기하평균(geometric mean)
범위의 중앙(midrange)
절사평균(trimmed mean)
중간영역중심(midhinge)
중앙값(median)
최빈값(mode)
평균(mean)

변동성(Variability)

경험법칙(Empirical Rule)
모분산(population variance)
범위(range)
변동계수(coefficient of variation)
이합 공식(two-sum formula)
체비셰프 정리(Chebyshev's Theorem)
특이값(outlier)
평균절대편차(mean absolute deviation)
표본분산(sample variance)
표준편차(standard deviation)
표준화 데이터(standardized data)
z점수(z-score)

형태(Shape)

다봉분포(multimodal distribution)
대칭적 데이터(symmetric data)
뾰족 첨도(leptokurtic)
쉴드 법칙(Schield's Rule)
양봉분포(bimodal distribution)
양으로 기운(positively skewed)
오른쪽으로 기운(skewed right)
왜도(skewness)
왜도계수(skewness coefficient)
왼쪽으로 기운(skewed left)
음으로 기운(negatively skewed)
중간 첨도(mesokurtic)
첨도(kurtosis)
첨도계수(kurtosis coefficient)
편평 첨도(platykurtic)
피어슨 2 왜도계수(Pearson 2 skewness coefficient)

기타

공분산(covariance)
다섯숫자요약(five-number summary)
사분위범위(interquartile range)
사분위수(quartile)
상자그림(box plot)
중앙값 방법(method of medians)
표본상관계수(sample correlation coefficient)

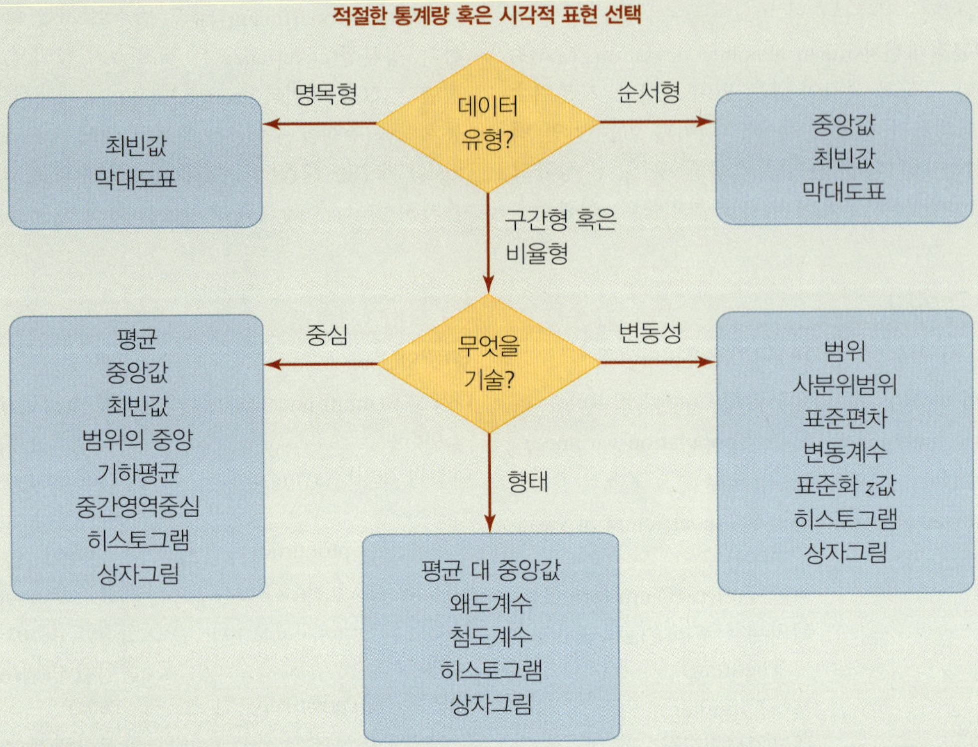

기술통계량에서 자주 사용되는 공식

표본평균: $\bar{x} = \frac{1}{n}\sum_{i=1}^{n} x_i$

기하평균: $G = \sqrt[n]{x_1 x_2 \ldots x_n}$

성장률: $GR = \sqrt[n-1]{\frac{x_n}{x_1}} - 1$

범위: 범위 $= x_{\max} - x_{\min}$

범위의 중앙: 범위의 중앙 $= \frac{x_{\max} + x_{\min}}{2}$

표본표준편차: $s = \sqrt{\frac{\sum_{i=1}^{n}(x_i - \bar{x})^2}{n-1}}$

변동계수:

	모집단	표본
	$CV = 100 \times \frac{\sigma}{\mu}$	$CV = 100 \times \frac{s}{\bar{x}}$

표준화 변수:

	모집단	표본
	$z_i = \frac{x_i - \mu}{\sigma}$	$z_i = \frac{x_i - \bar{x}}{s}$

중간영역중심: 중간영역중심 $= \frac{Q_1 + Q_3}{2}$

표본상관계수: $$r = \frac{\sum_{i=1}^{n}(x_i - \overline{x})(y_i - \overline{y})}{\sqrt{\sum_{i=1}^{n}(x_i - \overline{x})^2}\sqrt{\sum_{i=1}^{n}(y_i - \overline{y})^2}} \text{ 혹은 } r = \frac{s_{XY}}{s_X s_Y}$$

가중평균: $$\overline{x} = \sum_{j=1}^{k} w_j x_j \text{ 여기에서 } \sum_{j=1}^{k} w_j = 1.00$$

그룹평균: $$\overline{x} = \sum_{j=1}^{k} \frac{f_j m_j}{n}$$

리뷰(Chanpter Review)

1. 기술통계량이란 무엇인가? 데이터의 시각적 표현과 어떻게 다른가?
2. 각 개념을 설명하라. (a) 중심, (b) 변동성, (c) 형태
3. (a) 데이터 분석의 첫 단계가 대개 정렬(sorting)로 시작하는 이유는? (b) 데이터 분석을 시작할 때 데이터가 어떻게 수집되었는가를 생각하는 것이 유용한 이유는?
4. 다음의 각 중심 측정수단의 장점과 단점을 열거하고 엑셀 함수를 제시하라. (a) 평균, (b) 중앙값, (c) 최빈값
5. (a) 왜 평균으로부터 편차의 합이 0이 되는가? (b) 정렬된 데이터에서 n이 짝수일 때 중앙값의 위치는? n이 홀수일 때는? (c) 연속형 데이터에 최빈값이 거의 사용되지 않는 이유는? (d) 어떤 형태의 데이터에 최빈값이 가장 유용한가?
6. (a) 양봉분포란 무엇인가? (b) 비대칭성을 포착하는 두 가지 방법을 설명하라.
7. 다음의 각 중심 측정수단의 장점과 단점을 열거하고 엑셀 함수가 있으면 그것을 제시하라. (a) 범위의 중앙, (b) 기하평균, (c) 10% 절사평균
8. (a) 변동성이란 무엇인가? (b) 변동성의 다섯 가지 측도를 열거하라. 각 측도의 특성(장점 및 단점)을 열거하라.
9. (a) 자주 쓰이는 표준편차(모집단 및 표본) 공식은? 그 이유는? (b) 어느 때 변동계수가 유용한가?
10. (a) 체비셰프 정리는 어떤 종류의 데이터에 적용 가능한가? (b) 경험법칙은 어떤 종류의 데이터에 적용 가능한가? (c) 특이값이란? 이상값이란?
11. (a) 정규분포에서 평균으로부터 1, 2, 3표준편차 이내에 관측치의 대략 몇 퍼센트가 있는가? (b) 표본이 10,000개의 관측치로 이루어져 있다면 평균으로부터 3표준편차 너머에 있는 관측치는 대략 몇 개로 예상되는가?
12. (a) 표준화 변수의 수학적 공식을 적어라. (b) 엑셀에서 셀 F17에 있는 데이터 값을 표준화하는 함수를 적어라(데이터의 평균을 Mu라 하고 표준편차를 Sigma라 하자).
13. (a) 특이값을 없애는 것은 왜 위험한가? (b) 특이값을 없애도 되는 상황은?
14. (a) 사분위수로 중심과 퍼짐을 모두 측정할 수 있음을 설명하라. (b) 표본의 크기가 작을 경우 백분위수를 계산하지 않는 이유는?
15. (a) 사분위수 계산 방법인 중앙값 방법을 설명하라. (b) 엑셀에서 데이터의 셀 범위를 XData라 할 때 1사분위수를 구하는 함수를 적어라.
16. (a) 상자그림이란 무엇인가? 이것은 무엇을 말해주는가? (b) 상자그림에서 울타리의 역할은 무엇인가? (c) 중간영역 중심과 사분위범위를 정의하라.
17. 상관계수는 무엇을 측정하는가? 그것의 범위는? 상관계수가 공분산보다 해석하기 더 쉬운 이유는?
18. (a) 그룹 데이터의 평균과 표준편차를 추정할 때 정확도가 일정 부분 떨어지는 이유는? (b) 도수분포에서 개방형 계급이 있으면 평균과 표준편차를 추정할 수 없게 되는 이유는? (c) 표본 원데이터 전체가 아니라 그룹 데이터로 제시되는 이유는?
19. (a) 정규분포의 왜도계수는 무엇인가? 균등분포는? (b) 표본의 크기별로 표본왜도계수 표가 필요한 이유는?
20. (a) 첨도란 무엇인가? (b) 편평첨도, 뾰족첨도, 중간첨도 분포를 스케치하라. (c) 첨도를 평가할 때 히스토그램에 의존하기 힘든 이유는?

단원 연습문제(*Chapter Exercises*)

4.55 소매기업들의 총자산회전율이 평균 2.02이고 표준편차가 0.22라고 하자. 정규분포를 가정하지 않은 상태에서 최소 75%의 소매기업 총자산회전율이 속할 것으로 예상되는 범위는?

4.57 어떤 록 콘서트에서 앞 좌석의 소음 수준이 평균 95데시벨(dB)이고 표준편차는 8 dB이다. 정규분포를 가정하지 말고 최소한 몇 퍼센트의 소음 수준이 평균의 3표준편차 이내에 들어 있을지 구하라.

4.59 경험에 따르면 위스콘신 포트 앳킨슨에 있는 Ball Corporation의 알루미늄 캔 제조설비에 입고되는 금속재료의 두께는 평균 0.2731 mm이고 표준편차는 0.000959 mm이다. (a) 입고된 어떤 금속재료의 두께가 0.2761 mm이다. 표준화된 z점수를 구하라. (b) 이는 특이값인가?

4.61 다음의 z점수에 해당하는 데이터 값을 구하라.

a. 기말시험 성적: 알리슨의 z점수 $= 2.30$, $\mu = 74$, $\sigma = 7$

b. 주간 식료품비: 제임스의 z점수 $= -1.45$, $\mu = \$53$, $\sigma = \$12$

c. 일별 비디오게임 시간: 에릭의 z점수 $= -0.79$, $\mu =$ 4.00시간, $\sigma =$ 1.15시간

4.63 EarthHarvest 제과점에서 만드는 블루베리 머핀에 들어있는 블루베리 수는 18개에서 30개 사이이다. (a) 경험법칙을 사용하여 머핀에 들어있는 블루베리 개수의 표준편차를 추정하라. (b) 블루베리 개수의 분포에 대해 어떤 가정을 했는가?

주: 이번 장의 연습문제는 다른 지시가 없으면 자신이 원하는 통계 소프트웨어를 이용하여 계산하거나 그래프를 그릴 수 있다.

데이터 묘사

4.65 여행객들은 항공기 티켓을 출발 며칠 전에 구입할까? 다음 데이터는 시카고발 로스앤젤레스행 유나이티드 항공 815편에 탑승한 28명의 승객들을 표본으로 티켓을 출발 며칠 전에 구입했는지 조사한 것이다. (a) 평균, 중앙값, 최빈값, 범위의 중앙을 계산하라. (b) 사분위수와 중간영역중심을 계산하라. (c) 이 데이터세트에 대해 기하평균을 사용할 수 없는 이유는? Days

11	7	11	4	15	14	71	29	8	7	16	28	17	249
0	20	77	18	14	3	15	52	20	0	9	9	21	3

4.67 미국 우체국은 무게에 관계없이 일정 요금을 받는 특급우송 대형균일요금박스 서비스(Priority Mail® Large Flat Rate Box)를 시행하고 있다. 이를 이용한 소포 중 무작위로 고른 20개 박스의 무게(온스)가 아래 나와 있다. (a) 평균, 중앙값, 최빈값을 구하라. (b) 평균과 중앙값이 거의 동일한가? 그렇지 않다면 그 이유는? (c) 최빈값은 '전형적인' 데이터 값인가? 설명하라. (d) 분포는 비대칭인가? 설명하라. Weights

72	86	28	67	64	65	45	86	31	32
39	92	90	91	84	62	80	74	63	86

4.69 '비용비율(expense ratio)'은 포트폴리오를 운영하는 데 드는 비용의 척도이다. 다른 조건이 동일하다면 비용비율이 낮을수록 투자자로서는 더 유리하다. 아래에 무작위로 고른 23개 주식펀드와 21개 채권펀드의 비용비율이 나와 있다. (a) 각 표본에 대해 평균과 중앙값을 계산하라. (b) 각 표본의 표준편차와 변동계수를 계산하라. (c) 어느 펀드가 더 변동성이 심한가? 설명하라. Funds

23개 주식펀드

1.12	1.44	1.27	1.75	0.99	1.45	1.19	1.22	0.99	3.18	1.21	1.89
0.60	2.10	0.73	0.90	1.79	1.35	1.08	1.28	1.20	1.68	0.15	

21개 채권펀드

1.96	0.51	1.12	0.64	0.69	0.20	1.44	0.68	0.40	0.94	0.75	1.77
0.93	1.25	0.85	0.99	0.95	0.35	0.64	0.41	0.90			

4.71 멕시칸 패스트푸드점 Chipotle에서 칩과 살사 주문의 칼로리는 평균 620, 표준편차 12의 정규분포를 보인다. 그런데 밥의 주문은 580칼로리인 것으로 나타났다. 이것은 특이값인가? 설명하라.

4.73 아래 데이터는 74개 Noodles & Company의 6월 중 라이스 크리스피의 하루 평균 판매량이다. (a) 데이터의 히스토그램을 작성하라. (b) 분포가 비대칭이라고 할 수 있는가? (c) 평균과 표준편차를 계산하라. (d) 특이값이 존재하는가? RiceKrispies

32	8	14	20	28	19	37	31	16	16
16	29	11	34	31	18	22	17	27	16
24	49	25	18	25	21	15	16	20	11
21	29	14	25	10	15	8	12	12	19
21	28	27	26	12	24	18	19	24	16
17	20	23	13	17	17	19	36	16	34
25	15	16	13	20	13	13	23	17	22
11	17	17	9						

4.75 10년간의 연간 수익률을 분석한 결과 선납학자금플랜(prepaid tuition plan)은 평균 수익률이 6.3%이고 표준편차가 2.7%인 반면, S&P 500 주가지수는 평균 수익률이 12.9%이고 표준편차가 15.8%로 나타났다. (a) 변동계수를 계산하여 비교하라. (b) 왜 표준편차를 직접 비교하지 않고 변동계수를 이용하는가?

4.77 모든 도시들이 박테리아를 없애기 위해 수돗물에 불소를 첨가한다. 미국 오대호를 구성하는 휴런호(Lake Huron)의 수질관리소에서 어느 해 측정한 불소 함유량은 0.79~0.92 ppm이었다. (a) 중심 측도로서 범위의 중앙을 계산하라. (b) 경험법칙을 이용하여 표준편차를 추정하라.

4.79 크기가 $n = 200$인 표본의 왜도계수는 −0.35이고 첨도계수는 +0.75이다. 분포의 형태는 무엇인가?

분포 생각해보기

4.81 유레카 도서관에서 도서의 대출기간은 평균 13일, 중앙값은 10일, 최빈값은 7일이다. (a) 이 통계량을 기초로 분포를 스케치하라. (b) 어떤 요인들이 분포를 이러한 모양으로 만들었을까?

4.83 생쥐의 수명은 중앙값이 118주이다. (a) 평균이 118주보다 길 것으로 예상하는가, 아니면 짧을 것으로 예상하는가? (b) 생쥐의 수명은 정규분포일 것으로 예상하는가? 설명하라.

4.85 어느 도시 교외의 작은 공동체가 카운티의 보안과로부터 경찰서비스를 구매하기로 합의했다. 신문보도에 따르면 "과거에는 보안과로부터 경찰 보호를 받을 경우 그 비용은 월급과 기타 혜택의 중앙값에 따랐다. 즉, 보안관 1인당 가장 비용이 많이 드는 보안관과 가장 비용이 적게 드는 보안관의 중간 정도에서 정했다." (a) 이것은 중앙값인가? 아니라면 무엇인가? (b) 범위의 중앙과 중앙값 가운데 어느 것이 더 많은 비용이 들 것인가? 그 이유는?

엑셀 프로젝트

4.87 (a) 다음 표는 9개 리조트 호텔의 비성수기 주말 객실 점유율(%)이다. 엑셀 함수를 이용하여 평균과 표준편차를 계산하라. (b) 이 통계량을 바탕으로 중심과 퍼짐에 대해 어떤 결론을 도출할 수 있는가? (c) 각 표본에 대해 중앙값을 계산하라. (d) 각 표본에 대해 점그림을 작성하라. (e) 평균과 표준편차로는 나타나지 않았던 것을 중앙값과 점그림을 통해 알 수 있는 것이 있는가? Occupancy

관측 번호	첫째 주	둘째 주	셋째 주	넷째 주
1	32	33	38	37
2	41	35	39	42
3	44	45	39	45
4	47	50	40	46
5	50	52	56	47
6	53	54	57	48
7	56	58	58	50
8	59	59	61	67
9	68	64	62	68

그룹 데이터

주: 다음의 각 표에서 위쪽 계급경계는 해당 계급에 포함되지 않으며, 그 다음 계급의 아래쪽 경계로서 해당 계급에 포함된다.

4.89 소득세를 신고한 개인들을 임의로 추출하여 지난해 연방 소득세 신고서류를 준비하는 데 얼마나 시간을 사용하였는지 질문했다. (a) 평균을 추정하라. (b) 표준편차를 추정하라. (c) 구간 내의 각 관측치들이 균등하게 분포되었을 것으로 생각하는가? 그것이 왜 중요한가? (d) 계급의 크기(간격폭)가 균등하지 않은 이유가 무엇이라고 생각하는가? Taxes

부터	까지(불포함)	f
0	2	7
2	4	42
4	8	33
8	16	21
16	32	11
32	64	6

4.91 기업의 고위임원 204명을 대상으로 주당 업무시간을 자체 조사한 것이 아래 나와 있다. (a) 엑셀 워크시트를 사용하여 평균, 표준편차, 변동계수를 추정하라. (b) 계급의 크기가 균등하지 않은 것이 계산을 방해하는가? 왜 그렇게 되어 있는 것으로 생각하는가?

고위 임원들의 주당 근무시간 Work

부터	까지(불포함)	*f*
40	50	12
50	60	116
60	80	74
80	100	2
	합계	204

스스로 해보는 표본추출 프로젝트

4.93 (a) 지난 주말 대학 풋볼 30경기에서의 득점 수를 기록하라(풋볼 시즌이 아니면 농구 등 다른 스포츠로 할 것). 30경기를 채우지 못하면 할 수 있는 경기만큼 하라. (b) 도수분포표와 히스토그램을 그려라. 히스토그램을 묘사해 보라. (c) 평균, 중앙값, 최빈값을 구하라. 어느 것이 중심을 가장 잘 보여주는가? 그 이유는? (d) 표준편차와 변동계수를 구하라. (e) 자료를 표준화하라. 특이값이 있는가? (f) 상자도표를 그려라. 무엇을 알 수 있는가?

산포도와 상관계수

주: 이 문제의 데이터파일은 McGraw-Hill's Connect® 또는 강사로부터 얻을 수 있다.

4.95 (a) 미국 50개주에 대해 X = 1990년의 인구 10만 명당 범죄율, Y = 2004년의 인구 10만 명당 범죄율의 산포도를 엑셀을 이용하여 작성하라. (b) 엑셀 함수 =CORREL을 이용해 상관계수를 구하라. (c) 그래프와 상관계수는 두 해 동안 주별 범죄율에 대해 무엇을 말하고 있는가? (d) MegaStat이나 엑셀을 이용하여 두 해의 범죄율 평균, 중앙값, 표준편차를 구하라. 이러한 비교를 통해 무엇을 알 수 있는가? Assault

4.97 (a) 2000년에서 2015년까지 X = 미국의 실질GDP성장률(%), Y = 미국의 개인소비지출 증가율(%)의 엑셀 산포도를 작성하라. (b) 관계가 있다면 설명하라. 약한가? 강한가? 음인가? 양인가? (c) 관계가 존재하는 이유는 무엇일까? (d) 엑셀 함수 =CORREL을 이용해 표본상관계수를 구하라. 무엇을 알 수 있는가? Consumption

참고문헌(*Related Reading*)

Doane, David P., and Lori E. Seward. "Measuring Skewness: A Forgotten Statistic?" *Journal of Statistics Education* 19, no. 2 (2011).

Freund, John E., and Benjamin M. Perles. "A New Look at Quartiles of Ungrouped Data." *The American Statistician* 41, no. 3 (August 1987), pp. 200–203.

Pukelsheim, Friedrich. "The Three Sigma Rule." *The American Statistician* 48, no. 2 (May 1994), pp. 88–91.

Verzani, John. *Using R for Introductory Statistics.* 2nd ed. Chapman-Hall, 2014.

소프트웨어 부록(*Software Supplement*)

R을 이용한 기술통계량

R은 기술통계량을 계산하고 시각적 도시를 작성하는 많은 함수를 제공한다.

예:

```
> mean(x)        # calculate the mean
> mean(x,p)      # calculate trim mean p%
> median(x)      # calculate the median
> range(x)       # calculate the range
> sd(x)          # calculate the standard deviation
> summary(x)     # calculate several basic statistics at once
> hist(x)        # make a histogram
> boxplot(x)     # make a boxplot
> plot(x,y)      # make a scatter plot of y against x
```

사분위수를 위한 R의 함수는 quantile(x, p, type=6), 여기서 p = 0.25, 0.50, 또는 0.75. 관측치의 수가 작다면 데이터 값을 쉼표(,)로 분리하여 입력함으로써 데이터 벡터를 만들 수 있다. 이때 R의 연쇄명령 c()를 사용한다(**부록 J** 참조). 그러나 데이터가 많거나 변수가 많다면, 스프레드시트로부터 데이터를 불러오기를 해야 한다. **부록 J**에는 엑셀로부터 R의 데이터 프레임으로 데이터를 불러오기 하는 방법이 설명되어 있다. 쉬운 방법은 엑셀에서 데이터 블록을 하이라이트로 선택하여 클립보드로 복사(Windows에서는 Ctrl-C, MacOS에서는 command-C)하는 것이다. 예를 들어 50개의 신규자동차에 관한 데이터가 있다고 하자. 컬럼 F에서 컬럼 M까지 숫자 데이터를 컬럼 제목(R에서 변수의 이름이 됨) 포함해서 선택한다.

	A	B	C	D	E	F	G	H	I	J	K	L	M
1	Obs	Brand and Model	Style	Drive	Doors	HP	Engine	CityMPG	HwyMPG	Weight	Length	Width	Height
2	1	Acura RDX SH SWD 4dr SUV	SUV	AWD	4	272	2000	21	27	4026	186.7	74.8	65.7
3	2	Acura TLX sedan	Sedan	FWD	4	206	2400	23	33	3505	190.7	73.0	57.0
4	3	Audi V10 2dr quattro convertible	Other	AWD	2	602	5200	13	20	3572	174.3	76.4	49.0
5	...	...	...	...	...	...	...	...	...	...	...	...	...
6	47	Toyota Sienna XLE 4dr minivan	Other	AWD	4	296	3500	19	26	4590	200.6	78.1	70.7
7	48	Toyota Yaris L 4dr sedan	Sedan	FWD	4	106	1500	30	39	2385	171.2	66.7	58.5
8	49	Volvo XC40 T5 4dr SUV	SUV	AWD	4	248	2000	22	30	3756	174.2	75.2	65.3
9	50	VW Tiguan SE R-Line 4dr SUV	SUV	FWD	4	184	2000	22	29	3757	185.1	72.4	66.3

출처: Microsoft Excel.

이렇게 하면 VehicleData라는 이름의 데이터 프레임을 만들 수 있다.

Windows에서:

```
> VehicleData = read.table(file="clipboard", sep="\t", header=TRUE)
```

MacOS에서:

```
> VehicleData = read.table(pipe("pbpaste", sep="\t", header=TRUE)
```

일단 VehicleData로 데이터를 불러오면, 데이터를 보거나 통계량을 계산하는 등의 작업을 할 수 있다. 예를 들어 50대의 자동차에 대해 도심 연비(불러온 데이터의 CityMPG)의 평균을 계산하려면 mean()을 이용하고, 데이터 프레임에 있는 컬럼에 $(달러 기호)를 붙여 이름을 붙인다.

```
> mean(VehicleData$CityMPG)
[1] 21.98
```

데이터 프레임의 컬럼에 이름이 있다면(지금 예처럼) 명령어 summary()를 이용해 요약통계량을 구할 수 있다. 예:

```
> summary(VehicleData[c("Weight","Length")])
     Weight              Length
Min.     :2385    Min.     :151.1
1st Qu.  :3356    1st Qu.  :181.9
Median   :3662    Median   :192.2
Mean     :3954    Mean     :190.9
3rd Qu.  :4661    3rd Qu.  :198.7
Max.     :5917    Max.     :231.9
```

기호, 예를 들어 큰 괄호 [] 등에 주의할 필요가 있다. 데이터 프레임의 컬럼을 쉼표[컬럼의 데이터가 인접해 있다면 콜론(:)]로 구분된 숫자로 지정할 수 있다.

```
> summary(VehicleData[c(6:8)])
       HP                 Engine              CityMPG
Min.     :106.0    Min.     :1400    Min.     :13.00
1st Qu.  :182.5    1st Qu.  :2000    1st Qu.  :18.00
Median   :249.0    Median   :2500    Median   :22.00
Mean     :262.3    Mean     :2898    Mean     :21.98
3rd Qu.  :308.0    3rd Qu.  :3500    3rd Qu.  :26.00
Max.     :602.0    Max.     :6200    Max.     :31.00
```

그래프도 작성할 수 있고 Plots 탭(R의 아래쪽 왼쪽 패널)으로부터 내보내기를 해서 보고서에 붙여넣기 할 수 있다. 예를 들어 축 이름 및 도표 제목을 지정한 간단한 박스도표와 히스토그램을 아래와 같이 작성한다.

```
> boxplot(VehicleData$Weight, ylab="Pounds", main="Vehicle Weight")
> hist(VehicleData$Weight, xlab="Pounds", main="Vehicle Weight")
```

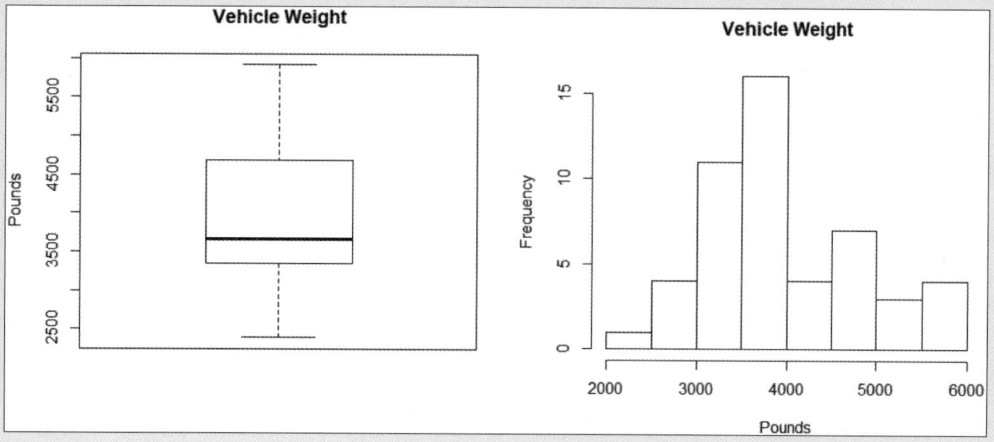

시험 대비 문제: 1~4장(*Exam Review Questions for Chapters 1–4*)

1. 다음 각 통계량의 유형(기술, 추론)은 무엇인가?

a. 임의의 모기지 대출 표본 500건을 통해 미국 전체 모기지 대출의 부도율을 추정함.

b. 자신의 통계학 수업 학생 중 버라이존 통신사를 이용하는 학생의 비율을 계산함.

c. 아이폰 표본 50개를 이용하여 일상 사용에서 배터리 평균 수명을 예측함.

2. 통계학자의 윤리적 의무가 아닌 것은? 설명하라.

a. 허용된 절차를 알고 따르는 것

b. 데이터 진실성과 정확한 계산을 확실히 하는 것

c. 데이터에서 결론을 도출할 때 고객이 원하는 것을 지원하는 것

3. "안전벨트를 매지 않고 운전해도 위험하지 않다. 나는 25년 동안 이렇게 운전하고도 한 번의 사고도 없었다." 이것은 다음 중 어떤 오류에 가장 적합한가?

a. 무의식적 편향

b. 소표본에 의한 결론

c. 사후 추론

4. 다음 데이터의 유형(범주형, 숫자형)은 무엇인가?

a. 자신의 신용카드 사용금액

b. 자신의 대학 전공

c. 보유 자동차의 총 주행거리

5. 다음 각 변수의 측정 유형(명목형, 순서형, 구간형, 비율형)은 무엇인가?

a. 임의의 차량이 어떤 교량을 통과하는 데 걸리는 시간

b. 5개 휴대전화 통신사에 대한 학생들의 선호

c. 소비자들이 사용하는 신용카드 종류(비자, 마스터, 아멕스, 기타)

6. 다음 각 변수가 연속형인가, 이산형인가?

a. 유조선 적재중량

b. 오늘 아침 7시 풍속

c. 어제 받은 문자 메시지 개수

7. 통계학 수업을 듣는 36명의 학생 중 12명 학생의 표본을 다음과 같이 구하는 경우 표본의 유형(단순임의, 계통, 군집, 편의)은 무엇인가?

a. 그날 파란색 옷을 입은 학생을 취함.

b. 엑셀 함수 =RANDBETWEEN(1,36)을 이용하여 출석부 번호로 선택함.

c. 임의의 위치에서 시작하여 매 3번째 학생을 선택함.

8. 다음 중 표본추출의 이유가 아닌 것은? 설명하라.

a. 일부 검사의 파괴적 성질

b. 전체 모집단 조사에 많은 비용이 듦.

c. 난수를 얻는 데 비용이 들어감.

9. 다음 중 어떤 주장이 옳은가? 다른 것들은 왜 틀린가?

a. 척도의 거리가 의미를 지니면 리커트 척도는 구간형이다.

b. 횡단면 데이터는 시간에 따라 측정된다.

c. 센서스는 항상 표본보다 선호된다.

10. 다음 중 어떤 주장이 틀린가? 설명하라.

a. 표본추출 오차는 적절한 데이터 코딩에 의해 줄일 수 있다.

b. 선택 편의는 응답자가 목표 모집단의 전형적인 개체가 아닌 것을 의미한다.

c. 단순임의 표본추출은 모집단 명단(list)이 필요하다.

11. 어떤 놀이동산에서 놀이기구인 스페이스 어드벤처 이용자 36명을 임의로 뽑아 나이를 조사한 것이 아래 나와 있다. (a) 멋있는 히스토그램을 만들어 보자. (b) 스터지스의 법칙을 따른 것인가? 그렇지 않다면 그 이유는? (c) 표본 데이터의 분포에 대해 묘사하라. (d) 데이터로 상자그림을 작성하라. (e) 각 표현(상자그림과 히스토그램)에서 알 수 있는 것은 무엇인가?

39	46	15	38	39	47	50	61	17
40	54	36	16	18	34	42	10	16
16	13	38	14	16	56	17	18	53
24	17	12	21	8	18	13	13	10

12. 다음 중 어떤 주장이 옳은가? 다른 것들은 왜 틀린가?

a. 히스토그램은 상관관계를 시각화하는 데 유용하다.

b. 파라미드도표는 일반적으로 막대도표보다 선호된다.

c. 상관계수는 마이너스 값을 가질 수도 있다.

13. 파이도표에 가장 적합한 데이터는 어느 것인가? 다른 것들은 왜 아닌가?

a. 가장 최근의 대통령 선거 정당별 득표(민주당, 공화당, 기타)

b. 컬러 레이저 프린터 6개 브랜드의 소매가격

c. 세계 주요 10대 자동차 제조업체의 차량당 인건비

14. X = 5, 10, 20, 10, 15에 대해 평균, 표준편차, 변동계수를 구하라.

15. 포춘 500대 미국 기업에서 임의로 뽑은 CEO(최고경영자) 20명의 나이를 조사한 것이 아래 나와 있다. (a) 평균, 중앙값, 최빈값을 구하라. (b) 이 데이터세트에 대해 이들 각 중심 측도의 장점 및 단점을 논하라. (c) 사분위수를 구하고 그것을 해석하라. (d) 상자그림을 그리고 이를 설명하라.

57	56	58	46	70	62	55	60	59	64
62	67	61	55	53	58	63	51	52	77

16. 어떤 컨설팅 회사에서 연봉과 근속연수의 관계를 알아보기 위해 임의로 대기업에 종사하는 12명의 CIO(최고정보관리책임자)를 조사한 결과가 아래 나와 있다. (a) 산포도를 그리고 설명하라. (b) 상관계수를 계산하고 그것을 해석하라.

근속연수(X)	4	15	15	8	11	5	5	8	10	1	6	17
연봉(Y)	133	129	143	132	144	61	128	79	140	116	88	170

17. 다음 중 어떤 주장이 옳은가? 다른 것들은 왜 틀린가?

a. 양으로 기운 데이터에서는 중앙값이 평균을 초과할 것으로 예상된다.

b. 마이너스 데이터 값이 있을 경우 기하평균은 불가능하다.

c. 범위의 중앙은 특이값의 영향을 별로 받지 않는다.

18. 다음 중 어떤 주장이 틀린가? 설명하라.

a. 만약 $\mu = 52$이고 $\sigma = 15$이면 $X = 81$은 특이값이다.

b. 만약 데이터가 정규분포에서 나왔다면, 데이터의 약 68%는 $\mu \pm \sigma$ 이내에 있을 것이다.

c. 만약 $\mu = 640$이고 $\sigma = 128$이면, 변동계수는 20%이다.

19. 로그척도를 사용하여 시계열 데이터를 표현하는 것에 대해 특징을 잘못 서술한 것은? 설명하라.

a. 서로 상이한 크기를 가진 두 시계열의 변화를 비교할 때 로그척도가 유용하다.

b. 일반적인 비즈니스 종사자들은 로그척도를 해석하는 것이 더 쉽다.

c. 데이터를 로그척도로 표현하면 동일한 거리가 동일한 비율을 나타낸다.

CHAPTER 5

확률
Probability

목차 *Chapter Contents*

학습목표 *Chapter Learning Objectives*

이 장을 마친 후 스스로 다음을 할 수 있어야 한다.

- **LO 5-1** 확률실험의 표본공간을 설명한다.
- **LO 5-2** 확률에 대한 세 가지 견해를 구별한다.
- **LO 5-3** 확률의 정의와 규칙을 활용한다.
- **LO 5-4** 확률이 주어졌을 때 승산을 계산한다.
- **LO 5-5** 사건들이 독립적인지 파악한다.
- **LO 5-6** 분할표에 확률의 개념을 적용한다.
- **LO 5-7** 트리 도표를 해석한다.
- **LO 5-8** 베이즈 정리를 이용하여 수정된 확률을 계산한다.
- **LO 5-9** 사건의 조합 또는 순열을 계산하기 위해 셈법을 적용한다.

ARICAN/E+/Getty Images

앞에서 배웠듯이 통계량이란 표본 관측치를 기술하는 수단이다. 우리는 기술통계량을 이용함으로써 이미 행해진 비즈니스 과정을 기술할 수 있다. 그런데 미래에는 비즈니스 과정이 어떻게 전개될까? 경영자가 고객의 수요, 공급업체의 납품일, 근로자들의 생산을 예측할 수 없다면 큰 혼란에 빠질 것이다. 경영자들은 미래 사건의 *불확실성*을 수량화하고 싶어한다. 다음달 수입이 지난해 평균보다 더 많을 가능성은 얼마나 될까? 새로운 생산시스템이 제품 결함률을 얼마나 개선시킬까? 경영자들은 바람직한 사건(예를 들어 시장점유율 상승)이 발생할 가능성을 높이는 한편, 부정적인 사건(예를 들어 매출 목표달성 실패)의 가능성을 낮추기를 원한다. 이처럼 미래를 둘러싼 불확실성을 이해하고 수량화하기 위해서는 *확률*(probability)이라는 개념을 공부해야 한다. 현재 우리가 알고 있는 것과 미래의 알려지지 않은 것 사이의 간극을 메우는 데 확률의 규칙을 사용한다.

5.1 확률실험

표본공간

확률실험(random experiment)은 그 결과를 사전에 알 수 없는 어떤 프로세스를 말한다. 예를 들어 어떤 고객이 렉서스 매장에 들어섰다고 하면 그가 차를 살까, 사지 않을까? 그가 얼마를 지불할까? 이러한 것들이 확률실험이다. 확률실험에서 발생 가능한 모든 *결과*(outcomes)의 집합(S라 표기)을 그 실험의 **표본공간**(sample space)이라 한다. 어떤 표본공간은 결과들을 쉽게 열거할 수 있지만, 어떤 경우에는 결과들이 굉장히 많거나 또는 열거하는 것이 불가능한 경우도 있다. 예를 들어 시티뱅크가 고객에게 대출을 해주는 경우 표본공간은 2개의 결과만 있다.

$$S = \{\text{파산하는 경우, 파산하지 않는 경우}\}$$

월마트 고객들의 지불 수단을 나타내는 표본공간은 네 가지 결과로 이루어질 것이다.

$$S = \{\text{현금, 체크카드, 신용카드, 개인수표}\}$$

주사위를 던질 때의 표본공간은 6개의 결과를 갖는다.

$S = \{$ 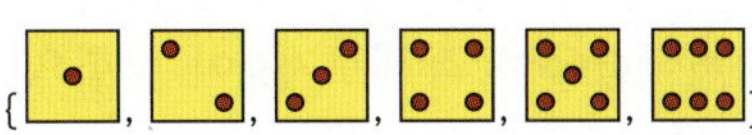 $\}$

2개의 주사위를 던지는 경우에는 표본공간에 36개의 결과가 있으며, 각각의 결과는 2개의 숫자로 이루어진다.

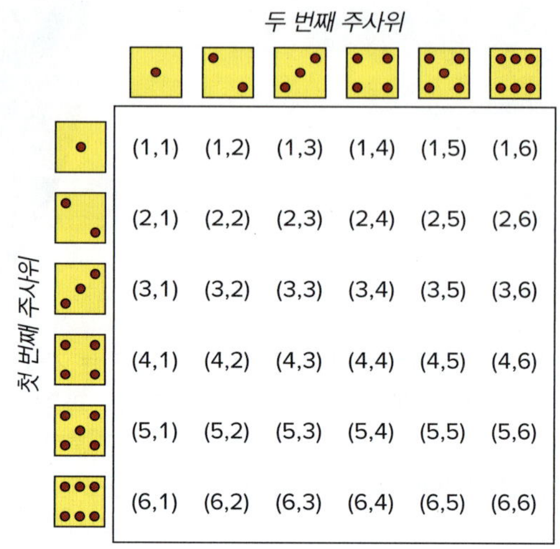

표본공간이 너무 커서 일일이 열거하는 것이 어려울 수도 있다(예를 들어 월마트 매장 상품들의 12자리 UPC 바코드는 1조 개의 값을 가질 수 있다). 만약 실험의 결과가 *연속적*(continuous)으로 기록된다면 표본공간을 하나하나 열거하는 것 자체가 불가능하며, 이때에는 어떤 규칙으로 표현될 수 있다. 예를 들어 '무작위로 고른 휴대전화 통화 시간'에 대한 표본공간은 다음과 같이 될 것이다.

$$S = \{X \geq 0\text{인 모든 } X\}$$

또한 '무작위로 선택한 학생의 성적(GPA)'에 대한 표본공간은 다음과 같다.

$$S = \{0.00 \leq X \leq 4.00\text{인 모든 } X\}$$

실험 결과가 *이산적*(discrete)으로 기록되는 경우에도 때에 따라서는 어떤 규칙으로 표현하는 것이 최선일 수 있다. 예를 들어 어떤 날 특정 유튜브 사이트의 방문자 수 표본공간은 다음과 같다.

$$S = \{X = 0, 1, 2, \ldots\text{의 모든 } X\}$$

사건

사건(event)이란 표본공간의 결과들로 구성되는 부분집합을 말한다. **단순사건**(simple event) 또는 *기본사건*(elementary event)은 어떤 결과 하나만으로 이루어진 사건을 가리킨다. 따라서 어떤 이산형 표본공간 S는 $E_1, E_2, \ldots, E_n$으로 표기되는 모든 단순사건으로 구성된다.

$$S = \{E_1, E_2, \ldots, E_n\} \tag{5.1}$$

하나의 동전을 던지는 확률실험을 생각해보자. 이 실험의 표본공간은 S = {앞면, 뒷면}

가 될 것이다. 동전이 정상이라면 앞면이 나올 기회는 뒷면이 나올 기회와 동일하다. 이 경우 우리는 두 기본사건의 *가능성이 동일*(equally likely)하다고 말한다. 복권을 한 장 사는 경우 표본공간은 S = {당첨, 실패}로서 동전 던지기와 마찬가지로 기본사건이 2개이다. 하지만 이 경우에는 사건들의 가능성이 동일하지 않다.

복합사건(compound event)은 둘 또는 그 이상의 단순사건으로 구성된다. 예를 들어 아마존 프라임(Amazon Prime)에서 재즈 음악을 쇼핑하는 경우 다음과 같은 19개 범주가 있다. S = {Acid, Avant Garde, Bebop, Brazilian, Cool, Dixieland, European, Fusion, Jam, Jive, Latin, Post-bop, New Orleans, Orchestral, Smooth, Soul, Swing, Ragtime, Vocal}. 이 표본공간에서 '현대적(contemporary)' 범주에 속한 복합사건은 A = {Acid, Avant Garde, Cool, Fusion, Jam, Post-pop}으로 정의될 수 있으며, '전통적(traditional)' 범주의 복합사건은 B = {Bebop, Brazilian, Dixieland, European, Jive, Latin, New Orleans, Orchestral, Smooth, Soul, Swing, Ragtime, Vocal}이다. 이 표본공간에서 '현대적(contemporary)' 범주에 속한 복합사건은 A = {Acid, Avant Garde, Cool, Fusion, Jam, Post-pop}으로 정의될 수 있으며, '전통적(traditional)' 범주의 복합사건은 B = {Bebop, Brazilian, Dixieland, European, Jive, Latin, New Orleans, Orchestral, Smooth, Soul, Swing, Ragtime, Vocal}이 된다.

단원 연습문제

connect

5.1 어떤 신용카드 고객이 어떤 서점에서 비자(V), 마스터카드(M), 아메리칸 익스프레스(A) 중 하나를 이용할 수 있고, 구매 품목은 책(B), 전자 미디어(E), 기타(O) 중의 하나이다. (a) 이 고객의 구매 행위를 나타내는 표본공간에서 기본사건을 열거하라. (b) 각 기본사건은 발생 가능성이 동일한가? 설명하라.

5.3 어떤 야구 선수가 왼손 타자(L)이거나 오른손 타자(R)이다. 이 선수는 출루하거나(B) 또는 출루하지 못한다(B'). (a) 이 표본공간의 기본사건들을 열거하라. (b) 각 기본사건은 발생 가능성이 동일한가? 설명하라.

5.2 확률

확률 개념은 대부분의 사람들에게 익숙하지만 잘못 사용되는 경우도 많다. 따라서 먼저 몇 가지 정확한 정의와 규칙을 살펴보자.

정의

어떤 사건의 **확률**(probability)은 그 사건이 일어날 상대적 가능성을 측정하는 숫자이다. 어떤 사건 A의 확률을 $P(A)$라 하면 이것은 0과 1 사이에 있어야 한다.

$$0 \le P(A) \le 1 \qquad \textbf{(5.2)}$$

$P(A) = 0$의 경우 그 사건은 발생할 수 없다는 것을 의미하며(예컨대 귀화자가 미국 대통령이 되는 사건), $P(A) = 1$인 경우 그 사건은 발생하는 것이 확실하다는 것을 의미한다(올해 어느 시점에 하와이에 비가 오는 사건). 이산형 표본공간에 있어서는 모든 단순 사건의 확률은 합이 1이어야 한다. 왜냐하면 그것 중 하나가 발생하는 것은 확실하기 때문이다. 즉,

$$P(S) = P(E_1) + P(E_2) + . . . + P(E_n) = 1 \tag{5.3}$$

예를 들어 신용카드로 구매할 확률이 32%이고, 체크카드 15%, 현금 35%, 개인수표 18%라면,

$$P(\text{신용카드}) + P(\text{체크카드}) + P(\text{현금}) + P(\text{개인수표}) = 0.32 + 0.15 + 0.35 + 0.18 = 1$$

'확률'이란?

표 5.1에서 보듯이 확률을 부여하는 방법에는 세 가지 서로 다른 방식이 있다. 이것들을 뒤섞어 사용하는 경우가 많은데, 각 접근은 별개로 간주되어야 한다.

표 5.1

확률에 대한 세 가지 견해

접근	부여 방법	예시
경험적	관측 결과로부터 추정	무작위로 선택한 출산 중 쌍둥이의 가능성은 3.2%
고전적	실험의 성격에서 *선험적으로*(a priori) 인지	동전 던지기에서 앞면이 나올 가능성은 50%
주관적	의견이나 판단에 기초	토론토가 동계올림픽 유치에 나설 가능성은 60%

경험적 접근

우리는 때때로 관측이나 실험을 통해 실증 데이터를 모을 수 있다. 이 경우 우리는 **경험적 접근**(empirical approach) 또는 **상대빈도 접근**(relative frequency approach)에 의해 확률을 부여할 수 있다. 즉, 실험적 표본공간상에서 정의된 어떤 결과에 대해 그 발생 빈도수(f)를 전체 관측치의 개수(n)로 나눈 것이 확률이 된다. 예를 들어 바코드 스캐너의 신뢰도를 다음과 같이 측정할 수 있다.

$$P(\text{스캔 착오}) = \frac{\text{스캔 착오 횟수}}{\text{총 스캔 횟수}}$$

또 다른 예로 대학생 학자금 대출의 부도율은 다음과 같다.

$$P(\text{학자금 대출 부도}) = \frac{\text{부도 횟수}}{\text{대출 건수}}$$

관측치 개수(n) 또는 실험의 횟수가 늘어남에 따라 추정치는 더욱 정확해질 것이다. 이러한 경험적 관측을 통해 얻은 f/n으로 확률을 나타내게 된다. 경험적 확률의 몇 가지 예는 다음과 같다.

- 어떤 공업용 부품업체에서 생산직 근로자 280명을 면접하여 70명을 채용했다.

  H = 무작위로 고른 면접자가 채용되는 사건

  $$P(H) = f/n = \frac{70}{280} = 0.25$$

- 어떤 의료사고 보험업체의 과거 20년 동안 112,994건의 의료사고 청구 중 '수술부위 오류'(예를 들어 오른쪽 다리 대신 왼쪽 다리를 잘못 절단) 청구는 단 1건이었다.

M = 의료사고 청구가 수술부위 오류로 인한 사건

$$P(M) = f/n = \frac{1}{112{,}994} = 0.00000885$$

- 평균적으로 100,000명의 미국인 중 2,118명은 수명이 100세 이상이다.

C = 무작위로 고른 미국인이 100세 이상 생존하는 사건

$$P(C) = f/n = \frac{2{,}118}{100{,}000} = 0.02118$$

확률과 관련하여 중요한 정리 중의 하나가 **대수의 법칙**(law of large numbers)이다. 이 법칙에 따르면 시행 횟수가 늘어남에 따라 경험적 확률은 그 이론적 값에 접근하게 된다. 동전을 50번 던지는 실험을 생각해보자. 앞면이 나올 비율이 대략 0.50이라는 것을 잘 알 것이다. 그러나 표본의 개수가 유한하다면 그 비율은 아마도 13번 중 7번(0.5385), 60번 중 28번(0.4667) 등이 될 것이다. 그림 5.1에서 보듯이 동전 던지기 실험에서 앞면의 비율이 0.50에 매우 가까운 숫자를 얻기 위해서는 n이 커야 한다.

대수의 법칙을 다른 식으로 해석하면 표본의 크기가 커짐에 따라 어떠한 사건(발생할 것 같지 않은 사건조차)도 발생할 가능성이 있다는 것이다. 예를 들어 노스 캐롤라이나의 캐시-파이브 로또 게임에서 3일 간격으로 동일한 5개 숫자 [4, 21, 23, 34, 39]가 연달아 당첨

그림 5.1

대수의 법칙 예시 CoinFlips

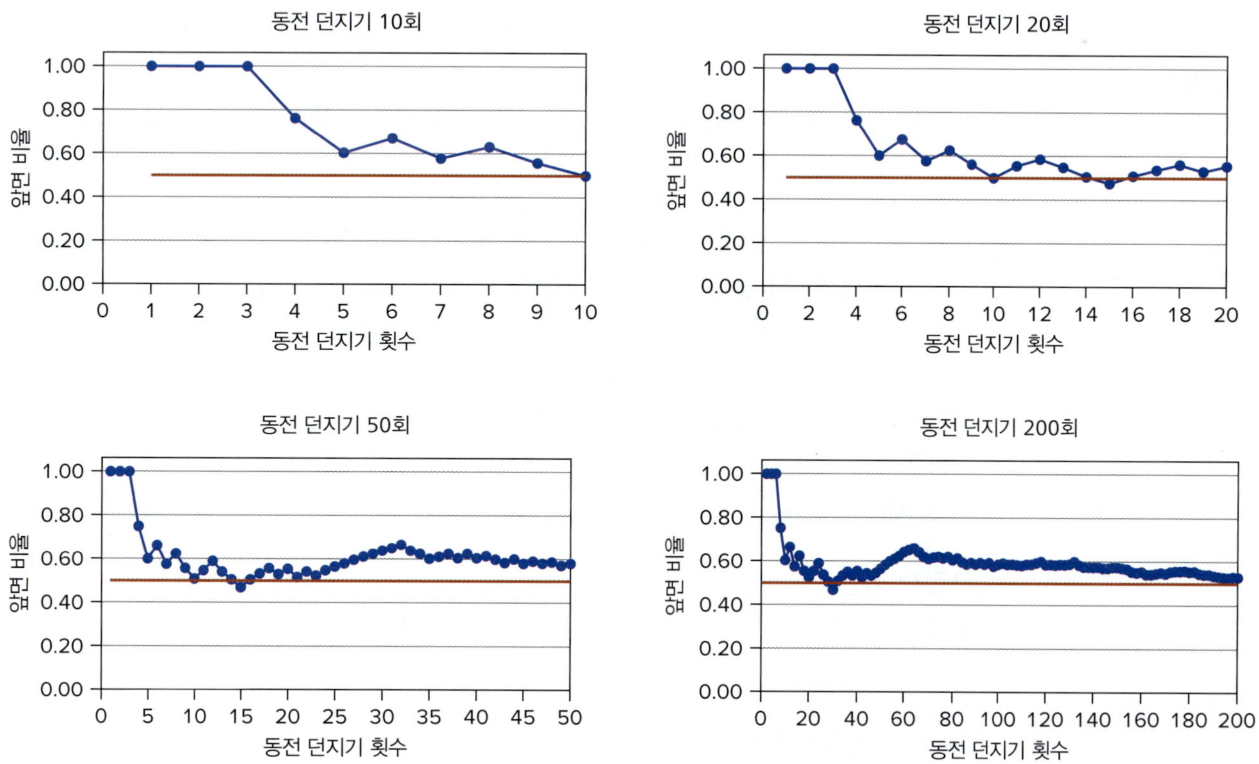

번호가 되기도 했다.[1] 뭔가 잘못된 것일까? 이 사건이 발생할 승산은 191,919 대 1로 극히 낮은 것은 사실이지만, 뽑기를 여러 번 하다 보면 이런 사건이 발생하는 것도 가능하다. 마찬가지로 어떤 특정의 로또 티켓이 당첨될 가능성은 아주 낮지만, 아주 많은 사람들이 로또를 사기 때문에 *누군가*는 로또에 당첨될 것이고 그 확률은 높은 것이다. 도박을 하는 사람들은 흔히 이 원리를 잘못 이해하는 경향이 있는데, 운이 연속적으로 나쁠 경우 계속 돈을 걸다 보면 나쁜 운이 '반드시 바뀔 것'으로 생각한다. 그러나 불행히도 거기까지 가는 동안 그의 돈은 바닥날 것이다.

대수의 법칙

대수의 법칙은 무작위 실험의 시행 횟수가 늘어남에 따라 시행 결과의 평균이 그 기댓값에 근접하게 된다는 것이다.

보험통계학(actuarial science)은 경험적 확률을 추정하는 것과 관련된 분야로서 고소득 분야로 알려져 있다. 보험계리사는 생명보험, 연금, 의료보험 등에 있어서 지불률(payout rate)을 계산한다. 이러한 정보는 관련 회사들에 매우 중요하다. 또한 보험계리사는 개인퇴직연금(IRA)에 있어서 70세 이상 99세 이하 가입자들의 인출률도 계산한다. 보험계리사들이 직면하게 되는 몇몇 과제들을 열거해보자.

- f/n이 어떤 사건의 확률을 제대로 반영할 만큼 n이 충분히 크다고 할 수 있는가? 데이터 수집에는 비용이 들지만 어쨌든 결정은 내려져야 한다. 표본은 충분히 커야 하지만, 정확도가 주어진 경우 표본이 필요 이상으로 클 이유는 없다.
- 어떤 반복 실험이 동일한 조건하에서 실행되었는가? 물론 실험 조건이나 데이터 수집 과정이 약간 달라질 수는 있을 것이다.
- 어떤 프로세스가 시간에 따라 변화하는가? 예를 들어 2007년의 대학생 대출 부도율은 2017년에 적용될 수 없다. 왜냐하면 대학생 대출에 대한 인식이나 이자율이 바뀌었기 때문이다.
- 통계학 이외의 요인들이 데이터 수집을 방해하는가? 제약회사들은 새로운 AIDS 치료법이 어떤 부작용을 갖고 있는지 확실히 알기 위해 충분한 기간 동안 임상실험을 하기를 원한다. 하지만 치료에 도움이 되는 약품의 배포를 계속 억제하는 것은 윤리적으로 금지되어 있다.
- 반복 실험이 불가능한 경우는 어떻게 할 것인가? 예를 들어 영국의 로이즈(Lloyd's) 보험회사는 프랑스의 유명한 화가 모네의 작품들을 미국에서 전시하는 데 필요한 보험을 요청받았다. 이러한 사건은 단 한 번만 발생하는 것으로 f/n이 전혀 도움을 주지 못한다.

고전적 접근

통계학자들은 어떤 사건을 실제로 관측하기 이전에 그에 해당하는 확률을 부여하는 과정

[1]See Leonard A. Stefanski, "The North Carolina Lottery Coincidence," *The American Statistician* 62, no. 2 (May 2008), pp. 130–134.

(1,1)	(1,2)	(1,3)	(1,4)	(1,5)	**(1,6)**
(2,1)	(2,2)	(2,3)	(2,4)	**(2,5)**	(2,6)
(3,1)	(3,2)	(3,3)	**(3,4)**	(3,5)	(3,6)
(4,1)	(4,2)	**(4,3)**	(4,4)	(4,5)	(4,6)
(5,1)	**(5,2)**	(5,3)	(5,4)	(5,5)	(5,6)
(6,1)	(6,2)	(6,3)	(6,4)	(6,5)	(6,6)

그림 5.2

주사위 2개 던지기 실험의 표본공간 DiceRolls

을 가리켜 *선험적*(a priori)이라는 용어를 이용한다. 앞에서 예로 들었던 동전 던지기나 주사위 던지기에서 우리는 사실상 그와 같은 실험을 직접 할 필요가 없다. 왜냐하면 그 실험의 성격상 우리는 발생 가능성이 동일한 결과들로 구성된 전체 표본공간을 연상할 수 있기 때문이다. 이를 통해 우리는 어떤 사건의 확률 $P(A)$를 유추해낼 수 있다. 이를 확률에 대한 **고전적 접근**(classical approach)이라 한다. 예를 들어 그림 5.2에 나와 있듯이 주사위 2개를 던지는 실험에서 발생 가능성이 동일한 단순사건은 총 36개이며, 이 중 두 주사위의 합이 7인 경우가 음영으로 표시되어 있다.

$$P(\text{두 주사위의 합이 7}) = \frac{\text{합이 7인 결과 개수}}{\text{표본공간의 결과 개수}} = \frac{6}{36} = 0.1667$$

이 확률은 실험을 실제로 행하지 않고 *선험적*으로 얻은 것이다. 카드, 복권, 룰렛게임 등은 순수한 추론이 가능하다. 또한 어떤 결점(누출, 손상)이 어떤 특정 단위의 면적, 공간, 길이 등에서 발생할 확률은 그 특정 단위가 전체의 면적, 공간, 길이에서 차지하는 비율에 비례한다고 가정할 수 있다. 콘크리트의 균열, 강판의 파인 곳, 파이프라인의 누출 등이 그 예이다. 결국 확률을 경험이 아니라 논리나 이론을 근거로 얻을 때 이를 *선험적* 또는 *고전적* 확률이라 한다. 하지만 비즈니스 분야에서 이러한 식으로 확률을 구할 수 있는 경우는 드물다.

주관적 접근

주관적(subjective) 확률이란 어떤 사건의 가능성에 대한 개인적 판단을 말한다. 확률실험을 반복하는 것이 불가능할 경우 확률에 대한 **주관적 접근**(subjective approach)이 필요하다. 예를 들어

- 포드의 새로운 납품업체가 선적 기한인 9월 23일을 맞출 확률은?
- 새로운 트럭 개발 프로그램의 투자수익률이 10% 이상일 확률은?
- 포드의 주가가 향후 30일 사이에 오를 확률은?

이러한 경우 우리는 개인적 판단이나 전문가의 의견에 의존할 수밖에 없다. 그렇다고 그러한 판단이 임의적인 것은 아니다. 왜냐하면 그러한 판단은 비슷한 사건의 경험이나 또는 해당 프로세스에 대한 전문지식에서 비롯된 것이기 때문이다. 뉴욕 닉스(Knicks)가 내년에 NBA 선수권을 차지할 가능성이 좋은 예가 될 것이다. 따라서 주관적 확률은 비록 그 경험이 비공식적이고 수량화되는 것은 아니지만 일정 부분 경험적 확률과 공통된 면이 있다.

단원 연습문제

connect

*연습문제 5.5~5.11*에 대해 어떤 종류(경험적, 고전적, 주관적)의 확률인지 답하라.

5.5 기업공개(IPO) 방식으로 상장된 주식의 가격이 상장 첫날 목표가를 상회할 가능성은 20%이다.

5.7 상업용 로켓 발사는 성공률이 95%이다.

5.9 어떤 강의 수강생 중 임의로 뽑은 학생이 오늘 생일을 맞을 확률은 1/365이다.

5.11 어떤 해의 에베레스트 도전 산악인들의 경험에 따르면 에베레스트에 도전하는 산악인의 31%가 등정에 성공한다.

5.3 확률의 규칙

확률과 관련해서는 이 분야에서 사용되는 몇 가지 중요한 용어들이 있다. 이번 절에서는 이들 확률 용어들의 정의를 살펴보고 이들을 어떻게 사용하는지 설명한다.

여사건

사건 A의 **여사건**(complement)은 표본공간 S에서 사건 A를 제외한 모든 것을 말하며, A'으로 표기된다. 그림 5.3은 A의 여사건을 **벤다이어그램**(Venn diagram)으로 보여주고 있다.

A와 A'이 합쳐서 표본공간을 구성하기 때문에 이들 확률의 합은 1이다.

$$P(A) + P(A') = 1 \tag{5.4}$$

따라서 A의 여사건의 확률은 1에서 A의 확률을 뺀 것이다.

$$P(A') = 1 - P(A) \tag{5.5}$$

예를 들어, 만약 신규 소규모 사업 중 약 33%가 2년 이내에 망한다면, 신규 소규모 사업이 2년 이상 살아남을 확률은 다음과 같다.

$$P(\text{생존}) = 1 - P(\text{파산}) = 1 - 0.33 = 0.67 \text{ 또는 } 67\%$$

그림 5.3

A의 여사건

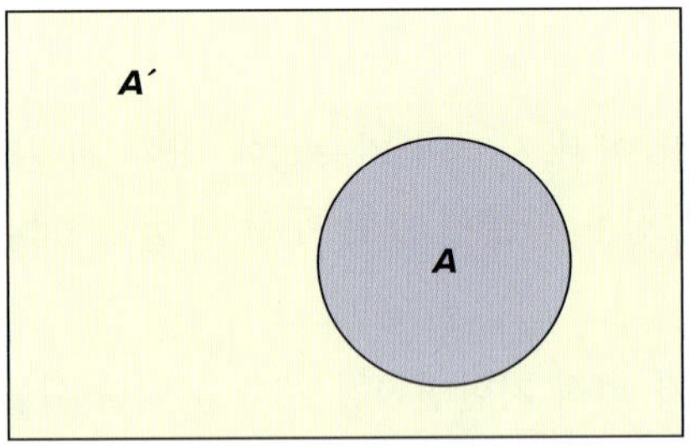

합사건 혹은 교사건?

어떤 A, B 두 사건의 **합사건**(union)은 표본공간 S에서 사건 A, B 또는 두 사건 모두에 속하는 모든 결과들로 이루어진 사건을 말한다. 그림 5.4의 왼쪽에서 이를 나타내고 있다. A와 B의 합사건은 $A \cup B$ 또는 'A 또는 B'로 표기된다. 여기에서 기호 $\cup$는 '또는(or)'으로 읽는다. 예를 들면 카드를 무작위로 한 장 고르는 실험에서 Q를 퀸이 나오는 사건이라 하고 R을 빨간색 카드가 나올 사건이라 하면, $Q \cup R$은 퀸이 나오거나(카드 52장 중 4장의 가능

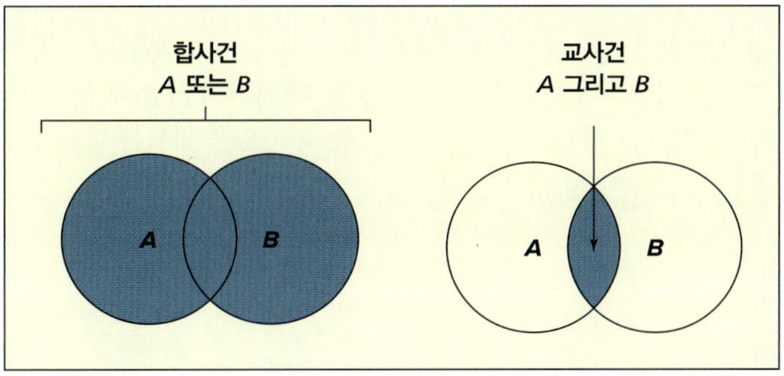

그림 5.4
두 사건의 합사건과 교사건

성) 또는 빨간색 카드가 나오거나(52장 중 26장의 가능성) 또는 퀸이면서 동시에 빨간색 카드인 경우(52장 중 2장의 가능성)를 말한다.

어떤 A, B 두 사건의 **교사건**(intersection)은 표본공간 S에서 사건 A와 B 모두에 속한 결과들로 이루어진 사건을 말한다. 그림 5.4의 오른쪽에서 이를 나타내고 있다. A와 B의 교사건은 $A \cap B$ 또는 'A 그리고 B'로 표기된다. $A \cap B$의 확률을 **결합확률**(joint probability)이라 하고 $P(A \cap B)$로 표기한다. 기호 ∩는 '그리고(and)'로 읽는다. 예를 들면 Q를 퀸이 나오는 사건이라 하고 R을 빨간색 카드가 나올 사건이라 하면, $Q \cap R$은 퀸이면서 동시에 빨간색 카드를 뽑는 경우이다(Q♥와 Q♦).

합의 일반법칙

합의 일반법칙(general law of addition)에 따르면 어떤 A, B 두 사건의 합사건이 발생할 확률은 각 사건의 확률을 더한 것에서 이들의 교사건 확률을 뺀 것이다.

합의 일반법칙

$$P(A \cup B) = P(A) + P(B) - P(A \cap B) \quad \textbf{(5.6)}$$

그림 5.4를 보면 이 식의 타당성을 이해할 수 있다. A와 B의 확률을 합할 경우 교사건 확률은 두 번 계산되기 때문에 이를 한 번 빼주는 것이다. 카드 예의 경우 다음과 같다.

퀸: $P(Q) = 4/52$ (한 벌의 카드에는 퀸이 4장)
빨간색: $P(R) = 26/52$ (한 벌의 카드에는 빨간색이 26장)
퀸 그리고 빨간색: $P(Q \cap R) = 2/52$ (한 벌의 카드에는 빨간색 퀸이 2장)

따라서

퀸 또는 빨간색:
$$\begin{aligned} P(Q \cup R) &= P(Q) + P(R) - P(Q \cap R) \\ &= 4/52 + 26/52 - 2/52 \\ &= 28/52 = 0.5385 \text{ 또는 } 53.85\% \text{ 가능성} \end{aligned}$$

이 결과는 계산은 간단하지만 쉽지만은 않은 문제이다.

예제 5.1

휴대전화와 신용카드

WebSurvey

기초통계학 수강 학생을 대상으로 한 조사에서 29.7%가 AT&T 통신사를 이용하고(사건 A), 73.4%가 비자 카드를 사용하며(사건 B), 20.3%가 둘 다(사건 $A \cap B$)에 해당하는 것으로 나타났다. 어떤 학생이 AT&T를 이용하거나 비자 카드를 갖고 있을 확률은 다음과 같다.

$$P(A \cup B) = P(A) + P(B) - P(A \cap B) = 0.297 + 0.734 - 0.203 = 0.828$$

상호배타적 사건

어떤 A, B 두 사건의 교사건이 공집합(원소가 하나도 없는 집합)일 경우 두 사건은 **상호배타적**(mutually exclusive 또는 **disjoint**)이라 한다. **공집합**(empty set 또는 null set)은 ϕ으로 표기된다.

$$\text{만약 } A \cap B = \phi\text{이면, } P(A \cap B) = 0 \quad \textbf{(5.7)}$$

그림 5.5에서 보듯이 사건들이 서로 겹치지 않을 경우 $A \cap B$의 확률은 0이 된다. 예를 들어 어떤 손님이 점심 식사를 30분 안에 마치는 사건을 A라 하고 30분 이상 걸리는 사건을 B라 하면, $P(A \cap B) = P(\phi) = 0$이다. 아래에 상호배타적 사건의 예가 나와 있다(즉, 두 범주에 모두 속할 수 없는 경우).

- *고객의 나이*: A = 21세 미만, B = 65세 초과
- *순수혈통 개의 종류*: A = 보더 콜리, B = 골든 리트리버
- *사업 유형*: A = 법인, B = 비법인

그림 5.5

상호배타적 사건

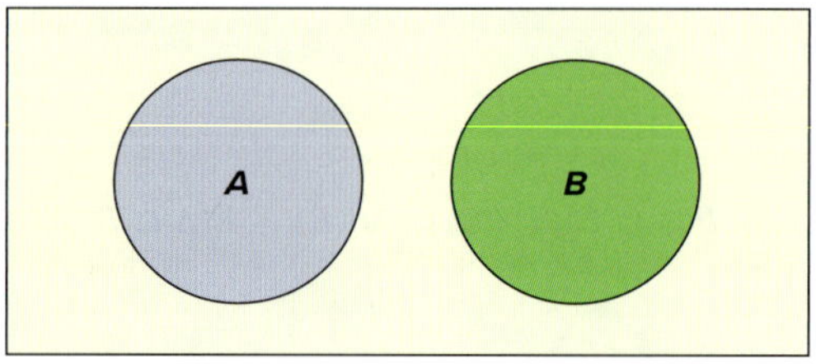

상호배타적 사건이 모든 가능성을 전부 커버하는 것은 아니다. 핵심은 범주들이 서로 중첩되느냐 여부이다. 아래에 상호배타적이지 않은 사건들의 예가 나와 있다(즉, 두 범주에 모두 속할 수 있는 경우).

- *학생의 전공*: A = 마케팅 전공, B = 경제학 전공
- *은행 계좌*: A = 뱅크 오브 아메리카, B = J.P. 모건 체이스 뱅크
- *보유 신용카드*: A = 비자, B = 마스터카드, C = 아메리칸 익스프레스

합의 특별법칙

어떤 A, B 두 사건이 상호배타적일 경우 $P(A \cap B) = 0$이기 때문에 합의 법칙은 다음과 같이 간단히 각 개별 A 및 B 확률의 합이 되며, 이를 **합의 특별법칙**(special law of addition)이라 한다.

합의 특별법칙

$$P(A \cup B) = P(A) + P(B) \text{ (상호배타적 사건에 대한 합의 법칙)} \quad \textbf{(5.8)}$$

예를 들어 어떤 사람의 나이를 생각할 때 P(21세 미만) = 0.28이고, P(65세 초과) = 0.12라면, 두 사건이 겹치지 않기 때문에 P(21세 미만 *또는* 65세 초과) = 0.28 + 0.12 = 0.40이다.

집단전체적 사건

어떤 사건들의 합이 전체 표본공간 S를 이룰 때 그 사건들을 **집단전체적**(collectively exhaustive)이라고 말한다. 2개의 상호배타적 사건이 집단전체적일 경우 **이분적**(binary) **사건**이라고 한다. 예를 들어 차를 수리할 때 워런티로 커버되거나(A) 그렇지 않은 경우(A') 두 가지가 있으며, 이 두 사건은 이분적이다. 상호배타적인 사건들이 2개보다 많고 이들이 집단전체적인 경우도 있다. 예를 들어 월마트 고객들의 지불수단은 신용카드(A), 체크카드(B), 현금(C), 개인수표(D), 그리고 기프트카드(G) 중의 하나이다.

조건부확률

사건 B가 발생한 것을 전제로 했을 때 사건 A의 확률을 **조건부확률**(conditional probability)이라 한다. 이를 $P(A \mid B)$라 표기하며 'B 조건부 A의 확률'로 읽는다. 여기에서 '|'은 조건부(given)의 의미이다. 조건부확률은 A와 B의 결합확률을 B의 확률로 나눈 것이다.

$$P(A \mid B) = \frac{P(A \cap B)}{P(B)} \quad \text{여기에서} \quad P(B) > 0 \quad \textbf{(5.9)}$$

식 5.9의 의미는 그림 5.6의 벤다이어그램을 보면 명확해질 것이다. 우리는 B가 발생한 것을 알고 있기 때문에 B가 표본공간이 된다. 또한 교사건 $A \cap B$는 B의 일부분이면서 동시에 A에도 속한다. 따라서 집합 B에 대한 집합 $A \cap B$의 상대적 비율이 조건부확률 $P(A \mid B)$가 된다.

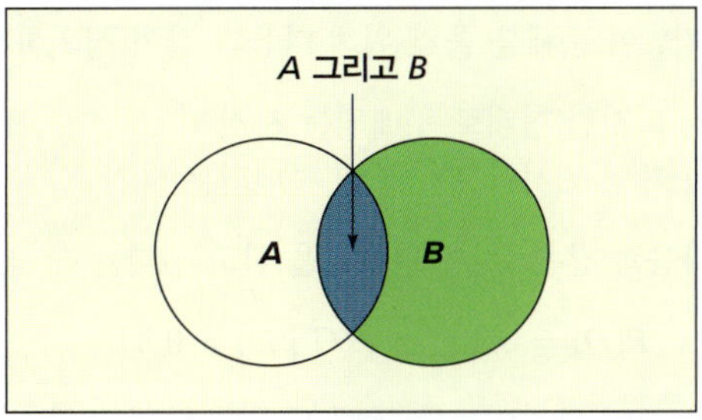

그림 5.6
조건부확률

예제 5.2

고등학교 중퇴자

대학에 재학하고 있지 않은 16~21세 인구를 대상으로 조사한 결과, 13.50%는 미취업 상태이고 29.05%는 고교 중퇴자이며 5.32%는 미취업 고교중퇴자이다. 이 경우 조사대상 그룹 중 고등학교를 중퇴한 사람이 미취업 상태에 있을 조건부확률은? 이 문제를 풀기 위해 다음과 같이 정의하자.

U = 어떤 사람이 미취업 상태인 사건
D = 어떤 사람이 고교 중퇴자인 사건

위 예에서 서술한 내용은 다음과 같은 세 가지 사실을 담고 있다.

$$P(U) = 0.1350 \qquad P(D) = 0.2905 \qquad P(U \cap D) = 0.0532$$

따라서 어떤 사람이 고교 중퇴자라는 사실이 주어졌을 때 그가 미취업 상태에 있을 조건부확률은 식 5.9에 의해 다음과 같다.

$$P(U \mid D) = \frac{P(U \cap D)}{P(D)} = \frac{0.0532}{0.2905} = 0.1831 \text{ 또는 } 18.31\%$$

고교 중퇴 *조건부* 미취업 확률 $P(U \mid D) = 0.1831(18.31\%)$이 *비조건부* 미취업 *확률* $P(U) = 0.1350(13.50\%)$보다 크다는 것을 알 수 있다. 달리 말하면 어떤 사람이 고교 중퇴자라는 사실을 알 경우 그의 미취업 확률이 바뀌게 되는 것이다.

식 5.9를 다시 정리하면 어떤 두 사건의 결합확률을 계산하기 위한 **곱의 일반법칙**(general law of multiplication)을 얻는다.

곱의 일반법칙

$$P(A \cap B) = P(A \mid B)P(B) \tag{5.10}$$

예제 5.3

비디오 게임 구매

비디오 게임 구매의 30%는 디지털 형태로 구매한다. 이러한 디지털 형태의 게임 구매 중 47%는 게임 웹사이트에서 행해진다. 이 경우 비디오 게임이 게임 웹사이트를 통해 디지털 형태로 구매될 결합확률은 얼마인가? 이 문제를 풀기 위해 다음과 같이 정의하자.

D = 어떤 비디오 게임이 디지털 형태로 구매되는 사건
G = 어떤 비디오 게임이 게임 웹사이트를 통해 구매되는 사건

위 예에서 서술한 내용은 다음과 같은 두 가지 사실을 담고 있다.

$$P(D) = 0.30 \qquad P(G \mid D) = 0.47$$

따라서 어떤 비디오 게임이 게임 웹사이트를 통해 디지털 형태로 구매될 결합확률은 식 5.10에 의해 다음과 같다.

$$P(D \cap G) = 0.30 \times 0.47 = 0.141$$

즉, 14.1%의 비디오 게임이 게임 웹사이트를 통해 디지털 형태로 구매된다.

사건의 승산

통계학자들은 일반적으로 승산 대신 확률이라는 용어를 사용하지만, 스포츠나 각종 게임에서는 **승산**(odds)이라는 용어가 자주 사용된다. 사건 A가 일어날 승산은 A가 발생할 확률을 A가 발생하지 않을 확률로 나눈 비율을 말한다. 이것의 반대 경우는 사건 A가 일어나지 않을 승산이다. 즉,

A가 일어날 승산:

$$\frac{P(A)}{P(A')} = \frac{P(A)}{1 - P(A)}$$

A가 일어나지 않을 승산:

$$\frac{P(A')}{P(A)} = \frac{1 - P(A)}{P(A)}$$

예를 들어 소득구간이 100,000달러에서 199,999달러 사이의 납세자에 대한 국세청의 세무조사율이 1.41%라 하자. 따라서 A = 납세자가 세무조사를 받는 사건이라 하면 $P(A) = 0.0141$이 된다. 이 경우 세무조사를 받지 않을 승산은 다음과 같다.

$$\frac{P(\text{세무조사 받지 않음})}{P(\text{세무조사 받음})} = \frac{1 - P(A)}{P(A)} = \frac{1 - 0.0141}{0.0141} = 70 \text{ 대 1로 세무조사를 받지 않음}$$

경마나 스포츠에서 대개 승산은 대개 이기지 '못할' 승산을 제시하는 식으로 사용된다. 사건 A가 일어나지 않을 승산이 b 대 a라면 A의 확률은 다음과 같다.

$$P(A) = \frac{a}{a + b}$$

예를 들어 어떤 경마에서 어떤 말이 우승하지 못할 승산이 4 대 1이라면, 이는 곧 이 말이 우승할 확률이 20%라는 의미이다.

$$P(\text{우승}) = \frac{a}{a + b} = \frac{1}{1 + 4} = \frac{1}{5} = 0.20 \text{ 또는 } 20\%$$

단원 연습문제

connect

5.13 대학생들의 다음과 같은 특성은 상호 배타적인가 아니면 그렇지 않은가? 설명하라.

a. A = 20시간 이상 근로한다. B = 회계학을 전공한다.

b. A = 미국에서 태어났다. B = 캐나다에서 태어났다.

c. A = 토요타 자동차를 소유하고 있다. B = 혼다 자동차를 소유하고 있다.

5.15 $P(A) = 0.40$, $P(B) = 0.50$, $P(A \cap B) = 0.05$일 때 다음을 구하라. (a) $P(A \cup B)$, (b) $P(A \mid B)$, (c) $P(B \mid A)$.

5.17 삼성은 전 세계 OLED 디스플레이의 21.7%를 공급한다. 무작위로 고른 OLED 디스플레이가 삼성제품인 사건을 S라 할 때 다음을 구하라. (a) $P(S)$, (b) $P(S')$, (c) 사건 S가 나올 승산, (d) 사건 S가 나오지 않을 승산

5.19 다음의 각 상황에서 나올 수 있는 결과들을 이분적(상호배타적) 사건으로 열거하라.

a. 어떤 제약회사가 신약에 대해 FDA 승인을 요청한다.

b. 어떤 야구선수가 타석에 등장한다.

c. 어떤 여성이 가슴 X-선 촬영을 받는다.

5.21 18~24세 여성을 대상으로 무작위로 선택한 사람이 흡연자인 사건을 S라 하자. 또한 18~24세 여성을 대상으로 무작위로 선택한 사람이 백인인 사건을 C라 하자. 여기에서 $P(S) = 0.246$, $P(C) = 0.830$, $P(S \cap C) = 0.232$라 하자. 다음의 각 사건을 말로 표현하고 그 확률을 구하라.

a. $P(S')$.
b. $P(S \cup C)$.
c. $P(S \mid C)$.
d. $P(S \mid C')$.

애널리틱스 적용 사례

기후 변화

지방정부, 금융기관 및 기업은 기후 변화의 위험을 어떻게 평가할 수 있는가? 더위, 강우 및 홍수는 농작물 수확량, 에어컨 비용, 건설 계획, 심지어 사업 장소에도 영향을 미친다. 기후 위험은 기업과 정부의 성장 또는 자본 개선을 위한 차입에 필요한 신용 등급[예: 무디스(Moody's) 신용평가]에 영향을 미칠 수 있다. 분석 회사(예: 427mt.com, jupiterintel.com)는 정부, 연기금, 은행과 같은 고객들을 위한 기후 정보 서비스를 제공하기 위해 뛰어들고 있다. 일부 기업들은 기후 변화 영향에 대한 예측을 개선하기 위해 내부 직원들을 훈련시키기 시작했다. 이러한 신생 기술 기업들은 데이터를 이용하여 기후 변화에 대비할 것을 권장하고 있다[*The Economist* 433, no. 9170 (November 23, 2019), pp. 68–69 참조].

5.4 독립적 사건

$P(A)$가 $P(A \mid B)$와 다를 경우 사건 A와 B는 **종속적**(dependent)이다. 종속성의 사례를 쉽게 생각해볼 수 있는데, 예를 들어 휴대전화 문자메시지는 젊은층에서 일반적이고, 동맥경화증은 노년층에서 일반적이다. 따라서 어떤 사람의 나이를 아는 것은 그 사람이 문자메시지를 이용할 확률이나 동맥경화증에 걸려 있을 확률에 영향을 미칠 것이다. 그렇다고 해서 나이가 문자메시지 이용이나 동맥경화증의 원인이라고 단정할 수는 없으며, 이러한 인과관계는 다른 방식으로 증명되어야 한다. 즉, 종속적 사건들은 인과관계로 연결되어 있을 수도 있지만 통계적 종속성이 반드시 원인-결과를 의미하는 것은 아니다. 이것은 단지 사건 B가 발생했다는 것을 아는 것이 사건 A가 발생하는 확률에 영향을 미친다는 것을 의미할 뿐이다.

사건 B가 발생한 것을 아는 것이 사건 A의 발생 확률에 아무런 영향을 미치지 않는 경우에 사건 A는 사건 B와 **독립적**(independent)이다. 즉, 조건부확률 $P(A \mid B)$가 비조건부확률 $P(A)$와 동일할 경우, 다시 말하면 사건 A의 확률이 사건 B의 발생 여부와 무관할 때, 사건 A는 사건 B와 *독립적*이다. 예를 들어, 고등학생의 문자메시지 사용이 성별과 독립적이라면, 어떤 학생이 남자인지 여자인지 안다고 해서 그 학생이 문자메시지를 사용할 확률이 달라지지 않는다.

독립적 사건

$$P(A \mid B) = P(A) \text{이면 사건 } A\text{는 사건 } B\text{와 독립적이며, 그 역도 성립한다.} \quad \textbf{(5.11)}$$

만약 A와 B가 독립적인 사건이라면, 곱의 일반법칙(식 5.10)을 단순화하여 사건 A와 B의 결합확률이 각각의 개별확률의 곱이라는 것을 보여줄 수 있다. 앞에서 곱의 일반법칙이 다음과 같다는 것을 알았다.

$$P(A \cap B) = P(A \mid B)P(B)$$

만약 A와 B가 상호 독립이라면 $P(A \mid B)$ 대신 $P(A)$를 쓸 수 있다. 따라서 다음 식 5.12와 같은 **곱의 특별법칙**(special law of multiplication)을 얻을 수 있다.

곱의 특별법칙

사건 A와 사건 B가 독립적이면, $P(A \cap B) = P(A)P(B)$이다. **(5.12)**

예제 5.4

레스토랑 주문

과거의 데이터로 볼 때, 어느 Noodles & Company에서 고객이 식사를 한 후 디저트를 주문할(사건 D) 확률은 0.08이다. 또한 고객이 병음료를 주문할(사건 B) 확률은 0.14이다. 그리고 고객이 디저트와 병음료 둘 다 주문할 결합확률은 0.0112이다. 디저트 주문과 병음료 주문이 상호 독립적인가?

$$P(D) = 0.08 \qquad P(B) = 0.14 \qquad P(D \cap B) = 0.0112$$
$$P(D) \times P(B) = 0.08 \times 0.14 = 0.0112 = P(D \cap B)$$

여기에서 보듯이 $P(D \cap B) = P(D) \times P(B)$이다. 따라서 D와 B는 상호 독립적이다. 이 경우 어떤 고객이 병음료를 주문했을 때, 이 정보가 해당 고객이 디저트도 주문하게 될 확률을 변화시키는가? 그렇지 않다. 왜냐하면 두 사건이 독립적이기 때문이다.

예제 5.5

TV 광고

광고 대상은 총 2,000,000명의 시청자들이다. 광고 A는 500,000명이 시청하고 광고 B는 300,000명이 시청하며 두 광고를 모두 시청하는 사람은 100,000명이다. 즉,

$$P(A) = \frac{500,000}{2,000,000} = 0.25 \quad P(B) = \frac{300,000}{2,000,000} = 0.15 \quad P(A \cap B) = \frac{100,000}{2,000,000} = 0.05$$

여기에 식 5.9에 나와 있는 조건부확률의 정의를 적용해보자. 광고 B의 시청을 전제로 한 광고 A 시청의 확률은 다음과 같다.

$$P(A \mid B) = \frac{P(A \cap B)}{P(B)} = \frac{0.05}{0.15} = 0.3333 \text{ 또는 } 33.3\%$$

여기에서 우리는 A와 B가 독립적이 아니라는 것을 알 수 있다. 왜냐하면 $P(A) = 0.25$가 $P(A \mid B) = 0.3333$과 동일하지 않기 때문이다. 즉, 시청자가 광고 B를 시청한 사실을 우리가 알게 될 경우 해당 시청자의 광고 A 시청 확률이 $P(A) = 0.25$에서 $P(A \mid B) = 0.3333$으로 높아지는 것이다. 독립성을 점검하는 또 다른 방법으로 점검해봐도 $P(A)P(B) = (0.25)(0.15) = 0.0375$가 $P(A \cap B) = 0.05$와 다르다는 것을 알 수 있다.

곱의 법칙 응용

둘 이상의 여러 독립적 사건들이 동시에 일어날 확률은 식 5.13에 나와 있는 대로 각 확률을 곱한 것이 된다.

$$P(A_1 \cap A_2 \cap \cdots \cap A_n) = P(A_1)P(A_2) \cdots P(A_n) \quad \text{사건들이 독립적인 경우} \quad \textbf{(5.13)}$$

독립적 사건에 대한 곱의 법칙은 어떤 시스템의 안정성을 측정하는 데 적용될 수 있다. 예를 들어 어떤 웹사이트가 2개의 완전히 독립적인 서버를 갖고 있다고 하자. 각 서버는 99%의 안정성을 갖고 있다(즉, 99% '살아 있는'). 이 시스템의 종합적인 안정성은? 서버 1이 다운되는 사건을 F_1, 서버 2가 다운되는 사건을 F_2라 하자.

$$P(F_1) = 1 - 0.99 = 0.01$$
$$P(F_2) = 1 - 0.99 = 0.01$$

따라서 독립의 조건을 적용하면,

$$P(F_1 \cap F_2) = P(F_1)P(F_2) = (0.01)(0.01) = 0.0001$$

최소한 어느 하나의 서버가 살아 있을 확률은 1에서 두 서버 모두 다운되는 확률을 뺀 것이기 때문에 1 − 0.0001 = 0.9999가 된다. 복수의 서버가 시스템의 안정성을 99.99% 수준으로 크게 개선시킨다는 것을 알 수 있다.

부품이 개별적으로는 안정성이 떨어지더라도 대량의 중복을 통해 안정성을 높일 수 있다. 예를 들어 테라맥(Teramac)이라고 하는 HP의 실험용 슈퍼컴퓨터에는 700만 개 이상의 부품이 있는데 이 중 3%에는 결함이 있다(나노 장치는 제조가 극히 어렵다). 그럼에도 불구하고 프로그램이 안정적으로 돌아가는데, 그 이유는 연결회로에 충분한 중복을 둠으로써 적합한 경로를 거의 항상 찾을 수 있기 때문이다[*Scientific American* 293, no. 5 (November 2005), p. 75 참조].

예제 5.6

우주왕복선

개별적으로는 안정성이 낮아도 이를 **중복**(redundancy)시킴으로써 시스템의 안정성을 개선할 수 있다. 예를 들어 NASA 우주왕복선은 3대의 비행 컴퓨터를 갖고 있다. 상호 독립적으로 기능한다고 하고 각각 0.03의 가능성으로 문제를 일으킨다고 하자(100번 중 3번의 실패). 여기에서 F_j를 컴퓨터 j가 실패하는 사건이라 하자.

$$\begin{aligned} P(\text{3대 모두 실패}) &= P(F_1 \cap F_2 \cap F_3) \\ &= P(F_1)P(F_2)P(F_3) \quad \text{(실패들은 상호 독립 가정)} \\ &= (0.03)(0.03)(0.03) \\ &= 0.000027, \text{ 또는 1백만 번 중 27번의 실패} \end{aligned}$$

3중의 중복으로 컴퓨터의 실패 확률을 0.000027(1백만 번 중 27번의 실패)로 크게 낮출 수 있다. 물론 현실적으로는 전기장치들이 서로 연결되어 있기 때문에 완전히 독립적인 컴퓨터를 갖기는 매우 어려울 것이다. 실제 우주왕복 과정에서 3대의 컴퓨터 중 2대가 문제를 일으킨 적도 있어 중복의 중요성을 입증한 바 있다. 우주왕복선에서 중복의 또 다른 예는 주 엔진이 너무 일찍 꺼지는 것을 막기 위해 4개의 독립적인 연료 게이지가 있다는 점이다. 처음에는 4개 중 2개만 작동하면 왕복선의 운항을 허용했으나 챌린저호 폭발 사고 이후 4개 중 3개가 작동해야 하는 것으로 수정됐으며, 컬럼비아호 사고 이후에는 4개가 모두 작동해야 하는 것으로 다시 바뀌었다(https://history.nasa.gov/sts51l.html 참조).

표 5.2
여러 유형의 전형적인 시스템 안정성

시스템 유형	전형적 안정성(%)
상업적 광케이블 시스템	99.999
통신사 기지국	99.99
기업 네트워킹(예: 두 회사 사무실 연결)	99.9
항공 수하물 시스템	99

9 다섯 개 규칙

안정성이 얼마나 높아야 하는가? 주요 비즈니스에 이용되는 일반 휴대형 데이터 통신 장비는 99.999% 안정성이 요구된다. 소위 9 다섯 개(five nines) 규칙은 1년 동안 시스템이 다운되는 시간이 단지 5분이라는 것을 의미한다. 이처럼 높은 안정성이 요구되는 것은 비단 전기통신뿐만 아니라 항공기 예약과 은행 자금이체 시스템 등에도 요구된다. 표 5.2는 시스템 안정성의 기대치를 보여주고 있다.

어떤 웹서버가 살아 있을 확률이 94%에 불과하다고 하자(다운될 확률이 0.06). 이 시스템이 최소한 99.99% 살아 있기 위해서는 몇 대의 독립적인 서버가 필요한가? 답은 모든 서버가 다운될 확률을 0.0001(즉, 1 − 0.9999)로 만드는 조건과 동일하다. 4대의 서버이면 가능할 것이다.[2]

서버 2대: $P(F_1 \cap F_2) = (0.06)(0.06) = 0.0036$
서버 3대: $P(F_1 \cap F_2 \cap F_3) = (0.06)(0.06)(0.06) = 0.000216$
서버 4대: $P(F_1 \cap F_2 \cap F_3 \cap F_4) = (0.06)(0.06)(0.06)(0.06) = 0.00001296$

중복의 응용

중복의 원리는 여러 분야에서 찾을 수 있다. 농구팀은 5명이 경기를 하지만 그보다 훨씬 많은 선수들을 보유하고 있다. 우리는 때때로 알람시계 하나로는 여의치 않아 2개를 설치하기도 한다. Embraer Legacy 13인승 제트 항공기(2,120만 달러)는 2개의 엔진 각각에 2개씩의 동일한 제너레이터를 갖고 있다. 그래야만 일반 승객 수송용(99.5%의 위급 처리 안정성을 요구)뿐만 아니라 기업 업무용으로도 이용될 수 있기 때문이다. 총 4개의 제너레이터와 비행 중에도 작동시키는 것이 가능한 또 하나의 보조 동력장치 덕분에 Legacy는 제너레이터 한두 개가 문제를 일으켜도 비행에 지장을 받지 않는다[*Flying* 131, no. 9 (September 2004), p. 50].

과거의 항공기(예: 보잉 747)는 4개의 엔진을 갖고 있었다. 이는 과거에 디자인된 엔진이 상대적으로 힘이 부족하다는 점도 있지만 안정성이 부족하다는 이유도 있다. 특히 대양을 건너는 항공기로서 엔진 4개를 갖춘 기종의 경우, 엔진 하나(또는 2개까지)가 문제를 일으켜도 비행이 가능하다. 최근의 항공기(예: 보잉 777)는 엔진의 힘이 좋고 안정성이 높아져 엔진이 2개밖에 없다.

개별 부품의 안정성도 중요하지만 다른 한편으로 비용이나 결과도 중요하다. 승용차는

[2] p를 실패 확률이라 할 때 $p^k = 0.0001$의 조건을 만족하는 k를 찾으면 된다. $p = 0.06$을 대입하고 양변에 로그를 취하면 k를 풀 수 있다. 이 경우 $k = 3.27$이며 정수를 얻기 위해 올림하면 4가 된다.

배터리가 하나밖에 없다. 배터리가 문제를 일으켜도 (보험회사에 전화함으로써 해결되니) 그 결과가 백업 배터리를 장치해야 하는 비용을 정당화시키지 못한다. 반면 스페어 타이어는 그다지 비싸지 않아 모든 차들이 하나씩 갖추고 있다(알래스카를 운전할 때는 아마도 2개가 필요할 것이다).

어떤 장치들이 안전성이 매우 높고 비용이 비싸며 문제가 일어났을 때 파급효과가 견딜 만한 수준이라면(예를 들어 휴대전화, 알람시계 등) 중복이 필요하지는 않을 것이다. 사실 어떤 장치들을 완전히 독립적으로 구현하는 것은 어려운 일이다. 어떤 장치들을 파손하는 재난(화재, 홍수 등)은 백업 시스템까지 파손할 가능성이 높다. 2001년 8월 24일 293명의 승객을 태우고 대서양을 건너던 에어트랜섓(Air Transat)의 쌍발 에어버스 *A*330 항공기 엔진 2개가 모두 작동 불능되는 일이 발생했다. 다행히 기장이 85마일을 무동력으로 활강해 무사히 착륙함으로써 소수의 경상자들이 발생하는 데 그쳤다(*Aviation Week and Space Technology*, September 3, 2001, p. 34).

실제 비즈니스에서의 종속적 사건

할부금융회사들은 자동차 대출을 받은 고객들이 대출금을 상환하지 못할 확률은 그들의 과거 신용상태에 종속적이라는 것을 알고 있다. 이 때문에 이들 금융회사들은 대출을 해주기 전에 신용정보회사에 의뢰하여 대출받는 사람의 신용정보를 얻는다. 여러분의 신용평점은 여러 정보들을 기초로 산출되는데, 예를 들어 신용카드의 사용한도 대비 사용금액 비율, 신용카드 사용 기간, 이용 계좌 개수, 대출 빈도 등이다. 이렇게 만들어진 여러분의 신용평점은 보험통계 데이터 및 전국 평균과 비교하여 어디에 속하는지 파악될 수 있다. 이를 통해 대출기관들은 대출의 위험도를 평가하게 된다.

자동차보험사들은 운전자가 사고를 유발할 확률이 운전자의 나이, 과거 운전위반 건수 등에 의존한다는 것을 알고 있다. 보험사들은 이러한 보험통계 정보를 사용하여 여러분을 새로운 고객으로 받아들일지 보험료를 얼마로 할지를 결정한다. 생명보험회사도 상황은 비슷하다. 어떤 사람의 생명보험료에 영향을 미치는 요인들이 무엇일지 생각해보라.

이들 대출이나 보험의 경우 *B*를 아는 것이 *A*의 가능성을 추정하는 데 영향을 미친다. 따라서 금융회사나 보험사들로서는 이러한 조건부 확률을 정확히 수량화하는 것이 필요하다. *보험계리사*(actuary)들은 사고 통계나 사망률표, 보험청구 기록 등을 사용하여 경험적으로 조건부 확률을 추정한다. 많은 기업들이 보험통계 서비스를 필요로 하고 있기 때문에 관련 전공 학생들도 조건부확률이나 통계적 독립성의 개념을 제대로 이해해야 한다.

단원 연습문제

connect

5.23 $P(J) = 0.26$, $P(K) = 0.48$일 때 *A*와 *B*는 독립적인가? $P(J \cup K)$를 구하라.

5.25 $P(A) = 0.40$, $P(B) = 0.50$, $P(A \cap B) = 0.05$일 때 (a) $P(A \mid B)$를 구하라. (b) 이 경우 *A*와 *B*는 독립적인가?

5.27 $P(J) = 0.20$, $P(K) = 0.40$, $P(J \cap K) = 0.15$일 때 (a) $P(J \mid K)$를 구하라. (b) 이 경우 *J*와 *K*는 독립적인가?

5.29 어떤 학생이 비자카드를 갖고 있을(사건 *V*) 확률이 0.73이다. 또한 마스터카드를 갖고 있을(사건 *M*) 확률은 0.18이다. 두 카드 모두 갖고 있을 확률은 0.03이다. (a) 어떤 학생이 비자카드 또는 마스터카드를 갖고 있을 확률을 구하라. (b) 이 경우 *V*와 *M*은 독립적인가? 설명하라.

5.31 어떤 병원이 전력 백업시스템으로서 3대의 독립적인 비상 발전기를 갖추고 있으며 평균적으로

이들 각각은 전체 시간의 95%를 살아 있다. 각 비상 발전기 모두 병원의 전력수요를 충분히 맞출 수 있다고 하자. 이 병원의 종합적인 전력 백업시스템은 '9 다섯 개 규칙'을 충족하는가?

5.33 피자 팔루자(Pizza Palooza)에서 50%의 고객은 네모 피자를 주문하고, 80%는 음료수를 주문하며, 40%는 네모 피자와 음료수를 모두 주문한다. 음료수 주문과 네모 피자 주문은 독립적인가? 설명하라.

5.5 분할표

3장에서 엑셀의 피벗 테이블 기능을 이용하여 데이터 값들이 동시에 발행하는 빈도를 보여주는 것에 대해 배웠다[예를 들어 어떤 표본에서 얼마나 많은 납세자들이 '독신(single)'이면서 자녀를 1명 이상 갖고 있는지를 계산]. 확률이 종종 상대적 빈도로 측정되기 때문에 상대적 빈도표를 이용해 관계(예를 들어 종속적 사건이나 조건부 확률)를 파악할 수 있다. 빈도표에 쓰이는 데이터는 일반적으로 설문조사의 응답이나 경험적 연구에서 쓰이는 데이터를 요약한 것이다.

분할표란?

분할표(contingency table)는 행(row)과 열(column)에 빈도수를 기입한 표이다. 각 행과 열이 교차하는 곳을 셀(cell)이라 하며, 각 셀은 해당되는 데이터가 몇 개인지 세어서 보여준다. 분할표는 변수가 2개(행과 열)라는 점을 제외하면 빈도(도수) 분포표와 같다. r행과 c열을 가진 분할표는 rc개의 셀이 있으며, $r \times c$표라고 부른다. 예를 들어, 표 5.3은 한 경영대학에서 경영학석사(MBA) 학위를 받은 360명의 졸업생들을 대상으로 MBA 프로그램 종류와 졸업 후 대학 행사 참여 수준(engagement level)을 분할표로 나타낸 것이다. 참여수준은 MBA 졸업생이 대학 행사에 참여한 횟수(예: 외부강사 참여, 재학생 멘토링, 사례발표 심사)를 바탕으로 저, 중, 고로 측정하였다.

표 5.3

빈도를 표시한 분할표 (n = 360 졸업생)

Alumni

	참여수준			
MBA 과정	**저(E_1)**	**중(E_2)**	**고(E_3)**	**행 합계**
전일제(M_1)	210	20	5	235
비전일제(M_2)	64	17	7	88
최고경영자(M_3)	6	16	15	37
열 합계	280	53	27	360

이 분할표를 통해 "MBA 졸업생이 '저'수준으로 대학 행사에 참여할 확률이 얼마인가?" "MBA 졸업생 중 몇 퍼센트가 비전일제(part time) 프로그램 출신이면서 '중'수준으로 대학 행사에 참여하는가?" 또는 "최고경영자 과정(executive program) MBA 졸업생이 대학 행사에 '고'수준으로 참여할 확률은 얼마인가?" 등의 질문에 대한 빈도를 계산할 수 있다.

한계확률

어떤 사건의 **한계확률**(marginal probability)은 행 또는 열의 합계를 총 표본크기로 나눔으로써 찾을 수 있다. 열 합계를 예로 들면 총 360명의 졸업생 중 280명의 대학 행사 참여 수준이 '저'로 나타났다. 따라서 대학 행사 참여 수준이 '저'인 한계확률은 $P(E_1) = 280/360 = 0.7778$이 된다. 달리 말하면 MBA 졸업생 중 약 77.78%가 대학 행사 참여 수준이 낮다는 것이다. 이 계산이 표 5.4에 강조되어 나타나 있다.

표 5.4

사건 E_1의 한계확률

	참여수준			
MBA 과정	저(E_1)	중(E_2)	고(E_3)	행 합계
전일제(M_1)	210	20	5	235
비전일제(M_2)	64	17	7	88
최고경영자(M_3)	6	16	15	37
열 합계	280	53	27	360

다음으로 행 합계를 예로 들면 360명의 졸업생 중 88명이 비전일제 MBA 졸업생이었으며, 따라서 어떤 졸업생이 비전일제 졸업생일 한계확률은 $P(M_2) = 88/360 = 0.2444$, 즉 24.44%이다.

결합확률

결합확률(joint probability)은 어떤 두 사건의 교사건의 확률을 나타낸다. 예를 들어, 표 5.5에서 강조되어 있는 가운데 셀은 어떤 졸업생이 비전일제 MBA 프로그램 출신(M_2)이며, '중' 수준으로 학교 행사에 참여하는 것(E_2)의 교사건이다. 우리는 이 사건의 확률을 $P(M_2$ 그리고 $E_2)$ 또는 $P(M_2 \cap E_2)$로 적을 수 있다. 360명의 졸업생 중 여기에 속하는 사람이 17명이기 때문에 결합확률은 $P(M_2 \cap E_2) = 17/360 = 0.0472$이다. 달리 말하면 비전일제 MBA졸업생 출신으로 중간 수준으로 대학 행사에 참여하는 확률은 5%도 안 된다는 것이다.

표 5.5

사건 $M_2 \cap E_2$의 결합확률

	참여수준			
MBA 과정	저(E_1)	중(E_2)	고(E_3)	행 합계
전일제(M_1)	210	20	5	235
비전일제(M_2)	64	17	7	88
최고경영자(M_3)	6	16	15	37
열 합계	280	53	27	360

조건부확률

우리의 관심을 어느 하나의 행 또는 열로 제한(조건부)함으로써 조건부확률을 얻을 수 있다. 예를 들어, 우리의 관심을 세 번째 행에 있는 37명의 최고경영자 과정 MBA 졸업생만으로 제한함으로써, 어떤 졸업생이 최고경영자 MBA 과정 출신이라는 조건(M_3)하에서 '고' 수준(E_3)으로 대학 행사에 참여할 **조건부확률**을 계산할 수 있다. 관련된 셀이 표 5.6에 강조되어 나타나 있다. 이 조건부확률은 $P(E_3 \mid M_3)$로 표기할 수 있다. 37명의 최고경영자 과정 MBA 졸업생 중 15명이 높은 수준으로 대학 행사에 참여했다는 점에서 $P(E_3 \mid M_3) = 15/37 = 0.4054$이다. 즉, 최고경영자 과정 MBA 졸업생이 대학 행사에 높은 수준으로 참여할 가능성이 약 40%라는 것이다.

표 5.6
사건 $E_3 \mid M_3$의 조건부확률

MBA 과정	참여수준 저(E_1)	참여수준 중(E_2)	참여수준 고(E_3)	행 합계
전일제(M_1)	210	20	5	235
비전일제(M_2)	64	17	7	88
최고경영자(M_3)	6	16	15	37
열 합계	280	53	27	360

독립성

분할표에 있는 사건들이 독립적인지 알기 위해서는 조건부확률을 보면 된다. 예를 들어 높은 참여수준(E_3)이 최고경영자 과정 MBA 졸업(M_3)과 독립이라면 *조건부확률* $P(E_3 \mid M_3)$이 *한계확률* $P(E_3)$와 동일해야 한다. 그러나 이는 사실이 아니다.

조건부확률	*한계확률*
$P(E_3 \mid M_3) = 15/37 = 0.4054$	$P(E_3) = 27/360 = 0.0750$

따라서 높은 참여수준(E_3)은 최고경영자 과정 MBA 졸업(M_3)과 독립이 아니다. 최고경영자 과정을 졸업한 사람들은 그 학교와 높은 관계를 맺을 가능성이 훨씬 더 크며, 이들이 종속적인 사건이라는 것을 보여준다.

E_3와 M_3가 독립적인 사건이 아님을 다른 방법으로 확인할 수도 있다. 두 사건이 독립적이라면, 두 사건의 결합확률은 각각의 사건의 한계확률을 곱한 것과 같아야 하지만, 이 경우에는 그렇지 않다.

결합확률	*한계확률의 곱*
$P(E_3 \text{ 그리고 } M_3) = 15/360 = 0.0417$	$P(E_3)P(M_3) = (27/360)(37/360) = 0.0077$

따라서 두 가지 다른 방법으로 높은 참여수준(E_3)과 최고경영자 과정 MBA 졸업(M_3)은 독립이 아님을 확인할 수 있다.

상대빈도

확률 계산을 보다 쉽게 하기 위해 표의 각 빈도수 f_{ij}를 총 표본크기(n = 360)로 나누어 표 5.7에 나와 있는 것처럼 상대빈도(relative frequencies)를 구할 수 있다. 예를 들어 왼쪽 맨 위 셀은 210/360 = 0.5833이 된다. 각 셀은 결합확률을 나타낸다. 가능한 모든 사건들의 결합확률이 9개의 셀에 나타나 있기 때문에, 이들을 모두 합하면 1이 된다. 이와 같이 구해진 각 셀의 모든 확률은 해당 사건에 대한 결합확률이 된다.

표 5.7

상대빈도: 각 셀의 빈도를 표본 크기로 나눈 것

	참여수준			
MBA 과정	저(E_1)	중(E_2)	고(E_3)	행 합계
전일제(M_1)	0.5833	0.0556	0.0139	0.6528
비전일제(M_2)	0.1778	0.0472	0.0194	0.2444
최고경영자(M_3)	0.0167	0.0444	0.0417	0.1028
열 합계	0.7778	0.1472	0.0750	1.0000

한 행 또는 한 열에 있는 결합확률을 합하면 해당 행이나 열에 대한 한계확률을 얻을 수 있다. 행 합계 혹은 열 합계에 나타난 한계확률을 합하면 1이 되는 것도 확인할 수 있다.

예제 5.7

지불수단과 구매량

Payment

어떤 식료품 가게의 매니저가 알고 싶어 하는 것은 고객들이 구입하는 물건의 개수가 지불수단의 종류와 독립적인지 여부이다. 이를 알게 되면 계산대를 보다 효율적으로 설치하는 데 도움을 줄 것이기 때문이다. 이 매니저는 무작위로 368개의 고객거래를 선택하고 분석하여 표 5.8과 같은 결과를 얻었다.

표 5.8

구매량 및 지불수단 분할표

	지불수단			
물품 개수	현금	가계수표	신용/체크카드	행 합계
1~5	30	15	43	88
6~9	46	23	66	135
10~19	31	15	43	89
20 이상	19	10	27	56
열 합계	126	63	179	368

이 표에 나와 있는 빈도 데이터를 보면 어떤 고객이 현금으로 지불할 한계확률을 계산할 수 있다. 고객이 현금지불을 선택하는 사건을 C라 할 때 그 확률은 다음과 같다.

$$P(C) = \frac{126}{368} = 0.3424$$

구매한 물품 개수가 주어지는 조건하에서 현금지불 확률이 $P(C)$와 동일한가?

$$P(C \mid 5\ \text{이하}) = \frac{30}{88} = 0.3409 \qquad P(C \mid 6\sim9) = \frac{46}{135} = 0.3407$$

$$P(C \mid 10\sim19) = \frac{31}{89} = 0.3483 \qquad P(C \mid 20\ \text{이상}) = \frac{19}{56} = 0.3393$$

여기에서 보듯이 이들 확률은 거의 차이가 없다. 다른 두 지불수단에 대해서도 이를 확인할 수 있으며, 따라서 지불수단과 구매 물품 개수는 근본적으로 상호 독립적이다. 이 결과를 기반으로 이 가게 매니저는 물품 개수를 제한하지 않는 현금결제 전용 계산대를 설치하는 결정을 내릴 수 있을 것이다.

Mini Case 5.1

비즈니스 소유권: 성별과 기업의 크기

표 5.9는 미국 기업들을 대상으로 기업의 성별 소유권과 근로자 수를 분할표로 정리한 것이다. 어떤 기업에 대해 소유권 51% 이상을 여성이 소유한 경우를 여성 소유로 간주했다.

표 5.9

기업의 성별 소유권과 근로자 수 Ownership

	근로자 수			
소유권	**1~4**	**5~99**	**100+**	**합계**
여성 소유(F)	507,400	294,700	7,700	809,800
남성 또는 균등 소유(M)	3,110,364	1,908,813	101,155	5,120,332
합계	3,617,764	2,203,513	108,855	5,930,132

출처: www.census.gov/econ.

행이나 열의 합계를 총합으로 나누면 한계확률이 된다. 예를 들어 $P(F) = 809{,}800/5{,}930{,}132 = 0.1366$이다. 즉, 조사 대상 기업 중 13.66%가 여성 소유이다. 마찬가지로 P(근로자 수 1~4) = 3,617,764/5,930,132 = 0.6101로서 61.01%가 1~4명의 근로자를 보유하고 있다.

조건부확률은 표 5.9에서 우리의 관심을 단일 행이나 단일 열로 제한(조건)함으로써 구할 수 있다. 예를 들어 100명 이상 근로자를 가진 기업의 경우,

$P(F \mid 100+) = 7{,}700/108{,}855 = 0.0707$ 근로자 수 100명 이상의 기업이라는 조건하에서 여성 소유 기업일 가능성은 7.07%이다.

$P(M \mid 100+) = 101{,}155/108{,}855 = 0.9293$ 근로자 수 100명 이상의 기업이라는 조건하에서 남성 또는 균등 소유 기업일 가능성은 92.93%이다.

이들 조건부확률을 보면 대규모 비즈니스의 경우 여성 소유가 남성이나 균등 소유에 비해 훨씬 적은 것을 알 수 있다(0.0707 < 0.9293). 또한 대규모 비즈니스에 있어서 여성 소유 비율(0.0707)이 전체 기업을 대상으로 했을 때(0.1366)에 비해 절반 수준에 그친다.

표 5.10은 각 빈도 수를 총합(n = 5,930,132)으로 나눈 상대빈도를 보여준다.

표 5.10

기업의 성별 소유권과 근로자 수

	근로자 수			
소유권	**1~4**	**5~99**	**100+**	**합계**
여성 소유(F)	0.0856	0.0497	0.0013	0.1366
남성 또는 균등 소유(M)	0.5245	0.3219	0.0171	0.8634
합계	0.6101	0.3716	0.0184	1.0000

예를 들어 결합확률 $P(F \cap \text{근로자수 } 1\sim4) = 0.0856$(즉, 5인 미만의 여성 소유 기업은 8.56%)이다. 표에서 6개 셀 결합확률의 합은 당연히 1.0000이다(반올림 감안).

단원 연습문제

connect

5.35 다음의 분할표는 음료수 소비자 1,000명을 대상으로 조사한 것을 요약한 것이다. 아래의 확률이나 퍼센트를 구하라. Recycling

a. 소비자가 음료수병을 재활용할 확률

b. 음료수병 예치금 법이 있는 주에 사는 소비자가 재활용하지 않을 확률

c. 소비자 중 음료수병 예치금 법이 있는 주에 살면서 재활용하는 비율

d. 음료수병 예치금 법이 있는 주에 사는 소비자로서 재활용하는 비율

	예치금 법이 있는 주에 거주	**예치금 법이 없는 주에 거주**	**행 합계**
음료수병 재활용함	154	186	340
음료수병 재활용하지 않음	66	594	660
열 합계	220	780	1,000

5.37 다음의 분할표는 기초통계학 수강생 156명을 대상으로 조사한 것이다. 다음 각 사건의 확률을 구하라. WebSurvey

a. $P(D)$

b. $P(R)$

c. $P(D \cap R)$

d. $P(D \cup R)$

e. $P(R \mid D)$

f. $P(R \mid P)$

신문구독 여부	거주 유형			행 합계
	기숙사(*D*)	부모(*P*)	아파트(*A*)	
전혀(N)	13	6	6	25
때때로(O)	58	30	21	109
정기구독(R)	8	7	7	22
열 합계	79	43	34	156

5.6 트리 도표

트리란?

사건과 확률을 **트리 도표**(tree diagram) 또는 *의사결정 트리*(decision tree) 형태로 나타내면 모든 가능한 결과들을 시각적으로 보여주는 데 유용하다. 사업계획을 만들 때도 이런 방식을 많이 쓴다. 여기에서는 분할표에서 시작해보자. 표 5.11은 21개 채권펀드와 23개 주식펀드에 대해 펀드 유형(채권, 주식)과 수수료 수준(저, 중, 고)에 따라 6개 종류로 구분한 표를 보여준다. 수수료 수준은 분석 대상 펀드 중 하위 1/3을 '저' 중간 1/3을 '중' 그리고 상위 1/3을 '고'로 구분했다.

표 5.11

펀드 유형별 수수료 수준 빈도표 BondFund

수수료 수준	펀드 유형		행 합계
	채권펀드(*B*)	주식펀드(*S*)	
저(*L*)	11	3	14
중(*M*)	7	9	16
고(*H*)	3	11	14
열 합계	21	23	44

트리를 만들기 위해서는 *조건부확률*을 계산해야 한다. 표 5.12에 펀드 유형별 조건부확률(즉, 각 셀의 빈도수를 열 합계로 나눈 것)이 나와 있다. 예를 들어 $P(L \mid B) = 11/21 = 0.5238$이다. 즉, 채권펀드의 경우 수수료가 낮을 가능성이 52%라는 것을 의미한다. 이에 비해 $P(L \mid S) = 3/23 = 0.1304$이다. 즉, 주식펀드의 경우에는 수수료가 낮을 가능성이 13%라는 것을 의미한다.

그림 5.7의 트리 도표는 모든 사건을 한계, 조건부, 결합확률과 함께 보여준다. 결합확률을 계산할 때는 조건부확률을 약간 변형시킨 다음 식을 이용했다.

$$P(A \mid B) = \frac{P(A \cap B)}{P(B)} \qquad \text{또는} \qquad P(A \cap B) = P(B)P(A \mid B)$$

표 5.12

펀드 유형별 조건부확률
BondFund

수수료 수준	펀드 유형: 채권펀드(B)	펀드 유형: 주식펀드(S)
저(L)	$P(L \mid B) = 11/21 = 0.5238$	$P(L \mid S) = 3/23 = 0.1304$
중(M)	$P(M \mid B) = 7/21 = 0.3333$	$P(M \mid S) = 9/23 = 0.3913$
고(H)	$P(H \mid B) = 3/21 = 0.1429$	$P(H \mid S) = 11/23 = 0.4783$
열 합계	1.0000	1.0000

그림 5.7

펀드 유형 및 수수료 수준에 대한 트리 도표 BondFund

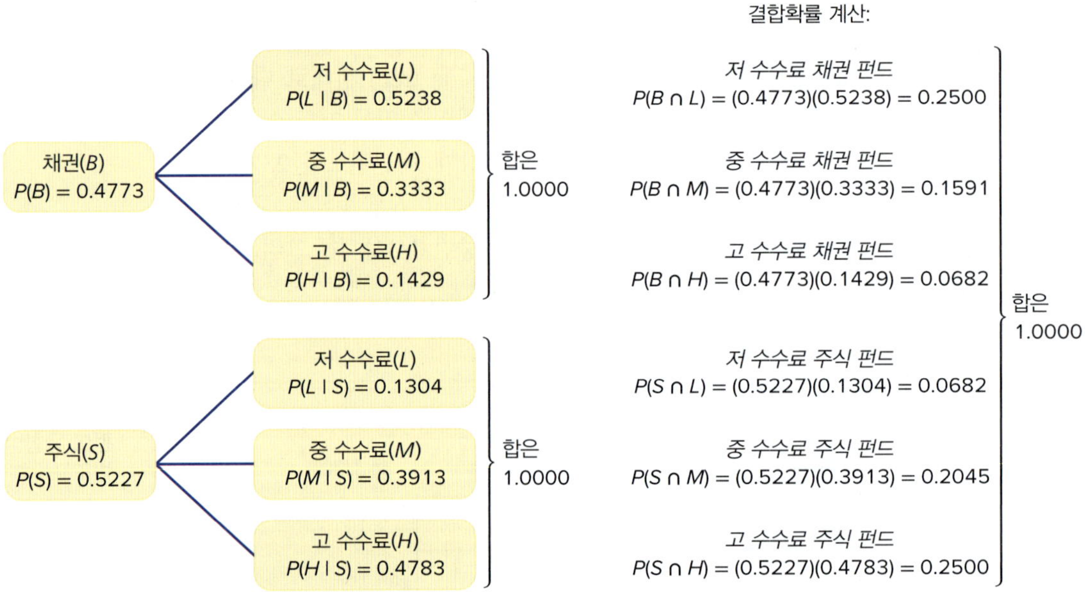

여기에서 보듯이 트리의 각 최종 사건의 결합확률은 해당 가지(branch)의 확률들을 곱하면 된다. 예를 들어 맨 위 가지의 경우 낮은 수수료(L)의 채권펀드(B)일 확률은 다음과 같다.

$$P(B \cap L) = P(B)P(L \mid B) = (0.4773)(0.5238) = 0.2500$$

각 가지 묶음 내에서 조건부확률들의 합은 1이며, 전체 6개 최종 사건의 결합확률의 합 역시 1이다.

단원 연습문제

connect

5.41 마트 고객 중 쇼핑카트를 이용한 고객의 경우 70%는 신용/체크카드로 지불하고(사건 C_1), 20%는 현금으로 지불하며(사건 C_2), 10%는 개인수표로 지불한다(사건 C_3). 이에 반해 쇼핑카트를 이용하지 않은 고객의 경우 50%는 신용/체크카드로 지불하고(사건 C_1), 40%는 현금으로 지불하며(사건 C_2), 10%는 개인수표로 지불한다(사건 C_3). 토요일 아침 마트 고객의 80%는 쇼핑카트를 이용하고(사건 S_1), 20%는 이용하지 않는다(사건 S_2). (a) 이 데이터를 트리 도표로 제시하라. (b) 모든 결합확률(예: $S_1 \cap C_1$)을 계산하라. (c) 결합확률의 합이 1인지 확인하라.

애널리틱스 적용 사례

당신의 마음을 읽는 아마존?

Amazon.com에 가서 당신의 아파트를 청소할 Roomba 로봇청소기를 검색해보라. Amazon.com은 3,000개 이상의 검색 결과(새 제품, 중고 제품, 다양한 제조업체 및 모델)를 반환할 것이다. 또한 아마존은 당신이 iTouchless의 자동 스테인리스 쓰레기통이나 Tossits의 자동차용 쓰레기 봉투를 사는 것을 고려해보라고 제안할 것이다. 이러한 제안들은 어떻게 결정되었을까? 정답은 바로 아마존이 인터넷 쇼핑객을 위해 구입한 물건(예: 책, 음악, DVD)의 빈도를 추적하는 매트릭스[분할표 혹은 엑셀 피벗 테이블(pivot table)과 유사한 형태]를 가지고 있기 때문이다. 이 분할표의 셀에서 파생된 확률을 이용해 당신과 다른 구매자가 '유사'하다고 가정하여, 당신이 관심 있을 것 같은 제품을 추천한다. 당신의 행동에 대한 그러한 예측은 확률적인 것일 뿐이지만, 아주 약간의 추가 판매 가능성도 수익에 차이를 가져올 수 있다. 현실에는 당신의 웹 클릭을 추적할 수 있는 훨씬 더 정교한 논리 엔진(logic engine)도 존재한다. 이것은 사생활 침해인가? 당신 자신이 예측 가능하다고 여겨지는 것이 신경 쓰이는가? 흥미롭게도, 많은 소비자들은 이 점을 신경 쓰지 않고 오히려 이런 종류의 통계 정보 시스템이 가치 있다고 여긴다.

5.7 베이즈 정리

베이즈 정리는 토머스 베이즈(Thomas Bayes, 1702~1761)가 발표한 중요한 정리로서 새로운 정보를 반영하여 확률을 수정하는 방법을 제공한다. 어떤 사건 B의 **사전**(비조건부)**확률**(prior probability)은 사건 A가 발생한 다음 **사후**(조건부)**확률**(posterior probability)을 구하기 위해서는 수정되어야 한다. 우선 조건부확률의 정의를 다음과 같이 약간 달리 표현할 수 있다.

$$P(B \mid A) = \frac{P(A \mid B)P(B)}{P(A)} \tag{5.14}$$

하지만 때에 따라서는 $P(A)$를 알 수 없는 경우가 있다. **베이즈 정리**(Bayes' Theorem)의 가장 일반적인 형태는 $P(A)$를 다음과 같이 대체한 것이다.

$$P(B \mid A) = \frac{P(A \mid B)P(B)}{P(A \mid B)P(B) + P(A \mid B')P(B')} \tag{5.15}$$

베이즈 정리에 대한 이해

예를 들면 약국에서 임신 테스트기를 구입한 여성 중 10%만이 실제로 임신을 했는데 임신의 경우 테스트기가 양성으로 나올 가능성은 96%이고 음성(이른바 '부정오류')으로 나올 가능성은 4%이다. 반대로 임신이 아닌 경우 테스트기가 양성(이른바 '긍정오류')으로 나올 가능성은 5%이고 음성은 95%이다. 이런 가정하에서 테스트 결과가 양성으로 나왔다면 이 경우 진짜 임신일 확률은 얼마인가?

우리는 이 문제를 공식이 아니라 직관에 의해 풀 수 있다. 가령 1,000명의 여성을 대상으로 생각해보면 위의 상황은 그림 5.8과 같을 것이다. 우선 1,000명 중 100명은 실제로

그림 5.8

베이즈 정리: 1,000명의 여성에 대한 직관적 해법

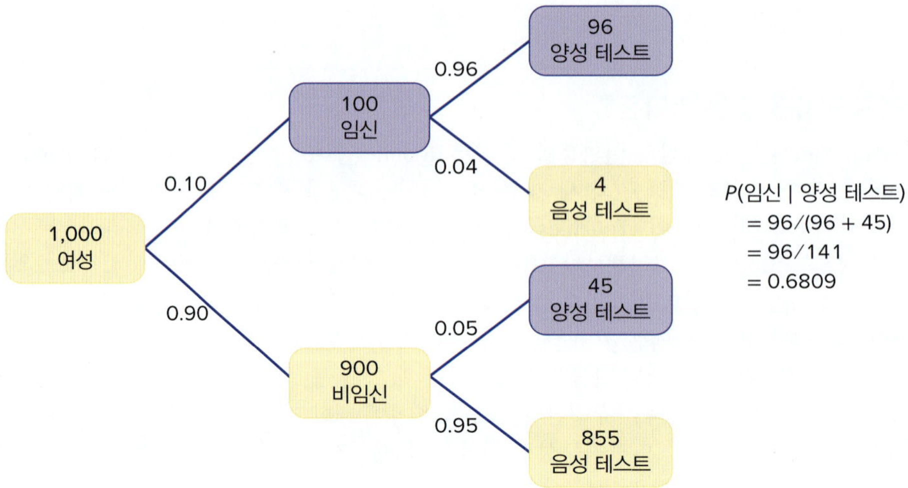

임신을 했고, 900명은 그렇지 않다. 테스트기는 위에서 가정한 대로 임신한 여성 100명 중 96명에 대해 양성으로 나올 뿐만 아니라 임신하지 않은 여성 900명 중 45명($0.05 \times 900 = 45$)에 대해서도 양성으로 나올 것이다. 결국 141명(96 + 45)의 양성 판정 여성 중 96명만이 진짜 임신에 해당하기 때문에 P(임신 | 양성 테스트) = 96/141 = 0.6809이다.

결국 테스트기가 양성으로 나오는 경우 진짜 임신일 가능성은 68.09%이다. 흔한 오류가 이 확률을 96%로 보는 것이다. 그러나 그것은 임신한 여성에게 테스트할 때 양성으로 나올 확률이다. 하지만 임신 테스트를 하는 많은 여성들은 임신을 하지 않은 상태이다. 위와 같은 (구체적인 숫자를 이용한) 직관적인 계산을 표 5.13과 같은 분할표로도 만들어볼 수 있다.

표 5.13

베이즈 정리: 1,000명의 여성에 대한 직관적 해법

	양성 테스트	음성 테스트	행 합계
임신	96	4	100
비임신	45	855	900
열 합계	141	859	1,000

베이즈 정리를 이용하면 위 결과를 공식으로 도출할 수 있다. 사건을 다음과 같이 정의하자.

A = 양성 테스트　　B = 임신
A' = 음성 테스트　　B' = 비임신

주어진 정보들은 다음과 같이 표현된다.

$$P(A \mid B) = 0.96 \qquad P(A \mid B') = 0.05 \qquad P(B) = 0.10$$

각 사건의 여사건은 1에서 해당 확률을 빼주면 된다.

$$P(A' \mid B) = 0.04 \qquad P(A' \mid B') = 0.95 \qquad P(B') = 0.90$$

베이즈 정리를 적용하면

$$P(B \mid A) = \frac{P(A \mid B)P(B)}{P(A \mid B)P(B) + P(A \mid B')P(B')} = \frac{(0.96)(0.10)}{(0.96)(0.10) + (0.05)(0.90)}$$
$$= \frac{0.096}{0.096 + 0.045} = \frac{0.096}{0.141} = 0.6809$$

테스트가 양성으로 나올 때 임신일 가능성은 68.09%이다. 이는 앞에서 직관적으로 푼 것과 동일한 결과이다.

이처럼 베이즈 정리는 임신 테스트기의 결과가 주어졌을 때, 어떻게 하면 임신의 사전확률(10%)을 수정하여 사후확률(68.09%)을 얻을 수 있는지 보여준다.

사전(테스트 이전)	*사후(테스트 결과 이후)*
$P(B) = 0.10$	$P(B \mid A) = 0.6809$

우리에게 주어진 정보가 $P(A \mid B)$와 $P(A \mid B')$뿐이기 때문에 $P(B \mid A)$을 앞에서 배운 조건부확률 공식으로 직접 계산할 수는 없으며, 베이즈 정리를 이용해야 한다.

그림 5.9의 확률 트리 도표는 상황을 시각적으로 보여준다. 1번과 3번 가지만이 양성 테스트이며, 1번 가지만이 진짜 임신이기 때문에 $P(B \mid A) = (0.096)/(0.096 + 0.045) = 0.6809$이다. 각 가지의 결합확률의 합은 1이다.

어떤 방법을 사용해도 결과는 동일하다. 공식을 사용하는 방법은 덜 직관적인 반면, 직관적 방법은 결과로 도출된 빈도가 정수가 되게 하려면 다수의 개인이 있다고 가정해야 하는 단점이 있다. 주어진 문제에 적합한 방법을 찾아 사용하도록 한다.

베이즈 정리의 일반 형태

사건 B가 단지 2개의 이분적 범주 B와 B'이 아니라 상호배타적이고 집단전체적인 여러 개의 범주($B_1, B_2, \ldots, B_n$)로 이루어진 경우 베이즈 정리를 다음과 같이 일반화할 수 있다.

$$P(B_i \mid A) = \frac{P(A \mid B_i)P(B_i)}{P(A \mid B_1)P(B_1) + P(A \mid B_2)P(B_2) + \cdots + P(A \mid B_n)P(B_n)} \tag{5.16}$$

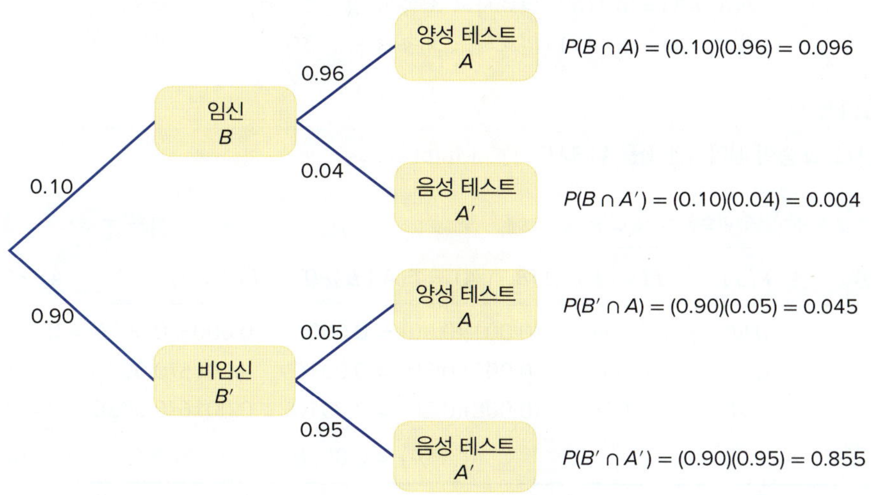

그림 5.9
임신 테스트의 트리 도표
Pregnancy

예제 5.8

병원 트라우마 센터

과거 데이터상으로 보면 병원 1, 2, 3의 트라우마 센터에서 처치를 받은 환자는 전체의 50%, 30%, 20%씩을 차지하고 있다. 또한 어떤 트라우마 처치가 의료사고 소송으로 귀결될 확률은 병원 1, 2, 3이 각각 0.001, 0.005, 0.008이다. 이 상황에서 어떤 의료사고 소송이 제기되었을 때 그것이 병원 1에서 발생했을 확률은 얼마인가? 이 문제를 풀어보자. 우선 다음과 같이 정의한다.

사건 A: 어떤 환자에 의해 의료사고 소송이 제기되는 사건
사건 B_i: 그 환자가 병원 $i(i = 1, 2, 3)$ 트라우마 센터에서 처치를 받은 사건

주어진 정보들이 표 5.14에 정리되어 있다.

표 5.14

병원 트라우마 센터 정보 Malpractice

병원	한계	조건부: 소송 제기
1	$P(B_1) = 0.50$	$P(A \mid B_1) = 0.001$
2	$P(B_2) = 0.30$	$P(A \mid B_2) = 0.005$
3	$P(B_3) = 0.20$	$P(A \mid B_3) = 0.008$

식 5.16을 적용하면 다음과 같이 $P(B_1 \mid A)$을 구할 수 있다.

$$P(B_1 \mid A) = \frac{P(A \mid B_1)P(B_1)}{P(A \mid B_1)P(B_1) + P(A \mid B_2)P(B_2) + P(A \mid B_3)P(B_3)}$$
$$= \frac{(0.001)(0.50)}{(0.001)(0.50) + (0.005)(0.30) + (0.008)(0.20)}$$
$$= \frac{0.0005}{0.0005 + 0.0015 + 0.0016} = \frac{0.0005}{0.0036} = 0.1389$$

의료사고 소송이 병원 1에서 발생할 확률은 0.1389, 즉 13.89%이다. 병원 1은 전체 환자의 50%를 차지하지만 의료사고 소송은 이에 훨씬 못 미친다. 그 이유는 다른 두 병원의 의료사고 소송이 훨씬 많기 때문이다.

표 5.15와 같은 워크시트를 이용하면 $P(B_1 \mid A)$뿐만 아니라 모든 사후확률을 쉽게 계산할 수 있다.

$P(B_1 \mid A) = 0.1389$ (의료사고 소송이 병원 1에서 발생할 확률)
$P(B_2 \mid A) = 0.4167$ (의료사고 소송이 병원 2에서 발생할 확률)
$P(B_3 \mid A) = 0.4444$ (의료사고 소송이 병원 3에서 발생할 확률)

표 5.15

의료사고 소송의 베이지안 확률 워크시트 Malpractice

	사전(주어짐)	조건부		사후(수정)
병원	$P(B_i)$	$P(A \mid B_i)$	$P(B_i \cap A) = P(A \mid B_i)P(B_i)$	$P(B_i \mid A) = P(B_i \cap A)/P(A)$
1	0.50	0.001	(0.001)(0.50) = 0.0005	0.0005/0.0036 = 0.1389
2	0.30	0.005	(0.005)(0.30) = 0.0015	0.0015/0.0036 = 0.4167
3	0.20	0.008	(0.008)(0.20) = 0.0016	0.0016/0.0036 = 0.4444
합계	1.00		$P(A) = 0.0036$	1.0000

표 5.16에서 보듯이 10,000명의 가상 환자를 대상으로 이 문제를 직관적으로 풀 수도 있다. 우선 각 병원의 예상 환자 수(10,000명의 50%, 30%, 20%)를 계산한다. 그런 다음 각 병원의 예상 환자 수에 의료사고 비율을 곱하여 의료사고 소송 예상 건수를 구한다.

표 5.16

10,000명의 가상 환자에 대한 의료사고 빈도 Malpractice

병원	의료사고 소송 제기	의료사고 소송 제기 안 함	합계
1	5	4,995	5,000
2	15	2,985	3,000
3	16	1,984	2,000
합계	36	9,964	10,000

병원 1: $0.001 \times 5{,}000 = 5$ (병원 1의 의료사고 소송 예상 건수)
병원 2: $0.005 \times 3{,}000 = 15$ (병원 2의 의료사고 소송 예상 건수)
병원 3: $0.008 \times 2{,}000 = 16$ (병원 3의 의료사고 소송 예상 건수)

표 5.16에서 보듯이 의료사고 소송 건수를 모두 합하면 36이다. 따라서 $P(B_1 \mid A) = 5/36 = 0.1389$, $P(B_2 \mid A) = 15/36 = 0.4167$, $P(B_3 \mid A) = 16/36 = 0.4444$이다. 이들 세 확률의 합은 1이다. 전체적으로 36건의 의료사고 소송이 있기 때문에 $P(A) = 36/10{,}000 = 0.0036$을 얻을 수 있다. 이 방식이 공식을 이용하는 것에 비해 더 이해하기 쉬울 것이다.

앞 상황을 그림으로 표현한 것이 그림 5.10이다. 최초의 표본공간은 3개의 상호배타적이고 집단전체적인 사건(병원 B_1, B_2, B_3)으로 구성되어 있다. 면적의 상대적 크기로 표현되어 있듯이 B_1은 표본공간의 50%이고, B_2는 표본공간의 30%, B_3은 표본공간의 20%이다. 그러나 의료사고 소송이 제기되었다는 조건하에서는 관련된 표본공간이 사건 A로 줄어든다.

수정된 (사후)확률은 사건 A 내에서의 상대적 면적이다.

$P(B_1 \mid A)$은 B_1에 속하는 A의 비율 = 13.89%
$P(B_2 \mid A)$은 B_2에 속하는 A의 비율 = 41.67%

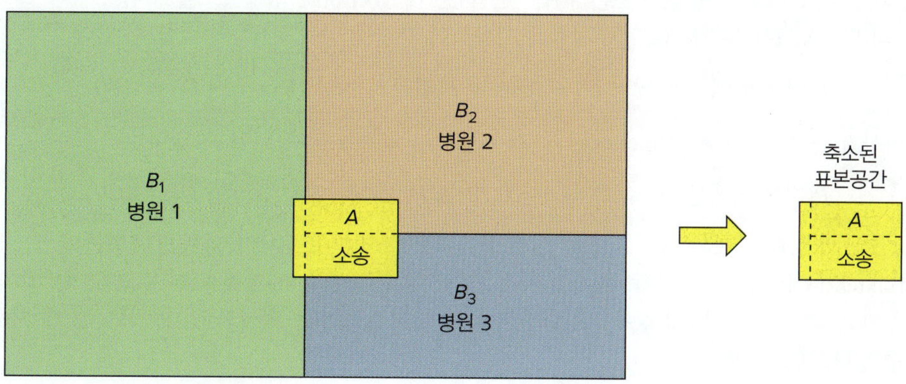

그림 5.10

병원 트라우마 센터 사례 예시

$P(B_3 \mid A)$은 B_3에 속하는 A의 비율 = 44.44%

표 5.15에 이들 비율이 계산되어 있다. 분모의 $P(A)$를 그림만으로 계산할 수는 없기 때문에 워크시트를 만들어 사용해야 한다.

단원 연습문제

Mc Graw Hill connect

5.43 운동선수들에 대한 약물검사의 경우 긍정오류(금지약물 사용이 아님에도 불구하고 양성으로 나오는 경우) 비율이 5%이고, 부정오류(금지약물 사용임에도 불구하고 음성으로 나오는 경우) 비율은 10%이다. 검사를 받은 운동선수 중 실제로 금지약물을 사용한 경우는 4%이다. 만약 어떤 운동선수가 테스트 결과 양성이 나왔다면 해당 선수가 실제로 금지약물을 사용했을 확률은 얼마인가? 추론과정을 설명하라.

5.45 공항에 설치되어 있는 감마선 화물 스캐너와 신경망 인공지능 프로그램은 짐가방에 들어있는 무기를 2%의 긍정오류와 2%의 부정오류 비율로 발견할 수 있다. 짐가방에 실제로 무기가 들어있을 확률은 0.001이다. 만약 어떤 짐가방에 알람이 울렸다면 해당 짐가방에 실제로 무기가 들어있을 확률은 얼마인가? 추론과정을 설명하라.

Mini Case 5.2

베이즈 정리와 의사결정 분석

기업은 불확실한 미래 사건과 관련된 결정을 내려야 한다. 예를 들어 어떤 회사가 매출이 늘어날 것으로 보고 새로운 제조시설을 건설하려고 하는데 앞으로 제품 수요와 판매량이 어떻게 될지는 불확실하다. 새로운 시설을 건설했는데 수요가 오히려 줄어든다면 생산능력이 불필요하게 커지게 될 것이다. 반대로 새로운 시설을 건설하지 않은 상태에서 수요가 증가하면 그만큼 수익을 잃게 된다. 이런 상황에서 비즈니스 관리자는 트리 도표와 베이즈 정리를 이용하여 미래 사건의 불확실성을 모형화하고 이러한 불확실성이 자신들의 의사결정 결과에 어떤 영향을 미치는지 계량화할 수 있다.

Baxter는 정원용 가구를 제조하는 중견기업이다. 이 회사는 내년에 판매량 증가가 예상되어 새로운 제조공장을 건설할 것을 고려하고 있다. 내년에 정원용 가구의 수요가 증가(U) 또는 감소(D) 중 어느 쪽이 될까? Baxter의 재무담당자는 내년에 정원용 가구에 대한 수요가 60% 증가할 것으로 예상한다. 이것은 사전확률이다.

$$P(U) = 0.60 \text{ 및 } P(D) = 1 - 0.60 = 0.40$$

그러나 Baxter의 재무담당자는 거시경제 예측 경험이 없다. 따라서 Baxter는 소비재에 대한 수요를 예측하는 데 폭넓은 경험을 가진 한 전문가의 의견을 들어볼 것을 고려하고 있다. 이 전문가는 수요 변화의 방향(+ 또는 −)을 예측하는 데 있어 80%의 정확도를 보이고 있다. 그가 고용되면 Baxter는 두 가지 조건부확률을 사용하여 자신들의 예측치를 수정할 수 있다.

$$P(\text{전문가 예상 "Up"} \mid U) = 0.80 \text{ 및 } P(\text{전문가 예상 "Down"} \mid D) = 0.80$$

여사건 규칙을 사용하여 Baxter는 두 가지 조건부 확률을 더 정의할 수 있다.

$$P(\text{전문가 예상 "Down"} \mid U) = 0.20 \text{ 및 } P(\text{전문가 예상 "Up"} \mid D) = 0.20$$

그림 5.11의 트리 도표는 이들 사건에 대한 한계확률, 조건부확률, 결합확률을 보여준다.

Baxter가 정말로 알고 싶어 하는 것은 전문가가 수요 증가를 예상했을 때 수요가 정말로 증가할 가능성이다(또는 반대 경우). 이런 상황에서 베이즈 정리는 확률을 업데이트하는 데 사용될 수 있다. 예를 들면,

$$P(U \mid \text{전문가 예상 “Up”}) = \frac{P(U)P(\text{전문가 예상 “Up”} \mid U)}{P(U)P(\text{“Up”} \mid U) + P(D)P(\text{전문가 예상 “Up”} \mid D)}$$

$$= \frac{(0.60)(0.80)}{(0.60)(0.80) + (0.40)(0.20)} = \frac{0.48}{0.48 + 0.08} = \frac{0.48}{0.56} = 0.8571$$

계산 결과를 보면, 이 전문가가 수요 증가를 예측했을 때 실제로 수요가 증가할 사후확률(0.8571)은 Baxter의 사전확률(0.6000)보다 크다는 것을 알 수 있다. 전문가의 정보가 Baxter에게 유용하다는 것을 의미한다.

그림 5.11

수요 및 전문가 예상에 대한 트리 도표

5.8 셈법

기본 셈법

만약 사건 A가 n_1개의 방식으로 발생할 수 있고 사건 B는 n_2개의 방식으로 발생할 수 있다면, 사건 A와 B는 $n_1 \times n_2$개의 방식으로 발생할 수 있다. 2개의 사건이 아니라 여러 개의 사건으로 일반화하면 m개의 사건은 $n_1 \times n_2 \times . . . \times n_m$개의 방식으로 발생할 수 있다.

예제 5.9

재고관리 레이블

영문자 2개를 앞에 두고 그 뒤에 숫자 4개를 붙여 재고관리단위(stock keeping unit: SKU) 레이블을 만드는 경우 몇 개의 서로 다른 레이블을 만들 수 있을까?

AF1078: 육각 6 cm 볼트—12개들이 박스
RT4855: Lime-A-Way 세제—16온스
LL3119: Rust-Oleum Professional 도장재—회색 15온스

이 문제는 그림 5.12에서 보는 것처럼 6개의 빈칸을 채우는 문제라 할 수 있다.

그림 5.12

재고관리 레이블

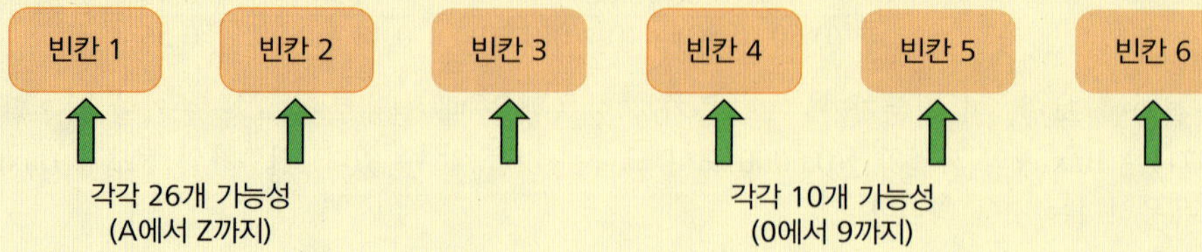

첫 번째와 두 번째 칸을 채우는 것은 각각 26개(*A*에서 *Z*까지) 방식이 있다. 또한 세 번째부터 여섯 번째까지의 빈칸은 각각 10개(0에서 9까지) 방식이 있다. 따라서 별개의 재고 레이블 가짓수는 $26 \times 26 \times 10 \times 10 \times 10 \times 10 = 6{,}760{,}000$이다. 이러한 시스템으로 웬만한 소매점은 충분히 커버할 수 있다.

예제 5.10

셔츠 재고

아주 간단한 경우인데도 조합 가능한 개수가 매우 커질 수 있다. 예를 들어 어떤 셔츠가 총 6개의 색깔, 5개의 사이즈(*S*, *M*, *L*, *XL*, *XXL*), 그리고 두 가지 스타일(짧은 소매, 긴 소매)로 나온다고 하자. 이 경우 셔츠의 종류는 총 $6 \times 5 \times 2 = 60$개가 된다. 각각 어느 정도의 재고가 필요한지는 그 이전의 수요패턴에 달렸을 것이다. 조합 가능한 숫자를 계산하는 것은 간단하지만, 모든 경우를 트리(tree) 다이어그램으로 표현하는 것은 한 페이지로 부족할지 모르며 일일이 열거하기 지루한 일이 될 것이다.

팩토리얼(계승)

n개의 항목을 특정한 순서로 배열하는 방법의 가짓수를 n **팩토리얼**(factorial; 계승)이라 하며, 이는 1에서 n까지의 정수를 모두 곱한 것이다.

$$n! = n(n-1)(n-2)\cdots 1 \tag{5.17}$$

이 공식은 어떤 n개의 항목을 배열하는 방법을 셀 때 유용하다. 첫 번째 항목을 택하는 방식이 n가지이고 두 번째 항목이 $n-1$가지이고, 이런 식으로 마지막 항목까지 가게 된다. 정의상 $0! = 1$이다.

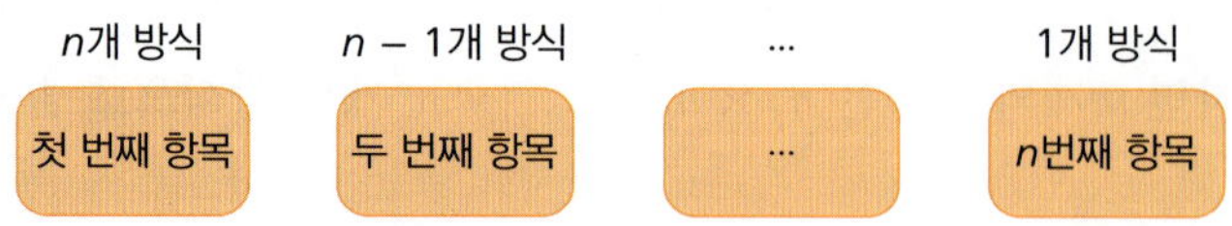

예제 5.11

트럭 배달 경로

배열할 항목의 개수가 매우 작다면 경우의 수를 일일이 세는 것도 가능하다. 예를 들어 가전제품을 배달하는 트럭이 세 곳(*A*, *B*, *C*)을 거쳐야 한다고 하자. 세 곳을 경유하는 방법에는 몇 가지가 있을까? 답은 여섯 가지이다. 즉, {*ABC*, *ACB*, *BAC*, *BCA*, *CAB*, *CBA*} 등이다. 그런데 우리가 알고 싶은 것이 구체적인 경로가 아니라 가능한 숫자만을 알고 싶다면 다음과 같이 팩토리얼을 이용하면 된다.

$$3! = 3 \times 2 \times 1 = 6$$

배열할 항목의 개수가 그리 크지 않은 경우에도 그것들을 일일이 열거하기란 사실상 불가능하다. 예를 들어 야구선수 9명의 타순을 정하는 가짓수는 다음과 같다.

$$9! = 9 \times 8 \times 7 \times 6 \times 5 \times 4 \times 3 \times 2 \times 1 = 362{,}880$$

계산기로 팩토리얼을 계산하려면 n! 키를 이용하면 된다. 엑셀에는 함수 =FACT(n)이 있다. 인터넷에서는 구글 검색창에 n!을 입력해도 된다. 예를 들면 38!은 다음과 같다.

엑셀 함수	*구글 검색창*
=FACT(38) = 5.23023E+44	$38! = 5.23022617 \times 10^{44}$

퍼뮤테이션(순열)

총 n개 항목으로 구성된 그룹에서 r개의 항목을 선택하라. 몇 가지 방식으로 r개의 항목을 나열할 수 있을까? 단 선택된 항목이 똑같다고 해도 배열순서가 다르면 서로 다른 방식으로 간주한다(즉, *XYZ*는 *ZYX*와 다르다). **퍼뮤테이션**(permutation; 순열)은 r개의 항목을 특정 순서로 배열하는 것이다. n개 항목에서 r개를 선택할 때 가능한 순열의 숫자를 ${}_nP_r$로 표시한다.

$$ {}_nP_r = \frac{n!}{(n-r)!} \qquad \textbf{(5.18)}$$

퍼뮤테이션은 n개 항목에서 r개를 선택할 때 얼마나 많은 배열(각 배열이 서로 다른 사건으로 간주되어야 함)이 가능한지에 관심이 있을 때 사용된다.

예제 5.12
애프터서비스 I

고객 5명(A, B, C, D, E)이 가전제품 애프터서비스가 필요한데 이 지역을 담당하는 기사는 정오 전까지 그중 세 군데밖에 방문할 수 없다. 또한 3명의 고객을 방문하는 순서가 (고객들에게는) 중요하기 때문에 순서가 다르면 서로 다른 경우로 간주하기로 한다. 이러한 상황에서 가능한 순열의 개수는 다음과 같다.

$$ {}_nP_r = \frac{n!}{(n-r)!} = \frac{5!}{(5-3)!} = \frac{5 \cdot 4 \cdot 3 \cdot 2 \cdot 1}{2!} = \frac{120}{2} = 60$$

위의 결과가 예상보다 크게 보일지 모르지만 각 경우들을 쉽게 열거해볼 수 있다. 우선 3명의 고객을 어떻게 고르느냐에 따라 10개의 그룹이 가능하다.

ABC ABD ABE ACD ACE ADE BCD BCE BDE CDE

여기에서 3명의 고객으로 구성된 각 그룹마다 6개의 정렬방식이 있다. 예를 들어 첫 번째 그룹인 $\{A, B, C\}$는 다음과 같은 여섯 가지 방식으로 배열할 수 있다.

ABC ACB CAB CBA BAC BCA

나머지 다른 9개 그룹에 대해서도 동일한 방식이 적용될 수 있다. 각각 3명의 고객으로 구성된 그룹이 모두 10개 있으며, 각 그룹마다 6개의 정렬방식이 있기 때문에 $10 \times 6 = 60$개의 순열이 있는 것이다.

퍼뮤테이션 계산은 계산기에서는 $_nP_r$ 키를 사용하면 되고, 엑셀에서는 =PERMUT(n,r) 함수를 사용한다. 예를 들어 49개에서 9개를 택하는 퍼뮤테이션은 다음과 같다.

엑셀 함수	*계산기*
=PERMUT(49,9) = 7.45521E+14	$_{49}P_9 = 7.455208604^{14}$

콤비네이션(조합)

콤비네이션(combinations; 조합)은 n개 항목에서 r개의 항목을 선택하는 것으로서 앞의 순열과 달리 배열순서가 중요하지 않은 경우이다(즉, XYZ와 ZYX를 동일한 조합으로 간주한다). n개 항목에서 r개를 선택할 때 가능한 조합의 숫자를 $_nC_r$로 표시한다.

$$_nC_r = \frac{n!}{r!(n-r)!} \tag{5.19}$$

r개를 선택할 때 순서는 상관없이 어떤 항목들이 선택되었는지만 중요한 경우에 콤비네이션(조합)을 이용한다.

예제 5.13

애프터서비스 II

고객 5명(A, B, C, D, E)이 가전제품 애프터서비스가 필요한데 이 지역을 담당하는 기사는 정오 전까지 그중 세 군데밖에 방문할 수 없다. 만약 고객들이 정오 이전에만 서비스를 받는다면 그것이 첫 번째이든 두 번째이든 세 번째이든 개의치 않는다고 하자. 따라서 애프터서비스 센터에서는 ABC, ACB, BAC, BCA, CAB, CBA 등이 모두 A, B, C 3명의 고객을 서비스한다는 점에서 서로 동일한 것으로 간주하는 것이다. 이때 조합의 개수는 다음과 같다.

$$_nC_r = \frac{n!}{r!(n-r)!} = \frac{5!}{3!(5-3)!} = \frac{5 \cdot 4 \cdot 3 \cdot 2 \cdot 1}{(3 \cdot 2 \cdot 1)(2 \cdot 1)} = \frac{120}{12} = 10$$

위의 결과는 앞의 퍼뮤테이션의 예에 비해 훨씬 작다. 사실 3명의 고객으로 구성된 10개의 그룹은 다음과 같이 쉽게 열거할 수 있다.

ABC ABD ABE ACD ACE ADE BCD BCE BDE CDE

콤비네이션 계산은 계산기에서는 $_nC_r$ 키를 사용하면 되고, 엑셀에서는 =COMBIN(n,r) 함수를 사용한다. 구글 검색창을 이용할 수도 있다. 예를 들어 52개에서 24개를 택하는 콤비네이션은 다음과 같다.

엑셀 함수	*계산기*	*구글 검색창*
=COMBIN(52,24) = 4.26385E+14	$_{52}C_{24} = 4.26384982^{14}$	52 choose 24 = 4.26384982 x 10^{14}

퍼뮤테이션 아니면 콤비네이션?

퍼뮤테이션과 콤비네이션은 둘 다 n개 항목에서 r개의 항목을 선택하는 방식의 가짓수를 계산하는 것이다. 단 퍼뮤테이션에 있어서는 배열순서(order)가 중요한 반면, 콤비네이션에서는 배열순서가 중요하지 않다. n개 항목에서 무작위로 r개의 표본을 뽑을 때 퍼뮤테이션 $_nP_r$의 개수가 최소한 콤비네이션 $_nC_r$의 개수보다는 작지 않다.

단원 연습문제

5.47 (a) 계산기 없이 ${}_{20}C_5$를 계산하라. 과정을 보여라. (b) 계산기를 사용하여 ${}_{20}C_5$를 구하라. (c) 구글 검색창에 '20 선택 5'를 입력하여 ${}_{20}C_5$를 구하라. (d) 어느 방법을 가장 자주 사용하는가? 이유는?

5.49 American Express Business Travel에서는 각 고객의 여행 일정에 6자리로 기록된 번호(record locator number: RLN)를 사용한다(예: KEZLFS). (a) 대문자(A~Z)만을 사용하여 얼마나 많은 RLN을 생성할 수 있는가? (b) 대문자(A~Z)와 숫자(0~9)의 혼합이 허용되면 몇 개의 RLN을 생성할 수 있는가? (c) 대문자와 숫자를 허용하지만 숫자 0과 1, 문자 O와 I가 너무 닮아서 제외된다면 몇 개의 RLN을 생성할 수 있는가?

5.51 2005년까지 표준적인 바코드 역할을 했던 UPC 바코드는 12자리 숫자이다. 처음 6개 숫자는 제조업체, 그 다음 5개 숫자는 상품정보, 마지막 1개 숫자는 스캐너의 판독오류를 막기 위한 용도이다. (a) 이 시스템으로 얼마나 많은 제조업체를 표시할 수 있는가? (b) 얼마나 많은 상품을 표시할 수 있는가? (c) 2005년에 UPC 바코드가 EAN 바코드로 대체되었는데, 이는 13자리로 되어 있다. 만약 추가된 13번째 자리의 숫자가 상품정보 인식에 이용된다면 EAN 바코드 시스템으로 얼마나 많은 상품을 표시할 수 있는가?

5.53 (a) 서가에 7권의 책을 배치할 때 몇 가지 방법이 있는가? (b) 그 배열방법을 일일이 열거하는 것이 용이한가?

5.55 다음의 콤비네이션 ${}_nC_r$을 계산하라.

a. $n = 8, r = 3$
b. $n = 8, r = 5$
c. $n = 8, r = 1$
d. $n = 8, r = 8$

요약(*Chapter Summary*)

어떤 **확률실험**(random experiment)에서 **표본공간**(sample space)은 모든 가능한 결과들을 나타낸다. 이산형(discrete) 표본공간에서는 **단순사건**(simple event)을 하나하나 열거하는 것이 가능하지만 **연속형**(continuous) 표본공간에서는 결과들을 어떤 규칙으로 기술해야 한다. **경험적**(empirical) 확률은 상대빈도를 기반으로 하며, **고전적**(classical) 확률은 실험의 성질에서 도출되며, **주관적**(subjective) 확률은 판단에 기초한다. 어떤 사건의 **여사건**(complement)은 해당 사건을 제외한 모든 결과들을 말한다. **승산**(odds)은 어떤 사건의 확률을 그것의 여사건의 확률로 나눈 것이다. 두 사건의 **합사건**(union)은 어느 한쪽 또는 양쪽에 속한 모든 결과들이며 교사건(intersection)은 양쪽 모두에 속한 결과만을 가리킨다. **상호배타적**(mutually exclusive) 사건은 동시에 발생할 수 없으며 **집단전체적**(collectively exhaustive) 사건은 모든 가능성을 포괄한다. 어떤 사건의 **조건부확률**(conditional probability)은 어떤 다른 사건이 발생한 것이 주어졌을 때 해당 사건의 확률이다. 두 사건이 **독립적**(independent)이라는 것은 어느 한 사건의 조건부확률이 **비조건부**(unconditional)확률과 동일한 경우이다. 독립적 사건의 **결합확률**(joint probability)은 모든 확률을 곱한 것이다. **분할표**(contingency table)는 가로세로의 표에 범주형 결과를 가진 두 변수의 빈도수를 기록한 것으로 확률을 계산하는 데 이용될 수 있다. **트리**(tree)는 사건들을 연속형 그림으로 표현한 것이다. **베이즈 정리**(Bayes' Theorem)는 어떤 다른 사건이 발생했을 때 어떻게 **사전확률**(prior probability)을 수정하여 조건부(conditional) 또는 **사후확률**(posterior probability)을 구하는지 알려준다. 모집단에서 표본 항목들을 뽑을 때 조합 또는 배열의 가짓수를 계산하는 데 **퍼뮤테이션**(permutation; 배열순서가 중요한 경우)이나 **콤비네이션**(combination; 배열순서가 상관없는 경우)을 이용할 수 있다.

주요 용어(*Key Terms*)

결합확률(joint probability)
경험적 접근(empirical approach)
고전적 접근(classical approach)
곱의 법칙(multiplication law)
공집합(null set)
교사건(intersection)
단순사건(simple event)
대수의 법칙(law of large numbers)
독립적(independent)
베이즈 정리(Bayes' Theorem)
벤다이어그램(Venn diagram)
보험통계학(actuarial science)
복합사건(compound event)
분할표(contingency table)
사건(event)
사전확률(prior probability)
사후확률(posterior probability)
상대빈도 접근(relative frequency approach)
상호배타적(disjoint, mutually exclusive)
승산(odds)
여사건(complement)
이분적 사건(dichotomous events)
조건부확률(conditional probability)
종속적(dependent)
주관적 접근(subjective approach)
중복(redundancy)
집단전체적(collectively exhaustive)
콤비네이션(combination)
트리 도표(tree diagram)
팩토리얼(factorial)
퍼뮤테이션(permutation)
표본공간(sample space)
한계확률(marginal probability)
합사건(union)
합의 일반법칙(general law of addition)
확률(probability)
확률실험(random experiment)

확률에서 자주 사용되는 공식

	A가 일어날 승산	**A가 일어나지 않을 승산**
승산:	$\frac{P(A)}{1-P(A)}$	$\frac{1-P(A)}{P(A)}$

합의 일반법칙: $P(A \cup B) = P(A) + P(B) - P(A \cap B)$

합의 특별법칙: $P(A \cup B) = P(A) + P(B)$

조건부확률: $P(A \mid B) = \frac{P(A \cap B)}{P(B)}$

곱의 일반법칙: $P(A \cap B) = P(A \mid B)P(B)$

곱의 특별법칙: $P(A \cap B) = P(A)P(B)$

베이즈 정리: $P(B \mid A) = \frac{P(A \mid B)P(B)}{P(A \mid B)P(B) + P(A \mid B')P(B')}$

퍼뮤테이션: ${}_nP_r = \frac{n!}{(n-r)!}$

콤비네이션: ${}_nC_r = \frac{n!}{r!(n-r)!}$

리뷰(*Chapter Review*)

1. 다음을 정의하라. (a) 확률실험, (b) 표본공간, (c) 단순사건, (d) 복합사건
2. 확률을 부여하는 세 가지 접근법은 무엇인가? 그 차이를 설명하라.
3. 다음을 벤다이어그램으로 설명하라. (a) 어떤 사건의 여사건, (b) 두 사건의 합사건, (c) 두 사건의 교사건, (d) 상호배타적 사건, (e) 이분적 사건
4. 승산을 정의하라. 승산은 대개 어떤 사건이 일어나지 않을 승산으로 표현된다는 것은 무슨 의미인가?
5. (a) 합의 법칙이란 무엇인가? (b) 왜 교사건 확률을 빼는가?
6. (a) 조건부확률 공식을 적어라. (b) 어느 경우에 두 사건이 독립적인가?
7. (a) 분할표란 무엇인가? (b) 어떻게 분할표를 상대빈도표로 바꾸는가?
8. 분할표에서 다음의 개념을 설명하라. (a) 한계확률, (b) 결합확률

9. 트리 도표는 어떤 경우에 유용한가? 실용적이지 않은 경우는 어떤 때인가?

10. 베이즈 정리의 주요 내용은 무엇인가?

11. 다음을 정의하라. (a) 기본 셈법, (b) 팩토리얼, (c) 퍼뮤테이션, (d) 콤비네이션

단원 연습문제(Chapter Exercises)

주: 답을 구한 과정을 명확히 설명하라.

경험적 확률 실험

5.57 (a) 어떤 차량이 전면주차(후진주차의 반대)를 할 확률을 자신의 경험적 추정치로 구하라. 어떤 주차장(예를 들어 마트 주차장)을 고른다. 어떤 차가 전면주차하는 사건을 A라 하자. 조사한 n대의 차량 가운데 전면주차한 차량의 수를 f라 하자. 이 경우 $P(A) = f/n$이다. (b) 자신의 표본크기가 신뢰할 만한 확률을 얻는 데 충분한 것으로 생각하는가? (c) 다른 주차장(예컨대 교회나 경찰서)을 선택했을 때 $P(A)$가 비슷할 것으로 예상하는가? 즉, $P(A \mid \text{교회}) = P(A \mid \text{경찰서})$가 성립할까? 설명하라.

5.59 (a) 유튜브 뮤직 비디오 길이가 2분이 안 될 확률을 자신의 경험적 추정치로 구하라. 유튜브에서 표본으로 선택된 n개의 뮤직 비디오 중 길이가 2분 미만인 비디오의 개수를 f라 하자. 어떤 뮤직 비디오의 길이가 2분 미만인 사건을 A라 하면 $P(A) = f/n$이다. (b) 자신의 표본크기가 신뢰할 만한 확률을 얻는 데 충분한 것으로 생각하는가? (c) 스포츠 비디오의 경우에도 $P(A)$가 비슷할 것으로 예상하는가? 설명하라.

문제

5.61 어떤 뉴스 보도에 따르면 남자 고등학교 운동선수의 경우 어떤 대학 장학생으로 선발될 확률은 농구 선수가 0.0139, 수영/다이빙 선수가 0.0324, 라크로스 선수가 0.0489이다. 이것들은 어떤 종류(고전적, 경험적, 주관적)의 확률인가?

5.63 어떤 서베이 결과 온라인 인터넷 쇼핑객 중 44%가 체크아웃 과정(예: 신용카드번호 입력)에서 어떤 식이든 기술적 실패를 경험한 적이 있는 것으로 나타났다. 이것은 어떤 종류(고전적, 경험적, 주관적)의 확률인가?

5.65 Dermabond 접착제(절개부위를 꿰매는 것을 대신함)가 보급된 첫 해에 응급실 의사의 83%가 이를 사용해본 것으로 추정되었다. 이것은 어떤 종류(고전적, 경험적, 주관적)의 확률인가?

5.67 최근 한 연구에 따르면 2100년까지 직경이 100미터 이상의 소행성이 지구와 충돌할 가능성이 2%라고 한다. 이것은 어떤 종류(고전적, 경험적, 주관적)의 확률인가?

5.69 로스앤젤레스 프리웨이에서 러시아워 때 휴대전화를 손에 들고 사용하는 운전자가 18%이다. 이것은 어떤 종류(고전적, 경험적, 주관적)의 확률인가?

5.71 Ramjac Corporation은 네트워크 운영을 위해 이중 독립 서버가 있는 시스템을 설치하려고 한다. 이 회사 직원인 밥(Bob)은 "하지만 그렇게 하면 시스템 고장의 기회가 두 배로 늘어나게 된다"라고 말한다. 밥의 주장이 옳은가? 예를 들어 추론을 설명하라.

5.73 2014년식 Audi A7이 도난 당할 확률은 0.0156이다. 2014년식 Audi A7이 도난 당하지 않을 승산을 구하라. 반올림하여 정수로 답하라.

5.75 2016년 NCAA 남자 농구 플레이오프에서 버틀러 대학이 결승에 오르지 못할 승산이 125대 1이었다. 이것은 버틀러 대학이 2016년 결승에 오를 확률이 얼마라는 것을 의미하는가?

5.77 (a) 미국 어떤 주의 자동차 번호판은 알파벳 문자(A~Z) 3개와 그 다음에 이어지는 숫자(0~9) 3개로 되어 있다. 얼마나 많은 번호판을 발행할 수 있는가? (b) 만약 주정부가 26개의 문자와 10개의 숫자를 (순서나 각각의 개수에 상관없이) 어떤 식으로 6자리를 조합해도 상관없다고 할 경우 얼마나 많은 서로 다른 번호판이 가능한가? (c) 허용되지 않는 숫자나 문자가 있을 수 있다. 어떤 것일까?

5.79 어떤 MBA 프로그램이 회계(A), 재무(F), 인사관리(H), 정보시스템(I), 국제비즈니스(B), 마케팅(M), 운영관리(O) 등과 같은 7개의 전공을 제공한다고 하자. 캡스톤 비즈니스 정책 과목을 수강하는 학생들을 팀으로 나누는데 각 팀의 구성원은 3명이며 이들은 모두 전공이 서로 달라야 한다고 하자. 얼마나 많은 종류의 팀(즉, 전공조합)이 가능한가?

5.81 미국을 출발하는 국제선 비행기의 출발이 지연되는 사건(D)의 확률은 0.25이다. 미국을 출발하는 국제선 항공편이 태평양 횡단 항공편이라는 사건(P)의 확률은 0.57이다. 미국을 출발하는 국제선이 태평양 횡단 항공편이며 출발이 지연될 확률은 0.12이다. (a) 어떤 항공편이 태평양 횡단 국제선 항공편이라고 주어졌을 때, 이 항공편의 출발이 지연될 확률은 얼마인가? (b) 이 문제에서 D와 P는 독립적인가? 설명하라.

5.83 어떤 회사가 경매를 통해 *A*계약을 수주할 확률이 30%이고 *B*계약을 수주할 확률은 40%이다. 또한 두 계약을 모두 수주할 확률은 5%이다. 두 사건은 독립적인가?

5.85 터보 프로펠러 항공기는 서로 독립적인 전원으로 구동되는 2개의 비행자세 센서가 장착되어 있다. 6시간 비행에서 각 비행자세 센서가 실패할 확률이 0.0008인 경우, 이것은 '9 다섯 개' 신뢰성(즉, 비행자세 센서 2개 모두가 실패하지는 않을 확률이 0.99999 이상)을 달성하는가?

5.87 자녀양육권 소송에서 아버지가 권한을 요구할 경우 70%가 소송에서 이기는 것으로 나타났다. 아버지가 권한을 요구하는 3건의 자녀양육권 소송이 있다고 할 때 이들이 소송에서 모두 이길 확률은 얼마인가? 어떤 전제를 사용했는가?

5.93 4명의 학생들이 쇼핑몰 4곳을 하나씩 맡아 각 주차장에 있는 차량의 종류를 조사했다. 각 학생이 100대씩의 차량을 조사했으며 그 결과가 아래에 5 × 4의 분할표로 제시되어 있다. (a) 다음의 확률(i~vi)을 각각 계산하고 그 의미를 문장으로 설명하라. (b) 차량의 종류와 쇼핑몰의 위치가 상호 독립적이 아니라고 할 수 있는가? 설명하라(데이터는 MBA 학생들인 Steve Bennett, Alicia Morais, Steve Olson, Greg Corda의 독자적인 프로젝트에 근거). **Malls**

i. $P(C)$

ii. $P(G)$

iii. $P(V \mid S)$

iv. $P(C \mid J)$

v. $P(C$ 그리고 $G)$

vi. $P(T$ 그리고 $O)$

쇼핑몰 4곳의 차종별 대수

차종	Somerset (*S*)	Oakland (*O*)	Great Lakes (*G*)	Jamestown (*J*)	행 합계
승용차(*C*)	44	49	36	64	193
미니밴(*M*)	21	15	18	13	67
밴(*F*)	2	3	3	2	10
SUV(*V*)	19	27	26	12	84
트럭(*T*)	14	6	17	9	46
열 합계	100	100	100	100	400

5.95 이자율 예측이 실제 이자율의 변화와 어느 정도 일치했는지 살펴보기 위해 전망기관들의 3 · 4분기에 대한 이자율 예측을 분석했다. 아래의 2 × 2 분할표는 이자율 변화에 대한 예측과 실제 변화를 보여준다. (a) 아래의 각 확률(i~vi)을 계산하고 그 의미를 문장으로 설명하라. **Forecasts**

i. $P(F-)$

ii. $P(A+)$

iii. $P(A- \mid F-)$

iv. $P(A+ \mid F+)$

v. $P(A+$ 그리고 $F+)$

vi. $P(A-$ 그리고 $F-)$

이자율 전망의 정확도

	실제 변화		
변화 예측	**하락(*A*−)**	**상승(*A*+)**	**행 합계**
하락(*F*−)	7	12	19
상승(*F*+)	9	6	15
열 합계	16	18	34

5.97 최근 400명의 미국 성인을 대상으로 한 표본 중 45%가 미국 은퇴 연금인 401K에 가능한 최대 금액을 납입하는 것을 발견했다고 가정하자. 이 응답자 중 63%는 65세까지 은퇴할 계획이다. 65세까지 은퇴할 계획인 사람들 중 60%는 401K에 가능한 최대 금액을 납입하였다.

(a) 위 정보를 사용하여 아래 분할표를 작성하라.

(b) 401K 가입자 중 65세 이후에 은퇴할 계획이 있는 성인의 비율은 몇 퍼센트인가?

(c) 65세까지 은퇴할 계획인 것과 401K에 최대 금액을 납인하는 것은 서로 독립 사건인가? 계산 과정을 보여라.

	401K와 은퇴		
	65세까지 은퇴	**65세 이후 은퇴**	**행 합계**
최대 금액 납입			
최대 금액 미만 납입			
열 합계			400

참고문헌(*Related Reading*)

Albert, James H. "College Students' Conceptions of Probability." *The American Statistician* 57, no. 1 (February 2001), pp. 37–45.

소프트웨어 부록(*Software Supplement*)

R을 이용한 분할표 작성 WebSurvey

몇 가지 범주형 변수(즉, 데이터 값이 숫자가 아니거나 질적인 경우)가 있는 학생 대상 웹 설문조사 결과가 있다. 엑셀 스프레드시트에 기록된 응답은 158개이다. 처음 몇 개의 행이 아래에 표시되어 있다.

	A	B	C	D	E	F
1		***Cell Phone***	***Political Views***	***Religious Attend***	***Second Language Skill***	***Newspaper Reading***
2		Verizon	Conservative	Very Often	None	Never
3		Verizon	Very Liberal	Often	Slight	Occasionally
4		AT&T	Conservative	Often	Slight	Occasionally
5		AT&T	Liberal	Rarely	Moderate	Occasionally
6		AT&T	Conservative	Never	Moderate	Regularly
7		...	...	...	...	...

출처: Microsoft Excel.

교차표(즉, 하나 이상의 분할표를 작성하기 위해)를 작성하려고 한다. Excel에서 R의 데이터 프레임으로 데이터를 가져오려면 Excel의 해당 데이터 블록을 강조 표시하여 클립보드에 복사(Windows의 Ctrl-c 또는 MacOS의 Command-c)하면 된다. R로 이런 데이터 프레임을 만들고 WebSurvey라고 이름을 부여한다.

Windows:

```
> WebSurvey = read.table(file="clipboard", sep="\t", header=TRUE)
```

MacOS:

```
> WebSurvey = read.table(pipe("pbpaste"), sep="\t", header=TRUE)
```

열 이름(column headings)에 공백이 있기 때문에 R은 공백을 마침표(예: Political.Views 혹은 Newspaper.Reading)로 대체하여 각 변수의 이름을 지정한다. 분할표를 만드는 것은 간단하다. 예를 들어, Political.Views를 Newspaper.Reading에 대해 교차하는 표를 만드는 방법은 다음과 같다:

```
> MyTable=table(WebSurvey$Political.Views, WebSurvey$Newspaper.Reading)
> MyTable
```

```
                    Newspaper.Reading
Political.Views      Never Occasionally Regularly
  Conservative           7           30         8
  Liberal                8           34         3
  Very Conservative      2            6         4
  Very Liberal           9           40         7
```

앞의 표에는 행 합계 및 열 합계가 없다. 각 변수에 대해 table() 명령어를 개별적으로 사용하여 계산할 수 있지만, 표의 일부로 표시되지 않는다. 분할표를 복사하여 워드 또는 엑셀(글자로 된 테이블로 저장됨)에 붙여 넣어 행 합계 및 열 합계를 추가하는 것이 더 편리할 수도 있다. 데이터 프레임에서 원하는 열 번호(이 예제에서는 2와 5)를 참조하여 동일한 표를 얻을 수도 있다. 이 경우, 대괄호 및 괄호를 사용하는 방식에 주의해야 한다.

```
> MyTable =table(WebSurvey[c(2,5)])
```

CHAPTER

6 이산확률분포

Discrete Probability Distributions

목차 *Chapter Contents*

학습목표 *Chapter Learning Objectives*

이 장을 마친 후 스스로 다음을 할 수 있어야 한다.

- **LO 6-1** 이산확률변수와 확률분포를 정의한다.
- **LO 6-2** 기댓값과 분산 개념을 이용하여 문제를 풀 수 있다.
- **LO 6-3** 엑셀, 관련 공식, 확률분포표를 이용하여 이항분포의 확률을 구할 수 있다.
- **LO 6-4** 엑셀, 관련 공식, 확률분포표를 이용하여 포아송의 확률을 구할 수 있다.
- **LO 6-5** 엑셀을 이용하여 초기하분포의 확률을 구할 수 있다.

skynesher/Getty Images

이 장에서는 기업의 의사결정과정 또는 무작위 데이터를 생성하는 과정을 이해하기 위해 확률을 어떻게 활용할 수 있는지 보여준다. 거의 모든 기업환경에서 의사결정과정은 확률과정이라고 볼 수 있다. 예를 들어 자동차 정비공장에서 수리되는 자동차 대수 또는 인터넷 쇼핑몰의 주문전화 건수 등이다. 입고되는 자동차와 주문전화는 확률실험으로 간주될 수 있다. 입고되는 자동차와 걸려오는 전화는 확률적 결과를 생성하는 실험이라고 생각할 수 있다. 자동차와 관련해서는 처리시간이 관심변수이고, 주문전화와 관련해서는 주문량이 관심변수가 된다.

확률모형(probability model)은 무작위 실험에 의해 정의되는 표본공간에 있는 각 결과에 확률을 배정한다. 우리는 확률모형을 확률과정의 본질적인 특성을 묘사하고 의사결정을 돕고 예측하는 데 사용할 것이다. 예를 들어 금요일 오후 12시부터 오후 1시까지 자동차 정비공이 얼마나 필요한가? 이 질문에 답하기 위해 우리는 점심시간 동안 정비를 받으러 오는 자동차의 수를 모형화할 필요가 있다. 예를 들어 인터넷 쇼핑몰의 경우에는 50통의 주문전화로부터 주문량이 얼마가 될 것으로 예측하는가? 이 질문에 답하기 위해 콜센터에 걸려오는 주문전화 건수를 모형화하여야 한다. 확률모형은 현실적이어야 하고 충분히 분석 가능해야 한다.

많은 확률과정들이 이미 잘 알려진 특성을 가진 확률모형에 의해서 표현될 수 있다. 이러한 확률모형을 제대로 사용하기 위해서는 확률모형에 대한 전개과정을 이해해야 한다. 다음 단원에서 자주 사용되는 몇몇 주요 모형에 대해서 설명한다.

6.1 이산확률분포

확률변수

확률변수(random variable)는 확률실험 표본공간(sample space)의 각 결과(outcome)에 숫자를 배정하는 규칙이나 함수를 의미한다. 일반적으로 확률변수를 표기할 때 대문자 X를 사용하는 반면에, X의 구체적인 값에 대해서 소문자(예를 들어, x_1)를 사용한다. 확률변수는 실험의 직접적인 관측치로 정의되기도 한다(예를 들어, 시카고 오헤어 공항에서 1시간 동안 이륙하는 비행기의 수). **이산확률변수**(discrete random variable)는 셀 수 있는 값으로 구성되어 있다. 어떤 확률변수는 분명하게 상한(40명이 한 반을 이루는 경우 결석한 학생의 수)을 가지고 있는 반면에 어떤 확률변수는 상한을 가지고 있지 않다(주어진 1시간 동안 당신이 받는 문자메시지의 수). 다음 내용은 이산확률변수에 관련된 의사결정 문제의 예제이다.

의사결정 문제	*이산확률변수(범위)*
• 옥스나드 대학 MBA 프로그램의 신입생 정원은 65명이다. 작년에 합격한 학생 중 75%가 등록하였다. 80명의 학생을 합격시켰을 때 이 중 65명이 등록할 확률은?	• X = 실제로 등록한 MBA 프로그램의 학생 수 ($X = 0, 1, 2, \ldots, 80$)
• 오전 9시부터 12시까지의 작업시간 동안 인터넷 쇼핑몰 주문센터 직원은 1분당 5건의 주문을 처리할 수 있다. 그리고 평균 주문량은 1분당 3.5건이다. 주어진 1분 동안 주문량이 5건 이상 될 확률은?	• X = 주어진 1분 동안 인터넷 쇼핑몰에 걸려 오는 주문전화의 수 ($X = 0, 1, 2, \ldots$)
• 어떤 강판 제조업자로부터 제공되는 강판은 길이 1미터당 평균적으로 0.01개의 불량품이 생길 수 있다. 토요타 자동차는 500미터의 강판에서 10개 이상이 불량이면 그 주문을 거절한다. 임의의 주문이 거절될 확률은 얼마인가?	• X = 강판 500미터에서 불량품의 개수 ($X = 0, 1, 2, \ldots$)

확률분포

이산확률분포(discrete probability distribution)는 이산확률변수 X의 각 값에 확률을 대응시킨다. 따라서 확률분포는 5장에서 정의한 확률법칙을 반드시 따라야 한다. X가 n개의 값 $(x_1, x_2, \ldots, x_n)$을 가지면,

$$0 \le P(x_i) \le 1 \qquad \text{(확률변수 } X\text{의 각 값에 대한 확률)} \tag{6.1}$$

$$\sum_{i=1}^{n} P(x_i) = 1 \qquad \text{(}X\text{의 모든 값에 대한 확률 합)} \tag{6.2}$$

이산확률분포는 수학에서 함수의 규칙을 따른다. 하나 이상의 결과가 있는 표본공간(sample space)은 같은 숫자로 대응될 수 있다. 그러나 하나의 사건결과를 2개의 숫자로 대응할 수는 없다. 유사하게 하나의 확률변수 값은 하나의 확률에만 대응되고 2개 이상의 확률을 동시에 가질 수 없다. 또한 확률의 합은 반드시 1이 되어야 한다. 그림 6.1은 주사위 1개를 던지는 경우에 표본공간, 확률변수 그리고 확률분포함수들의 관계를 보여준다.

그림 6.1
주사위 1개를 던지는 확률실험

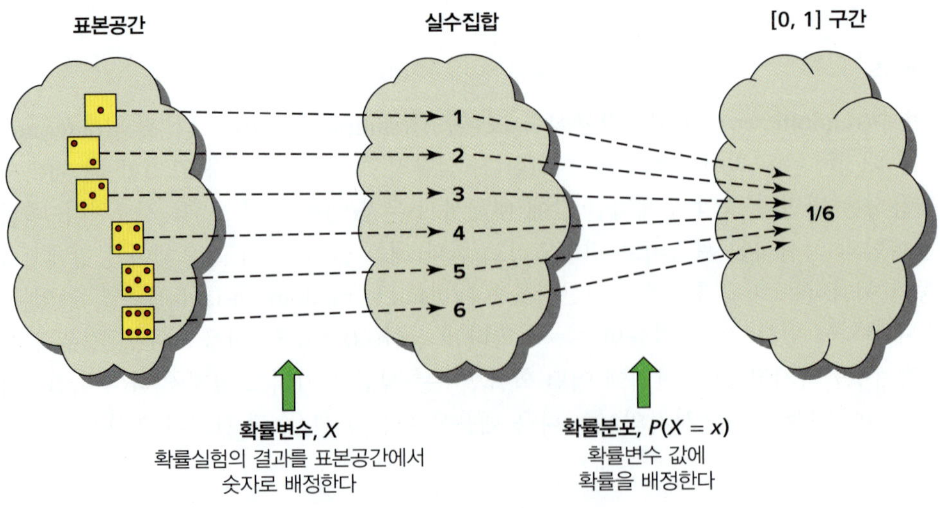

예제 6.1

동전 던지기

ThreeCoins

동전 1개를 세 번 던질 때, 표본공간은 같은 확률을 가지는 8개 단순사건으로 구성된다(HHH, HHT, HTH, THH, HTT, THT, TTH, TTT). X를 앞면의 수로 정의하면 X는 표 6.1과 그림 6.2에 제시된 확률분포를 가지는 확률변수이다.

표 6.1

동전 1개를 세 번 던지는 실험에 대한 확률분포

가능한 사건	x	$P(x)$
TTT	0	1/8
HTT, THT, TTH	1	3/8
HHT, HTH, THH	2	3/8
HHH	3	1/8
합계		1

X의 값이 모두 같은 확률을 가지는 것은 아니다. 위 예제에서 $X = 1$과 $X = 2$는 $X = 0$과 $X = 3$에 비해 그 가능성이 더 크다. 여느 확률분포와 마찬가지로 모든 확률을 더하면 1이 된다.

그림 6.2

동전 1개를 세 번 던지는 실험에 대한 확률분포

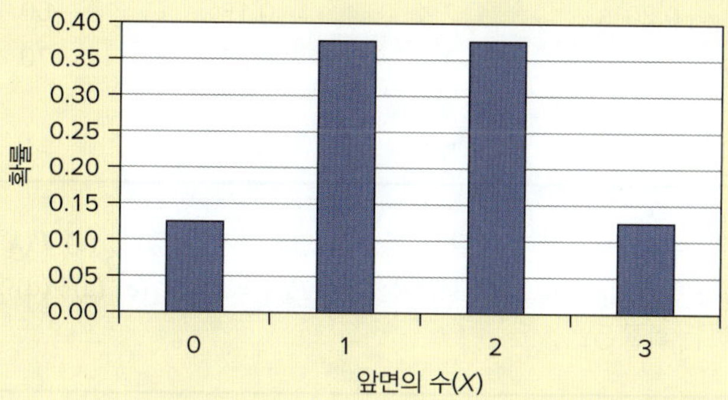

PDF와 CDF는 무엇인가?

잘 알려진 확률분포는 **확률분포함수**(probability distribution function: PDF)와 **누적확률분포함수**(cumulative distribution function: CDF)에 의해 기술될 수 있다. PDF와 CDF는 확률변수 각각의 X값과 그 값에 대한 확률에 의해 정의되기도 하고 또는 수학적 방정식에 의해서도 정의되기도 한다. 이산적 PDF는 각각의 X값에 대해 확률을 보여주고, CDF는 확률의 누적 합계를 나타낸다. 따라서 X의 가장 작은 값에서 가장 큰 값까지 더하면 점점 1에 가까워진다. 그림 6.3은 이산형 PDF를 보여주고 또한 이에 해당하는 CDF를 나타낸다. CDF는 1에 가까워지고 X의 PDF 값의 합은 1이 된다는 것을 알 수 있다.

확률변수와 확률분포는 **모수**(parameter)에 의해 표현된다. PDF와 CDF에 대한 함수식 그리고 분포의 특징(가령, 평균과 표준편차)은 확률과정의 모수에 의존한다. 본 장의 나머지 부분에서는 몇 개의 잘 알려진 이산확률분포와 그 분포의 응용에 대해 설명한다. 많은 기업의 확률적 의사결정 과정이 주로 사용하는 확률분포에 의해 표현될 수 있다.

그림 6.3

PDF와 CDF 그래프

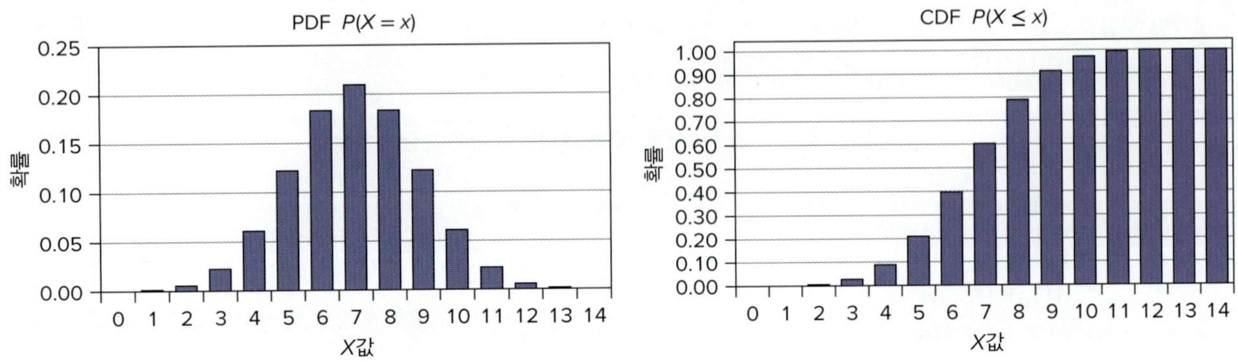

단원 연습문제

connect

6.1 아래 예에서 확률분포함수가 아닌 것은? 설명하라.

예제 A		예제 B		예제 C	
x	*P*(*x*)	*x*	*P*(*x*)	*x*	*P*(*x*)
0	0.80	1	0.05	50	0.30
1	0.20	2	0.15	60	0.60
		3	0.25	70	0.40
		4	0.40		
		5	0.10		

6.3 병원 응급실 환자의 수는 아래와 같은 확률분포를 가지고 있다. (a) $P(X \geq 3)$은 얼마인가? (b) $P(X \leq 2)$는 얼마인가? (c) $P(X < 4)$는? (d) $P(X = 1)$은? (e) (a)~(d)에 있는 확률표현 중 CDF에 해당하는 확률은?

x	0	1	2	3	4	5	합계
P(*x*)	0.05	0.30	0.25	0.20	0.15	0.05	1.00

6.2 기댓값과 분산

이산확률분포는 *X*축의 특정한 값에 대해 정의된다는 사실을 다시 기억해보자. 이산확률 **변수 기댓값** $E(X)$는 각 확률에 의해 가중평가된 *X*값들의 합이며, 이는 중심(center)을 측정하는 수단이다. *X*가 *n*개의 값을 가지고 있다면, 기댓값은 다음과 같다.

$$E(X) = \mu = \sum_{i=1}^{N} x_i P(x_i) \tag{6.3}$$

확률실험의 결과는 각기 다른 확률을 가질 수 있기 때문에 기댓값은 가중평균이다. 따라서 우리는 $E(X)$를 평균이라고 부를 수 있으며, μ라는 표기를 사용한다.

예제 6.2

수리요청 전화

ServiceCalls

일요일에 에이스 가전제품 수리점에 걸려오는 수리요청 전화는 다음 표 6.2와 같다. 다른 확률분포와 마찬가지로 확률의 합은 1이 된다.

확률변수 X의 최빈값(mode; 가장 많이 나타나는 값)은 2이지만, $E(X)$로 표현되는 기대 전화 횟수는 2.75이다. 즉, $\mu = 2.75$이다. 일요일에 걸려오는 평균적인 수리요청 전화 횟수는 2.75이다.

$$E(X) = \mu = \sum_{i=1}^{N} x_i P(x_i) = 0P(0) + 1P(1) + 2P(2) + 3P(3) + 4P(4) + 5P(5)$$
$$= 0(0.05) + 1(0.10) + 2(0.30) + 3(0.25) + 4(0.20) + 5(0.10) = 2.75$$

표 6.2

수리요청 전화의 확률분포

x	$P(x)$	$xP(x)$
0	0.05	0.00
1	0.10	0.10
2	0.30	0.60
3	0.25	0.75
4	0.20	0.80
5	0.10	0.50
합계	1.00	2.75

그림 6.4에서 확률분포는 평균 $\mu = 2.75$ 주위에서 대칭이 아니라는 것을 알 수 있다. 그러나 평균 $\mu = 2.75$는 여전히 균형점이다.

$E(X)$는 꼭 관찰된 확률변수 값일 필요는 없다. 예를 들면 2건이나 3건의 수리요청 전화는 관찰이 가능하다. 그러나 2.75건은 관찰할 수 없다. $E(X)$는 평균이기 때문이다. 이는 다음과 같이 "평균적인 미국 가구는 2.1명의 자녀를 갖는다(비록 모든 가구에서 자녀 수는 정수일지라도)" 또는 "프로야구 선수 알버트 푸홀스(Albert Pujols)의 타율은 0.312이다(비록 특정한 게임에서 푸홀스의 안타 개수는 반드시 정수일지라도)"라고 말하는 것과 같다.

그림 6.4

수리요청 전화에 대한 확률분포

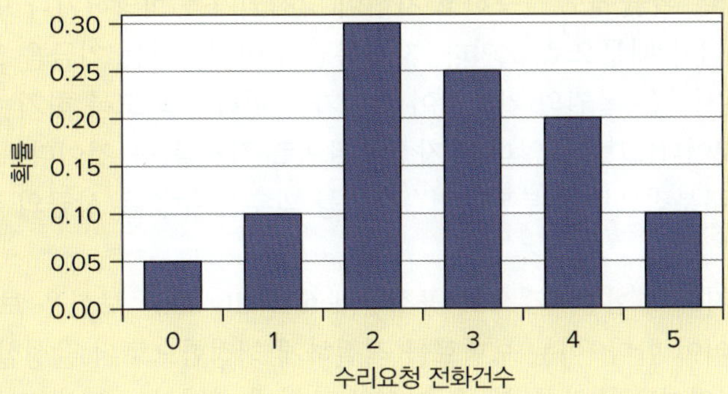

표 6.3

1년짜리 생명보험 상품에서 기대되는 보험금

출처: Centers for Disease Control and Prevention, *National Vital Statistics Reports* 58, no. 19 (2010).

사건	x	$P(x)$	$xP(x)$
생존	0	0.999358	0.00
사망	500,000	0.000642	321.00
합계		1.000000	321.00

응용: 생명보험 기댓값 계산은 생명보험 회사에게는 매우 기본적인 일이다. 예를 들어, 미국의 사망률 통계에 기초하여 30세 백인여성이 다음 해에 사망할 확률은 0.000642이다. 따라서 살아 있을 확률은 1 − 0.000642 = 0.999358이다. 보험회사에서 1년 만기 500,000달러 보험 상품을 팔면서 수지를 정확히 맞추기를 원한다면(즉, 정확히 0의 기댓값을 달성하기 위해서는) 보험료를 얼마로 책정해야 하는가? 이런 상황이 표 6.3에 나와 있다. X가 보험사에 의해서 지불되는 보험금이라고 하자. 기대보험금이 321달러이기 때문에 보험료는 321달러에다 보험회사가 업무상 필요한 비용과 이윤을 더한 값으로 정해져야 한다.

여기에서 사망률은 모든 30세 여성에 관한 통계이다. 당신이 건강하고 교육을 많이 받았고, 비흡연자이면서 위험이 없는 직업에 있다면 보험회사는 더 낮은 보험료를 매기게 될 것이다. 보험회사는 보험통계 확률을 알고 그것을 보험료 책정에 활용함으로써 이윤을 올릴 수 있다. 그러나 이러한 작업은 기대수명이 시간에 따라 변하고 보험통계 확률이 지속적으로 수정되기 때문에 쉽지 않은 작업이다.

응용: 자선복권 기댓값은 자선복권에도 적용될 수 있다. 55,000달러짜리 고급 승용차를 경품으로 받을 수 있는 자선복권의 가격이 2달러이고 모두 29,346장이 팔렸다면, 이 복권의 기댓값은 다음과 같다.

$$\begin{aligned} E(X) &= (\text{당신이 당첨된다면 받게 될 금액})P(\text{당첨되는 경우}) \\ &\quad + (\text{당신이 당첨되지 않는다면 받게되는 금액})P(\text{당첨되지 않는 경우}) \\ &= (55{,}000)\left(\frac{1}{29{,}346}\right) + (0)\left(\frac{29{,}345}{29{,}346}\right) \\ &= (55{,}000)(0.000034076) + (0)(0.999965924) = \$1.87 \end{aligned}$$

따라서 자선복권의 실제 가치는 1.87달러이다. 그럼에도 불구하고 사람들이 2달러를 지불하는 이유는? 작은 확률에도 불구하고 자신이 당첨되기를 희망하거나 또는 그 티켓이 자선을 행하는 행위이기 때문으로 보인다. 자선복권의 아이디어는 기금을 모금하기 위한 것이기 때문에, 스폰서들은 복권의 기댓값이 판매가격 이하가 되도록 하기 위해 판매량을 충분히 늘리려 할 것이다(그렇지 않다면 자선복권으로 적자를 볼 것이다). 만약 당첨경품이 기부된다면(또는 부분적으로 기부된다면), 수지를 맞추는 수준은 상금의 총 가치보다 훨씬 낮아질 것이다.

복권과 마찬가지로 **보험통계적으로 공정한**(actuarially fair) 보험은 보험청구액만큼 보험료 수입을 거두어야 한다. 이는 보험료를 적절하게 책정함으로써 달성할 수 있다. 개인들은 사람에 따라 이익이나 손해를 볼 수 있으나 보험에 참여하는 전체 그룹이 충분히 크기 때문에 전체적인 지출액은 예상 가능하다. 물론 많은 보험들은 각 사건이 독립이지 못한 경우를 대비하기 위해 전쟁, 자연재해(예: 허리케인 카트리나) 등에 대한 예외조항을 가지고 있다. 보험통계 분석은 기업연금 등에서 매우 중요하다. 건강보험에서도 이러한 아이디어를 응용하고 있다.

분산과 표준편차

이산확률변수의 **분산**(variance) Var(X)는 각 X값과 기댓값 간의 편차를 제곱하여 확률 가중치로 평균한 값이다. X가 n개의 값을 가지고 있다면 분산은 다음과 같다.

$$\text{Var}(X) = \sigma^2 = \sum_{i=1}^{N}[x_i - \mu]^2 P(x_i) \qquad \textbf{(6.4)}$$

$E(X)$가 중심을 측정하는 가중평균인 것처럼 분산 Var(X)는 평균 주위에서의 산포 정도를 나타내는 가중평균이다. 어떤 분포의 평균을 나타내기 위해 μ와 $E(X)$를 서로 교환하여 쓰듯이 분산을 표기하기 위해 σ^2과 Var(X)를 교환하여 사용한다.

표준편차(standard deviation)는 분산의 제곱근 값이며 σ로 표기한다.

$$\sigma = \sqrt{\sigma^2} = \sqrt{\text{Var}(X)} \qquad \textbf{(6.5)}$$

예제 6.3
숙박 예약
RoomRent

베이 스트리트 모텔은 캘리포니아 산타테레사 지역에 있다. 객실에 대한 수요는 관광객이 많은 2월에 집중된다. 그러나 지금까지 경험으로 보아 객실 수요는 변동이 매우 심하다. 2월 중 객실 수요는 표 6.4와 같다. 여기서 X = 예약된 객실의 수(X = 0, 1, 2, . . . , 7)이다. 표 6.4는 $E(X)$와 Var(X)를 계산하는 과정을 자세히 보여준다.

표 6.4
2월의 숙박 예약에 대한 $E(X)$와 Var(X)의 계산

x	$P(x)$	$xP(x)$	$x-\mu$	$[x-\mu]^2$	$[x-\mu]^2P(x)$
0	0.05	0.00	−4.71	22.1841	1.109205
1	0.05	0.05	−3.71	13.7641	0.688205
2	0.06	0.12	−2.71	7.3441	0.440646
3	0.10	0.30	−1.71	2.9241	0.292410
4	0.13	0.52	−0.71	0.5041	0.065533
5	0.20	1.00	+0.29	0.0841	0.016820
6	0.15	0.90	+1.29	1.6641	0.249615
7	0.26	1.82	+2.29	5.2441	1.363466
합계	1.00	μ = 4.71			σ^2 = 4.225900

공식은 다음과 같다.

$$E(X) = \mu = \sum_{i=1}^{N} x_i P(x_i) = 4.71$$

$$\text{Var}(X) = \sigma^2 = \sum_{i=1}^{N}[x_i - \mu]^2 P(x_i) = 4.2259$$

$$\sigma = \sqrt{4.2259} = 2.0557$$

확률분포는 왼쪽으로 치우친 모양이며 양봉(bimodal) 모형이다. 최빈값(가장 많이 나타나는 값)은 7이지만, 2월에 예약되는 방의 평균 개수는 4.71개이다. 표준편차 2.06은 평균 주위에서 상당한 변동이 존재한다는 것을 보여준다. 그림 6.5에서 확인할 수 있다.

그림 6.5

예약된 방의 개수에 대한 확률분포

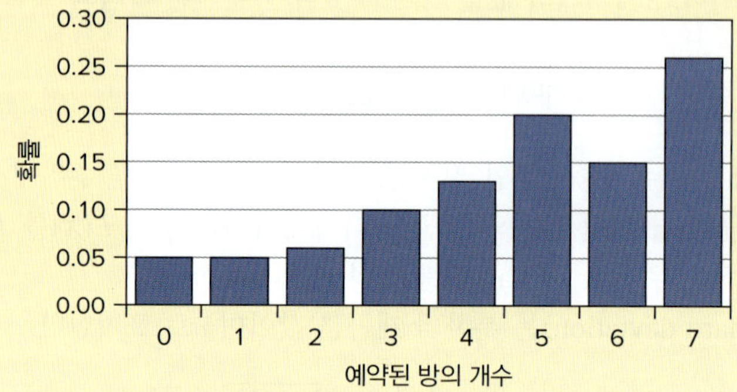

애널리틱스 적용 사례

자동차 보험, 위험 및 자율주행 차량

자동차 보험 업계는 일련의 역사적 사건을 이용하여 차량 사고 확률을 추정한다. 보험료는 지리적 위치, 차종, 운전자의 연령, 소득, 성별 등과 같은 요인에 대한 조건부확률을 이용하여 계산된 *기댓값*에 기초한다. 이런 변수들은 모두 차량 손상, 부상, 사망을 일으키는 교통사고의 위험을 결정하는 역할을 한다. 차량 사고의 90% 이상이 운전자의 탓이기 때문에 전통적인 위험 평가 모형은 운전자의 특성에 큰 비중을 두고 있다.

인공지능과 분석은 이제 자율주행 차량를 현실로 만들고 있다. 유인 차량에서 자율주행 차량으로의 전환은 사고 위험의 대부분을 운전자로부터 자동차 제조업체와 소프트웨어 설계자에게 옮길 것이다. 차량 손상, 부상 또는 사망 시 책임은 이제 차량 소유자와 AI 소프트웨어 간에 공유될 것이다. 개인 자동차 보험은 이러한 변화를 감지하고 새로운 기술에 적응하기 위해 재정의되고 있다.

단원 연습문제

connect

6.5 병원 응급실에 머리 부상으로 방문한 환자의 수에 대한 확률분포는 아래와 같다. (a) 평균과 표준편차를 계산하라. (b) 확률분포 모양에 대해 설명하라.

x	0	1	2	3	4	5	합계
$P(x)$	0.05	0.30	0.25	0.20	0.15	0.05	1.00

6.7 학생을 대상으로 하는 보험회사는 기숙사에 있는 학생들에게 도둑맞은 물건에 대해 5,000달러를 보상해주는 프로그램을 제공하고자 한다. 그동안의 경험에 따르면 손해보상 요구 확률은 0.01로 알려져 있다. 만약 그 보험회사가 25달러의 이윤을 얻고자 한다면 보험료가 어떻게 책정되어야 하는가? 보험청구를 하는 모든 학생은 최대 보상금액을 청구하고 보험자 본임부담금은 없다고 가정하자. 계산과정을 제시하라.

6.9 옥스나드(Oxnard) 석유회사는 바닷가에 있는 석유시추공이 허리케인에 의해 피해를 입는 것을 방지하기 위해 보험을 구입하고자 한다. 향후 5년 동안 허리케인에 의해 손해가 나지 않을 확률은 0.40이고, 부분손실(250만 달러)을 입을 가능성은 0.30, 대량손실(950만 달러)을 입을 가능성은 0.30이다. 평균 손해액을 계산하라.

6.3 이산균등분포

이산균등분포의 특징

이산균등분포(uniform distribution)는 가장 단순한 이산확률분포의 하나이다. 이 분포의 확률변수는 a부터 b까지의 연속적 정수값을 가질 수 있다. 즉, 분포의 전체적인 모양은 단지 2개의 모수 a와 b에 의존한다. 각 값이 나올 확률은 서로 같다. 따라서 전체 분포는 단지 두 모수 a와 b에 달렸다. 표 6.5는 이산균등분포의 특징을 보여준다.

표 6.5
이산균등분포

모수	a = 하한 b = 상한
PDF	$P(X = x) = \dfrac{1}{b - a + 1}$
CDF	$P(X \le x) = \dfrac{x - a + 1}{b - a + 1}$
정의역	$x = a, a + 1, a + 2, \ldots, b$
평균	$\dfrac{a + b}{2}$
표준편차	$\sqrt{\dfrac{[(b - a) + 1]^2 - 1}{12}}$
엑셀에서 난수 생성	=RANDBETWEEN(a, b)
참고	무작위 정수나 다른 분포를 만들어 내는 데 사용된다.

주사위 1개를 던지는 경우, 즉 6개의 정수값(1, 2, 3, 4, 5, 6)이 나올 확률이 동일한 이산균등분포를 형성한다. 그림 6.6에서 PDF와 CDF를 보여준다. 평균값 3.5는 반드시 1과 6 사이의 중간점이 되어야 한다는 것을 알 수 있다. 표준편차의 경우에는 위의 공식을 이용하지 않고는 그 값을 예상하는 것이 쉽지 않아 보인다.

표 6.5에서 평균과 표준편차는

평균 $$\mu = \frac{a + b}{2} = \frac{1 + 6}{2} = 3.5$$

표준편차 $$\sigma = \sqrt{\frac{[(b - a) + 1]^2 - 1}{12}} = \sqrt{\frac{[(6 - 1) + 1]^2 - 1}{12}} = 1.708$$

이산균등분포에 대한 또 다른 예제를 생각해보자. 자동차에 (본인이) 주유할 때 주유게이지에서 센트에 해당하는 금액은 a = 00에서 b = 99의 범위를 가진 무작위 정수가 될 것이다. 자동차에 주유할 때마다 게이지를 살펴봄으로써 예상되는 평균값과 표준편차를 확인

그림 6.6

주사위 1개를 던지는 경우 PDF와 CDF

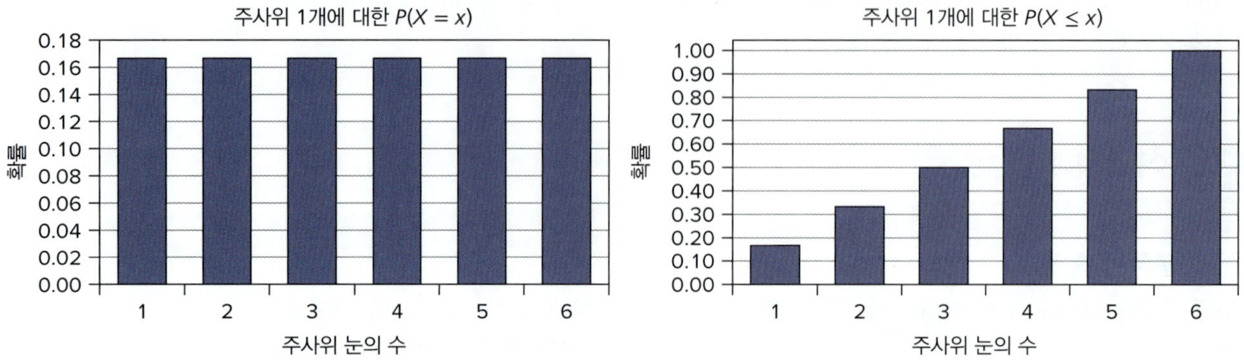

할 수 있다.

PDF $$P(X=x)=\frac{1}{b-a+1}=\frac{1}{99-0+1}=\frac{1}{100}=0.010,\ \text{모든 } x\text{에 대해서}$$

평균 $$\mu=\frac{a+b}{2}=\frac{0+99}{2}=49.5$$

표준편차 $$\sigma=\sqrt{\frac{[(b-a)+1]^2-1}{12}}=\sqrt{\frac{[(99-0)+1]^2-1}{12}}=28.87$$

이산균등분포는 모집단에서 무작위 표본을 추출하기 위해 사용되는 난수를 생성하는 데 사용된다. 이를 위해 엑셀 함수 =RANDBETWEEN(a, b)를 이용한다. 예를 들어 범위가 5에서 10까지인 경우에는 =RANDBETWEEN(5, 10)가 될 것이다. 같은 정수가 한 번 이상 나올 수도 있으며 따라서 n개의 각기 다른 무작위 정수를 얻고자 한다면, 값을 좀 더 많이 추출한 후 중복된 수를 제외하면 된다(2장 참고). 이 방법은 회계나 감사 분야에서 유용하다(무작위로 표본을 추출하여 감사하는 경우).

Mini Case 6.1

세 자리 수 복권

미국의 많은 주는 세 자리 수 복권(daily 3 lottery)을 발행하고 있다. 이 복권은 숫자의 범위가 000에서 999까지인 이산균등확률변수에 해당한다. 1,000개의 가능한 당첨번호는 모두 같은 확률을 가지고 있다. 그래서 어떤 숫자든 그것이 나올 확률은 1/1,000이다. 이 복권의 이론적 특성은 다음과 같다.

$$P(X=x)=\frac{1}{b-a+1}=\frac{1}{999-0+1}=\frac{1}{1{,}000}=0.001$$

$$\mu=\frac{a+b}{2}=\frac{0+999}{2}=499.5$$

$$\sigma=\sqrt{\frac{(b-a+1)^2-1}{12}}=\sqrt{\frac{(999-0+1)^2-1}{12}}=288.67$$

위 복권을 여러 번 실행해보면 표본평균과 표본표준편차가 499.5와 288.67과 비슷하게 될 것을 알 수 있다. 예를 들어, 2010년 1월 1일부터 2010년 12월 31일 동안 미시간주의 복권 추첨은 364번 실시되었다. 그 기간 동안 평균은 497.1이고 표준편차는 289.5이다. 이러한 표본의 결과는 예상했던 값과 매우 유사하다. 약간 차이가 나는 것은 임의표본의 본질적 특성으로서 이것이 모집단의 특성과 정확히 일치할 것으로 예상하기는 힘들다.

미시건주에서는 복권번호의 무작위성은 3개 통에 숫자가 적힌 탁구공을 뽑아서 실행된다. 각 통에서는 공기를 주입하여 탁구공을 섞어 놓는다. 탁구공에는 0~9까지 숫자가 적혀 있다. 모든 추첨작업이 방송되기 때문에 편의 또는 조작 가능성이 존재하지 않는다. 복권은 진정한 무작위성을 확인하기 위해서 주로 연구된다. 특히 시간이 지남에 따라 분포의 전체적인 모양이나 복권번호의 패턴에 대한 가설검정과 같은 다양한 통계적 방법론을 활용하여 연구하고 있다.

단원 연습문제

connect

6.11 SynFlex 회사의 자바(Java) 프로그래머 나이 범위는 20세에서부터 60세까지이다. (a) 만약 나이가 균등분포를 따른다면, 평균과 표준편차는? (b) 무작위로 추출된 프로그래머의 나이가 적어도 40세 이상일 확률은? 적어도 30세 이상일 확률은? *힌트*: 프로그래머의 나이를 정수로 간주하라.

6.4 이항분포

베르누이 실험

두 가지 결과를 가진 확률실험을 **베르누이 실험**(Bernoulli experiment)이라고 부른다. 이는 야코프 베르누이(Jakob Bernoulli, 1654~1705)의 이름을 붙여 만들어졌다. 확률변수를 생성하기 위해서 우리는 임의로 하나의 결과를 성공(success; 이는 $X = 1$로 표기)으로 정의하고 다른 하나를 실패(failure; $X = 0$으로 표기)로 정의한다. 성공에 대한 확률은 π(그리스 문자로서 '파이'라고 읽는다. 원주율 3.141592와 혼동해서는 안 됨)*로 표기하고 실패확률은 $1 - \pi$로 표기한다. 그래서 두 확률을 합하면 1이 된다. 즉, $P(0) + P(1) = (1 - \pi) + \pi = 1$이다. 성공확률 π는 모든 시행에 있어 일정하게 유지된다.

표 6.6에 있는 예는 성공($X = 1$)이 꼭 바람직한 상황을 나타내는 것은 아님을 보여준다. 야금학자(metallurgist)는 금속의 피로점에 대한 징후를 찾으려 하고, 기업의 회계감사를 담당하는 사람은 지출에서의 문제점을 찾으려고 한다. 은행의 대출심사자는 부실채권 여부에 관심이 있다. '성공'은 단지 관심 있는 사건이라고 볼 수 있다.

성공확률 π는 0과 1 사이의 어떤 값도 될 수 있다. 동전을 던지는 경우, π는 0.50이 된다. 그러나 다른 응용에서는 π가 1에 가까운 값일 수 있다(예를 들어, 어떤 사람이 신용카드로 물건을 구매할 때 신용카드가 승인될 확률). 또는 0에 가까운 값을 가질 수도 있다(예를 들어, 성인 남자가 에이즈 바이러스에 감염될 확률). 표 6.6의 예를 통해 π는 상황에 의존할 수 있다는 것을 보여준다. 성공과 실패에 대한 정의는 임의적이며 서로 바뀔 수 있다. 단지 편의를 위해서 우리는 성공을 발생할 가능성이 상대적으로 작은 일, 즉 $\pi < 0.5$ 사건으로 정의한다. 베르누이 실험에서 아래 정의에 따라 계산해보면, 평균은 π이고 분산은 $\pi(1 - \pi)$이다.

*다른 통계학 교과서에서는 성공확률을 p로 표현한다. 그러나 이 책에서는 모수에 대해 그리스 문자로 표현하고자 한다. 8장과 9장에서 p는 π에 대한 표본 추정치로 사용할 것이다.

표 6.6

베르누이 실험 예

베르누이 실험	가능한 결과	성공확률
동전 던지기	1 = 앞면 0 = 뒷면	$\pi = 0.50$
제트터빈 엔진 점검	1 = 문제점 발견 0 = 문제점 없음	$\pi = 0.001$
휘발유 주유	1 = 신용카드 사용 0 = 그 외 수단으로 지불	$\pi = 0.78$
엑스레이 검사	1 = 양성반응 0 = 음성반응	$\pi = 0.0004$

$$E(X) = \sum_{i=1}^{2} x_i P(x_i) = (0)(1-\pi) + (1)(\pi) = \pi \qquad \text{(베르누이 평균)} \tag{6.6}$$

$$\begin{aligned}\mathrm{Var}(X) &= \sum_{i=1}^{2} [x_i - E(X)]^2 P(x_i) \\ &= (0-\pi)^2(1-\pi) + (1-\pi)^2(\pi) = \pi(1-\pi) \qquad \text{(베르누이 분산)}\end{aligned} \tag{6.7}$$

베르누이 모형에 의해 표현될 수 있는 다양한 기업 의사결정이 있을 수 있으며, 더 복잡한 확률모형 설정을 위한 중요한 기초모형이 될 수 있다. 우리는 다음에 설명할 확률모형을 위해 베르누이 분포를 사용한다.

이항분포

베르누이 실험을 통해 관심 있는 분포모형을 도출할 수 있다. **이항분포**(binomial distribution)는 베르누이 실험이 n번 반복될 때 정의된다. 각 베르누이 실험은 서로 독립적이고 따라서 성공확률 π는 각 실험에서 일정하게 유지된다. 이항실험에서 우리는 $X = n$번 시도에서 성공횟수에 관심이 있다. 그래서 이항확률변수 X는 n개의 서로 독립적인 베르누이 확률변수의 합으로 나타난다.

$$X = X_1 + X_2 + \cdots + X_n$$

우리는 n개의 베르누이 평균을 더하면 이항분포의 평균인 $(\pi + \pi + \ldots + \pi)$를 얻을 수 있다. n개 베르누이 사건은 서로 독립적으로 일어나기 때문에, 우리는 n개의 베르누이 분산 $\pi(1-\pi) + \pi(1-\pi) + \ldots + \pi(1-\pi)$를 더하면 이항분포의 분산인 $n\pi(1-\pi)$를 구할 수 있다. 그리고 표준편차는 $\sqrt{n\pi(1-\pi)}$이다. 이항확률변수의 정의역은 $x = 0, 1, 2, \ldots, n$이다. 성공횟수에 대한 이항확률 $P(X = x)$는 두 모수인 n과 π에 의해 결정된다. 이항분포의 특징은 표 6.7에 정리되어 있다.

$$P(X = x) = \frac{n!}{x!(n-x)!}\pi^x(1-\pi)^{n-x}, \quad x = 0, 1, 2, 3, 4, \ldots, n. \tag{6.8}$$

응용: 보험에 가입하지 않는 환자 수 Uninsured 평균적으로 볼 때 그린우드 종합병원 응급실 환자의 20%는 의료보험을 가지고 있지 않다. 4명의 환자를 무작위로 선택하였을 때 그중 두 사람이 보험에 가입되어 있지 않을 확률은? X = 보험에 가입되지 않은 환자의 수로 정의하고, $\pi = 0.20$(주어진 환자가 보험에 가입되지 않은 확률) 그리고 $1 - \pi = 0.80$(특

표 6.7
이항분포

모수	n = 시행횟수 π = 성공확률
PDF	$P(X = x) = \frac{n!}{x!(n-x)!}\pi^x(1-\pi)^{n-x}$
엑셀*(PDF)	=BINOM.DIST(x, n, π, 0)
엑셀*(CDF)	=BINOM.DIST(x, n, π, 1)
정의역	$x = 0, 1, 2, \ldots, n$
평균	$n\pi$
표준편차	$\sqrt{n\pi(1-\pi)}$
엑셀에서 난수 생성	=BINOM.INV(n, π, RAND()) 엑셀에서 Data Analysis Tools
참고	$\pi < 0.50$이면 왼쪽 꼬리분포이고, $\pi > 0.50$이면 오른쪽 꼬리분포이다. $\pi = 0.50$이면 대칭적인 분포이다.

*이 장 마지막에 있는 **R 소프트웨어 부록**에서 이항분포에 관련된 R 함수 목록을 찾을 수 있다.

정 환자가 보험에 가입할 확률은 80%)으로 정의하자. X의 범위는 0, 1, 2, 3, 4이다. 이항분포 공식을 적용하면 평균과 표준편차는 다음과 같다.

$$\text{평균} = \mu = n\pi = (4)(0.20) = \text{환자 } 0.80\text{명}$$
$$\text{표준편차} = \sigma = \sqrt{n\pi(1-\pi)} = \sqrt{(4)(0.20)(1-0.20)} = \text{환자 } 0.80\text{명}$$

응용: 엔진오일 교환하는 자동차의 수 자동차 엔진오일 교환만 전문으로 하는 가게가 있다. 이런 유형의 사업에서는 엔진오일 교환시간이 오래 걸리지(late) 않는다고 고객이 인식하는 것이 중요하다. 그러므로 교환시간을 '*오래 걸리는*(late)'과 '*오래 걸리지 않는*(not late)'의 두 가지 경우로 정의할 수 있고, 확률변수 X를 전체 서비스 차량 중에서 오래 걸리는 차량의 수로 정의한다. 그리고 각 차량의 교환시간이 오래 걸릴 확률은 모든 차에 대해서 같다고 가정한다. 또한 경험적으로 P(오래 걸리는 경우) = π = 0.10이라고 가정할 수 있다.

이제 각 차량을 베르누이 실험이라고 생각하고 이항분포를 적용해보자. 12대의 차량 중에서 정확히 2대가 오래 걸릴 확률을 알고자 하면 n = 12이고 우리는 $P(X = 2)$를 알고자 한다.

$$P(X=2) = \frac{12!}{2!(12-2)!}(0.10)^2(1-10)^{12-2} = 0.2301$$

다른 방법으로 엑셀 함수 =BINOM.DIST(2,12,0.10,0)을 이용할 수 있다. 마지막 모수인 0은 누적확률인 $P(X \le 2)$가 아니라 $P(X = 2)$를 계산하라는 의미이다.

이항분포의 모양

이항분포는 $\pi < 0.50$이면 오른쪽 꼬리가 긴 분포이고 $\pi > 0.50$이면 왼쪽 꼬리분포가 되고, $\pi = 0.50$이면 정확히 대칭분포가 된다. 그러나 이러한 왜도(skewness)는 표본의 크기인 n이 커지면 그림 6.7에 나와 있듯이 π값과 상관없이 점점 줄어든다. $\pi = 0.20$과 $\pi = 0.80$은 좌우가 바뀐 것을 제외하면 정확히 같은 모양을 가지고 있다. 이 결과는 어떤 π와 $(1-\pi)$ 값에 대해서도 성립한다.

그림 6.7

이항분포

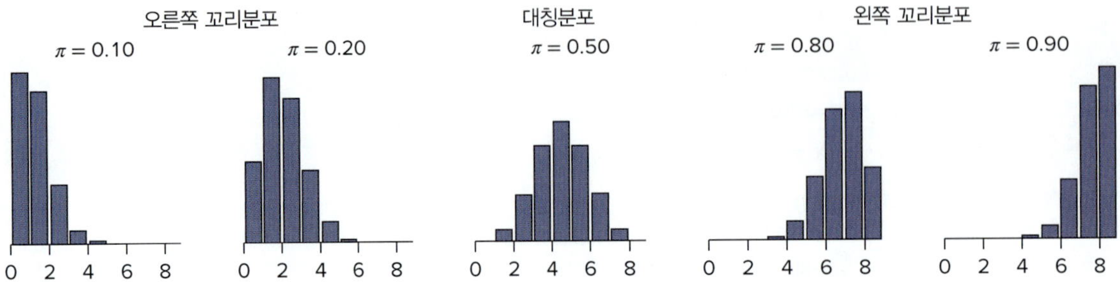

이항분포 응용을 이해하기

어떤 상황이 이항분포 모형을 따르는지 이해할 수 있는가? 이항분포는 다음과 같은 다섯 가지 특징이 있다.

- 시행횟수(n)은 고정되어 있다.
- 각 시행에서는 단지 두 가지 결과만 가능하다(*성공*과 *실패*).
- 각 시행에서 성공확률(π)은 일정하다.
- 각 시행은 서로 독립이다.
- 확률변수(X)는 n번 시행에서 성공횟수로 정의한다.

다음 예제에서 위에서 언급한 다섯 가지 특징이 만족하는지 살펴볼 수 있다.

20명의 친구 중 왼손잡이 친구는 몇 명인가?
주차장에 있는 50대의 자동차 중에서 하이브리드 자동차는 몇 대인가?
가슴통증이 있는 10명의 환자 중에서 보험에 가입하지 않은 환자의 수는?

성공확률 π를 알지 못하더라도 우리는 이항실험을 정의할 수 있다. 실제로 π값은 경험상 추정되는 값이지만 본 장에서는 주어진다고 가정하고 있다.

이항분포 공식을 이용

이항분포의 PDF는 표 6.8에 나와 있다. 우리는 엑셀의 이항공식(binomial formula)인 =BINOM.DIST(x, n, π, cumulative)를 이용하여 확률을 계산할 수 있다(여기서 PDF를 계산하고자 하면 cumulative는 0이고, CDF를 계산하고자 하면 cumulative 값은 1이 된다). 실제로 계산기를

표 6.8

$n = 4$이고 $\pi = 0.20$인 이항분포

x	PDF $P(X = x)$	CDF $P(X \le x)$
0	0.4096	0.4096
1	0.4096	0.8192
2	0.1536	0.9728
3	0.0256	0.9984
4	0.0016	1.0000

그림 6.8

n = 4이고 π = 0.20인 이항분포

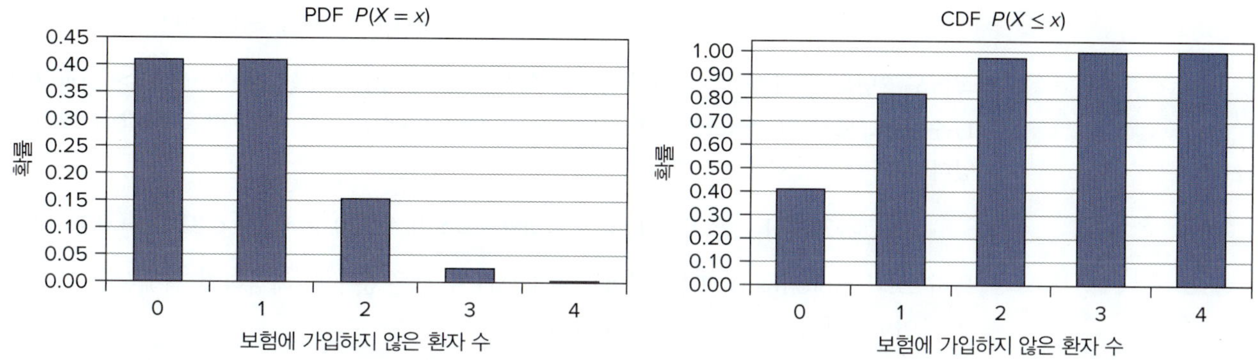

이용하여 $n = 4$이고 $\pi = 0.20$인 이항확률 공식을 이용하여 계산할 수도 있다. 예를 들어 PDF는 다음과 같다.

PDF 공식	*엑셀 함수*
$P(X=0)=\frac{4!}{0!(4-0)!}(0.20)^0(1-0.20)^{4-0}=1\times 0.20^0\times 0.80^4=0.4096$	=BINOM.DIST(0, 4, 0.20, 0)
$P(X=1)=\frac{4!}{1!(4-1)!}(0.20)^1(1-0.20)^{4-1}=4\times 0.20^1\times 0.80^3=0.4096$	=BINOM.DIST(1, 4, 0.20, 0)
$P(X=2)=\frac{4!}{2!(4-2)!}(0.20)^2(1-0.20)^{4-2}=6\times 0.20^2\times 0.80^2=0.1536$	=BINOM.DIST(2, 4, 0.20, 0)
$P(X=3)=\frac{4!}{3!(4-3)!}(0.20)^3(1-0.20)^{4-3}=4\times 0.20^3\times 0.80^1=0.0256$	=BINOM.DIST(3, 4, 0.20, 0)
$P(X=4)=\frac{4!}{4!(4-4)!}(0.20)^4(1-0.20)^{4-4}=1\times 0.20^4\times 0.80^0=0.0016$	=BINOM.DIST(4, 4, 0.20, 0)

어떤 이산적 확률분포에 대해서도 확률의 합은 반드시 1이 되어야 한다. 즉, $P(0) + P(1) + P(2) + P(3) + P(4) = 0.4096 + 0.4096 + 0.1536 + 0.0256 + 0.0016 = 1$이다. 그림 6.8은 PDF와 CDF를 보여주고 있다. $\pi < 0.50$이므로 분포는 오른쪽 꼬리분포이다. 평균 $\mu = n\pi = 0.80$는 PDF의 균형점이 될 것이다.

복합사건

복합사건은 부등호를 사용하는 사건을 의미한다. 4명의 환자 중 최대 2명의 환자가 보험 미가입자인 확률을 구해보자. 이러한 확률은 $P(X \leq 2)$라고 쓸 수 있다. PDF 값을 다음과 같이 더해서 구할 수 있다.

$$P(X \leq 2) = P(X = 0) + P(X = 1) + P(X = 2) = 0.4096 + 0.4096 + 0.1536 = 0.9728$$

또는 다음과 같이 엑셀 CDF 함수를 이용하여 계산할 수도 있다.

$$P(X \leq 2) = \text{BINOM.DIST}(2, 4, 0.20, 1) = 0.9728$$

2명 *미만*의 환자가 보험 미가입자일 확률은 *최대* 1명의 환자가 보험 미가입자일 확률과 같다.

$$P(X < 2) = P(X \le 1) = \text{BINOM.DIST}(1, 4, 0.20, 1) = 0.8192$$

적어도 2명의 환자가 보험 미가입자일 확률: $P(X \ge 2)$을 계산해보자. $P(X \ge 2)$과 $P(X \le 1)$은 서로 보사건(complementary event)이기 때문에 $P(X \ge 2)$을 다음과 같이 계산할 수 있다.

$$P(X \ge 2) = 1 - P(X \le 1) = 1 - \text{BINOM.DIST}(1, 4, 0.20, 1) = 1 - 0.8192 = 0.1808$$

특히 '초과(more than)' 또는 '적어도(at least)'와 같은 문구를 해석하기 위해서는 아래와 같은 다이어그램을 그려보는 것이 도움이 된다.

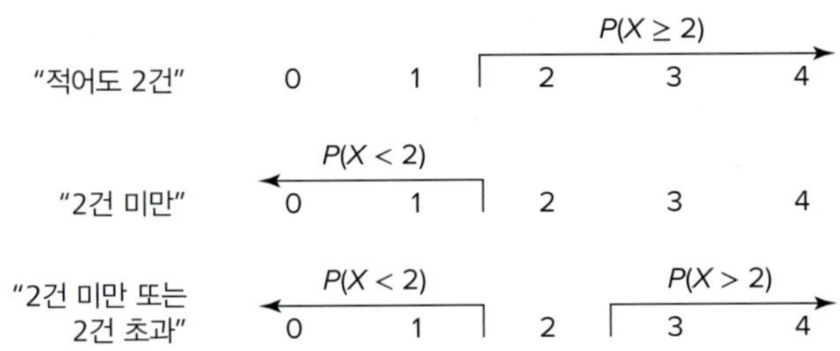

부록 A의 확률분포표 이용하기

이항확률표는 매우 많은 숫자들을 포함하고 있기 때문에 이항확률을 계산할 수 있는 컴퓨터 프로그램(엑셀 또는 R) 또는 내장된 이항확률 공식을 가진 계산기를 사용하는 것을 선호한다. 컴퓨터를 사용할 수 없는 경우(가령, 시험시간)에는 부록 A에서 주어진 n과 π에서 이항확률을 찾아낼 수 있다. 부록 A의 일부분이 그림 6.9에 보여진다. $n = 4$이고 $\pi = 0.20$인 경우 확률이 노란색으로 표시되어 있다. 부록 A의 확률은 소수점 넷째 자리까지만 보여주고 있기 때문에 엑셀에서 계산한 확률과 약간 차이가 있을 수 있다.

엑셀 이용하기

그림 6.10은 엑셀에서 Fomulas > Insert Function 메뉴를 이용하여 $\pi = 0.048$의 성공확률을 가지고 $n = 1{,}024$를 시행해서 $x = 67$의 성공확률을 계산하는 과정을 보여준다. 또는 셀 안에 직접 =BINOM.DIST(67, 1024, 0.048, 0)을 입력할 수도 있다.

이항확률분포를 따르는 난수가 필요한 경우, 엑셀에서 Data Analysis를 이용해 생성할 수 있다. 세 번째 방법은 이항확률분포를 따르는 난수를 만들기 위해 =BINOM.INV(4, 0.20, RAND()) 함수를 이용할 수도 있다.

단원 연습문제

connect

6.13 이탤릭체로 표기된 사건의 가능한 X값을 나열하라.

a. 16개의 퀴즈 중에서 *최대* 2개를 놓치는 경우(X = 놓친 퀴즈의 수).

b. 일주일에 *적어도* 4일 스타벅스에 가는 경우(X = 스타벅스 방문 일수).

c. 10번의 강의 중 3번 *초과*하여 강의에 결석하는 경우(X = 결석 횟수).

그림 6.9

부록 A의 이항분포 확률표

		π								
n	X	**0.01**	**0.02**	**0.05**	**0.10**	**0.15**	**0.20**	**0.30**	**0.40**	**0.50**
2	0	0.9801	0.9604	0.9025	0.8100	0.7225	0.6400	0.4900	0.3600	0.2500
	1	0.0198	0.0392	0.0950	0.1800	0.2550	0.3200	0.4200	0.4800	0.5000
	2	0.0001	0.0004	0.0025	0.0100	0.0225	0.0400	0.0900	0.1600	0.2500
3	0	0.9703	0.9412	0.8574	0.7290	0.6141	0.5120	0.3430	0.2160	0.1250
	1	0.0294	0.0576	0.1354	0.2430	0.3251	0.3840	0.4410	0.4320	0.3750
	2	0.0003	0.0012	0.0071	0.0270	0.0574	0.0960	0.1890	0.2880	0.3750
	3	—	—	0.0001	0.0010	0.0034	0.0080	0.0270	0.0640	0.1250
4	0	0.9606	0.9224	0.8145	0.6561	0.5220	0.4096	0.2401	0.1296	0.0625
	1	0.0388	0.0753	0.1715	0.2916	0.3685	0.4096	0.4116	0.3456	0.2500
	2	0.0006	0.0023	0.0135	0.0486	0.0975	0.1536	0.2646	0.3456	0.3750
	3	—	—	0.0005	0.0036	0.0115	0.0256	0.0756	0.1536	0.2500
	4	—	—	—	0.0001	0.0005	0.0016	0.0081	0.0256	0.0625

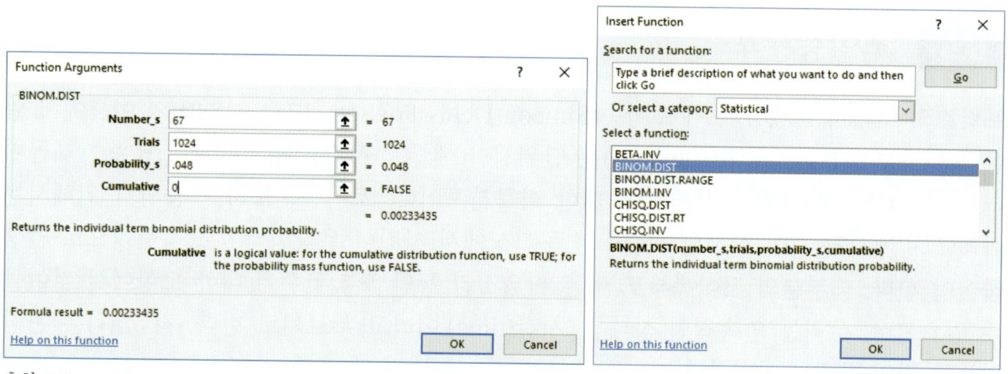

출처: Microsoft Excel.

그림 6.10

엑셀의 이항분포 함수

6.15 다음의 이항확률변수에 대해 평균과 표준편차를 계산하라.

a. $n = 8, \pi = 0.10$

b. $n = 10, \pi = 0.40$

c. $n = 12, \pi = 0.50$

6.17 다음 사건의 이항확률을 계산하라.

a. $X = 5, n = 9, \pi = 0.90$

b. $X = 0, n = 6, \pi = 0.20$

c. $X = 9, n = 9, \pi = 0.80$

6.19 각 복합사건의 확률을 계산하라.

a. $X \leq 3, n = 8, \pi = 0.20$

b. $X > 7, n = 10, \pi = 0.50$

c. $X < 3, n = 6, \pi = 0.70$

6.21 다음 이항확률을 계산하라.

a. 80%의 성공확률을 가지고 16번 시도하여 10번 초과 성공할 확률

b. 40%의 성공확률을 가지고 8번 시도하여 적어도 4번 성공할 확률

c. 20%의 성공확률을 가지고 6번 시도하여 2번까지 성공할 확률

6.23 Ardmore 호텔에서 고객의 20%는 아메리칸 익스프레스 카드로 결제를 한다. (a) 10명의 고객 중 아메리칸 익스프레스 카드로 결제하는 사람이 한 명도 없을 확률은? (b) 아메리칸 익스프레스 카드 고객이 적어도 2명일 확률은? (c) 3명 미만일 확률은? (d) 아메리칸 익스프레스 카드로 결제하는 고객의 평균은? (e) 표준편차는? (f) 엑셀 또는 부록 A를 이용하여 확률분포표를 작성하라. (g) PDF 그래프를 그리고 그래프의 모양을 묘사하라.

6.25 Noodles & Company에서 알코올이 없는 음료를 주문하는 손님의 비율은 0.38이다. 5명의 손님이 있다고 가정하고 엑셀을 이용하여 다음을 계산하라. (a) 5명 중 아무도 알코올 없는 음료를 주문하지 않는 경우, (b) 적어도 2명이 주문하는 경우, (c) 4명 미만이 주문하는 경우, (d) 5명 모두 알코올 없는 음료를 주문하는 경우

6.27 비행기 승객이 짐을 수하물로 보낼 확률은 70%이다. 16명의 승객이 덴버 국제공항에서 대기하고 있다. 다음 확률을 계산하라. (a) 16명 승객 모두 짐을 수하물로 보낼 확률, (b) 10명 미만의 승객이 짐을 수하물로 보낼 확률, (c) 적어도 10명이 수하물로 보낼 확률

6.5 포아송분포

프랑스의 수학자 시메옹 드니 포아송(Siméon-Denis Poisson, 1781~1840)의 이름에서 나온 **포아송분포**(Poisson distribution)는 단위시간(예: 분, 시간) 또는 단위공간(예: 1제곱미터, 1마일)에서 무작위 발생횟수에 대한 확률분포이다. 포아송분포가 적용되기 위해서는 아래 그림에서와 같이 연속된 시간이나 공간상에서 사건이 무작위적이고 독립적으로 발생하여야 한다. 대부분의 포아송분포 예는 *단위시간* 동안 **도착횟수**에 대한 모형에서 찾아볼 수 있으므로, 우리는 연속적인 상태를 '시간(time)'이라고 부르기로 한다. 각 점(•)은 관심 있는 사건의 발생을 의미한다.

X = 단위시간당 발생한 사건의 수로 정의하자. X값은 단위시간이 어떻게 주어지느냐에 따라 변할 수 있는 확률변수이다. 위 그림에서 사건이 발생하는 시간을 어디서 선택하느냐에 따라 $X = 3$ 또는 $X = 1$ 또는 $X = 5$의 값을 갖는다.

우리는 종종 포아송분포를 *도착횟수 모형*(model of arrivals; 예를 들어 도착고객, 불량품 발생, 사고횟수)이라고 부른다. 각 사건의 발생이 서로 **독립**이라면(즉, 사건의 발생은 앞

으로 발생할 사건에 대해 영향을 주지 않는다), 도착횟수가 포아송 사건으로 간주되는 것은 합리적이다. 어떤 상황에서는 이러한 독립의 가정이 맞지 않을 수도 있다. 예를 들어, 컴퓨터 사용자들은 수 초 또는 수 분 내에 전원이 나갈 것 같은 전조를 느낄 수 있다. 그러나 실제적인 문제로서 포아송 가정은 현실에 대한 유용한 모형을 제공할 수 있다. 예를 들어,

- X = 주어진 시간 안에 은행 ATM에 도착하는 고객의 수
- X = 24시간 동안 데이터 센터에 침입한 파일 바이러스의 수
- X = 병원에 1시간 동안 방문한 천식 환자의 수
- X = 100,000시간의 비행 동안 에어버스 330기의 엔진 고장 횟수
- X = 흰색 종이 한 장에서 발견되는 얼룩의 수

포아송 모형은 단 하나의 모수인 λ(그리스 문자로서 '람다'라고 읽는다)만을 가지고 있다. 이 모수는 *단위 시간이나 공간에서 발생하는 사건의 평균 횟수*를 의미한다. 평균도착률이 충분히 크지 않도록($\lambda < 20$) 단위시간은 짧아야 한다. 이런 이유 때문에, 포아송분포는 때때로 **발생하기 힘든 사건**을 모형화하는 데 많이 사용된다. 평균이 매우 크다면, 우리는 작은 평균값을 얻기 위해 단위시간을 조절할 수 있다. 예를 들어 $\lambda = 90$이 1시간에 일어나는 횟수라면, 매 분마다 평균적으로 일어나는 $\lambda = 1.5$로 바꿀 수 있다. 그러나 일정한 가정을 만족하는 한 λ에 어떠한 값을 사용해도 문제는 없다.

포아송분포의 특징

표 6.9에 나와 있듯이 포아송 모형의 모든 특징은 평균인 λ에 의해서 결정된다. 상수 e(자연로그의 밑수에 해당)는 대략 2.71828이다(e의 보다 정확한 값을 알기 위해서는 공학용 계산기에서 e^x 함수에서 $x = 1$을 대입하라). 포아송분포의 평균은 λ이고 표준편차는 평균에 대한 제곱근이다. 포아송 공식의 단순성은 포아송 모형을 매력적으로 만들었다(예를 들어 이항분포보다 쉽다). 이항분포와 달리 X는 상한이 없다. 즉 주어진 시간 동안 발생하는 사건의 횟수는 제한이 없다. 그러나 포아송 확률은 X값이 증가함에 따라 확률이 0에 가까워지므로 실제 범위는 상당히 제한적이다.

표 6.9
포아송분포

모수	λ = 단위시간이나 공간에서 평균 도착횟수
PDF	$P(X=x) = \dfrac{\lambda^x e^{-\lambda}}{x!}$
엑셀* PDF	=POISSON.DIST(x, λ, 0)
엑셀* CDF	=POISSON.DIST(x, λ, 1)
정의역	x = 0, 1, 2, . . . (상한이 없다)
평균	λ
표준편차	$\sqrt{\lambda}$
참고	항상 오른쪽 꼬리분포, 그러나 λ가 커질수록 왜도가 작아진다.

*이 장 마지막에 있는 **R 소프트웨어 부록**에서 포아송분포에 관련된 R 함수 목록을 찾을 수 있다.

예제 6.4

은행 고객의 수

CreditUnion

목요일 아침 9~10시에 옥스나드 대학 은행에 오는 고객은 평균적으로 1분에 1.7명이다. λ = 1.7인 포아송 공식을 이용하면 PDF, 평균, 표준편차는 다음과 같이 도출한다.

$$\text{PDF: } P(X=x) = \frac{\lambda^x e^{-\lambda}}{x!} = \frac{(1.7)^x e^{-1.7}}{x!}$$

$$\text{평균}: \lambda = 1.7$$

$$\text{표준편차}: \sigma = \sqrt{\lambda} = \sqrt{1.7} = 1.304$$

만약 1분에 은행 방문객이 정확히 3명이 되는 확률을 알고자 한다면 $\lambda = 1.7$, $x = 3$을 이용하여 계산한다.

$$P(X=3) = \frac{1.7^3 e^{-1.7}}{3!} = 0.1496$$

공식을 이용하는 대신 엑셀 함수 =POISSON.DIST(3, 1.7,0)을 이용하여 같은 결과를 얻을 수 있다. 세 번째 모수 0은 $P(X \le 3)$ 대신 $(X = 3)$을 계산하라는 의미이다.

표 6.10은 다양한 λ값이 주어져 있을 때 포아송 PDF 값을 보여주고 있다. 각 열을 아래로 더하면 확률의 합은 1이 되어야 한다. 포아송 확률함수는 다음과 같다.

$$P(X=x) = \frac{\lambda^x e^{-\lambda}}{x!}, \qquad X = 1, 2, 3, 4, \ldots \tag{6.9}$$

표 6.10

다양한 λ값에 대한 포아송 확률

x	$\lambda = 0.1$	$\lambda = 0.5$	$\lambda = 0.8$	$\lambda = 1.6$	$\lambda = 2.0$
0	0.9048	0.6065	0.4493	0.2019	0.1353
1	0.0905	0.3033	0.3595	0.3230	0.2707
2	0.0045	0.0758	0.1438	0.2584	0.2707
3	0.0002	0.0126	0.0383	0.1378	0.1804
4	—	0.0016	0.0077	0.0551	0.0902
5	—	0.0002	0.0012	0.0176	0.0361
6	—	—	0.0002	0.0047	0.0120
7	—	—	—	0.0011	0.0034
8	—	—	—	0.0002	0.0009
9	—	—	—	—	0.0002
합계	1.0000	1.0000	1.0000	1.0000	1.0000

주: 0.0001 이하 확률은 생략되어 있다. 이 때문에 종으로 합한 확률 값이 1이 되지 않을 수 있다.

포아송분포는 언제나 오른쪽 꼬리분포가 된다. 그러나 그림 6.11에서 보듯이 λ값이 증가함에 따라 종 모양의 분포가 된다.

포아송분포의 응용

포아송분포를 사용해야 하는 경우를 어떻게 알 수 있을까? 포아송분포는 다음과 같이 네 가지 특징을 가지고 있다.

그림 6.11

λ값이 커짐에 따라 왜도가 작아진다

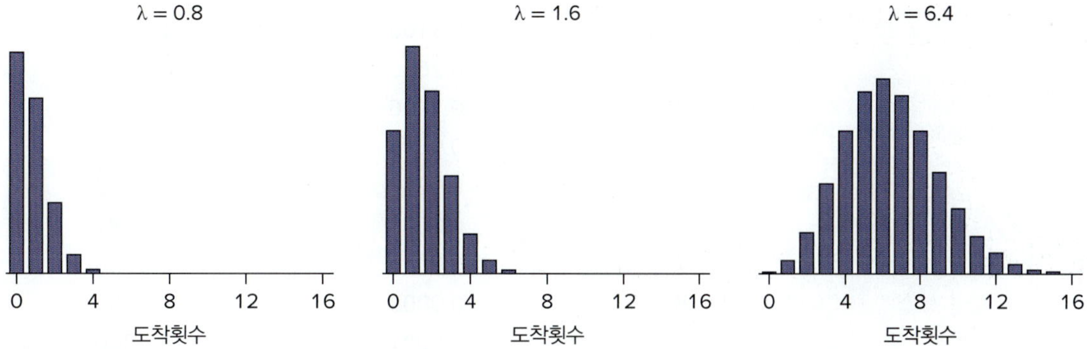

- 관심사건은 시간이나 공간상에서 무작위로 발생한다.
- 평균 도착비율(λ)은 일정하게 유지된다.
- 사건발생(도착)은 서로 무관하게 이루어진다.
- 확률변수(X)는 일정한 시간 구간 내에서 발생한 사건횟수이다.

다음 예제에서 위 네 가지 특징이 적용될 수 있는지 확인해보자.

지난주에 당신은 우편으로 신용카드 신청서를 몇 장 받았나?
지난주에 당신은 수표를 몇 장이나 사용하였나?
지난주에 당신의 바이러스 프로그램은 이메일 바이러스를 몇 개나 발견하였나?

우리가 평균 λ를 알지 못하더라도 여전히 포아송분포가 될 수 있다. 비즈니스 응용에서는 λ값이 과거 경험에 의해 추정될 수 있다. 그러나 이 책에서는 저자가 λ를 제시할 것이다.

포아송 공식을 이용

표 6.11은 X의 각 값에 대한 확률을 보여준다. 개별 X값에 대한 확률은 포아송 PDF에 $\lambda = 1.7$을 대입하거나 엑셀에서 함수 =POISSON(x, λ, cumulative)을 이용하여 계산할 수 있다. cumulative 값은 0(PDF) 또는 1(CDF)를 선택할 수 있다.

PDF 공식	*엑셀 함수*
$P(X=0) = \dfrac{1.7^0 e^{-1.7}}{0!} = 0.1827$	=POISSON.DIST(0, 1.7, 0)
$P(X=1) = \dfrac{1.7^1 e^{-1.7}}{1!} = 0.3106$	=POISSON.DIST(1, 1.7, 0)
$P(X=2) = \dfrac{1.7^2 e^{-1.7}}{2!} = 0.2640$	=POISSON.DIST(2, 1.7, 0)
⋮	⋮
$P(X=8) = \dfrac{1.7^8 e^{-1.7}}{8!} = 0.0003$	=POISSON.DIST(8, 1.7, 0)
$P(X=9) = \dfrac{1.7^9 e^{-1.7}}{9!} = 0.0001$	=POISSON.DIST(9, 1.7, 0)

표 6.11

λ = 1.7일 때 포아송 확률

x	$P(X = x)$	$P(X \le x)$
0	0.1827	0.1827
1	0.3106	0.4932
2	0.2640	0.7572
3	0.1496	0.9068
4	0.0636	0.9704
5	0.0216	0.9920
6	0.0061	0.9981
7	0.0015	0.9996
8	0.0003	0.9999
9	0.0001	1.0000

포아송 확률의 합은 다른 이산확률분포에서와 마찬가지로 1이 되어야 한다. $X = 9$가 넘는 경우에는 확률이 0.0001 이하이다. PDF와 CDF의 그래프는 그림 6.12에 나와 있다. 비록 $X = 2$일 확률이 0.2640 또는 26.4%로 큰 차이가 없지만 가장 발생 가능성이 큰 사건은 1명이다(확률이 0.3106 또는 31.1%). 이러한 PDF는 은행에서 목요일 오전에 근무일정을 조정하는 데 유용할 것으로 판단된다.

복합사건

개별 X의 확률이 더해짐으로써 누적확률이 계산될 수 있다. 예를 들어 주어진 1분 동안 2명 *이하*의 고객이 도착할 확률은 몇 개 사건의 합으로 계산된다.

그림 6.12

λ = 1.7일 때 포아송 PDF와 CDF

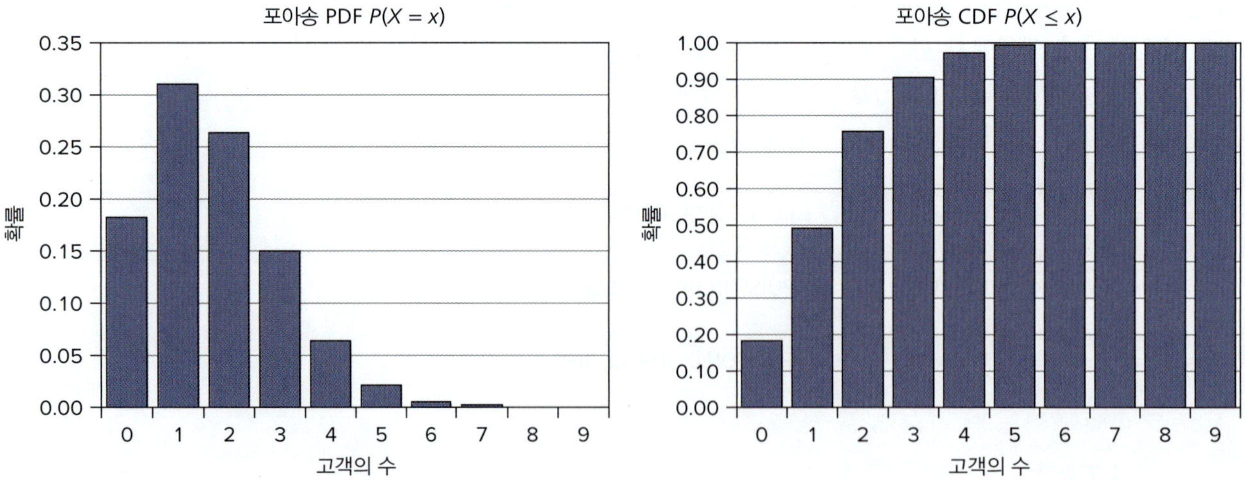

$$P(X \le 2) = P(X = 0) + P(X = 1) + P(X = 2) = 0.1827 + 0.3106 + 0.2640 = 0.7572$$

또는 이 확률은 엑셀의 CDF 함수를 이용해서 계산한다.

$$P(X \le 2) = \text{POISSON.DIST}(2, 1.7, 1) = 0.7572$$

적어도 3명이 도착할 사건(위 사건의 여사건이다)의 확률은 다음과 같이 계산한다.

$$P(X \ge 3) = 1 - P(X \le 2) = 1 - \text{POISSON.DIST}(2, 1.7, 1) = 1 - 0.7572 = 0.2428$$

포아송 확률분포표(부록 B)

$P(X \ge 3)$을 계산하고자 하는 경우 그림 6.13에 노란색으로 표시된 것처럼 부록 B를 활용할 수 있다. 부록 B의 경우 $\lambda = 20$ 이상에 대해서는 나와 있지 않다. 그 경우에는 엑셀을 이용하여 계산할 수 있다.

엑셀 이용하기

컴퓨터를 이용할 수 없는 경우(예를 들어, 시험을 볼 때)에는 확률분포표가 유용하다. 그러나 확률분포표는 특정한 λ값에 대해서만 확률을 보여주고 있는데 현실에서는 λ값이 반드시 소수 첫째 자리까지만 나오는 것은 아니다. 그림 6.14에 엑셀의 메뉴가 나와 있다. 이 예에서 엑셀은 =POISSON(11, 17 ,0)을 0.35544812로 계산하고 이 값은 부록 B보다 더 정확한 값이다.

			λ			
X	1.6	1.7	1.8	1.9	2.0	2.1
0	0.2019	0.1827	0.1653	0.1496	0.1353	0.1225
1	0.3230	0.3106	0.2975	0.2842	0.2707	0.2572
2	0.2584	0.2640	0.2678	0.2700	0.2707	0.2700
3	0.1378	0.1496	0.1607	0.1710	0.1804	0.1890
4	0.0551	0.0636	0.0723	0.0812	0.0902	0.0992
5	0.0176	0.0216	0.0260	0.0309	0.0361	0.0417
6	0.0047	0.0061	0.0078	0.0098	0.0120	0.0146
7	0.0011	0.0015	0.0020	0.0027	0.0034	0.0044
8	0.0002	0.0003	0.0005	0.0006	0.0009	0.0011
9	—	0.0001	0.0001	0.0001	0.0002	0.0003
10	—	—	—	—	—	0.0001
11	—	—	—	—	—	—

그림 6.13

부록 B에서 $P(X \ge 3)$에 대한 포아송 확률

그림 6.14

엑셀의 포아송 함수

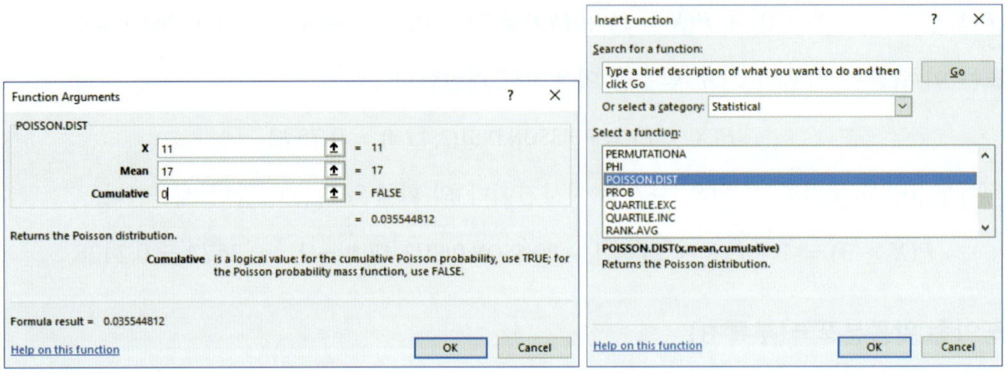

출처: Microsoft Excel.

단원 연습문제

connect

6.29 다음 포아송분포의 평균과 표준편차를 계산하라.

a. $\lambda = 1.0$

b. $\lambda = 2.0$

c. $\lambda = 4.0$

6.31 다음 포아송 확률을 계산하라.

a. $P(X = 6),\ \lambda = 4.0$

b. $P(X = 10),\ \lambda = 12.0$

c. $P(X = 4),\ \lambda = 7.0$

6.33 다음 복합사건 확률을 계산하라.

a. $P(X < 3),\ \lambda = 4.3$

b. $P(X > 7),\ \lambda = 5.2$

c. $P(X < 3),\ \lambda = 2.7$

6.35 다음 포아송 확률을 계산하라.

a. $\lambda = 8.0$이고 10회를 초과하여 사건이 발생할 확률

b. $\lambda = 4.0$이고 최대 5회 사건이 발생할 확률

c. $\lambda = 5.0$이고 적어도 2회 사건이 발생할 확률

6.37 자동차에 대한 소비자 평가기관인 J.D. Power 2006년 보고서에 따르면, 2006년형 폭스바겐 1대당 평균 결함개수는 1.7개이다. 무작위로 추출된 폭스바겐 신차에 대해 다음 확률을 계산하라. (a) 적어도 하나의 결함이 발생, (b) 결함이 발생하지 않음, (c) 3개 이상의 결함, (d) 엑셀이나 부록 B를 이용하여 확률분포표를 만들고 PDF 그래프를 그린 다음 그 모양을 설명하라(데이터는 2006년 J.D. Power 품질보고서에서 얻었다).

6.39 Noodles & Company에서 손님들이 주문하는 식사 외에 추가주문하는 메뉴 수는 평균적으로 1.4건이다. X를 추가주문하는 메뉴 수라고 정의하자. (a) 포아송 모형을 사용할 수 있음을 설명하라. (b) 임의의 손님이 적어도 2건의 추가메뉴를 주문할 확률은? (c) 추가주문을 하지 않을 확률은? (d) 엑셀 또는 부록 B를 이용하여 확률분포표를 만들어라. PDF 그래프를 그리고 그래프 모양을 설명하라.

6.6 초기하분포

초기하분포(hypergeometric distribution)는 모집단 N개로부터 *비복원*(without replacement) 추출을 한다는 것을 제외하고는 이항분포와 유사하다. 따라서 매 시행이 독립적이지 않고 성공확률이 시행할 때마다 일정하지 않다. 초기하분포는 N(모집단에 포함된 개체 수), n(표본에 포함된 개체 수) 그리고 s(모집단에서 성공횟수)라는 3개의 모수를 가지고 있다. X(표본에서의 성공횟수)의 분포는 초기하분포를 따르고 그 특징은 표 6.12에 나와 있다. 초기하분포는 오른쪽 또는 왼쪽 꼬리 모양 분포이고 $s/N = 0.50$(즉, 모집단에서 성공확률이 50%)이면 대칭분포가 된다.

표 6.12
초기하분포

모수	N = 모집단에 속한 개체 수 n = 표본크기 s = 모집단에서 성공에 해당하는 개체 수
PDF	$P(X=x) = \frac{{}_{s}C_{x}\,{}_{N-s}C_{n-x}}{{}_{N}C_{n}}$
엑셀* PDF	=HYPGEOM.DIST(*x*, *n*, *s*, *N*, 0)
엑셀* CDF	=HYPGEOM.DIST(x, n, s, N, 1)
정의역	$\max(0, n - N + s) \le X \le \min(s, n)$
평균	$n\pi$, 여기서 $\pi = s/N$
표준편차	$\sqrt{n\pi(1-\pi)}\sqrt{\frac{N-n}{N-1}}$
참고	이항분포와 유사하지만 제한된 모집단에서 비복원 추출을 통해 표본을 얻는다. $n/N < 0.05$이면 $\pi = s/N$인 이항분포로 근사할 수 있다. $s/N = 0.50$이면 대칭분포가 된다.

*이 장 마지막에 있는 **R 소프트웨어 부록**에서 초기하분포에 관련된 R 함수 목록을 찾을 수 있다.

초기하분포의 PDF는 식 6.10에 나와 있듯이 조합(combination) 공식을 이용하여 계산한다.

$$P(X=x) = \frac{{}_{s}C_{x}\,{}_{N-s}C_{n-x}}{{}_{N}C_{n}} \tag{6.10}$$

${}_{s}C_{x}$ = 모집단에서 s개 성공 중에 x개 성공을 선택하는 경우의 수

${}_{N-s}C_{n-x}$ = 모집단에서 $N - s$개 실패 중에 $N - x$개 실패를 선택하는 경우의 수

${}_{N}C_{n}$ = 모집단에서 N개 중에 n개를 선택하는 경우의 수

위 식에서 $N - s$는 모집단에서 실패횟수, x는 표본에서의 성공횟수 그리고 $n - x$는 표본에서 실패횟수이다. 조합공식을 푸는 방법은 5장을 참고하라.

예제 6.5
손상된 아이패드

10개 아이패드 배송 중에 2개가 손상되었고 8개는 정상이다. 제품을 판매하는 마트에서는 3개 제품을 무작위로 뽑아서 불량인지 확인한다. 표본에서 불량인 아이패드 수는 확률변수 X이다.

다음과 같이 정리할 수 있다.

$N = 10$	(모집단에서 아이패드 수)
$n = 3$	(표본숫자)
$s = 2$	(배송 중 손상된 아이패드 수, 모집단에서 성공횟수)
$N - s = 8$	(모집단에서 정상 아이패드 수)
$x = ?$	(표본에서 손상된 아이패드 수, 표본에서 성공횟수)
$n - x = ?$	(표본에서 정상인 아이패드 수)

위 문제를 이항분포로 이해할 수도 있다. 가령 $n = 3$, $\pi = s/N = 2/10 = 0.20$로 간주한다. 그러나 π가 일정하지 않다. 첫 번째 시도에서는 손상된 아이패드의 비율 $\pi_1 = 2/10$이다. 그러나 두 번째 시도에서는 첫 번째 시도에서 손상된 아이패드가 뽑혔다면 $\pi_2 = 1/9$이고 첫 번째 시도에서 아이패드가 뽑히지 않았다면 $\pi_2 = 2/9$이다. 세 번째 시도에서는 손상된 아이패드 확률은 처음 두 번의 시도에서 어떤 제품을 뽑았느냐에 따라 $\pi_3 = 0/8$, $\pi_3 = 1/8$, $\pi_3 = 2/8$이 될 수 있다.

초기하분포의 응용

모집단의 숫자(N)가 제한적이고 성공횟수(s)가 알려져 있고 표본크기는 n이고 비복원 추출로 표본을 얻는다. 이러한 상황에서 성공확률은 매 시행마다 일정하지 않다. 예를 들어,

- 40대의 자동차가 캘리포니아 배기가스 규제에 적합한지 검사를 받는다. 32대는 적합판정을 받았고 8대는 부적합 판정을 받았다. 7대의 표본을 무작위로 뽑았다. 모든 자동차가 적합판정을 받을 확률은? 적어도 5대가 적합판정을 받을 확률은?
- 총기규제 당국은 총기 구매자에 대해 500가지 신원조회를 해야 한다. 50명의 신청자가 중범죄로 기소된 적이 있다. 컴퓨터의 실수로 10명의 구매자가 신원조회 없이 승인되었다. 이들 중 중범죄자가 1명도 없을 확률은? 적어도 2명 이상 있을 확률은?
- 어느 의학실험실은 HIV 바이러스 보균 여부를 판단하기 위해 40명의 혈액검사를 실시하였다. 8명이 실제로 HIV 보균자이다. 5개의 혈액샘플을 뽑았을 때, HIV 보균자가 없을 확률은?

초기하분포 공식을 이용

아이패드 예제에서 모집단에 손상된 아이패드 개수는 2이기 때문에 x의 가능한 값은 0, 1, 2이다. 확률은 다음과 같이 계산한다.

PDF 공식 *엑셀 함수*

$$P(X=0) = \frac{{}_2C_{0\,8}C_3}{{}_{10}C_3} = \frac{\left(\frac{2!}{0!2!}\right)\left(\frac{8!}{3!5!}\right)}{\left(\frac{10!}{3!7!}\right)} = \frac{56}{120} = \frac{7}{15} = 0.4667$$

=HYPGEOM.DIST(0, 3, 2, 10, 0)

$$P(X=1) = \frac{{}_2C_{1\,8}C_2}{{}_{10}C_3} = \frac{\left(\frac{2!}{1!1!}\right)\left(\frac{8!}{2!6!}\right)}{\left(\frac{10!}{3!7!}\right)} = \frac{56}{120} = \frac{7}{15} = 0.4667$$

=HYPGEOM.DIST(1, 3, 2, 10, 0)

그림 6.15

$N = 10$, $n = 3$ 그리고 $s = 2$일 때 초기하분포 PDF와 CDF

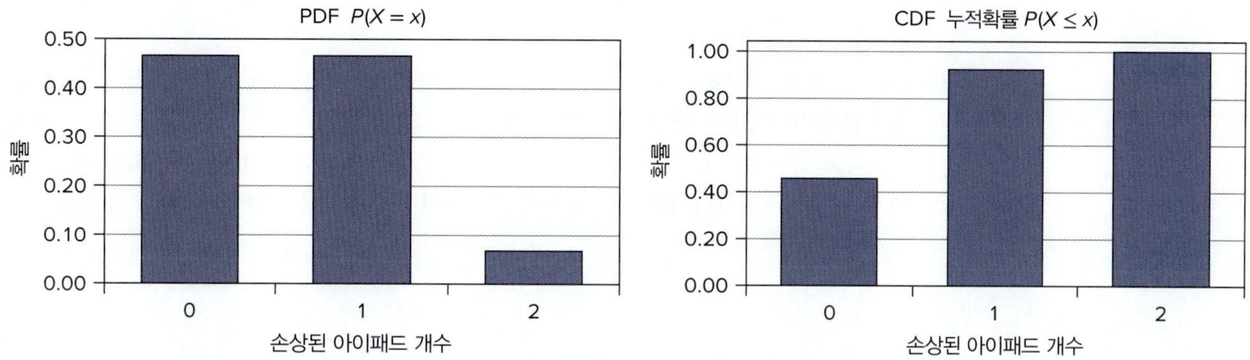

$$P(X = 2) = \frac{{}_2C_2\,{}_8C_1}{{}_{10}C_3} = \frac{\left(\frac{2!}{2!0!}\right)\left(\frac{8!}{1!7!}\right)}{\left(\frac{10!}{3!7!}\right)} = \frac{8}{120} = \frac{1}{15} = 0.0667$$ =HYPGEOM.DIST(2, 3, 2, 10, 0)

$P(0) + P(1) + P(2) = 7/15 + 7/15 + 1/15 = 1$과 같이 $P(X)$의 합은 항상 1이 된다. 복합 사건에 대해서도 확률을 계산할 수 있다. 예를 들어 적어도 1개 이상의 손상된 아이패드가 나올 확률은 $P(X \geq 1) = P(1) + P(2) = 7/15 + 1/15 = 8/15 = 0.533$, 즉 53.3%이다. 그림 6.15에서 PDF와 CDF를 보여준다.

엑셀 이용하기

초기하분포는 모수가 3개이기 때문에 확률을 표로 만들기에 매우 복잡하다. 따라서 컴퓨터 소프트웨어를 이용하여 계산하면 편리하다. 엑셀에서는 초기하함수인 =HYPGEOM.DIST(x, n, s, N, 0)을 이용한다. 예를 들어 $X = 5$, $n = 10$, $s = 82$, $N = 194$이면 =HYPGEOM.DIST(5, 10, 82, 194, 0)은 0.222690589가 나온다. 그림 6.16을 참고하라. MegaStat과 Minitab을 이용해서도 초기하확률을 얻을 수 있다.

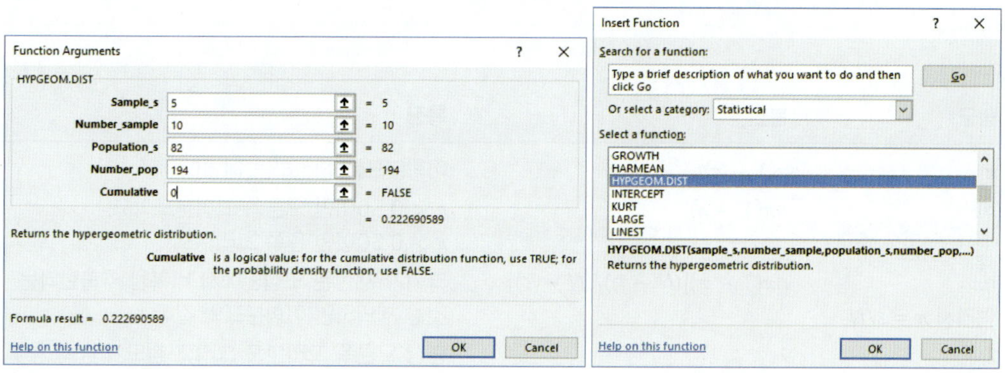

출처: Microsoft Excel.

그림 6.16

엑셀에서 초기하분포 함수

단원 연습문제

connect

6.47 ABC 가전판매점은 8대의 냉장고를 재고로 가지고 있다. 2대는 양문형 냉장고이고 6대는 일반 냉장고이다. (a) 엑셀을 이용하여 무작위로 뽑힌 4대의 냉장고 중 일반형 냉장고의 숫자를 X라고 할 때 확률변수 X에 대한 초기하확률을 계산하라. (b) 확률분포에 대해 PDF 그래프를 그리고 그 모양에 대해 묘사하라.

6.49 Ramjac 회사의 회계부서로 지난 분기 50장의 출장명세서가 제출되었다. 그중 20장은 잘못된 출장명세서이다. 감사담당자가 무작위로 5장을 검사하였다. 표본 중 오류가 있는 출장명세서를 X라고 정의하자. (a) 엑셀을 이용하여 초기하확률을 계산하라. (b) $P(X = 0)$을 계산하라. (c) $P(X = 1)$을 계산하라. (d) $P(X \geq 3)$을 계산하라. (e) 엑셀을 이용하여 PDF 그래프를 그리고 그 모양에 대해 묘사하라.

요약(*Chapter Summary*)

확률변수(random variable)는 확률과정(stochastic process)의 표본공간(sample space)에 있는 결과에 숫자를 할당하는 것이다. **이산확률변수**(discrete random variable)는 셀 수 있는 개별 값으로 구성되어 있다. 이산확률분포(discrete probability distribution)에서 확률은 반드시 0과 1 사이의 값이고 모두 합하면 1이 되어야 한다. **기댓값**(expected value)은 중심경향을 측정하는 것으로서 분포의 평균이며, **분산**(variance)은 퍼진 정도를 측정한다. 주로 사용되는 확률분포는 모수(parameter)에 의해서 결정되며, 이러한 모수는 **확률분포함수**(probability distribution function: PDF)와 **누적확률분포함수**(cumulative distribution function: CDF)를 정의한다.

표 6.13에 요약되어 있듯이 이산균등분포는 확률변수 값을 정의하는 두 모수 (a, b)를 가지고 있다. **베르누이분포**(Bernoulli distribution)는 성공확률 모수인 π를 가지고 있으며, 실험의 결과는 항상 두 가지 경우(0 또는 1)이다. 이항분포(binomial distribution)는 (n, π)의 두 모수를 가지고 있으며, 이는 일정한 성공확률을 가진 n개의 서로 독립적인 베르누이 실험의 합이다. $\pi > 0.50$이면 왼쪽 꼬리분포이고, $\pi < 0.50$이면 오른쪽 꼬리분포, $\pi = 0.50$이면 정확히 대칭분포의 모양을 가진다. 그러나 표본의 수 n이 증가할수록 왜도는 줄어든다. **포아송분포**(Poisson distribution)는 단지 하나의 모수(λ, 평균 도착횟수)를 가지고 있다. 이는 단위시간이나 단위공간에서 독립적으로 발생하는 사건의 도착을 묘사하는 확률변수이다. 항상 오른쪽 꼬리분포이며 λ 값이 증가할수록 왜도는 줄어든다. 초기하분포는 3개의 모수 (N, n, s)를 가지고 있다. 초기하분포는 이항분포와 유사하지만 성공횟수가 s인 N개의 모집단에서 비복원 추출을 통해 n개의 표본을 뽑는 차이점이 있다. 그림 6.17은 4개의 이산확률분포의 관계를 보여준다.

표 6.13

모형의 비교

모형	모수	평균	분산	특징
베르누이분포	π	π	$\pi(1-\pi)$	이항분포를 생성하는 데 필요
이항분포	n, π	$n\pi$	$n\pi(1-\pi)$	$\pi < 0.50$이면 오른쪽 꼬리분포이고, $\pi > 0.50$이면 왼쪽 꼬리분포
초기하분포	N, n, s	$n\pi$ 여기서 $\pi = s/N$	$n\pi(1-\pi)[(N-n)/(N-1)]$	크기가 제한된 모집단에서 비복원 추출한다는 것을 제외하면 이항분포와 같다.
포아송분포	λ	λ	λ	항상 오른쪽 꼬리분포 그리고 첨도가 높다.
균등분포	a, b	$(a+b)/2$	$[(b-a+1)^2-1]/12$	항상 대칭이고 첨도가 낮다.

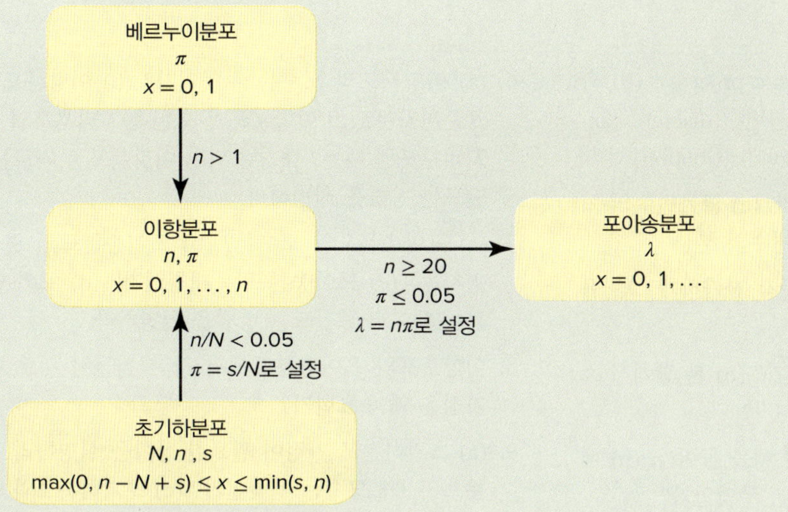

그림 6.17

이산분포 간의 관계

주요 용어(*Key Terms*)

- 기댓값(expected value)
- 누적분포함수(cumulative distribution function)
- 독립적인(independent)
- 모수(parameter)
- 베르누이 실험(Bernoulli experiment)
- 보험통계적으로 공정(actuarially fair)
- 분산(variance)
- 이산균등분포(uniform distribution)
- 이산확률변수(discrete random variable)
- 이산확률분포(discrete probability distribution)
- 초기하분포(hypergeometric distribution)
- 포아송분포(Poisson distribution)
- (포아송) 도착횟수(arrivals)
- (포아송) 발생하기 힘든 사건(rare events)
- 확률모형(probability models)
- 확률변수(random variable)
- 확률분포함수(probability distribution function)

이산확률분포에서 사용되는 주요 공식

N개의 값$(x_1, x_2, \cdots, x_N)$이 있다면

전체 확률: $\sum_{i=1}^{N} P(x_i) = 1$

기댓값: $E(X) = \mu = \sum_{i=1}^{N} x_i P(x_i)$

분산: $\text{Var}(X) = \sigma^2 = \sum_{i=1}^{N} [x_i - \mu]^2 P(x_i)$

균등분포 PDF: $P(X = x) = \dfrac{1}{b - a + 1}$ $\quad x = a, a+1, \ldots, b$

이항분포 PDF: $P(X = x) = \dfrac{n!}{x!(n-x)!}\pi^x (1-\pi)^{n-x}$ $\quad x = 0, 1, 2, \ldots, n$

포아송분포 PDF: $P(X = x) = \dfrac{\lambda^x e^{-\lambda}}{x!}$ $\quad x = 0, 1, 2, \ldots$

초기하분포 PDF: $P(X = x) = \dfrac{{}_sC_x\,{}_{N-s}C_{n-x}}{{}_NC_n}$ $\quad \max(0, n - N + s) \leq x \leq \min(s, n)$

전체 확률: $P(X = x) = \pi(1-\pi)^{x-1}$ $\quad x = 1, 2, \ldots$

리뷰(Chapter Review)

1. 다음을 정의하라. (a) 확률과정(stochastic process), (b) 확률변수(random variable), (c) 이산확률변수(discrete random variable), (d) 확률분포(probability distribution)
2. 공식을 사용하지 않고, 다음을 설명하라. (a) 확률변수의 기댓값, (b) 보험통계적 공정성, (c) 확률변수의 분산
3. PDF와 CDF의 차이점은 무엇인가? 각각 간략하게 그림을 그려라.
4. (a) 균등분포에서 2개의 모수는 무엇인가? (b) 본 장에서 소개된 첫 번째 확률모형은 왜 균등분포인가?
5. (a) 베르누이 실험을 설명하고, 두 가지 예를 들어라. (b) 베르누이 실험과 이항분포와의 연결고리는 무엇인가?
6. (a) 이항분포의 모수는 무엇인가? (b) 이항분포의 평균은? 표준편차는? (c) 이항분포가 오른쪽 꼬리분포일 때는? 왼쪽 꼬리분포일 때는? 대칭은? (d) 이항분포를 따르는 데이터를 만드는 방법을 설명하라.
7. (a) 포아송분포의 모수는? (b) 포아송분포의 평균은? 표준편차는? (c) 포아송분포는 대칭인가? (d) 포아송분포를 따르는 데이터를 만드는 방법을 설명하라.
8. 이항분포와 포아송분포에서 각 사건들이 서로 독립이라는 가정은 왜 중요한가?
9. (a) 초기하분포 가정이 필요한 상황을 설명하라. (b) 초기하분포의 3개 모수는 무엇인가? (c) 초기하분포와 이항분포는 어떻게 다른가?

단원 연습문제(Chapter Exercises)

주: 풀이과정을 분명히 제시하라.

6.63 생일선물로 새로 나온 PDA를 조카에게 보내고자 한다. PDA 가격은 250달러이다. 택배로 보낼 때 파손될 확률이 2%이다. 파손된 경우에 보상을 해주는 보험이 4달러이다. 이 보험을 살 만한 가치가 있는가? 기댓값 개념을 이용하여 설명하라.

6.65 베르누이 모형을 생각하자. 다음 예에서 무엇이 성공확률 π가 되는가? (a) 대학농구 선수가 던지는 자유투, (b) 야구선수의 배팅, (c) 대학 미식축구 선수의 패스, (d) 추측으로 답을 고를 때 오지선다형 문제에서 틀린 문제, (e) 위 예에서 어떤 경우에는 서로 독립적인 사건의 시행이라는 조건이 성립하지 않는지 설명할 수 있는가?

6.67 어떤 해에 공해물질 배출여부 검사에서 평균적으로 10%의 차량이 탈락을 한다. 5대가 검사를 받았다고 하자. (a) 모든 차량이 통과할 확률, (b) 1대를 제외한 나머지가 통과할 확률, (c) 확률분포함수를 대략적으로 그리고 그 모양을 설명하라.

6.69 KFC 매장에서 고객 절반은 오리지널(original) 치킨보다 크리스피(crispy) 치킨을 주문한다. (a) 다음 4명의 고객 중에서 크리스피 치킨을 주문하는 사람이 아무도 없을 확률은? (b) 적어도 2명일 확률은? (c) 많아야 2명일 확률은? (d) 엑셀이나 부록 A를 이용하여 확률분포표를 만들어라. PDF 그래프를 그리고 그 모양을 설명하라.

6.71 다음 각 확률에 대한 엑셀 이항공식을 작성하라.

a. 성공확률이 30%일 때 20번 시도에서 3번 성공확률

b. 성공확률이 10%일 때 50번의 시도에서 7번 성공확률

c. 성공확률이 5%일 때 80번의 시도에서 6번 이하 성공확률

d. 성공확률이 20%일 때 120번의 시도에서 적어도 30번 성공확률

6.73 4년제 대학 학생들에 대한 정부보증 학자금 융자의 부도확률은 약 7%이다. 어떤 학교에 10명의 학자금 대출학생이 있다면, (a) 그들 중 아무도 부도를 내지 않을 확률은? (b) 적어도 3명이 부도를 낼 확률은? (c) 기댓값은?

6.75 어떤 연구에 따르면 저녁 8~9시에 TV에서 방송하는 영화광고 중 80%는 청소년 관람제한(R-rated) 영화였다. (a) 그 시간 동안 16개의 광고 중에서 적어도 10개의 광고가 관람제한 등급일 확률은? (b) 관람제한 영화가 8개보다 적을 확률은?

6.77 소형항공사는 아침 7시 15분 비행기에 예약자가 나타나지 않을 확률이 0.10이라는 것을 알고 있다. 그 비행기의 정원은 10명이다. (a) 전체 좌석이 예약되었다면, 예약한 모든 승객이 나타날 확률은? (b) 항공사가 11개 좌석의 예약을 받았다면, 탑승 못하는 사람이 없을 확률은? (c) 1명 이상의 승객이 탑승하지 못할 확률은? (d) 항공사는 일부 승객이 탑승하지 못하는 상황이 생길지라도, 비행기가 만석일 확률을 95%로 하기 위해 초과예약을 받고자 한다. 몇 좌석을 예약 받아야 하나?

6.79 (a) 소방서에 1분 동안 걸려오는 전화의 수는 왜 포아송 사건이 아닌가? (b) 단위시간 동안 발생하는 사건 중 포

아송 모형의 가정을 위배하는 예를 두 가지 들어라.

6.81 Noodles & Company에는 1분에 2.8명씩 점심 손님들이 들어온다. X를 점심시간 1분 동안 도착하는 손님의 수로 정의하자. 따라서 X는 포아송분포를 따른다. (a) 1분 동안 5명이 도착할 확률은? (b) 1분 동안 최대 5명이 도착할 확률은? (c) 5분 동안 도착하는 손님 숫자의 평균은? (d) (c)의 평균을 계산하기 위해서 필요한 포아송분포의 특징은 무엇인가?

6.83 지난 50년 동안 플로리다에서 악어에 물려 죽은 사람의 수는 1년에 0.30명이다. 이러한 비율이 변하지 않는다고 가정하고 다음 확률을 계산하라. (a) 악어에 물려죽는 사람이 0명인 경우, (b) 적어도 2명이 악어에 물려죽을 확률

6.85 어떤 병원에서 수요일에 예약취소가 평균 1.5건 발생한다. X를 어떤 수요일에 발생하는 예약취소건수라고 정의하자. (a) 포아송 모형을 쓸 수 있음을 설명하라. (b) 수요일에 예약취소가 하나도 없을 확률은? (c) 1건 있을 확률은? (d) 2건보다 더 많이 발생할 확률은? (e) 5건 이상 있을 확률은?

6.87 자동차 페인트 공장에서 후드(hood) 부분의 페인트 실수는 1제곱미터당 평균 0.80건이다. 어떤 자동차의 후드 넓이가 3제곱미터이다. (a) 포아송 모형을 쓸 수 있음을 설명하라. (b) 고객이 후드를 무작위로 검사하였을 때, 실수가 없을 확률은? (c) 실수가 1건 있을 확률은? (d) 2건 미만 있을 확률은?

6.91 뉴욕의 Verrazono Narrows 다리에서 매일 교통사고는 2.0건의 비율로 발생한다. 하루 동안 발생한 교통사고 건수를 X라고 정의하자. (a) 확률변수 X가 포아송분포를 따른다는 것을 설명하라. (b) 적어도 1건의 교통사고가 발생할 확률, (c) 5건 미만 교통사고가 발생할 확률, (d) 엑셀이나 부록 B를 이용하여 확률분포를 계산하고 PDF 그래프를 그린 후 그 모양에 대해 묘사하라.

참고문헌(*Related Reading*)

Forbes Catherine, Merran Evans, Nicholas Hastings, and Brian Peacock. *Statistical Distributions*. 4th ed. John Wiley & Sons, 2011.

소프트웨어 부록(*Software Supplement*)

R의 이산분포

이산확률분포	엑셀 함수	R 함수
이항분포(n번 시도, 성공확률 $= \pi$)		
PDF: $P(X = x)$ 확률을 제시	BINOM.DIST(x, n, π, 0)	dbinom(x, n, π)
CDF: $P(X = x)$ 확률을 제시	BINOM.DIST(x, n, π, 1)	pbinom(x, n, π)
역CDF: $P(X \le x) = \alpha$에서 x값을 제시	BINOM.INV(n, π, α)	qbinom(α, n, π)
난수 생성(R에서는 k개 표본 생성)	BINOM.INV(n, π, RAND())	rbinom (k, n, π)
포아송분포(평균 λ)		
PDF: $P(X = x)$ 확률을 제시	POISSON.DIST(x, λ, 0)	dpois(x, λ)
CDF: $P(X = x)$ 확률을 제시	POISSON.DIST(x, λ, 1)	ppois(x, λ)
역CDF: $P(X \le x) = \alpha$에서 x값을 제시	----------------	qpois(α, λ)
난수 생성(R에서는 k개 표본 생성)	----------------	rpois(x, λ)

(*계속*)

이산확률분포	엑셀 함수	R 함수
초기하분포(모집단 크기 = N)		
PDF: $P(X = x)$ 확률을 제시	HYPGEOM.DIST(x, n, s, N, 0)	dhyper(x, s, N−s, n)
CDF: $P(X \leq x)$ 확률을 제시	HYPGEOM.DIST(x, n, s, N, 1)	phyper(x, s, N−s, n)
역CDF: $P(X \leq x) = \alpha$에서 x값을 제시	----------------	qhyper(α, s, N−s, n)
난수 생성(R에서는 k개 표본 생성)	----------------	rhyper(k, s, N−s, n)

CHAPTER

7 연속확률분포

Continuous Probability Distributions

목차 *Chapter Contents*

학습목표 *Chapter Learning Objectives*

이 장을 마친 후 스스로 다음을 할 수 있어야 한다.

- **LO 7-1** 연속확률변수를 정의한다.
- **LO 7-2** 연속균등분포의 확률을 계산할 수 있다.
- **LO 7-3** 정규분포의 모양과 모수를 이해한다.
- **LO 7-4** 엑셀이나 확률분포표를 이용하여 주어진 z 또는 x에 해당하는 정규분포 확률을 찾는다.
- **LO 7-5** 엑셀이나 확률분포표를 이용하여 주어진 확률에 해당하는 z 또는 x값을 구할 수 있다.
- **LO 7-6** 이항분포나 포아송 분포를 정규분포로 근사할 수 있음을 보인다.
- **LO 7-7** 지수분포에서 주어진 x값에 대한 확률을 찾는다.
- **LO 7-8** 주어진 지수분포의 확률에 해당하는 x값을 구할 수 있다.

VCG/Getty Images

7.1 연속확률분포

연속확률변수

6장에서 확률모형과 이산확률변수에 대해 배웠다. 이번 장에서는 확률모형에 대한 논의를 **연속확률변수**를 포함한 모형으로 확장한다. 이산확률변수는 대개 다음 1분 동안 도착하는 고객의 수와 같은 셀 수 있는 것에 관한 것이다. 이와는 대조적으로 연속확률변수는 다음 고객이 도착할 때까지 걸린 시간과 같은 측정에 관한 것이다. 이산확률변수와 달리 연속확률변수는 비정수(noninteger) 값을 범위로 갖는다.

이산확률변수에 대한 확률은 특정한 값 $P(X = 3)$에서 정의된다. 또는 연속된 값에 대한 합, $P(X \le 2) = P(0) + P(1) + P(2)$ 확률에 관심이 있다. 그러나 X가 연속형 변수(예: 대기시간)일 때, 특정한 값(가령 $X = 54$초)에서 확률을 논하는 것은 이치에 맞지 않다. 그 이유는 X의 값은 이산적인 점들의 집합이 아니기 때문이다. 이런 경우 확률은 *확률분포함수*(PDF) *곡선의 아래 면적*으로 정의하게 된다. 연속확률변수의 확률은 $P(53.5 \le X \le 54.5)$ 또는 $P(X < 54)$ 또는 $P(X \ge 53)$와 같이 구간에 대해 정의된다. 그림 7.1은 이산확률변수와 연속확률변수의 차이를 보여준다. 본 장에서는 연속확률변수의 데이터 생성과정을 설명하고 각 사건의 확률을 계산하는 방법 그리고 그 결과를 해석하는 방법을 설명한다.

PDF와 CDF

확률분포는 **확률분포함수**(PDF) 또는 **누적확률분포함수**(CDF)에 의해 규정된다. 연속확률변수에 대해서 PDF는 X의 각 값에서 함수 곡선 $f(x)$의 높이를 나타내는 공식이다. 어떠한 연속 PDF도 음수가 아니고 PDF 아래 면적의 합은 반드시 1이 되어야 한다. 평균, 분산 그

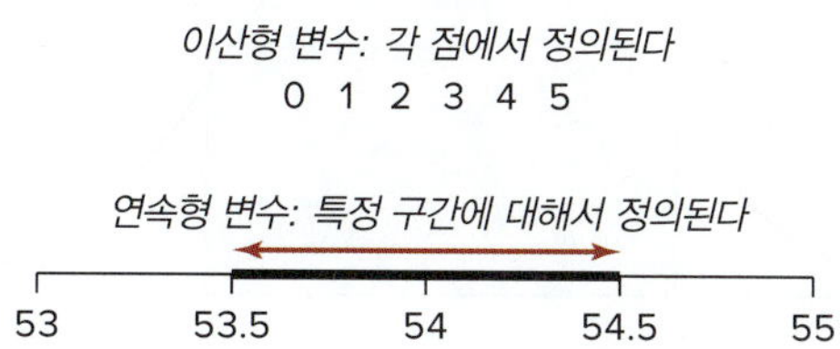

그림 7.1
이산형 사건과 연속형 사건

그림 7.2

고속도로 자동차 속도 예

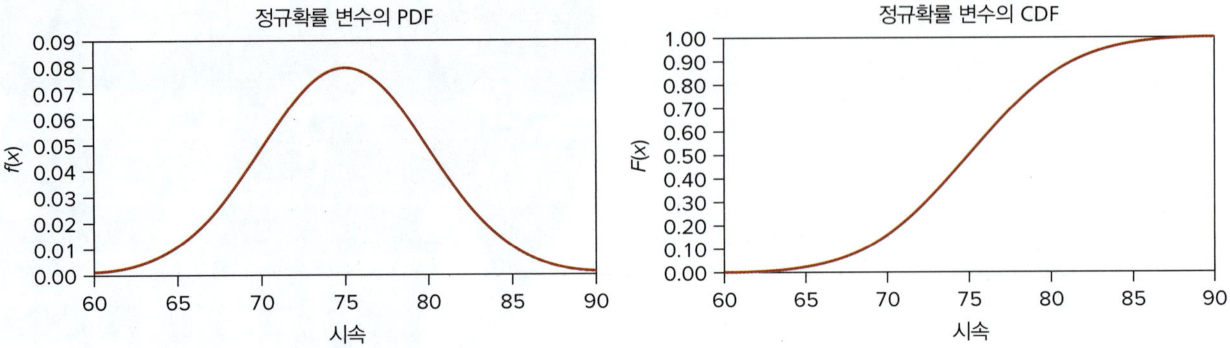

리고 분포의 모양은 PDF를 구성하는 *모수*(parameter)에 의존한다. CDF는 $F(x)$로 표기되며, $P(X \le x)$를 의미하고, 주어진 X값의 왼쪽에 있는 누적면적에 해당한다. PDF는 분포의 모양을 나타내는 한편, CDF는 확률을 계산하는 데 유용하다. 자주 사용되는 PDF와 CDF에 대해서는 엑셀에서 함수로 제공한다.

예를 들어 그림 7.2는 고속도로 자동차 속도에 대한 PDF이다. 확률변수인 *시속*(miles per hour)은 우리가 선택할 수 있는 모든 속도를 표현할 수 있는 연속확률변수이다. 이 그림은 X축에 있는 각 점에서 확률분포함수의 값을 나타내는 매끈한 곡선이다. 그림 7.2에 있는 CDF는 X의 값이 90점에 가까워짐에 따라 점점 1에 가까워지는 자동차 속도의 누적 비율을 보여준다. 그림에서 보면, 분포는 평균이 75이고 표준편차가 5인 대칭적이며 종 모양(정규분포 모양)의 분포이다.

면적으로서의 확률

이산확률변수에서 우리는 각 점에서 확률을 계산하여 합했다. 그러나 연속확률분포함수는 매끈한 곡선이며 특정한 점에서의 확률은 0이 된다. 각 확률의 합을 취하는 대신 곡선 아래의 면적으로 확률을 계산한다. 미적분학 용어로, $P(a < X < b)$는 a에서 b까지의 구간에 대한 확률분포함수 $f(x)$의 **적분**(integral)이다. $P(X = a) = 0$이기 때문에 $P(a < X < b)$와 $P(a \le X \le b)$는 서로 같은 표현이다. 그림 7.3은 연속확률변수의 PDF 아래 면적을 보여준다. 어떤 PDF에서도 아래 면적의 합은 1이 된다.

그림 7.3

면적으로서의 확률

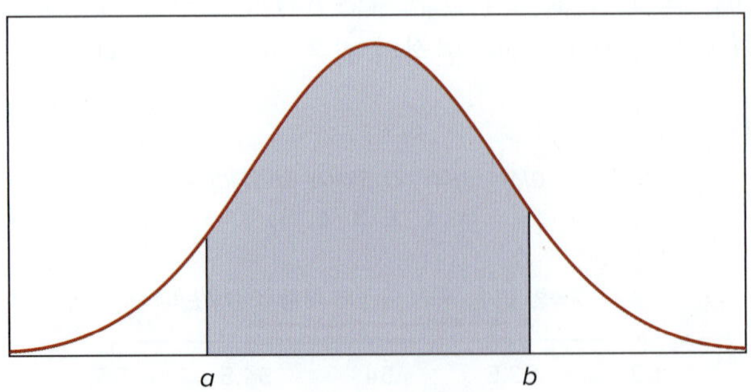

기댓값과 분산

연속확률변수의 평균과 분산은 이산확률변수의 $E(X)$ 및 Var(X)와 유사하다. 단, 적분기호 $\int$이 Σ 부호를 대신한다. 적분은 X의 전체 범위에 대해 행해진다. 평균은 여전히 전체 분포에 대한 균형점이며 분산은 평균과의 편차 제곱을 가중평균한 것이다. 표준편차 역시 앞에서와 마찬가지로 분산의 제곱근이다.

	연속확률변수	*이산확률변수*	
평균	$E(X) = \mu = \int_{-\infty}^{+\infty} xf(x)\,dx$	$E(X) = \mu = \sum_{\text{모든 } x} xP(x)$	**(7.1)**
분산	$\text{Var}(X) = \sigma^2 = \int_{-\infty}^{+\infty} (x-\mu)^2 f(x)\,dx$	$\text{Var}(X) = \sigma^2 = \sum_{\text{모든 } x} [x-\mu]^2 P(x)$	**(7.2)**

위 식에서 사용된 미적분학 기호는 이에 대한 기본적인 지식이 있는 학생을 위한 것이다. 미적분학을 이용하여 위 식을 정확히 풀어낼 수 있다는 것을 받아들인다면 굳이 미적분학에 대한 이해 없이도 통계학을 배울 수 있다. 보험계리사가 목표인 학생이 있다면 미적분학을 배우는 것을 추천한다(따라서 미적학분 책을 계속 간직하라). 그러나 본 장에서는 기업 의사결정 분야에서 주로 사용되는 분포에 대해서 증명 없이 평균과 분산 결과를 제시하기로 한다.

단원 연습문제

connect

7.1 LA에서 출발하는 비행기가 있다. 각 변수는 이산확률변수(D)인가? 연속확률변수(C)인가?

a. 3세 이하의 아이를 데리고 여행하는 승객의 수
b. 체크인 수하물 없이 여행하는 승객의 비율
c. 이 비행기에 탑승한 승객 중 무작위로 추출된 승객 1명의 몸무게

7.3 아래 함수 $f(x)$ 중에서 어떤 것이 연속확률변수의 분포함수가 될 수 없는가? *힌트*: 함수 $f(x)$ 아래의 면적을 계산하라.

a. $f(x) = 0.25,\ 0 \le x \le 1$
b. $f(x) = 0.25,\ 0 \le x \le 4$
c. $f(x) = x,\ 0 \le x \le 2$

7.2 연속균등분포

연속균등분포의 특징

연속균등분포(uniform continuous distribution)는 우리가 생각할 수 있는 가장 단순한 연속확률분포이다. X가 구간 a와 b 사이에 균등하게 분포하는 확률변수라면, 그림 7.4에서 보듯이 PDF는 일정한 높이이다. 연속균등분포는 $U(a, b)$로 표기되며 이것의 평균과 표준편차는 표 7.1에 나와 있다.

PDF가 사각형 모양이기 때문에 우리는 아래 면적의 합이 밑변 $(b - a)$에 높이 $1/(b - a)$를 곱하면 1이 됨을 쉽게 알 수 있다. CDF는 그림 7.4에서 보듯이 직선이 증가하는 모양이다. 모든 사건은 사각형 면적으로 나타나기 때문에 굳이 $P(X \le x) = (x - a)/(b - a)$로 계

그림 7.4

연속균등분포의 PDF

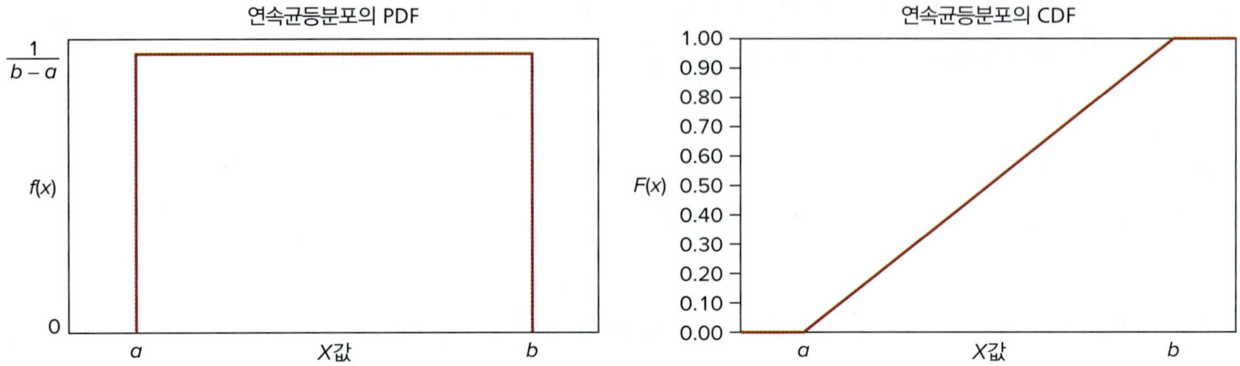

표 7.1

연속균등분포

모수	a = 하한 b = 상한
참고	벤치마크 분포로 사용됨
PDF	$f(x) = \frac{1}{b-a}$
CDF	$P(X \le x) = \frac{x-a}{b-a}$
정의역	$a \le x \le b$
평균	$\frac{a+b}{2}$
표준편차	$\sqrt{\frac{(b-a)^2}{12}}$
분포의 모양	대칭분포
엑셀에서 난수 생성	=a+(b−a)*RAND() (1개의 난수 값 제시)
R에서 난수 생성	runif(k,a,b) (k개의 난수 값 제시)

산되는 CDF를 언급할 필요는 없다.

이산균등분포에서 X값의 범위가 넓어지게 되면 연속균등분포와 비슷해진다. 예를 들어 세 자리 수 복권번호가 000에서 999까지 있다면, 이는 $a = 0$이고 $b = 999$를 가진 연속균등분포와 닮았다.

예제 7.1

마취제의 효과

치과의사는 치아를 뽑기 전에 마취제를 주사한다. 환자의 다양한 특성이 주어졌을 때, 치과의사는 마취 효과가 유지되는 시간을 15분에서 30분 사이의 값을 취하는 균등분포로 간주한다. 간단한 표기로 $X \sim U(15, 30)$를 쓰자. $a = 15$와 $b = 30$으로 정하면 우리는 평균과 표준편차를 아래와 같이 계산할 수 있다.

$$\mu = \frac{a+b}{2} = \frac{15+30}{2} = 22.5\text{분}$$

$$\sigma = \sqrt{\frac{(b-a)^2}{12}} = \sqrt{\frac{(30-15)^2}{12}} = 4.33\text{분}$$

사건의 확률은 단지 전체에서 차지하는 비중으로 나타나는 구간 넓이이다. 따라서 c에서 d 분 사이의 값을 취할 확률은 다음과 같다.

$$P(c < X < d) = (d - c)/(b - a) \text{ (균등분포 모형에서 } c\text{에서 } d \text{ 사이의 면적)} \quad \textbf{(7.3)}$$

예를 들어, 마취효과가 20분에서 25분 유지될 확률은 다음과 같다.

$$P(20 < X < 25) = (25 - 20)/(30 - 15) = 5/15 = 0.3333 \text{ 또는 } 33.3\%.$$

이러한 확률은 그림 7.5에 그려져 있다.

그림 7.5

균등분포에서의 확률: $P(20 < X < 25)$

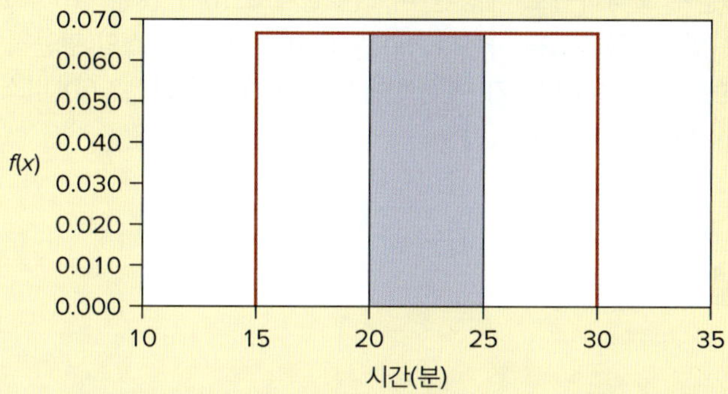

단위 사각형(밑변의 길이가 1인 경우)의 모양을 갖는 균등분포는 $U(0, 1)$로 표기되며 그림 7.6에 그려져 있다. 평균과 표준편차 공식을 이용하면, 우리는 $\mu = 0.5000$이고 $\sigma = 0.2887$임을 쉽게 계산할 수 있다. 엑셀 함수 =RAND()를 이용하여 이 분포를 나타내기 때문에 이 경우는 매우 중요하다. 또한 엑셀 함수 =RAND()를 이용하여 난수를 만들고자 하면 평균과 표준편차를 미리 정의해야 한다. 적합도(goodness-of-fit) 검정에 대해 설명하는 장에서 더 자세하게 설명될 것이다.

연속균등분포의 활용

연속균등분포 모형 $U(a, b)$는 정의역 안에 있는 값들이 다른 값보다 특별히 더 나올 가능성이 크다고 생각할 이유가 없는 경우에 주로 사용된다. 그러나 실제로 이런 상황은 드물다. 균등분포는 가장 좋은 상황과 가장 나쁜 상황을 알고 있을 때, 그 범위 안에서 균등하다고 가정하고 분석을 할 때 유용하다. 특히 그 범위 사이의 분포에 대해서는 특정한 분포를

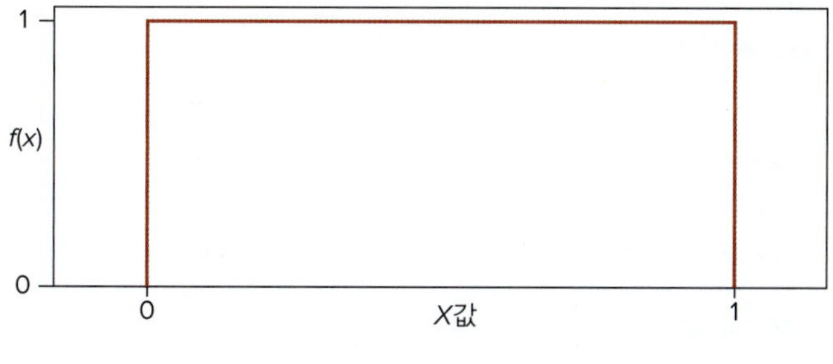

그림 7.6

$U(0, 1)$ 연속균등분포

가정하고 싶지 않을 때 사용할 수 있다. 이러한 접근법은 어느 정도 보수적인 방법이라고 볼 수 있다. 그러나 생성된 데이터가 중심경향을 가진다면 균등분포 가정하에서는 적절한 표준편차보다 훨씬 더 큰 표준편차 값을 가지게 됨을 기억해야 한다.

단원 연습문제

connect

7.5 각 연속균등분포에 대해서 평균과 표준편차를 계산하라.

a. $U(0, 10)$
b. $U(100, 200)$
c. $U(1, 99)$

7.7 연속균등분포에서 왜 $P(25 < X < 45)$는 $P(25 \le X \le 45)$와 같은가?

7.9 오전 10시 20분에 도착하기로 예정된 버스는 실제로 10시 18분~10시 23분 사이에 도착하며 도착시간은 연속균등분포를 따른다. (a) 오전 10시 20분 버스의 평균적인 도착시간은 언제인가? (b) 표준편차는? (c) 버스가 예정보다 일찍 도착할 확률은? (d) 버스가 오전 10시 19분~10시 21분 사이에 도착할 확률은?

7.3 정규분포

정규분포의 특징

독일 수학자인 칼 가우스(Karl Gauss, 1777~1855)의 이름을 본 딴 **정규**(normal) 또는 **가우시안 분포**(Gaussian distribution)는 앞 장에서 몇 번 언급되었다. 정규분포는 연속분포 모형에서 중요한 역할을 한다. 정규확률분포는 두 모수인 μ와 σ에 의해서 정의된다. 정규분포는 $N(\mu, \sigma)$로 표현된다. 정규확률변수 X의 범위는 $-\infty < x < +\infty$이나 실제로 대부분의 값은 $[\mu - 3\sigma, \mu + 3\sigma]$에 존재한다(4장에서 언급된 경험법칙). μ와 σ 이외에도 정규확률분포함수 $f(x)$는 자연대수인 e(대략 2.71828)와 π(대략 3.14159)에도 의존한다. 정규확률변수의 평균은 μ이고 분산은 σ^2임을 증명할 수 있다. 정규분포는 언제나 대칭적 분포이다. 표 7.2에 정규분포의 특징을 정리하였다.

표 7.2
정규분포

모수	μ = 모평균 σ = 모표준편차
PDF	$f(x) = \frac{1}{\sigma\sqrt{2\pi}} e^{-\frac{1}{2}\left(\frac{x-\mu}{\sigma}\right)^2}$
정의역	$-\infty < x < +\infty$
평균	μ
표준편차	σ
분포 모양	대칭적이고 종 모양의 대형분포
엑셀에서 PDF*	=NORM.DIST(x, μ, σ, 0)
엑셀에서 CDF*	=NORM.DIST(x, μ, σ, 1)
엑셀에서 난수 생성	=NORM.INV(RAND(), μ, σ)

*이 장 마지막에 있는 **R 소프트웨어 부록**에서 정규분포에 관련된 R 함수 목록을 찾을 수 있다.

그림 7.7

정규확률변수의 PDF와 CDF

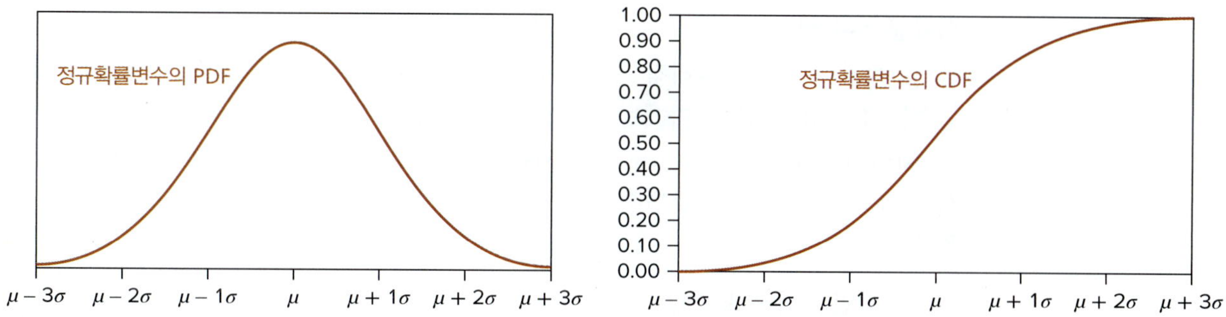

정규확률분포함수 $f(x)$는 그림 7.7에서 보듯이 μ에서 최댓값을 갖고 $\mu \pm \sigma$에서 변곡점(inflection point)을 갖는다. 그러나 $f(x)$는 $\mu \pm 3\sigma$ 이상에서도 X축에 닿지 않고 단지 X축에 점점 가까워질 뿐이다. 단봉(single-peak)이고 대칭성 때문에 어떤 사람들은 '마운드 모양(mound-shaped)' 또는 '종 모양(bell-shaped)'이라고도 부른다. 이 분포의 CDF는 그림 7.7에 보듯이 "옆으로 누운 *S*자 모양"이다. CDF는 1에 가까워지지만 1에 닿지는 않는다.

평균이 μ이고 표준편차가 σ인 정규분포는 $N(\mu, \sigma)$로 줄여서 표기되기도 한다. 모든 정규분포는 축의 눈금만 달라질 뿐 동일한 모양을 가지고 있다. 예를 들어 그림 7.8의 왼쪽 그래프는 생산되는 골프공 지름에 대한 분포를 보여준다. 골프공 지름은 평균 $\mu = 42.70$ mm와 표준편차 $\sigma = 0.01$ mm를 가진 $N(42.70, 0.01)$인 정규분포를 나타낸다. 그림 7.8의 오른쪽 그래프는 CPA시험 성적의 분포를 보여주는데, 시험성적은 평균 $\mu = 70$와 표준편차 $\sigma = 10$을 가진 $N(70, 10)$인 정규분포를 따른다. 각 PDF의 모양은 서로 같고 X축과 Y축의 눈금만 다르다.

연속확률분포에서 $f(x)$의 값이 반드시 1보다 작아야 한다고 생각한다면 그것은 오해이다. 그림 7.8에서 보듯이 $f(x)$ 값은 1을 넘을 수 있다. 전체 아래 면적이 1이기 때문에 X가 작은 범위(골프공 지름인 약 0.06 mm)일 때, $f(x)$의 높이는 매우 커진다(골프공의 경우, 대략 40이 된다). 반대로 그림 7.8의 오른쪽 그림에서 X값이 큰 범위를 가졌을 때(CPA 시험

그림 7.8

척도를 제외하고 모든 정규분포는 거의 유사한 모양

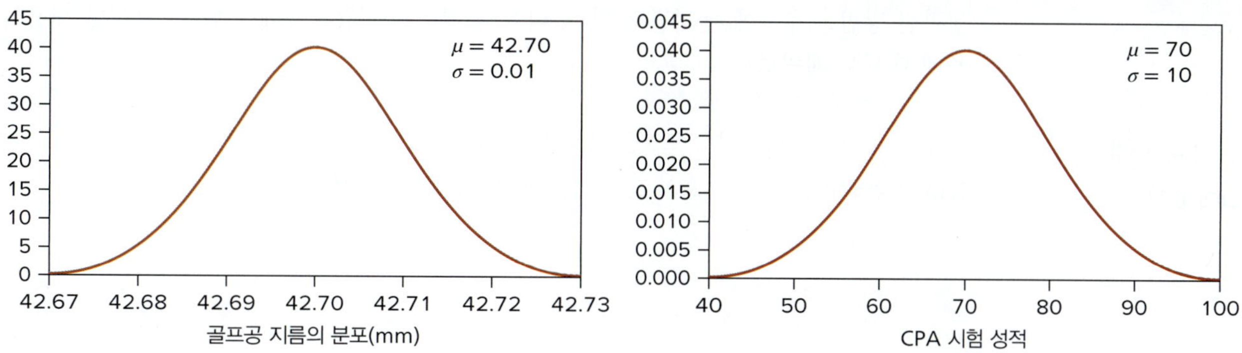

성적은 대략 60점), $f(x)$의 높이는 작다(시험성적의 경우 0.40)이다. $f(x)$ 2개의 PDF 그림에서 우리는 삼각형 계산공식을 이용하여 대략적으로 전체 면적이 1이 됨을 알 수 있다.

정규분포의 예

자연과학과 공학에서 물리적 측정 결과는 정규분포를 따르는 경우가 많다. 또한 정규확률변수는 경제 또는 금융, 마케팅 등 관련 데이터에서도 많이 발견된다. 정규분포는 특히 추정(estimation)과 가설검정(hypothesis test)을 위한 표본분포(sampling distribution)로서도 매우 중요하다. 확률변수가 정규성을 갖기 위해서는 다음과 같은 특징을 만족해야 한다.

- 연속적인 눈금으로 측정되어야 한다.
- 분명한 중심경향을 가지고 있어야 한다.
- 단봉(single peak)을 가지고 있어야 한다.
- 점차 줄어드는 꼬리 모양을 가지고 있어야 한다.
- 평균을 중심으로 대칭적이다(양쪽 꼬리 모양이 같다).

이산확률변수의 X범위가 매우 크다면 연속확률변수로 다룰 수도 있다. 예를 들어, 시험성적은 0점에서 100점까지의 이산형 데이터이지만 가끔 연속형 데이터로 다루어질 수 있다. 다음의 예는 근사적으로 정규분포를 따를 것으로 예상되는 변수들이다.

- X = 2리터 다이어트 펩시콜라의 양
- X = 보잉 777기의 운항 중 조종사의 왼쪽 귀에서 들리는 조종실의 소음 수준
- X = 제조된 볼베어링의 지름(단위: 밀리미터)

각 변수는 평균에 가까워지려는 경향이 있으며 무작위 변동성향이 있는 것으로 보인다. 예를 들어, 기술이 아무리 뛰어나더라도 음료수의 모든 병이 정확히 같은 양으로 채워지지는 않는다(비록 그 오차가 2~3밀리리터 차이일지라도). 평균과 표준편차는 데이터생성 과정의 본질에 달렸다. 매우 정확한 제조과정(예를 들어, 볼베어링의 지름)이라면 μ에 비해서 상대적으로 작은 σ값을 얻게 된다. 반면에 다른 데이터생성 과정(예를 들어, 자동차 연비)은 μ에 비해서 상대적으로 큰 σ값을 얻게 된다. 따라서 각 정규확률변수는 유사한 모양을 가질지라도 서로 다른 변동계수(coefficient of variation)를 갖게 된다.

어떤 표본 데이터가 정규모집단에서 나왔는지 알기 위해서 다양한 통계적 검정과정이 있다. 4장에서 보았듯이 히스토그램은 정규성을 판단하는 데 사용될 수 있다. 시각적인 검정방법을 통해 정규성에서 얼마나 떨어져 있는지 대략적으로 파악하는 데 충분하다. 더욱 정확한 방법은 추후에 논의될 것이다. 다음 절에서는 정규분포에 대한 더 자세한 내용과 응용에 대해서 배워보자.

단원 연습문제

7.11 모든 정규분포가 같은 모양을 가지고 있다면, 서로 다른 점은 무엇인가?

7.13 4장에서 배운 정규분포의 경험법칙(Empirical Rule)을 설명하라.

7.4 표준정규분포

표준정규분포의 특징

μ과 σ값에 따라 다양한 종류의 정규분포가 존재할 수 있는데, 4장에서 다루었듯이 평균을 빼고 표준편차로 나누어 줌으로써 표준화된 확률변수로 변환시킬 수 있다. 4장에서는 표본 데이터를 다루었지만, 여기서는 모집단의 분포에 대한 표준화를 다룬다. 이러한 표준화 공식은 아래 7.4에 주어져 있다.

$$z = \frac{x - \mu}{\sigma} \text{ (각 } x\text{값을 } z\text{값으로 변환)} \qquad \textbf{(7.4)}$$

만약 X가 정규분포를 따른다면 변환된 Z는 평균이 0이고 표준편차가 1인 **표준정규분포**(standard normal distribution)를 따르게 된다. 그리고 $Z \sim N(0, 1)$으로 표기한다. $f(z)$의 모양은 0에서 가장 높고 변곡점은 ±1이다. 이 분포의 모양은 z변환에 영향을 받지 않는다. 표 7.3에 표준정규분포의 특징에 대해서 정리하였다.

표 7.3
표준정규분포

모수	μ = 모평균 σ = 모표준편차
참고	정규분포 CDF는 간단한 공식이 없기 때문에 면적을 계산하기 위해서는 엑셀이나 표준정규분포 표를 이용해야 한다.
PDF	$f(z) = \frac{1}{\sqrt{2\pi}} e^{-z^2/2}$ 여기서 $z = \frac{x-\mu}{\sigma}$
정의역	$-\infty < Z < +\infty$
평균	0
표준편차	1
분포모양	대칭적이고 종 모양의 대형분포
엑셀에서 PDF*	=NORM.S.DIST(z,0)
엑셀에서 CDF*	=NORM.S.DIST(z,1)
엑셀에서 난수 생성	=NORM.S.INV(RAND())
참고	정규분포 면적 계산에는 간단한 공식이 없기 때문에 엑셀이나 표준정규분포 표를 이용해야 한다.

*이 장 마지막에 있는 **R 소프트웨어 부록**에서 정규분포에 관련된 R 함수 목록을 찾을 수 있다.

표기

확률변수 이름을 말할 때는 대문자인 X나 Z를 사용하고, 확률변수의 구체적인 값을 언급할 때는 소문자인 x나 z를 사용한다.

변환된 모든 정규분포는 같은 모양을 가지고 있기 때문에 축의 눈금도 서로 같다. 그림 7.9에서 가로축은 −3에서 +3까지 나와 있다. $f(z)$는 확률분포함수이기 때문에 곡선 아래 면적은 반드시 그 합이 1이 된다. 대체로 우리는 함수 $f(z)$의 높이에는 관심이 없고 대신 곡

그림 7.9

표준정규분포 PDF와 CDF

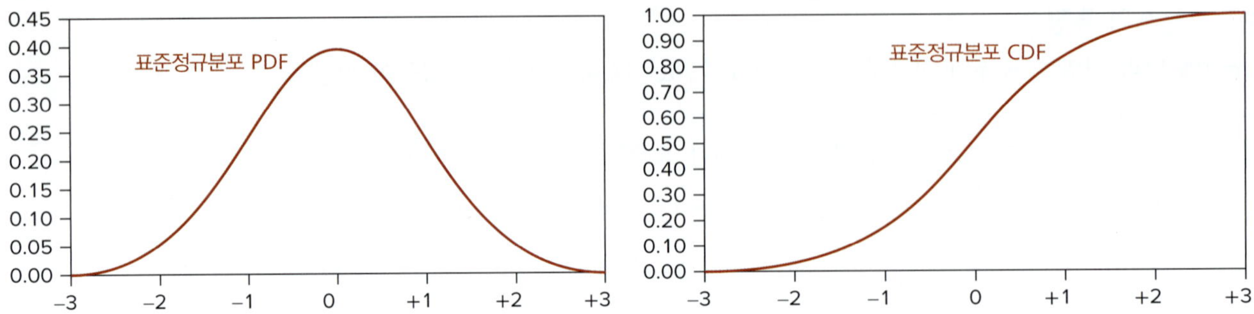

선 아래의 면적에 관심이 있다[엑셀을 이용하면 $f(z)$의 높이를 구할 수 있지만]. 어떤 사건의 확률 $P(z_1 < z < z_2)$은 $f(z)$에 대한 정적분(definite integral)으로 계산된다. $f(z)$ 적분값을 쉽게 구하는 공식은 없을지라도 정규분포의 면적은 다양한 방법(예를 들어, 작은 사각형의 면적을 합하는 식의 아이디어)을 이용하여 매우 정확하게 근사할 수 있다. 실제로는 엑셀이나 분포표를 이용하여 확률을 쉽게 찾아낼 수 있기 때문에 적분계산을 걱정할 필요가 없다.

부록 C-1을 이용한 정규분포 면적계산

표준정규확률분포의 표가 주어져 있기 때문에 원하는 어떤 정규분포의 면적도 쉽게 찾을 수 있다. 표 7.4는 0부터 특정한 값 z까지 0.01씩 증가하면서 면적을 계산해 놓은 부록 C-1

표 7.4

0부터 z까지 정규분포 면적(부록 C-1)

z	0.00	0.01	0.02	0.03	0.04	0.05	0.06	0.07	0.08	0.09
0.0	0.0000	0.0040	0.0080	0.0120	0.0160	0.0199	0.0239	0.0279	0.0319	0.0359
0.1	0.0398	0.0438	0.0478	0.0517	0.0557	0.0596	0.0636	0.0675	0.0714	0.0753
0.2	0.0793	0.0832	0.0871	0.0910	0.0948	0.0987	0.1026	0.1064	0.1103	0.1141
⋮	⋮	⋮	⋮	⋮	⋮	⋮	⋮	⋮	⋮	⋮
1.6	0.4452	0.4463	0.4474	0.4484	0.4495	0.4505	0.4515	0.4525	0.4535	0.4545
1.7	0.4554	0.4564	0.4573	0.4582	0.4591	0.4599	0.4608	0.4616	0.4625	0.4633
1.8	0.4641	0.4649	0.4656	0.4664	0.4671	0.4678	0.4686	0.4693	0.4699	0.4706
1.9	0.4713	0.4719	0.4726	0.4732	0.4738	0.4744	0.4750	0.4756	0.4761	0.4767
2.0	0.4772	0.4778	0.4783	0.4788	0.4793	0.4798	0.4803	0.4808	0.4812	0.4817
2.1	0.4821	0.4826	0.4830	0.4834	0.4838	0.4842	0.4846	0.4850	0.4854	0.4857
2.2	0.4861	0.4864	0.4868	0.4871	0.4875	0.4878	0.4881	0.4884	0.4887	0.4890
2.3	0.4893	0.4896	0.4898	0.4901	0.4904	0.4906	0.4909	0.4911	0.4913	0.4916
⋮	⋮	⋮	⋮	⋮	⋮	⋮	⋮	⋮	⋮	⋮
3.6	0.49984	0.49985	0.49985	0.49986	0.49986	0.49987	0.49987	0.49988	0.49988	0.49989
3.7	0.49989	0.49990	0.49990	0.49990	0.49991	0.49991	0.49992	0.49992	0.49992	0.49992

그림 7.10

부록 C-1표를 이용한 면적 계산

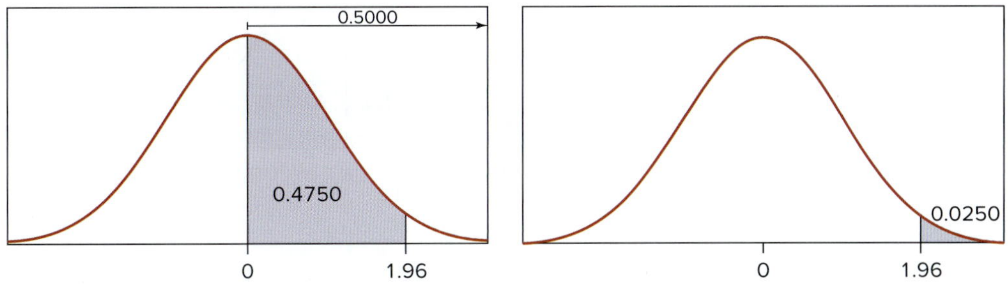

을 보여준다. 여기서 $z = 0$에서 $z = 3.69$까지를 포괄하고 있다(그 이상은 추가되는 면적이 매우 작다). 예를 들어, $P(0 < Z < 1.96)$을 찾기 위해서는 행에서 $z = 1.9$를 택하고 열에서 0.06을 선택하면 된다($1.96 = 1.9 + 0.06$이기 때문이다). 이 열과 행은 표 7.4에서 짙게 표시되어 있다. 표시된 행과 열의 교차점에서 우리는 $P(0 < Z < 1.96) = 0.4750$임을 알 수 있다. 이 면적은 그림 7.10에 주어져 있다. 전체 면적의 절반(즉 0.5)이 평균의 오른쪽에 있기 때문에, 오른쪽 꼬리 부분의 면적을 다음과 같이 계산할 수 있다. 예를 들어, 그림 7.10에 나와 있듯이 $P(Z > 1.96) = 0.5000 - P(0 < Z < 1.96) = 0.5000 - 0.4750 = 0.0250$이다.

만약 $P(-1.96 < Z < 1.96)$과 같은 중간에 있는 면적을 계산하고자 한다고 가정하자. 정규분포는 대칭적이며, 또한 $P(-1.96 < Z < 0) = 0.4750$임을 알고 있다. 이 면적을 모두 더하면 다음과 같이 계산할 수 있다.

$$\begin{aligned} P(-1.96 < Z < +1.96) &= P(-1.96 < Z < 0) + P(0 < Z < 1.96) \\ &= 0.4750 + 0.4750 = 0.9500 \end{aligned}$$

연속확률분포에서 부등호

연속확률분포의 한 점에서는 면적이 존재하지 않기 때문에 $P(-1.96 \le Z \le +1.96)$은 $P(-1.96 < Z < +1.96)$와 서로 같다. 표현을 단순화하기 위해 등호를 제외하고 사용한다.

따라서 구간 $-1.96 < Z < 1.96$은 정규분포 곡선 아래 전체 면적의 약 95%를 포함하고 있는 것을 알 수 있다. 그림 7.11은 이러한 계산을 보여준다.

부록 C-1로부터 우리는 경험법칙(Empirical Rule)에 대한 근거를 확인할 수 있다. 이는 그림 7.12에 주어져 있다. 4장에 언급되어 있는 'k-표준편차' 구간에 대해 통계학자들은 정규분포를 적용하였다. 따라서 '2-표준편차' 구간이 전체 면적의 95%($z = 1.96$은 실제로 95% 면적을 만들어 낸다)를 차지하는 것은 근사적으로 옳다.

$P(-1.00 < Z < +1.00) = 2 \times P(0 < Z < 1.00) = 2 \times 0.3413 = 0.6826$ 또는 68.26%

$P(-2.00 < Z < +2.00) = 2 \times P(0 < Z < 2.00) = 2 \times 0.4772 = 0.9544$ 또는 95.44%

$P(-3.00 < Z < +3.00) = 2 \times P(0 < Z < 3.00) = 2 \times 0.49865 = 0.9973$ 또는 99.73%

그림 7.11

부록 C-1을 이용한 면적 계산

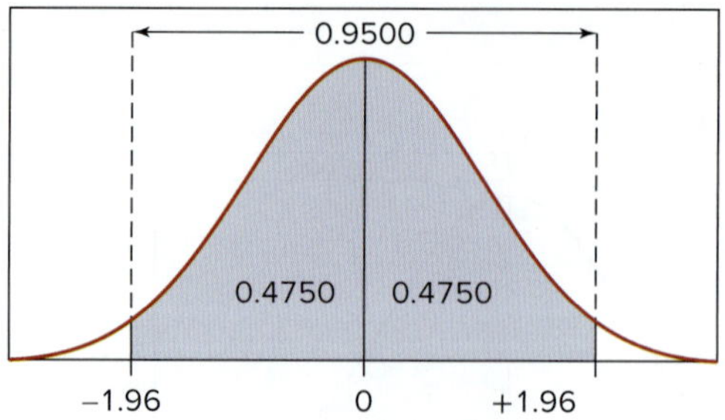

그림 7.12

$\mu \pm k\sigma$ 이내에 있는 정규분포 면적

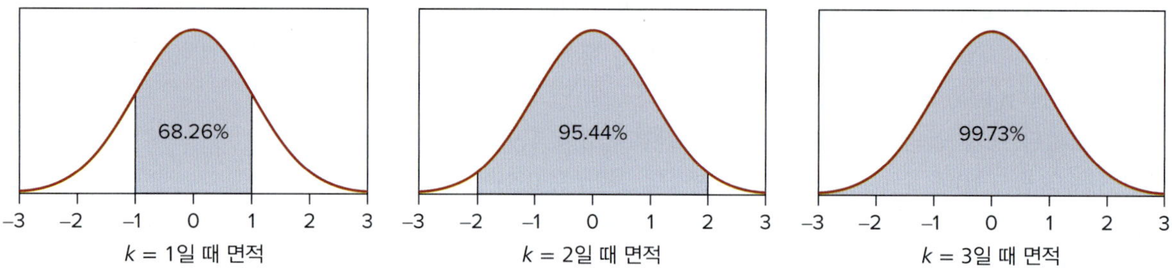

부록 C-2에서 정규분포 면적

표 7.5는 또 다른 종류의 정규분포 표를 보여준다. 부록 C-2는 왼쪽 끝에서부터 특정한 값 z까지 누적확률을 나타낸다. 부록 C-2를 정규분포의 CDF로 이해할 수 있다. 이 표는 엑셀에서 정규분포 면적을 계산하는 것과 일치한다. 이 방법을 이용하여 $P(Z < -1.96) = 0.0250$이고 $P(Z < +1.96) = 0.9750$임을 알 수 있다. 다음과 같이 뺄셈을 이용하여 아래의 확률도 계산할 수 있다.

$$P(-1.96 < Z < +1.96) = P(Z < +1.96) - P(Z < -1.96)$$
$$= 0.9750 - 0.0250 = 0.9500$$

이 결과는 앞의 결과와 일치한다. 따라서 구간 $-1.96 < Z < 1.96$은 전체 면적의 95%를 차지한다. 이 계산은 그림 7.13에 나와 있다.

부록 C-1과 부록 C-2는 결과가 같기 때문에 쉬운 것을 선택하여 이용할 수 있다. 부록 C-1은 중간 면적을 계산하는 데 주로 이용된다. 이 표는 한 페이지에 들어갈 수 있을 정도로 간략하게 되어 있어서 통계시험이나 다른 통계 교과서에도 많이 사용되었다. 그러나 부록 C-2표는 왼쪽 꼬리 확률을 계산하는 데 유용하고 좀 더 복잡한 확률을 계산하는 데 주로 사용된다. 더 나아가, 부록 C-2표는 엑셀에서 정규분포 면적을 계산하는 데 사용하는 방법과 정확히 일치한다. 오른쪽 꼬리나 중간 확률을 계산할 때는 추가적인 뺄셈이 필요하기 때문에 어느 표든지 비슷하게 편리할 것 같다.

표 7.5

부록 C-2를 이용한 정규분포에서 누적확률

z	0.00	0.01	0.02	0.03	0.04	0.05	0.06	0.07	0.08	0.09
−3.7	0.00011	0.00010	0.00010	0.00010	0.00009	0.00009	0.00008	0.00008	0.00008	0.00008
−3.6	0.00016	0.00015	0.00015	0.00014	0.00014	0.00013	0.00013	0.00012	0.00012	0.00011
⋮	⋮	⋮	⋮	⋮	⋮	⋮	⋮	⋮	⋮	⋮
−2.3	0.0107	0.0104	0.0102	0.0099	0.0096	0.0094	0.0091	0.0089	0.0087	0.0084
−2.2	0.0139	0.0136	0.0132	0.0129	0.0125	0.0122	0.0119	0.0116	0.0113	0.0110
−2.1	0.0179	0.0174	0.0170	0.0166	0.0162	0.0158	0.0154	0.0150	0.0146	0.0143
−2.0	0.0228	0.0222	0.0217	0.0212	0.0207	0.0202	0.0197	0.0192	0.0188	0.0183
−1.9	0.0287	0.0281	0.0274	0.0268	0.0262	0.0256	0.0250	0.0244	0.0239	0.0233
−1.8	0.0359	0.0351	0.0344	0.0336	0.0329	0.0322	0.0314	0.0307	0.0301	0.0294
−1.7	0.0446	0.0436	0.0427	0.0418	0.0409	0.0401	0.0392	0.0384	0.0375	0.0367
−1.6	0.0548	0.0537	0.0526	0.0516	0.0505	0.0495	0.0485	0.0475	0.0465	0.0455
⋮	⋮	⋮	⋮	⋮	⋮	⋮	⋮	⋮	⋮	⋮
0.0	0.5000	0.5040	0.5080	0.5120	0.5160	0.5199	0.5239	0.5279	0.5319	0.5359
0.1	0.5398	0.5438	0.5478	0.5517	0.5557	0.5596	0.5636	0.5675	0.5714	0.5753
0.2	0.5793	0.5832	0.5871	0.5910	0.5948	0.5987	0.6026	0.6064	0.6103	0.6141
⋮	⋮	⋮	⋮	⋮	⋮	⋮	⋮	⋮	⋮	⋮
1.6	0.9452	0.9463	0.9474	0.9484	0.9495	0.9505	0.9515	0.9525	0.9535	0.9545
1.7	0.9554	0.9564	0.9573	0.9582	0.9591	0.9599	0.9608	0.9616	0.9625	0.9633
1.8	0.9641	0.9649	0.9656	0.9664	0.9671	0.9678	0.9686	0.9693	0.9699	0.9706
1.9	0.9713	0.9719	0.9726	0.9732	0.9738	0.9744	0.9750	0.9756	0.9761	0.9767
2.0	0.9772	0.9778	0.9783	0.9788	0.9793	0.9798	0.9803	0.9808	0.9812	0.9817
2.1	0.9821	0.9826	0.9830	0.9834	0.9838	0.9842	0.9846	0.9850	0.9854	0.9857
2.2	0.9861	0.9864	0.9868	0.9871	0.9875	0.9878	0.9881	0.9884	0.9887	0.9890
2.3	0.9893	0.9896	0.9898	0.9901	0.9904	0.9906	0.9909	0.9911	0.9913	0.9916
⋮	⋮	⋮	⋮	⋮	⋮	⋮	⋮	⋮	⋮	⋮
3.6	0.99984	0.99985	0.99985	0.99986	0.99986	0.99987	0.99987	0.99988	0.99988	0.99989
3.7	0.99989	0.99990	0.99990	0.99990	0.99991	0.99991	0.99992	0.99992	0.99992	0.99992

그림 7.13

부록 C-2를 이용한 확률 계산

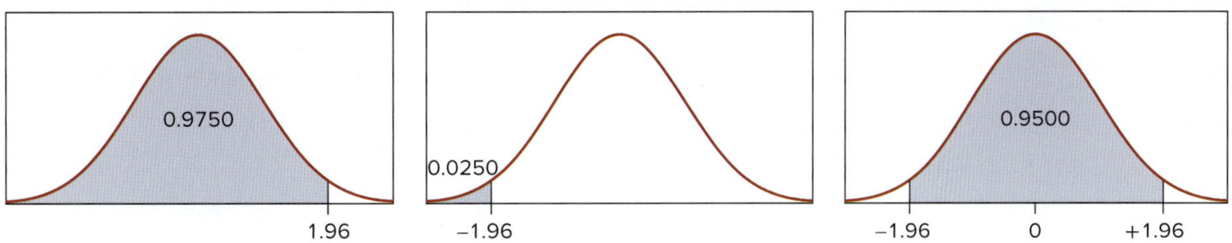

단원 연습문제

connect

주: 아래 문제 풀이를 위해서 부록 C-1 또는 부록 C-2의 표를 이용하라.

7.15 다음 각 확률에 대해 표준정규분포 면적을 계산하라. 계산과정을 보여주고 어떤 표를 이용하였는지 언급하라.

a. $P(0 < Z < 0.50)$
b. $P(-0.50 < Z < 0)$
c. $P(Z > 0)$
d. $P(Z = 0)$

7.17 다음 각 확률에 대해 표준정규분포 면적을 계산하라. 계산과정을 보여주고 어떤 표를 이용하였는지 언급하라.

a. $P(-1.22 < Z < 2.15)$
b. $P(-3.00 < Z < 2.00)$
c. $P(Z < 2.00)$
d. $P(Z = 0)$

7.19 다음 각 확률에 대해 표준정규분포 면적을 계산하라. 분포 그래프를 그리고 해당 면적에 빗금을 그려라.

a. $P(Z < -1.28)$
b. $P(Z > 1.28)$
c. $P(-1.96 < Z < 1.96)$
d. $P(-1.65 < Z < 1.65)$.

7.21 10 km 달리기 대회에서 조안(Joan)의 기록은 그녀의 연령그룹 여성 평균에 비해 1.75 표준편차 작게 위치한다. 이 대회에 그녀의 연령그룹이 405명이라고 가정하자. 정규분포하에서 조안보다 기록이 좋은 여성 참가자는 몇 명인가?

면적이 주어졌을 때 *z*값 찾기

우리는 주어진 면적에 해당하는 z값을 찾는 데 표를 활용할 수 있다. 예를 들어 정규분포의 최상위 1%의 면적에 해당하는 z값은 얼마인가? 평균 아래의 면적이 절반이기 때문에, 상위 1%의 면적은 0과 z 사이의 면적이 49%를 차지한다는 의미이다. 0.4900에 해당하는 면적을 부록 C-1에서 확인하면 $z = 2.33$이 면적 0.4901임을 알 수 있다. 이 값은 49%의 값과 거의 유사함을 알 수 있다. 이 결과는 표 7.6과 그림 7.14에 나와 있다.

비슷한 방법으로 몇 가지 중요한 면적을 찾을 수 있다. 상위 25%, 10%, 5%, 1% 또는 중간 50%, 중간 90%, 중간 99% 등에 관심이 있기 때문에 자주 사용되는 값을 기억하는 것은 편리하다. 표 7.7은 중요한 정규분포의 면적을 정리하여 보여준다. 좀 더 정확하게 하기 위해 값들은 소수점 세 자리까지 표기하였다.

단원 연습문제

connect

주: 부록 C-1과 C-2를 이용하는 경우, 각 문제에 대해 보간법(interpolation)을 사용하지 말고 실제 면적과 가장 가까운 값을 찾아라.

7.23 표준정규분포의 각 면적에 해당하는 z값은?

a. 하위 6% b. 상위 40% c. 하위 7%

7.25 표준정규분포의 각 면적에 해당하는 z값은?

a. 중간 면적 60% b. 상위 2% c. 중간 95%

표 7.6

0부터 *z*까지 정규분포 면적(부록 C-1 이용)

z	0.00	0.01	0.02	0.03	0.04	0.05	0.06	0.07	0.08	0.09
0.0	0.0000	0.0040	0.0080	0.0120	0.0160	0.0199	0.0239	0.0279	0.0319	0.0359
0.1	0.0398	0.0438	0.0478	0.0517	0.0557	0.0596	0.0636	0.0675	0.0714	0.0753
0.2	0.0793	0.0832	0.0871	0.0910	0.0948	0.0987	0.1026	0.1064	0.1103	0.1141
⋮	⋮	⋮	⋮	⋮	⋮	⋮	⋮	⋮	⋮	⋮
1.6	0.4452	0.4463	0.4474	0.4484	0.4495	0.4505	0.4515	0.4525	0.4535	0.4545
1.7	0.4554	0.4564	0.4573	0.4582	0.4591	0.4599	0.4608	0.4616	0.4625	0.4633
1.8	0.4641	0.4649	0.4656	0.4664	0.4671	0.4678	0.4686	0.4693	0.4699	0.4706
1.9	0.4713	0.4719	0.4726	0.4732	0.4738	0.4744	0.4750	0.4756	0.4761	0.4767
2.0	0.4772	0.4778	0.4783	0.4788	0.4793	0.4798	0.4803	0.4808	0.4812	0.4817
2.1	0.4821	0.4826	0.4830	0.4834	0.4838	0.4842	0.4846	0.4850	0.4854	0.4857
2.2	0.4861	0.4864	0.4868	0.4871	0.4875	0.4878	0.4881	0.4884	0.4887	0.4890
2.3	0.4893	0.4896	0.4898	0.4901	0.4904	0.4906	0.4909	0.4911	0.4913	0.4916
⋮	⋮	⋮	⋮	⋮	⋮	⋮	⋮	⋮	⋮	⋮
3.6	0.49984	0.49985	0.49985	0.49986	0.49986	0.49987	0.49987	0.49988	0.49988	0.49989
3.7	0.49989	0.49990	0.49990	0.49990	0.49991	0.49991	0.49992	0.49992	0.49992	0.49992

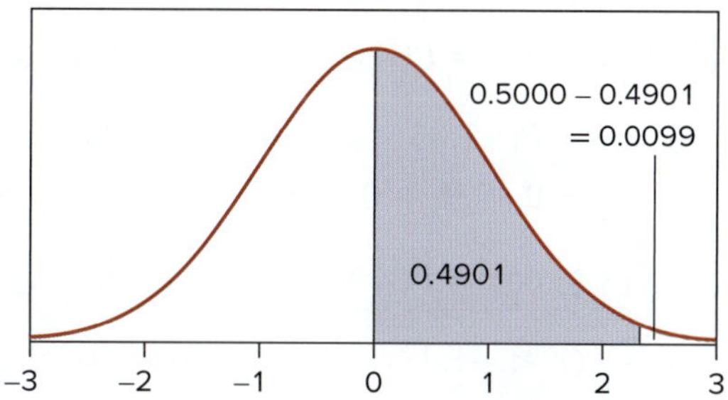

그림 7.14

부록 C-1을 이용한 면적 계산

표 7.7

중요한 정규분포 면적

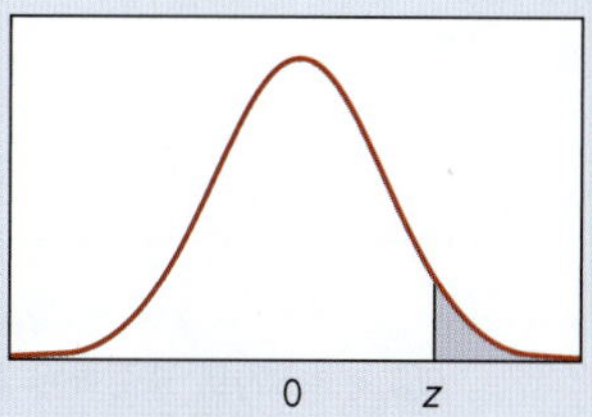

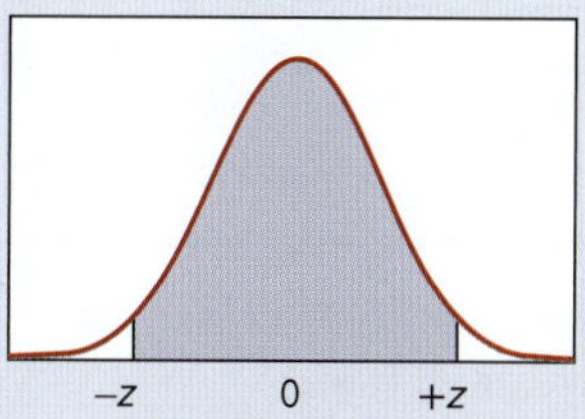

z	오른쪽 꼬리면적	중간 면적
0.675	0.255	0.50
1.282	0.105	0.80
1.645	0.055	0.90
1.960	0.025	0.95
2.326	0.015	0.98
2.576	0.005	0.99

7.27 5 km 달리기 대회에서 상위 10%의 기록을 낸 참가자는 상품권을 받기로 되어 있다. 정규분포를 가정하였을 때, 상품권을 받기 위해서 참가자의 기록이 평균 아래로 몇 표준편차의 기록을 가져야 하는가?

표준화된 변수를 이용하여 면적 계산

존(John)은 경제학 시험에서 86점을 받았다. 반 평균은 75점이고 표준편차는 7점이다. 존의 상대적 위치는? 즉, $P(X < 86)$을 구하는 것과 같다. 먼저 존의 표준화된 Z값을 계산할 필요가 있다.

$$z_{\text{John}} = \frac{x_{\text{John}} - \mu}{\sigma} = \frac{86 - 75}{7} = \frac{11}{7} = 1.57$$

이 결과는 존의 성적이 평균보다 1.57 표준편차만큼 높다는 의미이다. 부록 C-2표에서 우리는 $P(X < 86) = P(Z < 1.57) = 0.9418$임을 알 수 있다. 따라서 존은 대략 94% 정도에 위치한다. 그의 성적이 전체 반 학생수의 94%보다 좋은 성적임을 의미한다. 이는 그림 7.15에 주어져 있다. 부록 C-2표에서 얻은 값과 엑셀을 이용하여 얻은 값은 반올림 때문에 사소한 차이가 있다.

이 시험에서 무작위로 추출된 학생 한 명의 점수가 최소 65점일 확률은 얼마인가? 표준화를 통해서 그 확률을 계산할 수 있다.

$$z = \frac{x - \mu}{\sigma} = \frac{65 - 75}{7} = \frac{-10}{7} = -1.43$$

부록 C-1표를 이용하여 $P(X \geq 65) = P(Z \geq -1.43)$임을 알고 있다. 따라서

$$\begin{aligned} P(Z \geq -1.43) &= P(-1.43 < Z < 0) + 0.5000 \\ &= 0.4236 + 0.5000 = 0.9236 \text{ 또는 } 92.4\% \end{aligned}$$

부록 C-2표를 이용하면 $P(X \geq 65) = P(Z \geq -1.43)$을 다음과 같이 계산할 수 있다.

$$P(Z \geq -1.43) = 1 - P(Z < -1.43) = 1 - 0.0764 = 0.09236 \text{ 또는 } 92.4\%$$

어떤 방법을 사용하든 어떤 학생이 이 시험에서 65점 이상 받을 확률은 92.4%이다. 이 계산은 그림 7.16에 주어져 있다.

그림 7.15

다음 두 면적은 서로 같다

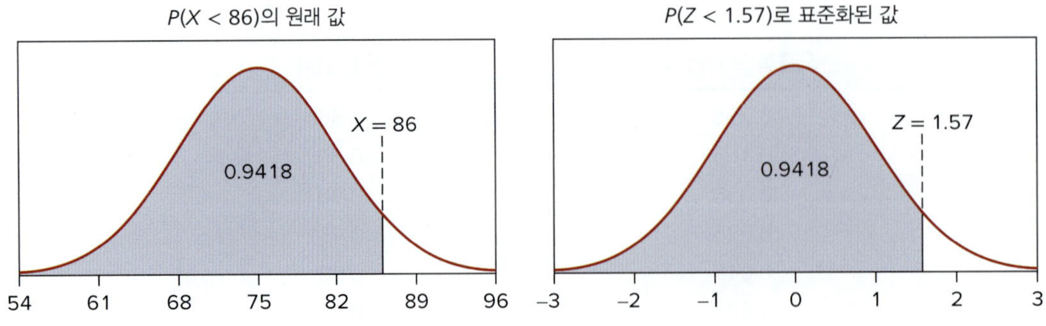

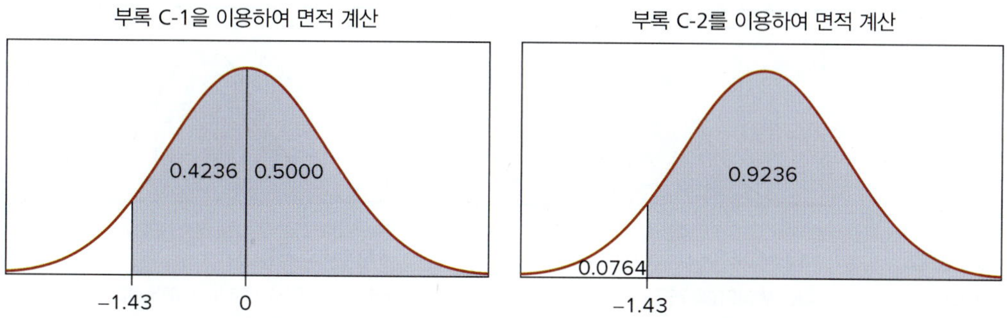

그림 7.16

면적을 찾는 두 가지 방법

엑셀을 이용하여 정규확률분포 면적 계산

그림 7.17에서 볼 수 있듯이 엑셀에서는 정규확률분포와 표준정규확률분포에 대한 몇 가지 함수를 제공하고 있다.

표 7.8은 주어진 x와 z값에 대해 왼쪽 꼬리 정규분포 면적을 계산하는 엑셀 함수를 예시하고 있다. 엑셀은 부록 표 C-1과 C-2보다 더 정확한 값을 보여주지만 그 함수 명령어에 주의해야 한다. 가장 좋은 방법은 정규분포 곡선을 그린 후 자신이 구하고자 하는 면적을 표시하는 것이다. 그렇게 함으로써 엑셀의 결과가 예상과 다른 결과가 나오는지 비교할 수 있다. 표 7.8에서 PDF(정규분포 곡선의 높이) 대신 CDF(왼쪽 꼬리면적)를 구하고자 하는 경우, 누적함수 여부를 표시하는 위치에 1(또는 TRUE)이라고 입력한다.

엑셀에서 NORM.DIST와 NORM.INV 함수들을 통해 표준화를 이용하지 않고 우리는 면적을 계산하고 백분위수를 계산할 수도 있다. 가령, X가 볼베어링의 지름으로서 평균이 μ = 2.040 cm이고 표준편차가 σ = 0.001 cm이라고 하자. 주어진 볼베어링의 지름이 2.039와 2.042 사이에 있을 확률은? 우리는 엑셀 함수 =NORM.DIST(x,μ,σ,cumulative)을 사용한다. 여기서 cumulative값은 TRUE라고 입력한다.

엑셀은 왼쪽 꼬리 확률을 계산해주기 때문에 먼저 $P(X < 2.039)$와 $P(X < 2.042)$를 그림 7.18에서와 같이 계산해야 한다. 그림 7.19에서와 같이 뺄셈을 이용하여 중간 면적을 계산한다. 계산된 면적은 대략 81.9%이다. 물론 부록 C-2표를 이용하여도 같은 결과를 얻을 수 있다.

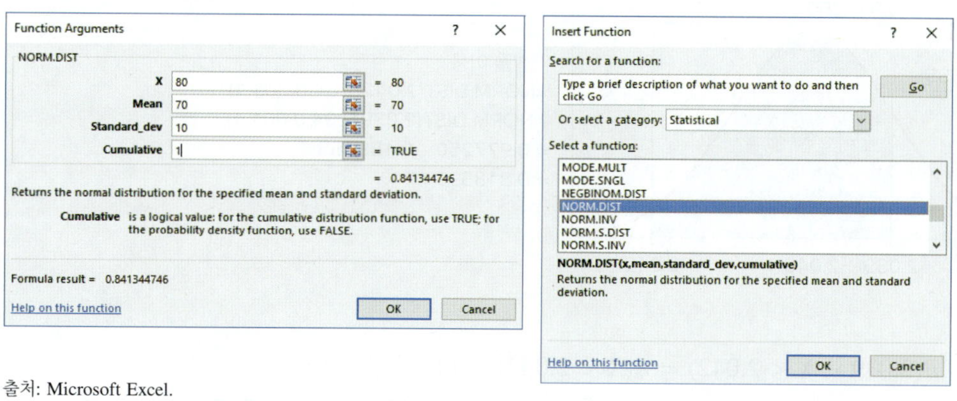

출처: Microsoft Excel.

그림 7.17

엑셀에서 정규분포함수 이용

표 7.8

엑셀에서 정규분포 CDF 함수

	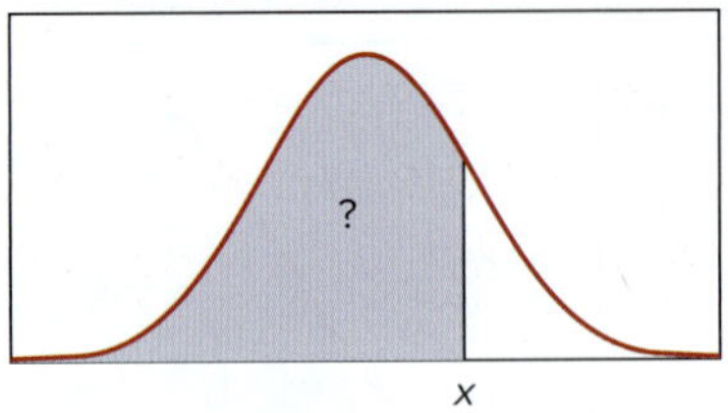	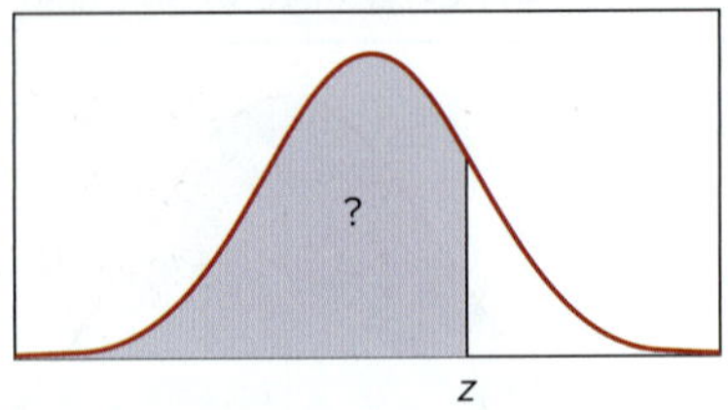
함수문법:	=NORM.DIST(x,μ,σ, cumulative)	=NORM.S.DIST(z,1)
예시:	=NORM.DIST(80,75,7,1) = 0.762475	=NORM.S.DIST(1.96.1) = 0.975002
무엇을 계산:	주어진 μ와 σ하에서 x의 왼쪽 면적 μ = 75 그리고 σ = 7에서 시험응시자의 점수가 80점 이하일 확률은 76.25%이다.	표준정규분포에서 z의 왼쪽 면적 z = 1.96의 왼쪽 면적은 97.50%이다.

그림 7.18

엑셀의 정규분포 CDF를 이용하여 왼쪽 꼬리 계산

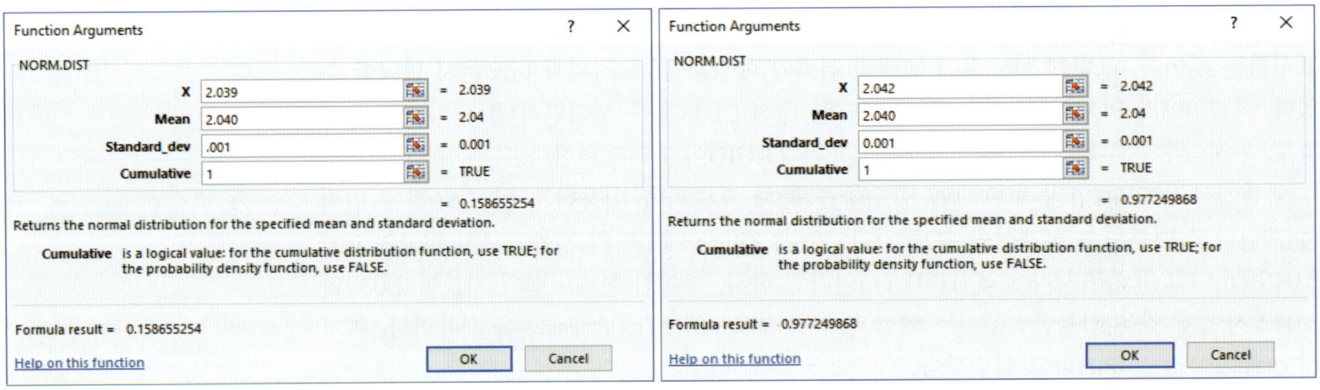

출처: Microsoft Excel.

그림 7.19

엑셀의 NORM.DIST 함수를 이용하여 누적확률 계산

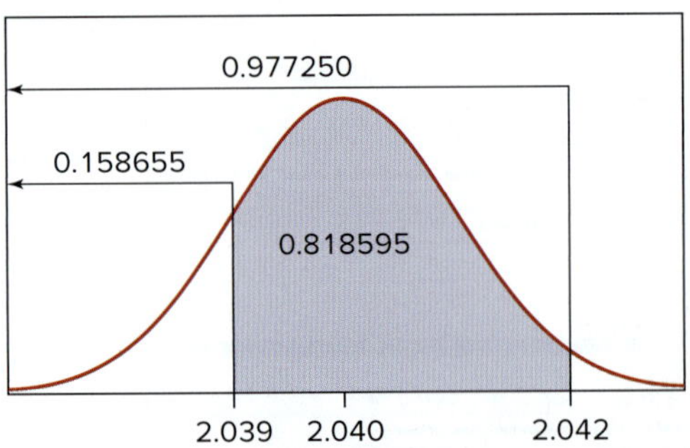

엑셀을 이용
=NORM.DIST(2.042,2.04,0.001,1)
– NORM.DIST(2.039,2.04,0.001,1)
= 0.977250 – 0.158655
= 0.818595

$$P(2.039 < X < 2.042) = P(X < 2.042) - P(X < 2.039)$$

= NORM.DIST(2.042,2.04,0.001,1) − NORM.DIST(2.039,2.04,0.001,1)

$$= 0.9772 - 0.1587 = 0.8185 \text{ 또는 } 81.9\%$$

단원 연습문제

connect

주: 다음 연습문제에는 엑셀을 사용하라.

7.29 시중에 판매되고 있는 액체비누의 양(X)은 $\mu = 600$이고 $\sigma = 5$ ml인 정규분포를 따른다. 엑셀 함수를 이용하여 다음 확률을 계산하라.

a. $P(X > 592)$

b. $P(X \leq 603)$

c. $P(592 < X < 603)$

7.31 맥도날드 에그머핀의 칼로리는 정규분포를 따르고, 평균이 290칼로리이고 표준편차가 14칼로리이다. (a) 특정 머핀의 칼로리가 300 이하일 확률은? (b) 250칼로리 이상일 확률은? (c) 275칼로리와 310칼로리 사이일 확률은? (자료 출처: McDonalds.com)

7.33 Carver 병원의 소아과는 병상 24개를 가지고 있다. 특정 시점에 입원병상이 필요한 환자의 수는 $N(19.2, 2.5)$ 분포를 따른다. 입원병상을 필요로 하는 환자의 수가 병원 수용능력을 넘을 확률은?

7.35 2011년 1월 1일에 미국 대학야구협회에서는 야구배트의 반발력을 규정하는 새로운 룰을 제정하였다. 최대 허용반발력은 0.500으로 제한하는 게 주요한 변경사항이다. BigBash사에서 만드는 야구배트의 반발력은 $N(0.480, 0.008)$ 분포를 따른다. 이 회사에서 만든 야구배트가 규정을 넘어설 확률은 얼마인가? (http://batrollingblog.com을 참조)

역 정규분포

우리는 어떻게 **역 정규분포**로 알려진 정규분포의 확률위치(5%, 10%, 25%, 75%, 90%, 95% 등)를 어떻게 찾아낼 수 있을까? 즉, 주어진 면적에 대한 X값을 어떻게 찾을 수 있는가? 우리는 표준화 공식을 이용할 수 있다.

$$x = \mu + z\sigma \quad \left(z = \frac{x - \mu}{\sigma}\text{을 } x\text{에 대해 풀어준다}\right) \tag{7.5}$$

표 7.7을 이용하면(또는 엑셀에서 면적을 찾는다), 표 7.9의 결과를 얻을 수 있다. 왼쪽 꼬리에 해당하는 면적(가령 최하위 5%)을 찾기 위해서는 음의 Z값을 사용해야 한다.

표 7.10에서 보여주듯이 엑셀 함수 =NORM.INV()와 =NORM.S.INV()를 이용하여 주어진 정규분포 면적에 해당하는 x 또는 z값을 찾을 수 있다. 또한 면적과 x값이 주어졌을 때, μ와 σ를 구할 수도 있다.

예를 들어, 존(John)이 수강하는 경제학 과목 교수는 10백분위 이하의 학생들은 재시험을 치러야 한다고 하였다. 시험점수는 정규분포이고 $\mu = 75$이고 $\sigma = 7$이다. 재시험을 치르는 학생의 시험점수는 몇 점 이하인가? $P(X < x) = 0.10$을 만족하는 x값을 찾아야 한다.

표 7.9 구하고자 하는 정규분포 면적의 백분위수

백분위수	z	$x = \mu + z\sigma$	x(가장 가까운 정수)
95분위수(상위 5%)	1.645	$x = 75 + (1.645)(7)$	86.52 또는 87 (반올림 됨)
90분위수(상위10%)	1.282	$x = 75 + (1.282)(7)$	83.97 또는 84 (반올림 됨)
75분위수(상위 25%)	0.675	$x = 75 + (0.675)(7)$	79.73 또는 80 (반올림 됨)
25분위수(하위 25%)	−0.675	$x = 75 - (0.675)(7)$	70.28 또는 70 (반올림 됨)
10분위수(하위 10%)	−1.282	$x = 75 - (1.282)(7)$	66.03 또는 66 (반올림 됨)
5분위수(하위 5%)	−1.645	$x = 75 - (1.645)(7)$	63.49 또는 63 (반올림 됨)

표 7.10

엑셀에서 역 정규분포함수

	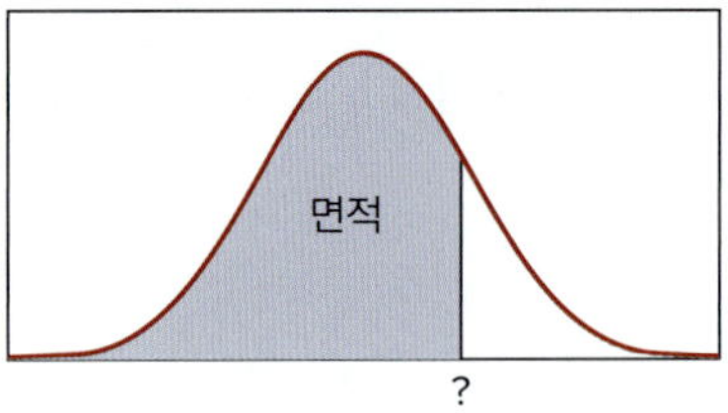	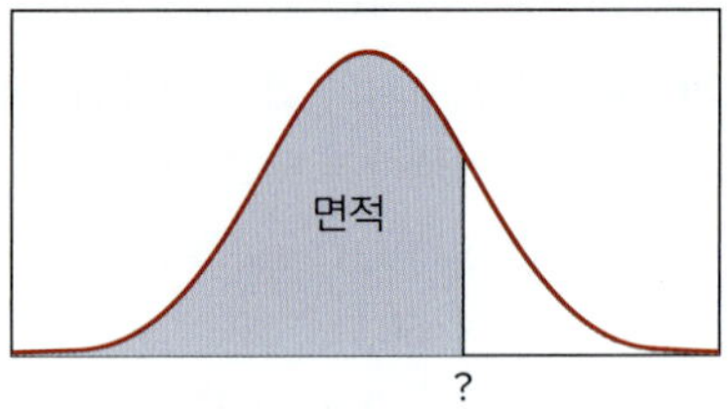
함수문법:	=NORM.INV(area, μ, σ)	=NORM.S.INV(area)
예시:	=NORM.INV(0.99,75,7) = 91.2844	=NORM.S.INV(0.75) = 0.674490
무엇을 계산:	x의 왼쪽 면적이 주어졌을 때 x값을 찾는다. μ = 75와 σ = 7이면 시험응시자의 99백분위수는 91.28점 또는 91점에 가장 가까운 정수이다.	z의 왼쪽 면적이 주어졌을 때, z값을 찾는다. 표준정규확률분포에서 75백분위수는 z = 0.675이다.

10백분위에 해당하는 값은 $z = -1.28$이다. 답을 얻기 위한 과정은 다음과 같다.

- $P(Z < -1.28) = 0.10$을 만족하는 $z = -1.28$을 엑셀 또는 부록 C를 이용해서 찾는다.
- $z = \dfrac{x - \mu}{\sigma}$ 공식을 이용하여 $-1.28 = \dfrac{x - 75}{7}$을 계산하기 위해서 주어진 정보를 대입한다.
- $x = 75 - (1.28)(7) = 66.04$에 대해 위 식을 풀어(또는 반올림해서 66점) x를 구한다.

결과적으로 경제학 시험에서 66점 이하를 받는 학생들은 재시험을 치러야 한다.

단원 연습문제

connect

주: 다음 연습문제에는 엑셀을 사용하라.

7.37 $X \sim N(56,4)$라고 가정하자. 엑셀 함수를 이용하여 다음 백분위에 해당하는 X값을 찾아라.

a. 상위 20%
b. 중간 60%
c. 하위 30%

7.39 어느 약국에서 처방전을 확인하고 약을 짓는 데 걸리는 시간은 정규분포를 따르고 평균이 10분이고 표준편차는 3분이다. 다음 각 사건에 대한 시간을 찾아라.

a. 상위 10%
b. 중간 50%
c. 상위 80%
d. 하위 10%

7.41 맥도날드에서 판매하는 치즈버거 무게는 정규분포를 따르고 평균이 114온스이고 표준편차는 7온스이다. 다음 각 사건에 해당하는 무게를 찾아라.

a. 상위 5%
b. 하위 50%
c. 중간 95%
d. 하위 80%

7.43 폭스보로 병원에서 태어난 신생아 몸무게는 정규분포를 따르고 평균이 6.9파운드이고 표준편차는 1.2파운드이다. (a) 8.0파운드 이상 몸무게의 신생아가 태어날 확률은 ? (b) 90백분위 수

에 해당하는 신생아 몸무게는? (c) 신생아 몸무게가 중간 95%에 속할 범위를 구하라.

7.45 Carver 병원 소아과에서 입원병상이 필요한 환자의 수는 $N(19.2, 2.5)$ 분포를 따른다. 입원병상이 필요한 환자의 수가 중간 50%에 해당하는 범위를 구하라. 입원병상 수는 소수점이 나올 수 없기 때문에 올림으로 범위를 계산하라.

7.47 소득세 신고를 대행해 주는 사무실에서 IRS 1040 양식을 작성하는 데 드는 평균 비용은 157달러이다. 비용이 정규분포를 따르고 작성비용의 70%가 157달러 이하이다. 표준편차는 얼마인가?

예제 7.2

자동차 정비공장에서 엔진오일 교환시간: 네 가지 질문

엔진오일 교환과정을 연구한 후 정비공장 매니저는 서비스 시간 X가 정규분포로서 평균이 $\mu = 28$분이고 표준편차가 $\sigma = 5$분이라는 것을 발견하였다. 즉, $X \sim N(28, 5)$이다. 이러한 정보는 정규분포 확률을 구하는 데 사용될 수 있다.

다음 세 가지 질문에 답하기 위해서는 다음 몇 가지 단계를 따르면 유용하다. (1) 당신이 알고 있는 정보를 가지고 그림을 그리고 그림에 표시를 하라. (2) 답에 해당하는 면적을 표시하라. (3) 확률변수를 표준화하라. (4) 분포표나 엑셀을 이용하여 면적을 계산하라.

질문 1) *30분 이내로 작업이 끝나는 자동차의 비율은?*

- **1단계와 2단계:** 그림을 그리고 원하는 면적을 표시하라.

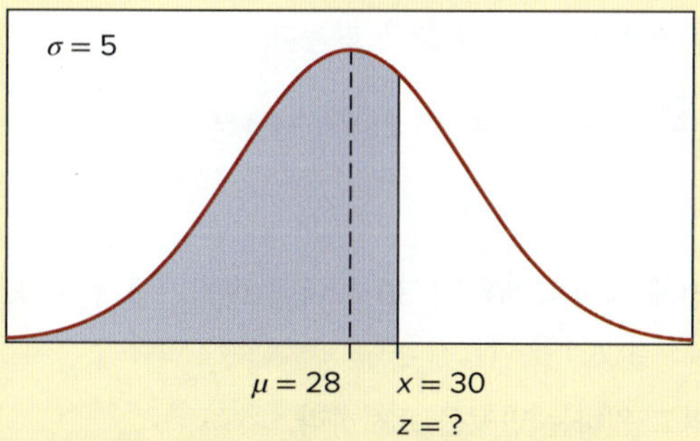

엑셀을 이용,
=NORM.DIST(30,28,5,1)
= 0.655422

- **3단계:** $z = \dfrac{30 - 28}{5} = 0.40$
- **4단계:** 부록 C-2나 엑셀을 이용하여 $P(Z < 0.40) = 0.6554$임을 찾는다.

근사적으로 약 66%의 자동차가 30분 이내로 작업을 마칠 것이다.

질문 2) *임의로 선택된 자동차가 40분 이상 걸릴 확률은?*

- **1단계와 2단계:** 그림을 그리고 원하는 면적을 표시하라.

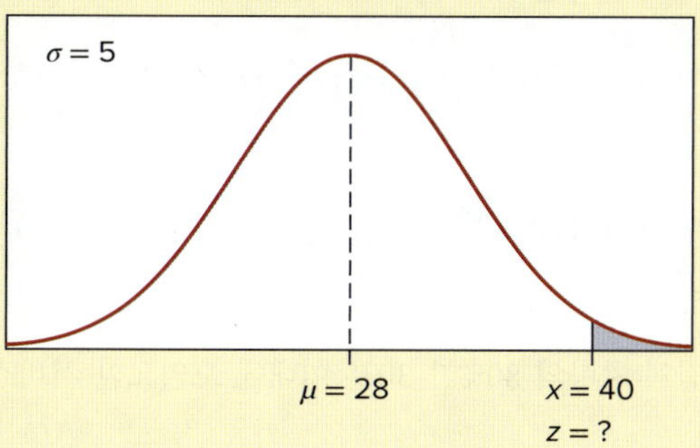

엑셀을 이용,
= 1 - NORM.DIST(40,28,5,1)
= 0.008198

- **3단계:** $z = \dfrac{40 - 28}{5} = 2.4$
- **4단계:** 부록 C-2 또는 엑셀을 이용하여 $P(Z > 2.4) = 1 - P(Z \leq 2.4) = 1 - 0.9918 = 0.0082$임을 찾는다.

40분 이내로 오일교환을 마칠 확률은 1% 미만이다.

질문 3) 90백분위수에 해당하는 교환시간은 얼마인가?

- **1단계와 2단계:** 그림을 그리고 원하는 면적을 표시하라.

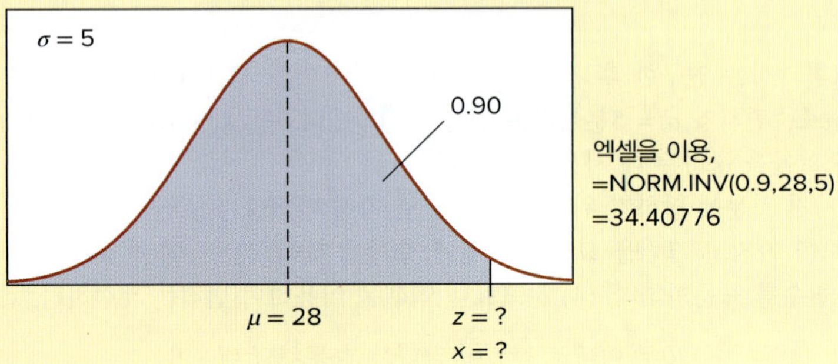

이 경우 3단계와 4단계의 순서는 바뀐다.

- **3단계:** 표나 엑셀을 이용하여 $z = 1.28$을 찾는다.
- **4단계:** $1.28 = \dfrac{x - 28}{5}$, $x = 28 + 5(1.28) = 34.4$분

90%의 자동차는 34.4분 이내에 교환을 마칠 것이다.

질문 4) 매니저는 전체 차량의 80%가 30분 이내 마치기를 원한다. 이 목표를 달성하기 위해서 평균 서비스 시간은 얼마여야 하는가?

- **1단계와 2단계:** 그림을 그리고 원하는 면적을 표시하라.

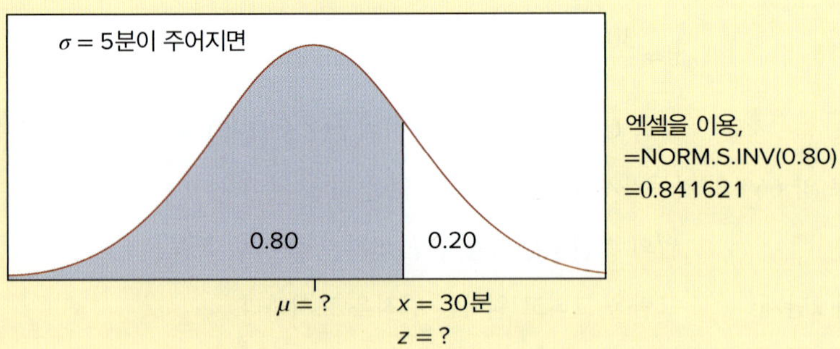

- **3단계:** 표 또는 엑셀을 이용하여 상위 20%(왼쪽 꼬리면적이 80%)에 해당하는 $z = 0.84$를 찾는다.
- **4단계:** $z = \dfrac{x - \mu}{\sigma}$ 공식에서 $0.84 = \dfrac{30 - \mu}{5}$를 만들고 이 식을 풀어 $\mu = 30 - 0.84(5) = 25.8$를 구한다.

평균 서비스 시간이 25.8분이 되면 전체 차량의 80%가 30분 이내에 오일교환 서비스를 마칠 수 있다.

단원 연습문제

connect

7.49 엑셀을 이용하여 각 확률을 계산하라.

a. 확률변수 X가 $N(100, 15)$일 때 $P(X < 110)$
b. 확률변수 X가 $N(0, 1)$일 때 $P(X < 2.00)$
c. 확률변수 X가 $N(6000, 1000)$일 때 $P(X < 5000)$
d. 확률변수 X가 $N(600, 100)$일 때 $P(X < 450)$

7.51 내과병원에서 의사를 기다리는 데 걸리는 시간은 정규분포를 따르고 평균이 40분이고 표준편차는 28분이다. 엑셀을 이용하여 각 확률을 계산하라. (a) 대기시간이 1시간 이상일 확률은? (b) 20분 미만일 확률은? (c) 적어도 10분일 확률은?

7.5 정규분포 근사

이항분포의 정규분포 근사

이항분포의 경우 n이 크면 계산과정이 매우 복잡하다(엑셀을 이용하지 않는다면). 특히 많은 항들이 더해져야 한다. 대신 우리는 정규분포 근사법(approximation)을 이용할 수 있다. 이러한 근사법의 원리는 n이 커질수록 이항분포의 막대그래프가 점점 매끈해지고, 연속적인 정규분포 모양을 닮아가기 때문이다. 그림 7.20은 n번(4번, 16번, 64번) 동전을 던졌을 때 앞면의 횟수를 x로 정의할 때의 확률분포를 보여준다. 표본의 크기가 커짐에 따라 그림 7.20에 나와 있는 막대그래프처럼 매끈하고 종 모양의 분포가 되는 것을 시각적으로 확인할 수 있다.

경험법칙에 따르면 $n\pi \geq 10$이고, $n(1-\pi) \geq 10$일 때, 이항분포를 정규분포로 근사해도 무리가 없다. 정규분포의 평균 μ와 표준편차 σ는 이항분포의 평균과 표준편차와 같다.

$$\mu = n\pi \tag{7.6}$$

$$\sigma = \sqrt{n\pi(1-\pi)} \tag{7.7}$$

그림 7.20

n이 커짐에 따라 이항분포는 정규분포에 근사

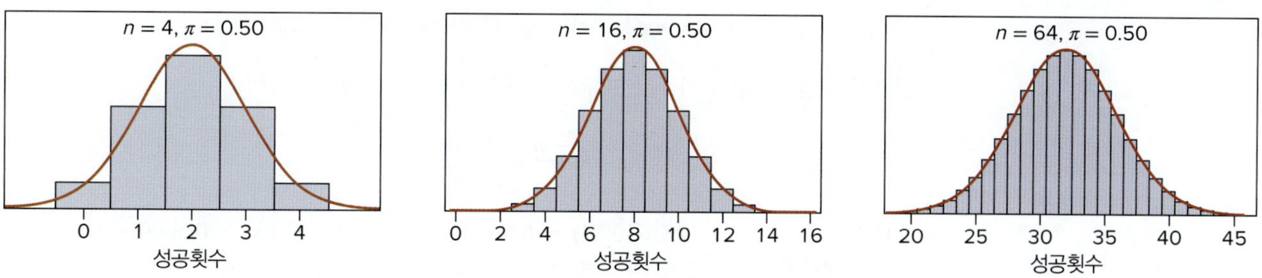

예제 7.3
동전 던지기

공정한 동전을 32번 던졌을 때 앞면이 17번을 초과하여 나올 확률은? 이항분포의 경우, $P(X \geq 18) = P(18) + P(19) + . . . + P(32)$이고 표를 이용하여 계산하더라도 매우 지루한 일이 될 것이다. 정규분포 근사법을 이용하면? $n = 32$와 $\pi = 0.50$은 $n\pi \geq 10$이고 $n(1 - \pi) \geq 10$ 조건을 만족시킨다. 그러나 이산형 변수가 연속형 변수로 간주되기 위해서는 개별 값에 주의하여야 한다. '17번 초과' 사건의 그림 7.21에 보듯이 이산형 눈금의 17과 18의 중간보다 큰 값에 해당된다.

그림 7.21

$P(X \geq 18)$ 확률에 대한 정규분포 근사

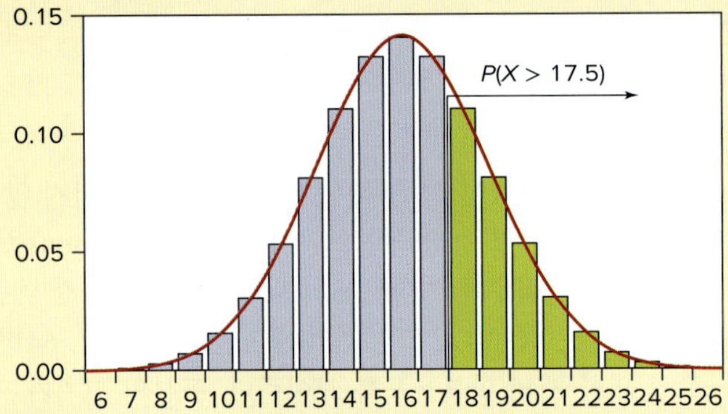

데이터의 전체 분포를 그릴 필요는 없지만, '17번 초과'라는 사건을 시각적으로 보여주기 위해 그림을 그려볼 수도 있다.

$$. . . 14 \quad 15 \quad 16 \quad 17 \quad \mathit{18} \quad \mathit{19} \quad \mathit{20} \quad \mathit{21} \quad \mathit{22} \quad \mathit{23} . . .$$

위와 같이 그림을 그려보면, 올바른 절단점을 찾을 수 있다. '17 초과' 사건에 대한 적절한 절단점은 17과 18의 중간 정도로 보이며, 정규근사법을 이용한다면 $P(X > 17.5)$의 확률을 구하면 된다. X에 추가적으로 더해진 0.5를 **연속성 수정**(continuity correction)이라고 부른다. 정규분포의 모수들은

$$\mu = n\pi = (32)(0.5) = 16$$
$$\sigma = \sqrt{n\pi(1 - \pi)} = \sqrt{(32)(0.5)(1 - 0.5)} = 2.82843$$

연속성 수정된 X값을 가지고 표준화를 다음과 같이 실시한다.

$$z = \frac{x - \mu}{\sigma} = \frac{17.5 - 16}{2.82843} = 0.53$$

부록 C-1표에서 우리는 $P(Z > 0.53) = 0.5000 - P(0 < Z < 0.53) = 0.5000 - 0.2019 = 0.2981$을 계산할 수 있다. 또 다른 방법으로 부록 C-2표를 이용하면 $P(Z > 0.53)$은 정규분포의 대칭성을 이용하여 $P(Z < -0.53) = 0.2981$이고 이 계산과정은 그림 7.22에 나와 있다.

그림 7.22

$P(Z > 0.53)$에 해당하는 정규분포 면적

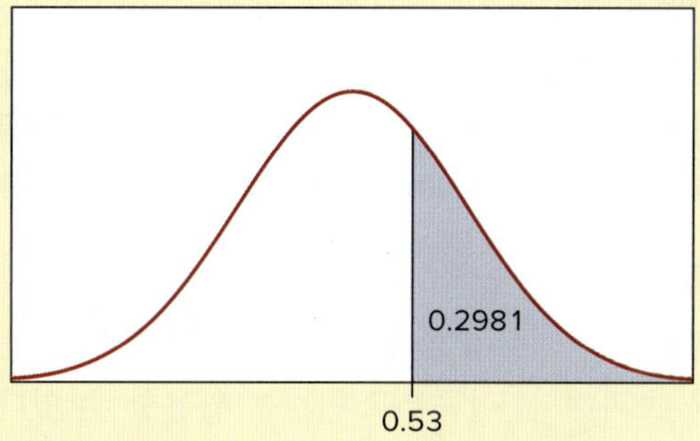

동전 던지기 예제에서 정규분포 근사결과는 실제 이항분포 확률 $P(X \geq 18)$와 비교하여 어느 정도 정확한가? 엑셀을 이용하여 확인해보자. 엑셀 함수는 누적확률을 구하기 때문에 $P(X \leq 17)$을 엑셀 함수 =BINOM.DIST(17, 32, 0.50, 1) 값을 구한 후 1에서 빼주면

$$P(X \geq 18) = 1 - P(X \leq 17) = 1 - 0.7017 = 0.2983$$

이 경우 정규분포 근사(0.2981)와 이항분포 확률(0.2983)은 매우 유사하다. 그 이유는 $\pi = 0.50$인 경우 이항분포가 대칭적이기 때문이기도 하다. 경험법칙에 따르면 근사하는 경우 오차는 0.01보다 작다.

만약 이항분포가 심하게 한쪽으로 꼬리가 길 때에는(π가 0 또는 1에 가까운 경우) 다른 조건이 동일하다면 정규근사는 정확하지 않다. n이 크면, 정규분포 근사는 π값과 상관없이 가능하다. 오른쪽 꼬리 이항분포($\pi < 0.50$)의 경우 $n\pi \geq 10$ 조건은 $\mu = n\pi$을 0보다 훨씬 큰 값으로 만든다. 따라서 정규분포로 근사하였을 때 0에서 절단되지 않게 만든다. 마찬가지로 왼쪽꼬리 이항분포($\pi > 0.50$)의 경우, $n(1 - \pi) \geq 10$의 조건은 정규분포의 오른쪽 꼬리가 절단되지 않도록 만든다. 이러한 이유때문에 정규분포 근사를 위해 $n\pi \geq 10$과 $n(1 - \pi) \geq 10$의 조건이 모두 필요하다.

연속성 수정을 이해하기 위해 아래 표에서 제공하는 사건을 고려하자. 이산형 모형을 연속형 모형으로 바꾸는 데 있어서 적절한 절단점을 찾는 방법을 간략한 그림으로 제공하였다.

사건	적절한 값	정규분포 절단점
적어도 17	. . . 14 15 16 ***17 18 19 20*** . . . (→)	$x = 16.5$를 사용
15 초과	. . . 14 15 ***16 17 18 19 20*** . . . (→)	$x = 15.5$를 사용
19 미만	. . . ***14 15 16 17 18*** 19 20. . . (←)	$x = 18.5$를 사용

단원 연습문제

connect

주: 다음 연습문제에는 엑셀을 사용하라.

7.53 4년제 대학생에게 제공되는 정부보증 학자금 융자의 부도율은 7%이다. (a) 1,000명의 학생이 대출을 받았다면, 50명 미만이 융자를 갚지 못할 확률은? (b) 100명 초과일 확률은?

7.55 옥스나드 대학의 학생회관에 있는 자동판매기가 제대로 작동될 확률은 0.90이다. 200명의 학생이 그 자판기를 사용할 때 다음 확률을 계산하라. (a) 적어도 175명이 원하는 상품을 제대로 받을 확률, (b) 190명 미만이 원하는 상품을 제대로 받을 확률

포아송분포의 정규분포 근사

포아송분포에 대한 정규분포 근사는 λ값이 클 때 적절한 방법이다. 부록 B 표에서 λ값을 찾지 못한다면($\lambda = 20$을 초과해서) 정규분포 근사를 활용할 수 있다. 어떤 교과서에는 $\lambda \geq 10$일 때 정규분포를 사용해도 된다고 쓰고 있다. 이는 이항분포의 평균이 10인 조건과 유사하다. 포아송분포를 정규분포로 근사하여 사용하기 위해서는 정규분포의 모수인 μ와 σ를 포아송분포의 평균과 표준편차와 같다고 설정해야 한다.

$$\mu = \lambda \qquad \textbf{(7.8)}$$

$$\sigma = \sqrt{\lambda} \qquad \textbf{(7.9)}$$

예제 7.4

전기요금 문의

수요일 오전 10시부터 12시까지 전기요금 고지서에 대한 문의는 평균적으로 1시간에 42건이다. 50건을 초과하여 문의를 받을 확률은? 걸려오는 문의전화가 포아송 모형을 따른다고 가정하면 평균 $\lambda = 42$는 부록 B를 사용하기에는 너무 큰 값이다. PDF 공식을 이용하더라도 $P(51) + P(52) + \ldots$ 와 같이 무한히 더해 주어야 한다(포아송 확률변수는 상한이 없기 때문이다). 따라서 계산과정이 매우 지루하게 된다. 정규분포 근사를 이용하면 간단하게 계산이 가능하다.

$$\mu = \lambda = 42$$
$$\sigma = \sqrt{\lambda} = \sqrt{42} = 6.48074$$

$X \geq 51$에 대한 연속성 수정값은 $X = 50.5$(50과 51의 중간값)이다.

. . . 46 47 48 49 50 ***51 52 53 . . .***

'50 초과'에 대한 표준화된 Z값을 아래와 같이 계산하면 $P(X > 50.5) = P(Z > 1.31)$가 된다.

$$z = \frac{x - \mu}{\sigma} = \frac{50.5 - 42}{6.48074} \cong 1.31$$

부록 C-2표를 이용하면 정규분포는 대칭이기 때문에 우리는 $P(Z < -1.31) = 0.0951$이고 이 확률은 $P(Z > 1.31)$와 같다. 실제 포아송 확률을 엑셀 함수 =POISSON.DIST(50, 42, 1)로 계산하고 1에서 그 값을 빼주면

$$P(X \geq 51) = 1 - P(X \leq 50) = 1 - 0.9025 = 0.0975$$

이 경우 정규분포 근사확률(0.0951)은 실제 포아송 결과(0.0975)와 매우 유사하다. 이 예를 통해서 우리는 근사법에 대한 어느 정도 확신을 가질 수 있다. 물론 엑셀을 이용할 수 있다면 실제로 근사법을 사용해야 할 이유는 없다.

단원 연습문제

connect

주: 다음 연습문제에는 엑셀을 사용하라.

7.57 어떤 주택에서는 가끔 전력상승이 발생한다. 24시간 동안 평균적으로 50번 정도 발생한다. (a) 24시간 동안 전력상승이 적어도 60번 발생할 확률을 정규분포 근사로 구하라. (b) 전력상승이 35번 미만 발생할 확률은? (c) 엑셀을 이용하여 포아송 확률을 계산하라. 정규분포 근사확률과 차이는?

7.59 어떤 병원에 금요일 오후 6시부터 밤 12시까지 시간당 환자 수는 평균적으로 28명이다. (a) 환자가 35명 초과하여 도착할 근사확률은? (b) 25명 미만의 환자가 도착할 근사확률은? (c) 정규근사법을 위한 조건을 만족하는가? (d) 엑셀을 이용하여 포아송 확률을 계산하라. 근사확률과 값이 유사한가?

7.6 지수분포

지수분포의 특징

6장에서 우리는 무작위 과정의 아이디어를 소개했다. 예를 들어 그림 7.23에서 예시되어 있는 것처럼 레스토랑에 도착하는 손님을 생각해보자. 이러한 과정을 묘사하는 두 가지 서로 다른 변수가 있다. 무작위 1분 동안 도착하는 고객의 수에 관심이 있을 수 있다. 또는 2명의 고객이 도착하는 데 걸린 시간에 관심이 있을 수 있다. 6장에서 배웠듯이 도착하는 고객의 수를 세는 것은 이산확률변수이고 포아송분포를 따른다. 고객의 수가 포아송분포라면 2명의 고객 사이에 걸린 시간은 **지수분포**(exponential distribution)를 따른다. 표 7.11에 자세히 지수분포의 특징에 대해 설명한다. 지수함수 모형에서 초점은 다음 사건이 발생할 때까지의 대기시간이다. 즉, 연속형 확률변수이다.

지수분포는 단 하나의 모수에 의해 결정된다. 즉 평균 도착비율인 λ이다. 그림 7.24에 제시되어 있듯이 λ값에 따라 서로 다른 PDF를 생성한다. 그러나 지수분포 PDF는 서로 같은 모양으로 나타난다. 표 7.11 PDF에서 알 수 있듯이 $f(0) = \lambda$이기 때문에 수직축과 만나는 점은 항상 λ이다.

지수분포의 확률함수는 x가 증가함에 따라 0에 가까워진다. 그림 7.25에서 제시되어 있듯이 우리는 일반적으로 PDF $f(x)$의 높이보다 그 곡선 아래의 면적에 관심이 있다. 지수분포의 CDF는 매우 단순하다. 분포표도 필요 없고 단지 e^x를 계산해 주는 계산기만 있으면 된다. 다음 사건 발생까지의 대기시간이 x보다 더 클 확률은 $e^{-\lambda x}$이고 대기시간이 x보다 작을 확률은 $1 - e^{-\lambda x}$이다.

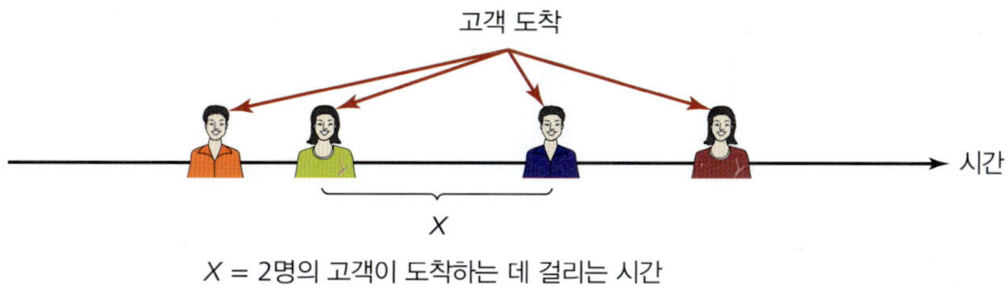

그림 7.23
레스토랑 고객들이 도착하는 과정

표 7.11

지수확률분포

모수	λ = 단위시간 또는 공간에서 평균 도착비율(포아송에서 평균과 같음)
PDF	$f(x) = \lambda e^{-\lambda x}$
CDF	$P(X \le x) = 1 - e^{-\lambda x}$
정의역	$x \ge 0$
평균	$1/\lambda$
표준편차	$1/\lambda$
분포모양	항상 오른쪽 꼬리분포
엑셀에서 PDF*	=EXPON.DIST(x, λ, 0)
엑셀에서 CDF*	=EXPON.DIST(x, λ, 1)
엑셀에서 난수생성	=–LN(RAND())/λ (1개의 값 생성)
참조	λ(평균 도착비율) 대신 $1/\lambda$(평균 대기시간)을 알고 있는 경우도 있다.

*이 장 마지막에 있는 **R 소프트웨어 부록**에서 정규분포에 관련된 R 함수 목록을 찾을 수 있다.

그림 7.24

각 λ값에 따른 지수분포 PDF

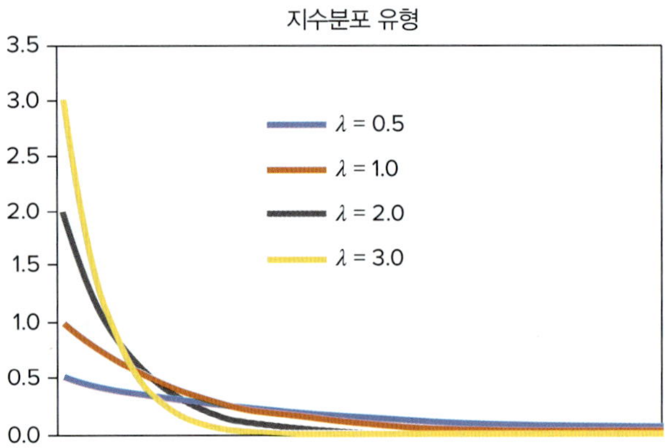

그림 7.25

CDF를 이용하여 지수분포 면적 계산

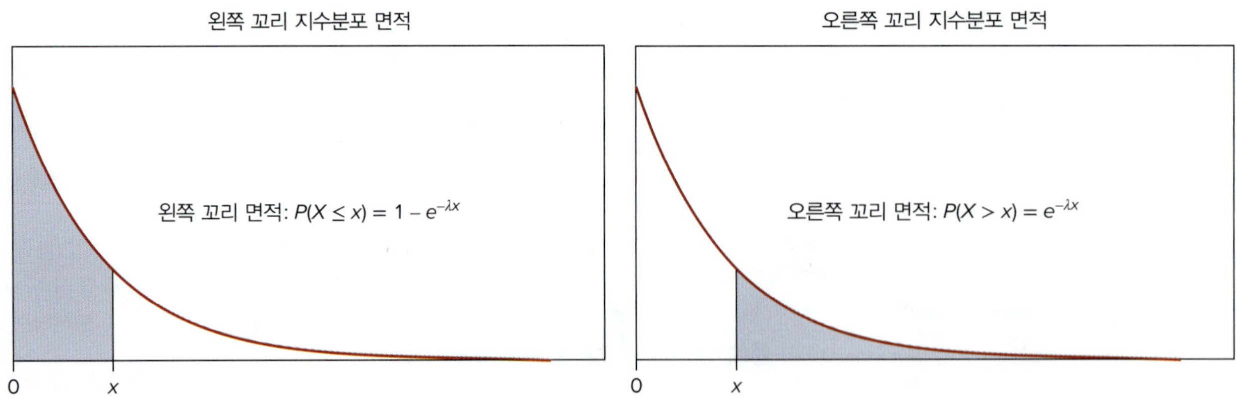

$$P(X \le x) = 1 - e^{-\lambda x} \quad \text{(대기시간이 } x\text{보다 작을 확률)} \qquad \textbf{(7.10)}$$

$$P(X > x) = e^{-\lambda x} \quad \text{(대기시간이 } x\text{보다 클 확률)} \qquad \textbf{(7.11)}$$

$$P(x_1 \le X < x_2) = e^{-\lambda x1} - e^{-\lambda x2} \quad \text{(대기시간이 } x_1\text{과 } x_2 \text{ 사이일 확률)} \qquad \textbf{(7.12)}$$

$P(X \le x)$ 확률과 $P(X < x)$는 동일하다. 따라서 식 7.10과 7.12에서 $<$ 또는 $\le$ 어느 것을 사용해도 된다.

예제 7.5
고객 대기시간

블루초이스 보험회사의 경우 수요일 오후 2시부터 4시까지 고객들의 전화문의는 1분당 2.2건이다. 다음 전화문의까지 대기시간이 30초 이상일 확률은? 우리는 1분당 $\lambda = 2.2$로 놓고 $x = 0.5$분으로 설정한다. λ가 분 단위로 되어 있으므로 30초를 0.5분으로 변환하였음에 주목하라. 단위는 서로 같게 설정하여야 한다. 다음과 같은 확률을 얻을 수 있다.

$$P(X > 0.50) = e^{-\lambda x} = e^{-(2.2)(0.50)} = 0.3329 \text{ 또는 } 33.29\%$$

다음 전화문의가 올 때까지 30초 이상 기다릴 확률은 대략 33%이다. $x = 0.50$은 한 점이고 확률이 존재하지 않기 때문에 $P(X \ge 0.50)$와 $P(X > 0.50)$는 같은 사건을 언급하는 것이다. 이항분포의 경우에는 각 점에서 확률이 존재하므로 서로 다른 확률이었다. 대기시간이 30초 미만일 확률은 다음과 같다.

$$P(X \le 0.50) = 1 - e^{-(2.2)(0.50)} = 1 - 0.3329 = 0.6671$$

위 계산을 그림 7.26에서 그림으로 표시하였다.

그림 7.26

$\lambda = 2.2$일 때 지수분포의 꼬리 확률

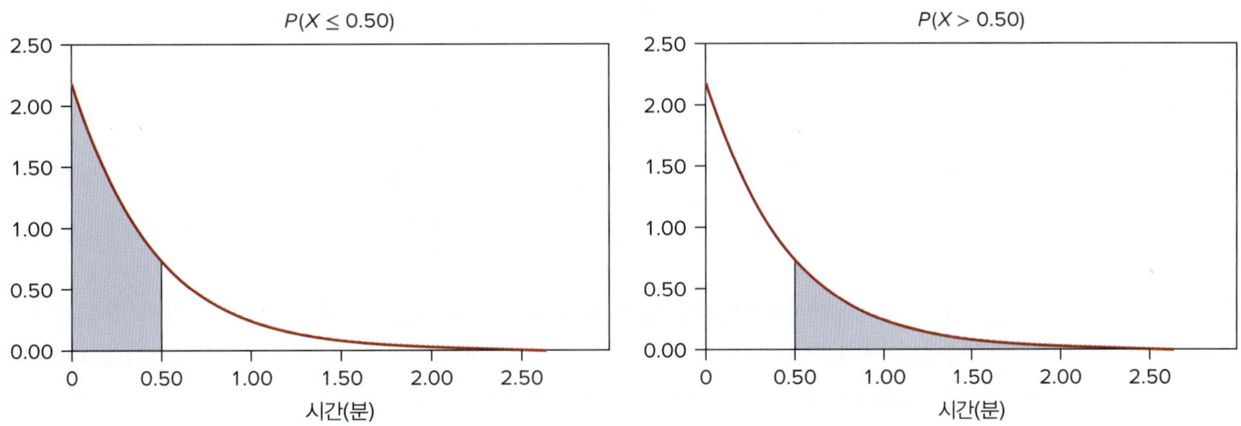

단원 연습문제

connect

7.61 산타테레사 지역의 소방서에서는 거짓 화재경보의 비율이 하루에 0.3건 정도이다. (a) 다음 거짓 경보까지 7일 이상 걸릴 확률은? (b) 2일 이하일 확률은? (c) 위 확률에 대해 구체적으로 설명하라.

7.63 시카고 미드웨이(Midway) 공항에서는 1분에 2.1번 정도 금속검색대의 알람이 울린다. 다음 확률을 계산하라. (a) 다음 알람까지 60초 미만 대기할 확률은? (b) 대기시간이 30초 이상일 확률은? (c) 대기시간이 적어도 45초일 확률은?

7.65 점심시간 1시간 동안 어느 레스토랑에 1분에 2.8명씩 고객이 도착한다. 다음 확률을 계산하라. (a) 다음 고객이 올 때까지 최소한 30초가 지날 확률은? (b) 다음 고객이 올 때까지 15초가 지나지 않을 확률은? (c) 다음 고객이 올 때까지 1분 이상 걸릴 확률은?

역 지수분포함수

우리는 지수분포의 면적을 계산하는 공식을 역으로 이용할 수 있다. 평균도착 비율이 1분에 2.2건일 때 대기시간이 90백분위인(상위 10%인) 값을 알고자 한다. 그 값은 그림 7.27에 표시되어 있다. 우리는 상위 10%를 정의하는 x값을 찾고자 한다.

그림 7.27

상위 10%에 대한 x값 찾기

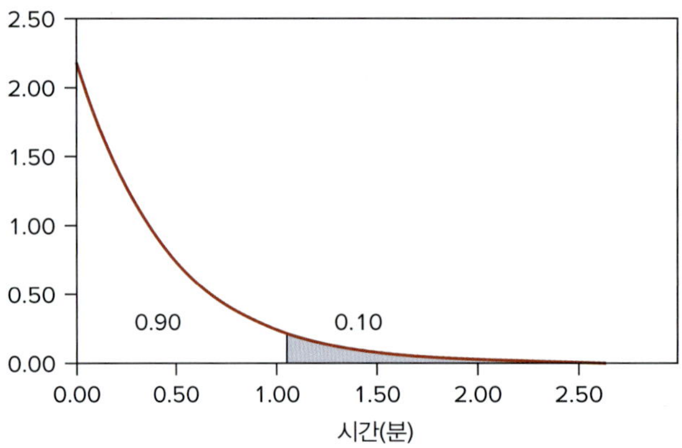

$P(X \le x) = 0.90$은 $P(X > x) = 0.10$이기 때문에, 우리는 오른쪽 꼬리의 확률을 0.10으로 설정하였다. 양변에 로그를 취하고 x에 대해서 풀면

$$\begin{aligned} P(X \le x) &= 1 - e^{-\lambda x} = 0.90 \\ e^{-\lambda x} &= 0.10 \\ -\lambda x &= \ln(0.10) \\ -(2.2)x &= -2.302585 \\ x &= 2.302585/2.2 \\ x &= 1.0466\text{분} \end{aligned}$$

전화 대기시간 90백분위수는 1.0466분(또는 62.8초)이 된다. 우리는 다른 분위수도 같은 방법으로 찾아낼 수 있다. 예를 들어 표 7.12는 사분위수(25%, 50%, 75%)의 대기시간을 찾는 데 비슷한 계산을 이용할 수 있음을 보여준다.

표 7.12의 계산을 보면 평균 대기시간은 $1/\lambda = 1/2.2 = 0.4545$분 또는 27초임을 알 수 있다. 대기시간의 중앙값(18.9초)이 평균보다 작다는 것은 주목할 만하다. 지수함수는 심한 오른쪽 꼬리분포이기 때문에 우리는 평균 대기시간이 중앙값보다 클 것으로 예상할 수 있다.

표 7.12

λ = 2.2인 지수분포의 분위수

1사분위수 Q_1	2사분위수 Q_2 (중앙값)	3사분위수 Q_3
$P(X \le x) = 1 - e^{-\lambda x} = 0.25$ 따라서 $e^{-\lambda x} = 0.75$ $-\lambda x = \ln(0.75)$ $-(2.2)x = -0.2876821$ $x = 0.2876821/2.2$ x = 0.1308분, = 또는 7.9초	$P(X \le x) = 1 - e^{-\lambda x} = 0.50$ 따라서 $e^{-\lambda x} = 0.50$ $-\lambda x = \ln(0.50)$ $-(2.2)x = -0.6931472$ $x = 0.6931472/2.2$ x = 0.3151분, 또는 18.9초	$P(X \le x) = 1 - e^{-\lambda x} = 0.75$ 따라서 $e^{-\lambda x} = 0.25$ $-\lambda x = \ln(0.25)$ $-(2.2)x = -1.386294$ $x = 1.386294/2.2$ x = 0.6301분, 또는 37.8초

사건들 간의 평균 대기시간

지수분포를 따르는 대기시간은 사건들 간의 **평균대기시간**(mean time between events: MTBE)으로 표현되기도 한다. 이 경우 단위시간 동안의 포아송 발생횟수인 λ 대신 $1/\lambda$가 주어진다.

$$\text{MTBE} = 1/\lambda = \textit{사건들 간의 평균 대기시간}(\text{사건당 평균시간})$$
$$1/\text{MTBE} = \lambda\ \textit{단위시간당 평균사건 횟수}(\text{단위시간당 사건})$$

만약 평균대기시간을 알고 있다면, 평균대기시간의 역수를 이용하여 λ를 구할 수 있다. 예를 들어, 응급실 환자 도착의 평균시간 간격이 20분이라면 1분당 $\lambda = 1/20 = 0.05$건 발생(또는 1시간에 $\lambda = 3.0$건 발생)이다. 우리는 $e^{-\lambda x}$를 계산할 때 x와 λ가 같은 단위로 표현되어야 한다는 것에 주의한다면 시간 단위 또는 분 단위 어느 것을 사용해도 좋다. 예를 들어, $P(X > 12\text{분}) = e^{-(0.05)(12)} = e^{-0.60}$과 $P(X > 0.2\text{시간}) = e^{-(3)(0.20)} = e^{-0.60}$은 서로 같다.

예제 7.6

LCD 모니터

비행기 조종실에서 사용되는 NexGenCo의 컬러 LCD 모니터는 평균무고장시간(mean time between failures: MTBF)이 22,500시간이다. 다음 10,000비행시간 동안 오작동이 발생할 확률은? 여기에서 시간당 오작동 횟수가 $\lambda = 1/22{,}500$이므로 우리는 다음과 같이 확률을 계산한다.

$$P(X < 10{,}000) = 1 - e^{-\lambda x} = 1 - e^{-(1/22{,}500)(10{,}000)} = 1 - e^{-0.4444} = 1 - 0.6412 = 0.3588$$

다음 10,000 비행시간 내에 오작동을 일으킬 확률은 35.88%이다. 이는 오작동이 포아송분포를 따른다고 가정할 때의 결과이다.

예제 7.7

보증기간

배에서 사용되는 GPS 내비게이션을 만드는 제조업자는 내비게이션의 평균수명이 7년임을 알고 있다. 보증기간 이전에 고장나는 GPS가 30% 미만이 되도록 보증기간을 정하고자 한다면 보증기간을 몇 년으로 설정해야 하나? 이러한 상황이 그림 7.28에 있다.

그림 7.28

하위 30%에 해당하는 *x*값 찾기

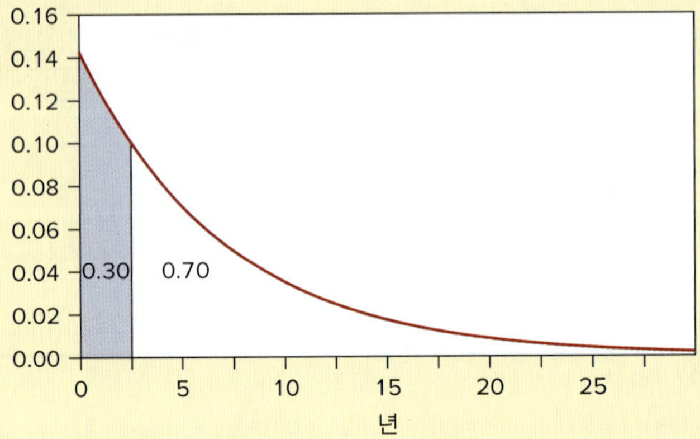

*x*를 보증기간이라고 하자. 만약 보증기간 이전에 약 30%가 고장난다면, 70%는 그 이후에 문제가 생길 것이다. 즉, $P(X > x) = 1 - P(X \le x) = 1 - 0.30 = 0.70$이다.

$P(X > x) = e^{-\lambda x} = 0.70$으로 놓고 양변에 로그를 취한 다음 *x*에 대해서 풀어준다.

$$e^{-\lambda x} = 0.70$$
$$-\lambda x = \ln(0.70)$$
$$-\lambda x = -0.356675$$
$$x = 0.356675/\lambda$$

그러나 이 경우, λ가 주어지지 않고 이의 역수인 MTBF = $1/\lambda$가 주어져 있다. MTBF는 7년이고 따라서 1년 고장횟수는 $\lambda = 1/7$이다. 따라서 $1/\lambda$ $1/7 = 0.1428571$ 값을 대입하면 *x*값은

$$x = (0.356675)/(0.142857) = 2.497\text{년}$$

따라서 그 제조업자는 30개월의 보증기간을 설정해야 한다.

평균 7년을 지속적으로 사용할 수 있는 제품에 대해 짧은 보증기간을 제공하는 것은 모순되어 보인다. 그러나 지수분포는 오른쪽으로 꼬리가 매우 긴 분포이다. 오랫동안 고장 없는 몇 개의 GPS가 평균수명을 증가시키게 된다. 이런 경우는 전자제품에서 자주 확인된다. 예를 들어 노트북을 수년 동안 사용해야 하지만 보증기간은 대개 1년 정도이다. 비슷한 경우는 자동차의 보증기간에서도 발견된다. 자동차는 대개 보증기간 이상 지속적으로 사용하는 경우가 대부분이다. 일반적으로 보증기간은 (사업환경의 경쟁으로 인해) 소비자를 보호하기 위해 제공하는 측면과 수리요청에 따른 비용을 종합적으로 고려하는 기업의 정책수단이다.

엑셀을 이용

엑셀 함수 =EXPON.DIST(*x*, Lambda, 1)은 왼쪽 꼬리면적인 $P(X \le x)$을 계산한다. 여기서 '1'은 누적면적을 의미한다. 1 대신 0을 입력하면 CDF에서 계산되는 왼쪽 꼬리면적 대신 PDF의 높이에 해당하는 값을 얻게 될 것이다. 포아송 도착횟수에 관한 모형은 지수분포의 대기시간과 관련이 있다. 두 확률모형은 모두 유일한 모수인 λ = 단위시간당 평균 도착횟수에 의존한다. 이 두 분포는 표 7.13에서 보듯이 매우 밀접한 관련이 있다.

표 7.13

지수분포와 포아송분포의 관계

분포모형	확률변수	모수	평균	범위	변수타입
포아송분포	X = 단위시간 동안 발생횟수	$\lambda = \dfrac{\text{평균 발생횟수}}{\text{단위시간}}$	λ	$x = 0, 1, 2, \ldots$	이산적
지수분포	X = 다음 사건 발생까지 대기시간	$\lambda = \dfrac{\text{평균 발생횟수}}{\text{단위시간}}$	$1/\lambda$	$x \ge 0$	연속적

지수분포 모형은 기하분포 모형을 떠올릴 수도 있다. 기하분포 모형은 처음 성공할 때까지 시행횟수가 확률변수이다. 본질적으로 두 분포모형은 유사하다. 그러나 기하분포는 다음 성공까지 걸린 이산적 실행횟수이다. 반면 지수분포는 다음 사건발생까지 걸린 연속적 시간이 확률변수이다.

단원 연습문제

connect

7.67 목요일 밤 11시에서 자정 사이에 미스테리 피자는 시간당 4.2건의 전화주문을 받는다. (a) 다음 전화주문까지 대기하는 시간의 중앙값을 구하라. (b) 다음 전화주문 전까지 대기시간의 3사분위수를 계산하라. (c) 다음 전화주문까지 상위 10% 대기시간 값은?

7.69 어느 피자 가게의 경우, 새벽 2~4시에 전화주문 간의 평균대기시간은 20분이다. (a) 피자주문 대기시간의 중앙값은? (b) 중앙값이 왜 평균과 다른가? (c) 대기시간의 3사분위수는?

요약(*Chapter Summary*)

연속확률변수(continuous random variable)의 **확률분포함수**(probability density function: PDF)는 매끈한 곡선이고 확률은 그 곡선 아래의 면적이다. PDF 아래의 전체 면적은 반드시 1이다. **누적확률분포함수**(cumulative distribution function: CDF)는 PDF 아래 면적 중 X 왼쪽의 모든 면적으로서 X값이 증가할수록 1에 가까워진다. 평균 $E(X)$와 분산 $\text{Var}(X)$는 이산확률분포에서는 합이었지만, 연속확률분포에서는 적분값이다. **균등분포**(uniform continuous distribution)는 $U(a, b)$로 표기하며 a와 b 두 모수는 X의 범위를 나타낸다. 균등분포는 가장 단순한 확률모형으로 시뮬레이션에서 주로 사용된다. 대칭이며 종 모양의 분포함수를 가진 **정규분포**(normal distribution)는 $N(\mu, \sigma)$으로 표기되며, 평균 μ와 표준편차 σ의 두 모수를 가지고 있다. 정규분포는 벤치마크 모형으로 주로 사용된다. 다양한 μ와 σ값에 따라 서로 다른 정규분포가 존재하지만 $z = (x - \mu)/\sigma$의 변환을 통해서 **표준정규분포**(standard normal distribution) 확률변수 z를 만들 수 있다. 표준정규분포는 $N(0, 1)$로 표기되며 평균이 0이고 표준편차는 1이다. 정규분포의 면적을 계산하는 것은 간단하지 않다. 그러나 분포표나 엑셀 함수를 이용하여 주어진 z에 대한 면적을 계산하거나 주어진 면적을 갖는 z값, 즉 역 정규분포(inverse normal)를 찾을 수 있다. 그림 7.29에 나와 있듯이, 이항분포나 포아송분포를 **정규분포로 근사**(normal approximation)시키는 것은 평균이 10보다 클 때 가능하다. **지수분포**(exponential distribution)는 다음 포아송 사건 발생까지의 **대기시간**(waiting time)이다. 이 분포는 하나의 모수인 λ(평균)를 가지고 있고 오른쪽 꼬리의 면적은 $e^{-\lambda x}$(다음 사건발생까지 적어도 x시간을 기다릴 확률)이다. 이 분포는 심한 오른쪽 꼬리분포이고 보증수리 발생을 예측하는 모형에 사용될 수 있다. 표 7.14는 4개의 확률모형을 서로 비교한다.

그림 7.29

세 확률모형 간의 관계

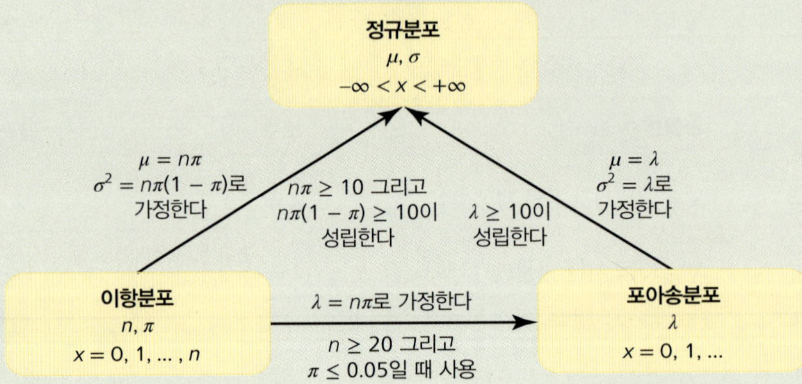

표 7.14

확률모형의 비교

모형	모수	평균	분산	특징
균등	a, b	$(a+b)/2$	$(b-a)^2/12$	항상 대칭적
정규	μ, σ	μ	σ^2	대칭적이며 기준분포로 많이 사용
표준정규	μ, σ	0	1	정규분포의 특별한 형태 $z = (x-\mu)/\sigma$
지수	λ	$1/\lambda$	$1/\lambda^2$	항상 오른쪽 꼬리분포. 대기시간에 대한 오른쪽 꼬리면적은 $e^{-\lambda x}$

주요 용어(*Key Terms*)

가우시안분포(Gaussian distribution)
구간(intervals)
균등분포(uniform continuous distribution)
누적확률분포함수(cumulative distribution function)
사건발생 사이의 평균 대기시간(mean time between events)
역 정규함수(inverse normal)
연속성 수정(continuity correction)
연속확률변수(continuous random variable)
적분(integral)
지수분포(exponential distribution)
표준정규분포(standard normal distribution)
확률분포함수(probability density function)

연속형 분포에서 자주 사용되는 공식

균등분포 CDF: $P(X \leq x) = \dfrac{x-a}{b-a}, \quad a \leq x \leq b$

표준화 공식: $z = \dfrac{x-\mu}{\sigma}, \quad -\infty < x < +\infty$

이항분포의 정규분포 근사: $\mu = n\pi \quad \sigma = \sqrt{n\pi(1-\pi)}$, $n\pi \geq 10$이고 $n(1-\pi) \geq 10$

포아송분포의 정규분포 근사: $\mu = \lambda \quad \sigma = \sqrt{\lambda}, \quad \lambda \geq 0$

지수분포 CDF: $P(X \leq x) = 1 - e^{-\lambda x}, \quad x \geq 0$

리뷰(Chapter Review)

1. (a) 연속형 분포에서는 왜 한 점에서의 확률이 0인가? (b) 연속형 분포에서는 왜 확률이 곡선 아래의 면적인가?
2. (a) 모수를 정의하라. (b) PDF와 CDF를 정의하라.
3. 균등분포에 대해 (a) 몇 개의 모수가 있는가? (b) 모수가 의미하는 것은 무엇인가? (c) 분포 모양을 설명하라. (d) 언제 이 분포가 사용되는지 설명하라.
4. 정규분포에 대해 (a) 몇 개의 모수가 있는가? (b) 모수가 의미하는 것은 무엇인가? (c) 분포 모양을 설명하라. (d) 왜 서로 다른 μ와 σ값에도 불구하고 모든 정규분포는 서로 비슷한 모양을 가지고 있는가?
5. (a) 어떤 확률과정이 정규분포를 따를 것이라고 예상하는가? (b) 정규분포라고 생각되는 확률변수의 두 가지 예를 들어라.
6. (a) 정규확률변수를 표준화시키는 변환공식은? (b) 정규분포의 면적을 찾기 위해서 왜 변수를 표준화하여야 하나? (c) 표준정규분포는 다른 정규분포와 어떻게 다른가? 어떻게 서로 같은가?
7. (a) 부록 C-1과 부록 C-2의 차이점은? (b) 각 표의 장점을 설명하라. (c) 어떤 표를 사용할 것인가? 그 이유는? (d) 항상 엑셀에 의존하지 않는 이유는?
8. 엑셀에 내장되어 있는 4개의 정규함수를 쓰고 각 함수는 어떤 역할을 하는지 설명하라.
9. 자주 사용되는 몇 개의 면적(꼬리부분 또는 중간면적)에 대해 표준정규확률변수 z값을 찾아라.
10. 지수분포에 대해 (a) 몇 개의 모수가 있는가? (b) 모수가 의미하는 것은 무엇인가? (c) 분포 모양을 설명하라. (d) 언제 이 분포가 사용되는지 설명하라.
11. 정규분포 근사는 어떤 경우에 가능한가? (a) 이항분포의 경우, (b) 포아송분포의 경우, (c) 정규분포 근사가 필요하지 않은 이유는? (d) 정규분포 근사를 필요로 하는 이유는?

단원 연습문제(Chapter Exercises)

주: 풀이과정을 분명히 제시하라.

7.73 다음 중에서 연속형 확률변수는?

a. 자동차 판매점에서 하루 동안 판매한 혼다 시빅의 판매량

b. 혼다 시빅으로 200마일을 주행하는 데 사용된 휘발유 양

c. 혼다 시빅으로 목요일 하루 동안 주행한 거리

7.75 야간 병원근무자 지원자의 나이는 25~65세까지 균등하게 분포되어 있다. (a) 지원자 나이의 평균은? (b) 표준편차는? (c) 지원자가 45세가 넘을 확률은? (d) 55세를 넘을 확률은? (e) 30세와 60세 사이일 확률은?

7.77 다음 확률변수들이 정규분포를 따르는지 설명하라. *힌트*: 분포 한가운데 최빈값이 있고 꼬리 부분이 줄어드는가? 분포 모양이 대체적으로 대칭인가? 한쪽 꼬리가 다른 한쪽 꼬리보다 길어지는가?

a. 각 가구당 미국 인구조사표를 작성하는 데 걸리는 시간

b. 자동차 사고로 인한 손해보상 규모

c. 무작위로 선택된 25센트 동전의 지름

d. 16온스로 표기된 마카로니 한 박스의 무게

7.79 회계학 시험점수는 평균이 75점이고 표준편차가 7인 정규분포를 따른다. 엑셀의 =NORM.S.DIST 함수를 이용하여 학생들의 백분위 수를 구하라. (a) 밥의 점수는 82점, (b) 필리스의 점수는 93점, (c) 탐의 점수는 63점

7.81 샌드위치 가게에서 판매되는 포테이토 칩의 일주일 판매량은 확률변수로서 평균이 450이고 표준편차가 80이다. 다음 각 사건에 대한 X값을 찾아라.

a. 상위 50%

b. 하위 25%

c. 가운데 80%

d. 5백분위수

7.83 Noodles & Company에서 고객들이 쓰는 비용은 정규분포를 따르고 평균 7달러이고 표준편차는 0.35달러이다. (a) 상위 25%에 속하는 금액은? (b) 상위 50%에 속하는 금액은? (c) 90백분위수에 해당하는 금액은?

7.85 커피 한 잔에 들어있는 카페인의 양은 정규분포로서 평균은 115 mg이고 표준편차가 20 mg이다. (a) 임의의 커피 한 잔에 130 mg 이상의 카페인이 들어 있을 확률은? (b) 카페인이 100 mg 이하일 확률은? (c) 진한 커피의 카페인 양은 91 mg이다. 임의의 커피 한 잔이 진한 커피 한 잔보다 적은 양의 카페인을 가질 확률은?

7.87 타이어 공기압 경고시스템(Tire Pressure Monitoring Systems: TPMS)은 권장 공기압의 25% 이하로 떨어지면 경고를 보내도록 설계되어 있다. 권장 공기압은 30 psi(1제곱인치당 파운드)이다. (a) 공기압이 어떤 값이면 경고사인을 받게 되는가? (b) 타이어 공기압은 정규분포를 따르고 표준편차는 2 psi이다. 평균은 권장 공기압이라고 가정하자. TPMS가 공기압 경고를 보낼 확률은 얼마인가? (c) 타이어 제조사는 공기압 범위를 28~32 psi이기를 권장하고 있다. 무작위로 타이어를 검사하였을 때 해당 타이어가 권장 범위에 포함될 확률은?

7.89 테니스 공 제조회사인 프로시온사의 제조공정에서 평균 공 무게는 2.035온스이고 표준편차는 0.03온스이다. 테니스 협회의 공 무게 규정은 1.975온스에서 2.095온스이다. 프로시온 사의 제품 중에서 이 규정을 만족하지 못하는 공의 비율은?

7.91 히타치 회사에서 만드는 자동 드라이버는 한 번 충전하면 평균적으로 207개의 못을 벽에 박을 수 있다. 밥은 230개의 못을 벽에 박아야 한다. 표준편차가 14개라면 밥이 다시 충전하지 않고 230개를 모두 박을 확률은? (*힌트*: 정규분포를 가정하고 못의 숫자를 연속적이라고 가정하라.)

7.93 TV로 방송되는 프로미식축구의 평균 작전타임 시간은 정규분포로서 평균이 84초이고 표준편차는 10초이다. 어떤 방송국이 90초의 광고시간을 갖고 있다면, 광고가 끝나기 전에 경기가 다시 시작될 확률은? 이 질문에 답하기 위해 필요한 가정은 무엇인가?

7.95 산타테레사 지역에서 10월의 첫 번째 월요일 오후 6시경의 전기 수요는 정규분포로서 평균 4,905메가와트이고 표준편차는 355메가와트이다. 발전기의 최대용량은 5,200메가와트이다. 부족한 전기를 외부로부터 구입해야 할 확률은 얼마인가?

7.97 통계학 시험점수가 발표되었다. 각 z값의 의미를 설명하라.

a. 존의 z점수는 −1.62

b. 메리의 z점수는 0.50

c. 제크의 z점수는 1.79

d. 프리다의 z점수는 2.48

7.101 콜로라도에서 잡히는 송어의 길이는 정규분포를 따르고 평균이 12.5인치이고 표준편차는 1.2인치이다. 잡히는 송어의 80%를 집에 가져가고 나머지는 다시 방류해야 한다면, 담당 부서에서 허용하는 최소 송어의 길이는?

정규분포 근사

7.105 미국 전체로 보았을 때, 전체 렌트카 중에서 Hertz에서 대여된 차량이 25%이다. 100대의 표본이 있을 때, Hertz에서 렌트된 차량이 20대 미만일 확률은?

7.107 객관식 시험에 100문제가 출제되었다. 각 질문은 네 가지 선택을 가지고 있다. (a) 무작위로 답을 찍는 경우에 시험통과 합격률을 5%로 줄이기 위해 필요한 최소 합격점수는? (b) 합격률을 1%로 줄이기 위해 필요한 최소 합격점수는? (c) 무작위로 답을 찍는 경우, 1사분위(25백분위수), 2사분위(50백분위수), 3사분위(75백분위수)에 해당하는 점수를 구하라.

7.109 어느 도시의 자동차 중에 추운 아침에 시동이 걸리지 않을 확률이 0.02이다. 1500대의 자동차가 있다고 가정하고 (a) 적어도 25대의 자동차가 시동이 걸리지 않을 확률은? (b) 40대를 초과하는 자동차가 시동이 걸리지 않을 확률은?

지수분포

7.111 HP에서 만든 DVD 기록장치의 MTBF는 70,000시간이다. (a) 연속적인 작업을 가정할 때, DVD 기록장치가 100,000시간 이상 지속할 확률은? (b) 50,000시간 미만으로 지속할 확률은? (c) 50,000시간 이상 80,000시간 미만 지속할 확률은?

7.113 Noodles & Company에서 손님들이 음식서비스를 받는 데 걸리는 평균 시간은 3분이다. 이 시간은 지수분포를 따른다고 가정하자. (a) 어떤 고객이 3분 미만의 대기시간을 가질 확률은? (b) (a)의 답이 50% 이상인 이유는 무엇인가? 즉, 전체 면적의 절반과 일치하지 않는 이유는?

토론 문제

7.119 (a) 엑셀 함수를 이용해서 N(4000, 200)의 분포에서 난수를 생성하라. 처음 100개의 셀을 복사하라. (b) 100개 난수의 평균과 표준편차를 계산하라. (c) 100개의 난수를 이용하여 히스토그램을 그려라. 정규분포 모양과 유사한가?

참고문헌(*Related Reading*)

Forbes, Catherine; Merran Evans; Nicholas Hastings; and Brian Peacock. *Statistical Distributions*. 4th ed. Wiley, 2011.

소프트웨어 부록(*Software Supplement*)

R 소프트웨어 부록

연속확률분포	엑셀 함수	R 함수
정규분포		
PDF: $f(x)$의 높이를 제시	NORM.DIST(x, μ, σ, 0)	dnorm(x, μ, σ)
CDF: $P(X \leq x)$ 확률을 제시	NORM.DIST(x, μ, σ, 1)	pnorm(x, μ, σ)
역 CDF: $P(X \leq x) = \alpha$에서 x값을 제시	NORM.INV(α, μ, σ)	qnorm(α, μ, σ)
난수 생성(R에서는 k개의 표본 생성)	NORM.INV(RAND(),μ, σ)	rnorm(k, μ, σ)
표준정규분포		
PDF: $f(t)$의 높이를 제시	NORM.S.DIST(z, 0)	dnorm(z)
CDF: $P(Z \leq z)$ 확률을 제시	NORM.S.DIST(z, 1)	pnorm(z)
역 CDF: $P(Z \leq z) = \alpha$에서 z값을 제시	NORM.S.INV(α)	qnorm(z)
난수 생성(R에서는 k개의 표본 생성)	NORM.S.INV(RAND())	rnorm(k)
연속균등분포		
PDF: $f(x)$의 높이를 제시	$1/(b-a)$	dunif(x, a, b)
CDF: $P(X \leq x)$ 확률을 제시	$(x-a)/(b-a)$	punif(x, a, b)
역 CDF: $P(X \leq x) = \alpha$에서 x값을 제시	$a + \alpha$ *$(b-a)$	qunif(α, a, b)
난수 생성(R에서는 k개의 표본 생성)	$a + (b-a)$*RAND()	runif(x, a, b)
지수분포		
PDF: $f(x)$의 높이를 제시	EXPON.DIST(x, λ, 0)	Dexp(x, λ)
CDF: $P(X \leq x)$ 확률을 제시	EXPON.DIST(x, λ, 1)	pexp(x, λ)
역 CDF: $P(X \leq x) = \alpha$에서 x값을 제시	----------------	qexp(α, λ)
난수 생성(R에서는 k개의 표본 생성)	----------------	rexp(k, λ)

시험 대비 문제: 5~7장(*Exam Review Questions for Chapters 5–7*)

1. 다음은 어떤 확률 유형(경험적, 고전적, 주관적)인가?

a. 어느 금요일에 시카고행 277 비행기가 정시에 도착할 확률은 23.7%이다.

b. 당신이 내년에 디즈니 월드에 갈 확률은 10%이다.

c. 주사위 2개를 굴렸을 때 적어도 하나의 주사위에서 3이 나올 확률은 1/8이다.

2. 다음 이원분할표에서 (a) $P(H \cap T)$, (b) $P(S|G)$, (c) $P(S)$를 구하라.

	R	S	T	행 합계
G	10	50	30	90
H	20	50	40	110
열 합계	30	100	70	200

3. $P(A) = 0.3$, $P(B) = 0.7$ 그리고 $P(A \cap B) = 0.25$이면 A와 B 사건은 서로 독립인가?

4. 다음 설명 중 거짓은? 그 이유를 설명하라.

   a. $P(A) = 0.05$이면 사건 A 발생의 승산은 19대 1이다.

   b. A와 B가 서로 배타적(mutually exclusive)이면 $P(A \cup B) = 0$이다.

   c. 5개 중 2개를 선택하는 순열의 수는 20개이다.

5. 다음 중 참인 설명은? 거짓이라면 그 이유는?

   a. 포아송분포의 모수는 2개이다.

   b. 이항분포는 서로 종속적인 시행을 가정한다.

   c. 균등분포의 모수는 2개이다.

6. 어느 정도 손실위험이 존재하는 투자에서 세 가지 투자수익(1,000달러, 2,000달러, 5,000달러)이 발생할 수 있다. 각 투자수익이 발생할 확률은 0.6, 0.3, 0.1이다. 기대되는 투자수익은?

   a. 1,500달러

   b. 2,300달러

   c. 1,700달러

7. 1분 동안 평균적 2.5건 사건이 독립적으로 발생한다고 가정하자. 1분 동안 (a) 정확히 2건의 사건이 발생할 확률은? (b) 적어도 3건 발생할 확률은? (c) 4건 미만 발생할 확률은? (d) 어떤 확률분포를 사용하고 있는가? 그 이유는?

8. 성공확률이 0.2인 실험을 8번 반복하였다. 다음 확률을 계산하라.

   a. 정확히 3번 성공할 확률

   b. 3번 초과 성공할 확률

   c. 2번 이하 성공할 확률

   d. 어떤 확률분포를 사용하고 있는가? 그 이유는?

9. 성공확률이 0.3으로 일정한 실험을 독립적으로 50번 시행하였다. 성공횟수에 대한 평균과 표준편차를 계산하라.

10. 이산균등분포, 이항분포, 포아송분포 중 다음 상황에 가장 적절한 확률분포는? (필요한 모수 값은 이미 알고 있다고 가정하자.)

    a. 8개 동전 중 발행연도가 10년이 지난 동전의 수

    b. 화요일 아침 1분 동안 병원 방문 환자 수

    c. 무작위로 선택된 학생의 주민등록번호 마지막 자리 숫자

11. 다음 중 거짓인 설명은? 그 이유는?

    a. 초기하분포에서 표본은 비복원 추출로 구성된다.

    b. 균등분포의 평균은 언제나 $(a + b)/2$이다.

    c. 단위 시간 동안 사건발생 확률을 얻기 위해 우리는 기하분포(geometric distribution)를 사용한다.

12. 다음 중 거짓인 설명은? 그 이유는?

    a. 연속확률분포에서 확률을 구하기 위해서 우리는 각 점에서 확률을 더해야 한다.

    b. $U(5,21)$를 따르는 연속균등분포에서 평균은 13이고, 표준편차는 4.619이다.

    c. 연속균등분포의 PDF는 $a \le X \le b$의 모든 값에서 일정하다.

13. 정규분포에 대한 설명 중 참인 것은? 거짓이라면 그 이유는?

    a. μ와 σ에 상관없이 PDF 모양은 항상 대칭적이다.

    b. CDF 모양은 종 모양이다.

    c. 확률분포표가 없다면 면적은 간단한 공식에 의해 계산된다.

14. 고속도로를 달리는 자동차 속도는 정규분포를 따르며 $\mu = 70$ mph이고 $\sigma = 7$ mph이다. 무작위로 선택된 자동차의 속도에 대해 다음 확률을 계산하라.

    a. 78 mph를 초과할 확률

    b. 65~75 mph일 확률

    c. 70 mph 미만일 확률

15. 14번 문제에서 다음을 계산하라.

    a. 자동차 속도의 95백분위 수

    b. 하위 10%에 해당하는 자동차 속도

    c. 상위 25%에 해당하는 자동차 속도

16. X가 $N(500, 60)$ 분포를 따를 때 $P(X < 450)$을 계산하기 위해 올바른 엑셀 함수는?

    a. =NORM.DIST(450, 500, 60, 1)

    b. =NORM.S.DIST(450, 60)

    c. =1—NORM.DIST(450, 500, 60, 0)

17. 1분 동안 평균 1.2건 도착하는 포아송분포에서 다음 도착 사건까지 대기시간에 대한 확률을 구하라.

    a. 1.5분 미만일 확률

    b. 30초 이상일 확률

    c. 1~2분 사이일 확률

18. 17번 문제에서 다음을 계산하라.

a. 대기시간의 95백분위 수

b. 대기시간의 1사분위 수

c. 평균 대기시간

19. 정규분포 근사에 대한 설명으로 올바른 것은? 거짓이라면 그 이유는?

a. 포아송의 정규분포 근사를 위해서는 $\lambda \geq 10$이어야 한다.

b. 이항분포의 정규분포 근사를 위해서는 n이 작고 π가 커야 한다.

c. 엑셀이 다양한 이항확률분포 함수를 내장하지 못하기 때문에 정규분포 근사가 필요하다.

CHAPTER

8 표본분포와 추정

Sampling Distributions and Estimation

목차 *Chapter Contents*

학습목표 *Chapter Learning Objectives*

이 장을 마친 후 스스로 다음을 할 수 있어야 한다.

- **LO 8-1** 표본변동, 모수, 추정량에 대한 정의
- **LO 8-2** 바람직한 추정량이 되기 위한 조건 설명
- **LO 8-3** 중심극한정리 정의 및 적용
- **LO 8-4** 표본크기에 따른 표준오차(standard error)에 미치는 영향 설명
- **LO 8-5** z분포를 이용한 모평균의 신뢰구간 추정
- **LO 8-6** μ 추정 시 z분포 대신 스튜던트 t분포를 사용하는 경우 구분
- **LO 8-7** 모비율 π에 대한 신뢰구간 추정
- **LO 8-8** 유한모집단에서 신뢰구간 추정
- **LO 8-9** 모평균 추정을 위한 최소 표본크기 계산
- **LO 8-10** 모비율 추정을 위한 최소 표본크기 계산

Fuse/Getty Images

1장에서는 기술통계학과 추론통계학에 대해서 설명하였다. 2~7장에서는 주어진 데이터 집합과 비즈니스모형을 설명하기 위한 통계적 그리고 확률적 방법을 보여주었다. 이제 8장에서는 모집단을 추론하는 통계학적 방법론을 공부한다. 추론통계학은 보통 두 가지 작업을 수행하는 것이다. 첫째는 표본데이터를 활용하여 모집단에 관하여 추정하는 것이고, 둘째는 가설검정을 하는 것이다. 추론통계 방법은 오늘날의 경제분석 전문가들이 주로 사용하는 가장 기본적인 방법론이다.

8.1 표본추출과 추정

표본통계량(sample statistic)은 *확률변수*(random variable)이다. 즉, *임의로 선택된 표본 안*에 모집단의 어느 원소(item)가 포함되느냐에 따라 표본통계량 값은 달라지기 마련이다. 어떤 표본들은 모집단을 잘 대표하기도 하지만, 표본 크기가 작으면 어떤 표본들은 모집단과 상당히 다를 수 있다. 이러한 **표본변동**(sampling variation)이 무엇인지 알아보기 위해 다음과 같은 예시를 들어보자. MBA 과정에 지원한 사람들이 제출한 GMAT 성적 모집단에서 임의로 표본을 추출한다고 가정해보자. *모집단의 모평균은* $\mu = 520.78$이고, 모표준편차는 $\sigma = 86.80$이다. 그림 8.1은 모집단 전체 분포를 점으로 보여주고 있다.

한편, 그림 8.2는 이 모집단에서 5개씩 임의로 추출한 표본을 보여준다. 표본에 포함된 개별 원소는 변한다. 따라서 표본변동(sampling variation)은 어쩔 수 없는 것이다. 그러나 그림 8.2에서 보는 바와 같이, *표본평균*은 모평균($\mu = 520.78$)과 비슷해 보인다. 만일 표본의 크기가 더 커지면, 표본평균은 아마 모평균에 더 가까워질 것이다. 이것이 **통계적 추정**(statistical estimation)의 근본 개념이다.

그림 8.2에서 보는 바와 같이 표본평균 값들(빨간 점)은 개별 표본 값들(파란 점)에 비해 변동이 상대적으로 적다. 이는 *평균*이기 때문이다. 개별 표본들(파란 점)을 없애고 표본평균(빨간 점)만 보면 더 확실해진다.

이번 장에서는 모집단의 모수들에 대한 통계적 추정량(estimator)이 무엇인지 알아보고, 모집단에 대한 통계적 *추론*(inference) 방법을 살펴본다. 우선 통계적 추론을 위해서는 다음 네 가지 요소들을 생각해보자.

- 표본변동(sampling variation): 통제 불가
- 모집단변동(population variation): 통제 불가
- 표본크기(sample size): 통제 가능
- 추정치의 신뢰수준(confidence level): 통제 가능

그림 8.1

GMAT 모집단의 점그래프

GMAT

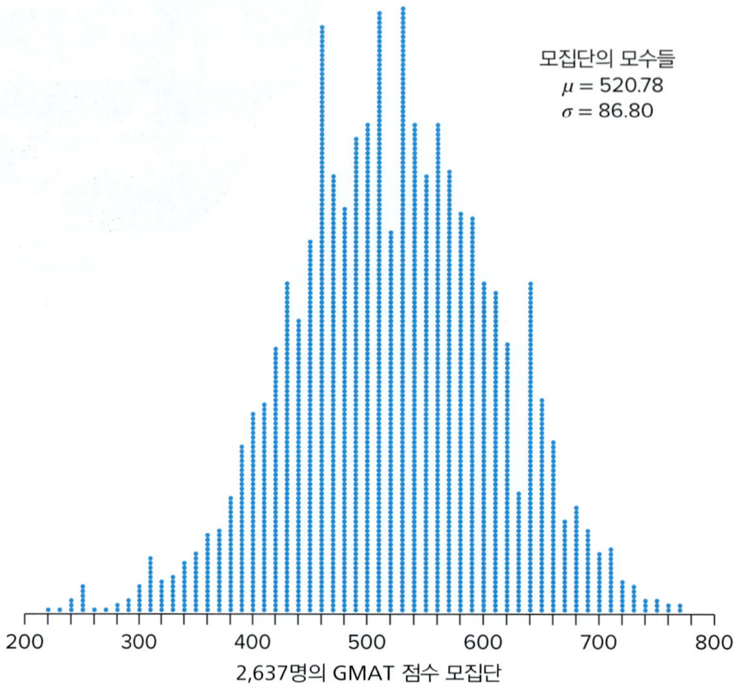

그림 8.2

표본평균 8개의 점그래프

GMAT

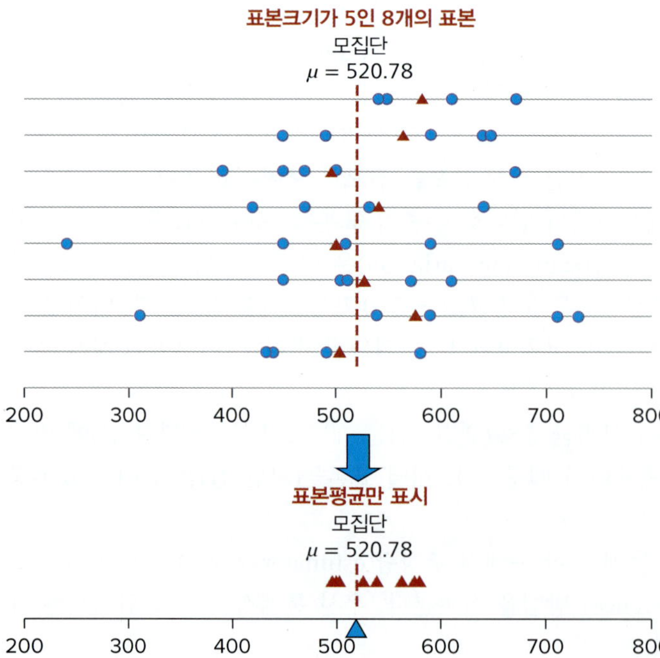

추정량

추정량(estimator)은 모집단의 **모수값**(parameters)을 추론하기 위해 표본으로부터 얻은 통계량이다. 이에 반해 **추정치**(estimate)는 특정 표본에서 얻어진 추정량의 구체적인 값이다. 표 8.1과 그림 8.3은 통계학에서 주로 사용하는 추정량들을 보여준다. 일반적으로 모집단의 모수는 그리스 문자(예: μ, σ, π)를 사용한다. 이에 대해 표본 추정량은 로마자(예: $\bar{x}$, s, p) 또는 'hat'을 넣은 그리스 문자(예: $\hat{\mu}$, $\hat{\sigma}$, $\hat{\pi}$)로 표기한다. 통계학 서적마다 표현하는 방식은 조금 다를 수 있다. 이는 통계학이 오랜 역사를 갖고 있고, 각 연구자마다 제각기 다른 표현을 했기 때문이다.

표본오차

임의의 표본은 뽑을 때마다 다르기 때문에 추정량은 확률변수가 된다. **표본오차**(sampling error)란 추정치와 그에 대응하는 모수와의 차이를 말한다. 예를 들어, 모평균에 대해서

$$\text{표본오차} = \bar{x} - \mu \tag{8.1}$$

표본오차의 존재는 표본이 달라지면 $\bar{x}$값도 바뀌기 때문이며, 이는 모집단의 어떤 원소가 표본에 포함될지 통제할 수 없기 때문이다. 예를 들어, GMAT 점수의 참 평균값을 안다고 가정해보자. 그러면, 그림 8.2에 있는 어떤 표본에 대해서도 표본오차를 구할 수 있다. 표본 1에 대해서, 표본평균($\bar{x} = 504.00$)은 모평균($\mu = 520.78$)보다 작고, 표본오차는 $\bar{x} - \mu = 504.00 - 520.78 = -16.78$로 계산된다. 표본 2에 대해서는, 표본평균($\bar{x} = 576.00$)은 모평균($\mu = 520.78$)보다 크고, 표본오차는 $\bar{x} - \mu = 576.00 - 520.78 = +55.22$로 계산된다. 그러나 일반적으로 추정하려는 모수는 주어지는 것이 아니기 때문에, 표본오차를 실제로 구할 수는 없다. 우리가 아는 것은 표본평균($\bar{X}$)은 확률변수라는 것이며, 평균적으로는 이

표 8.1
추정량의 예

추정량	공식	모수
표본평균	$\bar{x} = \frac{1}{n}\sum_{i=1}^{n} x_i$ 여기서 x_i는 i번째 표본을 나타내고, n은 표본의 크기	μ
표본비율	$p = x/n$ 여기서 x는 표본 내 성공회수이고, n은 표본의 크기	π
표본표준편차	$s = \sqrt{\frac{\sum_{i=1}^{n}(x_i - \bar{x})^2}{n-1}}$ 여기서 x_i는 i번째 표본을 나타내고, n은 표본의 크기	σ

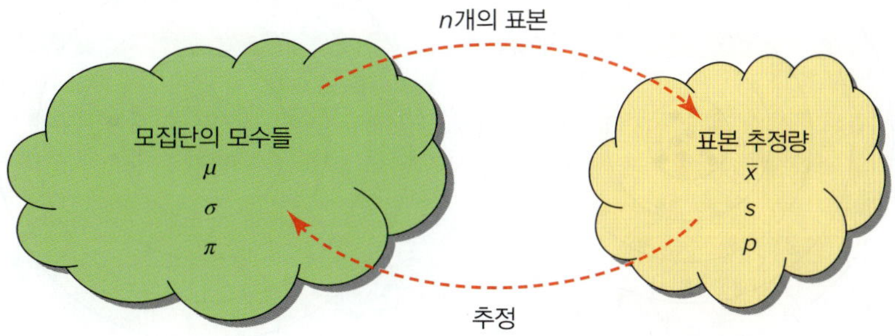

그림 8.3
모집단 모수의 표본추정량

확률변수로 μ를 정확히 추정할 수 있다는 것뿐이다. 이론적으로 봤을 때, $\overline{X}$가 과대추정되기도 하지만 과소추정된 $\overline{X}$에 의해 상쇄되면서 평균적으로는 모수를 정확히 추정할 수 있게 된다.

추정량의 특성

편의 **편의**(bias)는 추정량의 기댓값과 참모수와의 차이이다.

$$편의 = E(\overline{X}) - \mu \quad \textbf{(8.2)}$$

만일 기댓값이 참모수와 같아지면, 추정량에 *편의가 없다*(unbiased)라고 한다. 이 경우 $E(\overline{X}) = \mu$가 되어서, $\overline{X}$는 μ의 불편추정치라고 할 수 있다. **불편추정량**(unbiased estimator)은 특정 표본에서 표본오차(sampling error)는 존재하지만, *평균적으로는* 실제 모수를 과대평가하거나 과소평가하지 않는다는 의미이다. 실제로는 모수를 모르기 때문에 어떤 표본에 과연 편의가 존재하는지 알 수 없다. 그러나 편의의 존재 여부는 수학적 증명이나 모의실험(simulation experiment)을 통해 파악할 수 있다.

통계학자들이 증명을 통해 표본평균($\overline{x}$)과 표본비율(p)은 μ와 π에 대한 불편추정량이라는 것을 밝혀냈다. 그러나 편의가 있는 추정량도 쉽게 찾을 수 있다. 가령 엑셀의 표본편차 공식인 =STDEV.S(Data) 대신 모표분편차 공식 =STDEV.P(Data)를 사용하여 σ를 추정하면 편의가 있는 추정치가 나올 수 있다. 이는 보통 모표준편차 공식을 이용하면 σ의 참값을 과소추정하는 경향이 있기 때문이다. 표본추출을 통한 통계분석에서 표본오차가 발생하는 것은 통제할 수 없다. 참모수도 알지 못하기 때문에 표본오차가 얼마나 존재하는지도 직접 확인할 수는 없다. 표본이 커지면 보다 신뢰할 만한 추정치를 얻을 수 있다는 점을 이해할 필요가 있고, 표본을 보다 과학적으로 채취하는 것도 매우 중요하다.

표본오차는 무작위성(randomness)을 갖지만, 편의는 발생하면 *체계적*(systematic)으로 나타난다. 그림 8.4에 나와 있는 사격 표지판을 예로 들어보자. 영점 조준을 잘 맞힌 총으로 사격한 경우 그림의 왼쪽과 같은 결과가 나오지만, 영점 조준에 실패한 경우 오른쪽과 같은 결과가 나온다. 두 과녁은 표본변동을 보여주고 있다. 불편추정량의 경우 과녁 중간에 몰려 있다. 왼쪽 그림에서 어떤 점들은 표적 중간(bull's eye)에 가깝게 있고 다른 점들은 그렇지 않지만, 불편추정량일 때는 오른쪽 과녁과는 달리 절대 체계적인 오차를 보이진 않는다.

그림 8.4

편의에 대한 그림 설명

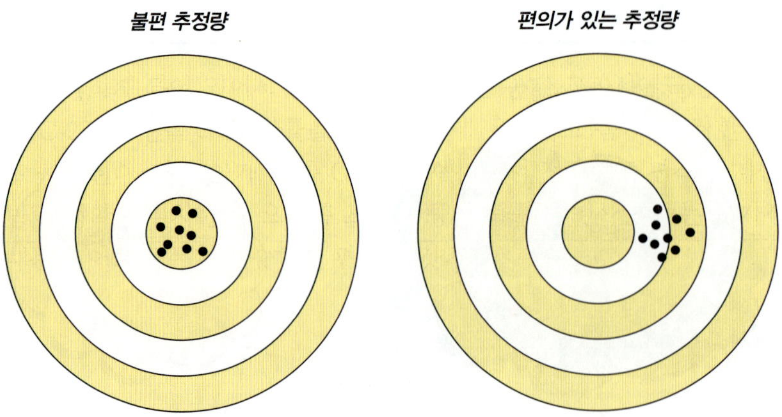

효율성 **효율성**(efficiency)은 추정량 표본분포의 분산에 관한 것이다. 분산이 작을수록 더 효율적인 추정량이라고 한다. 다른 조건이 동일한 경우, 추정량의 분산은 작을수록 좋다. 더 나아가 불편추정량이면서 분산이 가장 작은 **최소분산추정량**(minimum variance estimator)이라면 더 좋다. 통계학자들은 이러한 추정량을 최소분산불편추정량(minimum variance unbiased estimator: MVUE)이라고 부른다. 그림 8.5는 두 가지 불편추정량을 보여준다. 두 패턴은 중심에 모여 있다. 그러나 왼쪽 추정량은 변동이 적다. 효율성은 하나의 표본에서는 평가할 수 없고 수학적 또는 모의실험을 통해서만 확인할 수 있다. MVUE가 모든 분포의 모든 모수에 대해 존재하는 것은 아니지만, 통계학자들은 정규분포인 경우 $\bar{x}$와 s^2은 각각 μ와 σ^2에 대한 최소분산불편추정량임을 증명하였다(즉, 다른 어떤 추정량도 이보다 더 작은 분산을 가질 수 없다). 같은 논리로, 표본비율(p)은 모비율 π에 대한 MVUE이다. 이 때문에 다른 추정량들보다 이 추정량들($\bar{x}$, s, p)을 주로 사용한다.

일치성 **일치추정량**(consistent estimator)은 표본의 크기가 커질수록 모수값과 가까워지는 추정량을 말한다. 그림 8.6에서 보듯이 표본이 커지면서 표본분포가 진정한 모수값으로 수렴하게 된다. 논리적으로 생각해봐도 표본이 커지면 $\bar{x}$는 μ에 가까워지고, p는 π에 가까워지고, s도 σ에 가까워질 것이다. 실제로 n이 커지면 이러한 추정량들의 분산이 줄어든다는 사실을 보여줄 수 있다. 따라서 위 세 추정량은 모두 일치추정량이다. 그림 8.6은 표본 크기가 얼마나 중요한지 나타내고 있다. 보는 바와 같이, 표본크기가 커지면서 표본평균이 모

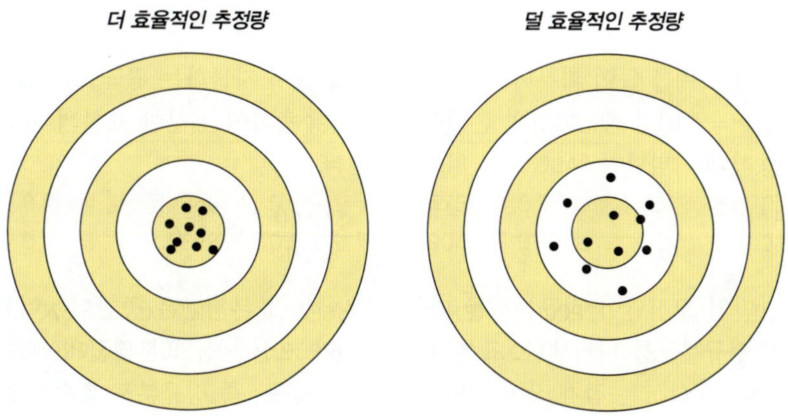

그림 8.5
효율성에 대한 그림 설명

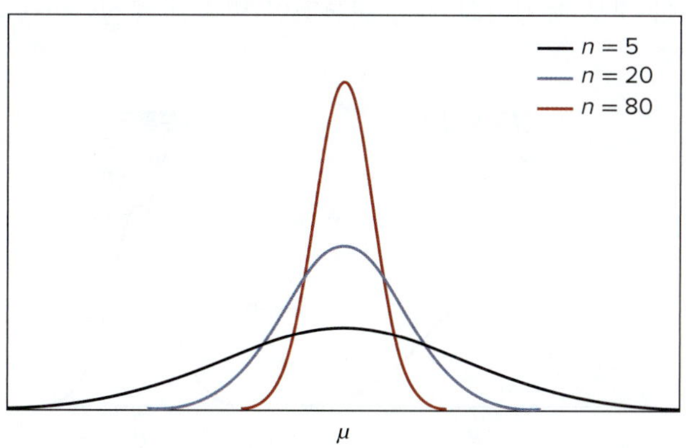

그림 8.6
일치성에 대한 그림 설명

수 참값인 μ에 점차 가까워진다.

8.2 중심극한정리

추정량의 **표본분포**(sampling distribution)는 추정량이 취할 수 있는 모든 가능한 값에 대한 확률분포이다. 선택된 표본들이 변할 수 있으므로 추정량은 확률변수이다. 따라서 추정량은 확률분포를 가지고, 평균과 분산을 가진다.

모평균(μ)을 추정하기 위해 표본평균(sample mean)을 이용한다고 하자. 목표는 $\overline{X}$의 분포를 이용해 모집단에 대한 정보를 얻어내고자 하는 것이다. 이러한 $\overline{X}$의 분포를 이해하기 위해서는 표본의 평균, 분산, 그리고 분포의 모양을 알아야 한다. 이미 앞서 배웠듯이 표본평균은 μ에 대한 불편추정량이다. 따라서

$$E(\overline{X}) = \mu \qquad \text{(표본평균의 기댓값)} \tag{8.3}$$

앞서 배웠듯이 $\overline{X}$의 값은 표본이 바뀔 때마다 달라진다. 임의 추출을 통한 표본이기 때문에, 추정과정에서 생기는 유일한 오차는 *표본오차*(sampling error)이다. 표본평균의 표본오차를 일반화하여 표현하기 위해 '표본평균의 표준편차'를 구해야 한다. 이 값은 특별히 **평균의 표준오차**(standard error of the mean)라고 부른다. 그리고 표본평균의 표준오차는 표본의 크기가 커질수록 줄어든다.

$$\sigma_{\bar{x}} = \frac{\sigma}{\sqrt{n}} \qquad \text{(평균의 표준오차)} \tag{8.4}$$

가령 예를 들어 피부마사지 숍에서 손님들이 지불하는 평균요금(μ)이 \$80이고 표준편차는 σ = \$10일 때, 20명의 손님을 임의로 추출하여 계산한 표본의 표준오차는 \$10보다 훨씬 작게 나타난다.

$$\sigma_{\bar{x}} = \frac{\$10.00}{\sqrt{20}} = \$2.236$$

만일 모집단이 정규분포를 따를 경우에는 표본평균은 중간이 μ이고 표준오차가 $\sigma/\sqrt{n}$인 정규분포를 나타낸다. 표본의 크기(n)가 커질수록, 표본평균의 분포는 평균 μ이고 표준오차인 $\sigma/\sqrt{n}$은 점차 작아지면서 모집단의 분포, 즉 정규분포에 수렴하게 된다(그림 8.7).

그런데 만일 모집단이 정규분포를 따르지 않거나 모집단 분포에 대한 정보가 없는 경우에는 어떠할까? 이 경우 통계학의 가장 근본적인 법칙인 *중심극한정리*를 이용해 볼 수

그림 8.7
X가 정규분포일 때 X와 $\overline{X}$의 분포

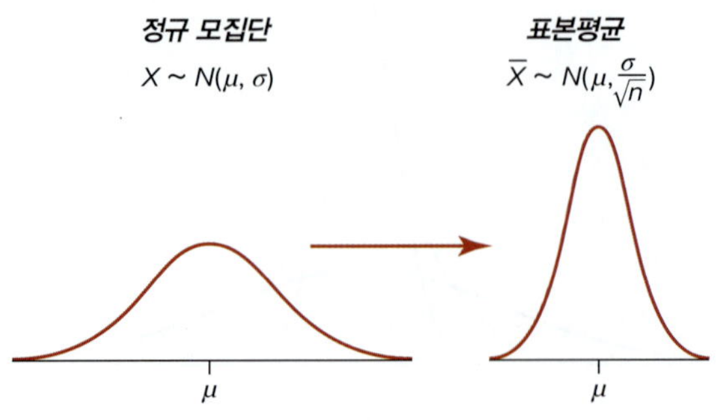

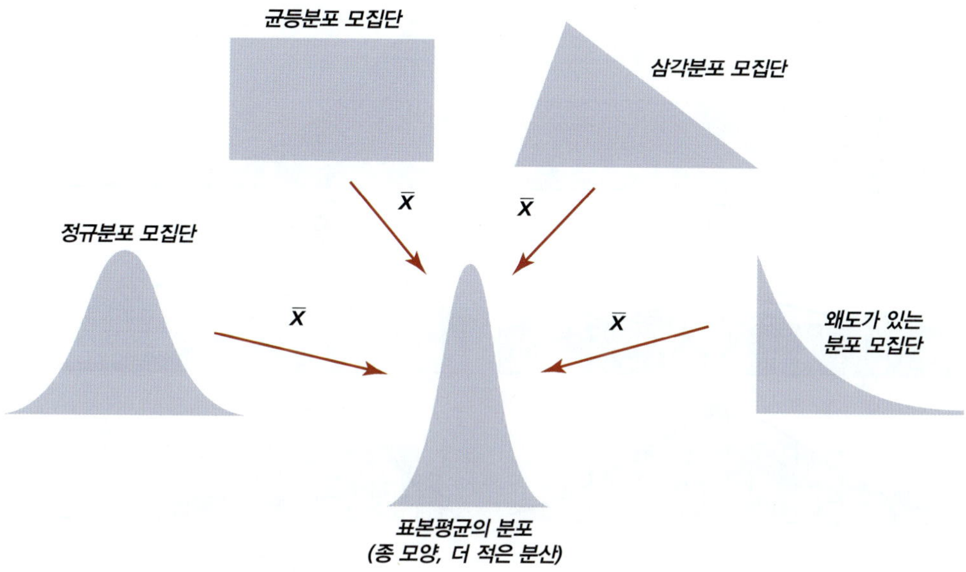

그림 8.8
중심극한정리에 대한 그림 설명

있다.

중심극한정리(central limit theorem: CLT)를 이용하면 모집단의 분포를 모르더라도 $\overline{X}$ 표본분포의 모양을 근사해(approximate) 볼 수 있다. 심지어 모집단이 정규분포가 아니더라도, 중심극한정리에 따르면, 표본의 크기가 충분히 크다면 표본평균의 분포는 정규분포와 매우 유사해진다. 그림 8.8이 이 사실을 보여주고 있다.

평균에 대한 중심극한정리

모평균이 μ이고 모표준편차가 σ인 모집단에서 표본크기 n의 표본을 선택한다면, 표본크기가 증가할수록 표본평균($\overline{X}$)의 분포는 평균이 μ이고 표준편차가 $\sigma_{\bar{x}} = \sigma/\sqrt{n}$인 정규분포에 근접하게 된다.

중심극한정리와 표본의 크기

표본평균의 분포가 정규분포를 따르기 위해서는 적어도 표본의 크기가 30보다는 커야 한다는($n \geq 30$) 일반적인 법칙이 있다. 하지만 표본이 이보다 작더라도 모집단의 분포가 대칭이면 표본평균이 정규분포를 따를 수 있다. 그림 8.9의 왼쪽은 균등분포(uniform distribution)에서 추출한 여러 개 표본의 평균을 히스토그램으로 나타낸 것이다. 표본오차는 존재하지만 표본의 크기가 커지면서 표본평균의 평균과 표준오차는 명확한 종 모양의 히스토그램 분포를 빠르게 나타내고, 분산도 분명히 감소하는 것을 알 수 있다.

대칭의 균등분포하는 모집단으로 중심극한정리를 적용하는 것에는 큰 어려움이 없다. 그러나 만일 모집단이 대칭이 아니고 한쪽으로 심하게 치우쳐져 있는(왜도가 있는) 경우에는 어떻게 될까? 공항 검색대 대기시간과 같이 모집단이 한쪽으로 심하게 치우친 경우를 생각해 보자. 중심극한정리에 따른다면 어떠한 형태의 분포를 갖는 모집단이라 하더라도 여기서 뽑아 만든 표본평균의 분포는 정규분포와 비슷할 것이다.

그림 8.9
중심극한정리에 대한 그림 설명

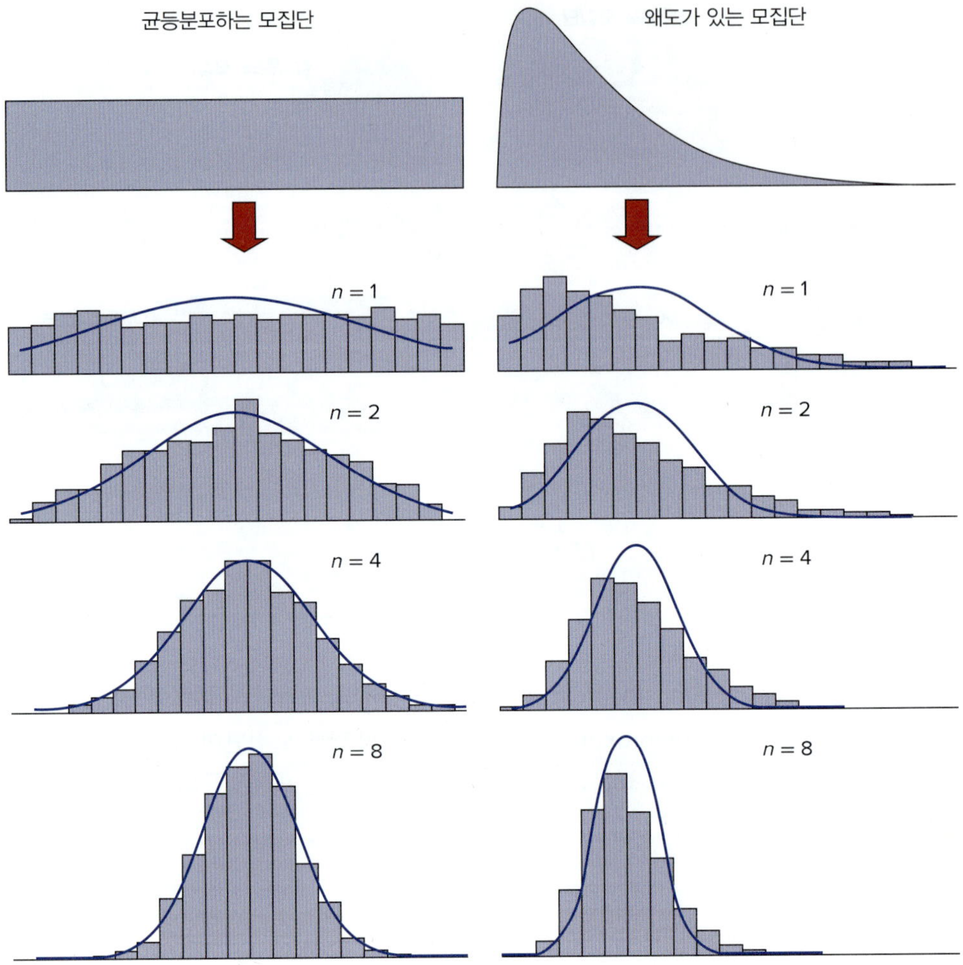

그림 8.9의 오른쪽은 왜도가 있는 모집단에 뽑은 표본평균의 히스토그램을 보여주고 있다. 표본이 작을 때는 왜도도 나타나지만 표본이 커질수록 표본평균의 분포는 종 모양을 잡아가고, 표본의 크기가 8($n \geq$) 정도되면 히스토그램 분포는 정규분포처럼 나타나게 된다. 표본이 이보다 더 커지게 되면 더욱 비슷해진다. 따라서 거의 대부분의 경우에 있어서 중심극한정리를 확신할 수 있게 된다.

표본평균의 범위

중심극한정리를 이용하면 표본평균이 포함될 수 있는 구간을 예측할 수 있다. 표본크기(n)가 충분히 크다면, 모집단의 분포모양에 상관없이 정규분포를 활용할 수 있다(혹은 모집단이 정규분포를 따르는 경우에는 n의 개수는 무관).

표본평균의 범위 기댓값

$$\mu \pm z\frac{\sigma}{\sqrt{n}}$$ 여기서 $\frac{\sigma}{\sqrt{n}}$은 표본평균에 대한 표준오차이다. **(8.5)**

여기에서 표준정규분포의 z값을 이용한다. μ와 σ값을 알고 있다면, 중심극한정리를 이용해 표본크기 n에 대응하는 표본평균의 범위를 예측할 수 있다.

90% 구간	95% 구간	99% 구간
$\mu \pm 1.645 \dfrac{\sigma}{\sqrt{n}}$	$\mu \pm 1.960 \dfrac{\sigma}{\sqrt{n}}$	$\mu \pm 2.576 \dfrac{\sigma}{\sqrt{n}}$

예를 들어 $n = 5$명의 지원자에 대한 표본에서 이들의 'GMAT 평균성적'은 어떤 범위 안에 들어갈 것인가(그림 8.1 참고)? 모집단이 근사적으로 정규분포이고 모수 $\mu = 520.78$, $\sigma = 86.80$이다. 따라서 예측 가능한 표본평균에 대한 95% 구간은 다음과 같다.

$$520.78 \pm 1.960\frac{86.80}{\sqrt{5}} \quad \text{또는} \quad 520.78 \pm 76.08 \quad \text{또는} \quad [444.70, 596.86]$$

$n = 5$인 8개의 표본이 모집단에서 선택되는 경우, 중심극한정리에 따르면 대략 444점과 597점 사이에 표본평균이 위치하게 될 것이다.

예제 8.1

병에 콜라 채우기: $\overline{X}$의 변동성

다이어트 콜라 500 ml 병 속에 담긴 콜라 양은 평균 $\mu = 505$ ml이고, 표준편차 $\sigma = 1.20$ ml인 정규분포를 따른다. 모집단이 정규분포이기 때문에, 표본평균 $\overline{X}$는 표본의 크기에 상관없이 정규분포를 따르는 확률변수이다. 만일 병을 하나 선택하고($n = 1$) 측정해보면, 표본은 하나이므로 표본평균은 그냥 X이고, 이는 표 8.2에 있는 $n = 1$인 경우의 범위 내로 들어갈 것이다. 아마도 제조사는 평균을 넉넉히 설정해서, 광고한 양(500 ml)보다는 많이 담는 것 같다. 표본의 크기를 $n = 4$까지 올리면, 표 8.2에서 보는 것처럼 표본평균의 범위는 더 좁혀진다. 이는 하나보다 4개를 평균하면 표본평균의 변동성이 감소하기 때문이다.

표 8.2

표본평균의 95% 기대 범위

$n = 1$	$n = 4$
$\mu \pm 1.960\frac{\sigma}{\sqrt{n}}$	$\mu \pm 1.960\frac{\sigma}{\sqrt{n}}$
$505 \pm 1.960\frac{1.2}{\sqrt{1}}$	$505 \pm 1.960\frac{1.2}{\sqrt{4}}$
505 ± 2.352	505 ± 1.176
[502.6, 507.4]	[503.8, 506.2]

이 실험을 아주 여러 번 반복하면, 표본평균은 위에 보여진 구간 내에 들어갈 것이다. 예를 들어 1,000개의 표본을 뽑아서 각 표본에 대한 콜라 양 평균을 계산하면, 이 중 950개 표본평균은 위에 있는 95% 구간에 들어갈 것이다. 하지만 실제 시뮬레이션이 아니라면 1,000개의 표본을 추출하기는 어렵기 때문에 실제로는 하나의 표본만 뽑는다. 중심극한정리가 중요한 것은 하나의 표본으로도 모집단의 정보를 예측할 수 있다는 점이다.

단원 연습문제

connect

8.1 각각의 표본이 정규분포를 따르는 모집단에서 추출되었다고 가정하고, 표본평균의 90%가 들어갈 것으로 예상되는 범위 $\left[\mu - z\frac{\sigma}{\sqrt{n}}, \mu + z\frac{\sigma}{\sqrt{n}}\right]$를 구하라.

a. $\mu = 100, \sigma = 12, n = 36$
b. $\mu = 2{,}000, \sigma = 150, n = 9$
c. $\mu = 500, \sigma = 10, n = 25$

8.3 제조공정에 의해 생산되는 베어링통의 지름은 정규분포를 따르는 확률변수이다. 평균은 4.035 mm이고 표준편차는 0.005 mm이다. 검사과정에서 1시간에 25개의 베어링통을 조사하였다. (a) 베어링통의 지름에 대한 95% 범위는 어떻게 되는가? (b) 표본평균에 대한 95% 범위는 어떻게 되는가? (c) 표본평균이 4.020이었다면 어떤 결론을 내릴 수 있는가? 표본평균이 4.055라면 어떻게 말할 수 있는가?

8.5 (a) 각각의 표본이 정규분포를 따르는 모집단에서 추출되었다고 가정하고, 각 표본추출에 대해 평균의 표준오차를 구하라. (b) 만일 표본크기를 4배로 할 경우 표준오차는 어떻게 변하는가?

a. $\sigma = 32, n = 4$
b. $\sigma = 32, n = 16$
c. $\sigma = 32, n = 64$

8.7 미니초콜릿 제품들의 지방함유량은 정규분포를 따르고 평균이 3.50그램이다. 모집단의 표준편차는 0.25그램으로 알려져 있다. (a) 10개의 미니초콜릿을 뽑은 후, 그 평균 지방함유량인 $\overline{X}$의 표준오차는 얼마인가? (b) 95%의 확률로 표본평균이 존재할 신뢰구간을 구하라(출처: http://www.keebler.com).

8.3 σ를 알 때 모평균(μ)에 대한 신뢰구간

신뢰구간은 무엇인가?

표본평균 $\bar{x}$는 임의 표본인 $x_1, x_2, \cdots, x_n$으로부터 계산하며, 이는 모평균 μ에 대한 **점 추정치**(point estimate)가 된다. 그러나 선택된 표본은 변할 수 있기 때문에, 점 추정치에 μ의 참값에 대한 불확실성을 표현해 넣을 필요가 있다. 즉, $\overline{X}$의 표본분포에 관한 정보를 바탕으로, μ에 대한 **구간추정**(interval estimate)을 할 수 있다. 미지의 모평균 μ에 대한 **신뢰구간**(confidence interval)을 설정할 수 있는데, 이를 위해서는 표본평균 $\bar{x}$로부터 **오차한계**(margin of error)를 가감하는 방식을 써보자. 이러한 구간 설정을 위한 **신뢰수준**(confidence level)은 보통 퍼센트(%)로 표시하는데 90%, 95%, 99% 등을 많이 사용한다.

σ를 알 때 모평균 μ에 대한 신뢰구간

$$\bar{x} \pm z_{\alpha/2}\frac{\sigma}{\sqrt{n}} \quad \text{여기서 } \frac{\sigma}{\sqrt{n}}\text{은 표본평균에 대한 표준오차이다.} \tag{8.6}$$

평균의 표준오차($\sigma_{\bar{x}} = \sigma/\sqrt{n}$)는 표본의 크기와 함께 감소하므로 표본의 크기를 충분히 키우면 원하는 만큼 작은 신뢰구간을 얻을 수 있다. 표준편차 σ를 알고 모집단이 정규분포를 따르는 경우 (또는 n이 충분히 커서, 중심극한정리에 따라 $\overline{X}$가 정규분포를 따른다면), 표준정규분포를 이용해 **오차한계**(margin of error)를 구할 수 있다. $z_{\alpha/2}$ 값은 신뢰수준

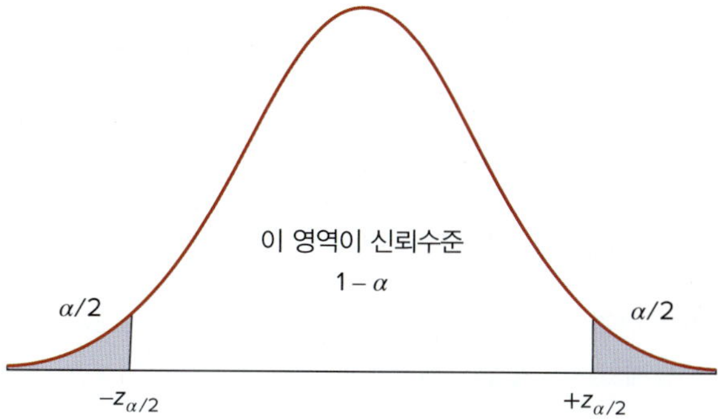

그림 8.10

z를 이용한 신뢰수준

(level of confidence)에 따라 결정된다. 표본오차가 대칭이므로, 그림 8.10에서 보는 바와 같이 $\alpha/2$는 정규분포의 양쪽 꼬리 영역이 된다.

중간 영역은 신뢰수준이 된다. 나머지 영역은 2개의 대칭 꼬리로 나눠지고, 각각은 $\sigma/2$가 된다. 여기서 $z_{\alpha/2}$는 선택한 신뢰수준에 따라 결정된다. 예를 들어 그림 8.11에서 보듯이 신뢰수준이 90%라면($1 - \alpha = 0.90$이고 $\alpha = 0.10$), 0.05의 우측 꼬리 쪽의 $z_{\alpha/2}$ 값은 $z_{\alpha/2} = z_{0.10/2} = z_{0.05} = 1.645$가 된다. 동일한 방식으로, 95% 신뢰구간($1 - \alpha = 0.95$이고 $\alpha = 0.05$)에 대해서, 0.025의 우측 꼬리 쪽의 $z_{\alpha/2}$ 값은 $z_{\alpha/2} = z_{0.05/2} = z_{0.025} = 1.960$이 된다. 여기서 95% 신뢰구간은 90% 신뢰구간보다 더 넓다는 것에 주목하자.

그림 8.11

90%와 95% 신뢰수준 비교

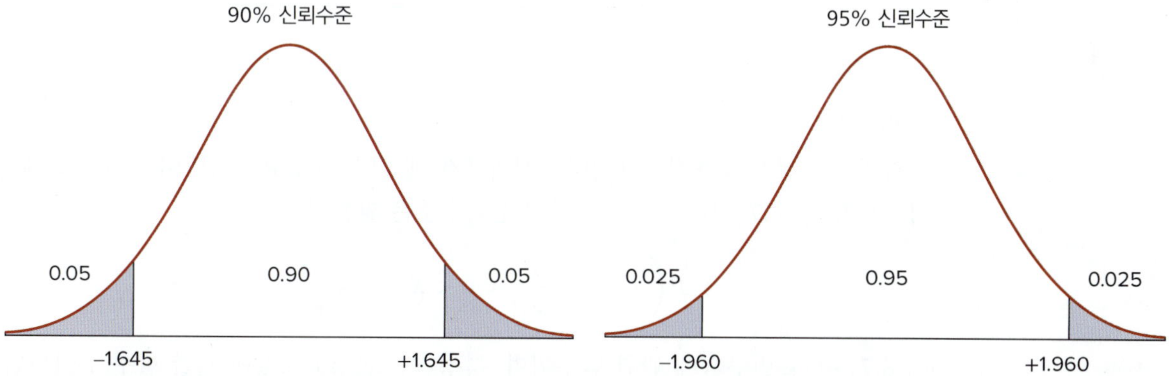

예제 8.2

병에 콜라 채우기: μ의 신뢰구간

다이어트 콜라 500 ml 병 속에 담긴 콜라 양은 정규분포를 따르는 확률변수이고 표준편차는 $\sigma = 1.20$ ml로 알려져 있다. 10개의 표본을 추출해서 표본평균을 구해보니 $\bar{x} = 503.4$이다. 모집단이 정규분포이므로 표본평균이 모든 표본크기에 대해서도 정규분포인 확률변수이다. 따라서 z분포를 이용하여 μ의 신뢰구간을 계산할 수 있다.

90% 신뢰구간은 식 8.6에 $z_{\alpha/2} = 1.645$를 대입한다.

90% 신뢰구간: $\bar{x} \pm z_{\alpha/2}\frac{\sigma}{\sqrt{n}}$ 또는 $503.4 \pm 1.645\frac{1.20}{\sqrt{10}}$ 또는 $[502.78, 504.02]$

95% 신뢰구간은 $z_{\alpha/2} = 1.960$을 이용한다.

95% 신뢰구간: $\bar{x} \pm z_{\alpha/2}\frac{\sigma}{\sqrt{n}}$ 또는 $503.4 \pm 1.96\frac{1.20}{\sqrt{10}}$ 또는 [502.66, 504.14]

99% 신뢰구간은 $z_{\alpha/2} = 2.576$을 식에 대입한다.

99% 신뢰구간: $\bar{x} \pm z_{\alpha/2}\frac{\sigma}{\sqrt{n}}$ 또는 $503. \pm 2.576\frac{1.2}{\sqrt{10}}$ 또는 [502.42, 504.38]

위 신뢰구간 3개의 하한값은 모두 500을 넘는다. 이로부터 최소 요구량인 500 ml가 넘도록 넉넉하게 공정과정을 설계했다고 판단할 수 있다.

신뢰수준의 선택

신뢰수준이 높으면 더 좋은 추정치라고 판단하는가? 그러나 신뢰성과 정확성, 이 둘 간에는 상충관계(trade-off)가 존재한다. 예제 8.2에서 보듯이 신뢰수준이 높으면, 신뢰구간도 넓어진다(계산 결과를 보기 바란다). 보통 신뢰수준이 높을수록 정확성은 떨어지게 된다. 표 8.3에는 자주 이용되는 신뢰수준과 그에 해당하는 z값이 나온다. 실제는 신뢰성과 정확성의 적절한 타협점인 95% 신뢰수준을 많이 사용한다.

표 8.3
자주 이용되는 신뢰수준과 z값

신뢰수준	$1-\alpha$	α	$\alpha/2$	$z_{\alpha/2}$
90%	0.90	0.10	0.05	$z_{0.05} = 1.645$
95%	0.95	0.05	0.025	$z_{0.025} = 1.960$
99%	0.99	0.01	0.005	$z_{0.005} = 2.576$

결과해석

무작위로 표본을 추출하기에 앞서, 신뢰구간 계산에 꼭 필요한 신뢰수준 $1-\alpha$에 대해 생각해보자. 식 8.7에서 보는 바와 같이 신뢰수준은 확률이다.

$$P\left(\overline{X} - z_{\alpha/2}\frac{\sigma}{\sqrt{n}} < \mu < \overline{X} + z_{\alpha/2}\frac{\sigma}{\sqrt{n}}\right) = 1 - \alpha \qquad \textbf{(8.7)}$$

식 8.7은 확률변수 $\overline{X}$에 관한 함수이며, 특정한 표본평균 $\bar{x}$값에 관한 함수가 아니다. 이 확률이 나타내고자 하는 바는 동일한 모집단에서 100번의 표본을 선택하고, 95% 신뢰수준에서 100개의 신뢰구간을 계산한다면, 이 100개의 신뢰구간 중 95개는 모평균 μ를 포함할 것이라는 것이다. 나머지 5개는 모평균을 포함하지 않을 수도 있다. 그림 8.12는 20개의 표본을 이용할 경우, 신뢰구간이 무엇을 의미하는지를 보여준다(그림 8.12에서 보는 바와 같이, 20개의 신뢰구간 중 1개는 모평균 μ를 포함하지 않는다).

그러나 하나의 표본을 선택하여 $\bar{x}$를 계산하고 그에 따른 신뢰구간을 계산하고 나면, 신뢰수준 $1-\alpha$는 더 이상 확률이 아니다. 계산한 신뢰구간은 참값인 μ를 포함하거나 혹은 아니거나 둘 중 하나가 된다. 따라서 이제 $1-\alpha$는 '구간이 μ를 포함할 것이라 확신하는 정

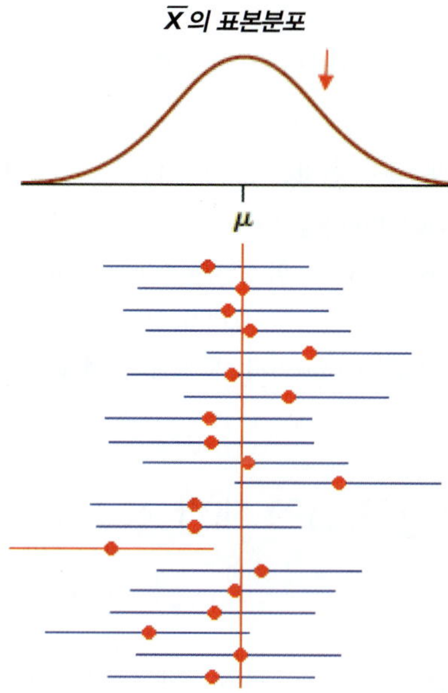

그림 8.12
μ에 대한 95% 신뢰구간

도'로만 말할 수 있다.

정규분포 가정은 언제 필요한가?

σ를 알고 모집단이 정규분포를 따른다면 식 8.6을 이용하여 μ에 대한 신뢰구간을 계산할 수 있다. 혹시 σ를 알지만 모집단이 정규분포인지 모르는 경우, 경험법칙에 따라 $n \geq 30$이면 $\overline{X}$가 (중심극한정리에 의해) 정규분포를 따른다고 할 수 있다. 다만 모집단의 분포가 대칭이어야 하고 이상치가 존재하지 말아야 한다. 하지만 그렇지 않다면, 표본 수 n이 충분히 커야 정규분포를 가정할 수 있다. 한편, σ를 모르는 경우에는 다른 접근방식을 써야 한다.

σ값을 알 수 있는가?

자주는 아니지만 σ값을 알 수도 있다. 제조공정 품질관리에서는 σ값이 시간에 무관하게 일정한 경우가 많다. 그러나 보통은 σ를 모르는 경우가 더 많아 이때는 어떻게 해야 하는지 다음 절에서 살펴본다.

단원 연습문제

connect

8.9. 각 표본이 정규분포에서 추출되었다고 가정하고 μ에 대한 신뢰구간을 구축하라.

a. $\bar{x} = 14, \sigma = 4, n = 5$, 90% 신뢰구간
b. $\bar{x} = 37, \sigma = 5, n = 15$, 99% 신뢰구간
c. $\bar{x} = 121, \sigma = 15, n = 25$, 95% 신뢰구간

8.11 $\bar{x} = 2.4, \sigma = 0.15, n = 9$인 정보를 이용하여 μ에 대한 신뢰구간을 계산하라. 표본은 정규분포를 따르는 모집단에서 선택하였다고 가정하자. (a) 90% 신뢰구간, (b) 95% 신뢰구간, (c) 99% 신뢰구간, (d) 신뢰수준을 증가시킴에 따라 신뢰구간이 어떻게 바뀌는지 설명하라.

8.13 $\sigma = 40$이라 알려진 모집단에서 25개의 표본을 선택하였을 때 표본평균이 270이다. 다음 물음에 답하시오.

a. μ에 대한 95% 신뢰구간을 구하라.
b. $n = 50$인 경우, 95% 신뢰구간을 구하라.

c. $n = 100$인 경우, 95% 신뢰구간을 구하라.
d. n이 증가하면 신뢰구간이 어떻게 변하는지 설명하라.

8.15 2016년형 렉서스 자동차 연비는 정규분포를 따르고 표준편차는 1.25 MPG로 알려져 있다. 10번 휘발유를 가득 넣었을 때 평균 연비는 28.0 MPG이다. 모평균 연비에 대한 95% 신뢰구간을 구하라. (출처: www.fueleconomy.gov)

8.17 철판을 제조하는 Ball Corporation은 위스콘신(Wisconsin)주 포트애킨슨(Fort Atkinson)에 제조공장이 있다. 철판두께 표준편차 $\sigma = 0.000959$ mm라고 알려져 있고, 58장의 철판을 선택하였을 때 표본평균 $\bar{x} = 0.2731$ mm이다. 모평균 두께에 대한 99% 신뢰구간을 구하라.

8.4 σ를 모를 때 모평균(μ)에 대한 신뢰구간

스튜던트 t분포

모집단이 정규분포이지만 표준편차를 모른다면 정규분포 대신 **스튜던트 t분포**(student's t distribution)를 사용한다. 특히 표본크기가 작을 때 중요하다. σ를 모른다면 신뢰구간에 대한 공식에 σ 대신 s를 사용하고, z분포 대신 t분포를 이용한다.

σ를 모르는 경우, μ에 대한 신뢰구간

$$\bar{x} \pm t_{\alpha/2}\frac{s}{\sqrt{n}} \quad \text{여기서 } \frac{s}{\sqrt{n}}\text{은 표본평균의 추정된 표준오차임.} \tag{8.8}$$

신뢰구간의 해석은 그림 8.13에서 볼 수 있듯이 σ가 알려진 경우와 동일하다. 그러나 다른 조건이 같다면 신뢰구간은 더 넓어진다. 그 이유는 $t_{\alpha/2}$가 $z_{\alpha/2}$보다 값이 크기 때문이다. 직관적으로도 표준편차를 알지 못하고 추정해야 하는 불확실한 상황에 처하게 된다면 신뢰구간은 더 넓어야 할 것이다.

스튜던트 t분포는 더블린 맥주회사에 근무했던 W. S. Gossett(1876~1937)이 만든 것이다. 당시 맥주회사에서는 회사 자료에 근거한 그의 연구를 허락하지 않았기 때문에 필명인 'Student'라는 이름을 쓸 수밖에 없었다. t분포는 대칭적이며 표준정규분포와 매우 유사하

그림 8.13
스튜던트 t분포를 이용한 신뢰수준

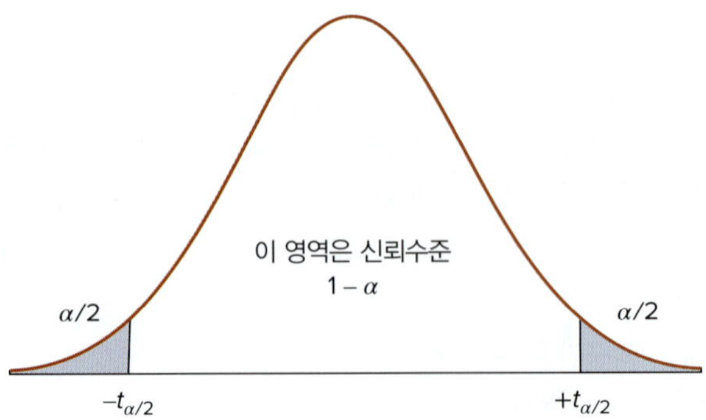

그림 8.14

정규분포와 스튜던트 t분포의 비교

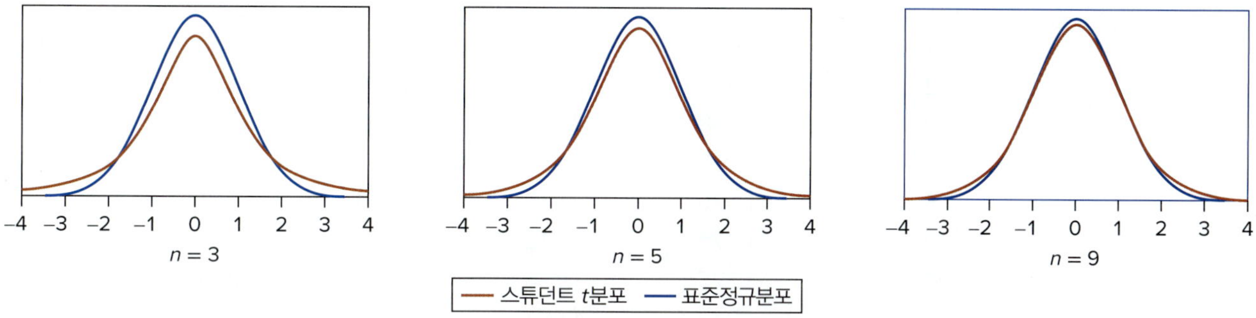

다. 단지 분포의 꼬리가 상대적으로 두껍다는 차이가 있다. t분포의 모양은 표본크기에 따라 달라진다. 그림 8.14는 표본의 크기가 커짐에 따라 t분포의 꼬리가 어떻게 달라지는지 나타낸다. 자세히 보면, t분포는 정규분포보다 꼬리의 위치가 높다.

자유도

표본크기를 알고 있다면 **자유도**(degree of freedom: 때때로 줄여서 *d.f.*)라고 불리는 모수를 계산할 수 있다. 이 모수는 신뢰구간 공식에서 t값을 결정할 때 사용한다. 자유도는 표본표준편차(s)를 계산할 때 사용된 표본 관측치 개수에서, 계산과정에서 사용된 추정치의 개수를 빼서 계산한다. 실제로 s 계산과정에서 n개의 표본 관측치를 사용하고, 그 계산과정에서 사용된 추정치는 표본평균 하나이다. 그러므로 자유도는 표본크기에서 1을 빼주면 된다.

$$d.f. = n - 1 \quad (\mu\text{에 대한 신뢰구간 설정에 사용되는 자유도}) \qquad \textbf{(8.9)}$$

그림 8.14에서 보듯이 자유도가 커지면 t분포가 정규분포 모양에 근접해 간다. 그러나 작은 표본의 경우에는 차이가 매우 크다. 예를 들어, 그림 8.14에서 x축의 값은 ±4를 넘어선다. 반면에 표준정규분포의 경우에는 ±3 안에 있다. 주어진 영역을 포괄하기 위해서는 t분포는 꼬리 부분이 더 멀리 뻗어나간다. 따라서 같은 신뢰수준에 대해 t값은 z값보다 항상 크고, 따라서 신뢰구간은 z의 경우보다 넓게 계산된다.

t와 z의 비교

부록 D의 일부인 표 8.4를 보면, 표본이 작은 경우 t값은 표준정규분포 값과 상당히 다르다. 그러나 주어진 신뢰수준에서 자유도가 커지게 되면 t값은 정규분포 z값에 가까워진다(표본크기가 무한히 큰 경우, 즉 표의 제일 마지막 행을 확인하라). 예를 들어, $n = 31$이면 자유도가 $d.f. = 31 - 1 = 30$이 되고, 90% 신뢰구간에 대한 t값은 1.697이 된다. 이 값은 $z = 1.645$보다 조금 더 크다. 따라서 자유도를 일일이 찾는 수고보다 t값 대신 z값을 이용하는 경우도 있다. 하지만 이 경우 신뢰구간이 실제 신뢰구간보다 조금 좁아질 수 있기 때문에 보수적인 결정이 될 수 없다.

표 8.4

자유도에 따른 스튜던트 t값

	신뢰수준				
d.f.	80%	90%	95%	98%	99%
1	3.078	6.314	12.706	31.821	63.656
2	1.886	2.920	4.303	6.965	9.925
3	1.638	2.353	3.182	4.541	5.841
4	1.533	2.132	2.776	3.747	4.604
5	1.476	2.015	2.571	3.365	4.032
10	1.372	1.812	2.228	2.764	3.169
20	1.325	1.725	2.086	2.528	2.845
30	1.310	1.697	2.042	2.457	2.750
40	1.303	1.684	2.021	2.423	2.704
60	1.296	1.671	2.000	2.390	2.660
100	1.290	1.660	1.984	2.364	2.626
∞	1.282	1.645	1.960	2.326	2.576

주: 마지막 행은 같은 신뢰수준에 대한 z값을 나타낸다.

예제 8.3

GMAT 성적

GMATScores

아래 표는 MBA 지원자 중 임의로 추출한 20명의 GMAT 성적을 나타낸다. 이 표본을 점으로 찍은 것이 그림 8.15에 나와 있다.

530	450	600	570	360
550	640	490	460	550
480	440	530	470	560
500	430	640	420	530

그림 8.15

점그래프와 90% 신뢰구간(n = 20개 성적) GMATScores

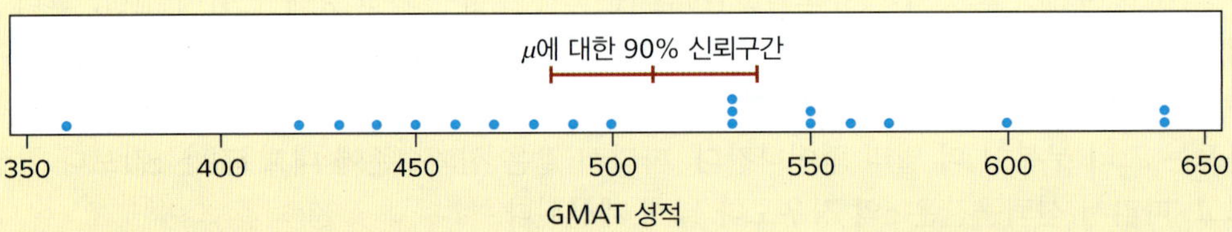

모든 MBA 지원자들의 GMAT 성적 모평균에 대한 90% 신뢰구간을 구해보자. 표본평균 $\bar{x} = 510$이고, 표본표준편차 $s = 73.77$이다. 모집단의 표준편차 σ를 모르기 때문에, 신뢰구간을 구할 때 스튜던트 t 분포를 이용하고, 자유도 19를 이용한다.

$$d.f. = n - 1 = 20 - 1 = 19 \qquad (n = 20\text{의 자유도})$$

90% 신뢰구간은 부록 D를 참조하면 $t_{\alpha/2} = t_{0.05} = 1.729$가 된다.

	신뢰수준(1 − α)				
	0.80	0.90	0.95	0.98	0.99
		오른쪽 꼬리면적(α/2)			
d.f.	0.10	0.05	0.025	0.01	0.005
1	3.078	6.314	12.706	31.821	63.656
2	1.886	2.920	4.303	6.965	9.925
⋮	⋮	⋮	⋮	⋮	⋮
18	1.330	1.734	2.101	2.552	2.878
19	1.328	1.729	2.093	2.539	2.861
20	1.325	1.725	2.086	2.528	2.845

90% 신뢰구간은

$$\bar{x} \pm t_{\alpha/2}\frac{s}{\sqrt{n}} \quad \text{또는} \quad 510 \pm (1.729)\frac{73.77}{\sqrt{20}} \quad \text{또는} \quad 510 \pm 28.52$$

그림 8.15에서 볼 수 있듯이 모든 지원자의 GMAT 성적 모평균은 구간 [481.48, 538.52]에 있을 가능성이 90%이다. 같은 신뢰수준에 대해 더 좁은 구간을 얻고자 한다면, 표본의 크기를 늘려서 $\bar{x} \pm t_{\alpha/2}\frac{s}{\sqrt{n}}$의 우측을 줄이면 된다.

예제 8.4

입원기간

Maternity

어느 산부인과 병원은 8,261명의 산모 기록을 가지고 있다. 각 산모들은 DRG(diagnostic related group)이라는 코드로 분류되어 있다. 가장 흔한 DRG 코드는 373(단순 자연분만)이다. 연구기간 동안 이 코드를 부여받은 산모는 모두 4,409명이다. 병원이 병상유지율과 간호사 채용에 대한 계획을 세우기 위해서는 환자들의 평균 입원기간을 파악해야 한다. DRG 373에 대해서, 표본 25명을 추출하여 평균 입원기간을 계산한 결과 $\bar{x} = 39.144$시간이고 표준편차는 $s = 16.204$시간이었다. 모평균에 대한 95% 신뢰구간은 얼마인가?

t분포를 사용하기 위해 모집단이 정규분포라고 가정한다(추후 이 가정에 대해 다시 검토할 것이다). 모집단의 표준편차를 모르기 때문에 자유도가 24인 t분포를 이용한다.

$$d.f. = n - 1 = 25 - 1 = 24 \qquad (\text{표본크기가 25인 경우 자유도})$$

95% 신뢰구간을 위해서 부록 D에서 $t_{\alpha/2} = t_{0.025} = 2.064$를 찾았다.

	신뢰수준(1 − α)				
	0.80	0.90	0.95	0.98	0.99
	우측 꼬리면적 (α/2)				
d.f.	0.10	0.05	0.025	0.01	0.005
1	3.078	6.314	12.706	31.821	63.656
2	1.886	2.920	4.303	6.965	9.925
⋮	⋮	⋮	⋮	⋮	⋮
23	1.319	1.714	2.069	2.500	2.807
24	1.318	1.711	2.064	2.492	2.797
25	1.316	1.708	2.060	2.485	2.787

95% 신뢰구간은 다음과 같다.

$$\bar{x} \pm t_{\alpha/2}\frac{s}{\sqrt{n}} \quad \text{또는} \quad 39.144 \pm (2.064)\frac{16.204}{\sqrt{25}} \quad \text{또는} \quad 39.144 \pm 6.689$$

신뢰수준 95%로, 입원 기간의 모평균 값이 [32.455, 45.833] 범위 안에 있다고 볼 수 있다. 즉, 단순 자연분만의 경우 평균적으로 32.5~45.8시간 정도 병원에 입원한다. 그림 8.16은 주어진 표본에 대한 점그래프이다.

그림 8.16

n = 25일 때 95% 신뢰구간과 점 그래프 Maternity

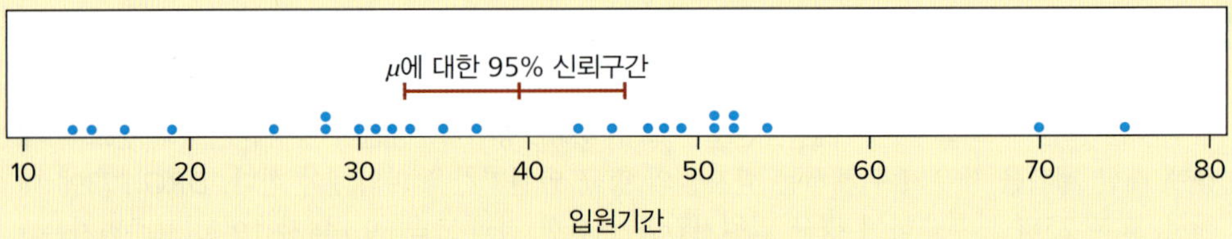

여기 신뢰구간의 넓이는 표본크기, 신뢰수준, 표준편차에 따라 결정된다. 구간을 줄이고자 한다면 표본의 크기를 늘리거나, 90%, 80% 등으로 신뢰수준를 줄이면 된다. 하지만 표준편차에 대해서는 할 수 있는 게 없다. 이건 표본에 관한 문제이므로 어떤 표본은 표준편차가 크고, 또 어떤 표본은 작을 수도 있다.

이상치와 정돈되지 않은 데이터

데이터 중에는 이상치(outliers)와 정돈되지 않은 데이터들이 수없이 많다. 예를 들어 병원 경영진은 가끔 정돈되지 않은 빅데이터를 접하고 이상치를 어떻게 다룰지 고민이 많다고 한다. 앞서 본 예제에서 가령 입원기간이 254시간과 같이 매우 긴 환자가 있다면 어떻게 해야 할까? 입원기간이 2일(48시간)이 아니라 10일(240시간)인 환자들이 상당히 많다면, 특별히 그들만을 위해 추가 인력 배치가 필요할지도 모른다. 이러한 이상치는 빈번할까 아님 진짜로 '이상치'일까? 10일(240시간) 이상 입원하는 환자가 발생한다면, 이를 무시할 수 없고, 왜 이 환자들은 다른 환자보다 오래 입원하는지 실태 조사도 해 봐야 한다. 예를 들어 입원기간이 10일이 넘어가면, 혹시 DRG 코드를 잘못 분류한 것은 아닌지 의심해 봐야 할 것이다. 또한 이상치가 많이 발견된다면 정규분포 가정이 잘못된 것일 수도 있다. 한편, 데이터 분포에서 왜도가 심하다면 표본을 25개 이상 뽑는 게 좋고, 그래야 중심극한 정리를 적용해 볼 수 있다. 미국의 병원, 의료보험회사, 주정부, 연방정부의 담당자들은 이들 정돈되지 않은 데이터를 처리하느라 애를 먹고 있다. 미국은 의료비 지출이 전체 GDP의 1/6 정도이기에 아마 전체 인구 중 1/6은 직 · 간접적으로 건강보험과 관계된 일을 하고 있을 것이다. 따라서 수없이 많은 사람들이 이런 종류의 데이터를 다룬다고 볼 수 있다.

모집단은 반드시 정규분포여야 하는가?

*t*분포는 모집단이 정규분포한다고 가정한다. 때로는 이 가정을 의심할 수 있다. 그러나 시뮬레이션 연구에 따르면, 모집단이 정규분포에서 어느 정도 벗어나 있더라도 왜도가 지나치지 않고, 표본도 심하게 작지 않다면, *t*분포를 이용하여 신뢰구간을 구하는 것이 충분히 신뢰할 수 있다고 한다.

부록 D 사용법

자유도가 *d.f.* = 50 이상이 되면, 부록 D에서 보듯이 단위가 5 또는 10 단위로 증가한다. 부록 D에 원하는 정확한 자유도가 없다면, 그 다음으로 낮은 자유도(*d.f.*)에 대한 *t*값을 이용하는 것을 권한다. 예를 들어 *d.f.* = 54가 필요하면 *d.f.* = 50을 이용하면 된다. 더 낮은 자유도를 이용하는 것이 보수적인 방식이다. 이렇게 하면 신뢰구간이 넓어져 신뢰도가 증가할 수 있다. 자유도 50 이상에서는 자유도가 커져도 *t*값은 아주 조금만 변하므로 반올림 문제는 그리 중요치 않다.

*t*분포 대신 *z*분포를 이용할 수 있는가?

표본이 큰 경우에는 *z*와 *t*의 값이 비슷하다. 모집단의 표준편차인 σ를 모를 때라도, 보수적인 통계학자들은 굳이 *z*분포를 사용하지는 않는다. 왜냐하면 *z*분포의 신뢰구간이 *t*분포보다 상대적으로 좁기 때문이다. *t*분포를 사용하는 것은 어렵지 않다. 따라서 σ값이 알려지지 않을 때는 굳이 *z*값을 쓸 이유가 없다.

엑셀을 이용한 계산

엑셀을 사용할 수 있다면 굳이 분포표가 필요 없다. 엑셀 2010의 함수* =T.INV.2T(확률, 자유도)는 *t*-분포의 양쪽 꼬리 값을 계산해 준다. 여기서 확률(probability)은 1에서 신뢰수준 값을 뺀 값이다. 예를 들어 자유도가 60일 때 95% 신뢰구간은 =T.INV.2T(0.05, 60)이라고 쓰면 되고 실행하면 *t* = 2.000298을 준다. 엑셀은 신뢰구간 바깥쪽의 양쪽 꼬리 면적을 구하기

* 엑셀의 구버전에서는 *t*를 계산하기 위해 함수 =TINV(probability, degrees of freedom)를 이용한다. 부록 I를 참조해서 구버전과 신버전에서의 엑셀 함수 차이를 보기 바란다.

그림 8.17

엑셀에서 μ에 대한 신뢰구간 구하기

출처: Microsoft Excel.

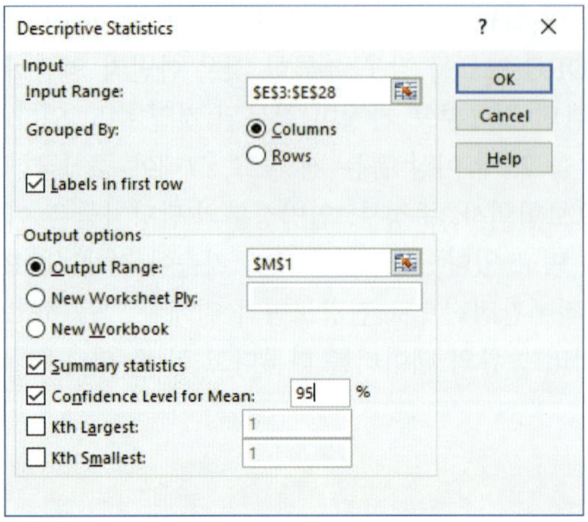

Maternity	
Mean	39.144
Standard Error	3.240769405
Median	37.37
Mode	#N/A
Standard Deviation	16.20384702
Sample Variance	262.5646583
Kurtosis	-0.28780002
Skewness	0.263313568
Range	61.92
Minimum	12.59
Maximum	74.51
Sum	978.6
Count	25
Confidence Level(95.0%)	6.688619266

때문에 95% 신뢰구간에 대해서는 0.05, 99% 신뢰구간에 대해서는 0.01을 사용한다. 엑셀에서 도구 > 데이터 분석 > 기술통계법을 해보면, 신뢰구간을 직접 도출해 주진 않는다. 하지만 위 그림에서 보는 것처럼, 표준오차(standard error)와 'Confidence Level'이라는 좀 이상한 이름으로 오차한계($t_{\alpha/2}s/\sqrt{n}$)를 제공하므로, 계산하면 신뢰구간을 구할 수 있다. 그림 8.17은 (산모들의 입원기간 데이터에서) 표본 1의 결과를 보여준다.

단원 연습문제

connect

8.19 주어진 자유도 *d.f.*에 대해 부록 D에서 각 신뢰수준에 대한 *t*값을 찾아보자. 또 엑셀을 이용해 *t*값을 구해보자. 어떤 방법이 더 나은가? 그 이유는?

a. *d.f.* = 9, 95% 신뢰수준

b. *d.f.* = 15, 98% 신뢰수준

c. *d.f.* = 47, 90% 신뢰수준

8.21 모집단의 표준편차를 모르고 표본을 10개 뽑는다고 할 때 표본평균 $\bar{x} = 270$이고 표본표준편차 $s = 20$이다. 부록 D를 이용하여 *t*분포 값을 찾아라.

a. μ에 대한 95% 신뢰구간을 구하라.

b. $n = 20$일 때 μ에 대한 95% 신뢰구간을 구하라.

c. $n = 40$일 때 μ에 대한 95% 신뢰구간을 구하라.

d. n이 증가함에 따라 신뢰구간이 어떻게 변하는지 설명하라.

8.23 미니밴 21대의 보증기간 동안 수리비용이 평균 45.66달러이고, 표준편차는 27.79달러이다. (a) 수리비용의 모평균에 대해 95% 신뢰구간을 구축하라. (b) 어떻게 하면 신뢰구간을 좁힐 수 있는가?

8.25 캠퍼스 외부에 살고 있는 4학년 대학생 12명의 월세($)에 대한 데이터이다. 모평균 μ에 대한 99% 신뢰구간을 구하라. 모집단은 정규분포를 따른다고 가정하자. Rent1

900	810	770	860	850	790
810	800	890	720	910	640

8.27 그린 교수(Professor Greene)는 지난 학기에 시험을 세 번 실시하였다. 각 시험점수는 정규분포를 따른다고 가정하자. 각 시험에서 학생 10명의 성적을 추출하였다. (a) 각 시험의 모평균에 대한 95% 신뢰구간을 구하라. (b) 신뢰구간들은 서로 겹칠 수 있는가? 3개의 신뢰구간을 비교함으로써 어떤 추론을 할 수 있는가? Exams2

Exam 1: 81, 79, 88, 90, 82, 86, 80, 92, 86, 86
Exam 2: 87, 76, 81, 83, 100, 95, 93, 82, 99, 90
Exam 3: 77, 79, 74, 75, 82, 69, 74, 80, 74, 76

8.5 모비율(π)에 대한 신뢰구간

비율은 비즈니스의 주요 관심사

설문조사나 표본에서는 종종 비율(지지율 등)을 보게 되고, 대부분 %로 표시된다. 다행히도 평균을 추정하는 것보다는 비율을 추정하는 것이 더 간단하다. 왜냐하면 성공 횟수만 세면 되기 때문이다. 설문조사를 통해 기업들은 고객들의 만족도에 관한 여러 다양한 측면을 연구해서, 현재 기업이 잘 하고 있는지 혹은 추가로 개선이 필요한지를 결정하고는 한다. 예를 들어 기업들은 얼마나 많은 비율의 고객들이 친구나 주변인에게 추천하고 있는지 추적한다. 이 비율이 높다는 것은 그들 고객들 중에 충성도가 높은 사람이 더 많다는 것을 의미한다. 그러나 연구자들은 이 추정의 신뢰성에 대해서 표본오차가 발생할 가능성을 지적한다. 이 부분에서 통계과학이 기여할 부분이 있다.

중심극한정리(CLT)는 표본비율(sample proportion)에 대해서도 적용될 수 있다. 그 이유는 표본비율이라는 것이 사실은 0과 1로 이뤄진 값들의 평균이기 때문이다. 비율에 대한 CLT의 의미는 n이 커질수록 표본비율 $p = x/n$의 분포가 정규분포처럼 되고 참모비율(π)에 근접한다는 것이다. 표본표준오차 σ_p는 n을 증가할수록 작아진다. 즉, 표본비율 $p = x/n$는 π에 대한 일치추정량이다.

비율에 대한 중심극한정리

표본크기가 커짐에 따라 표본비율($p = x/n$)의 분포는 평균은 π, 표준오차 σ_p인 정규분포에 근접하게 된다.

$$\sigma_p = \sqrt{\frac{\pi(1-\pi)}{n}}$$

예를 들어, Holiday Inn Express 호텔 예약의 20%가 인터넷으로 이뤄진다고 하자(즉, $\pi = 0.2$). 예약 방식에 대한 특정 표본에서, 항상 인터넷 예약이 20%라고 할 수는 없다. 표본추출을 지속적으로 진행할 경우, 많은 표본비율(p)이 $\pi = 0.2$에 가깝게 나타날 것이고, 표본변동으로 인해 그렇지 않은 것들도 있을 수 있다. 하지만 평균적으로 p는 참값인 π에 가까워지고, 점근적으로 정규분포를 갖게 될 것이라 기대한다.

$$p = \frac{x}{n} = \frac{\text{인터넷 예약건수}}{\text{표본의 크기}}$$

실제 반복적인 표본에서, 실증적으로 $p = x/n$의 *표본분포*를 구해볼 수 있다. 물론 컴퓨터 시뮬레이션을 이용해도 된다. 그림 8.18은 1,000개 표본의 히스토그램을 나타낸다. 각각은

그림 8.18

π = 0.20인 모집단으로부터 1,000개 표본의 표본비율 Hotel

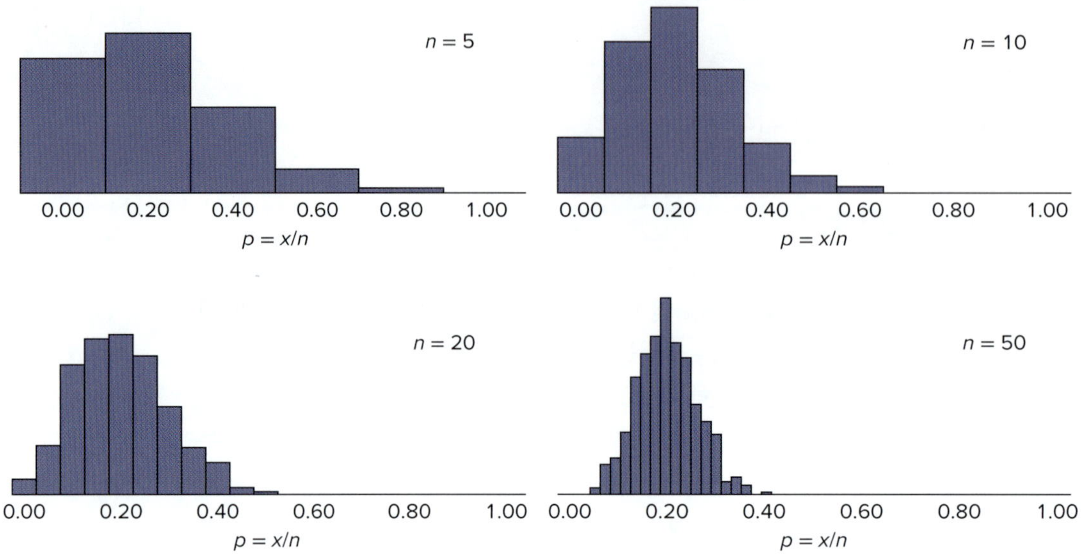

$\pi = 0.20$인 모집단에서 표본의 수만 바꿔서 나타내고 있다.

보는 바와 같이 0.20 주변에서 표본비율이 나타나고 있다. 하지만 그렇지 않은 경우도 많다. n이 증가할수록 통계량 $p = x/n$의 범위가 좁아지고 있고, 그 분포도 점차 연속확률변수를 닮아간다. CLT를 통해 예측할 수 있듯이, n이 커질수록 분포는 점차 대칭이 되면서 종 모양처럼 변한다. 그러나 n이 작아질수록 통계량 $p = x/n$은 눈에 띄게 불연속이 된다. 예를 들어

표본크기	$p = x/n$*의 경우의 수*
$n = 5$	0/5, 1/5, 2/5, 3/5, 4/5, 5/5
$n = 10$	0/10, 1/10, 2/10, 3/10, 4/10, 5/10, 6/10, 7/10, 8/10, 9/10, 10/10

n이 증가할수록, $p = x/n$은 점차 연속이 되고, 분포는 점차 부드러운 정규분포처럼 변해 간다.

실제는 하나의 표본만 있을 뿐이다. 그러나 이런 하나의 표본만으로도 CLT를 이용하여 p가 어떨지 예측할 수 있다. 6장에서 우리는 이항모형을 배웠고, 이는 성공확률(π)이 일정한 모집단으로부터 n개의 표본을 추출할 경우 그 성공 횟수를 표현하는 것이었다. 이항모형의 아이디어와 중심극한정리를 이용하면, 하나의 표본비율에 대해서도 π의 신뢰구간을 구해볼 수 있다.

비율의 표준오차

수학적 의미에서, n이 커지면 표본비율의 범위는 점차 좁아진다. 그 이유는 **비율의 표준오차**(standard error of the proportion) 공식에서 n이 분모에 있기 때문이다.

$$\sigma_p = \sqrt{\frac{\pi(1-\pi)}{n}} \quad \text{(표본비율의 표준오차)} \qquad \textbf{(8.10)}$$

비율의 표준오차는 π과 n에 좌우되며, $\pi = 0.50$이 되었을 때 최대가 되고, π가 0이나 1이 될 경우 최소가 된다. 예를 들어

$$\text{만일 } \pi = 0.50\text{이면, } n = 50\text{인 경우, } \sigma_p = \sqrt{\frac{\pi(1-\pi)}{n}} = \sqrt{\frac{0.50(1-0.50)}{50}} = \sqrt{\frac{0.25}{50}} = 0.0707$$

$$n = 200\text{인 경우, } \sigma_p = \sqrt{\frac{\pi(1-\pi)}{n}} = \sqrt{\frac{0.50(1-0.50)}{200}} = \sqrt{\frac{0.25}{200}} = 0.0354$$

$$\text{만일 } \pi = 0.10\text{이면, } n = 50\text{인 경우, } \sigma_p = \sqrt{\frac{\pi(1-\pi)}{n}} = \sqrt{\frac{0.10(1-0.10)}{50}} = \sqrt{\frac{0.09}{50}} = 0.0424$$

$$n = 200\text{인 경우, } \sigma_p = \sqrt{\frac{\pi(1-\pi)}{n}} = \sqrt{\frac{0.10(1-0.10)}{200}} = \sqrt{\frac{0.09}{200}} = 0.0212$$

위 공식은 대칭적이다(즉, $\pi = 0.10$인 경우와 $\pi = 0.90$인 경우 동일한 표준오차가 나온다). 그림 8.19에서 보는 바와 같이, n이 증가할수록 표준오차 σ는 감소하지만 완만하게 감소한다. 그래서 표본의 크기를 4배 증가시켜야 표준오차를 반으로 줄일 수 있다.

정규성 가정을 할 수 있는 경우

표본이 충분히 크다면 통계량 $p = x/n$는 정규분포를 따른다고 가정할 수 있다. 그렇다면 n이 얼마나 커야 하는가? 표 8.5는 정규성을 가정할 수 있는 보수적인 경험법칙(rule of thumb)을 나타내고 있다. 즉 $n\pi \geq 10$이고 $n(1-\pi) \geq 10$일 때 정규성을 가정해도 된다. 정규성 가정을 하기 위해서는, 표본에서 최소 10번의 성공과 최소 10번의 실패가 있어야 한다(즉, $x \geq 10$ 그리고 $n - x \geq 10$).

경험법칙

표본에서 적어도 10번의 성공과 동시에 적어도 10번의 실패가 (즉, $x \geq 10$과 $n - x \geq 10$) 있다면 표본비율 $p = x/n$은 정규분포를 따른다고 가정할 수 있다.

표 8.5에서 보는 것처럼, 만일 π값이 0.50과 차이가 큰 경우, 표본이 상당히 커야 정규성을 가정할 수 있다.*

만일 표본이 p의 정규성을 가정하기에 너무 적다면, 이항분포를 이용해서 신뢰구간을 설정할 수 있다. 엑셀에서 실행해 볼 수 있지만 다소 난이도가 있다. 마이크로소프트에서 패치를 하기까지는 Minitab 같은 프로그램을 활용하는 편이 낫다.

π에 대한 신뢰구간

중심극한정리를 이용하면 어떤 특정 구간에 표본비율이 나타날 확률을 구할 수 있다. 예를 들어 p가 $\pi \pm z_{0.025}\sqrt{\frac{\pi(1-\pi)}{n}}$의 범위에 있을 확률이 95%이다. 여기서 $z_{0.025} = 1.96$이다.

* 또 다른 룰은 $n > 9(1-\pi)/\pi$이고 $n > 9\pi/(1-\pi)$이다. 자세한 내용은 Catherine Forbes, Merran Evans, Nicholas Hastings and Brian Peacock의 저서인 *Statistical Distribution* 4판을 참고하라(Wiley, 2011).

그림 8.19

n이 σ_p에 미치는 효과

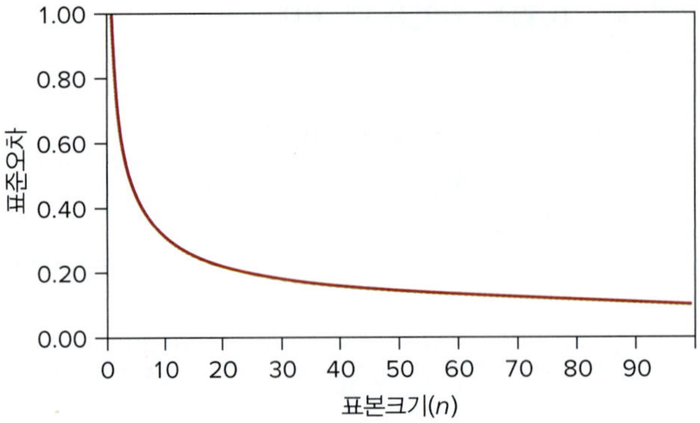

표 8.5

$p = x/n$의 정규성 가정이 가능한 최소 표본수

π	n
0.50	20
0.40 또는 0.60	25
0.30 또는 0.70	33
0.20 또는 0.80	50
0.10 또는 0.90	100
0.05 또는 0.95	200
0.02 또는 0.98	500
0.01 또는 0.99	1,000
0.005 또는 0.995	2,000
0.002 또는 0.998	5,000
0.001 또는 0.999	10,000

이러한 사실에 기초하여 참값인 π에 대한 신뢰구간을 계산해 낼 수 있다. π를 $p = x/n$으로 대체하고(π는 알려져 있지 않기 때문에), 정규성 가정을 위해 표본크기가 충분히 크다고 가정하면 π에 대한 신뢰구간은 다음과 같다. 표 8.6에서는 일반적으로 활용되는 신뢰수준과 이에 대응되는 $z_{\alpha/2}$을 나타내고 있다.

π에 대한 신뢰구간

$$p \pm z_{\alpha/2}\sqrt{\frac{p(1-p)}{n}} \tag{8.11}$$

표 8.6

일반적으로 쓰이는 신뢰수준과 z값

신뢰수준	$1-\alpha$	α	$\alpha/2$	$z_{\alpha/2}$
90%	0.90	0.10	0.05	$z_{0.05} = 1.645$
95%	0.95	0.05	0.025	$z_{0.025} = 1.960$
99%	0.99	0.01	0.005	$z_{0.005} = 2.576$

예제 8.5
회계감사(Auditing)

어느 상점에서 75명의 손님 중 24명이 현금으로 지불했다. 현금 구매 비율에 대한 95% 신뢰구간을 구하고자 한다.

$$p = x/n = 24/75 = 0.32 \quad \text{(상점 내 현금 거래 비율)}$$

np와 $n(1-p)$가 10보다 크기 때문에 p가 정규분포를 따른다고 가정할 수 있다.* 즉, $np = (75)(0.32) = 24$이고 $n(1-p) = (75)(0.68) = 51$이다. 따라서 95% 신뢰구간은 다음과 같다.

$$p \pm z_{\alpha/2}\sqrt{\frac{p(1-p)}{n}} \quad \text{또는} \quad 0.32 \pm 1.960\sqrt{\frac{0.32(1-0.32)}{75}} \quad \text{또는} \quad 0.32 \pm 0.106$$

$$\text{또는} \quad [0.214, 0.426]$$

모비율(π)이 확실히 구간 [0.214, 0.426]에 있다고 단언할 수는 없다. 더 정확히는 존재할 수도 있고 아닐 수도 있다. 그리고 다른 표본에서는 신뢰구간은 달리 계산됐을 것이다. 그러나 분명한 것은 이렇게 만든 95%의 신뢰구간은 참모비율(π)을 평균적으로는 포함한다는 것이다. 따라서 정확한 표현은 '참모비율(π)이 0.214와 0.426 사이에 있을 것이라고 95% 확신한다'이다.

신뢰구간 좁히기

π의 신뢰구간 폭은 다음 변수에 영향을 받는다.

- 표본크기
- 신뢰수준
- 표본비율(p)

여기서 표본비율(p)은 표본추출의 결과이기 때문에 현실적으로 우리가 어떻게 통제할 수 없다. 따라서 좀 더 좁은(보다 정확한) 신뢰구간을 구하고자 한다면 표본크기를 늘리거나 신뢰수준을 줄여야 한다(예를 들어 95%에서 90%로). 신뢰수준을 변경할 수 없다면 유일한 방법은 표본크기를 늘리는 것이다. 물론 표본크기를 늘리면 비용이 들고 어쩔 때는 늘리기도 불가능할 수 있다. 다음 예에서는 어떻게 표본을 늘리거나 신뢰수준을 줄여서 신뢰구간의 폭을 줄이는지 설명해 보자.

예제 8.6
온라인 주문
(Online Ordering)

미국 콜로라도 덴버(Denver)시의 온라인 전화번호부 장부에서 레스토랑 200곳을 무작위 추출하였다. 이들 표본 레스토랑 중 30곳은 온라인 주문이 가능한 링크를 제공하였다. 이 경우 전체 레스토랑 중 온라인 주문 링크를 제공할 레스토랑 비율에 대한 90% 신뢰구간은 무엇일까?

$$\text{표본비율은 } p = x/n = 30/200 = 0.15 \quad \text{(온라인 주문 링크 제공 비율)}$$

$np = (200)(0.15) = 30$이고 $n(1-p) = (200)(0.85) = 170$이므로 정규성 가정은 만족된다. 따라서 90% 신뢰구간을 위해 $z = 1.645$값을 사용할 수 있다.

* 정규성 가정을 확인하기 위해 π 대신 p를 이용하였다. 그 이유는 π의 값을 모르기 때문이다. 따라서 정규성 가정을 확인하기 위한 조건은 $x \geq 10$이고 $(n-x) \geq 10$이다.

$$p \pm z_{\alpha/2}\sqrt{\frac{p(1-p)}{n}} \quad \text{또는} \quad 0.15 \pm 1.645\sqrt{\frac{0.15(1-0.15)}{200}} \quad \text{또는} \quad 0.15 \pm 0.042$$

$$\text{또는} \quad [0.108,\ 0.192]$$

따라서 10.8%에서 19.2%의 레스토랑이 온라인 주문이 가능한 링크를 제공할 것이라고 90% 확신할 수 있다. 여기서 구한 신뢰구간은 앞서 본 예보다 더 좁다. 왜 그럴까? 그 이유는 1) 표본수가 더 크고, 2) 표본비율이 0.5에 더 멀고, 3) 신뢰수준도 더 낮기 때문이다.

엑셀의 데이터 분석(Data Analysis)은 비율에 대한 신뢰구간 계산을 제공하지 않는다. 아마도 계산이 쉽다고 여기기 때문이다.

=0.15−NORM.S.INV(.95)*SQRT(0.15*(1−0.15)/200) = 0.108 (90% 신뢰 하한값)

=0.15+NORM.S.INV(.95)*SQRT(0.15*(1−0.15)/200) = 0.192 (90% 신뢰 상한값)

신뢰도와 정확성 간의 상충관계를 살펴보기 위해, 신뢰수준들에 따른 신뢰구간의 폭의 변화를 정리하였다.

신뢰수준	z값	신뢰구간 폭
90%	$z = 1.645$	0.15 ± 0.042
95%	$z = 1.960$	0.15 ± 0.049
99%	$z = 2.576$	0.15 ± 0.065

선거와 오차한계

선거나 설문분석에서 종종 오차한계(margin of error)라는 것을 보게 되는데, 이는 $\pi = 0.5$라고 정해놓고 95%의 신뢰구간을 구하는 표준오차와 관계있다. 이는 상당히 보수적인 가정인데, $\pi = 0.5$일 때, 표준오차(σ_p)가 최대가 되기 때문이다. 표 8.7은 다양한 표본크기에 대한 오차한계를 보여준다. 표준오차를 줄일 수 있지만, 그에 비해 엄청난 표본의 수가 필요하다. 2016년 미국 대통령 선거 결과는 여러 언론의 예측과 빗나갔다. 이는 아마도 언론들이 오차한계나 표본크기의 영향을 심각하게 고려하지 않았기 때문일 것이다.

표 8.7

$\pi = 0.5$로 가정한 경우, 95% 신뢰구간의 오차한계

$n = 100$	$n = 200$	$n = 400$	$n = 800$	$n = 1,200$	$n = 1,600$
±9.8%	±6.9%	±4.9%	±3.5%	±2.8%	±2.5%

예제 8.7

선거 여론 조사

2010년 11월 콜로라도(Colorado)주 상원의원 선거에서 마이클 버넷(Michael Bennet)과 켄 벅(Ken Buck)은 박빙의 승부를 펼쳤다. 2010년 11월 1일 여론조사 결과, 벅(Buck)은 버넷(Bennet)을 49% 대 48%로 앞섰다. 여론조사 표본은 1,059명이었고 발표된 정확성은 ±3%였다. 같은 날 Fox의 여론조사는 벅(Buck)이 버넷(Bennet)을 50% 대 46%로 앞섰다고 발표하였다. 이때 여론조사 표본은 1,000명이었고 정확성은 ±3%였다. 이 정도의 표본크기는 국가 주요 이슈(대통령 선거, 외교정책, 대법원의 판결 등)에서 통상 사용되는 정도이다. 여론조사 결과는 조금씩 다를 수 있지만 서로 독립적인 조사들의 결과에서 동일한 후보가 우세한 것으로 나타나고, 그 격차가 시간이 지나도 변하지 않는다면 그 결과는 신뢰할 만하다고 볼 수 있다. 이 경우에서,

두 번의 여론조사의 오차한계(margin of error)만 보면 실제 결과가 어떻게 나올지 가늠할 수 없다. 실제 선거 결과는 버넷(Bennet)이 48%, 벅(Buck)이 47%의 표를 얻었다.

오차한계는 때로는 *표본정확성*(sample accuracy)이라고도 부른다. 대중매체가 가끔 통계적 용어를 부정확하게 사용하지만 통계적으로는 일맥상통하다. 주지사 선거 같은 경우 대략 800명 정도의 표본을 사용하며(오차한계는 ±3.5%), 시장이나 지방선거의 경우에는 대략 400명의 표본(오차한계는 ±4.9%)을 사용한다. 민간 설문기관이나 소비자 우편조사는 표본 수가 적은 반면, 인터넷 설문의 경우 훨씬 큰 표본을 얻을 수 있다. 인터넷설문으로 큰 표본을 얻을 수 있다해도, 무응답 편의는 반드시 고민해야 한다.

3의 법칙

3의 법칙(Rule of Three)은 다음과 같다. "n번 시행할 때 성공 횟수가 0이라면 95% 신뢰구간의 상한을 $3/n$으로 둔다." 예를 들어 17명의 태아검진에서 합병증이라는 결과가 한 번도 나오지 않았다면 그러한 합병증 가능성에 대한 상한은 대략 $3/17 = 0.18$, 즉 18%이다. 이러한 룰은 데이터가 한정될 때 가끔 사용한다. 특히 $p = 0$이어서 표준오차(σ_p)를 계산할 수 없을 때 사용하곤 한다. 간단해 보이는 이 '3의 법칙'은 나름 오랜 역사를 가지고 있는 보수적 접근방식이다.*

단원 연습문제

8.29 다음의 표본비율의 표준오차(standard error)를 구하시오.

a. $n = 40, \pi = 0.30$
b. $n = 200, \pi = 0.10$
c. $n = 30, \pi = 0.40$
d. $n = 400, \pi = 0.03$

8.31 다음 각 경우에 p는 정규분포를 따른다고 말할 수 있는가?

a. $n = 25, \pi = 0.50$
b. $n = 60, \pi = 0.20$
c. $n = 100, \pi = 0.08$

8.33 어느 자동차 딜러가 고객 만족도에 대한 설문조사를 하고 있다. 95% 신뢰수준과 $\pi = 0.50$을 가정할 때 오차한계를 계산하라. (a) 응답자가 250명인 경우, (b) 응답자가 125명인 경우, (c) 응답자가 65명인 경우.

8.35 주식 관련 펀드계좌 중에서 무작위로 52개의 펀드를 추출하였다. 선택된 펀드 중에서 19개의 펀드는 최소 투자액이 1,000달러 이하이다. (a) 최소 투자액이 1,000달러 이하인 펀드의 모비율에 대한 90% 신뢰구간을 구하라. (b) 표본비율 p는 정규성 가정이 성립하는가?

8.37 어느 설문조사에 따르면 조사대상 250명의 미국인 중에서 약 4.8%가 지난 1년 동안 명의도용의 피해를 입었다고 한다. (a) 지난 1년 동안 명의도용의 피해를 입은 미국인의 비율에 대해 99% 신뢰구간을 계산하라. (b) 표본비율 p는 정규성 가정이 성립하는가?

* 더 자세한 내용은 B. D. Jovanovic and P.S Levy의 "A Look at the Rule of Three," *The American Statisticans* 51, no. 2 (May 1997), pp. 137-139 참조.

Mini Case 8.1

비행기에서 제공되는 생수

비행기 여행할 때 기내에서 제공하는 물은 마셔도 안전한가? 이를 판단하기 위해 모든 비행기의 생수 품질을 일일이 조사하는 것은 별로 현실적이지 않다. 그래서 표본추출이라는 게 필요하다. 2004년 8~9월 미국 환경보호국(Environmental Protection Agency: EPA)이 표본 추출을 통해 비행기 생수 오염 상황을 조사했고, 조사 결과 무작위로 뽑은 158대의 비행기 중 약 12.7%인 20대에서 생수 오염을 발견하였다. EPA는 위생개선 명령을 내렸고, 개선 상황을 파악하기 위해 2004년 11월과 12월에 재조사를 실시하였다. 재조사 결과 169대의 비행기 중 29대에서(약 17.2%) 생수가 오염된 것을 발견하였다.

8월/9월 표본: $p = 20/158 = 0.12658$ 또는 12.7% 오염
11월/12월 표본: $p = 29/169 = 0.17160$ 또는 17.2% 오염

위 결과만 보면 개선은커녕 오히려 악화된 것으로 보인다. 오염된 생수의 모비율(p)에 대한 신뢰구간을 구해보자. 8월/9월 표본에 대한 95% 신뢰구간은 다음과 같다.

$$p \pm z_{\alpha/2}\sqrt{\frac{p(1-p)}{n}} = 0.12658 \pm 1.96\sqrt{\frac{0.12658(1-0.12658)}{158}}$$
$$= 0.12658 \pm 0.05185 \text{ 또는 } 7.5\sim17.8\%$$

11월/12월 표본에 대한 95% 신뢰구간을 구해보면 다음과 같다.

$$p \pm z_{\alpha/2}\sqrt{\frac{p(1-p)}{n}} = 0.17160 \pm 1.96\sqrt{\frac{0.17160(1-0.17160)}{169}}$$
$$= 0.17160 \pm 0.05684 \text{ 또는 } 11.5\sim22.8\%$$

표본으로 계산한 비율(p에 대한 점추정치)은 상승했을지라도, 오차한계가 각 표본에서 5%를 넘는다. 이처럼 신뢰구간이 서로 겹치기 때문에, 생수 오염 비율에는 변화가 없다는 가능성을 배제할 수 없다. 즉, 점추정치의 차이 정도는 표본이 달라서 발생한 차이 정도라고 판단하는 게 옳다. 그럼에도 불구하고 EPA는 개선 조치를 더 강화하기로 했다.

www.epa.gov/dwreginfo/aircraft-drinking-water-rule 참조

8.6 유한모집단에서 추정

2장에서 유한모집단과 무한모집단 그리고 비복원추출에서 유한모집단의 의미에 대해 설명한 바 있다. 표본크기(n)가 모집단의 5%보다 작고 비복원추출이라면 모집단의 크기는 거의 무한하다고 생각할 수 있다. 그러나 표본크기(n)가 모집단의 5%보다 크고 비복원추출인 경우를 고려해보자. 표본의 크기가 모집단의 크기에 비해 상대적으로 작은 경우와 비교하면 신뢰구간의 오차한계는 실제로 작아질 수 있다. 모집단에서 표본을 더 많이 추출할수록, 더 정확한 추정치를 얻을 수 있다는 의미이다. 모집단에서 얼마나(%) 표본을 추출하는지 확인해 봐야 한다.

유한모집단 수정요인

$$\sqrt{\frac{N-n}{N-1}} \text{은 유한모집단 수정요인이다.} \tag{8.12}$$

여기서
N = 모집단에서의 원소 개수
n = 표본의 원소 개수

유한모집단 수정요인(finite population correction factor: FPCF)을 이용하면 오차한계도 줄일 수 있고, 더 정확한 신뢰구간도 추정할 수 있다. 식 8.13~8.15에서는 FPCF를 이용하여 신뢰구간을 구하는 방식을 소개한다. 물론 FPCF는 무한모집단의 경우나 모집단에 비해 표본이 매우 작은 경우에는 사용할 수가 없다. 예를 들어 $n/N < 0.05$(5% 이하)일 때 FPCF는 거의 1에 가까워진다. 그래서 신뢰구간에 거의 영향을 주지 않는다. 유한모집단에 대한 자세한 설명은 2장과 6장을 참고하면 된다.

유한모집단에 대한 신뢰구간

$$\bar{x} \pm z_{\alpha/2}\frac{\sigma}{\sqrt{n}}\sqrt{\frac{N-n}{N-1}} \quad (\sigma\text{를 아는 경우 }\mu\text{를 추정할 때}) \tag{8.13}$$

$$\bar{x} \pm t_{\alpha/2}\frac{s}{\sqrt{n}}\sqrt{\frac{N-n}{N-1}} \quad (\sigma\text{를 모르는 경우 }\mu\text{를 추정할 때}) \tag{8.14}$$

$$p \pm z_{\alpha/2}\sqrt{\frac{p(1-p)}{n}}\sqrt{\frac{N-n}{N-1}} \quad (\pi\text{를 추정하는 경우}) \tag{8.15}$$

사례를 통한 해설 Streeling 제약회사에는 1,000명의 근무자가 있다. 인사부서에서 75명을 무작위로 뽑아 이들에게 설문지를 보냈고, 설문을 통해 근무자들이 회사 내 운동시설을 일주일에 몇 시간 정도 이용하는지 추정하고자 한다. 표본분석 결과 $\bar{x} = 3.5$시간이고 $s = 0.83$시간이다. 전체 근로자 중 5% 이상이 설문에 응하였기 때문에($n/N = 75/1000 = 7.5\%$), 유한모집단 수정요인(FPCP)을 사용해보자. FPCF는 다음과 같다.

$$\sqrt{\frac{N-n}{N-1}} = \sqrt{\frac{1{,}000-75}{1{,}000-1}} = \sqrt{0.9259} = 0.9623$$

$t_{0.025} = 1.993(d.f. = 74)$이므로 95% 신뢰구간 추정치는 다음과 같다.

$$\bar{x} \pm t_{\alpha/2}\sqrt{\frac{N-n}{N-1}}\frac{s}{\sqrt{n}} \quad \text{또는} \quad 3.50 \pm 1.993(0.9623)\left(\frac{0.83}{\sqrt{75}}\right) \quad \text{또는} \quad 3.50 \pm 0.184$$

만일 FCPF를 사용하지 않았다면, 신뢰구간은 다음과 같이 변한다.

$$\bar{x} \pm t\frac{s}{\sqrt{n}} \quad \text{또는} \quad 3.50 \pm 1.993\frac{0.83}{\sqrt{75}} \quad \text{또는} \quad 3.50 \pm 0.191$$

이 사례에서 FPCF로 인해 신뢰구간은 약간이지만 줄어든 것을 확인할 수 있다. 즉, ±0.191에서 ±0.184이다. 따라서 보다 보수적인 결과를 얻고자 한다면 FPCF를 사용하는 편이 낫다.

단원 연습문제

connect

8.39 $\bar{x} = 50$, $\sigma = 15$, $n = 90$, $N = 1{,}000$의 정보를 이용하여 μ에 대한 신뢰구간을 계산하라. 단, 모집단이 정규분포를 따른다고 가정하자. (a) 90% 신뢰구간, (b) 95% 신뢰구간, (c) 99% 신뢰구간

8.41 2,300명이 모집단이고 그중 500명의 학생들을 조사하여 아르바이트를 하는 학생의 비율을 추정하고자 한다. 표본조사 결과 245명이 아르바이트를 하고 있었다. 아르바이트 하는 학생의 모비율에 대한 90% 신뢰구간을 계산하라.

8.7 모평균 추정을 위한 표본크기 결정

μ 추정을 위한 표본크기

모집단의 평균을 추정할 때 최대허용가능한 오차한계(maximum allowable margin of error)를 $\pm E$라고 한다면, 이를 얻는 데 필요한 표본의 크기는 얼마일까? 신뢰구간에 대한 일반적인 공식에서부터 시작해보자.

일반적인 공식	*얻고자 하는 결과*
$\bar{x} \pm z\frac{\sigma}{\sqrt{n}}$	$\bar{x} \pm E$

위 신뢰구간을 계산할 때, t분포 대신 z분포를 이용한다. 왜냐하면 n을 모르면 t분포도의 자유도를 정할 수 없기 때문이다. 최대오차(E)와 신뢰구간의 상한값을 같다고 하고 n에 대해서 정리하면 다음과 같다.

$$E = z\frac{\sigma}{\sqrt{n}} \quad \rightarrow \quad E^2 = z^2\frac{\sigma^2}{n} \quad \rightarrow \quad n = z^2\frac{\sigma^2}{E^2}$$

따라서 표본크기를 구하는 공식은 다음과 같다.

$$n = \left(\frac{z\sigma}{E}\right)^2 \quad (\mu\text{를 추정하기 위한 표본의 크기}) \tag{8.16}$$

n의 값이 소수가 나오는 경우 그보다 다음으로 큰 정수를 택한다.

잘못된 믿음

사람들은 모집단이 크면 신뢰구간을 구하기 위해 그만큼 표본도 많이 필요하다고 생각한다. 하지만 이는 잘못된 생각이다. 주어진 신뢰도하에서 모집단이 수백만 개이든 수십억 개이든 중요한 것은 표본크기이다. 이는 신뢰구간 공식에서 포함된 값이 N이 아니고 n이라는 것을 통해서도 확인할 수 있다.

σ를 추정하는 방법

앞서 표본크기를 계산하기 위해서 원하는 신뢰수준에 대해 E와 z값을 공식에 대입하였다. 그러나 σ는 일반적으로 모르기 때문에 대입과정에 문제가 된다. 표 8.8은 σ의 근사값을 찾는 몇 가지 방법을 설명하고 있다. 한 가지 이상의 방법을 사용해보고 서로 차이가 얼마나 나는지 확인할 필요가 있다. 그러나 아쉽게도 구체적인 표본을 얻기 전까지는 원하는 정확도(E)를 달성했는지 사전에 확신할 수는 없다.

표 8.8

σ를 추정하는 네 가지 방법

방법 1: 사전표본을 이용한다.

사전에 소량의 표본을 추출하여 σ를 대신할 s를 계산한다. 이 방식의 약점은 다소 순환논리에 빠진 듯하다는 점이다. 즉, 사전에 소량의 표본을 뽑아 향후 표본을 얼마나 뽑을지 결정하는 것은 다소 의아하게 보일 수 있다. 하지만 자주 이용하는 방법 중 하나이다.

방법 2: 균등분포를 가정한다.

표본데이터에서 하한과 상한에 해당하는 a와 b를 추정한다. $\sigma = [(b - a)^2/12]^{1/2}$로 설정한다. 예를 들어, 소형트럭의 무게가 1,500파운드에서 3,500파운드 범위라고 가정하자. 그러면 표준편차 $\sigma = 577$파운드로 계산된다. 균등분포는 특정한 값을 중심으로 모여 있지 않기 때문에 실제 σ는 이 방식으로 구한 값보다 작을 수 있다. 이로 인해 실제 필요한 n보다 큰 값이 나올 수 있다.

방법 3: 정규분포를 가정한다.

표본데이터에서 하한과 상한에 해당하는 a와 b를 추정한다. $\sigma = (b - a)/6$을 설정한다. 정규분포에서는 대부분의 데이터가 $\mu + 3\sigma$와 $\mu - 3\sigma$ 범위 내에 존재한다고 보기 때문에, 추정구간(estimated range)은 6σ가 된다. 예를 들어 경량트럭의 무게가 1,500~3,500파운드 범위라면, $\sigma = 333$파운드가 된다. 최근 관련 연구에 따르면 이 방법은 그리 보수적인 결과가 나오지 않는다고 한다.

방법 4: 포아송분포를 가정한다.

특별히 λ가 포아송분포의 도착률(arrival rate)인 경우에는, $\sigma = \sqrt{\lambda}$를 이용할 수 있다. 예를 들어 1시간에 20명의 고객이 도착한다면 $\sigma = \sqrt{20} = 4.47$으로 계산할 수 있다.

예제 8.8

양파 무게

어떤 농산물 판매상은 생산자로부터 배달되는 양파의 평균 무게가 얼마나 되는지 95%의 신뢰도에서 오차를 ±1온스 이내로 추정해보고 싶었다. 사전에 12개의 표본을 추출하여 표본의 표준편차를 3.60온스로 계산하였다. 95% 신뢰구간을 위해 $z = 1.96$으로 정해보자. σ 대신에 $s = 3.60$을 사용하였고, 허용오차(E)가 1이 되길 희망한다면 필요한 표본의 크기는 얼마일까?

$$n = [(1.96)(3.60)/(1)]^2 = 49.79 \text{ 또는 } 50\text{온스}$$

결과가 소수이기 때문에 그보다 다음으로 큰 정수를 표본의 크기로 선택해 50개의 양파 표본을 추출하였다. 이러한 표본크기는 진정한 양파의 평균 무게를 추정하는 데 있어서 오차가 ±1온스 이내로 들게 보장해줄 것이다.

E을 조금만 바꿔도 필요한 표본크기는 많이 변할 수 있다. 이는 E^2값(제곱값)이 공식에 포함되어 있기 때문이다. 최대허용오차를 $E = 0.5$온스로 줄여서 더 정확한 추정치를 얻고자 한다면 필요한 표본의 크기는 다음과 같이 커지게 된다.

$$n = [(1.96)(3.60)/(0.5)]^2 = 199.1 \text{ 또는 } 200\text{온스}$$

현실적인 조언

모평균을 추정할 때, 최대오차(E)는 X와 σ와 같은 단위로 표현된다. 예를 들어, 우편주문 고객의 평균 주문 크기를 추정할 때 (즉, E = \$2), E가 달러로 표시되거나, 혹은 병원에서 환자의 평균대기시간을 추정하는 경우(E = 10분)에는 E가 분(分)으로 표시된다. MBA 졸업생의 지난해 초임연봉을 추정하려면, 최대오차는 매우 클 수밖에 없다(예를 들어 E = \$2,000).

모평균에 대한 표본크기를 정하는 공식에서 z를 이용할 필요가 있지만 보수적인 접근은 아니다. 같은 신뢰수준에서 t값은 언제나 z값보다 크기 때문에, 실제 구간은 $\pm E$보다 더 넓어진다. 필요한 표본의 크기가 커질수록(즉, 30개 이상) 차이는 그리 크지 않다.

모평균 대비 표본크기를 정하는 공식은 보수적인 접근은 아니다. 즉, 필요한 표본의 크기보다 낮은 값을 준다(관련해서 Kupper and Hafner의 논문을 참조). 따라서 모평균에 대한 표본크기를 정하는 공식은 최소의 가이드라인 정도로 생각해야 한다. 가능하면, 표본은 식에서 구한 값보다 많아야 한다.

만일 유한모집단에서 비복원추출을 하고, 필요한 표본 크기(n)가 모집단 크기(N)의 5%를 넘는다면, 다음의 식을 써서 표본크기를 하향조정해 볼 수 있다. $n' = \frac{nN}{n + (N - 1)}$. 이렇게 조정하게 되면, 표본이 작은 경우에도 이상적인 신뢰구간을 얻을 수 있고, 표본 크기가 모집단의 크기를 넘지 않도록 보장할 수 있다. 이 조정방식은 *LearingStats*에서 직접 구현해 볼 수 있다.

단원 연습문제

connect

8.43 지난해 ATM 기계의 인출시간은 평균 65초이고 표본편차는 10초라는 연구결과가 있다. 올해 같은 연구를 반복하였다. 95% 신뢰수준에서 최대오차가 ±4초 이내로 되기 위해 필요한 표본 크기는 얼마일까?

8.45 어떤 전자레인지에서 팝콘이 완성되는 데 걸리는 시간은 100초에서 200초 사이라고 알려져 있다. (a) 표 8.8의 <방법 3>을 이용하여 σ를 추정하라. (b) 95% 신뢰수준하에서 모평균 추정치의 최대오차가 ±5초 이내로 되려면 필요한 표본크기는 얼마일까?

8.47 Noodles & Company는 특정 식당에서 소비자의 평균 지출액을 추정하고자 한다. 95% 신뢰수준에서 최대오차를 ±\$0.25 이내로 하고자 한다. 표준편차를 \$2.50로 가정할 때 필요한 표본 크기는 얼마일까?

8.49 2016년형 6기통 4륜구동 5단기어 토요타 4Runner 자동차의 연비는 정규분포를 따르고 17 mpg(mile per gallon)와 22 mpg 사이의 범위에 있다고 한다. (a) <방법 3>을 이용하여 표준편차를 추정하라. (b) 90% 신뢰수준에서 최대오차를 ±0.25 mpg 이내로 만들기 위해 필요한 표본 크기는 얼마일까? (출처: www.fueleconomy.gov)

8.8 모비율 추정을 위한 표본크기 결정

모집단의 비율을 일정한 정확도(최대오차) $\pm E$로 추정하고자 한다. 이때 표본크기를 얼마로 해야 하는가? 신뢰구간의 일반적인 공식을 이용하여 계산해보자.

일반적인 공식	*얻고자 하는 결과*
$p \pm z\sqrt{\dfrac{\pi(1-\pi)}{n}}$	$p \pm E$

최대오차(E)와 신뢰구간의 상한값이 같다고 하고 n에 대해서 정리하면 다음과 같다.

$$E = z\sqrt{\frac{\pi(1-\pi)}{n}} \quad \rightarrow \quad E^2 = z^2\frac{\pi(1-\pi)}{n} \quad \rightarrow \quad n = z^2\frac{\pi(1-\pi)}{E^2}$$

따라서 비율 검정에서 표본크기 공식은 다음과 같이 쓸 수 있다.

$$n = \left(\frac{z}{E}\right)^2 \pi(1-\pi) \qquad (\pi\text{를 추정하기 위한 표본크기}) \qquad \textbf{(8.17)}$$

n의 값이 소수가 나오는 경우 그보다 다음으로 큰 정수를 택한다.

모비율이 0에서 1 사이 값이기 때문에 최대오차(E) 역시 0과 1 사이에 있다. 예를 들어, ±7%의 오차를 원한다면, $E = 0.07$라고 둔다.

π를 모르기 때문에, 표본크기를 정하기 위해서 π에 대해 가정해야 한다. π에 대한 사전적 추정치를 가지고 있다면(예를 들어, 작년에 조사한 정보), 그 값을 공식에 대입하면 된다. 또는 소량의 표본을 사전에 추출하여 계산할 수도 있다. 일부 통계학자들은 $\pi = 0.50$을 추천하기도 한다. 이를 통해 계산된 표본크기가 모든 π값에 대해서 일정한 정확도를 보장하기 때문이다. 그러나 이런 보수적 가정으로 인해 실제 필요한 표본크기보다 더 큰 계산 결과가 나올 수도 있다. 표본추출은 공짜가 아니기 때문에 π에 대한 사전적 추정치가 존재한다면 그것을 사용하는 것이 좋다. 또한 예를 들어 주택담보대출의 파산 비율과 같은 경우에는 π를 0.50보다 훨씬 작게 선택하는 것이 옳다. 반면에 안전벨트를 착용하는 운전자의 비율을 추정하고자 할 때는 π값을 0.50보다 훨씬 큰 값으로 예상하는 것이 바람직하다. 표 8.9는 π를 추정하는 세 가지 방법을 보여주고 있다.

표 8.9

π를 추정하는 세 가지 방법

방법 1: $\pi = 0.50$으로 가정

이 방법은 보수적인 방식이며, 원하는 정확도를 항상 얻을 수 있다. 그러므로 바람직한 선택이 될 수 있다. 그러나 표본크기가 적정 수준보다 커질 수 있다는 단점이 있다.

방법 2: 사전적 표본 추출

소량의 표본을 추출하여 p값을 계산해서 π값 대신 대입한다. 이 방법은 π가 0.50과 크게 차이 난다고 판단될 때 사용한다. 표본을 얼마나 추출할지를 결정하기 위해 사전에 소량의 표본을 추출하는 방식은 어찌 보면 순환논리에 빠진 듯 보인다. 그러나 자주 이용하는 방법이다.

방법 3: 과거의 데이터를 이용

이 방식은 합리적 접근방식이지만 과거 데이터가 실제 존재하지 않을 수도 있다. 또한 π가 과거에 비해 크게 변했다면 문제가 될 수 있다.

예제 8.9

ATM에서 현금인출

대학 내 신용조합에서는 학생회관 빌딩에 위치한 ATM에서 50달러 이상 인출하는 비율을 알고자 한다. 95% 신뢰수준에서 허용오차를 ±2%로 하고자 할 때 필요한 표본크기는 얼마나 될까? 95% 신뢰수준에 해당하는 z값은 $z = 1.960$이다. 허용오차가 $E = 0.02$이고 $\pi = 0.50$을 가정하면 필요한 표본크기는 다음과 같다.

$$n = \left(\frac{z}{E}\right)^2 \pi(1-\pi) = \left(\frac{1.960}{0.02}\right)^2 (0.50)\ (1-0.50) = 2{,}401$$

π를 95% 신뢰도와 허용오차 ±2%로 추정하기 위해 표본데이터 값이 2,401개 필요하다. 지난 해에는 ATM에서 50달러 이상 인출비율이 27%였다. 이 값을 계산에 이용하면, 필요한 표본크기는 다음과 같다.

$$n = \left(\frac{z}{E}\right)^2 p(1-p) = \left(\frac{1.960}{0.02}\right)^2 (0.27)(1-0.27) = 1{,}893 \quad \text{(그 다음으로 큰 정수를 선택)}$$

π를 ±0.02의 허용오차 내에서 추정하기 위해서는 표본이 1,893개 필요하다. 필요한 표본의 크기가 보수적인 값인 π = 0.50인 경우와 비교하면 상대적으로 작다.

표본크기를 계산하는 다른 방법

큰 표본을 추출하기에 예산이 충분하지 않다면 위 예제에서 신뢰수준을 95%에서 90%로 줄이고 최대오차를 ±4%로 늘릴 수 있다. 이 상황에서 $\pi = 0.5$를 가정하면 필요한 표본크기는 다음과 같다.

$$n = \left(\frac{z}{E}\right)^2 \pi(1-\pi) = \left(\frac{1.645}{0.04}\right)^2 (0.50)(1-0.50) = 423 \quad \text{(그 다음으로 큰 정수를 선택)}$$

작은 변화에도 표본크기는 크게 변하는 것을 확인할 수 있다.

현실적인 조언

표본을 얼마나 추출하느냐는 흔한 문제이다. 고객은 시간과 비용의 제약하에 가능한 한 높은 신뢰수준과 낮은 최대오차를 얻고 싶어한다. 하지만 실제 통계전문가가 필요한 표본크기가 얼마인지 보여주면, 이 제안을 쉽게 받아들이기 어렵다. 따라서 표본크기를 계산하는 공식은 통계전문가와 고객 간에 대화를 위한 기초 자료 정도로 사용하는 것이 좋다. 훌륭한 통계전문가가 몇 가지 신뢰수준과 최대오차, 그리고 각각의 예산과 시간을 제시하면, 고객은 이 중에서 가능한 사항을 택하는 것이 일반적이다. 통계전문가는 모든 조건을 만족시킬 수 없다는 것을 인식시킬 필요가 있다. 이로 인해 고객의 요구도 만족시킬 수 있다. 설문조사에서는 이외에도 무반응비율, 이탈비율, 계산과정에서 허용할 수 없는 가정들도 함께 고려해야 한다.

그리고 앞서 공식에서 ±2%의 오차를 얻고 싶을 때 공식에 $E = 2$를 넣는 오류를 범하기 쉽다. 지금은 비율을 다루기 때문에 2% 오차라는 것은 $E = 0.02$임을 잊으면 안 된다. 다시 말해, 비율을 추정할 때 E는 항상 0과 1 사이에 와야 한다.

단원 연습문제

connect

8.51 미국 가구 중 일반전화를 가지고 있는 참비율에 대한 추정에 필요한 표본의 크기는 얼마인가? 단, 90% 신뢰도와 ±0.02 최대오차를 가정한다.

8.53 미국 성인 중 자신의 콜레스트롤 수치를 알고 있는 참비율에 대한 추정에 필요한 표본의 크기는 얼마인가? 단, 95% 신뢰도와 ±0.02 최대오차를 가정한다.

8.55 19대의 비행기에 대한 무작위 추출을 통한 검사에서 15대가 안전과 직결된 통신장치에 대한 수리를 받아야 한다고 나왔다. 이러한 통신장치 문제를 가진 비행기에 대한 참비율은 얼마일지 추정하기 위해 표본의 크기를 얼마라 해야 할까? 단, 90% 신뢰도와 ±6%의 최대오차를 가정한다.

애널리틱스 적용 사례

빅데이터 시대에 오차한계

우리는 표본데이터를 통해 모수를 추정할 때 불편성과 효율성 모두를 얻고자 한다(그림 8.4와 8.5 참조). 일반적으로 빅데이터는 좀 더 효율적인 추정치를 얻는 방법이라고 생각한다. 왜냐하면 표본이 커질수록 표본오차가 감소하기 때문이다. 빅데이터 시대에 모수의 추정에 관해 오차한계는 매우 작을 수 있다. 이는 추정치가 매우 정확해진다는 의미이다. 하지만 2장 내용을 상기해보자. 표본오차는 표본추출과 관련해 유일한 오차가 아니다.

정성데이터와 정량데이터 모두 중요하다. 선택편향, 응답 오차, 설문자 오차는 표본크기의 함수가 아니다. 만일 빅데이터가 임의로 수집된 것이 아니라면 오차는 체계적으로 나타나고, 이러한 빅데이터에서 도출한 결과는 엉뚱한 결론에 도달한다. 오차한계가 적은 정확한 통계치라 하더라도 이러한 체계적인 오차문제는 해결할 수 없다. 예를 들어, 경찰에서 수집한 데이터와 통계는 경찰서가 어디 위치하느냐에 따라 결정된다. 경찰력이 항상 있다고 볼 수 없는 지역에서 얻은 범죄통계자료는 추적되지 않거나 통계치에서 빠질 수 있다. 목격자 진술도 인종적 편견을 담고 있을 수 있다. 이러한 영향들로 인해 데이터의 질이 떨어질 수 있고, 통계치가 정확하다 하더라도 편의가 있는 결론에는 도달할 수 있다

요약(*Chapter Summary*)

추정량(estimator)은 알려지지 않은 **모수**(parameter; μ, σ, π)를 추정하는 데 사용되는 표본통계량($\bar{x}$, s, p)이다. 바람직한 통계량은 **불편**(unbiased)이고, **효율적**(efficient: 최소분산을 가진)이며, **일치하는**(consistent: 표본크기가 커짐에 따라 분산이 0에 가까워지는) 추정량이다. **표본오차**(sampling error: 추정량과 모수와의 차이)는 불가피한 일이지만, 표본크기가 클수록 실제 모수에 더 가까운 추정치를 얻을 수 있다. **중심극한정리**(central limit theorem: CLT)에 따르면 표본평균은 평균적으로 모평균(μ)과 동일하며, 표본크기가 커지면 모집단 분포와 상관없이 정규분포를 따르게 된다. 모평균에 대한 **신뢰구간**(confidence interval)은 상한과 하한으로 구성되어 있으며, 이 구간이 특정 확률로 μ를 포함한다. 신뢰수준은 90%, 95% 그리고 99% 수준이 일반적으로 사용된다. 모집단의 분산을 모른다면 신뢰구간 공식에서 z값 대신 $n - 1$의 자유도를 가진 t값을 이용한다. CLT는 모비율(π)에 대한 추정치인 표본비율 p에도 적용될 수 있다. **오차한계**(margin of error)는 μ 또는 π에 대한 신뢰구간의 절반 크기이다. μ 또는 π에 대한 신뢰구간에서 정확도가 주어지는 경우 그것에 필요한 표본크기에 대한 공식이 존재한다. 그러나 그 공식이 성립하기 위해 필요한 가정이 있으며 단지 근사치만 얻을 수 있을 뿐이다. 신뢰구간과 표본크기는 유한 모집단인 경우에 대해 약간 수정될 수 있다. 그러나 모집단이 크다면 그러한 수정은 표본크기의 결정에 큰 영향을 미치지 않을 것이다.

주요 용어(*Key Terms*)

구간추정(interval estimate)
모수(parameter)
부트스트랩 방법(bootstrap method)
불편추정량(unbiased estimator)
비율의 표준오차(standard error of the proportion)
스튜던트 t분포(Student's t distribution)
신뢰구간(confidence interval)
신뢰수준(confidence level)

오차한계(margin of error)
유한 모집단 수정요인(finite population correction factor)
일치추정량(consistent estimator)
자유도(degrees of freedom)
점 추정치(point estimate)
중심극한정리(Central Limit Theorem)
최소분산 추정량(minimum variance estimator)
추정량(estimator)
추정치(estimate)
카이제곱 분포(chi-square distribution)
통계적 추정(statistical estimation)
편의(bias)
평균의 표준오차(standard error of the mean)
표본변동(sampling variation)
표본분포(sampling distribution)
표본오차(sampling error)
효율성; 효율적 추정량(efficient; efficient estimator)

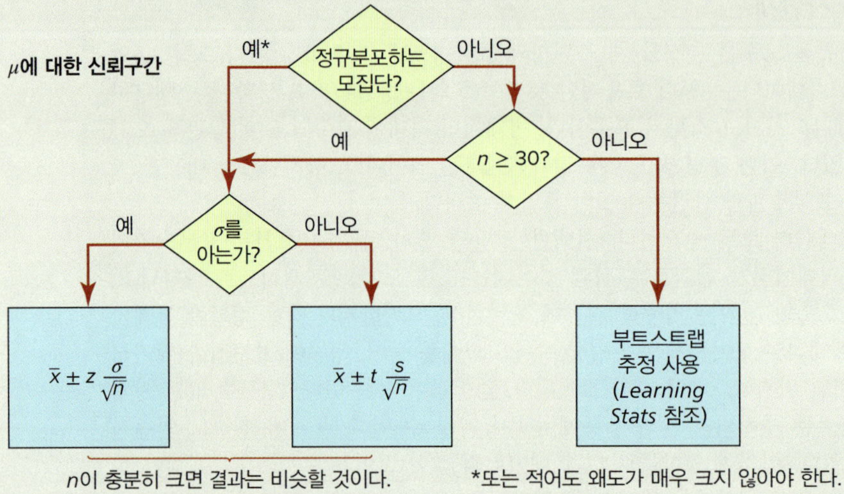

표본분포와 추정에서 자주 사용되는 공식

표본비율:	$p = \dfrac{x}{n}$
표본평균의 표준오차:	$\sigma_{\bar{x}} = \dfrac{\sigma}{\sqrt{n}}$
σ를 아는 경우, 모평균 μ에 대한 신뢰구간:	$\bar{x} \pm z_{\alpha/2}\dfrac{\sigma}{\sqrt{n}}$
σ를 모르는 경우, 모평균 μ에 대한 신뢰구간:	$\bar{x} \pm t_{\alpha/2}\dfrac{s}{\sqrt{n}} \quad (d.f. = n-1)$
표본비율에 대한 표준오차:	$\sigma_p = \sqrt{\dfrac{\pi(1-\pi)}{n}}$
π에 대한 신뢰구간:	$p \pm z_{\alpha/2}\sqrt{\dfrac{p(1-p)}{n}}$
유한모집단 수정요인:	$\sqrt{\dfrac{N-n}{N-1}}$
σ를 아는 경우, 유한모집단에서 모평균 μ에 대한 신뢰구간:	$\bar{x} \pm z_{\alpha/2}\dfrac{\sigma}{\sqrt{n}}\sqrt{\dfrac{N-n}{N-1}}$

σ를 모르는 경우, 유한모집단에서 모평균 μ에 대한 신뢰구간: $\bar{x} \pm t_{\alpha/2}\frac{s}{\sqrt{n}}\sqrt{\frac{N-n}{N-1}}$

유한모집단에서 π에 대한 신뢰구간: $p \pm z_{\alpha/2}\sqrt{\frac{p(1-p)}{n}}\sqrt{\frac{N-n}{N-1}}$

μ를 추정하기 위한 표본크기: $n = \left(\frac{z\sigma}{E}\right)^2$

π를 추정하기 위한 표본크기: $n = \left(\frac{z}{E}\right)^2 \pi(1-\pi)$

리뷰(*Chapter Review*)

1. 다음을 정의하라. (a) 모수, (b) 추정량, (c) 표본오차, (d) 표본분포
2. 표본오차와 편의(bias)의 차이점을 설명하라. 이들 값을 통제할 수 있는가?
3. 추정량 3개를 열거하고 어떤 추정량이 불편추정량인지 판단하라.
4. 어떤 추정량이 (a) 불편이고, (b) 효율적이고, (c) 일치하는 추정량이라고 할 때 그 각각의 의미를 설명하라.
5. 모평균에 대한 중심극한정리의 주요 요점에 대해 설명하라.
6. 모평균을 추정할 때 모집단의 분포는 왜 중요한가? 표본크기는 어떤 역할을 하는가?
7. (a) 모평균의 표준오차를 정의하라. (b) 표본크기가 커짐에 따라 표본오차는 어떻게 되는가? (c) 수확체감의 법칙은 표준오차에 어떻게 적용되는가?
8. 다음을 정의하라. (a) 점 추정량, (b) 구간 추정량, (c) 신뢰구간, (d) 신뢰수준
9. 일반적으로 사용되는 신뢰수준을 열거하라. 왜 다른 신뢰수준은 사용되지 않는가?
10. t분포와 표준정규분포의 유사성과 차이점에 대해 설명하라.
11. 다음을 증명하기 위한 예를 제시하라. (a) 주어진 신뢰수준하에서 모평균에 대한 t 신뢰구간은 z값을 사용할 때보다 더 넓다. (b) 표본크기가 크다면 t 또는 z 어느 것을 사용해도 큰 차이가 없다.
12. 이상치(outlier)와 한쪽으로 치우친 분포는 표본평균을 추정할 때 문제가 되는가?
13. (a) 모비율에 대한 중심극한정리를 설명하라. (b) 표본비율에 대해 정규성 가정을 해도 무방한 경우는?
14. (a) 모비율에 대한 표준오차를 정의하라. (b) 표본크기가 커짐에 따라 표준오차는 어떻게 되는가? (c) 표본크기가 커지면 신뢰구간에 어떤 영향을 미치는가?
15. FPCF는 언제 사용하는가? FPCF와 오차한계(the margin of error)의 관계는 무엇인가?
16. (a) 모평균에 대해 표본크기를 설정할 때 왜 σ값이 문제가 되는가? (b) σ값을 모를 때 어떻게 근사할 수(approximate) 있는가?
17. (a) 모비율에 대한 표본크기 계산에서 $\pi = 0.50$이면 왜 보수적인 의사결정을 내리는가? (b) 어떤 경우에 $\pi = 0.50$을 가정하기를 꺼리는가? 그 이유는?
18. 왜 분산의 신뢰구간에 관심이 있을까? 예를 들어보자.

단원 연습문제(*Chapter Exercises*)

8.61 5센트 동전 21개를 선택하여 정교하게 그 크기를 측정하였다. 평균 지름은 0.834343인치이고, 표본편차는 0.001886인치였다. (a) 왜 5센트 동전의 지름은 서로 같지 않고 차이가 있는가? (b) 5센트 동전 지름의 모평균에 대한 99% 신뢰구간을 계산하라. (c) 필요한 가정에 대해 논하라. (d) 99%의 신뢰도를 가지고 최대오차를 ± 0.0005로 하기 위한 표본크기는? (출처: MBA 학생 Bob Tindall의 프로젝트)

8.63 통계학과 학생들에게 집에 가서 Kellogg 브랜드의 건포도를 일정한 크기의 컵에 담은 후에 몇 개가 들어있는지 세어보도록 하였다. 13명의 학생들에게서 다음 결과를 얻었다.

23 33 44 36 29 42 31 33
61 36 34 23 24

(a) 1개의 컵에 담겨 있는 건포도의 평균 개수에 대한 90% 신뢰구간을 구하라. (b) 위 예에서 문제점이 있을 수 있는 데이터 생성 과정 또는 표본의 특징이 있는가? 어떻게 하면 그런 문제를 해결하면서 결과를 향상시킬 수 있는가? (c) 어떤 요인 때문에 각 컵에 있는 건포도의 숫자가 동일하지 않은가? Raisins

8.65 의료센터에서 아침에 채취한 187개의 혈액샘플이 있는 선반에서 25개의 혈액샘플을 추출하였다. (a) 이 표본에 대한 FPCF를 구하시오, (b) 모집단은 실질적으로 무한하다고 볼 수 있는가?

8.67 2020년 토요타 타코마 자동차 소유주 16명에 대해 그들 차량의 연비를 조사하였다. 결과는 아래와 같다. (a) 평균에 대한 95% 신뢰구간을 구하라. (b) 어떠한 요인들이 실제 평균에 대한 결론을 바꿀 수 있는가? MPG

(출처: www.fueleconomy.gov.)

20.8 20.0 19.4 19.7 21.1 22.6 18.3 20.1
20.5 19.5 17.4 22.4 18.9 20.2 19.6 19.0

8.69 보증 수리를 받은 미니밴 126대의 모집단에서 21대를 선택하였다. 여기 모집단은 전기장치에 문제가 있는 미니밴들이다. 평균 수리비용은 $145.664이고 표준편차는 $27.793이다. (a) 평균 수리비용에 대한 95% 신뢰구간을 구하라. (b) 여기서 왜 정규성 가정이 문제가 될 수 있는가? (c) 95% 신뢰도하에서 ±$5의 오차를 얻기 위해 필요한 표본크기는 얼마인가?

8.71 어느 소아과 의사의 기록에 따르면, 12개월 된 여자 아기들 25명의 평균 키는 29.530인치, 표준편차는 1.0953인치였다. (a) 평균 키 실제값에 대한 95% 신뢰구간을 구하라. (b) 95% 신뢰도하에서 ±0.20인치의 오차를 허용할 경우 표본크기는 얼마인가?

8.75 학생들의 iTunes 선곡표 중 40곡의 노래를 임의 추출했더니 평균 재생시간이 3.542분이고 표준편차는 0.311분이었다. (a) 모평균에 대한 95% 신뢰구간을 구하시오, (b) 이 문제에서는 정규분포 가정이 문제가 될 수 있는가? (c) μ를 95% 신뢰와 ±6초의 최대오차로 추정하기 위해서 필요한 표본의 크기는 얼마인가?

8.77 Planter's Mixed Nuts 깡통 안에 든 견과류(100개) 중 아몬드가 19개였다. (a) 아몬드의 비율에 대한 90% 신뢰구간을 구하라. (b) 정규성을 가정할 수 있는지 설명하라. (c) 90% 신뢰도하에서 ±0.03의 오차를 허용할 때 필요한 표본크기는 얼마인가? (d) 왜 이 회사의 품질관리 담당자는 표본추출을 이해해야 하는가?

8.79 디카페인 커피에 정말 카페인이 없을까? 한 연구자가 스타벅스 디카페인 에스프레소 제품의 평균 카페인 함량을 98% 신뢰도와 ±0.10 mg의 최대오차로 추정하려 한다면, 몇 잔의 컵을 표본으로 추출해야 할 것인가? 여기서 12컵에 대한 사전 표본을 통해 표준편차는 0.50 mg로 얻었다고 가정하자.

8.81 미국 청소년위원회는 13~18세 학생 787명을 대상으로 설문조사를 실시하였고, 이 중 29%의 학생들이 스스로 윤리적 판단을 내리기엔 미성숙하다고 응답하였다고 한다. (a) 본 설문조사가 임의 추출이라고 가정하고, 미국 전체 10대 청소년들이 스스로 윤리적 판단을 내리기에 미성숙하다고 느끼는 참비율(true proportion)의 95% 신뢰구간을 구하시오. (b) 이 표본이 정규성임을 가정하기에 크기가 충분하다고 판단하는가? (출처 및 참조: http://ja.org)

8.83 미국 대학생 125명에 대한 설문에서 83명이 미국 TV 드라마 <빅뱅이론>을 모바일 기기로 시청한다고 답변하였다. (a) 본 설문조사가 임의 추출이라고 가정하고, 미국 전체 대학생들 중 이 드라마를 모바일 기기로 시청한다는 참비율의 90% 신뢰구간을 구하시오. (b) 여기서 유한 모집단 수정(finite population correction) 과정이 필요할지 판단하고, 이를 설명하시오.

8.85 앞서 8.81의 설문조사에서, (a) 본 설문조사가 임의 추출이라고 가정하고, 본 설문조사의 오차한계를 구하시오. (b) 만일 이 표본에서 남학생으로만 구성된 하위그룹을 구할 수 있다면, 이 그룹의 오차한계는 커질 것인가 혹은 작아질 것인가?

8.87 타이어 광고를 게재하는 미국 일요신문들 중 213종을 파악해본 결과, 98종의 타이어 광고에서 '최저가격보장'을 알리고 있었다. (a) 이 조사가 임의 추출이라고 가정하고, 전체 미국 일요신문 중 타이어의 '최저가격보장'을 광고하는 신문의 참비율에 대한 95% 신뢰구간을 구하시오. (b) p에 대한 정규화 가정이 정당한가?

8.89 통계학 수업을 수강하는 250명의 학생 중, 4명이 땅콩에 알레르기가 있다고 답변하였다. (a) p에 대한 정규화 가정은 정당한가? (b) 이 조사가 임의 추출이라고 가정하고, Minitab을 활용하여 모든 대학의 통계학 수업을 수강하는 학생 중 땅콩에 알레르기가 있는 참비율에 대한 95% 신뢰구간을 구하시오.

8.91 조세환급을 온라인으로 신청하고자 하는 사람의 비율을 알아보기 위해 600명의 표본을 조사하였다. 이 조사의 오차한계는 얼마인가? 오차한계를 구하기 위해 필요한 가정은 무엇인가?

8.93 Ouranos 리조트는 고객들에 대한 설문조사를 통해 새롭게 단장한 홈페이지 디자인의 만족 여부를 물어보았다. 설문조사 결과에 대해 95%의 신뢰도와 답변에 대한 ±5%의 오차한계를 얻고자 한다. (a) 보수적인 접근을 이용할 경우 이 신뢰도와 오차한계를 만족시키기 위한 표본의 크기는 얼마여야 하는가? (b) 만일 Ouranos 리조트가 ±2.5%의 오차한계를 얻고 싶다면, 필요한 표본의 크기를 얼마로 해야 할 것인가?

실험 문제

8.95 자동차가 있는 학생들은 10번 꽉 채워 주유하고, 매번 연비(km/h)를 계산해보자. (a) 여러분 자동차의 실제 연비에 대해 95% 신뢰구간을 구해보자. (b) 95% 신뢰도와 최대오차 ±0.2 km/h를 맞추기 위해서는 몇 번 꽉 채워 주유해야 할까? 단, 여러분 자동차의 표본에서 s값을 구해 활용해야 한다.

8.97 (a) 한국 증권거래소의 홈페이지에서, 지난 5년 동안 상장한 기업 리스트로부터 30개의 기업을 뽑아보자. (b) 전체 상장기업들 평균 주식 종가에 대한 90% 신뢰구간을 구해보자.

참고문헌(*Related Reading*)

Boos, Dennis D., and Jacqueline M. Hughes-Oliver. "How Large Does n Have to be for z and t Intervals?" *The American Statistician* 54, no. 2 (May 2000), pp. 121-28.

Kupper, Lawrence L., and Kerry B. Hafner. "How Appropriate Are Popular Sample Size Formulas?" *The American Statistician* 43, no. 2 (May 1989), pp. 101-105.

Lenth, Russell V. "Some Practical Guidelines for Effective Sample Size Determination." *The American Statistician* 55, no. 3 (August 2001), pp. 187-93.

Parker, Robert A. "Sample Size: More Than Calculations." *The American Statistician* 57, no. 3 (August 2003), pp. 166-70.

van Belle, Gerald. *Statistical Rules of Thumb*. 2nd ed. Wiley, 2008.

소프트웨어 부록(*Software Supplement*)

R을 이용한 신뢰구간 Maternity

엑셀 등 다른 프로그램이 메뉴를 친절하게 제공하는 것과 달리, R에서는 신뢰구간을 구하는 데 몇 가지 과정이 필요하다. 출산 후 병원 요양기간(시간)에 관한 25개의 임의 표본을 이용하여 R에서 신뢰구간을 구하는 방법을 보여보자(예제 8.4 참조).

μ에 관한 신뢰구간

모평균에 대한 95% 신뢰구간은 무엇인가? 엑셀 데이터 열을 선택하여 클립보드에 데이터를 복사하고, R에 있는 데이터 형식에 붙여넣기를 한다.

```
>MaternityStay=read.table(file="clipboard",
header=TRUE)
```

열의 첫 행 이름이 Hours이므로 변수를 MaternityStay$Hours로 명명한다. 단순화시켜서 변수 이름을 x로 둔다. 평균, 표준편차, 표본크기를 확인해 데이터가 확실한지 살펴본다.

```
>x=MaternityStay$Hours    #assign short variable name for brevity
>mean(x)
[1] 39.144
>sd(x)
[1] 16.20385
>length(x)
[1] 25
```

신뢰구간 양끝을 LowerLim 그리고 UpperLim이라고 지정한다(독자들도 그 이름을 자유롭게 정할 수 있다). 모분산을 모르는 경우이기에, R에서 t분포의 아래쪽 0.025 분위수와 위쪽 0.025분위수를 구해서 이를 통해 95% 신뢰구간을 만들어본다. 여기서 R에서는 아래쪽 0.025 분위수는 음수로 나온다는 점에 주의하자.

```
>LowerLim=mean(x)+qt(0.025, length(x)–1)*sd(x)/sqrt(length(x))
>UpperLim=mean(x)+qt(0.975, length(x)–1)*sd(x)/sqrt(length(x))
>LowerLim
[1] 32.45538
>UpperLim
[1] 45.83262
```

괄호에 주의하면, 이 작업을 한 번에 할 수도 있다.

```
>mean(x)+qt(0.025, 0.975), length(x)–1)*sd(x)/sqrt(length(x))
[1] 32.45538 45.83262
```

여기서 나온 신뢰구간의 양끝은 예제 8.4와 동일하다. 신뢰구간을 더 간편하게 할 수 있는 방법은 t.test() 함수를 이용하는 것이다. 하지만 결과물은 원치 않는 내용까지 포함하고 있는데, 이는 가설검정을 하는 방법이기 때문이다(9장 참조).

```
>t.test(MaternityStay$Hours.conf.level=0.95)
One Sample t-test
data:Maternity$Hours
t = 12.079, df = 24, p-value = 1.092e-11
alternative hypothesis: true mean is not equal to 0
95 percent confidence interval:
32.45538 45.83262
sample estimates:
mean of x
39.144
```

σ^2에 관한 신뢰구간

모분산에 대한 신뢰구간을 구하려면 조금 복잡한 과정이 필요하다(분위수 역순법; 책의 공식 참조).

```
>(length(x)−1)*var(x)/qchisq(c(0.975, 0.025),length(x)−1)
[1] 160.0838 508.1425
```

다른 CRAN tool을 확인하고 다운로드받아 쓰면 이 과정이 좀 더 간단해질 수 있다. 예를 들어, boot() 패키지를 이용하면 정규분포나 t분포에 대한 가정 없이도 신뢰구간을 구할 수 있다. 하지만 이는 그저 참고사항 정도로만 알고, 직접 프로그램 작업을 하면서 원리를 익히도록 하자.

CHAPTER

9 단일표본 가설검정

One-Sample Hypothesis Tests

목차 *Chapter Contents*

학습목표 *Chapter Learning Objectives*

이 장을 마친 후 스스로 다음을 할 수 있어야 한다.

- **LO 9-1** 가설검정 단계를 알고, 귀무가설과 대립가설을 정의
- **LO 9-2** 제1종 오류와 제2종 오류, 그리고 검정력을 정의
- **LO 9-3** 모평균과 모비율에 대한 귀무가설과 대립가설을 설정
- **LO 9-4** 결정규칙, 임계치, 기각역에 대해 설명
- **LO 9-5** σ를 아는 경우 z를 이용하여 모평균에 대해 가설검정
- **LO 9-6** 분포표나 엑셀을 이용하여 모평균 가설검정에서 p값 계산
- **LO 9-7** σ를 모르는 경우 t를 이용하여 모평균에 대해 가설검정
- **LO 9-8** 모비율에 대한 가설검정을 하고, p값 계산
- **LO 9-9** 모비율에 대한 가설검정에서 정규성 가정의 타당성 확인

William King/Getty Images

기업은 매일같이 데이터를 활용해 시장이 원하는 것은 무엇이고, 다음 사업은 무엇을 해야 하고, 전략 방향은 무엇이어야 하는지 등에 대한 답을 구한다. 기업들은 규모나 영리 추구 여부와 무관하게 데이터 분석을 통해 다양한 비즈니스상의 어려움에 대한 해답을 찾고 있다.

- Ball 기업의 알루미늄 캔 부문은 금속 공급업체를 바꿔야 하는가?
- 새로운 제조공정이 도입된 이후 불량률은 감소했는가?
- Noodles & Company는 지난해 이후 영업시간이 감소했는가?
- 스키 리조트는 사고 대응 평균 시간을 줄였는가?
- 직원 훈련 프로그램 이후 자동차 수리에 만족한 고객의 비율이 증가했는가?

이번 장에서는 이 질문들에 대한 분석방식 중 가장 널리 이용되는 **가설검정**에 대해 배운다. 가설검정은 과학이나 비즈니스 분야에서 가설과 이론을 검정한 후 그 결과를 통해 의사결정자들에게 가이드라인을 제공한다. 우선은 가설검정에 대한 원리를 설명해보고, 통계적 가설검정 방식이 어떻게 의사결정에 도움을 줄 수 있는지 알아보자.

9.1 가설검정의 원리

경영컨설턴트들은 질문을 던지고, 가설을 세우고, 회사 운영에 직결된 주요한 모수를 검정할 수 있는 이론을 제시한다. 이후 설정한 가설들과 데이터를 비교하는 가설검정을 수행한다. 만일 여러 번 가설을 기각하려 했어도 기각할 수 없다면, 이 주장을 참이라고 간주하고 이 결과를 기반으로 비즈니스에 착수한다. 보통은 전문가들이 가정을 세운다. 이를 **가설**(hypothesis)이라고 한다. 그리고 여러 통계학적 방법론을 이용해 이러한 가설을 검정한다. 가설은 표본데이터와 비교하여 일치 여부를 판단한다. 만일 일치하지 않는다면(즉, 충돌한다면), 가설을 폐기하고 다시 설정한다.

그림 9.1에서 보는 바와 같이, 가설검정은 여러 번 이뤄진다. 그렇다고 모든 가설을 계속해서 검정해야 하는 것은 아니다. 어떤 질문들은 특정 시점에서만 유효하다. 예를 들어 25세 이하의 소비자들에게 새로운 콜라 맛과 기존 맛 중 어떤 것을 더 선호하지는지를 묻는 경우가 그렇다. 만일 매우 잘 디자인된 마케팅 연구에서 분명한 정답이 나왔다면 더 이상 검정은 필요 없다. 그러나 신약에 대한 의학적 검정의 경우, 수년에 걸쳐 여러 병원과 환자

그림 9.1

가설검정의 반복적 과정

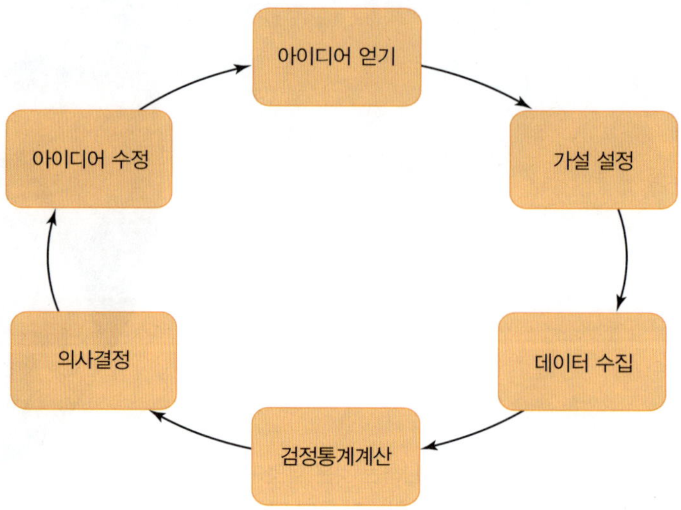

들에 대해서 진행한다. 신약의 효과와 부작용은 미묘한 영향이 있을 수 있기에 빅데이터를 오랜 기간에 걸쳐 검정해야만 그 효과를 정확하게 파악할 수 있다. 그만큼 회사 입장에서는 심각한 재정적 부담이 될 수 있다. 자동차 안전도 검사도 자동차 기술의 변화이고, 운전 습관도 변하기 때문에 꾸준히 진행하곤 한다. 데이터 분석가들은 소비자 만족도 변화를 주시하고 있고, 구매 패턴 변화와 구매 후 요청사항도 수시로 점검하고 있다.

가설검정의 주체

우리 경제는 혁신에 대한 갈망으로 항상 새로운 기술을 찾는다: 새로운 물질, 새로운 제조 방식, 새로운 운송시스템, 새로운 기술전략 등. 따라서 모든 기업경영인은 적어도 기본적인 가설검정 방법을 알아야 한다. 왜냐하면 이들 경영인들은 전문가들과 교류하고, 기술보고서도 읽고, 통계학적 증거를 바탕으로 중요한 재정적 · 전략적 의사결정을 내려야 하기 때문이다. 앞서 배운 신뢰구간만으로도 의사결정에 충분한 정보를 얻을 수도 있다. 즉, 의사결정에 꼭 필요한 모수를 포함하는 95% 구간을 아는 것만으로도 충분할 수 있다. 이번 장에서 다룰 가설검정은 우리가 배운 신뢰구간 설정의 확장이라고 볼 수 있다. 특별히 가설검정이 필요한 이유는 잘못된 의사결정의 위험성을 평가할 수 있기 때문이다.

가설검정의 절차

1단계: 가설 설정
2단계: 의사결정 규칙 설정
3단계: 데이터 수집 및 가설검정을 위한 통계량 계산
4단계: 의사결정(가설의 기각 혹은 기각할 수 없음)
5단계: 조치 실행

1단계: 가설 설정 상호배타적인(mutually exclusive) 한 쌍의 주장을 만든다. 둘 중 하나의 주장은 반드시 진실이어야 하고, 두 주장이 동시에 진실이 될 수는 없다.

H_0: 귀무가설(null hypothesis)
H_1: 대립가설(alternative hypothesis)

우리가 진실이 뭔지 모르기 때문에 두 주장은 *가설*(hypothesis)이다. 두 가설 중 우리의 관심은 **귀무가설**(null hypothesis)의 기각 여부를 결정하는 것이다. 우리가 주장하는 이론이 H_0라면 이를 기각하고 싶지 않을 것이다. 만약 H_0를 기각한다면 **대립가설**(alternative hypothesis)인 H_1이 맞다고 잠정적으로 결론을 내릴 수 있다. H_0는 *현재 상태*(status quo)를 나타내는 가설이다. 반면에 H_0가 기각되고 H_1이 받아들여질 경우에는 사후 조치가 필요하므로 H_1을 *대안적 조치*(action alternative)라고도 부른다. 예를 들어,

형사 재판 형사재판에서 가설은 다음과 같다.

H_0: 피의자는 무죄
H_1: 피의자는 유죄

우리의 법률체계는 검사가 수집한 정보가 가정을 기각할 정도로 확실하지 않는 한, 피의자는 무죄라고 간주한다(무죄 추정의 원칙).

약물 실험 올림픽 출전 선수에 대한 약물을 복용 여부를 도핑테스트할 때, 가설은 선수가 규범을 준수하고 있다고 설정한다. 가설은 다음과 같다.

H_0: 금지약물을 복용하지 않음
H_1: 금지약물 복용

생체 보안 요즘은 컴퓨터 로그인, 현금인출기, 보안시설 출입 등에 있어서 위 · 변조가 가능한 종이나 실물 카드보다는 개인의 신체정보(예: 지문, 안면인식, 홍채인식) 등의 활용이 점차 늘어나고 있다. 가설은 다음과 같다.

H_0: 인가된 사용자
H_1: 인가되지 않은 사용자

시스템 접근 시 제공된 신체정보가 개인 생체보안 프로필과 명확히 불일치하지 않는 한 일단 인가된 사람이라고 간주한다.

2단계: 결정규칙 설정 수집한 자료와 가설이 부합하는지를 평가하기 전에, 연구자는 어떤 기준으로 귀무가설에 대해 결정을 내릴지 규칙부터 정해야 한다. 우리의 법률체계 내에서는, 피의자를 유죄로 선고하기 위해 판사에게 제시해야 하는 검사의 증거가 '합리적 의심 그 이상(beyond a reasonable doubt)'이어야만 한다. 선수의 소변이나 혈액 샘플을 분석하는 도핑테스트에서 검사관은 사전에 합의된 기준을 가지고 있어야 한다. 안전시스템 설계자는 생체보안 프로그램의 지문 판독능력을 얼마로 둬야 할지를 사전에 설정해야 한다.

3단계, 4단계: 데이터 수집 및 의사결정 가설검정에 있어 대부분 중요한 일은 1단계와 2단계에서 이뤄진다. 일단 가설과 의사결정 규칙이 분명히 정해지면, 데이터의 수집이라는 오랜 시간이 필요한 과정을 거친다. 데이터를 얻으면 의사결정 규칙에 따라 데이터와 가설을 비교하고, 귀무가설을 기각할지 말지 결정을 내린다.

5단계: 조치 실행 이 단계에서는 의사결정자의 '경험과 전문성'이 요구된다. 예를 들어 재

판에서 나온 증거를 통해 판사가 피의자를 유죄라고 판단하기에 충분하다면, 형량을 얼마로 할지 정해야 한다. 운동선수의 혈액검사 결과 스테로이드를 복용했다는 결과가 나왔다면, 이 운동선수에게 부과할 불이익 수준을 정해야 한다. 허가받지 않은 지문으로 보안설비에 들어가려 한다면 경보음을 울릴 수도 있고, 문제를 일으킨 해당 지문에 대해 기록만 해둘 수도 있다. 어떤 정도의 조치가 필요할지는 처음 가설검정의 목적 설정과도 직결된다고 볼 수 있다.

가설은 증명될 수 있는가?

답은 그렇지 않다. 귀무가설을 증명할 수 없다. 귀무가설을 기각하거나 하지 못할 뿐이다. 반복된 가설검정 과정 속에서 기각할 수 없는 귀무가설은 한정적으로만 진실이라고 받아들인다. 오늘 사실로 받아들여진 가설이 내일은 거짓으로 판명 날 수 있다. 이번에 H_0를 기각할 수 없다면 당분간만 H_0를 진실로 받아들인다. 그러다 받아들여진 가설은 다시 검정대상이 될 수 있다. 보통 과학적 의문은 이러한 절차를 거쳐 해결되곤 한다. 예를 들어 아인슈타인의 이론은 100년이 되었지만 여전히 엄격한 검정대상이다. 그러나 아인슈타인의 이론이 틀렸다고 생각하는 과학자는 거의 없다. 받아들여진 이론을 지속적으로 검정하는 것은 과학의 본질이며, 특히 새로운 검정방법이 개발되거나 새로운 자료가 있다면 더욱 그러하다. 또 다른 예를 들면, 제조 약의 안정성은 지속적으로 연구되고 있다. 때때로 한때는 안전한 약이라고 여겼던 것이 여러 복용자들이 장기간 복용한 이후에야 부작용이 있다고 밝혀지는 경우도 있다(예를 들어 임상실험에서는 안전하다고 알려진 어떤 관절염 약은 수백만 명이 장기간 복용한 후에야 심장병과 중요한 연관이 있다고 알려졌다).

애널리틱스 적용 사례

월마트, 빅데이터 그리고 소매분석

월마트는 매 시간 고객과의 거래를 수만 건 진행한다. 이는 아마도 2~3 petabyte(100만 기가바이트)의 데이터양이 될 것이다. 이만큼 큰 데이터로 무엇을 해야 할까? 월마트는 이를 가지고 *자료민주화*(data democratization)라는 것을 진행하고 있다. 즉, 월마트가 어느 직원이든 이러한 큰 데이터에 접근하는 것을 허용해서 직원들은 고객의 행동변화에 신속하게 대응할 수 있게 되었다는 의미이다.

월마트는 자료카페(Data Café)를 운영하고 있는데, 직원이면 누구나 여기에서 자료를 확인해 볼 수 있다. 매장 관리자가 특정 상품에 대한 매출 변화를 확인하고 싶으면 자료카페에 들어가서 전국 매장의 데이터를 검색하고, 왜 자신의 매장에서 매출이 변했는지 그 이유를 찾아볼 수 있다. 예를 들어 어떤 상품의 매출이 큰 폭으로 감소한 까닭이 제품에 가격을 잘못 붙였기 때문으로 밝혀진 경우를 보자. 이 문제는 단 하루면 해결될 수 있어 예전처럼 몇 주씩 걸리던 과정이 대폭 단축될 수 있다. 매장마다 가격이 다른 문제가 발생하면 이러한 실수는 금방 발견할 수 있고, 특히 할로윈 상품과 같이 매대 가격을 바꾸지 않은 경우에 이를 쉽게 잡아낸다. 이러한 문제를 실시간으로 알아채서 해결함으로써 손실을 최소화하고 있다. 빅데이터는 결국 실시간 결정을 내림으로써 긍정적인 경영 실적을 창출하도록 하고 있다.

출처: https://www.forbes.com/sites/bernardmarr/2017/01/23/really-big-data-at-walmart-real-time-insights-from-their-40-petabyte-data-cloud/#6c7d848a6c10.

9.2 제1종 오류와 제2종 오류

증거를 모으는 것은 방법, 시간, 돈 등의 제약을 받는다. 이러한 증거의 한계로 인해 귀무가설에 대해 잘못된 판단을 내릴 수도 있다. 따라서 앞서 본 의사결정 규칙에는 잘못된 의사판단을 내릴 위험성이 있다는 것을 인정해야 한다. 하지만 의사결정의 기준을 제대로 설정하면 이러한 위험성을 충분히 줄일 수 있다.

때로는 귀무가설에 대해 잘못된 결정을 내릴 수 있다. 아래 표에서 보는 바와 같이, 귀무가설은 참일 수도 거짓일 수도 있다. 이러한 귀무가설에 대해 두 가지 선택에 놓인다. 즉, 귀무가설을 '기각할 것'이냐, '기각하지 않을 것'이냐 이다.

	귀무가설이 참	*귀무가설이 거짓*
H_0를 기각	제1종 오류	옳은 결정
H_0를 기각하지 못함	옳은 결정	제2종 오류

진실이 무엇이냐에 따라 우리가 내린 결정이 옳았었는지가 결정된다. 만약 귀무가설에 대한 판단이 사실과 동일하다면, 의사결정은 옳게 한 것이다. 그러나 귀무가설이 참인데도 불구하고 이를 기각할 경우를 **제1종 오류**(Type I error) 혹은 **잘못된 양성반응**(false positive)이라고 부른다. 반대로 귀무가설이 거짓인데도 불구하고 이를 기각하지 못하는 경우를 **제2종 오류**(Type II error) 혹은 **잘못된 음성반응**(false negative)이라고 부른다.

일반적으로는 진실이 무엇인지 완벽히 알 수 없기 때문에, 제1종 오류 혹은 제2종 오류가 발생했는지 확인할 방법은 없다. 하지만 통계학을 이용하면 그른 판단을 내릴 확률은 계산할 수 있다. 또한 한정된 자원에서 가능한 표본 수를 늘리고 동시에 적절한 가설검정을 이용하게 되면 오류가 발생할 가능성을 최소화시킬 수 있다.

제1종 오류와 제2종 오류의 결과

둘 중 어느 오류가 발생했느냐에 따라 그 귀결은 다르고, 그로 인한 비용(피해)을 담당해야 할 측도 바뀐다. 의사결정자는 상황에 따라 어느 한쪽의 오류를 더 문제 삼을 수 있다. 두 종류의 오류를 모두 피할 수 있다면 바람직할 것이다. 그러나 아쉽게도 표본의 크기가 정해진 경우 한 종류의 오류를 줄이면 다른 종류의 오류는 증가하게 된다.

형사재판 제1종 오류는 무죄의 피의자에게 유죄를 선고하게 되고, 따라서 그 피해는 피의자가 떠안는다. 제2종 오류는 유죄의 피의자에게 유죄를 선고하지 못하게 되고, 그래서 그 범죄자가 다시 거리로 나오게 되면 사회가 그 비용을 감당해야 한다. 혹시 모를 피해자의 권리 훼손을 막고, 증거를 보다 용이하게 채택하고자 한다면, 제1종 오류의 위험성을 낮추는 방향으로 법체계를 만들어야 한다. 그러나 범법자가 사회로 나가는 사회적 비용을 낮추고 범죄피해자의 권리를 구제하기 위해서라면, 제1종 오류를 희생하더라도 제2종 오류의 위험성을 낮추는 방향으로 법체계를 개선해야 한다. 두 가지 위험성을 모두 낮추기 위해서라면 증거를 더 많이 확보하거나 사법체계 자체를 개선하는 방향으로 가야 한다(예를 들어 재판을 신속하게 하기, 판사의 자질 개선, 수사활동 확대 등).

약물검사 제1종 오류(잘못된 양성판정)로 인해 아무 죄 없는 운동선수의 자격이 박탈될 수도 있다. 제2종 오류(잘못된 음성판정)로 약물을 투여한 선수가 처벌에서 벗어날 수 있고, 이로 인해 불공정한 경쟁이 될 수 있다. 제1종 오류가 발생하면, 해당 선수는 심각한 정신적 · 감성적 피해를 받을 수 있고, 자격박탈로 인해 프로선수의 생명이 끝날 수도 있다. 제2종 오류가 발생하면, 올림픽 정신이 훼손되고 규칙을 범한 선수가 영광을 차지하게 된다. 시간이 지나면서, 검사방식이 개선되고 있어 두 가지 오류의 위험성은 모두 낮아지고 있다. 그러나 현재 검사기술 수준에서 제1종 오류와 제2종 오류 간의 균형을 고려하여, 기준을 높일지 아님 낮출지를 고민해야 한다.

생체 보안 제1종 오류가 발생하게 되면, 인가 받은 사용자가 어느 시설이나 자금에 접근할 수 없게 된다. 제2종 오류가 발생하게 되면, 인가 받지 않은 사용자가 보안시설이나 자금에 접근하게 된다. 지금까지 많은 기술발전이 이뤄지고 있어 제2종 오류는 거의 발생하지 않지만 제1종 오류는 여전히 문제가 되고 있다. 이러한 오류 발생률은 어떤 장비를 쓰는지 혹은 어떤 소프트웨어를 사용하는지에 따라 달라지게 된다.

제1종 오류와 제2종 오류의 확률

표 9.1에서 보는 바와 같이, 제1종 오류(귀무가설이 참인데도 기각)가 발생할 확률은 α로 표기한다(그리스 문자 '알파'의 소문자). 통계학에서는 α를 **유의수준**(level of significance)이라고 부른다. 반면, 제2종 오류(귀무가설이 거짓인데도 기각하지 않는)가 발생할 확률은 β로 표기한다(그리스 문자 '베타'의 소문자).

검정력(the power of a test)은 거짓 가설이 분명히 기각될 확률을 말한다. 검정력은 $1 - \beta$가 되고, 제2종 오류 확률의 여집합이 된다. β를 줄이게 되면 검정력은 그에 따라 증가하게 된다(일반적으로 표본의 크기를 늘려야 가능하다).

검정력이 높은 가설검정법이란 거짓된 가설을 잘 잡아내는 것이다. 예를 들어, 새로운 다이어트 약이 실제 효과가 있다면, 이 약이 효과가 없다는 귀무가설이 기각되길 바랄 것이다. 가능한 검정력이 높은 편이 좋다. 특히 표본의 크기가 커지면 검정력은 올라간다. 그래서 보통 의학관련 재판에서는 가능한 많은 증인들을 참여시킨다.

α와 β의 관계

가설검정을 할 때 잘못된 음성판정(false negative)도 원치 않지만(작은 β), 잘못된 양성판정(false positive)도 원치 않는다(작은 α). 두 검정방법 중 하나를 고르라면 검정력이 높은, 즉 β가 작은 검정방법을 택하면 된다. 그러나 검정방법이 하나이고 표본의 크기가 정해져 있다면, α와 β 간에는 상충관계(trade-off)가 존재한다. 일반적으로 α를 줄여 H_0를 기각하기 어렵게 만들면 만들수록, β는 증가하게 된다. 따라서 α와 β 간에 적절한 균형을 맞추는 것은 쉬운 일이 아니다. 다음의 예제를 생각해 보자.

표 9.1
가설검정의 주요 용어

주요 용어설명	설명	표식	정의	또 다른 명칭
1종 오류	참 가설을 기각	α	$P(H_0 \text{ 기각} \mid H_0 \text{ 참})$	잘못된 양성판정
2종 오류	거짓 가설을 기각 못함	β	$P(H_0 \text{ 기각 못함} \mid H_0 \text{ 거짓})$	잘못된 음성판정
검정력	거짓 가설을 분명히 기각시킴	$1-\beta$	$P(H_0 \text{ 기각} \mid H_0 \text{ 거짓})$	민감도

- 가정에 설치된 가스누출 감지기의 민감도를 높이면 위험 발생 시 알람이 안 울리는 가능성이 줄어든다(β 위험이 줄어든다). 그러나 오작동 알람도 늘어날 수 있다(α 위험이 늘어난다).
- 심장 전문의가 웬만하면 심근경색 환자를 중환자실로 보내는 판단을 한다면(β 위험이 줄어든다), 도리어 심근경색이 없는 환자를 중환자실로 보낼 확률도 커지게 된다(α 위험이 늘어난다).
- 고혈압의 기준점을 140/90에서 130/80으로 낮추면 고혈압 환자를 잡아내지 못할 가능성은 줄어든다(β 위험이 줄어든다). 그러나 어떤 환자들은 불필요한 처방을 받을 수도 있다(α 위험이 늘어난다).

α와 β의 위험성은 표본크기를 늘려야만 동시에 줄일 수 있다. 그러나 표본크기를 늘리는 것이 쉬운 일이 아니며, 비용이 발생한다는 것도 고려해야 할 문제이다.

α와 β는 어떻게 계산할까?

유의수준 α는 어떤 공식으로 계산되지 않는다. 대신, 제1종 오류를 변할 위험성에 따라 그 값을 선택하는 것이다. 일반적으로 0.01, 0.05 혹은 0.10 중에 선택한다. 더 작은 유의수준을 선택했다는 것은 제1종 오류를 범할 위험에 더 큰 우려가 있다는 것을 의미한다. β값 그리고 이를 통해 구하는 검정력은 참값 μ와 검정 평균 μ_0의 차이, 표준편차 σ, 표본크기 n, 유의수준 α의 값에 따라 변한다. μ와 μ_0 사이의 차이가 커질수록 β는 감소한다. 그러나 σ가 증가하면 β도 증가하는 것을 확인할 수 있다. β와 검정력은 여러 모집단의 평균값을 대입하여 계산할 수 있고, 그 값들을 그래프로 그리면 곡선으로 나타나는데 이를 검정력 곡선이라고 한다. 모집단의 μ와 σ는 상수값이기 때문에, 실제 바꿔볼 수 있는 것은 표본크기와 유의수준 정도이다. α를 증가시켜 검정력을 높일 수 있다. 하지만 문제는 제2종 오류를 줄이기 위해 제1종 오류를 높이는 것이 적절한지이다. 절대 그렇지는 않을 것이다. 따라서 검정력을 높이는 가장 보편적인 방법은 표본크기를 늘리는 것이다.

Mini Case 9.1

생체 보안

생체 보안(biometric security)은 최근 비즈니스에서 매우 활발하게 다뤄지는 분야다. ATM이 신체적 특징(지문, 얼굴형태, 홍채, 손금 등)을 인식하게 되면 ATM 카드나 개인암호가 필요 없게 된다. 신뢰할 수 있는 생체적 ID 시스템이 있으면 공항 검색도 빠르게 진행할 수 있다. 가설은 다음과 같다.

H_0: 인증된 사용자
H_1: 인증되지 않은 사용자

Fujitsu 연구소는 어린아이에서 노인들까지 700명의 표본을 이용하여 지문 ID 시스템의 성능을 검사하였다. 검사 결과, 1% 정도만 오류로 기각했고 0.5% 정도만 오류로 수용했다. 이에 도쿄 미쓰비시 은행은 2004년부터 ATM에 지문 인식시스템을 적용하였다. 캘리포니아 DigitalPersona는 2억 만 분의 1초 만에 지문을 인식할 수 있는 스캐너 시스템을 개발하였다. 이 시스템은 1%만 오류로 기각하고, 0.002%만 오류로 수용하였다. 오류 기각률(제1종 오류)이 높아지면 사용자들의 불편함이 증가하는 반면, 오류 수용률(제2종 오류)이 높아지면 위조가 쉬워진다.

지문 스캐닝 설치 비용은 저렴해서 이용이 증가하고 있다. 많은 전문가들은 지문 스캔보다 홍채 시스템이 두 종류의 오류를 모두 줄일 수 있다고 한다(특히 공항검색 시스템의 경우). 하지만 이상의 모든 시스템 작동을 위해서는 방대한 이용자 생체자료를 저장할 장치가 필요하다.

제품 안정성

기업들은 제2종 오류(표본 증거에서 잠재적 문제점이 있다는 것)를 발견했음에도 제품을 리콜하길 주저하는 경우가 많다.

H_0: 제품이 안전하게 작동함.
H_1: 제품이 안전하게 작동하지 않음.

그러나 어떤 기업들은 통계 증거가 확실히 나오기도 전에 예방적 조치 차원으로 제품을 리콜하는 경우도 있다(예: Verizon은 2004년에 휴대전화의 배터리 폭발사고와 자동차 내 전소사고가 발생하자, 즉시 5만 대를 리콜하였다). 또 어떤 기업들은 사고가 발생하기도 *전에* 리콜을 하기도 한다(예: Intel은 2004년 OEM 제품인 915 G/P와 925X 반도체를 소비자에게 판매하기도 전에 리콜하였다). 이러한 신속한 조치가 이뤄지지 않을 땐 법적 책임뿐만 아니라 기업평판에 악영향을 미칠 수 있다. 예를 들어 포드는 Explorer의 전복사고가 발생했음에도 타이어 리콜을 늦게 하는 바람에 기업의 평판이 매우 나빠졌다. 초기에 포드와 타이어 회사인 Firestone은 타이어를 안전하게 디자인하면 될 것이라 판단했다. 하지만 사고가 계속 발생하고 이로 인해 소송도 이어졌으며, 미국 도로교통안전국이 계속해서 압력을 넣자 결국에는 리콜을 하게 되었다. 결국 기업 이미지만 크게 손상되었다. 또 다른 예로 수많은 임상실험에서 효과가 높다고 했던 COX_2라는 약이 사실은 심근경색을 높일 위험이 있다는 결과가 2004년에 발표되자 제조업체(Merck)의 주가가 폭락한 일도 발생했었다.

단원 연습문제

connect

9.1 가설검정을 1,000번 반복적으로 실행하였다고 가정하자. 귀무가설이 사실이라면 제1종 오류를 몇 번 범하게 되는지 설명하라. (a) $\alpha = 0.05$, (b) $\alpha = 0.01$, (c) $\alpha = 0.001$일 때를 각각 계산하라.

9.3 어떤 기업에서 사원들이 불법적인 약물복용을 하고 있는지를 검정하고자 한다. (a) 귀무가설과 대립가설을 쓰라. (b) 제1종 오류와 제2종 오류를 정의하라. (c) 각 오류로 인해 초래되는 결과는 무엇인가? 어떤 오류가 더 문제가 되는가?

9.5 자동차 브레이크 안전 검사에서 잘못된 음성판정(제2종 오류)이 나오면 사후적으로 어떤 결과가 초래될까? (*힌트* − H_0: 브레이크 안전에는 문제가 없다.)

9.3 의사결정 규칙과 임계치

통계적 가설(statistical hypothesis)은 모집단의 '모수'에 대해 설정하는 것이다. 여기서 모수는 평균, 모비율, 모분산 등이 될 수 있다. **가설검정**(hypothesis test)은 모수에 대한 서로 경쟁적이며, 상호배타적인 동시에 어느 하나 빠짐없는(competing, mutually exclusive and collectively exhaustive) 2개의 가설을 설정하고 이 중에서 어느 가설을 택할지 결정하는 것이다.

여기서 모수에 대한 가설에서 설정한 값은 무엇일까? 예를 들어보자. 만일 μ의 참값이 5라면, 표본평균을 구했을 때 5와 크게 다르지는 않을 것이다. 그런데 $\mu = 5$라는 가설을 반박하려 한다면, 표본 추정치와 모수의 참값이 얼마나 차이가 나는지를 알아야 한다. 이를 위해서는 '표본의 분포'가 무엇인지도 알아야 하고, '추정치의 표준오차'도 알아야 한다. 이를 통해 관측된 '표본이 나올 확률'을 계산할 수 있다. 만일 표본이 나올 가능성(확률)이 매우 희박하다면 가설에서 설정한 모평균이 $\mu = 5$라는 가설은 기각할 수 있다.

귀무가설은 기준이 되는 값으로 표시하고, 이 값에 0을 아래첨자로 표시한다. 즉 μ_0 혹은 π_0이다. 가설상의 값인 μ_0 혹은 π_0은 표본으로부터 나오는 것이 아니며, 과거의 성과, 산업 내 기준, 목표 등으로부터 도출된다.

어디서 μ_0 혹은 π_0을 얻을 수 있을까?

우리가 검정하고자 하는 평균(혹은 비율), 즉 μ_0 혹은 π_0의 값은 과거 경험, 산업 기준, 목표, 제품 기준 등에 기초해 설정한다. 즉, μ_0 혹은 π_0 값은 표본으로부터 나오는 것이 아니다

단측 검정과 양측 검정

평균에 대한 가설검정에서 귀무가설(H_0)은 기각하고자 하는 μ_0로 표시한다. 여기에는 다음 세 가지 대립가설 표현방식이 있다.

좌측검정	*양측검정*	*우측검정*
$H_0: \mu \geq \mu_0$	$H_0: \mu = \mu_0$	$H_0: \mu \leq \mu_0$
$H_1: \mu < \mu_0$	$H_1: \mu \neq \mu_0$	$H_1: \mu > \mu_0$

어떤 검정 방식을 선택할지는 귀무가설으로 무엇이 적절한지에 달려 있다. 검정의 방향은 H_1에 있는 부등호가 무엇이냐에 따라 결정된다.

$<$는 **좌측검정**(left-tailed test)
$\neq$은 **양측검정**(two-tailed test)
$>$는 **우측검정**(right-tailed test)

예제 9.1
μ에 대한 우측검정

미국 EPA 권고에 따르면, 가구 내 라돈(자연적으로 발생하는 방사성물질)의 최대 안전 수준은 4.0 pCi/L(picocuries per liter of air)라고 한다. 집에서 여러 번 검사하고, 그 수치에 대한 평균을 계산한다. 만일 평균 라돈 수치는 기준보다 높으면 문제이다. 따라서 이런 경우 우측검정을 하는 것이 적당하다. H_1에 부등호는 검정의 꼬리를 나타낸다.

$H_0: \mu \leq 4.0$ pCiL　　⇐ H_0는 충분한 반대 증거가 있지 않은 한 참으로 간주함.
$H_1: \mu > 4.0$ pCiL　　⇐ 부등호($>$)는 우측검정을 나타냄.

평균 라돈 수치는 안정적이라고 가정한다(즉, H_0는 참이라고 가정한다). 대립가설은 확률변동 그 이상인 4.0 이상의 값으로 설정한다.

예제 9.2
μ에 대한 좌측검정

미국 Diehard Platinum은 자사의 자동차 배터리가 영하의 날씨에서도 880 암페어의 CCA (cold cranking amperes)를 낼 수 있다고 광고하고 있다. 소비자단체는 이 회사의 자동차 배터

리에 대한 표본검사를 했다. 이 소비자단체는 이 회사가 광고한 것보다 더 낮은 암페어 성능을 내는지에 관심이 있으므로 좌측검정을 시행하였다. H_1에 있는 부등호는 검정의 꼬리를 나타낸다.

$H_0: \mu \geq 880$ CCA ⇐ H_0는 충분한 반대 증거가 있지 않은 한 참으로 간주함.
$H_1: \mu < 880$ CCA ⇐ 부등호(<)는 좌측검정을 나타냄.

CCA 평균은 880 혹은 그 이상이라고 가정한다(즉, H_0는 참이라고 가정). 대립가설은 확률변동 그 미만인 880보다 작다로 정한다.

예제 9.3
μ에 대한 양측검정

표준적인 복사용지의 너비는 $\mu = 216$ mm이다. 제조과정상에서 용지의 너비는 어느 정도 변동이 있을 수 있다. 그래서 복사용지의 너비는 확률변수가 된다. 우리는 표본을 이용하여 평균을 계산한 다음, 가설을 검정하고자 한다. 너비가 좁으면 용지가 프린터 용지함 중간에 위치하지 않을 것이고, 너비가 넓으면 용지가 걸리거나 용지함에 맞지 않는다. 너비가 큰 경우나 작은 경우나 모두 문제가 된다. 따라서 제조업자는 이런 경우 양측검정을 하는 편이 좋다.

$H_0: \mu = 216$ mm ⇐ H_0는 충분한 반대 증거가 있지 않은 한 참으로 간주함.
$H_1: \mu \neq 216$ mm ⇐ H_1에 있는 ≠는 양측검정을 나타냄.

만일 귀무가설이 기각된다면, 제조공정을 바꿔야 할 필요가 있다. 이러한 조치는 H_0로부터 얼마나 많이 떨어져 있느냐에 따라 조치의 강도가 바뀔 수 있다.

결정규칙

가설검정은 '표본통계량'과 '귀무가설에서 가설로 정한 값'과 크기를 비교하는 절차이다. 그런데 좌측에 극단적인 값이 나오면 좌측검정에서 귀무가설을 기각한다. 한편, 우측에 극단적인 값이 나오면 우측검정에서 귀무가설을 기각한다. 좌측 꼬리나 우측 꼬리 어디든 극단적인 값이 나오게 되면 양측검정에서 귀무가설을 기각한다.

결정규칙을 설정하는 것은 이처럼 '극단적으로' 나올 수 있는 수준을 미리 정하는 것이다. $\mu = \mu_0$라는 가설을 설정해놓고, *표본분포*에 대한 정보와 *추정치의 표준오차*를 계산해서 표본통계량이 μ_0에서 충분히 떨어져 있는지를 판단한다. 극단적인 값을 나타내는 표본분포 곡선의 아래 영역을 **기각역**(rejection region)이라고 부른다. 그런데 기각역은 유의수준(level of significance)을 얼마로 정하느냐에 따라 결정된다. 다음 그림에서 보듯이, 유의수준(α)은 귀무가설이 참이라는 가정에서 잘 일어날 것 같지 않은 결과, 즉 중심에서 많이 떨어져 있는, 분포(예: 정규분포)의 꼬리에 해당하는 영역을 나타낸다. 이후 표본통계량과 가설로 정한 모수 사이의 차이를 나타내는 **검정통계량**(test statistic)을 계산하게 된다. 만일 이 검정통계량이 회색 영역에 들어가면, 그림 9.2에서 보듯이 H_0를 기각하게 된다. 기각할 수 없는 영역(흰색 영역)은 $1 - \alpha$가 된다.

임계치

임계치는 표본분포를 두 영역(H_0를 기각, H_0를 기각하지 않음)으로 나누는 경계값이다. 유의수준(α)을 정하면, **결정규칙**에 따라 H_0를 기각시키기 위한 임계치 값이 결정된다. 예를

그림 9.2

H_0: $\mu = \mu_0$ 검정

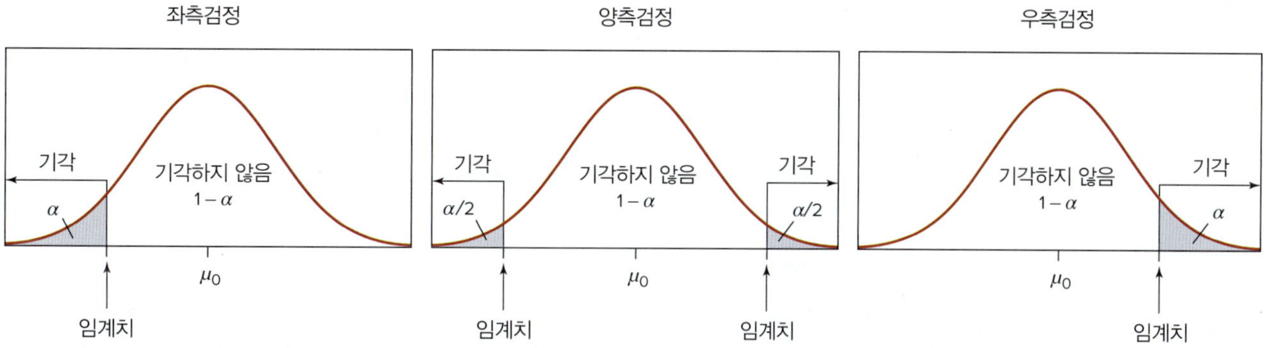

들어 표본분포가 정규분포한다고 가정할 경우, 결정규칙은 '표본평균 $\bar{x}$'와 'μ_0'의 차이($\bar{x} - \mu_0$)가 표본의 표준오차와 비교해서 1.96배 넘어설 경우 귀무가설을 기각한다고 정한다.

의사결정자는 유의수준(α)의 값을 결정해야 한다(일반적으로 α에 대해 0.10, 0.05, 0.01에서 선택). 유의수준은 보통 퍼센트로 표현된다(즉, 10%, 5%, 1%). 제1종 오류의 확률을 줄이기 위해서는 α를 낮게 잡는 것이 좋다. 예를 들어, $\alpha = 0.05$를 가지고 결정규칙을 정한다면, 100개의 표본 중 5번 정도 제1종 오류를 범할 수 있다고 보는 것이다. 양측검정에서는 양쪽 끝에서 H_0를 기각할 수 있기 때문에 이 위험이 $\alpha/2$로 양쪽 꼬리로 나뉘게 된다. 예를 들어 $\alpha = 0.1$을 가지고 양측검정을 하는 경우, 양쪽 꼬리에 $\alpha/2$를 두게 된다. 여기서 임계치는 t나 z분포표 혹은 엑셀을 이용해 구할 수 있다.

의사결정자는 α를 더 작게 둠으로써, 귀무가설을 기각하기 어렵게 만들 수 있다. α를 크게 하면 귀무가설을 기각하기 더 쉬워진다. 이를 이용해 결과를 조작할 가능성이 있다. 따라서 검정통계량을 계산하기 앞서 α를 먼저 결정해야 한다. 그렇지 않으면, 검정결과에 맞춰 α를 나중에 맞춰 조정하려는 유혹을 피할 수 없다.

좌측 혹은 우측 검정에서 H_0에 부등호(≥, ≤)를 두면, 가설이 무한대로 많아지게 된다. 일반적으로 한 번에 하나의 모수값에 대해서만 가설검정 하므로, 귀무가설이 H_0: $\mu \le \mu_0$ 혹은 H_0: $\mu \ge \mu_0$인 경우에는 $\mu = \mu_0$에 대해서만 계산하도록 한다. 만일 $\mu = \mu_0$의 귀무가설이 기각되고 대립가설이 채택된다면, 암묵적으로 H_0에 대한 다른 값들에 대해서도 기각되었다고 본다. 예를 들어, 라돈수치에 관한 실험에서 표본평균이 4.0보다 매우 크게 나왔다면, H_0: $\mu = 4.0$이라는 귀무가설을 기각하고, 이보다 더 작은 값은 자동적으로 기각한다고 본다.

품질관리에서는 정해진 기준을 벗어나는 것 자체가 제조공정에 문제가 될 수 있다. 이 경우 양측검정이 더 타당하다. 양측검정에서는 문제가 되는 방향 자체는 중요치 않다. 어느 쪽이든 평균에서 멀어지면 문제이다. 때로는 기각이 어떤 쪽에서 발생할지 전혀 예측할 수 없을 때 양측검정을 사용하기도 한다. 다른 조건이 일정하다면, 양측검정에서 기각이 되면, 단측검정은 항상 기각된다.

그러나 H_0의 기각 결과가 어느 한쪽으로만 나타나거나, 연구자가 특별히 한쪽 꼬리 결과에만 관심 있는 경우, 단측검정이 더 좋다. 예를 들어 어떤 기계를 가지고 철판에 직경 3.5

그림 9.3

불확신에서 나온 비대칭한 결과물

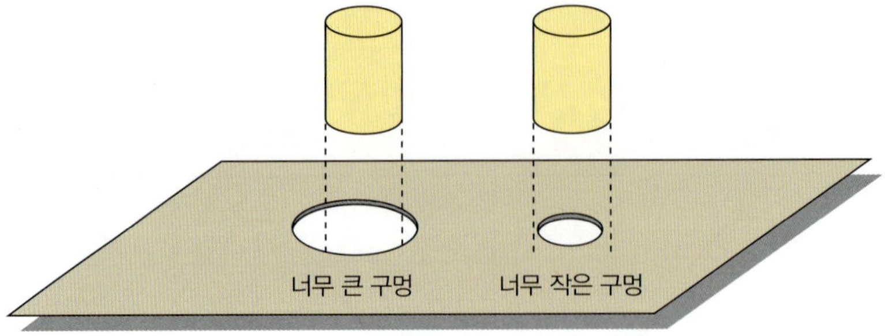

mm의 구멍을 뚫는다고 하자. 직경이 3.5 mm에서 벗어나면 어느 쪽이든 모두 바람직하지 않다. 그러나 H_0를 기각해서 나온 결과는 다를 수 있다. 그 구멍에 핀(pin)을 끼운다고 생각해보자. 구멍이 너무 작으면 구멍을 넓히는 작업을 해야 한다. 반면, 구멍이 너무 크면 핀이 느슨해 빠져버린다. 그러나 구멍이 너무 크면 이 철판은 더 이상 쓸모가 없다. 작은 구멍은 넓히면 되지만, 이미 생긴 큰 구멍을 좁히는 것은 사실 불가능하다. 그림 9.3에서 이와 같은 상황을 보여준다.

단원 연습문제

9.7 형광등 제조업체에서 소형 형광등 내 평균 수은 함량이 2.5 mg이라고 주장한다고 하자. 제조업자의 주장을 귀무가설로 두고 양측검정 가설을 설정해보자.

9.9 Scottsdale 소방서는 화재신고가 접수되면 평균 4분 이내로 출동한다고 한다. 소방서의 평균 출동시간에 대해 의심이 간다면, 어떻게 가설을 세우는 것이 좋을까?

9.11. 다음 각 가설에 대해 결정규칙(decision rule)을 정하시오.

a. H_0: $\mu \geq 80$ 대 H_1: $\mu < 80$
b. H_0: $\mu = 80$ 대 H_1: $\mu \neq 80$
c. H_0: $\mu \leq 80$ 대 H_1: $\mu > 80$

9.4 평균에 대한 가설검정: 모분산을 아는 경우

우선 모평균(μ)에 대해 어떻게 가설검정을 하는지 알아보자. μ를 추정하기 위한 표본통계량은 확률변수인 $\overline{X}$이다. $\overline{X}$에 대한 표본분포는 모분산인 σ^2을 아는지 혹은 모르는지에 따라 다르다. 우선 σ^2을 아는 경우부터 시작해보자. 8장에서는 모집단이 정규분포이면(혹은 중심극한정리로 표본의 크기가 충분히 크다면), $\overline{X}$의 표본분포는 정규분포라고 배웠다. 이후에 9.5절에서 σ^2을 모르는 일반적인 경우를 살펴보자.

검정통계량

*검정통계량*은 계산한 $\bar{x}$와 기준값 μ_0 간에 얼마나 차이가 나는지를 보는 것이다. 이때 절대적인 차이보다는 표본평균의 표준오차에 비해 얼마나 차이가 나는지를 보는 것이 중요하다. 따라서 검정통계량은 표본통계량의 '표준화값(standardized score)'이라고 볼 수 있다. σ를 안다면, μ의 검정에서 검정통계량은 z값의 하나로 표현된다. 따라서 검정과정은 다음과 같다. 일단 표본을 모아 표본평균을 구하고, 이 표본평균으로 검정통계치를 계산한 후, 이 값을 z의 임계치와 비교한다. 앞으로 계산된 검정통계량을 'z_{calc}'라고 두자.

σ를 아는 경우 평균에 대한 검정통계량

표본평균 → $\bar{x}$, 가정한 평균 → μ_0, 표본평균의 표준오차 → $\sigma_{\bar{x}}$

$$z_{\text{calc}} = \frac{\bar{x} - \mu_0}{\sigma_{\bar{x}}} = \frac{\bar{x} - \mu_0}{\dfrac{\sigma}{\sqrt{n}}} \tag{9.1}$$

만일 μ_0이 모집단의 참평균이면, 특정 표본에서 계산된 표본평균값인 $\bar{x}$는 μ_0 주변값이 될 것이며, 검정통계량은 0에 가까울 것이다.

임계치

임계치는 표본분포를 두 영역(H_0를 기각, H_0를 기각하지 않음)으로 나누는 경계값이다. 그리고 양측검정의 경우에는 '가설검정을 한다는 것'과 'μ에 대한 신뢰구간이 0을 포함하는지를 확인하는 것'이 동일한 과정이다. 양측검정의 경우에는 표 9.2에서 보듯이 제1종 오류 위험의 반(즉, $\sigma/2$)이 양쪽 꼬리에 분포한다. 그래서 z값은 신뢰구간 때와 동일하다. 엑셀을 통해 이러한 z값을 확인해 볼 수 있다.

예제 9.4
종이 제조공정

Hammermill은 레이저 프린트용 종이를 만드는 회사이다. 종이의 표준 폭은 216 mm로 정해져 있다. 실제 종이 폭은 확률변수이고 정규분포를 따른다. 그리고 알려진 표준편차는 0.023 mm이다. 이러한 표준편차가 발생하는 것은 현재 기계설비가 갖는 한계이고, 오랜 사용을 통해 얻은 데이터값이다. 이 회사는 일정한 종이 폭을 유지하기 위해 지속적으로 노력해오면서 낮은 표준편차를 유지하고 있지만, 여전히 기술적 한계로 인해 제조 공정에 변동성은 발생할 수밖에 없다. 종이 폭이 평균에서 벗어나면, 절단기의 위치를 조절할 수 있다. 어느 날 품질관리 감독관이 무작위로 50장의 종이를 추출하여 측정해보니 평균 폭이 216.007 mm로 계산되었다. 이러한 표본 평균값이 정해진 기준을 초과하였는지 5% 유의수준에서 검정하라.

1단계: 가설 설정 문제에 의도에 비춰봤을 때 우측검정이 적당하며, 가설은 다음과 같다.

표 9.2
자주 이용하는 z값

	좌측검정	양측검정	우측검정
유의수준(α)	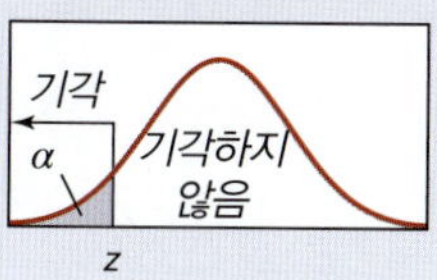	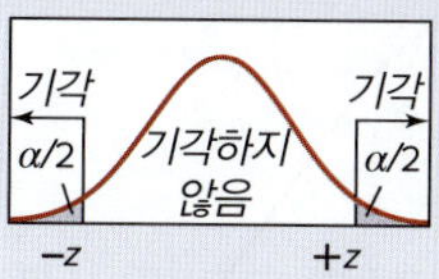	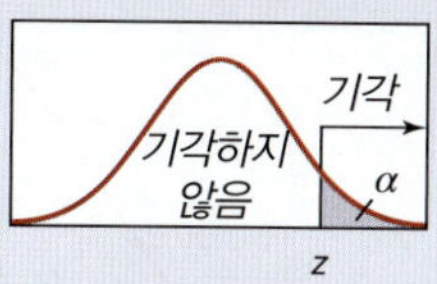
0.10	$z_{0.10} = -1.282$	$z_{0.05} = \pm 1.645$	$z_{0.10} = +1.282$
0.05	$z_{0.05} = -1.645$	$z_{0.025} = \pm 1.960$	$z_{0.05} = +1.645$
0.01	$z_{0.01} = -2.326$	$z_{0.005} = \pm 2.576$	$z_{0.01} = +2.326$

H_0: $\mu \le 216$ (제품평균이 기준을 초과하지 않았다.)
H_1: $\mu > 216$ (제품평균이 기준을 초과했다.)

2단계: 결정규칙 설정 유의수준을 0.05로 결정하고 z통계량에서 임계치를 찾는다. 이 z통계량(임계치)은 귀무가설을 기각할지 여부를 결정하기 위한 기준값이 된다. z의 임계치는 $z_{0.05} = 1.645$가 된다. 그림 9.4에 나와 있듯이, 결정규칙은 다음과 같다.

만일 $z_{calc} > 1.645$이면 H_0를 기각,
그렇지 않으면 H_0를 기각하지 않음.

3단계: 표본을 모으고, 검정통계량 계산 만일 H_0가 참이라면, 검정통계량은 0에 가까운 값이 될 것이고, 검정통계량은 다음과 같다.

$$z_{calc} = \frac{\bar{x} - \mu_0}{\frac{\sigma}{\sqrt{n}}} = \frac{216.0070 - 216.0000}{\frac{0.0230}{\sqrt{50}}} = \frac{0.0070}{0.00325269} = 2.152$$

4단계: 기각여부 결정 검정통계량이 우측 기각역에 포함되면 귀무가설 H_0: $\mu \le 216$을 기각하고 대립가설 H_1: $\mu < 216$을 유의수준 5%에서 받아들인다. 사소한 차이가 있더라도 이 차이는 통계적으로는 유의하다.

5단계: 조치 실행 이제 제지 과정에서 종이 폭이 기준보다 평균적으로 더 넓게 제작된다면, 제조 공정을 바꿔서 다시 기준에 맞도록 조정해야 한다. 여기에는 기계의 설정을 바꿀 수도 있고, 절단기 날을 새로 바꿀 수도 있다. 어떤 조치를 취할지는 공정 엔지니어의 권한이다.

p값을 활용하는 방법

임계치 방식을 이용하기 위해서는 표본을 뽑기 전에 검정통계량에 관한 유의수준을 설정해야만 한다. 그러나 이제 볼 ***p*값을 활용한 방식**은 임계치를 이용하는 방법보다 더 유연하기 때문에 통계학에서 종종 활용된다. 귀무가설 대비 수집한 표본의 증거력이 얼마나 큰지를 확률로 표현하는 것이다. 즉, p값은 H_0에서 관찰된 표본이 나타날 확률(likelihood)을 직접 계산하는 것이다. p값은 다음의 질문에 대한 답을 준다. 귀무가설이 참이라면, 특정한 표본평균을 발견할 확률은 얼마인가? 혹은 표본평균이 μ_0에서 떨어져 있을 확률은 얼마인가? p값은 특정 α값을 이용해서 검정하는 방식보다 좀 더 흥미로운 정보를 제공한다. 즉,

그림 9.4
$\alpha = 0.05$일 때, z의 우측검정

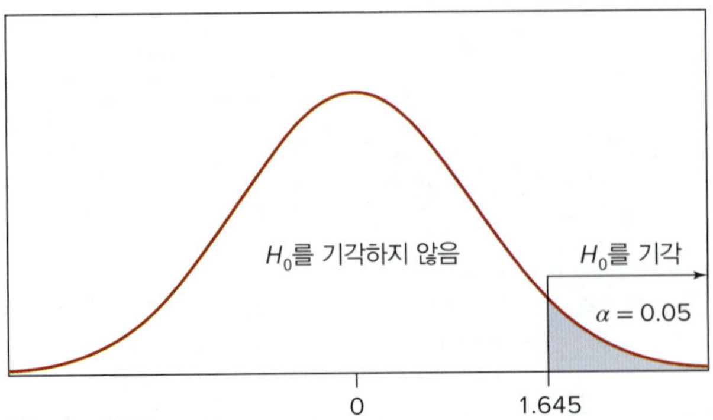

관찰자는 p값을 보고 적합한 α를 직접 정할 수도 있다.

일반적으로 p값은 유의수준과 비교한다. 만일 p값이 α보다 작다면, 표본이 귀무가설에 반한다는 것이므로, 귀무가설을 기각한다. 우측검정에서 p값을 이용한 결정규칙은 다음과 같다.

만일 $P(Z > z_{\text{calc}}) < \alpha$이면 H_0를 기각, 그렇지 않으면 H_0를 기각하지 않는다.

임계치를 이용하든지 혹은 p값을 이용하든지 귀무가설에 대한 결정방식은 동일하다.

p값은 무엇인가?

표본통계량은 확률변수이다. 따라서 그 값은 연구자가 우연히 가정한 값과 다를 수밖에 없다. p값은 귀무가설이 참이라는 가정하에, 관측 가능한 가장 극단의 검정통계량을 얻을 확률이다. p값이 크다는 것(예를 들어 1에 가깝다면)은 H_0의 가설이 참이라는 뜻이다. 반면에 p값이 작다는 것(예를 들어 0에 가깝다면)은 H_0의 가설이 틀리다는 뜻이다. 따라서 p값이 사전에 정한 유의수준(α)보다 작다면, 귀무가설이 틀리다고 결론 내릴 수 있다.

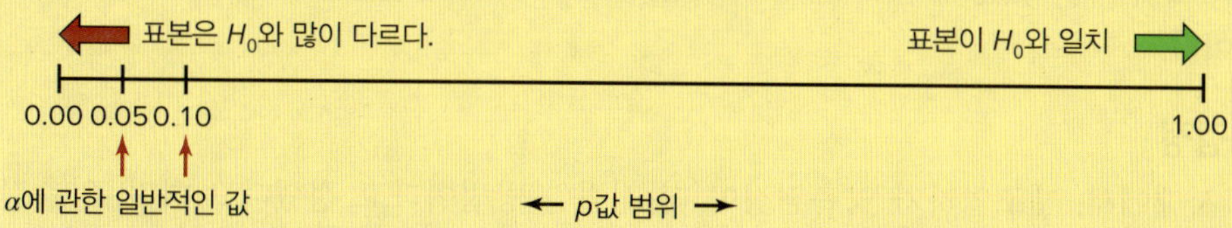

p값을 계산하려면 먼저 z_{calc}의 검정통계량을 계산해야 한다. 여기 예에서 $z_{\text{calc}} = 2.152$이기 때문에, 우측검정에서 p값은 $P(Z > 2.152)$가 된다. p값의 부등호 방향은 대립가설 H_1: $\mu > 216$ mm의 부등호 방향과 같다.

p값을 얻기 위해서는, 엑셀 함수 =NORM.S.DIST(2.152,1)을 사용한다(그림 9.5를 참고). $P(Z < 2.152) = 0.9843$이기 때문에 우측 꼬리의 면적은 $P(Z > 2.152) = 1 - 0.9843 = 0.0157$이다. 이는 그림 9.5에 나와 있듯이 우측검정에서의 p값이다. p값 그림에서는 α값을 보여주지는 않는다. p값이 0.0157라는 의미는 무엇일까? 이는 우측검정에서 귀무가설이 참이라면 검정통계량 $z_{\text{calc}} = 2.152$와 이보다 더 큰 값(극단적인 값들)이 발생할 확률이 1.57%

그림 9.5

엑셀을 이용한 $z_{\text{calc}} = 2.152$인 경우 우측검정에 대한 p값

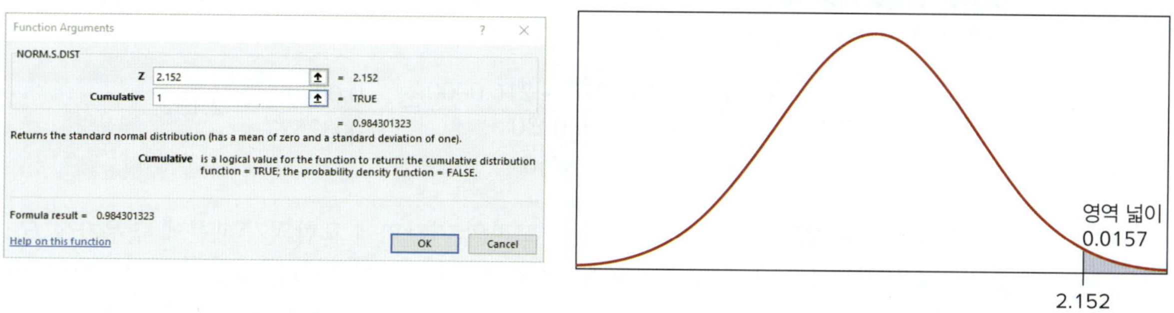

출처: Microsoft Excel.

표 9.3

z = 2.15일 때, 부록 C-2를 이용해서 p값을 찾는 방법

z	0.00	0.01	0.02	0.03	0.04	0.05	0.06	0.07	0.08	0.09
−3.7	0.00011	0.00010	0.00010	0.00010	0.00009	0.00009	0.00008	0.00008	0.00008	0.00008
−3.6	0.00016	0.00015	0.00015	0.00014	0.00014	0.00013	0.00013	0.00012	0.00012	0.00011
−3.5	0.00023	0.00022	0.00022	0.00021	0.00020	0.00019	0.00019	0.00018	0.00017	0.00017
⋮	⋮	⋮	⋮	⋮	⋮	⋮	⋮	⋮	⋮	⋮
2.0	0.97725	0.97778	0.97831	0.97882	0.97932	0.97982	0.98030	0.98077	0.98124	0.98169
2.1	0.98214	0.98257	0.98300	0.98341	0.98382	0.98422	0.98461	0.98500	0.98537	0.98574
2.2	0.98610	0.98645	0.98679	0.98713	0.98745	0.98778	0.98809	0.98840	0.98870	0.98899

라는 의미이다.

부록 C-2를 이용해 p값을 얻을 수도 있다. 이 분포표는 표 9.3에 나와 있듯이 표준정규분포의 누적확률을 보여준다. 누적확률은 엑셀의 결과와 정확히 일치하지는 않는데, 이는 부록 C-2에 나와 있는 값들이 대략 소수점 둘째 자리에서 반올림한 값(z = 2.15처럼)이기 때문이다.

양측검정

앞선 사례에서, 제조업자가 양측검정이 더 적절한 방법이라고 정했다고 하자. 양측검정은 기준이 되는 평균에서 어떤 쪽이든 차이가 발생하는지 여부를 보는 것이다.

1단계: 가설 설정 양측검정의 가설은 다음과 같다.

H_0: $\mu = 216$ mm (제품평균이 기준치와 일치)
H_1: $\mu \neq 216$ mm (제품평균이 기준치와 불일치)

2단계: 결정규칙 설정 우측검정에서처럼 유의수준은 5%를 사용한다. 하지만 양측검정에서는 제1종 오류를 양쪽 꼬리에 나눔으로써 $\alpha/2 = 0.05/2 = 0.025$의 유의수준이 양쪽 꼬리로 배분된다. 따라서 임계치는 $z_{0.025} = \pm1.96$이 되고 결정규칙은 다음과 같다.

만일 $z_{\text{calc}} > +1.96$ 또는 $z_{\text{calc}} < -1.96$이면 H_0를 기각,
그렇지 않으면 H_0를 기각하지 않음.

결정규칙이 그림 9.6에 나와 있다.

3단계: 검정통계량 계산 검정통계량은 가설의 형태나 유의수준의 영향을 받지 않는다. 검정통계량 값은 단측검정 때와 같다.

$$z_{\text{calc}} = \frac{\bar{x} - \mu_0}{\dfrac{\sigma}{\sqrt{n}}} = \frac{216.0070 - 216.0000}{\dfrac{0.0230}{\sqrt{50}}} = \frac{0.0070}{0.0032527} = 2.152$$

4단계: 기각여부 결정 검정통계량이 우측 꼬리의 기각역에 포함되기 때문에 귀무가설 H_0: $\mu = 216$을 기각하고 H_1: $\mu \neq 216$을 유의수준 5%에서 받아들인다. 이를 달리 표현하면, 양측검정에서 표본평균은 $\alpha = 0.05$로 미리 정한 기준에서 상당히 벗어나 있다고 할 수 있다.

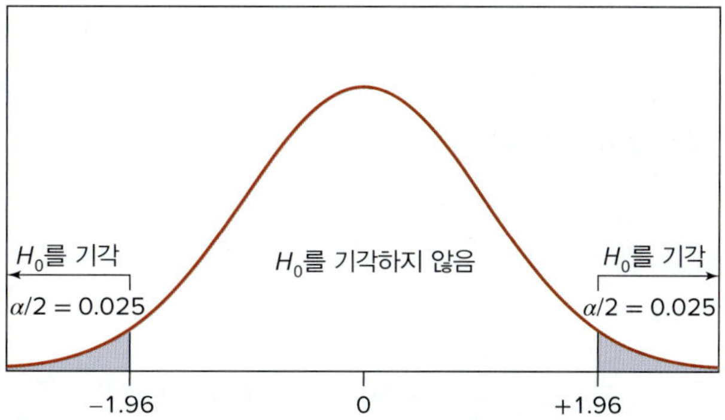

그림 9.6
$\alpha = 0.05$일 때, 양측 z 검정

그러나 검정통계량이 가까스로 기각역에 속해 있기에 기각할 수 있었다.

5단계: 조치 실행 공정에서 생산하는 종이가 목표한 넓이보다 더 넓다는 결론에 도달했다. 이에 따라 생산 공정을 조정해 평균치가 목표 안에 오도록 조정할 때이다. 기계 설정을 바꾸거나 절삭기를 연마하는 것을 고려할 수 있다. 어떤 후속 조치를 취할지는 이제 엔지니어의 몫일 것이다.

*p*값을 이용

양측검정의 경우, p값을 이용한 결정규칙은 단측검정의 경우와 같다.

만일 p값 $< \alpha$이면 H_0를 기각, 그렇지 않으면 H_0를 기각하지 않음.

양측검정에서 p값을 얻는 방법은 단측검정과 다르다. 양측검정에서는 기각역을 좌측과 우측 양쪽에 두고 있기 때문에, 기각역을 설정하기 위한 유의수준(α)이 양쪽 꼬리에 동일하게 나눠진다. α와 비교해서 공평하게 p값을 평가하기 위해서는, 꼬리쪽 영역을 두 배로 늘려야 한다. 이 양측검정에서 p값은 $2 \times P\ (z_{calc} > 2.152) = 2 \times 0.0157 = 0.0314$가 된다. 그림 9.7에서 확인해보자. 양측검정에서는 만일 귀무가설이 참이라면, 2.152와 같이 극단적인 결과가 3.14% 확률로 나타난다는 것을 의미한다(즉 1,000번의 표본 중에서 31번 정도 발생한다).

표본평균 216.007은 216과 매우 가까운 값이지만, 표준편차보다 두 배 이상 떨어져 있다. 이 예를 통해 매우 작은 차이라도 유의한 경우가 발생할 수 있음을 보여준다. 기각 여부를 결정짓는 것은 σ와 n의 크기이다. 즉, 검정통계량의 분모에 해당하는 평균의 표준오차에 따라 기각여부가 갈린다. 이 예에서 제조공정에서는 매우 높은 정확도를 요구하기에 표준

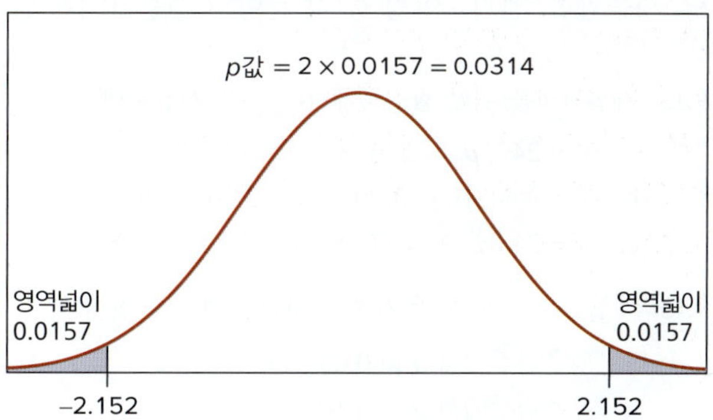

그림 9.7
$z = 2.152$일 때, 양측검정의 p값

오차는 극단적으로 작은 값이다. 따라서 소비자는 그러한 작은 차이를 인지하지 못하더라도 엄격한 품질관리 기준에 따르면 문제가 될 수 있다.

신뢰구간과 닮은 점

유의수준 5%의 양측검정은 모평균에 대한 신뢰구간이 가설로 설정된 평균값을 포함하느냐를 묻는 것과 정확히 일치한다. 신뢰구간이 가설로 설정된 평균 H_0: $\mu = 216$을 포함한다면 귀무가설을 기각할 수 없다. 이 경우 95% 신뢰구간은 다음과 같다.

$$\bar{x} \pm z_{\alpha/2}\frac{\sigma}{\sqrt{n}} \quad \text{또한} \quad 216.0070 \pm 1.960\frac{0.0230}{\sqrt{50}} \quad \text{또한} \quad [216.001, 216.013]$$

위 식에서 보는 바와 같이 신뢰구간이 216을 포함하고 있지 않기 때문에 귀무가설을 기각한다.

통계적 유의성 대 실제 효용

예를 들어 새롭게 디자인한 엔진으로 트럭의 연비를 0.5 mpg만큼 향상시킬 수 있다고 하자. 하지만 이 정도의 연비 향상을 위해 공장도 새로 지어야 하고 설비도 새로 갖추는 데 120억 달러가 든다면 이야기는 달라진다. 회사가 이런 결정을 내리기 위해서는 통계학적 **유의성**뿐만 아니라 연비 향상을 통해 얻을 수 있는 잠재적 **효용**도 고려해야 한다. 여기서 잠재적 효용이란 연비 향상을 통해 얻을 수 있는 시장파급 효과, 제품 내구성에 미치는 영향, 소비자 만족도, 예산 상황, 현금 흐름 그리고 추가 고용 등 많은 것을 포함하고 있다.

표본에서 얻은 추정량이 일치추정량이라면, 표본이 늘어나면 표준오차는 대체로 0으로 수렴하게 된다. 따라서 대표본의 경우, 표본통계량과 가정된 모수 간의 작은 차이가 있다고 가볍게 볼 일이 아니다. 하지만 이런 유의한 검정결과가 나왔다고 해서 실제로도 이 차이가 중요한지는 다른 문제가 된다. 토요타가 자동차의 연비를 0.2 mpg 개선했다고 하자. 구매자도 이 차이를 정말 중요하게 여길까? Hertz의 최근 시장점유율이 0.2% 감소했다는 뉴스가 회사에 그렇게 치명적일까? Dell 노트북의 배터리 수명이 15분 증가했다고 해서 구매자들도 이를 중요하게 여길까?

이들 질문의 답은 최종적으로 비용/편익분석이라는 것을 통해 찾아야 한다. 일반적으로 예산은 항상 부족하기 때문에, 품질을 개선하는 데 돈을 쓰는 것은 항상 기회비용을 유발하게 된다. 만일 어떤 제품의 개선을 위해 돈을 쓴다면, 다른 프로젝트에는 그만큼 돈을 덜 쓰게 된다. 모든 것을 한꺼번에 할 수는 없기에, 항상 이번 제품 품질개선이 효율성 측면에서 올바른 판단인지 고민해봐야 한다. 이러한 질문은 통계학자가 내릴 것이 아니라 의학, 마케팅, 제품안전, 엔지니어링 등 각 분야의 전문가에게 답을 얻어야 한다.

단원 연습문제

connect

9.13 가설검정을 위한 검정통계량(z_{calc})을 계산하라.

a. $\bar{x} = 242, \mu_0 = 230, \sigma = 18, n = 20$

b. $\bar{x} = 3.44, \mu_0 = 3.50, \sigma = 0.24, n = 40$

c. $\bar{x} = 21.02, \mu_0 = 20.00, \sigma = 2.52, n = 30$

9.15. 엑셀을 이용하여 각 가설에 대한 임계치를 찾아라.

a. 양측검정에서 $\alpha = 0.05$

b. 우측검정에서 $\alpha = 0.10$

c. 좌측검정에서 $\alpha = 0.01$

9.17 어느 형광등 제조회사에서는 전구 내 수은 함유량이 3.50 mg을 초과하지 않는다고 주장한다. 25개의 표본전구를 선택한 결과, 수은 평균 함유량은 3.59 mg이다. a) 우측검정의 가설을 설정하라. b) 모표준편차 $\alpha = 0.18$ mg으로 알려져 있다고 가정하고, 가설검정을 위한 검정통계량을 계산하라. c) 1% 유의수준에서 표본은 제조회사의 주장과 일치하는가? d) p값을 계산하라.

9.19 각 표본에 해당하는 p값과 검정통계량을 계산하라.

a. H_0: $\mu = 60$ 대 H_1: $\mu \neq 60$, $\alpha = 0.025$, $\bar{x} = 63$, $\sigma = 8$, $n = 16$

b. H_0: $\mu \geq 60$ 대 H_1: $\mu < 60$, $\alpha = 0.05$, $\bar{x} = 58$, $\sigma = 5$, $n = 25$

c. H_0: $\mu \leq 60$ 대 H_1: $\mu > 60$, $\alpha = 0.05$, $\bar{x} = 65$, $\sigma = 8$, $n = 36$

9.21 어떤 테니스 공 제조회사에서는 공의 무게가 평균 2.035온스이고 표준편차가 0.002온스일 것으로 기대한다. 25개의 공을 표본으로 선택하여 조사한 결과, 평균 무게는 2.036온스였다. 유의수준 2.5%에서 우측검정을 통해 평균 무게가 회사 표준 무게보다 무거운 것인지 판단하라.

9.23 어떤 항공사에서 제공하는 페트병 생수의 무게는 평균 10온스이다. 생수병의 무게는 정규분포를 따르고 표준편차는 0.07로 알려져 있다. 12개의 표본을 선택하여 무게를 측정하였다. (a) 5% 유의수준을 이용하여 표본 결과가 기준치를 벗어났는지 가설검정하기 위한 결정규칙을 정하라. (b) 가설검정을 시행하라. (c) 어떠한 가정이 필요한가? **BottleFill**

10.02 9.95 10.11 10.10 10.08 10.04 10.06 10.03 9.98 10.01 9.92 9.89

9.25 비행기 활주로에 설치된 전등의 수명은 정규분포하며 평균 3,000시간이고 표준편차는 500시간이라고 한다. 새롭게 활주로 전등이 개발되었고, 신제품 10개를 골라 평균을 구했더니 3,515시간으로 계산되었다. 전등 수명의 관점에서 새롭게 개발된 활주로 전등이 기존 전등에 비해 더 나은가를 판단해보자. 유의수준은 0.01이다. p값은 무엇인가? (출처: www.xevision.com)

9.27 열쇠가 필요 없는 현관 출입기기를 만드는 제조업체가 목표하는 버튼의 활성화 수치는 1.967 뉴튼(newtons)이다. 이 활성화 수치는 제조공정에서 자연적으로 변이가 발생한다. 9개의 출입기기를 추출하여, 활성화 수치의 평균을 구했더니 1.88뉴튼이 나왔다. 표준편차는 0.145뉴튼이라고 한다. 활성도가 너무 높으면 버튼을 누르기 어렵고, 활성도가 너무 낮으면 실수로 버튼을 잘못 누르기 쉬워진다. 그래서 품질관리 공정관리자는 양측검정을 이용하여 각 생산공정에서 나온 표본이 어느 방향의 활성도라도 기준에서 벗어나는지를 검사하고자 한다. $\alpha = 0.05$에서, 표본이 유의하게 목표에서 벗어나고 있다고 판단할 수 있는가?

9.5 평균에 대한 가설검정: 모분산을 모르는 경우

모분산 σ^2을 몰라 표본으로부터 추정해야 한다면 가설검정 절차를 수정해야 한다. 앞서 본 공식에서 σ가 s로 대체된다면 약간의 정보의 손실이 있고, 따라서 더 이상 검정통계량이 정규분포를 따르지 않는다. 그러나 기본적인 가설검정 절차는 동일하다.

스튜던트 t분포의 이용

모집단의 표분편차 σ를 모르고 모집단이 정규분포를 따를 때, 검정통계량은 자유도가 $n - 1$인 스튜던트(Student's) t분포를 따르게 된다. σ를 모르기 때문에 8장의 신뢰구간 구축에서와 마찬가지로 z 대신 t분포를 사용한다.

σ를 모르는 경우 평균에 대한 검정통계량

$$t_{\text{calc}} = \frac{\bar{x} - \mu_0}{\frac{s}{\sqrt{n}}} \quad (\sigma\text{를 모르는 경우}) \tag{9.2}$$

(표본평균: $\bar{x}$, 가정한 평균: μ_0, 표본표준편차: s)

예제 9.5

핫초코

어느 베이글 가게는 커피를 마시지 않는 사람들을 위해 핫초코 음료를 판매한다. 한 연구에 따르면 핫초코 음료의 최적 온도는 화씨 142도라고 한다. 24잔의 표본을 선택하여 온도를 측정하였으며, 그 결과는 다음과 같다. HotChoc

140	140	141	145	143	144	142	140
145	143	140	140	141	141	137	142
143	141	142	142	143	141	138	139

표본평균은 141.375이고 표본표준편차는 1.99592였다. 표본의 결과가 유의수준 10%에서 이상적인 온도인 142와 다르다고 말할 수 있는가?

1단계: 가설 설정 양측검정을 사용하고, 귀무가설은 표본의 결과가 이상적 기준과 일치한다고 설정한다.

H_0: $\mu = 142$ (평균 온도와 일치)
H_1: $\mu \neq 142$ (평균 온도와 불일치)

2단계: 결정규칙 설정 $\alpha = 0.10$일 때 엑셀을 이용하여 자유도 23에 대한 임계치를 구한다. 엑셀 함수의 결과는 =T.INV.2T(0.10,23) = 1.714이다. 이러한 임계치는 부록 D를 통해서도 얻을 수 있다.

	오른쪽 꼬리 면적				
d.f.	0.10	0.05	0.025	0.01	0.005
1	3.078	6.314	12.706	31.821	63.657
2	1.886	2.920	4.303	6.965	9.925
3	1.638	2.353	3.182	4.541	5.841
⋮	⋮	⋮	⋮	⋮	⋮
21	1.323	1.721	2.080	2.518	2.831
22	1.321	1.717	2.074	2.508	2.819
23	1.319	1.714	2.069	2.500	2.807
24	1.318	1.711	2.064	2.492	2.797
25	1.316	1.708	2.060	2.485	2.787

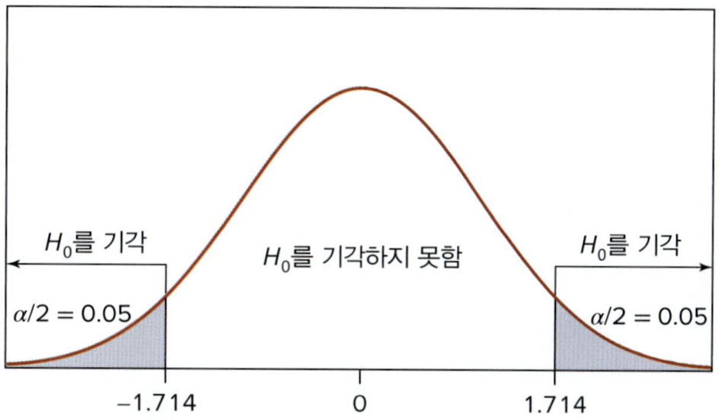

그림 9.8

$d.f. = 23$의 t분포를 이용한 평균에 대한 양측검정

따라서 그림 9.8에서와 같이 $t_{calc} > 1.714$ 또는 $t_{calc} < -1.714$라면 귀무가설을 기각한다.

3단계: 검정통계량 계산 표본에서 얻은 정보를 대입하면 검정통계량은 다음과 같다.

$$t_{calc} = \frac{\bar{x} - \mu_0}{\frac{s}{\sqrt{n}}} = \frac{141.375 - 142}{\frac{1.99592}{\sqrt{24}}} = \frac{-0.6250}{0.40742} = -1.534$$

4단계: 기각여부 결정 검정통계량이 확률변동의 범위 안에 존재하기 때문에 귀무가설 H_0: $\mu = 142$를 기각할 수 없다.

α값이 결과에 미치는 효과

유의수준을 무엇으로 선택했느냐가 기각여부 결정에 얼마나 영향을 미칠까? 표 9.4는 t분포의 몇몇 임계치 값을 보여준다. $\alpha = 0.20$에서는 귀무가설을 기각할 수 있지만, 다른 유의수준에서는 기각할 수 없다. 주어진 표가 의미하는 바는 가설검정에서 여러 α값을 이용하는 것이 항상 바람직하다는 것은 아니며, α값에 따라 기각여부가 달라질 수 있음을 보여주는 것이다.

p값을 이용

연구자들이 더 많이 사용하는 방법은 p값을 찾는 것이다. p값을 계산한 후에 유의수준(α)과 비교한다. p값은 $t = -1.534$보다 작거나 $t = +1.534$보다 큰 꼬리의 면적이다. 그러나 부록 D에서는 단지 p값의 범위만을 계산할 수 있다. 부록 D에 따르면, 양측 꼬리의 p값은 0.20에서 0.10 사이에 있는 것이 분명하다(양측검정이므로, 우측 꼬리 면적을 두 배로 했다). 엑셀 함수 =T.DIST.2T(t test statistic, degrees of freedom)을 이용하면 더 쉽고 정확하게 계산할 수 있다. 위 예제에서는 =T.DIST.2T(1.534,23)이므로 양측검정 p값은 0.13867로 계산된다. 그림 9.9에서 보듯이 양쪽 꼬리의 면적은 정확히 1/2, 즉 0.06934이다. H_0가 사실이라면 표본평균이 양쪽 꼬리의 극단적인 값이 나올 확률은 1,000번 중 139번 정도라는 것이

표 9.4

α값의 영향(자유도 = 23일 때, 양측검정 t분포의 임계치)

	$\alpha = 0.20$	$\alpha = 0.10$	$\alpha = 0.05$	$\alpha = 0.01$
임계치	$t_{0.10} = \pm 1.319$	$t_{0.05} = \pm 1.714$	$t_{0.025} = \pm 2.069$	$t_{0.005} = \pm 2.807$
의사결정	H_0 기각	H_0 기각 못함	H_0 기각 못함	H_0 기각 못함

그림 9.9

t = 1.534인 양측검정의 p값

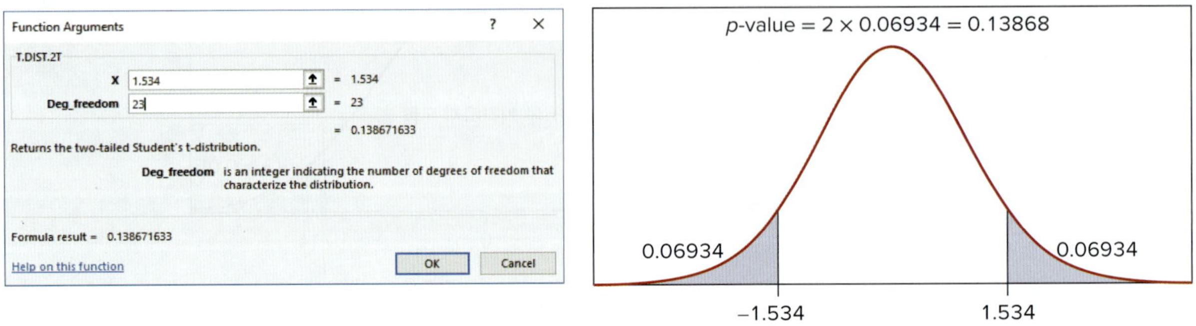

출처: Microsoft Excel.

다. p값 > α이므로, H_0를 기각할 수 없다.

결과해석

핫초코 온도가 142°F에서 약간 벗어났다고 해서 그러한 차이가 소비자들에게 무슨 큰 의미가 있을까? 이러한 차이를 통계적으로 발견했다고 해서 그게 실제로도 중요한지는 다른 문제일 것이다. 실제 상황에서 얼마나 중요한지는 통계학자가 아닌 전문경영인이 결정할 문제이다.

핫초코 예제는 다음의 점그림에서 보듯이 이상치(outlier)는 보이지 않고 전체적으로 종 모양을 보이고 있다. t검정은 약간의 비정규성이 존재하더라도 결과에 큰 영향을 받지는 않는다. 그러나 이상치가 많거나 극단적 왜도가 존재할 때는 검정결과에 영향을 미칠 수 있다.

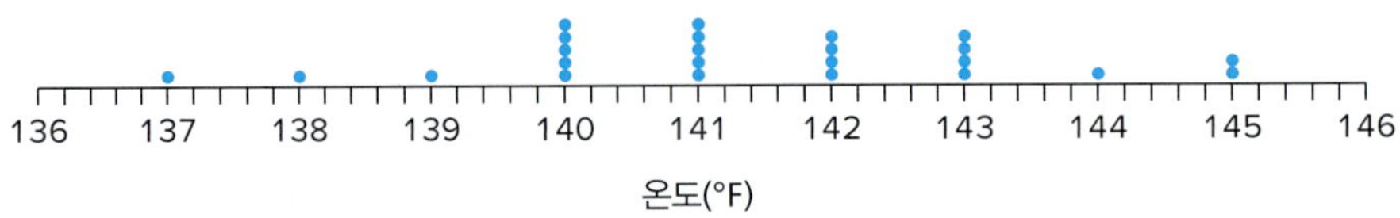

> **누가 p값을 쓰는가?**
>
> Noodles & Company의 의사결정자들은 직접 통계적 분석을 수행하지는 않지만, 다른 사람이 수행한 통계분석에서 분석된 결과와 도출된 p값을 모두 이해하고 있다. p값은 전략적 결정을 할 때 중요한 역할을 한다.
>
> *Noodles & Company의 최고재무담당, Dave Boennighausen*

신뢰구간 대 가설검정

유의수준 10%에서 양측검정을 하는 것은 90% 신뢰구간을 구하는 것과 일치한다. 신뢰구간이 μ_0를 포함하지 않는다면 귀무가설을 기각한다. 핫초코 자료에서 표본평균은 141.375

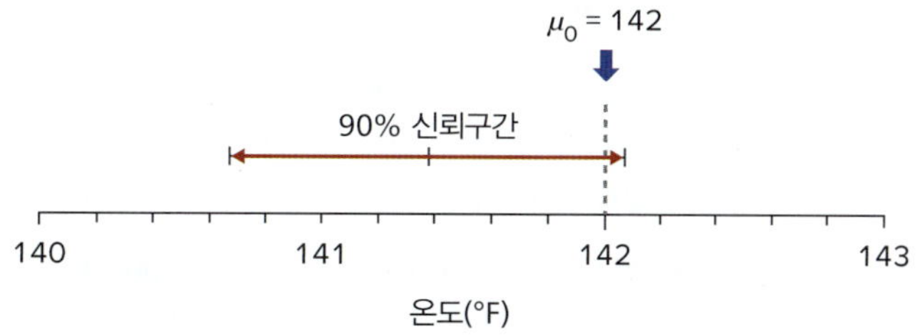

그림 9.10
μ에 대한 90% 신뢰구간

이고, 표준편차는 1.99592이다. 부록 D를 이용하면 $t_{0.05} = 1.714$이고 90% 신뢰구간은 다음과 같다.

$$\bar{x} \pm t_{\alpha/2}\frac{s}{\sqrt{n}} \quad \text{또는} \quad 141.375 \pm (1.714)\frac{1.99592}{\sqrt{24}} \quad \text{또는} \quad 141.375 \pm 0.6983$$

$\mu = 142$는 90% 신뢰구간 [140.677, 142.073]에 속해 있기 때문에 유의수준 10%에서 가설 H_0: $\mu = 142$를 기각할 수 없다. 의사결정자는 가설검정 혹은 신뢰구간 방법 중 하나를 이용해 의사결정을 내릴 수 있다. 그림 9.10에서 볼 수 있듯이 신뢰구간 방법은 가설로 설정한 평균이 신뢰구간 내에 존재하는지를 시각적으로 볼 수 있다는 장점이 있다.

표본이 큰 경우

부록 D로부터, 표본이 큰 경우에는 t와 z 값 사이에 큰 차이가 없다는 점을 확인할 수 있다(부록 D의 마지막 행, 즉 $d.f. = \infty$ 경우를 참조). 따라서 표본이 작지 않은 경우에는 t값 대신 z값을 쓴다고 큰 문제가 발생하지 않는다. 검정통계량은 다음과 같다.

$$z_{\text{calc}} = \frac{\bar{x} - \mu_0}{\frac{s}{\sqrt{n}}} \quad \text{(표본이 크고, } \sigma \text{를 모르는 경우)} \tag{9.3}$$

그러나 t값 대신에 z값을 쓰는 것이 보수적인 방법은 아니다. 혹여 제1종 오류가 증가할 가능성이 있기 때문이다. 그래서 통계학에서는 σ를 모르는 경우, t값을 활용하도록 추천한다. 임계치를 얻기 위해서는 엑셀이나 부록 D를 활용하도록 한다.

단원 연습문제

connect

9.29 아래 각 가설에 대해서 스튜던트 t의 임계치를 구하시오.

a. 10% 유의수준, 양측검정, $n = 21$
b. 1% 유의수준, 우측검정, $n = 9$
c. 5% 유의수준, 좌측검정, $n = 28$

9.31 각 가설에 대한 검정통계량(t_{calc})을 계산하라.

a. $\bar{x} = 347$, $\mu_0 = 349$, $s = 1.8$, $n = 9$
b. $\bar{x} = 45$, $\mu_0 = 50$, $s = 12$, $n = 16$
c. $\bar{x} = 4{,}103$, $\mu_0 = 4.004$, $s = 0.245$, $n = 25$

9.33 (부록 D를 이용하지 말고) 엑셀로 p값을 찾아라.

a. $t = 1.457$, $d.f. = 14$, 우측검정
b. $t = 2.601$, $d.f. = 8$, 양측검정
c. $t = -1.847$, $d.f. = 22$, 좌측검정

9.35 각 표본에 대한 검정통계량과 p값을 계산하라. 특정한 α에 대한 검정결과를 제시하라.

a. H_0: $\mu = 200$ 대 H_1: $\mu \neq 200$, $\alpha = 0.025$, $\bar{x} = 203$, $s = 8$, $n = 16$

b. H_0: $\mu \geq 200$ 대 H_1: $\mu < 200$, $\alpha = 0.05$, $\bar{x} = 198$, $s = 5$, $n = 25$

c. H_0: $\mu \leq 200$ 대 H_1: $\mu > 200$, $\alpha = 0.05$, $\bar{x} = 205$, $s = 8$, $n = 36$

9.37 어느 페인트 회사는 자사의 페인트로 갤론당 400평방피트를 칠할 수 있다고 주장한다. 도장공은 6갤론을 추출하여, 갤론당 다음과 같은 정도를 칠할 수 있다는 것을 발견하였다. 360, 410, 380, 390, 400. (a) $\alpha = 0.10$에 대해서, 표본의 결과가 이 페인트 회사의 주장에 위배되는가? (b) 가설검정의 결과가 유의수준(α)의 선택에 좌우되는가? (c) 엑셀을 이용해서, p값을 구하고, 그 의미를 해석하시오. (d) 이 경우에 통계적 유의성과 실제 중요성 간의 차이를 논해보시오. **Paint**

9.39 설문조사기관에 따르면 스마트폰(아이폰 혹은 갤럭시)의 2019년 기준 평균 구매가격은 \$818이었다. 2020년 스마트폰을 소유한 20명의 기업임원을 임의로 골라 평균 구매가격을 조사해보니 \$841이었고 표본표준편차는 \$23이었다. (a) 0.05의 유의수준에 대해 평균 구매가격이 올랐다고 할 수 있는가? 가설을 설정하고 결정규칙을 명확히 보여라. (b) 엑셀을 이용하여 p값을 구하고, 그 함의를 설명하라.

9.41 Noodles & Company에서는 과거 기록상 손님들이 한 번 주문할 때 평균 1.6개의 음식을 주문한다. 어느 토요일 오후에, 임의 추출한 40개의 테이블에서 평균적으로 1.80개의 음식을 주문했고, 표준편차는 1.11이었다. 5%의 유의수준에서, 이 토요일 오후의 평균 음식 주문량이 평소보다 크다고 할 수 있을까?

9.43 옥스나드 대학(Oxnard University)에서 4학년 회계학 전공학생 18명을 선택하여 GPA 평점을 계산한 결과, 평균이 3.35점이고 표준편차는 0.25였다. (a) $\alpha = 0.05$의 양측검정에서 회계학 전공학생의 평균 평점이 3.25(경영대학 4학년 학생의 평균 평점)와 유의하게 다른지 가설검정하라. (b) 모평균에 대한 95% 신뢰구간을 구하라. (c) 신뢰구간 방법과 가설검정 방법이 동일한지 설명하라.

Mini Case 9.2

화장품 판매업

리사는 백화점 화장품 코너에서 5년간 근무했다. 그녀는 근무 외 시간에 천연 원료를 이용하여 로션과 향수를 만들어보았다. 그녀가 만든 화장품에 대해 친구들과 가족들이 매우 긍정적인 반응을 보이자, 자신만의 화장품 가게를 열기로 결심했다. 하지만 창업자금 마련을 위해서는 은행에서 대출을 받아야 하며, 이를 위해 설득할 논리를 만들어야 했다. 그녀가 보기에는 그녀가 사는 도시 여성들이 향수 등 화장품에 지출하는 액수가 전국 평균보다는 높아 보였다. 만일 이게 사실이라면 이는 화장품 창업에 매우 중요한 요소가 될 수 있다.

리사는 은행 대출을 위해 사업계획서를 만들 때, 이러한 믿음을 증명할 만한 증거를 담고 싶었다. 다행히 대학 때 배운 통계학의 가설검정 방법을 이용하기로 하고, 전국 여성들에 대한 자료 조사를 통해 이들이 석 달 동안 평균 59달러를 지출한다는 사실도 알게 되었다.

따라서 가설을 다음과 같이 설정하였다.

H_0: $\mu \leq \$59$

H_1: $\mu > \$59$

즉, 귀무가설은 그녀가 사는 도시의 평균지출액이 전국 평균과 같다고 놓고, 이 가설이 기각되기를 희망한다. 그녀가 사는 도시 여성 25명에 대한 표본조사를 통해 표본평균이 68달러이고 표준편차는 15달러라는 것을 얻게 되었다. 모집단의 표준편차를 모르기 때문에 t검정통계량을 사용하였다. 검정통계량을 계산해보니 다음과 같았다.

$$t_{\text{calc}} = \frac{68 - 59}{\frac{15}{\sqrt{25}}} = 3.00 \quad (\text{자유도 } 24)$$

엑셀 함수 =T.DIST.RT(3,24)를 이용하여 우측 꼬리 p값이 0.003103임을 알았다. 이처럼 p값이 매우 작아 귀무가설을 기각할 수 있다. 귀무가설을 기각했다는 것은 그녀가 사는 도시의 여성들이 화장품에 평균 59달러 이상을 지출한다는 것을 의미한다.

리사는 그 도시 여성들의 평균 지출액을 신뢰구간을 통해서도 계산하고자 한다. 95% 신뢰구간을 구하는 데 필요한 t값을 계산하기 위해 엑셀 함수 =T.INV(0.05,24)를 이용하였다. 결과는 $t_{0.025} = 2.0639$이다. 따라서 μ에 대한 95% 신뢰구간은 다음과 같다.

$$\bar{x} \pm t_{\alpha/2}\frac{s}{\sqrt{n}} \quad \text{또는} \quad 68\text{달러} \pm 2.0639\frac{15}{\sqrt{25}} \quad \text{또는} \quad 68\text{달러} \pm 6.19\text{달러} \quad \text{또는} \quad [61.81, 74.19]$$

리사의 사업계획서는 해당 도시 여성들의 화장품에 대한 지출액이 전국 평균보다 높다는 것을 나타내고 있다. 또한 평균 지출액 추정치가 3개월에 62달러에서 74달러 사이인 것도 알게 되었다. 은행 대출심사자는 아마도 그녀의 훌륭한 화장품뿐 아니라 뛰어난 사업계획서에도 관심을 가질 것이다.

9.6 모비율에 대한 검정

비율 데이터를 모으는 일은 매우 수월하기 때문에 기업에서 많이 사용한다. 예를 들어 어떤 소비자가 새로 출시된 자동차의 색에 대한 만족도가 얼마인지를 표시하도록 하는 것보다는 그 색의 선호 유무를 묻는 게 훨씬 쉬운 일이다. 또한 시장점유율, 근로자 고용 유지율, 근로자 사고율과 같은 기업의 많은 성과지수들도 비율로 표시된다.

예제 9.6
비율 검정

2015년 미국 항공사들은 일반적으로 보안검사를 마친 1,000개의 가방 중에 6개는 주인을 찾아주지 못한다고 발표했다. 한 항공사는 이처럼 주인을 찾지 못한 사고의 54%가 여객기 환승 과정에서 발생한다는 것을 알아냈다. 이 항공사는 RFID(Radio Frequency Identification)시스템을 도입해 환승 과정에서 가방 분실을 줄여보려고 했다. 몇 달간의 시험 운영을 통해, 새로 도입한 시스템이 정말 효과적인지 검증해보기를 원했고, 이를 위해 가설검정이라는 방법을 동원하였다. 귀무가설에서 기준이 되는 값은 기존 시스템에서 도출된 54%의 사고율이다($\pi_0 = 0.54$). 이를 검증하기 위한 가설들은 다음과 같다.

좌측검정	*양측검정*	*우측검정*
$H_0: \pi \geq 0.54$	$H_0: \pi = 0.54$	$H_0: \pi \leq 0.54$
$H_1: \pi < 0.54$	$H_1: \pi \neq 0.54$	$H_1: \pi > 0.54$

어떤 가설이 항공사의 목적에 가장 적합할까? 이 항공사는 RFID 시스템 도입으로 사고율이 줄어들 거라 기대하기 때문에 좌측검정이 가장 적합할 것이다. 한편, 귀무가설은 사고율이 줄지 않았다고 둬야 할 것이다. 만일 좌측검정에서 H_0는 기각되고, H_1이 채택된다면, 새로운 시스템으로 인해 항공사의 가방 분실률은 줄었다고 주장할 수 있을 것이다.

모비율(π)에 대한 가설검정의 단계는 앞서 공부한 평균에 대한 가설검정 방식과 동일하다. 차이가 있다면, 검정통계량을 계산하기 위해 표본비율(p)을 계산하는 것뿐이다. 우리는 8장에서 표본의 크기가 큰 경우에는 표본비율이 정규분포를 따른다고 배웠다. 정규분포를 가정하면 검정통계량은 z분포를 따르게 된다. 표본비율은 다음과 같이 정의된다.

$$p = \frac{x}{n} = \frac{\text{성공의 개수}}{\text{표본크기}} \tag{9.4}$$

위의 검정통계량은 표본비율 p와 가정된 모비율 π_0와의 차이를 표본비율 표준오차(σ_p)로 나눈 값이다.

비율에 대한 검정통계량

$$z_{\text{calc}} = \frac{p - \pi_0}{\sigma_p} = \frac{p - \pi_0}{\sqrt{\dfrac{\pi_0(1 - \pi_0)}{n}}} \tag{9.5}$$

여기서 검정하고자 하는 π_0값은 하나의 **기준값**(benchmark)으로서 과거성과, 산업표준, 제품특성 등에서 얻으며, 표본에서는 얻지 않는다.

예제 9.7

반품정책

H&M, 오피스 디포, 유니클로, Dick's Sporting Goods 같은 회사들은 교환이나 반품 정책을 상습적으로 악용하는 소비자를 추적하는 새로운 기술을 이용하고 있다. 예를 들어 어떤 소비자는 옷 한 벌을 산 후 한두 번 입고 반환한다. 캘리포니아 소재 the Retail Equation이 소유한 소프트웨어는 소비자의 반품기록을 추적해 행동이 심히 위험스러우면 곧장 매장 주인에게 경고 메시지를 보낸다. 이 소프트웨어는 사기성 있는 반환 횟수와 전체 반품 비율을 줄이기 위해 고안되었다. 백화점 오프라인 매장의 과거 반품률은 13.0%이다. 한 백화점에서는 새로운 소프트웨어를 적용한 후에 판매한 상품 250개 중에서 22개가 반품되었다. 유의수준 $\alpha = 0.05$에서, 표본의 결과를 놓고 반품률이 줄었다고 할 수 있을까?

1단계: 가설 설정 가설은 다음과 같다.

H_0: $\pi \geq 0.13$(반품률이 과거값과 같거나 상승)
H_1: $\pi < 0.13$(반품률이 과거값보다 하락)

2단계: 결정규칙 설정 $\alpha = 0.05$의 좌측검정에서 임계치는 $z_{0.05} = -1.645$이고 결정규칙은

만일 z가 -1.645보다 작으면 H_0를 기각,
그렇지 않으면 H_0를 기각하지 않음.

그림 9.11에 결정규칙이 나와 있다.

z분포를 이용하기 전에 정규분포 가정을 확인할 필요가 있다. 정규성 가정을 위해서는 $n\pi_0 \geq 10$이고 $n(1 - \pi_0) \geq 10$이어야 한다. 여기서 정규성 확인을 위해서 π_0(p가 아닌)를

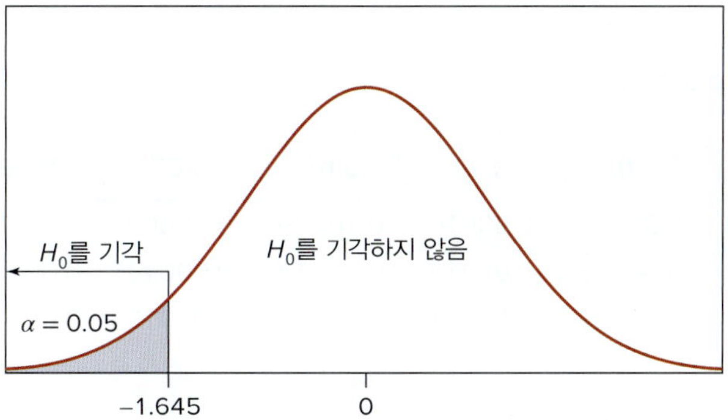

그림 9.11

$\alpha = 0.05$를 이용한 좌측 z검정

사용한다는 것에 주의하기 바란다. 그 이유는 H_0를 사실로 가정하기 때문이다. $\pi_0 = 0.13$과 $n = 250$을 대입해보면, 위 조건이 만족함을 확인할 수 있다. 즉, $(250)(0.13) = 32.5$이고 $(250)(1 - 0.13) = 217.5$이다.

3단계: 검정통계량 계산 $p = x/n = 22/250 = 0.088$이므로 표본의 결과가 H_1에 부합하는 것으로 보인다. 그러나 실제 가설검정을 해봐야 한다. 우선 H_0가 참이라고 가정하고, 검정통계량이 이 가정에 위배되는지 확인해야 한다. 여기에서 $\pi = 0.13$이라는 가설을 검정한다. 만약 $p = 0.13$을 기각한다면 이는 $p < 0.13$을 수용하는 것을 의미한다. 따라서 암묵적으로 $p \geq 0.13$의 가설도 기각하게 된다. 검정통계량은 표본비율 $p = x/n$과 가정된 모수 π_0의 차이를 p의 표준오차로 나눈 값이다.

$$z_{\text{calc}} = \frac{p - \pi_0}{\sqrt{\dfrac{\pi_0(1 - \pi_0)}{n}}} = \frac{0.088 - 0.13}{\sqrt{\dfrac{0.13(1 - 0.13)}{250}}} = \frac{-0.042}{0.02127} = -1.975$$

4단계: 기각여부 결정 검정통계량이 좌측 꼬리의 기각역에 들어가므로, H_0를 기각한다. 따라서 반환기록 추적을 위한 새로운 소프트웨어 도입 후 반품률이 0.13보다 낮아졌다고 결론 내릴 수 있다.

5단계: 조치 실행 반품률이 줄어든 것으로 보인다. 따라서 회사는 이 프로그램을 다른 매장까지 확대할 것으로 기대된다.

p값을 이용하는 방법

위에서 구한 검정통계량 $z_{\text{calc}} = -1.975$에 대해, 엑셀의 표준정규분포의 누적함수인 =NORM.S.DIST(−1.975)를 이용해 p값을 구할 수 있다. 이 함수를 이용하면 p값은 0.02413이다. 한편, 검정통계량 값을 소수점 둘째 자리까지 반올림하면, 부록 C-2의 누적정규분포를 이용할 수 있다. 표 9.5에서 보는 것처럼 반올림한 값에 따라 p값이 2개 나온다. 어느 p값을 이용하더라도 $\alpha = 0.05$에서 H_0를 기각하게 된다. 하지만 만일 $\alpha = 0.025$로 두게 되면, 가까스로 기각하게 된다. 그림 9.12는 p값을 구하는 방법을 보여준다.

p값이 작을수록 H_0를 기각할 가능성이 크다. 혹 p값이 클수록 '더 중요하다'고 생각할지도 모른다. 그러나 p값은 H_0를 기각하는 유의수준을 직접적으로 측정한 것이다. 따라서 p값이 작을수록 더욱 설득력이 있다. p값이 의미하는 것은 비율의 참값이 0.13이라면, 표본비율이 0.088 또는 그보다 작은 값이 나올 확률은 2.4%라는 것이다. 그러한 표본은 귀무

표 9.5

부록 C-2에서 z = 1.975에 대한 p값 찾기

z	0.00	0.01	0.02	0.03	0.04	0.05	0.06	0.07	0.08	0.09
−3.7	0.00011	0.00010	0.00010	0.00010	0.00009	0.00009	0.00008	0.00008	0.00008	0.00008
−3.6	0.00016	0.00015	0.00015	0.00014	0.00014	0.00013	0.00013	0.00012	0.00012	0.00011
−3.5	0.00023	0.00022	0.00022	0.00021	0.00020	0.00019	0.00019	0.00018	0.00017	0.00017
⋮	⋮	⋮	⋮	⋮	⋮	⋮	⋮	⋮	⋮	⋮
−2.0	0.02275	0.02222	0.02169	0.02118	0.02068	0.02018	0.01970	0.01923	0.01876	0.01831
−1.9	0.02872	0.02807	0.02743	0.02680	0.02619	0.02559	0.02500	0.02442	0.02385	0.02330
−1.8	0.03593	0.03515	0.03438	0.03362	0.03288	0.03216	0.03144	0.03074	0.03005	0.02938

그림 9.12

z_{calc} = −1.975일 때, 좌측검정에서 p값

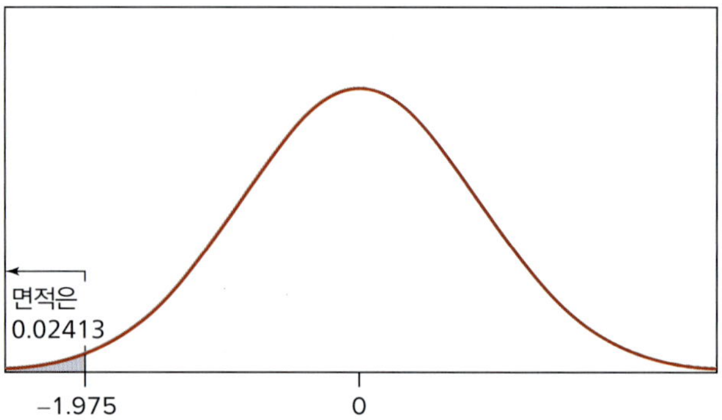

가설이 사실이라면 1,000번 중에서 24번 정도 발생한다는 의미이다. 좌측검정에서 p값이 유의수준 α보다 작기 때문에 귀무가설을 기각한다. 사실 0.02413보다 더 큰 어떤 α에서도 H_0는 기각된다.

양측검정

이번에는 양측검정에 대해 알아보자. 양측검정은 변화의 방향보다는 변화 자체에 관심이 있을 때 적절한 방법이다. 다른 조건이 일정할 때 양측검정에서 기각이 되면, 단측검정에서는 당연히 기각이 되기 때문에 양측검정을 자주 사용한다. 따라서 같은 표본에 대해서 단측검정이나 양측검정 모두 사용해 볼 수 있다. 결국 어떤 가설검정을 사용할지는 통계학자가 어떤 목적에서 가설검정을 할지에 따라 취사 선택되는 것이다.

1단계: 가설 설정 가설은 다음과 같다.

H_0: $\pi = 0.13$(반환율이 예전 값과 같음)
H_1: $\pi \neq 0.13$(반환율이 예전 값과 다름)

2단계: 결정규칙 설정 양측검정의 경우 제1종 오류의 위험을 절반씩 나누어, 즉 $\alpha/2 = 0.05/2 = 0.025$로 나누어 양쪽 꼬리에 할당한다(신뢰구간을 구하는 경우와 유사하다). $\alpha = 0.05$인 양측검정의 경우 임계치가 $z_{0.025} = 1.96$이므로 결정규칙은 다음과 같다.

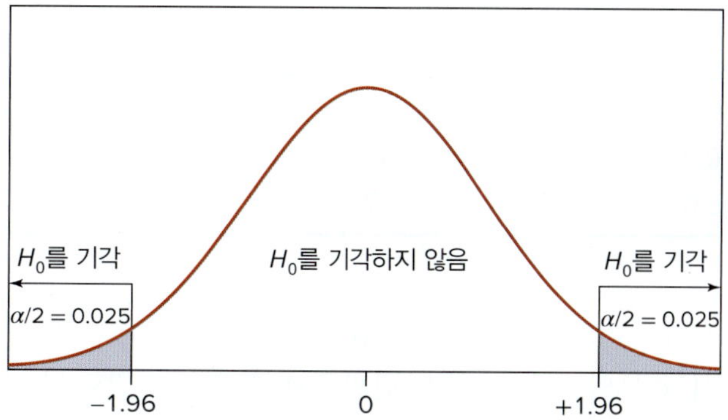

그림 9.13

$\alpha = 0.05$일 때, 양측 z검정

만일 $z_{\text{calc}} > +1.96$ 또는 $z_{\text{calc}} < -1.96$이면 H_0를 기각,
그렇지 않으면 H_0를 기각하지 않음.

이와 같은 결정규칙이 그림 9.13에 나와 있다.

3단계: 검정통계량 계산 검정통계량은 가설이나 유의수준에 영향을 받지 않는다. 검정통계량 값은 단측검정일 때와 같다.

$$z_{\text{calc}} = \frac{p - \pi_0}{\sqrt{\dfrac{\pi_0(1-\pi_0)}{n}}} = \frac{0.088 - 0.13}{\sqrt{\dfrac{0.13(1-0.13)}{250}}} = \frac{-0.042}{0.02127} = -1.975$$

4단계: 기각여부 결정 검정통계량이 좌측 꼬리의 기각역에 속하게 되므로 귀무가설 H_0: $\pi = 0.13$을 기각하고 H_1: $\pi \neq 0.13$이라는 결론을 5% 유의수준에서 내리게 된다. 이를 달리 표현하면, 양측검정 결과 표본비율이 과거값과 '통계적으로 유의하게 다르다'. 검정통계량이 가까스로 기각영역에 들어가기 때문에 근소한 차이로 이뤄진 결정이라고 할 수 있다.

단측검정일 때, 귀무가설을 더 확실하게 기각할 수 있다. 즉, 단측검정일 때 검정통계량이 임계치와 더 확실한 차이가 난다. α가 일정할 때 양측검정에서 기각되면, 단측검정은 항상 기각된다. 따라서 단측검정을 특별히 선택해야 할 이유가 없을 때는 양측검정을 선택하는 편이 낫다.

양측검정에서의 p값 계산

양측검정에서는 제1종 오류의 위험을 좌측과 우측 꼬리에 똑같이 나누기 때문에, 표본통계량이 극단적으로 작거나 극단적으로 클 때에만 H_0가 기각된다. 따라서 양측검정에서 p값을 이용할 때는 검정통계량에 관한 꼬리 부분 면적에 2를 곱하여 이를 α값과 비교한다. 같은 예에서 검정통계량은 $z = -1.975$로 계산되기 때문에 p값은 다음과 같다.

$$2 \times P(Z < -1.975) = 2 \times 0.02413 = 0.04826$$

p값 0.04826이 유의수준 α (0.05)보다 작기 때문에 귀무가설을 기각한다.

α의 영향

유의수준이 달라지면 검정 결과는 바뀔까? 표 9.6은 여러 가능성을 보여준다. 우선 검정통계량은 α값과 상관없이 항상 동일하다. 그러나 $\alpha = 0.10$과 $\alpha = 0.05$에서는 귀무가설을 기

표 9.6
α 변화에 따른 결과

α	검정통계치	양측검정임계치	의사결정
0.10	$z_{\text{calc}} = -1.975$	$z_{0.05} = \pm 1.645$	H_0를 기각
0.05	$z_{\text{calc}} = -1.975$	$z_{0.025} = \pm 1.960$	H_0를 기각
0.01	$z_{\text{calc}} = -1.975$	$z_{.005} = \pm 2.576$	H_0를 기각 못함

각할 수 있는 반면에 $\alpha = 0.01$에서는 기각할 수 없다. 그러므로 10%와 5%의 유의수준에서 표본의 비율이 과거 반환율과 다르다고 말할 수 있지만 1% 유의수준에서는 다르다고 말할 수 없다.

그럼 어떤 유의수준이 적절한가? 이는 제1종 오류를 어느 정도 수준에서 허용할지에 따라 결정된다. $\alpha = 0.01$이라는 것은 제1종 오류가 작아진다는 것을 의미하므로 더 나은 선택일 수 있지만, 제2종 오류는 증가한다는 사실도 기억해야 한다. 위의 예에서 제1종 오류는 무엇일까? 실제 반환율에 아무 변화가 없는데도 반환율에 변화가 생겼다고 결론을 내릴 오류이다. 한편 제2종 오류는 무엇일까? 도입한 소프트웨어 때문에 실제로 반환율이 감소했음에도 효과가 없다고 결론을 내릴 오류이다.

예제 9.8
입원 기간

어느 병원이 자체 성과를 다른 병원들과 비교한다고 하자. 일반 병원에서는 자연분만 산모의 50% 미만이 2일(48시간) 이내로 병원에 머문다고 한다. 이 병원에서 50명의 자연분만 산모를 표본으로 추출하였더니 31명의 산모가 48시간 이상 병원에 머문 것으로 확인됐다. $\alpha = 0.025$에서 위 표본을 통해 해당 병원이 다른 일반병원의 평균을 초과했다고 할 수 있는가? 우측검정을 통해 확인해 보자.

1단계: 가설 설정 가설은 다음과 같다.

H_0: $\pi \le 0.50$(해당 병원은 병원업종 평균에 든다.)
H_1: $\pi > 0.50$(해당 병원은 병원업종 평균을 벗어난다.)

2단계: 결정규칙 설정 $\alpha = 0.025$이고 우측검정의 경우 임계치는 $z_{0.025} = 1.96$이다. 그리고 결정규칙은 다음과 같다.

만일 $z > 1.960$이면 H_0를 기각,
그렇지 않으면 H_0를 기각하지 않음.

그림 9.14는 결정규칙을 보여주고 있다.

z분포를 사용하기 전에 정규성 가정을 확인해봐야 한다. 정규성을 가정하기 위해서는 $n\pi_0 \ge 10$이고 $n(1 - \pi_0) \ge 10$이어야 한다. 이 식에 $\pi_0 = 0.50$과 $n = 50$을 대입하면, 정규성 조건이 만족된다는 것을 확인할 수 있다. 즉, $(50)(0.50) = 25$ 그리고 $(50)(1 - 0.50) = 25$이다.

3단계: 검정통계량 계산 $p = x/n = 31/50 = 0.62$이기 때문에 쉽사리 표본결과가 H_1에 더 부합한다고 판단할 수 있다. 그러나 실제 가설검정을 해봐야 한다. 가설검정에서는 H_0가

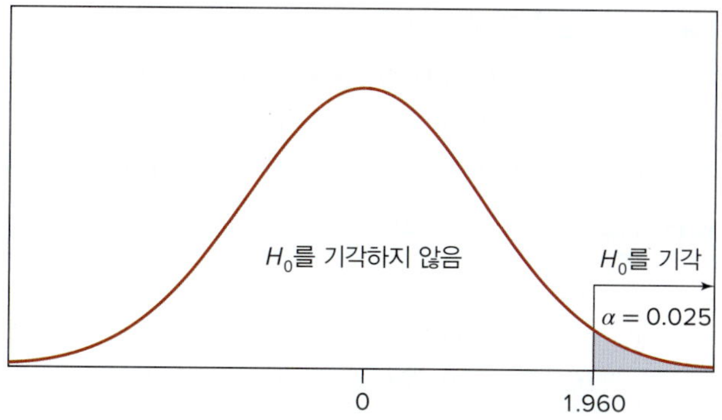

그림 9.14

$\alpha = 0.025$를 이용한 우측 z검정

참이라고 가정하고, 검정통계량이 이 가정에 위배되는지를 확인하는 것이다. 즉 H_0: $\pi = 0.50$의 가설을 검정한다. 만일 결과가 $\pi > 0.50$에 부합하게 나오면, $\pi = 0.50$라는 가설을 기각하고, 동시에 $\pi \leq 0.50$라는 가설도 기각된다. 검정통계량은 표본비율 ($p = x/n$)과 가정해 둔 모수(π_0) 간의 차이를 p의 표준편차로 나눈 것임을 확인해 보기 바란다.

$$z_{\text{calc}} = \frac{p - \pi_0}{\sqrt{\dfrac{\pi_0(1-\pi_0)}{n}}} = \frac{0.62 - 0.50}{\sqrt{\dfrac{0.50(1-0.50)}{50}}} = \frac{0.12}{0.07071068} = 1.697$$

4단계: 기각여부 결정 검정통계량은 우측 꼬리의 기각역에 들어가지 않는다. 따라서 2.5% 유의수준에서 $\pi \leq 0.50$이라는 가설을 기각할 수 없다.

5단계: 조치 실행 해당 병원의 성과는 다른 여타 병원의 평균에 부합하고 있다고 볼 수 있으며, 추가적인 조치는 필요가 없을 것이다.

p값을 이용

이 경우에 p값은 엑셀의 누적 표준정규분포 함수 =1-NORM.S.DIST(1.697, 1) = 0.04485 또는 부록 C-2($z = 1.70$이므로 $p = 1 - 0.9554 = 0.0446$)에서 구할 수 있다. 여기서 우측 꼬리 영역이 필요하므로 1에서 누적분포함수 값을 빼준 것이다. p값이 0.025보다 크기 때문에, 우측검정에서 귀무가설을 기각할 수 없다. 만일 $\alpha = 0.05$의 경우라면, 가까스로 귀무가설을 기각할 수 있다. 이로서 유의수준에 따라 기각여부가 바뀐다는 것을 확인할 수 있다. p값을 이용하게 되면 H_0가 기각되거나 그렇지 않은 경계점을 정확하게 알 수 있다. 그림 9.15에 p값이 제시되어 있다.

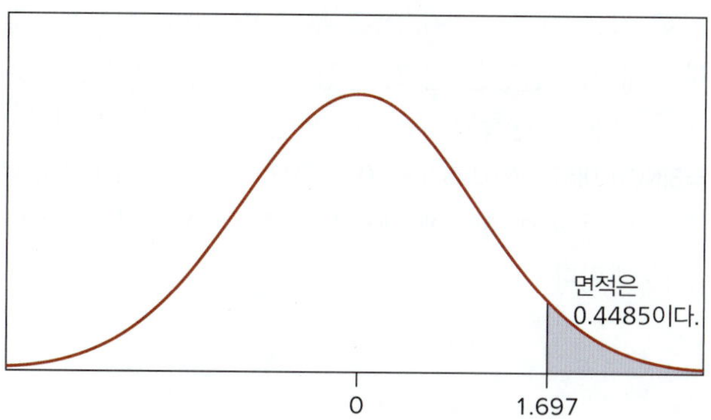

그림 9.15

$z_{\text{calc}} = 1.697$일 때 우측검정의 p값

단원 연습문제

McGraw Hill connect

9.45 각 표본에 대해 검정통계량과 p값을 계산하라.

a. H_0: $\pi = 0.20$ 대 H_1: $\pi \neq 0.20$, $\alpha = 0.025$, $p = 0.28$, $n = 100$
b. H_0: $\pi \leq 0.50$ 대 H_1: $\pi > 0.50$, $\alpha = 0.025$, $p = 0.60$, $n = 90$
c. H_0: $\pi \leq 0.75$ 대 H_1: $\pi > 0.75$, $\alpha = 0.10$, $p = 0.82$, $n = 50$

9.47 다음의 경우 p의 정규성 조건이 만족되는가?

a. H_0: $\pi = 0.30$ 대 H_1: $\pi \neq 0.30$, $n = 20$
b. H_0: $\pi = 0.05$ 대 H_1: $\pi \neq 0.05$, $n = 50$
c. H_0: $\pi = 0.10$ 대 H_1: $\pi \neq 0.10$, $n = 400$

9.49 어떤 병원에 3,500개의 인슐린 주사기가 배달되었다. 그중 14개는 불량품으로 사용이 불가하다. (a) 병원에서 주사기 합격률을 99.7%로 설정하였다면 위 표본의 결과는 유의수준 5%에서 향후 주문을 거절할 수 있는 증거로서 충분한가? (b) 정규성 조건을 만족하는가? (c) 제1종 오류와 제2종 오류의 영향력을 설명하라. (d) p값을 계산하라.

9.51 홈쇼핑 콜센터는 전화주문의 효율성을 높이기 위해서 적어도 전화주문의 절반은 2분 이내에 마치도록 가이드라인을 정하였다. 64번의 전화주문을 표본으로 선택하여 조사한 결과 40번의 전화주문이 2분을 초과하였다. (a) 이러한 표본의 결과는 가이드라인에서 벗어난 비율인지 유의수준 5%에서 우측검정을 실시하라. 가설을 설정하고 결정규칙을 정하라. (b) p값을 찾아라. (c) $\alpha = 0.05$에서 의사결정을 내려라. (d) 그러한 차이는 중요한가? (통계적 유의성과 비교하여)

9.53 미국 비행사 노조에서는 702명의 비행기 여행객을 대상으로 설문조사를 실시하였다. 그중 442명이 비행 중 휴대전화 사용금지에 찬성하였다. 찬성 모비율이 50% 이상인지 유의수준 5%에서 가설검정하라.

표본이 적고 정규성을 만족하지 않을 경우

미국 연방항공청에서 실시한 조사에서 모든 여객기의 12.5%가 손님에게 제공된 식수에서 박테리아 수치 한도를 넘었다고 한다. 항공사들은 수질개선을 위해 정부가 정한 수준에 부합하도록 노력하고 있다. 최근 탑승기 16대를 임의로 조사하였고, 그중 1대가 수질기준에 미달되었다. 이를 통해 전반적인 수질개선이 됐다고 말할 수 있을까?

H_0: $\pi \geq 0.125$(기준미달률은 변함 없음)
H_1: $\pi < 0.125$(기준미달률이 감소함)

정규성 가정을 위한 기준은 $n\pi_0 \geq 10$과 동시에 $n\ (1 - \pi_0) \geq 0$이 만족되어야 한다. 이 사례는 정규성 가성을 위한 기준에 미흡하다. 왜냐하면 $n\pi_0 = (16)(0.125) = 2$이기 때문이다. 따라서 정규분포 대신에 이항분포를 이용하여 $\pi = 0.125$라는 가정하에 이들 표본을 관찰할 좌측 꼬리 확률(p값)을 구할 수 있다. 이항분포를 이용하면 정규성 가정이 필요 없기 때문에 가설검정은 쉽고, 항상 정확하다. 엑셀을 이용해서 귀무가설이 참이라는 가정하에 이들 표본이 관찰될 누적이항확률을 계산할 수 있다. 즉, $P\ (X \leq 1 \mid n = 16,\ \pi = 0.125)$ =BINOM.DIST(1,16,0.125,1) $= 0.38793$이다. p값이 0.388로 나왔기 때문에 어떤 일반적인 유의수준(예를 들어 5%)에 대해서도 H_0를 기각할 수 없다. 즉, 기준미달률에는 변화가 없다고 결론 내린다.

Mini Case 9.3

시간은 금이다

최근 많은 회사들은 전화나 인터넷을 통해 비즈니스를 한다. 따라서 고객과의 상담시간을 줄이는 것이 매우 중요하다. Verizon(미국의 전화회사)은 새로운 음성인식 프로그램을 설치하였다. 과거 시스템에서는 고객들이 숫자버튼을 직접 눌러야 했기 때문에 이를 꺼리는 많은 소비자들은 상담원과 직접 통화하기를 원했다. 통계적으로 약 94%의 고객이 상담원과 직접 통화해 요구사항을 전달했다. 이를 개선한 새로운 프로그램에서는 150통의 전화 중 120통만 직접 상담원과 통화했다. 가설은 다음과 같다.

H_0: $\pi \geq 0.94$(새로운 시스템은 과거 시스템과 같다.)
H_1: $p < 0.94$(새로운 시스템은 상담원과의 통화비율을 줄였다)

위 가설은 좌측검정이 필요하다. 유의수준 1%에서 좌측 꼬리 임계치는 $z_{0.01} = -2.326$이며, 이는 그림 9.16에 나와 있다.

그림 9.16

좌측검정에 대한 결정규칙

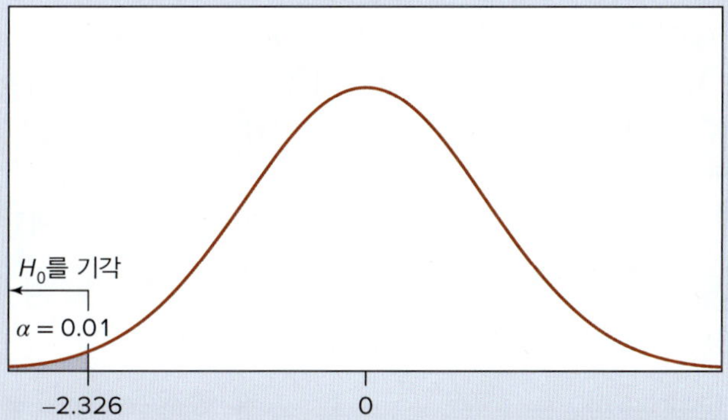

표본비율 p의 정규성 가정을 위해 $n\pi_0 \geq 10$과 $n\ (1 - \pi_0) \geq 10$이 모두 만족되어야 한다. (150)(0.94) = 141이지만, (150)(0.06) = 9이기 때문에 정규성 조건이 만족되지 않는다. 일단은 문제가 되는 것을 알지만, 가설검정을 진행해보자. 표본비율은 $p = 120/150 = 0.80$이고 검정통계량은 다음과 같다.

$$z_{\text{calc}} = \frac{p - \pi_0}{\sqrt{\dfrac{\pi_0(1-\pi_0)}{n}}} = \frac{0.80 - 0.94}{\sqrt{\dfrac{0.94(1-0.94)}{150}}} = \frac{-0.14}{0.01939} = -7.22$$

검정통계량이 임계치보다 훨씬 작은 값이다. 따라서 상담원과 통화하는 고객 비율이 감소했다고 말할 수 있다. 이제 이항확률공식을 이용해도 같은 결과가 나오는지 확인해보자. $P(X \leq 120 \mid n = 150, \pi = 0.94)$ =BINOM.DIST(120,150,0.94,1) = 5.6×10^{-9}. 여기서 p값이 거의 0에 가깝기 때문에, 상담원과 통화를 원하는 고객 비율은 감소했다는 동일한 결론을 내릴 수 있다.

통계적으로 유의한 감소라는 것 외에도 비율감소 자체가 회사에는 매우 중요하다. 예를 들어 Boston Financial Data Services(뮤추얼 펀드에 대한 기록을 제공하는 회사)는 고객 응대시간을 평균 1분 정도 감소시켰다. 이 회사의 콜센터는 1년에 170만 건의 전화를 받기 때문에 응대시간이 감소하면 상당한 비용을 절감할 수 있다.

단원 연습문제

connect

9.55 LCD 컴퓨터 모니터를 생산하는 BriteScreen은 제작한 모든 LCD 컴퓨터 모니터의 평균 99.9%가 품질기준에 만족하길 원한다. 어느 날 생산한 2,000대의 제품에서 4대가 불량품으로 나왔다. (a) 임의추출이라고 가정하고, 이 불량률이 품질기준에 부합하는지를 10% 유의수준에서 평가하라. *힌트*: 엑셀을 이용하여 이항확률 $P(X \geq 4 \mid n = 2{,}000, \pi = 0.001) = 1 - P(X \leq 3 \mid n = 2{,}000, \pi = 0.001)$을 계산하라. (b) 표본비율($p$)이 정규성 기준을 만족하지 못함을 보여라.

요약(*Chapter Summary*)

귀무가설(H_0; null hypothesis)은 현재의 상태 또는 기준값(benchmark)을 나타낸다. 이 상태에서 표본에서 얻은 증거를 바탕으로 **대립가설**(H_1; alternative hypothesis)이 맞을 것이라는 것에 희망을 두고 귀무가설 H_0를 기각하는 것이 목표이다. 대립가설은 가설검정의 꼬리 쪽에 중점을 둔다(가령, >은 좌측검정, <은 우측검정, ≠은 양측검정). 참인 귀무가설을 기각하는 오류를 **제1종 오류**(Type I error)라고 하고, 거짓인 귀무가설을 기각하지 못하는 오류를 **제2종 오류**(Type II error)라고 한다. **검정력**(power)은 거짓인 귀무가설을 기각하는 확률을 의미한다. 제1종 오류의 확률은 α로 나타내고 **유의수준**(level of significance)이라고도 부르며 연구자가 직접 설정한다. 제2종 오류는 β로 표기하며 참모수값, 표본크기, α 등에 따라 변한다. 일반적으로 α를 줄이면 β는 증가한다. **검정통계량**(test statistic)은 표본통계량을 가설의 모수와 비교한다. 모평균에 대한 결정규칙이란 검정통계량을 **임계치**(critical value)와 비교함으로써 H_0의 기각여부를 알려주기 위한 기준을 세우는 것을 말한다. 여기서 임계치는 σ를 아는 경우 z분포에서, σ를 모르는 경우에는 t분포에서 찾는다. 비율에 대한 검정은 표본이 충분히 크다면 정규분포를 이용하고 소표본에 대해서는 이항분포를 이용한다. 가설검정에서 **p값**(p-value)은 H_0가 참일 때 검정통계량 혹은 그보다 극단의 값이 나올 수 있는 확률을 의미한다. p값이 α보다 작으면 귀무가설을 기각하게 된다(즉, p값이 작다는 것은 H_0와 통계적으로 **유의미하게** 다르다는 것을 의미한다). 양측검정은 8장에서 논의된 신뢰구간 방법과 거의 유사하다.

주요 용어(*Key Terms*)

가설(hypotheses)
가설검정(hypothesis test)
검정력(power)
검정통계량(test statistic)
결정규칙(decision rule)
귀무가설(null hypothesis)
기각역(rejection region)
기준값(benchmark)
대립가설(alternative hypothesis)
양측검정(two-tailed test)
우측검정(right-tailed test)
유의성(significance)
유의수준(level of significance)
임계치(critical value)
제1종 오류(Type I error)
제2종 오류(Type II error)
좌측검정(left-tailed test)
중요성(importance)
통계적 가설(statistical hypothesis)
p값 방식(p-value method)

단일표본 가설검정에서 자주 사용되는 공식

제1종 오류: $\alpha = P(\text{귀무가설 기각} \mid \text{귀무가설이 참})$

제2종 오류: $\beta = P(\text{귀무가설 기각 못함} \mid \text{귀무가설이 거짓})$

검정력: $1 - \beta = P(\text{귀무가설 기각} \mid \text{귀무가설이 거짓})$

표본평균에 대한 검정통계량, σ를 아는 경우: $z_{\text{calc}} = \dfrac{\bar{x} - \mu_0}{\dfrac{\sigma}{\sqrt{n}}}$

표본평균에 대한 검정통계량, σ를 모르는 경우: $$t_{calc} = \frac{\bar{x} - \mu_0}{\frac{s}{\sqrt{n}}}, \quad d.f. = n - 1$$

표본비율에 대한 검정통계량: $$z_{calc} = \frac{p - \pi_0}{\sqrt{\frac{\pi_0(1 - \pi_0)}{n}}}$$

표본분산에 대한 검정통계량: $$\chi^2_{calc} = \frac{(n - 1)^2}{\sigma_0^2}, \quad d.f. = n - 1$$

리뷰(*Chapter Review*)

1. (a) 가설검정 절차를 설명하라. (b) 왜 가설은 증명될 수 없는가?
2. (a) 귀무가설과 대립가설의 차이점을 설명하라. (b) 귀무가설은 어떻게 선택되는가? ['귀무(null)'의 의미는?]
3. (a) 왜 "H_0를 받아들인다"는 표현 대신 "H_0를 기각할 수 없다"는 표현을 사용하는가? (b) "임시적으로 가설을 받아들인다"는 것은 무슨 의미인가?
4. (a) 제1종 오류와 제2종 오류를 정의하라. (b) 이를 설명하기 위해 예를 들어라.
5. (a) 좌측, 우측, 양측 검정의 차이점을 설명하라. (b) 언제 양측검정을 선택하는가? (c) 주어진 가설을 보고 어떻게 검정의 방향을 확인할 수 있는가?
6. (a) 결정규칙에서 기각역의 의미를 설명하라. (b) 가설검정을 하기 전에 검정통계량의 표본분포를 알아야 하는 이유는?
7. (a) 유의수준을 정의하라. (b) 검정력을 정의하라.
8. (a) α와 β는 작은 게 좋은가? (b) 주어진 표본 크기에서 α와 β 간에 상충관계가 생기는 이유는? (c) α와 β를 어떻게 동시에 줄일 수 있는가?
9. (a) '통계적으로 유의한 차이'가 왜 '실제적으로 중요한' 것과 서로 다를 수 있는가? 예를 제시하라. (b) 유의한 차이에 대해 어떤 조치가 필요한지를 결정하는 상황에서 통계학자의 역할이 제한적일 수밖에 없는 이유는?
10. (a) 비율에 대한 가설검정에서 정규성이 가정되는 경우는? (b) 표본이 너무 작으면 정규성을 가정할 수 없다. 그런 경우 대책은?
11. (a) 평균에 대한 가설검정에서 어떤 가정이 필요한가? (b) t분포 대신 z분포를 사용하는 이유는? (c) 어느 경우에 t분포와 z분포는 거의 차이가 없는가?
12. (a) p값의 의미를 설명하라. 예를 제시하고 이를 해석하라. (b) α값을 미리 설정하여 가설검정하는 대신 p값을 이용하는 방법을 선호하는 이유는?
13. 신뢰구간은 왜 양측검정과 유사한가?

단원 연습문제(*Chapter Exercises*)

주: 풀이과정을 분명히 제시하라.

가설 설정 및 제1종 오류, 제2종 오류

9.67 법정에서 판사가 증거와 상관없이 모든 피의자를 무죄방면한다고 가정하자. (a) 제1종 오류는 무엇인가? (b) 왜 이러한 상황이 문제가 되는가?

9.69 어떤 핵발전소가 기존의 ID 카드를 이용한 시설출입을 생체학적 보안시스템으로 변경하였다. 출입자들은 인증되는 경우와 비인증의 경우로 나뉜다. (a) 귀무가설과 대립가설을 설정하라. (b) 제1종 오류와 제2종 오류를 정의하라. 각 오류로 인해 초래되는 결과는 무엇인가?

9.71 전화판매원은 예측 다이얼링 시스템을 이용하여 실제 사람이 응답하는지 아니면 응답기가 응답하는지를 구분한다. 실제 사람이 응답하게 되면, 전화는 전화판매원에게 연결된다. 만일 모든 전화판매원이 전화에 응답 중이면, 소프트웨어가 자동적으로 전화를 2초 내에 끊는다. 새로운 시스템이 도입되었고, 이로 인해 사람이 응답한 전화 중에 2% 내로만 전화가 끊어진다고 한다. 새로운 시스템이 주장하는 비율에 대한 우측검정 가설을 설정하라.

9.73. 참모비율이 0.60인데도 불구하고 $\pi = 0.50$의 귀무가설을 기각할 수 없다면 제1종 오류는 무엇이 될까? (*힌트*: 이 문제에는 함정이 있음)

9.75. 시중에 판매되는 지문 스캐너에 대해, 오류로 승인하는 경우는 2,500만 번 중에 1번이며, 오류로 거부하는 비율이 3%라고 한다. (a) 제1종 오류와 제2종 오류를 정의하라. (b) 왜 오류로 거부하는 비율이 오류로 승인하는 비율

보다 높을지 생각해보라.

평균과 비율에 대한 검정

9.77 Malcheon Health Clinic의 주장에 따르면, 한 환자가 평균 대기하는 시간은 20분 내외라고 한다. 15명의 환자를 임의 추출해 보니, 평균 대기시간이 24.77분이었고, 표준편차는 7.26분이었다. (a) 본 Clinic의 주장을 귀무가설로 두고 우측검정에 대한 가설을 설정하라. (b) 이 주장을 검정하기 위한 t검정통계량을 구하라. (c) 5%의 유의수준에서($\alpha = 0.05$) 표본의 결과가 본 Clinic의 주장을 반박할 수 있는가? (d) 엑셀을 이용하여 p값을 찾고, 유의수준과 비교해보라. (c)에서 구한 결과와 동일한지 확인해보라.

9.79 토마토 통조림의 무게는 평균적으로 19온스이다. 실제 무게는 정규확률변수이고 모집단의 표준편차는 0.25온스로 알려져 있다. (a) 품질검사에서 단측 또는 양측 검정 중 어떤 것이 사용되어야 하는가? 왜 그런가? (b) 평균에서 미달 혹은 과적으로 인한 결과는 무엇일까? (c) 표본으로 토마토 통조림 4개를 이용했다면 어떤 표본분포를 사용하겠는가? 왜 그런가? (d) $\alpha = 0.01$에 대해서 양측 검정 결정규칙을 세워라.

9.81 제임스는 8번의 시험에서 80, 85, 95, 92, 89, 84, 90, 92점을 받았다. 그는 교수에게 실제로 90점 이상을 받을 능력이 있으나 우연히도 이 표본은 그의 진정한 실력보다 낮게 나왔다고 주장한다. (a) 적절한 가설을 설정하라. (b) 검정통계량에 대한 공식을 쓰고 1% 유의수준에서 결정규칙을 정하라. (c) 검정을 실시하고 계산과정을 보여라. (d) 어떤 가정이 필요한가? (e) 엑셀을 이용하여 p값을 계산하고 해석하라. BobQuiz

9.83 미국에서 10센트 동전은 2.268그램으로 정해져 있다. 15개의 표본 동전을 선택하여 측정한 결과 평균 무게는 2.256그램이고 표준편차는 0.026그램이다. (a) 평균 무게가 정해진 기준보다 작다고 5% 유의수준에서 말할 수 있는가? 가설을 설정하고 결정규칙을 정하라. (b) 유통되는 동전이 정해진 기준보다 무게가 적게 나가는 이유는?

9.85 100장의 1달러 지폐 중에서 16장에 낙서가 되어 있다는 것을 알았다. (a) $\alpha = 0.05$에서 표본의 결과를 통해 전체 지폐 중 10% 이하에서 낙서가 된다고 할 수 있는가? 결정규칙을 정하고 가설검정 과정을 보여라. (b) 이러한 결정은 근소한 차이의 결정인가? (c) 필요한 가정을 제시하라.

9.87 주에서 정한 규정에 따르면 사탕 봉지 중량의 미달 수치는 5% 미만이어야 한다. 200개의 사탕 봉지 중 16개가 중량 미달이었다. (a) $\alpha = 0.025$에서 판단하였을 때 규정 위반인가? 우측검정을 실시하라. (b) p값을 계산하라.

9.89 미국 환경보호국은 항공기에서 제공하는 생수의 품질검사를 하고 있다. 2004년 9월 158대의 항공기 표본에서 20건의 문제가 있는 생수가 발견되었다. (a) $\alpha = 0.05$에서 판단하였을 때 전체 비행기의 10% 이상에서 문제가 있는 생수를 제공하고 있다는 증거가 될 수 있는가? (b) p값을 찾아라.

9.91 미국 대학 풋볼리그에서 584명의 1학년 풋볼 선수 중 267명이 6년 내에 졸업을 했다. (a) 이러한 표본의 결과는 약 50%의 풋볼 선수가 6년 내에 졸업한다는 주장을 $\alpha = 0.05$에서 반박할 수 있는가? 가설을 설정하고 결정규칙을 정하라. (b) p값을 계산하고 해석하라. (c) 유의한 차이가 실제로도 중요하다고 말할 수 있는가?

9.93 작년 Noodles & Company의 평균 접대 시간은 3.5분이다. 이 레스토랑은 시간 절약 방식을 도입하고, 얼마나 효과적인지를 확인해 보고자 한다. 20개의 접대 시간을 표본추출해 보니, 평균이 3.2분이고, 표준편차가 0.4분이었다. $\alpha = 0.05$에서, 새로운 방식이 정말 효과적인가?

9.95 최근 미국 회계감사원은 소비자들이 1-800-MEDICARE에 전화했을 때, 이 중 67%만이 MEDICARE에 대해 정확한 답변을 얻을 수 있다는 것을 발견하였다. (a) 50건을 임의 추출하여 40건에서만 정확한 답변을 얻었다면, $\alpha = 0.05$에서 비율이 높아졌다고 주장할 수 있을까? p값은 무엇인가? (b) 표본비율에 대한 정규성 가정이 가능한가?

9.97 (a) 통계분석 결과, 어떤 약품은 p값이 0.042로 효과적이라고 한다. 이로부터 어떤 정보를 얻을 수 있는지 설명하라. (b) 이 약품과 p값이 0.087인 또 다른 약품과 어떻게 비교할 것인가?

9.99 Sarpedon의 주장에 따르면, 자사의 자동차 배터리는 적어도 평균 880 CCA(cold-cranking amps)를 충족시킨다고 한다. 9개의 배터리를 임의로 추출하니 평균은 871 CCA이고 표준편차는 15.6 CCA였다. (a) Sarpedon의 주장에 대한 가설을 설정해보자. (b) 5%의 임의수준에 대해서 임계치는 얼마인가? (c) Sarpedon의 주장을 기각해야 하는가?

비율: 표본의 크기가 작은 경우

9.101 자동차회사는 자사의 자동차는 전자식 연료 주입방식과 컴퓨터 엔진 제어 장치로 인해 날씨가 춥거나 덥거나 상

관없이 한 번 시동을 걸면 99% 엔진이 작동한다고 한다. 100개의 신차 구매자를 대상으로 설문조사를 한 결과 3명의 구매자의 자동차가 최근 추운 날씨로 인해 한 번 시동에 엔진이 작동하지 않았다고 한다. (a) $\alpha = 0.025$에서, 이 사실이 자동차회사의 주장이 잘못됐다는 것을 증명할 수 있을까? (b) p값을 계산하고, 그 의미를 해석해 보자. 힌트: 엑셀을 이용하여 누적 이항분포확률을 계산하자. $P(X \geq 3 \mid n = 100, \pi = 0.01) = 1 - P(X \leq 2 \mid n = 100, \pi = 0.01)$.

9.103 편두통에 시달리는 16명의 사람들에게 실험 중인 약을 투여하였다. 한 시간 후에, 10명은 통증이 완화되었다고 말했다. 이 약이 효과적이라고 할 수 있는가? (즉, 통증이 완화되었다고 말한 사람이 50% 이상인가?) $\alpha = 0.10$에서, 가설 검정 과정을 하나하나 설명하고 결과를 해석하라.

참고문헌(*Related Reading*)

Vickers, Andrew J. *What is* a p-value *Anyway? 34 Stories to Help you Actually Understand Statistics*. Addison-Wesley, 2010.

소프트웨어 부록(*Software Supplement*)

R을 이용한 μ에 대한 단일표본검정 HotChoc

소비자연구소에 따르면, 핫초코는 142°F일 때가 가장 이상적인 온도라고 한다. 24개의 임의 추출을 통해 얻은 핫초코의 온도는 다음과 같다.

140 140 141 145 143 144 142 140 145 143 140 140
141 141 137 142 143 141 142 142 143 141 138 139

유의수준 0.10에 대해서, 참값인 142와 다르다고 할 수 있는가? 모분산은 모른다고 하고, R프로그램의 t-test()를 이용해보자. 일단 양측검정으로 진행하고, 90%의 신뢰수준을 이용한다. 데이터를 입력하는 방법은 원하는 식으로 한다(**부록 J** 참조). 표본수가 적기 때문에, 열로 정리하는 c()을 이용해보자.

```
> Temp=c(140,140,141,145,143,144,142,
  140,145,143,140,140,141,141,137,142,143, 141,142,142,143,141,138,139)
> t.test(Temp,alternative="two.sided", mu=142,conf.level=0.90)

One Sample t-test
data: Temp
t = −1.5341, df = 23, p-value = 0.1387
alternative hypothesis:
true mean is not equal to 142
90 percent confidence interval:
140.6767 142.0733
sample estimates:
mean of × 141.375
```

여기서 $\mu = 142$라는 귀무가설을 기각할 수 없다. 이는 예제 9.5의 내용과 부합한다. p값은 0.1387로 계산되어 이 또한 책의 예제 내용과 부합한다. 좌측검정을 원하면 alternative="less"로, 우측검정을 원하면 alternative="greater"로 하면 된다.

R을 이용한 π에 대한 단일표본검정

오프라인 매장 제품의 통상적인 반품률은 13.0%이다. 한 매장에서 최근 250개 제품 중 22개가 반품되었다. 유의수준 0.05에 대해서, 최근 반품률이 통상적인 반품률에 비해 낮다고 할 수 있을까? 문제의 형태상 좌측검정으로 진행하고 95% 신뢰수준을 이용한다. R의 저장된 신뢰수준이 95%이므로, confidence=0.95는 생략해도 된다. 또한 연속성 보정도 이미 내장되어 있으므로 이 항목인 correct=FALSE도 넣을 필요가 없다.

```
> prop.test(x=22, n=250, alternative="less", p=0.13, correct4FALSE)
1-sample proportions test without continuity
correction
data: 22 out of 250, null probability 0.13
X-squared = 3.8992, df = 1, p-value = 0.02415
alternative hypothesis: true p is less than 0.13
95 percent confidence interval:
0.0000000 0.1220539
sample estimates:
p 0.088
```

z_{calc} 검정통계치 1.9746은 카이제곱 검정통계치인 3.8992의 제곱근이다. 이 부분은 예제 9.7의 내용과 부합한다. p값인 0.0242도 책의 예제 내용과 부합한다. 귀무가설인 $\pi \geq 0.13$을 기각하고 대립가설인 $\pi < 0.13$을 채택한다.

CHAPTER

10 두 표본 가설검정

Two-Sample Hypothesis Tests

목차 *Chapter Contents*

학습목표 *Chapter Learning Objectives*

이 장을 마친 후 스스로 다음을 할 수 있어야 한다.

- **LO 10-1** 두 표본 가설검정이 가능한 경우를 파악하고 그 방법을 숙지
- **LO 10-2** 두 표본 가설검정의 가설을 이해
- **LO 10-3** ($\mu_1 - \mu_2$)에 대한 신뢰구간 설정 방법 이해
- **LO 10-4** 짝 표본의 정의와 그에 대한 t검정 수행
- **LO 10-5** z를 활용한 두 비율의 가설검정 수행
- **LO 10-6** 두 비율 가설검정에서 정규성 가정이 가능한 조건을 이해
- **LO 10-7** ($\pi_1 - \pi_2$)에 대한 신뢰구간 설정 방법 이해
- **LO 10-8** F분포를 활용한 두 분산의 가설검정 수행

monkeybusinessimages/Getty Images

10.1 두 표본 가설검정

이제 9장에서 배운 가설검정의 원리와 응용방법을 10장에서도 그대로 이어간다. 하지만 본 장에서는 9장과 달리, 표본이 2개인 경우의 가설검정 방법을 살펴보자. 이 검정방법은 사회과학뿐만 아니라 자연과학과 공학 분야에서도 널리 활용되고 있다. 예를 들어 신약의 효과를 분석하기 위한 임상실험에서 이 방법을 활용하고 있고, 농학의 경우에도 생산성이 얼마나 향상되었는지 보기 위해 활용하고 있다. 또한 경영학 분야에서도 두 집단 간 구매 패턴이 어떻게 다른지를 비교하기 위해 활용하고 있다.

두 표본 가설검정의 이해

두 표본 가설검정(two-sample tests)은 2개의 추정치를 구해 서로 비교하는 것이다. 반면 9장에서 배운 단일표본 검정(one-sample test)은 하나의 추정치를 구해 이를 특정 기준값과 (예를 들어 모집단의 모수에 대한 선험적으로 믿는 값) 비교하는 것이다. 두 표본 가설검정이 유용한 것은 비교 지점이 이미 정해져 있다는 점이다. 여러 경우를 생각해 볼 수 있겠지만 아래와 같은 두 그룹 간 비교되는 상황을 생각해보자.

- 전과 후
- 구형과 신형
- 실험군과 대조군

가끔은 모수의 참값과의 비교보다는 두 모수 간 유사성이 더 관심사일 때가 있다. 이때 귀무가설은 두 표본이 하나의 모집단에서 나왔는지 알아보는 것이지만, 때로는 둘 간에 얼마나 차이 나는지도 검정해 볼 수 있다.

두 표본 검정은 두 표본이 하나의 모집단에서 나왔지만 확률변동 때문에 추정치는 다를 수 있다는 것에서부터 시작한다. 예를 들어 2대의 자동차가 모델이나 연식이 같더라도 매연 배출량은 다를 수 있다. 그러나 만일 두 표본통계량에서 우연한 차이 그 이상을 발견한다면 두 표본은 모수가 다른 모집단들에서 나왔다고 볼 수 있다. 이를 나타낸 것이 그림 10.1이다.

그림 10.1

같은 모집단 혹은 다른 모집단

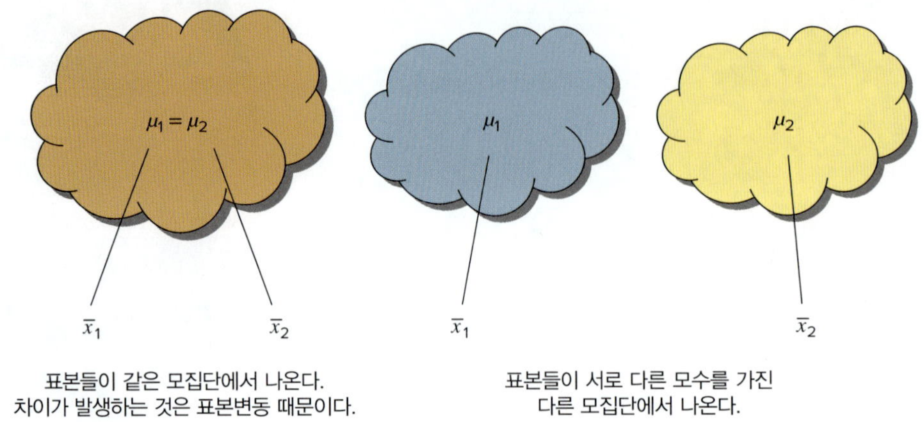

두 표본 검정은 여러 비즈니스 경우에 나타난다. 몇 가지 사례를 들어보자.

환경 두 제조업체가 만든 저속 공기압력 조정장치의 메탄가스 배출량(하루당 표준 입방피트)에 대한 표본을 추출하여 분석하였다. A업체에서 추출한 18개 표본의 평균 배출량은 510.5이고, 표준편차는 147.2였다. 그리고 B업체에서 추출한 17개 표본의 평균 배출량은 628.9이고, 표준편차는 237.9였다. 두 제품 평균에는 통계적으로 유의한 차이가 있는가?

안전 미국 달라스(Dallas)시는 소방차가 눈에 확 띄도록 빨간색 대신 노란색으로 페인트 칠하였다. 실험기간 동안 빨간색 소방차는 153,348번 출동해 그중 사고가 20번 발생하였다. 반면 노란색 소방차는 135,035번 출동해 사고가 4번 발생했다. 사고율에서 유의한 차이가 있는가?

교육 어느 대학 수업시간에 20명의 학생들은 개별수업을 하고, 다른 20명의 학생들은 컴퓨터 시뮬레이션을 통해 수업을 진행하였다. 20점 만점의 퀴즈시험에서 개별수업을 한 학생들의 평균은 16.7점이고 표준편차는 2.5점이다. 반면 시뮬레이션 그룹의 경우 평균은 14.5점이고 표준편차는 3.2점이다. 개별수업을 받은 학생의 성적이 더 우수한가, 아니면 우연한 차이인가? 두 그룹 간에 유의한 변동성의 차이가 있는가?

자동차 어느 자동차 회사가 최근 제작한 자동차에 새 범퍼를 장착하였다고 하자. 1년 검사 결과, 새 범퍼가 장착된 12대의 자동차에서 사고가 발생했고, 이로 인한 손해액 평균이 1,101달러, 표준편차는 696달러였다. 같은 기간 구형 범퍼가 장착된 차량 중에서는 9대 차량에서 사고가 발생했고 손해액은 평균 1,766달러, 표준편차는 838달러였다. 새 범퍼 때문에 손실이 줄었다고 할 수 있을까? 혹은 새 범퍼로 인해 손해의 변동성(분산)이 줄었을까?

마케팅 콜로라도 대학의 여자 농구 홈경기가 있을 때, 임의로 뽑은 25개의 간이판매대의 1인당 판매액이 7.12달러, 표준편차는 2.14달러로 집계되었다. 그다음 주 홈경기에서는 입장권 뒷면에 팝콘 할인쿠폰을 인쇄하고 나서 간이판매대의 1인당 판매액은 8.29달러, 표준편차는 3.02달러로 나타났다. 이 결과로부터 쿠폰으로 인해 간이판매대의 1인당 판매액이 증가했다고 판단할 수 있는가?

Mini Case 10.1

조기 조치로 생명을 살리다

미국 병원들은 통계분석을 해본 결과, 새롭게 도입된 '조직 개편 프로그램'이 위기 상황 대처에 매우 효과적이라는 것을 실감하게 되었다. 미국 피츠버그 메디컬센터에서는 'SWAT팀'을 구성하고, 이를 통해 위독한 환자들에 대한 복잡한 수속 절차를 줄일 수 있었다. 이른바 RRT(Rapid Response Team)를 출범하여 응급조치 간호사, 집중관리 치료사, 호흡 치료사들로 구성하고, 이들에게 주치의의 인가 없이도 바로 응급조치를 내릴 수 있는 권한도 부여하였다. 이 병원은 RRT 프로그램을 확대 · 도입하기 전, 두 달치 심장마비 건 통계자료를 모으고 이 프로그램의 효과를 검증해보았다. 표본데이터에 따르면 심장 관련 사망사고가 50% 감소하였고, 심장마비 발생 후 평균 입원기간도 도입 전 2.59일에서 도입 후 1.50일로 46% 감소하였다. 개선효과는 통계적으로도 유의하게 나왔을 뿐 아니라 실제로도 매우 중요하다고 볼 수 있다. 환자들은 이 프로그램을 통해 의학적 혜택을 받을 수 있고, 해당 병원은 엄청난 비용을 절감할 수 있었다. 미국 캘리포니아 대학 샌프란시스코 메디컬센터도 통계분석 이후 이와 같은 새로운 프로그램을 도입하였고, 심장마비 환자에게 보다 신속히 대응할 수 있었다. (더 궁금한 내용은 *The New York Times*, 2007년 3월 7일 판 C1면의 "How Statistics Can Save Failing Hearts" 참조)

검정 절차

검정 절차는 단일표본인 경우와 거의 같다. 먼저 가설을 설정하고, 결정규칙을 정하고, 표본통계량을 대입한 다음, 의사결정을 내린다. 우리는 모수의 참값을 모르기 때문에 통계이론을 이용해 가설에 대해 결론을 내려야 한다. 물론 의사 결정이 틀릴 수도 있다. 즉, **제1종 오류** 또는 **제2종 오류**를 범할 수 있다. 그러나 사전적으로 수용 가능한 위험수준을 명시해 두면 된다. 물론 표본의 크기가 커지면 제1종 오류나 제2종 오류는 줄어들 수 있다(즉 검정력을 높여준다). 하지만 또한 표본수를 늘린다는 것은 시간과 돈이 드는 작업이다. 따라서 일단 주어진 자료를 충실히 활용해야 한다.

애널리틱스 적용 사례

A/B 검정: 기존 분석법, 새로운 응용

A/B 검정은 서로 다른 홈페이지 디자인에 대한 소비자 반응을 비교하는 방법론이다. 이 방법론은 기본적으로 두 표본 검정 방식에 근간을 두고 있고, 100년 전 통계학자 Ronald Fisher에 의해 개발된 방법론을 발전시킨 것이다. 이 방법론은 두 표본 검정방식과 매우 유사하지만, 데이터를 얻는 방식이나 얻는 데이터의 양이 조금 다르다. 인터넷의 발달로 인해 실시간으로 홈페이지 디자인에 대한 고객들의 수많은 반응 자료를 얻을 수 있다.

온라인 거래 홈페이지 디자인을 할 때, 개발자들은 몇 가지 선택을 해야 한다. 글자에 대한 선택(폰트 혹은 색상), 지불 버튼 선택(배치 위치 혹은 크기), 사용자 기기 선택(모바일 혹은 컴퓨터) 등이 그것이다. 이러한 선택들의 조합은 그 수가 엄청나다. 그래서 이 문제를 해결하기 위해 통계학자들은 다변량 A/B 검정을 통해 2개, 3개 혹은 4개의 홈페이지 디자인에 대해 한꺼번에 비교할 수 있다. 결과는 여러분이 이미 배운 신뢰수준과 오차한계를 이용하여 분석한다. A/B 검정을 통해 판매자들은 홈페이지 디자인을 더 잘 해서 소비자들이 그들의 상품을 더 잘 구매하도록 할 수 있다. 다음은 기업들이 이 검정 결과를 이용하여 변화를 준 사례이다.

- 보건서비스를 제공하는 기업이 개별 서비스별로 가격보다 패키지 가격 정책을 사용
- 고객이 구매만 원할 때는 할인 코드를 제거
- 홈페이지 첫 화면에 복잡한 정보보다는 단순화하여 보여주기
- 고정된 사진이 아닌 고객의 움직이는 사진 보여주기

출처: https://hbr.org/2017/06/a-refresher-on-ab-testing.

10.2 두 평균 비교: 독립 표본

우리는 종종 다음과 같은 두 평균을 비교하는 문제를 접하게 된다. 스타벅스의 토요일 오전과 일요일 오전 매출액의 평균이 같을까? Noodles & Company에서 두 가지 새로운 메뉴를 시식 평가했을 때 평균 만족도에 유의미한 차이가 있을까? Vali Resort에 근무하는 풀타임 직원과 계절 파트타임 직원 간의 평균 근무연한에는 차이가 있을까?

가설의 형태

두 평균 간 비교는 9장과 마찬가지로 귀무가설과 대립가설을 설정하는 것에서부터 시작한다. 평균 간 차이(D_0)를 검정하기 위해, 귀무가설과 대립가설은 아래 셋 중 하나로 설정한다.

좌측검정	*양측 검정*	*우측검정*
$H_0: \mu_1 - \mu_2 \geq D_0$	$H_0: \mu_1 - \mu_2 = D_0$	$H_0: \mu_1 - \mu_2 \leq D_0$
$H_1: \mu_1 - \mu_2 < D_0$	$H_1: \mu_1 - \mu_2 \neq D_0$	$H_1: \mu_1 - \mu_2 > D_0$

예를 들어, 스키리조트에 근무하는 상근직 직원과 비상근직 직원 간에 평균 근무연수에서 2년 이상의 차이가 난다고 할 수 있을까? 이 경우에 다음과 같이 귀무가설을 설정할 수 있다. $H_0: \mu_1 - \mu_2 \leq 2$, 여기서 $D_0 = 2$년. 만일 여기서 단순히 두 모집단 간에 차이가 존재하는지를 보려면, 다음과 같이 귀무가설을 설정할 수 있다. $H_0: \mu_1 - \mu_2 = 0$, 여기서 $D_0 = 0$.

검정통계량

$\mu_1 - \mu_2$를 검정하기 위한 표본통계량은 $\bar{X}_1 - \bar{X}_2$이다. $\bar{X}_1$과 $\bar{X}_2$은 정규분포하는 모집단에서 독립적으로 선택된 표본들에서 계산한다. 검정통계량은 9장에서 배웠던 z와 t 공식을 따라 계산한다. 검정통계량은 표본통계량에서 모수를 빼고 이를 표준오차로 나눈 것이다. **검정통계량** 공식은 표본통계량이 어떤 분포를 갖는지, 모분산을 사전에 알고 있는지에 따라 구분된다. 다음의 세 가지 경우를 생각해보자.

만일 모집단들의 분산인 σ_1^2과 σ_2^2을 알고 있다면, 검정통계량은 z분포를 이용한다. ***p*값**과 z_α의 임계치는 표본정규분포에서 찾는다.

Case 1: 모분산을 알고 있는 경우

$$z_{\text{calc}} = \frac{(\bar{x}_1 - \bar{x}_2) - D_0}{\sqrt{\dfrac{\sigma_1^2}{n_1} + \dfrac{\sigma_2^2}{n_2}}} \qquad \textbf{(10.1)}$$

보다 일반적인 경우로, 모분산들은 모르지만 둘이 같다고 예상되는 경우에는 t분포를 이용한다. 이때 모분산들(σ_1^2과 σ_2^2)을 대신해 s_1^2과 s_2^2을 추정해야 한다. 모집단의 분산들이 같다고 가정하고, 공통된 하나의 모분산만 추정하면 된다. 이를 위해 s_1^2과 s_2^2에 대한 가중평균을 구한다. 여기서 가중치는 s_1^2와 s_2^2 각각의 자유도, 즉 $(n_1 - 1)$과 $(n_2 - 1)$을 사용한다. 여기서 표본분산들에 가중치를 두고 합쳤기 때문에, 이처럼 공통된 하나의 모분산에 대한 추정량을 **통합분산**(pooling variance)이라 부르고, s_p^2라고 쓴다. 이런 의미에서 Case 2를 통합 *t검정*(pooled t-test)이라고 부른다. 분산들이 같다고 가정했기 때문에 s_1^2과 s_2^2을 따로 사용하지 않고 s_p^2만 사용한다. 통합 t검정의 자유도는 각 표본 자유도들의 합을 사용한다.

Case 2: 분산을 모르고, 두 분산이 같다고 가정

$$t_{\text{calc}} = \frac{(\bar{x}_1 - \bar{x}_2) - D_0}{\sqrt{\dfrac{s_p^2}{n_1} + \dfrac{s_p^2}{n_2}}}, \tag{10.2}$$

여기서 통합분산은 $s_p^2 = \dfrac{(n_1 - 1)s_1^2 + (n_2 - 1)s_2^2}{n_1 + n_2 - 2}$ 그리고 $d.f. = n_1 + n_2 - 2$

만일 알려지지 않은 모분산들(s_1^2과 s_2^2)이 확실히 서로 다르다고 판단된다면 앞서 본 것과 같이 표본분산을 합치기보다는 식 10.1에 σ_1^2과 σ_2^2 대신 s_1^2과 s_2^2을 대입한다. 이는 Case 2보다는 보수적인 접근이라고 볼 수 있다. 그러나 여기서 문제는 확률변수$(\bar{X}_1 - \bar{X}_2)$가 무슨 분포를 하는지 알 수 없다는 데 있다. 이 문제를 **베렌스-피셔 문제**(Behrens-Fisher problem)라고 부른다. 그러나 다행히도 **Welch 조정자유도**(Welch's adjusted degrees of freedom)를 이용하게 되면, 스튜던트 t분포를 사용할 수 있다고 한다. 물론 이를 통해 비교적 신뢰할 만한 결과를 얻을 수 있다.

Case 3: 분산을 모르고, 두 분산이 다르다고 가정

$$t_{\text{calc}} = \frac{(\bar{x}_1 - \bar{x}_2) - D_0}{\sqrt{\dfrac{s_1^2}{n_1} + \dfrac{s_2^2}{n_2}}}, \quad d.f. = \frac{\left(\dfrac{s_1^2}{n_1} + \dfrac{s_2^2}{n_2}\right)^2}{\dfrac{\left(\dfrac{s_1^2}{n_1}\right)^2}{n_1 - 1} + \dfrac{\left(\dfrac{s_2^2}{n_2}\right)^2}{n_2 - 1}} \tag{10.3}$$

Welch 조정자유도는 매우 지루한 계산과정이 필요하기 때문에 엑셀을 이용하는 편이 좋다. 컴퓨터 소프트웨어가 없다면, 자유도를 계산하기 위해 보수적이지만 간편한 방법이 있다: $d.f. = \min(n_1 - 1, n_2 - 1)$. 만일 표본의 크기가 비슷하고 분산도 서로 많이 다르지 않다면, Case 2나 Case 3의 공식은 같은 결과를 도출한다.

두 모집단 평균 차이 $D_0 = 0$을 가설검정하는 귀무가설과 대립가설의 짝은 다음과 같다.

좌측검정	*양측검정*	*우측검정*
$H_0: \mu_1 - \mu_2 \geq 0$	$H_0: \mu_1 - \mu_2 = 0$	$H_0: \mu_1 - \mu_2 \leq 0$
$H_1: \mu_1 - \mu_2 < 0$	$H_1: \mu_1 - \mu_2 \neq 0$	$H_1: \mu_1 - \mu_2 > 0$

표 10.1은 $\mu_1 - \mu_2 = 0$이라고 가정할 때 앞선 세 경우의 검정통계량 공식을 요약하고 있다. 모든 검정에서 대해서, 표본은 기본적으로 정규분포하는 모집단으로부터 독립적으로 추출한다고 가정한다. 그러나 표본 수가 지나치게 적지 않고 모집단의 왜도가 심하지 않다면 정규성을 가정해도 결과에는 큰 영향을 미치지 않는다.

표 10.1

평균 동일성에 대한 검정통계량($D_0 = 0$)

Case 1	Case 2	Case 3
분산들을 알고 있을 때	분산들은 모르지만, 서로 같다고 가정할 때	분산들을 모르고, 서로 다르다고 가정할 때
$z_{\text{calc}} = \dfrac{\bar{x}_1 - \bar{x}_2}{\sqrt{\dfrac{\sigma_1^2}{n_1} + \dfrac{\sigma_2^2}{n_2}}}$	$t_{\text{calc}} = \dfrac{(\bar{x}_1 - \bar{x}_2)}{\sqrt{\dfrac{s_p^2}{n_1} + \dfrac{s_p^2}{n_2}}}$ 여기서 $s_p^2 = \dfrac{(n_1 - 1)s_1^2 + (n_2 - 1)s_2^2}{n_1 + n_2 - 2}$	$t_{\text{calc}} = \dfrac{(\bar{x}_1 - \bar{x}_2)}{\sqrt{\dfrac{s_1^2}{n_1} + \dfrac{s_2^2}{n_2}}}$
정규분포를 이용해 임계치를 구함	자유도가 $d.f. = n_1 + n_2 - 2$인 스튜던트 t분포를 이용해 임계치를 구함	Welch의 조정된 자유도인 스튜던트 t분포를 이용해 임계치를 구함.

대부분의 경우, 컴퓨터를 이용해서 검정통계량을 계산한다. 원자료(즉, n_1과 n_2개 표본의 원래 자료)를 갖고 있다면, 그림 10.2에서 보는 바와 같이 엑셀의 데이터 분석(Data Analysis) 메뉴에서 이 세 경우를 모두 수행할 수 있다.

예제 10.1

미국 2개 주의 약품 가격

미국에서는 주(州)마다 약값에 차이가 나는지 관심들이 많다. Zocor는 심장병 환자의 콜레스테롤 수치를 낮춰주는 흔한 약이다. 표 10.2는 2개 주 15곳의 약국에서 추출한 Zocor의 가격을 보여준다. 콜로라도주와 텍사스주의 Zocor 평균 가격이 유의수준 5%에서 차이가 있는가?

그림 10.2

엑셀의 데이터 분석(Data Analysis) 메뉴

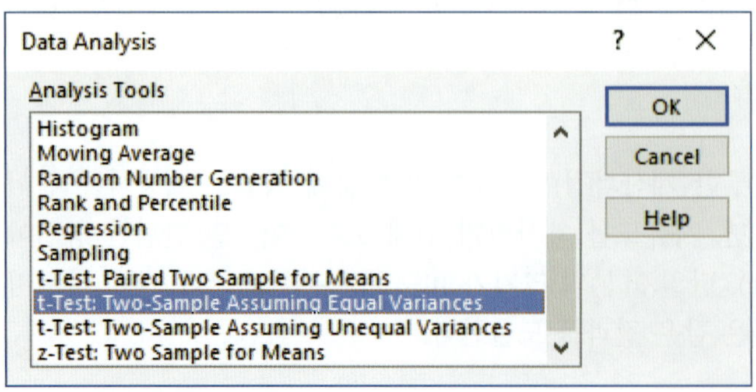

출처: Microsoft Excel.

표 10.2

2개 주에서 Zocor의 30일 공급가 RxPrice

콜로라도주에 있는 약국		텍사스주에 있는 약국	
도시	**가격($)**	**도시**	**가격($)**
Alamosa	125.05	Austin	145.32
Avon	137.56	Austin	131.19
Broomfield	142.50	Austin	151.65
Buena Vista	145.95	Austin	141.55
Colorado Springs	117.49	Austin	125.99
Colorado Springs	142.75	Dallas	126.29
Denver	121.99	Dallas	139.19
Denver	117.49	Dallas	156.00
Eaton	141.64	Dallas	137.56
Fort Collins	128.69	Houston	154.10
Gunnison	130.29	Houston	126.41
Pueblo	142.39	Houston	114.00
Pueblo	121.99	Houston	144.99
Pueblo	141.30		
Sterling	153.43		
Walsenburg	133.39		
$\bar{x}_1$ = 133.994달러 s_1 = 11.015달러 n_1 = 16개 약국		$\bar{x}_2$ = 138.018달러 s_2 = 12.663달러 n_2 = 13개 약국	

출처: Public Research Interest Group(www.pirg.org), 설문에 응한 약국들은 전화번호부에서 선택되었다.

1단계: 가설 설정 방향은 중요치 않고 일단 유의한 차이가 있는지 확인하기 위해, 양측검정을 실시한다. 검정할 가설은 다음과 같다.

$$H_0: \mu_1 - \mu_2 = 0$$
$$H_1: \mu_1 - \mu_2 \neq 0$$

2단계: 결정규칙 설정 일단 모분산은 동일하다고 가정한다. 통합분산 t검정에서 자유도는 $d.f. = n_1 + n_2 - 2 = 16 + 13 - 2 = 27$이다. 부록 D에서 양측검정 임계치는 $t = \pm 2.052$이다. 그림 10.3에 결정규칙이 나와 있다.

3단계: 검정통계량 계산 표본통계량은 다음과 같다.

$\bar{x}_1 = 133.994$ $\quad\bar{x}_2 = 138.018$
$s_1 = 11.015$ $\quad s_2 = 12.663$
$n_1 = 16$ $\quad n_2 = 13$

동일한 분산을 가정했으므로, Case 2의 공식을 활용하면 통합분산 s_p^2은 다음과 같다.

$$s_p^2 = \frac{(n_1-1)s_1^2 + (n_2-1)s_2^2}{n_1+n_2-2} = \frac{(16-1)(11.015)^2 + (13-1)(12.663)^2}{16+13-2} = 138.6737$$

그림 10.3

$\alpha = 0.05$이고 $d.f. = 27$일 때, 스튜던트 t분포를 이용한 양측검정 결정규칙

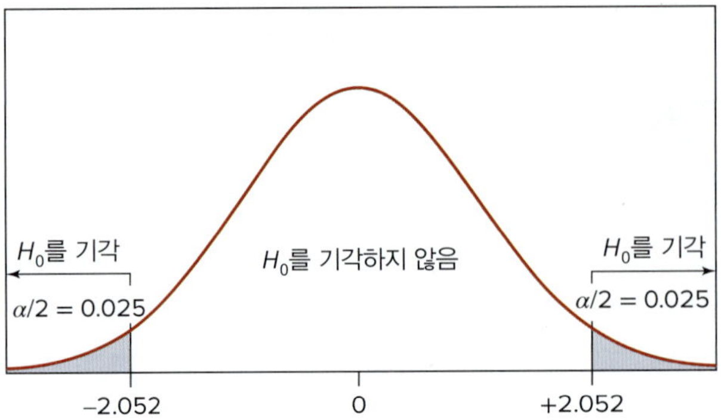

s_p^2을 이용한 검정통계량은 다음과 같다.

$$t_{\text{calc}} = \frac{\bar{x}_1 - \bar{x}_2}{\sqrt{\dfrac{s_p^2}{n_1} + \dfrac{s_p^2}{n_2}}} = \frac{133.994 - 138.018}{\sqrt{\dfrac{138.6737}{16} + \dfrac{138.6737}{13}}} = \frac{-4.024}{4.39708} = -0.915$$

통합 표준편차는 $s_p = \sqrt{138.6737} = 11.776$이다. s_p는 항상 s_1과 s_2 사이에 존재한다(아니라면, 계산 오류이므로 확인할 필요). 왜냐하면 s_p^2은 s_1^2과 s_2^2의 가중평균이기 때문이다.

4단계: 기각여부 결정 검정통계량 $t = -0.915$는 기각역에 포함되지 않기 때문에 평균이 동일하다는 귀무가설을 기각할 수 없다. 엑셀의 메뉴와 결과가 그림 10.4에 나와 있다. 양측검정과 단측검정 결과 모두를 볼 수 있다.

5단계: 조치 실행 표본평균들 간의 차이가 H_0가 참이라고 가정할 수 있는 가능성 내에 있으므로, 더 이상의 조사는 필요치 않다.

p값은 엑셀의 양측검정 함수 =T.DIST.2T(0.915,27) = 0.3681을 통해 얻을 수 있다. p값이 크게 나왔다는 것은 이 정도의 표본평균 간의 차이는 $\mu_1 = \mu_2$라는 가정하에 37% 확률로 쉽게 나타날 수 있다는 의미이다. 표본평균에서 나타난 차이는 충분히 우연의 영역이라고 판단하는 것이다.

본 예제에서 표본분산은 비슷한 값이다. 따라서 동일분산 가정은 합리적이다. 만일 Case 3의 공식을 이용한다면(분산이 동일하지 않다고 가정하면) 검정통계량은 다음과 같다.

$$t_{\text{calc}} = \frac{\bar{x}_1 - \bar{x}_2}{\sqrt{\dfrac{s_1^2}{n_1} + \dfrac{s_2^2}{n_2}}} = \frac{133.994 - 138.018}{\sqrt{\dfrac{(11.015)^2}{16} + \dfrac{(12.663)^2}{13}}} = \frac{-4.024}{4.4629} = -0.902$$

그림 10.4

모분산을 모르고, 동일분산을 가정할 때, 엑셀의 데이터 분석(Data Analysis) 결과

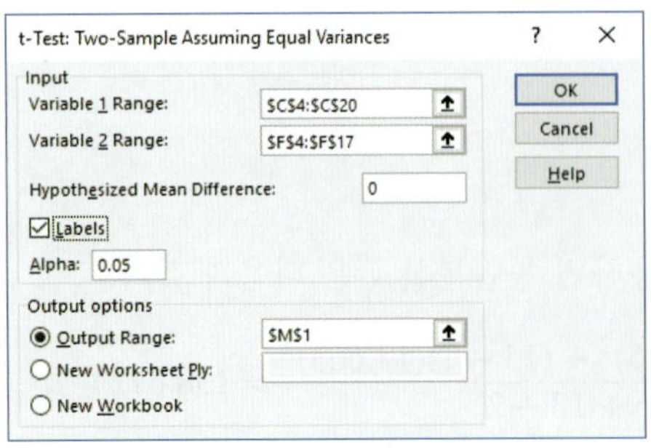

t-Test: Two-Sample Assuming Equal Variances

	Colorado	Texas
Mean	133.99375	138.0184615
Variance	121.3293183	160.3542641
Observations	16	13
Pooled Variance	138.6737387	
Hypothesized Diff	0	
df	27	
t Stat	-0.915314443	
P(T<=t) one-tail	0.184064721	
t Critical one-tail	1.703288423	
P(T<=t) two-tail	0.368129443	
t Critical two-tail	2.051830493	

출처: Microsoft Excel.

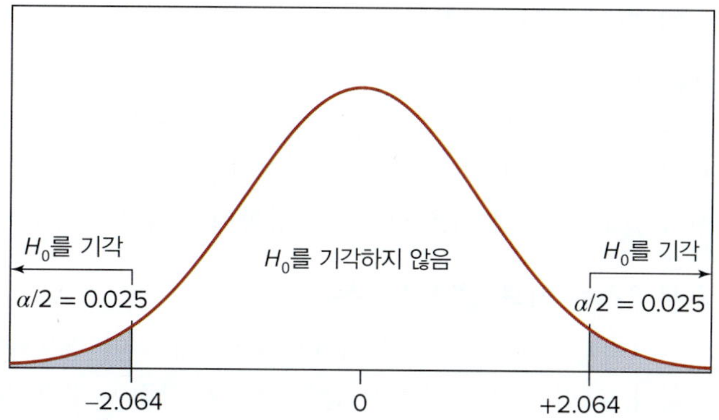

그림 10.5

a = 0.050이고 $d.f.$ = 24일 때, 스튜던트 t분포를 이용한 양측검정 결정규칙

Welch의 조정자유도는 Case 2의 자유도보다 작다(Welch 조정자유도: 24 대 Case 2의 자유도: 27).

$$d.f. = \frac{\left[\dfrac{s_1^2}{n_1} + \dfrac{s_2^2}{n_2}\right]^2}{\dfrac{\left(\dfrac{s_1^2}{n_1}\right)^2}{n_1 - 1} + \dfrac{\left(\dfrac{s_2^2}{n_2}\right)^2}{n_2 - 1}} = \frac{\left[\dfrac{(11.015)^2}{16} + \dfrac{(12.663)^2}{13}\right]^2}{\dfrac{\left(\dfrac{(11.015)^2}{16}\right)^2}{16 - 1} + \dfrac{\left(\dfrac{(12.663)^2}{13}\right)^2}{13 - 1}} = 24$$

조정자유도가 소수점을 포함하고 있다면 소수점을 제외한 정수를 사용한다.

분산이 동일하지 않다고 가정하면 $d.f.$ = 24이기 때문에 부록 D 또는 엑셀을 이용한 임계치는 $t_{0.025} = \pm 2.064$이다. 그림 10.5에 결정규칙이 나와 있다.

계산은 직접하기보다 컴퓨터로 하기를 권한다. 엑셀의 메뉴와 결과가 그림 10.6에 나와 있다. 단측검정과 양측검정 결과가 모두 나와 있다.

Zocor 자료의 경우 어떤 가정을 하더라도 같은 결론에 도달한다.

Case 2(분산이 같은 경우) $t_{0.025} = \pm 2.052$ ($d.f.$ = 27) $t_{calc} = -0.915$ ($p = 0.3681$)
유의수준 5%에서 기각하지 못한다.

Case 3(분산이 다른 경우) $t_{0.025} = \pm 2.064$ ($d.f.$ = 24) $t_{calc} = -0.902$ ($p = 0.3761$)
유의수준 5%에서 기각하지 못한다.

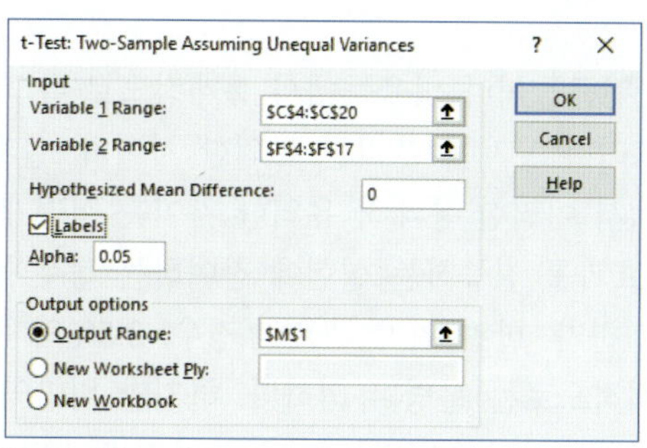

Source: Microsoft Excel.

t-Test: Two-Sample Assuming Unequal Variances

	Colorado	Texas
Mean	133.99375	138.0184615
Variance	121.3293183	160.3542641
Observations	16	13
Hypothesized Mean D	0	
df	24	
t Stat	-0.901802871	
P(T<=t) one-tail	0.188061598	
t Critical one-tail	1.710882067	
P(T<=t) two-tail	0.376123196	
t Critical two-tail	2.063898547	

그림 10.6

모분산을 모르고, 분산이 다르다 가정할 때, 엑셀의 데이터 분석(Data Analysis) 결과

어떤 가정이 최선인가?

표본크기가 같다면 Case 2와 Case 3의 검정통계량은 정확히 같지만 분포의 자유도가 서로 다르므로 임계치는 다르다. 모분산에 대한 정보가 전혀 없다면 Case 3을 우선 선택하자. 모집단에 대한 가정이 적을수록 기각여부 결정에 실수를 범할 가능성도 적다. Case 1(모분산을 알고 있는 경우)은 일반적인 상황이 아니므로 자주 사용하지 않는다.

표본크기는 서로 같아야 하는가?

표본크기가 서로 다른 경우가 더 일반적이며 이 경우에도 여전히 검정통계량 공식이 유효하다. 그러나 표본 크기가 같은 경우에 장점이 많다. 따라서 검정력을 높이기 위해서는 가능하면 표본크기가 다른 경우는 피한다. 하지만 많은 경우 우리가 표본크기를 정할 수 없다.

표본이 큰 경우

분산을 모르는 경우 두 표본 크기가 모두 크고($n_1 \geq 30$ 및 $n_2 \geq 30$) 모집단의 분포도 왜도가 심하지 않다면 부록 C의 분포표와 식 10.4를 사용할 수 있다. t검정과 비슷한 결과를 제시하기는 하지만 보수적인 가설검정 결론은 아니다(즉, 제1종 오류가 커질 수 있다).

$$z_{\text{calc}} = \frac{\bar{x}_1 - \bar{x}_2}{\sqrt{\dfrac{s_1^2}{n_1} + \dfrac{s_2^2}{n_2}}} \qquad \text{(대표본이고, 대칭적인 모집단 분포)} \qquad \textbf{(10.4)}$$

주의사항: 세 가지 이슈

두 표본의 평균을 비교할 때 다음 세 가지 문제를 염두에 두어야 한다.

- 모집단 분포가 심한 왜도를 가지고 있는가? 이상치(outlier)가 존재하는가?
- 표본크기는 충분히 큰가? ($n \geq 30$)
- 평균 간 차이는 통계적으로 *유의한* 동시에 그 차이는 실제로도 *중요한*가?

왜도와 이상치는 각 표본의 히스토그램이나 점그래프를 그려서 확인해볼 수 있다. t검정(Case 2와 Case 3)은 표본크기가 충분히 크다면 왜도가 약간 있어도 사용할 수 있다. 하지만 이상치 문제는 보다 심각하므로 통계학 전문가와 논의해봐야 한다. 표본이 작거나 왜도가 심한 데이터의 경우, 평균이 대표값이 되기 어렵다. 따라서 이러한 가설검정은 검정력이 낮다. 이런 경우라면, 기초통계량만 보이든지 자료의 유사성 혹은 차이점을 서술하는 편이 낫다.

큰 표본의 경우 표준오차가 작기 때문에, 평균들이나 비율들에서 통계적으로 유의한 차이를 발견했다면 가볍게 볼 일이 아니다. 그러나 문제는 그러한 유의한 차이가 '실제로도 중요한지' 여부이다. 이는 의사결정자 입장에서 이러한 통계적 유의한 차이를 어떻게 평가하느냐에 달렸다. 예를 들어 다이어트 약의 효과를 검증하는 실험에 참여하는 경우 특정약 복용으로 1년 후 몸무게가 5.8% 감소했다고 하자. 한편 위약 복용의 경우, 2.5%의 몸무게가 줄어들었다고 한다면 이러한 차이는 통계적으로는 분명 유의하다. 하지만 비만약 효과에 대해서 미국 FDA는 적어도 5%의 감량효과가 있어야 한다는 기준을 가지고 있다. 이 기준에 따르면 3.3%의 차이는 이 기준에 못미친다. 따라서 통계적으로 *유의한* 차이가 있다고 해서 이는 다른 부작용은 논외로 하더라도 결코 신약이 승인받을 만큼 *중요한* 차이는 아니라는 것이다(2010년 9월 17일 *New York Times* B1면 참조).

Mini Case 10.2

공기압 제어장치에서 발생하는 메탄가스

원유채굴 시설은 천연가스 등 가압가스를 통해 제어하는 장비를 사용한다. 이들 장비는 석유나 천연가스 채굴 시설에서 종종 사용되는데, 이들 시설은 대부분 외딴 곳에 있어 전기 공급이 원활치 않기 때문이다. 그러나 이 공정은 일반적으로 메탄가스를 공기 중에 배출한다. 기존 기술인 고속 공기압 제어장치는 메탄 배출량이 높다. 그러나 '저속 공기압 제어장치'와 같은 신기술을 도입하게 되면, 메탄가스 발생량을 줄일 수 있다. 따라서 이 신기술로 인해 메탄 배출량을 얼마나 줄일 수 있을지 측정해 볼 필요가 있다.

미국 탄소등록부(the American Carbon Registry, www.americancarbonregistry.org)는 공인된 측정 방법론을 제공해, 에너지 공기업들이 '저속 공기압 제어장치'의 감축 잠재량을 쉽게 계산하도록 도와주고 있다. 하지만 우선적으로는 기존 기술인 고속 공압 제어장치를 사용하는 여러 업체들의 메탄 기준배출량(base line emission)을 측정해 서로 얼마나 다른지를 확인해봐야 한다. 예를 들어 두 생산업체들로부터 독립적으로 메탄 배출량 자료를 얻어 둘의 차이를 분석하는 경우라면, 두 표본 가설검정 방식을 활용할 수 있다. 두 생산업체의 표본 데이터는 표 10.3에 요약돼 있다.

표 10.3

공기압 제어장치의 메탄 배출량(SCFD)

Cemco	Invalco
$\bar{x}_1 = 510.5$	$\bar{x}_2 = 628.9$
$s_1 = 147.2$	$s_2 = 237.9$
$n_1 = 18$	$n_2 = 17$

주: scfd: standard cubic foot per day
출처: www.americancarbonregistry.org/carbonaccounting/.

$\alpha = 0.10$에 대해서 양측검정을 해보자. 가설은 다음과 같다.

$$H_0: \mu_1 - \mu_2 = 0$$
$$H_1: \mu_1 - \mu_2 \neq 0$$

모분산을 모르고, 표 10.3에서 보는 것처럼 표본 분산이 상당히 다르기 때문에, 아마도 동일한 모분산은 아닐 것이라고 가정해보자. 식 10.3을 이용하면 t통계량은 다음과 같다(나중에 분산이 같은지에 대한 검정방법은 10.7절에서 배울 것이다).

$$t_{\text{calc}} = \frac{\bar{x}_1 - \bar{x}_2}{\sqrt{\frac{s_1^2}{n_1} + \frac{s_2^2}{n_2}}} = \frac{510.5 - 268.9}{\sqrt{\frac{147.2^2}{18} + \frac{237.9^2}{17}}} = -1.759$$

Welch의 조정된 자유도는 다음과 같다.

$$d.f. = \frac{\left[\frac{s_1^2}{n_1} + \frac{s_2^2}{n_2}\right]^2}{\frac{\left(\frac{s_1^2}{n_1}\right)^2}{n_1 - 1} + \frac{\left(\frac{s_2^2}{n_2}\right)^2}{n_2 - 1}} = \frac{\left[\frac{147.2^2}{18} + \frac{237.9^2}{17}\right]^2}{\frac{\left(\frac{147.2^2}{18}\right)^2}{18 - 1} + \frac{\left(\frac{237.9^2}{17}\right)^2}{17 - 1}} = 26$$

임계치는 =T.INT.2T(0.10,26) = $t_{0.05}$ = 1.706으로 계산된다. |−1.759| > 1.706이므로, 귀무가설 H_0를 기각하고 두 공정 제어장치에서 도출된 평균배출량이 동일하지 않다고 결론지을 수 있다. 다른 방법으로는 p값과 유의수준 α를 비교해볼 수 있다. p값은 엑셀 함수 =T.DIST.2T(1.759,26)을 이용해 계산하면 0.0903이다. 0.0903 < 0.10이므로, 평균 메탄 배출량이 동일하다는 가설을 기각한다. 따라서 기준 배출량은 각 기업별로 따로 계산해야 하며, 이를 기준으로 신기술로 인한 배출량 감축효과도 계산해야 한다.

단원 연습문제

connect

10.1 동일분산을 가정하고 평균이 같은지 t검정을 실시하고 p값을 계산하라.

a. 무작위로 선택된 1학년과 4학년 학생들의 성적 평점 비교: $\bar{x}_1 = 3.05$, $s_1 = 0.20$, $n_1 = 15$, $\bar{x}_2 = 3.25$, $s_2 = 0.30$, $n_2 = 15$, $\alpha = 0.025$에서 좌측검정

b. 두 대학에 재학 중인 학생들의 평균 통학 거리를 비교: $\bar{x}_1 = 15$, $s_1 = 5$, $n_1 = 22$, $\bar{x}_2 = 18$, $s_2 = 7$, $n_2 = 19$, $\alpha = 0.05$에서 양측검정

c. 회계학 전공과 경제학 전공 학생들이 졸업까지 취득하는 학점 비교: $\bar{x}_1 = 139$, $s_1 = 2.8$, $n_1 = 12$, $\bar{x}_2 = 137$, $s_2 = 2.7$, $n_2 = 17$, $\alpha = 0.05$에서 우측검정

10.3 스키 리조트에 근무하는 파트타임 계절 근무자와 풀타임 계절 근무자 간에 평균 근무연차에 있어 차이가 발생하는지를 알고자 한다. 파트타임 191명에 대한 임의 추출 결과, 평균 근무연차($\bar{x}_1$)는 4.9년이었고, 표준편차(s_1)는 5.4년이었다. 풀타임 833명에 대한 임의 추출 결과, 평균 근무연차($\bar{x}_2$)는 7.9년이었고, 표준편차(s_2)는 8.3년이었다. 모분산이 동일하지 않다고 가정한다. (a) $\alpha = 0.01$을 이용해서 평균이 같다는 가정을 검증하라. (b) 엑셀을 이용해서 p값을 구하라.

10.5 어느 레스토랑의 매출을 조사한 결과 배경음악이 느린 곡일 때에는 고객 17명의 평균 매출이 30.47달러이고 표준편차는 15.10달러였다. 빠른 곡일 때는 고객 14명의 평균 매출이 21.62달러이고 표준편차는 9.50달러였다. (a) 분산이 서로 다르다고 가정할 때, 유의수준 1%에서 배경음악이 느린 경우에 평균 매출이 더 높은가? (b) 엑셀을 이용하여 p값을 계산하라.

10.7 Stella의 디카페인 커피 두 종류에 대한 12개 표본을 분석하고자 한다. 디카페인 에스프레소 한 컵에 담긴 평균 카페인은 9.4 mg이고 표준편차는 3.2 mg이다. 반면, 디카페인 원두 커피의 카페인 양은 12.7 mg이고 표준편차는 0.35 mg이다. 모분산들이 다르다고 가정하면, 이 두 음료에 담긴 카페인의 양에 유의한 차이가 있다고 할 수 있을 것인가? 단, $\alpha = 0.01$로 판단하라.

10.9 마케팅 수업의 학기말 프로젝트에서 Bob은 4학년이 1학년에 비해 패스트푸드를 적게 먹는지 파악해보려고 한다. 그는 8월 한 달 동안 1학년 11명과 4학년 11명이 패스트푸드점에서 얼마나 식사를 하는지 추적해보았다. 분산이 동일하다고 가정한다면, 5%의 유의수준에서 4학년이 1학년에 비해 패스트푸드를 적게 먹는다고 결론 내릴 수 있을까? **FastFood**

4학년	10	5	15	13	5	7	18	8	19	9	8
1학년	16	9	17	14	15	11	18	12	7	16	20

10.3 두 평균 차이($\mu_1 - \mu_2$)에 대한 신뢰구간

우리는 종종 모르는 두 모평균 간 차이를 추정(estimate)하고픈 경우가 있다. $\mu_1 - \mu_2$에 대한 점추정량은 $\bar{X}_1 - \bar{X}_2$이고 $\bar{X}_1$과 $\bar{X}_2$는 서로 독립인 표본에서 계산된다. '두 모평균 간 차이'의 범위(range)를 추정하기 위해서 신뢰구간의 아이디어를 활용해본다. 여기서 만일 **두 모평균 간 차이**의 신뢰구간이 0을 포함한다면 두 평균 차이는 유의하지 않다고 해석할 수 있다.

모분산을 모르는 일반적인 경우, $\mu_1 - \mu_2$에 대한 신뢰구간을 구하는 것은 모분산이 같은지 아닌지에 따라 방법이 다르다. 첫째, 정규분포하는 두 모집단의 모분산이 동일하다고 예상되면 두 평균의 차이는 자유도가 $(n_1 - 1) + (n_2 - 1)$인 t-분포를 따른다. 동일분산을 가정했기 때문에 통합분산(pooled variance)은 각각 가중치가 $n_1 - 1$과 $n_2 - 1$인 표본분산의 가중평균이 된다.

$$(\bar{x}_1 - \bar{x}_2) \pm t_{\alpha/2}\sqrt{\frac{(n_1 - 1)s_1^2 + (n_2 - 1)s_2^2}{n_1 + n_2 - 2}}\sqrt{\frac{1}{n_1} + \frac{1}{n_2}} \qquad \textbf{(10.5)}$$

$$d.f. = (n_1 - 1) + (n_2 - 1)$$

둘째, 분산이 같지 않다면 앞서 본 통합분산을 사용할 수 없다. 이런 경우에는 t분포를 이용하지만, 분산들을 더해서 사용하되 자유도는 Welch 공식을 이용해 계산한다.

$$(\bar{x}_1 - \bar{x}_2) \pm t_{\alpha/2}\sqrt{\frac{s_1^2}{n_1} + \frac{s_2^2}{n_2}}, \qquad d.f. = \frac{[s_1^2/n_1 + s_2^2/n_2]^2}{\frac{(s_1^2/n_1)^2}{n_1 - 1} + \frac{(s_2^2/n_2)^2}{n_2 - 1}} \qquad \textbf{(10.6)}$$

예제 10.2
마케팅 팀

온라인을 통해 협업하는 팀과 직접 대면으로 협업하는 팀 중 어느 팀이 더 나은 결과를 낼까? 해당 연구는 인원이 많은 경영학과 마케팅 전공 4학년 학생들을 대상으로 진행하였다. 학생들은 '온라인 팀'과 '대면 팀'으로 무작위로 나누어 배정하였다. '온라인 팀'은 온라인상에서 만나고 의논을 하고 '대면 팀'은 직접 만나서 프로젝트에 대해 의논한다. 각 팀은 8개의 마케팅 사례를 분석하여 발표하기로 되어 있다. 프로젝트를 마무리한 후 5점 척도로 다음과 같은 질문에 답하도록 하였다. "질문: 다른 팀과 비교하여 우리 팀원들의 팀웍이 좋은 편인가?" 답변은 리카트 5점 척도로 구성되었는데 '1'은 강한 부정이고, '5'는 강한 긍정을 나타낸다.

표 10.4는 두 그룹에 대한 평균과 표준편차를 보여준다. 모분산은 모르지만 서로 같다고 가정하자. 90% 신뢰구간을 계산하고자 자유도 $d.f. = 44 + 42 - 2 = 84$인 t분포를 이용한다. 부록 D에서 $t_{0.05} = 1.664$(자유도 84가 없기 때문에 그 다음으로 작은 수인 80에서 찾음)이다. 신뢰구간은 다음과 같다.

$$(\bar{x}_1 - \bar{x}_2) \pm t\sqrt{\frac{(n_1 - 1)s_1^2 + (n_2 - 1)s_2^2}{n_1 + n_2 - 2}}\sqrt{\frac{1}{n_1} + \frac{1}{n_2}}$$

$$= (3.58 - 2.93) \pm (1.664)\sqrt{\frac{(44 - 1)(0.76)^2 + (42 - 1)(0.82)^2}{44 + 42 - 2}}\sqrt{\frac{1}{44} + \frac{1}{42}}$$

$$= 0.65 \pm 0.284 \qquad \text{또는} \qquad [0.366, 0.934]$$

표 10.4

두 마케팅 팀의 평균과 표준편차

통계량	온라인 팀	대면 팀
표본평균	$\bar{x}_1 = 3.58$	$\bar{x}_2 = 2.93$
표본표준편차	$s_1 = 0.76$	$s_s = 0.82$
표본크기	$n_1 = 44$	$n_2 = 42$

신뢰구간이 0을 포함하지 않기 때문에 90% 신뢰수준에서 두 평균 차이는 유의하다. 즉, 온라인 팀과 대면 팀의 평균은 서로 다르다(즉, 온라인 팀의 평균은 대면 팀의 평균과 다르다). 만일 분산이 서로 다르다고 가정해도, 표본이 크고 그 수가 비슷하기 때문에 결과는 동일하게 나올 것이다. 하지만 표본의 크기가 작고, 표본의 크기가 다르고, 분산이 다르다면, 결과는 달리 나올 수도 있다.

두 표본평균 차이를 계산하는 과정은 많은 시간을 소요하기에, 소프트웨어를 활용하는 편이 낫다.

표본의 크기가 꼭 같아야만 하는가?

많은 사람들은 평균 차이를 검증하기 위해 의도적으로 표본의 크기를 같게 하려고 한다. 검정력을 높이기 위해 표본크기 차이가 많이 나는 것은 좋지 않다. 하지만 꼭 그럴 필요는 없다. 표본크기가 다른 것이 더욱 일반적이며, 공식도 여전히 유효하다.

단원 연습문제

connect

10.11 온라인 통계학 강의의 효과를 검증하기 위해 두 그룹에게 학습 전과 후에 각각 시험을 보게 하였다. 첫 번째 그룹(22명)은 전통적 방법으로, 두 번째 그룹(17명)은 온라인으로 통계학을 배우게 하였다. 학습 전 시험성적 평균은 서로 유의하게 다르지 않다. 학습 후 시험에서 첫 번째 그룹은 평균이 8.64점이고 표준편차는 1.88점이다. 두 번째 그룹은 평균이 8.82점이고 표준편차는 1.70점이다. (a) 분산이 서로 같다고 가정하고 평균 간 차이에 대한 90% 신뢰구간을 구하라. (b) 분산이 서로 다르다고 가정하고 평균 간 차이에 대한 90% 신뢰구간을 구하라. Welch 자유도 혹은 간편한 자유도 계산방식을 사용해도 된다. (c) 분산 가정에 따라 결과가 달라지는가? (d) 각 평균에 대해 90% 신뢰구간을 각각 구해보자. 두 신뢰구간은 서로 겹치는가?

10.4 두 평균 비교: 짝 표본의 경우

짝 데이터

표본데이터가 n개의 매칭된 짝(pair)으로 구성된 경우 지금과는 다른 접근방법이 필요하다. 즉, 동일한 개체를 다른 환경에서 두 번 관찰하는 경우라면 **짝 비교**(paired comparison) 방법을 활용하는 편이 낫다. 예를 들어 보면 다음과 같다.

- 고혈압 진단을 받은 15명의 환자들에게 식이요법, 운동 그리고 명상 프로그램을 제공하였다. 프로그램 시작 전의 혈압 수준과 프로그램을 실시한 지 두 달 후의 혈압수준을 비

교하고자 한다. 이 프로그램이 혈압 수준을 낮추는 데 효과가 있는가?

- A 윤활유를 사용하는 10개의 절삭기가 있다. 이 윤활유를 사용할 때 절삭기의 온도를 측정하였다. 기계를 식힌 후에 이번에는 B제품의 윤활유를 같은 절삭기에 사용하여 다시 한 번 온도를 측정하였다. 어떤 윤활유가 절삭기의 온도를 더 낮추는가?
- 12곳의 월마트에서 특정 음료의 전시방법을 눈에 잘 띄게 바꾸기 이전과 이후로 나누어 판매량을 비교하고자 한다. 새로운 전시방법에 따라 판매량이 늘어났는가?

짝 데이터는 보통 전-후 실험에서 나오지만 항상 그런 것은 아니다. 예를 들어, 마케팅 분석에서 특정 그룹에 대해 제품 2개를 주고 비교하는 과정에서도 나올 수 있다. n명으로 구성된 특정 그룹이 2개의 제품을 비교할 때, 짝 지은 순위(paired rating)가 도출된다. 여기서 만일 이 데이터를 2개의 서로 독립적인 표본이라고 간주한다면, 짝 데이터가 가지고 있는 상호연관성이라는 특성을 무시하게 되고, 결과적으로 만족스럽지 않은 검증결과가 도출될 수 있다.

짝 t검정

짝 t검정에서는 새로운 변수 $d = X_1 - X_2$를 정의한다. 이는 X_1과 X_2의 차이(difference)이다. 이제 2개였던 표본은 이 둘 간의 차이라는 n개의 하나의 표본($d_1, d_2, \cdots, d_n$)으로 변한다.

관측치	표본 1	표본 2	차이
1	x_{11}	x_{12}	$d_1 = x_{11} - x_{12}$
2	x_{21}	x_{22}	$d_2 = x_{21} - x_{22}$
3	x_{31}	x_{32}	$d_3 = x_{31} - x_{32}$
...	...	...	...
n	x_{n1}	x_{n2}	$d_n = x_{n1} - x_{n2}$

위의 데이터를 다음과 같이 행의 형태로 나타낼 수도 있다.

관측치	1	2	3	···	n
표본 1	x_{11}	x_{21}	x_{31}	...	x_{n1}
표본 2	x_{12}	x_{22}	x_{32}	...	x_{n2}
차이	$d_1 = x_{11} - x_{12}$	$d_2 = x_{21} - x_{22}$	$d_3 = x_{31} - x_{32}$	...	$d_n = x_{n1} - x_{n2}$

n개의 차이(difference) 표본에 대한 평균 $\overline{d}$와 표준편차 s_d는 일반적인 평균과 표준편차 공식을 이용하여 계산할 수 있다. 여기서 $\overline{d}$는 단지 $\overline{x}$와 구별하기 위한 표시이다.

$$\overline{d} = \frac{\sum_{i=1}^{n} d_i}{n} \quad (n\text{개 차이의 평균}) \qquad \textbf{(10.7)}$$

$$s_d = \sqrt{\sum_{i=1}^{n} \frac{(d_i - \overline{d})^2}{n-1}} \quad (n\text{개 차이의 표준편차}) \qquad \textbf{(10.8)}$$

여기에서 d의 모분산을 모르기 때문에 자유도 $n - 1$의 스튜던트 t분포를 이용하여 짝 t검정을 시도한다. 이 검정을 통해 표본에서의 평균 차이 $\bar{d}$와 가설로 설정된 차이 μ_d가 서로 같은지 비교한다(일반적으로 $\mu_d = 0$). 검정통계량은 9장에서 배운 단일표본 t검정이다.

$$t_{\text{calc}} = \frac{\bar{d} - \mu_d}{\frac{s_d}{\sqrt{n}}} \qquad \text{(짝 표본에 대한 검정통계량)} \tag{10.9}$$

예제 10.3

수리 견적

Repair

주택에 화재나 수해가 발생해서 보험을 청구할 경우, 보험금이 10,000달러 미만이면 보험회사는 청구인에게 복구비용에 관한 두 종의 견적서를 요구하곤 한다. 보험회사는 두 견적서를 비교해보고, 청구금액의 적절성을 판단한다. 두 평가사가 제출한 수리비 견적서가 표 10.5에 나와 있다. 두 회사의 견적 금액에 대한 추정치가 유의수준 5%에서 차이가 있는가?

1단계: 가설 설정 차이의 방향에는 관심이 없기 때문에 양측검정 가설을 선택한다.

H_0: $\mu_d = 0$
H_1: $\mu_d \neq 0$

2단계: 결정규칙 설정 검정통계량은 t분포를 따르고 자유도 $d.f. = n - 1 = 10 - 1 = 9$이다. 부록 D에서 유의수준 5%의 양측검정이면 $t_{0.025} = \pm 2.262$이다. 그림 10.7에 결정규칙이 제시되어 있다.

만일 $t_{\text{calc}} < -2.262$ 이거나 $t_{\text{calc}} > +2.262$이면 H_0를 기각,
그렇지 않으면 H_0를 기각하지 않음.

3단계: 검정통계량 계산 평균과 표준편차는 표 10.5에서와 같이 일반적인 방법으로 계산한다. 따라서 검정통계량은

$$t_{\text{calc}} = \frac{\bar{d} - \mu_d}{\frac{s_d}{\sqrt{n}}} = \frac{-240 - 0}{\left(\frac{327.28}{\sqrt{10}}\right)} = \frac{-240}{103.495} = -2.319$$

그림 10.7

$\alpha = 0.05$일 때, 양측 짝 t검정에 대한 결정규칙

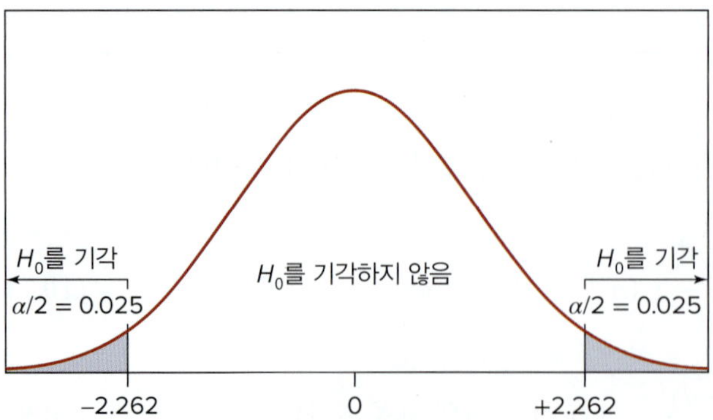

표 10.5
10건의 보험청구에 대해 두 회사가 감정한 복구비용($)
Repair

청구인	X_1 평가사 A	X_2 평가사 B	$d = X_1 - X_2$ 차이
1. Jones, C.	5,500	6,000	−500
2. Smith, R.	1,000	900	100
3. Xia, Y.	2,500	2,500	0
4. Gallo, J.	7,800	8,300	−500
5. Carson, R.	6,400	6,200	200
6. Petty, M.	8,800	9,400	−600
7. Tracy, L.	600	500	100
8. Barnes, J.	3,300	3,500	−200
9. Rodriguez, J.	4,500	5,200	−700
10. Van Dyke, P.	6,500	6,800	−300
			$\bar{d} = -240.00$
			$s_d = 327.28$
			$n = 10$

4단계: 기각여부 결정 $t_{calc} = -2.319$이므로 좌측 기각역에 포함된다. 귀무가설을 기각하고 두 회사의 견적에는 유의한 차이가 있다고 결론 내린다. 그러나 이는 가까스로 이뤄진 결정이다.

5단계: 조치 실행 양측검정에서 유의한 차이가 발생했으므로, 좌측검정에서도 유의한 차이가 있을 것이라 예상된다. 아마도 보험회사는 평가사 B에 어떤 이유에서 견적금액이 높게 나왔는지 확인해봐야 할 것이다.

엑셀을 이용한 짝 t검정

그림 10.8에서 볼 수 있듯이 엑셀을 이용하면 위 예제의 t검정을 쉽게 실행할 수 있다. 엑셀은 양측 또는 단측을 선택하는 옵션이 있고 p값도 계산해준다. 양측검정의 경우 p값은 $p = 0.0456$이다. p값이 5% 유의수준과 거의 비슷하지만 약간 작다.

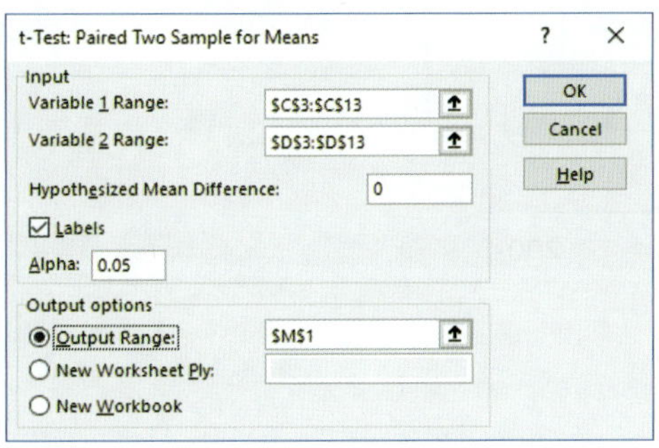

t-Test: Paired Two Sample for Means

	Contractor A	Contractor B
Mean	4690	4930
Variance	7836555.556	9053444.444
Observations	10	10
Pearson Correlation	0.996247386	
Hypothesized Mean Diff	0	
df	9	
t Stat	-2.318963855	
P(T<=t) one-tail	0.022781515	
t Critical one-tail	1.833112923	
P(T<=t) two-tail	0.045563029	
t Critical two-tail	2.262157158	

출처: Microsoft Excel.

그림 10.8
$\alpha = 0.05$일 때, 엑셀의 짝 t검정 결과
Repair

신뢰구간과의 유사성

두 평균의 차이가 0인지에 대한 양측검정과 평균 차이인 μ_d의 신뢰구간이 0을 포함하고 있는지를 보는 것은 동일한 접근이다.

$$\bar{d} \pm t_{\alpha/2}\frac{s_d}{\sqrt{n}} \quad \text{(짝 평균 차이에 대한 신뢰구간)} \qquad \textbf{(10.10)}$$

신뢰구간은 다음과 같이 신뢰수준에 따라 달라진다.

90% 신뢰수준($t_{\alpha/2} = 1.833$): [−429.72, −50.28]
95% 신뢰수준($t_{\alpha/2} = 2.262$): [−474.12, −5.88]
99% 신뢰수준($t_{\alpha/2} = 3.250$): [−576.34, +96.34]

그림 10.9에 나와 있듯이 99% 신뢰구간은 0을 포함하고 있다. 그러나 90%와 95% 신뢰구간은 0을 포함하지 않는다.

Mini Case 10.3

체중 감량 콘테스트

표 10.6은 어떤 도시에서 지역 신문사의 후원으로 개최된 체중 감량 콘테스트의 결과를 보여준다. 참가자들은 미국 전역에서 참여하였다. 이 대회는 한 달 동안 체중이 얼마나 감소했는가를 겨룬다. $\alpha = 0.01$에서 체중 감소가 유의하다고 할 수 있는가? 가설은 H_0: $\mu_d \geq 0$ 그리고 H_1: $\mu_d < 0$이다.

검정통계량은 0을 기준으로 표준오차의 9배 이상이다. 즉, 매우 유의한 차이이다.

$$t_{\text{calc}} = \frac{\bar{d} - 0}{\frac{s_d}{\sqrt{n}}} = \frac{-11.375 - 0}{\frac{4.37516}{\sqrt{12}}} = -9.006$$

그림 10.9

평균 차이에 대한 신뢰구간

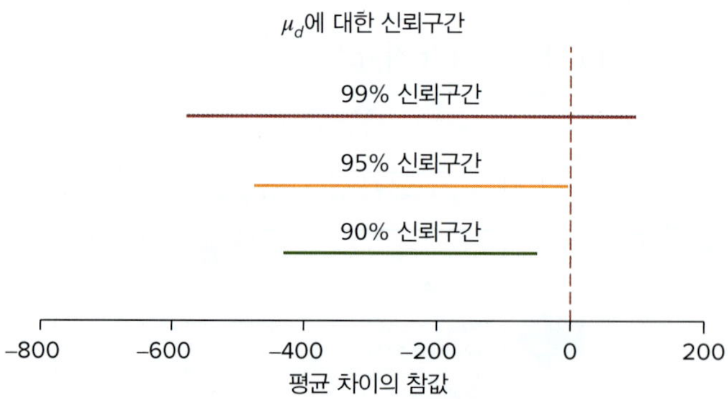

표 10.6

체중 감량 콘테스트 결과 Weightloss

관측치	이름	전	후	차이
1	Mickey	203.8	218.3	−14.5
2	Teresa	179.3	189.3	−10.0
3	Gary	211.3	226.3	−15.0
4	Bradford	158.3	169.3	−11.0
5	Diane	170.3	179.3	−9.0
6	Elaine	174.8	183.3	−8.5
7	Kim	164.8	175.8	−11.0
8	Cathy	154.3	162.8	−8.5
9	Abby	171.8	178.8	−7.0
10	William	337.3	359.8	−22.5
11	Margaret	175.3	182.3	−7.0
12	Tom	198.8	211.3	−12.5
				$\bar{d} = -11.375$
				$s_d = 4.37516$

짝 t검정에 대한 엑셀 p값은 $p = 0.0000$이다. 그러므로 11.375 파운드의 평균 체중 감소는 유의수준 1%에서 *유의*하다. 더구나 대부분의 사람들에게 11.375 파운드의 체중 감소는 매우 중요하기도 하다.

짝 데이터를 왜 독립표본으로 다루지 않는가?

관측값들이 짝 형태로 주어진 경우, 짝 t검정의 검정력은 일반적인 t검정보다 높다. 그 이유는 표본을 서로 독립으로 간주함으로써 무시하게 되는 정보를 짝 t검정에서는 고려하기 때문이다. 이를 확인해보기 위해 짝 데이터를 서로 **독립적 표본**(independent sample)이라고 간주해보자. 기초통계량은 다음과 같다.

$$\bar{x}_1 = 4{,}690.00 \qquad \bar{x}_2 = 4{,}930.00$$
$$s_1 = 2{,}799.38 \qquad s_2 = 3{,}008.89$$
$$n_1 = 10 \qquad n_2 = 10$$

분산이 동일하다는 가정하에 검정결과가 그림 10.10에 나와 있다. 여기에서 p값(단측 혹은 양측)은 일반적인 α에서 유의한 수준 근처도 가지 못한다. 두 표본이 서로 연관되어 있다는 정보를 무시하게 되면 불필요한 검정력 손실이 발생한다. 따라서 두 표본의 데이터가 짝 형태라면 서로 독립인 경우로 다루어서는 안 된다.

그림 10.10

엑셀에서 짝표본 t검정 결과와 독립표본 t검정 결과 비교

Repair

Best Test : Paired Samples

t-Test: Paired Two Sample for Means

	Contractor A	*Contractor B*
Mean	4690	4930
Variance	7836555.556	9053444.444
Observations	10	10
Pearson Correlation	0.996247386	
Hypothesized Mean Diff	0	
df	9	
t Stat	-2.318963855	
P(T<=t) one-tail	0.022781515	
t Critical one-tail	1.833112923	
P(T<=t) two-tail	0.045563029	
t Critical two-tail	2.262157158	

Less Power : Independent Samples

t-Test: Two-Sample Assuming Equal Variances

	Contractor A	*Contractor B*
Mean	4690	4930
Variance	7836555.556	9053444.444
Observations	10	10
Pooled Variance	8445000	
Hypothesized Mean Differe	0	
df	18	
t Stat	-0.184670029	
P(T<=t) one-tail	0.427776285	
t Critical one-tail	1.734063592	
P(T<=t) two-tail	0.855552569	
t Critical two-tail	2.100922037	

단원 연습문제

connect

10.13 (a) 다음 주어진 표본은 유의수준 5%에서 딸이 엄마보다 키가 크다고 말할 수 있는가? (b) 이러한 결정은 근소한 차이의 결론인가? (c) 왜 딸이 엄마보다 키가 큰 경향이 있는가 혹은 왜 아닌가? Height

가구번호	딸의 키(cm)	엄마의 키(cm)
1	167	172
2	166	162
3	176	157
4	171	159
5	165	157
6	181	177
7	173	174

10.15 Blue Box(DVD 대여 체인점)는 새롭게 '매주 화요일에는 반값 할인 행사'를 진행하고 있다. 아래 표는 10곳의 대여점의 DVD 대여실적을 모은 결과이다. (a) 유의수준 10%에서 화요일에 대여된 DVD 수는 유의하게 증가하였는가? (b) 가설검정 p값은 유의수준과 크게 다른가? (c) 가설검정 결과를 이용하여 사람들을 설득할 수 있는가? DVDRental

대여점	할인 행사가격	과거 가격
1	14	10
2	12	7
3	14	10
4	13	13
5	10	9
6	13	14
7	12	12
8	10	7
9	13	13
10	13	9

10.17 팀 코치 주장에 따르면, 고등학교 수영팀의 200야드 개인 혼영 1차 기록은 개인최고성적보다

0.5초 더 빠르게 나왔다고 한다. $\alpha = 0.05$에 대해서, 26명의 남자 선수들을 대한 기록이 코치의 주장과 다른지 판단하라. *힌트*: 귀무가설은 H_0: $\mu_d \le 0.5$초 Swimmers

수영선수	개인최고기록	1차 기록	수영선수	개인최고기록	1차 기록
Jason	122.06	117.49	Wolfgang	122.33	122.35
Walter	116.23	116.62	Jin	120.68	117.56
Fred	122.88	121.93	Li	121.81	121.7
Tom	123.33	123.81	Brian	121.08	120.58
Andy	122.33	122.52	Pete	122.38	123.16
David	120.41	118.75	Otto	120.87	120.64
Jon	122.44	123.57	Joon	122.46	124.82
Bruce	120.42	123.27	Jeffrey	115.16	110.88
Victor	118.19	117.15	Roger	119.68	114.16
Karl	123.27	121.28	Bill	115.94	113.3
Kurt	120.23	119.21	John	122.98	119.93
Frank	117.66	113.1	Preston	123.28	120.7
Cedric	122.61	122.40	Steve	116.50	113.15

10.19 새로 설치한 출입문 자동 개폐 시스템에 대해 진입실험 1,000번에서의 실패횟수와 진출실험 1,000번에서의 실패횟수가 같은지 테스트하고자 한다. 표본 트럭 8대를 무작위로 선택하여 자료를 수집하였다. 다음 표본으로 판단할 때 진입 시와 진출 시의 실패횟수에 유의한 차이가 있는가? 유의수준은 1%를 사용하라. Gates

	트럭 1	트럭 2	트럭 3	트럭 4	트럭 5	트럭 6	트럭 7	트럭 8
진입 시 실패횟수	43	45	53	56	61	51	48	44
진출 시 실패횟수	48	51	60	58	58	45	55	50

10.5 두 비율 비교

두 비율에 대한 검정은 간단하면서도 가장 자주 사용되는 검정이다. 대통령에 대한 지지율이 지난해보다 높아졌는가, 낮아졌는가, 아니면 변화가 없는가? 델(Dell)의 소비자 만족도는 HP보다 높은가? 마요 병원(Mayo Clinic)의 간호사 이직률이 존스홉킨스 병원(Johns Hopkins)보다 높은가, 낮은가, 동일한가? 이러한 질문에 답하기 위해 두 표본의 비율을 비교할 수 있다.

모비율에 차이가 있는지에 대한 검정: $\pi_1 - \pi_2 = 0$

두 모집단의 모비율을 각각 π_1과 π_2로 표기하자. 두 모집단의 비율을 비교하는 가설은 다음과 같다.

좌측검정	*양측검정*	*우측검정*
H_0: $\pi_1 - \pi_2 \ge 0$	H_0: $\pi_1 - \pi_2 = 0$	H_0: $\pi_1 - \pi_2 \le 0$
H_1: $\pi_1 - \pi_2 < 0$	H_1: $\pi_1 - \pi_2 \ne 0$	H_1: $\pi_1 - \pi_2 > 0$

표본비율

표본비율(sample proportions) p_1은 π_1에 대한 점추정량이고 표본비율 p_2는 π_2에 대한 점추정량이다. 여기에서 성공(success)은 '바람직한' 것과는 상관이 없으며, 단지 관심 있는 사건을 말한다.

$$p_1 = \frac{x_1}{n_1} = \frac{\text{표본 1에 있는 성공횟수}}{\text{표본 1에 있는 원소개수} \tag{10.11}$$

$$p_2 = \frac{x_2}{n_2} = \frac{\text{표본 2에 있는 성공횟수}}{\text{표본 2에 있는 원소개수}} \tag{10.12}$$

통합비율

H_0이 사실이면 π_1과 π_2에 차이는 없다. 이 경우 표본은 공통의 모집단 비율을 추정하기 위해 하나의 큰 표본으로 평균 또는 통합(pooled)할 수 있다.

$$p_c = \frac{x_1 + x_2}{n_1 + n_2} = \frac{\text{통합표본에서 성공횟수}}{\text{통합표본의 원소개수}} = \text{통합비율} \tag{10.13}$$

검정통계량

표본이 크다면 비율 차이인 $p_1 - p_2$는 정규분포를 따른다고 가정할 수 있다. 검정통계량은 표본비율의 차이인 $p_1 - p_2$에서 $\pi_1 - \pi_2$를 빼준 후 $p_1 - p_2$의 표준오차로 나눈 값이다. 두 비율 간 차이에 대해 가설검정할 때 검정통계량은 다음과 같다.

$$z_{\text{calc}} = \frac{(p_1 - p_2) - (\pi_1 - \pi_2)}{\sqrt{\dfrac{p_1(1-p_1)}{n_1} + \dfrac{p_2(1-p_2)}{n_2}}} \tag{10.14}$$

$\pi_1 - \pi_2 = 0$을 검정하는 것이 목적이라면 표준오차는 통합비율 p_c를 이용해 구할 수 있다. 그런 다음 식 10.14에서 p_1과 p_2를 p_c로 대체한다. 결과는 식 10.15와 같다.

모비율이 동일한지에 대한 검정통계량

$$z_{\text{calc}} = \frac{p_1 - p_2}{\sqrt{p_c(1-p_c)\left[\dfrac{1}{n_1} + \dfrac{1}{n_2}\right]}} \tag{10.15}$$

예제 10.4

Vail Resorts에 대한 적극 홍보자

Vail Resorts는 자사 홈페이지의 만족도 측정을 위해 마케팅 팀이 정기적으로 손님을 임의로 뽑아 설문조사를 진행하고, 이 중 몇 명이나 친구 혹은 직장동료에게 자사 홈페이지를 적극 추천할지를 묻는다. *적극 홍보자*란 손님 중 친구나 직장동료에게 자사 홈페이지를 적극 홍보할 거라고 답한 사람들을 말한다. Vali Resorts는 작년에 다녀간 손님 중 2,386명을 임의로 뽑았고 이 중 2,014명이 적극 홍보자로 나타났다. 한편 올해 다녀간 손님 중 2,309명을 임의로 뽑았고 이 중 2,048명이 적극 홍보자로 밝혀졌다. 표 10.7에 설문 결과가 요약되어 있다. 0.01의 유의수준에서, 올해 적극 홍보자가 늘어났다고 할 수 있는가?

표 10.7

홈페이지 만족도 설문조사

통계량	올해	지난해
적극 홍보자 수	$x_1 = 2{,}048$	$x_2 = 2{,}014$
설문참여자 수	$n_1 = 2{,}309$	$n_2 = 2{,}386$
적극 홍보자 비율	$p_1 = \frac{2{,}048}{2{,}309} = .8870$	$p_2 = \frac{2{,}014}{2{,}386} = 0.8441$

1단계: 가설 설정 Vail Resorts는 올해 홈페이지 보수작업을 해서, 적극 홍보자의 비중이 증가했을지 관심을 갖고 있다. 따라서 비율이 같은지에 대해서는 우측검정이 적절하다.

H_0: $\pi_1 - \pi_2 \le 0$
H_1: $\pi_1 - \pi_2 > 0$

2단계: 결정규칙 설정 $\alpha = 0.01$을 이용할 경우, 우측 꼬리의 임계치는 $z_{0.01} = 2.326$이 되고, 결정규칙은 다음과 같다.

만일 $z_{\text{calc}} > 2.326$이면 H_0를 기각,
그렇지 않으면 H_0를 기각하지 않음.

결정규칙이 그림 10.11에 나와 있다. 엑셀에서는 좌측 꼬리의 누적확률값만 제시하기 때문에, 엑셀 함수 =NORM.S.INV(0.99)를 이용하면 우측 꼬리의 임계치(2.326)를 구할 수 있다.

3단계: 검정통계량 계산 표본비율만 보면 올해 적극 홍보자 비율이 작년보다 높게 나타난다. 하지만 직접 검정을 해봐야 한다. 우선 $\pi_1 - \pi_2 = 0$이라 가정하고, 이러한 가정이 표본과 대치되는지를 살펴보자. 2개의 **표본을 통합**(pooling)하여 비율을 더한 통합추정치를 만든다. 이를 위해 각 표본의 적극 홍보자 수를 더한 것을 두 표본의 크기를 더해 나눈다.

$$p_c = \frac{\bar{x}_1 + \bar{x}_2}{n_1 + n_2} = \frac{2{,}048 + 2{,}014}{2{,}309 + 2{,}386} = \frac{4{,}062}{4{,}695} = 0.8652 \text{ 또는 } 86.52\%$$

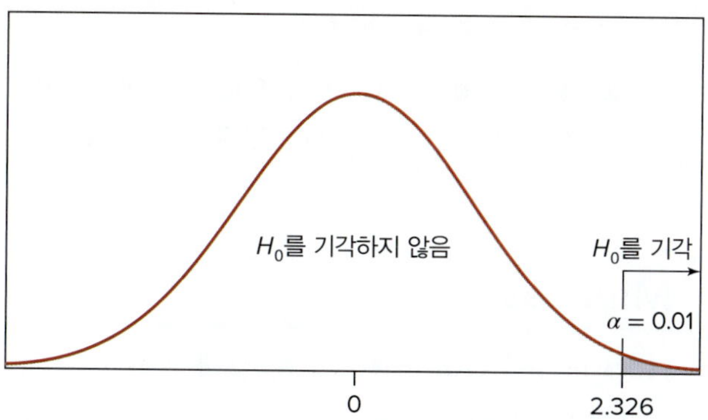

그림 10.11

두 비율 차이에 관한 우측검정

정규성을 가정하면(즉, 표본이 큰 경우), 검정통계량은 다음과 같다.

$$z_{\text{calc}} = \frac{p_1 - p_2}{\sqrt{p_c(1-p_c)\left[\dfrac{1}{n_1}+\dfrac{1}{n_2}\right]}} = \frac{0.8870 - 0.8441}{\sqrt{0.8652(1-0.8652)\left[\dfrac{1}{2309}+\dfrac{1}{2386}\right]}} = 4.313$$

4단계: 기각여부 결정 만일 H_0가 참이라면, 검정통계량은 0에 가까울 것이다. 그러나 검정통계량($z_{\text{calc}} = 4.313$)이 임계치($z_{0.01} = 2.326$)보다 크기 때문에 귀무가설은 기각되고 $\pi_1 - \pi_2 > 0$라는 결론을 내린다. p값을 구하기 위해서는 엑셀 함수 중 =1–NORM.S.DIST(4.313,1)을 활용한다. p값(0.00000807)이 0에 가깝게 매우 작게 나왔다. p값이 0.01보다 작으므로 귀무가설은 기각된다.

임계치 방식과 p값 방식 모두에서 두 비율이 같다는 귀무가설이 기각되었다. 다른 말로 하면, 올해의 적극 홍보자의 비중이 작년보다 유의미하게 커졌다는 것을 의미한다. 따라서 올해 새로 보수된 홈페이지는 꽤 성공적이라고 볼 수 있다.

5단계: 조치 실행 새로운 홈페이지가 적극 홍보자를 더 많이 끌어들였으므로, 지금 홈페이지를 당분간 유지하도록 한다.

정규성 확인

앞서 검정통계량 $p_1 - p_2$에 대해 정규분포를 가정하였다. 이제는 이러한 가정을 다음과 같이 확인해보자. 즉, 각 표본에서 $n\pi \ge 10$이고, $n(1-\pi) \ge 10$이 충족되어야 한다. 여기에서 π 대신 각 표본비율을 사용한다.

$$n_1p_1 = (2{,}309)(2{,}048/2{,}309) = 2{,}048 \qquad n_1(1-p_1) = (2{,}309)(1-2{,}048/2{,}309) = 261$$
$$n_2p_2 = (2{,}386)(2{,}014/2{,}386) = 2{,}014 \qquad n_2(1-p_2) = (2{,}386)(1-2{,}014/2{,}386) = 372$$

이 조건을 만족하면 정규성 조건은 충족된다. 이상적으로는 10보다 훨씬 큰 값이 바람직하다. 위 조건의 의미는 각 표본이 적어도 10번의 '성공' 횟수와 10번의 '실패' 횟수를 포함하고 있어야 한다는 것이다. 지금 사례에서는 이 조건이 충족된다(2,048명과 2,014명의 적극 홍보자와 261명과 372명의 그렇지 않은 사람이 있다).

만일 표본크기가 정규성을 만족하지 않는다면, 각각의 표본은 이항분포에서 추출한 원소로 취급해야 한다. 이를 해결할 컴퓨터 소프트웨어가 없다면 해볼 가치는 별로 없다. 표본크기가 작다면 검증결과는 검정력이 낮을 것이기 때문이다.

표본크기가 서로 같아야 하는가?

그렇지 않다. 본 예제에서는 우연히 표본크기가 같지만, 표본크기가 동일할 필요는 없다. 서로 다른 표본크기를 가진 경우가 더 일반적이며, 그 경우에도 검정통계량 공식은 여전히 적용된다.

Mini Case 10.4

Noodles & Company는 손님에게 가치를 제공하는가?

가치 포착(value perception)이란 모든 기업에 매우 중요한 개념이다. 특히 손님과 직접 연결된 소매업이나 레스토랑의 경우 특별히 더 중요하다. 소매업이나 레스토랑은 원자재나 임금 상승 등의 가격변동을 고려하여 정기적으로 가격을 올린다. 그러나 Noodles & Company는 소비자들이 느끼는 가치를 평가한 후 오히려 가격을 내린 적이 있다.

엄격한 통계분석에 따라, Noodles & Company는 현재 손님들 중 많은 비율이 메뉴 가격을 조금 낮추면 방문횟수를 지금보다 더 늘릴 것이라는 것을 알게 되었다. 이 회사는 가격을 내릴 경우 수익이 얼마나 증가하는지 평가하였고, 결국 가격을 내리기로 했다. 적극적인 가격인하 홍보를 하지 않았음에도 손님 방문이 늘었다는 걸 확인할 수 있었다. 이제 효과를 평가해보기 위해, 회사는 손님 방문횟수와 Noodles & Company에 대한 가치 포착을 통계적으로 분석하였다. 분석 결과, 손님 방문횟수가 2~3% 증가한 것뿐만 아니라 회사에 대한 가치인지도가 2% 상승하였다. 결과적으로 회사로서는 2%의 가격인하로 인해 4~5%의 수익 상승을 달성할 수 있었다.

단원 연습문제

connect

10.21 모비율이 동일한지 가설검정하기 위해 검정통계량과 p값을 계산하라. 결론은 무엇인가?

a. 좌측검정: $\alpha = 0.10$, $x_1 = 28$, $n_1 = 336$, $x_2 = 14$, $n_2 = 112$

b. 우측검정: $\alpha = 0.05$, $x_1 = 276$, $n_1 = 300$, $x_2 = 440$, $n_2 = 500$

c. 양측검정: $\alpha = 0.10$, $x_1 = 35$, $n_1 = 50$, $x_2 = 42$, $n_2 = 75$

10.23 검정통계량을 계산하고, 두 비율의 동일성에 대한 검정을 실시하라.

a. 두 곳의 자동차 판매대리점에서 고객들이 자동차를 재구매하는 비율: $p_1 = 0.30$, $n_1 = 50$, $p_2 = 0.54$, $n_2 = 50$, $\alpha = 0.01$, 좌측검정

b. 대학 동아리 두 곳의 장학생 비율: $p_1 = 0.45$, $n_1 = 80$, $p_2 = 0.25$, $n_2 = 48$, $\alpha = 0.10$, 양측검정

c. 호텔 두 곳의 투수객 중 하와이를 처음 방문한 사람의 비율: $p_1 = 0.20$, $n_1 = 80$, $p_2 = 0.32$, $n_2 = 75$, $\alpha = 0.05$, 좌측검정

10.25 2016년 어느 백화점 쇼핑객 200명 중 42명이 직불카드로 결제하였다. 2017년에는 200명 중 62명이 직불카드를 사용하였다. (a) 직불카드 사용비율이 늘었는지를 검토하기 위한 가설을 설정하라. (b) $\alpha = 0.01$에서 가설검정을 실시하라. (c) p값을 찾아라. (d) $p_1 - p_2$의 정규성 조건이 만족하는지 확인하라.

10.27 25~34세의 성인 500명에게 20분짜리 설문지를 스타벅스 5달러 상품권과 같이 보냈다. 또한 같은 수의 다른 그룹에게 상품권 없이 설문지만 보냈다. 첫 번째 그룹의 응답률은 65%, 두 번째 그룹은 45%의 응답률을 보였다. (a) $\alpha = 0.05$에서 응답률에 대한 양측검정을 실시하라.

10.29 상장기업에 대한 '재무기록 및 위조금지 규정' 이행 여부를 조사해보았더니 180곳 중 14곳이 위반하였다. 이에 반해 컴퓨터 하드웨어, 스프트웨어, 통신사의 경우에는 67곳 중 7곳만 위반하였다. (a) $\alpha = 0.05$에서 이는 유의미한 차이인가? (b) $p_1 - p_2$는 정규성 가정이 가능한가?

Mini Case 10.5

자동 주차 출입시스템

규모가 큰 대학은 주차장이 여러 곳에 있다. 택배 트럭은 물건이나 우편물을 배달하기 위해 학교 내 여러 건물들을 출입하게 된다. 자동출입시스템은 배달시간 감소에 도움이 된다.

2개의 캠퍼스가 있는 어느 대학이 최근 자동출입시스템 설치회사와 계약을 맺었다. 계약 조

건 중 하나는 출입문 오작동 비율이 제1캠퍼스와 제2캠퍼스 간에 차이가 없어야 한다는 것이다. 대학교 건물 관리자는 회사가 이 규정을 지켰는지 확인하기 위해 다음과 같은 가설검정을 실시하였다.

양측검정으로 설정한 가설은 다음과 같다.

$H_0: \pi_1 - \pi_2 = 0$
$H_1: \pi_1 - \pi_2 \neq 0$

대학과 회사는 5% 유의수준에 동의하였고 무작위로 자료를 추출하였다. 자료는 표 10.8과 같다.

표 10.8

자동출입문 오작동률

통계량	제1캠퍼스	제2캠퍼스
오작동 횟수	$x_1 = 52$	$x_2 = 63$
포본크기	$n_1 = 1{,}000$	$n_2 = 1{,}000$
비율	$p_1 = \frac{52}{1{,}000} = 0.052$	$p_2 = \frac{63}{1{,}000} = 0.063$

표본을 합친 비율은

$$p_c = \frac{x_1 + x_2}{n_1 + n_2} = \frac{52 + 63}{1{,}000 + 1{,}000} = \frac{115}{2{,}000} = 0.0575$$

검정통계량은

$$z_{\text{calc}} = \frac{p_1 - p_2}{\sqrt{p_c(1 - p_c)\left[\frac{1}{n_1} + \frac{1}{n_2}\right]}} = \frac{0.052 - 0.063}{\sqrt{0.0575(1 - 0.0575)\left[\frac{1}{1{,}000} + \frac{1}{1{,}000}\right]}} = -1.057$$

5% 유의수준을 이용하면 임계치는 $z_{0.025} = 1.96$이고, 이를 통해 두 비율 간 유의한 차이는 없다. p값 결과도 동일하다. 엑셀의 누적정규분포 함수 =NORM.S.DIST(−1.057,1)을 이용하면 −1.057의 좌측 꼬리 확률로 0.1453이 계산된다. 따라서 p값은 이 두 배인 0.2906가 된다.

정규성 가정은 합리적일까? 그렇다. 왜냐하면 각 표본에 대해서 적어도 10번의 성공과 10번의 실패가 있기 때문이다.

$$n_1p_1 = 1{,}000(52/1{,}000) = 52 \qquad n_1(1 - p_1) = 1{,}000(1 - 52/1{,}000) = 948$$
$$n_2p_2 = 1{,}000(63/1{,}000) = 63 \qquad n_2(1 - p_2) = 1{,}000(1 - 63/1{,}000) = 937$$

따라서 주어진 표본에 근거하여 두 캠퍼스의 자동출입시스템 오작동률은 동일하다는 설치회사의 주장을 반박할 수 없다.

출처: 이 예제는 미국 서부에 있는 큰 규모의 대학과 민간 기업과의 실제 계약내용이다. 이 책이 출간될 때까지도 이에 대한 계약 협상이 계속되고 있었다.

10.6 두 비율 차이($\pi_1 - \pi_2$)에 대한 신뢰구간

모비율 차이($\pi_1 - \pi_2$)에 대한 신뢰구간은 다음과 같다.

$$(p_1 - p_2) \pm z_{\alpha/2}\sqrt{\frac{p_1(1-p_1)}{n_1} + \frac{p_2(1-p_2)}{n_2}} \tag{10.16}$$

위 공식에서는 표본의 크기가 충분히 커서 정규성을 가정할 수 있다. 정규성을 가정하는 경험법칙은 $np \geq 10$이고 $n(1-p) \geq 10$이다.

예제 10.5
병원 진료비

병원 응급실을 이용하면 진료비가 많이 나온다. 게다가 퇴원 후에도 다시 응급실로 오는 일이 빈번하다. 연구자들은 응급실 환자가 퇴원하기 전에 추가진료를 받으면, 30일 이내에 다시 응급실로 올 가능성을 줄일 수 있는지 분석해보았다. 이를 위해 임의로 뽑은 응급 환자를 두 부류로 나누고 실험을 진행하였다. 첫 번째 부류에는 퇴원 전에 기존의 일반진료를 하고, 두 번째 부류에는 퇴원 전에 추가 진료를 제공하였다. 이후 전화를 통해 설문하였다. 그 결과는 표 10.9에 정리되어 있다.

표 10.9

퇴원 후 30일 내 응급실 재방문 건수

통계량	일반진료	추가진료
재방문자(명)	$x_1 = 90$	$x_2 = 61$
그룹 내 피설문자(명)	$n_1 = 370$	$n_2 = 368$
재방문율	$p_1 = \frac{90}{370} = 0.24324$	$p_2 = \frac{61}{368} = 0.16576$

두 비율 간 차이에 대한 95%의 신뢰구간은 다음과 같다.

$$(p_1 - p_2) \pm z_{\alpha/2}\sqrt{\frac{p_1(1-p_1)}{n_1} + \frac{p_2(1-p_2)}{n_2}}$$

$$= (0.24324 - 0.16576) \pm 1.960\sqrt{\frac{0.24324(1-0.24324)}{370} + \frac{0.16576(1-0.16576)}{368}}$$

$$= 0.07748 \pm 0.05792 \qquad \text{또는} \qquad [0.01956, 0.13540]$$

신뢰구간 [0.01956, 0.13540]이 0을 포함하고 있지 않기 때문에, 재방문 비율 간에는 유의한 차이가 있다. 이는 추가진료가 환자의 안전뿐 아니라, 진료비 절감에도 도움이 된다는 의미이다. 하지만 추가진료비가 재방문 진료비보다 높으면, 진료비 절감효과는 없다.

단원 연습문제

connect

10.33 미국 은행협회는 프랑스에서는 120명의 제품구매자 중 60명이 현금을 사용하고, 미국에서는 50명의 제품구매자 중 26명이 현금을 사용한다고 발표하였다. 비율 차이에 대한 90% 신뢰구간을 계산하라.

10.35 100명의 흡연자들 중에 71명은 하나의 제품만 구입하고, 200명의 치약 사용자 중에서는 122명만 하나의 제품을 구입한다고 한다. 비율 간 차이에 대한 90%의 신뢰구간을 만들어보자.

10.7 두 분산 비교

두 모집단의 평균이 같은지 검정하는 것 못지않게 두 모집단의 분산이 같은지를 검정해야 할 때도 있다. 제조업계에서 분산이 작다는 것은 제품의 신뢰도가 높다는 의미이다. 금융업계에서 분산이 작다는 것은 자산 가치의 변동성이 작다는 의미이다. 서비스업계에서 분산이 작다는 것은 손님에 대한 일관성 있는 서비스를 제공한다는 의미이다. 예를 들어, 포드자동차 Mustang 조립시간의 분산이 이번 달과 지난달에 서로 같은지에 관심이 있거나, 두 곳의 레스토랑 프랜차이즈에서 고객 대기시간의 변동성(variability)이 동일한지, 금요일과 토요일 저녁 극장매점 판매액의 변동성은 동일한지 등이 관심사가 될 수 있다.

가설의 형태

귀무가설을 검정할 때 다음과 같은 세 가지의 대립가설을 설정할 수 있다.

좌측검정	*양측검정*	*우측검정*
$H_0: \sigma_1^2 \geq \sigma_2^2$	$H_0: \sigma_1^2 = \sigma_2^2$	$H_0: \sigma_1^2 \leq \sigma_2^2$
$H_1: \sigma_1^2 < \sigma_2^2$	$H_1: \sigma_1^2 \neq \sigma_2^2$	$H_1: \sigma_2^1 > \sigma_2^2$

동일한 논리로, 두 분산의 비율(ratio)을 보는 가설을 설정할 수도 있다. 비율이 1에 가깝다면 동일 분산을 의미한다.

좌측검정	*양측검정*	*우측검정*
$H_0: \dfrac{\sigma_1^2}{\sigma_2^2} \geq 1$	$H_0: \dfrac{\sigma_1^2}{\sigma_2^2} = 1$	$H_0: \dfrac{\sigma_1^2}{\sigma_2^2} \leq 1$
$H_1: \dfrac{\sigma_1^2}{\sigma_2^2} < 1$	$H_1: \dfrac{\sigma_1^2}{\sigma_2^2} \neq 1$	$H_1: \dfrac{\sigma_1^2}{\sigma_2^2} > 1$

*F*검정

좌측검정이나 우측검정을 할 때, 귀무가설이 부등호(≥ 혹은 ≤)라고 해도, 실제는 등호(=)에 대해서 판단한다. 만일 귀무가설이 기각되면, 이보다 더 극단적인 값은 당연히 기각된다고 본다. 여기서 보는 검정통계량은 표본분산의 비율이며, 모집단이 정규분포한다면 이 검정통계량은 ***F*분포**(*F*-distribution)를 따른다. 여기에서 *F*분포라는 이름은 유명한 통계학자 중 한 명인 Ronald A. Fisher(1890~1962)에서 딴 것이다.

$$F_{\text{calc}} = \frac{s_1^2}{s_2^2} \qquad \begin{matrix} \leftarrow df_1 = n_1 - 1 \\ \leftarrow df_2 = n_2 - 1 \end{matrix} \tag{10.17}$$

동일분산의 귀무가설이 사실이면 그 비율은 1에 가깝게 될 것이다.

$$F_{\text{calc}} \cong 1 \qquad (H_0\text{가 참이면})$$

검정통계량 *F*가 1보다 매우 작거나 혹은 1보다 매우 크다면 귀무가설을 기각하게 된다. 분

그림 10.12

동일분산에 대한 F검정의 임계치

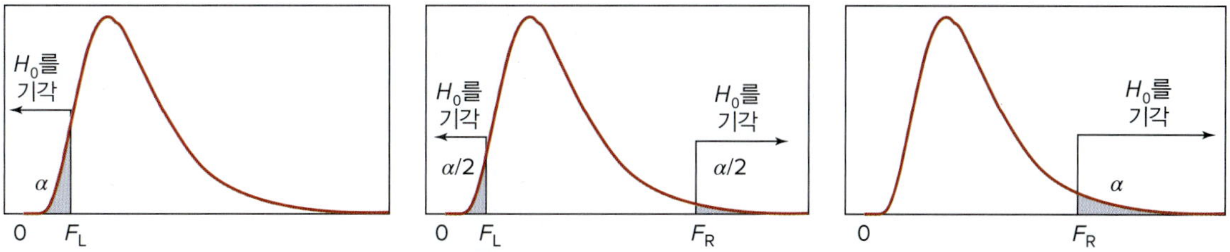

	좌측검정	양측검정	우측검정
임계치	F_L =F.INV(α,df_1,df_2)	F_L =F.INV(α/2,df_1,df_2) F_R =F.INV.RT(α/2,df_1,df_2)	F_R =F.INV.RT(α,df_1,df_2)
결정규칙	만약 $F_{calc} < F_L$이면 H_0를 기각	$F_{calc} < F_L$ 또는 $F_{calc} > F_R$이면 H_0를 기각	$F_{calc} > F_R$이면 H_0를 기각

자에 해당하는 s_1^2의 자유도는 $df_1 = n_1 - 1$이고 분모에 해당하는 s_2^2의 자유도는 $df_2 = n_2 - 1$이 된다. 일반적인 F분포는 오른쪽으로 기운(right-skewed) 분포이다. 평균은 항상 1보다 크고, 최빈값(분포의 가장 높은 봉우리 위치)은 1보다 작다. 그러나 대표본인 경우 평균과 최빈값은 1에 가깝다. s_1^2과 s_2^2 값이 음수가 될 수 없으므로 F값 역시 음수가 될 수 없다.

F검정의 임계치

***F*검정**에 대한 임계치는 F_L(좌측 꼬리)와 F_R(우측 꼬리)로 표시된다. 그림 10.12에 양측 F검정이 나와 있다. 기각영역이 비대칭임에 주목하자.

우측 꼬리 임계치(F_R)는 부록 F에서 찾을 수 있다. 이때 자유도는 df_1과 df_2이다.

$$F_R = F_{df_1,df_2} \qquad (F\text{분포의 우측 꼬리 임계치}) \tag{10.18}$$

좌측 꼬리 임계치(F_L)를 구하기 위해서는, 분자와 분모의 자유도 위치를 바꾼 후에 부록 F에서 임계치를 찾고, 이후 그 역수를 취해주면 된다.

$$F_L = \frac{1}{F_{df_2,df_1}} \qquad (df_1\text{과 } df_2 \text{ 자유도의 위치를 바꾼 좌측 꼬리 } F\text{임계치}) \tag{10.19}$$

예제 10.6

자동차 사고 피해

새로운 범퍼는 저속 충돌 시 피해를 줄여준다고 한다. 새 범퍼를 실험군 차량에 장착하고 대조군 차량에는 장착하지 않았다. 실험기간이 끝난 후 실험군에서는 12건의 사고가 발생하였고, 대조군에서는 9건의 사고가 발생하였다. 표 10.10은 수리비(단위: 달러)를 나타낸다.

그림 10.13의 점 그래프에서는 실험용 범퍼로 평균 수리비가 줄었는지 보여준다. 그러나 기업은 수리비의 분산이 줄었는지도 관심이 있다. 동일분산을 검정하기 위해 F검정을 이용할 수 있다. 표본분산을 보고 모집단의 분산이 같다고 할 수 있을까? 이를 위해 양측검정을 해본다.

표 10.10

자동차 사고 수리비(달러) Damage

실험군	대조군
1,973	1,185
403	885
509	2,955
2,103	815
1,153	2,852
292	1,217
1,916	1,762
1,602	2,592
1,559	1,632
547	
801	
359	
$\bar{X}_1$ = 1,101.42달러 s_1 = 696.20달러 n_1 = 12건	$\bar{X}_2$ = 1,766.11달러 s_2 = 837.62달러 n_2 = 9건

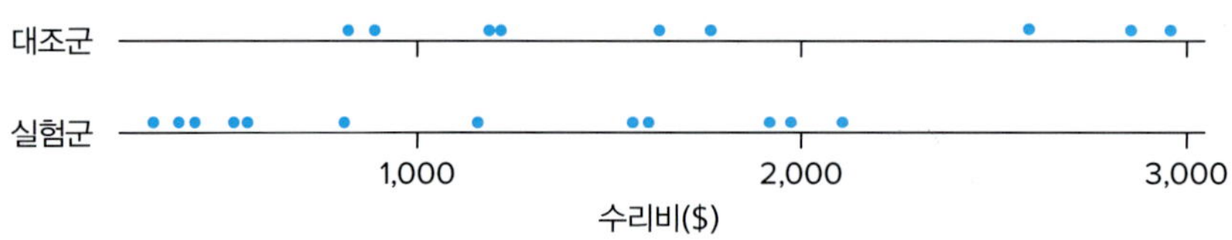

그림 10.13

수리비용에 관한 점그림 Damage

1단계: 가설 설정 동일분산에 대한 양측검정에서 가설은 다음과 같다.

$$H_0: \sigma_1^2 = \sigma_2^2 \qquad \text{또는} \qquad H_0: \sigma_1^2/\sigma_2^2 = 1$$

$$H_1: \sigma_1^2 \neq \sigma_2^2 \qquad\qquad\quad H_1: \sigma_1^2/\sigma_2^2 \neq 1$$

2단계: 결정규칙 설정 F검정 자유도는

분자 자유도: $df_1 = n_1 - 1 = 12 - 1 = 11$
분모 자유도: $df_2 = n_2 - 1 = 9 - 1 = 8$

양측검정의 경우 각 양쪽 꼬리에 $\alpha/2$씩 배정한다. 엑셀을 이용하는 경우 좌측 꼬리 임계치는 F_L =F.INV(0.025,11,8) = 0.273이고, 우측 꼬리 임계치는 F_R =F.INV(0.975,11,8) = 4.243이다. 분포표를 이용하는 경우 임계치 계산을 위해 유의수준 5%에서 부록 F를 이용한다. 부록 F에서 찾는 자유도가 없으면, 그보다 작은 값을 자유도로 선택한다. 이런 보수적인 결정으로 제1종 오류를 줄일 수 있다. 예를 들어 $F_{(11,8)}$이 표에 없는 경우 $F_{(10,8)}$을 대신 사용한다. 그림 10.14에 나와 있다.

$F_{0.025}$의 임계치

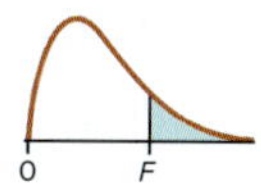

그림 10.14

$\alpha/2$ = 0.025에 대한 F임계치

아래 표는 자유도를 알 때, F분포의 2.5% 우측 임계치임.

분모의 자유도 (df_2)	분자의 자유도(df_1)										
	1	2	3	4	5	6	7	8	9	10	12
1	647.8	799.5	864.2	899.6	921.8	937.1	948.2	956.6	963.3	968.6	976.7
2	38.51	39.00	39.17	39.25	39.30	39.33	39.36	39.37	39.39	39.40	39.41
3	17.44	16.04	15.44	15.10	14.88	14.73	14.62	14.54	14.47	14.42	14.34
4	12.22	10.65	9.98	9.60	9.36	9.20	9.07	8.98	8.90	8.84	8.75
5	10.01	8.43	7.76	7.39	7.15	6.98	6.85	6.76	6.68	6.62	6.52
6	8.81	7.26	6.60	6.23	5.99	5.82	5.70	5.60	5.52	5.46	5.37
7	8.07	6.54	5.89	5.52	5.29	5.12	4.99	4.90	4.82	4.76	4.67
8	7.57	6.06	5.42	5.05	4.82	4.65	4.53	4.43	4.36	4.30	4.20
9	7.21	5.71	5.08	4.72	4.48	4.32	4.20	4.10	4.03	3.96	3.87
10	6.94	5.46	4.83	4.47	4.24	4.07	3.95	3.85	3.78	3.72	3.62
11	6.72	5.26	4.63	4.28	4.04	3.88	3.76	3.66	3.59	3.53	3.43
12	6.55	5.10	4.47	4.12	3.89	3.73	3.61	3.51	3.44	3.37	3.28
13	6.41	4.97	4.35	4.00	3.77	3.60	3.48	3.39	3.31	3.25	3.15
14	6.30	4.86	4.24	3.89	3.66	3.50	3.38	3.29	3.21	3.15	3.05
15	6.20	4.77	4.15	3.80	3.58	3.41	3.29	3.20	3.12	3.06	2.96

$$F_R = F_{df_1, df_2} = F_{11,8} \approx F_{10,8} = 4.30 \qquad \text{(우측 꼬리 임계치)}$$

좌측 꼬리 임계치를 찾기 위해서는 분모와 분자의 자유도 위치를 바꾸고 부록 F에서 임계치를 찾는다. 그런 후 역수를 취한다.

$$F_L = \frac{1}{F_{df_2, df_1}} = \frac{1}{F_{8,11}} = \frac{1}{3.66} = 0.273 \qquad \text{(좌측 꼬리 임계치)}$$

그림 10.15에서 볼 수 있듯이 양측검정 결정규칙은 다음과 같다.

만일 $F_{\text{calc}} < 0.273$이거나 $F_{\text{calc}} > 4.30$이면 H_0를 기각,
그렇지 않으면 H_0를 기각하지 않음.

3단계: 검정통계량 계산 검정통계량은

$$F_{\text{calc}} = \frac{s_1^2}{s_2^2} = \frac{(696.20)^2}{(837.62)^2} = 0.691$$

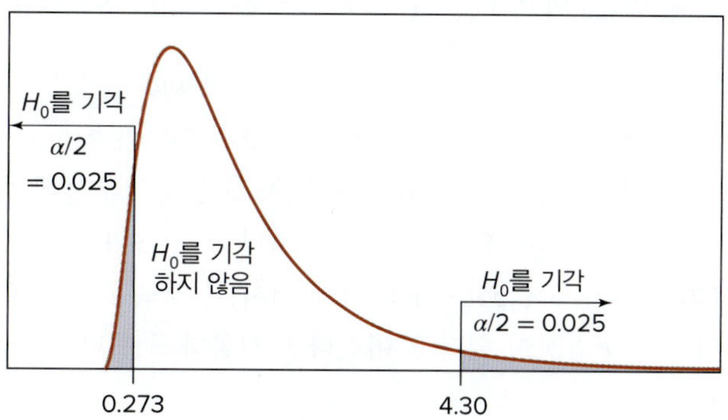

그림 10.15

α = 0.05에 대한 양측 F검정

4단계: 기각여부 결정 $F_{calc} = 0.691$이므로 유의수준 5%의 양측검정에서 귀무가설을 기각하지 못한다. 다시 말하면, 표본분산 비율은 1과 유의하게 다르지 않다. p값은 F_{calc}값에 따라 구하는 방식이 다르다.

$F_{calc} > 1$이면, 양측검정의 p값은 =2*F.DIST.RT(F_{calc}, df_1, df_2)
$F_{calc} < 1$이면, 양측검정의 p값은 =2*F.DIST(F_{calc}, df_1, df_2, 1)

범퍼 예제에서 $F_{calc} = 0.691$이고, 엑셀의 양측검정의 p값은 =2*F.DIST(0.691,11,8,1) = 0.5575이다.

겹친 *F*검정

분산이 동일한지에 대한 양측검정을 우측검정으로도 분석할 수 있는데, 이 방식은 부록 F에서 임계치를 찾기가 더 쉽다. 이 방식을 사용하기 위해서는 분모에 비해 분자의 표본분산이 더 커야 한다. 임계치는 α 대신 $\alpha/2$로 찾는다. 이 겹친 F검정의 검정통계량은 다음과 같다.

$$F_{calc} = \frac{s^2_{max}}{s^2_{min}}, \text{ 만일 } F_{calc} > F_{\alpha/2}\text{이면 } H_0\text{를 기각} \tag{10.20}$$

더 큰 분산은 분자로 가고, 작은 분산은 분모로 간다. 여기서 '*더 큰*'이라는 것은 분산이 더 큰 것이지, 표본이 더 크다는 뜻은 아니다. 가설은 양측검정 때와 동일하다.

H_0: $\sigma_1^2/\sigma_2^2 = 1$
H_1: $\sigma_1^2/\sigma_2^2 \neq 1$

위 범퍼 사례에서 두 번째 표본분산($s_2^2 = 837.62$)은 첫 번째 표본분산($s_1^2 = 696.20$)보다 더 크다. 따라서 겹친 F검정 통계치는 다음과 같다.

$$F_{calc} = \frac{s^2_{max}}{s^2_{min}} = \frac{s_2^2}{s_1^2} = \frac{(837.62)^2}{(696.20)^2} = 1.448$$

이때 수정된 F검정 통계량의 자유도는 대응되는 분산이 분자 혹은 분모 어디에 있느냐에 따라 이에 맞춰 계산해야 한다. 이 경우 두 번째 표분분산이 더 커서 분자로 갔기 때문에, 분자의 자유도도 이에 맞춰 계산해야 한다.

분자의 자유도: $n_2 - 1 = 9 - 1 = 8$
분모의 자유도: $n_1 - 1 = 12 - 1 = 11$

이제 부록 F에서 $F_{8,11}$의 임계치를 찾아 보면, $\alpha/2 = 0.05/2 = 0.025$이므로 다음과 같다.

$$F_{0.025} = 3.66$$

한편, 엑셀의 함수를 사용하면, =F.INV.RT(0.025,8,11) = 3.66이다. 검정통계량 $F_{calc} = 1.448$이 임계치 $F_{0.025} = 3.66$보다 작으므로, 동일분산에 대한 귀무가설을 기각할 수 없다. 이는 앞선 양측검정의 결과와 동일하다. $F_{calc} > 1$이므로, 엑셀의 양측검정의 p값은 =2*F.DIST.RT(1.448,8,11) = 0.5569가 되어 앞에서 본 양측 F검정 결과와 동일하다. 양측 F검정을 할 때, 이 겹친 F검정이 쉽다고 여긴다면 사용해도 된다.

단측 *F*검정

기업이 새로 개발한 범퍼가 수리비의 분산을 줄여주는지에 관심이 있다고 가정해보자. 그러면 다음과 같이 좌측검정이 적합하다.

1단계: 가설 설정 좌측검정을 위한 가설은 다음과 같다.

H_0: $\sigma_1^2/\sigma_2^2 \geq 1$
H_1: $\sigma_1^2/\sigma_2^2 < 1$

2단계: 결정규칙 설정 *F*검정에 대한 자유도는 양측검정에서와 같다(가설 형태는 자유도에 영향을 미치지 않는다).

분자 자유도: $df_1 = n_1 - 1 = 12 - 1 = 11$
분모 자유도: $df_2 = n_2 - 1 = 9 - 1 = 8$

유의수준 $\alpha = 0.05$가 좌측 꼬리에 배정되기 때문에 자유도의 위치를 바꾼 후 부록 F에서 임계치를 구하고 그것의 역수를 취함으로써 좌측 꼬리 임계치를 찾아낸다. 엑셀에서는 좌측 꼬리 임계치 F_L =F.INV(0.05,11,8) = 0.339를 구한다. 이 내용이 그림 10.16과 10.17에 나와 있다. *F*분포의 비대칭성으로 좌측 꼬리 면적이 더 압축된 형태임을 알 수 있다.

$$F_L = \frac{1}{F_{df_2,df_1}} = \frac{1}{F_{8,11}} = \frac{1}{2.95} = 0.339 \qquad \text{(좌측 꼬리 임계치)}$$

결정규칙은 다음과 같다.

만일 $F_{\text{calc}} < 0.339$이면 H_0를 기각,
그렇지 않으면 H_0를 기각하지 않음.

그림 10.16
$\alpha/2$ = 0.05에 대한 우측 꼬리

$F_{0.05}$의 임계치

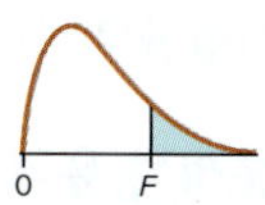

아래 표는 자유도를 알 때, *F*분포의 5% 우측 임계치임.

분모의 자유도 (df_2)	분자의 자유도(df_1)										
	1	2	3	4	5	6	7	8	9	10	12
1	161.4	199.5	215.7	224.6	230.2	234.0	236.8	238.9	240.5	241.9	243.9
2	18.51	19.00	19.16	19.25	19.30	19.33	19.35	19.37	19.38	19.40	19.41
3	10.13	9.55	9.28	9.12	9.01	8.94	8.89	8.85	8.81	8.79	8.74
4	7.71	6.94	6.59	6.39	6.26	6.16	6.09	6.04	6.00	5.96	5.91
5	6.61	5.79	5.41	5.19	5.05	4.95	4.88	4.82	4.77	4.74	4.68
6	5.99	5.14	4.76	4.53	4.39	4.28	4.21	4.15	4.10	4.06	4.00
7	5.59	4.74	4.35	4.12	3.97	3.87	3.79	3.73	3.68	3.64	3.57
8	5.32	4.46	4.07	3.84	3.69	3.58	3.50	3.44	3.39	3.35	3.28
9	5.12	4.26	3.86	3.63	3.48	3.37	3.29	3.23	3.18	3.14	3.07
10	4.96	4.10	3.71	3.48	3.33	3.22	3.14	3.07	3.02	2.98	2.91
11	4.84	3.98	3.59	3.36	3.20	3.09	3.01	2.95	2.90	2.85	2.79
12	4.75	3.89	3.49	3.26	3.11	3.00	2.91	2.85	2.80	2.75	2.69
13	4.67	3.81	3.41	3.18	3.03	2.92	2.83	2.77	2.71	2.67	2.60
14	4.60	3.74	3.34	3.11	2.96	2.85	2.76	2.70	2.65	2.60	2.53
15	4.54	3.68	3.29	3.06	2.90	2.79	2.71	2.64	2.59	2.54	2.48

그림 10.17

α = 0.05에 대한 좌측 꼬리

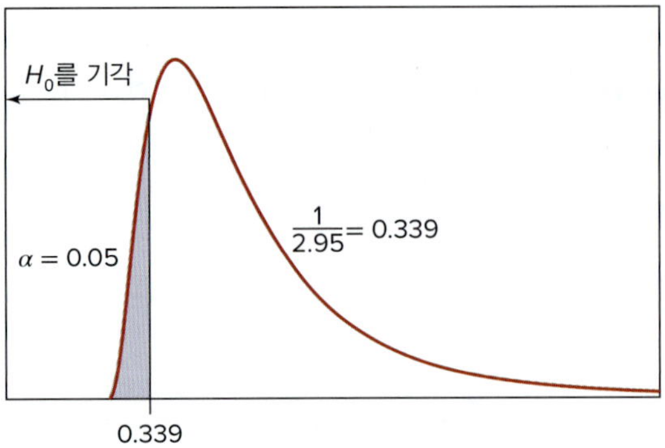

3단계: 검정통계량 계산 검정통계량은 양측검정에서와 같다. 가설의 형태는 검정통계량에 영향을 주지 않는다.

$$F_{\text{calc}} = \frac{s_1^2}{s_2^2} = \frac{(696.20)^2}{(837.62)^2} = 0.691$$

4단계: 기각여부 결정 검정통계량 $F = 0.691$은 기각역에 포함되지 않기 때문에 단측검정에서도 기각할 수 없다. 따라서 새로운 범퍼는 수리비의 분산을 유의하게 줄이지 못한다.

엑셀을 이용한 *F*검정

그림 10.18은 엑셀을 이용한 좌측검정을 보여준다. 범퍼 데이터의 경우 *p*값은 0.279로 나와, $F = 0.691$과 같은 표본분산 비율은 모분산이 실제로 같을 때 약 28%의 확률로 발생한다. 따라서 주어진 표본 데이터는 분산이 서로 다르다는 것을 보여주지 못한다.

엑셀의 수식 > 기타함수 > 통계 > F.TEST를 해보면, $F_{\text{calc}} = s_1^2/s_2^2$를 구할 수 있고, 단측검정을 시행할 수 있다. 범퍼 예에서 s_1^2의 크기가 s_2^2보다 작기 때문에, 엑셀에서 좌측검정을 시행한다. 양측검정을 원하면 엑셀의 *p*값을 두 배 하면 된다.

통계적 유의성과 실제 중요성

평균 간 검정에서는 그 차이가 $665로 나타났다. 이는 실제로도 중요하다. 자동차에 신형 범퍼를 장착해서 추가로 발생하는 비용과 자동차 연수 동안 절약되는 비용의 현재가치를

그림 10.18

엑셀을 이용한 분산비교의 *F*검정

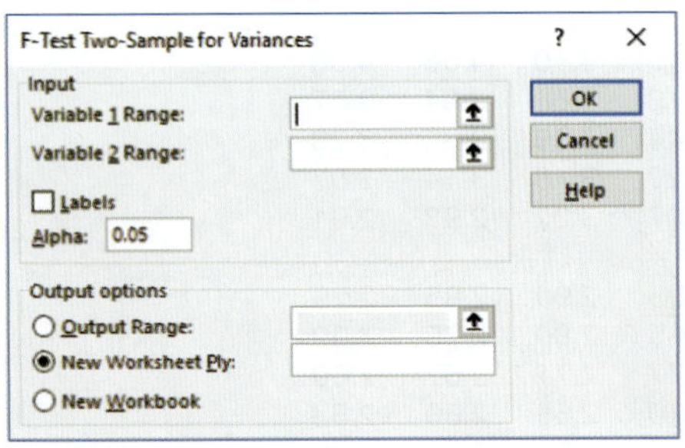

F-Test Two-Sample for Variances

	Experimental	Control
Mean	1101.416667	1766.111111
Variance	484700.8106	701611.1111
Observations	12	9
df	11	8
F	0.690839702	
P(F<=f) one-tail	0.278623089	
F Critical one-tail	0.33921414	

출처: Microsoft Excel.

비교해야 한다. 대형 운송차에 대해서는 투자 회수기간을 계산할 수 있다. 대부분의 기업들은 뭔가를 새로 바꾸면 그에 대한 자금 회수가 빠르게 되기를 요구한다. 실제로도 중요한지의 질문은 사실 통계 전문가가 아닌 자금 전문가가 답해야 하는 부분이다.

단원 연습문제

connect

10.37 어떤 표본이 분산이 서로 다르다고 말할 수 있는가? 유의수준 5%를 모든 검정에서 사용하라. 임계치와 자유도를 계산하고 결정규칙을 그래프로 설명하라.

a. $s_1 = 5.1, n_1 = 11, s_2 = 3.2, n_2 = 8$, 양측검정
b. $s_1 = 221, n_1 = 8, s_2 = 445, n_2 = 8$, 좌측검정
c. $s_1 = 67, n_1 = 10, s_2 = 15, n_2 = 13$, 우측검정

10.39 금속판에 판공을 하는 제조공정에서 지름은 0.5000 cm를 만족해야 한다. 새로운 드릴이 도입되기 전후에 대해 12개의 표본에 대한 구멍의 지름을 측정하였다. $\alpha = 0.50$에 대해서, 임의추출이라고 가정하고 새로운 드릴로 인해 분산이 더 작아졌다고 할 수 있을까? 가설과 결정규칙을 설정하고, 가설검정하라. *힌트*: F_L은 엑셀 함수 =F.INV(α,n_1−1, n_2−1)을 이용해 구해보자.

Diameter

새로운 드릴	0.5005	0.5010	0.5024	0.4988	0.4997	0.4995
	0.4976	0.5042	0.5014	0.4995	0.4988	0.4992
이전 드릴	0.5052	0.5053	0.4947	0.4907	0.5031	0.4923
	0.5040	0.5035	0.5061	0.4956	0.5035	0.4962

요약(*Chapter Summary*)

두 표본 가설검정(two-sample tests)은 단일표본 가설검정 때와 같이 기준값과 비교하는 것이 아닌 두 표본 간 비교하는 것이다. 독립된 표본의 경우 일반적으로 분산을 모르는 경우이므로 두 평균 비교는 t분포를 이용한다. 만일 모르는 두 분산이 **같다고** 예상되면, **통합분산**을 이용하고 **자유도는 합쳐서** 사용한다. 모르는 두 분산이 다르다고 예상하면, 통합하지 않고 **Welch 공식**에 의한 조정자유도를 이용한다 검정통계량은 평균의 차이를 표준편차로 나누어주면 된다. 평균이나 비율의 검정에서 두 **표본 크기가 동일**하면 바람직하지만 꼭 필요한 조건은 아니다. **짝 표본**(paired samples)**에 대한 t검정**은 n개의 짝 관측치의 차이를 이용한다. 따라서 **단일표본 t검정**이 된다. 두 모비율의 경우, 모비율이 같다고 가정하면 두 표본을 **합칠** 수 있다. 이 경우 검정통계량은 표본비율의 차이를 표준오차(표본분산의 합에 제곱근을 취함)로 나눠서 계산한다. 비율의 경우 두 표본 크기가 크다면 **정규**성을 가정할 수 있다. 이때 각 표본은 적어도 10개의 성공횟수와 10개의 실패횟수를 포함하고 있어야 한다. 분산 동일성에 대한 ***F*검정**은 Ronald Fisher의 이름을 따서 지었다. 검정통계량은 표본분산의 **비율**이다. 그 비율이 1과 유의하게 다른 값인지를 검정한다. F분포표는 **분모와 분자의 자유도**에 근거하여 임계치를 보여준다.

주요 용어(*Key Terms*)

검정통계량(test statistic)
독립적 표본(independent sample)
두 비율 차이(difference of two population proportions)
두 평균 차이(difference of two means)
두 표본 가설검정(two-sample tests)
베렌스-피셔 문제(Behrens-Fisher problem)
제1종 오류(Type I error)
제2종 오류(Type II error)
짝 비교(paired comparison)
짝 표본(paired samples)
짝 t검정(paired t test)
통합분산(pooled variance)
통합비율(pooled proportion)

통합 추정치(pooled estimate)
F검정(F test)
F분포(F distribution)
p값(p-values)
Welch 조정자유도(Welch's adjusted degrees of freedom)

두 표본 가설검정에서 자주 사용되는 공식

검정통계량(평균 차이 검정, 동일분산 가정):

$$t_{\text{calc}} = \frac{\bar{x}_1 - \bar{x}_2}{\sqrt{\dfrac{s_p^2}{n_1} + \dfrac{s_p^2}{n_1}}}, \qquad d.f. = n_1 + n_2 - 2 \ \text{그리고} \ s_p^2 = \frac{(n_1 - 1)s_2^1 + (n_2 - 1)s_2^2}{n_1 + n_2 - 2}$$

검정통계량(평균 차이 검정, 이질분산 가정):

$$t_{\text{calc}} = \frac{\bar{x}_1 - \bar{x}_2}{\sqrt{\dfrac{s_1^2}{n_1} + \dfrac{s_2^2}{n_2}}}, \qquad d.f. = \frac{[s_1^2/n_1 + s_2^2/n_2]^2}{\dfrac{(s_1^2/n_1)^2}{n_1 - 1} + \dfrac{(s_2^2/n_2)^2}{n_2 - 1}}$$

$\mu_1 - \mu_2$에 대한 신뢰구간:

$$(\bar{x}_1 - \bar{x}_2) \pm t_{\alpha/2}\sqrt{\frac{s_1^2}{n_1} + \frac{s_2^2}{n_2}}, \qquad d.f. = \frac{\left(\dfrac{s_2^1}{n_1} + \dfrac{s_2^2}{n_2}\right)^2}{\dfrac{\left(\dfrac{s_1^2}{n_1}\right)^2}{n_1 - 1} + \dfrac{\left(\dfrac{s_2^2}{n_2}\right)^2}{n_2 - 1}}$$

검정통계량(짝 표본에서 평균 차이): $t_{\text{calc}} = \dfrac{\bar{d} - \mu_d}{\dfrac{s_d}{\sqrt{n}}}, \quad d.f. = n - 1$

검정통계량(모비율 동일성): $z_{\text{calc}} = \dfrac{p_1 - p_2}{\sqrt{p_c(1 - p_c)\left[\dfrac{1}{n_1} + \dfrac{1}{n_2}\right]}}, \quad p_c = \dfrac{x_1 + x_2}{n_1 + n_2}$

$\pi_1 - \pi_2$에 대한 신뢰구간: $(p_1 - p_2) \pm z_{\alpha/2}\sqrt{\dfrac{p_1(1 - p_1)}{n_1} + \dfrac{p_2(1 - p_2)}{n_2}}$

검정통계량(분산비교 검정): $F_{\text{calc}} = \dfrac{s_1^2}{s_2^2}, \quad df_1 = n_1 - 1, df_2 = n_2 - 1$

검정통계량(겹친 F검정): $F_{\text{calc}} = \dfrac{s_{\max}^2}{s_{\min}^2}$ (만약 $s_2^2 > s_1^2$이면, $df_1 = n_2 - 1$ 그리고 $df_2 = n_1 - 1$)

리뷰(*Chapter Review*)

1. (a) 하나의 모집단에서 두 표본을 추출하는 경우에도 왜 양자가 서로 다른 것처럼 보일 수 있는지 설명하라. (b) 표본이 2개인 경우의 가설검정에서 왜 기준점은 이미 정해져 있다고 말하는가?
2. (a) 두 비율에 대한 가설검정에서 통합비율은 무엇인가? (b) 두 모비율 검정에서 왜 정규성에 대한 가정이 중요한가? (c) 검정통계량의 정규성을 가정하는 기준은 무엇인가?
3. (a) 두 모비율 검정에서 표본크기는 서로 같아야 하는가? 이는 바람직한가? (b) 두 모비율에 대한 가설검정과 신뢰구간 방법의 유사성에 대해 설명하라.
4. 두 평균을 비교하는 세 가지 경우를 나열하라. 어떻게 다른지 설명하라.

5. 두 평균을 비교할 때 Case 1(모분산을 알고 있는 경우)을 고려하자. (a) 왜 Case 1은 자주 사용되지 않는가? (b) 검정통계량에 사용되는 분포는? (c) 검정통계량 공식은?
6. 두 평균을 비교할 때 Case 2(모분산을 모르고 동일분산 가정)를 고려하자. (a) 왜 Case 2는 일반적으로 많이 사용되는가? (b) 검정통계량에 사용되는 분포는? (c) t검정에 사용되는 자유도는? (d) 통합분산 추정량 공식과 이 추정량을 해석하라. (e) 검정통계량 공식은?
7. 두 평균을 비교할 때 Case 3(모분산을 모르고 서로 다른 분산 가정)을 고려하자. (a) Case 3의 경우 자유도가 어떤 식으로 복잡해지는가? (b) 검정통계량에 사용되는 분포는? (c) 검정통계량 공식은?
8. (a) 분산을 모르는 경우 평균 비교 검정에서 정규분포를 사용할 수 있는가? (b) 정규성을 가정한다면 어떤 장점이 있는가? 단점은 무엇인가?
9. 평균 비교 검정에서 엑셀의 장점은?
10. (a) 서로 종속인 표본에서 왜 짝 t검정이 실제로는 단일표본 t검정인지 설명하라. (b) 짝 t검정의 자유도에 대해 설명하라. (c) 왜 짝진 두 표본을 서로 독립으로 간주하지 않는가?
11. 평균에서의 차이가 통계적으로는 유의하지만 실제로는 중요하지 않는 경우를 들어보자.
12. (a) 왜 F검정을 사용하는가? (b) 이 이름은 어디서 왔는가? (c) 두 모분산이 동일할 때 F통계량은 어떤 값이 될 것으로 기대하는가?
13. (a) 두 분산에 대한 F검정에서 좌측 꼬리와 우측 꼬리 임계치를 어떻게 구하는지 설명하라. (b) F검정에 필요한 가정은 무엇인지 설명하라.

단원 연습문제(*Chapter Exercises*)

10.41 18~54세 성인이 가장 즐겨 소비하는 간식은 껌, 초콜릿, 사탕, 과일, 감자칩, 민트, 아이스크림, 땅콩, 쿠키, 요거트, 크래커이다. 25명의 남성에 대한 임의 추출에서, 15명이 과일이 가장 즐기는 5개의 간식 중 하나라고 이야기했다. 32명의 여성에 대한 임의 추출에서는, 22명이 과일이 가장 즐기는 5개의 간식 중 하나라고 이야기했다. 과일이 가장 즐기는 5개의 간식 중 하나라는 응답률에서 남성과 여성 간에 차이가 있을까? (a) $\alpha = 0.10$에서 가설과 결정규칙을 설정하라. (b) 표본비율을 계산하라. (c) 검정통계량을 구하고, p값을 구하라. (d) $p_1 - p_2$에 대한 정규성 가정이 가능한가?

10.43 시리얼을 먹는 대학생의 비율이 어린이들보다 더 높은가? 연구자들은 이 문제에 답하기 위해 두 연령대에 대해 설문조사를 실시하였다. 결과는 아래 표와 같다. (a) 위 질문에 답하기 위한 가설을 설정하라. (b) 유의수준 5%에서 결정규칙을 정하고 그림으로 나타내라. (c) 표본비율을 계산하고 z통계량을 계산하라. (d) 기각여부를 결정하라. (e) p값을 구하고 해석하라. (f) 정규성 가정이 만족되는가? 설명하라.

통계량	대학생 (18~25세)	어린이 (6~11세)
시리얼을 먹는 사람 수	$x_1 = 833$	$x_2 = 692$
피설문자 수	$n_1 = 850$	$n_2 = 740$

10.45 <Fortune> 선정 100대 기업의 이사회 멤버를 살펴보면 202명의 여성 멤버 중에서 36명이 소수인종 출신으로 나타났다. 또한 993명의 남성 멤버 중에서는 142명이 소수인종 출신이었다. (a) 위 결과를 표본으로 간주하고 표본비율을 계산하라. (b) 검정통계량과 p값을 계산하라. (c) 5% 유의수준에서 남성과 여성의 소수인종 비율에 차이가 있는가?

10.47 어떤 잡지책에 전면광고 페이지는 얼마나 되는가?<Muscle and Fitness>의 10월호 252개의 광고 중에서 97개가 전면광고였다. 또 같은 달 <Glamour> 잡지의 342개 광고 중에서 167개 광고가 전면광고였다. (a) 유의수준 1%에서 두 비율은 차이가 있는가? (b) p값을 구하라. (c) 정규성을 가정할 수 있는가? (d) 검정결과를 통해, 왜 전면광고의 비율이 다르다고 생각하는가?

10.49 존 F. 케네디 주니어가 야간에 비행기 사고로 죽은 이후 초보 비행사의 야간비행을 찬성하느냐에 대한 설문을 실시하였다. 409명의 뉴욕 시민 중에서 61명이 찬성하였다. 또한 70명의 비행 전문가 중에서는 40명이 찬성하였다. (a) 유의수준 1%에서 전문가의 찬성 비율이 뉴욕 시민의 찬성 비율보다 더 높은가? (b) p값을 구하고 해석하라. (c) 정규성 가정은 성립하는가?
(출처: www.siena.edu/sri.)

10.51 콜로라도 대학 농구경기장에 있는 구내매점의 25개 구매내역을 조사하였더니, 평균이 7.12달러이고 표준편차가 2.14달러였다. 다음 주 홈경기 입장권에는 팝콘에 대한

할인쿠폰을 포함하였다. 그 주에 25개 구매표본에서 평균 구매액은 8.29달러이고 표준편차는 3.02달러였다. 쿠폰이 있는 경우에 평균 구매금액이 증가하였는지 가설검정하라. 분산이 다르다고 가정하라. 유의수준은 5%이다.

10.53 잡지사에서는 정기구독 갱신을 알려주는 이메일을 독자들에게 보내고 있다. 이러한 이메일은 정기구독 연장 비율을 높이는가? 이러한 이메일 보내지 않았을 때는 760명 중 703명이 정기구독을 갱신하였다. 이메일을 보낸 경우에는 240명 중 228명이 갱신하였다. (a) 5% 유의수준에서 실험그룹에서 갱신비율이 더 높은가? (b) 정규성 조건은 만족하는가?

10.55 마케팅 수업시간에 인터넷 시뮬레이션을 통해 프로젝트를 수행한 팀(그룹 1) 44명과 대면접촉을 통한 프로젝트를 수행한 팀(그룹 2) 42명에 대해 1~5점 척도의 다음과 같은 질문을 던졌다. "다른 팀과 비교하여 멤버들이 서로 도움이 되었다." 그룹 1의 평균값은 2.73이고 표준편차는 0.97이다. 그룹 2의 평균은 1.90이고 표준편차는 0.91이다. 유의수준 1%에서 그룹 1의 평균이 유의하게 높은가?

10.57 미국 부통령인 딕 체니(Dick Cheney)는 4번째 심장발작 이후 많은 대중의 주목을 받았다. 심장발작이 왔을 때 자동으로 전기충격을 주는 장치가 그의 가슴에 시술되었다. 로체스터 대학 의학연구소에 따르면 742명의 심장병 환자에게 이 장치를 시술하였고, 490명의 환자에게는 이 장치를 시술하지 않았다. 2년 후에 이 장치가 없는 환자 중에서 98명이 사망하였고, 시술한 환자 중에서는 104명이 사망하였다. (a) 전기충격 장치가 심장병 사망률을 줄였는지를 보기 위한 가설을 설정하라. (b) 검정통계량과 p값을 계산하라. (c) 정규성은 보장되는가? (d) 심장병 환자들에게 그러한 장치가 널리 사용되지 못하는 이유는?

10.59 근로자를 고용할 때 지원자들의 기본적인 배경을 조사해주는 외부용역 비용이 2010년에 비해 2012년에 그 비용이 증가하였는가? 2010년 봄 10곳의 회사를 선택하였을 때 평균비용은 105달러, 표준편차는 32달러였다. 2012년 봄에 또 다른 10개 회사를 선택하였을 때 평균비용은 75달러, 표준편차는 45달러였다. (a) 유의수준 5%에서 평균에 차이가 있는지 가설검정하라. 모분산들이 다르다고 가정하라. (b) 왜 이 경우 짝 표본으로 설정하는 것이 더 적절한가?

10.61 새로운 범퍼는 저속 충돌 시에 피해를 줄여준다고 한다. 이 범퍼는 실험군 차량에 장착되었고, 대조군 차량에는 장착되지 않았다. 실험기간이 끝난 후 사고 데이터에 따르면 실험군에서 12건의 사고가 발생했고 대조군에서는 9건의 사고가 발행하였다. 수리에 걸리는 기간(일)은 다음 자료와 같다. 유의수준 5%에서 수리기간이 줄었는가? (a) 자료의 점그림을 스케치하라. (b) 가설을 설정하라. (c) 결정규칙을 정하고 그림으로 그려라. (d) 검정통계량을 계산하라. (e) 기각여부를 결정하라. (f) p값을 찾고 해석하라. (g) 수리기간의 차이는 실제로도 중요한가? **DownTime**

실험군(12건의 사고):
9, 2, 5, 12, 5, 4, 7, 5, 11, 3, 7, 1

대조군(9건의 사고):
7, 5, 7, 4, 18, 4, 8, 14, 13

10.63 유럽에 있는 두 국가의 수도에서 15일간 공기오염에 대해 설문조사했다. 아테네의 경우 평균 미립자 수는 39.5개이고 표준편차는 3.75개이다. 런던은 평균이 31.5개이고 표준편차는 2.25개이다. (a) 동일분산을 가정하고 유의수준이 5%일 때 아테네에서 미립자 수가 많다고 말할 수 있는가? (b) 두 도시의 미립자 수 분산은 서로 동일한가? 유의수준은 5%이다.

10.65 여성 교장과 남성 교장의 연봉이 동일한가? 어느 대도시의 남성 교장 20명과 여성 교장 17명의 연봉을 조사하였고, 그 데이터는 아래와 같다. 유의수준 1%에서 남성 교장의 평균 연봉이 여성 교장보다 높은가? (a) 표본 데이터에 대한 점그림을 그려라. (b) 가설을 설정하라. (c) 결정규칙을 정하고 그림으로 표현하라. (d) 검정통계량을 계산하라. (e) p값을 계산하고 해석하라. **Paycheck**

교장 급여

남자(20명)		여자(17명)	
114,000	121,421	94,675	96,000
115,024	112,187	123,484	112,455
115,598	110,160	99,703	120,118
108,400	128,322	86,000	124,163
109,900	128,041	108,000	76,340
120,352	125,462	94,940	89,600
118,000	113,611	83,933	91,993
108,209	123,814	102,181	
110,000	111,280	86,840	
151,008	112,280	85,000	

10.67 어느 대학 캠퍼스에 있는 ATM은 20달러 단위로 현금을 찾도록 되어 있다. 월요일에 돈을 찾은 30명과 금요일에

돈을 찾은 30명의 표본 데이터이다. 유의수준 1%에서 월요일과 금요일에 평균 인출금액에 차이가 있는가? (a) 데이터를 이용하여 점그림을 그려라. (b) 가설을 설정하라. (c) 결정규칙을 정하고 그림으로 그려라. (d) 검정통계량을 계산하라. (e) 기각여부를 결정하라. (f) p값을 찾고 해석하라. ATM

무작위로 선택된 ATM 현금 인출금액

금요일			월요일		
250	10	10	40	30	10
20	10	30	100	70	370
110	20	10	20	20	10
40	20	40	30	50	30
70	10	10	200	20	40
20	20	400	20	30	20
10	20	10	10	20	100
50	20	10	30	40	20
100	20	20	50	10	20
20	60	70	60	10	20

10.69 어느 스키 회사는 2개의 스키 판매점을 보유하고 있다. 두 가게의 평균 고글 판매액에 차이가 있는가? 동일분산을 가정하라. (a) 양측검정을 위한 가설을 설정하라. (b) 유의수준 5%에서 결정규칙을 정하고 그림으로 그려라. (c) 검정통계량과 기각여부를 결정하라.

스키 고글 판매자료

통계량	동쪽 판매점	서쪽 판매점
평균 판매액	\$328	\$435
표본의 표준편차	\$104	\$147
표본의 크기	28일	29일

10.71 어느 대형 병원의 하루 평균 응급환자에 대한 통계량은 다음과 같다. 유의수준 5%에서 분산은 변했는가? 가설검정의 모든 과정을 설명하고 결정규칙을 그림으로 제시하라.

통계량	10월	11월
평균 응급환자 수	177.032	171.733
표준편차	13.482	15.427
일	31	30

10.73 어느 회사는 근로자들이 다른 지역으로 전근을 가는 경우 집을 대신 매각해준다. 회사는 근로자의 주택을 일단 매입하는데, 그 구매가격은 근로자가 고용한 평가인과 회사에서 고용한 평가인 등 2명이 결정한다. 아래와 같은 8개의 평가결과로 판단할 때 두 평가자의 의견은 일치하는가? 유의수준 1%에서 가설을 설정하고 가설검정 결과를 설명하라. HomeValue

10.75 고해상도 LCD를 만드는 두 연구소가 있다. 각 연구소에서 각각 12개의 LCD를 무작위로 선택하여 불량화소를 조사하였다. 유의수준 1%에서 두 연구소 제품에 불량률 차이가 있는지 가설검정하라. LCDDefects

무작위로 조사된 LCD 제품의 불량화소 수

연구소 A 422, 319, 326, 410, 393, 368, 497, 381, 515, 472, 423, 355

연구소 B 497, 421, 408, 375, 410, 489, 389, 418, 447, 429, 404, 477

10.77 지난 12분기 동안 2개의 포트폴리오에 대한 수익률은 다음과 같다. 두 포트폴리오는 안전성 면에서는 비슷하지만 포트폴리오 B가 수익률의 분산이 더 작은 것으로 광고한다. (a) 유의수준 2.5%에서 포트폴리오 A의 수익률 분산은 포트폴리오 B의 분산보다 더 큰가? (b) 유의수준 2.5%에서 수익률의 평균에 차이가 있는가? Portfolio

집 8채의 평과결가(단위: 천 달러) HomeValue

평가주체	Home 1	Home 2	Home 3	Home 4	Home 5	Home 6	Home 7	Home 8
회사	328	350	455	278	290	285	535	745
근로자	318	345	470	285	310	280	525	765

포트폴리오 A	포트폴리오 B	포트폴리오 A	포트폴리오 B
5.23	8.96	7.89	7.68
10.91	8.60	9.82	7.62
12.49	7.61	9.62	8.71
4.17	6.60	4.93	8.97
5.54	7.77	11.66	7.71
8.68	7.06	11.49	9.91

10.79 마요네즈 구매자 100명을 대상으로 한 설문에서 65명은 한 제품만 구매한다고 한다. 비누 구매자 100명의 경우에는 53명만 한 제품을 구매한다고 한다. 두 비율 간의 차이에 대해 95%의 신뢰구간을 구해보자. 이 구간이 0을 포함하고 있는가?

10.81 한 부류의 회계학과 학생들은 시뮤레이션 프로그램을 사용하였고, 다른 부류의 학생들은 개별지도 수업을 받았다. (a) 평균 점수의 차이에 대한 90%의 신뢰구간을 구하시오. 이 구간이 0을 포함하고 있는가?

통계량	시뮬레이션	개별지도수업
평균점수	$\bar{x}_1 = 9.1$	$\bar{x}_2 = 10.3$
표본표준편차	$s_1 = 2.4$	$s_2 = 2.5$
표본학생 수	$n_1 = 20$	$n_2 = 20$

10.83 신종백신은 흡연욕구를 줄여 금연을 돕는다고 한다. 실험에서 64명의 흡연자들에게 이 백신과 위약(placebo)을 투여하였다. 위약을 접종받은 32명 중 3명만 30일 이내 금연하였고, 백신을 적용한 32명 중 11명이 30일 이내 금연하였다. (a) 표본의 크기가 같다고 가정하고, 비율의 차이에 대한 95%의 신뢰구간을 구하라. 어떤 함의가 있는가? (b) 왜 표본의 크기가 여기선 문제가 될 수 있을까?

10.85 금융수업을 수강하는 남/여 학생들에게 최근 주유한 비용이 얼마인지 물었다. 남성이 여성보다 지출이 높았다고 결론 내릴 수 있을까? (a) 이 검정의 가설을 설정하라. (b) 분산이 다르다고 가정하고, 검정통계량을 계산하라. (c) $\alpha = 0.01$에서, 간편방식의 자유도를 활용하여 결정규칙을 설정하라. (c) 분산이 다르다고 가정하는 것이 합리적인지 설명하라.

남성	여성
$\bar{x}_1 = \$43.20$	$\bar{x}_2 = \$36.60$
$s_1 = \$8.30$	$s_2 = \$3.10$
$n_1 = 13$	$n_2 = 9$

10.87 한 소매업자는 두 분점들에서 반품률을 비교하고자 한다. A점에서는 760개 중 57개를 반품했고, B점에서는 1,240개 중 62개를 반품하였다. $\alpha = 0.01$에서 A점의 반품률이 유의미하게 높다고 할 수 있는가?

10.89 Fisher 공연장에서는 토요일과 일요일에 있는 대형 브로드웨이 뮤지컬 공연의 입장객을 비교하고자 한다. $\alpha = 0.05$에서, 일요일 공연의 입장객이 유의하게 토요일 공연의 입장객보다 많았다고 할 수 있을까?

날짜	일요일 입장객	토요일 입장객
10월 1~2일	4,897	4,833
10월 8~9일	4,846	4,710
10월 15~16일	4,848	4,759
10월 22~23일	4,822	4,862
10월 29~30일	4,924	4,898

스스로 해보기(*DO-IT-YOURSELF*)

10.91 대학 주차장에 세워둔 50대의 자동차 중 SUV 자동차의 대수를 세보자. 이번에는 대학에서 좀 떨어진 대형마트 주차장에서 같은 작업을 진행해보자. $\alpha = 0.10$에서, 두 장소의 SUV 자동차 비율 간에 유의한 차이가 있는가? (a) 가설을 설정하자. (b) 결정규칙을 설정하자. (c) 표본비율을 구하고, z검정 통계량을 구하자. (d) 의사결정을 하자. (e) p값을 찾아보자. (f) 정규성 조건을 만족하는가?

참고문헌(*Related Reading*)

Best, D. J., and J. C. W. Rayner. "Welch's Approximate Solution for the Behrens-Fisher Problem." *Technometrics* 29 (1987), pp. 205-10.

Posten, H. O. "Robustness of the Two-Sample *t*-Test under Violations of the Homogeneity of Variance Assumption, Part II." *Communications in Statistics—Theory and Methods* 21 (1995), pp. 2169-84.

Scheffè, H. "Practical Solutions of the Behrens-Fisher Problem." *Journal of the American Statistical Association* 65 (1970), pp. 1501-08.

Shoemaker, Lewis F. "Fixing the F Test for Equal Variances." *The American Statistician* 57, no. 2 (May 2003), pp. 105-14.

소프트웨어 부록(*Software Supplement*)

R을 이용한 $(\mu_1 - \mu_2)$에 대한 두 표본 가설검정 RxPrice

콜로라도주 내 16개 도시에 공급되는 일반의약품 가격과 텍사스주 내 13개 도시에 공급되는 공급되는 일반의약품 가격을 30일 동안 기록하였다. 유의수준 0.05에 대해서 두 주의 공급가격에 차이가 있다고 할 수 있을까? 모분산은 알려지지 않았기에 t분포를 이용하고, R 함수 t.test()를 이용해보자. 엑셀의 2개 열을 복사해서 클립보드에 옮기고, R 데이터 형식으로 붙여넣기를 하자.

```
> RxPrice=read.table(file="clipboard",sep="\t",header=TRUE)
```

95% 신뢰수준의 양측검정을 입력하고 분산이 다른 경우(Welch 공식 적용)를 이용한다. 표본수가 다르기 때문에(텍사스주의 표본이 3개 적다), R은 텍사스 열의 마지막 행 3개를 NA로 표시한다. 하지만 na.omit() 함수를 써서 텍사스 데이터에서 NA를 제거한다.

```
> t.test(RxPrice$Colorado,na.omit(RxPrice$Texas),var.equal=FALSE,
   alternative="two.sided",conf.level=.95)
  Welch Two Sample t-test
data: RxPrice$Colorado and na.omit(RxPrice$Texas)
t = -0.9018, df = 24.025, p-value = 0.3761
alternative hypothesis: true difference in means is not equal to 0
95 percent confidence interval:
  -13.235294 5.185871
sample estimates:
mean of x mean of y
  133.9938 138.0185
```

p값인 0.3761로부터 귀무가설$(\mu_1 - \mu_2)$을 기각할 수 없음을 알 수 있다. 또한 차이에 대한 신뢰구간도 0을 포함하고 있어서 같은 결론에 도달한다. 이 결과는 예제 10.1의 결과와도 부합한다.

R을 이용한 $(\pi_1 - \pi_2)$에 대한 두 표본 가설검정

대학 주차장 입구에 있는 자동출입시스템의 오작동은 제1캠퍼스의 경우 1,000번 중 52번 제2캠퍼스의 경우 1,000번 중 62번 발생한다. 유의수준 0.05에 대해서 오작동률은 다르다고 할 수 있는가? 양측검정과 95% 신뢰수준을 이용해보자. 연속성 수정을 원치 않기 때문에 correct=FALSE를 포함시킨다.

```
> prop.test(x=c(52,63),n=c(1000,1000),alternative="two.sided",conf.
   level=.95,correct=FALSE)
2-sample test for equality of proportions without continuity correction
data: c(52, 63) out of c(1000, 1000)
X-squared = 1.1164, df = 1, p-value = 0.2907
alternative hypothesis: two.sided
95 percent confidence interval:
-0.031399356 0.009399356
sample estimates:
prop 1 prop 2
0.052 0.063
```

z_{calc} 검정통계치 1.057은 카이제곱 검정통계량 1.1164의 제곱근이다. p값은 0.2907이라는 것은 오작동률이 통계적으로 크게 다르지 않다는 것을 의미한다. 이는 책에 있는 예제 10.4와도 부합하는데, 표본크기가 같기 때문이다. 하지만 표본크기가 서로 다르다면 R 결과치는 조금 달라질 수 있다. 이는 R은 카이제곱 검정통계량을 사용하고, 통합표본 z검정 통계량을 사용하지 않기 때문이다.

R을 이용한 두 분산 비율 (σ_1^2/σ_2^2) 가설검정 Damage

새 범퍼를 대형 화물차 실험군 차량에 장착하고, 대조군에는 장착하지 않았다. 실험 이후, 실험군에서는 12건의 수리가 발생했고, 대조군에서는 9건의 수리가 발생했다. 모든 수리비가 기록되었다. 이 데이터를 2개의 벡터로 저장하고, 양측 F검정을 수행하여 두 그룹 간 분산의 차이가 있는지 확인해볼 수 있다. 이 결과는 예제 10.7의 결과와 동일하다. p값은 또한 모분산이 동일하다는 귀무가설을 기각할 수 없음을 확인해 준다.

```
> Experimental=c(1973,403,509,2103,1153,292,
  1916,1602,1559,547,801,359)
> Control=c(1185,885,2955,815,2852,1217,1762,2592,1632)
> var.test(Experimental,Control,Ratio=1,Tails="two-sided")
  F test to compare two variances
data: Experimental and Control
F = 0.69084, num df = 11, denom df = 8, p-value = 0.5572
alternative hypothesis: true ratio of variances is not equal to 1
95 percent confidence interval:
  0.1628029 2.5311116
sample estimates:
ratio of variances
  0.6908397
```

두 표본 가설검정에 대한 프로그램 입력방법

t.test(x,y)와 var.test(x,y)는 쌓아올린 데이터에는 잘 작동되지만 syntax(구문)는 t.test(x~y)와 var.test(x~y)이다. 여기서 x는 값을 나타내는 데이터의 열벡터이고 y는 그룹명을 나타낸다(이 그룹은 각 값이 어느 그룹에 속해 있는지를 표시하고, x와 같은 행의 개수로 표시된다). 이러한 그룹을 표시하는 것은 숫자(즉 1, 2)일 수도 있고 문자(A 혹은 B) 혹은 라벨(Group 1 혹은 Group 2)일 수도 있다.

시험 대비 문제: 8~10장(Exam Review Questions for Chapters 8–10)

1. 다음 중 어떤 것이 틀린 주장인가? 설명해보자.

a. 표본데이터 $x_1, x_2, \cdots x_n$은 표본의 크기가 커지면, 점근적으로 정규분포한다.

b. 모집단은 왜도가 있을 때, $\bar{X}$의 분포는 표본의 크기가 커지면 정규분포한다.

c. $\bar{X}$의 기대치는 모집단이 왜도가 있더라도, 참평균 μ와 같아진다.

2. 다음의 문장을 추정량의 맞는 특성과 연결시켜라(불편성, 일치성, 효율성).

a. 표본이 증가하면, 추정량은 참 모수로 수렴한다.

b. 추정량은 상대적으로 적은 분산을 갖는다.

c. 추정량의 기댓값은 참 모수와 같다.

3. 신뢰구간에 관해, 다음 문장 중 가장 정답에 근접한 것은 무엇인가? 다른 것들은 왜 아닌가?

a. n이 크면 t 대신에 z를 사용해야 한다.

b. σ를 모르면 스튜던트 t분포를 사용한다.

c. z 대신에 스튜던트 t분포를 사용하면 신뢰구간을 좁힌다.

4. 슈퍼마켓에 있는 '간편 계산대' 구매자 9명에 대한 표본의 평균 구매액은 $14.75이고, 표준편차는 $2.10이다. (a) 참평균에 대한 95% 신뢰구간을 구하라. (b) 왜 z 대신에 t를 사용해야 하는가?

5. 슈퍼마켓에서 200명의 구매자 표본을 뽑아 보니, 28명이 직불카드로 계산한 것으로 나왔다. (a) 모비율에 대한 95% 신뢰구간을 구하시오. (b) 왜 정규성 가정이 가능한가? (c) 90% 신뢰수준에서 ±0.03의 오차를 허용할 때 필요한 표본 크기는 얼마인가?

6. 다음 중 어떤 문장이 잘못되었는가? 설명하시오.

a. 만일 $p = 0.05$이고 $n = 100$일 때, 표본비율에 대한 표준오차의 추정치는 0.05이다.

b. π를 추정하기 위한 표본의 크기 계산에서, $\pi = 0.05$로 가정하는 것은 보수적인 접근이다.

c. 만일 $n = 250$이고 $p = 0.07$일 때, π에 대한 신뢰구간을 구하면서 정규성 가정을 하는 것은 안전하지 않다.

7. H_0: $\mu \geq 18$이고 H_1: $\mu < 18$에서, 만일 다음과 같은 결론을 내리면 제1종 오류를 범할 수도 있다.

a. 참은 $\mu < 18$인데, $\mu \geq 18$라고 결론을 내림.

b. 참은 $\mu \geq 18$인데, $\mu < 18$라고 결론을 내림.

c. 참은 $\mu < 18$인데, $\mu \geq 18$를 기각하지 못함.

8. 다음 중 $\alpha = 0.05$에 대한 양측검정에서 올바른 z값은?

a. $z = \pm 1.645$

b. $z = \pm 1.960$

c. $z = \pm 2.326$

9. 어떤 사탕은 생산공정에서 평균 무게가 56그램이어야 한다. 이 공정의 표준편차는 0.77그램이라고 한다. 49개의 사탕을 뽑아 무게를 달아보니 평균 55.82그램이 나왔다. (a) 평균이 목표 무게보다 작게 나왔는지 검정하기 위한 가설을 설정하라. (b) 검정통계량은 무엇인가? (c) $\alpha = 0.05$에서 이 검정을 위한 임계치는 무엇인가? (d) 어떤 결론을 내릴 수 있는가?

10. 현금인출기를 이용한 거래 중 16개의 표본을 뽑아보니 평균 거래 시간은 67초였고, 표준편차는 12초였다. (a) 거래 시간이 60보다 넘는지 검정하기 위한 가설을 설정하라. (b) 검정통계량은 무엇인가? (c) $\alpha = 0.025$에서 이 검정을 위한 임계치는 무엇인가? (d) 어떤 결론을 내릴 수 있는가?

11. 다음 중 어떤 문장이 올바른가? 다른 것들은 왜 틀렸나?

a. 유의수준(α)은 제1종 오류를 범할 확률이다.

b. 표본 수가 증가하면, $t_{0.05}$의 임계치는 증가하고, 점차 $z_{0.05}$와 가까워진다.

c. σ를 모르는 경우, μ 가설검정에서 $t_{0.05}$ 대신 $z_{0.05}$를 쓰는 것이 보수적인 방법이다.

12. 지난달 한 캔디 공장의 견학 방문에서 85%의 방문자들이 공장에 있는 가게에서 사탕을 구매하였다. 이번 달에는 500명의 방문자 중 435명이 현장에서 사탕을 구매하였다. 관리자 말에 따르면, 이번 달 현장에서 사탕을 구매한 비율이 유의하게 증가했다고 한다. (a) $\alpha = 0.05$에 대해 이 주장에 동의하는가? (b) 이 검정에서 정규성 가정이 가능한 이유는 무엇인가?

13. 이 사탕 공장의 생산라인 1에서 생산된 사탕 중 12개를 뽑아 무게를 재보니, 평균 56.25그램에 표준편차는 0.65그램으로 계산되었다. 한편 생산라인 2에서 생산된 사탕 12개를 뽑아 무게를 재보니, 평균 56.75그램에 표준편차는 0.55그램으로 계산되었다. (a) 두 생산라인에서 생산된 사탕의 모평균 무게가 동일한지를 검정하기 위한 검정통계량은 무엇인가? (b) $\alpha = 0.05$에서 자유도를 계산해 임계치를 계산하라. (c) 결론은 무엇인가?

14. 미국 콜로라도에 거주하는 주민 200명을 대상으로 한 설문에서 150명이 지난겨울 적어도 한 번은 스키를 탔다고 한

다. 한편 유타주에 거주하는 주민 200명을 대상으로 한 설문에서는 140명이 지난겨울 적어도 한 번은 스키를 탔다고 한다. $\alpha = 0.025$에서 콜로라도의 긍정응답 비율이 더 크다고 할 수 있을까? 자세히 설명하고, 계산과정을 보여라.

15. 아래 표는 대형 강의를 수강하는 5명의 학생이 치른 시험 성적이다. Bob의 주장에 따르면, 두 번째 시험 성적이 더 높아 보인다고 한다. (a) 어떤 검정방법을 사용해야 하는가? (b) $\alpha = 0.10$에서 임계치는 무엇인가? (c) Bob의 주장에 동의하는가? 설명하시오.

	Bill	Mary	Sam	Sarah	Megan
1차 시험	75	85	90	65	86
2차 시험	86	81	90	71	89

16. p값에 관해 다음 어떤 문장이 옳지 않은가? 설명하시오.

a. 다른 조건이 일정할 때, p값이 커지면, H_0가 기각되기 쉽다.

b. 만일 H_0가 참일 때, H_0를 기각한다면, p값은 제1종 오류의 위험을 나타낸다.

c. 의사결정에 있어, p값과 사전에 정한 유의수준(α)을 비교한다.

17. $n_1 = 8$, $s_1 = 14$, $n_2 = 12$, $s_2 = 7$에 대해서, (a) 모분산이 같은지 검정하기 위한 검정통계량을 구하라. (b) $\alpha = 0.05$에 대해, 양측검정의 임계치와 자유도를 구하라.

CHAPTER

11 분산분석

Analysis of Variance

목차 *Chapter Contents*

학습목표 *Chapter Learning Objectives*

이 장을 마친 후 스스로 다음을 할 수 있어야 한다.

- **LO 11-1** 분산분석(ANOVA)의 기본 용어들을 정확히 사용
- **LO 11-2** 분산분석의 가정을 설명하고, 중요성을 이해
- **LO 11-3** 일원분산분석이 적절한 경우, 데이터 구조를 이해
- **LO 11-4** 분산분석표에서 제곱합을 해석하고 계산
- **LO 11-5** 엑셀이나 다른 통계패키지를 이용하여 분산분석 계산
- **LO 11-6** *F*분포의 임계치를 찾기 위해 엑셀이나 통계표를 이용
- **LO 11-7** 짝진 평균에 대한 튜키 검정을 이해하고 실행
- **LO 11-8** *c*개의 처리그룹이 있을 때 분산동일성에 대한 하틀리 검정
- **LO 11-9** 이원분산분석이 필요할 때 데이터 구조를 이해
- **LO 11-10** 이원분산분석의 결과를 해석
- **LO 11-11** 이원분산분석에서 주 효과와 상호작용효과를 해석

Supergenijalac/Shutterstock

11.1 분산분석의 기본 개념

10장에서 표본이 2개만 있는 경우 평균을 비교하는 방법을 살펴보았다. 본 장에서는 둘 이상의 모평균 간에 차이를 검정하는 **분산분석**(analysis of variance: **ANOVA**)을 공부한다. 또한 분산분석을 통해 잠재적인 설명변수가 반응변수(종속변수)의 변동을 얼마나 설명하고 있는지도 평가해볼 수 있다. 분산분석은 비교적 역사가 짧지만 통계학 분야에서 자주 활용되는 방법론 중 하나이다. 영국의 통계학자 Ronald A. Fisher(1890~1962)가 농업 분야에 적용(농작물 수확에 미치는 인자 분석)하기 위해 만들었고, 이후 생물학과 의학 분야에 적용되었다. 분산분석의 다양한 활용 덕분에 요즘은 공학, 심리학, 마케팅 등 다양한 분야에서도 사용되고 있다.

분산분석의 목적: 변동을 설명

분산분석은 종속변수(dependent variable) 혹은 **반응변수**(response variable)인 *Y*가 변동하는 원인을 분석하는 것이다. 반응변수가 그 평균 주변에서 변하는 것[이를 **인자**(factors)라 한다]은 하나 또는 그 이상의 범주형 독립변수(categorical independent variables)에 의해서 설명되거나 혹은 설명되지 않는 부분[이를 무작위 오차(random error)라 한다]으로 구성된다.

*Y*의 변동	=	설명된 변동	+	설명되지 않은 변동
(평균 주위)		(인자에 의해)		(무작위 오차)

분산분석은 *평균들을 비교하는 것*이다. 인자(또는 인자들의 조합)의 가능한 값들을 **처리**(treatment)라고 부른다. 서로 다른 처리(treatment) 내에 있는 표본 관측치들은 각기 서로 다른 모평균을 가진 모집단들에서 추출되었다고 간주한다. 그리하여 각 인자가 *Y*에 유의한 영향을 미치는지 검정하고 또한 각 인자들 사이에는 상호작용(interaction)이 존재하는지도 검정한다. 검정방법은 10장에서 소개된 *F*분포를 이용한다. 분산분석은 인자의 수가 많더라도 분석이 가능하나 연구자는 대부분 2~3개의 인자에 초점을 두고 분석한다. 어차피 자료수집 비용을 고려하면 많은 인자들을 분석하기는 어렵다. 본 장은 인자가 한 가지 혹은 두 가지일 때 분산분석 모형을 다루지만, 더 복잡한 모형은 이번 장 끝에서 간략히 설명만 할 것이다. 일단은 **일원**(一原, **한 가지 인자**) **분산분석모형**(one-factor ANOVA)으로부터

그림 11.1

공장 4곳의 반도체 불량률

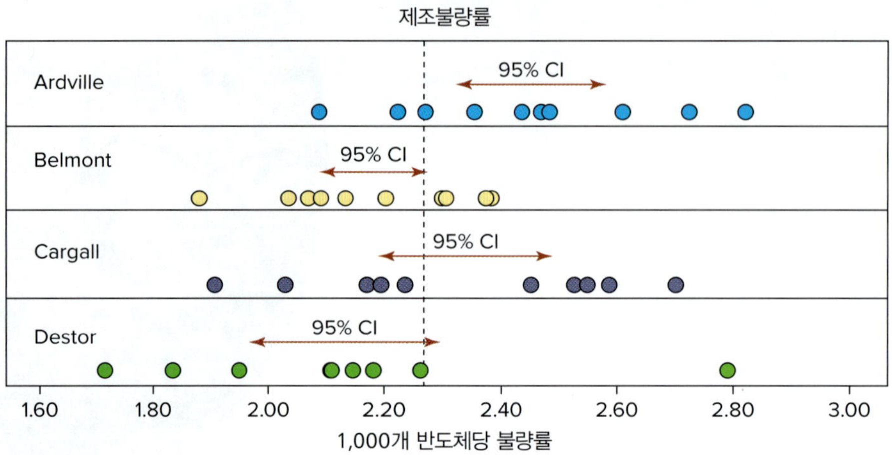

시작해보자.

예제: 제조공정상의 불량률

그림 11.1은 공장 4곳에서 생산되는 컴퓨터 칩의 일별(日別) 불량률을 보여준다. 각 공장에서 10일 동안 발생한 불량률이다. 여기서 표본에서 관찰되는 불량률 차이가 단지 무작위 변동에 의한 것인가? 혹은 우연으로 돌리기에는 너무 큰 차이가 나는가? 분산분석을 통해 이 의문들에 답해보자.

일원분산분석(one-factor ANOVA) 가설은 다음과 같다.

H_0: $\mu_1 = \mu_2 = \mu_3 = \mu_4$ (평균 불량률이 모든 공장에서 같다.)
H_1: 평균이 모두 같은 것은 아니다. (적어도 하나는 다르다.)

우리가 H_0를 기각할 수 없다면, 각 처리 또는 각 그룹 내에 있는 관측치들은(그림 11.1에서 점선으로 표시된) 전체 평균(μ)을 포함한다고 결론 내릴 수 있다. 일원분산분석 모형은 그림 11.2로 나타낼 수 있다.

예제: 병원 입원기간

병원 경영자는 병원의 의료인력과 고정비용을 효율적으로 관리하기 위해 환자의 입원기간(length of stay: LOS)이 진단그룹(diagnostic-related group: DRG) 코드와 일치하는지 파악해야 한다. 뼈가 골절되어 병원에 입원하는 경우를 가정해 보자. LOS는 (시간으로 측정된) 반응변수이다. 병원에서는 각 골절의 형태에 따라 5개 코드를 사용하여 자료를 정리한다. 그림 11.3에서는 인자가 범주형으로 분류돼 있다.

그림 11.2

반도체 불량률에 대한 분산분석 모형

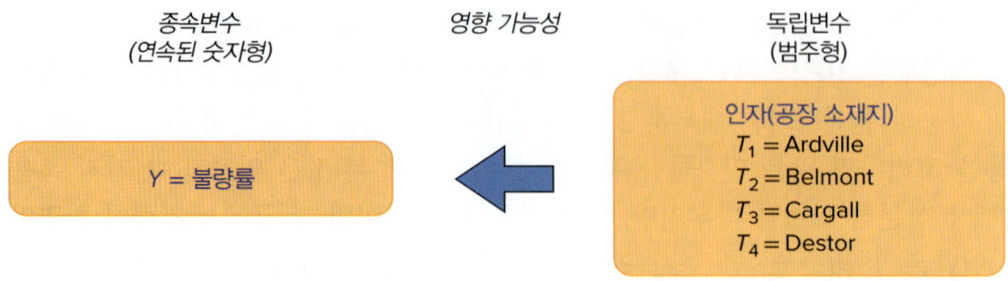

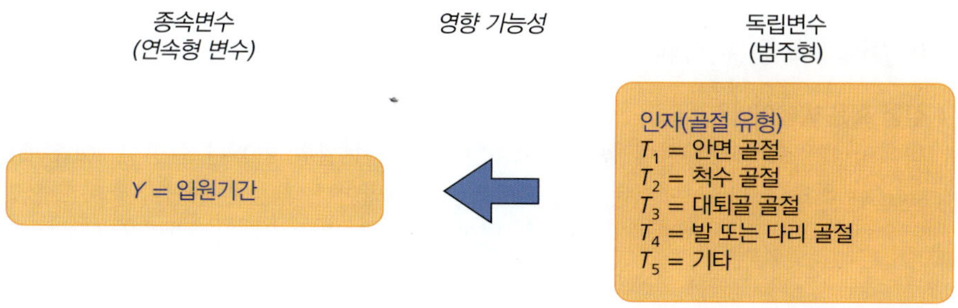

그림 11.3 입원기간에 대한 분산분석 모형

예제: 자동차 페인팅

페인트의 품질은 자동차 제조사에게는 중요한 문제이다. 페인트의 주요한 특성인 점성은 연속형 변수이다. 그림 11.4에서 보는 것처럼 페인트 점성의 정도가 도포의 온도(고, 중, 저)에 따라 변하는지 검정하고자 한다. 보통 온도는 연속형 변수이지만 실험 검정조건을 나타내기 위해 범주형 변수로 나타냈다.

분산분석의 가정

분산분석은 다음을 가정한다.

- Y의 관측치는 서로 독립이다.
- 모집단들은 정규분포한다.
- 모집단들은 서로 동일한 분산을 가지고 있다.

분산분석에서 정규성 가정과 동일 분산 가정이 다소 어긋나도 결과에는 큰 차이가 없다. 본 장의 후반부에서 정규성과 분산의 동일성을 확인하는 검정방법을 소개한다.

분산분석 계산

분산분석 계산들을 계산기로 하기엔 지나치게 반복적이다. 그래서 일단 자료를 취합한 후에 통계패키지(엑셀, SPSS 등)를 이용해 계산한다. 어떤 분야(회계, 재무, 인적자원관리, 마케팅)에서는 이미 데이터들을 쉽게 얻을 수 있지만, 공학, 컴퓨터시스템 등의 분야에서는 데이터를 모으는 데 많은 비용이 든다. 그래서 대체로 표본크기가 작다. 일반적으로 표본이 크면 검정력이 높아지지만, 검정력은 Y변수의 변동 정도에 따라서도 변한다. 대체로 Y변수의 변동이 지나치게 크고 표본의 크기가 작으면 검정력은 낮아진다. 분산분석의 검정력을 계산하기 위해서는 특별한 통계패키지를 이용한다.

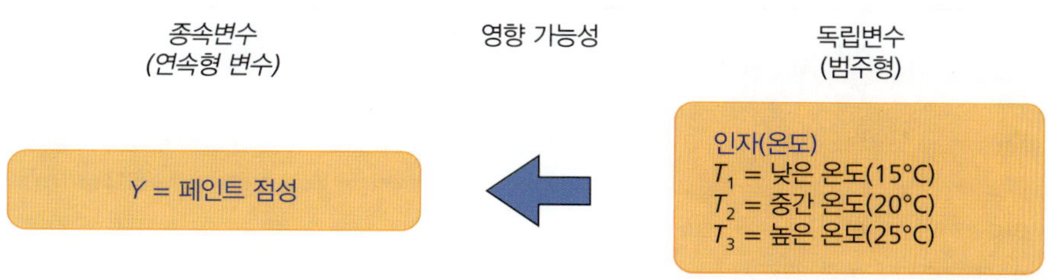

그림 11.4 페인트 점성에 대한 분산분석 모형

애널리틱스 적용 사례

실험 혹은 빅데이터?

빅데이터가 도래하기 전에 농업과 제조업 분야에서 널리 이용된 실험설계(experimental design)는 비즈니스 분야에서는 여전히 유용한 분석법이다. 제품 불량이나 소비자 불만의 근본원인을 찾아내기 위한 시도에서, 단서를 찾기 위해 데이터를 옮기는 작업은 시간도 오래 걸리고 때로는 잘못된 결론을 유도하기도 한다. 정확한 데이터를 얻기 위한 꼼꼼히 디자인된 실험은 빅데이터를 가지고 산발적으로 접근하는 것보다 풍부한 함의를 더 신속하게 얻을 수도 있다.

보잉 737 항공기는 운항을 개시한 첫해 여러 번의 전기 화재로 인해 운항이 중지되었다. 여러 번의 실험설계를 통해 화재의 근본 원인은 항공기에 설치된 리튬이온 배터리에 있는 단락회로라는 것을 발견해냈다. 문제해결을 위해서는 일본 회사인 GS Yuasa가 만든 배터리 외장재를 다시 디자인해야 했다. 해당 항공기는 3개월 이후 다시 운항을 시작하였다. 이처럼 실험설계는 자동차, 가전제품, 건강 그리고 IT 분야에서 매우 유용한 방법론임이 입증되고 있다.

11.2 일원분산분석(완전랜덤화모형)

자료의 형태

c개 그룹(처리 또는 인자수준)에서 얻는 평균들이 서로 동일한지 비교하기 위해서는 일원분산분석(one-factor ANOVA)을 활용한다. 이때 각 그룹(혹은 처리)에 들어가는 객체들을 무작위로 배분하면 이를 **완전랜덤화모형**(completely randomized model)이라고 부른다. 분산분석모형은 경영상의 여러 문제들을 해결하는 데 널리 활용되고 있다. 일원분산분석은 열(column)로만 구성된 데이터의 각 열들을 비교하는 것이다. 물론 행(row)으로만 구성된 데이터도 같은 논리로 분석할 수 있다. 표 11.1은 c개의 처리(T_1, T_2, $\cdots$, T_c)와 각 그룹별 평균을 가지고 일원분산분석을 할 때 일반적으로 보는 데이터의 형태이다.

종속변수 Y에 대해 j개 처리그룹 내에서 n_j개의 관측치를 가지고 있다. 각 그룹 간 표본크기가 동일할 필요는 없지만, 서로 같다면 몇 가지 장점이 있다. 표본의 크기가 같으면, (1) 각 처리는 종속변수에 동일하게 영향을 미친다. (2) 가정의 위배(Y값의 비독립성, 분산이 다름, 처리들 내 분포들이 다름, Y의 비정규성 등)로 인한 문제를 줄여준다. (3) 검정력

표 11.1
일원분산분석 데이터의 형태

일원분산분석: 열 형태의 데이터					일원분산분석: 행 형태의 데이터							
T_1	T_2		T_c									
y_{11}	y_{12}	...	y_{1c}		T_1	y_{11}	y_{21}	y_{31}	...	etc.	n_1개 관측치	$\bar{y}_1$
y_{21}	y_{22}	...	y_{2c}		T_2	y_{12}	y_{22}	y_{32}	...	etc.	n_2개 관측치	$\bar{y}_2$
y_{31}	y_{32}	...	y_{3c}		...				...		...	...
...	...	...	...		T_c	y_{1c}	y_{2c}	y_{3c}	...	etc.	n_c개 관측치	$\bar{y}_c$
etc.	etc.	...	etc.									
n_1개 관측치	n_2개 관측치		n_c개 관측치									
$\bar{y}_1$	$\bar{y}_2$	...	$\bar{y}_c$									

을 높여준다(즉, 처리 평균 간 차이를 잘 포착). 전체 표본크기는 각 그룹 내 표본크기를 모두 합한 것과 같다.

$$n = n_1 + n_2 + \dots + n_c \tag{11.1}$$

검정할 가설

우리의 관심은 Y의 평균이 각 처리그룹마다 다른지 보는 것이다. 가설은 다음과 같다.

H_0: $\mu_1 = \mu_2 = \cdots = \mu_c$ (모든 평균이 서로 같다.)
H_1: 모든 평균이 같은 것은 아니다. (적어도 하나의 평균은 다르다.)

일원분산분석이 2개 평균의 동일성을 검정하는 방법을 (10장에서와 같이) 일반화시킨 것이므로, 모든 경우의 조합에 대해 두 표본 t검정을 반복하는 것을 고려해볼 수 있다. 앞서 제시한 공장 4곳의 평균 불량률의 예를 생각해보자. 모든 조합의 쌍을 검정하기 위해서는 t검정을 총 6번 해야 한다. 각 t검정의 제1종 오류는 5%이므로 총 6번의 t검정에서 제1종 오류가 적어도 한 번 이상 나타날 확률은 $1 - (0.95)^6 = 0.2649$나 된다. 하지만 분산분석과 같이 모든 평균이 같은지 한 번에 검정하게 되면 이처럼 1종 오류가 너무 커지는 문제를 줄일 수 있다.

일원분산분석의 선형모형

일원분산분석을 표현하는 또 하나의 방법은 처리그룹 j에 속한 관측치들을 공통 평균(μ), 처리효과(T_j), 그리고 무작위 오차항(ε_{ij})의 합의 형태(선형결합)로 모형화하는 것이다.

$$y_{ij} = \mu + T_j + \varepsilon_{ij} \qquad j = 1, 2, \dots, c \quad \text{그리고} \quad i = 1, 2, \dots, n_j \tag{11.2}$$

여기서 무작위 오차항은 평균이 0이고 모든 처리그룹에 대해 분산이 서로 같다고 가정하며, 정규분포한다고 가정한다. 오로지 어떤 특정한 인자 수준에 따라 반응변수가 얼마나 변하는지를 보고 싶다면[이를 **고정효과 모형**(fixed-effects model)이라 한다] 가설은 다음과 같다.

H_0: $T_1 = T_2 = \cdots = T_c = 0$ (모든 처리효과는 0이다.)
H_1: 모든 $T_j = 0$인 것은 아니다.

귀무가설이 참이라면(모든 j에 대해 $T_j = 0$), 관측치 x가 특정 처리그룹 j에서 추출되었다는 사실은 Y 변수의 변동을 설명하는 데 아무런 영향을 미치지 않는다. 따라서 이 경우 분산분석 모형은 다음과 같이 단순화된다.

$$y_{ij} = \mu + \varepsilon_{ij} \tag{11.3}$$

귀무가설이 거짓이라면, 적어도 하나의 T_j는 0이 아니어야 한다. 이 경우, 표본크기에 따라 가중치를 매기면, 음(−)인 T_j(μ보다 작은 값)와 양(+)인 T_j(μ보다 큰 값)가 서로 상쇄되어 없어져야 한다.

그룹 평균

각 그룹별 평균은 그룹에 속한 관측치의 합계를 각 그룹의 표본크기로 나누어 계산한다.

$$\bar{y}_j = \frac{1}{n_j}\sum_{i=1}^{n_j} y_{ij} \qquad \textbf{(11.4)}$$

전체 평균 또는 총 평균 $\bar{y}$는 모든 관측치를 더한 후에 총 표본크기인 n으로 나누거나, 또는 c개 그룹의 평균값을 가중평균하면 된다.

$$\bar{y} = \frac{1}{n}\sum_{j=1}^{c}\sum_{i=1}^{n_j} y_{ij} = \frac{1}{n}\sum_{j=1}^{c} n_j \bar{y}_j \qquad \textbf{(11.5)}$$

분할된 제곱합

분산분석의 원리를 이해하기 위해 주어진 관측치 y_{ij}에 대해 다음 관계가 성립하는지 생각해보자(식의 우변에서 $\bar{y}_j$를 더한 다음 다시 빼준 것이다).

$$(y_{ij} - \bar{y}) = (\bar{y}_j - \bar{y}) + (y_{ij} - \bar{y}_j) \qquad \textbf{(11.6)}$$

각 관측치에서 총 평균 $\bar{y}$까지의 편차는 두 부분으로 표현될 수 있다. 즉 각 그룹 평균($\bar{y}_j$)에서 총 평균($\bar{y}$)까지의 편차(또는 *처리그룹 간 편차*), 그리고 각 관측치(y_{ij})에서 각 그룹 평균($\bar{y}_j$)까지의 편차(또는 *처리그룹 내 편차*)가 그것이다. 식 11.6의 관계는 편차제곱의 합에 대해서도 성립한다. 따라서 다음과 같이 **분할된 제곱합**(partitioned sum of squares)을 얻을 수 있다.

$$\sum_{j=1}^{c}\sum_{i=1}^{n_j}(y_{ij} - \bar{y})^2 = \sum_{j=1}^{c} n_j(\bar{y}_j - \bar{y})^2 + \sum_{j=1}^{c}\sum_{i=1}^{n_j}(y_{ij} - \bar{y}_j)^2 \qquad \textbf{(11.7)}$$

위 관계는 다음과 같이 간단하게 표현할 수 있다.

$$SST = SSB + SSE \text{ (분할된 제곱합)} \qquad \textbf{(11.8)}$$

분할된 제곱합

총 제곱합(SST)	=	처리그룹 간 제곱합 (Sum of Squares between Treatments: SSB)	+	처리그룹 내 제곱합 (Sum of Squares within Treatments: SSE)
		↑		↑
		처리들에 의해 설명된 부분		설명되지 않은 무작위 오차

처리그룹의 평균들이 총 평균과 크게 다르지 않다면 SSB는 작게 되고 SSE는 상대적으로 큰 값이 될 것이다(혹은 그 반대도 성립). SSB와 SSE는 처리그룹의 평균이 총 평균과 다르다는 가설을 검정하는 데 사용될 수 있다. 그러나 먼저 각 제곱합을 자유도로 나누어 주어야 한다(표본크기를 반영시키기 위해). F검정통계량은 결과적으로 **제곱평균**(mean squares)의 비율이 된다. 이러한 계산이 표 11.2에 나와 있다.

표 11.2
일원분산분석표

변동원인	제곱합	자유도	제곱평균	F통계량
처리그룹 간	$SSB = \sum_{j=1}^{c} n_j(\bar{y}_j - \bar{y})^2$	$c - 1$	$MSB = \dfrac{SSB}{c-1}$	$F = \dfrac{MSB}{MSE}$
오차(처리그룹 내)	$SSE = \sum_{j=1}^{c}\sum_{i=1}^{n_j}(y_{ij} - \bar{y}_j)^2$	$n - c$	$MSE = \dfrac{SSE}{n-c}$	
합계	$SST = \sum_{j=1}^{c}\sum_{i=1}^{n_j}(y_{ij} - \bar{y})^2$	$n - 1$		

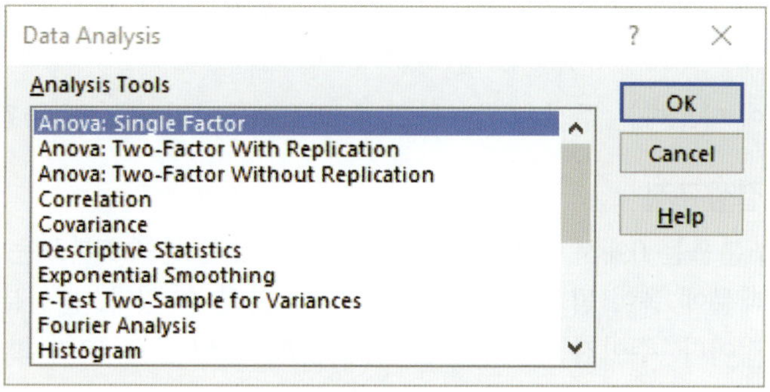

그림 11.5
엑셀 분산분석 메뉴

엑셀 활용

분산분석 계산은 수학적으로 매우 단순하나 매우 지루한 계산과정을 포함하고 있다. 따라서 계산은 대부분 컴퓨터를 활용한다. 예를 들어 그림 11.5에 나와 있듯이 엑셀의 데이터 분석에서 일원분산분석 메뉴를 이용할 수 있다.

검정통계량

앞에서 종속변수 Y의 변동은 설명된 변동과 설명되지 않는 변동으로 구성되어 있다고 했다. 설명변수가 Y의 변동을 유의하게 설명하고 있는지를 검정하고자 한다면 설명된 변동과 설명되지 않은 변동을 비교해야 한다. F분포가 두 분산의 비율임을 기억하면 분산분석 통계량은 F분포를 따르게 된다. F통계량은 '처리로 인한 분산'을 '오차로 인한 분산'으로 나눈 비율이 된다. MSB는 처리그룹 간 제곱평균이고 MSE는 처리그룹 내의 제곱평균이다. 식 11.9는 F통계량과 자유도를 나타낸다.

$$F = \frac{MSB}{MSA} = \frac{\left(\dfrac{SSB}{c-1}\right)}{\left(\dfrac{SSE}{n-c}\right)} \qquad \textbf{(11.9)}$$

MSB ← 그룹 간 (설명된); MSA ← 그룹 내 (설명되지 않은); $df_1 = c - 1$ (분자); $df_2 = n - c$ (분모)

검정통계량 $F = MSB/MSE$은 음(−)이 될 수 없다(표 11.2에서 보듯이 제곱의 합이기 때문). 따라서 F검정은 항상 우측검정이 된다. 처리그룹 간 차이가 거의 없다면 MSB값은 0에 가깝게 될 것이다. 왜냐하면 그룹별 평균 $\bar{y}_j$가 총 평균 $\bar{y}$와 비슷해지기 때문이다. 이때 F통계량 값은 0에 가까워지고 이로 인해 평균이 동일하다는 귀무가설을 기각할 수 없다. 반대로 F값이 커지면 동일 평균 가설을 기각하게 될 것이다. 그러나 F값이 얼마나 크면 평균

그림 11.6

*F*검정에 대한 결정규칙

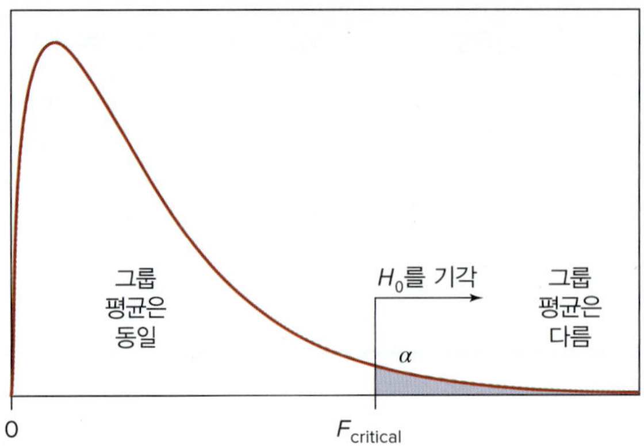

이 다르다는 주장을 받아들일 수 있을까? 따라서 z 또는 t검정처럼 결정규칙이 필요하다.

결정규칙

F분포는 0에서 시작하여 양의 왜도를 가진 분포(F분포는 분자와 분모가 모두 제곱합이기 때문에 음이 될 수 없다)이고 무한히 커질 수 있다. 분산분석에서 F검정은 오른쪽 꼬리 검정이다. 주어진 유의수준 α에 대해 F분포의 우측 꼬리 확률은 부록 F에서 찾아보자. 또는 엑셀 함수 =F.INV.RT(α, df_1, df_2)를 이용할 수 있다. 그림 11.6은 이와 같은 결정규칙을 보여준다. 임계치는 F_{df_1,df_2} 또는 $F_{c-1,n-c}$이며, 단순히 F_{critical}이라고도 쓴다. 만일 표본의 F검정량이 F_{critical}보다 크다면, 그룹 간 평균이 같다는 귀무가설을 기각한다.

예제 11.1

화장품 포장 배송

한 화장품업체의 지역 유통센터는 4개의 작업장으로 이뤄져 있는데 이곳에서는 물건을 포장하여 소매상에게 배송하는 일을 하며, 각 작업장에는 2명의 직원이 있다. 그들은 주문을 확인하고 포장을 한 다음 배송라벨을 붙이는 일을 한다. 일반적으로 각 작업장이 하루에 200개의 소량 포장을 하고 있다. 그러나 주문량에 따라 어느 정도 변동은 있는 편이다. 표 11.3은 지난 일주일 동안(월, 화, 수, 목, 금) 하루에 포장된 상품의 수이다. 각 작업장의 포장 건수의 차이는 우연에 의한 것인가? 아니면 평균 건수에 유의한 차이가 있다고 말할 수 있는가?

표 11.3

포장 배송 개수 Cartons

	작업장 1	작업장 2	작업장 3	작업장 4
	236	238	220	241
	250	239	236	233
	252	262	232	212
	233	247	243	231
	239	246	213	213
합계	1,210	1,232	1,144	1,130
평균	242.0	246.4	228.8	226.0
표준편차	8.515	9.607	12.153	12.884
표본크기	5	5	5	5

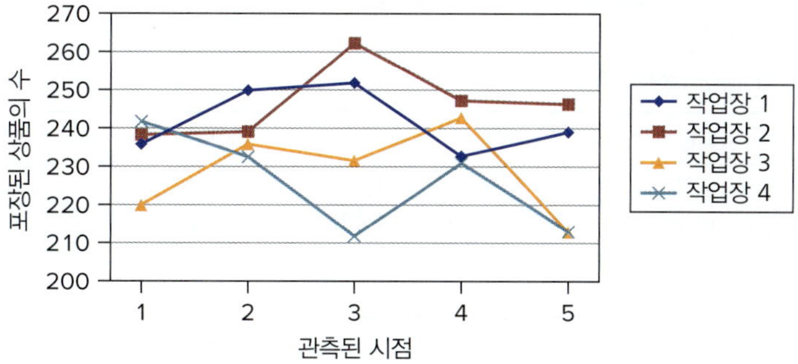

그림 11.7

데이터 그래프

기초적인 단계로 그림 11.7에서와 같이 그래프를 그려본다. 이를 통해 시간에 따른 패턴의 변화가 있는지 살펴볼 필요가 있다. 작업장별 평균에 잠재적인 차이가 있는 것처럼 보이지만, 일(日)별 패턴의 변화는 뚜렷하지 않다. 다음과 같이 가설검정을 실행하자.

1단계: 가설 설정 검정할 가설은 다음과 같다.

H_0: $\mu_1 = \mu_2 = \mu_3 = \mu_4$ (평균은 모두 같다.)

H_1: 모든 평균이 같은 것은 아니다. (적어도 하나의 평균은 다르다.)

2단계: 결정규칙 설정 $c = 4$개의 그룹(작업장)이 있고 총 표본의 수는 $n = 20$이다. 따라서 F분포의 자유도는

분자: $df_1 = c - 1 = 4 - 1 = 3$ (처리그룹 간, 인자)

분모: $df_2 = n - c = 20 - 4 = 16$ (처리그룹 내, 오차)

이 가설검정을 위해 $\alpha = 0.05$를 선택하였다. 부록 F에서 5% 우측 꼬리의 임계치는 $F_{3,16} = 3.24$이다. 부록 F 대신 엑셀 함수 =F.INV.RT(0.05,3,16)을 이용하면 $F_{0.05} = 3.238872$이다. 결정규칙은 그림 11.8에 나와 있다.

그림 11.8

$\alpha = 0.05$에서 $F_{3,16}$의 우측 꼬리 임계치

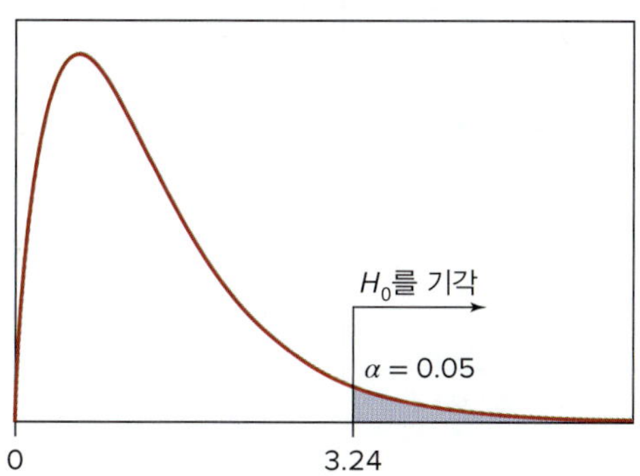

Appendix F: Critical Values for $F_{.05}$

This table shows the critical value that defines the 5% right-tail area for the stated degrees of freedom.

Denominator Degrees of Freedom (ν_2)	Numerator Degrees of Freedom (ν_1)										
	1	2	3	4	5	6	7	8	9	10	12
1	161.4	199.5	215.7	224.6	230.2	234.0	236.8	238.9	240.5	241.9	243.9
2	18.51	19.00	19.16	19.25	19.30	19.33	19.35	19.37	19.38	19.40	19.41
3	10.13	9.55	9.28	9.12	9.01	8.94	8.89	8.85	8.81	8.79	8.74
4	7.71	6.94	6.59	6.39	6.26	6.16	6.09	6.04	6.00	5.96	5.91
5	6.61	5.79	5.41	5.19	5.05	4.95	4.88	4.82	4.77	4.74	4.68
6	5.99	5.14	4.76	4.53	4.39	4.28	4.21	4.15	4.10	4.06	4.00
7	5.59	4.74	4.35	4.12	3.97	3.87	3.79	3.73	3.68	3.64	3.57
8	5.32	4.46	4.07	3.84	3.69	3.58	3.50	3.44	3.39	3.35	3.28
9	5.12	4.26	3.86	3.63	3.48	3.37	3.29	3.23	3.18	3.14	3.07
10	4.96	4.10	3.71	3.48	3.33	3.22	3.14	3.07	3.02	2.98	2.91
11	4.84	3.98	3.59	3.36	3.20	3.09	3.01	2.95	2.90	2.85	2.79
12	4.75	3.89	3.49	3.26	3.11	3.00	2.91	2.85	2.80	2.75	2.69
13	4.67	3.81	3.41	3.18	3.03	2.92	2.83	2.77	2.71	2.67	2.60
14	4.60	3.74	3.34	3.11	2.96	2.85	2.76	2.70	2.65	2.60	2.53
15	4.54	3.68	3.29	3.06	2.90	2.79	2.71	2.64	2.59	2.54	2.48
16	4.49	3.63	***3.24***	3.01	2.85	2.74	2.66	2.59	2.54	2.49	2.42
17	4.45	3.59	3.20	2.96	2.81	2.70	2.61	2.55	2.49	2.45	2.38
18	4.41	3.55	3.16	2.93	2.77	2.66	2.58	2.51	2.46	2.41	2.34
19	4.38	3.52	3.13	2.90	2.74	2.63	2.54	2.48	2.42	2.38	2.31
20	4.35	3.49	3.10	2.87	2.71	2.60	2.51	2.45	2.39	2.35	2.28

그림 11.9

엑셀의 일원분산분석 결과
Cartons

Anova: Single Factor

SUMMARY

Groups	*Count*	*Sum*	*Average*	*Variance*
Station 1	5	1210	242.0	72.5
Station 2	5	1232	246.4	92.3
Station 3	5	1144	228.8	147.7
Station 4	5	1130	226.0	166.0

ANOVA

Source of Variation	*SS*	*df*	*MS*	*F*	*p-Value*	*F crit*
Between Groups	1479.2	3	493.0667	4.121769	0.024124	3.238872
Within Groups	1914.0	16	119.6250			
Total	3393.2	19				

3단계: 검정통계량 계산 엑셀을 이용해 계산하면 그림 11.9의 결과를 얻는다. 원하는 유의수준을 설정할 수 있다(엑셀에서는 $\alpha = 0.05$를 기본으로 설정하고 있다). 엑셀에서 SSB라고 표시된 것은 '그룹 간' 제곱합이고 SSE는 '그룹 내' 제곱합이다. 이를 보고 변동을 직관적으로 파악할 수 있다.

4단계: 기각여부 결정 검정통계량 $F = 4.12$가 임계치 3.24를 초과하기 때문에 동일 평균의 귀무가설을 기각한다. 엑셀에서는 p값이 주어지기 때문에 실제로 임계치는 필요 없다. p값은 0.024124이므로 유의수준 5%보다 작다. 따라서 역시 그룹 간 평균이 같다는 귀무가설을 기각하게 된다. p값만 구하기 위한 엑셀 함수는 =F.DIST.RT(4.121769,3,16)이다.

5단계: 조치 실행 평균들 간에 유의한 차이가 발생하므로, 배송업자는 추가 분석을 통해 어떤 작업장이 가장 효율적이고, 그 합당한 이유는 무엇인지 밝히려 할 것이다. 그림 11.10은 그룹별 관측치에 대한 점 그래프이다. 보는 것처럼 각 그룹별 평균이 짧은 직선(검정색)으로 표시되어 있고 전체 평균도 수평 점선으로 표시되어 있다. 그림에서 작업장 3과 4의 평균이 전체 평균보다 낮고 작업장 1과 2는 전체 평균보다 높다.

그림 11.10

네 표본에 대한 점 그래프
Cartons

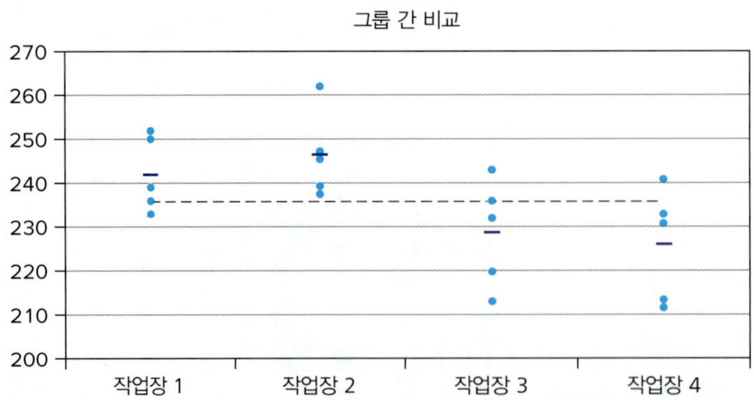

단원 연습문제

connect

11.1 다음 엑셀 결과를 이용하라. (a) 전체 표본크기는? (b) 그룹의 수는? (c) 가설을 설정하라. (d) 유의수준 5%에서 F분포 임계치를 찾아라. (e) 검정통계량을 계산하라. (f) 유의수준 5%에서 모평균은 서로 다른가?

분산분석				
변동 요인	SS	df	MS	F
그룹 간	119.9816	4	29.9954	
그룹 내	583.2201	35	16.6634	
합계	703.2016	39		

11.3 일원분산분석에서 $n_1 = 5$, $n_2 = 7$, $n_3 = 6$, $n_4 = 7$, $n_5 = 5$ 표본크기가 주어져 있다. 검정통계량 $F_{calc} = 2.447$이다. (a) 가설을 설정하라. (b) 분산분석 검정에 대한 자유도는? (c) 유의수준 10%에서 임계치는? (d) 가설검정 결론은? (e) p값을 구하기 위한 엑셀 함수는?

11.5 세 공장의 불량률(1,000개당)을 다음과 같이 5일간 데이터를 이용하여 비교하고자 한다. 주어진 데이터를 통해 평균 불량률에서 유의한 차이가 있는가? ScrapRate

1,000개당 불량률		
공장 A	공장 B	공장 C
11.4	11.1	10.2
12.5	14.1	9.5
10.1	16.8	9.0
13.8	13.2	13.3
13.7	14.6	5.9

11.7 옥스나드 대학(Oxnard University) 경영학과에 개설된 4개의 수업을 대상으로 각 수업별로 7명의 학생을 추출하여 학점을 비교하였다. 데이터로부터 평균 학점에서 유의한 차이가 있는가? GPA1

경영학과 4개 수업에서 무작위로 선택된 학생들의 학점			
회계학	재무관리	인적자원관리	마케팅
2.48	3.16	2.93	3.54
2.19	3.01	2.89	3.71
2.62	3.07	3.48	2.94
3.15	2.88	3.33	3.46
3.56	3.33	3.53	3.50
2.53	2.87	2.95	3.25
3.31	2.85	3.58	3.20

11.3 다중비교검정

튜키의 검정

앞서 본 바와 같이, F검정을 이용하면 c개의 평균들이 동일한지를 *한꺼번에* 비교할 수 있지만, 때로는 평균의 짝이 다른지도 확인해야 할 때도 있다. 물론 10장에서 살펴본 2개의 독립적인 평균들을 t검정을 통해서 비교하거나 각 그룹 내 평균의 신뢰구간이 혹시 겹치는 부분이 있는지 확인해볼 수도 있다. 하지만 분산분석을 이용하면 t분석을 여러 번 하게 되면 발생할 수 있는 제1종 오류가 너무 커지는 문제를 막을 수 있다. 이를 위해 분산분석에서는 평균이 같다고 귀무가설을 설정하고, c개 그룹에 대한 결합분산(pooled variances)를 만든 후, 동시신뢰구간(simultaneous confidence interval)을 만들어 어떤 짝이 0을 포함하고 있는지 살펴보는 방법을 사용해 본다. 여기서 c개의 그룹의 경우, $c(c-1)/2$개의 서로 다른 '평균 쌍'이 만들어진다.

다중비교검정(multiple comparison)에는 여러 가지가 있지만 그 원리는 동일하다. 본 절에서는 이러한 여러 다중비교검정 중 **튜키의 스튜던트화 범위검정**(Tukey's studentized range test)만 설명한다. 튜키의 검정은 검정력이 높아 자주 이용되고, 그 이름은 John Wilder Tukey(1915~2000)에서 따왔다. 이 검정은 대부분의 통계프로그램에 있지만, 엑셀은 이를 제공하지 않는다.

이 검정은 기본적으로 양측 검정이며, c개 그룹에서 뽑은 '평균 쌍'이 서로 같은지를 동시에(simultaneously) 검정하는 것이다. 이 검정은 일원분산분석에서 적어도 하나의 평균이 서로 다르다는 결론을 얻었다면, 그 다음 과정으로 진행한다. j그룹과 k그룹을 비교하는 가설은 다음과 같다.

H_0: $\mu_j = \mu_k$
H_1: $\mu_j \neq \mu_k$

튜키의 검정통계량은 다음과 같다.

$$T_{\text{calc}} = \frac{|\bar{y}_j - \bar{y}_k|}{\sqrt{MSE\left[\frac{1}{n_j} + \frac{1}{n_k}\right]}} \qquad \textbf{(11.10a)}$$

만일 $T_{\text{calc}} > T_{c,\,n-c}$이면 H_0를 기각한다. 여기서 $T_{c,\,n-c}$는 사전에 정한 유의수준에 따른 임계치이다. 표 11.4에서 5%의 $T_{c,\,n-c}$의 임계를 찾아보자. 혹시 원하는 자유도가 표에 없다면, 가까운 값들을 평균해서 사용하거나 통계패키지를 활용하여 정확한 임계치를 구해보자. MSE는 표 11.2의 분산분석 계산공식을 통해 구한다. MSE는 c개 표본분산들이 합쳐진 *결합분산*(pooled variances)이 된다. 이는 10장에서 살펴본 두 표본분산만 결합한 것(pooling)과는 다르다. 따라서 튜키의 검정통계량은 다음과 같이 표현해 볼 수 있다.

$$T_{\text{calc}} = \frac{|\bar{x}_j - \bar{x}_k|}{\sqrt{\frac{s_p^2}{n_j} + \frac{s_p^2}{n_k}}} \quad \text{여기서 } s_p^2 = \frac{(n_1-1)s_1^2 + (n_2-1)s_2^2 + \cdots + (n_c-1)s_c^2}{(n_1-1) + (n_2-1) + \cdots + (n_c-1)} \qquad \textbf{(11.10b)}$$

표 11.4

튜키 검정통계량에 대한 5% 임계치

표에 있는 $T_{c, n-c}$는 스튜던트화된 범위를 $\sqrt{2}$로 나눈 값이다. 참조: R.E. Luud and J.R. Luud, "Probabilities and Upper Quantiles for the Studentized Range," *Applied Statistics* 32(1983), pp. 204-210

	그룹의 개수(c)								
$n-c$	2	3	4	5	6	7	8	9	10
5	2.57	3.26	3.69	4.01	4.27	4.48	4.66	4.81	4.95
6	2.45	3.07	3.46	3.75	3.98	4.17	4.33	4.47	4.59
7	2.37	2.95	3.31	3.58	3.79	3.96	4.11	4.24	4.36
8	2.31	2.86	3.20	3.46	3.66	3.82	3.96	4.08	4.19
9	2.26	2.79	3.12	3.36	3.55	3.71	3.84	3.96	4.06
10	2.23	2.74	3.06	3.29	3.47	3.62	3.75	3.86	3.96
15	2.13	2.60	2.88	3.09	3.25	3.38	3.49	3.59	3.68
20	2.09	2.53	2.80	2.99	3.14	3.27	3.37	3.46	3.54
30	2.04	2.47	2.72	2.90	3.04	3.16	3.25	3.34	3.41
40	2.02	2.43	2.68	2.86	2.99	3.10	3.20	3.28	3.35
60	2.00	2.40	2.64	2.81	2.94	3.05	3.14	3.22	3.29
120	1.98	2.37	2.61	2.77	2.90	3.00	3.09	3.16	3.22
∞	1.96	2.34	2.57	2.73	2.85	2.95	3.03	3.10	3.16

이렇게 변형된 공식은 t검정과 유사해 보인다(즉, 결합분산). 그러나 차이점도 보인다(즉, 두 분산만 합친 게 아니라 c개 분산을 합친 것이다). *MSE*는 분산분석 공식에서 얻는다.

앞 절에서 살펴본 화장품 포장 데이터를 이용해 튜키 검정을 설명해보자. 일원분산분석을 통해 이미 적어도 하나의 평균은 다르다는 결론을 내렸다고 하자. *MSE*는 분산분석 공식을 이용해서 구한다. 4개의 그룹이 있고 20개의 관측치가 있으므로 $c = 4$이고 $n - c = 20 - 4 = 16$이다. 표 11.4에 있는 $T_{4,15} = 2.88$과 $T_{4,20} = 2.80$값의 중간값인 $T_{4,16} = 2.86$을 구한다. '평균 쌍'에 대한 결정규칙은 다음과 같다.

$$\text{만일 } T_{\text{calc}} = \frac{|\bar{y}_j - \bar{y}_k|}{\sqrt{MSE\left[\dfrac{1}{n_j} + \dfrac{1}{n_k}\right]}} > 2.86\text{이면 } H_0\text{를 기각}$$

표본크기 n_j와 n_k가 서로 다르다면 모든 조합에 대한 결정규칙은 매번 달라질 수 있다(본 예제에서는 표본크기가 서로 같다). 예를 들어 그룹 2와 그룹 4를 비교하면 검정통계량은 다음과 같다.

$$T_{\text{calc}} = \frac{|\bar{y}_2 - \bar{y}_4|}{\sqrt{MSE\left[\dfrac{1}{n_2} + \dfrac{1}{n_4}\right]}} - \frac{|246.4 - 226.0|}{\sqrt{119.625\left[\dfrac{1}{5} + \dfrac{1}{5}\right]}} = 2.95$$

$T_{\text{calc}} = 2.95$는 임계치(2.86)보다 크기 때문에 작업장 2와 작업장 4의 평균이 서로 같다는 귀무가설을 기각하게 된다. 유사한 검정절차를 모든 '평균 쌍'에 적용해 볼 수 있다

결합분산을 활용하는 튜키의 T검정은 10장에서 살펴본 독립적인 t검정보다 더 우월하다. 같은 표본에 대해서 c번의 t검정을 하게 되면, 모집단에서는 평균이 같음에도 불구하고, 평균이 다르다는 잘못된 결론에 도달할 가능성이 있다. 튜키의 T검정은 이러한 제1종 오류가 커지는 문제를 제어할 수 있다(11.2절 참조).

단원 연습문제

connect

11.9 일원분산분석에서 $n_1 = 9$, $n_2 = 10$, $n_3 = 7$, $n_4 = 8$의 표본크기를 갖고 있다. (a) 평균 비교를 최대 몇 개까지 실행해야 하나? (b) 튜키 검정에서 자유도는? (c) 유의수준 5%에서 튜키 검정 통계량에 대한 임계치는?

11.11 연습문제 11.5의 데이터를 이용하라. 평균 조합 중에서 어느 조합이 서로 유의하게 다른가? ScrapRate

11.13 연습문제 11.7의 데이터를 이용하라. 평균 조합 중에서 어느 조합의 평균 학점이 유의하게 다른가? GPA1

11.4 분산동일성에 대한 검정

분산분석 가정

분산분석은 반응변수 관측치가 정규분포 모집단을 따르고 분산이 서로 같다고 가정한다. 하지만 이러한 가정을 완벽하게 만족하는 경우는 드물 것이다. 정규성 검정은 표본이 충분히 크지 않다면 적절치 않을 수 있다. 그러나 **분산이 동일한지**(homogeneous variances)는 가설검정을 통해 확인할 수 있다. 일원분산분석에서 표본크기가 모든 그룹에서 동일하거나 서로 비슷한 경우에는 분산이 동일하다는 가정은 중요한 문제가 아닐 수 있다. 그러나 이러한 가정을 확인할 필요는 있다.

하틀리 검정

그룹의 수가 2개뿐이면 분산을 비교하기 위해 10장에서 배운 F검정을 쓸 수 있다. 그룹이 c개라면 더 일반적인 검정방법이 필요하다. H. O. Hartley(1912~1980)가 제안한 **하틀리 검정**이 바로 그것이다. 가설은 다음과 같다.

H_0: $\sigma_1^2 = \sigma_2^2 = \ldots = \sigma_c^2$ (분산 동일)
H_1: σ_j^2가 모두 같은 것은 아니다. (분산 동일성 위배)

하틀리 검정통계량은 가장 큰 표본분산을 가장 작은 표본분산으로 나눈 비율이다.

$$H_{\text{calc}} = \frac{s^2_{\text{max}}}{s^2_{\text{min}}} = \frac{max(s_1^2, s_2^2, \ldots, s_c^2)}{min(s_1^2, s_2^2, \ldots, s_c^2)} \tag{11.11}$$

계산은 단순하다. 엑셀에 있는 분산을 쭉 보고, 가장 큰 분산과 가장 작은 분산을 골라 나누면 된다. 만일 각 모집단 그룹의 분산이 같다면, $H_{\text{calc}} \approx 1$일 것이다. 하틀리 검정통계량은 큰 분산값이 분자에 있기 때문에 우측검정이 된다. 결정규칙은 다음과 같다.

만일 $H_{\text{calc}} > H_{\text{critical}}$이면 H_0를 기각

H_{critical} 임계치는 표 11.5에서 찾는다. 자유도는 다음과 같이 주어진다.

분자 자유도: $df_1 = c$
분모 자유도: $df_2 = \frac{n}{c} - 1$

위 식에서 n은 전체 표본의 수이다. 하틀리 검정은 각 그룹에서 표본크기가 서로 같다고 가

표 11.5

하틀리 검정에 대한 5% 임계치 $H = s^2_{max}/s^2_{min}$

출처: E.S. Pearson and H.O.Hartely, *Biometrika Tables for Statistician*, 3rd ed. (Oxford University Press, 1970), p. 202.

분모의 자유도 df_2	분자의 자유도 df_1 2	3	4	5	6	7	8	9	10
2	39.0	87.5	142	202	266	333	403	475	550
3	15.4	27.8	39.2	50.7	62.0	72.9	83.5	93.9	104
4	9.60	15.5	20.6	25.2	29.5	33.6	37.5	41.1	44.6
5	7.15	10.8	13.7	16.3	18.7	20.8	22.9	24.7	26.5
6	5.82	8.38	10.4	12.1	13.7	15.0	16.3	17.5	18.6
7	4.99	6.94	8.44	9.7	10.8	11.8	12.7	13.5	14.3
8	4.43	6.00	7.18	8.12	9.03	9.78	10.5	11.1	11.7
9	4.03	5.34	6.31	7.11	7.80	8.41	8.95	9.45	9.91
10	3.72	4.85	5.67	6.34	6.92	7.42	7.87	8.28	8.66
12	3.28	4.16	4.79	5.30	5.72	6.09	6.42	6.72	7.00
15	2.86	3.54	4.01	4.37	4.68	4.95	5.19	5.40	5.59
20	2.46	2.95	3.29	3.54	3.76	3.94	4.10	4.24	4.37
30	2.07	2.40	2.61	2.78	2.91	3.02	3.12	3.21	3.29
60	1.67	1.85	1.96	2.04	2.11	2.17	2.22	2.26	2.30
∞	1.00	1.00	1.00	1.00	1.00	1.00	1.00	1.00	1.00

정한다. 따라서 df_2는 정수가 될 것이다. 각 그룹 간 표본크기가 너무 크게 다르지 않다면 위 과정을 사용해도 된다. df_2가 정수가 아닐지라도 df_2보다 작은 그 아래 정수를 이용한다.

예제 11.2

화장품 포장 배송: 하틀리 검정 Cartons

표 11.3에 있는 화장품 포장 배송 데이터를 다시 이용해보자. 4개 그룹이 있고 전체 표본은 20이다. 따라서 자유도는 다음과 같다.

분자 자유도: $df_1 = c = 4$
분모 자유도: $df_2 = n/c - 1 = 20/4 - 1 = 5 - 1 = 4$

표 11.5에서 $df_1 = 4$, $df_2 = 4$일 때 임계치 $H_{critical} = 20.6$이다. 각 작업장에 대한 기초통계량은 다음과 같다.

작업장	표본크기	평균	분산
작업장 1	5	242.0	$s^2_{min} \rightarrow 72.5$
작업장 2	5	246.4	92.3
작업장 3	5	228.8	47.7
작업장 4	5	226.0	$s^2_{max} \rightarrow 166.0$

검정통계량은

$$H_{calc} = \frac{s^2_{max}}{s^2_{min}} = \frac{166.0}{72.5} = 2.29$$

앞 예제에서는 분산이 동일하다는 귀무가설을 기각할 수 없다. 표 11.5에 따르면 귀무가설을 기각하기 위해서는 표본크기가 충분히 크지 않다면 분산비율이 매우 커져야 한다.

레빈 검정

하틀리 검정은 각 표본이 정규분포를 따른다고 가정한다. 이러한 가정을 좀 더 완화한 것이 **레빈 검정**이다. 레빈 검정은 주로 통계 소프트웨어를 이용한다. 구체적인 계산과정을 설명하지는 않겠지만 레빈검정의 기본 아이디어는 표본 평균 대신 중앙값에서 각 표본이 떨어진 거리를 이용한다.

단원 연습문제

connect

11.15 일원분산분석에서 $n_1 = 6$, $n_2 = 4$, $n_3 = 5$ 표본크기를 가지고 있다. 표본분산은 $s_1^2 = 121$, $s_2^2 = 929$, $s_3^2 = 456$이다. (a) 가설을 설정하라. (b) 자유도를 계산하라. (c) 5% 유의수준에서 임계치를 찾아라. (d) 하틀리 검정통계량을 계산하라. (e) 가설검정 결론은?

11.17 연습문제 11.5 데이터를 이용하라. 3개 공장에서 불량률에 대한 분산은 서로 같다고 말할 수 있는가? ScrapRate

11.19 연습문제 11.7 데이터를 이용하라. 4개 전공에서 학점에 대한 분산은 서로 같다고 말할 수 있는가? GPA1

Mini Case 11.1

응급실 환자 수

어느 대형 병원에서는 응급실 의사 수급체계를 개선하기 위해 표 11.6에 나와 있듯이 3개월 동안 병원에 오는 응급환자 수를 조사하여 요일별로 분류하였다.

표 11.6

요일별 응급환자 수 Emergency

월	188	175	208	176	179	184	191	194	174	191	198	213	217
화	174	167	165	164	169	164	150	175	178	164	202	175	191
수	177	169	180	173	182	181	168	165	174	175	174	177	182
목	170	164	190	169	164	170	153	150	156	173	177	183	208
금	177	167	172	185	185	170	170	193	212	171	175	177	209
토	162	184	173	175	144	170	163	157	181	185	199	203	198
일	182	176	183	228	148	178	175	174	188	179	220	207	193

도착횟수 = f(요일)의 모형에 근거하여 일원분산분석을 실시하고자 한다. 인자인 요일은 7개의 처리그룹을 가지고 있다. 그림 11.11에 나와 있는 엑셀의 결과를 보면 요일은 응급환자 수에 유의한 영향을 미치는 것으로 나온다. 검정통계량 $F = 3.257$은 5% 유의수준 $F_{6,85} = 2.207$보다 크다. p값 (0.006)은 귀무가설이 참이라면 아래와 같은 표본은 1,000번 중에서 단지 6번만 발생할 것이라는 의미이다.

SUMMARY

Groups	Count	Sum	Average	Variance
Mon	13	2488	191.385	206.423
Tue	13	2238	172.154	173.141
Wed	13	2277	175.154	29.808
Thu	13	2227	171.308	250.564
Fri	13	2363	181.769	216.692
Sat	13	2294	176.462	308.769
Sun	13	2431	187.000	445.667

ANOVA

Source of Variation	SS	df	MS	F	P-value	F crit
Between Groups	4570.989	6	761.8315	3.26953	0.00613	2.20855
Within Groups	19572.769	84	233.0092			
Total	24143.758	90				

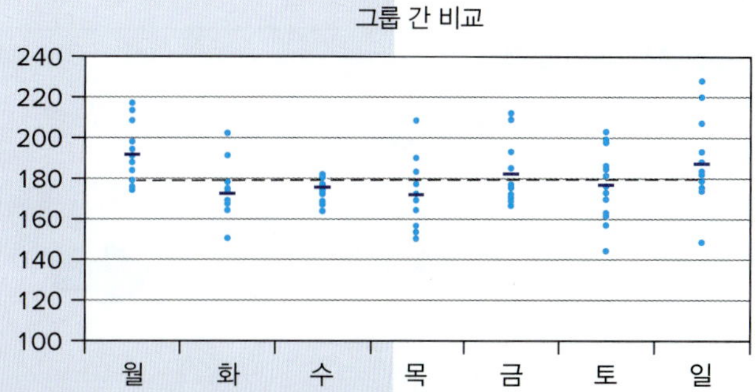

그림 11.11

응급환자 수에 대한 일원분산분석과 점그림

튜키의 다중비교검정을 보면 5% 유의수준에서 유의한 차이를 보여주는 조합은 (*월*, *화*)와 (*월*, *목*)이다. 분산이 동일한지에 대한 검정에서, 어떤 검정방법을 사용하느냐에 따라 결과가 다르게 나타난다. 하틀리 검정은 $H_{calc} = 445.667/29.808 = 14.95$가 되어 임계치 $H_{7,12} = 6.09$보다 크다(수요일의 분산이 상대적으로 적다는 것에 주의). 하지만 분산의 동일성에 대한 레빈 검정에서는 *p*값이 0.221이 나오고 $\alpha = 0.05$이므로, 분산이 동일하다는 가설을 기각할 수 없다. 이 경우 레빈 검정이 선택하는 편이 낫다. 왜냐하면 이 방식은 정규성 가정을 하지 않기 때문이다.

11.5 무반복이원분산분석(랜덤화 블록모형)

데이터 구조

이제는 2개의 인자 *A*와 *B*가 반응변수 *Y*에 영향을 미친다고 가정하자. 이에 대한 데이터 구조를 그림으로 설명하기 위해 *r*개 행과 *c*개 열을 가진 행렬을 생각해보자. 각 행(row)은 인자 *A*의 수준을 나타내고, 각 열(column)은 인자 *B*의 수준을 나타낸다. 단순한 형태를 먼저 보자. 인자(factor)는 2개이고, 수준(level)은 여러 개 있지만 각 셀에는 1개 관측치만 존재한다고 가정하자. 따라서 **무반복이원분산분석**(two factor ANOVA without replication)에서 각 인자의 조합(factor combination) (Y_{ij})은 정확히 한 번만 나타난다. 표 11.7에서 보는 것처럼 그룹 내 수준별 *Y*의 평균은 행에서는 가로로, 열에서는 세로로 계산한다. 전체 평균 $\bar{y}$는 전체 표본의 합을 표본크기인 $r \times c$로 나누어 계산한다.

표 11.7

무반복이원분산분석 데이터의 형태

인자 *A*의 수준	인자 *B*의 수준				행 평균
	B_1	B_2	. . .	B_c	
A_1	y_{11}	y_{12}	. . .	y_{1c}	$\bar{y}_{1.}$
A_2	y_{21}	y_{22}	. . .	y_{2c}	$\bar{y}_{2.}$
. . .	. . .	. . .	. . .	. . .	. . .
A_r	y_{r1}	y_{r2}	. . .	y_{rc}	$\bar{y}_{r.}$
열 평균	$\bar{y}_{.1}$	$\bar{y}_{.2}$	. . .	$\bar{y}_{.c}$	$\bar{y}$

그림 11.12

이원분산분석: 페인트 점성

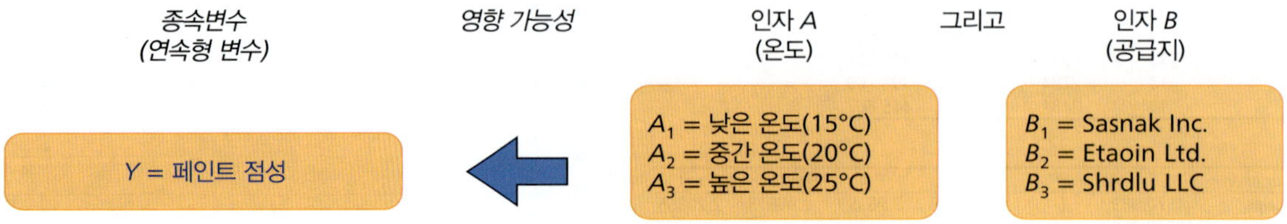

그림 11.12에서는 연속형 반응변수(페인트 점성)가 인자 A(온도)와 인자 B(페인트 제조사)에 따라 달라지는 것을 나타내고 있다. 온도는 세 가지 수준(A_1, A_2, A_3)이고 제조사 역시 세 가지 수준(B_1, B_2, B_3)이다. 따라서 $3 \times 3 = 9$개 셀을 가진 테이블이 생성된다. 각 처리 그룹에 관측치는 1개만 있고 두 인자 간에 상호작용은 없다고 가정한다.

이원분산분석 모형

이원분산분석 모형을 선형모형을 표현하면 식 11.12와 같다.

$$y_{jk} = \mu + A_j + B_k + \varepsilon_{jk} \tag{11.12}$$

위 식에서

y_{jk} = j행과 k열에 있는 관측치
μ = 모든 처리 수준에 대한 전체 평균
A_j = 인자 A의 효과($j = 1, 2, \ldots, r$)
B_k = 인자 B의 효과($k = 1, 2, \ldots, c$)
ε_{jk} = 무작위 오차

무작위 오차는 정규분포를 따르고 평균은 0이며 모든 처리수준에 대해 분산은 서로 같다고 가정한다.

검정하고자 하는 가설

인자를 하나 고르고 이의 특정한 수준에 대해서 반응변수가 어떻게 변하는지에 관심이 있는 경우 다음과 같이 가설을 설정한다. 이러한 모형을 *고정효과 모형*(fixed-effect model)이라고 부른다.

인자 A

H_0: $A_1 = A_2 = \cdots = A_r = 0$ (각 행의 평균은 서로 같다.)
H_1: 모든 A_j가 0인 것은 아니다. (각 행의 평균은 서로 같은 것은 아니다.)

인자 B

H_0: $B_1 = B_2 = \cdots = B_c = 0$ (각 열의 평균은 서로 같다.)
H_1: 모든 B_k가 0인 것은 아니다. (각 열의 평균은 서로 같은 것은 아니다.)

위 귀무가설들 중 어떤 것에서도 기각할 수 없다면, Y에 나타난 모든 변동은 평균(μ) 주변에서 발생한 무작위 오차(random disturbance)로 인한 변동뿐이라고 판단한다.

$$y_{jk} = \mu + \varepsilon_{jk} \quad \textbf{(11.13)}$$

랜덤화 블록모형

두 가지 인자 중 하나의 인자만 관심대상이고, 다른 인자는 통제변수로 사용하고자 하는 경우도 있다. 이때 각 셀에 관측치는 1개만 있는 이원분산분석 모형을 **랜덤화 블록모형**(randomized block model)이라고도 부른다. 랜덤화 블록모형에서 열(column)에 해당하는 인자를 *처리*라고 부르고 행(row)에 해당하는 인자를 *블록**이라고 부른다. 예를 들어 미국의 노스 다코타주에 있는 농업 관련 기업에서 네 종류의 비료(F_1, F_2, F_3, F_4)가 밀 작물의 성장에 미치는 효과를 분석한다고 하자. 밀이 자라는 흙의 종류를 통제하기 위해 세 가지 흙 종류(S_1, S_2, S_3)를 모형에 포함한다. 흙 종류를 포함하는 블록(행)을 표 11.8에서와 같이 정의한다. 각 블록 내에서 처리(비료 종류)는 따로 순서가 있는 게 아니고 무작위로 배정된 것이다.

표 11.8 이중인자 분산분석의 랜덤화 블록모형

블록(토양의 종류)	처리(비료의 종류)			
	F_1	F_2	F_3	F_4
S_1				
S_2				
S_3				

랜덤화 블록모형은 이원분산분석과 유사한 형태이다. 또한 계산과정 역시 이원분산분석과 같다. 그러나 해석은 일원분산분석과 유사하다. 왜냐하면 '처리' 효과에 대해서만 관심이 있기 때문이다. 블록은 단지 분산을 줄이는 목적에서만 사용한다. 블록의 효과는 가설검정에서 결과에서 나오지만 연구자의 관심대상은 아니다. 랜덤화 블록모형과 이원분산분석의 차이는 연구자의 관심이 어디에 있느냐에 달렸다. 랜덤화 블록모형의 계산방식은 셀 당 관측치가 하나인 이원분산분석과 동일하므로, 열 인자를 '블록'이라든지, 행 인자를 '처리'라고 하지 않겠다. 대신, 인자 A와 인자 B로 부르기로 한다. 인자를 해석하는 것은 수학적인 문제가 아니다. 만일 열 효과가 관심이면, 열 효과를 '처리'라고 불러도 좋다.

무반복이원분산분석의 계산

무반복이원분산분석의 계산과정은 표 11.9와 같이 진행된다. 자유도는 $n - 1$이 된다. r개 행과 c개 열을 가진 데이터 구조에서 $n = rc$가 된다. 표 11.9에 있는 총 제곱합은 세 가지 요소로 구성된다.

$$SST = SSA + SSB + SSE \quad \textbf{(11.14)}$$

위 식에서

* 원칙적으로는 행이나 열 모두 블록인자(blocking factor)이라고 부르지만, 통상 행(row)에 블록인자를 둔다.

SST = 평균에 대한 편차제곱 합
SSA = 행에서의 제곱 합(인자 A의 효과)
SSB = 열에서의 제곱 합(인자 B의 효과)
SSE = 오차 제곱합(잔차 변동)

SSE는 인자에 의해 설명되지 않은 변동을 나타낸다. SSE가 매우 큰 값이라면 인자효과가 0이라는 귀무가설을 기각할 수 없다. 반대로 SSE가 작은 값이라면 이는 적어도 1개의 인자는 Y를 예측함에 있어 유용한 변수임을 의미한다. 따라서 SSA 또는 SSB(또는 둘 다)는 상대적으로 큰 값이 될 거라고 예상할 수 있다. F검정을 하기 전에 각 제곱합은 각각의 자유도로 나누어 제곱합 평균으로 계산한다. 대부분의 계산은 컴퓨터로 진행한다. 거기서 분산분석에 대한 각 사례를 찾을 수 있다.

표 11.9

이원분산분석의 형태: 각 셀에 관측치가 1개만 있는 경우

변동 요인	제곱합	자유도	제곱합 평균	F비율
인자 A(행 효과)	$SSA = c\sum_{j=1}^{r}(\bar{y}_{j.} - \bar{y})^2$	$r - 1$	$MSA = \frac{SSA}{r-1}$	$F_A = \frac{MSA}{MSE}$
인자 B(열 효과)	$SSB = r\sum_{k=1}^{c}(\bar{y}_{.k} - \bar{y})^2$	$c - 1$	$MSB = \frac{SSB}{c-1}$	$F_B = \frac{MSB}{MSE}$
오차	$SSE = \sum_{j=1}^{r}\sum_{k=1}^{c}(y_{jk} - \bar{y}_{j.} - \bar{y}_{.k} + \bar{y})^2$	$(r-1)(c-1)$	$MSE = \frac{SSE}{(c-1)(r-1)}$	
합계	$SST = \sum_{j=1}^{r}\sum_{k=1}^{c}(y_{jk} - \bar{y})^2$	$rc - 1$		

예제 11.3

자동차 가속

운전자들은 자동차는 가속이 잘 된다고 믿는다. 한 운전자가 엑셀에서 발을 떼고 고속도로를 질주하고 있다. 그는 속도를 높이려 엑셀을 밟는다. 최대 80 mph까지 도달하는 데 최고 가속은 얼마인가? 실험을 통해 네 가지 최초 속도(10, 25, 40, 55 mph)와 세 가지 페달 각도(5, 8, 10도)로 측정하였다. 표 11.10에 가속 결과가 나와 있다. 이 표본을 통해 두 가지 실험 인자(페달 각도, 최초 속도)가 가속도를 예측하는 데 유의한 영향을 미친다고 할 수 있을까? 물론 다른 표본에서는 다른 결과가 나올 수 있다. 이는 무반복적 실험이다.

표 11.10

성능실험에서 최고 가속 Acceleration

	최초 속도			
페달 각도	**10 mph**	**25 mph**	**40 mph**	**55 mph**
5도	0.35	0.19	0.14	0.10
8도	0.37	0.28	0.19	0.19
10도	0.42	0.30	0.29	0.23

주: 최대 가속은 중력가속도에 대한 비율로 측정(32 ft./sec)

1단계: 가설 설정 각 인자에 대한 간단한 변수이름을 부여한 후 다음과 같이 모형을 설정한다.

$$\text{가속도} = f(\text{페달각도}, \text{최초 속도})$$

선형모형으로 다시 쓰면

$$y_{jk} = \mu + A_j + B_k + \varepsilon_{jk}$$

가설은 다음과 같다.

인자 *A*(*페달 각도*)

H_0: $A = A_2 = A_3 = 0$ (페달 각도는 영향이 없다.)
H_1: 모든 A_j가 0인 것은 아니다.

인자 *B*(*최초 속도*)

H_0: $B_1 = B_2 = B_3 = B_4 = 0$ (최초 속도는 영향이 없다.)
H_1: 모든 B_k가 0인 것은 아니다.

2단계: 결정규칙 설정 각 F검정에 필요한 우측 꼬리 임계치는 각각 다르다. 왜냐하면 분모의 자유도는 인자 수준(factor level)이 몇 개인가에 따라 달라지지만 분자의 자유도는 세 가지 검정에서 모두 같기 때문이다.

인자 A: $df_1 = r - 1 = 3 - 1 = 2$ ($r = 3$ 페달 각도 수준)
인자 B: $df_1 = c - 1 = 4 - 1 = 3$ ($c = 4$ 최초 속도 수준)
오차: $df_2 = (r - 1)(c - 1) = (3 - 1)(4 - 1) = 6$

부록 F에서 5% 임계치는 다음과 같다.

$F_{2,6} = 5.14$: 인자 A
$F_{3,6} = 4.76$: 인자 B

F검정통계량이 임계치보다 크면 귀무가설을 기각한다.

3단계: 계산 실행 모든 계산은 엑셀의 데이터 분석 메뉴를 이용한다. 메뉴와 그 결과는 그림 11.13에 나와 있다. 먼저 평균과 분산에 관한 표가 나오고 분산분석 계산표가 주어진다.

4단계: 기각여부 결정 $F_A = 22.84$(행)은 임계치 5.14보다 크기 때문에 인자 A(페달 각도)는 가속에 유의한 영향을 미친다. $p = 0.00156$으로 매우 작은 값이다. 같은 방식으로 $F_B = 42.43$(열) 역시 임계치 4.76보다 크다. 따라서 인자 B(최초 속도)도 가속도에 유의한 영향을 미친다. $p = 0.000196$으로 우연히 얻어진 결과라고 보기 어렵다. 가설검정 결론은

- 페달 각도는 가속도에 유의하게 영향을 미친다($p = 0.001565$).
- 최초 속도는 가속도에 유의하게 영향을 미친다($p = 0.000196$).

5단계: 조치 실행 p값을 보면, 둘 다 모두 유의하지만 최초속도가 페달의 각도보다 더 유의한 인자로 보인다. 이는 경험상 맞는 말이다. 내리막길 고속도로에서 최대로 가속하기 더

그림 11.13

엑셀의 분산분석: 무반복이원분산분석 Acceleration

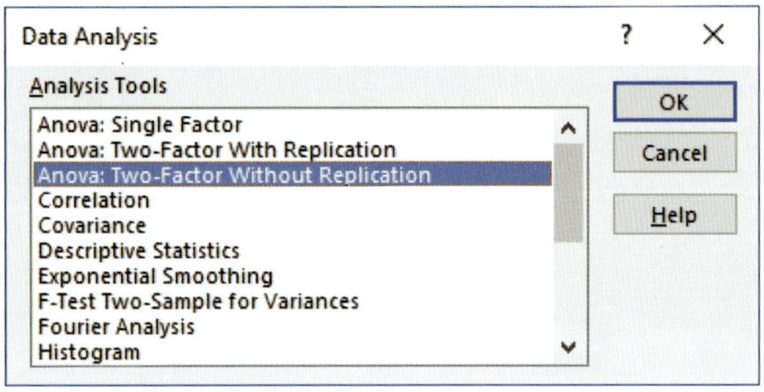

Anova: Two-Factor Without Replication

SUMMARY	Count	Sum	Average	Variance
5 degrees	4	0.78	0.1950	0.0120
8 degrees	4	1.03	0.2575	0.0074
10 degrees	4	1.24	0.3100	0.0063
10 mph	3	1.14	0.3800	0.0013
25 mph	3	0.77	0.2567	0.0034
40 mph	3	0.62	0.2067	0.0058
55 mph	3	0.52	0.1733	0.0044

ANOVA

Source of Variation	SS	df	MS	F	P-value	F crit
Rows	0.026517	2	0.013258	22.83732	0.001565	5.143253
Columns	0.073892	3	0.024631	42.42584	0.000196	4.757063
Error	0.003483	6	0.000581			
Total	0.103892	11				

출처: Microsoft Excel.

쉽다. 물론 엑셀 페달을 더 세게 밟으면, 가속도도 빨라진다. 사실 페달 각도는 블록 인자이라 간주할 수도 있다. 왜냐하면 페달 각도와 가속도와의 관계는 동어반복일 수도 있고 관심도 적다. 그럼에도 불구하고, 페달각도를 제외하고 하나의 인자만을 사용하게 되면, 정확한 모형 구축이라고 볼 수 없다. 더 나아가 엔지니어 관점에서는 두 인자 모두 중요할 수도 있다.

무반복이원분산분석의 한계점

반복이 불가능하거나 비용상 반복 자료를 얻기 어렵다면, 무반복이원분산분석모형으로 충분할 것이다. 예를 들어, 자동차 사고충격을 측정하기 위한 충돌실험은 높은 비용이 든다. 하지만 가능하기만 하다면, 검정력을 높이기 위해 실험을 반복하는 편이 좋다. 예를 들어 자동차를 한 번이 아닌 여러 번 다양한 속도에서 실험해보니 서로 다른 결과가 나오거나, 여러 자동차를 실험하는 경우에도 다른 결과가 나올 수 있다. 물론 앞선 예처럼 자동차 가속도 실험의 경우에는 이러한 반복을 하는 데 비용적으로 큰 문제는 되지 않는다. 어쨌든 무반복보다는 반복이원분산분석이 더 장점이 많다. 다음 절에서 알아보자.

단원 연습문제

connect

각 데이터세트에 대해 (a) 먼저 가설을 설정하라. 주어진 데이터를 랜덤화 블록 모형이라고 본다면 어떤 변수가 블록에 해당하는 변수인가? 왜 그런가? (b) 엑셀의 데이터 분석 메뉴를 이용하여 무반복이원분산분석을 실행하라. 유의수준은 5%를 설정한다. (c) 처리 그룹별 평균에 대해 어떤 결론을 내릴 수 있는가? (d) p값을 해석하라

11.21 어느 회사에서 금요일에 장기 결근을 우려하는 경영진은 4개 공장에서 지난 3번의 금요일마다 결근율을 조사하였다. 조사 표본은 평균 차이가 유의하게 다르다고 말할 수 있는가?

Absences

	공장 1	공장 2	공장 3	공장 4
3월 4일	19	18	27	22
3월 11일	22	20	32	27
3월 18일	20	16	28	26

11.23 5명의 우버택시 운전자가 공항에서 도심 호텔까지 가는 운전시간(분)을 측정해보았다. 이 데이터를 바탕으로 처리 시간에 있어서 유의한 차이가 있다고 말할 수 있을까? DriveTime

	운전자 A	운전자 B	운전자 C	운전자 D	운전자 E
호텔 1	30.9	22.3	34.9	31.2	20.9
호텔 2	25.5	24.6	28.7	26.5	20.3
호텔 3	29.0	26.0	29.6	25.0	23.7
호텔 4	19.9	28.0	27.8	24.1	23.9

Mini Case 11.2

자동차 내부소음

대부분의 운전자는 조용한 차를 원한다. 표 11.11은 자동차 잡지가 뽑은 다섯 종류의 자동차 소음수준을 나타낸다. 소음수준(단위: 데시벨)은 공회전 시 시간당 60마일의 속도 운전 중 0 mph에서 60 mph로 급가속 시에 각각 측정된다. 참고로 60 dB은 보통의 대화가 가능한 소음 수준이다. 75 dB은 진공청소기, 85 dB는 도로, 90 dB은 헤어드라이어, 110 dB은 전기톱의 소음수준이다. 다음 두 가지 질문에 답하라. (1) 자동차에 따라 소음수준이 유의하게 변하는가? (2) 속도는 소음수준에 유의한 영향을 미치는가? 랜덤화 블록모형을 사용한다면 열 변수(*자동차 종류*)가 연구자의 관심변수이다. 반면 행 변수(속도)는 블록에 해당하는 인자이다.

표 11.11

무작위로 선택된 자동차 5대의 내부 소음수준

속도	대형세단	웨건	대형 SUV	중형세단	소형 SUV
공회전	41	45	44	45	46
60 mph	65	67	66	66	76
0~60 mph	76	72	76	77	64

일반적인 모형은 소음수준 = f(속도, 자동차 종류)로 표현할 수 있다. 행 변수(속도)에 대한 자유도는 $r - 1 = 3 - 1 = 2$이고 열 변수(자동차 종류)에 대한 자유도는 $c - 1 = 5 - 1 = 4$이다. SSE 자유도는 $(r - 1)(c - 1) = 8$이기 때문에 두 인자에 대한 분모 자유도는 서로 같다. 엑셀 분산분석과 점그림이 그림 11.14에 나와 있다.

그림 11.14

자동차 소음에 대한 무반복이원분산분석

SUMMARY	Count	Sum	Average	Variance
Idle	5	221	44.200	3.700
60 mph	5	340	68.000	20.500
0-60 mph	5	365	73.000	29.000
Full-Size Sedan	3	182	60.667	320.333
Sport Wagon	3	184	61.333	206.333
Full-Size SUV	3	186	62.000	268.000
Mid-Size Sedan	3	188	62.667	264.333
Small SUV	3	186	62.000	228.000

ANOVA: Two Factor Without Replication

Source of Variation	SS	df	MS	F	P-value	F crit
Rows	2368.133	2	1184.0667	46.01295	0.00004	4.45897
Columns	6.933333	4	1.7333333	0.067358	0.99006	3.837853
Error	205.8667	8	25.733333			
Total	2580.933	14				

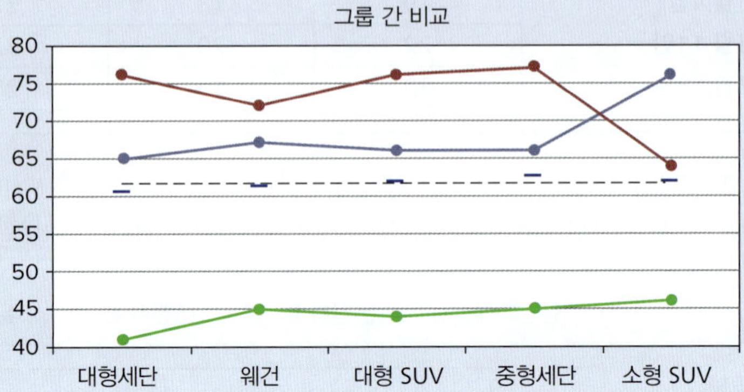

F = 46.01은 임계치 $F_{2,8}$ = 4.46보다 크기 때문에 행 변수(자동차 속도)는 소음수준에 유의한 영향을 미친다고 판단할 수 있다. P = 0.00004로 매우 작기 때문에 우연한 결과라고 보기 어렵다. 그러나 자동차 종류(열 변수)에 대해서는 F = 0.07이고 $F_{4,8}$ = 3.84보다 작다. P = 0.99006이기 때문에 F통계량 역시 우연히 발생한 결과라고 볼 수 있다. 결론적으로

- 자동차 속도는 내부소음에 유의한 영향을 미친다(p = 0.00004).
- 자동차 종류는 내부소음에 유의한 영향을 미치지 않는다(p = 0.9901).

관심변수인 자동차 종류 변수가 소음수준에 대해 유의하게 영향을 미치지 않기 때문에 더 이상 튜키 검정을 진행할 필요가 없다.

11.6 반복이원분산분석(완전인자모형)

반복을 통해 무엇을 얻을 수 있는가?

이제 이원분산분석 모형에서 각 인자 조합이 m번 관찰된다고 하자. 각 셀에 관측치가 1개 이상이므로, 이런 경우 더 자세한 통계적 가설검정을 할 수 있다. 각 셀에 관측치의 수가 같은 경우(*균형 데이터*), **반복**이원분산분석(two-factor ANOVA model with replication)이라고 부른다. 이 모형에서는 반복을 통해 인자의 **주효과**(main effects)뿐만 아니라 **상호작용효과**(interaction effect)도 검정할 수 있다. 이와 같은 모형을 **완전인자모형**(full factorial model)이라고도 부른다. 선형모형으로 나타내면 다음과 같다.

$$y_{ijk} = \mu + A_j + B_k + AB_{jk} + \varepsilon_{ijk} \tag{11.15}$$

위 식에서

Y_{ijk} = j행과 k열에 있는 관측치 i (i = 1, 2, ⋯, m)
μ = 모든 처리에 대한 전체 평균
A_j = j열에 있는 인자 A의 효과(j = 1, 2, ⋯, r)
B_k = k열에 있는 인자 B의 효과(k = 1, 2, ⋯, c)
AB_{jk} = 인자 A와 인자 B의 상호작용효과

ε_{ijk} = 무작위 오차(평균이 0, 모든 처리그룹에서 동분산인 정규분포 가정)

위 모형에서는 상호작용효과를 중요하게 봐야 한다. 예를 들어 농업분야 연구자는 옥수수 수확률은 종자 종류(A), 토양 종류(B) 그리고 두 인자의 상호작용(AB)과 관련이 있다고 가정한다. 주 효과가 유의하지 않더라도 상호작용효과는 유의할 수 있다. 세 가지 효과가 모두 유의하지 않다면 전체 평균 μ주변의 변동은 단지 무작위 오차로 인한 변동만 있는 것이다.

가설의 형태

고정효과 분산분석 모형에서 가설은 다음과 같다.

인자 *A*: 행 효과

H_0: $A_1 = A_2 = \ldots = A_r = 0$ (각 행의 평균은 서로 같다.)
H_1: 모든 A_j가 0인 것은 아니다. (각 행의 평균은 서로 같은 것은 아니다.)

인자 *B*: 열 효과

H_0: $B_1 = B_2 = \ldots = B_c = 0$ (각 열의 평균은 서로 같다.)
H_1: 모든 B_k가 0인 것은 아니다. (각 열의 평균은 서로 같은 것은 아니다.)

상호작용

H_0: 모든 AB_{jk}가 0이다. (상호작용효과는 없다.)
H_1: 모든 AB_{jk}가 0인 것은 아니다. (상호작용효과가 존재한다.)

위 가설에서 제시된 효과가 모두 없다면 모형은 11.16이 된다.

$$y_{ijk} = \mu + \varepsilon_{ijk} \tag{11.16}$$

데이터 구조

표 11.12에는 인자가 2개이고, 각 처리 그룹 내에 같은 표본 수가 있을 때의 데이터 구조를 나타낸다. 불필요한 하첨자를 피하기 위해 각 처리그룹에 있는 m개의 관측치를 yyy로 표시한다. 각 셀 내의 반복이 있다는 것을 제외하고 데이터 구조는 무반복이원분산분석과 같다.

변동의 요인

주효과들(인자 A와 인자 B)에 대한 검정, 상호작용효과에 대한 F검정 같은 세 가지 F검정이 가능하다. 총 제곱합은 다음과 같이 네 가지 요소로 구성된다.

$$SST = SSA + SSB + \text{SSI} + SSE \tag{11.17}$$

위 식에서

SST = 평균에 대한 편차제곱합
SSA = 행에서의 제곱합(인자 A의 효과)
SSB = 열에서의 제곱합(인자 B의 효과)
SSI = 상호작용 제곱합(AB의 효과)
SSE = 오차 제곱합(잔체 변동)

표 11.12

반복이원분산분석의 데이터 형태

인자 A의 수준	인자 B의 수준				열 평균
	B_1	B_2	...	B_c	
A_1	yyy	yyy	...	yyy	
	yyy	yyy	...	yyy	$\bar{y}_{1.}$
	...	...	...	...	
	yyy	yyy	...	yyy	
A_2	yyy	yyy	...	yyy	
	yyy	yyy	...	yyy	$\bar{y}_{2.}$
	...	...	...	...	
	yyy	yyy	...	yyy	
...	...	...	...	...	...
A_r	yyy	yyy	...	yyy	
	yyy	yyy	...	yyy	$\bar{y}_{r.}$
	...	...	...	...	
	yyy	yyy	...	yyy	
행 평균	$\bar{y}_{.1}$	$\bar{y}_{.2}$	...	$\bar{y}_{.c}$	$\bar{y}$

r개 행과 c개 열 그리고 각 처리그룹에서 m개 반복 실험에서, 제곱합과 분산분석 계산은 표 11.13에 나타나 있다.

SSE가 상대적으로 크면 모든 귀무가설을 기각할 가능성이 크다. 반대로 SSE가 작다면 적어도 하나(행 효과, 열 효과, 상호작용효과)는 Y에 대한 유의한 설명변수가 될 것이다. F 검정 전에 각 제곱합은 각 자유도로 나누어 제곱합의 평균을 계산한다. 자유도 합은 $n - 1$이 된다. 여기서 $n = r \times c \times m$이다.

표 11.13

반복이원분산분석

변동 요인	제곱합	자유도	제곱합 평균	F비율
인자 A(행효과)	$SSA = cm\sum_{j=1}^{r}(\bar{y}_{j.} - \bar{y})^2$	$r - 1$	$MSA = \frac{SSA}{r-1}$	$F_A = \frac{MSA}{MSE}$
인자 B(열효과)	$SSB = rm\sum_{k=1}^{c}(\bar{y}_{.k} - \bar{y})$	$c - 1$	$MSB = \frac{SSB}{c-1}$	$F_B = \frac{MSB}{MSE}$
상호작용($A \times B$)	$SSI = m\sum_{j=1}^{r}\sum_{k=1}^{c}(\bar{y}_{jk} - \bar{y}_{j.} - \bar{y}_{.k} + \bar{y})^2$	$(r-1)(c-1)$	$MSI = \frac{SSI}{(r-1)(c-1)}$	$F_I = \frac{MSI}{MSE}$
오차	$SSE = \sum_{i=1}^{m}\sum_{j=1}^{r}\sum_{k=1}^{c}(\bar{y}_{ijk} - \bar{y}_{jk})^2$	$rc(m-1)$	$MSE = \frac{SSE}{rc(m-1)}$	
합계	$SST = \sum_{i=1}^{m}\sum_{j=1}^{r}\sum_{k=1}^{c}(y_{ijk} - \bar{y})^2$	$rcm - 1$		

예제 11.4
배달시간

보건당국에서는 매주 5곳의 의료기기 공급처로부터 의료용품을 주문해 병원 4곳에 보내고 있다. 최근 4주간 배달시간(日)이 표 11.14에 나와 있다. 병원이나 공급처 별로 평균이 다르다고 할 수 있을까? 상호작용효과는 있는가?

표 11.14
배달시간(日) Deliveries

	공급처 1	공급처 2	공급처 3	공급처 4	공급처 5
병원 A	8	14	10	8	17
	7	11	15	7	12
	10	14	10	13	9
	12	11	7	10	10
병원 B	14	9	12	6	15
	14	7	10	10	12
	13	7	10	12	12
	13	8	11	8	10
병원 C	11	8	12	10	14
	10	9	10	11	13
	12	11	13	7	10
	14	12	10	10	12
병원 D	7	8	7	8	14
	10	13	5	5	13
	10	9	6	11	8
	13	12	5	4	11

간단한 변수 이름을 정해서, 이원분산분석 모형을 다음과 같이 쓸 수 있다.

$$\text{배달시간} = f(\text{병원}, \text{공급자}, \text{병원} \times \text{공급자})$$

선형관계를 가정할 경우, 위 모형은 다음과 같이 쓸 수 있다.

$$y_{ijk} = \mu + A_j + B_k + AB_{jk} + \varepsilon_{ijk}$$

1단계: 가설 설정

인자 A: 행 효과(병원)

H_0: $A_1 = A_2 = \ldots = A_r = 0$ (병원별 평균은 같다.)
H_1: 모든 A_j가 0인 것은 아니다. (병원별 평균은 서로 다르다.)

인자 B: 열 효과(공급처)

H_0: $B_1 = B_2 = \ldots = B_c = 0$ (공급처 평균은 같다.)
H_1: 모든 B_k가 0인 것은 아니다. (공급처 평균은 서로 다르다.)

상호작용효과(병원 × 공급처)

그림 11.15

엑셀을 이용한 반복이원분산분석 결과 Deliveries

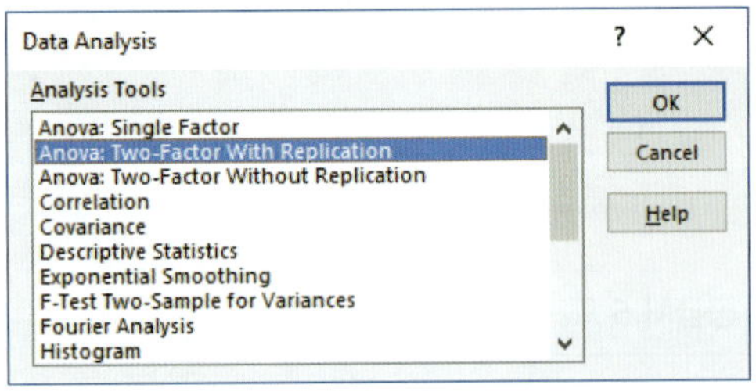

ANOVA

Source of Variation	SS	df	MS	F	P-value	F crit
Sample	51.350	3	17.1167	3.5784	0.018939	2.758078
Columns	104.425	4	26.1063	5.4578	0.000815	2.525215
Interaction	134.775	12	11.2313	2.3480	0.015167	1.917396
Within	287.000	60	4.78333			
Total	577.550	79				

출처: Microsoft Excel.

H_0: 모든 AB_{jk}가 0이다. (상호작용효과는 없다.)
H_1: 모든 AB_{jk}가 0인 것은 아니다. (상호작용효과가 존재한다.)

2단계: 결정규칙 설정 각 F검정마다 임계치는 달라야 한다. 왜냐하면 분자의 자유도는 각 인자의 수준에 따라 다르지만, 분모의 자유도는 모든 검정에서 같기 때문이다.

인자 A 자유도: $df_1 = r - 1 = 4 - 1 = 3$ ($r = 4$개 병원 수준)
인자 B 자유도: $df_1 = c - 1 = 5 - 1 = 4$ ($c = 5$개 공급처 수준)
상호작용(AB)자유도: $df_1 = (r - 1)(c - 1) = (4 - 1)(5 - 1) = 12$
오차의 자유도: $df_2 = rc(m - 1) = 4 \times 5 \times (4 - 1) = 60$

유의수준 5%에서 우측 꼬리 임계치는 부록 F에서 찾는다.

$F_{3,60} = 2.76$: 인자 A
$F_{4,60} = 2.53$: 인자 B
$F_{12,60} = 1.92$: 인자 AB

F검정통계량이 임계치보다 크면 귀무가설을 기각한다.

3단계: 계산 실행 엑셀을 이용하여 행과 열의 합 그리고 평균을 얻을 수 있다(자세한 계산 과정은 생략한다). 그림 11.15의 분산분석 표는 전체 변동을 각 인자 제곱합으로 나눈 결과, 자유도, 평균 제곱합, F검정통계량, p값 그리고 유의수준 5%에서 임계치를 나타낸다.

4단계: 기각여부 결정 행 변수(병원)에 대해 $F = 3.578$이고 p값 $= 0.0189$이므로, 5% 유의수준에서 병원 간 평균 배달시간은 같지 않다고 결론 내릴 수 있다. 행 변수(공급처)에 대해 $F = 5.458$이고 p값 $= 0.0008$이므로, 유의수준 5%에서 공급처 간 평균 배달시간은 같지 않다고 결론 내릴 수 있다. 상호작용효과에 대해서 검정통계량 $F = 2.348$이고 p값 $=$ 0.0152이므로, 5%에서 유의하다. p값을 이용하게 되면 α을 정할 필요가 없기 때문에 좀 더 유연한 해석이 가능하다. 정리하면 다음과 같다.

변수	p값	해석
병원	0.0189	병원 간 평균은 다르다(유의수준 5%에서 유의하다).
공급처	0.0008	공급처 간 평균은 다르다(유의수준 1%에서 유의하다).
병원 × *공급처*	0.0152	상호작용효과는 존재한다(유의수준 5%에서 유의하다).

상호작용

상호작용에 대한 가설검정은 여느 F검정과 거의 같다. 그러나 여전히 '상호작용'이 무엇인지 의문을 가질 수 있다. 다음과 같은 예를 들어보자. 보드카를 마시면 그 효과가 있다. 또한 알레르기 약을 먹어도 효과가 있다. 그러나 두 가지 행동을 동시에 하게 되면 매우 위험한 결과가 발생할 수 있다. 많은 의약품 처방에 다음과 같은 주의 문구가 있다. "이 약을 복용하는 동안 알코올 섭취를 금지하라."

상호작용효과를 그림으로 표현해보자. 이를 위해 한 인자의 처리 수준을 고정시켜 놓고 다른 인자의 처리 평균들(treatment means)을 그래프로 나타내 본다. 그림에서는 각 처리 수준 내에서 평균을 연결하였다. 상호작용효과가 없다면 각 라인은 평행하거나 한 방향으로만 움직일 것이다. 상호작용효과가 크다면, 서로 다른 기울기의 선이 나오고, 교차하기도 할 것이다.

그림 11.16에서는 배달시간에 대한 상호작용을 나타내는 선들이 평행하지 않고, 교차하고 있다. 유의한 상호작용효과가 있다는 것은 공급처가 여러 병원에 대해 서로 다른 시간에 배달한다는 것을 나타낸다. 예를 들어 병원 B를 보면, 공급처 2가 배달하는 평균시간은 공급처 1보다 빠르다. 그러나 공급처 3은 병원 C보다는 병원 D에 평균적으로 더 빨리 배달하고 있다. 그래서 모든 병원에 가장 빨리 배달하는 공급처는 없는 것으로 나타났다. 이런 종류의 다른 비교도 할 수 있다. 분산분석결과, 분명한 상호작용효과가 있다는 것을 그림으로 확인할 수 있다. 그림으로 확인한 결과를 $A \times B$의 F검정에 대한 p값($p = 0.0152$)을 통해서도 동일한 결론이라는 것을 확인할 수 있다. 그림 11.17에서는 몇 가지 상호작용 유형들을 보여준다. 여기서는 단순한 이원분산분석 모형을 이용하는데, 인자 A는 세 가지 수준이 있고, 인자 B는 두 가지 수준이 있는 경우이다.

유의성과 중요성

그림 11.18에 있는 처리의 평균값을 통해서 이러한 차이에 대해 더 자세히 살펴보자. 병원 A와 C를 살펴보면, 공급처의 평균 배달시간은 약 2일에서 3일 정도 차이가 난다. 그러나 재고가 넉넉하다면 크게 문제될 것은 없다. 하지만, 병원 B와 D를 살펴보면, 평균 배달시간은 4일에서 5일 정도 차이가 나기도 한다. 이처럼 공급자의 평균 배달시간에 차이가 나는 것은 통계적으로 유의한 것을 떠나서 매우 중요한 일이다. 만일 컴퓨터 패키지가 이런 표를 제공하지 않는다면 직접 그려 넣어서 비교해 보길 권한다.

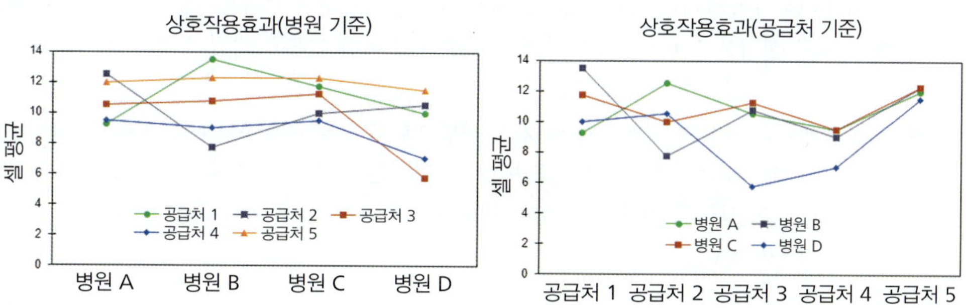

그림 11.16

배달시간에 대한 상호작용효과 그래프

Deliveries

그림 11.17

상호작용 유형들

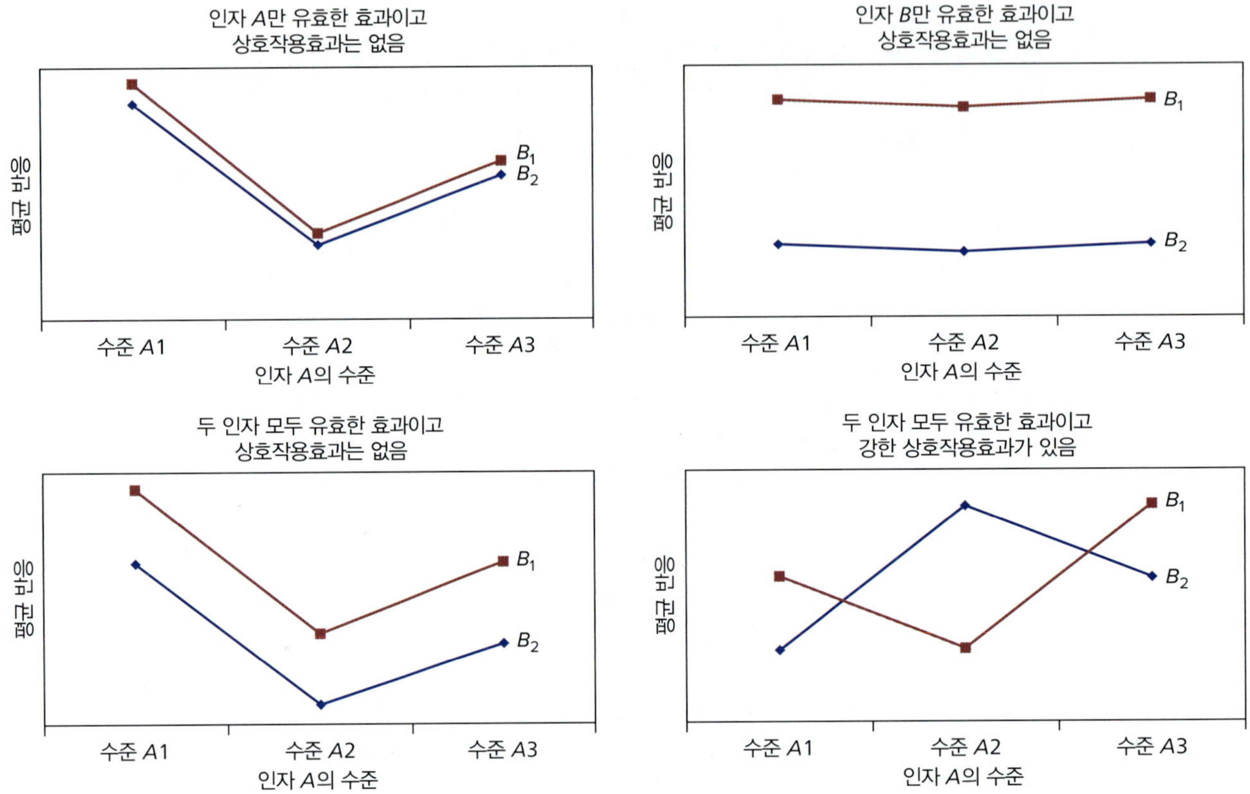

그림 11.18

평균 배달 시간(日)

Deliveries

	공급처 1	공급처 2	공급처 3	공급처 4	공급처 5	
병원 A	9.25	12.50	10.50	9.50	12.00	10.75
병원 B	13.50	7.75	10.75	9.00	12.25	10.65
병원 C	11.75	10.00	11.25	9.50	12.25	10.95
병원 D	10.00	10.50	5.75	7.00	11.50	8.95
	11.13	10.19	9.56	8.75	12.00	10.33

단원 연습문제

connect

(a) 먼저 가설을 설정하라. 주어진 데이터를 랜덤화 블록모형이라고 본다면 어떤 변수가 블록에 해당하는 변수인가? 왜 그런가? (b) 엑셀의 데이터 분석 메뉴를 이용하여 무반복이원분산분석을 실행하라. 유의수준은 5%를 설정한다. (c) 처리 그룹별 평균에 대해 어떤 결론을 내릴 수 있는가? (d) p값을 해석하라.

11.25 주식 중개인은 자신의 고객에게 네 가지 산업으로 구성된 포트폴리오를 제시하였다. 각 포트폴리오는 5개 회사로 구성되어 있고 매년 그 회사는 조금씩 변할 수 있다. 각 주식의 연도별 변동성(변동계수로 측정)이 기록되어 있다. 주 효과는 유의한가? 상호작용효과가 존재하는가? Volatility

연도	주식 포트폴리오 타입			
	의료보건	에너지	소매업	레저업
2007년	14.5	23.0	19.4	17.6
	18.4	19.9	20.7	18.1
	13.7	24.5	18.5	16.1
	15.9	24.2	15.5	23.2
	16.2	19.4	17.7	17.6
2009년	21.6	22.1	21.4	25.5
	25.6	31.6	26.5	24.1
	21.4	22.4	21.5	25.9
	26.6	31.3	22.8	25.5
	19.0	32.5	27.4	26.3
2011년	12.6	12.8	22.0	12.9
	13.5	14.4	17.1	11.1
	13.5	13.1	24.8	4.9
	13.0	8.1	13.4	13.3
	13.6	14.7	22.2	12.7

11.27 마케팅 회사는 4개 지역의 네 연령층 소비자에 대해 새로운 샴푸에 대한 반응을 조사하고 있다. 각 조사패널에는 5명의 소비자가 있다. 각 소비자는 5점 척도로 10개의 문항에 대해 답을 한다. 그 평균값이 제시되어 있다. 주 효과는 유의한가? 상호작용효과는 존재하는가?
Satisfaction

	북동지역	남동지역	중서부 직역	서부지역
청소년(18세 미만)	3.9	3.9	3.6	3.9
	4.0	4.2	3.9	4.4
	3.7	4.4	3.9	4.0
	4.1	4.1	3.7	4.1
	4.3	4.0	3.3	3.9
대학생(18~25세)	4.0	3.8	3.6	3.8
	4.0	3.8	3.6	3.8
	3.7	3.7	3.8	3.6
	3.8	3.6	3.9	3.6
	3.8	3.7	4.0	4.1
성인(26~64세)	3.2	3.5	3.5	3.8
	3.8	3.3	3.8	3.6
	3.7	3.4	3.8	3.4
	3.4	3.5	4.0	3.7
	3.4	3.4	3.7	3.1
노인(65세 이상)	3.4	3.6	3.3	3.4
	2.9	3.4	3.3	3.2
	3.6	3.6	3.1	3.5
	3.7	3.6	3.1	3.3
	3.5	3.4	3.1	3.4

Mini Case 11.3

터빈엔진 추진력

비행기 엔진을 만드는 엔지니어들은 연료압력과 터빈 내 온도가 엔진추진력과 관련 있는지 알고자 한다. 두 인자를 각각 네 가지 수준으로 분류하고 각 조합별로 5번씩 관찰하였다. 반복이원분산분석 모형을 이용하여 다음을 가설검정하자. 가설검정을 위한 데이터는 표 11.15에 주어져 있다.

$$\text{엔진추진력} = f(\text{오일압력}, \text{온도}, \text{압력} \times \text{온도})$$

표 11.15

터빈엔진 추진력 실험 Turbines

연료 압력	터빈 온도			
	T1	*T2*	*T3*	*T4*
P1	1,945.0	1,942.3	1,934.2	1,916.7
	1,933.0	1,931.7	1,930.0	1,943.0
	1,942.4	1,946.0	1,944.0	1,948.8
	1,948.0	1,959.0	1,941.0	1,928.0
	1,930.0	1,939.9	1,942.0	1,946.0
P2	1,939.4	1,922.0	1,950.6	1,929.6
	1,952.8	1,936.8	1,947.9	1,930.0
	1,940.0	1,928.0	1,950.0	1,934.0
	1,948.0	1,930.7	1,922.0	1,923.0
	1,925.0	1,939.0	1,918.0	1,914.0
P3	1,932.0	1,939.0	1,952.0	1,960.4
	1,955.0	1,932.0	1,963.0	1,946.0
	1,949.7	1,933.1	1,923.0	1,931.0
	1,933.0	1,952.0	1,965.0	1,949.0
	1,936.5	1,943.0	1,944.0	1,906.0
P4	1,960.2	1,937.0	1,940.0	1,924.0
	1,909.3	1,941.0	1,984.0	1,906.0
	1,950.0	1,928.2	1,971.0	1,925.8
	1,920.0	1,938.9	1,930.0	1,923.0
	1,964.9	1,919.0	1,944.0	1,916.7

출처: MBA에 등록한 3명의 공대생의 연구과제물, 원 자료에서 가공함.

그림 11.19의 분산분석 검정결과를 보면, 터빈 온도 인자만 유의하게 영향을 미친다. 평균표에 따르면, 평균 추진력은 크게 달라지지 않는다. 따라서 이러한 효과는 그리 중요한 문제가 아닐 수 있다. 그림이 거의 평행하므로, **상호작용효과**가 크지 않다고 판단할 수 있다. 동일 분산에 대한 레빈 검정은 $p = 0.42$이다. 따라서 동일 분산 조건만 만족하면 분산분석 검정이 적절하다.

그림 11.19

이원분산분석 결과

Means:

		Temperature				
		T1	T2	T3	T4	
Pressure	P1	1,939.68	1,943.78	1,938.24	1,936.50	1,939.55
	P2	1,941.04	1,931.30	1,937.70	1,926.12	1,934.04
	P3	1,941.24	1,939.82	1,949.40	1,938.48	1,942.24
	P4	1,940.88	1,932.82	1,953.80	1,919.10	1,936.65
		1,940.71	1,936.93	1,944.79	1,930.05	1,938.12

ANOVA table: Two-Factor with Replication

Source	*SS*	*df*	*MS*	*F*	*p-value*
Pressure	755.708	3	251.9028	1.32	.2756
Temperature	2,353.426	3	784.4755	4.11	.0099
Interaction	1,989.095	9	221.0106	1.16	.3367
Error	12,212.052	64	190.8133		
Total	17,310.282	79			

인자 1(P)을 기준, 상호작용 그래프

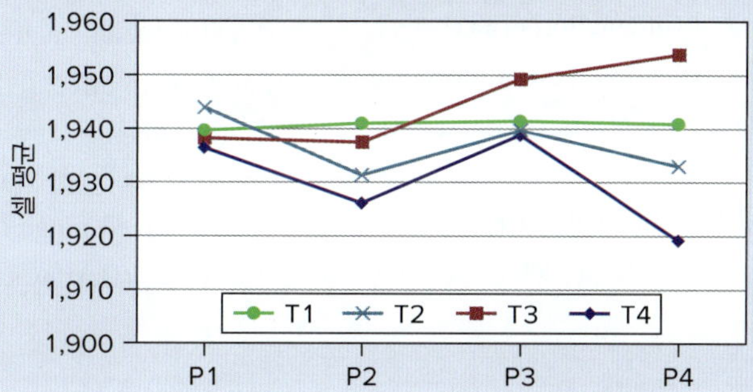

인자 2(T)를 기준, 상호작용 그래프

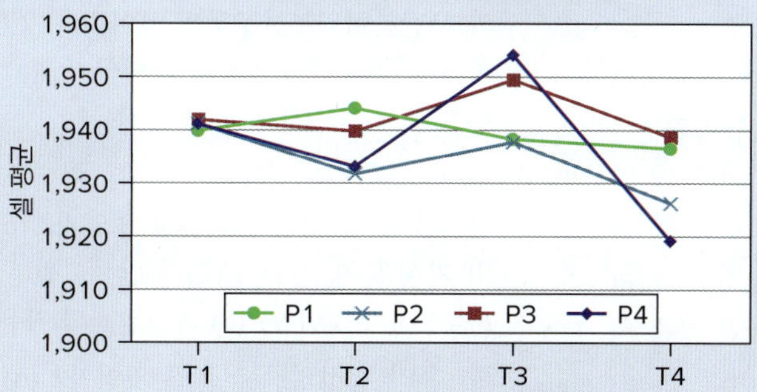

요약(Chapter Summary)

분산분석검정은 종속변수(**반응변수**)가 하나 또는 둘 이상의 인자(설명변수)와 관련 있는지를 확인하는 방법이다. 설명변수의 각 범주는 처리(treatment) 그룹이라고도 불린다. **일원분산분석**(one-factor ANOVA)은 c개의 범주를 가진 데이터의 평균을 서로 비교하기 위한 것이다. 따라서 분산분석은 서로 독립인 두 표본의 t검정을 일반화시킨 것이다. Fisher의 ***F*검정통계량**은 두 분산(처리효과와 오차)의 비율이다. 계산한 검정통계량과(적절한 자유도를 가진) F분포표의 우측 꼬리 임계치 또는 엑셀을 통한 임계치와 비교한다. 다른 방법으로는 F검정통계량의 p값과 사전에 설정한 유의수준을 비교하여 p값이 α보다 작으면 유의하다고 판단한다. **무반복이원분산분석**은 **랜덤화 블록모형**인 셈이다. 왜냐하면 1개의 인자만 관심변수이기 때문이다. **반복이원**

분산분석(완전인자모형)에서는 각 처리그룹에서 1개 이상 관측치가 존재한다. 이 모형은 **주효과**와 **상호작용효과**까지 검정할 수 있다. **튜키의 검정**은 개별 '평균 쌍'의 차이에 대한 유의성을 검정한다. 분산분석의 주요 가정 중 하나인 동일 분산에 대해서는 **하틀리** 또는 **레빈 검정**을 사용할 수 있다.

- 분산분석 계산은 제곱합을 계산해야 하기 때문에 일반적으로 컴퓨터를 사용한다.
- 일원분산분석은 경영학 분야에서 자주 사용되는 분석기법이다.
- 분산분석은 전체에 대한 가설검정이다. 개별 평균의 조합이 유의하게 다른지를 보기 위해서는 튜키의 검정과 같은 다른 검정방법을 사용해야 한다.

주요 용어(*Key Terms*)

고정효과 모형(fixed-effects model)
다중비교(multiple comparison)
다중비교검정(multiple comparison)
동일 분산(homogeneous variances)
랜덤화 블록모형(randomized block model)
레빈 검정(Levene's test)
무반복이원분산분석(two-factor ANOVA without replication)
반복(replication)
반응변수(response variable)
분산분석(analysis of variance: ANOVA)
분할된 제곱합(partitioned sum of squares)
상호작용효과(interaction effect)
상호작용 그래프(interaction plots)
설명되지 않은 분산(unexplained variance)
설명된 분산(explained variance)
완전 랜덤화 모형(completely randomized model)
완전 인자(full factorial)
인자(factors)
일원분산분석(one-factor ANOVA)
제곱평균(mean squares)
주효과(main effects)
처리(treatment)
튜키의 스튜던트화 범위검정(Tukey's studentized range test)
하틀리 검정(Hartley's test)

리뷰(*Chapter Review*)

1. 다음 용어를 설명하라. (a) 설명된 변동, (b) 설명되지 않은 변동, (c) 인자, (d) 처리
2. (a) 일원분산분석과 이원분산분석의 차이를 설명하라. (b) 일원분산분석의 선형 모형 형태를 제시하라. (c) 일원분산분석의 가설을 두 가지 다른 측면에서 제시하라. (d) 왜 일원분산분석이 많이 사용되는가?
3. (a) 분산분석의 세 가지 가정을 쓰라. (b) 분산분석이 이러한 가정 위반에 대해 매우 강건(robust)하다는 것은 무슨 의미인가?
4. (a) 일원분산분석의 데이터 형태를 묘사하라. (b) 일원분산분석을 위해서는 그룹별로 표본크기가 같아야 하는가? (c) 그룹 간 변동과 그룹 내 변동의 의미를 설명하라. (d) F통계량은 무엇인가? (e) 일원분산분석 F통계량의 자유도는?
5. (a) 무반복이원분산분석의 데이터 형태를 묘사하라. (b) 무반복이원분산분석의 가설을 제시하라. (c) 랜덤화 블록모형과 무반복이원분산분석의 차이점은? (d) 무반복이원분산분석에서 두 가지 F검정은 무엇인가? (e) 가설검정의 자유도는?
6. (a) 반복이원분산분석의 데이터 형태를 묘사하라. (b) 반복관찰을 통해 얻는 이익은 무엇인가? (c) 반복이원분산분석의 가설을 제시하라. (d) 무반복이원분산분석에서 세 가지 F검정은 무엇인가? (e) 가설검정의 자유도는?
7. (a) 튜키 검정의 목적은 무엇인가? (b) 두 표본의 t검정을 이용하여 비교하는 것은 왜 사용할 수 없는가?
8. (a) 동일 분산에 대한 검정 목적은 무엇인가? (b) 동일 분산 검정이 분산분석에 필요한 이유는? (c) 하틀리 검정 과정을 설명하라. (d) 하틀리 검정 대신 레빈 검정을 사용하는 이유는?

단원 연습문제(*Chapter Exercises*)

다음 주어진 데이터에 대해서 엑셀을 이용하여 다음 물음에 답하라.

a. 적절한 분산분석 모형을 제시하라. 검정할 가설을 설정하라.
b. 데이터를 그래프를 이용하여 시각적으로 표현하라. 데이터의 어떤 특성을 파악할 수 있는가?
c. 컴퓨터를 이용하여 분산분석 계산을 실행하라.

d. $\alpha = 0.05$에서 결정규칙을 제시하고 기각여부를 결정하라. p 값을 해석하라.

e. 관찰된 그룹 간 평균의 차이가 실제적으로도 중요한 의미를 가질 만큼 큰가?

f. 표본크기는 충분하다고 생각하는가? 표본의 크기를 더 크게 할 수 있는가? 데이터의 특성상 표본을 더 많이 모으는 것은 비용이 많이 드는가?

g. 튜키의 다중 검정을 실시하고 결과를 논의하라.

h. 동일 분산 검정을 실행하고 그 결과를 설명하라.

11.29 25명의 대학생을 무작위로 선택하여 그들의 평점을 조사하였다. 평균 평점이 각 학년 간에 같다고 할 수 있는가? GPA2

25명의 평점 데이터

1학년(5명)	2학년(7명)	3학년(7명)	4학년(6명)
1.91	3.89	3.01	3.32
2.14	2.02	2.89	2.45
3.47	2.96	3.45	3.81
2.19	3.32	3.67	3.02
2.71	2.29	3.33	3.01
	2.82	2.98	3.17
	3.11	3.26	

11.31 세 종류의 태양전지에 대해 5분간 6번씩 출력을 측정하였다. 결과는 아래와 같다. 출력이 모든 종류에 대해 서로 같은가? SolarWatts

태양전지 출력(와트)

태양전지 종류	출력(와트)					
A	123	121	123	124	125	127
B	125	122	122	121	122	126
C	126	128	125	129	131	128

11.33 응급환자의 대기시간을 측정하고자 한다. 어느 수요일 오후 6시~6시 30분 사이에 도착한 응급환자의 수를 4곳의 병원에서 측정하였다. 결과는 다음과 같다. 4곳의 병원에서 응급환자의 평균 대기시간은 서로 같은가? ERWait

응급환자 대기 시간(분)

병원 A(5명)	병원 B(4명)	병원 C(7명)	병원 D(6명)
10	8	5	0
19	25	11	20
5	17	24	9
26	36	16	5
11		18	10
		29	12
		15	

11.35 SUV 자동차의 브레이크 성능을 시험하고자 한다. 얼음길, 눈길, 얼음과 포장도로가 혼합된 도로로 설정하고 세 가지 브레이크 시스템을 사용한다. 평균 제동거리는 도로 여건과 브레이크 시스템에 의해 영향을 받는가? Braking

40 mph에서 0 mph까지 제동거리

방법	얼음	혼합도로	눈길
펌프방식 브레이크	441	223	149
고정 브레이크	455	148	146
ABS 브레이크	460	183	167

11.37 5개 작은 마을에 있는 치과를 비교하기 위해 분산분석을 실행하고자 한다. 반응변수는 각 치과가 지난 1년 간 진료한 날이다. 5개 지역 간 평균 차이가 존재하는가? DaysOpen

5개 마을에서 작년 한 해 동안 진료한 날

Chalmers	Greenburg	Villa Nueve	Ulysses	Hazeltown
230	194	206	198	214
215	193	200	186	196
221	208	208	206	194
205	198	206	189	190
232		232	181	203
210		208		

11.39 미국 각 주의 소득수준은 고등학교 퇴학률과 관련이 있는가? 고등학교 퇴학률은 5개의 소득 구간에 따라 다른가? Dropout

소득 그룹별 고등학교 퇴학률

제1 오분위		제2 오분위		제3 오분위		제4 오분위		제5 오분위	
주	퇴학률 (%)	주	퇴학률 (%)	주	퇴학률 (%)	주	퇴학률 (%)	주	퇴학률 (%)
Mississippi	40.0	Kentucky	34.3	N. Carolina	39.5	Oregon	26.0	Minnesota	15.3
W. Virginia	24.2	S. Carolina	44.5	Wyoming	23.3	Ohio	30.5	Illinois	24.6
New Mexico	39.8	N. Dakota	15.5	Missouri	27.6	Pennsylvania	25.1	California	31.7
Arkansas	27.3	Arizona	39.2	Kansas	25.5	Michigan	27.2	Colorado	28.0
Montana	21.5	Maine	24.4	Nebraska	12.1	Rhode Island	31.3	N. Hampshire	27.0
Louisiana	43.0	S. Dakota	28.1	Texas	39.4	Alaska	33.2	Maryland	27.4
Alabama	39.0	Tennessee	40.1	Georgia	44.2	Nevada	26.3	New York	39.0
Oklahoma	26.9	Iowa	16.8	Florida	42.2	Virginia	25.7	New Jersey	20.4
Utah	16.3	Vermont	19.5	Hawaii	36.0	Delaware	35.9	Massachusetts	25.0
Idaho	22.0	Indiana	28.8	Wisconsin	21.9	Washington	25.9	Connecticut	28.2

출처: *Statistical Abstract of the United States, 2002.*

11.41 소비자 단체에 있는 LaShonda는 토르티야 칩의 신선도를 분석하고자 한다. 그녀는 3곳의 가게에서 네 종류의 브랜드 칩 4개씩을 임의로 추출하였다. 그리고 현재 날짜로부터 봉지에 적힌 유효기간까지의 날짜를 기록하였다. 유효기간까지의 날짜가 브랜드별로 혹은 가게별로 다르다고 할 수 있는가? Freshness

봉지에 적힌 유효기간까지 남은 날짜

	가게 1	가게 2	가게 3
브랜드 A	−1	25	17
	−1	24	18
	20	10	21
	22	27	6
브랜드 B	−7	15	29
	30	−8	40
	24	6	24
	23	31	50
브랜드 C	16	11	41
	7	16	17
	16	30	27
	19	21	18

(*계속*)

봉지에 적힌 유효기간까지 남은 날짜

	가게 1	가게 2	가게 3
브랜드 D	21	42	31
	11	32	30
	10	38	39
	19	28	45

11.43 아래 표는 매일 5곳의 공장에서 생산되는 트럭 생산량을 날짜별로 정리한 것이다. 트럭 생산율(production rate)이 공장별로, 날짜별로 다르다고 할 수 있는가? Trucks

트럭 생산량

	월	화	수	목	금
공장 A	130	157	208	227	216
공장 B	204	230	252	250	196
공장 C	147	208	234	213	179
공장 D	141	200	288	260	188

11.45 강사와 학생의 성별에 따라 학기 성적에 영향을 미치는지 보기 위해서, 경영학과 회계학 수업을 듣는 22명에서 66명의 학생들을 대상으로 실험을 진행하였다. 인자들로는

강사의 성별(남성, 여성)과 학생의 성별(남성, 여성)을 선택하였다. 11명의 강사(남자 7명, 여자 4명)를 대상을 한다. 채점의 주관성을 배제하기 위해서, 시험은 한꺼번에 치러졌고, 채점도 공동으로 진행되었다. (a) 이는 어떤 종류의 분산분석일까? (b) 어떤 결론이 내려지나? (c) 표본의 크기에 대해 논의하고, 중요한 점을 질문해보자.

학색들의 학기 성적에 대한 분산분석 결과

변동 요인	제곱의 합	자유도	제곱의 평균	F-비율	p값
강사의 성별(*I*)	97.84	1	97.84	0.61	0.43
학생의 성별(*S*)	218.23	1	218.23	1.37	0.24
상호작용 (*I* × *S*)	743.84	1	743.84	4.66	0.03
오차	63,358.90	397	159.59		
합계	64,418.81	400			

참조: Marlys Gascho Lipe, "Further Evidence on the Performance of Female versus Male Accounting Students: *Issues in Accounting Education* 4, no. 1 (Spring 1989), pp. 144-50.

11.47 다음 표는 일원분산분석 결과의 일부분이다. (a) F검정통계량을 구하라. (b) 엑셀 함수 =F.DIST.RT(F, DF1, DF2)을 이용해서 p값을 구하라. (c) 부록 F나 엑셀 함수 =F.INV.RT(0.05, DF1, DF2)을 이용해서 임계치를 구하라. (d) 결과를 해석하라.

ANOVA

Source of Variation	*SS*	*df*	*MS*	*F*	*p-value*	$F_{.05}$
Between groups	3207.5	3	1069.17	☐	☐	☐
Within groups	441730	36	12270.28			
Total	444937.5	39				

11.49 아래 표는 엑셀을 통한 분산분석표이다. 실내 소음수준과 공장 위치에 따른 노동 생산성에 미치는 효과를 측정하고 있다. (a) 이는 어떤 종류의 분산분석인가(일원, 이원, 반복이원 등)? (b) 공장 위치는 몇 개인가? 실내 소음수준은 몇 가지인가? 각 셀에 있는 관측치는 몇 개인가? (c) $\alpha = 0.05$에서, 어떤 결론을 내릴 수 있는가?

ANOVA

Source of Variation	*SS*	*df*	*MS*	*F*	*p-value*	F_{05}
Plant location	3.0075	3	1.0025	2.561	0.1200	3.863
Noise level	8.4075	3	2.8025	7.16	0.0093	3.863
Error	3.5225	9	0.3914			
Total	14.9375					

11.51 고속도로의 공기오염 수준을 측정하기 위해 하루에 5번 측정한 결과가 아래 표에 정리되어 있다. (a) 이는 어떤 종류의 분산분석인가(일원, 이원 등)? (b) 공기오염에 대해서 어떤 결론을 내릴 수 있는가? F검증과 p값을 이용

SUMMARY	*Count*	*Sum*	*Average*	*Variance*
Chrysler	5	1584	316.8	14333.7
Davidson	5	1047	209.4	3908.8
Reuther	5	714	142.8	2926.7
Lodge	5	1514	302.8	11947.2
12:00A-6:00A	4	505	126.25	872.9
6:00A-10:00A	4	1065	266.25	11060.3
10:00A-3:00P	4	959	239.75	5080.3
3:00P-7:00P	4	1451	362.75	14333.6
7:00P-12:00A	4	879	219.75	7710.9

ANOVA

Source of Variation	*SS*	*df*	*MS*	*F*	*p-value*	*F crit*
Freeway	100957.4	3	33652.45	24.903	0.000	3.490
Time of Day	116249.2	4	29062.3	21.506	0.000	3.259
Error	16216.4	12	1351.367			
Total	233423	19				

해서 설명하라. (c) 동일한 분산이라고 가정하는 것이 타당한가? 무엇이 문제가 될 수 있는가?

11.53 여러 친구들이 매달 여러 번 볼링을 치러 간다. 몇 달에 걸쳐 점수를 기록하고 분산분석을 수행하였다. (a) 이는 어떤 종류의 분산분석인가(일원, 이원 등)? (b) 아래 표의 정보를 이용해, 몇 명의 친구들이 표본에 들어가 있는지 판단해보라. (c) 볼링 점수에 대해 어떤 결론을 내릴 수 있는가? *F*검증과 *p*값을 이용해서 설명하라.

SUMMARY

Bowler	*Count*	*Sum*	*Average*	*Variance*
Mary	15	1856	123.733	77.067
Bill	14	1599	114.214	200.797
Sally	12	1763	146.917	160.083
Robert	15	2211	147.400	83.686
Tom	11	1267	115.182	90.164

ANOVA

Source of Variation	*SS*	*df*	*MS*	*F*	*p-value*	*F crit*
Between Groups	14465.63	4	3616.408	29.8025	0.0000	2.5201
Within Groups	7523.444	62	121.3459			
Total	21989.07	66				

참고문헌(*Related Reading*)

Montgomery, Douglas C. *Design and Analysis of Experiments*. 10th ed. John Wiley & Sons, 2019.

소프트웨어 부록(*Software Supplement*)

일원분산분석 Cartons

화장품 제조업체의 지역 물류센터는 4개의 작업장이 있고, 여기에서 소매업자들에게 배송하기 위한 상품을 포장한다. 주문량, 라벨, 직원 수에 따라 포장 개수가 변한다. 최근 업무일(5일) 동안 포장결과는 확률변수일까? 각 작업장별로 평균에 차이가 있을까?

데이터를 아래 왼쪽 그림과 같이 네모 상자로 정리하면 이해하기 쉽다. 하지만 R은 데이터를 쌓아야 한다. 그래서 오른쪽과 같이 입력 데이터는 열을 2개로 해서 정리한다. 데이터는 여러분이 원하는 방식대로 입력한다(**부록 J** 참조). 엑셀데이터에서 위에 'Station'과 'Cartons'까지 포함해서 2개의 열을 클립보드로 복사한다. 여기서 작업장과 포장 개수는 R에서는 변수 이름으로 사용된다. 이제 R데이터 형식으로 만들고 이를 CartonData라는 이름으로 둔다. Carton을 반응 그리고 Station을 요소로 둔다. Station은 숫자로 보이기 때문에, as.factor()를 사용해서 Station을 범주형 변수로 지정한다(Station을 text로 코딩했으면 이 과정은 필요 없다. aov() 함수를 이용하고, ~기호를 이용하여 모형을 정의하면 다음과 같다.

Number of Cartons Packed

Station 1	Station 2	Station 3	Station 4
236	238	220	241
250	239	236	233
252	262	232	212
233	247	243	231
239	246	213	213

Station	Cartons
1	236
2	238
3	220
4	241
1	250
2	239
3	236
...	...

출처: Microsoft Excel.

```
> CartonData=read.table(file="clipboard", sep="\t",header=TRUE)
> result1=aov(Cartons~as.factor(Station),data=CartonData)
> summary(result1)
                   Df  Sum Sq  Mean Sq  F value   Pr(>F)
as.factor(Station)  3    1479    493.1    4.122  0.0241 *
Residuals          16    1914    119.6
```

```
---
Signif. codes: 0 '***' 0.001 '**' 0.01 '*' 0.05 '.' 0.1 ' ' 1
```

결과는 이 책 예제 11.1의 결과와 동일하다. ANOVA 결과치는 임시로 result1으로 저장되어 있어 이를 보고 싶으면 summary() 명령어를 입력하여 깔끔한 결과를 볼 수 있다. 이 경우에는 유의수준 0.05에 대해서 평균이 같다는 귀무가설은 기각할 수 있다. 어떤 작업장들의 평균이 다른지를 보기 위해서는 TukeyHSD() 함수를 이용하고, 원래 내장된 95% 신뢰구간을 이용한다. 결과적으로 작업장 4와 2의 평균이 유의수준 0.05에 대해서 유의하게 다르다고 나온다.

```
> TukeyHSD(result)
Tukey multiple comparisons of means
95% family-wise confidence level
Fit: aov(formula = Cartons ~ as.factor(Station), data = CartonData)
$`as.factor(Station)`
         diff        lwr         upr      p adj
2-1      4.4  -15.39073  24.1907311  0.9188131
3-1    -13.2  -32.99073   6.5907311  0.2635407
4-1    -16.0  -35.79073   3.7907311  0.1364778
3-2    -17.6  -37.39073   2.1907311  0.0904731
4-2    -20.4  -40.19073  -0.6092689  0.0421928
4-3     -2.8  -22.59073  16.9907311  0.9768149
```

무반복이원분산분석

이번에는 자동차의 초기 속도와 페달의 위치가 가속에 영향을 미치는 지를 보고자 한다. 아래 결과를 보자. R에서 분산분석을 하기 위해서는 데이터를 G열, H열과 같이 열의 형식으로 나타낸다.

Maximum Acceleration Under Test Conditions

Pedal Rotation	Initial Speed 10 mph	25 mph	40 mph	55 mph
5 degrees	0.35	0.19	0.14	0.10
8 degrees	0.37	0.28	0.19	0.19
10 degrees	0.42	0.30	0.29	0.23

Note: Maximum acceleration is measured as a fraction of acceleration due to gravity (32 ft/sec2). This example is based on actual

Acceleration	Pedal Position	Initial Speed
0.35	5 Deg	10 mph
0.37	8 Deg	10 mph
0.42	10 Deg	10 mph
0.19	5 Deg	25 mph
0.28	8 Deg	25 mph
0.30	10 Deg	25 mph
0.14	5 Deg	40 mph
0.19	8 Deg	40 mph
0.29	10 Deg	40 mph
0.10	5 Deg	55 mph
0.19	8 Deg	55 mph
0.23	10 Deg	55 mph

출처: Microsoft Excel.

엑셀 자료를 변수 이름까지 포함해서 클립보드에 복사하고 R 데이터 형식(AccelData)으로 붙여넣기를 한다. 파일의 헤더가 변수이름이 된다. 변수 Acceleration은 2개 요소의 함수가 된다. 이를 반영하기 위해서 + 기호를 넣어서 나타낸다. 두 요소는 모두 문자로 인식되고 숫자로 인식되지 않는다. 그래서 as.factor()는 넣지 않는다(물론 사용해도 문제는 없다).

```
> AccelData=read.table(file="clipboard",sep="\ t",header=TRUE)
> result2=aov(Acceleration~Pedal.Position+Initial.Speed,data=AccelData)
> summary(result2)
                Df   Sum Sq   Mean Sq  F value     Pr(>F)
Pedal.Position   2  0.02652  0.013258    22.84  0.001565 **
Initial.Speed    3  0.07389  0.024631    42.43  0.000196 ***
Residuals        6  0.00348  0.000581
Signif. codes: 0 '***' 0.001 '**' 0.01 '*' 0.05 '.' 0.1 ' ' 1
```

두 요소는 모두 매우 유의하게 나온다. 이는 p값이 매우 작게 나온 것으로도 확인할 수 있다. 물론 결과는 이 책의 예제 11.3과 동일하다.

반복이원분산분석(완전인자모형)

보건당국은 매주 5곳의 의료기기 공급처로부터 의료용품을 주문한다. 최근 4주간 배달시간에 비춰봤을 때, 배달시간(日)은 공급처나 병원별로 다르다고 할 수 있을까? 상호작용효과는 존재하는가?

Delivery Times (in Days) for Four Clinics

	Supplier S1	S2	S3	S4	S5
Clinic A	8	14	10	8	17
	7	11	15	7	12
	10	14	10	13	9
	12	11	7	10	10
Clinic B	14	9	12	6	15
	14	7	10	10	12
	13	7	10	12	12
	13	8	11	8	10
Clinic C	11	8	12	10	14
	10	9	10	11	13
	12	11	13	7	10
	14	12	10	10	12
Clinic D	7	8	7	8	14
	10	13	5	5	13
	10	9	6	11	8
	13	12	5	4	11

Days	Supplier	Clinic
8	S1	A
7	S1	A
10	S1	A
12	S1	A
14	S1	B
14	S1	B
13	S1	B
13	S1	B
11	S1	C
10	S1	C
12	S1	C
14	S1	C
7	S1	D
10	S1	D
10	S1	D
13	S1	D
14	S2	A
...	...	...

출처: Microsoft Excel.

마찬가지로 R은 데이터를 쌓아 놓아야 한다. 그래서 3개의 열을 엑셀에서부터 클립보드로 복사하고 R 데이터형식으로 만들고 이를 Delivery라는 이름으로 둔다. Summary() 함수는 엑셀과 유사한 표를 보여준다.

```
> Delivery=read.table(file="clipboard", sep="\t", header=TRUE)
> result3=aov(Days~Supplier+Clinic+Supplier*Clinic,data=Delivery)
> summary(result3)
                Df   Sum Sq  Mean Sq  F value     Pr(>F)
Supplier         4   104.42   26.106    5.458  0.000815 ***
Clinic           3    51.35   17.117    3.578  0.018939 *
Supplier:Clinic 12   134.78   11.231    2.348  0.015167 *
Residuals       60   287.00    4.783
---
Signif. codes: 0 '***' 0.001 '**' 0.01 '*' 0.05 '.' 0.1 ' ' 1
```

CHAPTER

12 단순회귀모형

Simple Regression

목차 *Chapter Contents*

학습목표 *Chapter Learning Objectives*

이 장을 마친 후 스스로 다음을 할 수 있어야 한다.

- **LO 12-1** 상관계수를 계산하고 상관계수의 유의성을 검정할 수 있다.
- **LO 12-2** 회귀식을 해석하고 회귀식을 사용하여 예측할 수 있다.
- **LO 12-3** 단순회귀모형의 공식과 가정을 설명할 수 있다.
- **LO 12-4** 최소제곱법을 설명하고, 회귀계수 공식을 적용하며, 결정계수 R^2를 해석할 수 있다.
- **LO 12-5** 신뢰구간을 계산하며 기울기와 상수항에 대해 유의성 검정을 할 수 있다.
- **LO 12-6** ANOVA 표를 해석하고 이를 활용하여 F, R^2, 표준오차를 계산할 수 있다.
- **LO 12-7** 신뢰구간과 예측구간을 구별할 수 있다.
- **LO 12-8** 잔차를 계산하고 회귀모형의 가정에 대한 검정을 수행할 수 있다.
- **LO 12-9** 비정상 잔차를 식별하고 특이값이 되는 이유를 설명할 수 있다.
- **LO 12-10** 레버리지를 정의하고 레버리지가 높은 관측치를 식별할 수 있다.

Creatas/SuperStock

12.1 데이터 시각화와 상관관계 분석

지금까지 통계분석은 주로 하나의 변수에 대한 기술적 분석과 통계적 추론에 초점을 맞추어 왔다. 지금부터는 두 변수가 어떤 관계를 가지고 있는지 파악하는 것에 초점을 맞춘다. 비즈니스는 매우 복잡한 과정이기 때문에 어느 변수가 다른 변수와 어떤 관계를 갖고 있는지 이해하는 것은 향후 경영성과를 예측하고 향상시키는 데 도움이 된다.

서로 연관된 정량적 변수들의 예는 다양하다. 광고 지출액과 제품 판매액, 농산물 배달 시간과 손상품 비율, 고급휘발유 가격과 보통휘발유 가격, 예방적 유지보수 비용과 제조업 생산성 등이 그 예이다. 이들 예에서 우리는 어떤 하나의 변수를 이용하여 다른 변수(예를 들어, 판매액, 손상품 비율, 생산성 등)를 예측하기를 원한다. 하지만 예측에 앞서 두 변수의 관계를 *시각화*하고 *기술*하며 *정량화*하는 방법을 먼저 알아야 한다.

데이터 시각화

이변량 데이터(즉, 2개의 변수)에 대한 분석은 **산포도**에서 시작하는데, 산포도는 관측된 데이터쌍(x_1, y_1)를 *X-Y* 좌표상에 점으로 나타낸 것이다. 산포도는 두 변수 간의 관련 정도를 시각적으로 표현한다. 이러한 시각적 표현은 특별한 가정이나 계산을 필요로 하지 않는다. 따라서 산포도는 복잡한 분석단계의 전초라고 말할 수 있다. 그림 12.1은 미국의 50개 주에서 1갤런당 보통휘발유 가격과 고급휘발유 가격를 비교하는 산포도를 보여준다.

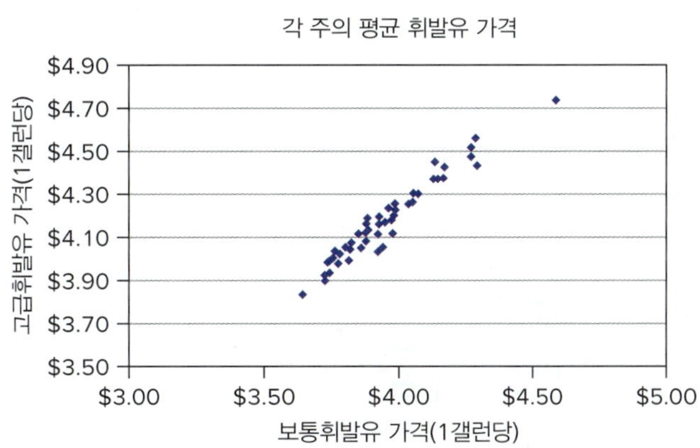

그림 12.1

휘발유 가격(n = 50개 주)

FuelPrices

출처: AAA Fuel Gauge Report, May 8, 2011, www.fuelgaugereport.aaa.com.

그림 12.2

IQ 점수(n = 184개 국가)

IQScores

출처: Christopher Eppig, Corey L. Fincher, and Randy Thornhill, "Parasite Prevalence and the Worldwide Distribution of Cognitive Ability," *Proceedings of the Royal Society of Biological Sciences* (published online June 30, 2010).

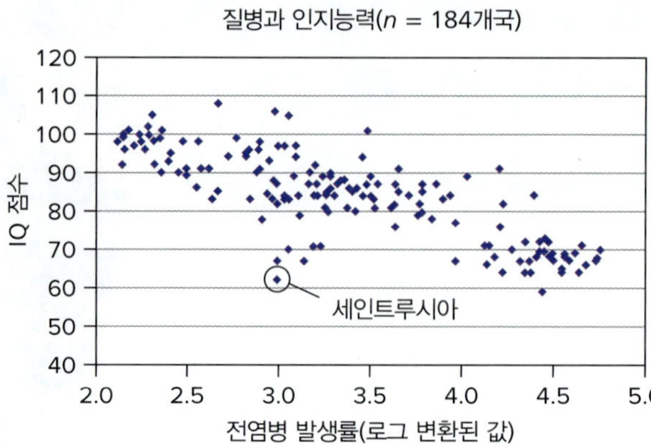

두 변수 간의 관계에 대한 기초적인 아이디어를 얻기 위해 산포도를 살펴보자. 먼저 데이터에 분명한 패턴이 있는가? 이러한 패턴은 선형인가 아니면 비선형인가? 전체적인 패턴에서 벗어나는 데이터가 존재하는가? 우리는 석유제품 가격 간의 관계가 선형이고(완전한 선형은 아니지만) 양의 관계(즉, 고급휘발유 가격 상승 시 보통휘발유 가격도 상승하는 관계)라고 말할 수 있다. 그리고 하나의 관측치가 나머지 관측치로부터 오른쪽 위쪽으로 약간 벗어나 있음을 볼 수 있는데, 이 관측치는 하와이주에 해당한다.

그림 12.1에서 보여주는 양의 상관관계와 달리 그림 12.2는 음의 상관관계를 보여준다. 이 그림은 184개국의 전염병 발생률과 평균 IQ 간의 관계를 나타낸다. 선형에 가까우며 음의 관계(전염병 발생률이 감소할수록 평균 IQ가 증가함)를 보여준다. 산포도의 아래쪽에서 비정상적 관측치가 관찰되기도 한다. 이 관측치는 카리브해 연안에 있는 세인트루시아이다.

상관계수

변수 간의 관계 분석에서 시각적 표현도 좋은 출발점이 될 수 있으나 이번에는 두 변수 간의 관련 정도를 양적으로 표시해보자. 산포도와 함께 사용되는 통계량이 **표본상관계수**(sample correlation coefficient; 피어슨 상관계수라고도 함)이다. 이 통계량은 X 변수와 Y 변수의 선형관계 정도를 측정하며, r로 표기한다. 표본상관계수의 값은 항상 -1에서 $+1$ 사이에 있다.

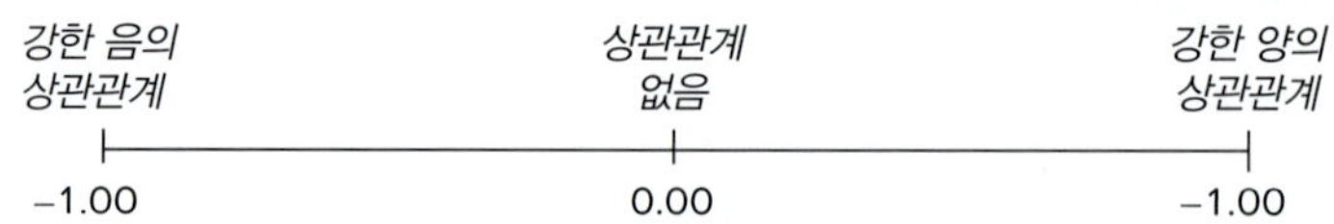

r이 0에 가까운 값이면 두 변수 간에 선형관계가 거의 또는 전혀 없음을 의미한다. r값이 $+1$에 가까우면 강한 양의 관계를 나타내고, 반대로 -1에 가까우면 강한 음의 관계를 의미한다.

$$r = \frac{\sum_{i=1}^{n}(x_i - \bar{x})(y_i - \bar{y})}{\sqrt{\sum_{i=1}^{n}(x_i - \bar{x})^2}\sqrt{\sum_{i=1}^{n}(y_i - \bar{y})^2}} \quad \text{(표본상관계수)} \qquad \textbf{(12.1)}$$

식 12.1의 분자에 있는 곱을 보면 x_i가 평균보다 큰 값을 갖고 y_i는 평균보다 작은 값을 갖는 경향이 있을 때 음의 상관관계를 갖게 된다. 역으로 x_i와 y_i가 동시에 평균보다 크거나 또는 평균보다 작은 경향이 있으면 양의 상관관계를 갖는다. 본 장에서 사용되는 표기를 단순화하기 위해 **제곱합**(sum of squares)이라 부르는 세 가지 용어를 다음과 같이 정의하기로 하자.

$$SS_{xx} = \sum_{i=1}^{n}(x_i - \overline{x})^2 \qquad SS_{yy} = \sum_{i=1}^{n}(y_i - \overline{y})^2 \qquad SS_{xy} = \sum_{i=1}^{n}(x_i - \overline{x})(y_i - \overline{y}) \qquad \textbf{(12.2)}$$

식 12.2의 표기를 이용하여, 표본상관계수 공식을 다시 쓰면 다음과 같다.

$$r = \frac{SS_{xy}}{\sqrt{SS_{xy}}\sqrt{SS_{yy}}} \qquad \text{(표본상관계수)} \qquad \textbf{(12.3)}$$

엑셀 활용 팁

표본상관계수를 계산하려면 엑셀 함수 =CORREL(array1,array2)을 사용한다. 여기서 array1은 X 변수에 해당하는 셀의 범위이고, array2는 Y 변수에 해당하는 셀 범위이다. X 변수와 Y 변수에 해당하는 데이터는 행 또는 열의 형태를 취할 수 있다. 그리고 두 변수의 범위는 반드시 길이가 동일해야 한다.

그림 12.1에 주어진 변수 간 상관계수는 예상과 크게 다르지 않은 0.970이다. 보통휘발유 가격과 고급휘발유 가격은 강한 양의 상관관계가 예상되었다. 그림 12.2에 있는 두 변수의 상관계수는 $r = -0.822$인데, 질병 발생률과 평균 IQ 점수 간에는 꽤 강한 음의 관계가 있음을 보았었다. 그림 12.3은 산포도의 전형적인 예 몇 가지를 보여준다. 상관계수의 값이 0.500인 경우, 상당한 무작위적 변동을 보여주고, 심지어 0.900인 경우에도 완전한 선형관계와는 어느 정도 거리가 있음을 볼 수 있다. 이러한 예로부터 상관계수는 단순히 두 변수 간 선형관계의 정도를 측정할 뿐이라는 사실을 알 수 있다.

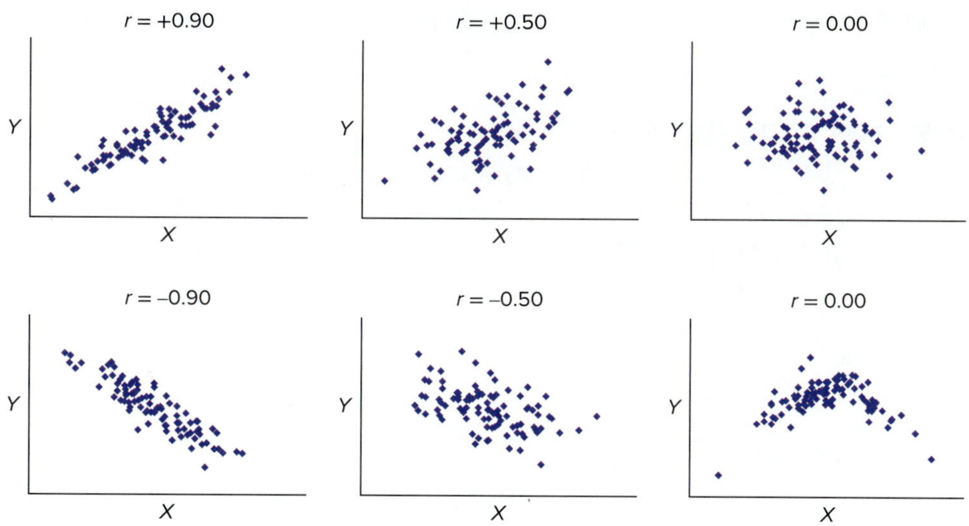

그림 12.3

다양한 상관계수 값과 산포도 (n = 100)

상관관계 분석은 여러 가지 비즈니스 상황에 사용되는데, 그 예는 다음과 같다.

- 재무설계사는 고객이 투자 포트폴리오를 다각화하도록 돕기 위해 일정 기간에 걸쳐 여러 유형의 자산 간 상관관계를 분석한다.
- 마케팅 분석가는 새로운 웹 광고 전략을 수립하기 위해 고객들의 온라인 구매 간 상관관계를 분석한다.
- 인사관리 전문가는 새로운 직무훈련 프로그램을 고안하기 위해 종업원 성과지표 간 상관관계를 분석한다.

스튜던트 t분포를 이용한 상관계수의 유의성 검정

표본상관계수 r은 **모상관계수** ρ(그리스 문자로서 '로'라고 읽는다)에 대한 추정치(estimate)이다. 표본의 수가 고려되어야 하기 때문에 강한 상관관계에 대한 명확한 기준치는 없다. H_0: $\rho = 0$이라는 귀무가설을 검정하기 위한 검정통계량은 다음과 같다.

$$t_{\text{calc}} = r\sqrt{\frac{n-2}{1-r^2}} \qquad \text{(상관계수가 0인지에 대한 검정)} \qquad \textbf{(12.4)}$$

식 12.4에서 계산된 t 통계량을 주어진 유의수준 α와 자유도 $d.f. = n - 2$ 조건에서 부록 D의 분포표에 있는 단측 또는 양측검정의 임계치(critical values) t와 비교한다. 통계량을 계산할 때 추정하는 모수마다 자유도를 하나씩 잃게 됨을 상기하자. 상관계수 r를 계산하는 데 $\bar{x}$와 $\bar{y}$를 사용하기 때문에 자유도 2개를 잃게 되어 자유도는 $d.f. = n - 2$가 된다. **t통계량**을 계산한 다음 p값(p-value)은 엑셀 함수 =T.DIST.2T(t,deg_freedom)을 사용하여 구할 수 있다.

예제 12.1

경영학석사(MBA) 프로그램 지원자

MBA

어느 대학의 MBA 프로그램 지원자를 선발하는 과정에서 지원자의 최근 GMAT(Graduate Management Aptitude Test) 성적을 고려하는데, GMAT 성적은 언어 분야와 수리 분야 성적으로 구성된다. 그림 12.4는 미국 중서부에 있는 공립대학에 지원한 1,961명의 MBA 프로그램 지원자 중 무작위로 선택된 30명의 산포도와 표본상관계수를 보여준다. GMAT의 언어성적과 수리성적 사이의 상관계수 $r = 0.4356$은 통계적으로 유의한가? 그림 12.4의 산포도로는 통계적으로 유의한 선형관계가 있는지 명확하지 않다.

그림 12.4

30명의 MBA 프로그램 지원자의 산포도 MBA

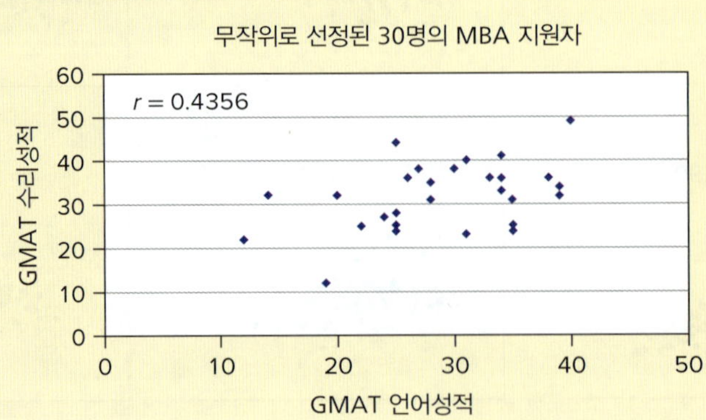

1단계: 가설 설정 유의수준 $\alpha = 0.05$에서 양측검정을 사용한다. 가설은 다음과 같다.

H_0: $\rho = 0$
H_1: $\rho \neq 0$

2단계: 결정규칙 설정 부록 D에서 자유도 $d.f. = n - 2 = 30 - 2 = 28$을 사용한 양측검정에 해당하는 값을 찾아보면 $t_{0.025} = 2.048$이다. 따라서 결정규칙은 다음과 같다.

만약 $t_{\text{calc}} > 2.048$ 또는 $t_{\text{calc}} < -2.048$이면 H_0를 기각

3단계: 검정통계량 계산 검정통계량을 계산하기 위해서는 먼저 r를 계산해야 한다. 엑셀 함수 =CORREL(array1, array2)를 이용하면, *언어성적*과 *수리성적* 간의 상관계수 $r = 0.4356$를 얻는다. 다음에는 t_{calc}를 계산한다.

$$t_{calc} = r\sqrt{\frac{n-2}{1-r^2}} = 0.4356 \times \sqrt{\frac{30-2}{1-(0.4356)^2}} = 2.561$$

4단계: 기각여부 결정 검정통계량 값($t_{\text{calc}} = 2.561$)이 임계치 $t_{0.025} = 2.048$보다 크기 때문에 유의수준 5%에서 상관계수가 0이라는 가설을 기각한다. 또한 p값은 엑셀 함수 =T.DIST.2T(t, deg_freedom)을 이용해 구할 수 있다. GMAT 성적에 대한 양측검정 p값은 =T.DIST.2T(2.561, 28) = 0.0161이다. p값이 0.05보다 작기 때문에 $\rho = 0$이라는 가설을 기각한다.

5단계: 조치 실행 입학관리자는 MBA 지원자들의 언어성적과 수리성적이 같은 방향으로 움직이는 경향이 있다는 것을 확인할 수 있다.

상관계수 임계치

또 다른 검정방법으로 상관계수 임계치를 계산하는 방법이 있다. 먼저 부록 D에서 자유도 $d.f. = n - 2$이고 유의수준 α에 해당하는 t분포의 양측 또는 단측검정 임계치를 찾는다. 상관계수 임계치 r_{critical}는 다음과 같이 계산된다.

$$r_{\text{critical}} = \frac{t}{\sqrt{t^2 + n - 2}} \qquad \text{(상관계수 임계치)} \qquad \textbf{(12.5)}$$

이 검정방법의 장점은 상관계수에 대한 기준점을 얻을 수 있다는 것이다. 단점은 p값이 주어지지 않으며 만약 또 다른 유의수준 α를 선택하게 되는 경우에 임계치를 다시 계산해야 한다는 점이다.

표 12.1은 표본크기가 증가할수록 r의 임계치가 작아진다는 것을 보여준다. 따라서 매우 큰 표본의 경우, 아주 작은 상관계수일지라도 유의하게 될 가능성이 크다. 표본의 크기가 클수록 당연히 모상관계수 ρ에 대한 더 좋은 추정치를 얻을 수 있다. 그러나 큰 표본이라고 해서 더 강한 상관관계를 의미하는 것은 아니며, *유의성*이 높다고 해서 변수 간 관계의 중요성이 더 큼을 의미하지는 않는다.

표 12.1

표본 크기별 상관계수 임계치 ($r_{critical}$)

표본크기	$r_{0.05}$	$r_{0.01}$
$n = 25$	0.395	0.504
$n = 50$	0.279	0.361
$n = 100$	0.197	0.256
$n = 200$	0.139	0.182

유의성과 중요성

표본의 크기가 큰 경우, 산포도로는 선형관계가 없는 것처럼 보이는 작은 상관계수의 값도 유의할 수도 있다. 따라서 상관계수가 유의해도 실제로는 중요하지 않을 수도 있다.

단원 연습문제

connect

12.1 주어진 표본에 대해서, 상관계수가 0이라는 가설을 검정하라 (a) 엑셀을 사용하여 임계치 t_α를 구하여라. (b) ρ에 대한 가설을 기술하라. (c) t검정을 실시하고 기각여부를 결정하라.

a. $r = +0.45$, $n = 20$, $\alpha = 0.05$, 양측검정
b. $r = -0.35$, $n = 30$, $\alpha = 0.10$, 양측검정
c. $r = +0.60$, $n = 70$, $\alpha = 0.05$, 우측검정
d. $r = -0.30$, $n = 61$, $\alpha = 0.01$, 좌측검정

12.3 주어진 데이터를 이용하여 (a) 엑셀에서 산포도를 그려라. X 변수와 Y 변수의 모상관계수에 대해 어떻게 말할 수 있는가? (b) 엑셀을 이용하여 SS_{xx}, SS_{yy}, SS_{xy}를 계산하라. 계산된 제곱합을 이용하여 표본상관계수를 계산하고 그 결과가 맞는지 엑셀 함수 =CORREL(array1, array2)로 확인하라. (c) 유의수준 $\alpha = 0.05$에서 양측검정으로 상관계수의 유의성을 검정하려고 할 때 엑셀을 통해 $t_{0.025}$를 구하여라. (d) t검정통계량을 계산하라. $\rho = 0$이라는 가설을 기각할 수 있는가? (e) 엑셀 함수 =T.DIST.2T(t,deg_freedom)을 이용하여 양측검정 p값을 계산하라.

콘서트 티켓을 구매하기 위한 전화대기시간(초; $n = 5$) CallWait

상담원 수(X)	대기시간(Y)
4	385
5	335
6	383
7	344
8	288

12.5 주어진 데이터를 이용하여 (a) 산포도를 그려라. X 변수와 Y 변수의 상관관계에 대해 어떻게 말할 수 있는가? (b) 엑셀을 이용하여 상관계수를 계산하라. (c) 유의수준 $\alpha = 0.05$에서 엑셀을 통해 양측검정 임계치 $t_{0.025}$를 구하여라. (d) t 통계량을 계산하라. (e) $\rho = 0$이라는 가설을 기각할 수 있는가?

선택된 뮤추얼 펀드에 대한 연간 수익률(n = 17) Portfolio

작년(X)	올해(Y)	작년(X)	올해(Y)
11.9	15.4	3.9	7.4
19.5	26.7	12.9	11.5
11.2	18.2	12.4	23.0
14.1	16.7	12.5	12.7
14.2	13.2	2.7	15.1
5.2	16.4	8.8	18.7
20.7	21.1	7.2	9.9
11.3	12.0	5.9	18.9
−1.1	12.1		

Mini Case 12.1

고객우대 카드는 매출을 증가시키는가?

기업은 신규 고객을 증가시킴으로써 매출을 늘릴 수 있다. 또 다른 방법은 기존 고객으로부터 매출을 늘리는 것이다. 충성도 높은 고객은 더 자주 방문할 것이고, 결과적으로 매출 증가에 도움이 된다. 고객우대 카드는 충성도 높은 고객과의 관계를 유지하기 위해 많은 기업에서 사용하고 있다. 고객은 방문 횟수와 구매 횟수를 기록하고 있는 카드를 가지고 다니고, 방문이 많아질수록 무료품목과 할인으로 보상을 받는다. 과연 이러한 카드 정책은 고객을 자주 방문하게 만드는가? Noodles & Company는 놀랍게도 어떤 제품시장에서는 이런 정책이 적절치 않다는 것을 발견하였다. 매출에 미치는 영향을 정확히 측정하지 않고 몇 년간 이러한 정책을 시행한 후, 비로소 2005년 Noodles & Company는 '매출증가율'과 '고객우대 카드 판매비율'의 상관분석을 시도하였다. 분석 결과 어떤 시장에서는 유의한 상관관계가 발견되지 않았는데 이는 고객우대 카드가 매출 증가에 영향을 주지 않음을 의미한다. 오히려 어떤 제품시장에서는 유의한 음의 상관관계를 보여준다. 즉, 고객우대 카드는 매출액 감소와 관련이 있다. 왜 이런 결과가 도출되었는가? 단골고객들에게 준 무료 혜택이 그들이 정규가격을 지불할 기회를 대체한 것이다. 더군다나 고객우대 카드 프로그램은 확실한 매출 증대 방법(예: 비영리목적의 자금모금 행사 유치 또는 지역 제품 시식 행사)에 투자할 자원을 빼앗아 갔다. 이러한 분석 결과에 기초하여 Noodles & Company는 고객우대 카드 정책을 중지하고 충성도 높은 고객과의 관계 유지를 위해 새로운 접근 방법을 고민하고 있다.

12.2 단순회귀분석

단순회귀분석이란?

상관계수와 산포도는 변수 간의 관계에 대한 정보를 제공하며 어떤 경우에는 이 정보만으로도 충분하다. 그러나 예측 목적을 위해 변수 간의 관계를 수학적 모형으로 표현해야 할 경우도 있다. 예를 들어 기업들은 다음과 같은 가정을 세울 수 있다.

- 광고비는 분기 매출액을 결정한다.
- 부양 가족 수가 종업원의 제약비용을 결정한다.
- 아파트 면적이 임대료를 결정한다.
- 엔진출력이 자동차 연비를 결정한다.

가정에 포함된 변수 간의 관계가 선형, 이차함수 또는 다른 형태를 띨 수 있다. 여기서는 'Y = 기울기 × X + 상수항'과 같이 기울기와 상수항 형태를 갖는 단순선형모형만을 다루기로 한다. 통계학에서는 이러한 직선 형태의 모형을 **단순회귀식**(simple regression equation)이라 한다. 단순회귀식의 기울기와 상수항은 두 변수 간의 관계를 나타낸다.

Y 변수를 **반응변수**(*종속변수*), X 변수를 **예측변수**(*독립변수*)라 정의한다. 두 변수 간의 관계식을 추정할 수 있다면, 다음과 같은 여러 가지 정책적 질문들을 고려해 볼 수 있을 것이다.

- 광고비가 1백만 달러 증가하면 매출은 평균적으로 얼마나 증가할까? 광고비가 0이라면 매출은 얼마가 될까?
- 부양가족이 1명 추가되면 종업원 1인당 의약품 제약비용은 평균적으로 얼마나 상승하는가? 부양가족이 없다면 종업원 1인당 의약품 조제비용은 얼마일까?
- 아파트 면적이 1제곱피트 증가하면 평균적으로 임대료는 얼마나 증가할까?
- 엔진출력이 증가하면 연비는 평균적으로 얼마나 감소할까?

반응변수 또는 예측변수?

반응변수는 종속변수이고 Y 변수이다. 예측변수는 독립변수이고 X 변수이다. 종속변수만이 오직 확률변수로 간주된다.

추정된 회귀식의 해석

추정된 회귀식의 기울기와 상수항 값은 유용한 정보를 제공한다. 기울기는 예측변수의 값이 1단위 증가할 때 반응변수의 값이 어떤 방향으로 얼마나 변화할지 알려준다. 하지만 상수항을 해석할 때는 조심해야 하는데 그 이유는 예측변수가 0이 되는 경우가 합리적일 때만 상수항이 의미를 갖기 때문이다. 다음 예를 보자.

$Sales = 268 + 7.37\ Ads$

광고비로 1백만 달러를 추가 지출하면 매출액이 평균적으로 7.37백만 달러 증가할 것이다. 그리고 광고비가 0인 경우에는 평균적으로 268백만 달러의 매출을 달성할 것이다. 그러나 Ads = 0은 관측치에서 벗어나는 경우이기 때문에 상수항은 의미가 없을 수도 있다.

$DrugCost = 410 + 550\ Dependents$	가족 구성원이 추가로 한 명 더 늘어나면, 연간 의약품 구매비용이 평균적으로 550달러 증가한다. 가족이 한 명도 없는 직원의 경우, 평균적으로 410달러 정도의 의약품 구매비용을 지출하게 된다.
$Rent = 150 + 1.05\ SqFt$	아파트의 면적이 추가적으로 1제곱피트 커지면 평균적으로 임대료가 1.05달러 증가한다. 이 경우에 아파트의 면적이 0일 수 없기 때문에 상수항은 의미가 없다.
$MPG = 49.22 - 0.079\ Horsepower$	엔진출력이 1단위 증가하면 연비효율성은 0.079 감소하게 된다. 엔진출력이 0인 자동차는 없기 때문에 상수항은 의미가 없다.

위에 제시된 예측변수와 반응변수 간의 관계는 인과관계를 전제로 하지 않는다. 즉, 예측변수가 반응변수의 변화를 일으킨다고 단정할 수 없다. 1인당 실업률을 예측변수로 하고 1인당 범죄율을 반응변수로 하는 회귀식을 고려해보자.

$$Crime\ Rate = 0.125 + 0.031\ Unemployment\ Rate$$

기울기 0.031은 실업률이 1단위 증가하면 범죄율이 0.031 증가하는 것을 기대할 수 있음을 뜻한다. 이는 실업이 범죄를 증가시킴을 의미하는가? 아니다. 범죄율의 변화를 더 잘 설명할 수 있는 많은 잠재변수들이 있다(예: 빈곤율, 교육수준 또는 경찰 순찰).

원인과 결과?

우리가 회귀모형을 제시할 때 인과관계를 염두해 두어야 하지만, 이러한 원인-결과 관계가 단순회귀모형을 통해 증명되는 것은 아니다. 따라서 예측변수가 반응변수의 변화를 일으키는 원인이라고 가정할 수는 없다.

회귀식을 이용한 예측

회귀식의 주요한 용도는 예측(prediction)에 있다. X와 Y 간의 추정된 관계를 보여주는 회귀식을 구하고 나면, X값 대신 특정한 값을 대입함으로써, Y에 대한 예측치를 얻을 수 있다. 다음 예를 보자.

$Sales = 268 + 7.37\ Ads$	만약 어떤 기업이 10백만 달러의 광고비를 지출한다면, 예상되는 매출액은 341.7백만 달러가 될 것이다. 즉, $Sales = 268 + 7.37(10) = 341.7$이다.

DrugCost = 410 + 550 *Dependents*	만약 종업원에게 4명의 부양가족이 있다면, 예상되는 연간 의약품 구매비용은 2,610달러가 될 것이다. 즉, *DrugCost* = 410 + 550(4) = 2,610이다.
Rent = 150 + 1.05 *SqFt*	800제곱피트 아파트에 대한 예상 임대료는 990달러이다. 즉, *Rent* = 150 + 1.05(800) = 990이다.
MPG = 49.22 − 0.079 *Horsepower*	어떤 자동차의 출력이 200마력이라면 연비는 33.42가 될 것이다. *MPG* = 49.22 − 0.079(200) = 33.42이다.

X 범위 밖의 예측

추정된 회귀모형으로 얻은 예측은 관찰된 x 변수값의 범위 내에서 의미가 있다. 산포도에서 보여주는 관계는 관측치 범위 밖에서는 맞지 않을 수 있다. 주어진 x 범위 밖의 값을 대입하여 예측하는 방법을 외삽법(extrapolation)이라고 부른다. 그러나 이러한 방법은 매우 주의 깊게 사용해야 한다.

단원 연습문제

connect

12.7 (a) 다음 회귀식의 기울기를 해석하라. *HomePrice* = 125,000 + 150 *SquareFeet*. (b) *SquareFeet* = 2,000이면 *HomePrice*에 대한 예측값은? (c) 위 회귀식이 어떤 지역의 주택판매에 적용된다면, 상수항은 의미 있는 수치인가?

12.9 (a) 다음 회귀식의 기울기를 해석하라. *CarTheft* = 1,667 + 35.3 *MedianAge*. 여기서 *CarTheft*는 어느 주의 인구 100,000명당 자동차 도난사고 수이고 *MedianAge*는 그 지역 인구의 나이 중앙값이다. (b) *MedianAge* = 40이면 *CarTheft*에 대한 예측값은? (c) 위 회귀식을 각 주(州)의 자동차 도난사고에 적용한다면 상수항은 의미가 있는가?

12.11 (a) 다음 회귀식의 기울기를 해석하라. *Number of International Franchises* = −47.5 + 1.75 *PowerDistanceIndex*. 이 식에서 *PowerDistanceIndex*는 특정 국가에서 가장 부자와 가장 가난한 가구 간 부(富)의 차이를 0~100점으로 측정한다. (b) *PowerDistanceIndex* = 85인 경우 그 나라에 진출한 글로벌 프랜차이즈 개수에 대한 예측값은? (c) 위 식에서 상수항은 의미가 있는가?

12.3 회귀모형

모형 및 모수

회귀모형에서 *알려지지 않은 모수*(parameters)들을 그리스 문자인 β_0(**상수항**)와 β_1(**기울기**)로 표기하자. 모집단에서 선형관계를 나타내는 모형은 다음과 같다.

$$y = \beta_0 + \beta_1 x + \epsilon \qquad \text{(모집단 회귀모형)} \qquad \mathbf{(12.6)}$$

앞 선형관계는 모집단에 포함된 모든 관측치(x_i, y_i)에 대해 성립한다. 오차항(error term)인 ϵ를 포함시킬 필요가 있는데 그 이유는 X 변수 이외의 다른 변수들이 Y 변수에 영향을 미칠 수 있고, Y 변수에 측정오차(measurement error)가 존재할 수 있기 때문이다.

하나의 X값은 다수 개의 Y값과 쌍을 이룰 수 있다(예를 들어 어느 대학 주변에 면적이 800제곱피트인 아파트가 여러 채 있을 수 있고, 이러한 아파트 각각의 임대료는 다를 수 있다). 오차항이 없는 회귀모형은 주어진 x값에 대응하는 Y의 기댓값을 나타내며 단순회귀식이라 부른다.

$$E(Y|x) = \beta_0 + \beta_1 x \qquad \text{(단순회귀식)} \qquad \textbf{(12.7)}$$

오차는 관찰 불가능하지만, 일반적으로 오차는 평균이 0이고 표준편차가 σ인 정규분포를 따르는 것으로 가정한다. 또 모든 x에 대해 σ는 동일하며 서로 독립이라고 가정한다. 이러한 가정을 **회귀모형의 가정**이라고 부른다. 그림 12.5에서 회귀모형의 가정을 예시하고 있다.

- 가정 1: 오차는 정규분포를 따른다.
- 가정 2: 오차의 분산은 σ^2이고 항상 일정하다.
- 가정 3: 오차는 서로 독립적이다.

표본으로부터 회귀식을 추정하고 추정된 회귀식을 사용하여 주어진 X값에 해당하는 Y의 기댓값을 예측한다.

$$\hat{y} = b_0 + b_1 x \qquad \text{(추정된 회귀식)} \qquad \textbf{(12.8)}$$

추정된 계수는 로마 문자를 이용하여 b_0(추정된 상수항)과 b_1(추정된 기울기)으로 표기한다. 주어진 x_i값에 대해서 종속변수의 추정치는 $\hat{y}_i$이다('y-hat'이라고 읽는다). 실제 관측된 값 y_i와 추정된 값 $\hat{y}_i$ 간의 차이를 잔차(residual)라 부르고 e_i라고 표기한다. 잔차는 y_i와 회귀식 직선 간의 수직 거리이기도 하다.

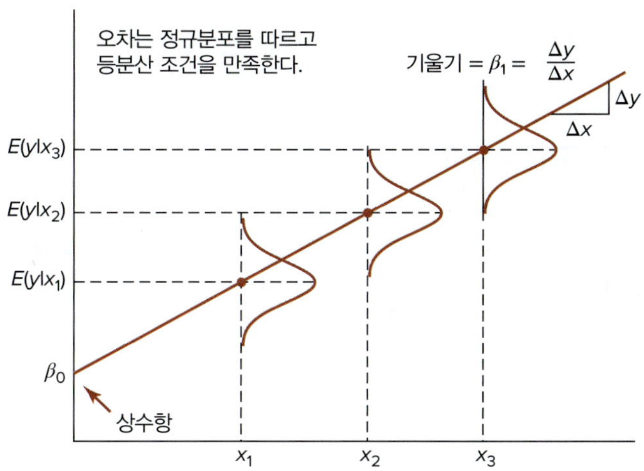

그림 12.5
회귀모형의 모수와 오차 가정

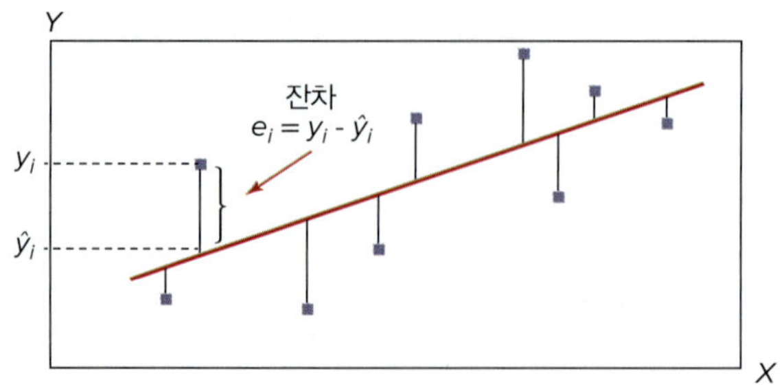

잔차는 무엇인가?

잔차는 y의 관찰된 값에서 y의 추정된 값을 빼주면 계산할 수 있다.

$$e_i = y_i - \hat{y}_i \qquad \text{(잔차)} \tag{12.9}$$

n개 잔차 $e_1, e_2, \ldots, e_n$은 σ를 추정하는 데 사용된다. σ는 오차의 표준편차를 의미한다.

산포도상에서 회귀식 추정

산포도를 통해서 기울기와 상수항을 시각적으로 추정할 수 있다. 물론 이런 방법은 부정확하지만, 실험에 의하면 사람들은 회귀식 직선을 시각적으로 추정하는 데 능한 것으로 알려져 있다. 사람들은 본능적으로 회귀식 직선이 데이터들의 중심을 통과하여 가능한 한 데이터들에 근접하도록 조정하려고 노력한다. 다시 말해 회귀식 직선과 관측된 y값 간의 수직거리를 최소화하려고 노력한다.

시각에 의존하는 방법보다 좀 더 정확한 방법은 엑셀을 이용하여 추정하는 것이다. 엑셀 시트의 두 개의 열에 각각 독립변수인 $x_1, x_2, \ldots, x_n$과 종속변수인 $y_1, y_2, \ldots, y_n$을 입력하고 그림 12.6과 12.7에 예시된 것처럼 엑셀을 이용하여 회귀식을 추정한다. 엑셀은 다음 단계를 거쳐 데이터에 가장 잘 들어맞는 회귀계수를 선택한다.

- 1단계: 데이터 행을 블록으로 지정한다.
- 2단계: 삽입을 클릭하고 분산형을 선택하여 그래프를 생성한다.

그림 12.6

엑셀의 추세선

관측번호	엔진출력	실제 연비	예측된 연비	잔차
1	151	41.0	37.4	3.6
2	220	35.0	31.9	3.1
3	198	28.0	33.7	–5.7
4	134	36.6	38.7	–2.1
5	347	16.4	22.0	–5.6
6	213	31.8	32.5	–0.7
7	353	31.9	21.5	10.4
8	121	42.8	39.7	3.1
9	247	26.6	29.8	–3.2
10	162	36.9	36.5	0.4
11	239	27.4	30.5	–3.1
12	140	40.6	38.2	2.4
13	253	23.9	29.4	–5.5
14	237	27.8	30.6	–2.8
15	248	35.4	29.7	5.7

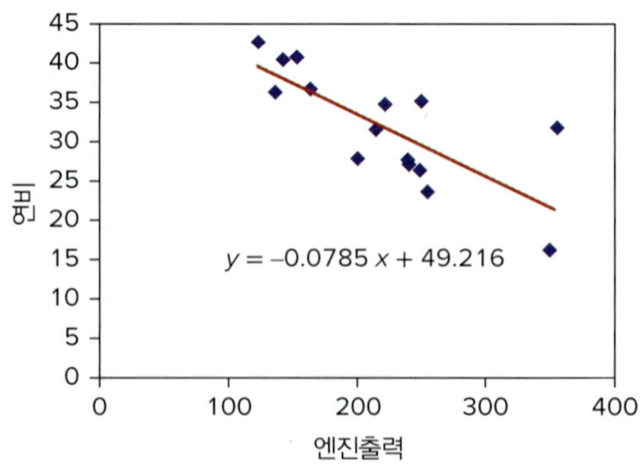

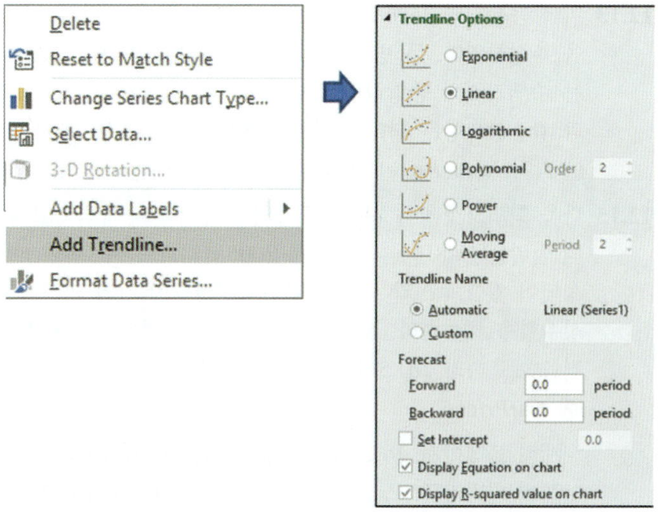

출처: Microsoft Excel.

그림 12.7

엑셀의 추세선 메뉴

*엑셀에서는 회귀식을 '추세선'이라 부른다.

- 3단계: 산포도에서 데이터 점을 클릭하여 지정한다.
- 4단계: 오른쪽 클릭을 통해 추세선 추가를 선택한다.
- 5단계: 옵션을 선택하여 수식을 차트에 표시를 선택한다.

예제: 연비와 엔진출력

그림 12.6에서는 15개 자동차 엔진출력과 그 자동차의 연비 표본을 보여준다. 또한 그림 12.6에는 엑셀 그래프와 추정된 회귀식도 나타나 있다.

기울기 해석: 회귀식은 $\hat{y} = 49.216 - 0.0785x$이다. 기울기($b_1 = -0.0785$)는 엔진출력 1 단위가 증가하면 연비가 0.0785만큼 줄어듦을 의미한다. 추정된 기울기는 다른 표본을 사용하면 다른 추정치를 얻기 때문에 *통계량*(statistic)이다.

상수항 해석: 상수항($b_0 = 49.216$)은 엔진출력이 0일 때 연비는 매우 높음을 뜻한다. 그러나 엔진출력이 0이라는 것은 논리적이지 않으며, 관찰된 x 변수 범위를 벗어나기 때문에 상수항은 의미가 없다.

회귀모형에서 주의할 점

- 회귀모형의 적합도는 기울기의 부호에 의존하지 않는다. 추정된 기울기의 부호는 단지 X 변수가 Y 변수와 양의 관계인지 음의 관계인지만을 말해줄 뿐이다.
- $X = 0$을 대입하는 경우가 논리적으로 가능하지 않거나, 실제 데이터에서 관찰 가능한 범위 내에 있지 않다면, 상수항을 해석하는 것은 의미가 없다.
- 회귀모형 자체가 X 변수와 Y 변수 간의 인과관계를 보여주는 것은 아니다. 단지 적합도가 높다는 것은 X와 Y가 같이 움직인다는 것을 보여준다. 두 변수 모두 또 다른 변수에 의해 영향을 받을 수도 있고, 또는 데이터가 정의되는 방법에 따라 영향을 받을 수도 있다.

단원 연습문제

connect

12.13 미국 동부지역 34개 도시의 표본을 이용하여 회귀직선식 *HomePrice* = 51.3 + 2.61 *Income*을 추정하였다. 두 변수 모두 단위는 1,000달러이다. *HomePrice* 변수는 그 도시에서 거래되는 주택가격의 중앙값이고, *Income*은 그 도시 가구소득의 중앙값이다. (a) 기울기를 해석하라. (b) 상수항은 의미가 있는지 설명하라. (c) *Income* = 50인 경우와 *Income* = 100인 경우에 각각 *HomePrice*의 예측값은 얼마인가? **HomePrice1**

12.15 다음 회귀모형에서 *Y*는 중고차의 판매자 요구가격이고 *X*는 그 중고차의 사용 연한이다. *X*값의 범위는 1~8년이다. 표본은 2005년의 어떤 주(week)에 판매용으로 나온 모든 중고차로 구성되어 있다. (a) 각 추정된 회귀식에서 기울기의 의미를 해석하라. (b) 각 추정된 회귀식에서 상수항을 해석하라. 상수항은 의미가 있는가? (c) 5년 된 셰비 블레이저(Chevy Blazer)의 가격을 예측하라. (d) 5년 된 셰비 실버라도(Chevy Silverado)의 가격을 예측하라.

CarPrices

셰비 블레이저: *Price* = 16,189 − 1,050 *Age*(*n* = 21, 관찰된 *X*값의 범위는 1~8년)

셰비 실버라도: *Price* = 22,591 − 1,339 *Age*(*n* = 24, 관찰된 *X*값의 범위는 1~10년)

12.4 보통최소제곱법

기울기와 상수항

보통최소제곱(ordinary least squares: **OLS**)법은 가장 우수한 적합도를 가진 회귀 직선을 추정하는 데에 사용된다. 여기서 '가장 우수한 적합도'란 잔차가 가능한 한 작아지도록 기울기와 상수항을 선택한다는 의미이다. 여기서 잔차 $e_i = y_i - \hat{y}_i$는 관측치와 예측치 간의 차이임을 기억하자. 잔차는 양수일 수도 있고 음수일 수도 있다. 보통최소제곱법의 특징은 회귀식을 기준으로 잔차들의 합이 항상 0이 된다는 것이다. 즉, 양의 잔차는 항상 음의 잔차에 의해 상쇄된다고 말할 수 있다.

$$\sum_{i=1}^{n} e_i = \sum_{i=1}^{n} (y_i - \hat{y}_i) = 0 \qquad \text{(OLS 잔차 합은 항상 0이다)} \qquad \textbf{(12.10)}$$

따라서 우리는 잔차의 제곱합을 계산한다. 이는 마치 4장에서 분산 공식을 도출할 때, 평균으로부터 거리를 제곱해서 계산하는 것과 같다고 할 수 있다. 추정된 계수 b_0와 b_1은 선형모형 $\hat{y} = b_0 + b_1 x$가 가장 작은 잔차제곱합(sum of squared residuals: *SSE*)을 갖도록 선택된 결과이다.

$$SSE = \sum_{i=1}^{n} e_i^2 = \sum_{i=1}^{n} (y_i - \hat{y}_i)^2 = \sum_{i=1}^{n} (y_i - b_0 - b_1 x_i)^2 \qquad \text{(합이 최소화되도록)} \qquad \textbf{(12.11)}$$

위의 문제는 최적화 문제로서 엑셀의 추가기능(Add-in) 중 해찾기(Solver) 기능을 이용하여 해를 구할 수 있다. 또한 미분을 이용하여 b_0와 b_1을 구할 수도 있다.

$$b_1 = \frac{\sum_{i=1}^{n} (x_i - \bar{x})(y_i - \bar{y})}{\sum_{i=1}^{n} (x_i - \bar{x})^2} \qquad \text{(기울기에 대한 OLS 추정량)} \qquad \textbf{(12.12)}$$

$$b_0 = \bar{y} - b_1 \bar{x} \qquad \text{(상수항에 대한 OLS 추정량)} \qquad \textbf{(12.13)}$$

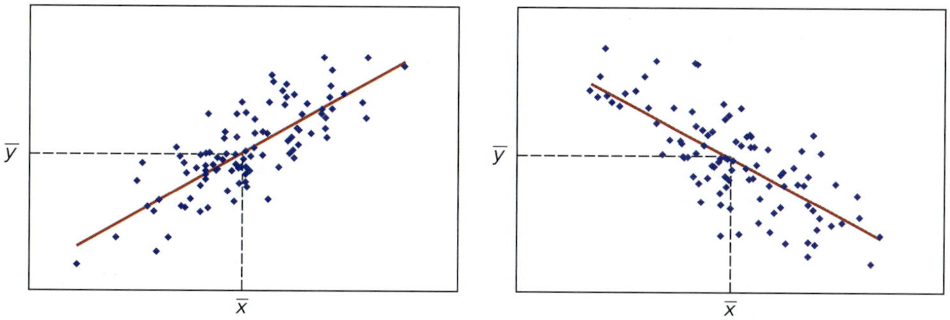

그림 12.8

$(\bar{x}, \bar{y})$를 지나는 OLS 회귀직선

제곱합 표기(식 12.2 참조)를 사용하면 기울기에 대한 OLS 공식은 다음과 같이 쓸 수 있다.

$$b_1 = \frac{SS_{xy}}{SS_{xx}} \quad \text{(기울기에 대한 OLS 추정량)} \qquad \textbf{(12.14)}$$

위 공식에 필요한 평균과 편차, 그리고 그들의 곱과 합 등은 엑셀 또는 계산기 등을 이용하면 쉽게 계산할 수 있다. 엑셀에서는 다음과 같이 계산한다.

b_0 = INTERCEPT(YData, XData)
b_1 = SLOPE(YData, XData)

위의 OLS 공식은 모수인 β_0와 β_1에 대한 불편일치추정치(unbiased and consistent estimates)[*]를 제공한다. 그리고 그림 12.8에 나타난 바와 같이 OLS 회귀직선은 항상 표본평균인 $(\bar{x}, \bar{y})$를 통과한다.

예제: 시험성적과 공부시간

공부한 시간과 학생의 성적 사이에는 어떤 관계가 있을까? 10명으로 이루어진 표본으로부터 이 두 변수 간의 관계를 나타내는 회귀직선을 추정할 수 있다. 표 12.2는 기울기와 상수항을 구하는 데 필요한 합들을 계산하는 과정을 보여주고 있다. 그림 12.9에는 추정된 회귀직선이 나타나 있다. 산포도에서 수직선은 실제 시험성적과 예측된 시험성적과의 차이(즉, 잔차)를 의미한다. OLS 잔차의 합은 항상 0임을 알 수 있다. 결과적으로

$$b_1 = \frac{SS_{xy}}{SS_{xx}} = \frac{519.50}{264.50} = 1.9641 \quad \text{(추정된 기울기)}$$

$$b_0 = \bar{y} - b_1\bar{x} = 70.1 - (1.9641)(10.5) = 49.477 \quad \text{(추정된 상수항)}$$

추정된 직선식 *Score* = 49.477 + 1.9641 *Study*는 공부를 1시간 더 하면 평균적으로 시험점수가 약 2점(기울기) 정도 더 상승한다는 것을 말해준다. 공부를 전혀 하지 않은 학생(*Study* = 0)은 대략 49점(상수항) 정도 맞는다고 예상할 수 있다. 이 예제에서, 공부시간이 0일 수 있고 또 0이 관찰된 값의 범위에 거의 포함되므로, 상수항은 의미가 있다. 산점도를 보면 시험성적의 변동을 공부 시간만으로 모두 설명할 수는 없기 때문에 회귀직선이 모

[*] 8장에서 불편추정량(unbiased estimator)의 기댓값은 실제 모수(parameter)이고, 일치추정량(consistent estimator)은 표본의 크기가 커짐에 따라 모수에 한없이 접근한다는 것을 배웠다.

표 12.2

기울기와 상수항 계산을 위한 작업시트

ExamScores

학생	공부시간 x_i	시험성적 y_i	$x_i - \bar{x}$	$y_i - \bar{y}$	$(x_i - \bar{x})(y_i - \bar{y})$	$(x_i - \bar{x})^2$
Tom	1	53	−9.5	−17.1	162.45	90.25
Mary	5	74	−5.5	3.9	−21.45	30.25
Sarah	7	59	−3.5	−11.1	38.85	12.25
Oscar	8	43	−2.5	−27.1	67.75	6.25
Cullyn	10	56	−0.5	−14.1	7.05	0.25
Jaime	11	84	0.5	13.9	6.95	0.25
Theresa	14	96	3.5	25.9	90.65	12.25
Knut	15	69	4.5	−1.1	−4.95	20.25
Jin-Mae	15	84	4.5	13.9	62.55	20.25
Courtney	19	83	8.5	12.9	109.65	72.25
합계	105	701	0	0	$SS_{xy} = 519.50$	$SS_{xx} = 264.50$
평균	$\bar{x} = 10.5$	$\bar{y} = 70.1$				

그림 12.9

회귀직선과 잔차(수직으로 표시된 선분)가 표시된 산포도

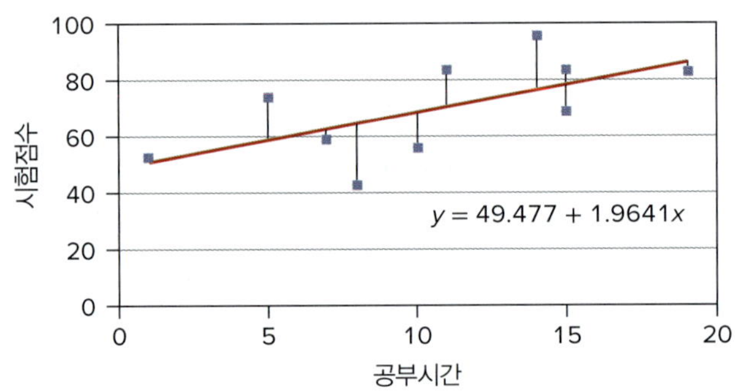

든 데이터에 완벽히 들어맞지는 않는다. 시험성적의 설명되지 않은 변동은 다른 요인들(예를 들면, 전날 밤 수면시간, 출석, 시험에 대한 불안 정도)을 반영한다. 우리는 추정식 $\hat{y} = 1.9641x + 49.477$을 이용하여 학생들의 예상 시험성적을 예측할 수 있다. 예상 시험성적은 '조건부' 평균, 즉 학생들의 공부시간이 주어졌을 때의 평균 점수이다. 예를 들면,

학생이름과 공부시간	*예상되는 시험점수*
오스카, 8시간	$\hat{y} = 49.48 + 1.9641(8) = 65.19$(가장 가까운 정수로 65점)
테레사, 14시간	$\hat{y} = 49.48 + 1.9641(14) = 76.98$(가장 가까운 정수로 77점)
코트니, 19시간	$\hat{y} = 49.48 + 1.9641(19) = 86.79$(가장 가까운 정수로 87점)

오스카의 실제점수는 43점으로 그의 예상점수 65점보다 성적이 안 좋다고 말할 수 있다. 테레사의 경우, 실제로는 예상점수 77점을 넘는 96점을 받았다. 가장 많이(19시간) 공부했던 코트니는 83점을 받아 그의 예상점수 87점과 비슷함을 알 수 있다. 이러한 예를 통해 공부시간은 시험성적의 유일하고 완벽한 예측변수(predictor variable)가 되지 못함을 알 수 있다.

Y 변동의 원인

우리는 회귀모형을 통해 종속변수가 평균을 기준으로 얼마나 변동하는지 설명하려고 한다. Y 변수가 평균을 기준으로 얼마나 변동하는지를 나타내는 *총 변동*(total variation: SST로 표기)은 다음과 같다.

$$SST = \sum_{i=1}^{n} (y_i - \bar{y})^2 \qquad \text{(총 제곱합)} \tag{12.15}$$

총 제곱합은 다음과 같이 두 요소로 구성된다.

SST	$=$	SSR	$+$	SSE
(평균 주위의 총 제곱합)		(회귀식에 의해 설명된 변동)		(설명되지 않는 변동 또는 잔차 변동)

Y의 *설명된 변동*(explained variation: SSR로 표기)은 조건부 평균 $\hat{y}_i$(주어진 x_i에서)과 표본평균 $\bar{y}$(모든 x_i에 대해 동일) 간 차이의 제곱을 합산하여 구한다.

$$SSR = \sum_{i=1}^{n} (\hat{y}_i - \bar{y})^2 \qquad \text{(설명된 회귀제곱합)} \tag{12.16}$$

Y의 *설명되지 않는 변동*(unexplained variation: SSE로 표기)은 잔차제곱합으로 계산되고, **오차제곱합**(error sum of squares)이라고도 부른다.

$$SSE = \sum_{i=1}^{n} (y_i - \hat{y}_i)^2 \qquad \text{(설명되지 않는 오차제곱합)} \tag{12.17}$$

회귀모형의 적합도가 우수하다면, SSE는 SST에 비해 상대적으로 작을 것이다. 실제 관측치 y_i가 추정치인 $\hat{y}_i$과 정확히 일치한다면(완벽한 적합도인 경우), SSE는 0이 될 것이다. SSE 값의 상한(upper limit)은 없다. 표 12.3은 시험성적 예제에서 SSE를 계산한 것이다.

적합도 평가: 결정계수

SSE의 크기는 표본의 크기와 측정단위(달러, 킬로그램, 온스 등)에 따라 달라지기 때문에 회귀식의 적합도를 평가할 때 측정단위에 종속적이지 않은 기준이 필요하다. SST를 SSR과 비교함으로써 상대적인 적합도를 평가하는 지표를 만들 수 있다. Y의 총 변동은 다음과 같이 표현할 수 있다.

$$SST = SSR + SSE$$

양변을 SST로 나누어 주면 우변은 두 비율의 합으로 표시된다.

$$\frac{SST}{SST} = \frac{SSR}{SST} + \frac{SSE}{SST} \quad \text{또는} \quad 1 = \frac{SSR}{SST} + \frac{SSE}{SST}$$

첫 번째 비율 SSR/SST를 특별히 **결정계수**(coefficient of determination) 또는 R^2라 한다. 결정계수는 두 가지 방법으로 계산할 수 있다.

$$R^2 = \frac{SSR}{SST} \quad \text{또는} \quad R^2 = 1 - \frac{SSE}{SST} \tag{12.18}$$

결정계수의 범위는 $0 \le R^2 \le 1$이다. 회귀모형이 완벽한 적합도를 보일 때, $SSE = 0$이기

표 12.3

제곱합 계산 과정 ExamScores

학생	공부시간 x_i	시험점수 y_i	예측된 시험점수 $\hat{y}_i = 1.9641x_i + 49.477$	잔차 $e_i = y_i - \hat{y}_i$	$(y_i - \hat{y}_i)^2$	$(\hat{y}_i - \bar{y})^2$	$(y_i - \bar{y})^2$
Tom	1	53	51.441	1.559	2.43	348.15	292.41
Mary	5	74	59.298	14.702	216.15	116.68	15.21
Sarah	7	59	63.226	−4.226	17.86	47.25	123.21
Oscar	8	43	65.190	−22.190	492.40	24.11	734.41
Cullyn	10	56	69.118	−13.118	172.08	0.96	198.81
Jaime	11	84	71.082	12.918	166.87	0.96	193.21
Theresa	14	96	76.974	19.026	361.99	47.25	670.81
Knut	15	69	78.939	−9.939	98.78	78.13	1.21
Jin-Mae	15	84	78.939	5.061	25.61	78.13	193.21
Courtney	19	83	86.795	−3.795	14.40	278.72	166.41
					SSE = 1,568.57	*SSR* = 1,020.34	*SST* = 2,588.90

때문에 R^2의 최댓값은 1이 된다.

$$R^2 = 1 - \frac{SSE}{SST} = 1 - \frac{0}{SST} = 1 - 0 = 1,\ \text{만약 } SSE = 0\text{이면(완벽한 적합도를 갖는 경우)}$$

X값을 알고 있는 것이 Y의 값을 예측하는 데 전혀 도움이 되지 않는다면, $SSE = SST$이다. 따라서 R^2의 최솟값은 0이 된다.

$$R^2 = 1 - \frac{SSE}{SST} = 1 - \frac{SST}{SST} = 1 - 1 = 0,\ \text{만약 } SSE = SST\text{이면(적합도가 가장 낮은 경우)}$$

시험성적 예제의 경우 결정계수는

$$R^2 = 1 - \frac{SSE}{SST} = 1 - \frac{1,568.57}{2,588.90} = 1 - 0.6059 = 0.3941$$

결정계수의 범위가 항상 $0 \le R^2 \le 1$이기 때문에 결정계수는 종종 설명된 변동의 비율로 해석되기도 한다. 시험성적 회귀모형에서 R^2이 0.3941이므로 우리는 X(공부시간)가 Y(시험성적) 변동의 약 39.41%를 설명한다고 말할 수 있다. 다시 말하면 시험성적 변동의 60.59%는 공부시간 변수에 의해 설명되지 않는다. 설명되지 않는 변동은 우리의 회귀모형에 포함되지 않는 요인들을 반영하거나(예를 들어, 독해능력, 잠자는 시간, 아르바이트 시간, 신체적 건강상태 등) 또는 무작위적인 변동을 반영한다. '설명된(explained)'이라는 단어가 반드시 원인(causation)을 의미하지는 않을지라도, 우리는 공부시간이 시험성적을 향상시킨다는 인과관계를 선험적으로 믿고 있다.

R^2과 r

단순회귀모형에서, R^2는 상관계수의 제곱과 같다. 따라서 $r = 0.50$이면, $R^2 = 0.25$이다. 이런 이유로 MegaStat는 결정계수를 R^2 대신 r^2으로 표기하기도 한다. 이 책에서 대문자 표기인 R^2를 쓰는 이유는 두 개념의 정의가 다르다는 것을 분명히 하기 위함이다. R^2 값이 작으면 회귀모형이 유용하지 않다는 결론을 내리고 싶은 유혹이 생길 수 있다. 그러나 어떤 경우(예를 들어 원유선물가격 예측)에는 예측력이 약간만 향상되더라도 수백만 달러의 금액으로 연결될 수 있음을 고려해야 한다.

단원 연습문제

connect

12.19 (a) 엑셀을 이용하여 SS_{xx}, SS_{yy}, SS_{xy}를 계산하라(연습문제 12.3에서 사용한 것과 동일한 엑셀시트를 사용한다). (b) 공식을 이용하여 기울기와 상수항을 계산하라. (c) (b)에서 계산한 기울기와 상수항을 이용하여 SSE, SSR, SST를 계산하는 엑셀시트를 생성하라. (d) 위에서 계산한 결과를 이용하여 R^2을 계산하라. (e) 답을 확인하기 위해 엑셀에서 산포도를 그리고, 오른쪽 클릭으로 추세선 추가를 선택하고, 옵션을 선택하여, '수식을 차트에 표시'와 'R-제곱값을 차트에 표시'를 실행하라.

콘서트 티켓을 구매하기 위한 전화대기시간(n = 5) CallWait

상담원 수(X)	대기시간(Y)
4	385
5	335
6	383
7	344
8	288

12.21 (a) 엑셀을 이용하여 주어진 데이터의 산포도를 그려라. (b) 데이터점을 선택한 후 오른쪽 클릭으로 추세선 추가를 선택하고, 옵션을 선택하여 '수식을 차트에 표시'와 'R-제곱값을 차트에 표시'를 실행하라. (c) 추정된 기울기를 해석하라. (d) 상수항은 의미가 있는가? 설명하라. (e) R^2를 해석하라.

뮤추얼 펀드의 연간 수익률(n = 17) Portfolio

작년(X)	올해(Y)	작년(X)	올해(Y)
11.9	15.4	3.9	7.4
19.5	26.7	12.9	11.5
11.2	18.2	12.4	23.0
14.1	16.7	12.5	12.7
14.2	13.2	2.7	15.1
5.2	16.4	8.8	18.7
0.7	21.1	7.2	9.9
11.3	12.0	5.9	18.9
−1.1	12.1		

12.5 유의성 검정

회귀직선의 표준오차

회귀모형의 전체적인 적합도를 측정하는 지표인 **표준오차**(standard error)는 s_e로 표기되며, 다음과 같이 계산된다.

$$s_e = \sqrt{\frac{\sum_{i=1}^{n}(y_i - \hat{y}_i)^2}{n-2}} = \sqrt{\frac{SSE}{n-2}} \qquad \text{(표준오차)} \qquad \textbf{(12.19)}$$

SSE는 잔차제곱의 합임을 기억하자. 만약 추정된 모형의 예측이 완벽하다면, 즉 $SSE = 0$이라면, 표준오차 s_e는 0이 될 것이다. 일반적으로 s_e 값이 작을수록 우수한 적합도를 의미한다. 시험성적의 예제에서 s_e를 계산하기 위해 표 12.3의 SSE를 이용할 수 있다.

$$s_e = \sqrt{\frac{SSE}{n-2}} = \sqrt{\frac{1,568.57}{10-2}} = \sqrt{\frac{1,568.57}{8}} = 14.002$$

표준오차 s_e는 σ(오차의 표준편차로서 관측 불가능)에 대한 추정치이다. s_e는 전체적인 적합도를 측정하기 때문에 결정계수와 비슷한 역할을 수행한다고 말할 수 있다. 그러나 R^2와는 달리 s_e의 크기는 종속변수의 측정단위(예: 달러, 킬로그램, 온스)에 의존한다. 이에 반해 R^2값은 항상 0에서 1 사이에 있기 때문에 전체적인 적합도 측정지표로 더 선호된다. 표준오차 s_e는 주로 신뢰구간을 구하는 데 사용된다.

기울기와 상수항에 대한 신뢰구간

표준오차 s_e가 주어지면, 우리는 아래의 공식을 이용하여 추정계수에 대한 신뢰구간을 구할 수 있다.

$$s_{b_1} = \frac{s_e}{\sqrt{\sum_{i=1}^{n}(x_i - \bar{x})^2}} \qquad \text{(기울기의 표준오차)} \qquad \textbf{(12.20)}$$

$$s_{b_0} = s_e\sqrt{\frac{1}{n} + \frac{\bar{x}^2}{\sum_{i=1}^{n}(x_i - \bar{x})^2}} \qquad \text{(상수항의 표준오차)} \qquad \textbf{(12.21)}$$

시험성적 데이터의 경우 표 12.2의 결과를 대입하면 다음과 같은 결과를 얻는다.

$$s_{b_1} = \frac{s_e}{\sqrt{\sum_{i=1}^{n}(x_i - \bar{x})^2}} = \frac{14.002}{\sqrt{264.50}} = 0.86095$$

$$s_{b_0} = s_e\sqrt{\frac{1}{n} + \frac{\bar{x}^2}{\sum_{i=1}^{n}(x_i - \bar{x})^2}} = 14.002\sqrt{\frac{1}{10} + \frac{(10.5)^2}{264.50}} = 10.006$$

이러한 표준오차는 기울기와 상수항 모수에 대한 신뢰구간을 구하는 데 사용되는데 이때 자유도는 $d.f. = n - 2$이고 희망하는 유의수준에서 t분포를 사용하여 신뢰구간을 계산한다.

$$b_1 - t_{\alpha/2} s_{b_1} \le \beta_1 \le b_1 + t_{\alpha/2} s_{b_1} \quad \text{(기울기 모수에 대한 신뢰구간)} \tag{12.22}$$

$$b_0 - t_{\alpha/2} s_{b_0} \le \beta_0 \le b_0 + t_{\alpha/2} s_{b_0} \quad \text{(상수항 모수에 대한 신뢰구간)} \tag{12.23}$$

시험성적 예의 경우, 자유도는 $n - 2 = 10 - 2 = 8$이다. 부록 D에서 95% 신뢰구간에 대응하는 값 $t_{0.025} = 2.306$을 찾을 수 있다. 계수에 대한 95% 신뢰구간은 다음과 같다.

기울기

$$b_1 - t_{0.025} s_{b_1} \le \beta_1 \le b_1 + t_{0.025} s_{b_1}$$
$$1.9641 - (2.306)(0.86101) \le \beta_1 \le 1.9641 + (2.306)(0.86101)$$
$$-0.0213 \le \beta_1 \le 3.9495$$

상수항

$$b_0 - t_{\alpha/2} s_{b_0} \le \beta_0 \le b_0 + t_{\alpha/2} s_{b_0}$$
$$49.477 - (2.306)(10.066) \le \beta_0 \le 49.477 + (2.306)(10.066)$$
$$26.26 \le \beta_0 \le 72.69$$

위에서 계산된 신뢰구간은 꽤 넓은 편이다. 어떤 신뢰구간의 범위를 줄이기 위해서는 표본의 크기를 늘려 t값을 줄이면 가능하다(이 경우 표준정규분포 z값으로 근접하게 된다). 또한 표본의 크기를 증가시키면 표준오차가 줄어들기 때문에 신뢰구간의 폭이 좁아진다. 시험성적 예제의 경우 기울기의 신뢰구간은 0을 포함한다. 따라서 실제 기울기 모수 역시 0일 가능성이 있다. 어떤 소프트웨어 패키지(엑셀 또는 MegaStat)는 자동적으로 신뢰구간을 계산해 주지만, 그렇지 않은 소프트웨어 패키지도 있다(예: Minitab).

가설검정

기울기 모수는 0이 아닌가? 이 질문은 매우 중요하다. 만약 $\beta_1 = 0$이면, X 변수는 Y 변수에 영향을 미치지 않고 회귀모형은 상수항 β_0와 무작위 오차항의 합으로 구성된다.

최초 모형	*만약 $\beta_1 = 0$이면*	*최종 모형*
$y = \beta_0 + \beta_1 x + \varepsilon$	$y = \beta_0 + (0)x + \varepsilon$	$y = \beta_0 + \varepsilon$

회귀계수의 검정을 위해서는 $d.f. = n - 2$인 t검정을 사용한다. 이와 같이 통상적으로 모수가 0인지 아닌지 검정하는 데 관심이 있지만, 원한다면 0을 다른 값으로 대체하여 검정할 수도 있다. 가설과 검정통계량은 다음과 같다.

계수	*가설*	*검정통계량*	
기울기	$H_0: \beta_1 = 0$ $H_1: \beta_1 \ne 0$	$t_{\text{calc}} = \dfrac{\text{추정된 기울기} - \text{가설의 기울기}}{\text{기울기의 표준오차}} = \dfrac{b_1 - 0}{s_{b_1}}$	**(12.24)**
상수항	$H_0: \beta_0 = 0$ $H_1: \beta_0 \ne 0$	$t_{\text{calc}} = \dfrac{\text{추정된 상수항} - \text{가설의 상수항}}{\text{상수항의 표준오차}} = \dfrac{b_0 - 0}{s_{b_0}}$	**(12.25)**

t 임계치는 부록 D 또는 엑셀 함수 =T.INV.2T(α, $d.f.$)을 이용하여 구한다. 양측검정에서 기각되면 항상 단측검정에서도 기각되기 때문에(그러나 반대는 성립하지 않는다) 연구자들은 대개 양측검정을 먼저 실시하는 경우가 많다. 실제에서 상수항에 대한 검증은 거의 수행하지 않는데 그 이유는 상수항의 값은 예측변수의 관측 범위 내에서 아무런 의미가 없기 때문이다. 그러나 예측을 할 때는 상수항을 회귀식에 포함시키는 것이 중요하다.

기울기 대 상관계수

기울기가 0인지 검정하는 것은 상관계수가 0인지 검정하는 것과 동일하다. 즉, 기울기가 0인지 검정하는 t검정(식 12.24)은 상관계수가 0인지 검정하는 t검정(식 12.4)과 동일한 검정통계량을 사용한다.

기울기가 0인지 가설검정: 시험성적 예제 ExamScores

시험성적 예에서, 우리는 양의 기울기를 예상한다(즉, 공부시간이 길수록 시험성적이 오른다). 따라서 우리는 우측검정을 실시한다.

1단계: 가설 설정

$$H_0{:}\beta_1 = 0$$
$$H_1{:}\beta_1 > 0$$

2단계: 결정규칙 설정 유의수준 $\alpha = 0.05$이고 $d.f. = 10 - 2 = 8$이면 우측검정의 임계치는 $t_{0.05} = 1.860$이다. 따라서 결정규칙은

$t_{\text{calc}} > 1.860$이면 H_0를 기각한다.

3단계: 검정통계량 계산 검정통계량을 계산하기 위해서는 기울기 추정치 $b_1 = 1.9641$과 표준오차 $s_{b_1} = 0.86095$를 사용한다.

$$t_{\text{calc}} = \frac{b_1 - 0}{s_{b_1}} = \frac{1.9641 - 0}{0.86095} = 2.281$$

4단계: 기각여부 결정 우측검정에 의하면 $t_{\text{calc}} > t_{0.05}$ $(2.281 > 1.860)$이므로 기울기가 0이라는 가설을 기각하게 된다(그러나 양측검정에서는 t검정 임계치가 2.306이기 때문에 기각할 수 없다). 기울기나 상수항에 대한 검정통계량을 계산하였다면, 엑셀 함수 =T.DIST.RT(2.281,8) = 0.025995를 이용하여 p값을 찾을 수 있다. 0.025995는 0.05보다 작기 때문에 귀무가설을 기각한다. 따라서 기울기는 양의 값이라고 결론 내릴 수 있다.

엑셀을 사용한 검정: 시험성적 예 ExamScores

위 계산들은 대개 컴퓨터를 이용하여 수행된다(우리는 이미 공식을 이용하여 계산하는 예를 제시하였다). 엑셀에서는 '데이터 분석 도구'에 메뉴가 있는데 사용하는 방법이 그림 12.10에 나와 있다. 그림 12.11에 나와 있는 결과 화면은 계산과정을 확인하는 데 사용할 수 있다. 엑셀은 언제나 양측검정을 하기 때문에, 단측검정이 필요한 경우에는 p값을 반으로 나누어야 한다. 또한 엑셀에서는 신뢰구간을 지정할 수도 있으나, 신뢰수준 초기값은 95%로 설정되어 있다.

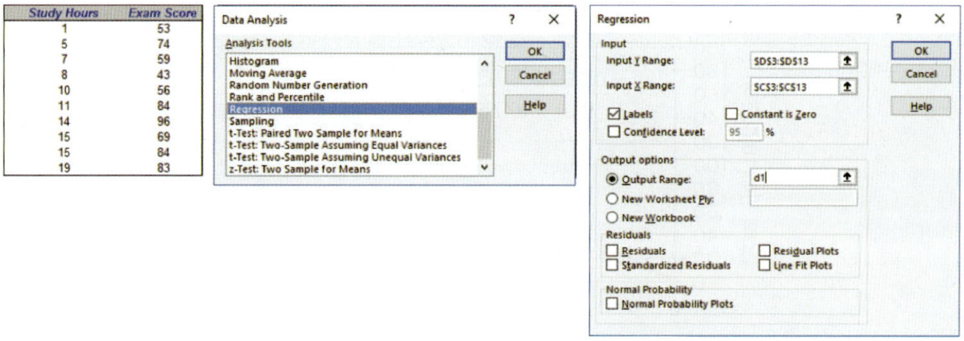

그림 12.10

엑셀의 회귀분석 메뉴

SUMMARY OUTPUT

Regression Statistics	
Multiple R	0.627790986
R Square	0.394121523
Adjusted R Square	0.318386713
Standard Error	14.00249438
Observations	10

ANOVA

	df	*SS*	*MS*	*F*	*Significance F*
Regression	1	1020.34121	1020.34121	5.203967954	0.051972204
Residual	8	1568.55879	196.0698488		
Total	9	2588.9			

	Coefficients	*Standard Error*	*t Stat*	*P-value*	*Lower 95%*	*Upper 95%*
Intercept	49.47712665	10.06646125	4.915046652	0.001171307	26.26382541	72.6904279
Study Hours	1.964083176	0.86097902	2.281220716	0.051972204	-0.021338002	3.949504354

그림 12.11

엑셀의 회귀분석 결과

상수에 0을 사용?

엑셀 메뉴에서 '상수에 0을 사용'을 체크하지 말아야 한다. 만약 체크하게 되면 회귀직선이 원점을 지나게 만들어 회귀모형에 큰 변화를 주게 된다. 전문가가 아니면 사용하지 말아야 한다.

응용 사례: 소매 매출 RetailSales

쇼핑몰에서 임대면적(X)과 매출(Y)은 양의 관계가 존재하는가? X와 Y에 대해 다음과 같이 선형관계를 가정하자.

$$Sales = \beta_0 + \beta_1 Area + \varepsilon$$

우리는 양의 기울기(면적이 넓으면 더 많은 매출을 기대한다)를 예상하고 상수항은 0에 가까울 것으로(임대면적이 0이 되면 매출도 없을 것이다) 기대한다. 판매량은 면적에만 의존하는 것은 아니기 때문에 오차항은 측정오차뿐 아니라 판매량에 영향을 미치는 다른 요인들을 포함하고 있다. 미국 24개 주에서 무작위로 선택된 $n = 24$개의 표본를 이용하여 회귀직선을 추정한다.

그림 12.12에 나와 있는 산포도와 엑셀 추정식을 보면 선형모형이 적절한 것으로 보인다. R^2이 매우 높기 때문에 매출 변동의 98%를 임대면적이 설명한다. 임대면적과 매출 간의 인과관계를 가정하는 것이 합리적일지라도 R^2이 높은 것 자체만으로 인과관계가 증명되는 것은 아니다.

그림 12.12

임대면적과 소매 매출

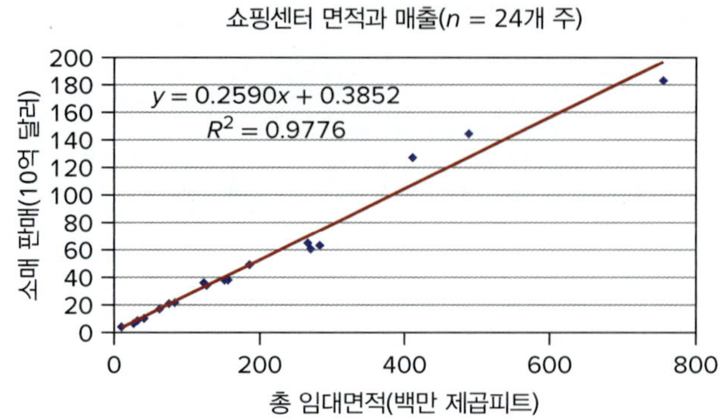

그림 12.13

매출액 예제에 대한 회귀분석 결과

Regression Output					*Confidence Interval*	
Variables	*Coefficients*	*Std. Error*	*t Stat*	*p-Value*	*Lower 95%*	*Upper 95%*
Intercept	0.3852	1.9853	0.194	0.8479	−3.7320	4.5023
Area	0.2590	0.0084	30.972	1.22E-19	0.2417	0.2764

좀 더 자세히 살펴보기 위해서 그림 12.13에 있는 회귀모형 출력결과를 살펴보자. 평균적으로 임대면적이 백만 제곱피트 증가하면 매출은 2,594억 달러가 추가적으로 증가한다 ($b_1 = 0.259$). p값(1.22×10^{-19})이 작은 것으로부터 알 수 있듯이 양측검정에 의하면 기울기는 0이 아니다. 노란색으로 강조된 부분은 유의수준 $\alpha = 0.01$에서 기울기는 0과 유의하게 다름을 나타내며, 기울기에 대한 신뢰구간 [0.2417, 0.2764]도 0을 포함하지 않는다. 우리는 기울기가 0이 아닌 것이 표본에 의해 우연히 발생한 것이 아니라고 결론 지을 수 있다. 왜냐하면 이렇게 p값이 작은 경우는 시계열 데이터를 제외하고는 거의 찾아보기 힘들기 때문이다. 그러나 상수항($b_0 = 0.3852$)은 0과 유의하게 다르지 않으며(p값 $= 0.8479$, $t = 0.914$), 상수항에 대한 신뢰구간 [−3.7320, 4.5023]은 0을 포함하고 있다. 이러한 결과는 우리가 사전에 예상한 바와 일치한다.

참고사항

기울기가 0인지에 대한 t검정통계량은 상관계수가 0인지에 대한 검정통계량과 항상 일치한다. 그러므로 두 가지의 검정을 동시에 실시할 필요가 없다. 회귀모형 추정결과는 항상 t검정 결과를 포함하기 때문에, 일반적으로 상관계수 검정 대신 t검정을 실시한다.

Mini Case 12.2

1인당 지출금액은 1주일 매출을 예상하는 데 도움이 되는가? NoodlesRevenue

Noodles & Company는 식당을 방문하는 고객의 1인당 지출금액을 이용하여 레스토랑의 1주일 매출을 예측할 수 있는가? 74개 식당을 무작위로 선택하여 이 질문에 대한 답을 구해보자.

그림 12.14에 있는 산포도는 *1인당 평균 지출금액*과 *1주일 평균 매출*의 관계를 보여준다.

산포도는 두 변수 간에 특별한 관계가 없음을 보여준다. 이러한 산포도 결과는 그림 12.15의 회귀분석 결과에서도 확인할 수 있다.

그림 12.14

1주일 매출

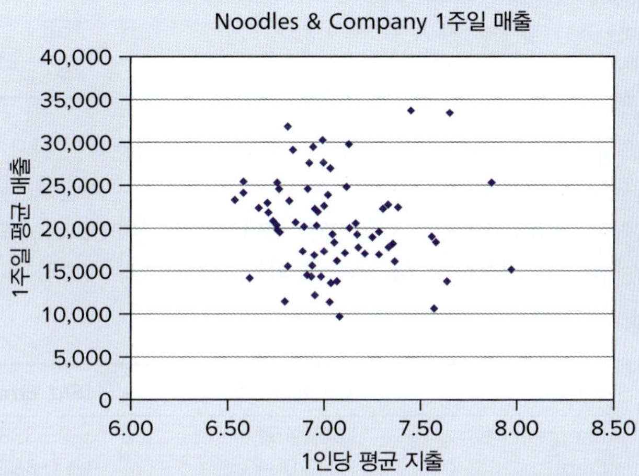

그림 12.15

1주일 매출 예제에 대한 회귀분석 결과

Regression Output					Confidence Interval	
Variables	*Coefficients*	*Std. Error*	*t Stat*	*p-Value*	*Lower 95%*	*Upper 95%*
Intercept	32,710.56	14,987.28	2.183	0.0323	2,833.97	62,587.15
Per Person Spend	−1,751.45	2,125.68	−0.824	0.4127	−5,988.92	2,486.02

기울기 모수 β_1의 추정치인 b_1은 −1,751.45달러이다. 식당에서 손님들이 1달러씩 더 지출한다면 오히려 1주일 매출는 1,751.45달러 감소한다. 그러나 기울기에 대한 신뢰구간 (−5,988.92달러, 2,468.02달러)은 0을 포함하고 있고, 표준오차(2,125.68달러)는 추정된 계수보다 더 크다. H_0: $\beta_1 = 0$, H_1: $\beta_1 \neq 0$으로 두고 양측검정을 실시할 때, p값은 0.4127이다. p값이 유의수준보다 훨씬 크기 때문에, 기울기 = 0이라는 귀무가설을 기각할 수 없다. 기울기에 대한 가설검정과 신뢰구간은 기울기 모수가 0과 유의하게 다르지 않다는 것을 말해주고 있다. 우리의 결론은 1인당 매출액을 가지고 레스토랑 1주일 매출을 예측해서는 안 된다는 것이다. 이러한 결과에 기초하면 Noodles & Company의 1주일 매출에 대한 최선의 예측치는 평균($\bar{y}$)인 20,373달러이다.

단원 연습문제

connect

12.23 (a) R 또는 엑셀을 이용하여 회귀분석을 실시하라. (b) 기울기가 0인지 양측검정하기 위한 귀무가설과 대립가설을 설정하라. (c) 기울기 검정에 대한 p값과 추정된 기울기에 대한 95% 신뢰구간을 구하라. (d) 기울기는 0과 유의하게 다르다. 결론을 설명하라.

대학생들 주급(n = 5) WeekPay

1주일에 일한 시간(X)	주급(Y)
10	93
15	171
20	204
20	156
35	261

12.25 미국의 32개 프로미식축구(NFL) 팀 데이터를 사용하여 회귀분석을 실시하였다. Y 변수는 현재 팀의 가치(단위: 백만 달러)이고 X 변수는 팀이 안고 있는 부채금액(단위: 백만 달러)이다. (a) 추정된 회귀식은? (b) 기울기에 대한 95% 신뢰구간을 구하라. (c) 유의수준 5%에서 기울기가 0인지 우측검정을 실시하라. (d) 엑셀을 이용하여 기울기 계수의 유의성 검정에 대한 p 값을 계산하라. NFL

Variables	*Coefficients*	*Std. Error*
Intercept	557.4511	25.3385
Debt	3.0047	0.8820

12.6 분산분석: 전체적인 적합도

분산 분해

회귀분석은 종속변수의 변동을 설명하려는 것이다. 이것이 달성되었는지를 확인하는 간단한 방법은 y_i와 평균 간의 편차를 두 가지 요소로 분해해 보는 것이다. y_i와 평균 간의 편차는 y_i와 회귀모형 추정치 $\hat{y}_i$ 간의 편차와 $\hat{y}_i$와 $\bar{y}$ 간의 편차로 분해할 수 있다.

$$y_i - \bar{y} = (y_i - \hat{y}_i) + (\hat{y}_i - \bar{y}) \quad (\hat{y}_i\text{를 더해 주고 빼준다}) \tag{12.26}$$

위와 같은 분해는 제곱합에서도 성립함을 증명할 수 있다.

$$\sum_{i=1}^{n}(y_i - \bar{y})^2 = \sum_{i=1}^{n}(y_i - \hat{y}_i)^2 + \sum_{i=1}^{n}(\hat{y}_i - \bar{y})^2 \quad (\text{제곱합}) \tag{12.27}$$

위 분산의 분해를 다음과 같이 쓸 수 있다.

SST	=	SSE	+	SSR
(평균으로부터 총 변동)		(설명되지 않은 또는 *오차* 변동)		(*회귀모형*에 의해 설명된 변동)

전체적인 적합도를 위한 F검정

회귀분석의 유의성을 검정하기 위해 F검정을 사용하는데 F검정은 회귀모형에 의해 설명되는 변동의 제곱합(SSR)과 설명되지 않는 변동의 제곱합(SSE)을 비교한다. 각 제곱합을 해당 자유도로 나누면 평균 제곱합을 찾을 수 있다. F검정통계량 계산결과는 *분산분석*(anal-

표 12.4

단순회귀모형에서 ANOVA 표

변동원인	제곱합	자유도	평균 제곱합	F	엑셀 p값
회귀모형 (설명된)	$SSR = \sum_{i=1}^{n}(\hat{y}_i - \bar{y})^2$	1	$MSR = \frac{SSR}{1}$	$F_{calc} = \frac{MSR}{MSE}$	=F.DIST.RT(F_{calc}, 1, n−2)
잔차 (설명되지 않은)	$SSE = \sum_{i=1}^{n}(y_i - \hat{y}_i)^2$	$n-2$	$MSE = \frac{SSE}{n-2}$		
합	$SST = \sum_{i=1}^{n}(y_i - \bar{y})^2$	$n-1$			

ysis of variance: ANOVA) 표에 제시되어 있다(표 12.4를 참고).

ANOVA 표에는 $R^2 = SSR/SST$를 계산하는 데 필요한 합들이 포함되어 있다. ANOVA 표는 모든 회귀분석 소프트웨어(예: 엑셀, R)에 의해 자동적으로 생성된다. 단순회귀모형의 경우 F검정통계량은

$$F_{calc} = \frac{MSR}{MSE} = \frac{SSR/1}{SSE/(n-2)} = (n-2)\frac{SSR}{SSE} \quad \text{(단순회귀모형의 } F\text{검정통계량)} \quad \textbf{(12.28)}$$

F검정통계량은 표본크기, 그리고 SSE에 대한 SSR의 비율을 반영한다. 주어진 표본크기 하에서 F검정통계량이 클수록(SSE에 비해 SSR 값이 상대적으로 클수록) 적합도가 더 우수하다는 것을 의미한다. 반면에 F값이 0에 가깝다면(SSE에 비해 SSR이 상대적으로 작으면), 낮은 적합도를 의미한다. F검정통계량은 원하는 유의수준에 대해 부록 F에 있는 임계치 $F_{1,n-2}$와 비교되어야 한다. 또한 엑셀 함수 =F.DIST(F_{calc}, 1, n−2)를 이용하여 p값을 찾을 수도 있다. 통계 프로그램은 p값을 자동으로 출력한다.

예제 12.2

시험성적: F검정통계량

ExamScores

그림 12.16은 시험성적 예제에 대한 ANOVA 표를 보여준다. F검정통계량은

$$F_{calc} = \frac{MSR}{MSE} = \frac{1020.3412}{196.0698} = 5.20$$

부록 F의 표에서 5% 유의수준일 때 $F_{1,8}$의 임계치는 5.32이고, 따라서 시험성적 회귀모형은 5% 유의수준에서 유의하지 않다. p값 0.052는 X와 Y가 서로 관련이 없다면 1,000번의 표본추출에서 대략 52개의 표본에서 현재 표본과 같은 결과가 나올 것임을 의미한다. 다시 말해, 우리가 X와 Y 사이에 아무 관련이 없다는 가설을 기각한다면 5.2%의 제1종 오류에 직면하게 된다. 이러한 p값은 아주 간신히 유의하다고 말할 수 있다.

그림 12.16

시험성적 예제에 대한 ANOVA 표

ANOVA table

Source	*SS*	*df*	*MS*	*F*	*p-Value*
Regression	1,020.3412	1	1,020.3412	5.20	0.0520
Residual	1,568.5588	8	196.0698		
Total	2,588.9000	9			

ANOVA 표에서 평균잔차제곱으로부터 표준오차를 계산할 수 있다.

$$s_e = \sqrt{MSE} = \sqrt{196.0698} = 14.002 \qquad \text{(시험성적에서 표준오차)}$$

F검정의 p값과 t검정의 p값

단순회귀모형에서 F검정의 p값은 기울기가 0인지에 대한 양측 t검정의 p값과 항상 같다. 이는 또한 상관계수가 0인지에 대한 양측검정의 p값과 일치한다. 두 검정통계량의 관계는 $F_{calc} = t^2_{calc}$이다.

단원 연습문제

connect

12.27 다음의 회귀모형 추정결과에서 X = 주택가격(단위: 1,000달러), Y = 연간 세금(단위: 1,000달러), n = 20이다. (a) 추정된 회귀식을 써라. (b) t검정통계량에 대한 공식을 쓰고 아래 주어진 t값과 일치하는지 확인하라. (c) t검정의 자유도를 기술하고 엑셀을 이용하여 양측검정 임계치를 찾아라. (d) 엑셀 함수 =T.DIST.2T(t, d.f.)를 이용하여 주어진 t검정통계량에 대한 p값을 구하라. (e) 기울기 계수에 대해 $F = t^2$임을 확인하라. (f) 이 회귀모형의 적합도에 대해 논하라.

R^2	0.452
Std. Error	0.454
n	12

ANOVA table

Source	SS	df	MS	F	p-Value
Regression	1.6941	1	1.6941	8.23	.0167
Residual	2.0578	10	0.2058		
Total	3.7519	11			

Regression output

					Confidence Interval	
Variables	Coefficients	Std. Error	t Stat	p-Value	Lower 95%	Upper 95%
Intercept	1.8064	0.6116	2.954	.0144	0.4438	3.1691
Slope	0.0039	0.0014	2.869	.0167	0.0009	0.0070

12.29~12.31 (a) 엑셀의 데이터분석 > 회귀분석 메뉴를 사용하여(또는 R을 이용하여) 회귀모형 추정치를 구하여라. (b) 기울기에 대한 95% 신뢰구간을 구하라. 0을 포함하는가? (c) 기울기에 대

12.29

영화관람객의 스낵 지출(n = 10) Movies

나이(X)	스낵 지출(Y)	나이(X)	스낵 지출(Y)
30	6.85	33	10.75
50	10.50	36	7.60
34	5.50	26	10.10
12	10.35	18	12.35
37	10.20	46	8.35

한 t검정과 p값을 해석하라. (d) F검정통계량을 설명하라. (e) F검정에서 p값을 확인하고 t검정의 p값과 같은지 확인하라. 결과적으로 $t^2 = F$임을 보여라. (f) 회귀모형의 적합도를 설명하라.

12.31

택배크기와 배송비용(n = 12) ShipCost

택배크기(X)	배송비용(Y)	택배크기(X)	배송비용(Y)
1,068	4,489	892	4,414
1,026	5,611	938	5,506
767	3,290	769	3,346
885	4,113	677	3,673
1,156	4,883	1,174	6,542
1,146	5,425	1,009	5,088

Mini Case 12.3

비행기 조종실 소음 Cockpit

비행기 조종사들은 제트 비행기의 조종실 소음 때문에 청각손실의 위험에 항상 직면하고 있다. 대부분의 소음은 엔진에서는 나는 것이 아니라 속도를 높일 때 생기는 비행기의 굉음으로부터 생긴다. 이러한 위험을 평가하기 위해 운항 중 무작위로 추출된 지점에서 조종실 소음을 측정하였다. 소음수준(단위: 데시벨)은 서로 다른 7대의 비행기의 제1기장 왼쪽 귀 지점에서 측정되었다. 참고로 60데시벨은 보통 대화할 때 나는 소음수준이며, 75데시벨은 진공청소기 수준, 85데시벨은 도시의 도로 소음, 90데시벨은 헤어드라이어 소리, 110데시벨은 전기톱 소리수준이다. 그림 12.17은 약간 구형모델이라 설계 개선이 필요한 보잉 727기에서 비행속도[통상 노트(knot) 단위를 사용, 약자로 KIAS로 나타냄]와 조종실 소음(데시벨)에 대한 61개의 관측치 자료를 보여준다.

그림 12.17

조종실 소음에 대한 회귀직선과 산포도 Cockpit

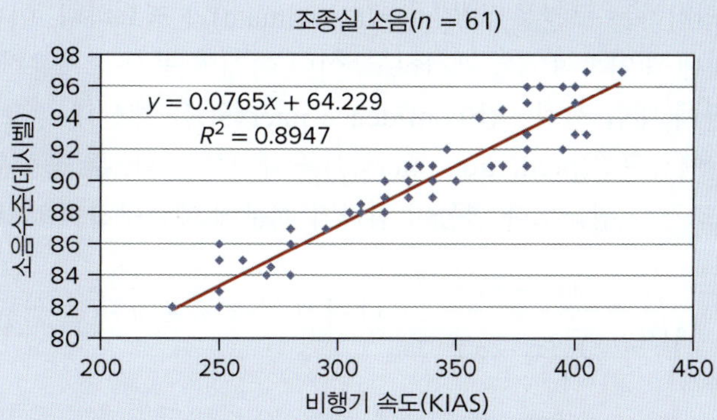

그림 12.17의 산포도는 데이터에 선형관계가 있음을 암시한다. 추정된 직선은 비행속도가 추가적으로 1노트 증가할수록 소음수준이 0.0765데시벨 증가함을 보여준다. 따라서 비행속도

가 100노트 증가하면, 소음은 7.65데시벨 증가하게 된다. 상수항 64.229를 통해, 만약 비행기가 비행하지 않는다면 소음수준은 보통 대화의 경우보다 약간 높다는 것을 알 수 있다.

그림 12.18에 주어진 회귀모형 추정에서 적합도는 매우 높고($R^2 = 0.895$), 회귀모형 역시 매우 유의함을 알 수 있다($F = 501.16$, p값 < 0.001). 기울기와 상수항은 모두 p값이 0.001 이하인 것으로 보아 모수는 모두 0이 아님을 암시한다. 따라서 회귀모형은 유의하며 현실적으로도 유용하다고 볼 수 있다.

그림 12.18

조종실 소음에 대한 회귀모형 추정 결과

Regression Analysis

r^2	0.895	n	61
r	0.946	k	1
Std. Error	1.292	Dep. Var.	Noise

ANOVA table

Source	*SS*	*df*	*MS*	*F*	*p-Value*
Regression	836.9817	1	836.9817	501.16	1.60E-30
Residual	98.5347	59	1.6701		
Total	935.5164	60			

Regression output — *confidence interval*

Variables	*Coefficients*	*Std. Error*	*t Stat*	*p-Value*	*Lower 95%*	*Upper 95%*
Intercept	64.2294	1.1489	55.907	8.29E-53	61.9306	66.5283
Speed	0.0765	0.0034	22.387	1.60E-30	0.0697	0.0834

12.7 Y에 대한 신뢰구간 및 예측구간

추정된 회귀직선은 Y에 대한 조건부 평균의 추정치이다. 즉, 주어진 X에 대한 Y의 기댓값으로 $E(Y \mid x_i)$로 표기한다. 그러나 이러한 *점추정치*는 대부분 실제 값과 같지 않으므로 가능한 값의 범위를 의미하는 *구간추정치*(interval estimate)가 필요하다. 이를 위해 우리는 x_i 값을 추정된 회귀식에 대입하여 y_i를 계산하고, 이어 아래의 공식을 사용한다. 첫 번째 공식은 Y의 조건부 평균에 대한 **신뢰구간**(confidence interval)을 계산해 주고, 두 번째 공식은 Y의 개별값에 대한 **예측구간**(prediction interval)을 계산해 준다. 두 공식은 매우 유사하나, Y의 개별값이 Y의 조건부 평균보다 변동이 심하기 때문에 예측구간이 더 넓다.

$$\hat{y}_i \pm t_{\alpha/2} s_e \sqrt{\frac{1}{n} + \frac{(x_i - \bar{x})^2}{\sum_{i=1}^{n}(x_i - \bar{x})^2}} \quad (Y\text{의 조건부 평균에 대한 신뢰구간}) \quad \textbf{(12.29)}$$

$$\hat{y}_i \pm t_{\alpha/2} s_e \sqrt{1 + \frac{1}{n} + \frac{(x_i - \bar{x})^2}{\sum_{i=1}^{n}(x_i - \bar{x})^2}} \quad (\text{개별 } Y\text{에 대한 예측구간}) \quad \textbf{(12.30)}$$

구간의 폭은 x_i 값에 따라 달라진다. x_i가 평균에 가까운 경우에는 구간이 더 좁아진다(만약 $x_i = \bar{x}$이면 제곱근 안에 있는 마지막 항이 0이 되어 없어진다). 반대로 x_i에 기반한 예측은 x_i 값이 $\bar{x}$로부터 멀어질수록 더 부정확해진다.

위의 두 공식 간의 차이점을 이해하기 위해 먼저 4시간 공부하는 학생의 평균 시험성적에 대한 95% 신뢰구간을 계산해보자. 12.4절의 회귀모형을 활용하면 시험성적 예측치는 $\hat{y} = 1.9641(4) + 49.477 = 57.333$이다. 자유도 $d.f. = n - 2 = 10 - 2 = 8$이고 95% 신뢰수준일 때 $t_{0.025} = 2.306$이다. 식 12.29와 표 12.3에 있는 합들을 이용하여 95% 신뢰구간을 계산하면

$$57.333 \pm (2.306)(14.002)\sqrt{\frac{1}{10} + \frac{(4 - 10.5)^2}{264.5}} \quad \text{또는} \quad 57.33 \pm 16.46$$

4시간 공부하는 학생의 평균 시험성적은 40.87에서 73.79 사이로 예측되었다.

이렇게 계산된 범위는 4시간 공부하는 개별 학생의 시험성적에 대한 95% 예측구간과 어떻게 다를까? 앞서 계산한 $\hat{y} = 57.333$을 동일하게 사용하고 식 12.30을 적용하면, 95% 예측구간은 다음과 같다.

$$57.333 \pm (2.306)(14.002)\sqrt{1 + \frac{1}{10} + \frac{(4 - 10.5)^2}{264.5}} \quad \text{또는} \quad 57.33 \pm 36.24$$

예상한 대로, 개별 시험성적 예측치의 한계오차(=36.24)가 4시간 공부하는 학생의 평균 성적 예측치의 한계오차(=16.46)보다 훨씬 크다. 시험성적 예제 데이터에서 적합도($R^2 = 0.3941$)가 아주 높지 않은 점에 비추어 보면 예측구간이 넓다는 사실이 놀랄 만한 것은 아니다. R^2이 높을수록 예측구간은 보다 정확해진다.

그림 예제: 시험성적과 소매 매출 ExamScores RetailSales

모든 X값마다 서로 다른 신뢰구간과 예측구간이 만들어지므로 X 범위 전체에 걸쳐 신뢰구간과 예측구간을 살펴보면 유용하다. 그림 12.19는 시험성적 예제와 소매 매출 예제의 신뢰구간과 예측구간을 보여준다. 두 그래프 간의 차이는 확연하다. 시험성적에 대한 신뢰구

그림 12.19

신뢰구간과 예측구간 예시

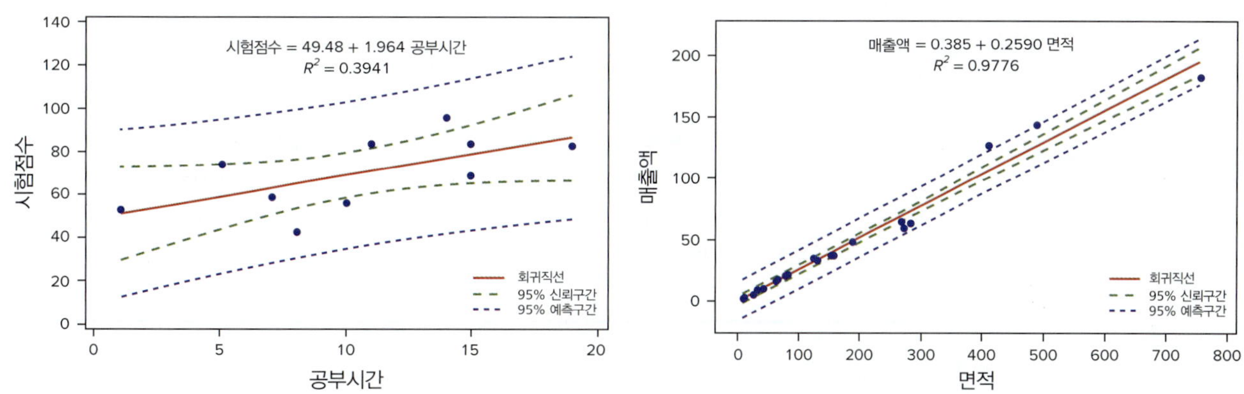

간과 예측구간은 꽤 넓으나 평균 근처 X값의 신뢰구간과 예측구간은 확실히 좁아진다. X값이 큰 경우(예, x = 20시간) 예측구간의 너비는 100점(아마도 시험성적의 상한)을 넘는다. 대조적으로 소매 매출의 신뢰구간과 예측구간은 좁고 X값이 평균보다 작거나 클 때 구간 폭이 약간 더 넓어진다. 소매 매출의 예측구간 너비가 좁지만 여전히 10억 달러(예: x = 500일 때, 소매 매출의 예측구간 너비는 약 330억 달러이다)이다. 이 결과는 높은 R^2 값이 예측구간의 정확성을 담보하지는 않음을 보여준다.

애널리틱스 적용 사례

예측 유지보수와 기계학습

유지보수 작업(예: 부품 교체, 장비 설정 조정, 냉각제 추가)을 수행하는 이상적인 시점은 장비 고장 발생 직전이다. 회귀모형을 사용하여 고장이 발생하는 시점을 예측할 수 있다면, 사후 정비 대신 예방 정비가 가능해진다. 하지만 대량의 운영 데이터가 있는 경우에는 가장 적합한 회귀모형을 선택하기가 어려울 수도 있다.

기계학습이 예측 유지보수에 도움을 줄 수 있다. 장비센서를 통해 기계 부품 또는 전자 부품의 다양한 특성들을 자동적으로 추적할 수 있다. 여러 회귀 모형들을 분석하고 각 모형의 오차를 기록한다. 예측오차가 가장 작은 모형을 사용하여 부품이 고장 나기 전까지 남아 있는 운영 주기 회수를 예측할 수 있다. 공정 기술자와 유지보수 팀은 출력을 실시간으로 모니터링함으로써 언제 일부 장비를 정지시키고 예방 정비 작업을 수행해야 하는지를 알 수 있다. 이러한 유형의 예방 정비는 항공 산업, NASA, 그리고 다수의 제조업에서 사용된다. 기업은 막대한 비용을 초래하는 장비 고장을 피하고 예방 활동을 줄임으로써 수십 억원의 비용을 절감한다.

단원 연습문제

connect

12.33 다음에 주어진 매출과 이익에 관한 데이터를 이용하라. (a) R을 이용하여 x = 1.8, 15, 30으로 주어졌을 때 Y의 신뢰구간과 예측구간을 계산하라. (b) x = 15일 때 95% 신뢰구간과 예측구간을 제시하라. (c) 8장에서 배운 방법을 이용하여 μ_y에 대한 95% 신뢰구간을 계산하라. (d) 결과 c와 결과 b를 비교하라. 서로 얼마나 다른가?

연예기획사의 매출과 이익(n = 9) Entertainment

매출(X)	이익(Y)
1.792	−0.020
8.931	1.146
2.446	−0.978
1.883	−0.162
2.490	0.185
43.877	2.639
1.311	0.155
26.585	1.417
27.061	1.267

12.8 잔차검정

세 가지 중요한 가정들

종속변수는 오차 ε를 포함하는 확률변수임을 상기하자. 12.3절에서 OLS 방법이 무작위 오차항 e에 대해 세 가지 가정을 하고 있음을 설명했다. 세 가지 가정을 다시 쓰면 다음과 같다.

- 가정 1: 오차들이 *정규분포*를 따른다.
- 가정 2: 오차들의 분산이 *일정하다*.
- 가정 3: 오차들이 서로 *독립적이다*.

ε는 관찰 가능하지 않기 때문에, 우리는 위 가정의 위반여부에 대한 단서를 찾기 위해 잔차 $e_1, e_2, \ldots, e_n$에 의존해야 한다. 가정을 위반하는지 확인하는 정형화된 검정이 존재하긴 하지만, 많은 분석가들은 단순한 시각적 도구를 사용하며 이러한 시각적 도구들은 가정이 위배되었는지, 얼마나 심각하게 가정이 위배되었는지 등을 판단하는 데 도움을 준다.

이 장에서는 각 가정을 위반할 때 생기는 문제점에 대해 설명하고 잔차 분석에 사용되는 시각적 도구들을 설명한다. 13장에서는 가정 위배 시에 대처하는 방법을 보다 자세히 설명하고 가정 3에 관한 보다 정형화된 방법을 설명한다.

가정 1 위반 시: 오차항의 비정규성

오차가 정규분포를 따르지 않음으로 인한 주요 문제는 모수에 대한 신뢰구간을 신뢰할 수 없다는 것이다. 왜냐하면 신뢰구간 계산 시 t 분포를 이용하는데 이때 정규성 가정이 필요하기 때문이다. 그러나 표본의 크기가 어느 정도 크다면(가령, $n > 30$), 비정규성이 있더라도 신뢰구간은 믿을 수 있다. 예외적인 경우는 특이값이 존재할 때이다. 특이값은 심각한 문제를 야기할 수 있는데 이것도 표본크기가 커지면 해결될 수 있다. 오차의 비정규성은 보통 가벼운 문제로 간주되는데 왜냐하면 회귀모형의 추정치인 b_0와 b_1 값과 추정치의 분산은 여전히 불편(unbiased)이고 일치(consistent)하기 때문이다. 검정 대상 가설은 다음과 같다.

H_0: 오차들이 정규분포를 따른다.
H_1: 오차들이 정규분포를 따르지 않는다.

비정규성을 확인하는 가장 간단한 방법은 잔차 히스토그램을 만드는 것이다. 이 경우 잔차를 그대로 사용하거나 또는 **표준화 잔차**(standardized residuals)를 사용할 수 있다. *표준화 잔차*는 각각의 잔차를 표준오차(standard error)로 나눔으로써 얻을 수 있다. 표준화한 경우와 그렇지 않은 경우를 비교하면 히스토그램의 모양은 동일하나, 표준화 잔차는 예측 가능한 범위를 제공해 준다(특이값이 없다면, 범위가 대략 −3에서 +3 사이의 값). 히스토그램 등의 시각적인 방법을 통해 우리는 특이값이 존재하는지 또는 심각한 비대칭성이 존재하는지 알 수 있다. 그림 12.20은 Mini Case 12.3(조종실 소음)에 대한 표준화 잔차 히스토그램을 보여준다. 특이값이 없는 것으로 보이고, 대략적으로 대칭 형태를 보이지만, 정규분포에 비해 꼬리부분이 두꺼워 보인다.

그림 12.20

조종실 소음 데이터의 잔차 (히스토그램) Cockpit

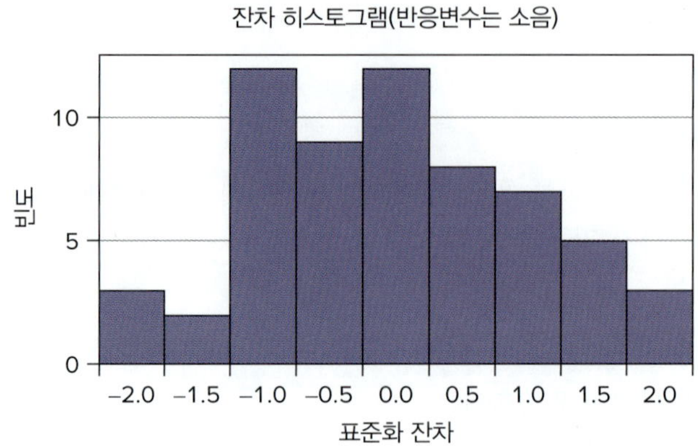

그림 12.21

조종실 소음 데이터에 대한 잔차(정규확률도)

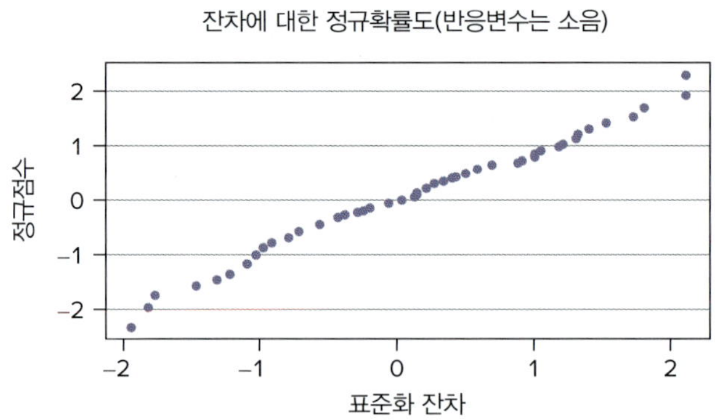

정규성 검정에 사용되는 또 하나의 시각적 도구는 **정규확률도**(normal probability plot)인데 분위수 대조도(*quantile-quantile plot*, **q-q 도표**)라고 부른다. 이 그림에서는 관측 데이터의 분위수와 정규성 가정하에 예상되는 분위수를 서로 비교한다. 정규확률도는 여러 회귀분석 소프트웨어의 옵션 기능을 이용하여 그릴 수 있다. 이상적인 경우에 정규확률도는 선형 형태가 되어야 한다. 만약 귀무가설이 옳다면, 잔차의 정규확률도는 반드시 선형이어야 한다. 예를 들어 그림 12.21의 잔차 정규확률도를 보면 위쪽과 아래쪽에서 약간 선형으로부터 벗어난 것을 확인할 수 있다. 그러나 전체적으로 보면 잔차의 모양이 정규성을 가정한 귀무가설과 상당히 일치하는 것으로 보인다. 그 외 정규성에 대한 보다 엄밀한 검정방법이 있으나, 대부분의 경우 히스토그램과 정규확률도만으로도 충분하다.

정규성 가정 위반

비정규성은 중요한 가정 위반은 아니다. 왜냐하면 비정규성을 위반하더라도 모수추정치는 여전히 불편일치추정치이기 때문이다. 따라서 심각한 특이값을 가지고 있지 않다면 그리 걱정할 문제는 아니다.

가정 2 위반: 오차의 분산이 일정하지 않은 경우

회귀모형은 모든 X값에 대해 적합 정도가 동일해야 한다. 만약 오차들의 분산이 모든 X값에 대해 일정하다면, 오차들이 **등분산적**(homoscedastic)이라고 부른다(회귀분석에 이상적인 조건이다). 반면 오차들의 분산이 X값에 따라 증가하거나 또는 감소하는 경우, 오차들이 **이분산적**(heteroscedastic)이라고 말한다. OLS 추정치 b_0와 b_1이 여전히 불편일치추정량일지라도, 오차항이 이분산적이면 추정된 분산에 편의(bias)가 있고, 유효(efficient)하지 않으며, 심지어 점근적으로도 유효하지 않다. 이분산성이 있는 대부분의 경우 추정량의 분산을 과소추정하고, 결과적으로 t값을 과대평가함으로써 신뢰구간이 좁게 나타난다. 따라서 회귀모형의 추정치가 사실보다 더 유의하게 평가되는 경우가 많다.

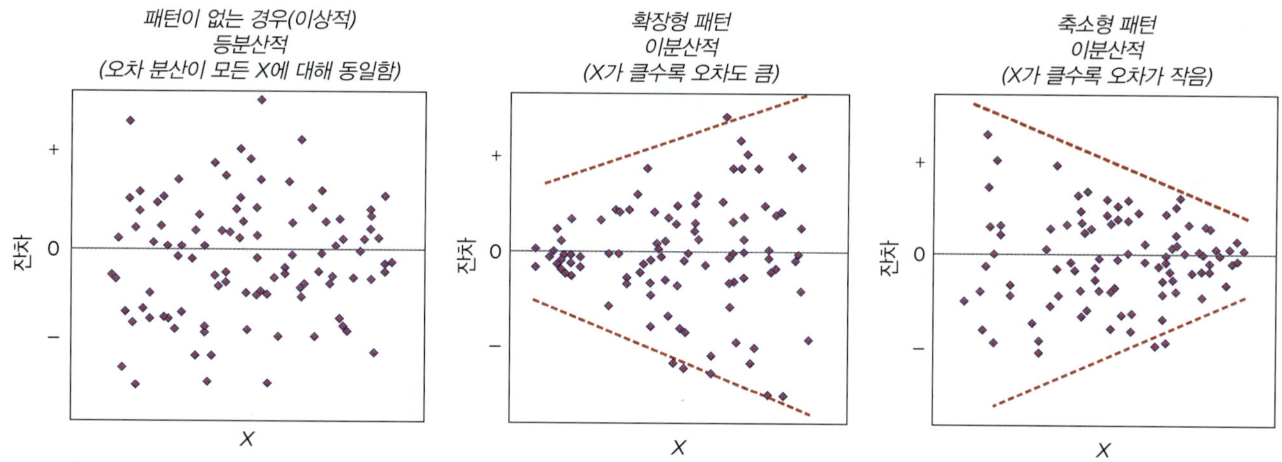

단순회귀모형에서 XY 산포도를 이용하여 이분산성을 확인할 수 있다. 그러나 더욱 일반적인 방법은 X 변수와 잔차의 산포도 또는 $\hat{Y}$과 잔차의 산포도를 살펴보는 것이다. 이상적으로는 위에 예시된 그림처럼 X값에 따라 잔차의 움직임에 특별한 패턴이 없어야 한다.

이분산 오차인 경우도 다양한 형태가 있지만, 대개 잔차의 분산이 점차 증가하는 확장형(fan-out)이 일반적이다. 그보다는 드물게 잔차의 분산이 점차 감소하는 축소형도 볼 수 있다. 잔차가 등분산성을 갖든지 이분산성을 갖든지 관계없이 잔차의 평균은 항상 0이다.

잔차 그래프는 이분산성을 시각적으로 검정하는 데 유용한 방법이다. 따라서 잔차 그래프는 통계학의 중요한 진단도구이다. 가설은 다음과 같다.

H_0: 오차들이 동일한 분산을 가지고 있다(등분산).
H_1: 오차들의 분산이 동일하지 않다(이분산).

그림 12.22는 Mini Case 12.3(조종실 소음)에 대한 잔차 그래프를 보여준다. 이 그림에서 우리는 왼쪽에서 오른쪽으로 갈 때 잔차의 크기가 증가하지도 감소하지도 않음을 볼 수 있다. 위와 같은 패턴은 등분산성의 귀무가설과 일치한다. 시각적 도구를 사용할 때 대개 정규성과 등분산성 가정으로부터 명백히 벗어나는 데이터를 찾으려 한다. 하지만 한두 개의 특이값처럼 보이는 잔차에 집중하지 말고 그래프의 전반적인 형태를 고려해야 한다.

그림 12.23은 주택가격과 주택면적 간의 회귀분석에서 이분산적인 잔차를 보여준다. 주택면적이 커질수록 잔차의 크기가 커진다. 이와 같은 패턴은 이분산성과 일치한다. 13장에서 등분산성을 충족시키지 못할 시 대처 방법에 대해 배우게 될 것이다.

그림 12.22

조종실 소음 잔차도 (등분산인 경우)

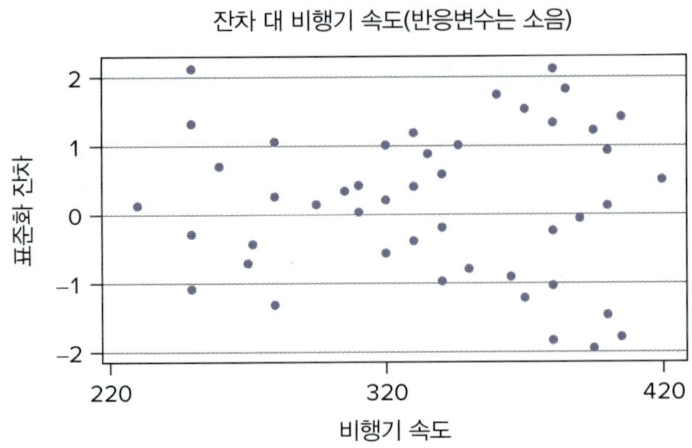

그림 12.23

주택가격 잔차도 (이분산인 경우)

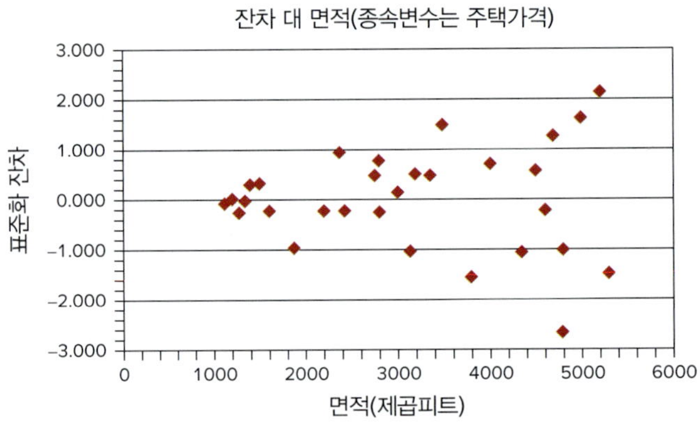

> **오차의 등분산성 가정 위반**
>
> 이분산성은 회귀계수의 신뢰구간을 더 넓게 만들지만, 추정치의 불편성에는 영향을 미치지 않는다. 따라서 이 단계에서는 이분산성의 존재를 인식하는 것만으로도 충분하다.

가정 3 위반: 자기상관된 오차항

자기상관(autocorrelation)은 오차들이 서로 독립이지 않은 패턴을 보이는 경우로 시계열 데이터에서 많이 나타난다. 시계열 데이터처럼 여러 개의 관측치를 특정 순서대로 수집할 때, 오차 $e_1, e_2, \ldots, e_n$이 서로 관련될 수 있다. 회귀모형에서 잔차 e_t는 전기의 잔차인 $e_{t-1}, e_{t-2}, \ldots, e_{t-n}$과 서로 독립이어야 한다. 이러한 가정의 위반은 여러 가지 형태로 나타난다. 가장 단순한 *1계*(first-order) *자기상관*의 경우, e_t는 전기의 잔차 e_{t-1}과 상관되어 있다. 이 경우 OLS 추정량 b_0와 b_1은 여전히 불편이고 일치추정량이다. 그러나 추정된 분산이 신뢰구간을 좁게 만들고 t값을 크게 만든다는 점에서 편의(bias)가 발생한다. 따라서 모형의 적합도가 과대평가된다.

양의 자기상관은 *같은* 부호를 가진 잔차가 얼마나 지속되는지에 의해 확인할 수 있다. 반면 *음의* 자기상관은 *잔차의* 부호가 얼마나 자주 바뀌는지에 의해 확인할 수 있다. 그러한 패턴은 때때로 데이터의 입력 순서대로 잔차를 그려봄으로써 확인한다. 런 검정에서 우

리는 부호가 얼마나 자주 바뀌는지(즉, 잔차 그래프가 얼마나 자주 0 라인을 교차하는지)를 헤아리면 된다. 만약 패턴이 무작위라면 부호의 바뀜이 대략 $n/2$번 정도 되어야 한다. 0 라인과 교차하는 회수가 $n/2$보다 작다면 양의 상관관계를 나타내고, $n/2$보다 크면 음의 상관관계를 의미한다. 예를 들어 $n = 50$일 때에는 대략 0 라인을 25번 통과할 것으로 예상한다. 첫 번째 그림 예제에서는 단지 11회(양의 자기상관), 두 번째 그림 예제에서는 36회(음의 자기상관) 교차했다. 양의 자기상관은 경기변동 때문에 경제관련 시계열 데이터에서 자주 나타난다. 음의 자기상관에 대해서는 논리적인 이유를 설명하기 어렵고 나타나는 경우도 드물다.

양의 상관관계(일반적인 경우)

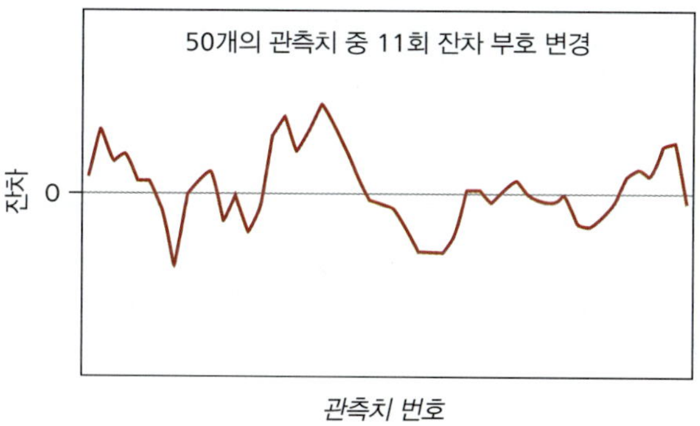

음의 상관관계(드문 경우)

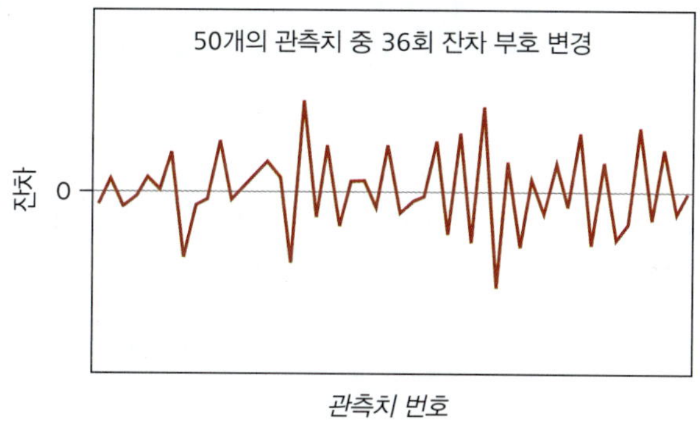

오차의 독립성 가정 위반

자기상관은 시계열 데이터에서 주로 나타난다. 회귀계수의 신뢰구간을 넓히는 효과가 있지만 추정치의 불편성에는 영향을 미치지 않는다. 이 단계에서는 자기상관성이 있는 경우를 인식하는 것만으로도 충분하다.

Mini Case 12.4

수출과 수입 Exports

미국의 무역수지 적자에 관한 기사 제목을 종종 보곤 한다. 그러나 미국 수입이 증가하면 상대 국가들의 달러 잔고가 늘어나고, 이는 경제학자의 예측에 따라 미국 제품과 서비스에 대한 수요 증가로 이어져 결국 미국의 수출이 늘어난다(즉, 무역수지 불균형은 스스로 교정될 것이다). 그렇다면 이 데이터는 무엇을 의미하는가? 그림 12.24는 1960~2018년의 미국 수출 변화율(Y)과 수입 변화율(X) 간의 회귀분석 결과를 보여준다. 이분산성과 자기상관성을 줄이기 위해 금액 대신 백분율로 표시된 변화율을 사용하였다.

수출과 수입은 대체로 같은 방향으로 움직이고 있으나(대체로 증가하고 있음), 기울기(0.7054)는 수출이 수입보다 덜 증가하고 있음을 시사한다. 왜 그럴까? 경제학자는 관세, 국내 노동 비용, 무역 협정, 환율과 같은 다른 요인을 조사하곤 한다. 단순회귀모형으로는 충분하지 않을 수 있다. 다음으로 OLS 가정은 충족되는가? 그림 12.25에서 잔차 히스토그램이 완벽하게 종 모양이지는 않지만, 잔차의 정규확률도가 특이값 없이 대체로 선형이다(정규성 가정 충

그림 12.24

엑셀 산포도와 회귀분석

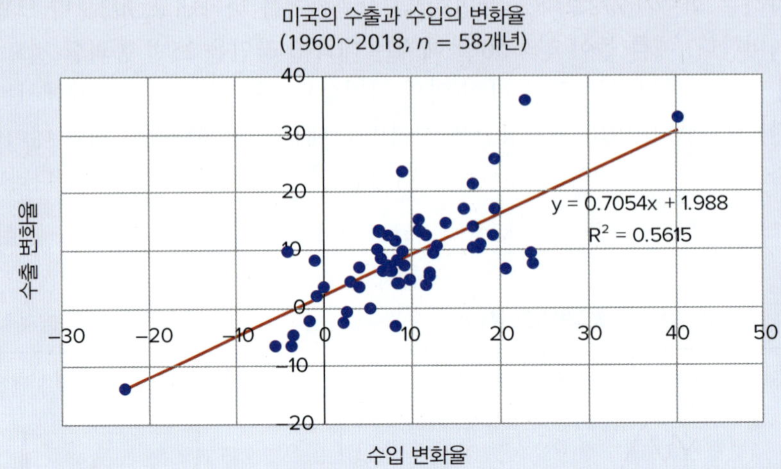

족). 잔차와 회귀모형의 추정치 Y를 대조한 그림에서도 특이한 형태가 발견되지 않는다(등분산성 충족). 하지만 시간 순서에 따라 잔차 런 차트(run plot)를 그려보면 중앙선과 단지 15번밖에 교차하지 않는다. 대략 $n/2 = 58/2 = 29$번 중앙선과 교차해야 하는데 실제 교차 회수는 이보다 훨씬 작아 양의 자기상관성이 있음을 암시한다.

그림 12.25

Minitab으로 그린 잔차 도표

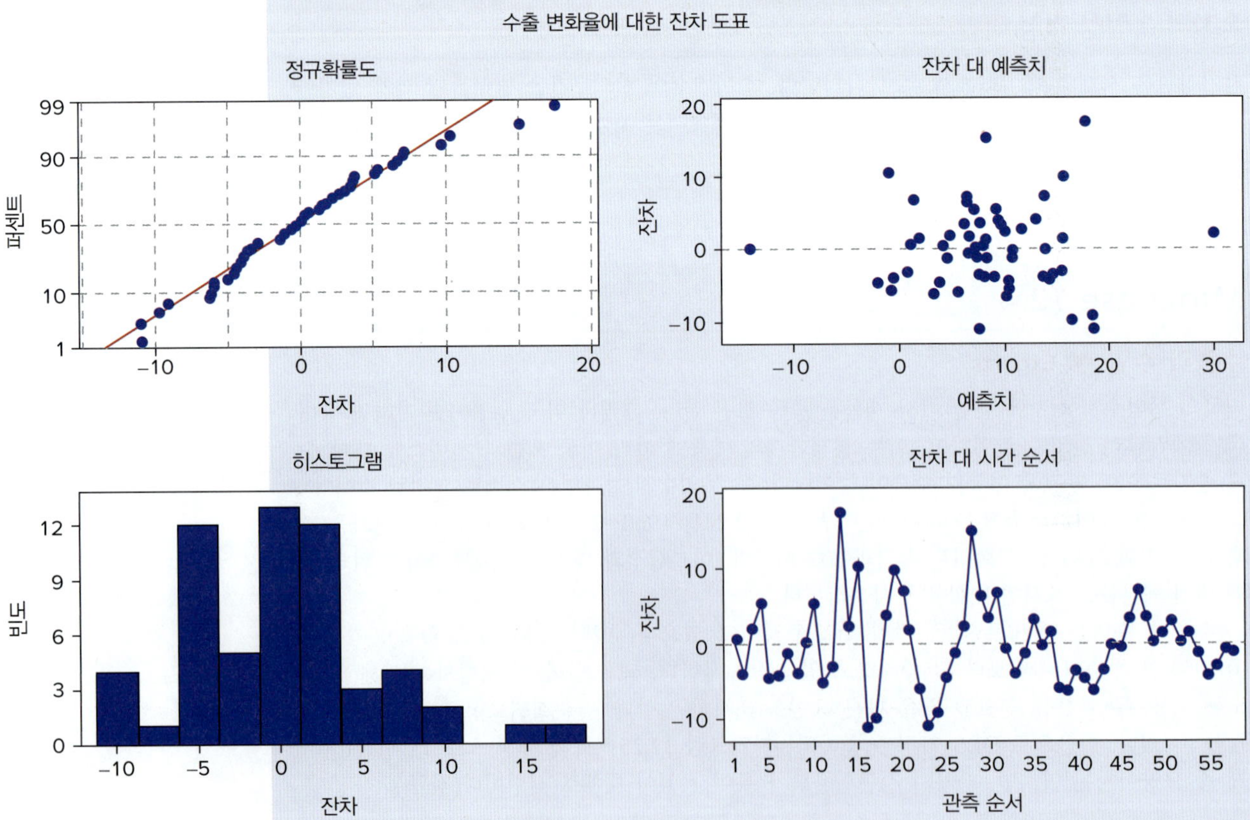

12.35 다음에 주어진 2개의 잔차 그래프를 검토하라. 회귀모형의 잔차가 정규성 가정과 등분산 가정을 위반한다고 말할 수 있는가? 각각 설명하라.

단원 연습문제

connect

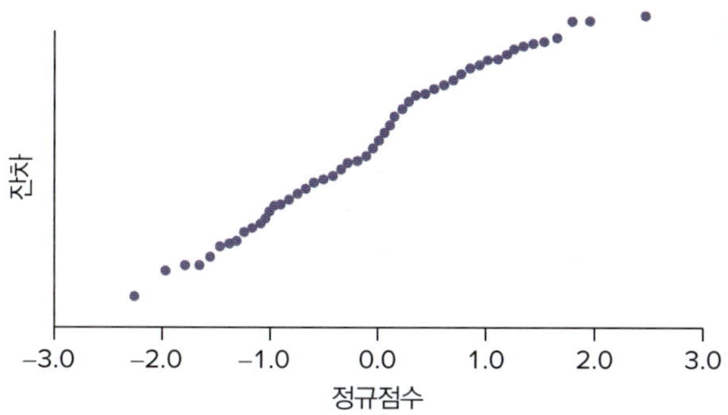

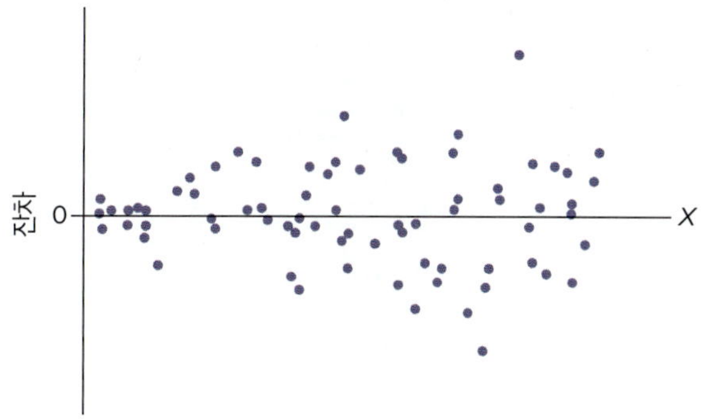

12.9 비정상 관측치

회귀분석에서 우리는 비정상(unusual) 관측치를 종종 발견한다. Y값을 회귀모형에 의해 예측하기 매우 힘들거나(*비정상 잔차*), 또는 비정상 X값이 회귀모형에 많은 영향(높은 *레버리지*)을 미칠 때 이러한 관측치를 비정상적이라 간주한다. 따라서 비정상 잔차와 높은 레버리지에 대한 검정은 회귀모형을 평가하는 데 매우 중요한 진단 도구이다.

비정상 잔차

모든 회귀모형에서 Y 변수는 각자의 단위(달러로 표시된 주가, 일 단위로 표시된 배송기일 등)를 가지고 있기 때문에 잔차 e_i를 표준오차인 s_{e_i}로 나누어 표준화할 필요가 있다.

$$e_i^* = \frac{e_i}{s_{e_i}} \quad \text{(관측치 } i\text{에 대한 표준화 잔차)} \tag{12.31}$$

위 식에서

$$s_{e_i} = s_e\sqrt{1 - h_i} \quad \text{그리고} \quad h_i = \frac{1}{n} + \frac{(x_i - \bar{x})^2}{\sum(x_i - \bar{x})^2}$$

위 계산식을 보면 각각의 잔차마다 관측치와 평균 간의 거리를 토대로 서로 다른 보정을 해준다. e_i^*를 *표준화 잔차*로 부르기로 한다. 또 다른 이름으로 **스튜던트화 잔차**(Studentized residual)라 부르기도 하는데 주로 통계 소프트웨어에서 사용되는 용어이다.

대략적인 경험 법칙에 따르면, 표준화 잔차의 절대값이 2 이상이면 비정상적이고 3 이상이면 특이값으로 간주한다.

엑셀에서 데이터분석 > 회귀분석 메뉴에서는 그림 12.26에서 볼 수 있듯이 잔차를 옵션으로 제공하고 있다. 엑셀에서 제공하는 '표준잔차'는 각 잔차를 그 잔차의 표준편차로 나누어 계산한 것이다. 이 방법이 정확히 맞는 것은 아니나, 비정상 잔차를 확인하는 데는 충분하다고 할 수 있다. 경험법칙을 이용하면 그림 12.26에서 비정상 잔차는 없는 것으로 보인다.

그림 12.26

엑셀로 구한 시험성적 예제의 잔차

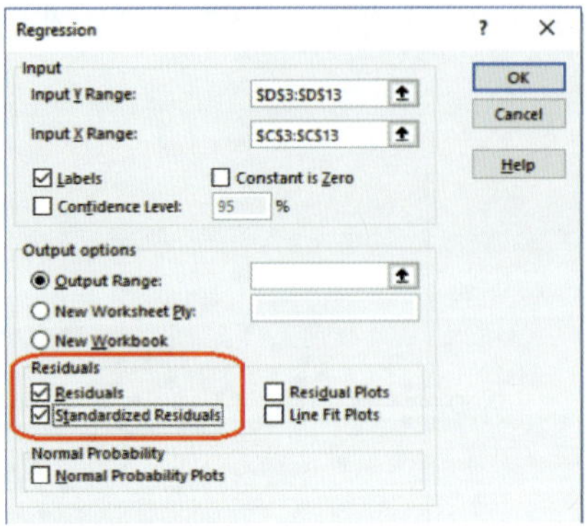

RESIDUAL OUTPUT

Observation	*Predicted Exam Score*	*Residuals*	*Standard Residuals*
1	51.44120983	1.55879017	0.118075152
2	59.29754253	14.70245747	1.113680937
3	63.22570888	-4.225708885	-0.320088764
4	65.18979206	-22.18979206	-1.680831145
5	69.11795841	-13.11795841	-0.99365839
6	71.08204159	12.91795841	0.978508801
7	76.97429112	19.02570888	1.441158347
8	78.93837429	-9.938374291	-0.752811428
9	78.93837429	5.061625709	0.383407745
10	86.79470699	-3.794706994	-0.287441256

출처: Microsoft Excel.

높은 레버리지

레버리지(leverage)가 높은 통계량은 X의 평균으로부터 멀리 떨어져 있는 관측치를 의미한다. 그러한 관측치는 '지렛대(lever)의 끝'에 있기 때문에 회귀모형의 추정치에 큰 영향을 끼친다. 그림 12.27은 이러한 개념을 그림으로 보여준다. 대부분의 근로자가 12시간에서 42시간 동안 일하지만 단 한 명의 근로자가 65시간 일했다고 하자. 이 근로자는 X의 평균에서 멀리 떨어져 있기 때문에 기울기 추정치에 큰 영향을 끼친다.

관측치 i의 레버리지를 h_i로 표시할 때 다음과 같이 계산된다.

$$h_i = \frac{1}{n} + \frac{(x_i - \bar{x})^2}{\sum_{i=1}^{n}(x_i - \bar{x})^2} \tag{12.32}$$

그림 12.27

레버리지가 높은 경우의 예시

Leverage

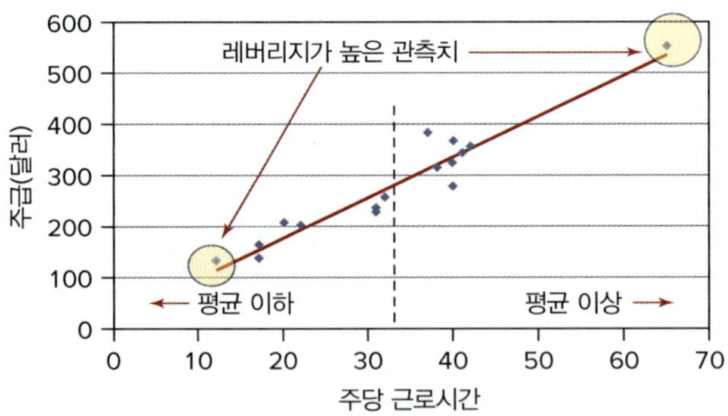

높은 레버리지

단순회귀모형에 대한 경험법칙에 따르면, 레버리지 통계량이 $4/n$을 넘으면 비정상적이라 할 수 있다($x_i = \bar{x}$이면 레버리지 통계량 h_i는 $1/n$이며, 경험법칙은 이 값의 4배가 넘으면 비정상적임을 의미한다).

비정상적 관측치가 있을 때 대처 방법

오류가 있는 데이터가 아니라면 비정상적 관측치도 분석에 포함하고 보고서에 이를 언급해야 한다. 만약 비정상적 관측치를 삭제하면 회귀모형 결과가 현저히 달라질 수 있다. 유효한 관측치는 극단적이 상황이 아니라면 제거하지 말아야 한다. 다만 비정상적이라는 사실에 주목하고 얼마나 영향이 큰지 작은지 주석을 달아 두어야 한다.

예제 12.3

시험성적: 레버리지와 레버리지가 미치는 영향

ExamScores

그림 12.28에서 2개의 데이터(톰과 코트니)의 레버리지가 높을 가능성이 있다. 왜냐하면 톰은 1시간(평균보다 훨씬 작음)밖에 공부하지 않았고, 코트니는 19시간(평균보다 매우 큼)이나 공부했다. 표 12.3에 있는 합들을 이용하여 레버리지를 다음과 같이 계산할 수 있다.

$$h_{\text{Tom}} = \frac{1}{10} + \frac{(1-10.5)^2}{264.50} = 0.441 \qquad \text{(톰의 레버리지)}$$

$$h_{\text{Courtney}} = \frac{1}{10} + \frac{(19-10.5)^2}{264.50} = 0.373 \qquad \text{(코트니의 레버리지)}$$

그림 12.28

시험성적 데이터에 대한 산포도 ExamScores

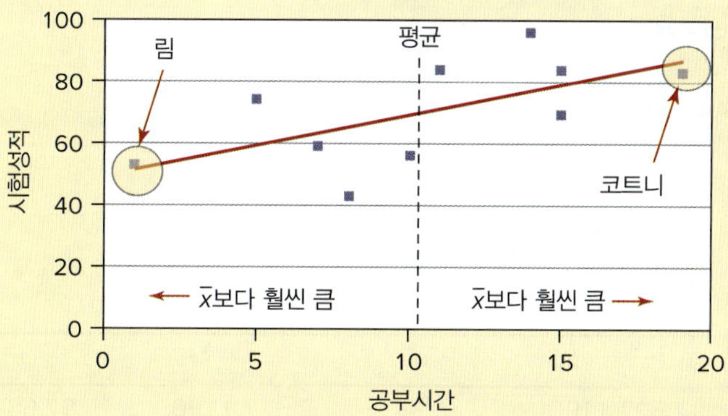

톰의 레버리지는 $4/n = 4/10 = 0.400$를 초과하므로 톰에 관한 데이터는 *영향력*이 높은 관측치이다. 그러나 높은 레버리지에도 불구하고 회귀모형은 톰의 실제 점수에 잘 들어맞으므로 잔차가 비정상적이지는 않다. 이는 높은 *레버리지*와 *비정상적 잔차*는 서로 다른 개념임을 예시한다.

Mini Case 12.5

체지방 BodyFat

허리둘레는 체지방의 좋은 예측변수인가? 무작위 표본으로 남자 50명의 체지방(퍼센트)와 허리둘레(단위: 센티미터)에 대한 데이터를 수집하였다. 그림 12.29는 선형모형이 적절하다는 것을 보여주고 있으며, 그림 12.30에 있는 MegaStat 결과 역시 회귀모형이 매우 유의함을 보여준다($F = 97.68$, $t = 9.883$, p값 $= 0.0000$).

그림 12.31에 나와 있는 잔차표는 3개의 비정상 관측치를 보여준다. 관측치 5, 45, 50번은 그들의 허리둘레가 평균에서 멀리 떨어져 있기 때문에 매우 높은 레버리지 값($4/n = 4/50 = 0.08$)을 가지고 있다. 관측치 37번은 1.96이라는 제법 큰 스튜던트화 잔차를 가지고 있다(실제

체지방 30.20%는 예상된 20.33%보다 훨씬 높다). 그러나 관측치 37의 스튜던트화 잔차는 2.0보다 작기 때문에 비정상 잔차 기준을 충족하지 않는다. 위 관측치를 제외한 대부분의 관측치는 모든 진단기준(레버리지, 스튜던트화 잔차)으로 볼 때 비정상적이지 않으므로 아래 표에 나와 있지 않다.

그림 12.29

체지방 회귀분석

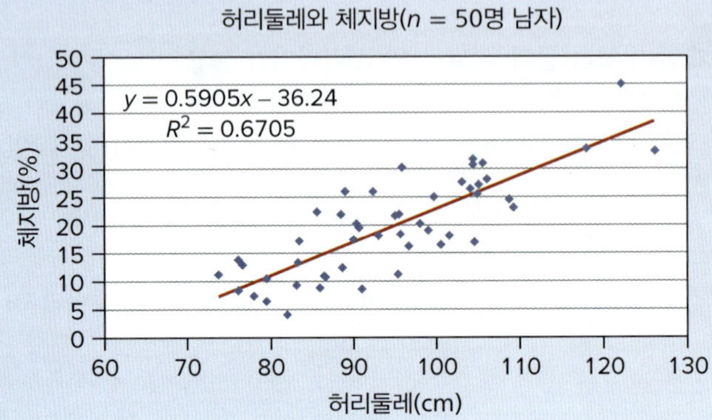

그림 12.30

체지방에 관한 회귀분석

Regression Analysis

r^2	0.671	n	50
r	0.819	k	1
Std. Error	5.086	Dep. Var.	Fat% 1

ANOVA table

Source	*SS*	*df*	*MS*	*F*	*p-Value*
Regression	2,527.1190	1	2,527.1190	97.68	3.71E-13
Residual	1,241.8162	48	25.8712		
Total	3,768.9352	49			

Regression output

Variables	*coefficients*	*Std. Error*	*t Stat*	*p-value*	*Confidence Interval* *Lower 95%*	*Upper 95%*
Intercept	−36.2397	5.6690	−6.393	6.28E-08	−47.6379	−24.8415
Abdomen	0.5905	0.0597	9.883	3.71E-13	0.4704	0.7107

그림 12.31

비정상 체지방 잔차

관측치	*실제 체지방 비율*	*체지방 예측치*	*잔차*	*레버리지*	*스튜던트화 잔차*
5	33.60	33.44	0.16	0.099	0.033
37	30.20	20.33	9.87	0.020	1.960
45	33.10	38.28	−5.18	0.162	−1.114
50	45.10	35.86	9.24	0.128	1.945

단원 연습문제

12.37 $s_e = 14$이고 표준화 잔차가 다음과 같다면 잔차는 얼마인가? (a) $e_i^* = 2.00$; (b) $e_i^* = -1.50$; (c) $e_i^* = 0.50$

12.39 자동차 표본에서 얻은 추정결과는 MPG = 49.22 − 0.081 *Horsepower*이고 여기서 *MPG*는 연비이고 *Horsepower*는 엔진출력이다. 표준오차는 $s_e = 2.03$이다. 엔진이 200마력이면 실제 연비는 *MPG* = 38.15라고 가정한다. (a) 예측된 MPG를 계산하라. (b) 잔차를 계산하라. (c) s_e를 이용하여 표준화 잔차를 계산하라. (d) 이 자동차는 특이값이라고 말할 수 있는가?

12.41 다음 각각의 경우에 '높은 레버리지'로 분류되기 위한 레버리지 h_i의 최솟값은 얼마인가? (a) $n = 25$, (b) $n = 40$, (c) $n = 200$

12.43 74개로 이루어진 Noodles & Company 식당 표본을 사용하여 회귀분석을 수행하였는데 이때 *Y* = *연간 매출 증가율*, *X* = *고객우대 카드 사용으로 인한 매출 비율*로 두었다. 다음 3곳의 식당에 대해 레버리지 통계량을 계산하고 레버리지가 높은지 여부를 설명하라. $SS_{xx} = 22.285$이고 $\bar{x} = 2.027\%$이다.

a. 식당 21은 고객우대 카드 사용으로 인한 매출 비율이 0.072%이다.
b. 식당 29는 고객우대 카드 사용으로 인한 매출 비율이 1.413%이다.
c. 식당 64는 고객우대 카드 사용으로 인한 매출 비율이 3.376%이다.

요약(Chapter Summary)

표본상관계수(sample correlation coefficient) *r*은 *X* 변수와 *Y* 변수의 선형관계를 측정하며 이 값이 0에 가까울수록 선형관계가 부족하고, −1(음의 선형관계)과 +1(양의 선형관계)에 가까울수록 선형관계가 강함을 나타낸다. **모상관계수**(population correlation) ρ에 대한 가설검정에는 *t*검정 방법이 사용된다. 단순회귀모형에서는 독립변수인 *X*(**예측변수**)와 종속변수인 *Y*(**반응변수**) 사이에 선형관계가 있음을 가정한다. 기울기(β_1)와 상수항(β_0)은 표본을 통해서 추정되어야 할 알려지지 않은 모수(parameter)들이다. 잔차(residuals)는 관측된 *Y*값과 추정된 *Y*값 간의 차이이다. **보통최소제곱법**(OLS)은 잔차 제곱합을 최소화함으로써 기울기(b_1)와 상수항(b_0)의 추정 계수를 구한다. **결정계수**(coefficient of determination: R^2)는 회귀모형의 전체적인 적합도를 측정하며, 이 값이 1에 가까울수록 적합도가 높음을 의미하고 0에 가까울수록 적합도가 낮음을 의미한다. ANOVA 표에 있는 *F*검정통계량은 모형의 전체적인 유의성을 판단하는 데 사용되며, *t*검정통계량(그리고 *p*값)은 기울기와 상수항에 대한 가정을 검정하는 데 사용된다. 회귀모형의 **표준오차**(standard error)는 *Y* 변수의 신뢰구간(confidence interval)과 **예측구간**(prediction interval)을 생성하는 데 사용된다. 회귀모형은 오차들이 정규분포이고 서로 독립적이고 오차의 분산이 σ^2으로 일정하다고 가정한다. **잔차 검정**(residual test)은 위 가정의 위배(비정규성, 자기상관, 이분산성) 여부를 확인하는 방법이다. 높은 **레버리지**(high leverage), 즉 비정상 관측치를 가진 데이터는 회귀모형에 미치는 영향이 크다. 비정상적인 표준화 잔차의 존재는 회귀직선의 적합도가 낮음을 의미한다. **데이터 변환**(data transform)은 도움이 될 수도 있으나, 모형의 형태를 바꿀 수 있음에 주의해야 한다.

주요 용어(Key Terms)

결정계수(coefficient of determination: R^2)
t 통계량(*t* statistics)
기울기(slope)
단순회귀식(simple regression equation)
등분산적인(homoscedastic)
레버리지(leverage)
모상관계수(population correlation coefficient: ρ)
반응변수(response variable)
보통최소제곱법(ordinary least squares: OLS)
산포도(scatter plot)
상수항(intercept)
스튜던트화 잔차(studentized residuals)
신뢰구간(confidence interval)
예측구간(prediction interval)
예측변수(predictor variable)

오차제곱합(error sum of squares)
이변량 데이터(bivariate data)
이분산적인(heteroscedastic)
자기상관(autocorrelation)
잔차(residuals)
정규확률도(normal probability plot)
제곱합(sum of squares)
표본상관계수(sample correlation coefficient, r)
표준오차(standard error)
표준화 잔차(standardized residuals)
회귀모형 가정(regression assumption)
q-q 도표

단순회귀모형에서 자주 사용되는 공식

표본상관계수: $$r = \frac{\sum_{i=1}^{n}(x_i - \overline{x})(y_i - \overline{y})}{\sqrt{\sum_{i=1}^{n}(x_i - \overline{x})^2}\sqrt{\sum_{i=1}^{n}(y_i - \overline{y})^2}}$$

상관계수 유의성에 관한 검정통계량: $$t_{\text{clac}} = r\sqrt{\frac{n-2}{1-r^2}}, \quad d.f. = n-2$$

모집단 회귀직선식: $$y = \beta_0 + \beta_1 x + \epsilon$$

추정된 회귀직선식: $$\hat{y} = b_0 + b_1 x$$

추정된 회귀직선의 기울기: $$b_1 = \frac{\sum_{i=1}^{n}(x_i - \overline{x})(y_i - \overline{y})}{\sum_{i=1}^{n}(x_i - \overline{x})^2} \quad \text{또는} \quad b_1 = \frac{SS_{yx}}{SS_{xx}}$$

추정된 회귀직선의 상수항: $$b_0 = \overline{y} - b_1\overline{x}$$

잔차 제곱합: $$SSE = \sum_{i=1}^{n}(y_i - \hat{y}_i)^2 = \sum_{i=1}^{n}(y_i - b_0 - b_1 x_i)^2$$

결정계수: $$R^2 = 1 - \frac{\sum_{i=1}^{n}(y_i - \hat{y}_i)^2}{\sum_{i=1}^{n}(y_i - \overline{y})^2} = 1 - \frac{SSE}{SST} \quad \text{or} \quad R^2 = \frac{SSR}{SST}$$

추정치의 표준오차: $$s_e = \sqrt{\frac{\sum_{i=1}^{n}(y_i - \hat{y}_i)^2}{n-2}} = \sqrt{\frac{SSE}{n-2}}$$

기울기의 표준오차: $$s_{b1} = \frac{s_e}{\sqrt{\sum_{i=1}^{n}(x_i - \overline{x})^2}}, \quad d.f. = n-2$$

기울기 모수의 유의성 검정을 위한 t 통계량: $$t_{\text{clac}} = \frac{b_1 - 0}{s_{b_1}}, \quad d.f. = n-2$$

기울기 모수에 대한 신뢰구간: $$b_1 - t_{\alpha/2}s_{b_1} \le \beta_1 \le b_1 + t_{\alpha/2}s_{b_1}, \quad d.f. = n-2$$

Y의 조건부 평균에 대한 신뢰구간: $$\hat{y}_i \pm t_{\alpha/2}s_e\sqrt{\frac{1}{n} + \frac{(x_i - \overline{x})^2}{\sum_{i=1}^{n}(x_i - \overline{x})^2}}$$

실제 관측치 Y에 대한 예측구간: $$\hat{y}_i \pm t_{\alpha/2}s_e\sqrt{1 + \frac{1}{n} + \frac{(x_i - \overline{x})^2}{\sum_{i=1}^{n}(x_i - \overline{x})^2}}$$

리뷰(Chapter Review)

1. (a) 상관분석과 회귀분석은 어떻게 다른가? (b) 상관계수는 무엇을 의미하는가? (c) 유의한 상관계수에 대한 간단한 규칙을 설명하고 그러한 규칙의 한계에 대해 설명하라. (d) 상관계수를 계산하기 위해서 어떤 합(sum)들이 필요한가? (e) 상관계수의 유의성을 검정하는 두 가지 방법은 무엇인가?
2. (a) 단순회귀모형은 무엇인가? (b) 회귀모형에 관해 주의할 점 세 가지를 설명하라. (c) 회귀모형에서 오차항은 무엇을 의미하는가? (d) 추정된 잔차와 모집단의 원래 오차항 간 차이는 무엇인가?
3. (a) 엑셀 산포도에서 회귀식을 추정하는 방법을 설명하라. (b) 엑셀 산포도에서 추정한 회귀직선의 한계는 무엇인가?
4. (a) 보통최소제곱법의 원리에 대해 설명하라. (b) 기울기와 상수항에 대한 최소제곱법 공식은 어떻게 도출되는가? (c) 최소제곱 추정치를 계산하기 위해 어떤 제곱합이 필요한가?
5. (a) 적합도를 평가하는 데 잔차합을 사용할 수 없는 이유는? (b) R^2를 계산하기 위해서는 어떤 합이 필요한가? (c) 적합도를 측정하는 데 표준오차인 s_{yx}대신 R^2통계량을 사용할 때 장점은? (d) 표준오차 s_{yx}가 필요한 이유는?
6. (a) 기울기 또는 상수항에 대한 신뢰구간이 양측검정과 같은 이유를 설명하라. (b) 기울기 0에 대한 가설검정이 왜 중요한지 설명하라.
7. (a) F통계량은 무엇을 나타내는가? (b) F통계량의 범위는 무엇인가? (c) 기울기와 상관계수에 대한 F검정과 t검정의 관계는 무엇인가?
8. (a) X가 주어졌을 때, Y의 조건부 평균에 대한 신뢰구간과 개별 관측치 Y에 대한 예측구간의 차이점을 설명하라. (b) 예측구간의 폭이 넓은 이유는? (c) X의 값이 평균에 가까울 때 이 구간들이 가장 좁은 이유는?
9. (a) 잔차는 무엇인가? (b) 표준화된 잔차는 무엇이며, 왜 필요한가? (c) 비정상적 관측치를 확인하는 두 가지 방법은?
10. (a) 데이터 관측치가 언제 높은 레버리지를 가지게 되는가?(산포도를 이용하여 설명하라.) (b) 레버리지가 비정상적인지 검정하는 방법을 설명하라.
11. (a) 회귀모형에서 무작위 오차항에 대한 세 가지 가정을 설명하라. (b) 이 가정을 검정하는 데 있어서 왜 잔차가 중요한가?
12. (a) 오차들이 비정규성을 보일 때 그 결과는 무엇인가? (b) 비정규성 검정에 사용되는 방법 두 가지를 설명하라.
13. (a) 이분산성은 무엇인가? 두 가지 일반적인 형태를 설명하라. (b) 이분산성으로 인한 문제점은? (c) 이분산성을 검정하는 방법은?
14. (a) 자기상관은 무엇인가? 두 가지 형태에 대해 설명하라. (b) 자기상관으로 인한 문제점은? (c) 자기상관성은 어떻게 검정하는가?
15. (a) 잔차에서 특이값이 존재하는 이유는? (b) 어떤 조치가 취해질 수 있는가?

단원 연습문제(Chapter Exercises)

주어진 데이터세트 A~J 중 하나 또는 여러 개를 선택하라. 첫 번째 열은 독립변수 X이고 두 번째 열은 종속변수 Y이다. 엑셀이나 통계 프로그램(예: R)을 이용하여 단순회귀모형을 추정하고 필요한 그림을 작성하라. 또한 아래의 각 질문에 대해 간단한 설명 또는 답을 작성하라. 답을 작성할 때 필요한 표나 그림을 추가할 수 있다.

12.47 주어진 데이터는 어떻게 수집되었다고 생각하는가?

12.49 기울기의 부호에 대한 선험적 가정에 대해 논하라. 원인-결과 관계의 가정이 합리적인가?

12.51 엑셀에서 추세선 추가 기능을 이용하여 산포도에 회귀직선을 그려라. 선형모형이 적절한가?

12.53 엑셀, R을 이용하여 회귀모형을 추정하고 잔차와 표준화 잔차를 계산하라.

12.55 (a) R^2과 ANOVA 표에 근거하여, 구한 모형을 평가하라. (b) F검정통계량에 대한 p값을 해석하라. (c) 추정된 모형이 실제로 사용되기에 충분하다고 말할 수 있는가?

12.57 (a) 잔차에 대한 히스토그램(또는 정규확률도)을 그린 후 그 모양에 대해 논하라. (b) 회귀모형이 정규성 가정을 위배하는 증거를 발견할 수 있는가?

12.59 주어진 데이터에 자기상관 검정이 필요한가? 만약 그렇다면, 관측치 순서대로 그린 잔차 그래프를 시각적으로 판단하거나 런검정을 실시하여라.

12.61 R을 이용하여 높은 레버리지를 가진 관측치를 찾아라.

데이터세트 A

각 주의 소득 및 주택가격 중앙값(n = 51) HomePrice3

도시	소득(달러)	주택(달러)
AK	$40,933	$241,750
AL	57,848	128,969
AR	46,896	120,560
⋮	⋮	⋮
WI	42,777	153,935
WV	50,351	129,369
WY	52,201	183,202

출처: http://www.fhfa.gov and http://www.census.gov.

데이터세트 B

2011년 가을학기 통계학 강좌의 중간과 기말시험 성적(n = 58명) ExamScores2

중간시험 성적	기말시험 성적
80	78
87	85
72	81
⋮	⋮
80	82
68	70
70	69

데이터세트 C

환자의 예상 및 실제 병원체류 기간(n = 16) Hospital

환자	예상	실제
1	10.5	10
2	4.5	2
3	7.5	4
⋮	⋮	⋮
14	6	10
15	7.5	7
16	3	5.5

출처: 어느 병원의 외래환자 기록.
주: 예상 체류기간은 42개 평가 항목과 전문가 팀의 판단으로부터 도출되었음. 환자들은 두상, 발작 또는 인지기능에 영향을 주는 다른 의학적 상태를 겪었음.

데이터세트 D

단일엔진 비행기의 성능(n = 52대) Airplanes

제조사/모델	마력	속도
AMD CH 2000	116	100
Beech Baron 58	600	200
Beech Baron 58	650	241
⋮	⋮	⋮
Sky Arrow 650 TC	81	98
Socata TB20 Trinidad	250	163
Tiger AG-5B	180	143

출처: 잡지 *Flying*에 실린 기사와 보고.
주: 자료는 교육목적으로만 사용.

데이터세트 E

프로세서 속도와 전력 소모(n = 14개 칩) Microprocessors

칩 이름	속도(MHz)	전력 소모(watts)
1989 Intel 80486	20	3
1993 Pentium	100	10
1997 Pentium II	233	35
1998 Intel Celeron	300	20
1999 Pentium III	600	42
1999 AMD Athlon	600	50
2000 Pentium 4	1300	51
2004 Celeron D	2100	73
2004 Pentium 4	3800	115
2005 Pentium D	3200	130
2007 AMD Phenom	2300	95
2008 Intel Core 2	3200	136
2009 Intel Core i7	2900	95
2009 AMD Phenom II	3200	125

출처: wikipedia.org and New Scientist 208, no. 2780 (October 2, 2010), p. 41.

데이터세트 F

식당 홈페이지 방문자 수와 식당 수입(n = 10개 식당)
WebSiteHits

식당 이름	주당 웹사이트 방문횟수	주당 매출(달러)
John's Café	1,213	$12,113
Buccan	1,490	11,409
New City Diner	1,365	14,579
Black Pearl	1,455	11,605
Saratoga	1,269	12,308
Burnt Toast	1,632	12,320
University Seat	1,323	13,225
Jimmy's	1,865	13,652
Maroon and Orange	1,590	13,893
Burger Palace	1,878	13,896

데이터세트 G

연비와 자동차 무게(n = 73대 자동차) MPG2

자동차 이름	중량	연비
Acura TL	3,968	20
Audi A5	3,583	22
BMW 4 Series 428i	3,470	22
⋮	⋮	⋮
Volkswagen Passat SE	3,230	24
Volvo S60 T5	3,528	21
Volvo XC90	4,667	16

출처: Consumer Reports New Car Buying Guide 2003–2004 (Consumers Union, 2003).
주: 2014년 미국에 판매된 차 중에 무작위로 선택하였고 데이터는 교육 목적으로만 사용.

데이터세트 H

파스타 소스에서 지방칼로리와 총 칼로리(n = 20개 제품)
Pasta

제품 이름	지방 칼로리	총 칼로리
Barilla Roasted Garlic & Onion	0.20	0.64
Barilla Tomato & Basil	0.12	0.56
Classico Tomato & Basil	0.08	0.40
⋮	⋮	⋮
Ragu Roasted Garlic	0.19	0.70
Ragu Traditional	0.20	0.56
Sutter Home Tomato & Garlic	0.16	0.64

출처: 통계학 수강생인 Donna Bennett, Nicole Cook, Latrice Haywood, 그리고 Robert Malcolm의 프로젝트.
주: 데이터는 교육 목적으로만 사용.

데이터세트 I

기온과 에너지 사용량(n = 24개월) Electric

월	기온($F°$)	사용량(kWh)
1	62	436
2	71	464
3	76	446
⋮	⋮	⋮
22	25	840
23	38	867
24	48	606

출처: 어떤 주택의 전기요금 청구서, NOAA 기상 자료.

데이터세트 J

미국 소비재 가격 상승률과 서비스 요금 상승률(n = 47년)
Inflation

연도	소비재 가격 상승률(%)	서비스 가격 상승률(%)
1975	9.8	2.4
1976	10.0	4.6
1977	8.9	4.3
⋮	⋮	⋮
2016	4.1	−0.1
2017	1.8	−1.6
2018	2.0	−0.1

출처: *Economic Report of the President*, 2007.

12.63 55개 소규모 회사를 대상으로 Y = '매출증가율에 대한 만족도'와 X = '최고경영진의 계획에 대한 관심'을 조사하였다. 두 변수의 상관계수가 $r = 0.3043$으로 계산되었다. 유의수준 $\alpha = 0.025$일 때 상관계수가 0인지에 대한 양측검정을 실시하라.

12.65 2002~2003 시즌 동안 미국프로농구(NBA) 29개 팀의 자유투를 분석한 결과, 다음과 같은 회귀모형을 추정하였다. $Y = 55.2 + 0.73X$ ($R^2 = 0.874$, $s_{yx} = 53.2$), 여기에서 Y = 성공한 자유투 개수, 그리고 X = 시도된 총 자유투 개수이다. X의 범위는 1,620개(뉴욕 닉스)부터 2,382개(골든스테이트 워리워스)이다. (a) 만약 2,000개의 자유투가 시도될 때 성공 개수를 예상하라. (b) 상수항이 의미가 있는가? *힌트*: 산포도를 그리고 엑셀을 이용하여 회귀직선을 추정하라. (c) $X = 2{,}000$일 때, Y에 대한 95% 예측구간을 계산하라. FreeThrows

12.67 제시 "B"는 회귀모형 결과에서 X = 월 유지보수 비용(달러), Y = 월 복사기 정지시간(시간)이고 $n = 15$이다. (a) 추정된 회귀직선을 쓰라. (b) 기울기 모수가 0인지 검정하기 위한 양측검정의 자유도는? 부록 D를 활용하여 유의수준 5%에서 임계치를 구하라. (c) 기울기에 대한 결론은? (d) 기울기 모수에 대한 95% 신뢰구간을 계산하라. (e) 기울기 모수에 대한 검정에서 $F = t^2$임을 보여라. (f) 회귀모형의 적합도에 대해 논하라.

12.69 경쟁하는 회사들의 주가는 같이 움직이는가? 아래 데이터는 두 컴퓨터회사(IBM = International Business Machine, HPQ = Hewlett-Packard Company)의 일별 종가이다. (a) 표본상관계수를 계산하라(엑셀이나 R 이용). (b) 유의수준 1%에서 모상관계수가 0이 아니라고 단정할 수 있는가? (c) 산포도를 그려라. 어떤 결과를 예측할 수 있는가? StockPrices

날짜	IBM	HPQ
3/1/11	159.26	42.83
3/2/11	159.45	43.16
3/3/11	162.75	43.12
⋮	⋮	⋮
4/27/11	169.61	41.04
4/28/11	170.02	40.53
4/29/11	169.82	40.37

12.71 다음 데이터는 15개 EU 국가의 2년간 출산율(여성 1인당 태어나는 아이들 숫자)이다. (a) 산포도를 그려라. (b) 상관계수를 계산하고 해석하라. (c) 상관계수의 유의성을 검정하라. 자유도를 명시하라. Fertility

국가	1990	2000
Austria	1.5	1.3
Belgium	1.6	1.5
Denmark	1.6	1.7
⋮	⋮	⋮
Spain	1.4	1.1
Sweden	2.0	1.4
U.K.	1.8	1.7

제시 "B"
Downtime

R^2	0.370
Std. Error	286.793
n	15

ANOVA table

Source	*SS*	*df*	*MS*	*F*	*p-value*
Regression	628,298.2	1	628,298.2	7.64	.0161
Residual	1,069,251.8	13	82,250.1		
Total	1,697,550.0	14			

Regression output — *Confidence Interval*

Variables	*Coefficients*	*Std. Error*	*t Stat*	*p-value*	*Lower 95%*	*Upper 95%*
Intercept	1,743.57	288.82	6.037	.0000	1,119.61	2,367.53
Slope	−1.2163	0.4401	−2.764	.0161	−2.1671	−0.2656

12.73 제시 "D"에 있는 3개 데이터 중 하나를 선택하여 다음의 물음에 답하라. (a) 산포도를 그려라. (b) 엑셀을 이용하여 회귀식을 추정하고 R^2를 계산하라. (c) 회귀모형의 적합도를 논하라. (d) 추정된 회귀식을 쓰고 기울기를 해석하라. (f) 추정된 상수항이 의미가 있는지 설명하라.

12.75 아래 데이터는 20개의 건강보험 회사 표본에 대한 재무비율이다. 운영마진(operating margin) = (총 매출 − 총 비용)/총 매출로 정의하고, 자기자본비율 = (자기자본/총 자산)으로 정의한다. (a) Y = 운영마진이고 X = 자기자본비율(두 변수 모두 단위는 %이다)로 놓고 산포도를 작성하라. (b) 엑셀을 이용하여 회귀모형을 추정하고, R^2를 계산하라. (c) 회귀모형의 적합도를 논하라.

HealthCare

운영마진	자기자본비율
03.89	35.58
08.23	59.68
02.56	40.48
⋮	⋮
04.75	54.21
00.00	59.73
10.79	46.21

제시 "D"
Three Data Sets

상업용 부동산(X = 면적, 제곱피트; Y = 감정가, 천 달러) (n = 15) Assessed

면적	감정가
4,790	1,796
4,720	1,544
5,940	2,094
⋮	⋮
4,880	1,678
1,620	710
1,820	678

어떤 회사 근로자의 나이 및 연봉(X = 나이; Y = 연봉, 천 달러) (n = 23) Salaries

나이	연봉
23	28.6
31	53.3
44	73.8
⋮	⋮
54	75.8
44	79.8
36	70.2

어떤 주택공급사가 판매하는 주택의 크기와 가격(X = 크기, 제곱피트; Y = 가격, 천 달러) (n = 20) HomePrice2	
크기(제곱피트)	가격
3,570	861
3,410	740
2,690	563
⋮	⋮
3,020	720
2,320	575
3,130	785

12.77 SAT 성적은 각 주에 거주하는 학생들을 얼마나 잘 교육시켰는지에 대한 간접지표로 종종 사용된다. 그러나 주에 거주하는 모든 학생이 SAT를 보지는 않으므로 SAT 응시율이 주마다 다르다. 예를 들어 어떤 주에서는 고등학교 재학 중에 SAT에 응시하는 것을 필수로 요구한다. 그러한 주에서는 나머지 주에 비해 응시율이 높다. 만약 어떤 학생이 SAT를 필수로 요구하지 않는 학교에 다니지만 SAT 성적을 요구하는 대학에 지원하려면, 학생 스스로 시험 응시를 선택할 것이다. Y = 주의 평균 SAT 점수, X = 주의 SAT 응시율로 두고 회귀분석을 실시한 결과가 아래에 주어져 있다. (a) 회귀분석 결과를 보고 SAT 성적과 SAT 응시율 간의 관계에 대해 무엇이라 말할 수 있는가? (b) 두 변수 간의 관계가 강하다고 보는가? (c) 이러한 관계가 왜 존재하는지 이유를 설명하라.

Regression Statistics			
R Square	0.8419		
Standard Error	59.94		
Observations	51		
Variables	*Coefficients*	*Std Error*	*t Stat*
Intercept	1752.44	12.916	135.683
Participation	−388.08	24.024	−16.154

출처: www.collegeboard.org.

12.79 아래 표는 중고차 광고에 기초한 회귀분석 결과이다. X값의 범위는 표에 주어져 있다. 가정된 회귀모형은 자동차 시세 = f(*자동차 연식*)이다. (a) 기울기를 해석하라. (b) 상수항은 의미가 있는가? 설명하라. (c) 각 모형의 적합도를 평가하라. (d) 자동차 시세를 설명하기에 이변량 모형이 적절한가? 그렇지 않다면, 어떤 다른 예측변수들이 고려되어야 하는가?

자동차	n	상수항	기울기	R^2
Ford Explorer	31	22,252	−2,452	0.643
Ford F-150 Pickup	43	26,164	−2,239	0.713
Ford Mustang	33	21,308	−1,691	0.328
Ford Taurus	32	13,160	−906	0.679

출처: *Detroit's AutoFocus*, 4, no. 38 (September 17–23, 2004).

참고문헌(*Related Reading*)

Kutner, Michael H.; Chris Nachtsheim; and John Neter. *Applied Linear Regression Models*. McGraw-Hill, 2004. Vigen, Tyler. *Spurious Correlations*. Hachette Books, 2015.

R을 이용한 단순회귀분석

회귀식 MyY = $b_0 + b_1$ MyX의 계수를 추정하고 결과를 출력하는 데 사용되는 R 함수들은 다음과 같다:

회귀식 추정 및 핵심 결과 출력에 사용되는 함수:

```
> My.fit = lm(MyY~MyX, MyData)                  # 회귀식 추정 및 결과 저장
> summary(My.fit)                               # 회귀모형의 기본적인 결과 표시
> coef(My.fit)                                  # 추정된 계수만 출력
> anova(My.fit)                                 # 회귀모형의 ANOVA 표
> plot(MyData$MyX, MyData$MyY)                  # 산포도
```

잔차 출력 및 검정 수행:

```
> residuals(My.fit)                             # 잔차 출력
> rstandard(My.fit)                             # 표준화 잔차 출력
> hist(residuals(My.fit))                       # 잔차의 히스토그램
> hist(rstandard(My.fit))                       # 표준화 잔차의 히스토그램
> qqnorm(rstandard(My.fit))                     # 잔차의 정규확률도
> plot(fitted.values(My.fit),residuals(My.fit)  # 이분산성 확인
> hatvalues(My.fit)                             # 각 관측치의 레버리지 통계량
```

시험점수 데이터를 사용한 예제 ExamScores

공부 시간과 시험점수로 이루어진 10쌍의 관측치를 가지고 있다. 클립보드 기능을 사용하여 2개 칼럼으로 이루어진 데이터를 데이터 프레임 ExamData에 복사한다. 데이터를 출력한다. 선형회귀식을 추정하는 함수 lm()를 사용하여 회귀식을 추정한다. 그리고 summary()와 anova()를 이용하여 결과를 출력한다. 산포도를 그린다(Exam.Scores 대 Study.Hours, 잔차 대 예측치). 잔차검정을 수행한다(잔차의 히스토그램, 잔차의 정규확률도). 레버리지 통계량을 출력한다.

```
> ExamData=read.table(file="clipboard", sep="\t", header=TRUE)
> ExamData
     Study.Hours   Exam.Score
1         1            53
2         5            74
3         7            59
4         8            43
5        10            56
6        11            84
7        14            96
8        15            69
9        15            84
10       19            83
> Exam.fit=lm(Exam.Score~Study.Hours,ExamData)
> summary(Exam.fit)
Residuals:
     Min       1Q   Median      3Q     Max
 −22.190   −8.510   −1.118  10.954  19.026

Coefficients:
             Estimate Std. Error  t value   Pr(>|t|)
(Intercept)  49.477       10.066    4.915   0.00117 **
Study.Hours  1.964        0.861     2.281   0.05197.
---
Signif. codes: 0 '***'  0.001 '**'  0.01 '*'  0.05  '.'  0.1  ' '  1
Residual standard error: 14.00  on  8 degrees of freedom
Multiple R-squared: 0.3941,   Adjusted R-squared:   0.3184
F-statistic: 5.204  on  1  and  8 DF,    p-value: 0.05197
```

```
> coef(Exam.fit)
(Intercept)    Study.Hours
49.477127      1.964083

> anova(Exam.fit)
Analysis of Variance Table
Response: Exam.Score

              Df   Sum Sq   Mean Sq   F value   Pr(>F)
Study.Hours    1   1020.3   1020.34    5.204    0.05197 .
Residuals      8   1568.6    196.07
---
Signif. codes:  0 '***' 0.001 '**' 0.01 '*' 0.05 '.' 0.1 ' ' 1
> plot(ExamData$Study.Hours,ExamData$Exam.Score)     # scatter plot of data
> plot(residuals(Exam.fit),fitted.values(Exam.fit))  # heteroskedastic?
> hist(residuals(Exam.fit)                           # residual histogram for normality check
> qqnorm(rstandard(Exam.fit))                        # normal probability plot of residuals
> hatvalues(Exam.fit)                                #leverage statistics
```

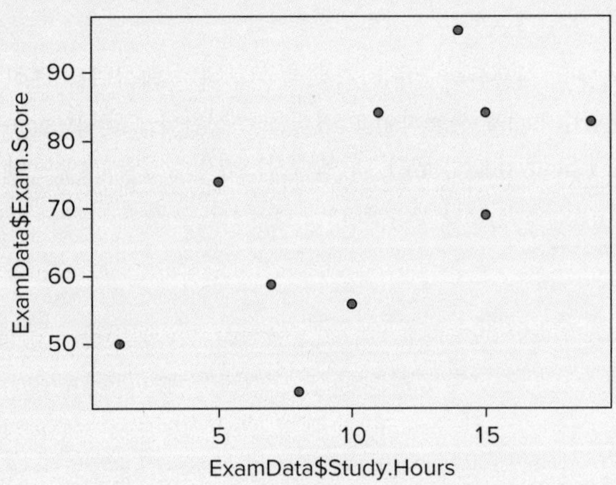

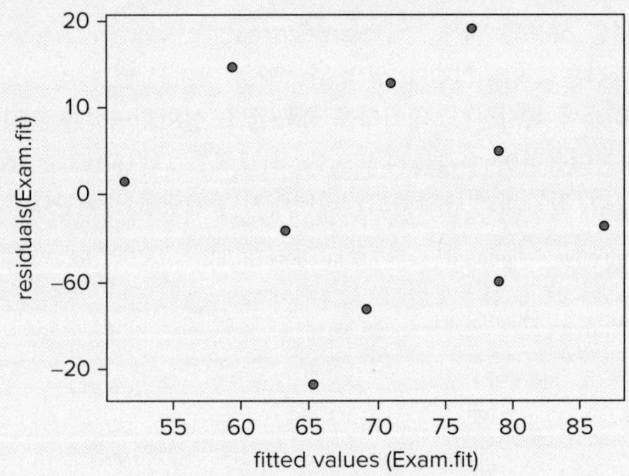

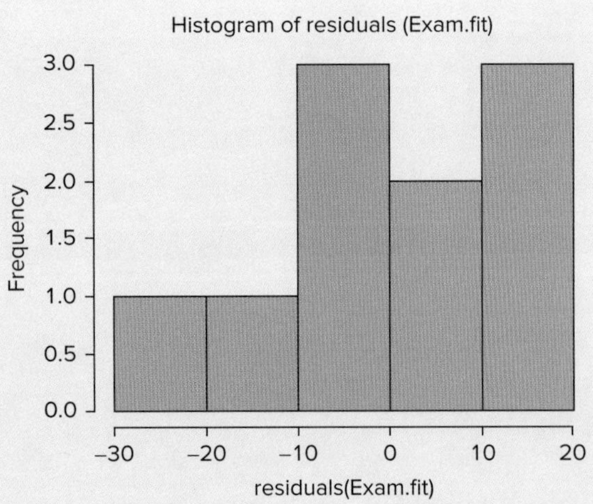

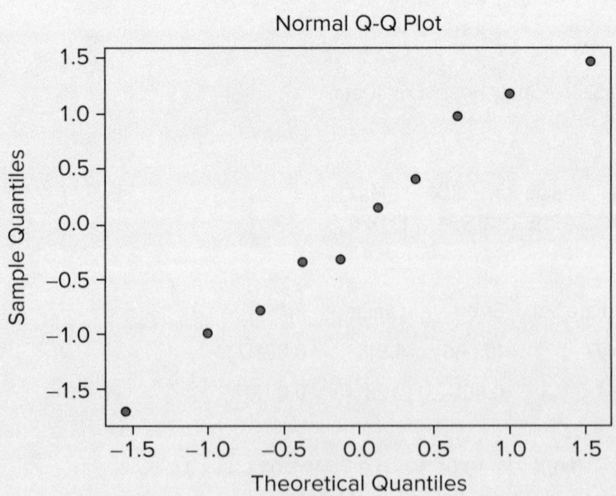

```
1          2          3          4          5          6          7
0.4412098  0.2143667  0.1463138  0.1236295  0.1009452  0.1009452  0.1463138
8          9          10
0.1765595  0.1765595  0.3731569

> # Create object RES to display residual statistics in nice columns
> RES=data.frame    (residuals(Exam.fit),    rstandard(Exam.fit),    hatvalues(Exam.fit))
> RES
     residuals.Exam.fit.   rstandard.Exam.fit.   hatvalues.Exam.fit.1
1          1.558790            0.1489217             0.4412098
2         14.702457            1.1846078             0.2143667
3         -4.225709           -0.3266217             0.1463138
4        -22.189792           -1.6927934             0.1236295
5        -13.117958           -0.9880246             0.1009452
6         12.917958            0.9729609             0.1009452
7         19.025709            1.4705721             0.1463138
8         -9.938374           -0.7821568             0.1765595
9          5.061626            0.3983534             0.1765595
10        -3.794707           -0.3422894             0.3731569
```

CHAPTER

13 다중회귀모형

Multiple Regression

목차 *Chapter Contents*

학습목표 *Chapter Learning Objectives*

이 장을 마친 후 스스로 다음을 할 수 있어야 한다.

- **LO 13-1** 추정된 다중회귀모형을 이용하여 예측할 수 있다.
- **LO 13-2** ANOVA 표를 이용하여 모형의 유의성 판단을 위한 *F*검정을 할 수 있다.
- **LO 13-3** 회귀계수의 신뢰구간을 구하고 예측변수의 유의성을 검정할 수 있다.
- **LO 13-4** 표준오차를 계산하고 *Y*에 대한 근사적 신뢰구간과 예측구간을 구할 수 있다.
- **LO 13-5** 범주형 변수를 포함시켜 다중회귀분석을 수행할 수 있다.
- **LO 13-6** 비선형성과 상호작용에 대한 기본적인 검정을 수행할 수 있다.
- **LO 13-7** 다중공선성을 탐지하고 다중공선성으로 인한 효과를 평가할 수 있다.
- **LO 13-8** 잔차 가정 위반 여부를 확인하기 위해 잔차를 분석할 수 있다.
- **LO 13-9** 비정상적 잔차를 찾아내고 특이값이 되는 조건을 설명할 수 있다.
- **LO 13-10** 높은 레버리지를 갖는 관측치와 이를 발생시키는 원인을 찾아낼 수 있다.
- **LO 13-11** 데이터 조건화와 단계적 회귀모형의 목적을 설명할 수 있다.

Ryan McVay/Getty Images

13.1 다중회귀모형

여러분이 주택을 소유하고 있는데 이 주택을 팔아야 한다고 가정하자. 이 주택의 매도가를 어떻게 예측하겠는가? 하나의 독립변수(예: 집의 면적)에 기초한 단순회귀모형을 사용하여 주택 매도가를 예측하는 것은 너무 단순한 생각일 것이다. 주택가격은 주택의 물리적 특성뿐만 아니라 경제적 조건에도 영향을 받는다. 경제적 조건에는 주택담보대출 이자율, 거주 도시의 취업 기회 등이 포함될 수 있다. 이자율이 낮으면 주택가격이 높을 수 있는데 그 이유는 구매자들이 주택 구매 시 더 많은 자금을 대출할 수 있기 때문이다. 취업 기회가 많으면 해당 지역의 주택에 대한 수요가 증가하고 결과적으로 주택가격이 상승한다. 주택 면적, 화장실과 방 개수, 주택 노후도 등과 같은 물리적 특성도 주택가격을 결정할 때 고려해야 한다. 이렇게 여러 변수들이 주택가격에 영향을 미치기 때문에 여러 독립변수를 사용하여 예측하는 모형이 필요하다.

다중회귀모형(multiple regression)은 단순회귀모형을 확장하여 2개 이상의 독립변수(*예측변수* 또는 *설명변수*)를 포함한다. 하나의 독립변수로는 종속변수 Y와 여러 잠재적인 예측변수($X_1, X_2, X_3, \ldots$) 간의 관계를 정확하게 설명할 수 없을 때 다중회귀모형이 필요하다. 다중회귀모형의 해석은 단순회귀모형의 해석과 유사한데 그 이유는 단순회귀모형이 다중회귀모형의 특별한 형태이기 때문이다. 사실 통계학자들은 단순회귀모형과 다중회귀모형을 구별하지 않고 단지 '*회귀모형*'이라고 부른다.

특정 예측변수는 유용한 반면에 또 다른 예측변수는 유용하지 않다. 회귀분석은 각 변수가 유용한지 그렇지 않은지 알려준다. 회귀모형의 목표 중의 하나는 연구자가 절약모형을 설정하였는지 여부를 판단하는 것이다. 절약모형이란 유용한 예측변수만을 포함한 간결한 회귀모형이다. 추정된 회귀계수가 양(+)이면 X값 증가는 Y값을 증가시킨다는 의미이다. 음(−)의 회귀계수는 반대를 의미한다.

모든 계산은 컴퓨터에 의해서 행해지기 때문에 계산에 대한 추가적인 부담은 없다. 그러나, 다중회귀모형을 분석할 때는 고려할 해석들이 추가로 존재한다. 여러 개의 예측변수를 사용하는 것은 '적합도를 높이는' 것 이상의 의미가 있다. 즉, 올바른 모형을 구축할 수 있느냐의 문제이다. 단순회귀모형에서 낮은 R^2는 X 변수와 Y 변수가 관련이 없다는 것을 의미하기보다는 모형이 잘못 설정되었음을 의미할 수 있다. 적절한 예측변수를 제외하면(*모*

형설정의 오류, model misspecification) 추정치에 편의가 발생하고 그에 따라 결과 해석에 오류가 발생할 수 있다.

단순선형회귀모형의 한계

- 너무 간단한 모형이다
- 적절한 예측변수가 제외되면 추정치에 편의가 발생한다.
- 관계를 나타내는 정확한 모형이 다중회귀모형인 경우 단순회귀분석의 낮은 적합도가 X 변수와 Y 변수가 상관없음을 증명하는 것은 아니다.

회귀모형 용어

반응변수(Y)는 다음과 같은 선형방정식에 의해 k개의 **예측변수**($X_1, X_2, \ldots, X_k$)와 관련되어 있다고 가정한다. 이 선형방정식을 *모집단 회귀모형*(population regression model)이라 부른다.

$$y = \beta_0 + \beta_1 x_1 + \beta_2 x_2 + \cdots + \beta_k x_k + \varepsilon \qquad \textbf{(13.1)}$$

여기서 *오차항*은 모형에 포함되지 않은 모든 요인을 담고 있다. 알려지지 않은 회귀모형의 계수 $\beta_0, \beta_1, \ldots, \beta_k$는 모수라고 부르며 그리스 문자로 표기한다. 각 계수 β_j는 다른 변수들이 동일한 수준으로 유지된다는 가정하에(*ceteris paribus*) 변수 X_j가 한 단위 변할 때 종속변수 Y의 예상 변화분을 의미한다. 오차들은 관찰 불가능하고, 0의 평균과 일정한 분산을 가진 정규분포, 즉 $\varepsilon \sim N(0, \sigma^2)$를 따르며 서로 독립이라고 가정한다. 이러한 가정하에서 보통최소제곱법(OLS)으로 추정하면 알려지지 않은 모수에 대한 불편이고(unbiased), 일치하며(consistent), 효율적인(efficient) 추정치를 얻을 수 있다.

회귀계수에 대한 *표본 추정치*(sample estimates)는 로마문자 $b_0, b_1, b_2, \ldots, b_k$로 표기한다. 반응변수의 예측값은 $\hat{y}$으로 표기하며, *추정된 회귀식*에 예측변수의 값을 대입함으로써 계산된다.

$$\hat{y} = b_0 + b_1 x_1 + b_2 x_2 + \cdots + b_k x_k \qquad (Y\text{의 예측값}) \qquad \textbf{(13.2)}$$

다중회귀모형의 경우 추정계수인 $b_0, b_1, b_2, \ldots, b_k$를 계산하는 공식이 행렬을 포함하고 있기 때문에 본 장에서 이를 제시하지는 않는다. 모든 회귀모형은 적절한 공식을 활용하는 컴퓨터 소프트웨어(엑셀, R 등)을 통해서 추정된다.

단순회귀모형(하나의 예측변수만 있음)에서는 추정된 회귀식이 *직선*이지만 다중회귀분석(둘 이상의 예측변수를 가짐)에서는 추정된 회귀식이 그림 13.1과 같이 *면* 또는 *평면*이다. 예측변수가 3개 이상이 되면 그래프를 그리는 것이 불가능하며, 추정된 회귀식은 초평면(hyperplane)으로 나타난다.

데이터의 형태

회귀모형을 추정하기 위해 우리는 반응변수인 Y와 예측변수인 $X_1, X_2, \ldots, X_k$에 대해 n개의 관측치를 필요로 한다. 다변량(multivariate) 데이터의 형태는 Y값에 대한 하나의 열

그림 13.1

추정된 회귀모형: 단순회귀모형 대 다중회귀모형

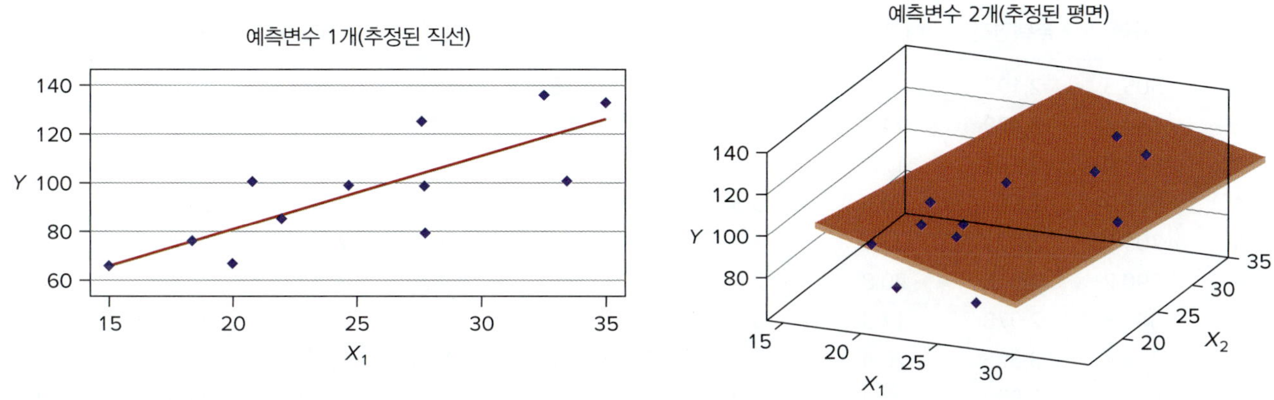

그림 13.2

다중회귀모형을 위한 데이터 구조

종속변수	예측변수			
Y	X_1	X_2	…	X_k
y_1	x_{11}	x_{12}	…	x_{1k}
y_2	x_{21}	x_{22}	…	x_{2k}
⋮	⋮	⋮	⋮	⋮
y_n	x_{n1}	x_{n2}	…	x_{nk}

(column)과 X값에 대한 k개의 열을 가지고 있다. 그림 13.2에 관측치에 대한 $n \times k$ 행렬 구조가 주어져 있다.

엑셀의 데이터분석 > 회귀분석을 사용하려면 X 데이터의 열이 모두 연속적으로 배열되어 있어야 한다. 그러나 다른 소프트웨어 패키지들에서는 X 데이터가 서로 인접해 있지 않아도 된다. X 변수를 하나 또는 그 이상 제외하고 다시 회귀모형을 추정해야 하는 경우(모형의 간결성을 추구할 때)에는 데이터 열을 유연하게 선택할 수 있는 기능이 유용하다.

예제: 주택가격

표 13.1은 중산층 이상이 거주하는 주택단지의 30개 신규 주택에 대한 거래 내역 데이터이다. 주택 거래가(반응변수)는 여러 가지 요인에 의존하지만, 본 예제에서는 3개의 설명변수를 고려하기로 한다.

변수 정의	*변수 이름*
Y = 주택의 판매가격(단위: 1,000달러)	*Price*
X_1 = 주택의 크기(제곱피트)	*SqFt*
X_2 = 대지의 크기(1,000제곱피트)	*LotSize*
X_3 = 화장실 개수	*Baths*

표 13.1

30개 신규 주택의 특성 NewHomes

주택번호	가격	주택면적	대지면적	화장실 개수	주택번호	가격	주택면적	대지면적	화장실 개수
1	505.5	2,192	16.4	2.5	16	675.1	3,076	19.8	3.0
2	784.1	3,429	24.7	3.5	17	710.4	3,259	20.8	3.5
3	649.0	2,842	17.7	3.5	18	674.7	3,162	19.4	4.0
4	689.8	2,987	20.3	3.5	19	663.6	2,885	23.2	3.0
5	709.8	3,029	22.2	3.0	20	606.6	2,550	20.2	3.0
6	590.2	2,616	20.8	2.5	21	758.9	3,380	19.6	4.5
7	643.3	2,978	17.3	3.0	22	723.7	3,131	22.5	3.5
8	789.7	3,595	22.4	3.5	23	621.8	2,754	19.2	2.5
9	683.0	2,838	27.4	3.0	24	622.4	2,710	21.6	3.0
10	544.3	2,591	19.2	2.0	25	631.3	2,616	20.8	2.5
11	822.8	3,633	26.9	4.0	26	574.0	2,608	17.3	3.5
12	637.7	2,822	23.1	3.0	27	863.8	3,572	29.0	4.0
13	618.7	2,994	20.4	3.0	28	652.7	2,924	21.8	2.5
14	619.3	2,696	22.7	3.5	29	844.2	3,614	25.5	3.5
15	490.5	2,134	13.4	2.5	30	629.9	2,600	24.1	3.5

Y와 X 대신 변수 이름을 사용하여 회귀모형을 쓰면 다음과 같다:

$$Price = \beta_0 + \beta_1 SqFt + \beta_2 LotSize + \beta_3 Baths + \varepsilon$$

변수 선택의 원리

추정을 하기 전에 모형에서 계수의 부호를 먼저 예상해보는 것이 바람직한 절차이다. 그렇게 함으로써 우리는 단지 예측변수들을 모형에 마구잡이로 포함시키는 대신, 각 예측변수를 포함시킨 이유에 대해 생각해볼 수 있다. 주택가격의 예에서 각 예측변수는 판매가격에 양(+)의 영향을 미칠 것으로 기대한다.

예측변수	예상 부호	추론 이유
주택면적	>0	집의 면적이 크면 건축비용이 더 많이 들고 구매자에게 더 많은 효용을 줄 것이다.
대지면적	>0	대지면적이 클수록 사생활 보호, 정원 가꾸기 그리고 아이들이 뛰어놀기에도 좋을 것이다.
화장실 개수	>0	화장실 개수가 많을수록 더 유용할 것이다.

원인-결과에 대한 선험적인 추론을 통해 우리는 추정계수와 우리의 예상을 비교하고 발생할 수 있는 예상 밖의 결과를 인지할 수 있다.

추정된 회귀모형

회귀모형은 엑셀 또는 다른 통계패키지에 의해 추정될 수 있다. $n = 30$의 주택표본을 이용하여 우리는 다음과 같은 추정결과와 적합도 통계량(R^2는 결정계수이고, SE는 표준오차이다)을 얻는다.

$$Price = -28.85 + 0.171\ SqFt + 6.78\ LotSize + 15.53\ Baths\ (R^2 = 0.956,\ SE = 20.31)$$

$SqFt = 0$, $LotSize = 0$, $Baths = 0$인 집은 존재하지 않기 때문에 상수항은 의미가 없다. 주택의 크기가 1제곱피트 증가하면(다른 조건이 일정하다면) 주택 판매가격이 대략 0.171(*Price* 변수의 단위가 1,000달러이므로 약 171달러) 상승한다. *LotSize*의 계수는 평균적으로 대지크기가 1,000제곱피트 증가하면, 주택 판매가격이 6.78(즉 6,780달러) 상승함을 의미한다. *Baths*의 계수는 평균적으로 화장실의 개수가 1개 증가하면, 주택 판매가격이 15.53(즉 15,530달러) 상승함을 의미한다. 모형의 적합도($R^2 = 0.956$)가 상당히 좋은 편이지만, 표준오차(20.31 또는 20,310달러)를 보면 예측구간이 넓을 수 있음을 시사한다.

추정결과를 이용한 예측

구체적인 예측변수 값이 주어진 경우 주택의 예측가격을 계산하기 위해 추정결과를 이용할 수 있다. 예를 들어 집 면적이 2,800제곱피트이고 화장실이 2.5개이며 대지면적이 18,500제곱피트인 집의 예상 가격은 얼마인가? 추정된 모형에서 $SqFt = 2800$, $Baths = 2.5$ 그리고 $LotSize = 18.5$를 대입하여 계산한다.

$$SqFt = 2800 \qquad LotSize = 18.5 \qquad Baths = 2.5$$

$$Price = -28.85 + 0.171\ (2800) + 6.78\ (18.5) + 15.53\ (2.5) = 614.23,\ 즉\ 614,230달러$$

예측변수($SqFt$, $LotSize$, $Baths$)에 어떤 값이든 대입할 수 있지만 추정에 사용된 표본을 벗어난 범위의 예측변수 값을 대입하는 것은 위험할 수 있다. 예를 들어 *SqFt*에 4000을 대입하는 것은 위험하다. 왜냐하면 주어진 표본에서 그 정도의 큰 집에 살고 있는 가구는 없으며, 설령 예측값이 합리적으로 나온다고 하더라도 관찰된 데이터의 범위를 넘어 외삽법(extrapolation)을 사용하는 것이기 때문이다.

적합도에 대한 오해

흔한 오해 중 하나는 우수한 적합도를 갖는 모형이 선호되어야 한다고 가정하는 것이다. 때때로 낮은 R^2값을 갖는 모형이 유용한 예측을 주기도 하는 반면에, 높은 R^2값을 갖는 모형이 문제를 숨길 수도 있다. 적합도는 단지 회귀모형을 평가하는 하나의 기준일 뿐이다. 예를 들어 *Price* 변수를 예측할 때 *SqFt*만을 사용하는 단순회귀모형이 꽤 잘 맞았고 단순하다는 장점을 가지고 있다:

$$Price = 15.47 + 0.222\ SqFt(R^2 = 0.914,\ s = 27.28)$$

더 간단한 모형이 더 선호되어야 하는가? **오컴의 면도날**(Occam's Razor) 원칙에 따르면 만약 간단한 모형이 비슷한 정확도를 가지고 있다면 약간 개선하는 데 그치는 복잡한 모형을 굳이 선호할 이유는 없다.

오컴의 면도날 원칙

두 가지 설명이 서로 같다면, 우리는 더 간단하고 더 절약적인(parsimonious) 모형을 선호한다.

주어진 데이터($i = 1, 2, \dots, n$)에 대해 R^2이 높은 모형이 우수한 적합도를 나타낸다. 만약 다른 데이터 집합을 사용하여 회귀식을 추정하면 적합도가 달라질 것이다. 이런 이유 때문에 표본의 수가 충분히 크다면, 통계학자는 표본의 반은 추정에 사용하고, 나머지 반은 예측의 정확성을 확인하는 데 사용하기도 한다.

회귀모형 설정

회귀모형의 설정은 예측변수와 모형(예를 들어, 선형 또는 비선형)을 선택하는 작업이다. 우선 변수를 무작정 찾는 것을 피하기 위해 선험적으로 논리에 맞는 예측변수들로 관심을 한정하기로 하자. 우리는 기본적으로 예측변수들이 Y 변수의 변동을 설명하는 데 유의하기를 원한다(즉, 예측변수가 적합도를 향상시키기를 바란다). 그러나 중요한 것은 예측변수가 단지 다른 변수를 그대로 반영하기보다는 새로운 정보를 추가해 주길 바란다.

예를 들어 *LotSize*와 *SqFt*가 서로 관련되어 있다(주택이 클수록 대지가 커질 가능성이 많다). 또한 비슷한 이유로 *SqFt*와 *Baths*도 관련이 있을 것이다(큰 집은 더 많은 화장실을 가질 가능성이 있다). 그렇다면 *Price*를 설명하는 데 어느 정도 겹치는 부분이 있을 것이다. 서로 밀접한 관련이 있는 예측변수들은 회귀계수에 불안정성(instability)을 초래할 수도 있다. 너무 많은 예측변수를 포함하게 되면, 우리는 가능한 한 간단한 모형을 선호하는 오컴의 면도날 원칙을 위반하게 된다. 본 장에서는 회귀모형을 평가하는 데 사용되는 기준들을 배우게 될 것이다.

회귀모형 평가를 위한 네 가지 기준

- **논리**(logic): 예측변수와 반응변수 사이에 원인-결과 관계를 예상할 수 있는 어떤 선험적 논리가 있는가?
- **적합도**(fit): 회귀모형이 전체적으로 예측변수와 반응변수 사이의 유의한 관계를 보여주고 있는가?
- **모형의 절약성**(parsimony): 각 예측변수가 설명에 유의하게 기여하고 있는가? 어떤 변수는 분석에 기울인 노력에 비해 기여가 부족한 것이 아닌가?
- **안정성**(stability): 예측변수가 다른 변수들과 밀접하게 관련되어 있어 회귀모형의 추정치를 불안정하게 만들지는 않는가?

단원 연습문제

connect

13.1 관측치들은 LCD TV 소매상 50곳의 판매수익에 관한 것이다. 회귀모형은 Y = 순수입(단위: 1,000달러), X_1 = 배달비용(개당 달러), X_2 = 광고 전단지에 대한 지출(단위: 1,000달러), X_3 = 광고방송에 대한 지출(단위: 1,000달러), X_4 = 리베이트 비율(소매가격의 일정비율)이다. (a) 추정된 회귀모형을 쓰라. (b) 각 계수를 해석하라. (c) 이 모형에서 상수항은 의미가 있는가? (d) 추정결과를 이용하여, *ShipCost* = 10, *PrintAds* = 50, *WebAds* = 40, *Rebate%* = 15일 때 *NetRevenue*의 예측값을 구하라. LCDTV

예측변수	추정계수
Intercept	4.306
ShipCost	−0.082
PrintAds	2.265
WebAds	2.498
Rebate%	16.697

13.3 어느 스키 리조트는 무작위로 추출된 숙박객들에게 다양한 측면에서 서비스 만족도를 평가하도록 요청하였다. 각 손님들은 1~5 척도에서 평가를 한다. 1 = 매우 불만족이고, 5 = 매우 만족을 의미한다. 회귀모형에서 Y = 전체적인 만족도 점수, X_1 = 스키 리프트 대기시간, X_2 = 스키장 슬로프 만족도, X_3 = 안전요원 만족도, X_4 = 직원들 친절도이다. (a) 추정된 회귀모형을 쓰라. (b) 각 추정계수를 해석하라. (c) 상수항은 의미가 있는가? (d) 네 분야에서 모두 5점이라면 전체적인 만족도의 예측값은? ResortGuestSat

예측변수	추정계수
Intercept	2.8931
LiftWait	0.1542
AmountGroomed	0.2495
SkiPatrolVisibility	0.0539
FriendlinessHosts	−0.1196

13.2 전체적인 적합도 평가

단순회귀모형에서와 같이 다중회귀모형에서도 각 관측치마다 하나의 잔차가 존재한다.

$$e_i = y_i - \hat{y}_i, \qquad i = 1, 2, \ldots, n$$

그림 13.3은 2개의 예측변수를 갖는 회귀모형에서 잔차를 보여준다. Y의 예측값은 추정된

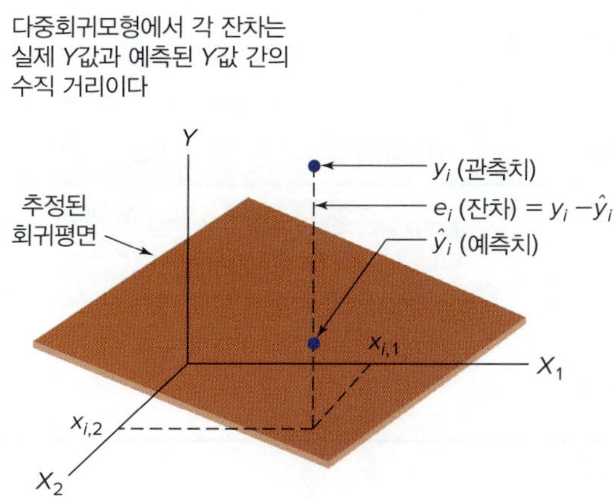

그림 13.3
예측변수 2개인 회귀모형의 잔차

회귀평면상에서 X값이 (x_1, x_2)인 점의 Y 좌표 값이다. 잔차는 실제 y_i와 (x_1, x_2)에서 계산된 $\hat{y}_i$ 간의 수직거리이다. 단순회귀모형과 같이 우리는 모형의 적합도 평가를 위해 잔차 제곱합(SSE)를 이용한다.

유의성 판단을 위한 F검정

예측변수의 유의성을 개별적으로 결정하기 이전에 ***F*검정**을 이용하여 회귀모형의 전체적인 적합도검정을 수행한다. k개의 예측변수를 가진 회귀모형에 대해 검정할 가설은 다음과 같다.

H_0: 모든 계수가 0과 같다($\beta_1 = \beta_2 = \cdots = \beta_k = 0$).
H_1: 적어도 하나의 계수는 0이 아니다.

10장과 11장에서 설명하였듯이 F검정통계량은 두 분산의 비율이다. F검정을 위해 반응변수의 평균 주위 변동을 두 부분으로 분해한 **ANOVA 표**는 아래와 같다.

$$\begin{array}{ccccc} SST & = & SSR & + & SSE \\ \text{총변동} & & \text{회귀모형에 의해 설명된 변동} & & \text{설명되지 않은 오차} \\ \sum_{i=1}^{n}(y_i - \bar{y})^2 & = & \sum_{i=1}^{n}(\hat{y}_i - \bar{y})^2 & + & \sum_{i=1}^{n}(y_i - \hat{y}_i)^2 \end{array} \tag{13.3}$$

계수 추정에 사용되는 OLS 방법은 식 13.3에서 SSE로 표현된 잔차 제곱합을 최소화하며, 이때 SSE는 설명되지 않는 Y의 변동을 의미한다. 그러나 예측된 값인 $\hat{y}_i$는 k개의 예측변수로 구성된 회귀모형에서 도출되었다. k개 예측변수 회귀모형의 ANOVA 계산은 표 13.2와 같이 요약된다.

F_{calc}가 1에 가까우면 MSR 값과 MSE 값이 비슷해진다. 이는 예측변수 중에 어떤 것도 Y를 예측하는 데 유용하지 않음을 의미한다(즉, 모든 β_j 값이 0과 같다). MSR 값이 MSE에 비해 훨씬 클 때, 예측변수 중 적어도 하나는 유의하게 된다(즉, 적어도 하나 이상의 β_j가 0이 아니다).

표 13.2에 있는 비율을 간단히 정리하면 F검정통계량 공식은 다음과 같다.

표 13.2

ANOVA 표

변동원인	제곱합	자유도	평균제곱합	F값	엑셀 p값
회귀모형(설명된)	$SSR = \sum_{i=1}^{n}(\hat{y}_i - \bar{y})^2$	k	$MSR = \frac{SSR}{k}$	$F_{calc} = \frac{MSR}{MSE}$	= F.DIST .RT(F_{calc}, k, n − k − 1)
잔차(설명되지 않은)	$SSE = \sum_{i=1}^{n}(y_i - \hat{y}_i)^2$	$n - k - 1$	$MSE = \frac{SSE}{n-k-1}$		
총 합계	$SST = \sum_{i=1}^{n}(y_i - \bar{y})^2$	$n - 1$			

표 13.3
3개의 예측변수로 구성된 주택가격 회귀모형의 ANOVA 결과

원인	제곱합	자유도	평균제곱합	F값	p값
회귀모형	232,450	3	77,483	187.92	0.0000
오차	10,720	26	412.32		
총 합계	243,170	29			

$$F_{calc} = \frac{MSR}{MSE} = \frac{\sum_{i=1}^{n} (\hat{y}_i - \bar{y})^2}{\sum_{i=1}^{n} (y_i - \hat{y}_i)^2} \left(\frac{n-k-1}{k} \right) \quad \textbf{(13.4)}$$

표 13.3은 $k = 3$개인 예측변수와 $n = 30$인 표본을 이용한 주택가격 모형에서 얻은 ANOVA 결과이다.

검정 대상 가설은

H_0: 모든 계수가 0과 같다($\beta_1 = \beta_2 = \beta_3 = 0$).
H_1: 적어도 하나의 계수는 0이 아니다.

SSR, *SSE*, *SST* 계산은 컴퓨터 없이는 매우 지루한 작업이다. *F*통계량은 $F_{calc} = MSR/MSE = 77{,}483/412.32 = 187.92$이다. 자유도는 분모에 대해서 $k = 3$이고 분자에 대해서는 $n - k - 1 = 30 - 3 - 1 = 26$이다. 유의수준 $\alpha = 0.05$인 경우 부록 F에서 임계치 $F_{3,26} = 2.98$을 찾을 수 있다. 따라서 회귀모형은 전체적으로 유의하다. *p*값을 확인하기 위한 또 다른 방법으로 엑셀 함수 =F.DIST.RT(187.92,3,26)을 이용할 수 있다.

결정계수(R^2)

전체적인 적합도를 평가하는 데 가장 자주 사용되는 지표는 **결정계수 R^2**이다. 이는 ANOVA 표의 제곱합을 이용하여 계산할 수 있다. 오차 제곱합(*SSE*), 설명된 제곱합(*SSR*), 총 제곱합(*SST*)을 이용하여 두 가지 방법으로 R^2를 계산할 수 있다. 아래 공식은 주택가격 예제를 이용하여 계산되었다.

$$R^2 = 1 - \frac{SSE}{SST} = 1 - \frac{\sum_{i=1}^{n} (y_i - \hat{y}_i)^2}{\sum_{i=1}^{n} (y_i - \bar{y})^2} = 1 - \frac{10{,}720}{243{,}170} = 1 - 0.044 = 0.956 \quad \textbf{(13.5)}$$

또는

$$R^2 = \frac{SSR}{SST} = \frac{\sum_{i=1}^{n} (\hat{y}_i - \bar{y})^2}{\sum_{i=1}^{n} (y_i - \bar{y})^2} = \frac{232{,}450}{243{,}170} = 0.956 \quad \textbf{(13.6)}$$

R^2통계량의 의미는 주택 매도 가격 변동의 95.6%가 설정된 3개의 예측변수에 의해 설명된다는 것이다. 이 결과는 우수한 적합도를 보여주는 반면에, 여전히 설명되지 않은 변동이 존재함을 알 수 있다. 예측변수를 더 추가하는 경우 R^2는 감소하지 않고 항상 증가한다. 그러나 R^2값이 이미 높은 경우에는 R^2를 개선할 여지가 많지 않다.

조정 결정계수

다중회귀모형에서 일반적으로 더 많은 예측변수를 포함함으로써 결정계수인 R^2값을 높이는 것이 가능하다. 따라서 우수한 적합도를 얻기 위해 더 많은 예측변수를 포함하려는 유혹이 있을 것이다. 이를 과대적합(overfitting) 문제라고 부른다. 이런 문제를 해결하기 위해 불필요한 예측변수를 포함하는 경우 패널티를 주도록 R^2통계량을 조정할 수 있다. n개의 표본과 k개의 예측변수 모형에서 **조정**(adjusted) **결정계수**는 다음과 같다.

$$R^2_{\text{adj}} = 1 - \frac{\left(\dfrac{SSE}{n-k-1}\right)}{\left(\dfrac{SST}{n-1}\right)} \qquad (\text{조정 } R^2) \qquad \textbf{(13.7)}$$

R^2_{adj}는 항상 R^2보다 작다. R^2의 경우 예측변수가 추가되면 그 값이 감소하지 않고 대개 증가한다. 그러나 R^2_{adj}는 추가된 예측변수가 패널티를 상회할 만큼 R^2를 충분히 유의하게 향상시켰는지에 따라 증가할 수도 있고 또는 감소할 수도 있다. 만약 R^2_{adj}가 R^2보다 상당히 작다면, 이는 모형에 불필요한 예측변수가 포함되어 있음을 나타낸다. 3개의 예측변수를 갖는 주택가격 예제에서, 두 통계량($R^2 = 0.956$, $R^2_{\text{adj}} = 0.951$)은 서로 비슷하다. 따라서 모형이 불필요한 예측변수를 포함하는 것으로 보이지는 않는다.

$$R^2_{\text{adj}} = 1 - \frac{\left(\dfrac{10{,}720}{26}\right)}{\left(\dfrac{243{,}170}{29}\right)} = 0.951$$

R^2과 R^2_{adj}을 비교할 때 사용하는 규칙이 정해져 있지는 않다. R^2과 R^2_{adj} 간의 차이가 작을수록 더 절약모형임을 의미한다. R^2과 R^2_{adj} 간의 차이가 크면 설명력이 약한 예측변수를 제거함으로써 예측능력을 크게 손상시키지 않고도 더 간단한 모형을 얻을 수 있다.

예측변수의 수

과대적합 모형을 방지하는 한 가지 방법은 표본의 수에 따라 예측변수의 수를 제한하는 것이다. **에반스 규칙**(Evans' Rule)은 n/k가 적어도 10은 되어야 한다는 것이다(즉, 예측변수 1개당 적어도 10개의 표본). 좀 더 완화된 **돈 규칙**(Doane's Rule)은 n/k은 적어도 5는 되어야 한다는 것이다(예측변수 1개당 적어도 5개의 표본). 주택가격 예의 경우, $n = 30$이고 $k = 3$이기 때문에 $n/k = 30/3 = 10$으로 앞에서 제시한 가이드라인을 만족한다.

에반스 규칙: $n/k \geq 10$(예측변수 1개당 적어도 10개의 표본)
돈 규칙: $n/k \geq 5$(예측변수 1개당 적어도 5개의 표본)

이러한 규칙은 단지 제안일 뿐이다. 기술적으로 회귀모형은 표본의 수가 예측변수의 수보다 많기만 하면 추정이 가능하다. 그러나 n/k 값이 작으면, R^2는 더 이상 믿을 만한 적합도 평가기준이 될 수 없다. 때때로 연구자들은 작은 표본을 가지고 작업을 할 수밖에 없다. 예를 들어 건강식품을 판매하는 사업의 초기에는 12개의 분기별 판매 데이터를 가지고 있다. 이런 경우 4개의 예측변수(광고비, 판매가격, 경쟁상품의 가격, 인구밀도)를 이용하여 회귀모형을 추정하는 것이 적절한가? $n = 12$이고 $k = 4$이면 돈 규칙($n/k = 12/4 = 3$)조차 위배하게 되지만, 기업의 입장에서는 아무것도 하지 않는 것보다 불완전한 분석이라도 시도하는 것이 더 도움이 될 수 있다. 한편 오늘날의 데이터 마이닝 적용 예에서는 표본크기가 방대할 수 있다. 예측변수를 마음대로 포함시킬 수 있다면 분석가들은 많은 잠재적 예측변수로부터 간결한 모형을 추출하는 반대의 문제 상황에 직면하게 된다.

단원 연습문제

connect

13.5 아래의 ANOVA 표를 이용하여 (a) 적합도 검정을 위한 F검정의 자유도를 구하라. (b) 부록 F에서 유의수준 5%에 대한 F검정 임계치를 찾아라. (c) F검정통계량을 계산하라. 회귀모형은 전체적으로 유의한가? (d) R^2 및 R^2_{adj}를 계산하되 이때 계산 과정을 명확히 써라.

LCD TV

원인	자유도	SS	MS
회귀모형	4	259,412	64,853
오차	45	224,539	4,990
총 합계	49	483,951	

13.7 아래 주어진 ANOVA 표를 이용하라. (a) 모형 유의성 평가를 위한 F검정 자유도를 설명하라. (b) 부록 F를 이용하여 유의수준 5%에서 F검정 임계치를 찾으라. (c) F검정통계량을 계산하라. (d) R^2 및 R^2_{adj}를 계산하되 이때 계산 과정을 명확히 써라. ResortGuestSat

원인	SS	자유도	MS
회귀모형	33.0730	4	8.2682
잔차	317.9868	497	0.6398
총 합계	351.0598	501	

13.3 예측변수의 유의성

가설검정

추정된 계수는 다른 변수가 고정된 상태에서 해당 예측변수만 한 단위 증가했을 때, Y의 조건부 평균이 얼마나 변화하는지를 의미한다. 만약 예측변수의 회귀계수 β_j가 0이면 이는 예측변수 X_j가 반응변수 Y의 변동을 설명하는 데 기여하지 못함을 의미한다. 우리는 대개 각각의 계수가 0과 유의하게 다른지에 관심이 있다. 변수 계수의 부호와 관련하여 사전에 예상할 수 있는 선험적인 논리가 있다면, 우리는 우측 또는 좌측 검정을 실시할 것이다. 예를 들어 *SqFt* 변수가 *Price*에 양의 방향으로 영향을 미칠 것으로 예상할 수 있다. 그래서 우측 검정이 사용될 수 있다. 그러나 일정한 유의수준일 때 양측검정에서 기각되면 단측검정에서도 기각되기 때문에, 우리는 양측검정을 기본적인 검정방법으로 선택한다.

예측변수 X_j에 대한 가설검정

좌측검정	*양측검정*	*우측검정*
H_0: $\beta_j = 0$	H_0: $\beta_j = 0$	H_0: $\beta_j = 0$
H_1: $\beta_j < 0$	H_1: $\beta_j \neq 0$	H_1: $\beta_j > 0$

p값과 소프트웨어 패키지

주어진 α하에 양측검정에서 기각되는 경우, 단측검정에서도 기각되기 때문에 엑셀과 같은 통계 패키지는 단지 양측검정 p값만을 제시한다.

만약 계수가 0이라는 가설을 기각할 수 없다면, 해당 예측변수는 Y의 예측에 유의하게 기여하지 않게 된다. 예를 들어 변수가 3개인 다음 회귀모형을 고려해보자.

$$y = \beta_0 + \beta_1 x_1 + \beta_2 x_2 + \beta_3 x_3 + \varepsilon$$

변수 X_2는 Y를 예측하는 데 도움이 되는가? 다음과 같이 양측검정을 실시하자.

H_0: $\beta_2 = 0$(X_2는 Y와 관련이 없다)
H_1: $\beta_2 \neq 0$(X_2는 Y와 관련이 있다)

우리가 귀무가설 H_0를 기각할 수 없다면, x_2항은 제거될 것이다:

$$y = \beta_0 + \beta_1 x_1 + \boxed{0x_2} + \beta_3 x_3 + \varepsilon \qquad (\beta_2 = 0\text{이면 } x_2\text{항은 제거})$$

따라서 회귀모형은 *변수가 2개인* 모형으로 바뀐다.

$$y = \beta_0 + \beta_1 x_1 + \beta_3 x_3 + \varepsilon$$

검정통계량

추정된 계수가 정확히 0이 되는 경우는 매우 드물다. 그래서 우리는 0*과 유의하게 다른지 알아보기 위해 t검정을 이용한다. 예측변수 X_j에 대해, 검정통계량은 자유도가 $n - k - 1$인 스튜던트 t분포를 따른다. 계수가 0인지 검정하기 위해, 추정계수 b_j와 그 계수의 표준오차인 s_j의 비율을 계산한다.

$$t_{calc} = \frac{b_j - 0}{s_j} \qquad \text{(예측변수 } X_j \text{ 계수에 대한 검정통계량)} \qquad \textbf{(13.8)}$$

위 식에서

$$s_j = \sqrt{\frac{MSE}{SS_{X_j}(1 - R_j^2)}} \qquad \textbf{(13.9)}$$

보통 s_j값은 계산과정이 복잡하기 때문에 손으로 계산하는 것이 아니라 통계패키지의 회귀

---

* $\beta_j = 0$은 엑셀과 다른 통계 패키지에서 기본적으로 설정된 가설이지만, 0이 아닌 다른 값을 설정할 수도 있다. 예를 들어 만약 추가적인 1제곱피트가 적어도 200달러의 가격상승을 가져오는지 알고 싶다면 검정통계량 공식에서 0 대신 200을 사용하면 된다.

분석 출력결과로부터 얻는다. MSE 값은 회귀분석 출력결과에 있는 ANOVA 표로부터 구한다(표 13.2 참조). SS_{X_j}는 X_j와 그 평균 간 차이의 제곱합이고 R_j^2는 예측변수 X_j를 종속변수로 두고 다른 모든 예측변수를 독립변수로 하여 회귀분석할 때 나오는 결정계수이다.

주어진 유의수준 α에 대한 t검정 임계치를 찾기 위해 부록 D를 이용하거나, 엑셀 함수 =T.DIST.2T(t, deg_freedom)를 이용하여 t통계량에 대한 p값을 찾아낸다. 모든 컴퓨터 패키지는 각 예측변수에 대한 t값과 p값을 제공하기 때문에 표를 이용할 필요는 없다. 계수가 0인지 검정하는 또 하나의 방법은 모수인 β_j에 대한 신뢰구간을 계산하고, 계산된 신뢰구간이 0을 포함하는지 확인하는 방법이다. 식 13.10은 각 계수에 대한 신뢰구간을 계산하는 공식을 보여준다.

$$b_j - t_{\alpha/2}s_j \le \beta_j \le b_j + t_{\alpha/2}s_j \quad \text{(모수 } \beta_j \text{에 대한 신뢰구간)} \tag{13.10}$$

엑셀을 사용하여 회귀분석을 수행할 때는 원하는 어떤 신뢰수준의 구간도 계산 가능하다. 모든 계산이 제공되기 때문에 우리는 단지 결과를 해석하는 방법만 이해하면 된다.

신뢰구간과 가설검증

신뢰구간이 0을 포함하는지 확인하는 방법과 귀무가설 H_0: $\beta_j = 0$에 대한 양측검정은 서로 동일한 결과를 얻는다.

회귀분석 결과는 다양한 통계량을 포함하고 있다. 특히 몇몇 통계량은 '큰 그림'을 이해하는 데 중요하다. 그림 13.4는 회귀분석(Y = 미국 50개 주의 자동차 절도사건 비율) 결과

회귀분석 결과

R^2	0.474	n	50
Adjusted R^2	0.427	k	4
R	0.688		
Std. Error	143.362	Dep. Var.	CarTheft

CarTheft 변수 변동의 약 50% 정도를 설명한다

R^2과 R^2_{adj} 간에 약간 차이가 있다는 것은 예측변수 중 크게 도움이 되지 않는 변수가 하나 이상 있다는 것을 암시한다

ANOVA table

Source	*SS*	*df*	*MS*	*F*	*p-value*
Regression	832,658.6447	4	208,164.6612	10.13	6.21E-06
Residual	924,869.2753	45	20,552.6506		
Total	1,757,527.9200	49			

F값이 크고 p값이 작다 (매우 유의하다)

Regression output

variables	*coefficients*	*std. error*	*t (df = 45)*	*p-value*	*95% lower*	*95% upper*
					confidence interval	
Intercept	−1,097.5258	254.7116	−4.309	.0001	−1,610.5413	−584.5103
Income	0.0230	0.0063	3.630	.0007	0.0103	0.0358
Unem	40.6282	18.3963	2.208	.0323	3.5762	77.6801
Pupil/Tea	37.6388	9.7047	3.878	.0003	18.0926	57.1851
Divorce	26.3106	20.1711	1.304	.1987	−14.3161	66.9374

이 예측변수는 유의수준 10% 수준에서도 유의하지 않다

Divorce 변수 추정계수에 대한 95% 신뢰구간은 0을 포함하고 있고 따라서 0과 유의하게 다르지 않다

그림 13.4

전형적인 회귀분석 결과

표의 예를 보여준다. 통계를 공부하는 학생들이 알아야 할 주요한 내용에 대해서 표시하였고 그에 대한 설명을 추가하였다.

예제 13.1

주택가격 NewHomes

그림 13.5는 세 변수 모형에 대한 추정결과를 보여준다. 이 그림은 추정계수값, 표준오차, *t*통계량, *p*값을 포함하고 있다. MegaStat은 다른 통계 패키지처럼 양측검정 *p*값을 계산한다. 변수 *Baths*에 대한 95% 신뢰구간에 0이 포함되어 있는 반면, *SqFt*와 *LotSize*의 경우에는 0을 포함하고 있지 않다. 이는 *SqFt*와 *LotSize*의 경우 계수가 0이라는 가설을 기각하고 변수 *Baths*에 대해서는 이를 기각하지 못함을 의미한다.

그림 13.5

주택가격에 대한 회귀분석 결과(3개의 예측변수)

Regression output					*Confidence Interval*	
Variables	*Coefficients*	*Std. Error*	*t Stat*	*p-Value*	*Lower 95%*	*Upper 95%*
Intercept	−28.8477	29.7115	−0.971	0.3405	−89.9206	32.2251
SqFt	0.1709	0.0154	11.064	0.0000	0.1392	0.2027
LotSize	6.7777	1.4213	4.769	0.0001	3.8562	9.6992
Baths	15.5347	9.2083	1.687	0.1036	−3.3932	34.4626

(상수항을 포함하여) 4개의 추정계수가 주어져 있다. 우선 상수항은 앞서 언급했던 이유 때문에 의미가 없다. 세 변수에 대해, 각 *t*검정의 자유도가 $n - k - 1$이다. 우리가 $n = 30$개 관측치와 $k = 3$개 예측변수를 가지고 있기 때문에, 자유도는 $n - k - 1 = 30 - 3 - 1 = 26$이다. 부록 D로부터 우리는 α가 0.10, 0.05, 0.01일 때 양측검정 임계치를 구할 수 있다($t_{0.05} = 1.706$, $t_{0.025} = 2.056$, $t_{0.005} = 2.779$). 그러나 *p*값이 주어지기 때문에 굳이 임계치를 찾지 않아도 된다.

$$SqFt\text{: } t_{calc} = 0.1709/0.01545 = 11.06\ (p\text{값} = 0.0000)$$
$$LotSize\text{: } t_{calc} = 6.778/1.421 = 4.77\ (p\text{값} = 0.0001)$$
$$Baths\text{: } t_{calc} = 15.535/9.208 = 1.69\ (p\text{값} = 0.1036)$$

*SqFt*와 *LotSize*에 대한 *p*값이 거의 0이기 때문에 이들 계수는 흔히 사용되는 어떤 유의수준 α에서도 0과 유의하게 다름을 알 수 있다. 변수 *Baths*의 계수는 $\alpha = 0.10$하에서 유의하지 않다. *t*값으로 판단하면, 우리는 *SqFt*가 *Price*을 예측하는 데 가장 중요한 예측변수이고 그 다음으로 *LotSize*, 그리고 변수 *Baths*는 가까스로 유의함을 알 수 있다.

단원 연습문제

connect

13.9 50개의 소매점에 판매되는 LCD TV 데이터를 다시 고려하자. 관측치들은 50개 LCD TV 소매상의 순수입에 관한 값이다. 회귀모형은 Y = 순수입(단위: 천 달러), X_1 = 운송비용(개당 달러), X_2 = 광고 전단지에 대한 지출(단위: 천 달러), X_3 = 광고방송에 대한 지출(단위: 천 달러), X_4 = 리베이트 비율(소매가격의 일정비율)이다. (a) $\beta = 0$을 검정하는 *t*통계량을 각 변수에 대해 계산하라. (b) *t*검정을 수행할 때 부록 D에서 유의수준 $\alpha = 0.01$의 양측검정 임계치를 찾아라. 어떤 계수가 0과 유의하게 다른가? (c) 엑셀을 이용하여 각 계수에 대한 *p*값을 계산하라. LCDTV

예측변수	추정계수	표준오차
Intercept	4.310	70.82
ShipCost	−0.0820	4.678
PrintAds	2.265	1.050
WebAds	2.498	0.8457
Rebate	16.697	3.570

13.11 어느 스키 리조트는 무작위로 추출된 502명의 숙박객들에게 다양한 측면에서 서비스 만족도를 평가하도록 요청하였다. 각 손님들은 1~5 척도에서 평가를 한다. 1 = 매우 불만족이고, 5 = 매우 만족을 의미한다. 회귀모형에서 Y = 전체적인 만족도 점수, X_1 = 스키 리프트 대기시간, X_2 = 스키장 슬로프 만족도, X_3 = 안전요원 만족도, X_4 = 직원 친절도이다. (a) 각 변수에 대해 $\beta_j = 0$을 검정하는 t통계량을 계산하라 (b) 부록 D를 이용하여 $\alpha = 0.01$에서 t검정 임계치를 찾아라. 어떤 추정계수가 0과 유의하게 다른가? (c) 엑셀을 이용하여 각 계수에 대한 p값을 계산하라. ResortGuestSat

예측변수	추정계수	표준오차
Intercept	2.8931	0.3680
LiftWait	0.1542	0.0440
AmountGroomed	0.2495	0.0529
SkiPatrolVisibility	0.0539	0.0443
FriendlinessHosts	−0.1196	0.0623

13.4 Y에 대한 신뢰구간

표준오차

적합도를 측정하는 또 다른 지표는 n개의 관측치와 k개의 예측변수, 그리고 잔차 제곱합(SSE)이 주어졌을 때 다음과 같이 계산되는 **회귀모형의 표준오차**(standard error: s_e)이다.

$$s_e = \sqrt{\frac{\sum_{i=1}^{n}(y_i - \hat{y}_i)^2}{n-k-1}} = \sqrt{\frac{SSE}{n-k-1}} \quad \text{(회귀모형의 표준오차)} \qquad \textbf{(13.11)}$$

표준오차는 반응변수 Y와 동일한 단위(달러, 제곱피트 등)로 측정된다. s_e가 작을수록 더 우수한 적합도를 의미한다. 모든 관측치에 대한 예측이 완벽하면(즉, 모든 관측치에 대해 $y_i - \hat{y}_i$), s_e는 0이 될 것이다. 그러나 완벽한 예측은 극히 드물다.

예제 13.2 주택가격 II

3개의 예측변수를 사용하는 주택가격 모형의 ANOVA 표에서 SSE = 10,720을 얻었다. 따라서

$$s_e = \sqrt{\frac{SSE}{n-k-1}} = \sqrt{\frac{10,720}{30-3-1}} = 20.31$$

적합도는 우수할지라도($R^2 = 0.956$) $s_e = 20.31$(Y가 1,000달러로 측정되므로 20,310달러)을 보면 모형에 개선의 여지가 있다. 연구자들은 R^2보다 표준오차가 더 유용하다고 생각한다. 그 이유는 s_e가 신뢰구간과 예측구간을 만드는 데 이용되는 등 예측의 실질적 유용성에 대해 좀 더 많은 정보를 주기 때문이다.

Y에 대한 근사적 신뢰구간 및 예측구간

다중회귀모형에서 주어진 X값에 대한 정확한 신뢰구간 또는 예측구간을 구하려면 행렬대수학을 알아야 한다. 하지만 표준오차를 이용하여 평균으로부터 멀리 떨어져 있지 않은 $X_1, X_2, \ldots, X_k$의 값에 대해서는 '근사적' 신뢰구간과 예측구간을 만들 수 있다.* 이러한 근사적 구간은 구간 폭을 다소 과소평가하는 경향이 있지만, 자신의 모형이 어느 정도 정확한지에 대한 일반적인 정보가 필요로 할 때 도움이 될 수 있다. 식 13.12를 써서 Y의 조건부 평균에 대한 근사적 신뢰구간을 계산할 수 있고, 식 13.13을 활용하여 개별 Y에 대한 근사적 예측구간을 계산할 수 있다. 두 식은 유사하지만 개별 Y값에 대한 예측구간이 Y의 조건부 평균에 대한 신뢰구간보다 더 넓다. 그 이유는 개별 Y값이 Y의 평균보다 더 많이 변동하기 때문이다.

$$\hat{y}_i \pm t_{\alpha/2}\frac{s_e}{\sqrt{n}} \quad \text{(}Y\text{의 조건부 평균에 대한 근사적 신뢰구간)} \qquad \textbf{(13.12)}$$

$$\hat{y}_i \pm t_{\alpha/2}s_e \quad \text{(개별 }Y\text{값에 대한 근사적 예측구간)} \qquad \textbf{(13.13)}$$

예제 13.3

주택 가격 III

3개의 예측변수를 갖는 주택가격 모형($s_e = 20.31$)에서, 주택가격에 대한 95% 신뢰구간을 구할 때 자유도는 $n - k - 1 = 30 - 3 - 1 = 26$이다. 부록 D로부터 우리는 $t_{0.025} = 2.056$을 찾았고, 따라서 근사적 구간은 다음과 같다.

$$\hat{y}_i \pm (2.056)\frac{20.31}{\sqrt{30}} \text{ 또는 } \hat{y}_i \pm 7.62 \quad \text{(}Y\text{의 조건부 평균에 대한 근사적 95\% 신뢰구간)}$$

$$\hat{y}_i \pm (2.056)(20.31) \text{ 또는 } \hat{y}_i \pm 41.76 \quad \text{(개별 주택가격에 대한 근사적 95\% 신뢰구간)}$$

$SqFt = 2,950$, $LotSize = 21$, $Baths = 3$(이 값들은 각 변수의 표본평균과 매우 가깝다)일 때 주택가격에 대한 95% 신뢰구간과 예측구간의 정확한 값을 계산하면 각각 $\hat{y}_i \pm 8.55$이고 $\hat{y}_i \pm 42.61$이다. 따라서 근사적 구간은 정확한 구간에 비해 다소 좁은 편이다. 그럼에도 불구하고 근사적 구간은 모형의 예측 정확성에 대해 개략적인 정보를 준다. 우수한 적합도($R^2 = 0.956$)에도 불구하고, 우리는 세 변수 모형의 예측이 완벽하지 않다는 것을 알 수 있다. 예를 들어 개별 Y값에 대해 95% 예측구간은 $\hat{y}_i \pm 41,760$달러이다.

*정확한 구간을 구하고자 한다면 Minitab이나 다른 통계 패키지를 사용해야 한다. 각 예측변수의 특정한 값에 대한 신뢰구간이나 예측구간을 구하고자 한다면 그 값을 명시해야 한다.

95% 신뢰수준에 대한 t값은 거의 2에 가까운 값이다(n이 매우 작지 않는 한). 이 사실을 이용하여 분포표 없이도 예측구간을 간단히 구할 수 있다.

$$\hat{y}_i \pm 2\frac{s_e}{\sqrt{n}} \quad (Y\text{의 조건부 평균에 대한 간단한 95\% 신뢰구간}) \tag{13.14}$$

$$\hat{y}_i \pm 2s_e \quad (\text{개별 }Y\text{값에 대한 간단한 95\% 예측구간}) \tag{13.15}$$

위의 간단한 계산 공식은 회귀분석 소프트웨어가 없거나 t 분포표가 없는 경우(예, 통계학 시험을 보는 경우)에 대략적인 계산을 위한 용도로만 적합하다.

단원 연습문제

connect

13.13 어떤 대기업 회계사의 초년도 연봉에 대한 회귀모형을 고려해보자. 회계사 40명의 연봉과 5개의 예측변수(대학성적, 성별, CPA 시험성적, 경력, 졸업반의 규모)를 고려하였다. 표준오차는 3,620달러이다. 예측변수의 개별 값이 표본평균 주위에 있다고 가정하고, 회계사 연봉의 근사적인 95% 예측구간을 구하라.

Mini Case 13.1

출생률과 기대수명 BirthRates1

표 13.4는 세계 49개국의 출생률(Y = 인구 1,000명당 신생아 수), 기대수명(X_1 = 출생 당시 기대수명), 글자 해독 인구비율(X_2 = 읽고 쓸 줄 아는 인구의 비율) 데이터이다.

표 13.4

세계 여러 나라의 출생률, 기대수명, 글자 해독 인구비율

나라	출생률	기대수명	글자 해독 인구비율
Albania	18.59	72.1	93
Algeria	22.34	70.2	62
Australia	12.71	80.0	100
⋮	⋮	⋮	⋮
Yemen	43.30	60.6	38
Zambia	41.01	37.4	79
Zimbabwe	24.59	36.5	85

그림 13.6을 보면 추정된 회귀식은 *BirthRate* = 65.9 − 0.362 *LifeExp* − 0.233 *Literate*이다. 따라서 다른 조건이 일정하면 *LifeExp*가 1년 증가하면, 인구 1,000명당 0.362명씩 신생아 수가 감소한다. 반면에 *Literate*가 1% 늘어나면, 신생아 수가 0.233명 감소한다. 결정계수는 꽤 높고($R^2 = 0.743$), 전체적인 모형 적합도는 유의하다($F_{calc} = 66.42$, p값 = 0.000).

두 예측변수가 유의하기 때문에($t_{calc} = -5.431$, $t_{calc} = -5.610$이고 p값은 거의 0에 가깝다), 기대수명이 높아지고 문맹률이 낮아질수록 국가의 출생률이 점차 낮아진다는 가설이 맞는 것으로 보인다. 원인-결과 관계를 증명하지는 못했을지라도, 위와 같은 결론은 어느 정도 직관과 일치하는 것으로 보인다.

출처: Central Intelligence Agency, *The World Factbook*, 2003.

그림 13.6

출생률 데이터에 대한 회귀분석 결과

Regression Analysis: Birth Rates

R^2	0.743	n	49
Adjusted R^2	0.732	k	2
Std. Error	5.190	Dep. Var.	**BirthRate**

ANOVA table

Source	*SS*	*df*	*MS*	*F*	*p-Value*
Regression	3,578.2364	2	1,789.1182	66.42	0.0000
Residual	1,239.1479	46	26.9380		
Total	4,817.3843	48			

Regression output

					Confidence Interval	
Variables	*Coefficients*	*Std. Error*	*t Stat*	*p-Value*	*Lower 95%*	*Upper 95%*
Intercept	65.8790	3.8513	17.106	0.0000	58.1268	73.6312
LifeExp	−0.3618	0.0666	−5.431	0.0000	−0.4960	−0.2277
Literate	−0.2330	0.0415	−5.610	0.0000	−0.3166	−0.1494

13.5 범주형 예측변수

회귀모형에서 **범주형 변수**(정성적 변수)를 그대로 포함할 수는 없다. 왜냐하면 회귀분석은 *숫자형* 데이터(정량적 변수)가 필요하기 때문이다. 그러나 간단한 데이터 코딩을 통해 범주형 변수를 유용한 예측변수로 변환할 수 있다. 범주형 변수에서 단지 범주가 2개인 경우로 논의를 시작해보자. 이항변수를 정의함으로써 범주형 변수를 회귀모형에 사용할 수 있다. 이항변수는 어떤 사건의 성공과 실패의 두 가지 경우를 나타내는 0 또는 1의 값으로 표기하는 변수이다. 각 범주를 **이항변수**로 나타냄으로써 이항 예측변수를 생성할 수 있다. 통계학자들은 직관적으로 이해할 수 있도록 이항 예측변수의 이름을 붙이는 것을 선호한다. 예를 들면 다음과 같다.

MBA 프로그램을 마친 n명의 졸업생들

$Employed = 1$ (현재 취업한 상태이면)

$Employed = 0$ (그 외의 경우)

n분기 동안의 판매액

$Recession = 1$ (불황인 해의 판매액인 경우)

$Recession = 0$ (그 외의 경우)

n개의 경영대학

$AACSB = 1$ (그 학교가 AASCB에 의해 인증을 받았다면)

$AACSB = 0$ (그 외의 경우)

미국의 n개의 주

$West = 1$ (그 주가 미시시피주의 서쪽에 있다면)

$West = 0$ (그 외의 경우)

이항 예측변수는 생성하기도 쉽고 매우 중요한데, 이항 예측변수를 통해 성별(여성, 남성), 주식 펀드 유형(판매 수수료가 있는 펀드, 무수수료 펀드) 등과 같은 비정량적(범주형)인 변수가 미치는 영향을 반영할 수 있기 때문이다. 이와 같은 변수들을 **더미**(dummy)**변수** 또는 **지시**(indicator)**변수**라고도 부른다.

이항변수 이름 붙이기

이항변수에 이름을 붙일 때, 그 변수의 특성이 존재할 때 1이라는 값을 갖도록 만들어서 사람들이 '1'이라는 숫자가 무엇을 의미(예: 남자)하는지 금방 이해할 수 있도록 하면 좋다.

이항 설명변수에 대한 유의성 검정

t검정을 이용하여 다른 정량적 예측변수에 대한 검정을 수행하듯이 이항 예측변수에 대해서도 유의성 검정이 가능하다. 이항변수의 계수가 0과 유의하게 다른 경우 이항변수는 Y의 유의한 예측변수가 된다. 이항변수의 계수는 이항변수의 값이 1일 때 Y 예측값에 영향을 주지만 이항변수의 값이 0일 때는 아무런 영향을 주지 않는다.

이항 예측변수의 영향

이항 예측변수는 회귀평면을 위 또는 아래로 움직이기 때문에 **이동**(shift)**변수**라고도 한다. 다음과 같이 예측변수가 2개인 모형을 가정하자. 즉, $y = b_0 + b_1x_1 + b_2x_2$이다. 여기서 x_1은 이항 예측변수이다. x_1 변수는 0 또는 1의 값을 가지고 있기 때문에 이 변수의 회귀모형에 대한 기여는 아래 예에서 볼 수 있듯이 b_1이거나 0이다.

만약 $x_1 = 0$이면, $Y = b_0 + b_1(0) + b_2x_2$이다. 따라서 $y = b_0 + b_2x_2$
만약 $x_1 = 1$이면, $Y = b_0 + b_1(1) + b_2x_2$이다. 따라서 $y = (b_0 + b_1) + b_2x_2$

여기서 계수 b_2는 x_1의 값에 관계없이 일정하며 다만 상수항이 $b_0(x_1 = 0$일 때)이거나 또는 $b_0 + b_1(x_1 = 1$일 때)이 된다.

예를 들어 43대의 자동차 표본에 근거하여 연료의 효율성을 추정하는 다음과 같은 회귀모형을 가정해보자.

$$MPG = 39.5 - 0.00463\ Weight + 1.51\ Manual$$

여기서

$Weight$ = 자동차 중량(단위: 파운드)

$Manual$ = 만약 수동식 기어이면 1이고, 자동식 기어이면 0이다.

그림 13.7

이항 이동변수 예시

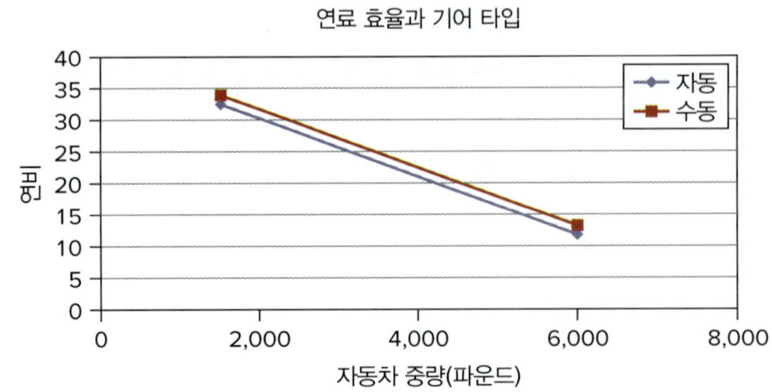

만약 *Manual* = 0이면,

$$MPG = 39.5 - 0.00463\ Weight + 1.51(0)$$
$$= 39.5 - 0.00463\ Weight$$

만약 *Manual* = 1이면,

$$MPG = 39.5 - 0.00463\ Weight + 1.51(1)$$
$$= 41.01 - 0.00463\ Weight$$

따라서 이항 예측변수는 기울기는 그대로 둔 채 상수항만을 이동시킨다. 이러한 상황이 그림 13.7에 예시되어 있다. 이 경우 수동기어 차량이 *연비*(MPG)를 약간 증가시킬지라도(평균적으로 1갤런당 1.51마일 정도), 상수항의 변화는 미미하다는 것(수동기어가 큰 영향을 미치지 못함)을 알 수 있다. 물론 다른 표본을 선택한다면 다른 결과를 얻을 수도 있다. 많은 자동차 전문가들에 따르면 요즘에는 기어가 수동이냐 자동이냐가 연료 효율성에 큰 영향을 미치지 않는다고 한다.

예제 13.4

지역별 주택가격

OakKnoll

우리는 주택의 위치가 가격에 중요한 변수임을 알고 있다. 그러나 회귀모형에서 위치를 어떻게 포함시킬 것인가? 해결책은 그 변수를 이항 예측변수로 만드는 것이다. 표 13.5는 2개의 서로 다른 지역(Oak Knoll과 Hidden Hills)에서 거래된 20개의 주택판매를 보여준다. 각 관측치가 Oak Knoll 지역에 속하면 1을 부여하고, 그렇지 않으면 0의 값을 갖도록 이항 예측변수로 만들 수 있다. 그림 13.8에서 보듯이 회귀모형을 추정한다.

위 모형은 어느 정도 우수한 적합도($R^2 = 0.922$)를 보여주고 전체적으로도 모형이 유의하다($F_{calc} = 100.94$, p값 = 0.0000). *SqFt* 변수($t_{calc} = 14.008$, p값 = 0.0000)가 OakKnoll 변수($t_{calc} = 2.340$, p값 = 0.0317)보다 영향력이 큰 변수이지만 두 예측변수 모두 *Price*에 유의한 영향을 미친다. *OakKnoll*의 추정계수는 Oak Knoll 지역에 있는 주택가격이 평균적으로 Hidden Hills 지역에 있는 주택보다 33.538만큼(33,538달러를 의미) 높은 가격에 팔린다는 것을 말해준다. 추정된 회귀직선은 *Price* = 10.6 + 0.199 *SqFt* + 33.5 *OakKnoll*이다. 상수항($t_{calc} = 0.237$, p값 = 0.8154)은 0과 유의하게 다르지 않다. 이는 상수항에 대한 95% 신뢰구간이 0을 포함하는 것에서도 확인할 수 있다.

표 13.5

이항 예측변수를 가진 주택가격 모형 OakKnoll

관측치	가격(천 달러)	면적	OakKnoll 여부	위치
1	615.6	3,055	0	Hidden Hills
2	557.4	2,731	0	Hidden Hills
3	472.6	2,515	0	Hidden Hills
4	595.3	3,011	0	Hidden Hills
5	696.9	3,267	1	Oak Knoll
6	409.2	2,061	1	Oak Knoll
7	814.2	3,842	1	Oak Knoll
8	592.4	2,777	1	Oak Knoll
9	695.5	3,514	0	Hidden Hills
10	495.3	2,145	1	Oak Knoll
11	488.4	2,277	1	Oak Knoll
12	605.4	3,200	0	Hidden Hills
13	635.7	3,065	0	Hidden Hills
14	654.8	2,998	0	Hidden Hills
15	565.6	2,875	0	Hidden Hills
16	642.2	3,000	0	Hidden Hills
17	568.9	2,374	1	Oak Knoll
18	686.5	3,393	1	Oak Knoll
19	724.5	3,457	0	Hidden Hills
20	749.7	3,754	0	Hidden Hills

그림 13.8

20개 주택거래에 대한 Oak Knoll 회귀분석

Regression Statistics	
Multiple R	0.9604
R Square	0.9223
R Sqr (adj)	0.9132
Std Error	29.6697
Obs	20

ANOVA

	df	*SS*	*MS*	*F*	*Signif F*
Regression	2	177706.8	88853.4	100.94	0.0000
Residual	17	14965.0	880.3		
Total	19	192671.7			

	Coefficients	*Std Error*	*t Stat*	*p-Value*	*Lower 95%*	*Upper 95%*
Intercept	10.6185	44.7725	0.237	0.8154	−83.8431	105.0802
SqFt	0.1987	0.0142	14.008	0.0000	0.1688	0.2286
OakKnoll	33.5383	14.3328	2.340	0.0317	3.2987	63.7779

2개 이상의 이항변수를 포함하는 모형

성별(남성, 여성)과 같은 변수의 경우 *Male* = 0은 여성을 의미하기 때문에 단지 하나의 이항 예측변수면 충분하다. 그러나 어떤 데이터를 몇 개의 이항 예측변수로 코딩해야 한다면 어떻게 해야 하나? 이런 상황은 범주의 숫자가 2개를 초과하여 코딩하는 경우에 발생한다. 예를 들면 5개 지역의 주택가격, 월마트의 분기별 이윤, 학생들의 학년별 평균평점 등이다.

지역에 따른 주택판매: *OakKnoll*, *HiddenHills*, *RockDale*, *Lochmoor*, *KingsRidge*
분기별 월마트의 이윤: *Qtr1*, *Qtr2*, *Qtr3*, *Qtr4*
학년별 평균평점: *Freshman*, *Sophomore*, *Junior*, *Senior*, *Master's*, *Doctoral*

각 범주(category)는 관심 있는 특성이 존재하면 1이고, 존재하지 않으면 0의 값을 갖는 이항변수이다. 예를 들면

Freshman = 1; 그 학생이 1학년이면 1, 그 외 학년이면 0의 값을 준다.
Sophomore = 1; 그 학생이 2학년이면 1, 그 외 학년이면 0의 값을 준다.
Junior = 1; 그 학생이 3학년이면 1, 그 외 학년이면 0의 값을 준다.
Senior = 1; 그 학생이 4학년이면 1, 그 외 학년이면 0의 값을 준다.
Master's = 1; 그 학생이 석사과정 학생이면 1, 그 외 학년이면 0의 값을 준다.
Doctoral = 1; 그 학생이 박사과정 학생이면 1, 그 외 학년이면 0의 값을 준다.

만약 c개의 범주를 가지고 있다면(각각의 범주는 서로 겹치지 않는다고 가정), 우리는 각 관측치를 코딩하기 위해서 $(c - 1)$개의 이항변수가 필요하다. 이는 범주 중 하나를 제외시키는 것과 같다. 이는 $(c - 1)$개의 이항변수 값이 나머지 하나의 이항변수를 자동으로 결정하기 때문에 가능하다. 예를 들어 표 13.6에서 우리는 마지막 열(column)인 Doctoral 범주를 제외하였다. 6개의 열에서 단 한 개의 열만 1의 값을 가지고 나머지 열은 반드시 0이 되어야 하므로, 다음 관계가 유지된다.

$$Freshman + Sophomore + Junior + Senior + Master's + Doctoral = 1$$

즉,

$$Doctoral = 1 - Freshman - Sophomore - Junior - Senior - Master's$$

표 13.6

c개의 범주를 가진 범주형 예측변수는 (c − 1)개의 이항 예측변수가 모형에 포함

이름	Freshman	Sophomore	Junior	Senior	Master's	Doctoral (제외)
Jaime	0	0	1	0	0	0
Fritz	0	1	0	0	0	0
Mary	0	0	0	0	0	1
Jean	0	0	0	1	0	0
Otto	0	0	0	0	1	0
Gail	1	0	0	0	0	0
etc.	. . .	. . .	. . .	. . .	. . .	. . .

Mary의 경우 다른 모든 열에서 0의 값이 주어진 것으로 보아 박사과정 학생임을 알 수 있다. Mary는 다른 5개 범주에 속하지 않기 때문에, 그녀는 6번째 범주에 속하게 된다.

$$Doctoral = 1 - 0 - 0 - 0 - 0 - 0 = 1$$

마지막 열을 제외하는 데에는 특별한 이유는 없다; 우리는 다른 열을 제외시킬 수도 있다. 유사하게 주택판매 데이터에서는 주택이 처음 4개의 지역에 속하지 않으면 *KingsRidge*에 속한다는 의미이기 때문에 *KingsRidge* 범주를 제외할 수 있다. 월마트 시계열 데이터에서는 어떤 관측치가 1분기, 2분기, 3분기에 속하지 않는다면 *Qtr4*에 포함되기 때문에 *Qtr4* 열을 제외시킬 수 있다.

주택판매: *OakKnoll*, *HiddenHills*, *RockDale*, *Lochmoor*, ~~*KingsRidge*~~
월마트 이윤: *Qtr1*, *Qtr2*, *Qtr3*, ~~*Qtr4*~~

다시 반복하지만 마지막 범주를 제외하는 데에는 특별한 이유가 없다. 마지막 범주가 아니라 다른 어떤 이항변수를 제외할 수도 있다. 제외된 범주는 회귀모형에서 기준점이 된다. 즉, 이는 상수항의 일부분이다. 범주 하나를 나타내는 이항변수를 제외하더라도 잃어버린 정보는 없다.

만약 모든 범주의 이항변수를 포함한다면?

만약 c개 범주에 대해 c개의 이항변수를 모두 포함시킨다면, 우리는 중복적인 독립변수를 가지게 되고 이로 인해 *공선성*(collinearity) 문제가 발생한다. 어느 한 독립변수의 값이 다른 독립변수의 값에 의해 결정되는 경우 회귀분석에 심각한 문제가 발생할 수 있다. 왜냐하면 X변수 행렬에서 하나의 열이 다른 열의 완벽한 선형조합으로 표현되기 때문이다. 주어진 데이터 행렬의 역행렬이 존재하지 않으므로, 최소제곱법 추정이 불가하다. Minitab은 이러한 상황을 자동적으로 확인하여 문제를 야기하는 예측변수를 제거한다. 반면 엑셀은 오류 메시지만을 출력한다. 어떤 이항변수를 제외할지 스스로 결정하는 것이 보다 안전하다.

Mini Case 13.2

연령 또는 성별 편의(*bias*)? Oxnard

우리는 근로자의 연봉이 성별, 연령, 직업종류에 따라 어떻게 달라지는지 비교하는 데 간단한 t 검정을 활용할 수 없다. 왜냐하면 교육수준이나 경력 같은 적절한 요인들을 고려하지 못하기 때문이다. 이러한 통제변수들을 고려하지 못한 단순한 급여 형평성 조사는 비판을 받곤 한다. 대신 어떤 회사의 연봉에 대한 연령, 경력, 성별, 교육수준의 영향을 연구하기 위해 우리는 이항변수 모형을 설정할 수 있다. 성별과 교육수준은 이항변수로 코딩될 수 있다. 나이변수의 경우에는 나이와 연봉을 선형함수로 가정하는 대신, 고연령층 근로자와 그 밖의 근로자로 나누는 이항변수로 코딩하기로 한다.

표 13.7은 Oxnard 석유회사의 광고부서에 있는 25명의 근로자에 대한 연봉 데이터이다. 첫 번째 작업으로 인력관리 컨설턴트는 $Salary = \beta_0 + \beta_1\ Male + \beta_2\ Exper + \beta_3\ Ovr50 + \beta_4\ MBA$ 모형을 이용하여 선형회귀모형을 추정하였다. 여기서 *Exper* 변수는 근로자의 경력연한이고, *Salary* 변수는 1,000달러 단위로 주어졌다. 성별($Male = 0, 1$), 연령($Ovr50 = 0, 1$),

MBA 학위(MBA = 0, 1) 등은 이항변수로 코딩되었다. 우리는 *Male*, *Over50*의 계수가 0이라는 가설을 기각할 수 있는가? 만약 그렇다면 성별이나 연령에 따른 급여 불평등을 설명할 수 있을 것이다.

표 13.7

Oxnard 회사 광고부서의 연봉데이터

관측치	이름	연봉	남성	경력	50세 이상 여부	MBA 학위 여부
1	Mary	28.6	0	0	0	1
2	Frieda	53.3	0	4	0	1
3	Alicia	73.8	0	12	0	0
4	Tom	26.0	1	0	0	0
5	Nicole	77.5	0	19	0	0
6	Xihong	95.1	1	17	0	0
7	Ellen	34.3	0	1	0	1
8	Bob	63.5	1	9	0	0
9	Vivian	96.4	0	19	0	0
10	Cecil	122.9	1	31	0	0
11	Barry	63.8	1	12	0	0
12	Jaime	111.1	1	29	1	0
13	Wanda	82.5	0	12	0	1
14	Sam	80.4	1	19	1	0
15	Saundra	69.3	0	10	0	0
16	Pete	52.8	1	8	0	0
17	Steve	54.0	1	2	0	1
18	Juan	58.7	1	11	0	0
19	Dick	72.3	1	14	0	0
20	Lee	88.6	1	21	0	0
21	Judd	60.2	1	10	0	0
22	Sunil	61.0	1	7	0	0
23	Marcia	75.8	0	18	0	0
24	Vivian	79.8	0	19	0	0
25	Igor	70.2	1	12	0	0

그림 13.9에 나와 있는 계수는 다른 조건이 일정하면 남자($Male$ = 1)가 여자보다 평균적으로 3,013달러를 더 많이 받는다. 그러나 *Male*의 계수는 유의수준 10%에서도 0과 유의하게 다르지 않다(t_{calc} = 0.862, p값 = 0.3990). 연봉 차이에 대한 연령의 효과는 조금 더 강한 것으로 보인다. 고연령층의 근로자들($Ovr50$ = 1)이 평균적으로 그 외 연령층 근로자보다 8,598달러 적게 받는 것을 알 수 있다(t_{calc} = −1.360, p값 = 0.1891). 그러나 p값은 여전히 10% 유의수준에서 유의하지 않다. MBA 변수의 계수를 보면 다른 조건이 일정하면 MBA 학위 소지자들이 다른 사람보다 9,587달러 더 받고, 계수는 10% 유의수준에서 0과 유의하게 다르다(t_{calc} = 1.916, p값 = 0.0698). Oxnard 석유회사의 연봉은 *Exper* 변수의 영향이 지배적이다(t_{calc} = 12.08, p값 = 0.0000). 추가적인 1년의 경력은 연봉을 평균적으로 3,019달러를 상승시킨다. 회

귀모형은 전체적으로 유의하고(F_{calc} = 52.62, p값 = 0.0000), 우수한 적합도를 보여준다(R^2 = 0.913). 표본의 수가 에반스 규칙인 10:1 비율을 만족하지는 못하지만, 돈 규칙인 5:1 비율은 만족시킨다. 더욱 완전한 연봉차이에 대한 연구를 위해서는 추가적인 예측변수를 고려할 수 있을 것이다.

그림 13.9

Oxnard 회사의 급여 평등 조사에 대한 회귀분석 결과

Estimated regression equation:
Salary = 28.878 + 3.013 *Male* + 3.019 *Exper* − 8.598 *Ovr50* + 9.587 *MBA*
R^2 = .9480 Std Err = 3.8818 F = 52.62 (p = .0000)

	Coefficients	*Std Error*	*t Stat*	*P-value*
Intercept	28.878	4.925	5.864	0.0000
Male	3.013	3.496	0.862	0.3990
Exper	3.019	0.250	12.081	0.0000
Ovr50	−8.598	6.324	−1.360	0.1891
MBA	9.587	5.003	1.916	0.0698

지역에 대한 이항 예측변수

지역을 코딩하는 데 이항 예측변수가 많이 사용된다. 그림 13.10은 미국의 50개 주를 이항변수를 이용하여 4개의 지역으로 나눌 수 있음을 보여준다.

Midwest = 1: 만약 그 주가 중서부에 있다면 1, 그 외의 지역이면 0
Neast = 1: 만약 그 주가 북동쪽에 있다면 1, 그 외의 지역이면 0
Seast = 1: 만약 그 주가 남동쪽에 있다면 1, 그 외의 지역이면 0
West = 1: 만약 그 주가 서쪽에 있다면 1, 그 외의 지역이면 0

예를 들면 2000년 미국 대통령 선거의 투표패턴을 분석하는 데 회귀모형을 사용할 수 있다. 이항 예측변수를 통해 지역(정성적 변수)이 투표성향에 미치는 영향을 분석할 수 있다.

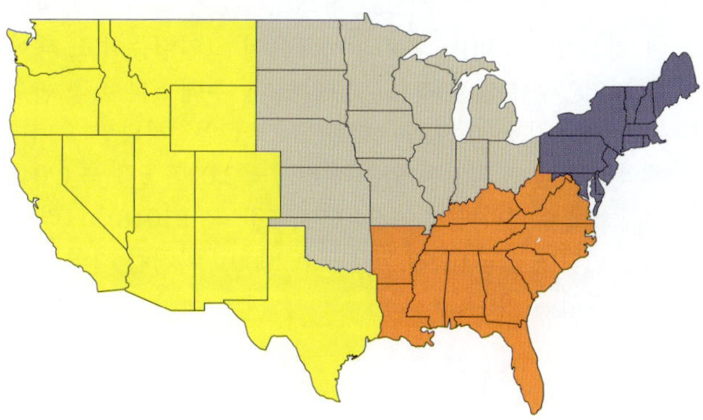

그림 13.10

4개의 지역 이항변수

Mini Case 13.3

지역별 투표 성향 Election2008

표 13.8은 미국 50개 주의 축약된 자료를 보여준다. 4개의 지역 이항변수가 있는데 우리는 3개의 이항변수만 필요하다. 임의로 우리는 *Seast* 행을 제외하였다. 따라서 이는 회귀모형에서 인구, 도시화, 대학 졸업생 비율, 노동조합 비율과 지역변수가 2008년 미국 대통령 선거에 미치는 영향에 대한 가설을 검증하는 기준선이 된다. 종속변수(*Obama%*)는 버락 오바마 후보가 얻은 득표율이고 회귀모형은 다음과 같다.

$$Obama\% = \beta_0 + \beta_1\, Age65\% + \beta_2\, ColGrad\% + \beta_3\, HomeOwn\% + \beta_4\, UnEmp\% + \beta_5\, Midwest + \beta_6\, Neast + \beta_7\, West$$

표 13.8

2008년 대통령 선거에서 미국 각 주의 특성

주	Obama%	Age65%	ColGrad%	HomeOwn%	Unemp%	MidWest	Neast	West	Seast (제외)
AL	38.8	13.8	22.0	73.0	5.0	0	0	0	1
AK	37.9	7.3	27.3	66.4	6.7	0	0	1	0
AZ	44.9	13.3	25.1	69.1	5.5	0	0	1	0
AR	38.9	14.3	18.8	68.9	5.1	0	0	0	1
CA	60.9	11.2	29.6	57.5	7.2	0	0	1	0
CO	53.7	10.3	35.6	69.0	4.9	0	0	1	0
CT	60.6	13.7	35.6	70.7	5.7	0	1	0	0
.	.	.	.	.	.	.	.	.	.
.	.	.	.	.	.	.	.	.	.
.	.	.	.	.	.	.	.	.	.
etc.	etc.	etc.	etc.	etc.	etc.	etc.	etc.	etc.	etc.

그림 13.11에 나와 있는 회귀분석 결과는 4개의 정량적 변수와 3개의 이항변수를 가지고 있다. 회귀모형은 전체적으로 유의하다(F_{calc} = 12.27, *p*값 = 2.04E-08). 위 결과는 다른 조건이 일정하면 오바마 후보의 득표율이 고연령층이고, 대학 졸업생의 비율이 높고, 실업률이 높은 지역일수록 많은 것으로 나타났다. 주택소유 비율 변수는 매우 유의한 변수는 아니다(t_{calc} = −1.593, *p*값 = 0.1187). 다른 조건이 일정하다면 오바마 후보는 남동지역보다 북동지역에서 유의하게 높은 지지를 얻었다(t_{calc} = 2.037, *p*값 = 0.048). 서부지역과 남동지역 간의 차이는 가까스로 유의하다(t_{calc} = 1.673, *p*값 = 0.1018). 그러나 중서부지역은 남동지역과 유의한 차이가 없다(t_{calc} = 1.299, *p*값 = 0.2009). 이처럼 지역 이항변수를 이용하여 정성적 요인의 효과를 분석할 수 있다.

그림 13.11

투표 패턴에 대한 회귀분석 결과

Regression Analysis

R^2	0.672		
Adjusted R^2	0.617	n	50
R	0.819	k	7
Std. Error	5.883	Dep. Var.	**Obama%**

ANOVA table

Source	*SS*	*df*	*MS*	*F*	*p-Value*
Regression	2,971.6423	7	424.5203	12.27	2.04E-08
Residual	1,453.6465	42	34.6106		
Total	4,425.2888	49			

Regression output *confidence interval*

Variables	*Coefficients*	*Std. Error*	*t Stat*	*p-Value*	*Lower 95%*	*Upper 95%*
Intercept	0.4988	23.5964	0.021	0.9832	−47.1207	48.1184
Age65%	2.2891	0.6195	3.695	0.0006	1.0389	3.5393
ColGrad%	0.9787	0.2608	3.752	0.0005	0.4523	1.5050
HomeOwn%	−0.3377	0.2120	−1.593	0.1187	−0.7655	0.0902
Unemp%	2.6293	0.7262	3.621	0.0008	1.1637	4.0949
Midwest	3.2490	2.5005	1.299	0.2009	−1.7971	8.2951
Neast	6.7259	3.3019	2.037	0.0480	0.0624	13.3893
West	4.6094	2.7555	1.673	0.1018	−0.9514	10.1702

단원 연습문제

connect

13.15 주말여행을 위한 어느 리조트의 콘도미니엄 가격 예측을 위해 숙박일수, 방의 개수, 수영장 여부, 개별 주차장 여부 변수 등을 예측변수로 설정한다. (a) 정량적 예측변수는 무엇인가? (b) 이 모형에 있는 이항변수의 개수는? (c) 제안하는 콘도미니엄 가격 예측 모형을 써라.

13.17 냉장고 가격은 할인 판매 중인지 여부, 서브제로 브랜드 제품인지 여부, 문의 개수(문 1개 또는 2개), 냉장/냉동 칸의 구성(상, 측면, 하) 등에 의해 영향을 받는다. 다음 표는 가격의 자연로그를 종속변수로 하는 회귀모형의 분석결과를 보여주고 있다. 이 모형은 노동통계청에 의해 개발되었다. (a) 기준이 되는 이항변수를 제거한 후 회귀모형을 써보라. (b) 자유도가 319일 때 각 계수의 p값을 구하여라. 유의수준 $\alpha = 0.01$일 때 어떤 예측변수가 유의하지 않은 예측변수인가? (c) *양문 측면형 냉장고 모형*(two-door, side freezer model)에서 *양문 상형 냉장고 모형*(two-door, top freezer model)으로 바꿔면 냉장고 가격의 자연로그 값이 얼마나 감소하는가? (d) 어떤 모형이 높은 가격을 받는가? 측면형 냉장고(side freezer)인가 또는 단문형 냉장고(one door with freezer)인가?

변수	계수	표준오차	t 통계량
Intercept	5.4841	0.13081	41.92
Sale price	−0.0733	0.0234	−3.13
Sub-Zero brand	1.1196	0.1462	7.66
Total capacity (in cubic ft)	0.06956	0.005351	13.00
Two-door, freezer on bottom	0.04657	0.08085	0.58
Two-door, side freezer	기준		
Two-door, freezer on top	−0.3433	0.03596	−9.55
One door with freezer	−0.7096	0.1310	−5.42
One door, no freezer	−0.8820	0.1491	−5.92

출처: www.bls.gov/cpi/cpirfr.htm.

13.6 비선형과 상호작용 효과에 대한 검정

비선형 모형에 대한 검정

예측변수의 효과는 때때로 비선형(nonlinear)이기도 하다. 쉬운 예로 절단하기 전에 나무에서 얻어지는 목재의 양을 추정하는 문제를 들 수 있다. 이는 목재농장에서는 흔히 접하는 실제 문제이다. 농장 매니저는 나무를 자르지 않은 채 단지 나무의 높이와 지름만을 측정한 후 이 정보를 이용하여 목재의 양을 추정할 수 있다. 이를 통해 재무상태표상에 나타나는 자산 가치 평가의 정확성을 향상시킬 뿐만 아니라 나무의 예상 성장률에 근거하여 언제 나무를 자를 것인지 결정할 수 있다.

나무로부터 얻을 수 있는 목재의 양(volume)은 나무의 높이와 지름에 달려 있다. 즉, 목재의 *양* = *f*(*높이*, *지름*)이다. 그러나 어떤 모형이 적절한가? 그림 13.12는 목재의 *양*과 *지름*에 대한 산포도를 보여준다. 선형모형에 비해 이차모형이 실제 데이터에 더 적합함을 확인할 수 있다.

그림 13.13은 목재의 양을 높이(*height*)와 지름(*radius*)으로 예측할 때 회귀분석 결과를 보여준다.

그림 13.12

나무 지름과 목재 양 간의 산포도

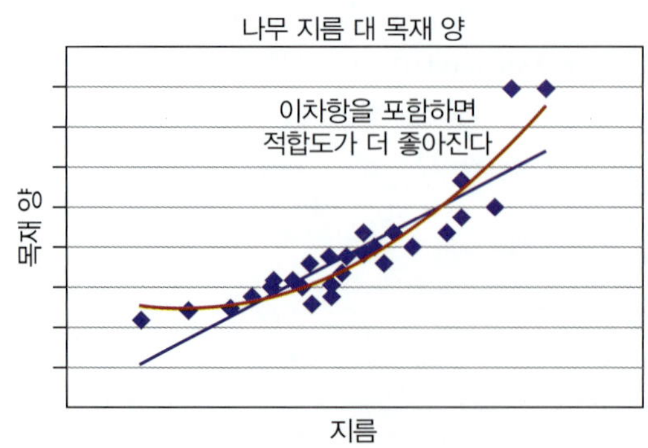

그림 13.13

나무 데이터에 대한 회귀분석 결과

Model 1: The estimated regression equation is:
Volume = −57.99 + 0.3393 *Height* + 9.4163 *Radius*
R^2 = .9480 SE = 3.8818

Model 2: The estimated regression equation is
Volume = −27.51 +.3488 *Height* + .6738 *Radius*^{2}
R^2 = .9729 SE = 2.7995

Model 1: Regression Output

Variables	*Coefficients*	*Std Err*	*t-Stat*	*p-Value*
Intercept	−57.9877	8.6382	−6.713	0.0000
Height	0.3393	0.1302	2.607	0.0145
Radius	9.4163	0.5285	17.816	0.0000

Model 2: The regression Output

Variables	*Coefficients*	*Std Err*	*t-Stat*	*p-Value*
Intercept	−27.5116	6.5577	−4.195	0.0000
Height	0.3488	0.0932	3.744	0.0008
Radius^2	0.6738	0.0267	25.222	0.0000

$$Model\ 1:\ Volume = -58.0 + 0.3393\ Height + 9.4163\ Radius (R^2 = 0.948,\ s = 3.88)$$
$$Model\ 2:\ Volume = -27.5 + 0.3488\ Height + 0.6738\ Radius^2 (R^2 = 0.973,\ s = 2.78)$$

우리가 통나무를 원기둥으로 간주한다면 두 번째 회귀모형이 더 적절할 것이다. 그 이유는 원기둥의 부피는 지름의 제곱에 비례하기 때문이다.* *Height* 변수와 *Radius* 변수의 t통계량은 모형 2에서 더 향상된 값을 보여준다. 그리고 R^2값도 커지고 표준오차는 작아졌다. 이러한 사실은 모형 2가 더 적합하다는 것을 의미한다. 지름을 나타내는 예측변수의 제곱항을 사용했지만, 모형 2는 여전히 선형이라고 할 수 있다. 왜냐하면 모수(즉, β_0, β_1, 또는 β_2) 중 어떤 것도 지수에 나타나지 않았고 어떤 모수를 다른 모수로 나누지도 않았기 때문이다.

어떤 변수가 비선형 관계를 보인다고 생각되면 회귀모형에 제곱항을 포함시킬 수 있다. 예를 들어,

$$y = \beta_0 + \beta_1 x_1 + \beta_2 x_2 + \varepsilon \tag{13.16}$$

또는 우리는 아래와 같은 모형을 사용할 수 있다.

$$y = \beta_0 + \beta_1 x_1 + \beta_2 x_1^2 + \beta_3 x_2 + \beta_4 x_2^2 + \varepsilon \tag{13.17}$$

제곱항으로 표현된 예측변수(β_2, β_4)가 0과 유의하게 다르지 않다면, 이 모형은 결국 선형모형으로 귀결된다. 만약 H_0: $\beta_2 = 0$의 가설을 기각한다면 이는 Y 변수와 X_1 변수 간의 비선형 관계가 있음을 의미한다. 또한 H_0: $\beta_4 = 0$의 가설을 기각한다면 이는 Y 변수와 X_2 변수 간의 비선형 관계가 있음을 의미한다. 어떤 연구자들은 큰 문제를 분석할 때 제곱항을

*나무 반지름(r), 높이(h), 부피(V) 간의 관계를 나타내는 공식은 $V = \pi hr^2$이다. 종속변수의 단위가 달라서 R^2, s_e를 본문의 모형과 직접 비교할 수는 없지만, 로그모형 $ln(Volume) = \beta_0 + \beta_1\ ln(Height) + \beta_2\ ln(Radius)$가 보다 더 적절한 모형이 될 것이다.

당연히 포함시키기도 한다. 제곱 예측변수는 모형을 좀 더 복잡하게 만들고 계수의 유의성 검정에서 자유도가 줄어들게 만든다(각 제곱 예측변수마다 자유도가 1개씩 줄어든다). 대신 더 적절한 모형을 설정할 수 있는 것이 그것에 대한 보상이라고 말할 수 있다.

예를 들어 1980년부터 2004년까지 미국 총 석유소비량의 증가는 시간에 따른 선형적인 추세로 잘 설명할 수 있다(R^2 = 0.8691). 그러나, 제곱 예측변수를 추가하면 적합도를 더 향상시킬 수 있고(R^2 = 0.9183), x_t^2 항도 유의하게 나온다(t_{calc} = 3.640). 이는 연도를 나타내는 변수 $x_t = 1, 2, \ldots, 25$를 사용할 때 비선형 추세가 있음을 의미한다.

$$\text{선형모형: } \hat{y}_t = 0.2012\, x_t + 15.029 \ (R^2 = 0.8691)$$

$$\text{이차모형: } \hat{y}_t = 0.0074\, x_t^2 + 0.0078\, x_t + 15.899 \ (R^2 = 0.9183)$$

승법모형

승법모형[multiplicative models; 가법모형(additive model)과 대비됨]의 *지수*를 추정하기 위해 선형회귀모형을 사용할 수 있다. 예를 들어 k개의 입력 $x_1, x_2, \ldots, x_k$를 갖는 콥-더글라스(Cobb-Douglas) 모형은 다음과 같다.

$$y = \beta_0 x_1^{\beta_1} x_2^{\beta_2} \ldots x_k^{\beta_k} \tag{13.18}$$

엑셀을 통해 직접적으로 이 모형의 지수를 추정할 수는 없지만 양변에 로그를 취하면 선형 형태로 변환된 모형을 얻을 수 있다. 로그를 취한 식의 계수는 최소제곱법을 통해 추정할 수 있다.

$$\log(y) = \log(\beta_0) + \beta_1 \log(x_1) + \beta_2 \log(x_2) + \cdots + \beta_k \log(x_k) + \varepsilon \tag{13.19}$$

예제: 은행 수입 BankRevenue 은행은 자산과 종업원이라는 2개의 입력을 사용하여 수입을 창출한다고 볼 수 있다.

$$Revenue = \beta_0 Assets^{\beta_1}\ Employees^{\beta_2}$$

64개의 대형 은행 표본에서 추정된 생산 함수(로그의 밑은 10)는

$$\log(Revenue) = -0.2781 + 0.4973 \log(Assets) + 0.2209 \log(Employees)$$

$$(t \text{ 통계량} = 9.27) \qquad (t \text{ 통계량} = 6.84)$$

t 통계량은 두 계수 모두 유의함을 의미하며 적합도도 꽤 좋다(R^2 = 0.6909). $b_0 = 10^{-0.2871} = 0.5163$으로 설정하면 추정된 승법모형은

$$Revenue = 0.5163 Assets^{0.4973}\ Employees^{0.2209}$$

상호작용에 대한 검정

회귀모형에서 두 예측변수의 곱으로 구성된 새로운 변수를 포함시킴으로써 **상호작용**(interaction) 효과를 검정할 수 있다. 예를 들어 Y가 X_1, X_2 그리고 X_1X_2에 의존한다고 가정할 수 있다. 상호작용효과를 검정하기 위해 다음과 같이 모형을 설정한다.

$$y = \beta_0 + \beta_1 x_1 + \beta_2 x_2 + \beta_3 x_1 x_2 + \varepsilon \qquad \textbf{(13.20)}$$

β_3에 대한 t검정 결과가 귀무가설 H_0: $\beta_3 = 0$을 기각한다면 두 변수의 상호작용이 유의하다고 결론 내릴 수 있다(11장에서 배운 이원분산분석과 유사하다). 상호작용효과는 조심스러운 해석이 필요하고 자유도의 손실을 가져온다. 그러나 상호작용 항이 모형 정확성을 향상시킨다면 그러한 비용에 대한 가치는 충분하다. 예를 들어 부실대출에 의한 은행의 손실(*Loss*)이 대출규모(*Size*)와 위험도(*Risk*)에 의존한다고 가정하자. 작은 규모의 대출은 위험하지만 전체 손실에 큰 기여를 하는 것은 아니다. 대출규모가 크다면 덜 위험하지만 잠재적으로 큰 손실을 가져올 수 있다. 상호작용 항(*Size* × *Risk*)은 둘 중 하나의 변수 값이 크다면 커지게 되어 있다. 따라서 두 변수의 효과를 동시에 감안할 수 있다. 따라서 상호작용 항은 이 모형에서 중요한 설명변수가 될 것이다

$$Loss = b_0 + b_1\,Size + b_2\,Risk + b_3\,Size \times Risk$$

애널리틱스 적용 사례

인적자원 애널리틱스

작업공간 설계는 종종 사후에 고려하게 된다. 하지만 작업공간 설계는 생산성을 증진시키거나 또는 생산성에 방해를 줄 수 있다. 그렇다면 기업은 사무실 환경이 성과를 개선하도록 구성되어 있는지 여부를 어떻게 알 수 있을까? 직원의 스카이프, 이메일, 대면 상호작용 등으로부터 만들어지는 *데이터 잔해*(data exhaust)를 수집 · 분석하여 알 수 있다. 데이터 잔해는 직원의 대면 또는 인터넷상의 상호작용과 관련된 2차 데이터이다. 2차 데이터의 예로는 이메일의 길이, 이메일 교환 빈도, 스카이프로 대화한 시간 등이 있다.

MIT 미디어랩 소속 연구자들은 수백 메가바이트의 직원 커뮤니케이션 데이터를 분석하여 매우 효율적인 팀은 어떤 특징을 갖고 있는지 조사하였다. 조사 결과에 의하면 2차 데이터로 팀 성과를 정확하게 예측할 수 있고, 개인적인 정보나 커뮤니케이션 내용은 생산성을 예측하는 데 필수적으로 필요하지는 않았다. 이러한 연구에 기반하여 연구자들은 Humanyze라는 소프트웨어 회사를 설립했고 이 회사는 Elements라고 불리는 대시보드를 제공한다. 이 소프트웨어 플랫폼은 커뮤니케이션 데이터를 분석하여 일을 완수하게 만드는 작업 패턴을 찾아낸다. 은행, 부동산업과 같은 산업, 그리고 NASA에서는 각 직원으로부터 생성되는 방대한 양의 데이터를 분석하여 유용하게 활용하고 있다.

출처: https://www.humanyze.com/.

단원 연습문제

connect

13.19 Solnar 회사에 고용된 39명의 기술자 연봉(Salaries)과 그들의 경력(년; Years)에 대한 데이터가 다음에 주어져 있다. (a) *Salaries* 변수를 종속변수로 두고 *Years*을 예측변수로 두어 산포도를 그려라. 산포도의 모양을 설명하라. 비선형 모형이 적절한 것으로 보이는가? (b) *Salaries* 변수를 종속변수로 두고 *Years*와 *YearsSq*(경력제곱) 변수를 예측변수로 하여 회귀모형을 추정하라. R^2과 F_{calc} 그리고 이에 대한 p값을 찾아라. 비선형 모형은 유의한가? (c) *Years* 변수와 *YearsSq* 변수에 대한 p값을 제시하라. 이 변수들은 유의수준 10%하에서 유의한가?

Solnar 회사 기술자들의 연봉과 경력(n = 39) Salaries

Salaries(달러)	Years	YearsSq
50,000	1	1
54,000	1	1
52,000	1	1
⋮	⋮	⋮
134,000	32	1,023
118,000	34	1,156
134,000	35	1,225

13.7 다중공선성

다중공선성이란?

설명변수들 $X_1, X_2, \ldots, X_m$이 서로 독립이지 않고 서로 상관관계가 있는 상태를 **다중공선성**(multicollinearity)이라 부른다. 단지 두 예측변수의 상관관계가 문제된다면 이를 **공선성**(collinearity)이라고 부른다. 예측변수들 사이에 어느 정도의 상관관계는 있기 마련이다. 우리의 관심은 다중공선성의 정도에 있다.

분산팽창

다중공선성은 최소제곱 추정치의 불편성에는 영향을 미치지 않는다. 그러나 이는 추정치의 *분산팽창*(variance inflation) 문제를 야기한다. 예측변수들이 서로 강한 상관관계를 가지면 추정계수의 분산이 커지게 되고, 이에 따라 계수의 신뢰구간이 넓어지게 된다. 또한 t 통계량의 신뢰성을 저하시킨다. 이러한 상황에서는 각 변수들이 서로 얽혀 있기 때문에 예측변수 각각이 종속변수 설명에 기여하는 정도를 분리하기 어렵게 만든다. 분산팽창의 결과는 사소할 수도 있지만 반대로 매우 심각할 수도 있다. 극단적인 상황은 하나의 X 변수 데이터가 또 다른 (하나 또는 둘 이상의) X 변수 데이터와 완전한 선형관계를 이룰 때 발생한다. 이때 최소제곱법을 적용할 수 없게 된다.* 예를 들면 부주의하게 같은 예측변수를 두 번 포함시킨 경우 또는 c개의 범주를 가진 예측변수를 이항변수로 표현하는 과정에서 c개의 이항변수를 모두 포함시킨 경우이다. 어떤 통계패키지는 완벽한 다중공선성을 확인하게 되면 다중공선성을 일으키는 설명변수를 제거해 주지만 이 기능에 전적으로 의존하지는 말아야 한다.

분산팽창은 일반적으로 심각한 문제를 발생시키지는 않는다. 어떤 연구자들은 극단적인 경우를 제외하고는 무시할 수 있다고 말한다. 그러나 회귀모형에서 다중공선성의 정도를 확인하는 것이 바람직하다. 이를 확인하는 방법은 다음 몇 가지가 있다.

*데이터 행렬이 역행렬을 갖지 않으면 OLS 추정치를 계산할 수 없다.

상관계수 행렬

두 예측변수가 상관관계가 있는지 확인하기 위해 엑셀의 데이터분석 > 상관분석 메뉴를 사용하여 예측변수들의 **상관계수 행렬**(correlation matrix)을 검사할 수 있다. 예로, 표 13.9에는 자동차 50대의 일부 특성[예: 마력, 배기량, 공차중량, 제원(dimension), 구동방식]이 나타나 있는데 이들 특성을 이용하여 도심 연비(MPG)를 예측할 수 있다. 반응변수(*CityMPG*)는 포함되어 있지 않는데 그 이유는 예측변수 간의 다중공선성 여부를 조사하고 있기 때문이다. 대각선 위 셀에는 중복되는 값이 나타나므로 표시하지 않았다. 유의수준 $\alpha = 0.05$ 또는 $\alpha = 0.01$에서 상관계수가 0과 다른지 여부를 양측검정으로 검정한 결과가 노란색으로 표시되어 있다. 이 예에서 대부분의 예측변수는 서로 유의한 상관관계를 가지는데 이는 회귀분석에서 흔히 발견된다.

표 13.9

자동차 연비 예측변수들의 상관계수 행렬 VehicleMPG

	Doors	HP	Engine	Weight	Length	Width	AWD	RWD
Doors	1.000							
HP	−0.339	1.000						
Engine	−0.204	0.806	1.000					
Weight	0.095	0.654	0.729	1.000				
Length	0.318	0.503	0.567	0.738	1.0000			
Width	0.090	0.714	0.681	0.821	0.763	1.000		
AWD	0.014	0.215	0.113	0.253	−0.069	0.214	1.000	
RWD	−0.055	0.418	0.394	0.409	0.503	0.418	−0.421	1.000

상관관계 r의 양측검정 임계치($\alpha = 0.05$): ±0.279
상관관계 r의 양측검정 임계치($\alpha = 0.01$): ±0.361

유의한 상관계수 그 자체가 심각한 문제를 의미하는 것은 아니다. **클라인 규칙**(Klein's Rule)에 따르면 예측변수들 간의 상관계수가 다중상관계수 R(즉, R^2의 제곱근)을 초과할 때 회귀계수 추정치의 안정성 또는 신뢰구간의 정확성이 문제될 수 있다고 한다. 실제 회귀분석을 수행한 후에야 클라인 규칙의 위배 여부를 확실하게 판단할 수 있다. 하지만 높은 상관계수(예: *Engine* 대 *HP*)는 일부 예측변수들이 중복적일 수 있음을 암시한다.

분산팽창인수

행렬 산포도와 상관계수 행렬은 이해하기 쉽지만, 이들은 단지 예측변수 쌍(예: X_1과 X_2)의 상관관계만을 보여주고 있다. 다중공선성에 대한 일반적인 검정을 위해서는 예측변수들 간의 더욱 복잡한 관계를 점검해야 한다. 예를 들어 X_2가 X_1, X_3, X_4 변수들의 선형함수일 수 있지만, 각 변수 쌍의 상관계수는 그리 크지 않을 수도 있다.

각 예측변수에 대한 **분산팽창인수**(variance inflation factor: **VIF**)는 더욱 포괄적인 검정방법을 제시한다. 주어진 설명변수 X_j에 대해 VIF는 다음과 같이 정의된다.

$$VIF_j = \frac{1}{1 - R_j^2} \tag{13.21}$$

여기서 R_j^2는 예측변수 j를 종속변수로 두고 다른 모든 예측변수들(Y는 제외)을 새로운 예측변수로 설정하여 추정했을 때의 결정계수이다.

반응변수	설명변수	R^2
X_1	$X_2, X_3, \ldots, X_k$	R_1^2
X_2	$X_1, X_3, \ldots, X_k$	R_2^2
⋮	⋮	⋮
X_k	$X_1, X_2, \ldots, X_{k-1}$	R_k^2

예측변수 j가 다른 예측변수와 관련이 없다면 R_j^2는 0이 될 것이고 VIF는 1이 된다(실제 데이터에서는 이러한 이상적인 상황은 매우 드물다). 다음과 같은 상황들이 발생할 수 있다.

R_j^2	VIF_j	해석
0.00	$\frac{1}{1-R_j^2} = \frac{1}{1-0.00} = 1.0$	분산팽창 없음
0.50	$\frac{1}{1-R_j^2} = \frac{1}{1-0.50} = 2.0$	약한 분산팽창
0.90	$\frac{1}{1-R_j^2} = \frac{1}{1-0.90} = 10.0$	강한 분산팽창
0.99	$\frac{1}{1-R_j^2} = \frac{1}{1-0.99} = 100.0$	심각한 분산팽창

다중공선성을 어떻게 처리해야 하는가?

VIF 값의 크기에는 제한이 없다. 어떤 연구자에 따르면 VIF 값이 10을 초과할 때 문제가 될 수 있다고 주장하고 심지어 이러한 경우에는 해당 예측변수를 모형에서 제외해야 한다고 주장하기도 한다. 그러나 이러한 대략적인 경험법칙은 너무 보수적이다. VIF 값이 10이라는 의미는 다른 예측변수들이 예측변수 j의 변동을 90% 설명한다는 의미이다. VIF 값 10은 예측변수 j가 다른 설명변수들과 매우 강한 관계가 있다는 것을 말하지만, 최소제곱 추정치의 불안정성을 직접적으로 의미하지는 않는다. 따라서 관련성 있는 예측변수를 너무 쉽게 제거해서는 안 된다. 이러한 성급한 결론은 모형의 설정오류로 이어질 수 있다. VIF 값이 클수록 예측변수 j를 모형에 포함해야 하는지에 대해 진지하게 고려할 필요가 있다는 의미로 받아들이는 것이 좋다.

추정계수는 안정적인가?

X_1과 X_2 변수가 종속변수 Y와 매우 높은 상관관계를 가지고 있음에도 불구하고 둘 중 하나 또는 두 추정계수 모두가 유의하지 않다면 불안정성의 증거가 될 수 있다. 또 X_1과 X_2 변수가 종속변수 Y와 양의 상관관계를 가지고 있음에도 불구하고 두 변수 중 하나가 다중회귀모형에서 음의 계수로 추정될 때 불안정성의 증거가 된다. 일반적인 검정방법은 일단 회귀모형에서 공선성이 의심되는 예측변수를 제외하고 추정한 후 추정계수에 어떤 변화가 있는지 확인하는 방법을 사용할 수 있다. 추정계수의 값이 크게 변화하지 않는다면 다중공선성은 심각한 문제가 되지 않는다. 공선성이 의심되는 예측변수를 제외하고 추정하였을 때, 추정계수의 변화가 심한 경우 다중공선성은 추정계수의 불안정성 문제를 야기하고 있다고 할 수 있다. 새로운 추정모형에서 계수의 추정결과가 변화되었다고 말하기 위해서는 반드시 0과 유의하게 다른 값이어야 한다.

Mini Case 13.4

지역별 투표 성향 Election2008

Mini Case 13.3에서 미국 50개 주를 대상으로 오바마 대통령 후보에 투표한 비율을 분석한 바 있다. 제안된 모형은 다음과 같다. $Obama\% = \beta_0 + \beta_1 Age65\% + \beta_2 ColGrad\% + \beta_3 HomeOwn\% + \beta_4 UnEmp\% + \beta_5 Midwest + \beta_6 Neast + \beta_7 West$. 표 13.10은 예측변수에 대한 상관계수 행렬을 보여준다. 상관계수가 $r_{\text{crit}} = 0.2187$(식 12.5를 사용하며 이때 양측검정으로 $t_{\text{crit}} = 2.0106$을 적용함)을 초과하면 유의수준 $\alpha = 0.05$에서 유의하다. 이러한 규칙에 따르면 설명변수들 간의 상관계수 중 상당수가 유의수준 5%에서 유의하다(아래 표에서 음영으로 표시되어 있다). 그러나 어떤 상관계수의 값도 다중상관계수 $R = 0.819$에 가깝지 않기 때문에 클라인 규칙에 따르면 크게 걱정할 문제는 아니다. 또한 모형설정으로 인해 이항변수 간의 상관관계가 존재할 수도 있다. 예로, 어느 주가 중서부에 속하면 다른 세 지역에는 속할 수 없다.

표 13.10

2008년 선거 예측변수들 간의 상관계수 행렬 Election2008

	Age65%	ColGrad%	HomeOwn%	Unemp%	MidWest	Neast	West
ColGrad%	−0.194						
HomeOwn%	0.153	−0.357					
Unemp%	−0.122	−0.091	−0.147				
MidWest	0.161	−0.109	0.137	−0.118			
Neast	0.227	0.548	−0.067	0.013	−0.315		
West	−0.476	0.038	−0.318	−0.078	−0.370	−0.331	
Seast	0.114	−0.460	0.259	0.191	−0.333	−0.298	−0.350

몇몇 예측변수 간의 유의한 상관계수에도 불구하고 그림 13.14를 보면 VIF 값이 10을 초과하는 경우는 없고 전체적인 평균 VIF 값도 작은 편이다. 따라서 신뢰구간이 안정적임을 예상할 수 있다.

그림 13.14

투표 성향 조사의 VIF

Regression output

Variables	*Coefficients*	*Std. Error*	*t Stat*	*p-Value*	*VIF*
Intercept	0.4988	23.5964	0.021	0.9832	
Age65%	2.2891	0.6195	3.695	0.0006	1.563
ColGrad%	0.9787	0.2608	3.752	0.0005	2.183
HomeOwn%	−0.3377	0.2120	−1.593	0.1187	1.390
Unemp%	2.6293	0.7262	3.621	0.0008	1.174
Midwest	3.2490	2.5005	1.299	0.2009	1.738
Neast	6.7259	3.3019	2.037	0.0480	2.703
West	4.6094	2.7555	1.673	0.1018	2.211

단원 연습문제

connect

13.21 Vali 리조트의 숙박객 만족도 데이터를 이용하자. 11개 변수에 대한 상관계수 행렬을 계산하라. 종속변수는 *ovalue*이다. (a) 상관계수 값이 가장 높은 4개 변수 쌍을 찾아라. 상관계수는 0과 유의하게 다른가? (b) 11개 예측변수를 가지고 회귀분석을 수행하고 각 예측변수의 VIF를 계산하라. (c) VIF 값을 볼 때 다중공선성을 의심할 수 있는가? 왜 그러한가?

ResortGuestSat

13.8 회귀모형 진단

최소제곱 추정법은 오차항 ε에 대해 몇 가지 가정을 하고 있다. ε가 비록 관찰되는 값은 아니지만 잔차 e_i를 통해서 ε에 대한 단서를 찾을 수 있다. 우리는 보통 다음 세 가지 중요한 가정을 검정한다.

- *가정 1*: 오차들이 정규분포를 따른다.
- *가정 2*: 오차들의 분산이 일정하다(즉, 등분산성을 가진다).
- *가정 3*: 오차들은 서로 독립이다(즉, 자기상관이 존재하지 않는다).

회귀모형의 잔차는 종종 위 가정들을 위배하는 경우가 있다. 그 경우 심각한 영향을 미치기도 하지만 영향이 없거나 약간 있을 수도 있다. 회귀모형의 가정 위배에 대한 **잔차 검정**은 대부분의 통계패키지에 정형화되어 있다. 세 가지 가정 위배를 검정하는 시각적 도구들은 12.8절과 12.9절에서 이미 다루었다. 각각의 가정에 대해 간단히 살펴보고 가정 위반 시 대처 방안에 대해 설명한다.

정규분포가 아닌 오차항

심각한 특이값(outliers)이 있는 경우를 제외하고는 비정규분포를 갖는 잔차는 대개 사소한 위반으로 간주된다. 회귀계수와 회귀계수의 분산은 여전히 불편(unbiased)이고, 일치추정량이다. 모수의 신뢰구간을 구축하는 데 정규성 가정이 사용되기 때문에 비정규성을 띠는 경우에는 신뢰구간에 문제가 있을 수 있다. 그러나 표본크기가 크다면(가령, $n > 30$) 심각한 특이값이 있지 않는 한 신뢰구간은 큰 문제가 없다. 가설은 다음과 같다.

H_0: 오차들이 정규분포를 따른다.
H_1: 오차들이 정규분포를 따르지 않는다.

*잔차의 히스토그램*을 시각적으로 판단함으로서 특이값과 심각한 비대칭성을 판단할 수 있다. 또는 잔차를 그대로 사용하거나 또는 표준화 잔차(즉, 스튜던트화 잔차)를 이용할 수도 있다. 표준화 잔차는 예측 가능한 스케일을 제공한다(즉, 특이값이 아니라면 −3과 +3 이내에 있음)는 장점을 가지고 있다. 정규성을 판단하는 또 하나의 방법은 **정규확률도**(*분위수 대조도*, **q-q 도표**라고도 함)인데, 이는 많은 통계패키지의 옵션을 사용하여 작성할 수 있다. 귀무가설이 맞다면 정규확률도는 대략적으로 선형이 될 것이다.

오차항이 정규분포를 따르지 않은 경우에 어떻게 해야 하는가? 첫 번째, 특이값을 제거하는 것을 고려한다. 그러나 특이값 제거는 명백히 오류인 데이터에 한정하여 수행되어야 한다. 두 번째, 표본크기를 증가시킬 수 있는가? 표본크기를 증가시킬 수 있다면 추정치의 점근적인 정규성 확보에 도움이 될 것이다. 세 번째, 변수에 로그를 취하여 변환해 볼 수 있다. 그러나 로그를 취하면 새로운 모형이 되므로 통계 전문가의 도움이 필요할 수도 있다. 마지막으로 아무런 조치도 취하지 않고 다만 그 문제를 인지하기만 한다.

분산이 일정하지 않은 오차항(이분산성)

회귀모형은 X 또는 Y 변수의 모든 값에 대해 똑같이 적합해야 한다. 이러한 바람직한 특성을 **등분산성**(homoscedasticity)이라고 부른다. 오차항의 분산이 일정하면, 오차는 *등분산적*(homoscedastic)이 된다. 반대로 오차항의 분산이 일정하지 않다면, **이분산성**(heteroscedasticity)이 존재하고 오차가 *이분산적*(heteroscedastic)이라고 말한다. 이분산성은 매우 심각한 문제를 발생시킬 수 있다. 최소제곱법에 따른 모수 추정치가 여전히 불편이고 일치추정량일지라도, 추정된 계수의 분산에 편의가 존재하고 계수의 분산이 효율적이지 않고 점근적으로도 효율적이지 않게 된다. 이분산성이 존재하는 대부분의 경우에 추정량의 분산이 과소 추정될 가능성이 있고 그로 인해 t값이 커지고 신뢰구간이 좁아지는 결과가 발생한다. 다중회귀모형에서 등분산성에 대한 시각적 검정으로는 각 예측변수나 또는 예측된 Y값에 대해 잔차의 산포도를 그려보는 방법이 있다. 이상적으로는 아무런 패턴이 없어야 하고 예측된 Y값과 실제 Y값 간의 수직 거리(잔차의 분산)가 X값에 관계 없이 일정해야 한다. 가설은 다음과 같다.

H_0: 오차들의 분산이 일정하다(등분산성).
H_1: 오차들의 분산이 일정하지 않다(이분산성).

다중회귀모형에서는 예측변수가 여러 개 있으므로 k개의 잔차 그래프를 그리기보다는 예측된 Y값에 대해 잔차를 산포도로 그린다. 분산이 일정하지 않은 다양한 패턴이 존재할 수 있지만 확장형(fan-out)이 가장 일반적이다(그림 13.15 참조). 또한 잔차의 합은 0이므로 산포도에서 x축이 대략적으로 중심이 되어야 한다.

이분산성은 X와 Y가 시간에 따라 증가하는 경제 관련 시계열 데이터에서 발생할 수 있다. 이분산성이 있으면 오차도 증가하게 된다. 재무 데이터(예: GDP)에서는 자료를 불변값으로 나타냄으로써(가격을 가격지수로 나눔) 이분산성을 줄일 수 있다. 횡단면 자료

그림 13.15

이분산성의 잔차 그래프

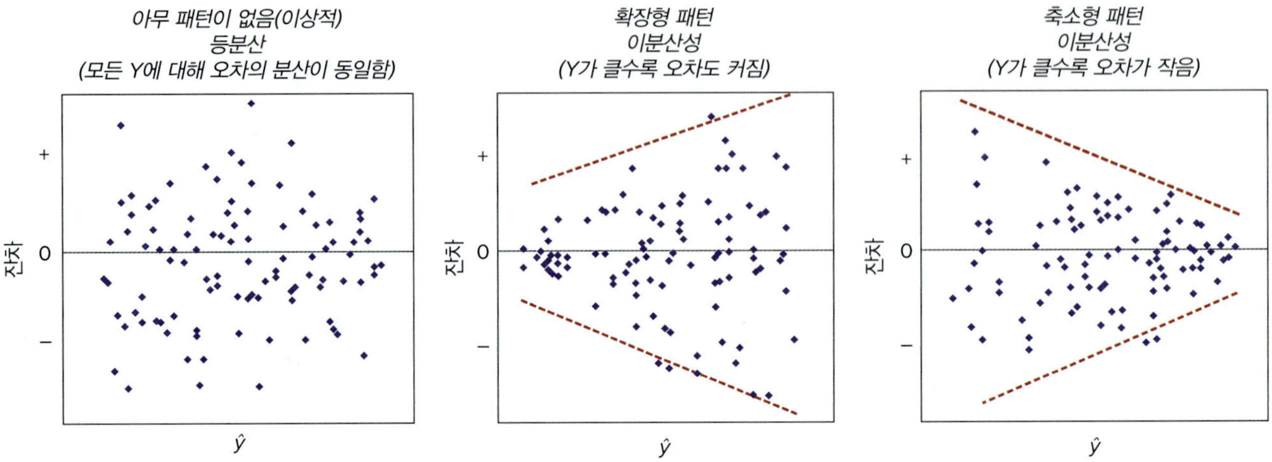

(cross-sectional data)(예: 총 범죄 수)의 경우, 데이터를 상대적 비율(예: 인구당 범죄 수)로 표현함으로써 이분산성을 완화할 수 있다. 이분산성을 줄이는 보다 일반적은 방법은 변수 변환이다(예: 로그를 취하기). 그러나 로그를 취하면 새로운 모형이 되므로, *Y*값을 예측할 때 역변환이 필요하다.

예제 13.5

주택 압류 비율

Foreclosures

미국 주에서 2007년 주택 압류 비율을 종속변수로 설정하고 2005년의 서브프라임(대출업자의 신용평가에 따라 위험으로 분류된 대출) 주택담보대출 건수를 예측변수로 두어 회귀모형을 추정한다. 예측변수는 압류 비율 변동의 약 25%(R^2 = 0.251)를 설명한다. 그러나 그림 13.16에 있는 예측된 압류 비율 대비 잔차 그래프는 명확하게 이분산적 패턴을 보여준다.

그림 13.16

이분산성을 보이는 잔차 그래프

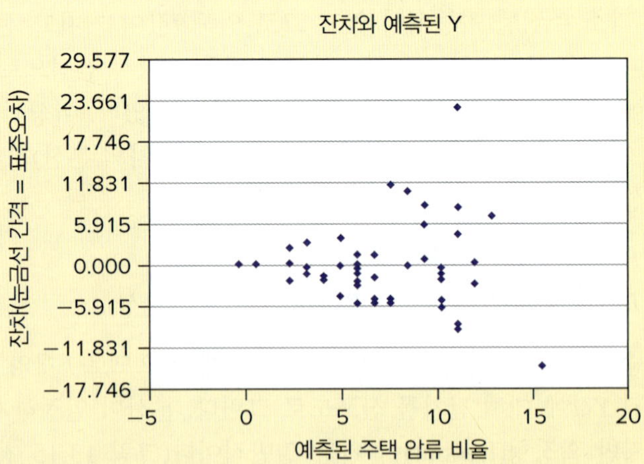

오차의 이분산이 존재하는 경우 회귀계수의 신뢰구간이 좁아지게 된다. 그 이유는 회귀계수의 표준오차가 과소추정되기 때문이다. 이 예제에서 기울기 계수에 대한 95% 신뢰구간은 [43.8599, 131.9923]이다. 정확한 신뢰구간은 이것보다 폭이 더 넓을 것이다. 이분산성 효과를 줄이는 방법 중의 하나가 *X* 또는 *Y* 변수를 변환하여 변수를 절대적인 값이 아니라 상대적 값으로 바꾸는 것이다. 선택된 *X* 변수 외에 *Y*의 변동을 보다 잘 설명할 수 있는 예측변수를 고려하는 것도 중요하다. 이 장의 끝에 있는 연습문제에서 이 데이터를 보다 자세하게 분석할 기회가 있을 것이다. **Foreclosures**

Mini Case 13.5

정규성과 등분산성 검정 HeartDeaths

그림 13.17은 2000년 미국 50개 주의 심장병 사망에 대한 회귀모형의 잔차 히스토그램과 정규확률도이다. 종속변수는 *Heart* = 인구 100,000명당 심장병 사망자 수이고 세 개의 예측변수는 *Age65%* = 65세 이상 인구의 비율, *Income* = 1인당 소득(단위: 1,000달러), 그리고 *Black%* = 흑인 인구비율이다.

그림 13.17

심장병 사망 회귀모형의 잔차 히스토그램과 정규확률도

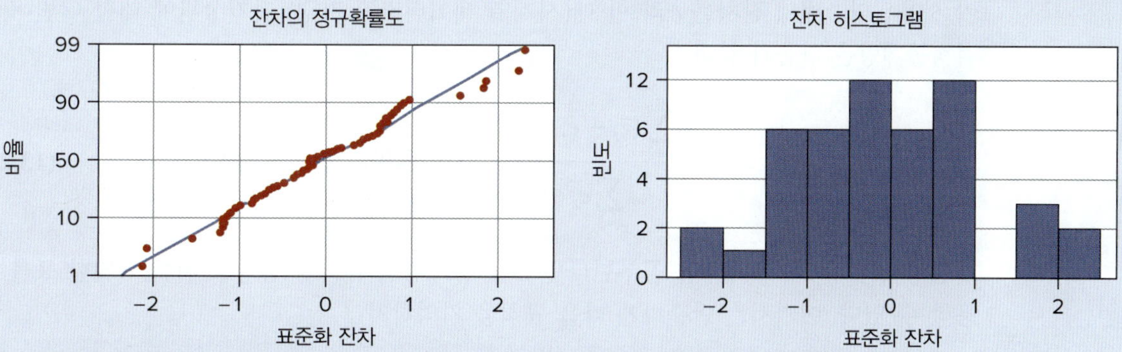

히스토그램은 틀림없이 종 모양에 가깝다. 잔차는 표준화되어 있으므로 이상치(0을 기준으로 표준오차의 3배를 초과하는 경우)는 없는 것으로 보인다. 정규확률도는 양쪽 끝에서 약간 선형모형에서 벗어난 것으로 보이나 전체적으로 정규분포 가정과 일치하는 것으로 보인다. 이분산성에 대한 검정을 위해 예측된 *Y*값에 대한 잔차를 산포도로 그리면 그림 13.18과 같다. 확장형 또는 축소형 패턴은 분명하게 보이지 않기 때문에 등분산성 가정을 지지한다.

그림 13.18

심장병 사망 회귀모형에 대한 잔차 그래프

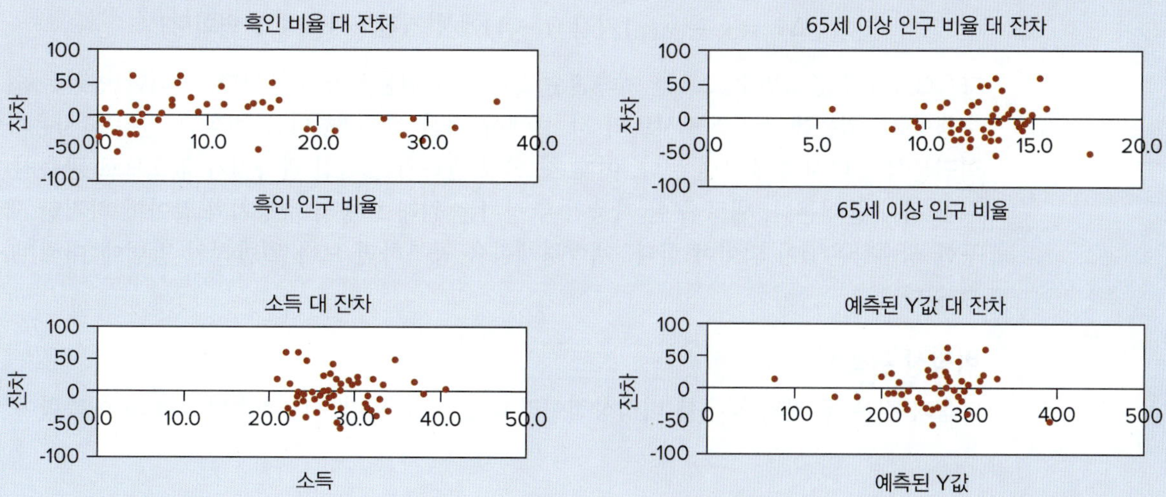

자기상관

시계열 데이터를 다루는 경우 **자기상관**(autocorrelation)의 가능성을 염두에 두어야 한다. 회귀모형의 기본 가정은 오차들이 서로 독립이라는 것인데 자기상관이 존재하면 오차들이 서로 독립적이지 않게 된다. 횡단면 데이터의 경우에도 자기상관이 존재할 수 있으나, 데이터의 입력 순서로 인해 대부분 발생하기 때문에 무시할 수 있다. 회귀모형에서 오차항에 자기상관이 있어도 계수에 대한 최소제곱 추정량은 여전히 불편이고 일치추정량이다. 그러나 추정된 분산에 편의가 존재하고 그로 인해 신뢰구간이 좁아지며 t 통계량이 너무 커지게 된다. 따라서 모형의 적합도가 과대평가된다. 검증해야 할 가설은 다음과 같다.

H_0: 오차들에 자기상관이 없다.
H_1: 오차들에 자기상관이 있다.

오차항은 관찰되지 않기 때문에 자기상관의 근거를 찾기 위해 잔차항 $e_1, e_2, \ldots, e_n$을 이용한다. 자기상관을 검정하기 위한 방법으로 더빈-왓슨(Durbin-Watson: DW) 검정이 많이 사용된다. t번째 잔차를 e_t라 할 때(시계열 데이터라고 가정) 자기상관에 대한 더빈-왓슨 검정통계량은 다음과 같다.

$$DW = \frac{\sum_{t=2}^{n}(e_t - e_{t-1})^2}{\sum_{t=1}^{n} e_t^2} \quad \text{(더빈-왓슨 검정통계량)} \qquad \mathbf{(13.22)}$$

계량경제학이나 수요예측을 공부한다면 DW 통계량의 유의성 검정을 위한 특별한 표를 이용할 수 있다. 여기서는 단순하게 다음 규칙을 기억하자.

$DW < 2$이면 양의 자기상관을 의미(흔히 발생)
$DW \approx 2$이면 자기상관이 없음을 의미(이상적인 경우)
$DW > 2$이면 음의 자기상관을 의미(드물게 발생)

자기상관이 있으면 어떻게 해야 하는가? 1차 시계열 자기상관은 변수를 변환함으로써 감소시킬 수 있다. 아주 간단한 변환은 *1차 차분을 사용하는 방법*인데 모든 변수를 다음과 같이 변화량으로 재정의한다.

$\Delta x_t = x_t - x_{t-1}$ [기간 $(t - 1)$에서 기간 t 사이에 X 변화량]
$\Delta y_t = y_t - y_{t-1}$ [기간 $(t - 1)$에서 기간 t 사이에 Y 변화량]

다음에 ΔY를 종속변수, ΔX를 *예측변수*로 두고 회귀분석을 수행한다. 이러한 변환은 쉽게 수행할 수 있는데 스프레드시트의 각 셀에서 직전 셀을 뺀 다음 변환된 변수를 사용하여 회귀분석을 다시 수행하면 된다. 이때 첫 번째 관측치는 직전 관측치가 없으므로 관측치 개수가 하나 줄어든다. 새로 구한 기울기 추정치는 원래 모형의 추정치와 같아야 하지만 새로 구한 상수항은 0이 되어야 한다. 계량경제학을 공부하면 보다 일반적인 방법에 대해 배울 수 있다.

비정상 관측치

다음과 같은 두 가지 경우를 비정상적이라고 말할 수 있다. (1) 추정된 모형의 예측력이 낮거나(*비정상 잔차*) (2) 하나 또는 그 이상의 관측치가 추정치에 큰 영향을 미치는 경우(*비정상 레버리지*). 회귀모형 패키지에는 비정상 관측치에 대한 검정이 당연히 포함되어 있다.

비정상 잔차 비정상 잔차를 확인하려면 표준화 잔차를 검사하여 모형에 잘 들어맞지 않는 관측치를 찾는다. 12장에서 설명하였듯이 각 통계패키지마다 '표준화' 또는 '스튜던트화' 잔차에 대한 정의가 다르지만 '비정상' 잔차를 유사한 방식으로 표시해준다. 예를 들어 그림 13.19에서 출력물의 마지막 두 열은 값이 약간 다르기는 하지만 동일한 방식으로 해석할 수 있다.

그림 13.19

심장병 사망 데이터의 회귀분석 결과

Regression Analysis: Heart Deaths per 100,000

R^2	0.779		
Adjusted R^2	0.764	n	50
R	0.883	k	3
Std. Error	27.422	Dep. Var.	**Heart**

ANOVA table

Source	*SS*	*df*	*MS*	*F*	*p-Value*
Regression	121,809.5684	3	40,603.1895	54.00	0.0000
Residual	34,590.3558	46	751.9643		
Total	156,399.9242	49			

Regression output

Variables	*Coefficients*	*Std. Error*	*t Stat*	*p-Value*	*confidence interval* Lower 95%	Upper 95%	*VIF*
Intercept	−37.0813	39.2007	−0.946	0.3491	−115.9882	41.8256	
Age65%	24.2509	2.0753	11.686	0.0000	20.0736	28.4282	1.018
Income	−1.0800	0.9151	−1.180	0.2440	−2.9220	0.7620	1.012
Black%	2.2682	0.4116	5.511	0.0000	1.4398	3.0967	1.013

Unusual Observations

Observation	*Heart*	*Predicted*	*Residual*	*Leverage*	*Studentized Residual*	*Studentized Deleted Residual*
AK	90.90	76.62	14.28	0.304	0.624	0.620
CT	278.10	274.33	3.77	0.208	0.154	0.153
FL	340.40	392.45	−52.05	0.177	−2.092	−2.176
HI	203.30	259.06	−55.76	0.037	−2.072	−2.152
MS	337.20	316.02	21.18	0.223	0.876	0.874
OK	335.40	274.87	60.53	0.047	2.261	2.372
UT	130.80	145.05	−14.25	0.172	−0.571	−0.567
WV	377.50	317.55	59.95	0.108	2.315	2.436

비정상 잔차

우리는 경험법칙을 적용하여 표준화 잔차의 값이 0으로부터 표준오차의 2배를 넘는 경우 *비정상적*이고, 3배를 넘는 경우 *특이값*으로 판단한다.

비정상 레버리지 비정상 레버리지를 확인하기 위해서는 각 관측치에 대한 *레버리지 통계량*을 확인해야 한다. 레버리지는 예측변수 값이 그 평균에서 얼마나 떨어져 있는지를 보여준다. 12장(12.8절)에서 살펴보았듯이 그러한 관측치는 잠재적으로 회귀모형의 추정계수에 큰 영향을 미칠 수 있다.

높은 레버리지

n개의 관측치와 k개의 예측변수에 대해, 레버리지 통계량이 다음 공식보다 크면 높은 레버리지로 판단한다.

$$\frac{2(k+1)}{n}$$

비정상 관측치 처리 방법

비정상 관측치라도 오류가 있지 않다면 분석에 포함시키되 보고서에 이를 언급해 두어야 한다. 비정상 관측치가 제거되면, 회귀분석 결과가 현격하게 바뀔 것이다. 하지만 유효한 관측치는 극단적인 상황이 아닌 한 제거해서는 안 된다. 다만 관측치가 비정상임을 표시하고 영향력이 있는지 없는지 설명하되 분석에는 그대로 포함시켜야 한다.

Mini Case 13.6

비정상 관측치 HeartDeaths

그림 13.19는 2000년 미국 50개 주의 심장병 사망에 대한 회귀모형 분석 결과를 보여주고 있다. 종속변수는 *Heart* = 인구 100,000명당 심장병 사망자 수이고, 예측변수로는 *Age65%* = 65세 이상 인구의 비율, *Income* = 1인당 소득(단위: 1,000달러) 그리고 *Black%* = 흑인 인구 비율 등이 있다. 추정된 회귀식은 다음과 같다.

$$Heart = -37.1 + 24.3\ Age65\% - 1.08\ Income + 2.27\ Black\%$$

*Age65%*는 양의 부호를 가지며 매우 유의하다. *Black%*도 양의 부호를 가지며 매우 유의하다. 소득은 음의 부호를 가지나 유의수준 $\alpha = 0.10$하에서도 유의하지 않다. 회귀모형은 전체적으로 유의하다($F_{calc} = 54.00$, p값 = 0.0000). R^2은 예측변수가 *Heart* 변수 변동의 77.9%를 설명함을 의미한다. 조정된 R^2은 76.4%이며, 이는 유용하지 않은 변수가 없음을 의미한다. 이 데이터는 횡단면 데이터이므로 더빈-왓슨 검정을 수행할 필요가 없다.

그림 13.19에는 8개의 비정상 관측치가 나열되어 있다(다른 42개 주는 비정상이 아님). 5개 주(AK, CT, FL, MS, UT)는 비정상적인 레버리지[레버리지 통계량이 $2/(k + 1)/n = (2)(3 + 1)/50 = 0.16$을 초과함]를 가지고 있기 때문에 다른 색깔로 표시되어 있다. 이러한 주의 1개

또는 그 이상의 예측변수 값은 그 예측변수의 평균으로부터 크게 벗어나 있지만, *X* 데이터 열 (*Age65%*, *Income*, *Black%*)을 조사해 보아야만 비정상적인 *X*값을 찾아낼 수 있다. 4개의 비정상 잔차(실제 Heart 변수 값과 예측된 *Heart* 변수 값의 차이가 표준편차의 2배 이상 큰 잔차)를 갖는 주도 다른 색깔로 표시되어 있다. FL와 HI는 실제값이 예측값보다 표준편차의 2배 이상 더 작으며, OK와 WV는 실제값이 예측값보다 표준편차의 2배 이상 더 크다. FL은 잔차와 레버리지 면에서 모두 비정상 관측치이다.

13.23 다음 중 비정상적 레버리지 관측치는?

a. 5개 예측변수와 72개 표본이 있는 회귀모형에서 $h_i = 0.15$

b. 4개 예측변수와 100개 표본이 있는 회귀모형에서 $h_i = 0.18$

c. 7개 예측변수와 240개 표본이 있는 회귀모형에서 $h_i = 0.08$

단원 연습문제

connect

13.9 회귀모형의 기타 이슈

특이값

특이값은 데이터를 입력하는 과정에서 실수 때문에 발생할 수 있다. 그러한 관측치는 제외되어야 한다. 그것을 어떻게 알 수 있을까? 우선 불가능하거나 정말로 이상한 관측치는 제외시켜야 한다. 예를 들어 부동산 중개인의 최근 주택매매 데이터베이스에 다음과 같은 관측치가 있다고 하자.

가격	*방 개수*	*화장실 개수*	*건축연도*	*면적*	*지하실 여부*	*차고 유무*
95,000	4	3	Y	2001	4,335	Y

95,000이라는 가격은 분명히 잘못 입력된 경우이다. 가격이 정확할지라도 이러한 관측치는 제외되어야 한다. 그 이유는 이러한 주택은 일반적인 주택판매와는 다른 모집단을 대표하고 있기 때문이다(예를 들어 부유한 부모가 신혼 부부에게 '선물' 주듯이 판매한 경우).

예측변수 누락

특이값은 통제되었어야 하지만 모형에 빠진 예측변수에 의해 영향을 받는 관측치일 수도 있다. 이런 경우 그러한 예측변수를 식별하기 위해서 노력해야 하며 그러한 예측변수를 포함하는 다중회귀모형을 설정하여야 한다. 예를 들어 Y = 주택가격, X_1 = 주거면적, X_2 = 대지면적의 모형에서 '구역'이라는 이항 예측변수를 포함하지 않는다면 부정확한 예측값을 얻게 된다(넓은 대지 위에 있는 큰 집이지만 가격이 낮은 지역을 생각해보라). 따라서 필요한 예측변수가 모형에서 빠진다면 추정된 회귀모형은 정확한 예측값을 주지 못할 것이다.

악조건의 데이터

회귀모형의 모든 변수 값은 동일한 크기를 가져야 한다(너무 작거나, 너무 크지 않은). 계수를 지수형태(예: 7.3154E+06)로 표시한다면, 변수의 소수점 위치를 조정해서 적당한 크기가 되게 만들어야 데이터 열을 일관성 있게 처리할 수 있다.

큰 표본에서 유의성

*통계적으로 유의함*이 *실제로 중요한* 변수임을 의미하지 않을 수 있다. 종종 큰 표본(large sample)에서 특정 X 변수가 Y 변수에 미치는 영향이 미미한데도 X 변수 추정계수의 t값이 매우 크고 p값이 매우 작은 경우를 발견하게 된다. 큰 표본이 있다면 어떤 예측변수도 유의하게 만들 수 있다는 통계학의 오래된 격언이 있기도 한다. 수많은 환자들이 참여하는 임상실험과 같은 의학 연구에서 이러한 문제가 흔히 발생한다. 빅데이터 분석에서 실제로 어떤 예측변수가 중요한지 판단하는 것은 점점 더 어려워지고 있다.

모형설정 오류

실제로 비선형모형인데 선형모형으로 추정한다거나, 또는 적절한 예측변수를 누락시키면 *모형설정의 오류*가 발생한다. 이러한 오류를 어떻게 발견할 수 있을까?

- 잔차를 예측된 Y값에 대해 그린다(특별히 눈에 띄는 패턴이 없어야 한다).
- 잔차를 실제 Y값에 대해 그린다(특별히 눈에 띄는 패턴이 없어야 한다).
- 예측된 Y값을 실제 Y값에 대해 그린다(대략 45도 선과 비슷해야 한다).

모형설정 오류를 줄일 수 있는 방법은? 먼저 누락된 예측변수가 있는지 찾아보거나, 이론적인 근거가 더 나은 모형을 찾아보거나, 변수의 변환을 시도해보라(예: 비선형모형으로부터 선형모형을 만들어 낼 수 있는 로그 변환을 사용). 모형설정은 계량경제학에서 더 깊이 다루어지는 주제이다. 지금 수준에서는 단지 *잔차의 패턴*이 모형설정 오류에 대한 근거가 될 수 있음을 기억하면 된다.

결측치

어떤 변수의 데이터 값이 많이 빠져있는 경우 그 변수를 제외하는 것이 바람직하다. Y에 결측치(missing data)가 있다면, 해당 관측치 전체를 제외시켜야 한다. 특정 X 변수에 결측치가 많은 경우 역시 전체 관측치를 제외하는 것이 보수적인 조치이다. 그러나 전체 관측치를 제외한다면 다른 중요한 정보를 잃을 수 있기 때문에 통계학자들은 결측치를 귀속법으로 찾아내는 방법을 고안했다. 그러한 귀속법에서는 X 변수의 평균값을 이용하거나 회귀모형을 이용하여 X 변수의 무응답 값을 추정하는 방법을 사용한다. 무응답 데이터의 귀속값을 찾기 위해서는 특별한 통계패키지와 통계 전문가의 조언이 필요하다.

단계적 회귀모형과 최적의 예측변수 집합

k개의 예측변수를 이용하여 최선의 회귀모형을 찾아내는 작업을 자동으로 하는 방법이 있다면 좋을 것이라 생각할 수 있다. **단계적 회귀모형**(stepwise regression)은 1, 2, 3, . . . , k개의 예측변수가 있을 때 컴퓨터를 이용하여 최선의 모형을 찾아낸다. *후진제거법*(backward elimination)에서는 모든 예측변수를 모형에 포함시킨 다음 매 단계마다 α보다 크면서 가장 큰 p값을 가진 예측변수를 제거하여 더 이상 p값이 α보다 큰 예측변수가 없을 때 중단한다. 이 방법은 이해하기가 쉽고 특별한 소프트웨어 없이도 구현이 가능하다는 장점이 있지만, 유효한 α를 증가시키는 경향이 있고 동일한 개수의 예측변수를 갖는 모형 중 R^2이 가장 큰 모형을 찾아내지 못할 수도 있다. *전진선택법*(forward selection)에서는 가장 좋은 예측변수 1개로 시작하여 매 단계마다 R^2를 증가시키는 데 가장 좋은 예측변수 하나를

추가하여 더 이상 모형에 추가할 변수가 없을 때(p값이 α보다 작은 변수가 없을 때) 중단한다. 이 방법의 단점으로는 예측변수를 추가함으로써 이미 추가된 한 개 이상의 변수가 유의하지 않게 될 수 있으며, 가장 단순한 경우를 제외하고는 특별한 소프트웨어가 있어야만 사용할 수 있다. *최량부분집합*회귀법(best subset regression)에서는 가능한 모든 조합의 예측변수를 고려해서 그 중 가장 적합한 개수(예: 에반스 법칙에 따라)의 예측변수를 갖는 최선의 모형을 선택한다. 이 방법은 가장 포괄적인 방법이지만 컴퓨터 출력이 매우 많을 수 있다.

예제: 이륙 추진력 항공엔지니어들은 Thrust(제트 터빈 엔진의 추진력) 변수와 7개의 잠재적 예측변수(*TurbTemp*, *AirFlow*, *TurbSpeed*, *OilTemp*, *OilPres*, *RunTime*, *ThermCyc*)에 대한 469개의 관측치를 가지고 있다. 이론적인 모형이 없는 경우 단계적 회귀모형을 실행해 볼 수 있다. 그 결과가 그림 13.20에 제시되어 있다. 각 예측변수에 대해 p값과 더불어 R^2, R^2_{adj} 그리고 표준오차가 제시되어 있다. 이 예제에서는 표본이 크기 때문에 대부분의 p값이 매우 작음을 알 수 있다. 예측변수를 추가함에 따라 R^2의 증가량은 그 이전 예측변수를 추가할 때보다 더 작음을 볼 수 있다.

단계적 회귀모형은 각 예측변수 개수에 대해 최적의 모형을 찾아내는 데 유용하지만 어떤 예측변수가 모형에 포함되어야 하는지에 대한 이론적 근거가 없는 경우에만 적합하다. 이렇게 이론이 부재한 방식은 통계학자들에게는 선호되지 않는데 그 이유는 이러한 방식에서는 데이터에 대한 분석가의 지식이 반영되지 않고 비논리적이거나 비실용적인 모형이 나올 수 있기 때문이다. 그러나 이론적 가이드라인 없이 많은 예측변수를 갖는 데이터를 분석하는 데이터 마이닝 적용 시에는 이러한 준자동화된 방법(의사결정나무, 군집화, 신경망 등과 같은 다른 방법들도 있다)이 필요하다. 이러한 방법들은 자칫하면 간과할 수 있는 관계들을 찾아주거나 심층적인 분석이 필요한 모형을 제시해 줄 수 있다. 경영학과 졸업생들은 이러한 방법을 접할 가능성이 많으므로 이 방법들의 장단점을 이해하고 있어야 한다.

그림 13.20

터빈 데이터에 대한 단계적 회귀분석 결과

Regression Analysis—Stepwise Selection Displaying the Best Model of Each Size

469 observations
Thrust is the dependent variable

p-Values for the coefficients

Nvar	TurbTemp	Airflow	TurbSpeed	OilTemp	OilPres	RunTime	ThermCyc	s	Adj R^2	R^2
1		0.0000						12.370	0.252	0.254
2		0.0000			0.0004			12.219	0.270	0.273
3	0.0003	0.0000					0.0005	12.113	0.283	0.287
4		0.0000		0.0081	0.0000		0.0039	12.041	0.291	0.297
5	0.0010	0.0000		0.0009	0.0003		0.0006	11.914	0.306	0.314
6	0.0010	0.0000	0.1440	0.0037	0.0005		0.0010	11.899	0.308	0.317
7	0.0008	0.0000	0.1624	0.0031	0.0007	0.2049	0.0006	11.891	0.309	0.319

요약(Chapter Summary)

다중회귀모형(multivariate regression)은 **종속변수**에 대한 다수의 **예측변수**를 포함하도록 단순회귀모형을 확장한 모형이다. 추정된 회귀모형을 판단하는 기준은 이론적 **근거**(logic), **적합도**(fit), **절약성**(parsimony), **안정성**(stability) 등이다. 너무 많은 예측변수를 사용하는 것은 **오컴의 면도날**(Occam's Razor) 원칙을 위반하는데, 오컴의 면도날 원칙에 따르면 적절하다면 간단한 모형이 선호된다. R^2 값이 R^2_{adj} 값과 크게 다르다면 모형은 불필요한 예측변수를 포함하고 있다는 신호이다. ANOVA 표와 F 통계량 값은 모형의 전체적인 유의성을 판단하는 데 비해, ***t*검정**은 개별 설명변수의 유의성을 판단한다. 알려지지 않은 **모수**에 대한 **신뢰구간**은 $\beta = 0$에 대한 양측검정과 일치한다. 회귀모형의 **표준오차**는 Y에 대한 **신뢰구간** 또는 **예측구간**을 구하는 데 사용된다. **이항 예측변수**(**더미변수** 또는 **지시변수**라고도 부른다)는 조건을 만족하면 1이고 그렇지 않으면 0의 값을 갖는 변수이다. c개의 범주를 갖는 경우, $c - 1$개의 더미변수가 모형에 포함되어야 하며 그렇지 않으면 회귀모형 공식을 적용할 수 없다. 예측변수를 제곱한 변수를 포함하면 **비선형**에 대한 검정을 할 수 있다. 두 예측변수의 곱을 모형에 포함시키면 **상호작용**(interaction)효과를 검정할 수 있다. **공선성**(collinearity; 두 예측변수 간의 상관관계)은 **상관계수 행렬**에 의해 식별할 수 있으며, **다중공선성**(multicollinearity; 하나의 예측변수가 여러 예측변수의 선형조합에 의존)은 각 예측변수에 대한 **분산팽창인수**(VIF) 값에 의해 확인할 수 있다. 회귀모형은 오차들이 일정한 분산을 가지고 서로 독립인 정규분포를 따른다고 가정한다. **잔차 검정**을 통해서 **비정규성**, **자기상관**, **이분산성** 등을 확인할 수 있다.

주요 용어(Key Terms)

- 결정계수 R^2(coefficient of determination R^2)
- 공선성(collinearity)
- 다중공선성(multicollinearity)
- 다중회귀모형(multiple regression)
- 단계적 회귀모형(stepwise regression)
- 더미변수(dummy variable)
- 돈 규칙(Doane's Rule)
- 등분산성(homoscedasticity)
- 범주형 변수(categorical variable)
- 분산팽창인수(variance inflation factor: VIF)
- 상관계수 행렬(correlation matrix)
- 상호작용(interaction)
- 승법모형(multiplicative model)
- 안정성(stability)
- 에반스 규칙(Evans' Rule)
- 예측변수(predictors)
- 오컴의 면도날(Occam's Razor)
- 이동변수(shift variable)
- 이론적 근거(logic)
- 이분산성(heteroscedasticity)
- 이항 예측변수(binary predictor, dichotomous variable)
- 자기상관성(autocorrelation)
- 잔차 검정(residual tests)
- 적합도(fit)
- 절약성(parsimony)
- 정규확률도(normal probability plot)
- 조정 결정계수 R^2(adjusted coefficient of determination R^2)
- 종속변수(response variable)
- 지시변수(indicator variable)
- 클라인 규칙(Klein's Rule)
- 회귀모형의 표준오차(standard error s_e)
- ANOVA 표(ANOVA table)
- F검정(F test)
- q-q 도표(q-q plot)

자주 사용되는 공식

k개의 예측변수가 있는 경우 모집단 회귀모형: $y = \beta_0 + \beta_1 x_1 + \beta_2 x_2 + \cdots + \beta_k x_k + \varepsilon$

k개의 예측변수가 있는 경우 추정된 회귀모형: $\hat{y} = b_0 + b_1 x_1 + b_2 x_2 + \cdots + b_x x_k$

i번째 관측치에 대한 잔차: $e_i = y_i - \hat{y}_i \quad (i = 1, 2, \ldots, n)$

ANOVA 합: $SST = SSR + SSE$

총 제곱합(SST): $\sum_{i=1}^{n} (y_i - \bar{y})^2$

설명된 제곱합(SSR): $\sum_{i=1}^{n} (\hat{y}_i - \bar{y})^2$

오차 제곱합(*SSE*): $\sum_{i=1}^{n}(y_i - \hat{y}_i)^2$

설명된 평균제곱합(*MSR*): $MSR = SSR/k$

오차 평균제곱합(*MSE*): $MSE = SSE/(n-k-1)$

모형의 유의성에 대한 *F*검정: $F_{\text{calc}} = MSR/MSE$

결정계수: $R^2 = 1 - \dfrac{SSE}{SST}$ 또는 $R^2 = \dfrac{SSR}{SST}$

조정 결정계수: $R^2_{\text{adj}} = 1 - \dfrac{\left(\dfrac{SSE}{n-k-1}\right)}{\left(\dfrac{SST}{n-1}\right)}$

예측변수 계수에 대한 검정통계량: $t_{\text{calc}} = \dfrac{b_j - 0}{s_j}$, 여기서 s_j는 b_j의 표준오차이다

모수 β_j에 대한 신뢰구간: $b_j - t_{\alpha/2}\, s_j \le \beta_j \le b_j + t_{\alpha/2}\, s_j$, $d.f. = n - k - 1$

회귀모형의 추정된 표준오차: $s_e = \sqrt{\dfrac{\sum_{i=1}^{n}(y_i - \hat{y}_i)^2}{n-k-1}} = \sqrt{\dfrac{SSE}{n-k-1}} = \sqrt{MSE}$

E(*Y*/*X*)에 대한 근사적 신뢰구간: $\hat{y}_i \pm t_{\alpha/2}\dfrac{s_e}{\sqrt{n}}$

개별 *Y*에 대한 근사적 예측구간: $\hat{y}_i \pm t_{n-k-1}\, s_e$, $d.f. = n - k - 1$

예측변수 *j*에 대한 VIF: $VIF_j = \dfrac{1}{1 - R_j^2}$

에반스 규칙: $n/k \ge 10$ (각 예측변수에 대해 최소 10개의 관찰치)

돈 규칙: $n/k \ge 5$ (각 예측변수에 대해 최소 5개의 관찰치)

높은 레버리지: $h_j > \dfrac{2(k+1)}{n}$

리뷰(*Chapter Review*)

1. (a) 단순회귀모형의 두 가지 한계를 지적하라. (b) 왜 다중회귀모형은 단순회귀모형만큼 추정하기 쉬운가?
2. (a) 오차항 ε은 회귀모형에서 무엇을 의미하는가? (b) 오차항 ε에 대한 가정은 무엇인가? 회귀모형 식에서 그리스 문자(β)와 로마 문자 *b*의 차이점은 무엇인가?
3. (a) 다중회귀모형에 사용되는 데이터의 구조를 설명하라. (b) 제안된 회귀모형에 대해 선험적으로 추론해보는 것이 필요한 이유는?
4. (a) 왜 높은 R^2이 좋은 모형을 의미하지 않을 수도 있을까? (b) 오컴의 면도날 원칙에 대해 설명하라. (c) 회귀모형을 평가하는 네 가지 기준에 대해서 설명하라.
5. (a) 다중회귀모형에서 *F*검정의 역할을 설명하라. (b) ANOVA 표에서 *F*통계량 값은 어떻게 계산되는가? (c) *F*검정을 위해서 *F*분포표가 실제로 필요하지 않은 이유는?
6. (a) 예측변수에 대한 가설 H_0: $\beta = 0$ 검정이 왜 일반적으로 사용되는가? (b) 개별 예측변수의 유의성 검정을 위한 *t* 검정의 자유도는 어떻게 결정되는가?
7. (a) 예측변수 계수에 대한 신뢰구간은 왜 유의성에 대한 양측검정과 같다고 말할 수 있는가? (b) 계수의 유의성 검정에서 분포표가 거의 사용되지 않는 이유는?
8. (a) 왜 결정계수 R^2를 계산하는가? (b) R^2과 R^2_{adj} 값이 매우 다르다면 이는 무엇을 의미하는가?
9. 회귀모형에서 너무 많은 예측변수가 포함되는 것을 방지하기 위한 가이드라인은 무엇인가?
10. (a) 회귀모형의 표준오차를 계산하는 공식을 쓰라. (b) 적합도(fit) 측정수단으로 R^2이 이용되는 이유는? (c) 개별 *Y*값에 대한 예측구간을 구하는 간단한 공식은? (d) 정확한 예측이 필요할 때에는 무엇을 해야 하는가?
11. (a) 이항 예측변수는 무엇인가? (b) 왜 이항 예측변수가 이동(shift) 변수로 불리는가? (c) 이항변수의 유의성은 어떻

게 검정하는가?

12. 어떤 예측변수가 c개의 범주를 가지고 있다면 왜 $c - 1$개의 이항 예측변수만 모형에 포함시키는가?

13. (a) 모형에서 예측변수의 제곱항을 포함시키는 것은 왜 유용한가? (b) 회귀모형에서 두 예측변수의 상호작용항을 포함시키는 것은 왜 유용한가? (c) 회귀모형에서 제곱항이나 상호작용항을 포함시키는 것의 단점을 설명하라.

14. (a) 다중공선성은 무엇인가? (b) 다중공선성의 잠재적 결과는 무엇인가? (c) 다중공선성은 왜 정도의 문제인가? (d) 왜 다중공선성은 무시해도 큰 문제가 되지 않는가?

15. (a) 다중공선성은 공선성과 어떻게 다른가? (b) 공선성 확인을 위해서 상관계수 행렬을 어떻게 이용할 수 있는가? (c) 상관계수 행렬에서 유의한 공선성 관계를 확인할 수 있는 규칙을 설명하라. (d) 클라인 규칙은 무엇인가?

16. (a) 임의의 예측변수에 대해 분산팽창인수(VIF)를 계산하는 공식을 쓰라. (b) 왜 VIF는 상관계수 행렬보다 다중공선성에 대해 더 일반적인 검정방법이라고 말할 수 있는가? (c) 매우 높은 분산팽창을 확인하는 개략적인 방법을 기술하라.

17. 다중공선성이 심각하면 어떤 징후가 발생하는가?

18. (a) 비정상 관측치는 어떻게 확인할 수 있는가? 특이값은 어떻게 확인할 수 있는가? (b) 영향력 있는 관측치는 어떻게 확인할 수 있는가?

19. (a) 잔차의 비정규성을 확인하는 두 가지 방법을 쓰라. (b) 정규성 가정 위반은 잠재적으로 어떤 결과를 가져오는가? (c) 이런 경우 어떤 방법을 사용하면 적절히 해결할 수 있는가?

20. (a) 이분산성을 가진 잔차를 확인하는 두 가지 방법은? (b) 이분산성의 잠재적 결과는 무엇인가? (c) 해결 방법은 무엇인가?

21. (a) 자기상관을 갖는 잔차를 확인하는 두 가지 방법은? (b) 자기상관의 잠재적 결과는? (c) 해결방법은 무엇인가?

22. (a) 잠복변수(lurking variable)는 무엇인가? 어떻게 추론할 수 있는가? (b) 악조건(ill-conditioned)의 데이터란 무엇인가?

단원 연습문제(*Chapter Exercises*)

문제 13.25~13.41: 먼저 *A~K*의 데이터 중에서 하나를 선택하라. 주어진 표는 단지 처음 3개와 마지막 3개 관측치만을 보여주고 있다. 주어진 데이터세트에서 (영어로 표현된) 첫 번째 변수가 종속변수이다. 적절한 예측변수를 각자 선택하라. 엑셀이나 통계패키지(예: R)를 이용하여 적절한 회귀모형을 추정하고 필요한 그래프를 그려라. 또한 문제 13.25~13.41에 대해서 간략한 답을 제시하라.

13.25 주어진 데이터는 횡단면 데이터인가? 시계열 데이터인가? 관측치의 단위는 무엇인가? (예: 회사, 개인, 연도 등)

13.27 각 예측변수 계수의 예상부호와 그 이유에 대해 설명하라. 이 문제에서 상수항은 의미를 가지고 있는가?

13.29 회귀모형을 추정하고 추정된 직선식을 쓰라(유효 숫자가 세 자리 또는 네 자리가 되도록 반올림하여라). 추정된 부호는 예상부호와 일치하는가?

13.31 유의수준 5%에서 각 예측변수 계수의 유의성 검정을 위한 t 양측검정을 실시하라. 자유도의 값을 제시하고 부록 D에서 임계치를 찾아라.

13.33 추정모형의 R^2과 ANOVA 표에 근거하여 적합도를 논하라.

13.35 (a) 예측변수들에 대한 상관계수 행렬을 만들어라. 소수 셋째 자리로 반올림하여라. (b) 상관계수 행렬로 판단할 때 공선성의 문제가 존재하는가?

13.37 (a) 표준화 잔차를 만들어라. (b) 어떤 잔차가 특이값 또는 비정상적인가?

13.39 표준화된 잔차에 대한 히스토그램와 정규확률도를 동시에 그려라. 잔차는 비정규성을 나타내는가?

13.41 만약 데이터가 시계열 데이터라면, 하나 이상의 자기상관 검정(시각적인 판단, 런검정 또는 더빈-왓슨 검정)을 실시하라. 자기상관이 문제가 되는가?

데이터세트 A

무작위로 고른 차량의 연비와 여러 특성(n = 73, k = 4) Mileage

관측치	차량	CityMPG	Length	Width	Weight	ManTran
1	Acura TL	20	109.3	74.0	3968	0
2	Audi A5	22	108.3	73.0	3583	1
3	BMW 4 Series 428i	22	182.6	71.9	3470	0
⋮	⋮	⋮	⋮	⋮	⋮	⋮
71	Volkswagen Passat SE	24	191.6	72.2	3230	0
72	Volvo *S*60 *T*5	21	182.2	73.4	3528	0
73	Volvo XC90	16	189.3	76.2	4667	0

CityMPG = 시내주행연비(갤런당 마일), *Length* = 차량길이(인치), *Width* = 차량 너비(인치), *Weight* = 무게(파운드), *ManTran* = 수동변속기이면 1 아니면 0.

출처: Acura.com; AudiUSA.com; VW.com; Volvo.com. 2014년 미국에서 판매되는 차량을 무작위로 선택하였음. 데이터는 교육목적으로만 사용.

데이터세트 B

Noodles & Company의 매출, 좌석, 그리고 인구학적 특징 데이터(n = 74, k = 5) Noodles2

관측치	Sales/SqFt	Seats-Inside	Seats-Patio	MedIncome	MedAge	BachDeg%
1	702	66	18	45.2	34.4	31
2	210	69	16	51.9	41.2	20
3	365	67	10	51.4	40.3	24
⋮	⋮	⋮	⋮	⋮	⋮	⋮
71	340	63	28	60.9	43.5	21
72	401	72	15	73.8	41.6	29
73	327	76	24	64.2	31.4	15

Sales/SqFt = 1 제곱피트 식당 면적당 매출, *Seats-Inside* = 식당 내부 좌석 수, *Seats-Patio* = 식당 외부 좌석 수. 식당 주위의 인구학적 특징 세 가지는 식당 주위 3마일 내 지역의 특성을 말한다. *MedIncome* = 가구소득 중위값, *MedAge* = 연령 중위값, *BachDeg%* = 대학졸업자 비율.

출처: Noodles & Company

데이터세트 C

소규모 병원 빌딩 평가 가치(n = 32, k = 5) Assessed

관측치	Assessed	Floor	Offices	Entrances	Age	Freeway
1	1796	4790	4	2	8	0
2	1544	4720	3	2	12	0
3	2094	5940	4	2	2	0
⋮	⋮	⋮	⋮	⋮	⋮	⋮
30	1264	3580	3	2	27	0
31	1162	3610	2	1	8	1
32	1447	3960	3	2	17	0

Assessed = 평가 가치(천 달러), *Floor* = 바닥면적(제곱피트), *Offices* = 사무실 개수, *Entrances* = 고객용 출입문 개수(화물용 출입문 제외), *Age* = 빌딩 나이(년), *Freeway* = 고속(화)도로에서 1마일 이내인 경우 1, 아니면 0.

데이터세트 D

소비자물가지수 및 화폐공급의 변화율(n = 54, k = 4) Money

연도	ChgCPI	CapUtil	ChgM1	ChgM2	Unem
1966	2.9	91.1	2.5	4.6	3.8
1967	3.1	87.2	6.6	9.3	3.8
1968	4.2	87.1	7.7	8.0	3.6
⋮	⋮	⋮	⋮	⋮	⋮
2004	2.7	76.6	5.3	5.8	5.5
2005	3.4	78.8	−0.2	4.0	5.1
2006	3.2	80.4	−0.5	5.3	4.6

ChCPI = 전년도 소비자물가지수(CPI) 변화, *CapUtil* = 제조업 설비가동률, *ChgM1* = 전년 대비 현금 및 요구성 예금(M1) 증가율, *ChgM2* = 전년 대비 단기간 예금과 환금 가능 채권(M2) 증가율, *Unem* = 민간 실업률.

출처: www.bls.gov, 그리고 https://fred.stlouisfed.org/.

데이터세트 E

미국 주별 대학 졸업률 및 주요 특성(n = 50, k = 8) ColGrads

주	ColGrad%	Dropout	EdSpend	Metro%	Age	LPRFem	Neast	Seast	West
AL	19.8	19.1	1221	89.2	37.4	55.8	0	1	0
AK	28.7	8.3	2187	74.7	33.9	65.6	0	0	1
AZ	27.9	14.3	1137	96.7	34.5	57.4	0	0	1
⋮	⋮	⋮	⋮	⋮	⋮	⋮	⋮	⋮	⋮
WV	15.1	17.6	1538	75.0	40.7	49.1	0	1	0
WI	25.1	9.5	1792	85.9	37.9	66.6	0	0	0
WY	22.0	9.1	1896	71.5	39.1	65.3	0	0	1

ColGrad% = 해당 주에 거주하는 사람 중 대학졸업자의 비율, *Dropout* = 고등학교 중퇴율, *EdSpend* = 1인당 교육비 지출(고등학교까지), *Metro%* = 도시지역 거주자비율, *Age* = 나이 중앙값, *FemLab* = 성인여성 근로비율, *Neast* = 동북지역 1 아니면 0, *Seas* = 동남지역 1, 아니면 0, West = 서부지역 1, 아니면 0. 이항변수 *Midwest*는 제외.

출처: *Statistical Abstract of the United States*, 2007.

데이터세트 F

피스톤 비행기의 특성(n = 55, k = 4) CruiseSpeed

관측치	제조사 및 모델	Cruise	Year	TotalHP	NumBlades	Turbo
1	Cessna Turbo Stationair TU206	148	1981	310	3	1
2	Cessna 310 R	194	1975	570	3	0
3	Piper 125 Tri Pacer	107	1951	125	2	0
⋮	⋮	⋮	⋮	⋮	⋮	⋮
53	OMF Aircraft Symphony	128	2002	160	2	0
54	Liberty XL-2	132	2003	125	2	0
55	Piper 6X	148	2004	300	3	0

Cruise = 65~75% 힘으로 운항할 때의 속도(KIAS), *Year* = 연식, *TotalHP* = 총 마력(쌍발일 경우 두 엔진의 합), *NumBlades* = 프로펠러 날개 개수, *Turbo* = 터보이면 1 아니면 0.

출처: *Flying Magazine* 해당 호. 데이터는 교육목적으로만 사용.

데이터세트 G

면역항암요법 치료약(mAbs)의 가격(n = 30, k = 4) mAbsPrice

관측치	약품명	Price	CEOComp	Rebates	Biosimilar?	#Trials	Company
1	Erenumab	$8,243	$16.90	12.202	1	21	Amgen
2	Fremanezumab	$2,564	$32.50	4.926	1	16	Teva
3	Duplimab	$9,930	$26.51	19.085	0	2264	Regneron/Sanofi
⋮	⋮	⋮	⋮	⋮	⋮	⋮	⋮
28	Tocilizumab	$5,416	$12.30	7.588	1	195	Roche Genentech
29	Golimumab	$95,380	$29.80	19.996	0	54	J&J
30	Daratumumab	$5,241	$29.80	19.996	0	28	J&J

mAbs: 단일클론 항체를 말하며 면역항암요법 치료약의 한 종류임. *Price* = 그램당 가격, *CEOComp* = CEO 보수(백만 달러), *Rebates* = 제조사가 유통업체에게 주는 리베이트, *Biosimilar?* = 복제약이 존재하면 1, 그렇지 않으면 0, *#Trials* = 임상시험 횟수.

출처: Avril Vermunt와 Bryan Prust가 수업 프로젝트를 위해 수집한 데이터.

데이터세트 H

주택압류 비율(n = 50, k = 7) Foreclosures2

주	Foreclosure	MassLayoff	SubprimeShare	PriceIncomeRatio	Ownership	5YrApp	UnempChange	%HousMoved
Alabama	2.70	5.96	28%	4.04	76.6	32.51	0.00%	0.448
Alaska	4.90	2.78	18%	5.54	66.0	53.91	−4.62%	0.426
Arizona	15.20	1.56	26%	6.79	71.1	96.55	−7.32%	0.383
⋮	⋮	⋮	⋮	⋮	⋮	⋮	⋮	⋮
West Virginia	0.50	1.05	21%	4.34	81.3	35.82	−2.13%	0.502
Wisconsin	4.90	12.50	21%	4.83	71.1	36.37	4.26%	0.428
Wyoming	1.50	0.96	23%	5.06	72.8	62.56	−9.09%	0.498

각 관측치는 미국 각 주별 주택압류 비율을 의미한다. *MassLayoff* = 인구 100,000명당 대량 해고 건수, *SubprimeShare* = 2005년에 서브프라임인 주택담보대출 비율, *PriceIncomeRatio* = 가구소득 중앙값 대비 평균주택가격 비율, *Ownership* = 2005년 주택소유 비율, *5YrApp* = 2006년 12월 시점에서 5년 평균 주택감정 가격, *UnempChange* = 2007년 실업률 변화 정도, *%HousMoved* = 2000~2005년 사이 이사한 가구 비율.

출처: Steve Rohlwing과 Rediate Eshetu의 MBA 프로젝트.

데이터세트 I

남성의 체지방과 신체 특성(n = 50, k = 8) BodyFat2

관측치	Fat%	Age	Weight	Height	Neck	Chest	Abdomen	Hip	Thigh
1	12.6	23	154.25	67.75	36.2	93.1	85.2	94.5	59.0
2	6.9	22	173.25	72.25	38.5	93.6	83.0	98.7	58.7
3	24.6	22	154.00	66.25	34.0	95.8	87.9	99.2	59.6
⋮	⋮	⋮	⋮	⋮	⋮	⋮	⋮	⋮	⋮
48	6.4	39	148.50	71.25	34.6	89.8	79.5	92.7	52.7
49	13.4	45	135.75	68.50	32.8	92.3	83.4	90.4	52.0
50	5.0	47	127.50	66.75	34.0	83.4	70.4	87.2	50.6

Fat% = 체지방비율, *Age* = 나이, *Weight* = 체중(파운드), *Height* = 키(인치), *Neck* = 목둘레(cm), *Chest* = 가슴둘레(cm), *Abdomen* = 배둘레(cm), *Hip* = 히프둘레(cm), *Thigh* = 허벅다리둘레(cm).

출처: 데이터는 총 252명의 남성을 대상으로 분석한 다음의 논문에서 추출: Roger W. Johnson (1996), "Fitting Percentage of Body Fat to Simple Body Measurements," *Journal of Statistics Education* 4, no. 1.

데이터세트 J

중고차 가격(n = 637, k = 4) Vehicles

관측치	모델명	Price	Age	Car	Truck	SUV
1	Astro GulfStream Conversion	12,988	3	0	0	0
2	Astro LS 4.3L V6	5,950	9	0	0	0
3	Astro LS V6	19,995	4	0	0	0
⋮	⋮	⋮	⋮	⋮	⋮	⋮
635	DC 300M Autostick	10,995	6	1	0	0
636	DC 300M Special Edition	22,995	1	1	0	0
637	GM 3500 4×4 w/8ft bed and plow	17,995	5	0	1	0

Price = 가격(달러), *Age* = 차량나이(년), *Car* = 승용차이면 1, 아니면 0, *Truck* = 트럭이면 1, 아니면 0, *SUV* = SUV이면 1, 아니면 0(네 번째 이항변수인 *Van*은 제외).

데이터세트 K

여름 전국 수영대회(500야드 자유형)(n = 198, k = 3) Swimming

Swim Time	Seed	Gender	Age
371.20	446.29	1	51
372.28	390.56	1	52
380.10	391.20	1	50
⋮	⋮	⋮	⋮
789.29	795.30	0	85
883.70	1021.20	0	87
1027.22	1074.70	0	86

출처: www.fastlanetek.com. 2009년 NSGA 대회에서 수집된 데이터이며 참가자는 50세 이상이다. 참가자 이름은 삭제.

일반 연습문제

13.43 페인트 벗겨지는 문제에 관한 연구에서 백만 개당 불량 개수(종속변수)를 예측하는 회귀모형이 제안되었다. 예측변수는 공급자(4개 회사, 이항변수로 코딩됨)와 원료(4개 원료, 이항변수로 코딩됨)이다. 11개의 표본을 추정에 사용한다. 이 경우에 회귀분석이 적절치 않은 이유는 무엇인가? 이에 대한 해결책은 무엇인가?

13.45 20종류의 세탁 세제 데이터를 이용하여 다음과 같은 회귀모형을 추정하였다. 종속변수는 한 번 사용할 때의 비용(*CostPerLoad*)이고 2개의 이항변수를 예측변수로 선택하였다. *TopLoad* 변수는 세탁기의 형태에 관한 것으로 세탁물을 위에서 넣는 방식이면 1이고 그렇지 않으면 0이다. 또한 *Powder* 변수는 세제가 가루형태이면 1이고 그렇지 않으면 0의 값을 갖는다. (a) 제안된 회귀모형을 써라 (b) F통계량과 p값을 참고하여(제시 "A" 참조) 이 모형의 전체적인 적합도에 대해 논하라. (c) 예측변수의 p값을 참고하여 각 예측변수의 유의성에 대해 논하라. Laundry

13.47 스포츠를 좋아하는 어느 팬이 프로농구팀의 승수를 예측하는 모형을 다음과 같이 만들었다. 종속변수는 *Victories*(프로농구팀의 1년간 승수), 예측변수는 *FGP*(필드골 성공률), *FTP*(자유투 성공률), *Points*(팀의 경기당 평균 점수), *Fouls*(경기당 평균 파울 수), *TrnOvr*(경기당 평균 실책 수), *Rbnds*(경기당 평균 리바운드 수) 등이다. 추정된 모형은 *Victories* = −281 + 523 *FGP* + 3.12 *FTP* + 0.781 *Points* − 2.90 *Fouls* + 1.60 *TrnOvr* + 0.649 *Rbnds* (R^2 = 0.802, F = 10.80, SE = 6.78)이다. 가장 유의한 예측변수는 *FGP*(t = 4.35)와 *Fouls*(t = −2.146)이다. 다른 예측변수는 가까스로 유의하고 *FTP*와 *Rbnds*는 유의하지 않다. 상관계수 행렬은 제시 "C"와 같다. 이 분석에는 23개 NBA 농구팀의 데이터를 이용하였다. (a) 회귀

분석의 계수는 상식에 부합하는가? (b) 상수항은 의미가 있는가? (c) 표본크기는 문제가 될 수 있는가? (에반스 규칙 또는 돈 규칙에 의해 판단하라.) (d) 특정 예측변수가 유의하지 않은 것이 공선성과 관련이 있을 수 있는가?

제시 "A"
Laundry

R^2	0.117			
Adjusted R^2	0.006		n	19
R	0.341		k	2
Std. Error	5.915	Dep. Var.		**Cost per Load**

ANOVA table

Source	*SS*	*df*	*MS*	*F*	*p-Value*
Regression	73.8699	2	36.9350	1.06	0.3710
Residual	559.8143	16	34.9884		
Total	633.6842	18			

Regression output

					Confidence Interval	
Variables	*Coefficients*	*Std. Error*	*t Stat*	*p-Value*	*Lower 95%*	*Upper 95%*
Intercept	26.0000	4.1826	6.216	1.23E-05	17.1333	34.8667
Top-Load	−6.3000	4.5818	−1.375	0.1881	−16.0130	3.4130
Powder	−0.2714	2.9150	−0.093	0.9270	−6.4509	5.9081

제시 "C"
NBA Wins

	FGP	*FTP*	*Points*	*Fouls*	*TrnOvr*	*Rbnds*
FGP	1.000					
FTP	−0.039	1.000				
Points	0.475	0.242	1.000			
Fouls	−0.014	0.211	0.054	1.000		
TrnOvr	0.276	0.028	0.033	0.340	1.000	
Rbnds	0.436	0.137	0.767	−0.032	0.202	1.000

13.49 디트로이트 마라톤 대회 데이터(남자 1,015명, 여자 150명 참가)에서 제시 "D"와 같은 회귀분석 결과를 얻었다. 먼저 종속변수는 *Time*(완주 시간, 분), 예측변수는 *Age*(주자의 나이), *Weight*(몸무게, 파운드), *Height*(키, 인치), *Exp*(예전에 완주 경험이 있으면 1, 그렇지 않으면 0)이다. (a) *Exp* 변수의 계수를 해석하라. (b) 상수항은 의미가 있는가? (c) 왜 예측변수의 제곱항이 포함되어 있다고 생각하는가? (d) 당신의 완주 시간을 예측하기 위해 당신의 데이터(나이, 키, 몸무게, 완주경험)를 입력하라. 결과를 믿겠는가?

13.51 어느 연구자는 회귀모형을 만들기 위해 단계적 회귀모형 방법을 사용하였다. 종속변수는 각 주의 *CarTheft*(1,000대당 절도 건수)이고 4개의 예측변수는 *Income*(1인당 소득), *Unem*(실업률), *Pupil/Tea*(학생 대 교사 비율), *Divorce*(인구 1,000명당 이혼 수)이다(제시 "F" 참조). (a) 어느 모형(Nvar = 1, 2, 3 또는 4)이 적합도와 절약성 면에서 가장 균형을 맞추고 있나? (b) *Divorce*를 제거하면 R^2_{adj}가 개선되는가? (c) 가장 유의한 것으로 보이는 2개의 변수는? CarTheft

제시 "D"
Marathon Times

	남자(n = 1,015)		여자 (n = 150)	
변수	계수	t	계수	t
Intercept	−366		−2,820	
Age	−4.827	−6.1	−3.593	−2.5
Age^2	0.0767	7.1	0.0524	2.6
Weight	−1.598	−1.9	3.000	0.7
Weight^2	0.00896	3.4	−0.00404	−2.0
Height	24.65	1.5	96.13	1.6
Height^2	−0.2074	−1.7	−0.8040	−1.8
Exp	−41.74	−17.0	−28.65	−4.3
	R^2 = 0.423		R^2 = 0.334	

출처: Detroit Striders.

제시 "F"
Car Theft Regression

Regression Analysis—Stepwise Selection (best model of each size)

50 observations
CarTheft is the dependent variable

p-Values for the coefficients

Nvar	Income	Unem	Pupil/Tea	Divorce	Std. Err	Adj R^2	R^2
1			0.0004		167.482	0.218	0.234
2	0.0018		0.0000		152.362	0.353	0.379
3	0.0013	0.0157	0.0001		144.451	0.418	0.454
4	0.0007	0.0323	0.0003	0.1987	143.362	0.427	0.474

참고문헌(*Related Reading*)

Hosmer, David W., Stanley Lemeshow, and Rodney X. Sturdivant. *Applied Logistic Regression*. 3rd ed. Wiley, 2014.

Kutner, Michael H., Chris Nachtsheim, and John Neter. *Applied Linear Regression Models*. McGraw-Hill, 2004.

Osborne, Jason W. *Best Practices in Logistic Regression*. Sage, 2014.

Tetlock, Philip E., and Dan Gardner. *Superforecasting: The Art and Science of Prediction*. Crown, 2015.

Wooldridge, Jeff. *Introductory Econometrics*. 7th ed. South-western, Cengage, 2020.

R을 이용한 다중회귀분석

비행기 조정실 소음 데이터를 활용한 회귀분석 예

CockpitNoise

R에서 다중회귀분석은 단순회귀분석과 유사하다(12장의 **소프트웨어 부록** 참고). 다만 다중회귀분석에서는 예측변수 사이에 + 기호를 추가하여 모형을 표현한다. 61개의 조정실 소음(Noise) 관측치가 있고 예측변수로는 비행기 운행 국면(Climb, Descent), 속도(Speed), 그리고 고도(Alt)가 있다. 먼저 데이터 칼럼을 데이터 프레임 NoiseData로 읽어 들인다. 다음엔 데이터를 출력한다. 선형모형함수 lm()를 사용하여 회귀식을 추정하고, 결과를 Noise.fit에 저장한다. 함수 summary(), anova()를 써서 결과를 확인하고, hatvalues()를 이용하여 레버리지 통계량을 계산한다. 정규성(히스토그램, 정규확률도)과 이분산성(X와 잔차 산포도, Y_{fit}와 잔차 산포도) 검증을 위해 잔차를 시각적으로 확인한다. 다중공선성 검증을 위해 VIF를 선호하지만 이를 위해서는 CRAN 패키지를 추가해야 한다. 대신 cor()를 이용하여 상관계수 행렬을 출력하는데, 상관계수 행렬로도 예측변수 간에 우려할 만한 선형관계가 있는지 충분히 확인할 수 있다.

```
> NoiseData              #display the data (truncated in this printout)
     Noise   Climb   Descent   Speed   Alt
1    83.0    1       0         250     10.0
2    89.0    1       0         340     15.0
3    88.0    1       0         320     18.0
> Noise.fit=lm(Noise~Climb+Descent+Speed+Alt,NoiseData)
> summary(Noise.fit)
Residuals:
   Min        1Q       Median    3Q        Max
-2.15787   -0.94498   0.06266   0.89711   2.62745
Coefficients:
              Estimate    Std.       Error     t value   Pr(>|t|)
(Intercept)   64.089257   1.358709   47.169    <2e-16    ***
Climb         -0.510960   0.534866   -0.955    0.344

Descent       -1.228482   0.565320   -2.173    0.034     *
Speed         0.079330    0.003586   22.123    <2e-16    ***
Alt           -0.003823   0.026686   -0.143    0.887
---
Signif.   codes:   0 '***'   0.001 '**'   0.01 '*'   0.05 '.' 0.1 ' ' 1
Residual standard error: 1.247 on 56 degrees of freedom
```

```
Multiple R-squared: 0.9069,   Adjusted R-squared:   0.9003
F-statistic: 136.4 on 4 and 56 DF,   p-value:   < 2.2e-16

> anova(Noise.fit)       #show ANOVA table for regression
Analysis of Variance Table
Response: Noise
            Df   Sum Sq   Mean Sq   F value    Pr(>F)
Climb       1    67.29    67.29     43.2688    1.72e-08 ***
Descent     1    4.89     4.89      3.1438     0.08166 .
Speed       1    776.22   776.22    499.1446   < 2.2e-16 ***
Alt         1    0.03     0.03      0.0205     0.88660
Residuals 56  87.09   1.56
---
Signif. codes:   0 '***' 0.001 '**' 0.01 '*' 0.05 '.' 0.1 ' ' 1
> cor(NoiseData)    #correlation matrix for Y and all X
          Noise        Climb        Descent      Speed        Alt
Noise     1.0000000    -0.2681893   0.2382587    0.94587182   0.10949230
Climb     -0.2681893   1.0000000    -0.6944444   -0.31870624  -0.17505540
Descent   0.2382587    -0.6944444   1.0000000    0.35286341   -0.28168304
Speed     0.9458718    -0.3187062   0.3528634    1.00000000   0.06334232
Alt       0.1094923    -0.1750554   -0.2816830   0.06334232   1.00000000

> plot(NoiseData$Noise,fitted.values(Noise.fit))          # Y(obs) vs Y(fit)
> plot(residuals(Noise.fit),fitted.values(Noise.fit))     # hetero test
> hist(residuals(Exam.fit))                               # normality test
> qqnorm(rstandard(Exam.fit))                             # normal prob plot
```

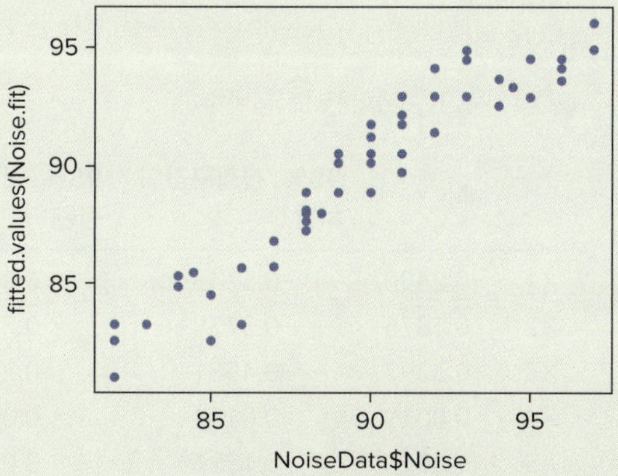

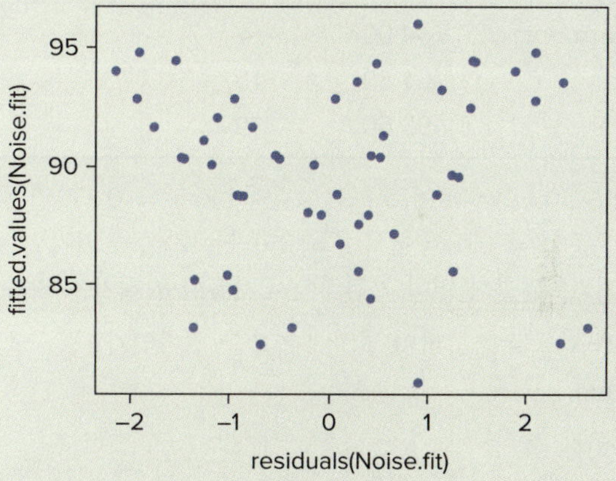

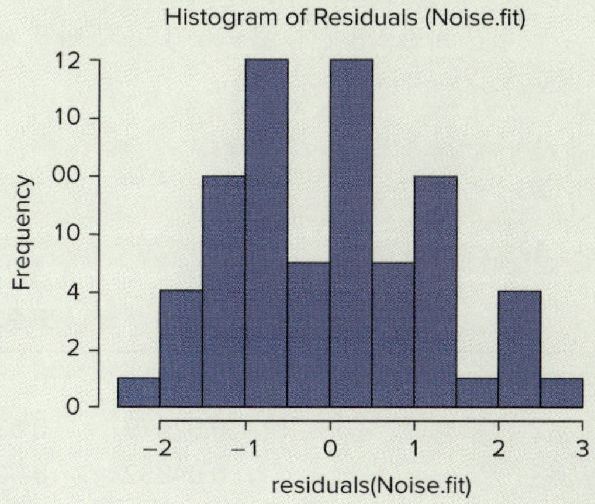

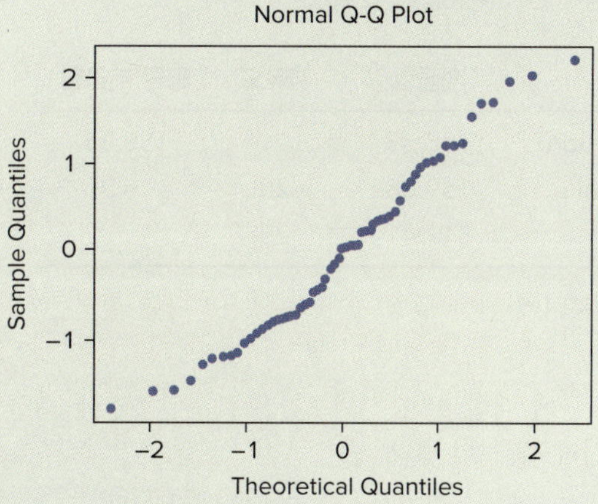

```
> # Create object ResCols to display residual stuff in adjacent columns
> ResCols=data.frame(residuals(Noise.fit),rstandard(Noise.fit),hatvalues(Noise.fit))
> ResCols   #only three rows are displayed for brevity
   residuals.Noise.fit  rstandard.Noise.fit  hatvalues.Noise.fit
1   -0.37255018          -0.31360640          0.09251380
2   -1.49312924          -1.22868330          0.05036831
3   -0.89506207          -0.73266449          0.04029816
```

시험 대비 문제: 11~13장(*Exam Review Questions for Chapters 11–13*)

1. 다음 중 일원분산분석에 대한 설명으로 맞는 것은? 왜 다른 설명은 틀린가?

a. ANOVA는 c개 그룹의 분산이 같은지 다른지 여부를 확인하는 검정이다.

b. ANOVA에서는 k개 그룹 중에서 한 번에 2개씩 비교하며 k개 그룹 모두를 동시에 비교하지는 않는다.

c. ANOVA는 모집단이 정규분포를 따른다고 가정한다.

3. 다음과 같이 ANOVA 표가 주어질 때 F통계량과 $F_{0.05}$의 임계치는?

원인	제곱합	자유도	평균 제곱합	F
Treatment	744.00	4		
Error	751.50	15		
Total	1,495.50	19		

5. 표본크기가 $n = 30$이고 표본상관계수가 $r = 0.373$일 때, 유의수준 $\alpha = 0.01$하에서 $\rho = 0$이라는 가설을 기각할 수 있는가? 이유를 설명하고 검정에서 사용한 임계치를 써라.

7. ANOVA 표를 참고하여 결정계수 R^2은 얼마인가?

a. 0.499

b. 0.501

c. 0.382

원인	제곱합	자유도	평균 제곱합
Regression	158.33	1	158.33
Residual	159.08	25	6.36
Total	317.41	26	

9. 단순회귀분석에 관한 설명 중 맞는 것은? 다른 설명은 왜 틀린가?

a. Y의 평균에 대한 95% 신뢰구간은 예측된 Y값에 대한 95% 신뢰구간보다 넓다.

b. 예측된 Y값의 신뢰구간은 $X = \bar{x}$일 때 가장 넓다.

c. 기울기가 0인지에 대한 t검정은 $\rho = 0$인지에 대한 상관계수 검정과 동일한 t_{calc}를 갖는다.

11. 다중회귀분석에 관한 설명으로 맞는 것은? 다른 설명은 왜 틀린가?

a. 에반스 규칙에 따르면 예측변수 하나당 최소한 10개의 관측치가 있어야 한다.

b. 이항 예측변수의 유의성 검증에서 t_{calc}는 두 가지 값만 가질 수 있다.

c. 오컴의 면도날 원칙에 따르면 단순회귀모형이 간단하기 때문에 우선시해야 한다.

13. 유의수준 $\alpha = 0.05$하에서 어떤 예측변수의 계수가 0과 유의하게 다른가?

a. X3와 X5

b. X5

c. X1과 X3를 제외한 모든 변수

	계수	95% 신뢰구간의 하한	95% 신뢰구간의 상한
X1	−0.2430	−0.5743	0.0882
X2	0.1876	−0.3778	0.7529
X3	−0.3397	−0.4681	−0.2114
X4	0.0019	−0.0144	0.0182
X5	1.6025	0.1326	3.0724

15. $n = 40$인 회귀모형에서, $\alpha = 0.01$일 때 어떤 예측변수의 계수가 0과 유의하게 다른가?

a. X2

b. X3

c. X5

	계수	표준오차
X1	−0.03472	0.02328
X2	0.02679	0.03974
X3	−0.04852	0.00902
X4	0.00027	0.00114
X5	0.22893	0.10333

CHAPTER

14 카이제곱 검정

Chi-Square Tests

목차 *Chapter Contents*

학습목표 *Chapter Learning Objectives*

이 장을 마친 후 스스로 다음을 할 수 있어야 한다.

- **LO 14-1** 분할표를 해석하고 분할표 작성 방법을 이해한다.
- **LO 14-2** 자유도 값을 찾고 카이제곱 분포표를 이용하여 임계치를 찾는다.
- **LO 14-3** 분할표에서 독립 여부에 대한 카이제곱 검정을 수행한다.
- **LO 14-4** 다항분포에 대한 적합도 검정을 수행한다.
- **LO 14-5** 균등분포에 대한 적합도 검정을 실시한다.
- **LO 14-6** 포아송분포에 대한 적합도 검정을 설명한다.
- **LO 14-7** 정규분포에 대한 적합도 검정을 설명한다.

Ingram Publishing/AGE Fotostock

14.1 독립 여부에 대한 카이제곱 검정

경영과 관련된 모든 정보들이 숫자로 표현될 수 있는 것은 아니다. 우리는 때때로 다음과 같은 질문에 관심을 갖는다. 연령대가 다른 종업원들은 서로 다른 종류의 의료보험을 선택하는가? 빵 포장지에 쓰이는 글자의 색(빨간색, 노란색, 파란색) 중에서 소비자들은 어떤 색을 선호하는가? 새로 개발된 잔디 깎는 기계의 이름은 우리가 그 품질을 인식하는 데 영향을 미치는가? 이와 같은 질문에 대한 답은 숫자로 표현될 수 없다. 우리의 관심 변수는 범주형이거나 순서변수일 수 있다. 건강보험은 어떤 서비스를 받느냐에 따라 범주가 나뉘고, 건강보험 변수는 크게 4개 범주[Catastrophic, HMO(health maintenance organization), POS(point of service), CDHP(consumer-driven health plan)]를 갖는 범주형 변수이다. 포장지에 사용되는 글자 색은 빨간색, 노란색 그리고 파란색으로 구분되며, *인지품질* 변수는 훌륭함, 만족스러움, 불량 등의 범주를 가질 것이다.

우리는 위와 같은 질문에 답하기 위해 소비자나 종업원을 조사하거나 정밀하게 고안된 실험을 실시함으로써 각 변수에 대한 관측치를 모을 수 있다. 일단 데이터가 모아지면 *분할표*(contingency table)라고 불리는 표에 응답 빈도를 요약한다. **분할표**는 n개의 관측치를 여러 범주로 나누어 교차분석표 형태로 나타낸 것을 말한다. 표의 각 셀은 그 셀의 행과 열로 정의되는 범주에 속하는 관측치 개수를 나타낸다.

예제 14.1

웹페이지(4 × 3 분할표)

온라인 쇼핑몰 분야가 성장함에 따라 개인 데이터 수집과 사생활 침해의 기회도 점점 늘어나고 있다. 주요 온라인 쇼핑몰은 '개인정보 보호정책(privacy disclaimer)'으로 알려진 내용을 제시하고 있다. 이는 수집된 개인 정보의 사용에 관한 규칙을 정의하고 소비자들이 자신의 정보가 제3자의 홍보에 사용되는 것을 거절하는 내용을 담고 있다. 이러한 홈페이지 정책은 웹페이지의 링크를 통해 확인할 수 있다. 이러한 링크는 웹사이트의 홈페이지, 주문 페이지(신용카드 정보를 입력하는 페이지), 고객 웹페이지, 또는 그 외의 다른 페이지에서 발견될 수 있다. 미국의 경우 그런 링크는 자발적인 반면에 유럽연합(EU)에서는 법으로 규정하고 있다. 이 규정을 표시하는 위치는 소비자 보호 정도와 어느 정도 관련이 있다고 할 수 있다(즉, 링크가 홈페이지에서 멀리 떨어져 있을수록 눈에 띌 가능성이 더 낮아진다). 마케팅 연구자들은 세 나라(프랑스, 영국, 미국)의 291개 웹사이트를 조사하였다. 그리고 표 14.1과 같은 *분할표*를 얻었다. 개인정보 보호규정의 표시 위치와 웹사이트의 국적은 무관한가? 분할표에 있는 관측빈도수에 근거한 검정을 수행함으로써 이 질문에 답할 수 있다.

표 14.1

개인정보 보호 규정과 웹사이트 국적 WebSites

규정의 위치	웹사이트 국적			행 합계
	프랑스	영국	미국	
홈페이지	56	68	35	159
주문 페이지	19	19	28	66
고객정보 페이지	6	10	16	32
기타 페이지	12	9	13	34
열 합계	93	106	92	291

출처: Calin Gurau, Ashok Ranchhod, and Claire Gauzente, "To Legislate or Not to Legislate: A Comparative Exploratory Study of Privacy/Personalisation Factors Affecting French, UK, and US Web Sites," *Journal of Consumer Marketing* 20, no. 7 (2003), p. 659.

표 14.2는 분할표의 용어를 예로 보여준다. 변수 A는 r개의 범주(행)를 가지고 있고 변수 B는 c개의 범주(열)를 가지고 있다. 따라서 $r \times c$ 분할표라고 부른다. 각 셀은 j행과 k열에 있는 관측 자료의 빈도 f_{jk}를 보여준다.

표 14.2

관측된 빈도표

변수 A	변수 B				행 합계
	1	2	···	c	
1	f_{11}	f_{12}	···	f_{1c}	R_1
2	f_{21}	f_{22}	···	f_{2c}	R_2
⋮	⋮	⋮	⋮	⋮	⋮
r	f_{r1}	f_{r2}	···	f_{rc}	R_r
열 합계	C_1	C_2	···	C_c	n

카이제곱 검정

$r \times c$ 분할표에서 독립 여부에 대한 가설검정 시 가설은 다음과 같다.

H_0: 변수 A는 변수 B와 서로 독립이다.
H_1: 변수 A와 변수 B는 서로 독립이 아니다.

이러한 가설을 검정하기 위해서는 칼 피어슨(Karl Pearson, 1857~1936)에 의해 개발된 **카이제곱**(chi-square) **검정**을 이용한다. 이 검정 방법은 관측빈도수(observed frequencies)에 근거한다. 분할표에서 변수 A와 B의 관련성 정도를 측정한다. 독립 여부에 대한 카이제곱 검정은 분포와는 무관한 검정이다. 그 이유는 표본 추출이 이루어지는 모집단 형태에 대한 어떤 가정도 하지 않기 때문이다. 카이제곱 검정에서 수행하는 연산은 오직 n개의 데이터 쌍을 r개의 행(변수 A)과 c개의 열(변수 B)로 분류한 후 분할표의 각 셀에 있는 **관측빈도수**(observed frequency) f_{jk}와 독립이라는 가정하에서 계산한 **예상빈도수**(expected frequencies) e_{jk}를 서로 비교하는 것이다. 카이제곱 검정통계량은 다음과 같이 예상빈도수와 관측빈도수의 상대적인 차이를 측정한다.

$$\chi^2_{\text{calc}} = \sum_{j=1}^{r}\sum_{k=1}^{c}\frac{[f_{jk} - e_{jk}]^2}{e_{jk}} \tag{14.1}$$

만약 두 변수가 서로 **독립**이면 f_{jk}의 값은 e_{jk}와 비슷하고, 따라서 카이제곱 검정통계량 값은 0에 가까울 것이다. 반대로 두 값에 큰 차이가 있다면 검정통계량 값은 매우 커진다. 카이제곱 검정통계량 값은 음수가 될 수 없으므로(제곱을 하기 때문에) 항상 우측검정을 사용한다. 검정통계량이 오른쪽 꼬리에서 충분히 크면 우리는 독립이라는 귀무가설을 기각한다. 각 차이의 제곱을 취함으로써 부호가 없어지기 때문에 e_{jk}의 값이 f_{jk} 값보다 큰지 작은지는 상관없다. 각 차이의 제곱이 e_{jk}에 비해 상대적으로 얼마나 큰지가 중요하다.

카이제곱 분포

검정통계량을 카이제곱 분포에서 얻어진 임계치와 비교한다. 카이제곱 분포는 1개의 모수를 가지고 있고 그 모수를 자유도라고 부른다. $r \times c$ 분할표에서 자유도는 다음과 같다.

$$d.f. = \text{자유도} = (r - 1)(c - 1) \tag{14.2}$$

여기서,

r = 분할표에서 행의 개수
c = 분할표에서 열의 개수

모수 $d.f.$는 분할표에서 중복적이지 않은 셀의 개수이다. 각 $d.f.$ 값에 따라 카이제곱 분포는 다른 모양을 가지고 있다. 부록 E는 카이제곱 분포표의 우측검정 임계치를 보여주고 있다. 카이제곱 분포의 평균은 $d.f.$이고 분산은 $2d.f.$이다. 그림 14.1에서 보듯이 모든 카이제곱 분포는 오른쪽으로 꼬리가 긴 분포이지만 $d.f.$가 증가함에 따라 더 대칭형태를 띠게 된다. $d.f.$ = 1인 경우에는 분포가 원점에서 불연속적이다. $d.f.$가 증가함에 따라 그래프 형태가 정규분포의 종 모양을 닮아간다. 그러나 우리가 보게 되는 일반적인 분할표에서는 정규성을 가정할 만큼 자유도가 충분히 크지 않다.

그림 14.1
다양한 카이제곱 분포

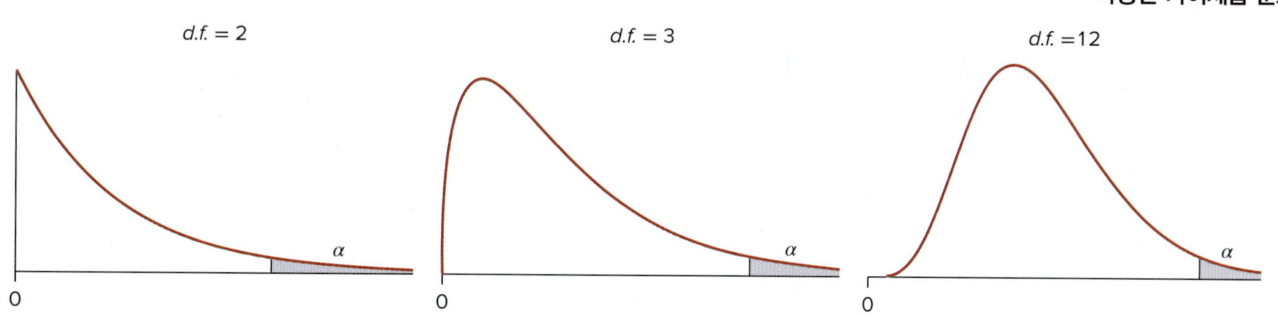

예상빈도수

H_0가 사실이라고 가정하면 행 j와 열 k의 예상빈도수는

$$e_{jk} = R_j C_k / n \text{ (행 } j\text{와 열 } k\text{의 예상빈도수)} \tag{14.3}$$

여기서,

R_j = 행 j에 대한 전체 빈도수($j = 1, 2, \ldots, r$)
C_k = 열 k에 대한 전체 빈도수($k = 1, 2, \ldots, c$)
n = 표본크기(또는 반응 개수)

예상빈도수 공식은 서로 독립인 사건에 대한 정의로부터 도출되었다(5장 참고). 두 사건이 서로 독립이면 결합확률은 각 사건의 한계확률의 곱이 된다. 따라서 행 j와 열 k에 대한 결합확률은 $(R_j/n)(C_k/n)$이다. 각 셀에 대해 예상빈도수를 얻기 위해서는 결합확률에 표본크기 n을 곱해야 한다. 따라서 $e_{jk} = R_jC_k/n$이 된다. e_{jk}를 행으로 더하든 열로 더하든 그 결과는 관측빈도수와 같다. 또한 예상빈도수는 일반적으로 정수가 아닌 경우가 많다.

카이제곱 계산 예시

표 14.1의 웹페이지 빈도를 사용하여 카이제곱 검정의 예를 들고자 한다. 가설검정은 다음 다섯 단계를 따른다.

1단계: 가설 설정 웹페이지 예에서 가설은 다음과 같다.

H_0: 개인정보 보호 규정 위치는 웹페이지의 국적과 무관하다.
H_1: 개인정보 보호 규정 위치는 웹페이지의 국적에 따라 달라진다.

2단계: 결정규칙 설정 웹페이지 분할표에서 $r = 4$이고 $c = 3$이다. 따라서 자유도는 $d.f. = (r - 1)(c - 1) = (4 - 1)(3 - 1) = 6$이다. 가설검정을 위해 $\alpha = 0.05$를 선택한다. 그림 14.2를 보면 $d.f. = 6$일 때 부록 E로부터 구한 우측검정 임계치는 $\chi^2_{0.05} = 12.59$임을 알 수 있다. 임계치는 엑셀 함수 =CHISQ.INV.RT(0.05,6) = 12.59159를 이용해서 구할 수도 있다.

유의수준 $\alpha = 0.05$인 우측검정에서 결정규칙은 다음과 같다.

$\chi^2_{\text{calc}} > 12.59$이면 귀무가설 H_0를 기각하고
그렇지 않으면 귀무가설 H_0를 기각할 수 없다.

결정규칙은 그림 14.3에 나와 있다.

3단계: 검정통계량 계산 행 j와 열 k에서 예상빈도수는 $e_{jk} = R_jC_k/n$이다. 계산과정은 표 14.3에 제시되어 있다. 예상빈도수의 행 합계, 열 합계는 각각 관측빈도수의 행 합계, 열 합계와 같다(표 14.3의 윗부분).

카이제곱 검정통계량은 다음과 같다.

$$\chi^2_{\text{calc}} = \sum_{j=1}^{r}\sum_{k=1}^{c}\frac{[f_{jk} - e_{jk}]^2}{e_{jk}} = \frac{(56 - 50.81)^2}{50.81} + \cdots + \frac{(13 - 10.75)^2}{10.75}$$
$$= 0.53 + \cdots + 0.47 = 17.54$$

부록 E

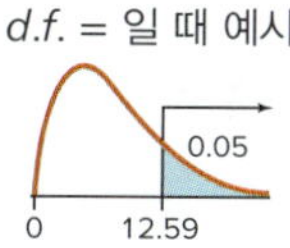

카이제곱 임계치

다음 표는 자유도와 꼬리 확률에 따른 카이제곱 분포의 임계치를 보여준다(*d.f.*).

	꼬리 윗부분 면적									
d.f.	0.995	0.990	0.975	0.95	0.90	0.10	0.05	0.025	0.01	0.005
1	0.000	0.000	0.001	0.004	0.016	2.706	3.841	5.024	6.635	7.879
2	0.010	0.020	0.051	0.103	0.211	4.605	5.991	7.378	9.210	10.60
3	0.072	0.115	0.216	0.352	0.584	6.251	7.815	9.348	11.34	12.84
4	0.207	0.297	0.484	0.711	1.064	7.779	9.488	11.14	13.28	14.86
5	0.412	0.554	0.831	1.145	1.610	9.236	11.07	12.83	15.09	16.75
6	0.676	0.872	1.237	1.635	2.204	10.64	12.59	14.45	16.81	18.55
7	0.989	1.239	1.690	2.167	2.833	12.02	14.07	16.01	18.48	20.28
8	1.344	1.646	2.180	2.733	3.490	13.36	15.51	17.53	20.09	21.95
9	1.735	2.088	2.700	3.325	4.168	14.68	16.92	19.02	21.67	23.59
10	2.156	2.558	3.247	3.940	4.865	15.99	18.31	20.48	23.21	25.19
.	.	.	.	.	.	.	.	.	.	.
.	.	.	.	.	.	.	.	.	.	.
.	.	.	.	.	.	.	.	.	.	.
100	67.33	70.06	74.22	77.93	82.36	118.5	124.3	129.6	135.8	140.2

그림 14.2

***d.f.* = 6이고 α = 0.05인 카이제곱 임계치(부록 E)**

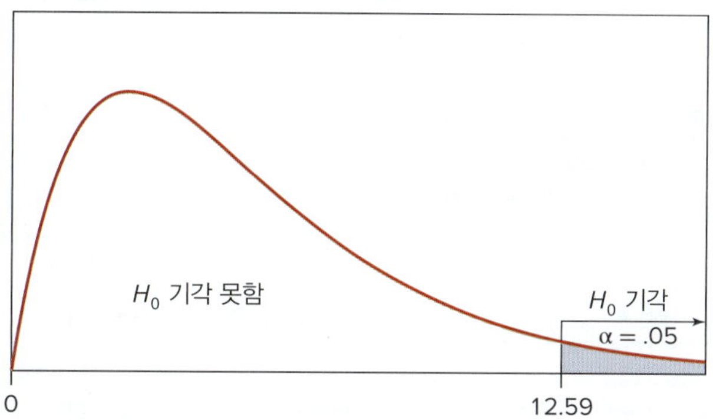

그림 14.3

***d.f.* = 6일 때 카이제곱 분포의 우측검정**

간단한 문제이지만 스프레드시트 없이 계산하기에는 너무 복잡하다. e_{jk}는 우리 스스로 계산해야 하지만 엑셀 함수 =CHISQ.TEST(실제 관측빈도수 데이터 범위, 예상빈도수 데이터 범위)를 쓰면 p값을 구할 수 있다. 다행히 어느 통계패키지든 카이제곱 검정을 제공하고 있다. 예를 들어 그림 14.4는 MegaStat의 설정과 계산과정을 보여주고 있다.

4단계: 기각여부 결정 검정통계량 $\chi^2_{\text{calc}} = 17.54$는 12.59를 초과하기 때문에 우리는 예상빈도수와 관측빈도수 간 차이가 유의수준 5%에서 유의함을 알 수 있다. p값(0.0075)은 귀무가설이 기각되어야 함을 보여준다. 위 p값은 엑셀 함수 =CHISQ.DIST.RT(χ^2, *d.f.*)를 이용해서도 구할 수 있다. 이 경우 =CHISQ.DIST.RT(17.54,6)이고 오른쪽 꼬리의 확률은 0.0075이다. 유의수준 $\alpha = 0.05$하에서 291개 웹사이트 표본에 의거할 때 p값은 개인정보 보호규정 위치는 웹페이지의 국적과 서로 독립이 아님을 의미한다.

표 14.3

관측빈도와 예측빈도 계산 WebSites

규정의 위치	관측빈도			행 합계
	프랑스	영국	미국	
홈페이지	56	68	35	159
주문 페이지	19	19	28	66
고객정보 페이지	6	10	16	32
기타 페이지	12	9	13	34
열 합계	93	106	92	291

규정의 위치	예측빈도			행 합계
	프랑스	영국	미국	
홈페이지	(159 × 93)/291 = 50.81	(159 × 106)/291 = 57.92	(159 × 92)/291 = 50.27	159
주문 페이지	(66 × 93)/291 = 21.09	(66 × 106)/291 = 24.04	(66 × 92)/291 = 20.87	66
고객정보 페이지	(32 × 93)/291 = 10.23	(32 × 106)/291 = 11.66	(32 × 92)/291 = 10.12	32
기타 페이지	(34 × 93)/291 = 10.87	(34 × 106)/291 = 12.38	(34 × 92)/291 = 10.75	34
열 합계	93	106	92	291

그림 14.4

웹페이지 자료에 대한 MegaStat의 카이제곱 검정

출처: MegaStat.

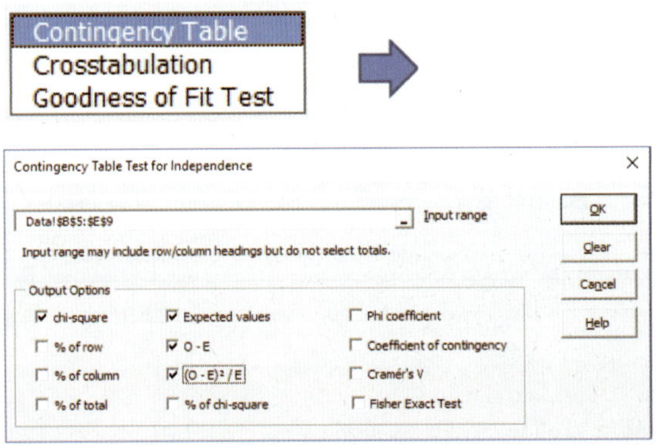

Chi-square Contingency Table Test for Independence

		France	UK	USA	Total
Home page	Observed	**56**	**68**	**35**	159
	Expected	50.81	57.92	50.27	159.00
	O - E	5.19	10.08	-15.27	0.00
	(O - E)² / E	0.53	1.76	4.64	6.92
Order page	Observed	**19**	**19**	**28**	66
	Expected	21.09	24.04	20.87	66.00
	O - E	-2.09	-5.04	7.13	0.00
	(O - E)² / E	0.21	1.06	2.44	3.70
Client page	Observed	**6**	**10**	**16**	32
	Expected	10.23	11.66	10.12	32.00
	O - E	-4.23	-1.66	5.88	0.00
	(O - E)² / E	1.75	0.24	3.42	5.40
Other page	Observed	**12**	**9**	**13**	34
	Expected	10.87	12.38	10.75	34.00
	O - E	1.13	-3.38	2.25	0.00
	(O - E)² / E	0.12	0.93	0.47	1.51
Total	Observed	93	106	92	291
	Expected	93.00	106.00	92.00	291.00
	O - E	0.00	0.00	0.00	0.00
	(O - E)² / E	2.60	3.97	10.97	17.54

17.544 chi-square
6 df
.0075 p-value

5단계: 조치 실행 이 결과는 프랑스나 영국과 비교하였을 때 미국에서 개인정보 보호규정 위치가 웹사이트의 여러 페이지에 더 고르게 분포되어 있음을 제시한다. 이러한 결과는 2011년에 발의된 개인정보 보호 법안이 미국에서 통과된다면 변경될 것으로 보인다.

추가적인 논의 MegaStat은 출력할 때는 모든 숫자를 반올림하지만 내부적으로는 정확성 확보를 위해 반올림하지 않고 숫자 전체를 보관하고 있다. 관측빈도수와 예상빈도수의 차이 (O − E)를 각 행 방향 또는 각 열 방향으로 더하면 0이 된다. 이러한 계산을 손으로 직접 한다면 합이 0이 되는지 확인해야 한다(만약 0이 아니라면 어딘가 실수를 범한 것이다). 그림 14.4로부터 단지 3개의 셀(3번째 열의 1, 2, 3번째 행)이 카이제곱 합(17.54)에 많은 기여(4.64, 2.44, 3.42)를 하고 있다는 것을 알 수 있다. 서로 독립이라는 가설은 대체로 위 3개의 셀 때문에 기각되는 것으로 보인다.

엑셀 사용 MegaStat 대신에 엑셀 함수 =CHISQ.TEST(관측빈도수 범위, 예상빈도수 범위)를 사용할 수 있다. 식 14.3을 써서 각 셀의 예상빈도수를 엑셀로 계산한 다음, 관측빈도수 범위와 예상빈도수 범위를 함수에 입력하면 된다. 그러면 엑셀은 카이제곱 통계량의 p값을 표시한다. 위의 예에서 엑셀은 0.0075를 출력한다. χ^2_{calc}값을 알아보려면 엑셀 함수 =CHISQ.INV.RT(확률, 자유도), =CHI.INV.RT(0.0075,6) = 17.54를 사용하면 된다.

예제 14.2
야간 비행(2 × 2 분할표)

케네디 주니어가 야간에 비행기를 운전하다가 사고로 죽은 후 409명의 뉴욕 시민을 대상으로 야간 비행에 대한 설문조사를 실시하였다. "계기비행 자격증이 없는 민간 조정사가 야간에 비행하는 것을 허용해야 하는가?"라고 질문했다. 또한 70명의 비행 전문가에게도 같은 질문을 하였다. 결과는 표 14.4에 나와 있다. "의견 없음"을 제시한 사람들(1명의 전문가와 25명의 뉴욕 주민)은 제외되었다.

표 14.4
야간 비행에 대한 찬반 의견 Pilots

의견	비행 전문가	일반 대중	행 합계
찬성	40	61	101
반대	29	323	352
열 합계	69	384	453

출처: Siena College Research Institute.

그림 14.5
야간 비행에 대한 카이제곱 검정 결과($d.f.$ = 1)

Chi-square Contingency Table Test for Independence

	Col 1	Col 2	Total
Row 1 Observed	**40**	**61**	101
Expected	15.38	85.62	101.00
O − E	24.62	−24.62	0.00
(O − E)²/E	39.39	7.08	46.47
Row 2 Observed	**29**	**323**	352
Expected	53.62	298.38	352.00
O − E	−24.62	24.62	0.00
(O − E)²/E	11.30	2.03	13.33
Total Observed	69	384	453
Expected	69.00	384.00	453.00
O − E	0.00	0.00	0.00
(O − E)²/E	50.69	9.11	59.80
	59.80	chi-square	
	1	df	
	1.05E-14	p-value	

가설은 다음과 같다.

H_0: 뉴욕 주민의 의견은 항공 전문가의 의견과 서로 독립이다.
H_1: 뉴욕 주민의 의견은 항공 전문가의 의견과 서로 독립이 아니다.

MegaStat으로 검정한 결과가 그림 14.5에 나와 있다. 자유도는 $d.f. = (r - 1)(c - 1) = (2 - 1)(2 - 1) = 1$이다. 부록 E에서 유의수준 0.5%일 때 카이제곱 임계치가 7.879로 나타났다. 검정통계량이 $\chi^2 = 59.80$이기 때문에 임계치 7.879를 크게 초과한다. 따라서 귀무가설을 확실히 기각한다. p값(0.0000)은 뉴욕 주민의 의견이 전문가의 의견과 서로 독립이 아니라는 것을 보여준다.

두 비율의 동일성에 관한 검정

2×2 분할표에서 만약 표본이 정규성을 보장할 만큼 충분히 크다면 카이제곱 검정은 두 비율에 대한 양측 z검정과 일치한다. 가설은 다음과 같다.

H_0: $\pi_1 - \pi_2 = 0$
H_1: $\pi_1 - \pi_2 \neq 0$

비행기 운항에 대한 설문조사 예제에서 찬성을 표시한 전문가의 비율은 $p_1 = x_1/n_1 = 40/69 = 0.57971$, 즉 58.0%이다. 또한 일반 뉴욕 주민의 찬성비율은 $p_2 = x_2/n_2 = 61/384 = 0.15885$, 즉 15.9%이다. 두 그룹을 합해서 나온 비율은 $\bar{p} = (x_1 + x_2)/(n_1 + n_2) = 101/453 = 0.22296$이다. z검정통계량은 다음과 같다.

$$z_{\text{calc}} = \frac{p_1 - p_2}{\sqrt{\bar{p}(1-\bar{p})\frac{1}{n_1} + \frac{1}{n_2}}} = \frac{0.57971 - 0.15885}{\sqrt{0.22296(1 - 0.22296)\left(\frac{1}{69} + \frac{1}{384}\right)}} = 7.7329$$

양측검정의 p값을 찾기 위해서는 엑셀 함수 =2*(1-NORM.S.DIST(7.7329,1)) = 0.0000을 사용한다. 비율에 대한 양측검정의 z검정통계량 제곱은 2×2 분할표에 대한 카이제곱 검정통계량과 항상 같다. 위 예제에서는 $z^2 = 7.73292 = 59.80 = \chi^2$이다. 카이제곱 검증을 사용하든 두 비율에 대한 z검정을 사용하든 결론은 동일하다.

예상빈도수의 값이 작은 경우

예상빈도수의 값이 매우 작다면 카이제곱 검정 결과를 신뢰하기 힘들다. 검정통계량 공식에서 볼 수 있듯이 분모에 있는 e_{jk}값이 매우 작을 때, 카이제곱값은 커지게 된다. 흔히 사용되는 규칙인 **코크란 규칙**(Cochran's Rule)에 따르면 모든 셀에서 예상빈도수는 5보다 커야 한다. 또 다른 규칙에 따르면 전체 20%의 셀에서 예상빈도수가 5보다 작을 수도 있다. 통계학자들은 일반적으로 $e_{jk} < 2$일 때 문제가 있는 것으로 판단한다. 또한 어떤 셀에서 $e_{jk} < 1$이면 카이제곱 검정을 수행할 수 없다. 예상빈도수 값이 매우 작다면 컴퓨터 패키지는 오류 메시지 또는 경고 메시지를 보낸다. 이런 상황이 생겼을 때, 인접한 행과 열을 서로 합쳐서 예상빈도수를 증가시킴으로써 문제를 해결할 수 있다. 웹페이지 예제에서 모든 예상빈도수는 5보다 크다.

교차분석표

독립여부에 대한 카이제곱 검정은 매우 유연한 형태를 가진다. 대부분 성별(남성, 여성)과 같은 범주형 변수와 함께 사용되지만, 정량적 변수(예: 월급)를 범주로 코딩한 후에(예: 25,000달러 이하, 25,000~50,000달러, 50,000달러 이상) 역시 카이제곱 검정을 실시할 수 있다. 개방형 계급(open-ended class)도 사용 가능하다. 각 범위를 명목형(nominal), 순서형(ordinal), 구간형(interval), 비율형(ratio) 등으로 적절히 정의함으로써 데이터 유형을 혼합해서 사용할 수 있다. 연속형 데이터는 적절한 범주들로 구분될 수 있다. 하나의 연속형 변수 값을 2개의 계급(범주)을 가진 표로 만들기 위해 중앙값을 기준으로 설정할 수 있다. 3개의 범주로 나누는 경우 33 및 67백분위수를 기준점으로 삼을 수 있다. 4개의 범주인 경우 25, 50, 75백분위수를 기준값으로 삼을 수 있다. 특정 셀의 예상빈도수가 너무 작아지지 않게 하기 위해 각 셀별로 비슷한 빈도가 나오도록 범주를 나누는 것이 바람직하다(코크란 규칙에 따르면 각 셀의 예상빈도수는 적어도 5 이상이여야 한다). 작은 범위의 정수값(예: 1, 2, 3, 4, 5만 있는 리커트 척도)을 갖는 데이터의 경우 범주 선택이 제한적일 수도 있지만, 여전히 범주를 원하는 대로(예: 1과 2, 3, 4와 5) 정의할 수 있다.

예제 14.3

의사 수와 영아 사망률

Doctors

미국의 각 주에 대해 X = 인구 100,000명당 의사 수이고 Y = 신생아 1,000명 중 영아 사망 수이다. 우리는 인구에 비해 의사가 많은 주에서 영아 사망 수가 낮다는 가설을 세울 수 있지만 정말 그러한가? 정규분포와 등분산을 가정하지 않았기 때문에 t검정을 원하지 않는다. 대신 우리는 다음과 같은 가설을 설정하였다.

H_0: 영아 사망률은 인구 100,000명당 의사 수와 독립적이다.
H_1: 영아 사망률은 인구 100,000명당 의사 수와 독립적이지 않다.

그림 14.6에는 실제 빈도수와 (귀무가설 가정하의) 예상빈도수 대한 3 × 3 분할표가 있다. p값(0.7173)으로부터 우리는 의사 수와 영아 사망률과는 강한 관계가 없는 것이라고 결론을 내린다. 하지만 다중회귀모형을 사용하면 다른 예측변수(예를 들어 1인당 소득, 1인당 의료비 지출, 대학 졸업생의 비율 등)가 영아 사망률과 관련이 있음을 밝혀낼 수도 있다.

그림 14.6

수치 데이터의 분할표

3 × 3 표

1,000명 출산당 영아 사망률		인구 100,000명당 의사 수: 낮음	중간	높음	합계
낮음	실제 빈도수	**4**	**6**	**6**	16
	예상빈도수	5.44	5.44	5.12	
중간	실제 빈도수	**5**	**6**	**6**	17
	예상빈도수	5.78	5.78	5.44	
높음	실제 빈도수	**8**	**5**	**4**	17
	예상빈도수	5.78	5.78	5.44	
합계		17	17	16	50

카이제곱 통계량($d.f.$ = 4): 2.10
p값: 0.7173

수치 데이터에 카이제곱 검정을 실시하는 이유

왜 수치 데이터 (X, Y)를 범주형 데이터로 변환하고 분할표를 만들어 카이제곱 검정을 수행하는가? 왜 (X, Y)를 사용하여 상관계수를 계산하거나 회귀식을 추정하지 않는가? 다음과 같은 세 가지 이유가 있다.

- 연구자가 X와 Y 간에 어떤 관계가 있다고 믿지만, 회귀모형에서 요구되는 바와 같이 그 관계의 형태(선형, 곡선, 기타)에 대해서는 어떠한 가정도 하고 싶지 않기 때문이다.
- 특이값이나 예외적인 데이터가 있어서 데이터가 정규분포를 따르는 모집단으로부터 나왔다고 가정할 수 없기 때문이다. 상관분석이나 회귀모형과 다르게 카이제곱 검정은 정규분포 가정을 필요로 하지 않는다.
- 한 변수는 수치 데이터 형태이고 다른 변수는 수치 데이터 형태가 아니기 때문이다. 카이제곱 검정은 수치 변수를 범주형 변수로 변환하더라도 사용 가능하기 때문이다.

변수가 3개 이상인 경우

카이제곱 검정을 2개의 변수를 비교하는 분할표로 한정할 이유가 전혀 없다. 그러나 3개 이상의 변수를 갖는 표는 2차원 표 여러 개로 분할하여 나타낸다 할지라도 시각화하기가 다소 어렵다. 3개의 변수를 비교하는 표는 정육면체로 나타내거나 또는 2차원 분할표를 쌓아서 표현할 수 있다. 주요 통계패키지(SAS, SPASS, 기타)는 3차원 분할표를 허용한다. 변수가 4개 이상인 경우에는 실제하는 유사 사물이 없고 복잡하므로 카이제곱 검정보다는 해석적 방법을 사용하는 것이 바람직하다.

애널리틱스 적용 사례

기계학습의 오차행렬

기계학습에서는 오차행렬(confusion matrix)이라고 불리는 특별한 형태의 분할표가 사용된다. *오차행렬*은 이미지를 시각적으로 분류하는 알고리즘의 성능을 평가하는 데 사용된다. 알고리즘의 성능을 시험하기 위해 닭과 쥐의 이미지를 알고리즘으로 분류하게 한다. 분류 결과에서 맞게 분류한 개수와 틀리게 분류한 개수를 표 형태로 나타내면 다음과 같다.

		실제 분류	
		닭	쥐
예측 분류	닭	6	3
	쥐	2	5

오차행렬을 써서 알고리즘이 얼마나 정확하게 이미지를 분류하는지 결정한다. 그리고 익숙한 용어들을 이용하여 오차행렬(*오차표*라고도 불림)을 분석한다. 거짓 양성(false positive) 또는 제1종 오류(type I error) 등은 알고리즘의 효과성을 결정하는 데 사용되는 지표들이다. 그 외 본 교재에 소개되는 *민감도*(sensitivity), *검정력*(power), *특이도*(specificity) 등도 사용된다. 안면 인식 소프트웨어의 활용이 점점 증가함에 따라 이러한 알고리즘의 정확성 향상이 중요해지고 있다.

단원 연습문제

connect

아래 각 문제에 대해서 카이제곱 검정 계산 결과를 알 수 있게 소프트웨어 출력결과(예: 엑셀 또는 R 출력결과)를 제시하여라. (a) 가설을 설정하라. (b) 각 분할표의 자유도를 어떻게 계산하는가? (c) 주어진 유의수준에서 부록 E 또는 엑셀 함수 =CHISQ.INV.RT(alpha, deg_freedom)을 이용하여 임계치를 구하라. (d) 독립 여부에 대한 카이제곱 검정을 실시하고 결론을 제시하라. (e) 분할표의 어떤 셀이 카이제곱 검정통계량에 가장 크게 기여하는가? (f) 예상빈도수가 매우 작은 값이 있는가? (g) p값을 해석하라. 필요하면 엑셀 함수 =CHISQ.DIST,RT(test_statistic, deg_freedom)을 이용하여 p값을 계산하라. *(h) 2 × 2 분할표에서 $\pi_1 = \pi_2$에 대한 양측 z검정을 실시하고 z^2값이 카이제곱 통계량과 같은지 보여라.

14.1 캘리포니아 거주자 중에 최근 자동차 판매점을 방문한 사람을 무작위로 추출하여 어떤 유형의 차량을 구매할 가능성이 높은지 조사하였다. 결과는 다음 표에 제시되어 있다. 유의수준 10%에서 차량 유형 선택은 구매자의 연령과 무관한가? CarBuyers

	구매자의 연령			
차량 유형	30 미만	30에서 50 사이	50 이상	행 합계
디젤	5	10	15	30
가솔린	15	30	45	90
하이브리드	25	25	25	75
전기	15	15	15	45
열 합계	60	80	100	240

14.3 MBA 프로그램에 지원한 학생들은 반드시 언어와 수리영역 GMAT 점수를 제출하여야 한다. 미국 중서부에 위치한 AACSB 인증을 받은 공립 경영대학에서 무작위로 뽑은 MBA 지원자 100명의 점수가 아래와 같다. 유의수준 0.5%에서 수리점수는 언어점수와 무관한가? GMAT

	수리점수			
언어점수	25점 이하	25~35점	35점 이상	행 합계
25점 이하	25	9	1	35
25~34점	4	28	18	50
35점 이상	1	3	11	15
열 합계	30	40	30	100

14.5 마케팅 연구자들은 설문조사를 수행하기 전에 이를 미리 공지하고 연구의 목적을 설명하는 이메일을 발송하였다. 대상 고객들의 50%는 이와 같은 이메일을 받았고, 나머지 50%는 그런 절차 없이 바로 설문조사를 실시하였다. 설문조사의 응답률은 아래 표와 같다. 유의수준 2.5%에서 응답률은 사전 공지 이메일과 무관한가? Advance

	공지여부와 반응률에 대한 교차분석표		
공지여부	반응	무반응	행 합계
미리 공지	39	155	194
미리 공지하지 않음	22	170	192
열 합계	61	325	386

Mini Case 14.1

학생들의 근로시간과 소유 자동차의 연식

학생들은 새 차를 사기 위해 더 많은 시간을 일하는가? 설문조사에서 얻은 데이터를 활용하여 이러한 가설을 검정할 수 있다. 이 데이터는 어느 대학에서 경영통계학을 듣는 학생들을 대상으로 조사되었다. 이 조사는 다음 두 가지 질문으로 구성되어 있다.

첫 번째 질문: 이번 학기에 일주일에 몇 시간 외부 아르바이트를 할 것으로 예상하는가?
두 번째 질문: 당신이 운전하는 차의 연식은?

표 14.5에 나와 있는 분할표는 162명 학생의 응답을 요약하고 있다. 15시간 이하 일하는 학생은 거의 없다. 소수의 학생이 10년 이상 된 차를 운전하기도 하지만 대부분은 3년 이하인 차를 운전한다. 두 변수 모두 정규분포를 따르지 않기 때문에(또한 특이값도 있다) 카이제곱 검정이 선호된다. 가설은 다음과 같다.

H_0: 자동차의 연식은 일하는 시간과 무관하다.
H_1: 자동차의 연식은 일하는 시간과 상관있다.

표 14.5

근로시간과 자동차 연식의 빈도분포표 CarAge

	자동차의 연식				
주당 근로시간	3년 이하	3~6년	6~10년	10년 이상	행 합계
15시간 미만	9	8	8	4	29
15에서 24시간 사이	34	17	11	9	71
25시간 이상	28	20	8	6	62
열 합계	71	45	27	19	162

그림 14.7은 3 × 4의 MegaStat 분할표를 보여준다. 예상빈도수 중에서 2개 셀의 값은 5보다 작으므로 코크란 규칙을 만족시키지 못한다. MegaStat은 눈에 띌 수 있도록 이러한 셀을 따로 표시해준다. 그러나 이 분할표에서 주목해야 할 것은 귀무가설을 가정하고 계산된 예상빈도수가 실제 빈도수와 매우 유사하다는 것이다. 따라서 카이제곱 검정통계량 값이 매우 작다(즉, 5.24). 자유도는 $(r - 1)(c - 1) = (3 - 1)(4 - 1) = 6$이다. 부록 E에서 유의수준 $\alpha = 0.10$일 때 우측검정 임계치가 $\chi^2_{0.10} = 10.64$이다. 이렇게 약한 유의수준에서조차 우리는 귀무가설을 기각할 수 없다. MegaStat의 p값(0.5132)이 의미하는 것은 두 변수가 실제로 독립인 모집단에서 표본을 뽑는다고 할 때 여러 표본들 중 약 50%(정확히는 51.32%)에서 이와 같은 검정통계량 값이 나올 수 있다는 것이다. 따라서 데이터는 학생들이 새 차를 사기 위해서 일을 더 많이 한다는 가설을 지지할 수 없다.

그림 14.7

자동차 연식 데이터에 대한 MegaStat의 분석

Chi-square Contingency Table Test for Independence

		Less than 3	3 to <6	6 to <10	10 or More	Total
Under 15	Observed	**9**	**8**	**8**	**4**	29
	Expected	12.71	8.06	4.83	3.40	29.00
	O − E	−3.71	−0.06	3.17	0.60	0.00
	$(O-E)^2/E$	1.08	0.00	2.07	0.11	3.26
15 to <25	Observed	**34**	**17**	**11**	**9**	71
	Expected	31.12	19.72	11.83	8.33	71.00
	O − E	2.88	−2.72	−0.83	0.67	0.00
	$(O-E)^2/E$	0.27	0.38	0.06	0.05	0.76
25 or More	Observed	**28**	**20**	**8**	**6**	62
	Expected	27.17	17.22	10.33	7.27	62.00
	O − E	0.83	2.78	−2.33	−1.27	0.00
	$(O-E)^2/E$	0.03	0.45	0.53	0.22	1.22
Total	Observed	71	45	27	19	162
	Expected	71.00	45.00	27.00	19.00	162.00
	O − E	0.00	0.00	0.00	0.00	0.00
	$(O-E)^2/E$	1.38	0.82	2.66	0.38	5.24

5.24 chi-square
6 df
0.5132 p-value

14.2 적합도에 대한 카이제곱 검정

가설검정의 목적

적합도(goodness-of-fit: GOF) 검정은 추출된 표본이 특정한 모집단과 유사한지를 판단할 때 도움을 줄 수 있다. 카이제곱 검정은 표본의 빈도수를 어떤 확률분포와 비교하는 데 사용될 수 있다. 적합도 검정은 이해하기 쉬우나 스프레드시트를 사용하기 전에는 계산과정이 지루했었다. 요즘에는 컴퓨터를 이용하여 쉽게 계산할 수 있으며, 정규분포 또는 다른 분포함수와의 차이를 검정하는 것도 일상적인 일이 되었다. 우리는 가장 일반적인 분포함수를 이용하여 GOF 검정의 예시를 보여주고자 한다. **다항분포**는 합이 1인 k개의 확률 p_1, p_2, . . . , p_k에 의해서 정의된다. 이미 앞서 설명한 3개의 분포(균등, 포아송, 정규)에 같은 방법이 적용될 수 있다. 적합도를 검정하는 많은 방법이 있지만 카이제곱 검정은 이해하기 쉽고 다양한 용도로 활용 가능하기 때문에 매력적이다.

다항 GOF 검정의 예: M&M 초코볼의 색

M&M 초콜릿의 공식 웹사이트에 따르면 M&M의 분포는 다음과 같다.

갈색(13%) 빨간색(13%) 파란색(24%)
주황색(20%) 노란색(16%) 초록색(14%)

소매상에 배송되는 M&M 색의 분포가 위에서 제시된 분포를 따르는가? 초코볼 4봉지를 이용하여 카이제곱 GOF 검정을 하고자 한다. 귀무가설은 초코볼 색의 분포가 웹사이트에 제시되어 있는 분포와 같다는 것이다.

가설은 다음과 같다.

H_0: $\pi_{\text{brown}} = 0.13$, $\pi_{\text{red}} = 0.13$, $\pi_{\text{blue}} = 0.24$, $\pi_{\text{orange}} = 0.20$, $\pi_{\text{yellow}} = 0.16$, $\pi_{\text{green}} = 0.14$
H_1: 적어도 하나의 π는 귀무가설의 값과 다르다.

가설을 검정하기 위해서 통계학과 학생들이 M&M 4봉지($n = 220$)를 개봉한 후 초코볼의 색을 세었다. 결과는 표 14.6에 제시되어 있다. 6종류의 색에 $j = 1, 2, \ldots, 6$ 번호를 부여하고 다음과 같이 정의하였다.

f_j = 초코볼 색 j에 대한 실제 빈도수
e_j = H_0가 진실이라는 가정하에서 초코볼 색 j에 대한 예상빈도수

각 예상빈도수(e_j)는 표본크기(n)과 가설로 설정된 비율(π_j)를 곱해서 계산할 수 있다. 그 다음에 예상빈도수와 실제 빈도수를 비교하는 카이제곱 통계량을 계산할 수 있다.

$$\chi^2_{\text{calc}} = \sum_{j=1}^{c} \frac{[f_i - e_j]^2}{e_j} \qquad \textbf{(14.4)}$$

표 14.6

M&M 초콜릿 비율에 대한 가설검정 MM

출처: 홈페이지(https://www.mms.com/)에 공개된 공식 비율(2006년)

색깔	공식비율 π_j	관측빈도수 f_j	예상빈도수 $e_j = n \times \pi_j$	$f_j - e_j$	$(f_j - e_j)^2/e_j$
갈색	0.13	38	28.6	+9.4	3.0895
빨간색	0.13	30	28.6	+1.4	0.0685
파란색	0.24	44	52.8	−8.8	1.4667
주황색	0.20	52	44.0	+8.0	1.4545
노란색	0.16	30	35.2	−5.2	0.7682
녹색	0.14	26	30.8	−4.8	0.7481
합계	1.00	220	220.0	0.0	$\chi^2_{\text{calc}} = 7.5955$

제시된 분포가 표본에 잘 부합한다면 카이제곱 통계량은 0에 가까울 것이다. 그 이유는 f_j와 e_j의 값이 거의 같기 때문이다. 반대로 f_j와 e_j의 값이 크게 다르다면 카이제곱 통계량은 매우 클 것이다. 따라서 항상 우측검정을 사용한다. 검정통계량이 카이제곱 임계치를 초과하면 귀무가설을 기각하게 된다. 임계치는 부록 E에서 구할 수 있다. 모든 GOF 검정에서 자유도는 다음과 같이 계산한다.

$$d.f. = c - m - 1 \quad \textbf{(14.5)}$$

여기서 c는 검정에 사용된 범주 또는 계급의 숫자이고 m은 추정해야 할 모수의 숫자이다.

표 14.6은 엑셀에서 계산한 결과를 요약하고 있다. 위 예제에서 추정해야 할 모수는 없다($m = 0$). 범주가 6개($c = 6$)이므로 자유도는 다음과 같다.

$$d.f. = c - m - 1 = 6 - 0 - 1 = 5$$

부록 E에서 $\alpha = 0.01$에 해당하는 카이제곱 임계치는 15.09이다. 검정통계량 $\chi^2_{calc} =$ 7.5955가 임계치보다 작으므로 우리는 M&M 초코볼의 색 분포가 M&M 웹사이트에 설명된 것과 같다는 귀무가설을 기각할 수 없다. f_j와 e_j 합은 항상 표본크기(이 예제에서 $n =$ 220)이고, 차이($f_j - e_j$)들의 합은 항상 0이다. 만약 그렇지 않다면 계산과정에서 실수가 있었던 것이다.

적합도 검정을 위해 엑셀을 사용할 수도 있다. 엑셀 스프레드시트에 관측빈도수를 입력한 다음 예상빈도수를 계산한다. 그리고 함수 CHISQ.TEST(*관측빈도수 범위, 예상빈도수 범위*)를 빈 셀에 입력한다. 엑셀은 검정의 p값을 계산해준다. M&M 사례에서 엑셀의 =CHISQ.TEST 함수의 계산 결과는 0.17998이고, 0.17998은 유의수준 $\alpha = 0.01$보다 크므로 귀무가설을 기각할 수 없다. 엑셀 함수 =CHISQ.INV.RT(*확률, 자유도*)를 사용하면 χ^2_{calc} 값을 계산할 수 있다. 이 예제에서는 χ^2_{calc} =CHISQ.INV.RT(0.17998, 5) = 7.5995이다.

예상빈도수의 값이 작은 경우

표본 수가 작은 경우에 적합도 검정은 검정력이 부족하다. 더군다나 예상빈도수가 작으면 식 14.4의 분모인 e_j가 작고 이로 인해 카이제곱 검정통계량이 커지는 경향이 있다. 필요한 최소한의 표본크기는 검정방법에 따라 달라진다. 하나의 가이드라인으로 카이제곱 적합도 검정은 $n < 25$인 경우에는 적절하지 않다(일부 전문가들은 25보다 더 큰 값을 제시하곤 한다). 모든 예상빈도수가 적어도 5는 되어야($e_j \geq 5$) 한다는 코크란 규칙을 가이드라인으로 사용할 수도 있다. 그러나 어떤 전문가들은 이를 $e_j \geq 2$로 완화시키기도 한다. M&M 예제에서는 예상빈도수가 매우 크므로, 카이제곱 검정 결과를 신뢰해도 된다.

다른 분포에 대한 GOF 검정

카이제곱 GOF 검정은 우리가 많이 접하는 분포(예를 들어 균등분포, 포아송분포, 정규분포)와 표본 데이터를 비교하는 데에도 사용할 수 있다. 가설은 다음과 같다.

H_0: 모집단이 _____ 분포를 따른다.
H_1: 모집단이 _____ 분포를 따르지 않는다.

위 가설에서 빈 칸 부분은 어떠한 이론적인 분포도 가능하다. 만약 n개의 관측치를 가지고 있다면 관측치를 c개의 그룹으로 나누고 식 14.4를 이용하여 카이제곱 검정을 실시한다. 우리가 표본 데이터를 이용하여 분포의 모수를 추정한다면 자유도는 아래와 같다.

균등분포: $d.f. = c - m - 1 = c - 0 - 1 = c - 1$ (추정해야 할 모수가 없다) **(14.6)**

포아송분포: $d.f. = c - m - 1 = c - 1 - 1 = c - 2$ (λ가 추정되는 경우) **(14.7)**

정규분포: $d.f. = c - m - 1 = c - 2 - 1 = c - 3$ (μ와 σ가 추정되는 경우) **(14.8)**

데이터 생성 과정

데이터에 잘 들어맞는 모형을 주먹구구식으로 찾아내는 것은 적절하지 않다. 대신 내재하는 *데이터 생성 과정*의 특성을 사전에 시각화해야 한다. 좋은 적합도를 얻었다는 것만으로 특정 모형 가정에 대한 충분한 근거가 될 수는 없다. 각 확률분포마다 내재 프로세스의 성질에 관한 고유한 논리를 갖고 있다. 제안된 모형이 논리적이여야 하며 실증적으로도 적합해야 한다. 가장 흔히 사용되는 GOF 검정은 정규성에 대한 검증인데, 그 이유는 많은 모수적 모형이 정규성을 가정하고 이러한 정규성 가정이 검정되어야 하기 때문이다. 또한 종 모양이고 꼬리가 줄어드는 형태를 가진 데이터로서 분포의 분산과 평균이 일정하다고 믿을 만 하기만 하면(예를 들어 유통되는 동전의 무게처럼) 기본적으로 정규분포를 따른다고 가정할 수 있다. 포아송분포는 연속적인 데이터(예를 들어 리터당 휘발유 가격)에는 고려하지 말아야 하는데, 그 이유는 포아송모형은 정수값 중에서도 도착횟수와 관련된 데이터나 또는 발생하기 어렵고 발생사건이 서로 독립적인 경우(예: 제곱미터당 흠집의 개수)에 적용되기 때문이다. 위와 같은 내용을 상기시키는 이유는 통계패키지를 통해 너무 쉽게도 부적합한 분포를 적용할 수 있기 때문이다.

혼합분포인 경우

주어진 데이터의 분포가 특정 분포함수를 따르지 않을 수도 있다. 가장 흔히 발생하는 경우가 *혼합*(mixture) 분포인 경우이다. 즉, 하나 이상의 분포에서 데이터가 생성된 경우이다. 예를 들어 남녀 성인들의 키는 각각 정규분포를 따르지만 남성과 여성의 전체 데이터 분포는 양봉(bimodal) 형태이고 평균과 분산은 남성과 여성 어느 쪽의 평균 및 분산과도 다를 수 있다.

시각적 검정

히스토그램이나 점그림을 시각적으로 간단히 확인하는 것만으로도 충분히 부적합한 분포를 배제할 수 있다. 예를 들어 표본이 양봉이거나 상당히 기울어진 경우, 또는 특이값이 상당히 존재하는 경우에는 정규분포에 대한 적합도가 매우 낮아질 것이다. 히스토그램의 모양을 보면 어떤 분포가 적합할지 대략적인 아이디어를 얻을 수 있다. 공식적인 가설검정의 결과와 여러분의 상식으로 예상한 결과가 일치할 것임을 확신해도 된다(표본크기가 너무 작지 않는 한). 시각에 의존하는 검정의 한계는 때때로 충분히 그럴 가능성이 있음에도 불구하고 가정한 분포에서 조금만 벗어나도 지나치게 영향을 받는다는 점이다.

단원 연습문제

connect

14.7 연구자들에 따르면 불경기임에도 불구하고 미국인들의 외식 경향이 줄지 않는다고 주장한다. 가장 최근 불경기 동안 마케팅 리서치 회사에서는 다음과 같은 다양한 레스토랑 타입의 방문에 대해 분석하였다.

패스트 푸드(36%) 패스트 캐주얼(29%) 캐주얼 레스토랑(15%)
패밀리 레스토랑(15%) 정식 레스토랑(5%)

250명의 미국인에 대해 그들이 마지막으로 방문한 레스토랑 타입을 조사하였다. 95명은 패스트 푸드 식당, 68명은 패스트 캐주얼 식당, 38명은 캐주얼 레스토랑, 30명은 패밀리 레스토랑이고 19명은 정식 레스토랑을 방문했다고 답하였다. 이러한 표본은 리서치 회사에서 가정한 레스토랑 비율과 비교해 달라졌다고 말할 수 있는가? 이러한 질문에 답하기 위해 카이제곱 적합도 검정을 실시하라.

14.3 균등분포 적합도 검정

균등분포 적합도 검정은 모든 값이 일어날 확률이 서로 같다는 점에서 다항분포의 특별한 경우라고 말할 수 있다. 데이터 생성과정이 균등분포인 경우가 흔하지는 않지만, 예를 들어 로또 복권 당첨번호 또는 컴퓨터에 의해 만들어지는 난수의 경우는 반드시 **균등분포**(uniform distribution)를 따라야 한다. 균등분포의 또 다른 용도로는 범위만 주어지고 다른 정보가 없는 분포를 분석할 때 최악의 시나리오로 균등분포를 따른다고 가정할 수 있다.

균등분포에 대한 카이제곱 검정은 두 비율이 서로 동일하다는 가설검정의 연장선상에 있다. 가설은 다음과 같다.

H_0: $\pi_1 = \pi_2 = . . . = \pi_c = 1/c$
H_1: 모든 π_j가 같지는 않다.

카이제곱 검정은 모든 c개의 그룹을 *동시에* 비교한다. 각 그룹의 결과는 $1/c$의 확률을 가진다. 따라서 검정을 매우 쉽게 실행할 수 있다. H_0를 기각하는 근거는 표본 빈도수가 모든 범주에서 같지 않으면 된다.

각 범주는 꼭 숫자로 표현될 필요는 없다. 예를 들어 슈퍼마켓 계산원 4명이 1시간 동안 스캔하는 품목의 개수를 비교할 수도 있다. 균등분포는 매우 다양하게 활용 가능하다. 숫자 변수인 경우에는 각 범주의 폭이 일정할 필요는 없고 개방형 구간이여도 문제없다. 예를 들어 어떤 병원의 엑스레이의 사용 연한에 관심이 있다면(2년 미만, 2~5년, 5~10년, 10년 이상)으로 정할 수도 있다. 균등분포의 모집단에서 각 범주는 $e_j = n/c$를 예상빈도수로 가지기 때문에 예상빈도수의 계산은 매우 간단하다.

균등분포 적합도 검정: 그룹 데이터

데이터가 이미 그룹으로 나누어져 있는 경우 그룹을 정의해야 할 필요가 없기 때문에 가설검정이 지극히 간단하다. 예를 들어 1년에 어떤 주에서 756명의 교통사고 사망자가 발생했다. 표 14.7은 각 요일의 사망자 수 분포가 균등하지 않는다는 것을 보여준다. 주말에 사망자 수가 더 많기 때문이다. 이 경우 유의수준 0.5%에서 균등분포의 가설을 기각할 수 있을까? 가설은 다음과 같다.

H_0: 각 요일의 교통사고 사망자 수는 균등하게 분포되어 있다.

표 14.7
요일별 교통사고 사망자 수 Traffic

요일	f_j	e_j	$f_j - e_j$	$(f_j - e_j)^2$	$(f_j - e_j)^2/e_j$
일요일	121	108	13	169	1.565
월요일	96	108	−12	144	1.333
화요일	91	108	−17	289	2.676
수요일	92	108	−16	256	2.370
목요일	96	108	−12	144	1.333
금요일	122	108	14	196	1.815
토요일	138	108	30	900	8.333
합계	756	756	0		$\chi^2_{calc} = 19.426$

출처: www-nrd.nhtsa.dot.gov.

H_1: 각 요일의 교통사고 사망자 수는 균등하게 분포되어 있지 않다.

H_0하에서 각 요일에 대한 예상빈도수는 $e_j = n/c = 756/7 = 108$이다. 예상빈도수는 우연히 정수가 되었지만 일반적으로는 정수가 아닐 수 있다. 추정되어야 할 모수는 없고 그룹이 7개이므로 카이제곱 검정의 자유도는 $d.f. = c - m - 1 = 7 - 0 - 1 = 6$이다. 부록 E에서 유의수준 1%일 때 카이제곱 임계치는 $\chi^2_{0.01} = 16.81$이다. 따라서 균등분포 가설은 기각된다. p값(0.0035)은 엑셀 함수 =CHISQ.DIST.RT(19.426,6)으로 구할 수 있다. p값에 따르면 주어진 표본은 10,000번의 표본에서 약 35번 정도 발생할 가능성이 있다. 이러한 결과는 내재하는 인과관계가 작용했기 때문이라 할 수 있다(예: 사람들은 주말에 더 자주 술을 마시고 운전한다).

균등분포: 원자료

우리가 원자료를 사용한다면 같은 폭을 가진 c개의 범주를 직접 만들어 빈도표를 생성하게 된다. 예를 들어, 복권번호의 공정성을 확인고자 한다. 표 14.8은 100일 동안 발표된 세 자리 복권번호이다. 모든 번호는 000부터 999까지 동일한 확률로 발생 가능해야 한다. 따라서 감사기관은 다음 가설을 검정해야 한다.

H_0: 복권번호가 균등분포를 따른다.
H_1: 복권번호는 균등분포를 따르지 않는다.

표 14.8

당첨된 세 자리 복권번호: 100개 표본 Lottery-A

367	865	438	437	596	567	121	244	036	337
152	260	470	821	452	606	417	674	786	311
739	611	359	739	184	229	418	565	547	403
103	344	303	531	054	496	167	550	403	785
341	237	913	991	656	661	178	983	431	472
315	792	676	299	738	080	450	991	673	846
500	001	016	581	154	677	457	617	261	807
452	048	052	018	037	517	760	522	711	898
294	605	135	333	886	257	533	119	882	899
814	490	490	885	329	033	033	707	551	651

우리는 복권번호가 000부터 999 사이에 존재한다는 것을 이미 알고 있기 때문에 범주를 나누는 다양한 방법이 있을 수 있다(가령, 폭이 200인 5개 범주, 폭이 100인 10개 범주, 폭이 50인 20개 범주). 다음 예에서는 10개 범주를 사용한다. 범주의 수가 달라지면 다른 결과를 얻을 수도 있다. 다음 단계를 따른다.

- 1단계: 같은 폭을 갖는 10개 범주로 구분한다.
- 2단계: 각 범주에 대해 관찰된 빈도 f_j를 계산한다.
- 3단계: $e_j = n/c = 100/10 = 10$을 계산한다.
- 4단계: 표 14.9와 같이 카이제곱 검정을 실행한다.
- 5단계: 가설검정에 대한 의사결정을 한다.

표 14.9

복권번호에 대한 균등분포 적합도 검정

계급	f_j	e_j	$f_j - e_j$	$(f_j - e_j)^2$	$(f_j - e_j)^2/e_j$
0 < 100	11	10	1	1	0.100
100 < 200	9	10	−1	1	0.100
200 < 300	8	10	−2	4	0.400
300 < 400	10	10	0	0	0.000
400 < 500	16	10	6	36	3.600
500 < 600	12	10	2	4	0.400
600 < 700	11	10	1	1	0.100
700 < 800	9	10	−1	1	0.100
800 < 900	10	10	0	0	0.000
900 < 1,000	4	10	−6	36	3.600
합계	100	100	0		$\chi^2_{\text{calc}} = 8.400$

추정해야 할 모수가 없고($m = 0$) 10개 범주($c = 10$)이므로 자유도 $d.f. = c - m - 1 = 10 - 0 - 1 = 9$이다. 부록 E에서 유의수준 10%일 때 카이제곱 검정 임계치는 $\chi^2_{0.1} = 14.684$이다. 카이제곱 합의 대부분은 범주 '400 < 500'(예상보다 실제 빈도가 큼)과 범주 '900 < 1,000'(예상보다 실제 빈도가 작음)으로부터 나온다. 검정통계량이 8.4이므로 균등분포 가설은 기각될 수 없다.

미리 정해놓은 규칙이 없다면(복권 예제와 같이) 다음과 같이 각 범주의 폭을 결정함으로써 검정력을 높일 수 있다.

$$\text{범주 폭} = \frac{x_{\max} - x_{\min}}{c} \quad \text{(표본 데이터에서 각 범주의 폭을 결정)} \qquad \textbf{(14.9)}$$

식 14.9에 의해 계산된 범주의 경계값이 때로는 보기 좋은 모양이 아닐지라도 예측빈도는 가능한 커지게 된다(계산에 지나치게 영향을 끼치지 않는 한도 내에서 범주 경계값을 반올림할 수 있다). 표본크기가 작을 때 예상빈도가 작으면 문제가 될 수 있다. 균등분포 모형에서는 모든 범주에서 예상빈도가 같기 때문에 이러한 문제는 모든 범주에서 동시에 존재한다. 예를 들어, 코크란 규칙을 위반하지 않고 25개 표본을 10개 범주로 구분하는 것은 불가능하다.

그림 14.8의 히스토그램은 당첨된 많은 복권 번호가 중앙에 몰려 있고 높은 번호는 상대적으로 빈도가 적다는 것을 알 수 있다. 그러나 범주 폭과 범주 수를 어떻게 정하느냐에 따라 히스토그램의 모양이 영향을 받는다는 것을 알 수 있다. 따라서 카이제곱 검정이 적절한 대안이 될 수 있다. 왜냐하면 사람들은 표본 분포에서 우연에 의해 발생하는 패턴을 찾아내는 데 능숙하고 이로 인해 판단이 부정확해질 수 있기 때문이다.

6장에서 배웠듯이 이산균등분포 $U(a, b)$는 대칭이고 평균은 $\mu = (a + b)/2$ 그리고 표준편차는 $\sigma = \sqrt{[(b - a + 1)^2 - 1]/12}$이다. 복권 예제에서는 $a = 000$이고 $b = 999$이다. 따라서 평균은 $\mu = (0 + 999)/2 = 499.5$이고 표준편차는 $\sigma = \sqrt{[(999 - 0 + 1)^2 - 1]/12} = 288.7$이다. 표 14.10에서 가장 작은 값(001)과 가장 큰 값(991)은 이론적 최대, 최솟값과 거의 일치한다. 표본평균(474.2), 표준편차(271.0), 왜도(0.01) 등도 이론적 값과 거의

그림 14.8

10개 범주 히스토그램

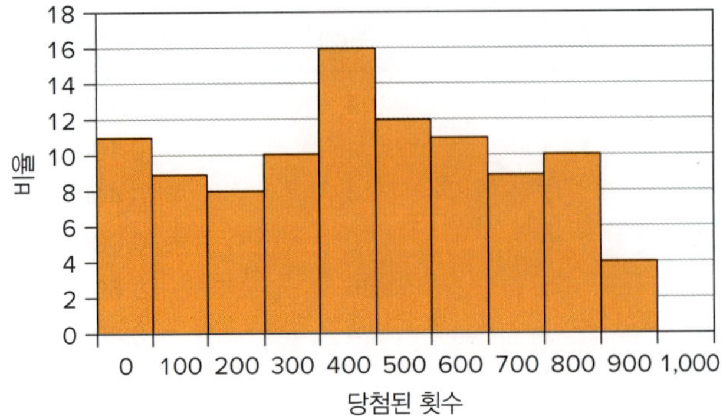

일치한다. 1사분위수(260.5)도 이론적 기댓값(0.25 × 999 = 249.8)에 가깝고, 3사분위수(675.5)는 이론적 기댓값(0.75 × 999 = 749.3)보다 작다.

표 14.10

기초 통계량 Lottery-A

통계량	표본	균등분포 가정 시
최솟값	001	000
최댓값	991	999
평균	472.2	499.5
중앙값	471.0	499.5
표준편차	271.0	288.7
1사분위수	260.5	249.8
3사분위수	675.5	749.3
왜도	0.01	0.00

표본데이터에서 왜도가 거의 0이고(평균 ≈ 중앙값), 표본크기는 30보다 크기 때문에 평균은 정규분포를 따른다고 말할 수 있다. 표본평균이 모평균과 유의하게 다른지 가설검정하기 위해 정규분포를 이용할 수 있다. 이때 모표준편차는 288.7이라 가정한다.

$$z = \frac{\bar{x} - \mu}{\frac{\sigma}{\sqrt{n}}} = \frac{472.2 - 499.5}{\frac{288.7}{\sqrt{100}}} = -0.95 \qquad (\text{양측검정 } p\text{값} = 0.34)$$

어떤 유의수준에서도 차이가 유의하지 않다. 전체적으로 판단하였을 때 이러한 검정결과로 표본 데이터가 균등분포를 벗어났다고 말하기 힘들다. 그러므로 카이제곱 검정 결과를 지지할 수 있고 따라서 복권번호는 공정하다고 말할 수 있다.

단원 연습문제

connect

14.9 대학캠퍼스에서 20온스 음료의 1년간 매출이 아래와 같다. (a) 막대그래프를 그리고 그 모양을 설명하라. (b) 각 범주에 대한 예측빈도를 계산하라. (c) 균등분포에 대한 카이제곱 검정을 실행하라. 유의수준 5%에서 주어진 표본은 각 음료의 판매량이 같다는 가정을 위반하는가? Frapp

음료	매출(건수)
커피	18
모카	23
바닐라	23
캐러멜	20
합계	84

14.11 영화 <스타워즈>를 관람한 56명의 나이를 조사하였다. (a) 7개의 범주로 구분하라(10~19, 20~29 등). 각 범주에 대한 빈도표를 만들어라. (b) 각 범주에 대한 예상빈도수를 계산하라. (c) 균등분포에 대한 카이제곱 검정을 실행하라. 유의수준은 5%이다. **StarWars**

10	22	58	11	73	22	57
35	33	33	59	54	55	75
79	24	13	73	52	69	30
71	64	17	50	72	67	50
72	35	26	59	47	65	35
64	34	39	66	37	41	58
51	43	29	74	73	50	62
58	34	50	27	13	67	67

14.4 포아송분포 적합도 검정

포아송 데이터 생성과정

포아송분포에서 X는 단위시간 또는 단위공간에서 발생한 사건 발생횟수이다. 정의상 X는 이산적이고 비음인 확률변수이고 정수 값(0, 1, 2, . . .)을 갖는다. 각 사건의 발생은 다른 사건과 서로 독립이여야 한다. 이러한 정의를 만족하는 사건은 1분 동안 ATM 기계를 이용하는 고객의 수, 1분 동안 공연예매 콜센터에 오는 전화 횟수, 1시간 동안 발생한 소방서 알람 등이다. 포아송모형은 스포츠 경기에서 점수(축구 1게임당 골 수, 하키게임당 골 수 등)에 적용될 수 있고 LCD, 회로 기판, 자동차 페인트 공정 등과 같은 제조 부품의 불량에 적용될 수 있다. 일반적으로 X의 평균은 매우 작기 때문에 포아송모형을 희귀한 사건 발생 모형이라고 부르게 된다. 평균이 크다면 포아송모형 대신 정규분포를 사용할 수 있다. 번잡한 도시 문화에 나타나는 대기열을 모형화하는 연구자들은 포아송 난수 발생기를 사용하기도 한다. 포아송분포는 정수가 아닌 경우 또는 회사의 재무상태표에서 관찰되는 재무 데이터에는 적절치 않다. 이러한 점을 고려하여 포아송모형이 적절치 않는 경우에 포아송모형을 적용하는 오류를 범하지 않아야 한다.

포아송 적합도 검정

포아송모형에서 추정해야 할 모수는 1개이다. 바로 평균 λ이다. λ는 알려지지 않고 표본에서 추정해야 한다. 카이제곱 검정은 다음 단계를 따른다.

- 1단계: 각 x값에 대해 관찰된 빈도 f_j를 계산한다.
- 2단계: 표본에서 평균 λ를 추정한다.
- 3단계: 추정된 λ를 이용하여 각 x에 대해 포아송 확률 $P(X = x)$를 계산한다.
- 4단계: $P(X = x)$에 표본크기 n를 곱한다. 그런 후 예측빈도 e_j를 계산한다.
- 5단계: 카이제곱 검정을 실행한다.
- 6단계: 가설검정 결론을 내린다.

데이터가 이미 빈도표로 주어져 있다면 1단계를 건너뛴다. 포아송 검정은 X값에 상한이 없다는 것에 주의해야 한다. 불행히도 포아송 오른쪽 꼬리 확률은 거의 0에 가깝기 때문에 이에 대응하는 예상빈도수 역시 0에 가깝게 된다. 그러나 가설검정을 위한 예상빈도 최소 비율 $e_j \geq 2$를 충족하기 위해 범주를 서로 합칠 수도 있다. 범주를 합치는 것은 원하는 수보다 더 작은 범주 수를 이용하는 것이다. 그러나 표본 수가 충분히 크지 않다면 범주를 너무 세분화하는 것은 적절치 않다.

포아송 적합도 검정: 빈도표로 주어진 데이터

특정 연도에 미국 대법관에 지명된 법관의 수는 포아송분포를 따른다고 가정하자. 그 이유는 대법관 지명은 매년 서로 독립적으로 발생하고 발생 가능성이 매우 낮기 때문이다. 다음과 같이 가설을 설정하자.

H_0: 임명된 대법관 수는 포아송분포를 따른다.
H_1: 임명된 대법관 수는 포아송분포를 따르지 않는다.

1900~1999년까지 매년 임명된 대법관 수는 표 14.11에 주어져 있다. 100년의 표본기간은 가설검정에 충분히 크다고 말할 수 있다. 통상 특정 연도에 임명되는 대법관 수는 0이였고 3명 또는 4명이 임명된 경우는 두 번 있었다(1910년과 1941년).

표 14.11

1900~1999년 미국 대법관에 임용된 법관 수
Supreme

출처: www.wikipedia.org.

x	f_j	$x_j f_j$
0	59	0
1	31	31
2	8	16
3	1	3
4	1	4
합계	100	54

임명된 총 대법관 수는

$$\sum_{j=1}^{c} x_j f_j = (0)(59) + (1)(31) + (2)(8) + (3)(1) + 4(1) = 54$$

따라서 표본평균은

$$\hat{\lambda} = \frac{54}{100} = 0.54\text{명/년}$$

표 14.12

추정된 포아송 확률

Supreme

x	$P(X = x)$	$e_j = nP(X = x)$
0	0.58275	100 × 0.58275 = 58.275
1	0.31468	100 × 0.31468 = 31.468
2	0.08496	100 × 0.08496 = 8.496
3	0.01529	100 × 0.01529 = 1.529
4	0.00206	100 × 0.00206 = 0.206
5	0.00022	100 × 0.00022 = 0.022
6명 또는 그 이상	0.00004	100 × 0.00004 = 0.004
합계	1.00000	100.00

추정된 평균 $\hat{\lambda} = 0.54$를 이용하면 포아송 확률을 계산할 수 있다. 이를 위해 포아송 확률분포 $P(X = x) = (\lambda^x e^{-\lambda})/x!$을 이용하거나 엑셀 함수 =POISSON.DIST(x, mean, 0)을 이용한다. $P(X = x)$를 표본크기 n과 곱하여 예상빈도수를 계산한다. $n = 100$이고 계산결과가 표 14.12에 주어져 있다.

X값이 커짐에 따라 확률은 빠르게 0에 가까워진다. $e_j \geq 2$ 조건을 만족하기 위해 상위 3개 범주를 결합하여 하나의 범주로 만들 필요가 있다. 상위범주는 '2 또는 그 이상'으로 만든다. 그런 후 표 14.13과 같이 카이제곱 검정을 실행한다. f_j와 e_j가 거의 일치하기 때문에 포아송분포는 분명하게 적합도가 매우 높다. 따라서 검정통계량(0.022)이 매우 작다는 사실이 그리 놀라운 일은 아니다.

표 14.13

대법관 데이터에 대한 카이제곱 검정

x	f_j	e_j	$f_j - e_j$	$(f_j - e_j)^2$	$(f_j - e_j)^2/e_j$
0	59	58.275	0.725	0.525625	0.009
1	31	31.468	−0.468	0.219024	0.007
2명 또는 그 이상	10	10.257	−0.257	0.066049	0.006
합계	100	100.000	−0.000		$\chi^2_{\text{calc}} = 0.022$

위 검정에서 $c = 3$이고 추정해야 할 모수 개수는 $m = 1$이기 때문에 자유도는 $d.f. = c - m - 1 = 3 - 1 - 1 = 1$이다. 부록 E에서 유의수준 10%일 때 임계치는 $\chi^2_{0.10} = 2.706$이다. 따라서 분명히 포아송 귀무가설을 기각할 수 없다. 엑셀 함수 =CHISQ.DIST.RT(0.022,1)을 쓰면 p값 = 0.882임을 알 수 있다. 매년 임명되는 미국 대법관 수가 포아송분포를 따른다고 '증명'할 수는 없지만 주어진 표본은 포아송분포에 잘 부합된다. 그림 14.9의 히스토그램을 참고하라.

포아송 적합도 검정: 원자료

그림 14.10은 엑셀에서 데이터분석 > 난수 생성 메뉴를 보여주고 있다. 이를 통해 평균 $\lambda = 4.0$인 100개의 포아송 난수를 생성해보자. 생성된 난수 표본은 표 14.14와 같다. 난수 생성의 정확도를 평가해보자.

그림 14.9

대법관 임명에 대한 포아송 GOF 검정

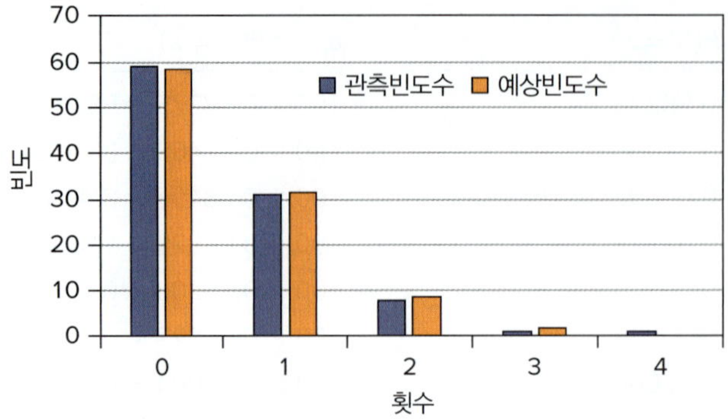

그림 14.10

엑셀에서 포아송 난수 생성

출처: Microsoft Excel.

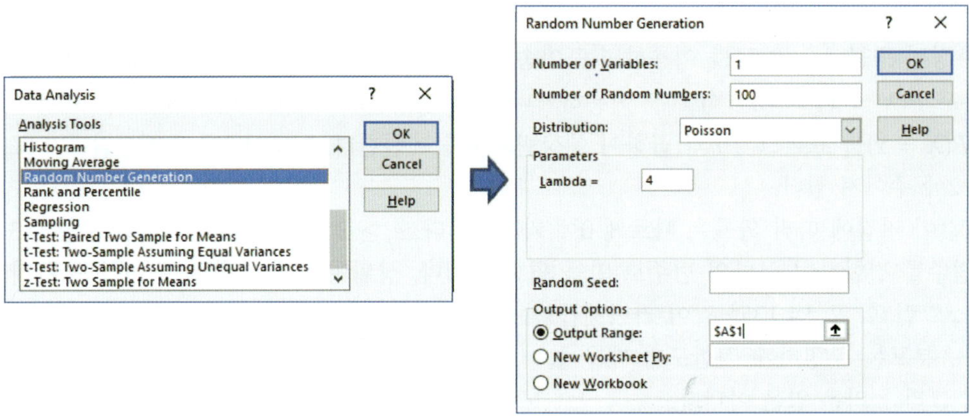

표 14.14

λ = 4인 포아송분포에서 무작위로 추출한 100개의 난수 RandPoisson

5	3	11	4	5	1	7	4	4	5
3	2	5	7	4	4	6	5	5	7
2	4	9	7	5	5	4	5	4	3
4	6	3	3	3	4	6	2	6	7
6	2	7	3	6	6	4	4	2	0
4	8	4	4	4	2	5	2	5	4
3	6	7	8	4	5	4	3	7	5
2	3	2	4	3	5	2	6	5	7
2	3	7	2	1	4	2	3	4	5
0	3	3	7	3	8	5	5	6	11

가설은 다음과 같다.

H_0: 엑셀에서 생성된 난수는 포아송분포를 따른다.
H_1: 엑셀에서 생성된 난수는 포아송분포를 따르지 않는다.

표 14.15는 주어진 데이터에 대한 카이제곱 검정 결과이다. 카이제곱 검정의 예상빈도수 e_j는 엑셀 함수 =POISSON.DIST(x, λ, 1)에 λ = 4를 대입하여 계산하였다. 범주의 예상빈도가 2보다 크게 만들기 위해 0과 1 범주는 서로 합쳐서 하나의 범주로 만들었다. 또한 9보다 큰

x	f_j	e_j	$f_j - e_j$	$(f_j - e_j)^2$	$(f_j - e_j)^2/e_j$
1 이하	4	9.158	−5.158	26.603	2.905
2	13	14.653	−1.653	2.731	0.186
3	16	19.537	−3.537	12.508	0.640
4	22	19.537	2.463	6.068	0.311
5	18	15.629	2.371	5.620	0.360
6	10	10.420	−0.420	0.176	0.017
7	11	5.954	5.046	25.462	4.276
8	3	2.977	0.023	0.001	0.000
9 이상	3	2.136	0.864	0.746	0.349
합계	100	100.000	0.000		$\chi^2_{calc} = 9.044$

표 14.15

엑셀의 포아송 난수 생성 데이터($\lambda = 4$)의 카이제곱 검정

주: 명확성을 위해 e_j를 포함한 계산 결과는 반올림하여 표시하였다.

숫자는 모두 '9 이상' 범주에 포함하였다.

$\lambda = 4.0$을 미리 가정하고 시작하였기 때문에 추정해야 할 모수가 없다. $c = 9$이고 $m = 0$이다. 따라서 자유도는 $c - m - 1 = c - 1 = 8$이다. 유의수준 10%에서 검정통계량(9.044)는 부록 E의 임계치($\chi^2_{0.10} = 13.36$)를 초과하지 않는다. '7'이 과도하게 관찰되고($f = 11$, $e = 5.954$), 0과 1의 값이 과소하게 관찰됨($f = 4$, $e = 9.158$)에도 불구하고 포아송분포 귀무가설을 기각하지 않는다. 아마도 이러한 특이점은 또 다른 100개 표본을 추출한다면 보이지 않을 것이다. =CHISQ.DIST.RT(9.044,8) = 0.339로부터 구한 p값은 모집단이 포아송분포라면 이러한 결과는 1000번 중 339번 정도 발생할 수 있다고 말해주고 있다. 이는 예상빈도와 관측빈도 간에 발생한 차이가 우연임을 의미한다. 그림 14.11은 예상빈도와 관측빈도 간의 유사성을 보여준다.

카이제곱 적합도 검정에 추가하여 표본통계량이 포아송분포와 유사한지 확인해볼 수 있다. 포아송분포에서 평균은 λ이고, 표준편차는 $\sqrt{\lambda}$ 그리고 왜도는 $1/\sqrt{\lambda}$이다. 표 14.16에서 표본평균(4.46)은 모평균 ($\mu = \lambda = 4$)보다 약간 크다. 그러나 표본표준편차(2.072)는 포아송분포 표준편차($\sigma = \sqrt{\lambda} = \sqrt{4} = 2$)와 거의 유사하다. 표본 왜도(0.57)는 포아송분포 왜도($1/\sqrt{4} = 0.50$)와 거의 유사하다. 종합해보면 이러한 근거는 엑셀 데이터가 포아송분포를 따름을 말해준다.

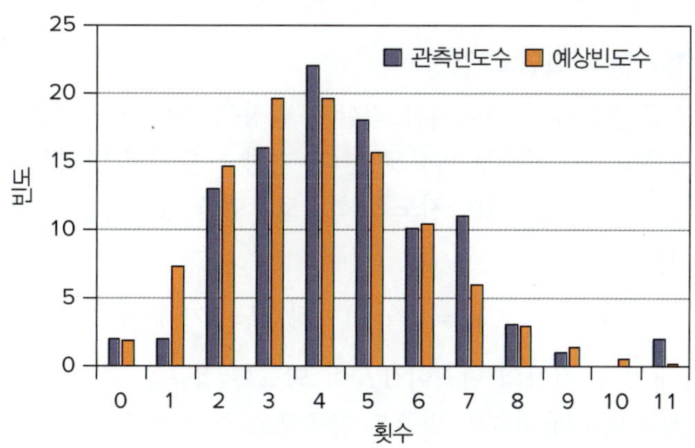

그림 14.11

모수 $\lambda = 4$로 알려진 포아송 적합도 검정

표 14.16

엑셀에서 추출한 표본에 대한 통계량 RandPoisson

통계량	표본	포아송분포 모집단
평균	4.460	4.000
표준편차	2.072	2.000
왜도	0.57	0.50

단원 연습문제

connect

14.13 1973~1974 하키 시즌 동안 보스톤 브루윈스 팀의 홈게임은 39번이고 193골을 넣었다. (a) 표본에서 평균을 추정하라. (b) 포아송분포를 가정하고 예상빈도수를 계산하라. (c) 모든 범주의 예상빈도수가 최소 5 이상 되도록 오른쪽 끝에 있는 범주를 서로 합친 후 카이제곱 검정을 실시하라. (d) 유의수준 5%에서 게임당 골 수는 포아송분포를 따른다는 귀무가설을 기각할 수 있는가? Boston

보스톤 브루윈스 하키팀의 게임당 득점(1973~1974 시즌)

	득점											
	0	1	2	3	4	5	6	7	8	9	10	합계
빈도	0	1	2	5	9	10	5	2	3	1	1	39

출처: Gary M. Mullet, "Simeon Possion and the National Hockey League," *The American Statistician* 31, no 1 [1977], p. 9.

14.5 정규분포 카이제곱 적합도 검정

정규분포 데이터 생성 과정

정규분포 모집단은 2개 모수 μ와 σ에 의해 완전히 정의될 수 있다. 데이터가 합리적 수준의 중심 경향을 갖고 왜도가 그리 크지 않다면 많은 데이터 생성 과정은 **정규분포**를 따르는 경향이 있다. 내재하는 데이터 생성 과정이 안정적이고 모집단이 동질적이라면 물질의 특성(무게, 크기, 시간)과 같은 연속형 변수의 측정 결과는 일정한 평균과 분산을 가지고 있다. 정규분포 모형은 그 범위가 적절히 크다면 이산적 또는 정수형 데이터에도 적용할 수 있다. 가령, 크기가 큰 이항분포 표본이나 포아송분포 표본이고 평균이 큰 경우에 적용할 수 있다. μ와 σ가 미리 알려져 있지 않다면 표본으로부터 추정치 $\bar{x}$와 s를 구해야 한다.

정규분포 적합도 검정

정규성에 대한 카이제곱 적합도 검정을 수행하는 방법은 여러 가지가 있다. 카이제곱 검정은 c개의 범주를 필요로 한다. 가장 효율적인 방법은 귀무가설하에서 각 범주의 예상되는 빈도가 서로 같아지도록 히스토그램을 정의하는 것이다. 다음이 성립하도록 범주를 정한다.

$$e_j = n/c \quad \text{(예상빈도수가 같아지도록 범주를 정의한다)} \qquad \textbf{(14.10)}$$

c개 범주 각각의 면적이 $1/c$이 되도록 정규분포 곡선 아래의 면적을 분할한다. 따라서 첫 번째 범주와 마지막 범주는 한쪽으로 열린 범주가 되기 때문에 c개의 범주를 만들 때 c −

범주	3개 범주	4개 범주	5개 범주	6개 범주	7개 범주	8개 범주
1	−0.431	−0.675	−0.842	−0.967	−1.068	−1.150
2	0.431	0.000	−0.253	−0.431	−0.566	−0.675
3		0.675	0.253	0.000	−0.180	−0.319
4			0.842	0.431	0.180	0.000
5				0.967	0.566	0.319
6					1.068	0.675
						1.150

표 14.17

동일 면적 범주에 대한 표준 정규분포 절단점

1개의 절단점이 나오게 된다. 범주 j의 상한은 엑셀 함수 =NORM.INV(j/c, $\bar{x}$, s)을 이용해서 계산할 수 있다. 또 다른 방법으로 범주 j에 대해 z_j값을 엑셀 함수 =NORM.INV(j/c, 0, 1)로 찾은 후 그 범주에 대한 상한은 $\bar{x} + z_j s$로 계산한다. 표 14.17은 각 범주의 면적을 $1/c$로 만드는 z값을 찾는 과정을 보여준다.

각 범주가 정의되면 그 범주 내의 관측빈도 f_j를 계산한다. 예상빈도수는 앞서 설명하였듯이 $e_j = n/c$가 되고 이 값을 관측빈도수와 비교한다. 범주의 상한 · 하한이 보기 좋지 않더라도 이 방법의 장점은 예상빈도수를 크게 만들 수 있다는 장점이 있다. 따라서 c개 범주에 대한 카이제곱 검정력을 크게 만든다. MegaStat은 이 방법을 사용한다(Descriptive Statistics > Normal Curve Goodness of Fit). 모든 계산과정은 자동으로 실행되고 학생들이 직접 범주의 수를 변경할 수는 없다. MegaStat은 항상 스터지스 규칙(Sturges' Rule)에 의해 $k = 1 + 3.3 \log_{10}(n)$개로 범주 수를 정한다.

응용예제: 품질관리

84개를 담은 키세스 봉지에서 키세스 초콜릿 35개로 이루어진 표본을 추출하였다. 모집단은 무한하다고 가정하자. 포일 포장을 제거한 후 키세스 각각의 무게를 측정하였다. 그 무게는 표 14.18에 나와 있다. 이러한 무게는 정규분포를 따르는가?

초콜릿 제조과정은 일정한 하나의 평균과 표준편차를 가지고 있기 때문에 선험적으로 초콜릿 무게는 정규분포를 따른다고 가정할 수 있다. 불가피한 변동은 어떤 제조과정에서도 존재할 수 있다. 특히 초콜릿은 다루기 힘든데 액체 초콜릿을 정확한 양만큼 떨어뜨린 후 고체로 만들어 포장한 다음 봉지에 넣어야 하기 때문이다. 초콜릿은 가볍고 부서지기 쉽기 때문에 무게를 측정하는 과정조차 측정오차를 유발할 수 있다는 것에 주의해야 한다. 다음과 같은 가설을 설정하자.

4.666	4.854	4.868	4.849	4.700	4.683	5.064
4.800	4.694	4.760	5.075	4.780	4.781	5.103
4.568	4.983	5.076	4.808	5.084	4.749	5.092
4.783	4.520	4.698	5.084	4.880	4.883	4.880
4.928	4.651	4.794	4.682	4.756	5.041	4.906

표 14.18

키세스 초콜릿 35개의 무게(그램) Kisses

출처: MBA 학생 Frances Williams의 프로젝트.
키세스 초콜릿 무게는 정확도가 0.0001 mg인 분석용 정밀 저울 American Scientific Model S/P 120을 사용하여 측정하였다.

그림 14.12

키세스 초콜릿 무게 히스토그램: 35개 표본

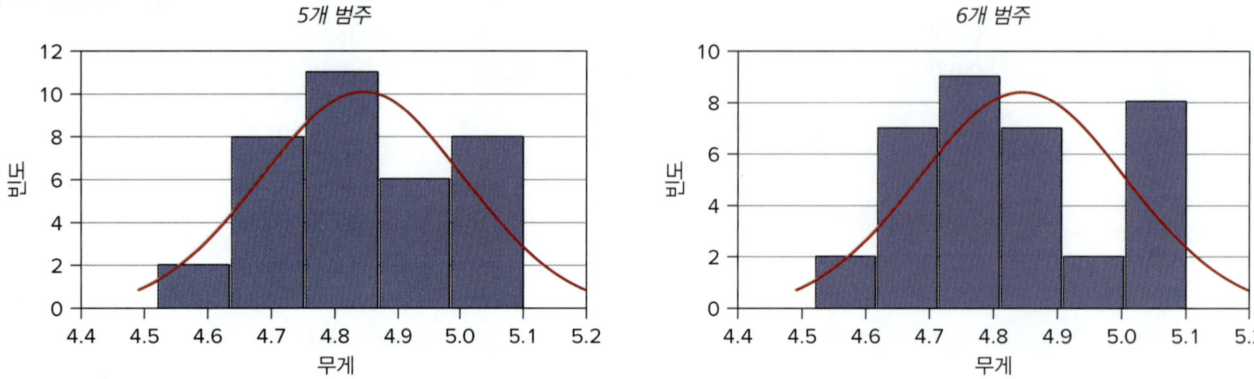

H_0: 키세스 초콜릿 무게는 정규분포를 따른다.
H_1: 키세스 초콜릿 무게는 정규분포를 따르지 않는다.

적합도 검정을 실시하기 전에 그림 14.12의 히스토그램을 살펴보자. 표본데이터로부터 평균과 표준편차를 추정한 후 그에 근거하여 정규분포 그래프를 보여준다. 시각적 결정이기는 하지만, 추정된 정규분포 곡선은 가설검정 결과를 예상할 수 있게 만든다. 히스토그램에서 분명한 특이값은 보이지 않는다. 그리고 두 번째로 많이 관측되는 범주가 오른쪽에 치우쳐져 있다는 것을 제외하고는 정규분포 모집단 가정을 위반하는 것으로 보이지 않는다. 히스토그램 모양은 범주 수와 범주 범위가 어떻게 설정되는가에 따라 달라지기 때문에 카이제곱 검정이 필요하다.

표 14.19는 정규분포로 가정할 때 예상되는 모수와 추정된 통계량을 비교하고 있다. 표본 중앙값(4.808)은 표본 평균(4.844)에 근접하고, 왜도 계수(0.14)는 정규분포의 이론적인 값(0.000)과 거의 유사하다. 표본 사분위수(4.700과 4.983)는 정규분포로부터 예상한 25백분위수와 75백분위수 ($\bar{x} \pm 0.675s$)와 거의 같다. 가장 작은 값(4.52그램)은 평균보다 표준편차의 2.01배 정도 더 작은 값이다. 반면 가장 큰 값(5.103그램)은 평균보다 표준편차의 1.61배 정도 더 큰 값이다.

카이제곱 적합도 검정에서 자유도는 $d.f. = c - m - 1$이고 c는 범주의 개수 그리고 m은 추정해야 할 모수의 개수이다. 모수가 μ와 σ이므로 $m = 2$가 된다. 최소한 자유도가 1이 되

표 14.19

표본과 정규분포 모집단
Kisses

통계량	키세스 무게	정규분포 가정 시
평균	4.844	4.844
표준편차	0.161	0.161
1사분위수	4.700	4.735
중앙값	4.808	4.844
3사분위수	4.983	4.952
왜도	0.14	0.00

표 14.20

35개 키세스 무게의 정규성에 대한 카이제곱 검정

x	f_j	e_j	$f_j - e_j$	$(f_j - e_j)^2$	$(f_j - e_j)^2/e_j$
4.688 이하	6	5.8333	0.1667	0.0278	0.0048
4.688 < 4.774	6	5.8333	0.1667	0.0278	0.0048
4.774 < 4.844	6	5.8333	0.1667	0.0278	0.0048
4.884 < 4.913	7	5.8333	1.1667	1.3611	0.2333
4.913 < 4.999	2	5.8333	−3.8333	14.6944	2.5190
4.999 이상	8	5.8333	2.1667	4.6944	0.8048
합계	35	35.0000	0.0000		$\chi^2_{calc} = 3.571$

기 위해서는 적어도 4개의 범주가 필요하다. 반면 코크란 규칙(각 범주당 최소한 5개 예상빈도수)을 만족하기 위해서는 $n = 35$일 때 최대 7개 범주($35/7 = 5$)가 된다. 따라서 적합도 검증을 위해 6개의 범주를 사용하는 것이 타당하고 이때 $d.f. = c - m - 1 = 6 - 2 - 1 = 3$이다.

표 14.20의 적합도 검정 결과는 카이제곱 검정통계량(3.571)이 유의수준 10%에서 유의하지 않음(임계치 $\chi^2_{0.10} = 6.251$)을 의미한다. 엑셀 함수 =CHISQ.DIST.RT(3.571,3)으로 구한 p값은 0.312이고 이는 모집단이 정규분포라면 1000번 중 312번 정도 발생하는 상황임을 의미한다. 5번째 범주(음영 표시된)가 카이제곱 검정통계량에 크게 기여한다.

카이제곱 검정 결과는 유의수준 10%에서 정규분포 가설을 기각하지 못했다. 그러나 히스토그램은 양봉(bimodal) 모양을 보여준다. 이는 키세스 초콜릿이 2개 또는 그 이상의 기계에 의해 제조되고 있는 경우에 발생한다. 각 기계가 서로 다른 μ와 σ를 가지고 있다면 '혼합적 분포'라는 문제가 생길 수 있다. 이러한 문제는 좀 더 자세히 살펴봐야 한다. 품질관리 전문가는 더 큰 표본을 추출해 분석하고 제조공정에 대해 좀 더 이해할 필요가 있다.

단원 연습문제

connect

14.15 통계학 수업을 듣는 40명의 학생들 시험점수가 주어져 있다. (a) 표본으로부터 평균과 표준편차를 추정하라. (b) 주어진 데이터가 정규분포를 따른다고 가정하고 방법 3을 이용하여 범주를 정의하라. 8개 범주를 이용하라. (c) 엑셀을 이용하여 카이제곱 검정을 계산하고 각 범주에 대해 예상빈도수를 계산하라. (d) 각 범주에 대한 관측빈도수를 엑셀에 표시하라. (e) 유의수준 5%에서 카이제곱 검정을 실시하라. 시험점수는 정규분포를 따른다는 귀무가설을 기각할 수 있는가? ExamScores

79	75	77	57	81	70	83	66
81	89	59	83	75	60	96	86
78	76	71	78	78	70	54	60
71	81	79	88	77	82	75	68
77	69	83	79	79	76	78	71

요약(*Chapter Summary*)

독립 여부를 검정하는 **카이제곱 검정**(chi-square test)은 r개의 행과 c개의 열을 가진 $r \times c$ **분할표**(contingency table)를 필요로 한다. 카이제곱 검정에 대한 자유도는 $(r - 1)(c - 1)$이 된다. 카이제곱 검정에서 **관측빈도수**(expected frequencies)는 독립이라는 가설하에서 계산된 **예상빈도수**(expected frequency)와 비교된다. 이 검정은 범주형 변수를 가정하지만 연속형 변수를 그룹으로 구분할 때도 사용될 수 있다. **코크란 규칙**은 각 셀의 예상빈도수가 적어도 5는 되어야 한다는 것이다. 그러나 이러한 규칙은 때때로 완화되기도 한다. **적합도 검정**(goodness-of-fit test)은 표본이 특정한 분포(예를 들어 다항분포, 균등분포, 포아송분포, 정규분포)에서 추출되었는지를 검정하기 위해 카이제곱 통계량을 사용한다. 검정할 분포의 **모수**(예를 들어, 평균)는 미리 정해놓을 수도 있지만 대부분 표본으로부터 추정되는 경우가 많다. GOF 검정의 자유도는 $c - m - 1$이고 여기서 c는 범주의 개수이고 m은 추정해야 할 모수의 숫자이다.

주요 용어(*Key Terms*)

균등분포(uniform distribution)
관측빈도수(expected frequencies)
다항분포(multinomial distribution)
독립 여부를 판단하는 카이제곱 검증 (chi-square test for independence)
독립적(independent)
분할표(contingency table)
예상빈도수(expected frequency)
자유도(degrees of freedom)
적합도 검정(goodness-of-fit test)
정규분포(normal distribution)
카이제곱 확률 분포(chi-square probability distribution)
코크란 규칙(Cochran's Rule)
포아송분포(Poisson distribution)

자주 사용되는 공식

독립여부를 판단하는 카이제곱 검정

r개의 행과 c개의 열을 가진 분할표에서 독립을 검정하는 통계량: $\chi^2_{\text{calc}} = \sum_{j=1}^{r}\sum_{k=1}^{c}\frac{[f_{jk} - e_{jk}]^2}{e_{jk}}$

r개의 행과 c개의 열을 가진 분할표에서 자유도: $d.f. = (r - 1)(c - 1)$

j번째 행과 k번째 열에서 예상빈도수: $e_{jk} = R_j C_k / n$

적합도 카이제곱 검정

가설로 설정된 분포 H_0(균등, 포아송, 정규)에서 c개의 계급이 있을 때 관측빈도수에 대한 검정통계량: $\chi^2_{\text{calc}} = \sum_{j=1}^{c}\frac{[f_j - e_j]^2}{e_j}$

여기서

f_j: j번째 계급의 관측빈도수

e_j: j번째 계급의 예상빈도수

카이제곱 GOF 검정에서 자유도: $d.f. = c - m - 1$

여기서

c = 검정에서 사용된 계급의 수

m = 추정되어야 할 모수의 수

c개 계급을 가진 포아송분포에서 평균 추정: $\lambda = \sum_{j=1}^{c} x_j f_j$

여기서

x_j = 범주 j에서 X값

f_j = 범주 j에서 관측빈도수

c개 계급을 가진 균등분포를 가정할 때 범주 j의 예상빈도수: $e_j = n/c$

리뷰(*Chapter Review*)

1. (a) 독립여부를 판단하는 카이제곱 검정에서 가설은 무엇인가? (b) 왜 카이제곱 검정을 빈도수 검정이라고 부르는가? (c) 이 검정에서는 어떤 분포가 사용되는가? (d) $r \times c$ 분할표에서 자유도는 어떻게 계산되는가?
2. 분할표에서 각 셀의 예상빈도수는 어떻게 계산되는가?
3. (a) 코크란 규칙은 무엇이고 왜 필요한가? 왜 이러한 규칙을 대략적인 경험법칙(rule of thumb)이라고 부르는가?
4. (a) 2 × 2 분할표 카이제곱 검정이 두 모비율을 검정하는 검정과 유사한 이유는? (b) 2 × 2 분할표에서 z와 χ^2 값의 관계는?
5. (a) GOF 검정에서 가설은 무엇인가? (b) 일반적으로 카이제곱 GOF 검정이 어떻게 실행되는지 설명하라.
6. 카이제곱 GOF 검정에서 자유도를 구하는 일반적 공식은 무엇인가?
7. (a) 균등분포 GOF 검정에서 예상빈도수를 어떻게 계산하는가? (b) 데이터가 이미 그룹으로 나누어져 있으면 왜 GOF 검정 계산이 쉬운가?
8. (a) 포아송 적합도 검정에서 예상빈도수를 어떻게 계산하는가? (b) 카이제곱 검정 전에 왜 평균 λ를 추정해야 하는가?
9. (a) 정규분포 적합도 검정에서 예상빈도수를 계산하는 세 가지 방법에 대해 간략하게 설명하라. (b) 각 방법의 장단점을 설명하라. (c) 정규분포 적합도 검정은 왜 거의 컴퓨터를 이용해서 계산해야 하는가?

단원 연습문제(*Chapter Exercises*)

Mc Graw Hill connect

모든 연습문제에서 엑셀 또는 R의 계산결과를 제시하라. 가설을 기술하고 자유도가 어떻게 계산되는지 보여라. 부록 E 또는 엑셀 함수 =CHISQ.INV.RT(alpha, deg_freedom)을 이용하여 카이제곱 임계치를 찾아라. 또한 p값을 해석하라. 가설검정의 결론이 유의수준에 따라 어떻게 달라지는지 설명하라. 카이제곱 검정통계량 값에 많이 기여한 셀은 무엇인가? 예상빈도수가 작은 셀은? 필요하다면 엑셀 함수 =CHISQ.DIST.RT(test statistic, deg_freedom)을 이용하여 p값을 계산하라.

14.19 어느 회사의 근로자들을 무작위로 선택하여 임금과 직무 만족도를 조사하였다. 결과는 다음 표와 같다. 유의수준 5%에서 직무 만족도는 임금 형태와 무관한가? **Employees**

임금 형태	만족	중립	불만족	합계
월급	24	10	2	36
시간당 급여	131	135	58	324
합계	155	145	60	360

14.21 시험을 먼저 끝내는 학생들과 늦게 끝내는 학생들이 동일한 학점을 얻는지 알아보고자 한다. 시험을 마치는 순서대로 시험지를 정리하였다. 시험지를 먼저 제출한 25명의 시험지 중에서 10명이 B 또는 그 이상의 학점을 받은 반면에 시험지를 늦게 제출한 25명 중에서 8명이 B 또는 그 이상의 학점을 받았다. 유의수준 10%에서 학점은 시험지 제출 순서와 무관한가? 데이터가 2 × 2 분할표로 정리되므로 $\pi_1 = \pi_2$에 대한 양측 z검정을 실시하라. z^2값이 카이제곱 통계량과 같은지 보여라. 어떤 검정방법을 더 선호하는가? 왜 그런가? **Grades**

학점	시험지 일찍 제출	시험지 늦게 제출	행 합계
B 이상	11	8	19
C 이하	14	17	31
열 합계	25	25	50

14.23 학생들에 대한 무기명 인터넷 설문조사에서 영어 이외의 다른 언어에 대한 능숙함을 스스로 평가하도록 하였다. 또한 신문을 읽는 정도 역시 답하도록 하였다. 유의수준 10%에서 신문을 읽는 정도와 외국어의 능숙함은 서로 독립인가? **WebSurvey**

	신문 읽는 정도			
외국어 능숙함	전혀 읽지 않는다	가끔 읽는다	정기적으로 읽는다	행 합계
전혀 능숙하지 않다	4	13	5	22
약간 능숙하다	11	45	9	65
중간 정도 능숙하다	6	33	7	46
매우 능숙하다	5	19	1	25
열 합계	26	110	22	158

14.25 성인 400명을 대상으로 한 최근 조사에 따르면 연령대별로 소셜 미디어 플랫폼 사용에 차이를 보이고 있다. 연령대는 노년층(Silver Sufers, 1980년 이전 출생), 디지털 네이티브(1980~1996년 출생), 그리고 *Z*세대(1996 이후 출생)로 나뉜다. 연령대별 소셜 미디어 플랫폼에 대한 선택은 다음 3 × 3 분할표에 나타나 있다. 유의수준 $\alpha = 0.05$에서 소셜 미디어 플랫폼에 대한 선호도가 연령에 독립적인가? **SocialMedia**

	연령과 소셜 미디어 플랫폼 선호도			
	페이스북	인스타그램	스냅챗	행 합계
Z세대	11	26	75	112
디지털 네이티브	90	60	30	180
노년층	85	15	8	108
열 합계	186	101	113	400

14.27 8년 동안 이자율에 대한 예측이 실제 이자율과 어느 정도 일치하는지 알아보고자 한다. 다음의 2 × 2 분할표는 실제 이자율과 예상 이자율 움직임의 빈도수를 보여준다. 유의수준 10%에서 실제 이자율은 예상 이자율 변화와 무관한가? **Forecasts**

예측된 변화	실제 이자율 하락	실제 이자율 상승	행 합계
이자율이 상승할 것	7	12	19
이자율이 하락할 것	9	6	15
열 합계	16	18	34

14.29 아래의 분할표는 85개 미국 회사를 대상으로 지난 5년간의 투자수익률(ROI)과 매출성장률에 대해 조사한 것이다. ROI는 자기자본과 장기차입금의 합 대비 수익의 비율로 정의된다. 유의수준 5%에서 ROI는 매출 성장과 무관한가? 이러한 결과를 예상할 수 있는가? 예상빈도수가 작은 문제는 발생하지 않는가? ROI

회사들의 2 × 2 분할표

ROI	낮은 성장률	높은 성장률	행 합계
낮은 ROI	24	16	40
높은 ROI	14	31	45
열 합계	38	47	85

14.31 어떤 대학에서 무작위로 추출된 신입생들을 대상으로 해당 대학을 선택한 주요 이유를 조사하였다. 유의수준 1%에서 해당 대학을 선택하는 주요 이유는 학생 유형과 무관한가? Students

신입생	학비	위치	명성	행 합계
학부 1학년 신입생	51	32	36	119
학부 편입생	16	31	21	68
MBA 학생	3	17	65	85
열 합계	70	80	122	272

14.33 2006년에 자동차를 구매한 사람들의 자동차 색에 대한 실제 분포가 다음과 같다. 2016년 자동차 구매자 200명에 기초하여 자동차 구매자들이 선호하는 색이 바뀌었는지 5% 유의수준에서 다항 적합도 검정을 실시하라. CarColor

자동차 색깔	*2006년 비율*	*2016년 빈도*
은색/회색	22	70
파란색	12	16
흰색	16	32
갈색	11	12
검정색	15	42
초록색	5	6
빨강색	13	20
기타	6	2
합계	100	200

14.35 옥스나드 회사는 50명을 고용하고 있다. 유의수준 5%에서 옥스나드 회사의 종업원들이 미국 전체의 분포와 유의하게 다른가? Oxnard

병원 방문횟수	나라 전체 평균	옥스나드 회사의 종업원
0회	16.5	4
1~3회	45.8	20
4~9회	24.4	15
10회 이상	13.3	11
합계	100.0	50

14.37 공정한 주사위를 60번 던졌다. 나온 눈의 분포는 아래와 같다. 유의수준 10%에서 주사위가 공정하다는 가설을 기각할 수 있는가? Dice

	눈의 수						
	1	2	3	4	5	6	합계
빈도	7	14	9	13	7	10	60

참고문헌(Related Reading)

D'Agostino, Ralph B., and Michael A. Stephens. *Goodness-of-Fit Techniques*. Marcel Dekker, 1986.

Haber, Michael. "A Comparison of Some Continuity Corrections for the Chi-Squared Test on 2 × 2 Tables." *Journal of the American Statistical Association* 75, no. 371 (1980), pp. 510–15.

Rayner, J. C. W., O. Thas, and D. J. Best. *Smooth Tests of Goodness of Fit: Using R*. 2nd ed. Wiley, 2009.

소프트웨어 부록(Software Supplement)

R을 이용한 카이제곱 검정

분할표에서 독립성 검정 CarAge

R(그리고 엑셀)에서는 일반적으로 각 변수의 값을 열에 위치시켜야 한다. *분할표*는 사람에게 쉽게 이해되는 표 형태의 표현이지만 R에서는 그렇지 않다. 분할표에서는 열 방향으로 또는 행 방향으로 합계를 구할 수 있다. 제목은 내용을 설명할 수 있게 붙여지지만 R로 쉽게 전환되지 않을 수도 있다. 예를 들어, R에서는 숫자로 시작하는 제목을 허용하지 않으며(제목 앞에 X를

수정 전 분할표

	자동차의 연식				
주당 근로시간	3년 이하	3~6년	6~10년	10년 이상	행 합계
15시간 미만	9	8	8	4	29
15에서 24시간 사이	34	17	11	9	71
25시간 이상	28	20	8	6	62
열 합계	71	45	27	19	162

자동적으로 추가함), 공백을 포함하는 제목도 허용하지 않는다(공백이 있는 자리에 마침표 '.'를 추가함). 또한 R에서는 제목에 특이한 글자(예: ? 또는 > 또는 %)가 포함되는 것도 허용하지 않는다. 표 14.5에는 이러한 R의 규칙에 위배되는 행 제목, 열 제목들이 여러 개 있다. R의 규칙대로 따르는 방법은 아래처럼 행 제목과 열 제목을 변경하는 것이다.

수정 후 분할표

	Col1	Col2	Col3	Col4
Row1	9	8	8	4
Row2	34	17	11	9
Row3	28	20	8	6

빈도수가 저장된 셀과 열 제목 및 행 제목만 R로 읽어들인다(합계는 제외). 표본 크기가 큼에도 불구하고 2개의 셀[(1,3)과 (1,4)]은 5보다 작은 예상빈도수를 가지며, 이로 인해 카이제곱 검정에서 경고가 나올 것을 미리 예상할 수 있다. R의 문장은 정확해야 하므로 묶음표(brackets, [ ])와 괄호(( ))를 쓸 때도 정확해야 한다. R로부터 나온 결과는 교재의 내용과 일치한다.

```
> CarAge=read.table(file="clipboard",sep="\t",header=TRUE)
> CarAge                          # list the data we imported
      X   Col1  Col2  Col3  Col4
1   Row1    9     8     8     4
2   Row2   34    17    11     9
3   Row3   28    20     8     6
> gof=chisq.test(CarAge[2:5])  # save the chi-square result in object gof
Warning message:
In chisq.test(CarAge[2:5]) : Chi-squared approximation may be incorrect
> CarAge[,2:5]                    # show the columns used in the test
   Col1  Col2  Col3  Col4
1    9     8     8     4
2   34    17    11     9
3   28    20     8     6
> gof                             # print result of the test
              Pearson's Chi-squared test
data: CarAge[2:5]
X-squared = 5.2417, df = 6, p-value = 0.5132
```

R을 이용한 균등분포 검정 Traffic

균등분포에 대한 검정은 R이 별다른 설정 없이도 기본적으로 수행하는 검정으로 간단한 명령문으로 수행할 수 있다. 확률을 정의할 수도 있으나(다음의 경우처럼), 필요하지는 않다(확률의 합은 1이 되어야 한다). 예를 들어, 756건의 교통사고 표본은 균등분포가 아님을 암시한다(표 14.7 참고). p값을 보더라도 균등분포에 대한 가정을 기각해야 함을 알 수 있다.

```
> ObsFatal=c(121,96,91,92,96,122,138)    # observed accidents by weekday
> chisq.test(ObsFatal)
        Chi-squared test for given probabilities
data:   ObsFatal
X-squared = 19.426, df = 6, p-value = 0.003502
> ExpFatal=c(1/7, 1/7, 1/7, 1/7, 1/7, 1/7, 1/7) # expected probabilities if
   uniform observed accidents by weekday
> chisq.test(ObsFatal,p=ExpFatal)
        Chi-squared test for given probabilities
data:   ObsFatal
X-squared = 19.426, df = 6, p-value = 0.003502
```

R을 이용한 다항분포 검정 MM

220개의 M&M 초코릿 표본이 공표된 색깔 비율과 일치하는지를 검정한다(표 14.6 참고). 기대 확률을 명시해야 한다는 점을 제외하면 카이제곱 검정은 균등분포에 대한 검정과 유사하다. 이 경우 p값은 표본의 색깔 비율이 공표된 비율을 따른다는 가설을 기각할 수 없음을 암시한다.

```
> ObsColors=c(38,30,44,52,30,26)
> ExpColors=c(.13,.13,.24,.20,.16,.14)
> chisq.test(ObsColors,p=ExpColors)
        Chi-squared test for given probabilities
data:   ObsColors
X-squared = 7.5955, df = 5, p-value = 0.18
```

부록

A 이항분포표

예: $P(X = 3|n = 8, p = 0.50) = 0.2188$

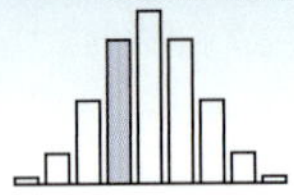

이 표는 $P(X = x)$를 보여준다.

		π																
n	**x**	**0.01**	**0.02**	**0.05**	**0.10**	**0.15**	**0.20**	**0.30**	**0.40**	**0.50**	**0.60**	**0.70**	**0.80**	**0.85**	**0.90**	**0.95**	**0.98**	**0.99**
2	0	0.9801	0.9604	0.9025	0.8100	0.7225	0.6400	0.4900	0.3600	0.2500	0.1600	0.0900	0.0400	0.0225	0.0100	0.0025	0.0004	0.0001
	1	0.0198	0.0392	0.0950	0.1800	0.2550	0.3200	0.4200	0.4800	0.5000	0.4800	0.4200	0.3200	0.2550	0.1800	0.0950	0.0392	0.0198
	2	0.0001	0.0004	0.0025	0.0100	0.0225	0.0400	0.0900	0.1600	0.2500	0.3600	0.4900	0.6400	0.7225	0.8100	0.9025	0.9604	0.9801
3	0	0.9703	0.9412	0.8574	0.7290	0.6141	0.5120	0.3430	0.2160	0.1250	0.0640	0.0270	0.0080	0.0034	0.0010	0.0001	—	—
	1	0.0294	0.0576	0.1354	0.2430	0.3251	0.3840	0.4410	0.4320	0.3750	0.2880	0.1890	0.0960	0.0574	0.0270	0.0071	0.0012	0.0003
	2	0.0003	0.0012	0.0071	0.0270	0.0574	0.0960	0.1890	0.2880	0.3750	0.4320	0.4410	0.3840	0.3251	0.2430	0.1354	0.0576	0.0294
	3	—	—	0.0001	0.0010	0.0034	0.0080	0.0270	0.0640	0.1250	0.2160	0.3430	0.5120	0.6141	0.7290	0.8574	0.9412	0.9703
4	0	0.9606	0.9224	0.8145	0.6561	0.5220	0.4096	0.2401	0.1296	0.0625	0.0256	0.0081	0.0016	0.0005	0.0001	—	—	—
	1	0.0388	0.0753	0.1715	0.2916	0.3685	0.4096	0.4116	0.3456	0.2500	0.1536	0.0756	0.0256	0.0115	0.0036	0.0005	—	—
	2	0.0006	0.0023	0.0135	0.0486	0.0975	0.1536	0.2646	0.3456	0.3750	0.3456	0.2646	0.1536	0.0975	0.0486	0.0135	0.0023	0.0006
	3	—	—	0.0005	0.0036	0.0115	0.0256	0.0756	0.1536	0.2500	0.3456	0.4116	0.4096	0.3685	0.2916	0.1715	0.0753	0.0388
	4	—	—	—	0.0001	0.0005	0.0016	0.0081	0.0256	0.0625	0.1296	0.2401	0.4096	0.5220	0.6561	0.8145	0.9224	0.9606
5	0	0.9510	0.9039	0.7738	0.5905	0.4437	0.3277	0.1681	0.0778	0.0313	0.0102	0.0024	0.0003	0.0001	—	—	—	—
	1	0.0480	0.0922	0.2036	0.3281	0.3915	0.4096	0.3602	0.2592	0.1563	0.0768	0.0284	0.0064	0.0022	0.0005	—	—	—
	2	0.0010	0.0038	0.0214	0.0729	0.1382	0.2048	0.3087	0.3456	0.3125	0.2304	0.1323	0.0512	0.0244	0.0081	0.0011	0.0001	—
	3	—	0.0001	0.0011	0.0081	0.0244	0.0512	0.1323	0.2304	0.3125	0.3456	0.3087	0.2048	0.1382	0.0729	0.0214	0.0038	0.0010
	4	—	—	—	0.0005	0.0022	0.0064	0.0284	0.0768	0.1563	0.2592	0.3602	0.4096	0.3915	0.3281	0.2036	0.0922	0.0480
	5	—	—	—	—	0.0001	0.0003	0.0024	0.0102	0.0313	0.0778	0.1681	0.3277	0.4437	0.5905	0.7738	0.9039	0.9510
6	0	0.9415	0.8858	0.7351	0.5314	0.3771	0.2621	0.1176	0.0467	0.0156	0.0041	0.0007	0.0001	—	—	—	—	—
	1	0.0571	0.1085	0.2321	0.3543	0.3993	0.3932	0.3025	0.1866	0.0938	0.0369	0.0102	0.0015	0.0004	0.0001	—	—	—
	2	0.0014	0.0055	0.0305	0.0984	0.1762	0.2458	0.3241	0.3110	0.2344	0.1382	0.0595	0.0154	0.0055	0.0012	0.0001	—	—
	3	—	0.0002	0.0021	0.0146	0.0415	0.0819	0.1852	0.2765	0.3125	0.2765	0.1852	0.0819	0.0415	0.0146	0.0021	0.0002	—
	4	—	—	0.0001	0.0012	0.0055	0.0154	0.0595	0.1382	0.2344	0.3110	0.3241	0.2458	0.1762	0.0984	0.0305	0.0055	0.0014
	5	—	—	—	0.0001	0.0004	0.0015	0.0102	0.0369	0.0938	0.1866	0.3025	0.3932	0.3993	0.3543	0.2321	0.1085	0.0571
	6	—	—	—	—	—	0.0001	0.0007	0.0041	0.0156	0.0467	0.1176	0.2621	0.3771	0.5314	0.7351	0.8858	0.9415
7	0	0.9321	0.8681	0.6983	0.4783	0.3206	0.2097	0.0824	0.0280	0.0078	0.0016	0.0002	—	—	—	—	—	—
	1	0.0659	0.1240	0.2573	0.3720	0.3960	0.3670	0.2471	0.1306	0.0547	0.0172	0.0036	0.0004	0.0001	—	—	—	—
	2	0.0020	0.0076	0.0406	0.1240	0.2097	0.2753	0.3177	0.2613	0.1641	0.0774	0.0250	0.0043	0.0012	0.0002	—	—	—
	3	—	0.0003	0.0036	0.0230	0.0617	0.1147	0.2269	0.2903	0.2734	0.1935	0.0972	0.0287	0.0109	0.0026	0.0002	—	—
	4	—	—	0.0002	0.0026	0.0109	0.0287	0.0972	0.1935	0.2734	0.2903	0.2269	0.1147	0.0617	0.0230	0.0036	0.0003	—
	5	—	—	—	0.0002	0.0012	0.0043	0.0250	0.0774	0.1641	0.2613	0.3177	0.2753	0.2097	0.1240	0.0406	0.0076	0.0020
	6	—	—	—	—	0.0001	0.0004	0.0036	0.0172	0.0547	0.1306	0.2471	0.3670	0.3960	0.3720	0.2573	0.1240	0.0659
	7	—	—	—	—	—	—	0.0002	0.0016	0.0078	0.0280	0.0824	0.2097	0.3206	0.4783	0.6983	0.8681	0.9321
8	0	0.9227	0.8508	0.6634	0.4305	0.2725	0.1678	0.0576	0.0168	0.0039	0.0007	0.0001	—	—	—	—	—	—
	1	0.0746	0.1389	0.2793	0.3826	0.3847	0.3355	0.1977	0.0896	0.0313	0.0079	0.0012	0.0001	—	—	—	—	—
	2	0.0026	0.0099	0.0515	0.1488	0.2376	0.2936	0.2965	0.2090	0.1094	0.0413	0.0100	0.0011	0.0002	—	—	—	—
	3	0.0001	0.0004	0.0054	0.0331	0.0839	0.1468	0.2541	0.2787	0.2188	0.1239	0.0467	0.0092	0.0026	0.0004	—	—	—
	4	—	—	0.0004	0.0046	0.0185	0.0459	0.1361	0.2322	0.2734	0.2322	0.1361	0.0459	0.0185	0.0046	0.0004	—	—
	5	—	—	—	0.0004	0.0026	0.0092	0.0467	0.1239	0.2188	0.2787	0.2541	0.1468	0.0839	0.0331	0.0054	0.0004	0.0001
	6	—	—	—	—	0.0002	0.0011	0.0100	0.0413	0.1094	0.2090	0.2965	0.2936	0.2376	0.1488	0.0515	0.0099	0.0026
	7	—	—	—	—	—	0.0001	0.0012	0.0079	0.0313	0.0896	0.1977	0.3355	0.3847	0.3826	0.2793	0.1389	0.0746
	8	—	—	—	—	—	—	0.0001	0.0007	0.0039	0.0168	0.0576	0.1678	0.2725	0.4305	0.6634	0.8508	0.9227
9	0	0.9135	0.8337	0.6302	0.3874	0.2316	0.1342	0.0404	0.0101	0.0020	0.0003	—	—	—	—	—	—	—
	1	0.0830	0.1531	0.2985	0.3874	0.3679	0.3020	0.1556	0.0605	0.0176	0.0035	0.0004	—	—	—	—	—	—
	2	0.0034	0.0125	0.0629	0.1722	0.2597	0.3020	0.2668	0.1612	0.0703	0.0212	0.0039	0.0003	—	—	—	—	—
	3	0.0001	0.0006	0.0077	0.0446	0.1069	0.1762	0.2668	0.2508	0.1641	0.0743	0.0210	0.0028	0.0006	0.0001	—	—	—
	4	—	—	0.0006	0.0074	0.0283	0.0661	0.1715	0.2508	0.2461	0.1672	0.0735	0.0165	0.0050	0.0008	—	—	—
	5	—	—	—	0.0008	0.0050	0.0165	0.0735	0.1672	0.2461	0.2508	0.1715	0.0661	0.0283	0.0074	0.0006	—	—

n	x	0.01	0.02	0.05	0.10	0.15	0.20	0.30	0.40	0.50	0.60	0.70	0.80	0.85	0.90	0.95	0.98	0.99
									π									
	6	—	—	—	0.0001	0.0006	0.0028	0.0210	0.0743	0.1641	0.2508	0.2668	0.1762	0.1069	0.0446	0.0077	0.0006	0.0001
	7	—	—	—	—	—	0.0003	0.0039	0.0212	0.0703	0.1612	0.2668	0.3020	0.2597	0.1722	0.0629	0.0125	0.0034
	8	—	—	—	—	—	—	0.0004	0.0035	0.0176	0.0605	0.1556	0.3020	0.3679	0.3874	0.2985	0.1531	0.0830
	9	—	—	—	—	—	—	—	0.0003	0.0020	0.0101	0.0404	0.1342	0.2316	0.3874	0.6302	0.8337	0.9135
10	0	0.9044	0.8171	0.5987	0.3487	0.1969	0.1074	0.0282	0.0060	0.0010	0.0001	—	—	—	—	—	—	—
	1	0.0914	0.1667	0.3151	0.3874	0.3474	0.2684	0.1211	0.0403	0.0098	0.0016	0.0001	—	—	—	—	—	—
	2	0.0042	0.0153	0.0746	0.1937	0.2759	0.3020	0.2335	0.1209	0.0439	0.0106	0.0014	0.0001	—	—	—	—	—
	3	0.0001	0.0008	0.0105	0.0574	0.1298	0.2013	0.2668	0.2150	0.1172	0.0425	0.0090	0.0008	0.0001	—	—	—	—
	4	—	—	0.0010	0.0112	0.0401	0.0881	0.2001	0.2508	0.2051	0.1115	0.0368	0.0055	0.0012	0.0001	—	—	—
	5	—	—	0.0001	0.0015	0.0085	0.0264	0.1029	0.2007	0.2461	0.2007	0.1029	0.0264	0.0085	0.0015	0.0001	—	—
	6	—	—	—	0.0001	0.0012	0.0055	0.0368	0.1115	0.2051	0.2508	0.2001	0.0881	0.0401	0.0112	0.0010	—	—
	7	—	—	—	—	0.0001	0.0008	0.0090	0.0425	0.1172	0.2150	0.2668	0.2013	0.1298	0.0574	0.0105	0.0008	0.0001
	8	—	—	—	—	—	0.0001	0.0014	0.0106	0.0439	0.1209	0.2335	0.3020	0.2759	0.1937	0.0746	0.0153	0.0042
	9	—	—	—	—	—	—	0.0001	0.0016	0.0098	0.0403	0.1211	0.2684	0.3474	0.3874	0.3151	0.1667	0.0914
	10	—	—	—	—	—	—	—	0.0001	0.0010	0.0060	0.0282	0.1074	0.1969	0.3487	0.5987	0.8171	0.9044
12	0	0.8864	0.7847	0.5404	0.2824	0.1422	0.0687	0.0138	0.0022	0.0002	—	—	—	—	—	—	—	—
	1	0.1074	0.1922	0.3413	0.3766	0.3012	0.2062	0.0712	0.0174	0.0029	0.0003	—	—	—	—	—	—	—
	2	0.0060	0.0216	0.0988	0.2301	0.2924	0.2835	0.1678	0.0639	0.0161	0.0025	0.0002	—	—	—	—	—	—
	3	0.0002	0.0015	0.0173	0.0852	0.1720	0.2362	0.2397	0.1419	0.0537	0.0125	0.0015	0.0001	—	—	—	—	—
	4	—	0.0001	0.0021	0.0213	0.0683	0.1329	0.2311	0.2128	0.1208	0.0420	0.0078	0.0005	0.0001	—	—	—	—
	5	—	—	0.0002	0.0038	0.0193	0.0532	0.1585	0.2270	0.1934	0.1009	0.0291	0.0033	0.0006	—	—	—	—
	6	—	—	—	0.0005	0.0040	0.0155	0.0792	0.1766	0.2256	0.1766	0.0792	0.0155	0.0040	0.0005	—	—	—
	7	—	—	—	—	0.0006	0.0033	0.0291	0.1009	0.1934	0.2270	0.1585	0.0532	0.0193	0.0038	0.0002	—	—
	8	—	—	—	—	0.0001	0.0005	0.0078	0.0420	0.1208	0.2128	0.2311	0.1329	0.0683	0.0213	0.0021	0.0001	—
	9	—	—	—	—	—	0.0001	0.0015	0.0125	0.0537	0.1419	0.2397	0.2362	0.1720	0.0852	0.0173	0.0015	0.0002
	10	—	—	—	—	—	—	0.0002	0.0025	0.0161	0.0639	0.1678	0.2835	0.2924	0.2301	0.0988	0.0216	0.0060
	11	—	—	—	—	—	—	—	0.0003	0.0029	0.0174	0.0712	0.2062	0.3012	0.3766	0.3413	0.1922	0.1074
	12	—	—	—	—	—	—	—	—	0.0002	0.0022	0.0138	0.0687	0.1422	0.2824	0.5404	0.7847	0.8864
14	0	0.8687	0.7536	0.4877	0.2288	0.1028	0.0440	0.0068	0.0008	0.0001	—	—	—	—	—	—	—	—
	1	0.1229	0.2153	0.3593	0.3559	0.2539	0.1539	0.0407	0.0073	0.0009	0.0001	—	—	—	—	—	—	—
	2	0.0081	0.0286	0.1229	0.2570	0.2912	0.2501	0.1134	0.0317	0.0056	0.0005	—	—	—	—	—	—	—
	3	0.0003	0.0023	0.0259	0.1142	0.2056	0.2501	0.1943	0.0845	0.0222	0.0033	0.0002	—	—	—	—	—	—
	4	—	0.0001	0.0037	0.0349	0.0998	0.1720	0.2290	0.1549	0.0611	0.0136	0.0014	—	—	—	—	—	—
	5	—	—	0.0004	0.0078	0.0352	0.0860	0.1963	0.2066	0.1222	0.0408	0.0066	0.0003	—	—	—	—	—
	6	—	—	—	0.0013	0.0093	0.0322	0.1262	0.2066	0.1833	0.0918	0.0232	0.0020	0.0003	—	—	—	—
	7	—	—	—	0.0002	0.0019	0.0092	0.0618	0.1574	0.2095	0.1574	0.0618	0.0092	0.0019	0.0002	—	—	—
	8	—	—	—	—	0.0003	0.0020	0.0232	0.0918	0.1833	0.2066	0.1262	0.0322	0.0093	0.0013	—	—	—
	9	—	—	—	—	—	0.0003	0.0066	0.0408	0.1222	0.2066	0.1963	0.0860	0.0352	0.0078	0.0004	—	—
	10	—	—	—	—	—	—	0.0014	0.0136	0.0611	0.1549	0.2290	0.1720	0.0998	0.0349	0.0037	0.0001	—
	11	—	—	—	—	—	—	0.0002	0.0033	0.0222	0.0845	0.1943	0.2501	0.2056	0.1142	0.0259	0.0023	0.0003
	12	—	—	—	—	—	—	—	0.0005	0.0056	0.0317	0.1134	0.2501	0.2912	0.2570	0.1229	0.0286	0.0081
	13	—	—	—	—	—	—	—	0.0001	0.0009	0.0073	0.0407	0.1539	0.2539	0.3559	0.3593	0.2153	0.1229
	14	—	—	—	—	—	—	—	—	0.0001	0.0008	0.0068	0.0440	0.1028	0.2288	0.4877	0.7536	0.8687
16	0	0.8515	0.7238	0.4401	0.1853	0.0743	0.0281	0.0033	0.0003	—	—	—	—	—	—	—	—	—
	1	0.1376	0.2363	0.3706	0.3294	0.2097	0.1126	0.0228	0.0030	0.0002	—	—	—	—	—	—	—	—
	2	0.0104	0.0362	0.1463	0.2745	0.2775	0.2111	0.0732	0.0150	0.0018	0.0001	—	—	—	—	—	—	—
	3	0.0005	0.0034	0.0359	0.1423	0.2285	0.2463	0.1465	0.0468	0.0085	0.0008	—	—	—	—	—	—	—
	4	—	0.0002	0.0061	0.0514	0.1311	0.2001	0.2040	0.1014	0.0278	0.0040	0.0002	—	—	—	—	—	—
	5	—	—	0.0008	0.0137	0.0555	0.1201	0.2099	0.1623	0.0667	0.0142	0.0013	—	—	—	—	—	—
	6	—	—	0.0001	0.0028	0.0180	0.0550	0.1649	0.1983	0.1222	0.0392	0.0056	0.0002	—	—	—	—	—
	7	—	—	—	0.0004	0.0045	0.0197	0.1010	0.1889	0.1746	0.0840	0.0185	0.0012	0.0001	—	—	—	—
	8	—	—	—	0.0001	0.0009	0.0055	0.0487	0.1417	0.1964	0.1417	0.0487	0.0055	0.0009	0.0001	—	—	—
	9	—	—	—	—	0.0001	0.0012	0.0185	0.0840	0.1746	0.1889	0.1010	0.0197	0.0045	0.0004	—	—	—
	10	—	—	—	—	—	0.0002	0.0056	0.0392	0.1222	0.1983	0.1649	0.0550	0.0180	0.0028	0.0001	—	—
	11	—	—	—	—	—	—	0.0013	0.0142	0.0667	0.1623	0.2099	0.1201	0.0555	0.0137	0.0008	—	—
	12	—	—	—	—	—	—	0.0002	0.0040	0.0278	0.1014	0.2040	0.2001	0.1311	0.0514	0.0061	0.0002	—
	13	—	—	—	—	—	—	—	0.0008	0.0085	0.0468	0.1465	0.2463	0.2285	0.1423	0.0359	0.0034	0.0005
	14	—	—	—	—	—	—	—	0.0001	0.0018	0.0150	0.0732	0.2111	0.2775	0.2745	0.1463	0.0362	0.0104
	15	—	—	—	—	—	—	—	—	0.0002	0.0030	0.0228	0.1126	0.2097	0.3294	0.3706	0.2363	0.1376
	16	—	—	—	—	—	—	—	—	—	0.0003	0.0033	0.0281	0.0743	0.1853	0.4401	0.7238	0.8515

부록

B

포아송분포표

예: $P(X = 3 | \lambda = 2.3) = 0.2033$

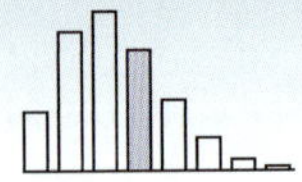

이 표는 $P(X = x)$를 보여준다.

x	λ 0.10	0.20	0.30	0.40	0.50	0.60	0.70	0.80	0.90	1.00	1.10	1.20	1.30	1.40	1.50
0	0.9048	0.8187	0.7408	0.6703	0.6065	0.5488	0.4966	0.4493	0.4066	0.3679	0.3329	0.3012	0.2725	0.2466	0.2231
1	0.0905	0.1637	0.2222	0.2681	0.3033	0.3293	0.3476	0.3595	0.3659	0.3679	0.3662	0.3614	0.3543	0.3452	0.3347
2	0.0045	0.0164	0.0333	0.0536	0.0758	0.0988	0.1217	0.1438	0.1647	0.1839	0.2014	0.2169	0.2303	0.2417	0.2510
3	0.0002	0.0011	0.0033	0.0072	0.0126	0.0198	0.0284	0.0383	0.0494	0.0613	0.0738	0.0867	0.0998	0.1128	0.1255
4	—	0.0001	0.0003	0.0007	0.0016	0.0030	0.0050	0.0077	0.0111	0.0153	0.0203	0.0260	0.0324	0.0395	0.0471
5	—	—	—	0.0001	0.0002	0.0004	0.0007	0.0012	0.0020	0.0031	0.0045	0.0062	0.0084	0.0111	0.0141
6	—	—	—	—	—	—	0.0001	0.0002	0.0003	0.0005	0.0008	0.0012	0.0018	0.0026	0.0035
7	—	—	—	—	—	—	—	—	—	0.0001	0.0001	0.0002	0.0003	0.0005	0.0008
8	—	—	—	—	—	—	—	—	—	—	—	—	0.0001	0.0001	0.0001

x	λ 1.60	1.70	1.80	1.90	2.00	2.10	2.20	2.30	2.40	2.50	2.60	2.70	2.80	2.90	3.00
0	0.2019	0.1827	0.1653	0.1496	0.1353	0.1225	0.1108	0.1003	0.0907	0.0821	0.0743	0.0672	0.0608	0.0550	0.0498
1	0.3230	0.3106	0.2975	0.2842	0.2707	0.2572	0.2438	0.2306	0.2177	0.2052	0.1931	0.1815	0.1703	0.1596	0.1494
2	0.2584	0.2640	0.2678	0.2700	0.2707	0.2700	0.2681	0.2652	0.2613	0.2565	0.2510	0.2450	0.2384	0.2314	0.2240
3	0.1378	0.1496	0.1607	0.1710	0.1804	0.1890	0.1966	0.2033	0.2090	0.2138	0.2176	0.2205	0.2225	0.2237	0.2240
4	0.0551	0.0636	0.0723	0.0812	0.0902	0.0992	0.1082	0.1169	0.1254	0.1336	0.1414	0.1488	0.1557	0.1622	0.1680
5	0.0176	0.0216	0.0260	0.0309	0.0361	0.0417	0.0476	0.0538	0.0602	0.0668	0.0735	0.0804	0.0872	0.0940	0.1008
6	0.0047	0.0061	0.0078	0.0098	0.0120	0.0146	0.0174	0.0206	0.0241	0.0278	0.0319	0.0362	0.0407	0.0455	0.0504
7	0.0011	0.0015	0.0020	0.0027	0.0034	0.0044	0.0055	0.0068	0.0083	0.0099	0.0118	0.0139	0.0163	0.0188	0.0216
8	0.0002	0.0003	0.0005	0.0006	0.0009	0.0011	0.0015	0.0019	0.0025	0.0031	0.0038	0.0047	0.0057	0.0068	0.0081
9	—	0.0001	0.0001	0.0001	0.0002	0.0003	0.0004	0.0005	0.0007	0.0009	0.0011	0.0014	0.0018	0.0022	0.0027
10	—	—	—	—	—	0.0001	0.0001	0.0001	0.0002	0.0002	0.0003	0.0004	0.0005	0.0006	0.0008
11	—	—	—	—	—	—	—	—	—	—	0.0001	0.0001	0.0001	0.0002	0.0002
12	—	—	—	—	—	—	—	—	—	—	—	—	—	—	0.0001

x	λ 3.10	3.20	3.30	3.40	3.50	3.60	3.70	3.80	3.90	4.00	4.10	4.20	4.30	4.40	4.50
0	0.0450	0.0408	0.0369	0.0334	0.0302	0.0273	0.0247	0.0224	0.0202	0.0183	0.0166	0.0150	0.0136	0.0123	0.0111
1	0.1397	0.1304	0.1217	0.1135	0.1057	0.0984	0.0915	0.0850	0.0789	0.0733	0.0679	0.0630	0.0583	0.0540	0.0500
2	0.2165	0.2087	0.2008	0.1929	0.1850	0.1771	0.1692	0.1615	0.1539	0.1465	0.1393	0.1323	0.1254	0.1188	0.1125
3	0.2237	0.2226	0.2209	0.2186	0.2158	0.2125	0.2087	0.2046	0.2001	0.1954	0.1904	0.1852	0.1798	0.1743	0.1687
4	0.1733	0.1781	0.1823	0.1858	0.1888	0.1912	0.1931	0.1944	0.1951	0.1954	0.1951	0.1944	0.1933	0.1917	0.1898
5	0.1075	0.1140	0.1203	0.1264	0.1322	0.1377	0.1429	0.1477	0.1522	0.1563	0.1600	0.1633	0.1662	0.1687	0.1708
6	0.0555	0.0608	0.0662	0.0716	0.0771	0.0826	0.0881	0.0936	0.0989	0.1042	0.1093	0.1143	0.1191	0.1237	0.1281
7	0.0246	0.0278	0.0312	0.0348	0.0385	0.0425	0.0466	0.0508	0.0551	0.0595	0.0640	0.0686	0.0732	0.0778	0.0824
8	0.0095	0.0111	0.0129	0.0148	0.0169	0.0191	0.0215	0.0241	0.0269	0.0298	0.0328	0.0360	0.0393	0.0428	0.0463
9	0.0033	0.0040	0.0047	0.0056	0.0066	0.0076	0.0089	0.0102	0.0116	0.0132	0.0150	0.0168	0.0188	0.0209	0.0232
10	0.0010	0.0013	0.0016	0.0019	0.0023	0.0028	0.0033	0.0039	0.0045	0.0053	0.0061	0.0071	0.0081	0.0092	0.0104
11	0.0003	0.0004	0.0005	0.0006	0.0007	0.0009	0.0011	0.0013	0.0016	0.0019	0.0023	0.0027	0.0032	0.0037	0.0043
12	0.0001	0.0001	0.0001	0.0002	0.0002	0.0003	0.0003	0.0004	0.0005	0.0006	0.0008	0.0009	0.0011	0.0013	0.0016
13	—	—	—	—	0.0001	0.0001	0.0001	0.0001	0.0002	0.0002	0.0002	0.0003	0.0004	0.0005	0.0006
14	—	—	—	—	—	—	—	—	—	0.0001	0.0001	0.0001	0.0001	0.0001	0.0002
15	—	—	—	—	—	—	—	—	—	—	—	—	—	—	0.0001

	λ														
x	4.60	4.70	4.80	4.90	5.00	5.10	5.20	5.30	5.40	5.50	5.60	5.70	5.80	5.90	6.00
0	0.0101	0.0091	0.0082	0.0074	0.0067	0.0061	0.0055	0.0050	0.0045	0.0041	0.0037	0.0033	0.0030	0.0027	0.0025
1	0.0462	0.0427	0.0395	0.0365	0.0337	0.0311	0.0287	0.0265	0.0244	0.0225	0.0207	0.0191	0.0176	0.0162	0.0149
2	0.1063	0.1005	0.0948	0.0894	0.0842	0.0793	0.0746	0.0701	0.0659	0.0618	0.0580	0.0544	0.0509	0.0477	0.0446
3	0.1631	0.1574	0.1517	0.1460	0.1404	0.1348	0.1293	0.1239	0.1185	0.1133	0.1082	0.1033	0.0985	0.0938	0.0892
4	0.1875	0.1849	0.1820	0.1789	0.1755	0.1719	0.1681	0.1641	0.1600	0.1558	0.1515	0.1472	0.1428	0.1383	0.1339
5	0.1725	0.1738	0.1747	0.1753	0.1755	0.1753	0.1748	0.1740	0.1728	0.1714	0.1697	0.1678	0.1656	0.1632	0.1606
6	0.1323	0.1362	0.1398	0.1432	0.1462	0.1490	0.1515	0.1537	0.1555	0.1571	0.1584	0.1594	0.1601	0.1605	0.1606
7	0.0869	0.0914	0.0959	0.1002	0.1044	0.1086	0.1125	0.1163	0.1200	0.1234	0.1267	0.1298	0.1326	0.1353	0.1377
8	0.0500	0.0537	0.0575	0.0614	0.0653	0.0692	0.0731	0.0771	0.0810	0.0849	0.0887	0.0925	0.0962	0.0998	0.1033
9	0.0255	0.0281	0.0307	0.0334	0.0363	0.0392	0.0423	0.0454	0.0486	0.0519	0.0552	0.0586	0.0620	0.0654	0.0688
10	0.0118	0.0132	0.0147	0.0164	0.0181	0.0200	0.0220	0.0241	0.0262	0.0285	0.0309	0.0334	0.0359	0.0386	0.0413
11	0.0049	0.0056	0.0064	0.0073	0.0082	0.0093	0.0104	0.0116	0.0129	0.0143	0.0157	0.0173	0.0190	0.0207	0.0225
12	0.0019	0.0022	0.0026	0.0030	0.0034	0.0039	0.0045	0.0051	0.0058	0.0065	0.0073	0.0082	0.0092	0.0102	0.0113
13	0.0007	0.0008	0.0009	0.0011	0.0013	0.0015	0.0018	0.0021	0.0024	0.0028	0.0032	0.0036	0.0041	0.0046	0.0052
14	0.0002	0.0003	0.0003	0.0004	0.0005	0.0006	0.0007	0.0008	0.0009	0.0011	0.0013	0.0015	0.0017	0.0019	0.0022
15	0.0001	0.0001	0.0001	0.0001	0.0002	0.0002	0.0002	0.0003	0.0003	0.0004	0.0005	0.0006	0.0007	0.0008	0.0009
16	—	—	—	—	—	0.0001	0.0001	0.0001	0.0001	0.0001	0.0002	0.0002	0.0002	0.0003	0.0003
17	—	—	—	—	—	—	—	—	—	—	0.0001	0.0001	0.0001	0.0001	0.0001

	λ														
x	6.10	6.20	6.30	6.40	6.50	6.60	6.70	6.80	6.90	7.00	7.10	7.20	7.30	7.40	7.50
0	0.0022	0.0020	0.0018	0.0017	0.0015	0.0014	0.0012	0.0011	0.0010	0.0009	0.0008	0.0007	0.0007	0.0006	0.0006
1	0.0137	0.0126	0.0116	0.0106	0.0098	0.0090	0.0082	0.0076	0.0070	0.0064	0.0059	0.0054	0.0049	0.0045	0.0041
2	0.0417	0.0390	0.0364	0.0340	0.0318	0.0296	0.0276	0.0258	0.0240	0.0223	0.0208	0.0194	0.0180	0.0167	0.0156
3	0.0848	0.0806	0.0765	0.0726	0.0688	0.0652	0.0617	0.0584	0.0552	0.0521	0.0492	0.0464	0.0438	0.0413	0.0389
4	0.1294	0.1249	0.1205	0.1162	0.1118	0.1076	0.1034	0.0992	0.0952	0.0912	0.0874	0.0836	0.0799	0.0764	0.0729
5	0.1579	0.1549	0.1519	0.1487	0.1454	0.1420	0.1385	0.1349	0.1314	0.1277	0.1241	0.1204	0.1167	0.1130	0.1094
6	0.1605	0.1601	0.1595	0.1586	0.1575	0.1562	0.1546	0.1529	0.1511	0.1490	0.1468	0.1445	0.1420	0.1394	0.1367
7	0.1399	0.1418	0.1435	0.1450	0.1462	0.1472	0.1480	0.1486	0.1489	0.1490	0.1489	0.1486	0.1481	0.1474	0.1465
8	0.1066	0.1099	0.1130	0.1160	0.1188	0.1215	0.1240	0.1263	0.1284	0.1304	0.1321	0.1337	0.1351	0.1363	0.1373
9	0.0723	0.0757	0.0791	0.0825	0.0858	0.0891	0.0923	0.0954	0.0985	0.1014	0.1042	0.1070	0.1096	0.1121	0.1144
10	0.0441	0.0469	0.0498	0.0528	0.0558	0.0588	0.0618	0.0649	0.0679	0.0710	0.0740	0.0770	0.0800	0.0829	0.0858
11	0.0244	0.0265	0.0285	0.0307	0.0330	0.0353	0.0377	0.0401	0.0426	0.0452	0.0478	0.0504	0.0531	0.0558	0.0585
12	0.0124	0.0137	0.0150	0.0164	0.0179	0.0194	0.0210	0.0227	0.0245	0.0263	0.0283	0.0303	0.0323	0.0344	0.0366
13	0.0058	0.0065	0.0073	0.0081	0.0089	0.0099	0.0108	0.0119	0.0130	0.0142	0.0154	0.0168	0.0181	0.0196	0.0211
14	0.0025	0.0029	0.0033	0.0037	0.0041	0.0046	0.0052	0.0058	0.0064	0.0071	0.0078	0.0086	0.0095	0.0104	0.0113
15	0.0010	0.0012	0.0014	0.0016	0.0018	0.0020	0.0023	0.0026	0.0029	0.0033	0.0037	0.0041	0.0046	0.0051	0.0057
16	0.0004	0.0005	0.0005	0.0006	0.0007	0.0008	0.0010	0.0011	0.0013	0.0014	0.0016	0.0019	0.0021	0.0024	0.0026
17	0.0001	0.0002	0.0002	0.0002	0.0003	0.0003	0.0004	0.0004	0.0005	0.0006	0.0007	0.0008	0.0009	0.0010	0.0012
18	—	0.0001	0.0001	0.0001	0.0001	0.0001	0.0001	0.0002	0.0002	0.0002	0.0003	0.0003	0.0004	0.0004	0.0005
19	—	—	—	—	—	—	0.0001	0.0001	0.0001	0.0001	0.0001	0.0001	0.0001	0.0002	0.0002
20	—	—	—	—	—	—	—	—	—	—	—	—	0.0001	0.0001	0.0001

	λ														
x	8.00	8.50	9.00	9.50	10.00	11.00	12.00	13.00	14.00	15.00	16.00	17.00	18.00	19.00	20.00
0	0.0003	0.0002	0.0001	0.0001	—	—	—	—	—	—	—	—	—	—	—
1	0.0027	0.0017	0.0011	0.0007	0.0005	0.0002	0.0001	—	—	—	—	—	—	—	—
2	0.0107	0.0074	0.0050	0.0034	0.0023	0.0010	0.0004	0.0002	0.0001	—	—	—	—	—	—
3	0.0286	0.0208	0.0150	0.0107	0.0076	0.0037	0.0018	0.0008	0.0004	0.0002	0.0001	—	—	—	—
4	0.0573	0.0443	0.0337	0.0254	0.0189	0.0102	0.0053	0.0027	0.0013	0.0006	0.0003	0.0001	0.0001	—	—
5	0.0916	0.0752	0.0607	0.0483	0.0378	0.0224	0.0127	0.0070	0.0037	0.0019	0.0010	0.0005	0.0002	0.0001	0.0001
6	0.1221	0.1066	0.0911	0.0764	0.0631	0.0411	0.0255	0.0152	0.0087	0.0048	0.0026	0.0014	0.0007	0.0004	0.0002
7	0.1396	0.1294	0.1171	0.1037	0.0901	0.0646	0.0437	0.0281	0.0174	0.0104	0.0060	0.0034	0.0019	0.0010	0.0005
8	0.1396	0.1375	0.1318	0.1232	0.1126	0.0888	0.0655	0.0457	0.0304	0.0194	0.0120	0.0072	0.0042	0.0024	0.0013
9	0.1241	0.1299	0.1318	0.1300	0.1251	0.1085	0.0874	0.0661	0.0473	0.0324	0.0213	0.0135	0.0083	0.0050	0.0029
10	0.0993	0.1104	0.1186	0.1235	0.1251	0.1194	0.1048	0.0859	0.0663	0.0486	0.0341	0.0230	0.0150	0.0095	0.0058
11	0.0722	0.0853	0.0970	0.1067	0.1137	0.1194	0.1144	0.1015	0.0844	0.0663	0.0496	0.0355	0.0245	0.0164	0.0106
12	0.0481	0.0604	0.0728	0.0844	0.0948	0.1094	0.1144	0.1099	0.0984	0.0829	0.0661	0.0504	0.0368	0.0259	0.0176
13	0.0296	0.0395	0.0504	0.0617	0.0729	0.0926	0.1056	0.1099	0.1060	0.0956	0.0814	0.0658	0.0509	0.0378	0.0271
14	0.0169	0.0240	0.0324	0.0419	0.0521	0.0728	0.0905	0.1021	0.1060	0.1024	0.0930	0.0800	0.0655	0.0514	0.0387
15	0.0090	0.0136	0.0194	0.0265	0.0347	0.0534	0.0724	0.0885	0.0989	0.1024	0.0992	0.0906	0.0786	0.0650	0.0516
16	0.0045	0.0072	0.0109	0.0157	0.0217	0.0367	0.0543	0.0719	0.0866	0.0960	0.0992	0.0963	0.0884	0.0772	0.0646
17	0.0021	0.0036	0.0058	0.0088	0.0128	0.0237	0.0383	0.0550	0.0713	0.0847	0.0934	0.0963	0.0936	0.0863	0.0760
18	0.0009	0.0017	0.0029	0.0046	0.0071	0.0145	0.0255	0.0397	0.0554	0.0706	0.0830	0.0909	0.0936	0.0911	0.0844
19	0.0004	0.0008	0.0014	0.0023	0.0037	0.0084	0.0161	0.0272	0.0409	0.0557	0.0699	0.0814	0.0887	0.0911	0.0888
20	0.0002	0.0003	0.0006	0.0011	0.0019	0.0046	0.0097	0.0177	0.0286	0.0418	0.0559	0.0692	0.0798	0.0866	0.0888
21	0.0001	0.0001	0.0003	0.0005	0.0009	0.0024	0.0055	0.0109	0.0191	0.0299	0.0426	0.0560	0.0684	0.0783	0.0846
22	—	0.0001	0.0001	0.0002	0.0004	0.0012	0.0030	0.0065	0.0121	0.0204	0.0310	0.0433	0.0560	0.0676	0.0769
23	—	—	—	0.0001	0.0002	0.0006	0.0016	0.0037	0.0074	0.0133	0.0216	0.0320	0.0438	0.0559	0.0669
24	—	—	—	—	0.0001	0.0003	0.0008	0.0020	0.0043	0.0083	0.0144	0.0226	0.0328	0.0442	0.0557
25	—	—	—	—	—	0.0001	0.0004	0.0010	0.0024	0.0050	0.0092	0.0154	0.0237	0.0336	0.0446
26	—	—	—	—	—	—	0.0002	0.0005	0.0013	0.0029	0.0057	0.0101	0.0164	0.0246	0.0343
27	—	—	—	—	—	—	0.0001	0.0002	0.0007	0.0016	0.0034	0.0063	0.0109	0.0173	0.0254
28	—	—	—	—	—	—	—	0.0001	0.0003	0.0009	0.0019	0.0038	0.0070	0.0117	0.0181
29	—	—	—	—	—	—	—	0.0001	0.0002	0.0004	0.0011	0.0023	0.0044	0.0077	0.0125
30	—	—	—	—	—	—	—	—	0.0001	0.0002	0.0006	0.0013	0.0026	0.0049	0.0083
31	—	—	—	—	—	—	—	—	—	0.0001	0.0003	0.0007	0.0015	0.0030	0.0054
32	—	—	—	—	—	—	—	—	—	0.0001	0.0001	0.0004	0.0009	0.0018	0.0034
33	—	—	—	—	—	—	—	—	—	—	0.0001	0.0002	0.0005	0.0010	0.0020
34	—	—	—	—	—	—	—	—	—	—	—	0.0001	0.0002	0.0006	0.0012
35	—	—	—	—	—	—	—	—	—	—	—	—	0.0001	0.0003	0.0007
36	—	—	—	—	—	—	—	—	—	—	—	—	0.0001	0.0002	0.0004
37	—	—	—	—	—	—	—	—	—	—	—	—	—	0.0001	0.0002
38	—	—	—	—	—	—	—	—	—	—	—	—	—	—	0.0001
39	—	—	—	—	—	—	—	—	—	—	—	—	—	—	0.0001

부록 C-1

표준정규분포표

예: $P(0 \leq z \leq 1.96) = 0.4750$

아래 표는 0부터 z까지의 정규분포 면적을 의미한다.

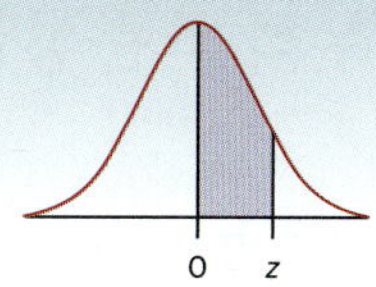

z	0.00	0.01	0.02	0.03	0.04	0.05	0.06	0.07	0.08	0.09
0.0	0.0000	0.0040	0.0080	0.0120	0.0160	0.0199	0.0239	0.0279	0.0319	0.0359
0.1	0.0398	0.0438	0.0478	0.0517	0.0557	0.0596	0.0636	0.0675	0.0714	0.0753
0.2	0.0793	0.0832	0.0871	0.0910	0.0948	0.0987	0.1026	0.1064	0.1103	0.1141
0.3	0.1179	0.1217	0.1255	0.1293	0.1331	0.1368	0.1406	0.1443	0.1480	0.1517
0.4	0.1554	0.1591	0.1628	0.1664	0.1700	0.1736	0.1772	0.1808	0.1844	0.1879
0.5	0.1915	0.1950	0.1985	0.2019	0.2054	0.2088	0.2123	0.2157	0.2190	0.2224
0.6	0.2257	0.2291	0.2324	0.2357	0.2389	0.2422	0.2454	0.2486	0.2517	0.2549
0.7	0.2580	0.2611	0.2642	0.2673	0.2704	0.2734	0.2764	0.2794	0.2823	0.2852
0.8	0.2881	0.2910	0.2939	0.2967	0.2995	0.3023	0.3051	0.3078	0.3106	0.3133
0.9	0.3159	0.3186	0.3212	0.3238	0.3264	0.3289	0.3315	0.3340	0.3365	0.3389
1.0	0.3413	0.3438	0.3461	0.3485	0.3508	0.3531	0.3554	0.3577	0.3599	0.3621
1.1	0.3643	0.3665	0.3686	0.3708	0.3729	0.3749	0.3770	0.3790	0.3810	0.3830
1.2	0.3849	0.3869	0.3888	0.3907	0.3925	0.3944	0.3962	0.3980	0.3997	0.4015
1.3	0.4032	0.4049	0.4066	0.4082	0.4099	0.4115	0.4131	0.4147	0.4162	0.4177
1.4	0.4192	0.4207	0.4222	0.4236	0.4251	0.4265	0.4279	0.4292	0.4306	0.4319
1.5	0.4332	0.4345	0.4357	0.4370	0.4382	0.4394	0.4406	0.4418	0.4429	0.4441
1.6	0.4452	0.4463	0.4474	0.4484	0.4495	0.4505	0.4515	0.4525	0.4535	0.4545
1.7	0.4554	0.4564	0.4573	0.4582	0.4591	0.4599	0.4608	0.4616	0.4625	0.4633
1.8	0.4641	0.4649	0.4656	0.4664	0.4671	0.4678	0.4686	0.4693	0.4699	0.4706
1.9	0.4713	0.4719	0.4726	0.4732	0.4738	0.4744	0.4750	0.4756	0.4761	0.4767
2.0	0.4772	0.4778	0.4783	0.4788	0.4793	0.4798	0.4803	0.4808	0.4812	0.4817
2.1	0.4821	0.4826	0.4830	0.4834	0.4838	0.4842	0.4846	0.4850	0.4854	0.4857
2.2	0.4861	0.4864	0.4868	0.4871	0.4875	0.4878	0.4881	0.4884	0.4887	0.4890
2.3	0.4893	0.4896	0.4898	0.4901	0.4904	0.4906	0.4909	0.4911	0.4913	0.4916
2.4	0.4918	0.4920	0.4922	0.4925	0.4927	0.4929	0.4931	0.4932	0.4934	0.4936
2.5	0.4938	0.4940	0.4941	0.4943	0.4945	0.4946	0.4948	0.4949	0.4951	0.4952
2.6	0.4953	0.4955	0.4956	0.4957	0.4959	0.4960	0.4961	0.4962	0.4963	0.4964
2.7	0.4965	0.4966	0.4967	0.4968	0.4969	0.4970	0.4971	0.4972	0.4973	0.4974
2.8	0.4974	0.4975	0.4976	0.4977	0.4977	0.4978	0.4979	0.4979	0.4980	0.4981
2.9	0.4981	0.4982	0.4982	0.4983	0.4984	0.4984	0.4985	0.4985	0.4986	0.4986
3.0	0.49865	0.49869	0.49874	0.49878	0.49882	0.49886	0.49889	0.49893	0.49896	0.49900
3.1	0.49903	0.49906	0.49910	0.49913	0.49916	0.49918	0.49921	0.49924	0.49926	0.49929
3.2	0.49931	0.49934	0.49936	0.49938	0.49940	0.49942	0.49944	0.49946	0.49948	0.49950
3.3	0.49952	0.49953	0.49955	0.49957	0.49958	0.49960	0.49961	0.49962	0.49964	0.49965
3.4	0.49966	0.49968	0.49969	0.49970	0.49971	0.49972	0.49973	0.49974	0.49975	0.49976
3.5	0.49977	0.49978	0.49978	0.49979	0.49980	0.49981	0.49981	0.49982	0.49983	0.49983
3.6	0.49984	0.49985	0.49985	0.49986	0.49986	0.49987	0.49987	0.49988	0.49988	0.49989
3.7	0.49989	0.49990	0.49990	0.49990	0.49991	0.49991	0.49992	0.49992	0.49992	0.49992

부록 C-2

누적 표준정규분포

예: $P(z \le -1.96) = 0.0250$

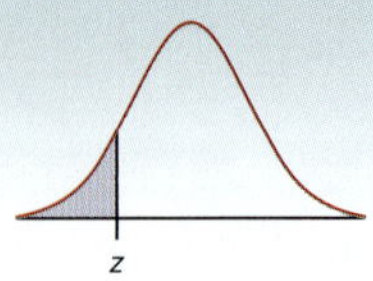

아래 표는 z 이하의 정규분포 면적을 의미한다.

z	0.00	0.01	0.02	0.03	0.04	0.05	0.06	0.07	0.08	0.09
−3.7	0.00011	0.00010	0.00010	0.00010	0.00009	0.00009	0.00008	0.00008	0.00008	0.00008
−3.6	0.00016	0.00015	0.00015	0.00014	0.00014	0.00013	0.00013	0.00012	0.00012	0.00011
−3.5	0.00023	0.00022	0.00022	0.00021	0.00020	0.00019	0.00019	0.00018	0.00017	0.00017
−3.4	0.00034	0.00032	0.00031	0.00030	0.00029	0.00028	0.00027	0.00026	0.00025	0.00024
−3.3	0.00048	0.00047	0.00045	0.00043	0.00042	0.00040	0.00039	0.00038	0.00036	0.00035
−3.2	0.00069	0.00066	0.00064	0.00062	0.00060	0.00058	0.00056	0.00054	0.00052	0.00050
−3.1	0.00097	0.00094	0.00090	0.00087	0.00084	0.00082	0.00079	0.00076	0.00074	0.00071
−3.0	0.00135	0.00131	0.00126	0.00122	0.00118	0.00114	0.00111	0.00107	0.00104	0.00100
−2.9	0.0019	0.0018	0.0018	0.0017	0.0016	0.0016	0.0015	0.0015	0.0014	0.0014
−2.8	0.0026	0.0025	0.0024	0.0023	0.0023	0.0022	0.0021	0.0021	0.0020	0.0019
−2.7	0.0035	0.0034	0.0033	0.0032	0.0031	0.0030	0.0029	0.0028	0.0027	0.0026
−2.6	0.0047	0.0045	0.0044	0.0043	0.0041	0.0040	0.0039	0.0038	0.0037	0.0036
−2.5	0.0062	0.0060	0.0059	0.0057	0.0055	0.0054	0.0052	0.0051	0.0049	0.0048
−2.4	0.0082	0.0080	0.0078	0.0075	0.0073	0.0071	0.0069	0.0068	0.0066	0.0064
−2.3	0.0107	0.0104	0.0102	0.0099	0.0096	0.0094	0.0091	0.0089	0.0087	0.0084
−2.2	0.0139	0.0136	0.0132	0.0129	0.0125	0.0122	0.0119	0.0116	0.0113	0.0110
−2.1	0.0179	0.0174	0.0170	0.0166	0.0162	0.0158	0.0154	0.0150	0.0146	0.0143
−2.0	0.0228	0.0222	0.0217	0.0212	0.0207	0.0202	0.0197	0.0192	0.0188	0.0183
−1.9	0.0287	0.0281	0.0274	0.0268	0.0262	0.0256	0.0250	0.0244	0.0239	0.0233
−1.8	0.0359	0.0351	0.0344	0.0336	0.0329	0.0322	0.0314	0.0307	0.0301	0.0294
−1.7	0.0446	0.0436	0.0427	0.0418	0.0409	0.0401	0.0392	0.0384	0.0375	0.0367
−1.6	0.0548	0.0537	0.0526	0.0516	0.0505	0.0495	0.0485	0.0475	0.0465	0.0455
−1.5	0.0668	0.0655	0.0643	0.0630	0.0618	0.0606	0.0594	0.0582	0.0571	0.0559
−1.4	0.0808	0.0793	0.0778	0.0764	0.0749	0.0735	0.0721	0.0708	0.0694	0.0681
−1.3	0.0968	0.0951	0.0934	0.0918	0.0901	0.0885	0.0869	0.0853	0.0838	0.0823
−1.2	0.1151	0.1131	0.1112	0.1093	0.1075	0.1056	0.1038	0.1020	0.1003	0.0985
−1.1	0.1357	0.1335	0.1314	0.1292	0.1271	0.1251	0.1230	0.1210	0.1190	0.1170
−1.0	0.1587	0.1562	0.1539	0.1515	0.1492	0.1469	0.1446	0.1423	0.1401	0.1379
−0.9	0.1841	0.1814	0.1788	0.1762	0.1736	0.1711	0.1685	0.1660	0.1635	0.1611
−0.8	0.2119	0.2090	0.2061	0.2033	0.2005	0.1977	0.1949	0.1922	0.1894	0.1867
−0.7	0.2420	0.2389	0.2358	0.2327	0.2296	0.2266	0.2236	0.2206	0.2177	0.2148
−0.6	0.2743	0.2709	0.2676	0.2643	0.2611	0.2578	0.2546	0.2514	0.2483	0.2451
−0.5	0.3085	0.3050	0.3015	0.2981	0.2946	0.2912	0.2877	0.2843	0.2810	0.2776
−0.4	0.3446	0.3409	0.3372	0.3336	0.3300	0.3264	0.3228	0.3192	0.3156	0.3121
−0.3	0.3821	0.3783	0.3745	0.3707	0.3669	0.3632	0.3594	0.3557	0.3520	0.3483
−0.2	0.4207	0.4168	0.4129	0.4090	0.4052	0.4013	0.3974	0.3936	0.3897	0.3859
−0.1	0.4602	0.4562	0.4522	0.4483	0.4443	0.4404	0.4364	0.4325	0.4286	0.4247
−0.0	0.5000	0.4960	0.4920	0.4880	0.4841	0.4801	0.4761	0.4721	0.4681	0.4641

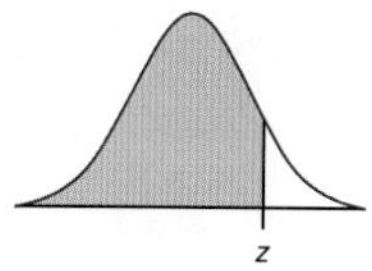

아래 표는 z 이하의 정규분포 면적을 의미한다.

z	0.00	0.01	0.02	0.03	0.04	0.05	0.06	0.07	0.08	0.09
0.0	0.5000	0.5040	0.5080	0.5120	0.5160	0.5199	0.5239	0.5279	0.5319	0.5359
0.1	0.5398	0.5438	0.5478	0.5517	0.5557	0.5596	0.5636	0.5675	0.5714	0.5753
0.2	0.5793	0.5832	0.5871	0.5910	0.5948	0.5987	0.6026	0.6064	0.6103	0.6141
0.3	0.6179	0.6217	0.6255	0.6293	0.6331	0.6368	0.6406	0.6443	0.6480	0.6517
0.4	0.6554	0.6591	0.6628	0.6664	0.6700	0.6736	0.6772	0.6808	0.6844	0.6879
0.5	0.6915	0.6950	0.6985	0.7019	0.7054	0.7088	0.7123	0.7157	0.7190	0.7224
0.6	0.7257	0.7291	0.7324	0.7357	0.7389	0.7422	0.7454	0.7486	0.7517	0.7549
0.7	0.7580	0.7611	0.7642	0.7673	0.7704	0.7734	0.7764	0.7794	0.7823	0.7852
0.8	0.7881	0.7910	0.7939	0.7967	0.7995	0.8023	0.8051	0.8078	0.8106	0.8133
0.9	0.8159	0.8186	0.8212	0.8238	0.8264	0.8289	0.8315	0.8340	0.8365	0.8389
1.0	0.8413	0.8438	0.8461	0.8485	0.8508	0.8531	0.8554	0.8577	0.8599	0.8621
1.1	0.8643	0.8665	0.8686	0.8708	0.8729	0.8749	0.8770	0.8790	0.8810	0.8830
1.2	0.8849	0.8869	0.8888	0.8907	0.8925	0.8944	0.8962	0.8980	0.8997	0.9015
1.3	0.9032	0.9049	0.9066	0.9082	0.9099	0.9115	0.9131	0.9147	0.9162	0.9177
1.4	0.9192	0.9207	0.9222	0.9236	0.9251	0.9265	0.9279	0.9292	0.9306	0.9319
1.5	0.9332	0.9345	0.9357	0.9370	0.9382	0.9394	0.9406	0.9418	0.9429	0.9441
1.6	0.9452	0.9463	0.9474	0.9484	0.9495	0.9505	0.9515	0.9525	0.9535	0.9545
1.7	0.9554	0.9564	0.9573	0.9582	0.9591	0.9599	0.9608	0.9616	0.9625	0.9633
1.8	0.9641	0.9649	0.9656	0.9664	0.9671	0.9678	0.9686	0.9693	0.9699	0.9706
1.9	0.9713	0.9719	0.9726	0.9732	0.9738	0.9744	0.9750	0.9756	0.9761	0.9767
2.0	0.9772	0.9778	0.9783	0.9788	0.9793	0.9798	0.9803	0.9808	0.9812	0.9817
2.1	0.9821	0.9826	0.9830	0.9834	0.9838	0.9842	0.9846	0.9850	0.9854	0.9857
2.2	0.9861	0.9864	0.9868	0.9871	0.9875	0.9878	0.9881	0.9884	0.9887	0.9890
2.3	0.9893	0.9896	0.9898	0.9901	0.9904	0.9906	0.9909	0.9911	0.9913	0.9916
2.4	0.9918	0.9920	0.9922	0.9925	0.9927	0.9929	0.9931	0.9932	0.9934	0.9936
2.5	0.9938	0.9940	0.9941	0.9943	0.9945	0.9946	0.9948	0.9949	0.9951	0.9952
2.6	0.9953	0.9955	0.9956	0.9957	0.9959	0.9960	0.9961	0.9962	0.9963	0.9964
2.7	0.9965	0.9966	0.9967	0.9968	0.9969	0.9970	0.9971	0.9972	0.9973	0.9974
2.8	0.9974	0.9975	0.9976	0.9977	0.9977	0.9978	0.9979	0.9979	0.9980	0.9981
2.9	0.9981	0.9982	0.9982	0.9983	0.9984	0.9984	0.9985	0.9985	0.9986	0.9986
3.0	0.99865	0.99869	0.99874	0.99878	0.99882	0.99886	0.99889	0.99893	0.99896	0.99900
3.1	0.99903	0.99906	0.99910	0.99913	0.99916	0.99918	0.99921	0.99924	0.99926	0.99929
3.2	0.99931	0.99934	0.99936	0.99938	0.99940	0.99942	0.99944	0.99946	0.99948	0.99950
3.3	0.99952	0.99953	0.99955	0.99957	0.99958	0.99960	0.99961	0.99962	0.99964	0.99965
3.4	0.99966	0.99968	0.99969	0.99970	0.99971	0.99972	0.99973	0.99974	0.99975	0.99976
3.5	0.99977	0.99978	0.99978	0.99979	0.99980	0.99981	0.99981	0.99982	0.99983	0.99983
3.6	0.99984	0.99985	0.99985	0.99986	0.99986	0.99987	0.99987	0.99988	0.99988	0.99989
3.7	0.99989	0.99990	0.99990	0.99990	0.99991	0.99991	0.99992	0.99992	0.99992	0.99992

부록 D

스튜던트 t분포 임계치

아래 표는 주어진 자유도($d.f.$)와 신뢰수준 또는 유의수준에 해당하는 오른쪽 꼬리 t값을 보여준다.

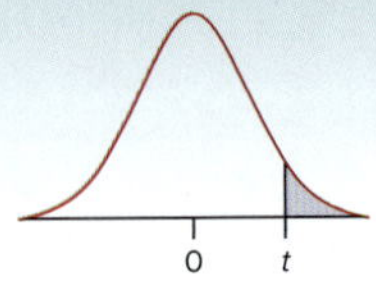

	신뢰수준				
	0.80	0.90	0.95	0.98	0.99
	양측검정에서의 유의수준				
	0.20	0.10	0.05	0.02	0.01
	단측검정에서의 유의수준				
d.f.	0.10	0.05	0.025	0.01	0.005
1	3.078	6.314	12.706	31.821	63.657
2	1.886	2.920	4.303	6.965	9.925
3	1.638	2.353	3.182	4.541	5.841
4	1.533	2.132	2.776	3.747	4.604
5	1.476	2.015	2.571	3.365	4.032
6	1.440	1.943	2.447	3.143	3.707
7	1.415	1.895	2.365	2.998	3.499
8	1.397	1.860	2.306	2.896	3.355
9	1.383	1.833	2.262	2.821	3.250
10	1.372	1.812	2.228	2.764	3.169
11	1.363	1.796	2.201	2.718	3.106
12	1.356	1.782	2.179	2.681	3.055
13	1.350	1.771	2.160	2.650	3.012
14	1.345	1.761	2.145	2.624	2.977
15	1.341	1.753	2.131	2.602	2.947
16	1.337	1.746	2.120	2.583	2.921
17	1.333	1.740	2.110	2.567	2.898
18	1.330	1.734	2.101	2.552	2.878
19	1.328	1.729	2.093	2.539	2.861
20	1.325	1.725	2.086	2.528	2.845
21	1.323	1.721	2.080	2.518	2.831
22	1.321	1.717	2.074	2.508	2.819
23	1.319	1.714	2.069	2.500	2.807
24	1.318	1.711	2.064	2.492	2.797
25	1.316	1.708	2.060	2.485	2.787
26	1.315	1.706	2.056	2.479	2.779
27	1.314	1.703	2.052	2.473	2.771
28	1.313	1.701	2.048	2.467	2.763
29	1.311	1.699	2.045	2.462	2.756
30	1.310	1.697	2.042	2.457	2.750
31	1.309	1.696	2.040	2.453	2.744
32	1.309	1.694	2.037	2.449	2.738
33	1.308	1.692	2.035	2.445	2.733
34	1.307	1.691	2.032	2.441	2.728
35	1.306	1.690	2.030	2.438	2.724
36	1.306	1.688	2.028	2.434	2.719
37	1.305	1.687	2.026	2.431	2.715
38	1.304	1.686	2.024	2.429	2.712
39	1.304	1.685	2.023	2.426	2.708
40	1.303	1.684	2.021	2.423	2.704
41	1.303	1.683	2.020	2.421	2.701
42	1.302	1.682	2.018	2.418	2.698
43	1.302	1.681	2.017	2.416	2.695
44	1.301	1.680	2.015	2.414	2.692
45	1.301	1.679	2.014	2.412	2.690
46	1.300	1.679	2.013	2.410	2.687
47	1.300	1.678	2.012	2.408	2.685
48	1.299	1.677	2.011	2.407	2.682
49	1.299	1.677	2.010	2.405	2.680
50	1.299	1.676	2.009	2.403	2.678
55	1.297	1.673	2.004	2.396	2.668
60	1.296	1.671	2.000	2.390	2.660
65	1.295	1.669	1.997	2.385	2.654
70	1.294	1.667	1.994	2.381	2.648
75	1.293	1.665	1.992	2.377	2.643
80	1.292	1.664	1.990	2.374	2.639
85	1.292	1.663	1.988	2.371	2.635
90	1.291	1.662	1.987	2.368	2.632
95	1.291	1.661	1.985	2.366	2.629
100	1.290	1.660	1.984	2.364	2.626
110	1.289	1.659	1.982	2.361	2.621
120	1.289	1.658	1.980	2.358	2.617
130	1.288	1.657	1.978	2.355	2.614
140	1.288	1.656	1.977	2.353	2.611
150	1.287	1.655	1.976	2.351	2.609
∞	1.282	1.645	1.960	2.326	2.576

주: n이 커짐에 따라 스튜던트 t분포의 임계치는 위 분포표의 마지막 줄에 있는 정규분포 z값에 수렴한다. 대략적으로 $n > 30$이면 z값을 이용할 수 있지만, 그리 보수적인 판단은 아니다.

부록 E

카이제곱 분포 임계치

자유도($d.f.$) = 4에 대한 예시

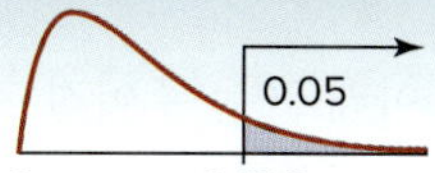

아래 분포표는 주어진 자유도($d.f.$)에 대해 원하는 오른쪽 꼬리 면적에 대한 임계치를 보여준다.

	오른쪽 꼬리 면적									
d.f.	**0.995**	**0.990**	**0.975**	**0.95**	**0.90**	**0.10**	**0.05**	**0.025**	**0.01**	**0.005**
1	0.000	0.000	0.001	0.004	0.016	2.706	3.841	5.024	6.635	7.879
2	0.010	0.020	0.051	0.103	0.211	4.605	5.991	7.378	9.210	10.60
3	0.072	0.115	0.216	0.352	0.584	6.251	7.815	9.348	11.34	12.84
4	0.207	0.297	0.484	0.711	1.064	7.779	9.488	11.14	13.28	14.86
5	0.412	0.554	0.831	1.145	1.610	9.236	11.07	12.83	15.09	16.75
6	0.676	0.872	1.237	1.635	2.204	10.64	12.59	14.45	16.81	18.55
7	0.989	1.239	1.690	2.167	2.833	12.02	14.07	16.01	18.48	20.28
8	1.344	1.646	2.180	2.733	3.490	13.36	15.51	17.53	20.09	21.95
9	1.735	2.088	2.700	3.325	4.168	14.68	16.92	19.02	21.67	23.59
10	2.156	2.558	3.247	3.940	4.865	15.99	18.31	20.48	23.21	25.19
11	2.603	3.053	3.816	4.575	5.578	17.28	19.68	21.92	24.72	26.76
12	3.074	3.571	4.404	5.226	6.304	18.55	21.03	23.34	26.22	28.30
13	3.565	4.107	5.009	5.892	7.042	19.81	22.36	24.74	27.69	29.82
14	4.075	4.660	5.629	6.571	7.790	21.06	23.68	26.12	29.14	31.32
15	4.601	5.229	6.262	7.261	8.547	22.31	25.00	27.49	30.58	32.80
16	5.142	5.812	6.908	7.962	9.312	23.54	26.30	28.85	32.00	34.27
17	5.697	6.408	7.564	8.672	10.09	24.77	27.59	30.19	33.41	35.72
18	6.265	7.015	8.231	9.390	10.86	25.99	28.87	31.53	34.81	37.16
19	6.844	7.633	8.907	10.12	11.65	27.20	30.14	32.85	36.19	38.58
20	7.434	8.260	9.591	10.85	12.44	28.41	31.41	34.17	37.57	40.00
21	8.034	8.897	10.28	11.59	13.24	29.62	32.67	35.48	38.93	41.40
22	8.643	9.542	10.98	12.34	14.04	30.81	33.92	36.78	40.29	42.80
23	9.260	10.20	11.69	13.09	14.85	32.01	35.17	38.08	41.64	44.18
24	9.886	10.86	12.40	13.85	15.66	33.20	36.42	39.36	42.98	45.56
25	10.52	11.52	13.12	14.61	16.47	34.38	37.65	40.65	44.31	46.93
26	11.16	12.20	13.84	15.38	17.29	35.56	38.89	41.92	45.64	48.29
27	11.81	12.88	14.57	16.15	18.11	36.74	40.11	43.19	46.96	49.64
28	12.46	13.56	15.31	16.93	18.94	37.92	41.34	44.46	48.28	50.99
29	13.12	14.26	16.05	17.71	19.77	39.09	42.56	45.72	49.59	52.34
30	13.79	14.95	16.79	18.49	20.60	40.26	43.77	46.98	50.89	53.67
31	14.46	15.66	17.54	19.28	21.43	41.42	44.99	48.23	52.19	55.00
32	15.13	16.36	18.29	20.07	22.27	42.58	46.19	49.48	53.49	56.33
33	15.82	17.07	19.05	20.87	23.11	43.75	47.40	50.73	54.78	57.65
34	16.50	17.79	19.81	21.66	23.95	44.90	48.60	51.97	56.06	58.96
35	17.19	18.51	20.57	22.47	24.80	46.06	49.80	53.20	57.34	60.27
36	17.89	19.23	21.34	23.27	25.64	47.21	51.00	54.44	58.62	61.58
37	18.59	19.96	22.11	24.07	26.49	48.36	52.19	55.67	59.89	62.88
38	19.29	20.69	22.88	24.88	27.34	49.51	53.38	56.90	61.16	64.18
39	20.00	21.43	23.65	25.70	28.20	50.66	54.57	58.12	62.43	65.48
40	20.71	22.16	24.43	26.51	29.05	51.81	55.76	59.34	63.69	66.77
50	27.99	29.71	32.36	34.76	37.69	63.17	67.50	71.42	76.15	79.49
60	35.53	37.48	40.48	43.19	46.46	74.40	79.08	83.30	88.38	91.95
70	43.28	45.44	48.76	51.74	55.33	85.53	90.53	95.02	100.4	104.2
80	51.17	53.54	57.15	60.39	64.28	96.58	101.9	106.6	112.3	116.3
90	59.20	61.75	65.65	69.13	73.29	107.6	113.1	118.1	124.1	128.3
100	67.33	70.06	74.22	77.93	82.36	118.5	124.3	129.6	135.8	140.2

주: $d.f. > 100$에 대해서는 엑셀 함수 =CHISQ.INV.RT(α, degrees of freedom)를 이용하라.

부록 F

$F_{0.10}$의 임계치

아래 표는 주어진 자유도(*d.f.*)에 대해 오른쪽 꼬리 면적이 10%인 임계치를 보여준다.

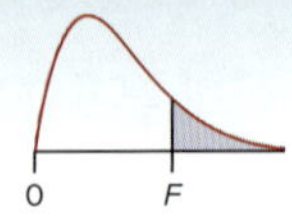

분모의 자유도 (df_2)	분자의 자유도(df_1)										
	1	2	3	4	5	6	7	8	9	10	12
1	39.86	49.50	53.59	55.83	57.24	58.20	58.91	59.44	59.86	60.19	60.71
2	8.53	9.00	9.16	9.24	9.29	9.33	9.35	9.37	9.38	9.39	9.41
3	5.54	5.46	5.39	5.34	5.31	5.28	5.27	5.25	5.24	5.23	5.22
4	4.54	4.32	4.19	4.11	4.05	4.01	3.98	3.95	3.94	3.92	3.90
5	4.06	3.78	3.62	3.52	3.45	3.40	3.37	3.34	3.32	3.30	3.27
6	3.78	3.46	3.29	3.18	3.11	3.05	3.01	2.98	2.96	2.94	2.90
7	3.59	3.26	3.07	2.96	2.88	2.83	2.78	2.75	2.72	2.70	2.67
8	3.46	3.11	2.92	2.81	2.73	2.67	2.62	2.59	2.56	2.54	2.50
9	3.36	3.01	2.81	2.69	2.61	2.55	2.51	2.47	2.44	2.42	2.38
10	3.29	2.92	2.73	2.61	2.52	2.46	2.41	2.38	2.35	2.32	2.28
11	3.23	2.86	2.66	2.54	2.45	2.39	2.34	2.30	2.27	2.25	2.21
12	3.18	2.81	2.61	2.48	2.39	2.33	2.28	2.24	2.21	2.19	2.15
13	3.14	2.76	2.56	2.43	2.35	2.28	2.23	2.20	2.16	2.14	2.10
14	3.10	2.73	2.52	2.39	2.31	2.24	2.19	2.15	2.12	2.10	2.05
15	3.07	2.70	2.49	2.36	2.27	2.21	2.16	2.12	2.09	2.06	2.02
16	3.05	2.67	2.46	2.33	2.24	2.18	2.13	2.09	2.06	2.03	1.99
17	3.03	2.64	2.44	2.31	2.22	2.15	2.10	2.06	2.03	2.00	1.96
18	3.01	2.62	2.42	2.29	2.20	2.13	2.08	2.04	2.00	1.98	1.93
19	2.99	2.61	2.40	2.27	2.18	2.11	2.06	2.02	1.98	1.96	1.91
20	2.97	2.59	2.38	2.25	2.16	2.09	2.04	2.00	1.96	1.94	1.89
21	2.96	2.57	2.36	2.23	2.14	2.08	2.02	1.98	1.95	1.92	1.87
22	2.95	2.56	2.35	2.22	2.13	2.06	2.01	1.97	1.93	1.90	1.86
23	2.94	2.55	2.34	2.21	2.11	2.05	1.99	1.95	1.92	1.89	1.84
24	2.93	2.54	2.33	2.19	2.10	2.04	1.98	1.94	1.91	1.88	1.83
25	2.92	2.53	2.32	2.18	2.09	2.02	1.97	1.93	1.89	1.87	1.82
26	2.91	2.52	2.31	2.17	2.08	2.01	1.96	1.92	1.88	1.86	1.81
27	2.90	2.51	2.30	2.17	2.07	2.00	1.95	1.91	1.87	1.85	1.80
28	2.89	2.50	2.29	2.16	2.06	2.00	1.94	1.90	1.87	1.84	1.79
29	2.89	2.50	2.28	2.15	2.06	1.99	1.93	1.89	1.86	1.83	1.78
30	2.88	2.49	2.28	2.14	2.05	1.98	1.93	1.88	1.85	1.82	1.77
40	2.84	2.44	2.23	2.09	2.00	1.93	1.87	1.83	1.79	1.76	1.71
50	2.81	2.41	2.20	2.06	1.97	1.90	1.84	1.80	1.76	1.73	1.68
60	2.79	2.39	2.18	2.04	1.95	1.87	1.82	1.77	1.74	1.71	1.66
120	2.75	2.35	2.13	1.99	1.90	1.82	1.77	1.72	1.68	1.65	1.60
200	2.73	2.33	2.11	1.97	1.88	1.80	1.75	1.70	1.66	1.63	1.58
∞	2.71	2.30	2.08	1.94	1.85	1.77	1.72	1.67	1.63	1.60	1.55

분모의 자유도 (df_2)	분자의 자유도(df_1)										
	15	20	25	30	35	40	50	60	120	200	∞
1	61.22	61.74	62.05	62.26	62.42	62.53	62.69	62.79	63.06	63.17	63.32
2	9.42	9.44	9.45	9.46	9.46	9.47	9.47	9.47	9.48	9.49	9.49
3	5.20	5.18	5.17	5.17	5.16	5.16	5.15	5.15	5.14	5.14	5.13
4	3.87	3.84	3.83	3.82	3.81	3.80	3.80	3.79	3.78	3.77	3.76
5	3.24	3.21	3.19	3.17	3.16	3.16	3.15	3.14	3.12	3.12	3.11
6	2.87	2.84	2.81	2.80	2.79	2.78	2.77	2.76	2.74	2.73	2.72
7	2.63	2.59	2.57	2.56	2.54	2.54	2.52	2.51	2.49	2.48	2.47
8	2.46	2.42	2.40	2.38	2.37	2.36	2.35	2.34	2.32	2.31	2.29
9	2.34	2.30	2.27	2.25	2.24	2.23	2.22	2.21	2.18	2.17	2.16
10	2.24	2.20	2.17	2.16	2.14	2.13	2.12	2.11	2.08	2.07	2.06
11	2.17	2.12	2.10	2.08	2.06	2.05	2.04	2.03	2.00	1.99	1.97
12	2.10	2.06	2.03	2.01	2.00	1.99	1.97	1.96	1.93	1.92	1.90
13	2.05	2.01	1.98	1.96	1.94	1.93	1.92	1.90	1.88	1.86	1.85
14	2.01	1.96	1.93	1.91	1.90	1.89	1.87	1.86	1.83	1.82	1.80
15	1.97	1.92	1.89	1.87	1.86	1.85	1.83	1.82	1.79	1.77	1.76
16	1.94	1.89	1.86	1.84	1.82	1.81	1.79	1.78	1.75	1.74	1.72
17	1.91	1.86	1.83	1.81	1.79	1.78	1.76	1.75	1.72	1.71	1.69
18	1.89	1.84	1.80	1.78	1.77	1.75	1.74	1.72	1.69	1.68	1.66
19	1.86	1.81	1.78	1.76	1.74	1.73	1.71	1.70	1.67	1.65	1.63
20	1.84	1.79	1.76	1.74	1.72	1.71	1.69	1.68	1.64	1.63	1.61
21	1.83	1.78	1.74	1.72	1.70	1.69	1.67	1.66	1.62	1.61	1.59
22	1.81	1.76	1.73	1.70	1.68	1.67	1.65	1.64	1.60	1.59	1.57
23	1.80	1.74	1.71	1.69	1.67	1.66	1.64	1.62	1.59	1.57	1.55
24	1.78	1.73	1.70	1.67	1.65	1.64	1.62	1.61	1.57	1.56	1.53
25	1.77	1.72	1.68	1.66	1.64	1.63	1.61	1.59	1.56	1.54	1.52
26	1.76	1.71	1.67	1.65	1.63	1.61	1.59	1.58	1.54	1.53	1.50
27	1.75	1.70	1.66	1.64	1.62	1.60	1.58	1.57	1.53	1.52	1.49
28	1.74	1.69	1.65	1.63	1.61	1.59	1.57	1.56	1.52	1.50	1.48
29	1.73	1.68	1.64	1.62	1.60	1.58	1.56	1.55	1.51	1.49	1.47
30	1.72	1.67	1.63	1.61	1.59	1.57	1.55	1.54	1.50	1.48	1.46
40	1.66	1.61	1.57	1.54	1.52	1.51	1.48	1.47	1.42	1.41	1.38
50	1.63	1.57	1.53	1.50	1.48	1.46	1.44	1.42	1.38	1.36	1.33
60	1.60	1.54	1.50	1.48	1.45	1.44	1.41	1.40	1.35	1.33	1.29
120	1.55	1.48	1.44	1.41	1.39	1.37	1.34	1.32	1.26	1.24	1.19
200	1.52	1.46	1.41	1.38	1.36	1.34	1.31	1.29	1.23	1.20	1.15
∞	1.49	1.42	1.38	1.34	1.32	1.30	1.26	1.24	1.17	1.13	1.00

$F_{0.05}$의 임계치

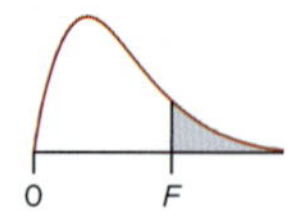

아래 표는 주어진 자유도(*d.f.*)에 대해 오른쪽 꼬리 면적이 5%인 임계치를 보여준다.

분모의 자유도 (df_2)	분자의 자유도(df_1)										
	1	2	3	4	5	6	7	8	9	10	12
1	161.4	199.5	215.7	224.6	230.2	234.0	236.8	238.9	240.5	241.9	243.9
2	18.51	19.00	19.16	19.25	19.30	19.33	19.35	19.37	19.38	19.40	19.41
3	10.13	9.55	9.28	9.12	9.01	8.94	8.89	8.85	8.81	8.79	8.74
4	7.71	6.94	6.59	6.39	6.26	6.16	6.09	6.04	6.00	5.96	5.91
5	6.61	5.79	5.41	5.19	5.05	4.95	4.88	4.82	4.77	4.74	4.68
6	5.99	5.14	4.76	4.53	4.39	4.28	4.21	4.15	4.10	4.06	4.00
7	5.59	4.74	4.35	4.12	3.97	3.87	3.79	3.73	3.68	3.64	3.57
8	5.32	4.46	4.07	3.84	3.69	3.58	3.50	3.44	3.39	3.35	3.28
9	5.12	4.26	3.86	3.63	3.48	3.37	3.29	3.23	3.18	3.14	3.07
10	4.96	4.10	3.71	3.48	3.33	3.22	3.14	3.07	3.02	2.98	2.91
11	4.84	3.98	3.59	3.36	3.20	3.09	3.01	2.95	2.90	2.85	2.79
12	4.75	3.89	3.49	3.26	3.11	3.00	2.91	2.85	2.80	2.75	2.69
13	4.67	3.81	3.41	3.18	3.03	2.92	2.83	2.77	2.71	2.67	2.60
14	4.60	3.74	3.34	3.11	2.96	2.85	2.76	2.70	2.65	2.60	2.53
15	4.54	3.68	3.29	3.06	2.90	2.79	2.71	2.64	2.59	2.54	2.48
16	4.49	3.63	3.24	3.01	2.85	2.74	2.66	2.59	2.54	2.49	2.42
17	4.45	3.59	3.20	2.96	2.81	2.70	2.61	2.55	2.49	2.45	2.38
18	4.41	3.55	3.16	2.93	2.77	2.66	2.58	2.51	2.46	2.41	2.34
19	4.38	3.52	3.13	2.90	2.74	2.63	2.54	2.48	2.42	2.38	2.31
20	4.35	3.49	3.10	2.87	2.71	2.60	2.51	2.45	2.39	2.35	2.28
21	4.32	3.47	3.07	2.84	2.68	2.57	2.49	2.42	2.37	2.32	2.25
22	4.30	3.44	3.05	2.82	2.66	2.55	2.46	2.40	2.34	2.30	2.23
23	4.28	3.42	3.03	2.80	2.64	2.53	2.44	2.37	2.32	2.27	2.20
24	4.26	3.40	3.01	2.78	2.62	2.51	2.42	2.36	2.30	2.25	2.18
25	4.24	3.39	2.99	2.76	2.60	2.49	2.40	2.34	2.28	2.24	2.16
26	4.23	3.37	2.98	2.74	2.59	2.47	2.39	2.32	2.27	2.22	2.15
27	4.21	3.35	2.96	2.73	2.57	2.46	2.37	2.31	2.25	2.20	2.13
28	4.20	3.34	2.95	2.71	2.56	2.45	2.36	2.29	2.24	2.19	2.12
29	4.18	3.33	2.93	2.70	2.55	2.43	2.35	2.28	2.22	2.18	2.10
30	4.17	3.32	2.92	2.69	2.53	2.42	2.33	2.27	2.21	2.16	2.09
40	4.08	3.23	2.84	2.61	2.45	2.34	2.25	2.18	2.12	2.08	2.00
50	4.03	3.18	2.79	2.56	2.40	2.29	2.20	2.13	2.07	2.03	1.95
60	4.00	3.15	2.76	2.53	2.37	2.25	2.17	2.10	2.04	1.99	1.92
120	3.92	3.07	2.68	2.45	2.29	2.18	2.09	2.02	1.96	1.91	1.83
200	3.89	3.04	2.65	2.42	2.26	2.14	2.06	1.98	1.93	1.88	1.80
∞	3.84	3.00	2.60	2.37	2.21	2.10	2.01	1.94	1.88	1.83	1.75

분모의 자유도 (df_2)	분자의 자유도(df_1)										
	15	20	25	30	35	40	50	60	120	200	∞
1	245.9	248.0	249.3	250.1	250.7	251.1	251.8	252.2	253.3	253.7	254.3
2	19.43	19.45	19.46	19.46	19.47	19.47	19.48	19.48	19.49	19.49	19.50
3	8.70	8.66	8.63	8.62	8.60	8.59	8.58	8.57	8.55	8.54	8.53
4	5.86	5.80	5.77	5.75	5.73	5.72	5.70	5.69	5.66	5.65	5.63
5	4.62	4.56	4.52	4.50	4.48	4.46	4.44	4.43	4.40	4.39	4.37
6	3.94	3.87	3.83	3.81	3.79	3.77	3.75	3.74	3.70	3.69	3.67
7	3.51	3.44	3.40	3.38	3.36	3.34	3.32	3.30	3.27	3.25	3.23
8	3.22	3.15	3.11	3.08	3.06	3.04	3.02	3.01	2.97	2.95	2.93
9	3.01	2.94	2.89	2.86	2.84	2.83	2.80	2.79	2.75	2.73	2.71
10	2.85	2.77	2.73	2.70	2.68	2.66	2.64	2.62	2.58	2.56	2.54
11	2.72	2.65	2.60	2.57	2.55	2.53	2.51	2.49	2.45	2.43	2.41
12	2.62	2.54	2.50	2.47	2.44	2.43	2.40	2.38	2.34	2.32	2.30
13	2.53	2.46	2.41	2.38	2.36	2.34	2.31	2.30	2.25	2.23	2.21
14	2.46	2.39	2.34	2.31	2.28	2.27	2.24	2.22	2.18	2.16	2.13
15	2.40	2.33	2.28	2.25	2.22	2.20	2.18	2.16	2.11	2.10	2.07
16	2.35	2.28	2.23	2.19	2.17	2.15	2.12	2.11	2.06	2.04	2.01
17	2.31	2.23	2.18	2.15	2.12	2.10	2.08	2.06	2.01	1.99	1.96
18	2.27	2.19	2.14	2.11	2.08	2.06	2.04	2.02	1.97	1.95	1.92
19	2.23	2.16	2.11	2.07	2.05	2.03	2.00	1.98	1.93	1.91	1.88
20	2.20	2.12	2.07	2.04	2.01	1.99	1.97	1.95	1.90	1.88	1.84
21	2.18	2.10	2.05	2.01	1.98	1.96	1.94	1.92	1.87	1.84	1.81
22	2.15	2.07	2.02	1.98	1.96	1.94	1.91	1.89	1.84	1.82	1.78
23	2.13	2.05	2.00	1.96	1.93	1.91	1.88	1.86	1.81	1.79	1.76
24	2.11	2.03	1.97	1.94	1.91	1.89	1.86	1.84	1.79	1.77	1.73
25	2.09	2.01	1.96	1.92	1.89	1.87	1.84	1.82	1.77	1.75	1.71
26	2.07	1.99	1.94	1.90	1.87	1.85	1.82	1.80	1.75	1.73	1.69
27	2.06	1.97	1.92	1.88	1.86	1.84	1.81	1.79	1.73	1.71	1.67
28	2.04	1.96	1.91	1.87	1.84	1.82	1.79	1.77	1.71	1.69	1.66
29	2.03	1.94	1.89	1.85	1.83	1.81	1.77	1.75	1.70	1.67	1.64
30	2.01	1.93	1.88	1.84	1.81	1.79	1.76	1.74	1.68	1.66	1.62
40	1.92	1.84	1.78	1.74	1.72	1.69	1.66	1.64	1.58	1.55	1.51
50	1.87	1.78	1.73	1.69	1.66	1.63	1.60	1.58	1.51	1.48	1.44
60	1.84	1.75	1.69	1.65	1.62	1.59	1.56	1.53	1.47	1.44	1.39
120	1.75	1.66	1.60	1.55	1.52	1.50	1.46	1.43	1.35	1.32	1.26
200	1.72	1.62	1.56	1.52	1.48	1.46	1.41	1.39	1.30	1.26	1.19
∞	1.67	1.57	1.51	1.46	1.42	1.39	1.35	1.32	1.22	1.17	1.00

$F_{0.025}$의 임계치

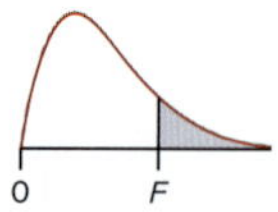

아래 표는 주어진 자유도(*d.f.*)에 대해 오른쪽 꼬리 면적이 2.5%인 임계치를 보여준다.

분모의 자유도 (df_2)	분자의 자유도(df_1)										
	1	2	3	4	5	6	7	8	9	10	12
1	647.8	799.5	864.2	899.6	921.8	937.1	948.2	956.6	963.3	968.6	976.7
2	38.51	39.00	39.17	39.25	39.30	39.33	39.36	39.37	39.39	39.40	39.41
3	17.44	16.04	15.44	15.10	14.88	14.73	14.62	14.54	14.47	14.42	14.34
4	12.22	10.65	9.98	9.60	9.36	9.20	9.07	8.98	8.90	8.84	8.75
5	10.01	8.43	7.76	7.39	7.15	6.98	6.85	6.76	6.68	6.62	6.52
6	8.81	7.26	6.60	6.23	5.99	5.82	5.70	5.60	5.52	5.46	5.37
7	8.07	6.54	5.89	5.52	5.29	5.12	4.99	4.90	4.82	4.76	4.67
8	7.57	6.06	5.42	5.05	4.82	4.65	4.53	4.43	4.36	4.30	4.20
9	7.21	5.71	5.08	4.72	4.48	4.32	4.20	4.10	4.03	3.96	3.87
10	6.94	5.46	4.83	4.47	4.24	4.07	3.95	3.85	3.78	3.72	3.62
11	6.72	5.26	4.63	4.28	4.04	3.88	3.76	3.66	3.59	3.53	3.43
12	6.55	5.10	4.47	4.12	3.89	3.73	3.61	3.51	3.44	3.37	3.28
13	6.41	4.97	4.35	4.00	3.77	3.60	3.48	3.39	3.31	3.25	3.15
14	6.30	4.86	4.24	3.89	3.66	3.50	3.38	3.29	3.21	3.15	3.05
15	6.20	4.77	4.15	3.80	3.58	3.41	3.29	3.20	3.12	3.06	2.96
16	6.12	4.69	4.08	3.73	3.50	3.34	3.22	3.12	3.05	2.99	2.89
17	6.04	4.62	4.01	3.66	3.44	3.28	3.16	3.06	2.98	2.92	2.82
18	5.98	4.56	3.95	3.61	3.38	3.22	3.10	3.01	2.93	2.87	2.77
19	5.92	4.51	3.90	3.56	3.33	3.17	3.05	2.96	2.88	2.82	2.72
20	5.87	4.46	3.86	3.51	3.29	3.13	3.01	2.91	2.84	2.77	2.68
21	5.83	4.42	3.82	3.48	3.25	3.09	2.97	2.87	2.80	2.73	2.64
22	5.79	4.38	3.78	3.44	3.22	3.05	2.93	2.84	2.76	2.70	2.60
23	5.75	4.35	3.75	3.41	3.18	3.02	2.90	2.81	2.73	2.67	2.57
24	5.72	4.32	3.72	3.38	3.15	2.99	2.87	2.78	2.70	2.64	2.54
25	5.69	4.29	3.69	3.35	3.13	2.97	2.85	2.75	2.68	2.61	2.51
26	5.66	4.27	3.67	3.33	3.10	2.94	2.82	2.73	2.65	2.59	2.49
27	5.63	4.24	3.65	3.31	3.08	2.92	2.80	2.71	2.63	2.57	2.47
28	5.61	4.22	3.63	3.29	3.06	2.90	2.78	2.69	2.61	2.55	2.45
29	5.59	4.20	3.61	3.27	3.04	2.88	2.76	2.67	2.59	2.53	2.43
30	5.57	4.18	3.59	3.25	3.03	2.87	2.75	2.65	2.57	2.51	2.41
40	5.42	4.05	3.46	3.13	2.90	2.74	2.62	2.53	2.45	2.39	2.29
50	5.34	3.97	3.39	3.05	2.83	2.67	2.55	2.46	2.38	2.32	2.22
60	5.29	3.93	3.34	3.01	2.79	2.63	2.51	2.41	2.33	2.27	2.17
120	5.15	3.80	3.23	2.89	2.67	2.52	2.39	2.30	2.22	2.16	2.05
200	5.10	3.76	3.18	2.85	2.63	2.47	2.35	2.26	2.18	2.11	2.01
∞	5.02	3.69	3.12	2.79	2.57	2.41	2.29	2.19	2.11	2.05	1.94

분모의 자유도 (df_2)	분자의 자유도(df_1)										
	15	**20**	**25**	**30**	**35**	**40**	**50**	**60**	**120**	**200**	∞
1	984.9	993.1	998.1	1001	1004	1006	1008	1010	1014	1016	1018
2	39.43	39.45	39.46	39.46	39.47	39.47	39.48	39.48	39.49	39.49	39.50
3	14.25	14.17	14.12	14.08	14.06	14.04	14.01	13.99	13.95	13.93	13.90
4	8.66	8.56	8.50	8.46	8.43	8.41	8.38	8.36	8.31	8.29	8.26
5	6.43	6.33	6.27	6.23	6.20	6.18	6.14	6.12	6.07	6.05	6.02
6	5.27	5.17	5.11	5.07	5.04	5.01	4.98	4.96	4.90	4.88	4.85
7	4.57	4.47	4.40	4.36	4.33	4.31	4.28	4.25	4.20	4.18	4.14
8	4.10	4.00	3.94	3.89	3.86	3.84	3.81	3.78	3.73	3.70	3.67
9	3.77	3.67	3.60	3.56	3.53	3.51	3.47	3.45	3.39	3.37	3.33
10	3.52	3.42	3.35	3.31	3.28	3.26	3.22	3.20	3.14	3.12	3.08
11	3.33	3.23	3.16	3.12	3.09	3.06	3.03	3.00	2.94	2.92	2.88
12	3.18	3.07	3.01	2.96	2.93	2.91	2.87	2.85	2.79	2.76	2.73
13	3.05	2.95	2.88	2.84	2.80	2.78	2.74	2.72	2.66	2.63	2.60
14	2.95	2.84	2.78	2.73	2.70	2.67	2.64	2.61	2.55	2.53	2.49
15	2.86	2.76	2.69	2.64	2.61	2.59	2.55	2.52	2.46	2.44	2.40
16	2.79	2.68	2.61	2.57	2.53	2.51	2.47	2.45	2.38	2.36	2.32
17	2.72	2.62	2.55	2.50	2.47	2.44	2.41	2.38	2.32	2.29	2.25
18	2.67	2.56	2.49	2.44	2.41	2.38	2.35	2.32	2.26	2.23	2.19
19	2.62	2.51	2.44	2.39	2.36	2.33	2.30	2.27	2.20	2.18	2.13
20	2.57	2.46	2.40	2.35	2.31	2.29	2.25	2.22	2.16	2.13	2.09
21	2.53	2.42	2.36	2.31	2.27	2.25	2.21	2.18	2.11	2.09	2.04
22	2.50	2.39	2.32	2.27	2.24	2.21	2.17	2.14	2.08	2.05	2.01
23	2.47	2.36	2.29	2.24	2.20	2.18	2.14	2.11	2.04	2.01	1.97
24	2.44	2.33	2.26	2.21	2.17	2.15	2.11	2.08	2.01	1.98	1.94
25	2.41	2.30	2.23	2.18	2.15	2.12	2.08	2.05	1.98	1.95	1.91
26	2.39	2.28	2.21	2.16	2.12	2.09	2.05	2.03	1.95	1.92	1.88
27	2.36	2.25	2.18	2.13	2.10	2.07	2.03	2.00	1.93	1.90	1.85
28	2.34	2.23	2.16	2.11	2.08	2.05	2.01	1.98	1.91	1.88	1.83
29	2.32	2.21	2.14	2.09	2.06	2.03	1.99	1.96	1.89	1.86	1.81
30	2.31	2.20	2.12	2.07	2.04	2.01	1.97	1.94	1.87	1.84	1.79
40	2.18	2.07	1.99	1.94	1.90	1.88	1.83	1.80	1.72	1.69	1.64
50	2.11	1.99	1.92	1.87	1.83	1.80	1.75	1.72	1.64	1.60	1.55
60	2.06	1.94	1.87	1.82	1.78	1.74	1.70	1.67	1.58	1.54	1.48
120	1.94	1.82	1.75	1.69	1.65	1.61	1.56	1.53	1.43	1.39	1.31
200	1.90	1.78	1.70	1.64	1.60	1.56	1.51	1.47	1.37	1.32	1.23
∞	1.83	1.71	1.63	1.57	1.52	1.48	1.43	1.39	1.27	1.21	1.00

$F_{0.01}$의 임계치

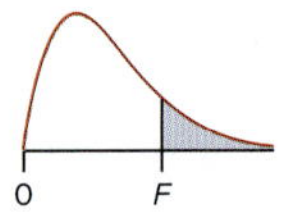

아래 표는 주어진 자유도($d.f.$)에 대해 오른쪽 꼬리 면적이 1%인 임계치를 보여준다.

분모의 자유도 (df_2)	분자의 자유도(df_1)										
	1	**2**	**3**	**4**	**5**	**6**	**7**	**8**	**9**	**10**	**12**
1	4052	4999	5404	5624	5764	5859	5928	5981	6022	6056	6107
2	98.50	99.00	99.16	99.25	99.30	99.33	99.36	99.38	99.39	99.40	99.42
3	34.12	30.82	29.46	28.71	28.24	27.91	27.67	27.49	27.34	27.23	27.05
4	21.20	18.00	16.69	15.98	15.52	15.21	14.98	14.80	14.66	14.55	14.37
5	16.26	13.27	12.06	11.39	10.97	10.67	10.46	10.29	10.16	10.05	9.89
6	13.75	10.92	9.78	9.15	8.75	8.47	8.26	8.10	7.98	7.87	7.72
7	12.25	9.55	8.45	7.85	7.46	7.19	6.99	6.84	6.72	6.62	6.47
8	11.26	8.65	7.59	7.01	6.63	6.37	6.18	6.03	5.91	5.81	5.67
9	10.56	8.02	6.99	6.42	6.06	5.80	5.61	5.47	5.35	5.26	5.11
10	10.04	7.56	6.55	5.99	5.64	5.39	5.20	5.06	4.94	4.85	4.71
11	9.65	7.21	6.22	5.67	5.32	5.07	4.89	4.74	4.63	4.54	4.40
12	9.33	6.93	5.95	5.41	5.06	4.82	4.64	4.50	4.39	4.30	4.16
13	9.07	6.70	5.74	5.21	4.86	4.62	4.44	4.30	4.19	4.10	3.96
14	8.86	6.51	5.56	5.04	4.69	4.46	4.28	4.14	4.03	3.94	3.80
15	8.68	6.36	5.42	4.89	4.56	4.32	4.14	4.00	3.89	3.80	3.67
16	8.53	6.23	5.29	4.77	4.44	4.20	4.03	3.89	3.78	3.69	3.55
17	8.40	6.11	5.19	4.67	4.34	4.10	3.93	3.79	3.68	3.59	3.46
18	8.29	6.01	5.09	4.58	4.25	4.01	3.84	3.71	3.60	3.51	3.37
19	8.18	5.93	5.01	4.50	4.17	3.94	3.77	3.63	3.52	3.43	3.30
20	8.10	5.85	4.94	4.43	4.10	3.87	3.70	3.56	3.46	3.37	3.23
21	8.02	5.78	4.87	4.37	4.04	3.81	3.64	3.51	3.40	3.31	3.17
22	7.95	5.72	4.82	4.31	3.99	3.76	3.59	3.45	3.35	3.26	3.12
23	7.88	5.66	4.76	4.26	3.94	3.71	3.54	3.41	3.30	3.21	3.07
24	7.82	5.61	4.72	4.22	3.90	3.67	3.50	3.36	3.26	3.17	3.03
25	7.77	5.57	4.68	4.18	3.85	3.63	3.46	3.32	3.22	3.13	2.99
26	7.72	5.53	4.64	4.14	3.82	3.59	3.42	3.29	3.18	3.09	2.96
27	7.68	5.49	4.60	4.11	3.78	3.56	3.39	3.26	3.15	3.06	2.93
28	7.64	5.45	4.57	4.07	3.75	3.53	3.36	3.23	3.12	3.03	2.90
29	7.60	5.42	4.54	4.04	3.73	3.50	3.33	3.20	3.09	3.00	2.87
30	7.56	5.39	4.51	4.02	3.70	3.47	3.30	3.17	3.07	2.98	2.84
40	7.31	5.18	4.31	3.83	3.51	3.29	3.12	2.99	2.89	2.80	2.66
50	7.17	5.06	4.20	3.72	3.41	3.19	3.02	2.89	2.78	2.70	2.56
60	7.08	4.98	4.13	3.65	3.34	3.12	2.95	2.82	2.72	2.63	2.50
120	6.85	4.79	3.95	3.48	3.17	2.96	2.79	2.66	2.56	2.47	2.34
200	6.76	4.71	3.88	3.41	3.11	2.89	2.73	2.60	2.50	2.41	2.27
∞	6.63	4.61	3.78	3.32	3.02	2.80	2.64	2.51	2.41	2.32	2.18

분모의 자유도 (df_2)	분자의 자유도(df_1)										
	15	20	25	30	35	40	50	60	120	200	∞
1	6157	6209	6240	6260	6275	6286	6302	6313	6340	6350	6366
2	99.43	99.45	99.46	99.47	99.47	99.48	99.48	99.48	99.49	99.49	99.50
3	26.87	26.69	26.58	26.50	26.45	26.41	26.35	26.32	26.22	26.18	26.13
4	14.20	14.02	13.91	13.84	13.79	13.75	13.69	13.65	13.56	13.52	13.47
5	9.72	9.55	9.45	9.38	9.33	9.29	9.24	9.20	9.11	9.08	9.02
6	7.56	7.40	7.30	7.23	7.18	7.14	7.09	7.06	6.97	6.93	6.88
7	6.31	6.16	6.06	5.99	5.94	5.91	5.86	5.82	5.74	5.70	5.65
8	5.52	5.36	5.26	5.20	5.15	5.12	5.07	5.03	4.95	4.91	4.86
9	4.96	4.81	4.71	4.65	4.60	4.57	4.52	4.48	4.40	4.36	4.31
10	4.56	4.41	4.31	4.25	4.20	4.17	4.12	4.08	4.00	3.96	3.91
11	4.25	4.10	4.01	3.94	3.89	3.86	3.81	3.78	3.69	3.66	3.60
12	4.01	3.86	3.76	3.70	3.65	3.62	3.57	3.54	3.45	3.41	3.36
13	3.82	3.66	3.57	3.51	3.46	3.43	3.38	3.34	3.25	3.22	3.17
14	3.66	3.51	3.41	3.35	3.30	3.27	3.22	3.18	3.09	3.06	3.01
15	3.52	3.37	3.28	3.21	3.17	3.13	3.08	3.05	2.96	2.92	2.87
16	3.41	3.26	3.16	3.10	3.05	3.02	2.97	2.93	2.84	2.81	2.76
17	3.31	3.16	3.07	3.00	2.96	2.92	2.87	2.83	2.75	2.71	2.66
18	3.23	3.08	2.98	2.92	2.87	2.84	2.78	2.75	2.66	2.62	2.57
19	3.15	3.00	2.91	2.84	2.80	2.76	2.71	2.67	2.58	2.55	2.49
20	3.09	2.94	2.84	2.78	2.73	2.69	2.64	2.61	2.52	2.48	2.42
21	3.03	2.88	2.79	2.72	2.67	2.64	2.58	2.55	2.46	2.42	2.36
22	2.98	2.83	2.73	2.67	2.62	2.58	2.53	2.50	2.40	2.36	2.31
23	2.93	2.78	2.69	2.62	2.57	2.54	2.48	2.45	2.35	2.32	2.26
24	2.89	2.74	2.64	2.58	2.53	2.49	2.44	2.40	2.31	2.27	2.21
25	2.85	2.70	2.60	2.54	2.49	2.45	2.40	2.36	2.27	2.23	2.17
26	2.81	2.66	2.57	2.50	2.45	2.42	2.36	2.33	2.23	2.19	2.13
27	2.78	2.63	2.54	2.47	2.42	2.38	2.33	2.29	2.20	2.16	2.10
28	2.75	2.60	2.51	2.44	2.39	2.35	2.30	2.26	2.17	2.13	2.07
29	2.73	2.57	2.48	2.41	2.36	2.33	2.27	2.23	2.14	2.10	2.04
30	2.70	2.55	2.45	2.39	2.34	2.30	2.25	2.21	2.11	2.07	2.01
40	2.52	2.37	2.27	2.20	2.15	2.11	2.06	2.02	1.92	1.87	1.81
50	2.42	2.27	2.17	2.10	2.05	2.01	1.95	1.91	1.80	1.76	1.69
60	2.35	2.20	2.10	2.03	1.98	1.94	1.88	1.84	1.73	1.68	1.60
120	2.19	2.03	1.93	1.86	1.81	1.76	1.70	1.66	1.53	1.48	1.38
200	2.13	1.97	1.87	1.79	1.74	1.69	1.63	1.58	1.45	1.39	1.28
∞	2.04	1.88	1.77	1.70	1.64	1.59	1.52	1.47	1.32	1.25	1.00

부록

G 홀수 연습문제 해답

Solutions to Odd-Numbered Exercises

1장

1.9 연관이 인과관계를 의미하지는 않는다. 함정 5를 보라.

1.11 a. 어떤 조합이든 당첨 가능성은 동일하기 때문에 그의 방법은 "작동하지" 않았다.
b. 아니다. 다른 어떤 여섯 개 숫자 조합과 마찬가지이다.

1.13 0.2%의 감소는 개인 고객에게는 중요하지 않은 것처럼 보일 수 있다. 하지만 다른 한편으로 회사의 관점에서는 보유 고객수에 따라 유의할 수 있다.

1.15 동의하지 않는다. 그 차이는 실질적으로 중요하다. 231,164명 환자의 0.9%는 2,080명이다.

1.19 a. 80명의 응답 결과를 분석하되 비응답자에 대해서는 어떤 결론도 내리지 않는다.
b. 아니다. 조사에 지나치게 결함이 많아 보인다.

1.21 동의한다. 함정 2에 유의하라.

1.23 오류가 있다. 톰은 함정 2에 빠졌다.

1.25 a. 출석, 공부시간, 학습능력, 관심도, 강사의 능력, 선행 수강과목.
b. 거꾸로 된 인과관계? 훌륭한 학생은 자신의 건강에 대해 더 바람직한 결정을 내린다.
c. 아니다. 인과관계가 성립하지 않는다.

1.27 가장 큰 문제는 각 전공별로 학생들의 숫자가 얼마나 되는지 모른다는 점이다.
a. 아마도 철학 전공자가 더 적을 것이다.
b. 아마도 엔지니어들이 MBA를 더 원하기 때문에 시험에 더 많이 응시했을 것이다.
c. 인과관계가 성립하지 않는다. 물리학 전공은 마케팅 전공과 다를 수 있다(예: 수리 능력).
d. GMAT는 학습능력을 평가하는 하나의 지표에 지나지 않는다.

1.29 a. 대부분 그래프를 선호하겠지만 둘 다 명확하다.
b. 2005년 샐러드 판매 개수는 5월에 최대치에 도달했으며, 그후 연말까지 꾸준히 감소했다.

2장

2.1 a. 범주형 b. 범주형 c. 이산 숫자형.

2.3 a. 연속 숫자형 b. 연속 숫자형.
c. 범주형 d. 범주형.

2.5 a. 횡단면 b. 시계열 c. 시계열 d. 횡단면.

2.7 a. 시계열 b. 횡단면 c. 시계열 d. 횡단면.

2.9 a. 비율형 b. 순서형 c. 명목형.
d. 구간형 e. 비율형 f. 순서형.

2.11 a. 비율형 b. 비율형 c. 명목형.
d. 순서형 e. 구간형 f. 구간형.
리커트 척도는 전형적으로 구간형으로 간주된다.

2.13 a. 구간형, 구간이 동일한 것으로 가정.
b. 그렇다(구간형 데이터).
c. 10점 척도는 선택 포인트가 너무 많아 고객이 고르기 힘들다.

2.15 a. 센서스 b. 표본 또는 센서스.
c. 표본 d. 센서스.

2.17 a. 모수 b. 모수 c. 통계량 d. 통계량.

2.19 a. 편의 b. 계통 c. 판단 또는 편향된.

2.25 a. 전화 또는 인터넷 b. 직접 관찰.
c. 면접 또는 인터넷 혹은 우편.
d. 면접 또는 인터넷.

2.27 유형 1: 대부분 찬성. 유형 2: 다양한 답변.

2.29 a. 연속 숫자형 b. 범주형 c. 이산 숫자형.

2.31 a. 순서형 b. 구간형 e. 비율형.

2.33 Q1 범주형, 명목형 Q2 연속형, 비율형.
Q3 연속형, 비율형 Q4 이산형, 비율형.
Q5 범주형, 순서형.

2.35 Q11 연속형, 비율형 Q12 이산형, 비율형.
Q13 범주형, 순서형 Q14 범주형, 명목형.
Q15 범주형, 순서형.

2.37 a. 시계열 b. 횡단면 c. 횡단면 d. 시계열.

2.39 a. 센서스 b. 표본 c. 센서스.

2.41 a. 통계량 b. 모수 c. 모수.

2.45 센서스는 비용 때문에 아마도 불가능.

2.47 a. 군집추출 b. 불가능, 모집단이 사실상 무한.

2.49 a. 센서스 b. 표본 c. 표본 d. 센서스.

2.51 a. 군집추출 b. 군집추출 c. 단순임의추출.

d. 판매량에 기초한 통계량, 표본이 아님.

2.53 a. 군집추출. 동네는 자연적인 군집이다.

b. 휴가철 중 하루를 선택함으로써 쓰레기량이 과소평가 될 수 있다.

2.55 a. 그렇다. 11,000/18 > 20. b. 1/39.

2.57 교육과 소득이 "전화거부 리스트"의 사용에 영향을 미칠 수 있다.

a. "전화거부 리스트"에 등록한 사람들을 접촉할 수 없다. b 및 c도 동일한 편향을 갖는다.

서베이 및 척도

2.59 a. 교수의 강의에 대해 평가하면? 1(탁월)에서 5(실망)까지.

b. 대통령의 경제정책에 대한 만족도는? 1(매우 만족)에서 5(매우 불만)까지.

c. 의사를 만나는 데 걸린 시간은? 15분 미만, 15~30분, 30분~1시간, 1시간 이상.

2.61 a. 순서형 b. 구간들이 동일.

3장

3.1 a.

빈도	줄기	잎
1	0	9
5	1	56889
7	2	1145667
10	3	1222334559
1	4	2
24		

b.

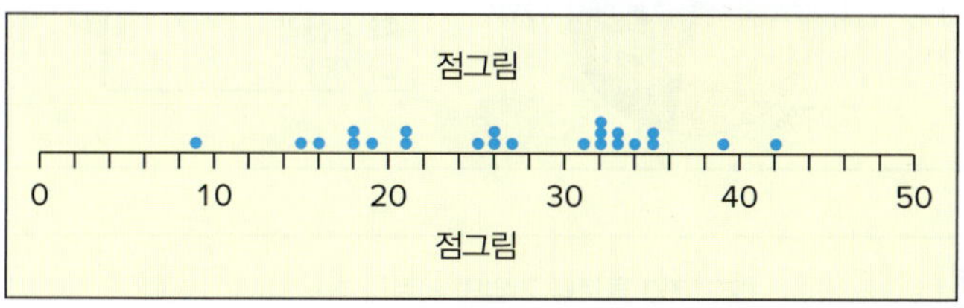

c. 왼쪽으로 기운, 중심경향은 대략 30, 범위는 9~42.

3.3 사라의 전화가 더 짧다.

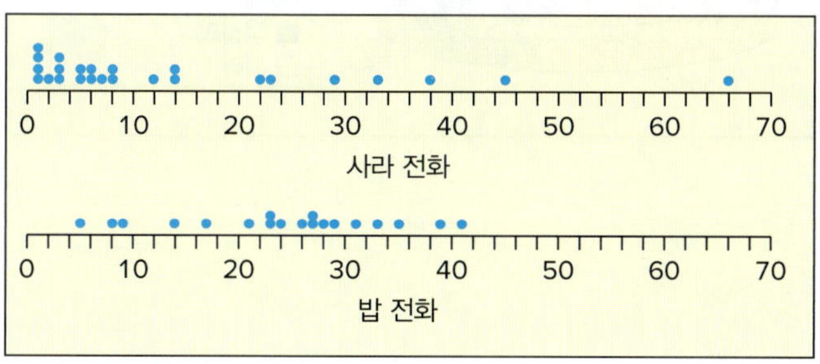

3.5 a.

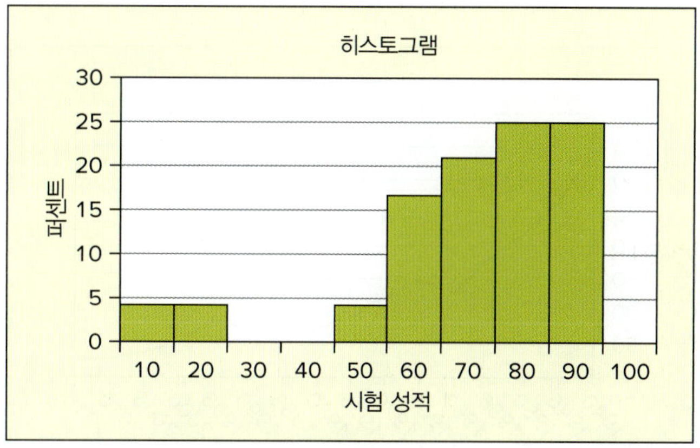

b. 왼쪽으로 기운, 중심경향은 대략 80, 데이터의 대부분이 50에서 100 사이이고, 두 개의 특이값은 18과 27임.

3.7 스터지스 법칙에 따르면 계급은 6개이다. 약간 오른쪽으로 기운 형태이다.

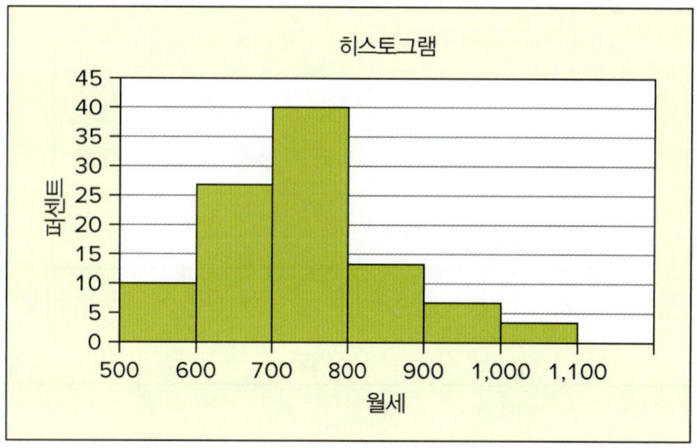

3.9 a. 7 계급, 폭 = 5, 스터지스 법칙 = 6 계급

b. 8 계급, 폭 = 10, 스터지스 법칙 = 6 또는 7 계급

c. 10 계급, 폭 = 0.15, 스터지스 법칙 = 9 계급

d. 8 계급, 폭 = 0.01, 스터지스 법칙 = 8 계급

3.11 a.

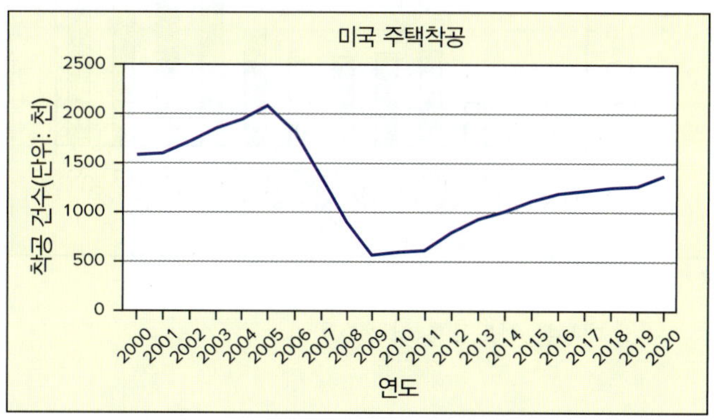

b. 2005년까지 증가 추세를 보이다가 크게 감소.

3.13 감소추세(감소율은 둔화).

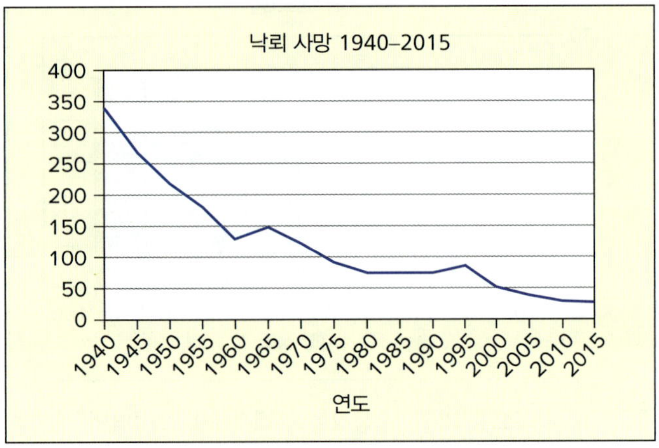

3.15 a.

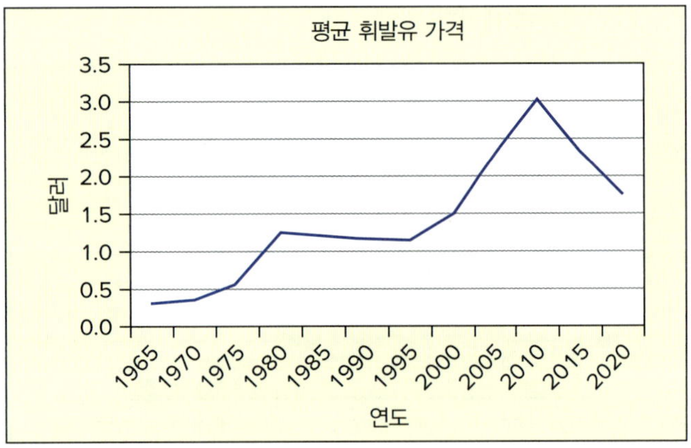

출처: www.fueleconomy.gov.

b.

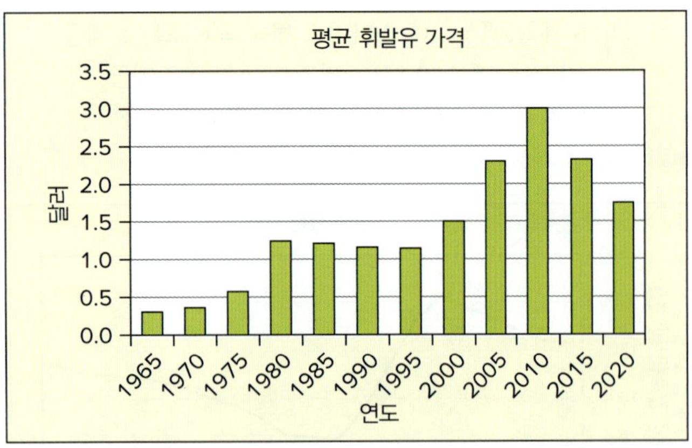

출처: www.fueleconomy.gov.

c. 대부분 선도표를 더 선호함.

3.17 a.

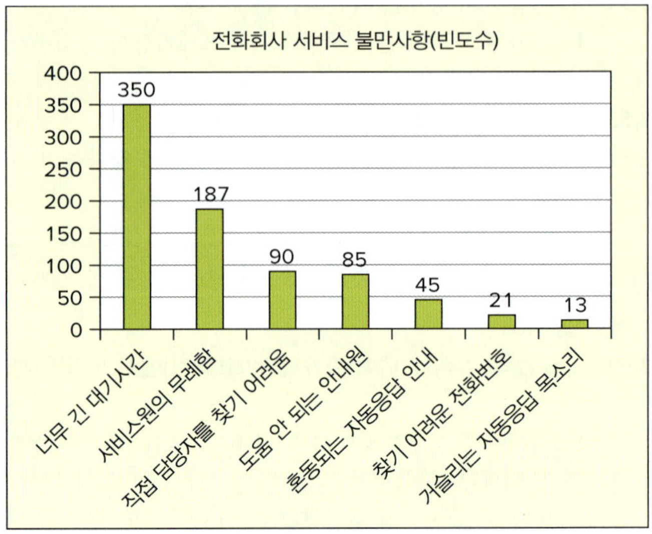

b. 너무 긴 대기시간, 서비스원의 무례함, 직접 담당자를 찾기 어려움.

c. 너무 긴 대기시간.

3.19 a. 기본으로 되어 있는 파이가 명확하나 크기가 작은 편임(끌어서 늘릴 수 있음).

b. 시각적으로 강력하나 읽기 어려움.

c. 더 명확하고 읽기 쉬움.

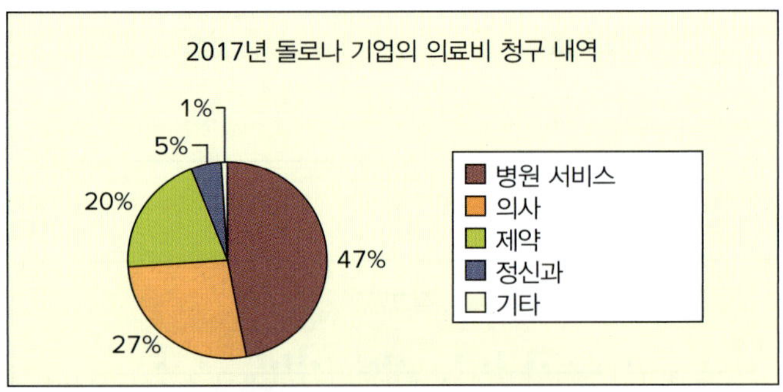

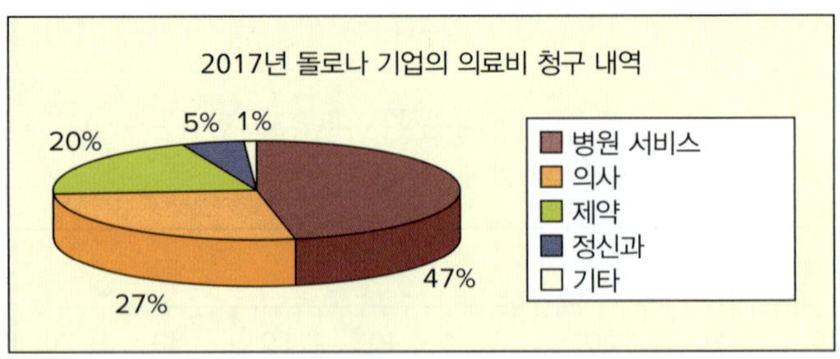

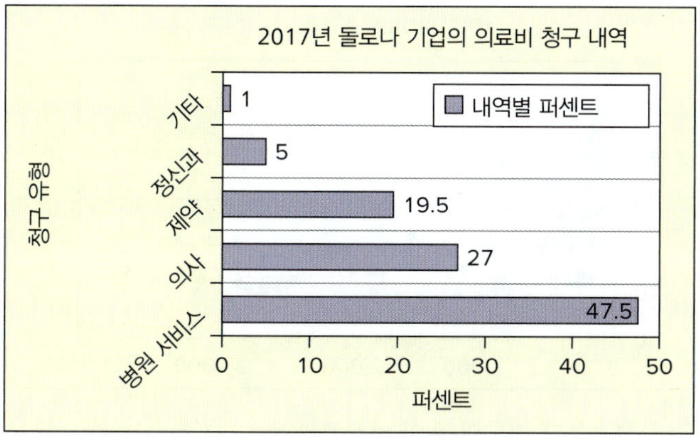

3.21 a. 좀 더 자세히 보여주기 위해 시작점을 (0.8, 100)으로 할 수 있음.

b. 어느 정도 음(–)의 선형관계 존재.

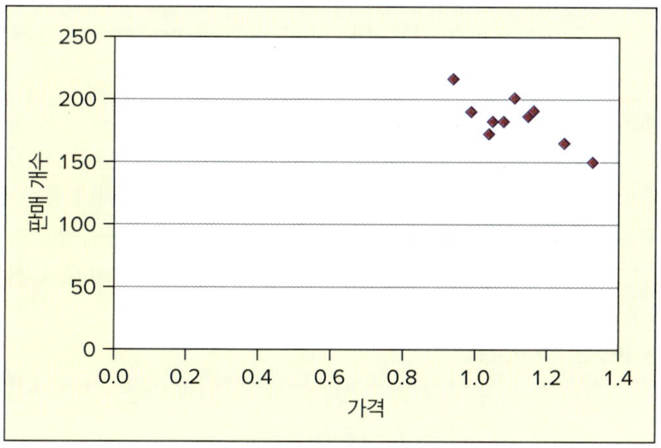

3.23 a. 아래 그림 참조.

b. 어느 정도 양(+)의 선형관계 존재.

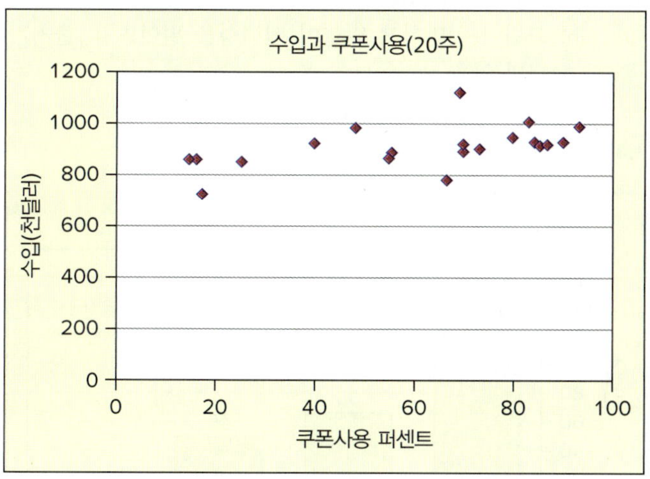

3.25 a.

빈도	줄기	잎
3	0	249
6	1	227778
5	2	14557
4	3	0025
1	4	4
3	5	013
2	6	26
0	7	
1	8	4
1	9	9

b.

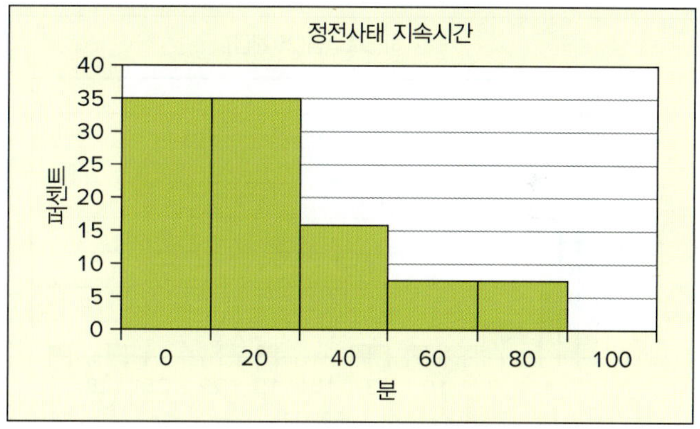

c. 오른쪽으로 기운.

3.27 a.

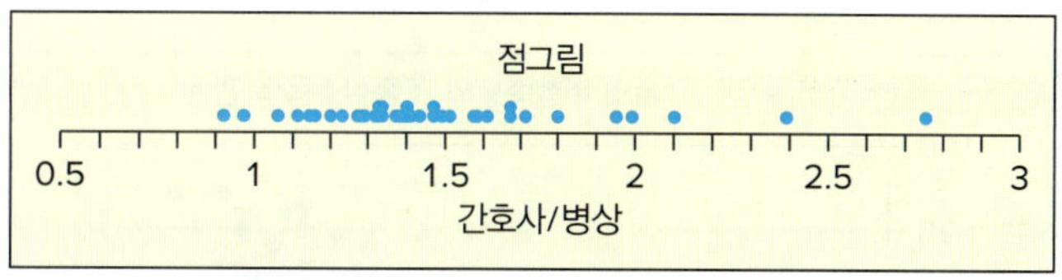

b.

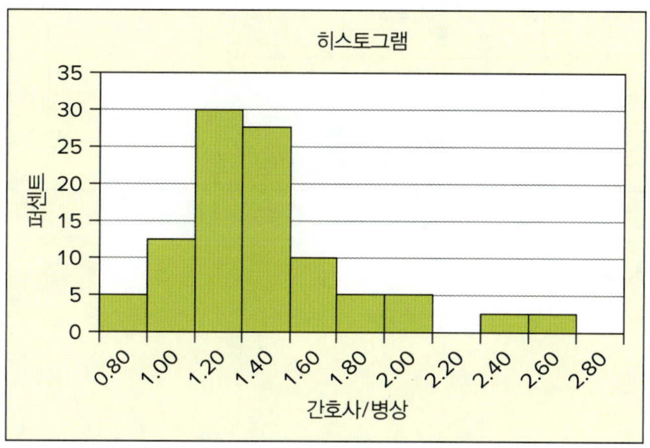

c. 오른쪽으로 기운, 데이터의 절반은 1.2와 1.6 사이에 있음.

3.29 a. MegaStat으로 그린 점그림

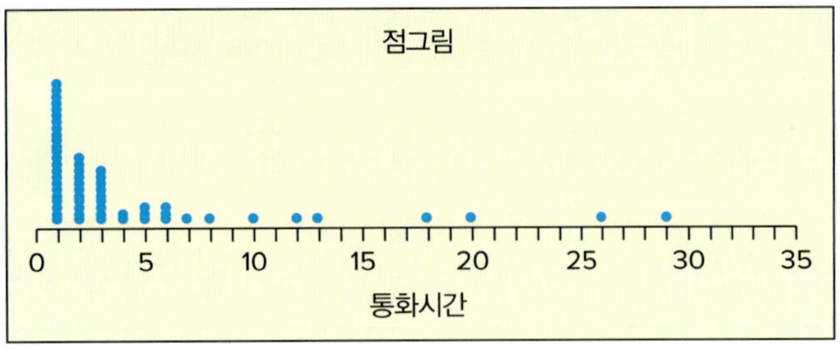

b. 29계급 히스토그램

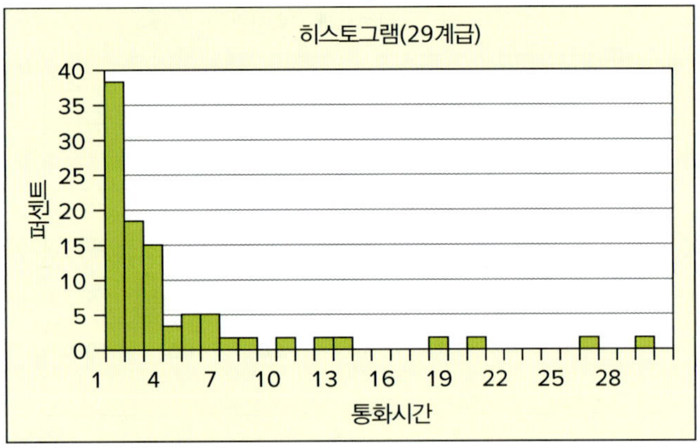

c. 심하게 오른쪽으로 기운, 중심경향은 대략 3분.

3.31 a.

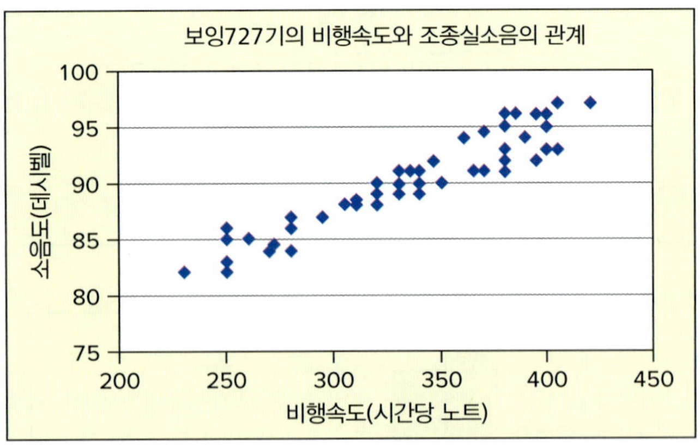

b. 강한 양의 선형관계.

3.33 a.

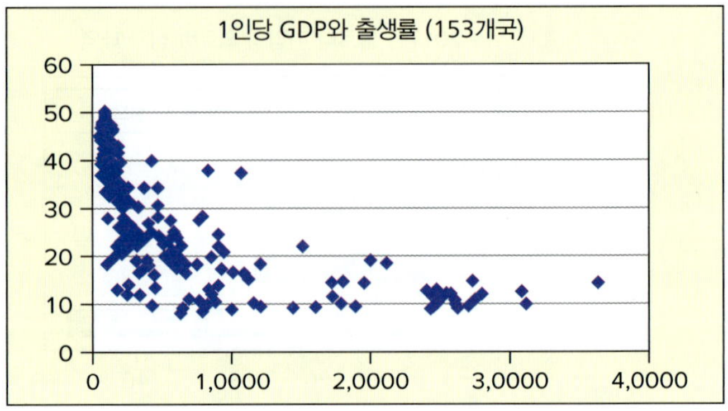

b. 중간 정도의 음의 비선형관계.

3.35 a. 3차원 효과를 가진 가로 막대도표

b. 장점: 비교가 용이하고 시선을 집중시킨다. 단점: *X*, *Y* 축에 레이블이 없으며, 제목이 불분명하고, 3차원 효과가 의미가 없다.

c. 시각효과를 사용하지 않은 세로 막대도표로서 *X*축에 레이블을 넣는다.

3.37 a. 쪼개진 파이도표.

b. 장점: 정보가 완전하고 색의 대비가 좋다. 단점: 파이 조각 크기의 차이를 눈으로 쉽게 측정하기 어렵다.

c. OPEC와 비OPEC 회원국으로 나누어 공급규모별로 정렬된, 또한 색깔로 구별된 세로 막대도표로 표현한다.

3.39 a. 파이도표.

b. 장점: 출처를 밝히고, 제기된 질문에 답함. 단점: "기타" 범주가 너무 비중이 큼.

c. 제목 변경 가능: 미국의 광고비 배분, 2001. 세로 막대도표가 더 나을 수도 있음.

3.41 a. 그림이 있는 선그림.

b. 그림이 산만하게 만들어 신뢰성을 떨어뜨림. 출처가 나와 있음.

c. 그림을 없애고 간단한 선그림을 보여준다.

3.43 a.

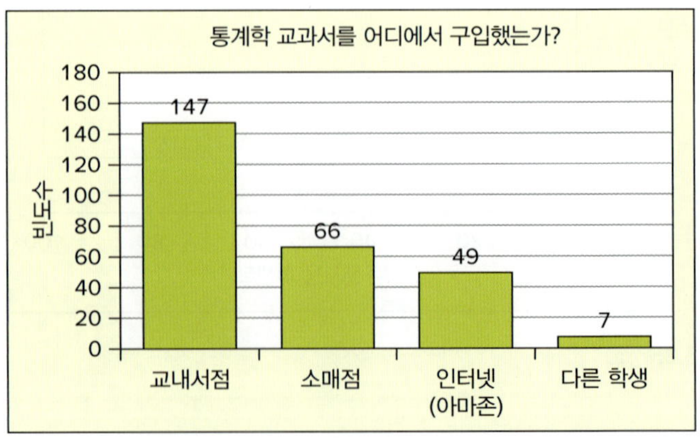

b. 파이도표도 사용될 수 있음.

3.45 a.

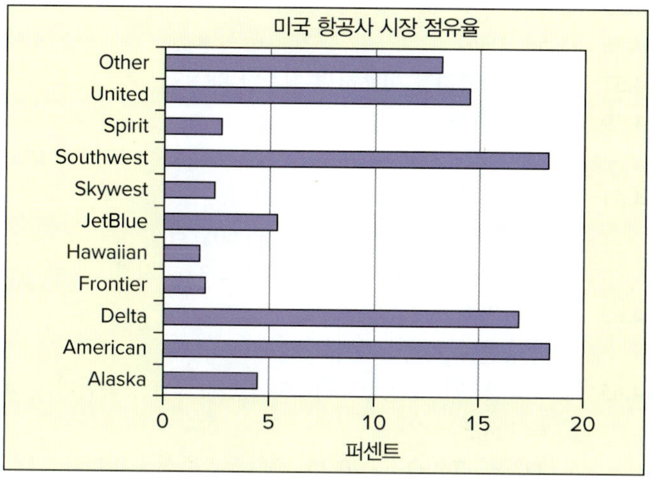

b. 파이도표도 사용될 수 있음.

3.47 a.

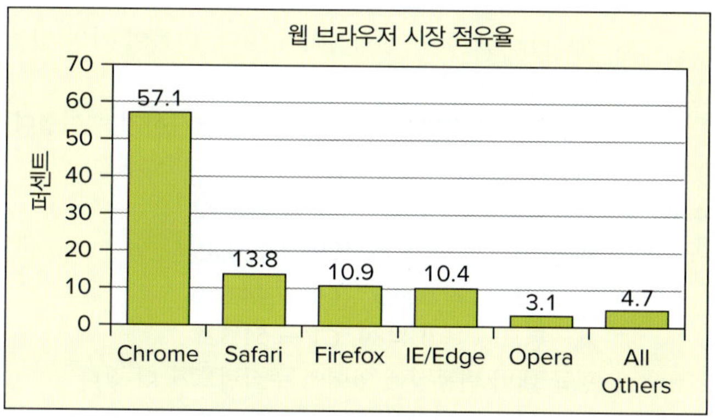

b. 파이도표도 사용될 수 있음.

3.49 a.

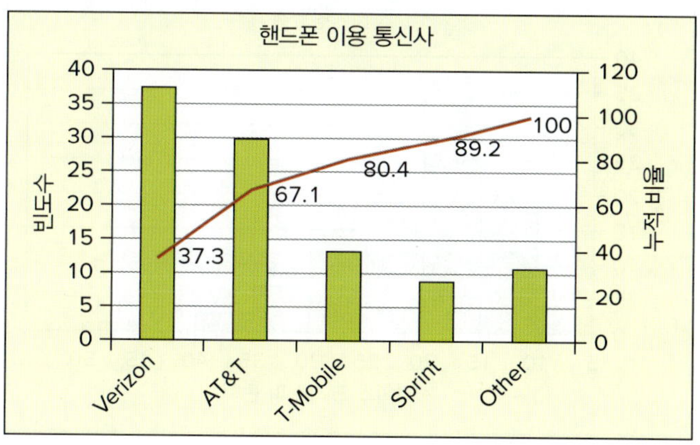

b. Verizon, AT&T, T-Mobile 등 3사의 점유율이 80%를 넘는다.

4장

4.1 a. 평균 = 2.83, 중앙값 = 1.5, 최빈값 = 0.

b. 평균 = 68.33, 중앙값 = 72, 최빈값 = 40.

c. 평균 = 304, 중앙값 = 303, 최빈값 없음.

4.3 a. 아니다, 모든 데이터 값이 서로 다르다.

b. 그렇다, 반복되는 값이 있는 범주형 데이터이다(최빈값 = C).

c. 아니다, 데이터가 연속형 숫자형이다.

4.5 a. 연속형 데이터, 오른쪽으로 기운, 최빈값 없음. 중앙값이 최선의 선택.

b. 대부분 1인 탑승, 최빈값이 최선의 선택.

c. 대칭 분포, 평균과 중앙값이 동일, 두 개의 최빈값. 평균이 최선의 선택.

4.7 a. 평균 = 75.5, 중앙값 = 80.5, 최빈값 = 93.

b. 왼쪽으로 기운.

c. 24개 관측치에서 93이 3번밖에 나오지 않기 때문에 최빈값은 유용한 측도가 아님.

4.9 a. $\bar{x}$ = 27.34, 중앙값 = 26, 최빈값 = 26

b. 아니다. $\bar{x}$ 이 중앙값 및 최빈값보다 더 크다.

c. 약간 오른쪽으로 기운 형태.

4.11 a. $\bar{x}$ = 4.27, 중앙값 = 2, 최빈값 = 1.

b. 아니다, $\bar{x}$ > 중앙값 > 최빈값.

c. 오른쪽으로 기운 형태.

4.13 a. TRIMMEAN(A1:A50,0.2). b. 5. c. 10.

4.15 a. 평균 = 100, 중앙값 = 0, 최빈값 = 0, 범위의 중앙 = 325. 기하평균은 0의 값이 존재함에 따라 정의되지 않음.

b. 평균을 선택, 범위의 중앙은 예상되는 총지출을 과대평가 할 것이다.

4.17 a. $\bar{x}$ = 27.34, 범위의 중앙 = 25.50, 기하평균 = 26.08, 10% 절사평균 = 27.46.

b. 모든 측도들의 값이 유사하며, 특히 평균과 절사평균이 서로 유사하다.

4.19 a. $\bar{x}$ = 4.27, 범위의 중앙 = 15.0, 기하평균 = 2.48, 10% 절사평균 = 2.75.

b. 데이터가 오른쪽으로 기운 형태이다.

4.21 a. 표본 A: $\bar{x} = 7$, $s = 1$. 표본 B: $\bar{x} = 62$, $s = 1$. 표본 C: $\bar{x} = 1001$, $s = 1$.

b. 표준편차는 평균의 함수가 아니다.

4.23 하이브리드: 5.1%. 휘발유: 7%. 하이브리드가 휘발유 차량에 비해 평균 대비 더 일관된 연비를 보임.

4.25 =AVEDEV(1,2,3,4,5,6,7,8,9,10) = 2.5.

4.27 a. 주식 A: CV = 21.43%. 주식 B: CV = 8.32%. 주식 C: CV = 36.17%.

b. 주식 C.
c. 이 경우 평균의 크기가 많이 다르기 때문에 표준편차를 직접 비교하는 것은 도움이 되지 않을 것이다.

4.29 a. $\bar{x}_A = 6.857$, $s_A = 1.497$, $\bar{x}_B = 7.243$, $s_B = 1.209$.
b. $CV_A = 0.218$, $CV_B = 0.167$.
c. 소비자들은 소스 B를 선호함.

4.31 최소한 데이터의 75%가 ±2 표준편차 이내에 있기 때문에 $0.75 \times 400 = 300$.

4.35 a. $z = 2.4$. b. $z = 1$. c. $z = 0.6$.

4.37 a. 밥의 GPA = 3.596.
b. 사라의 일주일 근로시간 = 29.978.
c. 데이브의 볼링 점수 = 96.

4.39 b. 18(z = 2.34)과 20(z = 2.84)은 이상값. 26(z = 3.6)과 29(z = 4.21)는 특이값.
c. 90%가 1표준편차 이내, 93.3%가 2표준편차 이내에 있음. 90%는 경험법칙의 68%보다 훨씬 큼. 분포가 정규분포 같지 않음.

4.41 b. 심하게 오른쪽으로 기운.

4.43 안울타리: [145, 185]. 특이값 아님: 145 < 149 < 185.

4.45 a. $Q_1 \approx 3300$, $Q_2 \approx 3900$ 그리고 $Q_3 \approx 4300$.
b. $x_{min} \approx 2400$ 그리고 $x_{max} \approx 4800$.
c. 왼쪽으로 기운.

4.47 a. $Q_1 = 1$, $Q_3 = 5$. 중간 50%는 1분에서 5분 소요.
b. 중간영역중심 = 3. 전화는 대개 3분 지속.
c. 데이터가 심하게 오른쪽으로 기울어 있음.

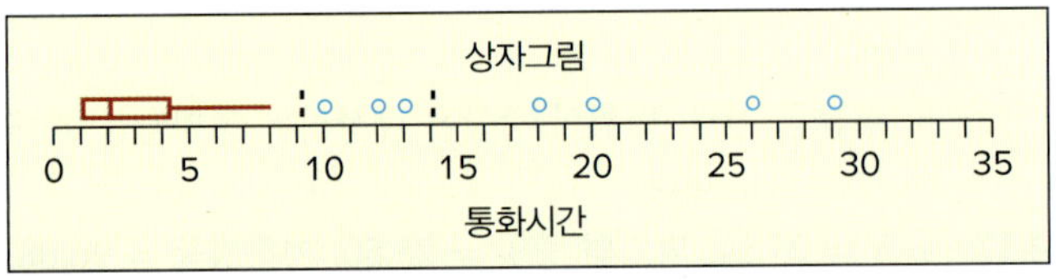

4.49 a. −0.8571.
b. 강한 역의(마이너스) 상관계수

4.51 a.

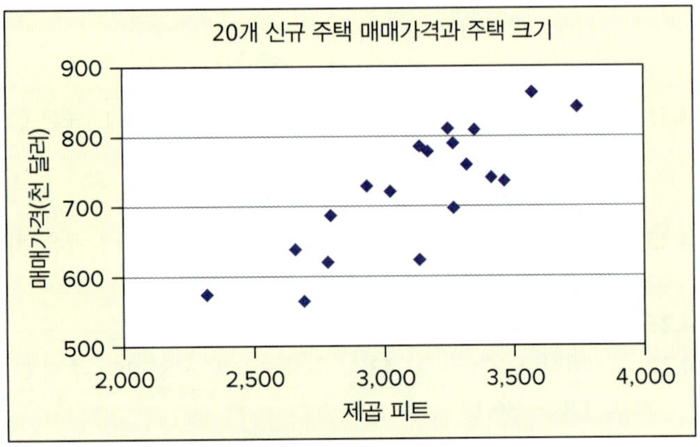

b. $r = 0.8338$.
c. 그렇다. 강한 양(+)의 선형관계가 있음.

4.53 a. 평균 = 8.48.

4.55 [1.58, 2.46].

4.57 체비셰프 정리를 이용하면 최소한 88.9%.

4.59 a. $z = 3.128$.
b. 특이값, $z > 3$.

4.61 a. 알리슨의 기말고사 점수 = 90.1.
b. 제임스의 주간 식료품비 = 35.60달러.
c. 에릭의 하루 비디오 게임 시간 = 3.09 시간.

4.63 a. 표준편차 = 2.
b. 정규분포 가정.

4.65 a. $\bar{x} = 26.71$, 중앙값 = 14.5, 최빈값 = 11, 범위의 중앙 = 124.5.
b. $Q_1 = 7.75$, $Q_3 = 20.75$, 중간영역중심 = 14.
c. 기하평균은 데이터가 0보다 클 때만 가능하다.

4.67 a. 평균 = 66.85, 중앙값 = 69.5, 최빈값 = 86.
b. 평균과 중앙값이 상당히 가깝다.
c. 아니다, 최빈값이 전형적이지 않다. 반복이 거의 없는 연속형 숫자 데이터.
d. 평균과 중앙값만으로 분포 형태를 묘사하기는 어렵다. 대칭에 가까운 편으로 짐작.

4.69 a. 주식펀드: $\bar{x} = 1.329$, 중앙값 = 1.22.
채권펀드: $\bar{x} = 0.875$, 중앙값 = 0.85.
b. 주식펀드: $s = 0.5933$, $CV = 44.65\%$.
채권펀드: $s = 0.4489$, $CV = 51.32\%$.
c. 평균 대비 변동성에 있어서 주식펀드가 더 작다.

4.71 $z = -3.33$은 특이값.

4.73 a.

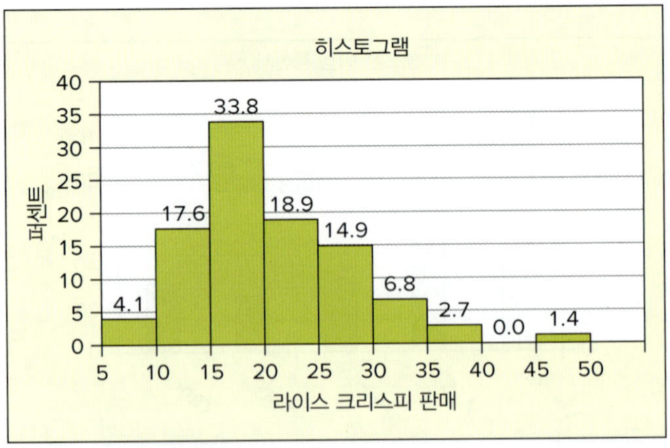

b. 오른쪽으로 기운.
c. 평균 = 20.12, 표준편차 = 7.64.
d. 49(22번째)는 특이값 가능성.

4.75 a. 학자금플랜: $CV = 42.86\%$, S&P 500: $CV = 122.48\%$.
b. CV는 각 투자의 상대적 위험을 보여준다.

4.77 a. 범위의 중앙 = 0.855.
b. 표준편차 = 0.0217.

4.79 분포는 왼쪽으로 기울고(5% 하한을 넘어서는 음의 왜도), 뾰족첨도(5% 상한을 넘어서는 양의 첨도)임.

4.81 a. 분포는 오른쪽으로 기운 형태이다.
b. 대부분의 대출자들은 약 10일 정도 책을 대출하지만 이보다 훨씬 긴 기간을 빌리는 경우도 일부 있기 때문에 이러한 분포가 나왔다.

4.83 a. 평균이 중앙값에 가깝거나 약간 높을 것으로 예상된다.
b. 수명은 정규분포에 가까울 것으로 예상된다. 만약 분포가 기울어져 있다면 오른쪽으로 기운 형태일 가능성이 높다. 수명의 범위는 왼쪽으로는 0이 경계이지만 오른쪽 양(+)의 영역으로는 경계가 없다.

4.85 a. 중앙값이 아니라 범위의 중앙이다.
b. 범위의 중앙은 특이값에 의해 영향을 받는다. 보안관 월급은 오른쪽으로 기우는 경향이 있다. 따라서 중앙값을 사용해야 한다.

4.87 a. 및 c.

	첫째 주	*둘째 주*	*셋째 주*	*넷째 주*
평균	50.00	50.00	50.00	50.00
표본표준편차	10.61	10.61	10.61	10.61
중앙값	50.00	52.00	56.00	47.00

b. 평균과 표준편차로 판단할 때 분포가 동일한 것으로 보인다.

d.

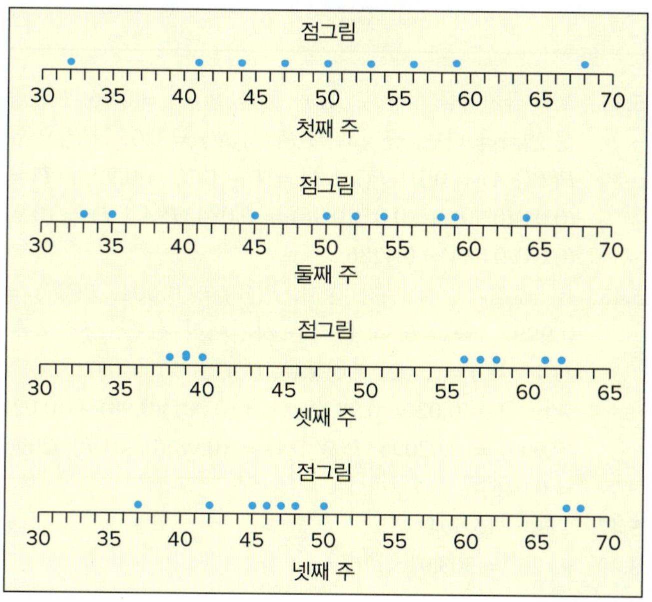

e. 중앙값과 점그림으로 판단하면 분포가 상당히 다르다.

4.89 a. $\bar{x} = 9.458$.
b. $s = 10.855$.
c. 아니다. 분포가 오른쪽으로 기운 형태이다.
d. 0의 빈도수를 가진 계급을 막기 위해.

4.91 a. $\bar{x} = 60.2$, $s = 8.54$, $CV = 14.2\%$.
b. 아니다. 데이터 값이 퍼짐에 따라 계급폭이 증가한다.

4.95 a.

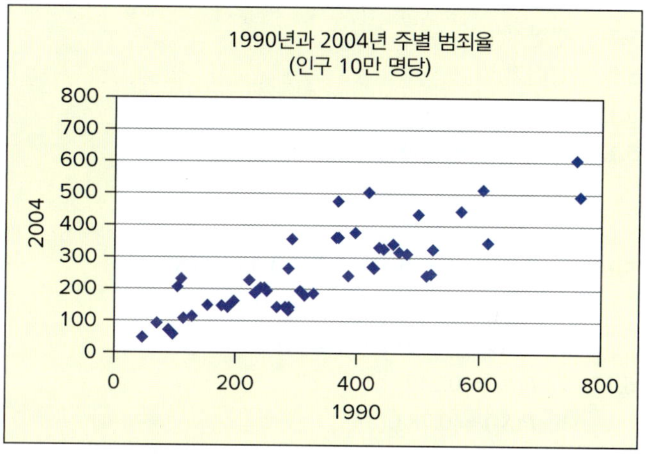

b. $r = 0.8332$.
c. 두 해의 범죄율은 양의 관계를 보임.
d. 1990: 평균 = 331.92, 중앙값 = 3.7, 표준편차 = 172.914. 2004: 평균 = 256.6, 중앙값 = 232, 표준편차 = 131.259.

4.97 a.

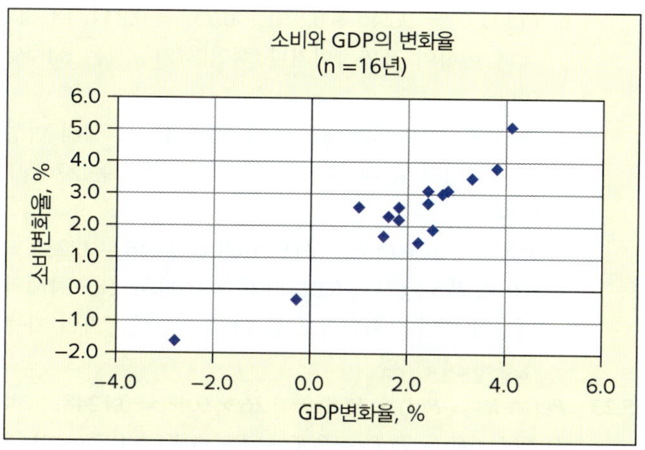

b. 강한 양의 선형관계
c. GDP가 증가함에 따라 사람들은 더 많은 소비재를 구입할 수 있게 된다.
d. $r = 0.9314$.

5장

5.1 a. S = {(V,B), (V,E), (V,O), (M,B), (M,E), (M,O), (A,B), (A,E), (A,O)}.

b. 사건들은 발생 가능성이 동일하지 않다. 서점에서는 다른 상품보다는 책 구매가 많을 것이다.

5.3 a. S = {(L,B), (L,B′), (R,B), (R,B′)}.

b. 사건들은 발생 가능성이 동일하지 않다. 오른손잡이가 왼손잡이보다 많기 때문이다.

5.5 경험적.

5.7 경험적.

5.9 고전적.

5.11 경험적.

5.13 a. 상호배타적 아님.

b. 상호배타적.

c. 상호배타적 아님.

5.15 a. $P(A \cup B) = 0.4 + 0.5 - 0.05 = 0.85$.

b. $P(A \mid B) = 0.05/0.50 = 0.10$.

c. $P(B \mid A) = 0.05/0.4 = 0.125$.

5.17 a. $P(S) = 0.217$.

b. $P(S') = 0.783$.

c. S가 일어날 승산: $0.217/0.783 = 0.277$.

d. S가 일어지 않을 승산: $0.783/0.217 = 3.61$.

5.19 a. 승인 획득하는 경우 $X = 1$, 그렇지 않은 경우 0.

b. 안타를 치는 경우 $X = 1$, 그렇지 않은 경우 0.

c. 유방암이 발견되는 경우 $X = 1$, 그렇지 않은 경우 0.

5.21 a. $P(S') = 1 - 0.246$. 18~24세의 여성이 비흡연자일 가능성은 75.4%이다.

b. $P(S \cup C) = 0.246 + 0.830 - 0.232 = 0.844$. 18~24세의 여성이 흡연자이거나 백인일 가능성은 84.4%이다.

c. $P(S \mid C) = 0.232/0.830 = 0.2795$. 18~24세의 여성이 백인이라 할 때 그녀가 흡연자일 가능성은 27.95%이다.

d. $P(S \cap C') = P(S) - P(S \cap C) = 0.246 - 0.232 = 0.014$. $P(S \mid C') = 0.014/0.17 = 0.0824$. 18~24세의 여성이 백인이 아니라고 할 때 그녀가 흡연자일 가능성은 8.24%이다.

5.23 $P(J \cap K) = P(J) \times P(K) = 0.26 \times 0.48 = 0.1248$. 따라서 $P(J \cup K) = P(J) + P(K) - P(J \cap K) = 0.26 + 0.48 - 0.1248 = 0.6152$.

5.25 a. $P(A \mid B) = P(A \cap B)/P(B) = 0.05/0.50 = 0.10$.

b. A와 B는 독립이 아니다. 왜냐하면 $P(A \mid B) \neq P(A)$.

5.27 a. $P(J \mid K) = P(J \cap K)/P(K) = 0.15/0.4 = 0.375$.

b. J와 K는 독립이 아니다. 왜냐하면 $P(J \cap K) \neq P(J)$.

5.29 a. $P(V \cup M) = 0.73 + 0.18 - 0.03 = 0.88$.

b. $P(V \cap M) \neq P(V)P(M)$. 따라서 V와 M은 독립이 아니다.

5.31 '9 다섯 개 규칙'은 P(정상) = 0.99999. P(전력 시스템 정상) = $1 - (0.05)^3 = 0.999875$. 따라서 이 시스템은 룰을 충족하지 못한다.

5.33 음료수 주문은 네모 피자 주문과 독립적이다. P(음료수 주문) × P(네모 피자 주문) = 0.5(0.8) = 0.4. 이것은 P(음료수와 네모 피자를 같이 주문)와 같다.

5.35 a. P(재활용함) = 0.34.

b. P(재활용하지 않음 | 예치금 법이 있는 주에 거주) = 0.30.

c. P(재활용하며 예치금 법이 있는 주에 거주) = 0.154.

d. P(재활용함 | 예치금 법이 있는 주에 거주) = 0.70.

5.37 a. $P(D) = 0.5064$.

b. $P(R) = 0.1410$.

c. $P(D \cap R) = 0.0513$.

d. $P(D \cup R) = 0.5962$.

e. $P(R \mid D) = 0.1013$.

f. $P(R \mid P) = 0.1628$.

5.41

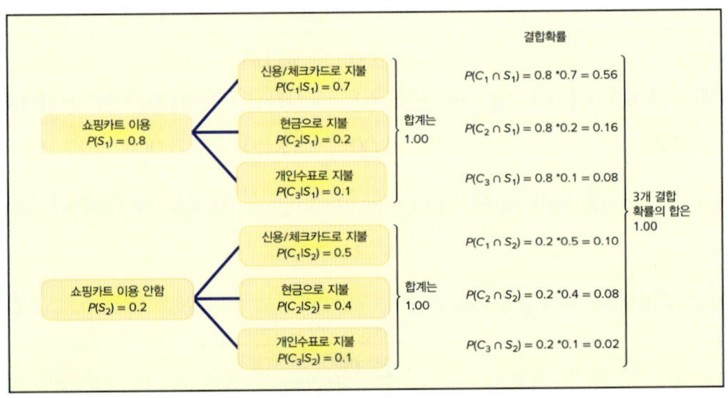

5.43 A = 금지약물 사용. $P(A) = 0.04$. $P(A') = 0.96$. T를 양성 결과라 하면, 긍정오류: $P(T \mid A') = 0.05$. 부정오류: $P(T' \mid A) = 0.10$. $P(T \mid A) = 1 - 0.10 = 0.90$. $P(T) = (0.04)(0.90) + (0.05)(0.96) = 0.084$. $P(A \mid T) = (0.9)(0.04)/0.084 = 0.4286$.

5.45 W = 짐가방에 무기 존재. $P(W) = 0.001$. $P(W') = 0.999$. A를 알람이 울리는 사건이라 하면, 긍정오류: $P(A \mid W') = 0.02$. 부정오류: $P(A' \mid W) = 0.02$. $P(A \mid W) = 1 - 0.02 = 0.98$. $P(A) = (0.001)(0.98) + (0.02)(0.999) = 0.02096$. $P(W \mid A) = (0.98)(0.001)/0.02096 = 0.04676$.

5.47 ${}_{20}C_5 = 15{,}504$.

5.49 a. $26^6 = 308{,}915{,}776$.

b. $36^6 = 2,176,782,336$.

c. $32^6 = 1,073,741,824$.

5.51 a. $10^6 = 1,000,000$.

b. $10^5 = 100,000$.

c. $10^6 = 1,000,000$.

5.53 a. $7! = 5,040$.

b. 나열하는 방법이 너무 많아서 적절치 않다.

5.55 a. ${}_8C_3 = 56$.

b. ${}_8C_5 = 56$.

c. ${}_8C_1 = 8$.

d. ${}_8C_8 = 1$.

5.57 (답이 정해진 문제가 아닙니다.)

5.59 (답이 정해진 문제가 아닙니다.)

5.61 경험적.

5.63 서베이 응답 빈도수를 이용한 경험적 확률.

5.65 경험적 혹은 주관적.

5.67 주관적.

5.69 경험적 혹은 주관적.

5.71 아니오. 각 서버에 문제가 생길 확률은 서로 독립이기 때문이다.

5.73 2014년식 Audi 자동차가 도난 당하지 않을 승산: 63대 1.

5.75 P(버틀러 대학 우승) $= 1/(125 + 1) = 0.008$.

5.77 a. $26^3 10^3 = 17,576,000$.

b. $36^6 = 2,176,782,336$.

c. 숫자 0, 1이 문자 O, I와 혼동될 수 있기 때문에 허용되지 않을 수 있다.

d. 그렇다. 22억 개의 번호판으로 충분할 것이다.

e. 346 = 1,544,804,416.

5.79 순서는 중요하지 않음. ${}_7C_3 = 35$.

5.81 a. $P(D \mid P) = 0.12/0.57 = 0.2105$.

b. 아니다. $P(D) = 0.12$이고 $P(D \mid P) = 0.2105$이기 때문에 두 사건은 종속사건이다.

5.83 아니다. $P(A)P(B) \neq 0.05$.

5.85 P(적어도 하나의 센서는 작동) $= 0.99999936$. 그렇다. '9 다섯 개' 신뢰성을 달성한다.

5.87 독립을 가정할 때 P(소송 3건 모두 이김) $= 0.7^3 = 0.343$.

5.93 a. i. 0.4825 ii. 0.25 iii. 0.19 iv. 0.64 v. 0.09 vi. 0.015.

b. 그렇다. 차량의 종류와 쇼핑몰의 위치는 독립이 이니다.

5.95 i. 0.5588 ii. 0.5294 iii. 0.19 iv. 0.64 v. 0.09 vi. 0.015

5.97

	암	암이 아님	행 합계
검사 양성	4	500	504
검사 음성	0	9496	9496
열 합계	4	9996	10000

P(암 | 검사 양성) $= 4/504 = 0.00794$.

6장

6.1 $P(x)$의 합이 1이기 때문에 A만이 PDF이다.

6.3 a. $P(X \geq 3) = 0.2 + 0.15 + 0.05 = 0.4$.

b. $P(X \leq 2) = 0.05 + 0.3 + 0.25 = 0.6$.

c. $P(X > 4) = 0.05 + 0.3 + 0.25 + 0.2 = 0.8$.

d. $P(X = 1) = 0.3$.

e. (b)는 CDF이다.

6.5 $E(X) = 2.25$, $V(X) = 1.6875$, $\sigma = 1.299$, 오른쪽 꼬리분포.

6.7 $E(X) = 5000(0.01) + (0)(0.999) = 50$달러, 25달러를 더해준다. 75달러를 부과한다.

6.9 $E(X) = 250(0.3) + 950(0.3) + 0(0.4) = 369$(백만달러).

6.11 a. $\mu = (20 + 60)/2 = 40$,

$\sigma = \sqrt{[(160 - 20 + 1)^2 - 1]/12} = 11.83$.

b. $P(X \geq 40) = 0.5122$, $P(X \geq 30) = 0.7561$.

6.13 a. $X = 0, 1$ 또는 2.

b. $X = 4, 5, 6$ 또는 7.

c. $X = 4, 5, 6, 7, 8, 9$ 또는 10.

6.15 a. $\mu = 0.8$, $\sigma = 0.8485$.

b. $\mu = 4$, $\sigma = 1.5492$.

c. $\mu = 6$, $\sigma = 1.7321$.

6.17 a. $P(X = 5) = 0.0074$.

b. $P(X = 0) = 0.2621$.

c. $P(X = 9) = 0.1342$.

6.19 a. $P(X \leq 3) = 0.9437$.

b. $P(X > 7) = 1 - P(X \leq 7) = 0.0547$.

c. $P(X < 3) = P(X \leq 2) = 0.0705$.

6.21 a. $P(X > 10) = 0.9183$.

b. $P(X \geq 4) = 0.4059$.

c. $P(X \leq 2) = 0.9011$.

6.23 a. $P(X = 0) = 0.10737$.

b. $P(X \geq 2) = 0.62419$.

c. $P(X < 3) = 0.67780$.

d. $\mu = n\pi = (10)(0.2) = 2$.

e. $\sigma = \sqrt{(10)(0.2)(1 - 0.2)} = 1.2649$.

g. 오른쪽 꼬리분포.

6.25 a. $P(X = 0) = 0.0916$.

b. $P(X \geq 2) = 0.6276$.

c. $P(X < 4) = 0.9274$.

d. $P(X = 5) = 0.0079$.

6.27 a. $P(X = 16) = 0.0033$.

b. $P(X < 10) = 0.1753$.

c. $P(X \geq 10) = 0.8247$.

6.29 a. $\lambda = 1, \mu = 1.0, \sigma = 1.$
b. $\lambda = 2, \mu = 2.0, \sigma = 1.414.$
c. $\lambda = 4, \mu = 4.0, \sigma = 2.0.$

6.31 a. $P(X = 6) = 0.1042.$
b. $P(X = 10) = 0.1048.$
c. $P(X = 4) = 0.0912.$

6.33 a. $\lambda = 4.3, P(X \leq 3) = 0.37715.$
b. $\lambda = 5.2, P(X > 7) = 0.15508.$
c. $\lambda = 2.7, P(X < 3) = 0.49362.$

6.35 a. $P(X > 10) = 0.1841.$
b. $P(X \leq 5) = 0.7851.$
c. $P(X \geq 2) = 0.9596.$

6.37 a. $P(X \geq 1) = 0.8173.$
b. $P(X = 0) = 0.1827.$
c. $P(X > 3) = 0.0932.$
d. 오른쪽 꼬리분포.

6.39 a. 추가주문은 독립적으로 발생한다.
b. $P(X \geq 2) = 0.4082.$
c. $P(X = 0) = 0.2466.$
d. 오른쪽 꼬리분포.

6.47 분포는 대칭적이면 x의 범위가 좁다.

6.49 a. X = 오류가 있는 출장명세서 개수.
b. $P(X = 0) = 0.06726.$
c. $P(X = 1) = 0.25869.$
d. $P(X \geq 3) = 1 - 0.69003 = 0.30997.$
e. 대칭분포에 가깝다.

6.63 E(손실) = 0달러(0.98) + 250달러(0.02) = 5달러. E(손실) > 보험료이기 때문에 보험상품을 구매한다.

6.65 a. $\pi = 0.80$(답은 달라질 수 있다).
b. $\pi = 0.300$(답은 달라질 수 있다).
c. $\pi = 0.50$(답은 달라질 수 있다).
d. $\pi = 0.80$(답은 달라질 수 있다).
e. 특정 시행은 다음 시행에 영향을 줄 수 있다.

6.67 a. $P(X = 5) = 0.59049.$
b. $P(X = 4) = 0.32805.$
c. 오른쪽 꼬리분포가 심하다.

6.69 a. $P(X = 0) = 0.06250.$
b. $P(X \geq 2) = 1 - 0.31250 = 0.68750.$
c. $P(X \leq 2) = 0.68750.$
d. 대칭적.

6.71 a. =BINOM.DIST(3,20,0.3,0)
b. =BINOM.DIST(7,50,0.1,0)
c. =BINOM.DIST(6,80,0.05,1)
d. =1–BINOM.DIST(29,120,0.2,1)

6.73 a. $P(X = 0) = 0.48398.$
b. $P(X \geq 3) = 1 - P(X \leq 2) = 1 - 0.97166 = 0.02834.$
c. $\mu = n\pi = (10)(0.07) = 0.7.$

6.75 $n = 16, \pi = 0.8$인 이항분포
a. $P(X \geq 10) = 1 - P(X \leq 9) = 1 - 0.02666 = 0.97334.$
b. $P(X < 8) = P(X \leq 7) = 0.00148.$

6.77 X = 예약부도의 수
a. 만약 $n = 10$이고 $\pi = 0.10$이면 $P(X = 0) = 0.34868.$
b. 만약 $n = 11$이고 $\pi = 0.10$이면 $P(X \geq 1) = 1 - P(X = 0) = 1 - 0.31381 = 0.68619.$
c. 11개 좌석을 판매한다면 1개 이하의 좌석에서 예약부도가 나타날 것이다.
d. X = 예약부도가 발생하지 않을 좌석 수($\pi = 0.90$)로 두면 =1–BINOM.DIST(9, n, 9,1)을 이용한다. $P(X \geq 10) \geq 0.95$일 확률을 얻기 위해서는 $n = 13$이여야 한다.

6.79 a. 1분 동안 소방서에 걸려오는 전화는 아마 같은 장소의 화재에 대한 전화일 가능성이 크다. 따라서 소방서에 걸려오는 전화는 서로 독립적이지 않다.
b. 답은 달라질 수 있다.

6.81 a. $P(X = 5) = 0.0872.$
b. $P(X \leq 5) = 0.9349.$
c. 5분에 $\lambda = 14$건 도착.
d. 서로 독립이다.

6.83 a. $P(X = 0) = 0.7408.$
b. $P(X \geq 2) = 0.0369.$

6.85 a. 서로 독립적인 취소로 가정한다.
b. $P(X = 0) = 0.22313.$
c. $P(X = 1) = 0.33470.$
d. $P(X > 2) = 1 - 0.80885 = 0.19115.$
e. $P(X \geq 5) = 1 - 0.98142 = 0.01858.$

6.87 a. $\lambda = 2.4$이고 서로 독립적인 불량품이라고 가정한다.
b. $P(X = 0) = 0.09072.$
c. $P(X = 1) = 0.21772.$
d. $P(X \leq 1) = 0.30844.$

6.91 a. 서로 독립적인 충돌이라고 가정한다.
b. $P(X \geq 1) = 1 - 0.13534 = 0.86466.$
c. $P(X < 5) = P(X \leq 4) = 0.94735.$
d. 오른쪽 꼬리분포.

7장

주: 부록 C 또는 엑셀을 이용하는 경우 약간 다른 정답이 도출될 수 있다.

7.1 a. D b. C c. C

7.3 a. 면적 $= bh = (1)(0.25) = 0.25$, 따라서 PDF가 아니다(면적이 1이 아니다).

b. 면적 $= bh = (4)(0.25) = 1$, 따라서 PDF가 될 수 있다(면적이 1이다).

c. 면적 $= 1/2(bh) = 1/2(2)(2) = 2$, 따라서 PDF가 아니다(면적이 1이 아니다).

7.5 a. $\mu = (0+10)/2 = 5,\ \sigma = \sqrt{\dfrac{(10-0)^2}{12}} = 2.886751.$

b. $\mu = (200+100)/2 = 150,$

$\sigma = \sqrt{\dfrac{(200-100)^2}{12}} = 28.86751.$

c. $\mu = (1+99)/2 = 50,\ \sigma = \sqrt{\dfrac{(99-1)^2}{12}} = 28.29016.$

7.7 연속확률분포는 한 점에서 면적이 존재하지 않는다. 따라서 $<$와 $\le$는 서로 같은 결과를 가져온다.

7.9 a. 10:20:30.

b. 도착 간격은 5분 단위 범위이다(0, 5). $\sigma = 1.4434$분.

c. P(버스가 일찍 도착) $= P$(도착시간 $<$ 2분) $= 0.4$.

d. P(버스가 10시 19분~10시 21분 사이에 도착) $= P$(1분 $\le$ 도착시간 $\le$ 3분) $= 0.4$.

7.11 평균과 표준편차는 다르다. (X축 척도가 다르다.) 그리고 $f(x)$의 높이도 다르다.

7.13 정규분포에서 추출된 표본에 대해 우리는 $\mu \pm 1\sigma$ 범위를 68.26%, $\mu \pm 2\sigma$ 범위를 95.44%, $\mu \pm 3\sigma$ 범위를 99.73%로 예상한다.

7.15 부록 C-1을 이용하면

a. $P(0 < Z < 0.50) = 0.1915$.

b. $P(-0.50 < Z < 0) = P(0 < Z < 0.50) = 0.1915$.

c. $P(Z > 0) = 0.5000$.

d. 모든 점에서 확률은 0이다.

7.17 부록 C-2를 이용하면

a. $P(Z < 2.15) - P(Z < -1.22) = 0.9842 - 0.1112 = 0.8730$.

b. $P(Z < 2.00) - P(Z < -3.00) = 0.9772 - 0.00135 = 0.97585$.

c. $P(Z < 2.00) = 0.9772$.

d. 모든 점에서 확률은 0이다.

7.19 부록 C-2를 이용하면

a. $P(Z < -1.28) = 0.1003$.

b. $P(Z > 1.28) = 0.1003$.

c. $P(Z < 1.96) - P(Z < -1.96) = 0.975 - 0.025 = 0.95$.

d. $P(Z < 1.65) - P(Z < -1.65) = 0.9505 - 0.0485 = 0.902$.

7.21 $P(Z > 1.75) = 0.0401$, $0.0401 \times 405 = 16.24$. 약 16명의 여성이 조안보다 빨리 달린다.

7.23 부록 C-2를 이용하면

a. $z = -1.555$(0.0606과 0.0594의 중간 정도인 0.06이 면적이 된다).

b. $z = 0.25$(0.6에 가장 가까운 면적은 0.5987이다).

c. $z = -1.48$(가장 가까운 면적은 0.0964이다).

7.25 부록 C-2를 이용하면

a. $-0.84 < Z < 0.84$(가장 가까운 면적은 0.2995이다).

b. $z = 2.05$(가장 가까운 면적은 0.9798이다).

c. $-1.96 < Z < 1.96$.

7.27 =NORM.S.INV(0.10) = −1.28. 달리기 대회 참가자는 평균 아래로 1.28 표준편차 이내로 마쳐야 한다.

7.29 a. =1−NORM.DIST(592,600,5,1)

b. =NORM.DIST(603,600,5,1)

c. =NORM.DIST(603,600,5,1) − NORM.DIST(592,600,5,1)

7.31 a. $P(X < 300) = P(Z < 0.7143) = 0.7625$.

b. $P(X > 250) = 1 - P(Z < -2.86) = 0.9979$.

c. $P(275 < X < 310) = P(Z < 1.43) - P(Z < -1.07) = 0.9236 - 0.1423 = 0.7813$.

7.33 $P(X \ge 24) = P(Z \ge 1.92) = 1 - 0.9726 = 0.0274$.

7.35 $P(X > 0.5) = 0.0062$ 또는 6.2%.

7.37 a. =NORM.INV(0.8,56,4)

b. X_{upper} =NORM.INV(0.8,56,4),
X_{lower} =NORM.INV(0.2,56,4)

c. =NORM.INV(0.3,56,4)

7.39 a. $Z = 1.282$, $X = 13.85$.

b. $X_L = 7.98$, $X_U = 12.02$.

c. $Z = -0.842$, $X = 7.47$.

d. $Z = -1.282$, $X = 6.15$.

7.41 a. $P(X > x) = 0.05$, $z = 1.645$, $x = 124.52$온스.

b. $P(X < x) = 0.50$, $z = 0$, $x = 114$온스.

c. $P(x_L < X < x_U) = 0.95$, $z = \pm 1.96$, $x_L = 100.28$온스, $x_U = 127.72$온스.

d. $P(X < x) = 0.80$, $z = 0.842$, $x = 119.89$.

7.43 a. $Z = (8.0 - 6.9)/1.2 = 0.92$, $P(Z < 0.92) = 0.8212$(82백분위수).

b. $Z = 1.282$, $X = 8.44$파운드.

c. $Z = \pm 1.960$, $X = 4.55$~9.25파운드.

7.45 $P(X \le X_L) = 0.25$ 그리고 $P(X \ge X_U) = 0.25$. $z =$

±0.67을 이용하여 X_L과 X_U에 대해 풀어준다. X_L = 18이고 X_U = 21이다. 입원병상의 중간 50%는 18과 21 사이이다.

7.47 부록 C-2를 이용하면 $z = 0.52$(가장 가까운 면적이 0.6985)이다. σ에 대해 풀어보면 0.52 = (171달러 − 157달러)/σ, σ = 26.92달러.

7.49 a. =NORM.DIST(110,100,15,TRUE) − NORM.DIST(80,100,15,TRUE) = 0.6563.
b. =NORM.DIST(2,0,1,TRUE) − NORM.DIST(1.5,0,1,TRUE) = 0.0441.
c. =NORM.DIST(7000,6000,1000,TRUE) − NORM.DIST(4500,6000,1000,TRUE) = 0.7745.
d. =NORM.DIST(450,600,100,TRUE) − NORM.DIST(225,600,100,TRUE) = 0.0667.

7.51 a. = 1−NORM.DIST(60,40,28,TRUE) = 0.2375.
b. = NORM.DIST(20,40,28,TRUE) = 0.2375.
c. = 1−NORM.DIST(10,40,28,TRUE) = 0.8580.

7.53 $n\pi = (1000)(0.07) = 70 \geq 10$이고 $n(1-\pi) = (1000)(0.93) = 930 \geq 10$이기 때문에 정규성 조건이 만족한다. $\mu = n\pi = 70$ 그리고 $\sigma = \sqrt{n\pi(1-\pi)} = 8.0684571$.
a. $P(X < 50) = P(Z < -2.54) = 0.0055$($X = 49.5$를 사용).
b. $P(X > 100) = P(Z > 3.78) = 1 - P(Z \leq 3.78) = 1 - 0.99992 = 0.00008$($X = 100.5$를 사용).

7.55 정규성 조건이 만족한다. $\mu = 180$, $\sigma = 4.242641$로 둔다.
a. $P(X \geq 175) = P(Z \geq -1.30) = 1 - P(Z \leq 1.30) = 1 - 0.0968 = 0.9032$($X = 174.5$를 사용).
b. $P(X < 190) = P(Z \leq 2.24) = 0.9875$($X = 189.5$를 사용).

7.57 $\mu = \lambda = 50$이고 $\sigma = \sqrt{50} = 70.071$로 둔다.
a. $P(X \geq 60) = 1 - P(Z \leq 1.34) = 1 - 0.9099 = 0.0901$ ($X = 59.5$를 사용).
b. $P(X < 35) = P(Z \leq -2.19) = 0.0143$ ($X = 34.5$를 사용).
c. 0.0923 그리고 0.0108.

7.59 $\mu = \lambda = 28$이고 $\sigma = \sqrt{28} = 5.2915$로 둔다.
a. $P(X > 35) = 1 - P(Z \leq 1.42) = 1 - 0.9222 = 0.0788$($X = 35.5$를 사용).
b. $P(X < 25) = P(Z \leq -0.66) = 0.2546$($X = 24.5$를 사용).
c. $\lambda = 28 \geq 10$. 따라서 정규분포를 사용할 수 있다.
d. 0.0823 그리고 0.2599. 꽤 가깝다.

7.61 a. $P(X > 7) = e^{-\lambda x} = e^{-(0.3)(7)} = e^{-2.1} = 0.1225$.
b. $P(X < 2) = 1 - e^{-\lambda x} = 1 - e^{-(0.3)(2)} = 1 - e^{-0.6} = 1 - 0.5488 = 0.4512$.

7.63 $\lambda = 2.1$ 알람/분 또는 $\lambda = 0.035$ 알람/초
a. $P(X < 60$초$) = 1 - e^{-\lambda x} = 1 - e^{(-0.035)(60)} = 1 - 0.1225 = 0.8775$.
b. $P(X > 30$초$) = e^{-\lambda x} = e^{(-0.035)(30)} = 0.3499$.
c. $P(X > 45$초$) = e^{-\lambda x} = e^{(-0.035)(45)} = 0.2070$.

7.65 a. $P(X > 30$초$) = 0.2466$.
b. $P(X \leq 15$초$) = 0.5034$.
c. $P(X > 1$분$) = 0.0608$.

7.67 $\lambda = 4.2$ 주문/시간 또는 $\lambda = 0.07$ 주문/분.
a. $e^{-\lambda x} = 0.50$으로 두고 로그를 취한다. $x = 0.165035$ 시간(9.9분).
b. $e^{-\lambda x} = 0.25$으로 두고 로그를 취한다. $x = 0.33007$ 시간(19.8분).
c. $e^{-\lambda x} = 0.10$으로 두고 로그를 취한다. $x = 0.548235$ 시간(32.89분).

7.69 MTBE = 20분/주문. 따라서 λ = 1/MTBE = 1/20 주문/분.
a. $e^{-\lambda x} = 0.50$으로 두고 로그를 취한다. $x = 13.86$분.
b. 분포는 심한 오른쪽 꼬리분포이다.
c. $e^{-\lambda x} = 0.25$으로 두고 로그를 취한다. $x = 27.7$분.

7.73 a. 이산적.
b. 연속적.
c. 연속적.

7.75 a. $\mu = (25 + 65)/2 = 45$.
b. $\sigma = 11.54701$.
c. $P(X > 45) = (65 - 45)/(65 - 25) = 0.5$.
d. $P(X > 55) = (65 - 55)/(65 - 25) = 0.25$.
e. $P(30 < X < 60) = (60 - 30)/(65 - 25) = 0.75$.

7.77 a. 오른쪽 꼬리분포(하한이 0, 극단적으로 큰 이상치가 발견될 수 있다).
b. 오른쪽 꼬리분포(하한이 0, 극단적으로 큰 이상치가 발견될 수 있다).
c. 정규분포.
d. 정규분포.

7.79 a. =NORM.S.DIST(1,1) = 0.8413, 84백분위수.
b. =NORM.S.DIST(2.571) = 0.9949, 99백분위수.
c. =NORM.S.DIST(−1.7141) = 0.0433, 4백분위수.

7.81 a. =NORM.INV(0.5,450,80) = 450.
b. =NORM.INV(0.25,450,80) = 396.04.
c. =NORM.INV(0.1,450,80) = 347.48, =NORM.INV(0.9,450,80) = 552.52.

d. =NORM.INV(0.05,450,80) = 318.42.

7.83 a. Q_1 = 6.77달러.

b. Q_2 = 7.00달러.

c. 90백분위수 = 7.45달러.

7.85 a. =1−NORM.DIST(130,115,20,TRUE) = 0.2266.

b. =NORM.DIST(100,115,20,TRUE) = 0.2266.

c. =NORM.DIST(91,115,20,TRUE) = 0.1151.

7.87 a. 30의 75%는 22.5 psi이다.

b. $P(X < 22.5) = P(Z < -3.75) = 0.00009$.

c. $P(28 < X < 32) = P(X < 32) - P(X < 28) = 0.8413 - 0.1587 = 0.6826$.

7.89 $P(1.975 < X < 2.095) = P(-2.00 < Z < +2.00) = 0.9544$. 따라서 4.56%는 기준을 만족하지 못할 것이다.

7.91 부록 C-2를 이용하면 $P(X \geq 230) = P(Z \geq 1.64) = 0.0505$.

7.93 $P(X \leq 90)$ = NORM.DIST(90,84,10,TRUE) = 0.7257.

7.95 a. $P(X > 5200)$ = 1−NORM.DIST(5200,4905,355,TRUE) = 0.2030.

7.97 a. John 이하 점수는 5.3%

b. Mary 이하 점수는 69.2%

c. Zak 이하 점수는 96.3%

d. Frieda 이하 점수는 99.3%

7.101 =NORM.S.INV(0.20) = −0.842. 따라서 $x = \mu + z\sigma = 12.5 + (-0.842)(1.2) = 11.49$인치.

7.105 $n\pi \geq 10$이고 $n(1 - \pi) \geq 10$이기 때문에 정규성 조건을 만족한다. $\mu = n\pi = (0.25)(100) = 25$ 그리고 σ = SQRT (0.25*100*(1 − 0.25)) = 4.3301로 둔다. 따라서 $P(X <$ 19.5) =NORM.DIST(19.5, 5.25, 43301, 1) = 0.1020이다.

7.107 $\mu = n\pi = (0.25)(100) = 25$ 그리고 σ = SQRT(0.25 *100*(1 − 0.25)) = 4.3301.

a. z =NORM.S.INV(0.95) = 1.645. 따라서 $x = \mu + z\sigma = 25 + 1.645(4.3301) = 32.12$.

b. z =NORM.S.INV(0.99) = 2.326. 따라서 $x = \mu + z\sigma = 25 + 2.326(4.3301) = 35.07$.

c. Q_1 =NORM.INV(0.25,25,4.3301) = 22.08.
Q_2 =NORM.INV(0.5,25,4.3301) = 25.00.
Q_3 =NORM.INV(0.75,25,4.3301) = 27.92.

7.109 $\mu = n\pi = (0.02)(1500) = 30$ 그리고 σ = SQRT(0.02 *1500*(1 − 0.02)) = 5.4222.

a. $P(X > 24.5) = 1 - P(X < 24.5)$ = 1−NORM.DIST (24.5,30,5.4222,1) = 0.8448.

b. $P(X > 40.5) = 1 - P(X < 40.5)$ = 1−NORM.DIST (40.5,30,5.4222,1) = 0.0264.

7.111 a. $P(X >$ 100,000시간) = 0.2397.

b. $P(X \leq$ 50,000시간) = 0.5105.

c. $P(50,000 \leq X \leq 80,000) = 0.6811 - 0.5105 = 0.1706$.

7.113 a. $P(X \leq 3$ 분) = 0.6321.

b. 분포는 오른쪽 꼬리분포이고 따라서 평균은 중앙값보다 크다.

8장

8.1 a. (96.71, 103.29). b. (1917.75, 2081.25).

c. (296.71, 503.29).

8.3 a. (4.0252, 4.0448). b. (4.0330, 4.0370).

c. 두 경우 모두 기대 범위 밖에 있다.

8.5 a. 16 b. 8 c. 4

8.7 a. $\sigma_{\bar{x}} = \sigma/\sqrt{n} = 0.25/\sqrt{10} = 0.0791$.

b. (3.345, 3.655).

8.9 a. (11.06, 16.94).

b. (33.68, 40.33).

c. (115.12, 126.88).

8.11 a. (2.3177, 2.4823).

b. (2.302, 2.498).

c. (2.2712, 2.5288).

8.13 a. (254.32, 285.68).

b. (258.91, 281.09).

c. (262.16, 277.84).

d. n이 증가할수록 신뢰구간이 넓어진다.

8.15 (27.225, 28.775).

8.17 (0.27278, 0.27342).

8.19 a. 2.262, 2.2622. b. 2.602, 2.205.

c. 1.678, 1.6779.

8.21 a. $d.f.$ = 9, t = 2.262, (255.6939, 284.3061).

b. $d.f.$ = 19, t = 2.093, (260.6398, 279.3602).

c. $d.f.$ = 39, t = 2.023, (263.6027, 276.3973).

d. 범위가 줄어든다.

8.23 a. (33.01, 58.31).

b. n을 증가시키거나 신뢰수준을 줄인다.

8.25 a. (742.20, 882.80).

8.27 a. Exam 1: (81.87, 88.13), Exam 2: (82.79, 94.41) Exam 3: (73.34, 78.66).

b. Exam 1과 2는 서로 겹친다.

c. σ를 알지 못함.

8.29 a. 0.0725. b. 0.0212. c. 0.0894. d. 0.0085.

8.31 a. 그렇다. b. 그렇다.

c. 아니다. 0.08 × 100 = 8 > 10.

8.33 a. 0.062. b. 0.0877. c. 0.1216.

8.35 a. (0.2556, 0.4752).
b. 그렇다. 정규성 가정은 성립한다.

8.37 a. (0.031, 0.083).
b. 그렇다. 정규성 가정은 성립한다.

8.39 a. (47.518, 52.482). b. (47.042, 52.958).
c. (46.113, 53.887).

8.41 (0.4575, 0.5225).

8.43 25.

8.45 a. $\sigma = R/6 = 16.67$. b. 43.

8.47 385.

8.49 a. $\sigma = R/6 = (22 - 17)/6 = 0.833$. b. 31.

8.51 a. 1692. b. 계층화한다(예: 소득).

8.53 a. 2401. b. 계층화한다(예: 나이).

8.55 a. 125.
b. 125개의 표본에 대한 검사를 진행한다.

8.57 (1.01338, 1.94627).

8.59 (5.88, 10.91).

8.61 a. 마모상태가 균일하지 않음. b. (0.8332, 0.8355).
c. 정규성 d. 95.

8.63 a. (29.433, 39.634).
b. 일정한 컵을 사전에 명확히 해야 한다.
c. 건포도마다 덩어리 크기가 다르기 때문이다.

8.65 a. FCPF = 0.9333.
b. 아니다. n*20 = 500 > 187.

8.67 a. (19.245, 20.69). b. n이 작은 경우.

8.69 a. ($133.013, $158.315),
FPCF를 사용할 경우($134.0690, $157.2590).
b. 119.

8.71 a. (29.078, 29.982). b. 116.

8.75 a. (3.443, 3.641).
b. 이상치
c. 6초는 0.1분이고, $n = 37.2$를 올림하면 38.

8.77 a. (0.125, 0.255). b. 그렇다. c. 463.

8.79 136.

8.81 a. (0.258, 0.322). b. 그렇다.

8.83 a. (0.595, 0.733).

8.85 a. 95% 신뢰구간에 대한 오차한계 = 0.035.
b. 더 커진다.

8.87 a. (0.393, 0.527). b. 그렇다.

8.89 a. 아니다.
b. (0.0044, 0.0405).

8.91 95% 신뢰구간에 대해 0.04.

8.93 a. 385.
b. n을 1537까지 증가시켜야 한다.

9장

9.1 a. 50. b. 10. c. 1.

9.3 a. H_0: 사원들이 불법약물을 복용하지 않는다.
H_1: 사원들이 불법약물을 복용한다.
b. 제1종 오류: 복용하지 않았는데, 양성반응이 나온다.
제2종 오류: 복용했는데도, 음성반응이 나온다.
c. 사원들은 제1종 오류를 두려워하는 반면, 고용자는 법적 소송 때문에 둘 다 두려워한다.

9.5 잘못된 음성반응: 브레이크에 문제가 있는데 괜찮다고 결론이 나는 것. 이로 인해 차 사고 위험 증가.

9.7 H_0: $\mu = 2.5$ mg, H_1: $\mu \neq 2.5$ mg.

9.9 H_0: $\mu \leq 4$분, H_1: $\mu > 4$분.

9.11 a. 좌측 꼬리에서 기각.
b. 양쪽 꼬리에서 기각.
c. 우측 꼬리에서 기각.

9.13 a. $z_{calc} = 2.98$. b. $z_{calc} = -1.58$.
c. $z_{calc} = 2.22$.

9.15 a. $z_{0.025} = \pm1.96$. b. $z_{0.10} = 1.2816$.
c. $z_{0.01} = -2.3264$.

9.17 a. H_0: $\mu \leq 3.5$ mg, H_1: $\mu > 3.5$ mg.
b. $z_{calc} = 2.50$.
c. 그렇다. $z_{crit} = 2.33$인데 이는 2.50보다 작다.
d. p값 = 0.0062.

9.19 a. $z = 1.50$, p값 = 0.1336.
b. $z = -2.0$, p값 = 0.0228.
c. $z = 3.75$, p값 = 0.0001.

9.21 p값 = 0.0062. 평균무게는 회사 표준보다 무겁다.

9.23 a. 만일 $z > 1.96$이거나 $z < -1.96$이면, 귀무가설 기각.
b. $z = 0.78$로 H_0를 기각할 수 없다.

9.25 $z = 3.26$, p값 = 0.0006.

9.27 H_0: $\mu = 1.967$, H_1: $\mu \neq 1.967$, $t_{calc} = -1.80$, p값 = 0.0719. H_0를 기각할 수 없다.

9.29 a. $d.f. = 20$을 이용하면, $t_{0.05} = \pm1.725$.
b. $d.f. = 8$을 이용하면, $t_{0.01} = 2.896$.
c. $d.f. = 27$을 이용하면, $t_{0.05} = -1.703$.

9.31 a. $t_{calc} = -3.33$.
b. $t_{calc} = -1.67$.
c. $t_{calc} = 2.02$.

9.33 a. p값 = 0.0836.
b. p값 = 0.0316.
c. p값 = 0.0391.

9.35 a. $t = 1.5$, p값 $= 0.1544$.
b. $t = -2.0$, p값 $= 0.0285$.
c. $t = 3.75$, p값 $= 0.0003$.

9.37 a. H_0: $\mu \geq 400$, H_1: $\mu < 400$.
만일 $t_{calc} < -1.476$이면 H_0를 기각. $t_{calc} = -1.977$이므로 H_0를 기각.
b. 그렇다. $\alpha = 0.05$일 때까지만이다.
c. p값 $= 0.0525$.
d. 계약자한테는 중요할 수 있다.

9.39 a. H_0: $\mu \leq \$818$, H_1: $\mu > 818$. 만일 $t_{calc} > 1.729$이면 H_0를 기각. $t_{calc} = 4.472$이므로 H_0를 기각하지 못함.
b. p값 $= 0.00013$.

9.41 H_0: $\mu \geq 1.6$, H_1: $\mu < 1.6$, $t_{calc} = 1.14$이고, p값 $= 0.1306$이므로 H_0를 기각하지 못함.

9.43 a. p값 $= 0.1079$이므로 H_0를 기각하지 못함.
b. (3.226, 3.474)는 3.25를 포함함.

9.45 a. $z = 2.0$, p값 $= 0.046$.
b. $z = 1.90$, p값 $= 0.029$.
c. $z = 1.14$, p값 $= 0.127$.

9.47 a. 아니다. b. 아니다. c. 그렇다.

9.49 a. H_0: $\pi \geq 0.997$, H_1: $\pi < 0.997$.
만일 p값이 0.05보다 작으면, H_0를 기각한다.
b. 그렇다.
c. 제1종 오류: 불량품이 아닌 인슐린 주사기를 버리는 것으로 판단한다.
제2종 오류: 불량품 인슐린 주사기를 그대로 사용한다.
d. p값 $= 0.1401$ ($z = -1.08$).

9.51 a. H_0: $\pi \geq 0.50$, H_1: $\pi < 0.50$.
b. p값 $= 0.0228$.
c. p값이 0.05보다 작기 때문에 H_0를 기각.
d. 그렇다. 전화주문이 증가하면 비용은 올라가기 때문에.

9.53 p값 ≈ 0, 50% 이상이 비행 중 휴대폰 금지를 찬성하였다.

9.55 a. p값 $= 0.143$, 품질기준에 부합한다.
b. 5개 이하의 불량품이 나왔기 때문에, 정규성 기준을 만족하지 못함.

9.57 a. 0.4622. b. 0.7974. c. 0.9459.

9.59 a. 0.0924. b. 0.3721. c. 0.7497.

9.61 아니다. p값 $= 0.2233$.

9.63 p값 $= 0.2233 = 0.0465$, H_0를 기각.

9.65 p값 $= 0.6202$, H_0를 기각하지 못함.

9.67 a. 제1종 오류의 확률이 0이 된다.
b. 제2종 오류가 증가할 수 있다.

9.69 a. H_0: 사용자는 인증받은 사람이다.
H_1: 사용자는 인증받지 않은 사람이다.
b. 제1종 오류: 판독기가 인증받은 사람의 출입을 불허하는 것.
제2종 오류: 판독기가 인증받지 않은 사람을 출입시키는 것.
c. 제2종 오류가 심각한 문제이다.

9.71 H_0: $\pi \leq 0.02$. H_1: $\pi > 0.02$.

9.73 제1종 오류의 확률이 0이다.

9.75 a. 제1종 오류: 인증받은 사람의 출입을 불허하는 것.
제2종 오류: 인증받지 않은 사람의 출입을 허용하는 것.
b. 오류 기각의 결과가 오류 허용보다 덜 심각할 것이다.

9.77 a. H_0: $\mu \leq 20$분, H_1: $\mu > 20$분.
b. $t_{calc} = 2.545$.
c. 그렇다. $d.f. = 14$를 이용하면, $t_{0.05} = 1.761$이며, 이 값은 2.545보다 작음.
d. p값 $= 0.0117$로 0.05보다 작다. (c)에서 구한 결과와 동일하다.

9.79 a. 양측검정.
b. $t_{calc} = 2.545$.
c. 그렇다. $d.f. = 14$를 이용하면, $t_{0.05} = 1.761$이며, 이 값은 2.545보다 작음.
d. 만일 $z > 2.576$이거나 $z < 2.576$이면 기각.

9.81 a. H_0: $\mu \geq 90$.
H_1: $\mu < 90$.
b. $t_{crit} =$ T.INV(0.01,7) $= -2.998$.
c. $t = -0.92$, H_0를 기각하지 못함.
d. 모집단은 적어도 대칭이어야 함.
e. p값 $= 0.1936$.

9.83 a. H_0: $\mu \geq 2.268$.
H_1: $\mu < 2.268$.
만일 p값이 0.05보다 작으면, H_0를 기각.
p값 $= 0.0478$, H_0를 기각.
b. 사용과정에서 일어난 자연스러운 마모.

9.85 p값 $= 0.0228$, H_0를 기각.

9.87 p값 $= 0.0258$, H_0를 가까스로 기각하지 못함.

9.89 a. H_0: $\pi \leq 0.10$.
H_1: $\pi > 0.10$.
$z_{calc} = 0.8819$이고, $1.645(z_{crit})$보다 작음. 따라서 H_0를 기각하지 못함.
b. p값 $= 0.1889$.

9.91 p값 $= 0.0192$, H_0를 기각, 선수와 학교 모두에게 중요함.

9.93 p값 $= 0.0017$, H_0를 기각

9.95 a. 그렇다. $z = 1.95$, p값 $= 0.0253$.
b. 그렇다.

9.99 a. H_0: $\mu \geq 880$.
H_1: $\mu < 880$.
b. $t_{crit} = -1.86$.
c. $t_{crit} = -1.731 > -1.86(= t_{crit})$이므로, H_0를 기각하지 못함.

9.101 p값 $= 0.0794$, H_0를 기각하지 못함.

9.103 H_0: $\pi = 0.50$.
H_1: $\pi \neq 0.50$.
$P(X \geq 10 \mid n = 16, \pi = 0.50) = 0.2272$.
H_0를 기각하지 못함.

10장

주: 올림이나 정확한 자유도를 사용했기 때문에 엑셀 결과치는 부록 C, D, E와 다를 수 있음.

10.1 a. H_0: $\mu_1 - \mu_2 \geq 0$.
H_1: $\mu_1 - \mu_2 < 0$.
$t = -2.148$, $d.f. = 28$, $t_{0.025} = -2.048$,
p값 $= 0.0202$이므로, H_0를 기각.
b. H_0: $\mu_1 - \mu_2 = 0$.
H_1: $\mu_1 - \mu_2 \neq 0$.
$t = -1{,}595$, $d.f. = 39$, $t_{0.05} = \pm 2.023$,
p값 $= 0.1188$이므로, H_0를 기각하지 못함.
c. H_0: $\mu_1 - \mu_2 \leq 0$.
H_1: $\mu_1 - \mu_2 > 0$.
$t = 1.935$, $d.f. = 190$, $t_{0.05} = 1.703$,
p값 $= 0.0318$이므로, H_0를 기각.

10.3 a. H_0: $\mu_1 - \mu_2 = 0$.
H_1: $\mu_1 - \mu_2 \neq 0$.
$d.f. = 190$, $t_{0.005} = 2.602$, $t_{calc} = -6184 < -2.602$, 따라서 H_0를 기각.
b. $d.f. = 190$을 이용하여, p값 $= 3.713E-09$.

10.5 a. H_0: $\mu_1 - \mu_2 \leq 0$.
H_1: $\mu_1 - \mu_2 > 0$.
$t = 1.902$, $d.f. = 29$, $t_{0.01} = 2.462$, H_0를 기각하지 못함.
b. p값 $= 0.0336$이므로, $\alpha = 0.05$에서 통계적으로 유의함.

10.7 H_0: $\mu_1 - \mu_2 = 0$ 대 H_1: $\mu_1 - \mu_2 \neq 0$.
$t = -3.55$, $d.f. = 11$, p값 $= 0.0045$, H_0를 기각.

10.9 H_0: $\mu_S - \mu_F \leq 0$. H_1: $\mu_S - \mu_F > 0$.
$t_{calc} = -1.813$, p값 $= 0.0424$이므로, H_0를 기각.

10.11 a. $(-1.163, 0.830)$.
b. $(-1.151, 0.791)$.
c. 가정 때문에 결론이 바뀌지 않는다.
d. μ_1: $(7.95, 9.33)$, μ_2: $(8.10, 9.54)$.

10.13 H_0: $\mu_d \leq 0$.
H_1: $\mu_d > 0$.
$t = 1.93$, $d.f. = 6$, p값 $= 0.0509$이므로, $\alpha = 0.05$에서 H_0를 기각하지 못함.

10.15 H_0: $\mu_d \leq 0$.
H_1: $\mu_d > 0$.
$t = 2.86$, $d.f. = 9$, p값 $= 0.0094$이므로, $\alpha = 0.10$에서 H_0를 기각.

10.17 H_0: $\mu_d \geq 0.5$.
H_1: $\mu_d < 0.5$.
$t_{calc} = 1.821$, p값 $= 0.9597 > 0.05$이므로, H_0를 기각하지 못함.

10.19 H_0: $\mu_d = 0$.
H_1: $\mu_d \neq 0$.
$t = -1.71$, $d.f. = 7$, p값 $= 0.1307$이므로, $\alpha = 0.01$에서 H_0를 기각하지 못함.

10.21 a. $z_{calc} = -1.310$, p값 $= 0.0951$.
b. $z_{calc} = 1.787$, p값 $= 0.0370$.
c. $z_{calc} = 1.577$, p값 $= 0.1149$.

10.23 a. H_0: $\pi_1 - \pi_2 \geq 0$, H_1: $\pi_1 - \pi_2 < 0$.
$\bar{p} = 0.4200$, $z = -2.431$, $z_{0.01} = -2.326$,
p값 $= 0.0075$, $\alpha = 0.01$에서 H_0를 기각.
b. H_0: $\pi_1 - \pi_2 = 0$, H_1: $\pi_1 - \pi_2 \neq 0$.
$\bar{p} = 0.37500$, $z = 2.263$, $z_{0.05} = \pm 1.645$,
p값 $= 0.0237$, $\alpha = 0.10$에서 H_0를 기각.
c. H_0: $\pi_1 - \pi_2 \geq 0$, H_1: $\pi_1 - \pi_2 < 0$.
$\bar{p} = 0.25806$, $z = -1.706$, $z_{0.05} = -1.645$,
p값 $= 0.0440$, $\alpha = 0.05$에서 H_0를 기각.

10.25 a. H_0: $\pi_1 - \pi_2 \geq 0$, H_1: $\pi_1 - \pi_2 < 0$.
$\bar{p} = 0.26000$, $z = -2.280$.
b. $z_{0.01} = -2.326$, $\alpha = 0.01$에서 H_0를 간신히 기각하지 못함.
c. p값 $= 0.0113$.
d. 정규성 가정 가능함($n_1p_1 = 42$, $n_2p_2 = 62$로 모두 10을 넘음).

10.27 H_0: $\pi_1 - \pi_2 = 0$, H_1: $\pi_1 - \pi_2 \neq 0$.
$\bar{p} = 0.11$, $z = 2.021$, $z_{0.025} = \pm 1.960$, $p = 0.0432$,
따라서 $\alpha = 0.05$에서 간신히 기각.

10.29 a. H_0: $\pi_1 - \pi_2 = 0$, H_1: $\pi_1 - \pi_2 \neq 0$.
$p_1 = 0.07778$, $p_2 = 0.10448$, $\bar{p} = 0.08502$,
$z = -0.669$, 임계치 $z_{0.025} = 1.960$, p값 $= 0.5036$,
따라서 $\alpha = 0.05$에서 간신히 기각하지 못함.

b. 정규성 기준 만족하지 못함.
($n_1p_1 = 14$, 하지만 $n_2p_2 = 7$)

10.31 a. H_0: $\pi_1 - \pi_2 \le 0$, H_1: $\pi_1 - \pi_2 > 0$.
$p_1 = 0.28125$, $p_2 = 0.14583$, $\overline{p} = 0.22321$, $z = 0.66$, 임계치 $z_{0.05} = 1.645$.
b. p값 $= 0.2546$, $\alpha = 0.05$에서 H_0를 기각하지 못함.

10.33 $(-0.1584, 0.1184)$.

10.35 $(0.0063, 0.1937)$.

10.37 a. H_0: $\sigma_1^2 - \sigma_2^2 = 0$, H_1: $\sigma_1^2 - \sigma_2^2 \ne 0$.
만일 $F > 4.76$이거나 $F < 0.253(df_1 = 10, df_2 = 7)$이면, H_0를 기각.
$F = 2.54$이므로, H_0를 기각할 수 없음.
b. H_0: $\sigma_1^2 - \sigma_2^2 = 0$, H_1: $\sigma_1^2 - \sigma_2^2 \ne 0$.
만일 $F < 0.264(df_1 = 7, df_2 = 7)$이면, H_0 기각.
$F = 0.247$이므로, H_0를 기각.
c. H_0: $\sigma_1^2 - \sigma_2^2 = 0$, H_1: $\sigma_1^2 - \sigma_2^2 \ne 0$.
만일 $F > 2.80(df_1 = 9, df_2 = 12)$이면, H_0 기각.
$F = 19.95$이므로, H_0를 기각.

10.39 H_0: $\sigma_1^2 - \sigma_2^2 = 0$, H_1: $\sigma_1^2 - \sigma_2^2 \ne 0$.
만일 $F < 0.355(df_1 = 11, df_2 = 11)$이면, H_0 기각.
$F = 0.103$이므로, H_0를 기각.
새로운 드릴로 분산이 감소했음.

10.41 a. H_0: $\pi_M - \pi_W = 0$, H_1: $\pi_M - \pi_W \ne 0$.
만일 $z < -1.645$이거나 $z > 1.645$이면, H_0 기각.
b. $p_M = 0.60$이고 $p_W = 0.6875$.
c. $z = -0.69$, p값 $= 0.492$. 표본비율 간에 유의한 차이가 없음.
d. $n_1p_1 \ge 10$, $n_2p_2 \ge 10$이므로, 정규성 가정 가능.

10.43 a. H_0: $\pi_1 - \pi_2 \le 0$, H_1: $\pi_1 - \pi_2 > 0$.
b. 만일 $z > z_{0.05} = 1.645$이면, H_0 기각.
c. $p_1 = 0.98000$, $p_2 = 0.93514$, $\overline{p} = 0.95912$, $z = 4.507$.
d. $\alpha = 0.05$에서 H_0 기각.
e. p값 $= 0.0000$.
f. $n_1(1 - \pi_1) = 17$, $n_2(1 - \pi_2) = 48$이므로 정규성 가정 가능.

10.45 a. H_0: $\pi_1 - \pi_2 = 0$, H_1: $\pi_1 - \pi_2 \ne 0$.
b. $p_1 = 0.17822$, $p_2 = 0.14300$, $\overline{p} = 0.14895$, $z = 1.282$, p값 $= 0.2000$.
양측검정에서 z가 ± 1.960 안에 있고, p값이 0.05를 넘기 때문에, H_0를 기각하지 못함.

10.47 a. H_0: $\pi_1 - \pi_2 = 0$, H_1: $\pi_1 - \pi_2 \ne 0$.
$p_1 = 0.38492$, $p_2 = 0.48830$, $\overline{p} = 0.4444$, $z = -2.506$.
양측검정에서 $\alpha = 0.05$일 때, z가 ± 1.960안에 있고 p값이 0.05를 넘기 때문에, H_0를 기각할 수 없음.
b. 양측검정의 p값 $= 0.0122$.
c. $n_1p_1 = 97$, $n_2p_2 = 167$; 모두 10을 넘기에, 정규성 가정 가능.
d. 성별에 따라 관심사가 다르기 때문에, 이에 따라 잡지사가 마케팅 전략을 맞춘 것임.

10.49 a. H_0: $\pi_1 - \pi_2 \ge 0$, H_1: $\pi_1 - \pi_2 < 0$.
$p_1 = 0.14914$, $p_2 = 0.57143$, $\overline{p} = 0.21086$, $z = -8.003$.
$z < -2.326$이므로, 전문가의 찬성률이 높다.
b. 좌측검정의 p값 $= 0.0000$.
c. $n_1p_1 = 61$, $n_2p_2 = 30$; 모두 10을 넘기에, 정규성 가정 가능.

10.51 H_0: $\mu_B - \mu_A \ge 0$. H_1: $\mu_B - \mu_A < 0$.
$t_{calc} = -1.581$, p값 $= 0.0607 > 0.05$이므로, H_0를 기각할 수 없음.

10.53 a. H_0: $\pi_1 - \pi_2 \ge 0$, H_1: $\pi_1 - \pi_2 < 0$.
만일 $z < -1.645$이거나 $p < 0.05$이면 기각.
p값 $= 0.0914$이므로, H_0를 기각할 수 없음.
b. 그렇다. 정규성 기준에 부합한다.

10.55 H_0: $\mu_1 - \mu_2 \le 0$, H_1: $\mu_1 - \mu_2 > 0$.
분산이 같다고 가정하면, $t = 4.089$에 $d.f. = 84$이다. p값이 0.0000이므로, H_0를 $\alpha = 0.01$에서 기각.

10.57 a. H_0: $\pi_1 - \pi_2 \ge 0$, H_1: $\pi_1 - \pi_2 < 0$.
$p_1 = 0.1402$, $p_2 = 0.2000$, $\overline{p} = 0.16396$.
b. $z = -2.777$이고 좌측검정의 p값 $= 0.0027$.
$z < -2.326$이기에 H_0를 기각.
c. $n_1p_1 = 104$, $n_2p_2 = 98$로 모두 10보다 크므로, 정규성 가정 가능.
d. 많은 사람이 구매하기엔 비싸거나 지불하기엔 보험이 부족.

10.59 a. H_0: $\pi_1 - \pi_2 \le 0$, H_1: $\pi_1 - \pi_2 > 0$.
분산이 다르다 가정하면, $t = 1.718$에 $d.f. = 16$(Welch의 조정자유도).
p값 $= 0.0525$이므로, $\alpha = 0.05$에서 H_0를 기각할 수 없음.
b. 매년 같은 회사를 비교할 수만 있다면, 검정력이 더 증가할 수 있기 때문이다.

10.61 a. 점그래프에 따르면, 새로운 범퍼는 저속에서 피해를 줄일 수 있으나, 분산은 비슷함.

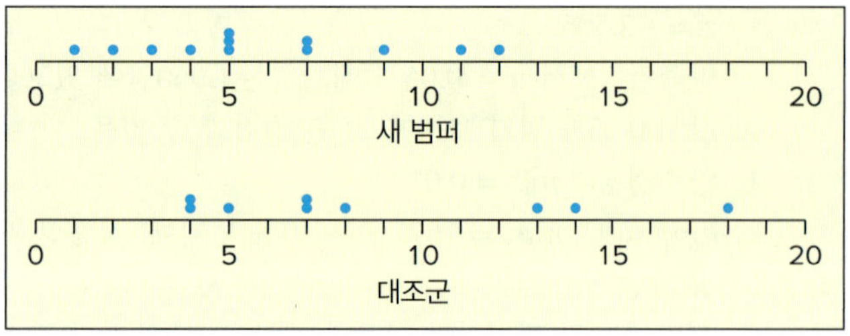

b. H_0: $\mu_1 - \mu_2 \le 0$, H_1: $\mu_1 - \mu_2 > 0$.

c. 분산이 같다고 가정하면, $t < -1.729$에 $d.f. = 19$이면 H_0 기각.

d. $\bar{x}_1 = 5.917$, $s_1 = 3.423$, $\bar{x}_2 = 8.889$, $s_2 = 4.961$, $s_p^2 = 17.148$, $t = -1.63$, p값 $= 0.0600$, 따라서 $\alpha = 0.05$에서 H_0를 기각하지 못함.

10.63 a. H_0: $\mu_1 - \mu_2 \le 0$, H_1: $\mu_1 - \mu_2 > 0$. $t = 7.08$, $d.f. = 28$, p값 ≈ 0이므로, H_0를 기각.

b. H_0: $\sigma_1^2 - \sigma_2^2 = 0$, H_1: $\sigma_1^2 - \sigma_2^2 \ne 0$. 만일 $F < 0.3557$이거나 $F > 2.9787(df_1 = 14, df_2 = 14)$이면, H_0를 기각. $F = 2.778$이므로, H_0를 기각할 수 없음.

10.65 a. H_0: $\mu_1 - \mu_2 \le 0$, H_1: $\mu_1 - \mu_2 > 0$.

b. 만일 $t > 2.438$에 $d.f. = 35$면, H_0를 기각.

c. $\bar{x}_1 = 117{,}853$, $s_1 = 10{,}115$, $\bar{x}_2 = 98{,}554$. $s_2 = 14{,}541$, $s_p^2 = 152{,}192{,}286$, $t = 4.742$.

d. $\alpha = 0.01$에서 H_0 기각. 남성이 유의하게 연봉이 높음.

e. p값 $= 0.0000$, H_0가 참이면, 결과는 나오지 않음.

10.67 a. 점그래프를 보면, 왜도가 심하지만 평균은 유사함.

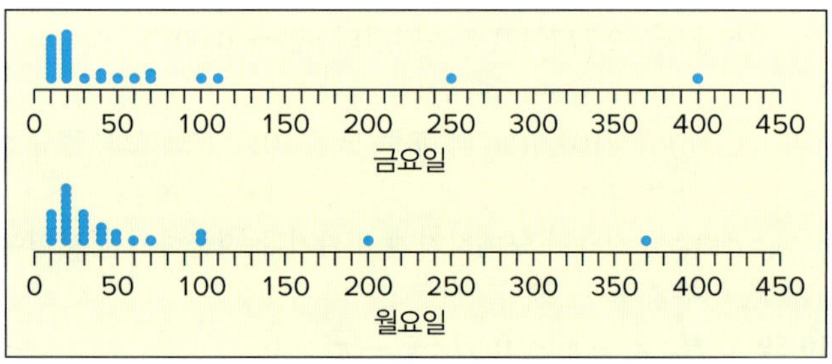

b. H_0: $\mu_1 - \mu_2 = 0$. H_1: $\mu_1 - \mu_2 \ne 0$. 분산이 같다고 가정.

c. $d.f. = 58$에 $t > 2.663$이거나 $t < -2.663$이면 H_0 기각.

d. $\bar{x}_1 = 50.333$, $s_1 = 81.684$, $\bar{x}_2 = 50.000$, $s_2 = 71.631$, $s_p^2 = 5{,}901.667$, $t = 0.017$이기에, H_0를 기각하지 못함.

e. p값 $= 0.9866$. 표본의 결과는 우연의 가능성에 속함.

10.69 a. H_0: $\mu_1 - \mu_2 = 0$, H_1: $\mu_1 - \mu_2 \ne 0$.

b. 분산이 같다고 가정하고, $d.f. = 55$. $t < -2.004$이면 H_0를 기각.

c. $t = -3.162$(p값 $= 0.0025$)이므로, $\alpha = 0.05$에서 H_0를 기각, 동쪽 스키샵의 평균 판매액이 낮다.

10.71 a. H_0: $\sigma_1^2 = \sigma_2^2$, H_1: $\sigma_1^2 \ne \sigma_2^2$. $df_1 = 30$, $df_2 = 29$, $\alpha/2 = 0.025$, $F_R = F_{30,29} = 2.09$, $F_L = 1/F_{29,30} \approx 1/F_{25,30} = 1/2.12 = 0.48$. 검정통계량 $F = (13.482)^2/(15.427)^2 = 0.756$, 따라서 H_0를 기각하지 못함.

10.73 a. H_0: $\mu_d = 0$. H_1: $\mu_d \ne 0$. $t = -0.87$, p값 $= 0.4154$ (MegaStat 결과치), H_0를 기각하지 못함.

10.75 a. H_0: $\mu_1 - \mu_2 = 0$. H_1: $\mu_1 - \mu_2 \ne 0$. $t = -1.10$, $d.f. = 22$, p값 $= 0.2839$, H_0를 기각하지 못함.

b. H_0: $\sigma_1^2 - \sigma_2^2 = 0$. H_1: $\sigma_1^2 - \sigma_2^2 \ne 0$. 만일 $F < 0.188$이거나 $F > 5.3197(df_1 = 11, df_2 = 11)$, H_0를 기각. $F = 2.59$이므로, H_0를 기각하지 못함.

10.77 a. H_0: $\sigma_1^2 \le \sigma_2^2$, H_1: $\sigma_1^2 > \sigma_2^2$, $df_1 = 11$, $df_2 = 11$. 우측검정에서 $\alpha = 0.025$일 때, 부록 F를 보면, $F_R = F_{11,11} \approx F_{10,11} = 3.53$, 검정통계량 $F = (2.9386)^2/(0.9359)^2$. 따라서 포트폴리오 A는 포트폴리오 B보다 분산이 크다.

b. 이 두 표본은 서로 독립임. H_0: $\mu_1 - \mu_2 = 0$. H_1: $\mu_1 - \mu_2 \ne 0$. $\bar{x}_1 = 8.5358$, $s_1 = 2.9386$, $\bar{x}_2 = 8.1000$, $s_2 = 0.9359$. 분산이 다르다고 가정하면, $d.f. = 14$(Welch의 조정자유도)에 대해 $t = 0.49$이고 p값 $= 0.6326$임. 따라서 $\alpha = 0.025$에서, H_0를 기각하지 못함.

10.79 (−0.0153, 0.2553), 그렇다. 이 구간은 0을 포함한다.

10.81 a. (−2.51, 0.11).

b. 아니다.

10.83 a. (−0.4431, −0.0569).

b. 정규성 기준에 부합하지 않음.

10.85 a. H_0: $\mu_M - \mu_F \le 0$, H_1: $\mu_M - \mu_F > 0$

b. $t_{calc} = 2.616$.

c. 만일 $t_{calc} > 2.896$이면 H_0를 기각.

d. p값 $= 0.0094 < 0.01$이므로, H_0를 기각.

e. $F_{calc} = 7.169$, p값 $= 0.0047$임. 분산이 다르다고 가정함.

10.87 H_0: $\pi_A - \pi_B \le 0$, H_1: $\pi_A - \pi_B > 0$. 만일 $z_{calc} > 2.326$이면, H_0를 기각 $z_{calc} = 2.394 < 2.326$이므로 H_0를 기각하지 못함.

10.89 H_0: $\mu_d \le 0$, H_1: $\mu_d > 0$. 만일 $t_{calc} > 2.132$이면 H_0를 기각, $t_{calc} = 1.851 < 2.132$이므로 H_0를 기각하지 못함.

11장

11.1 a. 40.

b. 5.

c. H_0: $\mu_1 = \mu_2 = \mu_3 = \mu_4$

H_1: 적어도 하나의 평균이 다르다.

d. $F_{crit} = 2.6415$.

e. $F_{calc} = 1.80$.

f. H_0를 기각하지 못함.

11.3 a. H_0: $\mu_1 = \mu_2 = \mu_3 = \mu_4 = \mu_5$

H_1: 적어도 하나의 평균이 다르다.

b. $df_1 = 4$, $df_2 = 25$

c. $F_{crit} = 2.18$

d. p값 = F.DIST.RT(2.447, 4,25) = 0.0726.

11.5 a. H_0: $\mu_A = \mu_B = \mu_C$

H_1: 적어도 하나의 평균이 다르다.

b. $df_1 = 2$, $df_2 = 12$

c. $\alpha = 0.05$일 때, $F_{2,12} = 3.89$

d. $F_{calc} = 5.31$이므로, $\alpha = 0.05$일 때 H_0를 기각.

e. 공장 B의 평균불량률이 높고, 공장 C는 낮다.

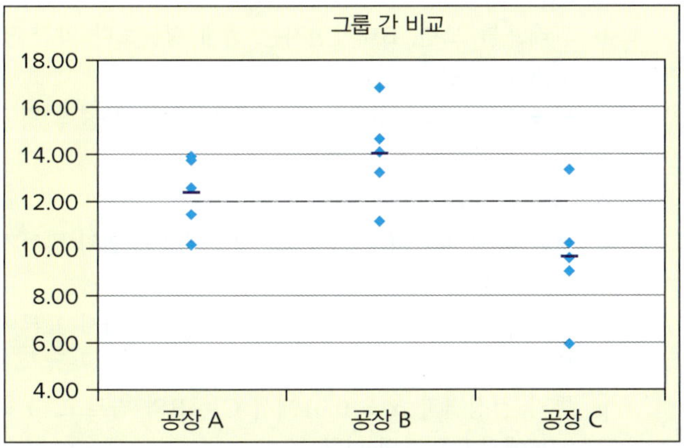

11.7 a. H_0: $\mu_1 = \mu_2 = \mu_3 = \mu_4 = \mu_5$

H_1: 적어도 하나의 평균이 다르다.

b. $df_1 = 3$, $df_2 = 24$.

c. $\alpha = 0.05$일 때, $F_{3,24} = 3.01$.

d. $F_{calc} = 3.52$이므로, $\alpha = 0.05$일 때 H_0를 기각, GPA가 모두 같은 것은 아니다.

e. p값 = 0.0304.

f. 마케팅과 인적자원관리 수업의 GPA는 높고, 회계학과 재무관리 수업은 낮다.

11.9 a. 6.

b. $c = 4$, $n - c = 30$

c. $T_{4,30} = 2.72$.

11.11 a. 3.

b. $c = 3$, $n - c = 12$.

c. $T_{3,10} = 2.74$(표 11.4 이용).

d. $\alpha = 0.05$에 대해서 공장 B와 공장 C가 다르다($t = 3.23$). MegaStat의 튜키검정 활용.

11.13 a. 6.

b. c = 4, $n - c = 24$.

c. $T_{4,20} = 2.80$(표 11.4 이용).

d. $\alpha = 0.05$에 대해서 마케팅과 회계학 과목 GPA가 다름(튜키 $t = 3.00$).

11.15 a. H_0: $\sigma_1^2 = \sigma_2^2 = \sigma_3^2 = \sigma_4^2$

H_1: 적어도 하나의 분산은 다르다.

b. $df_1 = 3$, $df_2 = 4$.

c. $H_{3,4} = 15.5$.

d. $H_{calc} = 7.68$

e. H_0를 기각하지 못함.

11.17 a. $df_1 = c = 3$, $df_2 = n/c - 1 = 4$

b. $H_{critical} = 15.5$.

c. $H_{calc} = 7.027/2.475 = 2.839$.

d. H_0를 기각하지 못함.

11.19 a. $df_1 = c = 4$, $df_2 = n/c - 1 = 6$

b. $H_{crit} = 10.4$.

c. $H_{crit} = 8.097$.

d. H_0를 기각하지 못함.

11.21 a. H_0: 장기결근이 공장 4곳 모두에 동일.

H_1: 모든 공장에서 장기결근이 동일하지 않다(날짜는 블록인자이다).

b. 공장별 평균은 다르다. 공장 1과 2는 전체 평균보다 낮고, 공장 3과 4는 전체 평균보다 높다.

c. $F = 41.19$(p값 = 0.0002). 블록요인 $F = 8.62$(p값 = 0.0172) 또한 유의함.

분산분석 표: 무반복이원분산분석

요인	SS	d.f.	MS	F	p값
처리(공장)	216.25	3	72.083	41.19	0.0002
블록(날짜)	30.17	2	15.083	8.62	0.0172
오차항	10.50	6	1.750		
전체	256.92	11			

평균	n	표준편차	인자 수준
20.333	3	1.528	Plant 1
18.000	3	2.000	Plant 2
29.000	3	2.646	Plant 3
25.000	3	2.646	Plant 4
21.500	4	4.041	04-Mar
25.250	4	5.377	11-Mar
22.50	4	5.508	18-Mar

11.23 a. H_0: 모든 다섯 운전자의 평균 운전시간은 같다.
H_1: 모든 다섯 운전자의 평균 운전시간이 같은 것은 아니다(여기서 호텔이 블록인자이다).
b. 운전자 인자는 약간 유의할 수 있으나, 호텔은 전혀 유의하지 않다. 운전자 C는 다른 운전자들에 비해 운전시간이 약간 더 높다.
c. 운전자 ($F = 3.26$, p값 $= 0.05$), 호텔 ($F = 1.11$, p값 $= .3824$).

11.25 a. 행: H_0: 연도 요인은 같다. H_1: 연도 요인은 다르다.
열: H_0: 포트폴리오 타입 요인은 같다.
H_1: 포트폴리오 타입 요건이 다르다.
상호작용(연도 × 타입): H_0: 상호작용 효과 없다.
H_1: 상호작용 효과 있다.
b. 분산분석 표: 반복이원분산분석(각 셀당 5개의 관측치)
c. 연도($F = 66.82$, p값 < 0.0001)는 매우 유의하다.
포트폴리오 타입($F = 5.48$. p값 $= 0.0026$)은 유의하게 다르다.
상호작용효과도 유의하다($F = 4.96$, p값 $= 0.0005$).
d. p값이 매우 작아 $\alpha = 0.05$에서 유의한 효과가 있다. 연도의 효과는 매우 강하다.
e. 점 그래프는 교차하고 있어, 상호작용 효과가 있다는 것을 나타낸다.

분산분석표: 반복이원분산분석(각 셀당 5개의 관측치)

요인	SS	d.f.	MS	F	p값
인자 1(포트폴리오)	1,191.584	2	595.7922	66.82	<0.0001
인자 2(연도)	146.553	3	48.8511	5.48	0.0026
오차항	265.192	6	44.1986	4.96	0.0005
	427.980	48	8.9162		
합계	2,031.309	59			

11.27 a. 행: H_0: 연령 그룹 평균은 같다. H_1: 연령 그룹 평균은 다르다.
열: H_0: 포트폴리오 타입 요인은 같다. H_1: 포트폴리오 타입 요건이 다르다.
b. 분산분석 표: 반복이원분산분석(각 셀당 5개의 관측치)
c. 연령 그룹 평균($F = 36.96$, p값 < 0.0001)은 매우 유의하게 다르다.
지역 평균($F = 0.5$. p값 $= 0.6493$)은 유의하게 다르지 않다.
상호작용효과도 유의하다($F = 3.66$, p값 $= 0.0010$).
d. 연령 그룹 p값은 유의함을 나타내고, 상호작용효과도 $\alpha = 0.05$에서 유의함.
e. 상호작용 점 그래프는 교차하고 있어, 효과가 있다는 것을 나타낸다.

11.29 a. H_0: $\mu_1 = \mu_2 = \mu_3 = \mu_4$
H_1: 적어도 하나의 평균이 다르다.
b. 그래프를 보면, 1학년의 GPA는 전체 평균보다 낮다.
c. $F = 2.36(p = 0.1000)$, $\alpha = 0.05$에서 H_0를 기각하지 못함. GPA간에는 유의한 차이가 없음.
d. 만일 $F > F_{3,21} = 3.07$이면 H_0를 기각.
e. 평균 학점 간의 차이가 충분히 크지만(0.4와 0.7), 유의하지 않음. 그래서 실제 중요하지 않을 수 있음.
f. 그룹 내에서 분산이 크고, 크기가 작은 표본으로 검정력이 낮아짐. 각 그룹 내에서 표본이 더 커야 할 것임.
g. 튜키 검정결과 어떤 짝에 대해서도 유의한 차이가 없음.
h. $H_{calc} = (0.6265)^2/(0.2826)^2 = 4.91$으로 하틀리의 임계치($13.7$, $df_1 = c = 4$, $df_2 = n/c - 1 = 5$)보다는 작음. 따라서 분산이 같다고 할 수 있음.

11.31 a. H_0: $\mu_1 = \mu_2 = \mu_3$
H_1: 적어도 하나의 평균이 다르다.
b. 그래프를 보면, B태양전지는 전체 평균보다 약간 낮고, C는 높음.
c. $F = 9.44(p = 0.0022)$, 따라서 태양광 셀 출력 평균에는 유의한 차이가 있음.
d. 만일 $F > F_{2,15} = 3.68$이면 H_0를 기각.
e. 평균 간에 약간의 차이가 있지만, 태양광 셀이 많아지면 중요할 수 있음.
f. 통제된 실험으로 보이고, 분산은 작음. 그래서 표본이 작아도 충분함.
g. 튜키 검정결과 $\alpha = 0.01$에서 C는 B와 다르고, $\alpha = 0.05$에서 C는 A와 다름.
h. $H_{calc} = (4.57)/(4.00) = 1.14$로 하틀리의 임계치($10.8$, $df_1 = c = 3$, $df_2 = n/c - 1 = 5$)보다는 작음. 따라서 분산이 같다고 할 수 있음.

11.33 a. H_0: $\mu_1 = \mu_2 = \mu_3 = \mu_4$
H_1: 적어도 하나의 평균이 다르다.
b. 그래프를 보면, B는 전체 평균보다 높고, D는 전체 평균보다 낮음.
c. $F = 1.79(p = 0.1857)$, $\alpha = 0.05$에서 대기시간 평균에 유의한 차이는 없음.
d. 만일 $F > F_{3,18} = 3.16$이면 H_0를 기각.
e. 평균 간 차이는 환자에게는 중요하지만, 유의하지 않음. 따라서 실제 중요하지 않다고 판단함.
f. 분산은 크고, 표본은 작음. 그래서 검정력이 낮음.
g. 튜키 검정결과 평균의 어떤 짝에 대해서도 유의한 차이가 없음.

h. $H_{calc} = (11.90)^2/(6.74)^2 = 3.121$으로 하틀리의 임계치(20.6, $df_1 = c = 4$, $df_2 = n/c - 1 = 4$)보다는 작음. 따라서 분산이 같다고 할 수 있음.

11.35 a. 열: H_0: 도로표면은 평균 제동거리에 영향이 없음. H_1: 도로표면은 영향을 미침.
행: H_0: 펌프방식은 제동거리에 영향을 미침. H_1: 펌프방식은 영향을 못 미침.
b. 그래프를 보면 차이가 있음(즉, 얼음길은 다른 두 표면보다 큼).
c. 도로표면: $F = 134.39(p = 0.0002)$, H_0 기각. 도로표면은 제동거리에 영향을 미침.
브레이크 타입: $F = 0.72(p = 0.5387)$, H_0를 기각하지 못함. 브레이크 타입은 제동거리에 영향을 미치지 못함.
d. 만일 $F > F_{2,4} = 6.94$이면 H_0를 기각.
e. 도로표면의 차이는 자동차 사고 발생에 매우 중요한 인자임.
f. 여유가 있다면, 반복을 하는 편이 좋음.
g. 튜키 검정결과 얼음길과 다른 두 도로표면과 차이가 있음.
h. $H_{calc} = 1.37$(브레이크 타입), $H_{calc} = 14.5$(도로표면). 분산이 같다는 귀무가설을 기각할 수 없음.

11.37 a. H_0: $\mu_1 = \mu_2 = \mu_3 = \mu_4 = \mu_5$
H_1: 적어도 하나의 평균이 다르다.
b. 그래프를 보면, Chalmers는 전체 평균보다 높고, Ulysses는 낮음.
c. $F = 6.19(p = 0.0019)$여서 H_0를 기각. 평균 간에는 유의한 차이가 있음.
d. 만일 $F_{calc} > F_{4,21} = 2.84$이면 H_0를 기각($\alpha = 0.05$).
e. 치과 환자들에게는 유의할 뿐 아니라 실제도 중요함.
f. 각 마을에서 표본이 적다.
g. Chalmers는 Villa Nuerve를 제외하고는 다른 마을과 다르고, 다른 평균들은 유의하게 다르지 않다.
h. $H_{calc} = (11.171)^2/(6.850)^2 = 2.659$으로 하틀리의 임계치($H_{crit} = 25.2$, $df_1 = c = 5$, $df_2 = n/c - 1 = 26/5 - 1 = 4$)보다는 작음. 따라서 분산이 같다고 할 수 있음.

11.39 a. H_0: $\mu_1 = \mu_2 = \mu_3 = \mu_4 = \mu_5$
H_1: 적어도 하나의 평균이 다르다.
b. 그래프를 보면 평균 간 차이가 없음.
c. $F = 0.39$ ($p = 0.8166$)이어서 H_0를 기각하지 못함. 평균 간에는 유의한 차이가 없음.
d. 만일 $F_{calc} > F_{4,45} = 2.61$이면 H_0를 기각.
e. 차이는 유의하지 않고, 그래서 실제로 중요하지 않음.
f. 다른 연도의 결과를 봐야 하겠지만, 표본은 이미 충분히 큼.
g. 튜키 검정 결과 어떤 짝에 대해서도 유의한 차이가 없음.
h. $H_{calc} = (10.585)^2/(3.759)^2 = 7.93$으로 하틀리의 임계치($H_{crit} = 7.11$, $df_1 = c = 5$, $df_2 = n/c - 1 = 9$)보다는 큼. 따라서 분산이 다르다고 할 수 있음.

11.41 반복이원분산분석에서, 응답(유효기간까지 남은 날짜)은 브랜드(행 인자)와 유의하게 연관이 있다($F_{calc} = 3.39$, p값 = 0.0284). 그리고 가게(열 인자)에 대해서도 강하게 연관된다($F_{calc} = 7.36$, p값 = 0.0021). 신선도는 소비자에게 중요한 요소이다. 봉지를 검토하는 것은 어려운 일이 아니므로, 표본을 늘리는 것은 어렵지 않다.

11.43 무반복이원분산분석(램덤화 블록모형)에서, 응답(트럭 생산량)은 약하게 공장(행 인자)에 연관되고($F_{calc} = 2.72$, p값 = 0.0912), 날짜(열 인자)에 강하게 연관되어 있다 ($F_{calc} = 9.18$, p값 = 0.0012). 자동차 업체에게 생산성은 중요한 요소이다. 매일 생산되는 트럭 생산량을 측정하는 것은 어려운 것이 아니므로, 표본을 늘리는 것은 쉽다.

11.45 a. 이원분산분석
b. 강사의 성별 p값(0.43)은 $\alpha = 0.05$보다 크기 때문에, 강사 성별 평균은 다르지 않다.
학생 성별 p값(0.24)은 $\alpha = 0.10$보다 크기 때문에, 학생 성별 평균도 다르지 않다.
상호작용효과는 p값 = 0.03이므로, $\alpha = 0.05$에 대해 유의하다고 볼 수 있다.
c. 표본의 크기 때문에 성별 효과가 간과되는 것과 달리, 검정력은 매우 크다.

11.47 a. $F_{calc} = (1069.17)/(12270.28) = 0.0871$.
b. p값 = 0.9666.
c. $F_{3,36} = 2.87$.
d. 평균 간에는 유의한 차이가 없다.

11.49 a. 무반복이원분산분석(램덤화 블록모형).
b. 4개의 공장 위치, 네 가지 소음 수준, 각 셀당 1개의 관측치.
c. $\alpha = 0.05$에서, 공장 위치는 유의하지 않다(p값 = 0.1200). 반면에, 소음수준은 매우 유의하다(p값 = 0.0093).

11.51 a. 이원분산분석.
b. 공기오염은 고속도로에 영향을 미침($F = 24.90$, p값 = 0.0000) 그리고 측정시간도 영향을 미침 ($F = 21.51$, p값 = 0.0000).

c. 고속도로에 대한 분산은 2926.7에서 1433.7까지 이고, 측정시간에 대한 분산은 872.9에서 14333.6으로 계산됨. 비율로 따져 보면 매우 큼(4.90과 16.42) 따라서, 분산이 다를 것으로 판단됨. 그러나 하틀리 검정에서, 고속도로 분산의 임계치는 $H_{crit} = 20.6$ ($df_1 = c = 4$, $df^2 = n/c - 1 = 4$)로 분산이 같다고 볼 수 있고, 측정시간에 대해서는 하틀리 임계치($H_{crit} = 50.7$, $df_1 = c = 5$, $df_2 = H_{crit} = 3$)로부터 분산이 같다고 볼 수 있음.

11.53 a. 일원분산분석.

b. 그룹 간 $df_1 = 4$인데 $df_1 = c - 1$이고 $c = 5$이므로, 5명이 표본에 있음.

c. p값 = 0.000이므로 H_0를 기각하고, 적어도 2개의 표본은 유의하게 다르다고 결론 내림.

d. 표본분산은 83.66에서 200.797, $F_{max} = 200.797/77.067 = 2.61$. 하틀리 검정의 임계치($H_{crit} = 5.30$, $df_1 = c = 5$, $df_2 = n/c - 1 = 67/5 - 1 = 12$)로부터 분산이 같다고 볼 수 있음.

12장

12.1 각 표본에 대해 H_0: $\rho = 0$ vs. H_1: $\rho \neq 0$

표본	df	r	t	t_α	결정
a	18	0.45	2.138	2.101	기각
b	28	−0.35	−1.977	1.701	기각
c	5	0.6	1.677	2.015	기각 못함
d	59	−0.3	−2.416	2.39	기각

12.3 b. −0.7328.

c. $t_{0.025} = 3.182$.

d. $t = -1.865$, 기각할 수 없다.

e. p값 = 0.159.

12.5 b. 0.531.

c. 2.131.

d. 2.429.

e. 그렇다. 기각한다.

12.7 a. 추가적인 면적(square feet)은 가격을 150달러 증가시킨다.

b. 425,000달러.

c. 그렇지 않다. *SquareFeet* 변수의 계수는 0이 될 수 없다.

12.9 a. 나이가 한 살 증가하면 인구 100,000명당 자동차 도난 건수는 35.3대 줄어든다.

b. 인구 100,000명당 자동차 255대.

c. 아니다. 나이의 중앙값 계수는 0이 될 수 없다.

12.11 a. *PowerDistanceIndex* 변수가 1단위 증가하면 전 세계 가맹점 수는 1.75개 증가한다.

b. 101.25.

c. 그렇지 않다. 가맹점 수는 음수가 될 수 없다.

12.13 a. 소득이 1,000달러 증가하면 주택가격은 2,610달러 증가한다.

b. 아니다.

c. 181,800달러, 312,300달러.

12.15 a. Blazer: 1년이 지날수록 차량 가격이 1,050달러씩 감소한다. Silverado: 1년이 지날수록 1,339달러씩 줄어든다.

b. 상수항은 신차 가격이라고 해석할 수 있다.

c. 10,939달러.

d. 15,896달러.

12.19 b. *Wait Time* = 458 − 18.5 *Operators*.

d. $R^2 = 0.5369$.

12.21 $\hat{y} = 0.458x + 11.155$, $R^2 = 0.2823$.

12.23 b. H_0: $\beta_1 = 0$ 대 H_0: $\beta_1 \neq 0$.

c. p값 = 0.0269, (1.3192, 10.8522).

d. p값이 0.05보다 작기 때문에 기울기는 유의하게 0과 다르다.

12.25 b. $\hat{y} = 557.45 + 3.00x$.

c. (1.2034, 4.806).

d. H_0: $\beta_1 \leq 0$ vs. H_1: $\beta_1 > 0$, p값 = 0.0009, H_0를 기각한다.

12.27 a. $\hat{y} = 1.8064 + 0.0039x$.

b. 상수항: 1.8064/0.6116 = 2.954, 기울기: 0.0039/0.0014 = 2.786(반올림 때문에 약간 달라질 수 있다.)

c. $d.f. = 10$, $t_{0.025} = \pm 2.228$.

12.29 a. $\hat{y} = 10.960 - 0.053x$.

b. (−0.1946, 0.0886). 신뢰구간은 0을 포함한다. 기울기는 0과 유의하게 다르지 않다.

c. t검정의 p값 = 0.4133. 결론: 기울기는 0과 유의하게 다르지 않다.

d. F검정의 p값 = 0.4133. 결론: 변수들 간 유의한 관계가 없다.

e. $0.74 = (-0.863)^2$.

12.31 a. $\hat{y} = -31.1895 - 4.9322x$.

b. (2.502, 7.362). 신뢰구간은 0을 포함하지 않는다. 따라서 기울기는 0보다 크다.

c. t검정의 p값 = 0.0011. 결론: 양의 기울기를 갖는다.

d. F검정의 p값 = 0.0011. 결론: 두 변수 사이에 유의한 관계가 있다.

e. $(4.523)^2 = 20.46$.

12.33 a. 95% 신뢰구간: (0.3671, 1.1477); 95% 예측구간: (−0.4662, 1.9810).

b. μ_Y의 95% 신뢰구간: (−0.205, 1.4603).

c. 두 번째 구간 폭이 더 넓다.

12.35 정규성 가정은 합리적이다. 잔차도표는 분산이 일정하지 않다는 것을 보여준다.

12.37 a. $e_i = 28$. b. $e_i = -21$. c. $e_i = 7$.

12.39 a. 33.02 mpg. b. 5.13. c. 2.527.

d. 이상치는 아니고 드문 경우에 발견되는 표본이다.

12.41 a. 0.16. b. 0.10. c. 0.02.

12.43 a. $h = 0.1850 > 0.0541$, 높은 레버리지.

b. $h = 0.0304 < 0.0541$, 높은 레버리지는 아님.

c. $h = 0.0952 > 0.0541$, 높은 레버리지.

12.63 $t_{critical} = 2.3069$(엑셀에서). 표본으로부터 $t = 2.3256$. H_0를 기각한다.

12.65 a. 1515.2. b. 아니다.

c. (1406.03, 1624.37).

12.67 a. $y = 1743.57 - 1.2163x$.

b. $d.f. = 13$. $t_{critical} = 2.160$.

c. 기울기는 0과 유의하게 다르다.

d. (−2.1671, −0.2656). 신뢰구간은 기울기가 0보다 작은 값으로 유의하다는 것을 말해준다.

e. $7.64 = (-2.764)^2$

12.69 a. $r = -0.3871$.

b. 표본으로부터 $t = -2.688$. 양측 t검정에서 $t_{0.005} = 2.7012$. H_0를 기각하지 못한다.

12.71 a. $r = 0.749$.

b. $d.f. = 13$. 양측검정 $t_{0.025} = 2.160$, $t_{calc} = 4.076$. H_0를 기각한다.

12.75 b. $y = -4.2896 + 0.171x$, $R^2 = 0.2474$. 적합도가 낮은 편이다.

12.77 a. 각 주의 SAT 응시율은 주의 SAT 평균점수와 강한 관계를 갖는다($p \approx 0$). 주의 응시율이 증가할수록 SAT 평균점수는 감소한다.

b. 그렇다. 강한 관계이다($R = 0.9178$, $R^2 = 0.8419$).

c. 더 많은 학생들이 SAT에 응시하면 학생들의 실력 범위도 넓어지고 결과적으로 평균점수가 하락한다.

12.79 a. 음의 기울기는 차가 오래될수록 가격이 하락함을 의미한다.

b. 상수항은 신차 가격이라고 볼 수 있다.

c. Explorer, Pickup, Taurus의 경우 적합하다.

d. 추가로 고려할 예측변수: 차의 상태, 운행거리.

13장

13.1 a. *Net Revenue* = 4.31 − 0.082 *ShipCost* + 2.265 *PrintAds* + 2.498 *WebAds* + 16.7 *Rebate%*.

b. 양의 기울기는 순수입이 증가함을 의미하고, 음의 기울기는 순수입이 감소함을 의미한다.

c. 상수항은 의미 없다.

d. 467,111달러.

13.3 a. *Ovalue* = 2.8931 + 0.1542 *LiftWait* + 0.2495 *AmountGroomed* + 0.0539 *SkiPatrolVisibility* − 0.1196 *FriendlinessHosts*.

b. 전체 만족도는 각 항목의 만족도가 증가함에 따라 증가한다. 그러나 주인의 친밀도와는 상관없는 것으로 추정된다. 예상과 다른 결과가 나온 이유는 상호작용 효과 때문으로 보인다.

c. 아니다.

d. 4.5831.

13.5 a. $df_1 = 4$(분자), $df_2 = 45$(분모).

b. $F_{0.05} = 2.61$($df_1 = 4$, $df_2 = 40$).

c. $F = 12.997$. 그렇다. 전체적으로 회귀모형은 유의하다.

d. $R^2 = 0.536$. $R^2_{adj} = 0.495$.

13.7 a. $df_1 = 4$, $df_2 = 497$.

b. $df_1 = 4$, $df_2 = 200$일 때 부록 F로부터 $F_{0.05} = 2.42$.

c. $F_{calc} = 12.923$. 그렇다. 전체적으로 회귀모형은 유의하다.

d. $R^2 = 0.0942$, $R^2_{adj} = 0.0869$.

13.9 a와 c. 다음 표를 참고하라.

예측변수	추정계수	추정계수의 표준오차	t값	p값
Intercept	4.31	70.82	0.0608585	0.9517414
ShipCost	−0.082	4.678	−0.0175289	0.9860922
PrintAds	2.265	1.05	2.1571429	0.0363725
WebAds	2.498	0.8457	2.9537661	0.0049772
Rebate%	16.697	3.57	4.6770308	0.0003

b. $t_{critical} = 2.69$. WebAds와 Rebate%는 0과 유의하게 다르다.

13.11 a와 c. 다음 표를 참고하라.

예측변수	추정계수	추정계수의 표준오차	t값	p값
Intercept	2.8931	0.3680	7.8617	2.37E-14
LiftWait	0.1542	0.0440	3.5045	0.0005
AmountGroomed	0.2495	0.0529	4.7164	3.07E-06
SkiPatrolVisibility	0.0539	0.0443	1.2167	0.2245
FriendlinessHosts	−0.1196	0.0623	−1.9197	0.0557

b. $t_{0.005} = 2.586$. *LifeWait*와 *AmountGroomed* 변수는 0과 유의하게 다르다.

13.13 $\hat{y}_i \pm 2.032(3620)$: $\hat{y}_i \pm 7355.84$.

13.15 a. 숙박일수와 침실의 수.

b. 2개: 수영장이 있으면 *SwimPool* = 1, 차고가 따로 있으면 *ParkGarage* = 1이다.

c. $CondoPrice = \beta_0 + \beta_1 NumNights + \beta_2 NumBedrooms + \beta_3 SwimPool + \beta_4 ParkGarage$.

13.17 a. $\ln(Price) = 5.4841 - 0.0733\ SalePrice + 1.1196\ Sub\text{-}Zero + 0.0696\ Capacity + 0.0466\ 2DoorFzBot - 0.3432\ 2DoorFzTop - 0.7096\ 1DoorFz - 0.8820\ 1DoorNoFz$.

b. *SalePrice*: p값 = 0.0019, *Sub-Zero*: p값 = 2.24E-13, *Capacity*: p값 = 2.69E-31, *2DoorFzBot*: p값 = 0.5623, *2DoorFzTop*: p값 = 3.57E-19, *1DoorFz*: p값 = 1.18E-07, *1DoorNoFz*: p값 = 8.32E-09.

c. 0.3432.

d. 측면형 냉장고.

13.19 a. 양이면서 비선형 관계. 그렇다, 비선형 모형이 적절하다.

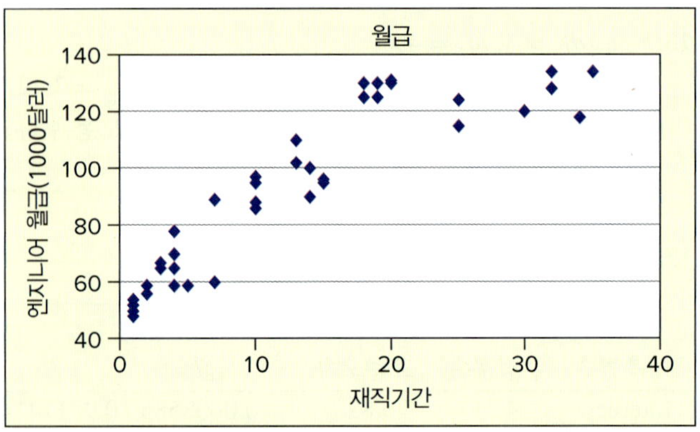

b. $R^2 = 0.915$, $F_{calc} = 194.99$, p값 = 4.84×10^{-20}. 그렇다, 회귀모형이 유의하다.

c. *Years*: p값 = 5.5×10^{-14} , *YeasrSq*: p값 = 6.21×10^{-80}. 그렇다, 두 예측변수 모두 유의하다.

13.21 a. *LiftOps*와 *Scanners*($r = 0.635$), *Crowds*와 *Lift-Wait*($r = 0.577$), *AmountGroomed*와 *TrailGr*($r = 0.531$), *SkiSafe*와 *SkiPatrolVisibility*($r = 0.488$).

b. 모든 VIF가 2보다 작다. 다중공선성 문제가 없다.

13.23 a. 높은 편이 아니다.

b. 높은 편이다.

c. 높은 편이다.

13.43 예측변수의 수에 비해 표본크기가 너무 작다.

13.45 a. $CostPerLoad = 26 - 6.3\ Top\text{-}Load - 0.2714\ Powder$.

b. 전체적인 회귀모형은 유의하지 않다(*F*검정 p값 = 0.371).

c. 결론: 비용과 세탁기 종류/세제종류 예측변수 간에는 명확한 관계가 있다고 보기 힘들다.

13.47 a. *TrnOvr* 변수를 제외하면 추정치는 타당하다. *TrnOvr* 변수는 음의 추정치로 예상되었지만 양의 값을 갖는다.

b. 아니다.

c. 6개 예측변수가 있다면 최소 30개 표본이 필요하다. 23개만 있기 때문에 표본크기가 작다.

d. 리바운드와 득점은 상관관계가 매우 높다.

13.49 a. 경력은 완주시간 예측치를 감소시킨다.

b. 아니다.

c. 선형관계가 분명하지 않다면 예측변수의 제곱을 변수로 포함하는 것이 적절할 수도 있다.

13.51 처음 3개의 예측변수(*Income*, *Unem*, *Pupil/Tea*)는 $\alpha = 0.05$에서 유의하다. 하지만 네 번째 예측변수(*Divorce*)의 p값(0.1987)이 높게 나오고 네 번째 *예측변수*가 추가될 때 R^2과 R^2_{adj}도 아주 조금 개선된다.

14장

14.1 a. H_0: 차량유형과 구매자의 연령은 서로 독립이다.

b. 자유도 = $(r - 1)(c - 1) = (4 - 1)(3 - 1) = 6$.

c. =CHISQ.INV(0.01,6) = 16.81. 검정통계량 = 10.667.

d. 검정통계량 10.667(p값 = 0.0992). 따라서 유의수준 10%에서 귀무가설을 기각한다.

e. '가솔린'과 '30 미만' 범주가 가장 크게 기여한다.

f. 각 셀의 예측빈도는 5보다 크다.

g. p값은 유의수준에 가깝지만 유의수준보다는 작기 때문에 귀무가설을 기각한다.

14.3 a. H_0: '언어점수'와 '수리점수' 변수는 서로 독립이다.

b. 자유도 = $(r - 1)(c - 1) = (3 - 1)(3 - 1) = 4$.

c. =CHISQ.INV(0.005,4) = 14.86.

d. 검정통계량은 55.88(p값 = 0.0000), 유의수준 0.5%에서 귀무가설을 기각한다.

e. '25점 이하'(수리점수)와 '25점 이하'(언어점수) 범주가 가장 크게 기여한다.

f. 두 셀에서 예상빈도가 5보다 작다.

g. p값은 거의 0에 가깝다(관찰된 차이가 우연은 아니다).

14.5 a. H_0: 반응률과 사전 공지 이메일 변수는 서로 독립이다.

b. 자유도 = $(r - 1)(c - 1) = (2 - 1)(2 - 1) = 1$.

c. =CHISQ.INV.RT(0.025,1) = 5.024.

d. 검정통계량은 5.42(p값 = 0.0199)이고 유의수준 2.5%에서 귀무가설을 기각한다.

e. '반응'과 '미리 공지하지 않음' 범주가 가장 크게 기여한다.

f. 모든 셀에서 예상빈도가 5보다 크다.

g. p값은 0.025보다 작다(관찰된 차이가 우연은 아니다).

h. $z = 2.33$(양측검정의 p값 $= 0.0199$).

14.7 $\chi^2_{\text{calc}} = 5.44$, p값 $= 0.2447$, H_0를 기각할 수 없다. 표본은 방문자 수 분포가 변하지 않았음을 보여준다.

14.9 a. 막대 그래프는 서로 비슷해 보인다. 바닐라와 모카는 가장 선호하는 커피이다.

b. 균등분포라면 각 음료마다 $e_j = 84/4 = 21$.

c. 검정통계량은 0.86, $d.f. = 4 - 1 = 3$(p값 $= 0.8358$). 유의수준 5%에서 카이제곱 임계치는 7.815이다. 그래서 각 커피 판매가 서로 같다는 가설을 기각하지 못한다.

14.11 각 나이 그룹에 대해 예측빈도는 $56/7 = 8$이다. 검정통계량은 10.000(p값 $= 0.1247$). 유의수준 5%에서 자유도 $d.f. = 7 - 1 = 6$일 때 임계치는 12.59이다. 영화관객의 나이는 균등분포라는 가설을 기각할 수 없다.

나이 그룹	*관측치*	*예상빈도*	*O−E*	*(O−E)²/E*
10 < 20	5	8.000	−3.000	1.125
20 < 30	6	8.000	−2.000	0.500
30 < 40	10	8.000	2.000	0.500
40 < 50	3	8.000	−5.000	3.125
50 < 60	14	8.000	6.000	4.500
60 < 70	9	8.000	1.000	0.125
70 < 80	9	8.000	1.000	0.125
합계	56	56.000	0.000	10.000

14.13 표본평균 $\lambda = 4.948717949$, 검정통계량은 3.483(p값 $= 0.4805$), 자유도 $d.f. = 6 - 1 - 1 = 4$. 유의수준 5%에서 임계치는 9.488이다. 포아송분포라는 귀무가설을 기각할 수 없다.

X	*P(X)*	*관측빈도*	*예상빈도*	*O−E*	*(O−E)²/E*
2 이하	0.12904	3	5.032	−2.032	0.821
3	0.14326	5	5.587	−0.587	0.062
4	0.17724	9	6.912	2.088	0.631
5	0.17542	10	6.841	3.159	1.458
6	0.14468	5	5.643	−0.643	0.073
7 이상	0.23036	7	8.984	−1.984	0.438
	1.00000	39	39.000	0.000	3.483

14.15 표본으로부터 $\bar{x} = 75.375$, $s = 8.943376$. $e_j = 40/8 = 5$. 검정통계량은 6.000(p값 $= 0.306$), 자유도 $d.f. = 8 - 2 - 1 = 5$. 유의수준 5%에서 임계치는 11.07이다. 정규분포 귀무가설을 기각할 수 없다.

점수	*관측빈도*	*예상빈도*	***Obs−Exp***	***Chi-Square***
65.09 미만	5	5.000	0.000	0.000
65.09 < 69.34	3	5.000	−2.000	0.800
69.34 < 72.53	5	5.000	0.000	0.000
72.53 < 75.38	3	5.000	−2.000	0.800
75.38 < 78.22	9	5.000	4.000	3.200
78.22 < 81.41	7	5.000	2.000	0.800
81.41 < 85.66	4	5.000	−1.000	0.200
85.66 이상	4	5.000	−1.000	0.200
합계	40	40.000	0.000	6.000

14.19 '만족도'는 '임금 형태'와 서로 독립인가? 자유도 $d.f. = (r - 1)$는 $(c - 1) = (3 - 1)(2 - 1) = 2$이고 임계치는 =CHISQ.INV.RT(0.05,2) = 5.991이다. 검정통계량은 9.69이다(p값 $= 0.0079$). 따라서 유의수준 5%에서 귀무가설을 기각할 수 없다. '월급'과 '불만족' 범주가 가장 크게 기여한다. 모든 예상빈도는 5보다 크다. p값은 관찰된 차이가 1,000번의 표본추출에서 약 103번 정도 발생한다는 것을 의미한다. 따라서 두 변수가 서로 독립이라는 가설은 설득력이 없다.

14.21 '학점'과 '시험지 제출 순서'는 서로 독립인가? 자유도 $d.f. = (r - 1)(c - 1) = (2 - 1)(2 - 1) = 1$이다. 임계치는 =CHISQ.INV.RT(0.10,1) = 2.706이다. 검정통계량은 0.76이다(p값 $= 0.3821$). 유의수준 10%에서 귀무가설을 기각할 수 없다. 'B 이상'과 '시험지 늦게 제출' 범주가 가장 크게 기여한다. 모든 예상빈도가 5보다 크다. 비율에 대한 양측검정에서 결과는 $p_1 = 0.44$, $p_2 = 0.32$, $p_c = 0.38$, $z = 0.87$(p값 $= 0.3821$)이다. 카이제곱 검정과 일치한다.

14.23 '읽기 정도'는 '언어'와 서로 독립인가? 자유도는 $d.f. = (r - 1)(c - 1) = (3 - 1)(4 - 1) = 6$이고 임계치는 =CHISQ.INV.RT(0.10,6) = 10.64이다. 검정통계량은 4.14(p값 $= 0.6577$)이다. 유의수준 10%에서 귀무가설을 기각할 수 없다. 각 모서리에 있는 4개 셀에서 예상빈도가 5보다 작다.

14.25 '연령'과 '소셜 미디어 플랫폼 선호도'는 서로 독립인가? 자유도가 $d.f. = (r - 1)(c - 1) = 4$일 때 임계치는 =CHISQ.INV.RT(0.05,4) = 9.488이다. 검정통계량은 151.91(p값 $\fallingdotseq 0$)이다. 유의수준 5%에서 귀무가설을 기각한다. '연령'과 '소셜 미디어 플랫폼 선호도'는 서로 독립이 아니다. 모든 예상빈도는 5보다 크다.

14.27 자유도는 $d.f. = (r - 1)(c - 1) = (2 - 1)(2 - 1) = 1$이고 임계치는 =CHIINV(0.10,1) = 2.706이다. 검정통계량은 1.80(p값 $= 0.1792$)이므로 유의수준 10%에서 귀무가설을 기각할 수 없다. 왼쪽 아래 셀이 가장 크게 기여한다.

모든 예상빈도는 5보다 크다. 비율에 대한 양측검정은(z = 1.342) 카이제곱 검정 결과와 일치한다. 두 변수의 관계가 예상과 반대이다(떨어질 것으로 예측될 때 오히려 수익률이 높아진다).

14.29 2 × 2 분할표에서 자유도는 $d.f.$ = 1이고 임계치는 =CHISQ.INV.RT(0.05,1) = 3.841이다. 검정통계량이 7.15(p값= 0.0075)이므로 유의수준 5%에서 귀무가설을 기각한다. 모든 예상빈도는 5보다 크다.

14.31 자유도는 $d.f. = (r - 1)(c - 1) = (3 - 1)(3 - 1) = 4$이고 임계치는 =CHISQ.INV.RT(0.01,4) = 13.28이다. 검정통계량이 66.40(p값 = 0.0000)이므로 유의수준 1%에서 귀무가설을 기각한다. 모든 예상빈도는 5보다 크다.

14.33 $\chi^2_{\text{calc}} = 38.69$, p값 = 2.24×10^{-6}; 그러므로 H_0를 기각한다. 표본은 자동차 선호 색깔 분포가 바뀌었음을 의미한다.

14.35 자유도는 $d.f. = 4 - 1 = 3$이고 임계치는 =CHISQ.INV.RT(0.05,3) = 7.815이다. 검정통계량은 6.045(p값 = 0.1095)이므로 귀무가설을 기각할 수 없다.

14.37 자유도는 $d.f. = 6 - 1 = 5$이고 임계치는 =CHISQ.INV.RT(0.10,5) = 9.236이다. 검정통계량은 4.40(p값 = 0.4934)이다. 주사위가 공정하다는 가설을 기각할 수 없다.

Review 문제에 대한 해답

Answers to Exam Review Questions

1~4장

1. a. 추론 b. 기술 c. 추론

2. c. 객관적인 판단이 요구된다.

3. b. 일화적인 데이터($n = 1$)

4. a. 숫자형 b. 범주형 c. 숫자형

5. a. 비율형(의미 있는 0)
b. 순서형
c. 명목형

6. a. 연속형 b. 연속형 c. 이산형

7. a. 편의 b. 임의 c. 계통

8. c. 컴퓨터 소프트웨어를 통해 난수를 쉽게 얻을 수 있다.

9. a. 거리들이 의미를 가질 때만 리커트 척도는 구간형 데이터이다.

10. a. 표본추출 오차는 줄일 수 없다.

11. 오른쪽으로 기운. 특이값 없음. 스터지스 $k \cong 6$

12. c. 범위는 $-1 \le r \le +1$

13. a. n이 작고 합이 100%

14. $\bar{x} = 12$, $s = 5.701$, CV = 47.5%

15. a. $\bar{x} = 59.3$, 중앙값 = 58.5,
최빈값 55, 58, 62(유일하지 않음)
b. 평균이나 중앙값이 가장 좋다.
c. $Q_1 = 55$, $Q_2 = 62.25$

16. a. 약한 양의 상관성
b. $r = 0.5656$(선형이 아주 강하지는 않음)

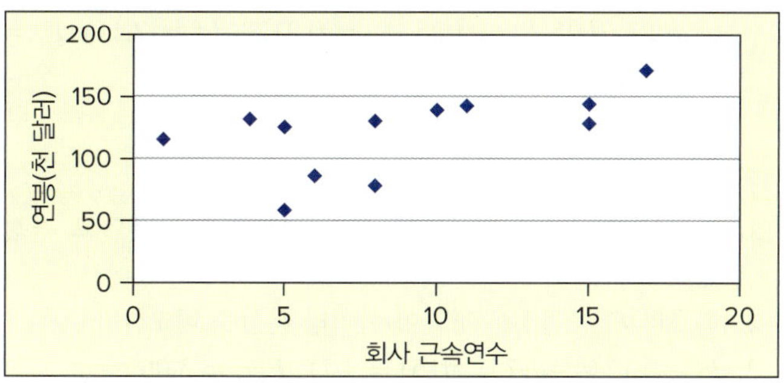

17. b. 기하평균을 계산하기 위해서는 모든 데이터 값이 0보다 커야 한다.

18. a. $z = (x - \mu)/\sigma = (81 - 52)/15 = 1.93$(특이값 아님)

19. b. 로그척도는 많은 사람들에게 익숙하지 않은 개념이다.

5~7장

1. a. 경험적
b. 주관적
c. 고전적

2. a. $40/200 = 0.20$
b. $50/90 = 0.5556$
c. $100/200 = 0.50$

3. 아니다. $P(A)P(B) = (0.30)(0.70) = 0.21 \neq P(A \cap B) = 0.25$이기 때문이다.

4. b. $P(A \cap B) = 0$이면 참이다.

5. $U(a, b)$는 2개 모수를 가진다.

6. $0.60(1000) + 0.30(2000) + 0.10(5000) = 1700$

7. a. 0.2565
b. 0.4562
c. 0.7576
d. 포아송 $\lambda = 2.5$

8. a. 0.1468
b. 0.0563
c. 0.7969
d. 이항분포 $n = 8$, $\pi = 0.20$

9. a. $\mu = n\pi = (50)(0.30) = 15$
b. $\sigma = \sqrt{n\pi(1-\pi)} = \sqrt{(50)(0.30)(0.70)} = 3.24$

10. a. 이항분포($n = 8$번 시행, π는 알려지지 않았다.)
b. 포아송(도착사건, λ는 알려지지 않았다.)
c. 이산균등분포($a = 0$, $b = 9$)

11. c. X = 기하분포에서 첫 번째 성공까지 시행한 횟수

12. a. 한 점에서는 면적이 존재하지 않기 때문에 확률은 0이다.

13. a. 정규분포 PDF는 언제나 평균을 중심으로 대칭이다.

14. 부록 C를 이용하여
a. $P(Z > 1.14) = 0.1271$
b. $P(-0.71 < Z < +0.71) = 0.5222$
c. $P(Z < 0) = 0.5000$
엑셀을 이용하면

a. 0.1265 b. 0.5249 c. 0.5000

15. 표 7.9를 이용하면

a. $\mu + 1.645\sigma = 70 + 1.645(7) = 81.52$

b. $\mu - 1.282\sigma = 70 - 1.282(7) = 61.04$

c. $\mu + 0.675\sigma = 70 + 0.675(7) = 74.73$

16. a. 누적 왼쪽꼬리 면적을 알려준다.

17. $\lambda = 1.2$를 이용하면

a. $P(X < 1.5) = 1 - e^{-\lambda x} = 1 - e^{(-1.2)(1.5)} = 0.8347$

b. $P(X > 0.5) = e^{-\lambda x} = e^{(-1.2)(0.5)} = 0.5488$

c. $P(X > 1) - P(X > 2) = e^{(-1.2)(1)} - e^{(-1.2)(2)} =$ $0.3012 - 0.0907 = 0.2105$(X가 분으로 표현된다면)

18. $\lambda = 1.2$를 이용하면

a. $e^{-\lambda x} = 0.05$를 풀면 $x = 2.496$분(149.8초)을 얻는다.

b. $e^{-\lambda x} = 0.75$를 풀면 $x = 0.2397$분(14.38초)을 얻는다.

c. MTBE= $1/\lambda = (1/1.2) = 0.83$분(50초)

19. a. 이는 올바른 경험법칙이다($\mu = \lambda$이고 $\sigma = \sqrt{\lambda}$로 둔다).

8~10장

1. a. CLT는 $\overline{X}$에 적용된다. 표본데이터는 정규분포하지 않을 수 있다.

2. a. 일치성

b. 효율성

c. 불편성

3. b. σ를 모를 때는 n의 크기와 상관없이 t를 사용하는 것이 보수적인 방법이다.

4. a. $d.f. = n - 1 = 8$, $t_{0.025} = 2.306$, 따라서 $\bar{x} \pm t_{0.025}\frac{s}{\sqrt{n}}$에 대입하면, μ의 신뢰구간은 [13.14, 16.36]이다.

b. σ를 모르기 때문

5. a. $n = 200$, $z = 1.96$, $p = 28/200 = 0.14$, 그래서 $p \pm z\sqrt{\frac{p(1-p)}{n}}$에 대입하면, π의 신뢰구간은 [0.092, 0.188]

b. $np = 28 > 10$이고 $n(1 - p) = 172 > 10$

c. $z = 1.645$와 $E = \pm 0.03$을 $n = \left(\frac{z}{E}\right) \pi(1 - \pi)$에 대입하면, $n = 363$ [$p = 0.14$를 대입한 경우], $n = 752$[$\pi = 0.05$를 대입한 경우-보수적인 방법]

6. c. $np = 17.5 > 10$이므로, 정규성 가정을 해도 안전하다.

7. b. 제1종 오류는 H_0가 참이어도 이를 기각하는 것이다.

8. b. $z_{0.025} = \pm 1.960$.

9. a. H_0: $\mu \geq 56$, H_1: $\mu < 56$.

b. $\bar{x} = 55.82$, $\sigma = 0.75$, $n = 49$를 $z_{\text{calc}} = \frac{\bar{x} - \mu_o}{\sigma/\sqrt{n}} = -1.636$에 대입하면, -1.636을 얻는다.

c. $z_{0.05} = -1.645$.

d. 간신히 기각하지 못한다.

10. a. H_0: $\mu \leq 60$, H_1: $\mu > 60$.

b. $\bar{x} = 67$, $s = 12$, $n = 16$를 $t_{\text{calc}} = \frac{\bar{x} - \mu_0}{\sigma/\sqrt{\pi}} = 2.333$에 대입하면, 2.333을 얻는다.

c. $d.f. = \text{n} - 1 = 15$에 대해서, $t_{0.025} = 2.131$이다.

d. 기각한다.

11. a. $\alpha = P(H_0$를 기각 | H_0가 참)

b. 참이다. 표본 수가 증가하면 자유도도 증가하여 $t_{0.05}$의 임계치는 증가하고, 점점 $z_{0.05}$에 가까워진다.

c. 반대이다.

12. a. H_0: $\pi \leq 0.85$, H_1: $\pi > 0.85$, $p = 435/500.878$.

$z_{\text{calc}} = \frac{p - \pi_0}{\sqrt{\frac{\pi_0(1-\pi_0)}{n}}} = 1.252$, $z_{0.05} = 1.645$, 귀무가설은 귀무가설은 기각됨에 따라, 구매율이 유의하게 증가했다는 주장은 틀리다.

b. $n\pi_0 = (500)(0.85) = 425 > 10$, $n(1 - \pi_0) = (500)(0.15) = 75 > 10$

13. a. 독립적인 표본이며, σ를 모르므로, $t_{\text{calc}} = -2.034$이다. (분산이 동일한지 아닌지와 무관).

b. 양측검정, $t_{0.025} = \pm 2.0739$[동일분산, $d.f. = 22$], $t_{0.025} = \pm 2.0796$[다른 분산, $d.f. = 21$]

c. 평균이 동일하다는 H_0를 기각.

14. H_0: $\pi_1 \leq \pi_2$, H_1: $\pi_1 > \pi_2$, $p_1 = 150/200 = 0.75$, $p_2 = 140/200 = 0.70$, $\bar{p} = 0.725$, $z_{\text{calc}} = 1.120$, $z_{0.025} = 1.96$. 따라서, 콜로라도 긍정응답률이 유의하게 더 크지 않다.

15. a. 짝t검정

b. $d.f. = n - 1 = 5 - 1 = 4$, 좌측검정 $t_{0.10} = -1.533$,

c. $t_{\text{calc}} = -1.251$, H_0를 기각하지 못함. 두 번째 시험이 유의하게 크다고 할 수 없다.

16. a. p값이 작으면 작을수록 기각하기 쉽다.

17. a. $F_{\text{calc}} = s_1^2/s_2^2 = (14)^2/(7)^2 = 4.00$

b. $\alpha/2 = 0.05/2 = 0.025$, $F_L = 0.2123(d.f. = 7{,}11)$, $F_R = 3.75869(d.f. = 7{,}11)$

두 분산이 같다는 귀무가설을 기각한다.

11~13장

1. c. ANOVA에서 각 모집단은 정규분포를 따른다고 가정한다.

2. 하틀리 $F_{\max}$ 검정은 평균이 아니라 분산을 비교한다.

3. $F_{\text{calc}} = (744/4)/(751.5/15) = 3.71$, $F_{4,15} = 3.06$

4. a. 3

b. 210

c. 아니다, p값 $= 0.9055 > 0.05$

d. 아니다, p값 $= 0.3740 > 0.05$

5. 양측검정 $t_{\text{calc}} = 2.127$, $d.f. = 28$, $t_{0.005} = 2.763$이다. 귀무가설을 기각할 수 없다.

6. b. 상관관계 분석에서는 어떤 변수도 종속이라고 가정하지 않는다.

7. a. $R^2 = SSR/SST = (158.3268)/(317.4074) = 0.4988$.

8. b. $d.f. = n - 2 = 25$, $t_{0.025} = 2.060$

9. a와 c. 두 공식은 모두 동일한 t_{calc}를 구할 수 있게 해준다.

10. a. 거짓(잔차가 $\pm 1s_{yx}$ 이내에 있음)

b. 참

c. 참

11. a. 에반스 규칙에 따르면 $n/k \geq 10$이어야 한다.

12. b. 항상 $R^2_{\text{adj}} \leq R^2$이다. 두 값에 큰 차이가 있다는 것은 설명력이 약한 변수가 있음을 의미한다.

13. a. 95% 신뢰구간이 0을 포함하지 않기 때문에

14. $X3$의 경우 명확하게 p값 < 0.05이다. $X4$의 경우 가까스로 p값 < 0.05이다.

15. $d.f. = 38$, $t_{0.005} = \pm 2.712$. $X3$만 유의하다($t_{\text{calc}} = -5.378$).

부록

엑셀 통계 함수

Statistics in Excel and R

기술통계량*	엑셀 함수	R함수
데이터 관측치 수	COUNT(*x*)	length(*x*)
가장 큰 데이터 값	MAX(*x*)	max(*x*)
가장 작은 데이터 값	MIN(*x*)	min(*x*)
평균	AVERAGE(*x*)	mean(*x*)
중앙값	MEDIAN(*x*)	median(*x*)
최빈값(가장 먼저 나타나는 최빈값만 제시)	MODE.SNGL(*x*)	------------
최빈값(다중 최빈값을 위한 배열함수; 범위를 지정한 후 Ctrl-Shift-Enter를 누른다)	{MODE.MULT(*x*)}	------------
기하평균(데이터 값이 양인 경우)	GEOMEAN(*x*)	exp(mean(log(*x*))
평균까지 거리의 평균(R에서는 중앙값으로부터의 거리)	AVDEV(*x*)	mad(*x*)
k 사분위수, $k = 1, 2, 3$은 각각 25%, 50%, 75%	QUARTILE.EXC(*x*, *k*)	quantile(*x*, *p*, type=6) 여기서 p=0.25, 0.50 혹은 0.75
p 백분위수(예: $p = 0.25$이면 25%)	PERCENTILE.EXC(*x*, *p*)	quantile(*x*, *p*, type=6)
(X, Y) 데이터 쌍에 대한 표본분산	VAR.S(*x*, *y*)	var(*x*, *y*)
표본표준편차	STDEV.S(*x*)	sd(*x*)
(X, Y) 데이터 쌍에 대한 표본 공분산	COVARIANCE.S(*x*, *y*)	cov(*x*, *y*)
모집단 표준편차	STDEV.P(*x*)	sqrt(var(*x*))
(X, Y) 데이터 쌍에 대한 모집단 공분산	COVARIANCE.P(*x*, *y*)	cov(*x*, *y*)*(length(*x*)-1)/length(*x*)
X값의 표준화(엑셀에서는 μ와 σ를 모르면 표본평균과 표준편차를 먼저 계산해야 한다.)	STANDARDIZE(*x*, μ, σ)	(*x*-mean(*x*))/sd(*x*)
(X, Y) 데이터 쌍에 대한 상관계수	CORREL(*x*, *y*)	cor(*x*, *y*)
X-Y 단순 선형회귀모형에서 기울기	SLOPE(*y*, *x*)	lm(*y*~*x*)
X-Y 단순 선형회귀모형에서 상수항	INTERCEPT(*y*, *x*)	lm(*y*~*x*)
X-Y 단순 선형회귀모형에서 $R2$	RSQ(*y*, *x*)	cor(*x*, *y*)^2

*위 공식에서 x와 y는 데이터 값의 벡터(엑셀에서 x와 y는 데이터가 있는 행)를 나타낸다. 모수의 표기에 대해서는 본문에서 사용하는 기호를 그대로 사용하였다. R함수를 나타낼 때, 선택사항으로 쓰이는 인수들은 생략하였다. R함수의 전체 사용법을 보기 원할 경우, 각각의 R함수 앞에 ?를 (공백 없이) 입력하면 된다. R에서 제공하는 함수가 없지만 R을 이용해 계산할 수 있는 공식이 간단한 경우, 그 공식을 제공하였다. R의 분위수의 경우 type=6를 지정하였는데, 이는 Minitab 및 SPSS와의 호환성을 위한 것이다(본문 4.5절 참고).

*이산확률분포**	*엑셀 함수*	*R함수*
이항분포(n번 시도, 성공확률 $= \pi$)		
PDF: $P(X = x)$ 확률을 제시	BINOM.DIST(x, n, π, 0)	dbinom(x, n, π)
CDF: $P(X \leq x)$ 확률을 제시	BINOM.DIST(x, n, π, 1)	pbinom(x, n, π)
역CDF: $P(X \leq x) = \alpha$에서 x값을 제시	BINOM.INV(n, π, α)	qbinom(α, n, π)
난수 생성(R에서는 k개 표본 생성)	BINOM.INV(n, π, RAND())	rbinom (k, n, π)
포아송분포(평균 λ)		
PDF: $P(X = x)$ 확률을 제시	POISSON.DIST(x, λ, 0)	dpois(x, λ)
CDF: $P(X \leq x)$ 확률을 제시	POISSON.DIST(x, λ, 1)	ppois(x, λ)
역CDF: $P(X \leq x) = \alpha$에서 x값을 제시	----------------	qpois(α, λ)
난수 생성(R에서는 k개 표본 생성)	----------------	rpois(k, λ)
초기하분포(모집단 크기 $= N$)		
PDF: $P(X = x)$ 확률을 제시	HYPGEOM.DIST(x, n, s, N, 0)	dhyper(x, s, N−s, n)
CDF: $P(X \leq x)$ 확률을 제시	HYPGEOM.DIST(x, n, s, N, 1)	phyper(x, s, N−s, n)
역CDF: $P(X \leq x) = \alpha$에서 x값을 제시	----------------	qhyper(α, s, N−s, n)
난수 생성(R에서는 k개 표본 생성)	----------------	rhyper(k, s, N−s, n)

*확률분포에서 x는 1개의 데이터 값을 나타낸다.

*연속확률분포**	*엑셀 함수*	*R함수*
정규분포		
PDF: $f(x)$의 높이를 제시	NORM.DIST(x, μ, σ, 0)	dnorm(x, μ, σ)
CDF: $P(X \leq x)$ 확률을 제시	NORM.DIST(x, μ, σ, 1)	pnorm(x, μ, σ)
역 CDF: $P(X \leq x) = \alpha$에서 x값을 제시	NORM.INV(α, μ, σ)	qnorm(α, μ, σ)
난수 생성(R에서는 k개의 표본 생성)	NORM.INV(RAND(), μ, σ)	rnorm(k, μ, σ)
표준정규분포		
PDF: $f(z)$의 높이를 제시	NORM.S.DIST(z, 0)	dnorm(z)
CDF: $P(Z \leq z)$ 확률을 제시	NORM.S.DIST(z, 1)	pnorm(z)
역 CDF: $P(Z \leq z) = \alpha$에서 z값을 제시	NORM.S.INV(α)	qnorm(z)
난수 생성(R에서는 k개의 표본 생성)	NORM.S.INV(RAND())	rnorm(k)
연속균등분포($a < x < b$)		
PDF: $f(x)$의 높이를 제시	1/(b−a)	dunif(x, a, b)
CDF: $P(X \leq x)$ 확률을 제시	(x−a)/(b−a)	punif(x, a, b)
역 CDF: $P(X \leq x) = \alpha$에서 x값을 제시	a + α*(b−a)	qunif(α, a, b)
난수 생성(R에서는 k개의 표본 생성)	a + (b−a)*RAND()	runif(x, a, b)
지수분포		
PDF: $f(x)$의 높이를 제시	EXPON.DIST(x, λ, 0)	Dexp(x, λ)
CDF: $P(X \leq x)$ 확률을 제시	EXPON.DIST(x, λ, 1)	pexp(x, λ)
역 CDF: $P(X \leq x) = \alpha$에서 x값을 제시	----------------	qexp(α, λ)
난수 생성(R에서는 k개의 표본 생성)	----------------	rexp(k, λ)
스튜던트 t 분포		
PDF: $f(t)$의 높이를 제시	T.DIST(t, df, 0)	dt(t, df)
CDF: $P(t \leq t_0)$ 확률을 제시	T.DIST(t_0, df, 1)	pt(t_0, df)
역 CDF: $P(t \leq t_0) = \alpha$에서 t_0값을 제시	T.INV(α, df)	qt(α, df)
난수 생성(R에서는 k개의 표본 생성)	T.INV(RAND(), df)	rt(k, df)
F 분포		
PDF: $f(x)$의 높이를 제시	F.DIST(x, df_1, df_2, 0)	df(x, df_1, df_2)
CDF: $P(X \leq x)$ 확률을 제시	F.DIST(x, df_1, df_2, 1)	pf(x, df_1, df_2)
역 CDF: $P(F \leq F_0) = \alpha$에서 F_0값을 제시	F.INV(α, df_1, df_2)	qf(α, df_1, df_2)
난수 생성(R에서는 k개의 표본 생성)	F.INV(RAND(), df_1, df_2)	rf(k, df_1, df_2)

*확률분포에서 x는 1개의 데이터 값을 나타낸다.

자주 사용되는 가설검정	*엑셀 함수*	*R함수*
정규분포[1]		
검정통계량 z_{calc}에 대한 왼쪽 꼬리 확률 p	NORM.S.DIST(z_{calc}, 1)	pnorm(z_{calc},,, 1)
검정통계량 z_{calc}에 대한 오른쪽 꼬리 확률 p	1-NORM.S.DIST(z_{calc}, 1)	pnorm(z_{calc},,, 0)
검정통계량 z_{calc}에 대한 양측 꼬리 확률 p	2*(1-NORM.S.DIST($\|z_{calc}\|$, 1))	2*pnorm($\|z_{calc}\|$,,, 0)
유의수준 α에서 왼쪽 꼬리 검정에 대한 임계치 z	NORM.S.INV(α)	qnorm(α)
유의수준 α에서 오른쪽 꼬리 검정에 대한 임계치 z	NORM.S.INV($1-\alpha$)	qnorm($1-\alpha$)
유의수준 α에서 양측 꼬리 검정에 대한 임계치 z	±NORM.S.INV($\alpha/2$)	±qnorm($\alpha/2$)
스튜던트 t분포[1]		
검정통계량 t_{calc}에 대한 왼쪽 꼬리 확률 p	T.DIST(t_{calc}, df, 1)	pt(t_{calc}, df,, 1)
검정통계량 t_{calc}에 대한 오른쪽 꼬리 확률 p	T.DIST.RT(t_{calc}, df)	pt(t_{calc}, df,, 0)
검정통계량 t_{calc}에 대한 양측 꼬리 확률 p	T.DIST.2T($\|t_{calc}\|$, df)	2*pt($\|t_{calc}\|$, df,, 0)
유의수준 α에서 왼쪽 꼬리 α 검정에 대한 임계치 t_α	T.INV(α, df)	qt(α, df)
유의수준 α에서 오른쪽꼬리 α 검정에 대한 임계치 t_α	T.INV($1-\alpha$, df)	qt($1-\alpha$, df)
유의수준 α에서 양측 꼬리 α 검정에 대한 임계치 $t_{\alpha/2}$	±T.INV.2T(α, df)	±qt($\alpha/2$)
F 분포		
검정통계량 F_{calc}에 대한 왼쪽 꼬리 확률 p	F.DIST(F_{calc}, df_1, df_2, 1)	pf(F_{calc}, df_1, df_2,, 1)
검정통계량 F_{calc}에 대한 오른쪽 꼬리 확률 p	F.DIST.RT(F_{calc}, df_1, df_2)	pf(F_{calc}, df_1, df_2,, 0)
겹친 F검정에서 검정통계량 F_{max}에 대한 확률 p^2	2*F.DIST.RT(F_{max}, df_1, df_2)	2*pf(F_{max}, df_1, df_2,, 1)
유의수준 α에서 왼쪽 꼬리 검정에 대한 임계치	F.INV(α, df_1, df_2)	qf(α, df_1, df_2,, 1)
유의수준 α에서 오른쪽 꼬리 검정에 대한 임계치	F.INV($1-\alpha$, df_1, df_2)	qf(α, df_1, df_2,, 0)
유의수준 α에서 양측 꼬리 F 검정에 대한 임계치	F.INV.RT($\alpha/2$, df_1, df_2)	±qf($\alpha/2$, df_1, df_2,, 0)
카이제곱 검정		
검정통계량 χ^2_{calc}에 대한 왼쪽 꼬리 확률 p	CHISQ.DIST(χ^2_{calc}, df, 1)	pchisq(χ^2_{calc}, df,, 1)
검정통계량 χ^2_{calc}에 대한 오른쪽 꼬리 확률 p	CHISQ.DIST.RT(χ^2_{calc}, df)	pchisq(χ^2_{calc}, df,, 0)
검정통계량 χ^2_{calc}에 대한 양측 꼬리 확률 p	2*CHISQ.DIST.RT(χ^2_{calc}, df)	2*pchisq(χ^2_{calc}, df,, 0)
유의수준 α에서 왼쪽꼬리 검정에 대한 임계치	CHISQ.INV(α, df)	qchisq(α, df,, 1)
유의수준 α에서 오른쪽 꼬리 검정에 대한 임계치	CHISQ.INV.RT(α, df)	qchisq(α, df,, 0)
유의수준 α에서 양측 꼬리 검정에 대한 임계치	CHISQ.INV.2T(α, df)	±qchisq($\alpha/2$, df,, 0)

[1]양측의 z 및 t검정에서 검정통계량의 절대값을 표시하는 기호인 $|z_{calc}|$과 $|t_{calc}|$을 사용하였고, ±부호는 왼쪽 및 오른쪽 꼬리의 임계치가 부호만 다르고 값이 동일함을 의미한다. R함수를 나타낼 때 선택사항으로 쓰이는 인수들은 생략하였다(사용 가능한 모든 방법을 보려면 R help를 이용할 수 있다).

[2]겹친 F검정은 $F_{max} = s^2_{max}/s^2_{min}$을 사용하여 오른쪽 꼬리 검정을 시행하며, 필요한 경우 df_1과 df_2를 서로 바꿔주어야 한다.

*검정통계량 계산**	*엑셀 함수*	*R함수*
두 데이터 배열 x, y의 평균 차이에 대한 t검정 엑셀은 평균의 차이가 0인지 검정하는 p값을 제시한다. R은 검정통계량과 p값을 제시하고 평균의 차이가 0이 아닌 다른 값인 경우에 대한 검정을 허용하며(기본값 0) 대립 가설을 나타내고 평균의 차이에 대한 신뢰구간을 제시한다. 엑셀의 오른쪽 꼬리 검정의 경우 R의 "greater" 옵션과 같은 방식으로 하려면, 크기가 큰 평균을 먼저 입력해야 한다.	T.TEST(x, y, Tails, Type) 여기서 Tails = 1 또는 2 이고 Type 1 = 매칭된 ($n_1 = n_2$여야 한다) 경우 2 = 동분산 가정 3 = 이분산 가정 예: 왼쪽꼬리, 매칭되지 않은, 동분산 가정의 경우T. TEST(x, y, 1, 2)	t.test(x, y, Tails, Mu, Paired, VarEq, Conf) 여기서 Tails = "two.sided," "less," 혹은 "greater" Mu = 귀무가설에서 가정한 평균의 차이(기본값 0) VarEq = 0(이분산 가정) 혹은 1(동분산 가정) Conf = 신뢰도(기본값 0.95) 예: 왼쪽꼬리, 동분산 가정, 90% 신뢰도의 경우 t.test(x, y, "less", 0, 0, 1,0.90)
두 데이터 배열 x, y의 분산 차이에 대한 F 검정 두 데이터 배열에서 분산 동일성에 대한 양측 꼬리 검정 p값을 제시한다.	F.TEST(x, y) 엑셀은 양쪽 꼬리 검정의 p값을 제시한다.	var.test(x, y, Ratio, Tails, Conf) 여기서 Ratio = 귀무가설에서 가정한 분산의 차이(기본값 1) Tails = "two.sided," "less," 혹은 "greater" Conf = 신뢰도(기본값 0.95) 예: 분산의 차이가 2인지에 대한 90% 신뢰도에서 우측 꼬리 검정 var.test(x, y, "greater", 2, 0.90)
χ^2 적합도 검정	CHISQ.TEST(x, y) 여기서 x와 y는 각각 k개 범주에 대한 관찰된 빈도와 기대되는 빈도이다. 엑셀은 자유도 $k-1$을 가정하고 양측 꼬리 검정 p값을 제시한다.	chisq.test(x, p=y) 여기서 x는 k개의 범주에 대한 관찰된 빈도이고, y는 k개의 기대비율의 확률(합하면 1이 됨)이다.

*위 공식에서 x와 y는 데이터 값의 벡터(엑셀에서 x와 y는 데이터가 있는 행)를 나타낸다.

기타 유용한 통계함수	*엑셀 함수*	*R함수**
순위(동률인 경우 평균 순위)	RANK.AVG(x, Data, k) 여기서 x는 순위를 찾고 데이터 값, k = 0(내림차순), k = 1(오름차순)	rank(x, "average") 여기서 x는 데이터 벡터(순위대로 나타낸 데이터 배열 전체를 결과로 제시)
순위(동률인 경우 수정하지 않는다)	RANK(x, Data, k) 여기서 x는 순위를 찾고자 하는 데이터 값, k = 0(내림차순), k = 1(오름차순)	rank(x, "first") 여기서 x는 데이터 벡터(순위대로 나타낸 데이터 벡터 전체를 결과로 제시)
균등분포에서 난수($0 < x < 1$)	RAND()	runif(n) n개의 난수 값 생성
무작위 정수 추출($a \le x \le b$)	RANDBETWEEN(a, b)	sample(a:b, 1, 1)
n개의 무작위 정수($a \le x \le b$) 복원 추출	-----------	sample(a:b, n, 1)
n개의 무작위 정수($a \le x \le b$) 비복원 추출	-----------	sample(a:b, n, 0)
표준편차 σ가 알려져 있고 신뢰도 $1-\alpha$ 하에서 정규분포를 이용할 때 신뢰구간 폭의 절반 $\pm z\sigma/\sqrt{(n)}$	CONFIDENCE.NORM(α, σ, n)	--------------
편차의 제곱합	DEVSQ(Data)	sum(x^2)
데이터 배열 x가 각 범주에 속한 빈도수	{FREQUENCY(Data, Bins)} 여기서 Bins는 각 범주의 상한값의 배열이다. 이것은 엑셀의 *배열(array)함수*로서, 출력할 범위를 지정하고, 함수를 입력한 다음 Ctrl-Shift-Enter를 눌러서 실행한다.	범주 기본 설정(스터지스의 법칙) r = hist(x) 혹은 범주를 나누는 경계값들이 y벡터에 있는 경우 r = hist(x, breaks = y) 결과(r) 출력 r$breaks r$count

추가정보: www.excelfunctions.net/excel-functions-list.html

부록 J

R과 RStudio 사용법

Using R and RStudio

R과 RStudio 소개

R은 R Foundation에서 만든 유닉스(UNIX), Windows 및 MacOS에서 실행되는 통계 컴퓨팅 및 그래픽을 위한 소프트웨어 환경이며, RStudio는 R을 위한 통합 개발 환경이다. RStudio에는 콘솔(console), 코드를 직접 실행하기 위한 편집기(editor), 그리고 도식화, 기록, 디버깅 및 데이터 관리를 위한 도구가 포함되어 있다. RStudio는 오픈 소스 및 상업용 에디션으로 사용할 수 있다(학생들은 RStudio Desktop을 선택하게 된다). R과 RStudio는 다양한 목적의 프로그래밍 언어를 제공하며, 데이터 조작, 계산 및 그래프로 표현하기 위한 함수와 방법들을 잘 문서화하여(www.r-project.org/other-docs.html) 통합 제공한다. **부록 I**에서는 R의 유용한 함수와 방법들을 Excel에서 쓰이는 함수들과 함께 본문의 표기법을 적용하여 작성하였다.

R 설치

RStudio를 설치하기 이전에 R을 다운로드하고 설치해야 한다. 아래의 순서를 따라 설치한다.

- 1단계: 'R project' 웹사이트에 접속(www.r-project.org)
- 2단계: 사용자의 국가 혹은 가까운 국가의 CRAN 미러 사이트를 선택(https://cran.r-project.org/mirrors.html)
- 3단계: 컴퓨터 운영체제에 알맞은 버전의 R 다운로드(리눅스, Mac OS X, Windows)
- 4단계: Install R for the first time을 선택
- 5단계: 안내에 따라 설치. Downloads 폴더에서 Windows는 .EXE 파일, MacOS는 .PKG 파일을 이용

RStudio 설치

R을 성공적으로 설치한 후, 다음의 순서를 따라 RStudio를 다운로드하고 설치한다.

1단계: R 설치
2단계: RStudio 웹사이트에 접속(https://rstudio.com/products/rstudio/)
3단계: RStudio Desktop Free를 선택
4단계: 운영체제에 맞는 Download R Studio Desktop을 클릭(리눅스, MacOS, Windows)
5단계: Run 혹은 Open을 선택하고 안내에 따라 설치. Downloads에서 Windows는 .EXE 파일 형식, MacOS는 .PKG 파일 형식 이용

RStudio 인터페이스

RStudio를 처음 실행할 때, 3개의 창을 보게 된다. 좌측의 Console창에서 R 코드를 입력하고 Enter를 눌러 실행할 수 있다. 우측 위에 위치한 Environment창에서 사용자가 생성한 개체를 추적할 수 있다. 우측 아래 창의 Files와 Plots탭은 사용자가 생성한 파일들과 그래프들을 보여줄 것이다. Packages탭은 이용 가능한 R의 구성요소를 보여준다. 그리고 Help탭에서는 R과 관련된 여러 주제(예: 특정 함수나 구성요소)에 관한 구문, 인수(arguments), 예시 등을 검색하여 도움을 받을 수 있다.

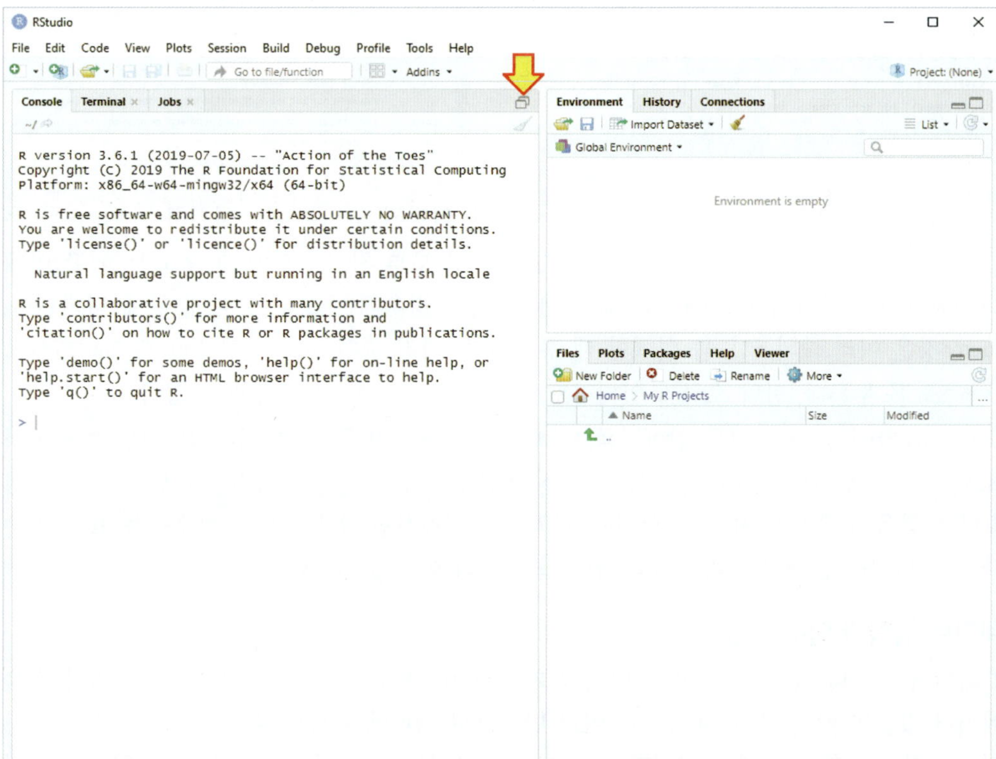

Console창의 '확장' 기호(빨간색 화살표 참조)를 클릭하여 Sources라는 네 번째 창을 왼쪽 상단에 추가한다.

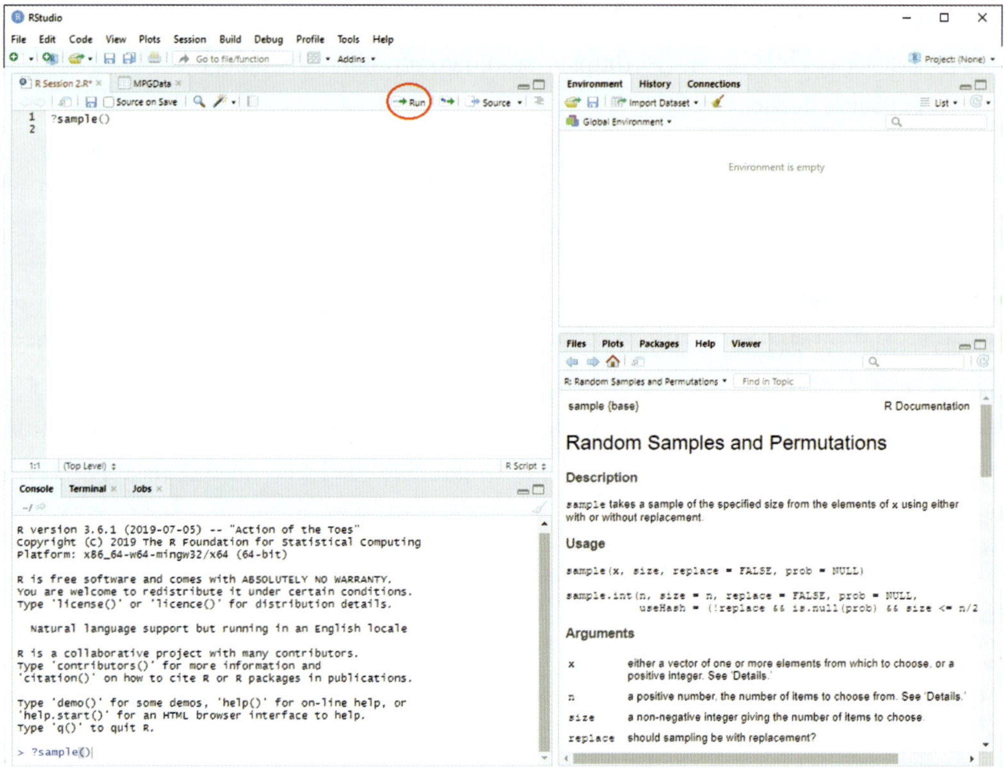

Console창에 입력된 코드와는 달리 Source창에 입력된 코드는 Run 화살표 →Run 를 누를 때까지는 실행되지 않는다(그림의 동그라미 친 부분 참조). 실행 후 결과는 왼쪽 아래 Console창에 나타나거나 그래프와 같은 Plot형태인 경우에는 오른쪽 아래 창에 나타난다. Source창은 여러 줄의 코드를 실행할 때 유용하다. 여러 줄의 코드를 강조한 후 Run 화살표 →Run 를 누른다. 만약 오류가 있더라도, 코드를 고치고 다시 실행할 수 있다.

Console창에서 개체 이름 앞에 ?를 입력해서 도움을 받을 수 있다(혹은 화면 예시에서 ?sample을 한 것처럼 Sources창에서 직접 실행해서 도움을 받을 수도 있다). 만약 함수의 정확한 이름을 모르지만 처음 몇 글자를 기억하여 입력하면, R은 가능한 함수들을 표시해 준다. 도움말 화면은 명령어의 구문과 인수를 예시와 함께 보여준다.

데이터 입력과 함수 사용

R 데이터는 하나 혹은 여러 개의 벡터에 저장된다(벡터는 엑셀 데이터 행 또는 열과 같은 데이터 값들의 배열이다). 데이터를 여러 방법으로 벡터에 할당할 수 있다. 가장 간단한 방법은 R 함수 c()를 사용하는 것이다. 데이터 값들을 쉼표로 구분하여 괄호 안에 입력하면 된다. 예를 들어, 5, 6, 7을 포함하는 벡터 x를 만들려면 > 표시 뒤에 다음과 같이 입력한다.

```
> x = c(5, 6, 7)      # 3개의 데이터 값들로 이루어진 벡터 생성
```

마찬가지로, 다음과 같이 입력할 수도 있다.

```
> x <- c(5, 6, 7)     # 3개의 데이터 값들로 이루어진 벡터 생성
```

벡터에 값을 할당하기 위해 = 혹은 <–을 사용할 수 있다. 어떤 것을 사용하는지는 개인의 선호의 문제이다(앞으로 예시에서는 =을 사용할 것이다). # 표시 이후의 글자는 R에서

실행되지 않고 무시되므로, 이를 이용하여 코드에 대한 주석을 달 수도 있다. 이는 나중에 코드를 보았을 때, 무엇을 하고 있었는지 기억하는 데 유용하다. 데이터를 표시하려면 벡터 이름을 입력한다.

```
> x
[1] 5 6 7
```

대괄호 [1]은 벡터의 첫번째 줄, 첫 번째 요소의 색인을 나타낸다. 앞의 예시에서 x는 3개의 요소로 이루어진 벡터이고, [1]은 숫자 5가 첫 번째 색인에 있다는 것을 의미한다. 만약 벡터가 훨씬 길면(예를 들어, 40개의 요소), R은 벡터를 나타내기 위해 여러 줄을 사용한다. 두 번째 줄의 대괄호는 두 번째 줄, 첫 번째 요소의 색인을 나타낸다. 예를 들어, 500부터 539까지의 정수가 있다고 한다면 다음과 같이 나올 것이다.

```
> c(500:539)
  [1] 500  501 502 503 504 505 506 507 508 509  510  511  512  513  514  515  516  517  518 519
 [21] 520  521 522 523 524 525 526 527 528 529 530  531 532 533 534 535 536 537 538 539
```

또한, 벡터에 간단한 통계 함수를 적용할 수 있다. 예를 들어,

```
> sum(x)            # 데이터 값들의 합을 계산
[1] 18
> mean(x)           # 데이터 값들의 평균을 계산
[1] 6
```

문자, 숫자, 마침표(.), 밑줄(_) 등의 조합을 이용해 벡터의 이름을 지정할 수 있다. 벡터의 이름은 반드시 문자나 마침표로 시작해야 한다. 만약 마침표로 시작한다면, 마침표 바로 뒤에 숫자를 바로 사용할 수는 없다. R이 스스로 사용하기 위해 예비해둔 글자들도 이름을 짓는 데 쓸 수 없다. 대소문자는 구별된다(즉, BodyStyle과 bodystyle은 동일한 개체가 아니다). 그리고 벡터는 각 데이터 값을 따옴표로 묶어서 숫자가 아닌 속성(attribute)의 데이터를 포함할 수 있다. 예를 들어,

```
> BodyStyle = c("Sedan", "SUV", "Truck", "Other")
> BodyStyle
[1] "Sedan" "SUV" "Truck" "Other"
> bodystyle
Error: object 'bodystyle' not found
```

만약 대문자나 소문자 사용에 부주의하면, R은 벡터를 인식하지 못할 수도 있다(이것을 설명하기 위해 위의 예를 의도적으로 실행하였다). R 함수나 규칙을 이용해 다른 방법으로 데이터 값을 생성할 수도 있다. 예를 들어, 1부터 10까지의 정수를 포함하는 MyIntegers라는 이름의 벡터를 생성해보자.

```
> MyIntegers = c(1:10)
> MyIntegers
[1] 1 2 3 4 5 6 7 8 9 10
> mean(MyIntegers)
[1] 5.5
```

데이터를 만드는 다른 방법은 함수를 사용하는 것이다. 예를 들어, 0부터 1000까지의 범위에서 무작위의 5개의 정수로 이루어진 표본을 포함하는 벡터를 만들려면(MySample이라고 함) sample()이라는 R 함수를 사용하면 된다.

```
>MySample=sample(0:1000,5)
>Mysample
[1] 521 989 766 300 922
```

R 함수는 다양한 옵션들을 가능하게 하는 인수들을 가지고 있다. 만약 기본값을 사용하기 원한다면, 몇몇 인수들은 생략할 수 있다. 이를 명확히 설명하기 위해 가장 기본적인 버전의 sample() 함수를 사용했다. Help 탭 오른쪽 아래 창에서 ? 뒤에 함수의 이름을 입력하면 해당 함수의 구문과 인수들을 볼 수 있다. 함수를 입력하기 시작하면, R은 사용자가 찾고 있는 함수에 대한 여러 제안들을 표시하여 보여준다.

스프레드시트에서 데이터 추출

데이터를 엑셀에서 R로 어떻게 추출할 수 있을까? 세 가지 방법이 있다. 첫 번째는 클립보드를 사용하는 것이다. 아래의 50개의 행과 13개의 열로 이루어진 스프레드시트는 2020년식 자동차에 대한 표본 데이터를 포함하고 있다. 첫 3개의 행과 마지막 3개의 행만 간략히 보여주고 있다.

	A	B	C	D	E	F	G	H	I	J	K	L	M
1	Obs	Brand and Model*	Style	Drive	Doors	HP	Engine	CityMPG	HwyMPG	Weight	Length	Width	Height
2	1	Acura RDX SH SWD 4dr SUV	SUV	AWD	4	272	2000	21	27	4026	186.7	74.8	65.7
3	2	Acura TLX sedan	Sedan	FWD	4	206	2400	23	33	3505	190.7	73.0	57.0
4	3	Audi V10 2dr quattro convertible	Other	AWD	2	602	5200	13	20	3572	174.3	76.4	49.0
	...	...	...	...	...	...	...	...	...	...	...	...	...
49	48	Toyota Yaris L 4dr sedan	Sedan	FWD	4	106	1500	30	39	2385	171.2	66.7	58.5
50	49	Volvo XC40 T5 4dr SUV	SUV	AWD	4	248	2000	22	30	3756	174.2	75.2	65.3
51	50	VW Tiguan SE R-Line 4dr SUV	SUV	FWD	4	184	2000	22	29	3757	185.1	72.4	66.3

C열부터 M열까지의 데이터만 R의 데이터 프레임으로 추출한다고 해보자(A열과 B열은 생략한다). 데이터 프레임(data frame)은 각 열이 이름을 가질 수 있다는 점을 제외하면 행렬과 비슷하다. 위의 그림에서 이미 각각의 열이 이름을 가지고 있기 때문에, 데이터 프레임을 사용한 것이 적절하다. 이제 R의 데이터 프레임을 VehicleData로 부르기로 하자. 엑셀에서 R로 데이터를 가져오는 쉬운 방법은 엑셀에서 열의 이름을 포함한 채로, 가져오려는 데이터를 강조하고, 클립보드에 복사하는 것이다(Windows에서는 Ctrl+C, MacOS에서는 command+C). 그리고 아래 R의 설명을 따라하면 된다(Windows).

```
> VehicleData = read.table(file="clipboard", sep="\t", header=TRUE)
```

MacOS에서는 아래처럼 입력하면 된다.

```
> VehicleData = read.table(pipe("pbpaste", sep="\t", header=TRUE)
```

sep="\t"라는 인수는 데이터의 열이 탭으로 구분되어 있다는 것을 나타낸다. header=TRUE라는 인수는 각 열의 이름에 텍스트가 있다는 것을 알려준다. 일단 데이터를 VehicleData라는 데이터 프레임으로 가져오면 사용자는 데이터를 보고, 통계를 구하는 등 여러 작업을 할 수 있다. 예를 들어, 도심에서 50개 자동차들의 1갤런당 평균 연비를 계산하기 위해서

(CityMPG라는 열을 이용) mean()이라는 함수를 사용할 수 있다. 그리고 데이터 프레임의 해당하는 열을 $표시를 이용하여 다음과 같이 지정한다.

```
> mean(VehicleData$CityMPG)
[1] 21.98
```

만약 여기처럼 데이터 프레임의 각 열이 이름을 가진다면, 관심이 있는 변수의 요약 통계량을 summary() 명령어를 통해 얻을 수 있다. 예를 들어,

```
> summary(VehicleData[c("Weight","Length")])
    Weight              Length
Min.    :2385     Min.    :151.1
1st Qu. :3356     1st Qu. :181.9
Median  :3662     Median  :192.2
Mean    :3954     Mean    :190.9
3rd Qu. :4661     3rd Qu. :198.7
Max.    :5917     Max.    :231.9
```

구문을 사용 때 대괄호 [ ]와 같은 기호들을 주의해야 한다. 또한, 데이터 프레임에 있는 각 열을 숫자로 불러올 수도 있다. 만약 연속되는 열에 대한 통계를 보고 싶다면, : 기호를 사용한다.

```
> summary(VehicleData[c(6:8)])
      HP                Engine             CityMPG
Min.    :106.0    Min.    :1400     Min.    :13.00
1st Qu. :182.5    1st Qu. :2000     1st Qu. :18.00
Median  :249.0    Median  :2500     Median  :22.00
Mean    :262.3    Mean    :2898     Mean    :21.98
3rd Qu. :308.0    3rd Qu. :3500     3rd Qu. :26.00
Max.    :602.0    Max.    :6200     Max.    :31.00
```

만약 열이 연속적이지 않다면(예: 6, 8, 그리고 11번째 열), 쉼표를 사용한다.

```
> summary(VehicleData[c(6,8,11)])
      HP                CityMPG            Length
Min.    :106.0    Min.    :13.00    Min.    :151.1
1st Qu. :182.5    1st Qu. :18.00    1st Qu. :181.9
Median  :249.0    Median  :22.00    Median  :192.2
Mean    :262.3    Mean    :21.98    Mean    :190.9
3rd Qu. :308.0    3rd Qu. :26.00    3rd Qu. :198.7
Max.    :602.0    Max.    :31.00    Max.    :231.9
```

엑셀 파일 가져오기

전체 엑셀의 스프레드 시트를 가져오려면 Scripts창 왼쪽 위에 있는 File > Import Dataset > From Excel을 선택한다. 사용자의 R의 버전에 따라 업데이트를 해야 할 수도 있다.

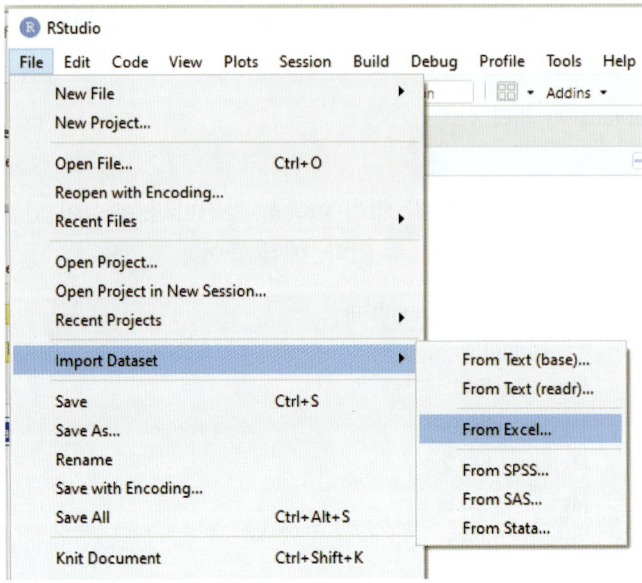

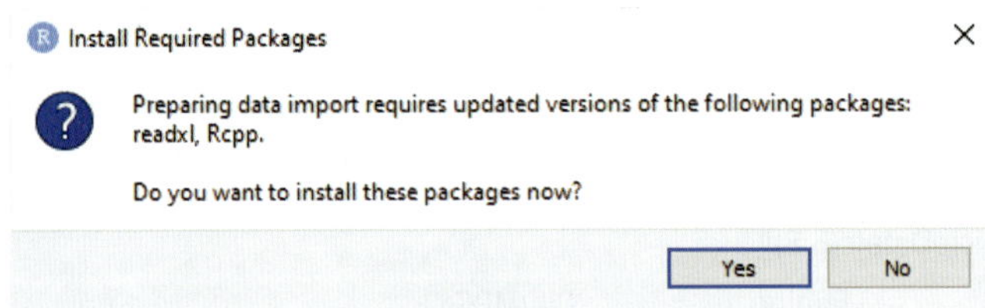

사용하려는 엑셀 파일의 이름은 MPGData.xlsx이다. MPGData.xlsx 파일을 가져오려면, Browse를 눌러 해당 파일을 찾고, Import를 클릭한다. MPGData.xlsx를 가져온 후에, MPGData라는 이름의 새로운 탭이 스크립트 창에 뜨는 것을 볼 수 있다. 이렇게 해서 R은 tibble이라고 불리는 (데이터 프레임과 비슷한) 새로운 개체를 만드는 것이다.

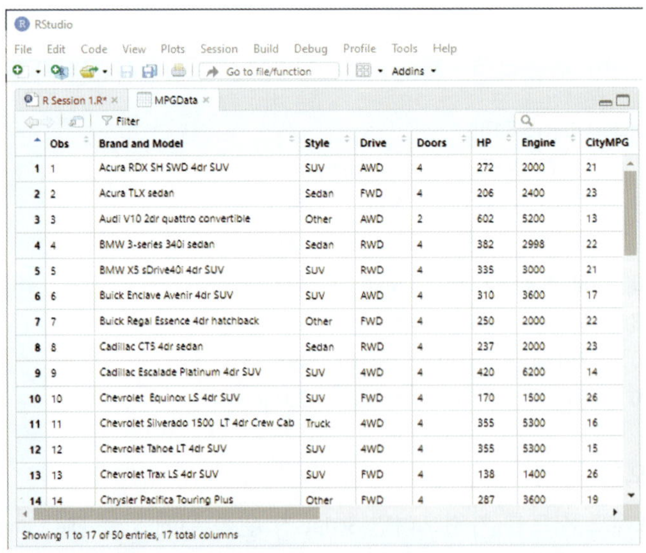

CRAN project에서는 다음과 같이 말한다.

"**Tibbles**는 데이터 프레임을 현대적으로 바꾸려는 시도이다. Tibbles는 오랜 시간 동안 사용자들이 계속 필요로 해 온 특징들은 유지하고, 이전에는 유용했지만 지금은 불편해진 특징들은 버렸다…"

MPGData에 대한 작업은 데이터 프레임을 가지고 작업하는 것과 비슷하게 적용된다. 예를 들면

```
> summary(MPGData[c("Weight","Length")])
     Weight          Length
Min.    :2385   Min.    :151.1
1st Qu. :3356   1st Qu. :181.9
Median  :3662   Median  :192.2
Mean    :3954   Mean    :190.9
3rd Qu. :4661   3rd Qu. :198.7
Max.    :5917   Max.    :231.9
```

만약 스프레드시트가 사용자가 원하는 데이터만을 연속되는 열에서 포함하고 있다면, 엑셀 파일을 가져오는 작업은 잘 이루어질 것이다. 하지만 만약 엑셀 스프레드시트에 주석이나 그림 혹은 공백을 위한 빈 줄이 있다면 엑셀 파일을 가져오는 작업은 어떻게 될지 예측하기 어렵다. 이 책에서 제공하는 엑셀 데이터 파일들은 R로 추출하기에 깔끔한 형태로 되어 있다.

CSV 파일 불러오기

엑셀의 스프레드시트를 가져오기 위한 세 번째 방법은 엑셀 파일을 .csv 형식으로 저장하는 것이다[csv는 'comma separated format' 혹은 '쉼표로 분리된(comma delimited)'의 약자이다]. 예를 들어, MPGData를 저장하는 방법은 다음과 같다.

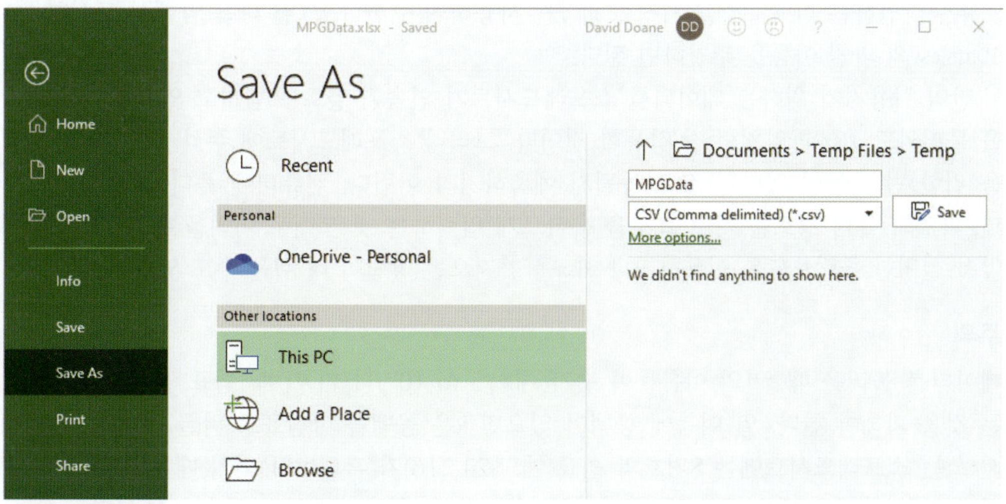

원하는 폴더에 파일을 저장한 후, 데이터를 데이터 프레임으로 불러오기 위해 R의 read.csv() 명령을 사용한다(불러오는 데이터 프레임을 VehicleData2라고 부르기로 하자). 이때 R에서 / 표시를 사용하는 것이 까다로울 수 있다. 왜냐하면 Windows는 폴더 경로 이름에서 \ 를 사용하기 때문이다. 다음의 예를 통해 확인해보자.

```
> VehicleData2=read.csv("C:/Users/David Doane/Documents/Temp/MPGData.csv")
```

Windows에서 정확한 폴더의 이름을 찾는 것이 어려울 수도 있다. Windows 탐색기에서 파일 이름을 클릭한 다음, 위의 검색 상자를 클릭하여 파일이 있는 디렉토리를 포함한 전체 폴더 경로 이름을 얻을 수 있다.

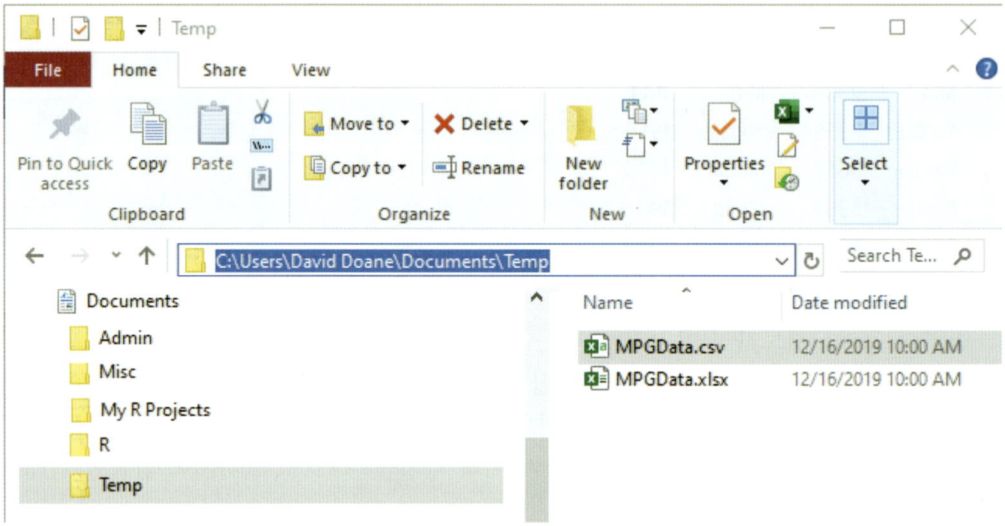

작업 디렉토리를 찾기 위한 더 간단한 방법은 R에서 getwd()를 입력하는 것이다. 예시에서는 다음과 같다.

```
> getwd()
[1] "C:/Users/David Doane/Documents"
```

R은 작업하는 디렉토리를 지정할 때 /를 사용하여야 한다. 그런 다음 앞에서 표시한 MPGData.csv의 파일 이름을 추가하면 된다.

만약 사용자가 원하는 데이터를 스프레드시트가 연속된 열로 포함하고 있다면, .csv 파일을 불러와도 .xlsx 파일처럼 잘 작동할 것이다. 그러나 스프레드시트에 주석, 그림 혹은 공백을 위한 빈 줄들이 있다면 잘 작동될지 예측하기가 어렵다. 컴퓨터에 폴더들이 많이 있다면, 파일과 폴더 경로를 찾고 그것을 올바르게 입력하는 것은 매우 어려울 수 있다. 따라서 앞서 설명한 클립보드를 이용하거나 .xlsx를 가져오는 방법이 더 쉬울 수도 있다.

주의

데이터를 불러올 때, 열의 이름들이 숫자(예: "5 to 10")나 기호(예: 쉼표, $, %)로 시작하는 것을 피해야 한다. 열 이름에 공백이 있으면 R은 공백을 마침표로 바꿀 것이다. 기업에서 쓰는 스프레드시트에는 $기호와 쉼표(예: $24,216)가 흔히 사용되기 때문에, 이것을 숙지하고 있는 것은 매우 중요하다. 이러한 이유로 이 책의 예제와 R 연습용 데이터는 Connect에서 R과 호환되는 형식으로 만들어져 있다.

파일 추적하기

우측 하단의 History창에는 Environment라는 이름의 탭이 있다. 사용자가 만들어왔던 변수들과 그 변수들의 특징들을 보기 위해 이 탭을 클릭한다.

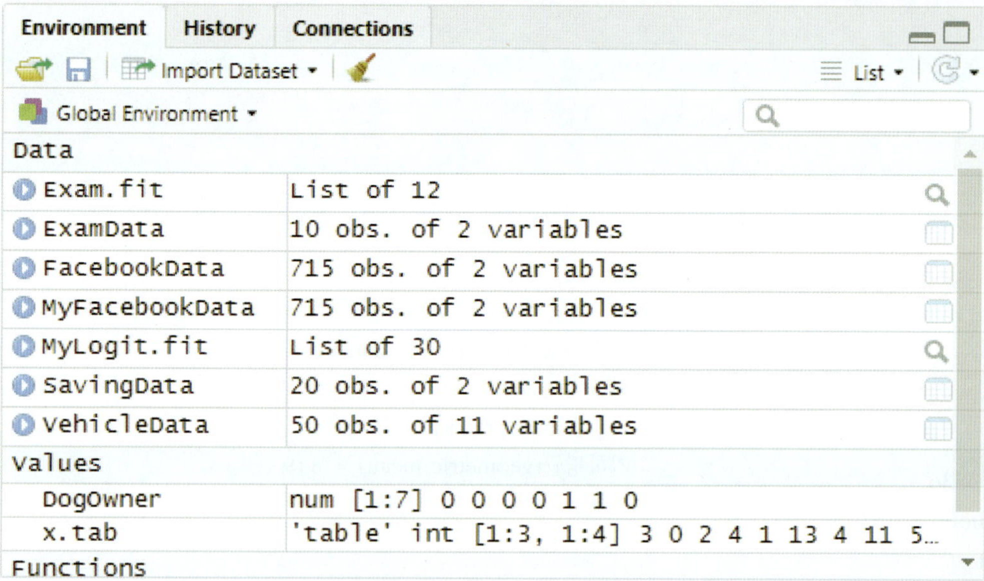

유용한 R 명령어

여기에서는 기초 통계 수업에서 사용할 가능성이 높은 몇몇 명령어들을 정리해 두었다. 이 명령어에 대한 구문과 인수는 스스로 찾아보길 권장한다. 다른 명령어를 사용할 때 **부록 I**를 안내서로 이용할 수 있을 것이다.

```
> summary(x)   # 하나 혹은 그 이상의 변수들에 대한 기초 통계
> plot(x,y)    # x에 대한 y의 산점도 만들기
> hist(x)      # 변수 x의 히스토그램 만들기
> boxplot(x)   # 하나 혹은 그 이상의 변수들에 대한 박스표(boxplot) 만들기
> t.test(x,y)  # 변수 x와 y의 스튜던트 t 테스트
> lm(y~x)      # x에 대한 y의 회귀분석
> lm(y,x1+x2)  # x1과 x2에 대한 y의 회귀분석(혹은 더 많은 x에 대하여)
```

유용한 R팁

개발한 스크립트를 저장하려면, Script창에서 File > Save As를 클릭하여 사용자의 파일(예: MyRScripts)에 대한 폴더 이름을 지정한다. 강사들은 R 작업을 더욱 쉽게 만들어줄 특정한 CRAN 패키지들을 다운로드하는 것을 제안할 수도 있다. 현재 이용 가능한 패키지들을 보려면 오른쪽 아래 창의 Packages탭을 클릭하거나, CRAN 웹사이트에서 검색할 수 있다. 구체적인 R 주제들은 본문의 각 장에서 설명하고 있다. **부록 I**에서 자주 쓰는 함수나 명령어를 참조하라. 다음은 몇몇 유용한 명령어들이다.

```
rm()       #변수를 제거
ls()       # 생성한 모든 변수 보기
Ctrl-L     # 콘솔 비우기(Windows)
Option-L   # 콘솔 비우기(MacOS)
```

찾아보기

Index

ㄱ

ㄴ

ㄷ

ㄹ

ㅁ

ㅂ

ㅅ

ㅇ

ㅈ

ㅊ

ㅋ

ㅌ

ㅍ

ㅎ

기타